파생상품투자 권유자문인력

한권으로 끝내기

시대에듀

머리말

한국금융투자협회 시행 파생상품투자권유자문인력 시험을 준비하시는 수험생 여러분 반갑습니다. 파생상품투자권유자문인력 자격증 취득이 은행·증권회사를 비롯한 금융권에 종사하는 분들에게 ISA, 신탁상품 등의 판매 및 영업경쟁력 향상을 위해 필수과정이라는 것을 잘 알고 계실 것입니다. 그래서 "파생상품투자권유자문인력 자격증을 취득하려는 분들이 어떻게 하면 효율적으로 공부하여 합격할 수 있을까?"라는 고민 끝에 다음과 같은 사항에 중점을 두고 집필하였습니다.

첫 째 본서는 금융투자협회에서 발간하는 기본서에 근거를 두고 과목 순서 및 내용을 구성함으로써 최대한 파생상품투자권유자문인력 자격시험 준비에 도움이 될 수 있도록 구성했습니다.

둘 째 본서는 자격시험에 대비할 수 있도록 section별로 다양한 문제를 구성하여 이론별 문제유형을 학습할 수 있도록 하였습니다.

셋 째 본서는 요약집이라는 성격을 띠고 방대한 이론을 일목요연하게 정리하였고, 수록된 문제마다 상세한 해설을 통해 독자적 학습이 가능하도록 하였습니다.

본 저자는 10여 년의 기간 동안 온라인과 현장에서 금융자격증을 강의한 경험을 토대로 본서를 집필하였습니다. 따라서 본서가 수험생분들에게 파생상품투자권유자문인력 자격시험에 도전하는 길잡이가 될 것이라 생각합니다. 그리고 본서와 함께 토마토패스의 파생상품투자권유자문인력 강의를 참고하시면 자격시험 합격의 기쁨을 누리실 것이라고 확신합니다. 이 책이 파생상품투자권유자문인력 자격증을 준비하시는 전국의 모든 수험생분들에게 합격의 지름길이 되기를 진심으로 바라며, 본서가 나오기까지 물심양면으로 지원을 아끼지 않으신 시대에듀와 토마토패스 임직원 여러분께 진심으로 감사의 말씀을 드립니다.

조성 씀

자격시험안내

INFORMATION

파생상품투자권유자문인력이란?

파생상품투자권유자문인력은 투자자를 상대로 파생상품, 파생결합증권 및 법 제4조 제7항 제1호에 해당하는 증권에 대하여 투자권유 또는 투자자문 업무를 수행하는 자를 말합니다. 파생상품투자권유자문인력은 금융투자업 관련 회사 현직자만 응시할 수 있으며, 관련 투자자보호교육을 사전 이수한 후 해당 자격시험에 합격한 자만 업무 수행이 가능합니다.

시험구성

구 분	과목명	문항수		세부과목명	세부문항수
		총	과 락		
1과목	파생상품 I	25	13	선 물	13
				옵 션	12
2과목	파생상품 II	25	13	스 왑	8
				기타 파생상품 · 파생결합증권	17
3과목	리스크관리 및 직무윤리	25	13	리스크관리	8
				영업실무	5
				직무윤리 · 투자자분쟁예방	12
4과목	파생상품 법규	25	13	자본시장 관련 법규(금융소비자보호법 포함)	17
				한국금융투자협회규정	4
				한국거래소규정	4
합 계					100

시험일정

회 차	접수기간	시험일자	합격자 발표
34회	25.02.10(월)~25.02.14(금)	03.09(일)	03.20(목)
35회	25.05.07(수)~25.05.12(월)	06.01(일)	06.12(목)
36회	25.11.03(월)~25.11.07(금)	11.30(일)	12.11(목)

※ 상기 시험일정은 금융투자협회(www.kofia.or.kr) 사정 등에 따라 일부 변경될 수 있으며, 응시인원에 따라 응시지역이 축소될 수 있습니다.

자격시험안내

INFORMATION

응시원서 접수방법

접수기간 내에 인터넷(http://license.kofia.or.kr)에서 작성 및 접수

시험 관련 세부정보

합격기준

응시과목별 정답비율이 50% 이상인 자 중에서 응시과목의 전체 정답비율이 70%(70문항) 이상인 자(과락기준은 시험구성 참조)

응시제한대상(응시부적격자)

❶ 시험에 합격한 후 동일 시험에 재응시하려는 자

❷ 『금융투자전문인력과자격시험에관한규정』 제3-13조 및 제3-15조의 자격제재에 따라 응시가 제한된 자

❸ 『금융투자전문인력과자격시험에관한규정』 제4-21조 제3항 및 제4항에 따라 부정행위 등으로 시험응시가 제한된 자

❹ 투자권유자문인력 적격성 인증 시험의 경우 『금융투자전문인력과자격시험에관한규정』 제5-2조에 따라 투자자 보호 교육의 수강 대상이 아니거나, 해당 교육을 수료하지 못한 자

※ 상기 응시 부적격자는 응시할 수 없으며, 합격하더라도 추후 응시 부적격자로 판명되는 경우 합격 무효 처리함. 또한 5년의 범위 내에서 본회 주관 시험응시를 제한할 수 있음

※ 상기 시험은 시험 접수 시 해당 시험 관련 투자자 보호 교육 이수 여부를 확인하며, 이에 부적합할 시 시험 접수가 제한됨

과목별 학습전략

LEARNING STRATEGIES

제1과목
파생상품 I
(25문항)

학습목표
선물 및 옵션의 개요 및 구분과 각 개념의 정확한 이해 숙지

세부 학습전략

선 물	장내파생상품	장내파생상품의 개요는 파생상품에 대한 전반적인 이해를 다룹니다. 특히 선물의 이해 파트에서는 주식 관련 선물, 금리선물, 통화선물, 상품선물에 공통적으로 적용되는 기초개념을 학습하기 때문에 반드시 이해하고 있어야 각 파트별 세부적인 부분을 명확히 숙지할 수 있습니다.
	주식 관련 선물	주식 관련 선물을 반드시 이해해야 하는 이유는 첫째로 출제비중이 가장 많으며, 둘째로 해당 파트의 논리구조가 금리선물, 통화선물, 상품선물의 기본 틀이 됩니다. 따라서 주식 관련 선물 내용에 대한 이해를 바탕으로 다른 파생상품들과 비교해가며 학습하기를 권장합니다.
	금리선물	금리선물은 우선 채권에 대한 기초개념을 필수적으로 학습해야 합니다. 금리와 채권의 가격은 반비례하여 주식 관련 선물의 전략과 반대로 해석되므로 혼동의 여지가 있습니다. 따라서 금리선물의 기초자산이 채권임을 상기하며 채권가격을 중심으로 투기거래, 헤지거래, 스프레드거래 전략을 파악해야 합니다.
	통화선물	통화선물에서는 외환시장에 대한 이해가 선행되어야 합니다. 외환시장은 딜러중심 시장으로 환율의 표시를 고객입장이 아닌 딜러입장에서 생각해야 합니다. 통화선물 이론가격의 산정방식이 주식 관련 선물과 달리 이자율평형이론(IRPT)을 따르므로 반드시 숙지해야 차익거래 포지션에 관한 문제도 이해할 수 있습니다. 많은 문항이 출제되는 영역은 아니므로 본서에서 다루는 문제를 중점적으로 학습하시기 바랍니다.
	상품선물	상품선물이 금융선물과 다른 차이점은 이론선물가격 산출 시 추가적인 보관비용이 포함되는 것이며, 베이시스가 현물가격에서 선물가격을 차감한 값으로 반대부호를 가지므로 기존 베이시스의 축소와 확대의 개념도 반대임을 유의하여야 합니다.
옵 션	옵션의 개요	옵션의 개요를 통해 옵션에 등장하는 단어들을 반드시 숙지하여야 하며 특히 옵션가격은 선물가격저럼 선물의 매매가격이 아닌 권리를 사거나 파는 데 지불하는 비용입니다. 또한 이론가격을 산출하는 경우 선물가격에 대한 결제가 미래에 이뤄지지만 옵션가격은 현재 시점을 기준으로 하는 현가개념임을 숙지하여야 본서에 등장하는 수식을 이해할 수 있습니다.
	주식 관련 옵션	옵션 문항 12개 중 대부분이 주식 관련 옵션에서 출제가 이루어집니다. 주식 관련 옵션에서 배우는 개념을 토대로 기타옵션을 파악하여야 하며, 특히 옵션투자전략 손익구조의 그림을 암기 및 이해한다면 이론 및 계산문제 대비가 가능합니다.
	기타 옵션	기타 옵션의 출제비중은 금리옵션 〉 통화옵션 〉 상품옵션 순입니다. 특히 헤지거래에 대한 내용이 문제의 주를 이룹니다. 헤지거래 전략을 이해하기 위해서는 현재 헤저가 가지고 있는 리스크를 먼저 파악한 후에 이에 부합하는 옵션을 선정하여야 합니다.

과목별 학습전략

제2과목
파생상품 II
(25문항)

학습목표
스왑과 파생결합증권 및 기타파생상품의 기본 개념과 전반적인 이해

세부 학습전략

기타파생상품	기타파생상품 중 이색옵션과 일반옵션과의 수익구조 차이를 비교하며 학습하고 통화관련 파생상품 중 통화옵션 활용 합성선물환을 통한 위험관리 방식을 중점적으로 학습하여야 합니다. 또한 대표 신용파생상품인 CDS를 기본으로 TRS와 CLN의 유사점과 차이점이 꾸준하게 출제되고 있습니다.
파생결합증권	ELD, ELS, ELF 비교문제와 조기상환형 ELS 손익구조, ELW 민감도지표, ETN 투자지표는 출제빈도가 높으므로 반드시 학습하여야 합니다.
스 왑	스왑은 대부분이 이자율스왑에서 출제되는데 이자율스왑에서 사용되는 용어, 이자율스왑의 종류, 이자율스왑의 헤지방법 등이 거의 대부분 출제됩니다. 이 중 스왑을 이용한 스왑 효과를 산출하기 위해서 누구의 입장에서 스왑거래전략을 취하였는지를 파악해야 합니다.

제3과목
리스크관리 및 직무윤리
(25문항)

학습목표
리스크 전반의 개념과 응용 및 투자권유 · 주문접수 · 거래업무 · 직무윤리 전반의 이해

세부 학습전략

리스크관리		리스크의 정의와 측정, 관리 순으로 논리가 구성되어 있습니다. 특히 대표적인 리스크인 시장리스크와 신용리스크의 측정을 묻는 계산 문제가 출제되며, 통계적 용어들이 등장하여 다소 어렵게 느껴질 수 있으나 개념만 익히면 어렵지 않게 고득점이 가능한 파트입니다.
영업실무		영업실무는 한국거래소규정과 중복되는 내용을 많이 포함하고 있지만 출제되는 문항 수에 비해서 학습 분량이 많아 시험에 자주 출제되는 부분을 중심으로 학습할 필요가 있습니다.
직무윤리와 투자자분쟁 예방	**직무윤리**	제3과목에서 가장 출제비중이 높은 중요한 과목이며, 직무윤리의 포인트는 법제화에 있습니다. 이는 법으로 행위를 강제화하고 있다는 것입니다. 기본적으로 도덕적 관념으로 문제에 접근할 수 있어 불명확하고 난해한 문장이나 단어들을 중심으로 암기하여야 합니다.
	투자자 분쟁예방	자주 출제되는 개인정보와 분쟁조정제도 문제를 중심으로 학습할 필요가 있습니다.
	자금세탁 방지제도	고객확인제도(CDD/EDD), 의심스러운거래보고제도(STR), 고액현금거래보고제도(CTR)에 대한 문제들이 주로 출제됩니다.

제4과목
파생상품 법규
(25문항)

학습목표
자본시장 관련 법규 · 금융투자업 관련 규칙 · 금융투자회사 관련 규정 전반의 이해

세부 학습전략

자본시장 관련 법규	자본시장법은 기능과 투자성을 기준으로 출발점을 두어 이에 대한 매매와 중개 등 일정한 업무를 그 기능과 투자성에 따라 기능별로 분류하고 금융투자업 상호 간 겸영을 허용합니다. 이에 따라 업무의 범위가 확대되면서 이해상충의 가능성이 커지는 부작용을 동반하게 됩니다. 따라서 영업행위 규제 중 핵심적 규제는 이해상충에 대한 규제입니다. 그 밖에 공정한 시장을 만들기 위한 규제들이 있습니다. 이러한 흐름을 따라 내용을 살피면서 상세내용을 학습하는 것을 추천합니다.
한국금융투자협회규정	출제 문항수가 적기 때문에 금융투자회사의 영업 및 업무에 관한 규정을 중심으로 학습해야 합니다. 조사분석자료 작성 및 공표, 투자광고, 재산상 이익의 제공 및 수령, 신용공여 부분이 특히 중요합니다.
한국거래소규정	영업실무와 겹치는 부분이 많은데, 상장상품 종류와 결제방법, 최종거래일 등 상품별 상세내역을 알아두어야 합니다. 특히 상품별 거래시간, 스프레드거래, 호가의 종류, CB 등 거래의 중단조치, 거래증거금 예탁수단과 계산방법을 숙지해 두는 것이 좋습니다.
금융소비자보호법	금융소비자보호법은 많은 문제가 출제되지는 않으나 2과목 파생결합증권 투자권유, 3과목 영업실무 및 직무윤리의 내용들과 중복되는 부분이라 소홀히 학습하는 것도 바람직하지 않습니다. 중복되는 내용들에 대한 복습 및 추가 내용을 학습하시길 권장합니다.

이 책의 구성

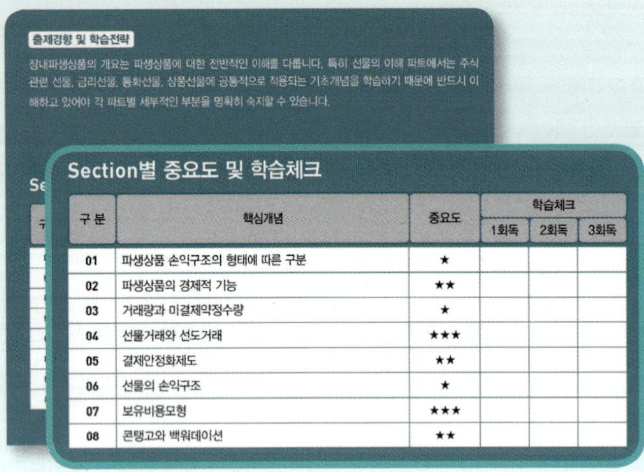

01 각 챕터의 요약

- 시험에 출제된 문제를 분석하여 챕터별 출제비중, 출제경향 및 학습전략, 섹션별 중요도를 정리하여 보여줌으로써 공부할 챕터를 한눈에 파악하고 학습방향을 설정할 수 있도록 하였습니다.

- 3회독 학습체크를 통해 섹션별 학습 정도를 스스로 점검해볼 수 있도록 하였습니다.

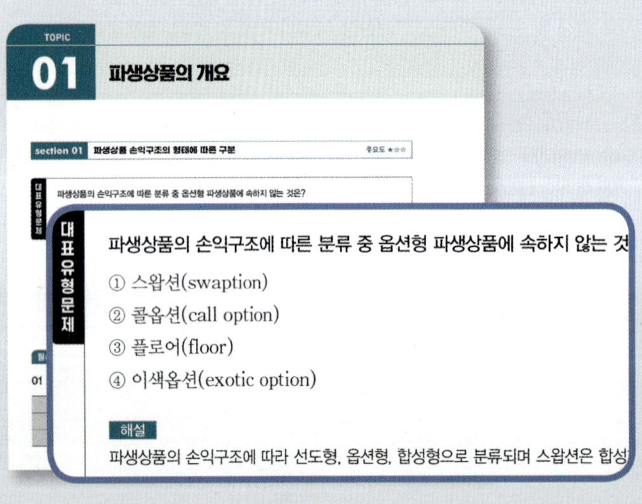

02 대표유형문제

- 각 챕터를 토픽과 섹션으로 세세하게 분류하고, 해당 섹션과 관련하여 꼭 알아야 할 대표유형문제를 엄선하였습니다.

- 대표유형문제를 통해 해당 섹션과 관련된 중요개념과 유형을 파악하고 이해할 수 있습니다.

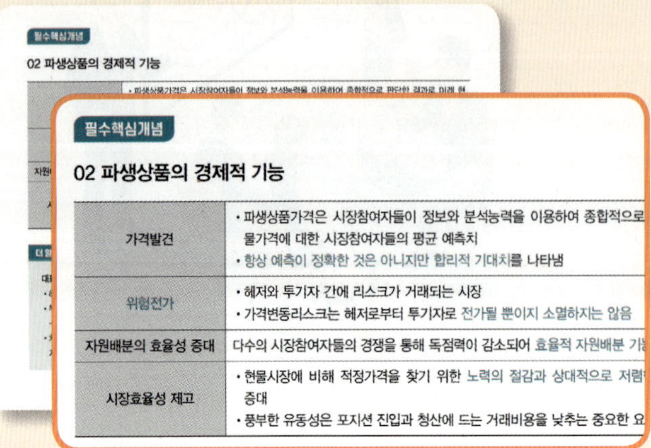

03 필수핵심개념

- 시험에 자주 나오는 개념을 압축하여 완벽 정리함으로써 기본이론을 탄탄하게 다지고 최소한의 시간으로 효율적인 학습이 가능하도록 하였습니다.

- 더 알아보기를 통해 중요이론은 한 번 더 확실하게 이해하고 넘어갈 수 있도록 하였습니다.

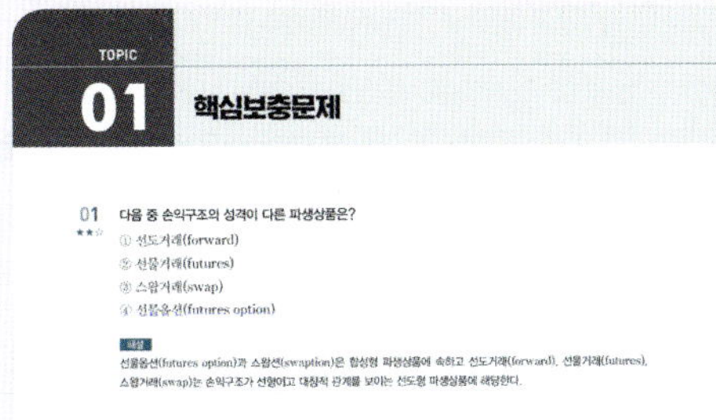

04 핵심보충문제

- 중요개념을 익힌 후 다양한 유형의 문제를 통해 정리하고 응용해볼 수 있도록 하였습니다.

- 문제별로 중요도를 파악하고 자신의 약점을 보완할 수 있습니다.

05 실전모의고사

- 실제 시험과 문제 구성이 동일하고 유형이 비슷한 문제들을 풀어보면서 시험 전 최종실력을 점검할 수 있습니다.

- 상세하고 꼼꼼한 해설을 제공하여 문제와 관련된 중요개념을 확실히 이해하고 정리할 수 있습니다.

4주 완성 학습플랜

LEARNING PLAN

시험편과 시험시간 등 시험 관련 정보를 숙지한 후 목차를 보고 스스로의 학습량과 학습기간을 고려하여 자신만의 스터디 플랜을 세워봅니다. 다음은 시대에듀에서 제안하는 4주 완성 및 6주 완성 스터디플래너로, 교재의 내용을 차근차근 학습하며 4주 또는 6주 안에 시험 준비를 완벽히 마칠 수 있도록 도와줍니다.

1주

1일차	2일차	3일차	4일차	5일차	6일차	7일차
PART 01 파생상품 Ⅰ						
1장	2장	3장	4장	5장	6장	7장
달성 □	달성 □	달성 □	달성 □	달성 □	달성 □	달성 □

2주

1일차	2일차	3일차	4일차	5일차	6일차	7일차
PART 01	PART 02 파생상품 Ⅱ				PART 03	
8장	1장	2장	3장	3장	1장	2장
달성 □	달성 □	달성 □	달성 □	달성 □	달성 □	달성 □

3주

1일차	2일차	3일차	4일차	5일차	6일차	7일차
PART 03 리스크관리 및 직무윤리				PART 04 파생상품 법규		
3장	3장	4장	5장	1장	1장	1장
달성 □	달성 □	달성 □	달성 □	달성 □	달성 □	달성 □

4주

1일차	2일차	3일차	4일차	5일차	6일차	7일차
PART 04 파생상품 법규			모의고사 풀이 및 총 복습			
2장	3장	4장	제1회 모의고사	제2회 모의고사	총 복습 (문제풀이 + 오답정리)	
달성 □	달성 □	달성 □	달성 □	달성 □	달성 □	달성 □

6주 완성 학습플랜

LEARNING PLAN

1주

1일차	2일차	3일차	4일차	5일차	6일차	7일차
PART 01 파생상품 Ⅰ						
1장	2장	3장	4장	5장	6장	7장
달성 ☐	달성 ☐	달성 ☐	달성 ☐	달성 ☐	달성 ☐	달성 ☐

2주

1일차	2일차	3일차	4일차	5일차	6일차	7일차
PART 01 파생상품 Ⅰ					PART 02 파생상품 Ⅱ	
7장	8장	8장	PART 01 복습	PART 01 복습	1장	2장
달성 ☐	달성 ☐	달성 ☐	달성 ☐	달성 ☐	달성 ☐	달성 ☐

3주

1일차	2일차	3일차	4일차	5일차	6일차	7일차
PART 02 파생상품 Ⅱ				PART 03 리스크관리 및 직무윤리		
3장	3장	PART 02 복습	PART 02 복습	1장	2장	3장
달성 ☐	달성 ☐	달성 ☐	달성 ☐	달성 ☐	달성 ☐	달성 ☐

4주

1일차	2일차	3일차	4일차	5일차	6일차	7일차
PART 03 리스크관리 및 직무윤리					PART 04 파생상품 법규	
3장	4장	5장	PART 03 복습	PART 03 복습	1장	1장
달성 ☐	달성 ☐	달성 ☐	달성 ☐	달성 ☐	달성 ☐	달성 ☐

5주

1일차	2일차	3일차	4일차	5일차	6일차	7일차
PART 04 파생상품 법규						
1장	2장	3장	4장	4장	PART 04 복습	PART 04 복습
달성 ☐	달성 ☐	달성 ☐	달성 ☐	달성 ☐	달성 ☐	달성 ☐

6주

1일차	2일차	3일차	4일차	5일차	6일차	7일차
모의고사 풀이 및 총 복습						
제1회 모의고사	제2회 모의고사	모의고사 복습		총 복습 (문제풀이 + 오답정리)		
달성 ☐	달성 ☐	달성 ☐	달성 ☐	달성 ☐	달성 ☐	달성 ☐

이 책의 목차

CONTENTS

PART 01

파생상품 Ⅰ

장내파생상품의 개요

챕터 출제비중

	구 분	출제영역	출제문항
선물 (13 문항)	CHAPTER 01	장내파생상품의 개요	2~3 문항
	CHAPTER 02	주식 관련 선물	5~6 문항
	CHAPTER 03	금리 · 채권선물	3~5 문항
	CHAPTER 04	통화선물	2~3 문항
	CHAPTER 05	상품선물	1~3 문항
옵션 (12 문항)	CHAPTER 06	옵션의 개요	3~4 문항
	CHAPTER 07	주식 관련 옵션	5~7 문항
	CHAPTER 08	기타 옵션	3~4 문항
총 문항			25 문항

차트: 50 45 40 35 30 25 20 15 10 5

- 8%
- 17%
- 13%
- 8%
- 6%
- 12%
- 24%
- 12%

장내파생상품의 개요는 파생상품에 대한 전반적인 이해를 다룹니다. 특히 파생상품Ⅰ 파트에서는 주식관련 선물, 금리선물, 통화선물, 상품선물에 공통적으로 적용되는 기초개념을 학습하기 때문에 반드시 이해하고 있어야 각 파트별 세부적인 부분을 명확히 숙지할 수 있습니다.

Section별 중요도 및 학습체크

구 분	핵심개념	중요도	학습체크		
			1회독	2회독	3회독
01	파생상품 손익구조의 형태에 따른 구분	★			
02	파생상품의 경제적 기능	★★			
03	거래량과 미결제약정수량	★			
04	선물거래와 선도거래	★★★			
05	결제안정화제도	★★			
06	선물의 손익구조	★			
07	보유비용모형	★★★			
08	콘탱고와 백워데이션	★★			

01 파생상품의 개요

대표유형문제

파생상품의 손익구조에 따른 분류 중 옵션형 파생상품에 속하지 않는 것은?

① 스왑션(swaption)

② 콜옵션(call option)

③ 플로어(floor)

④ 이색옵션(exotic option)

해설

파생상품의 손익구조에 따라 선도형, 옵션형, 합성형으로 분류되며 스왑션은 합성형 파생상품에 해당된다.

정답 ①

필수핵심개념

01 파생상품의 손익구조 형태에 따른 구분

선도형	선도(forward), 선물(futures), 스왑(swap)
옵션형	콜옵션(call option), 풋옵션(put option), 캡(cap), 플로어(floor), 이색옵션(exotic option)
합성형	선물옵션(futures option), 스왑션(swaption)

<table>
<tr><td rowspan="6">대표유형문제</td></tr>
</table>

대표유형문제

장내파생상품의 경제적 기능이 아닌 것은?

① 가격발견

② 리스크 소멸

③ 자금의 효율적 관리

④ 시장의 효율성 제고

해설

변동의 위험을 원하지 않는 헤저(Hedger)로부터 가격변동위험을 감수하면서 보다 높은 이익을 추구하려는 투기자(Speculator)로의 이전을 가능하게 하는 것을 의미하는 것이지 소멸되는 것은 아니다.

정답 ②

필수핵심개념

02 파생상품의 경제적 기능

가격발견	• 파생상품가격은 시장참여자들이 정보와 분석능력을 이용하여 종합적으로 판단한 결과로 미래 현물가격에 대한 시장참여자들의 평균 예측치 • 항상 예측이 정확한 것은 아니지만 합리적 기대치를 나타냄
위험전가	• 헤저와 투기자 간에 리스크가 거래되는 시장 • 가격변동리스크는 헤저로부터 투기자로 전가될 뿐이지 소멸하지는 않음
자원배분의 효율성 증대	다수의 시장참여자들의 경쟁을 통해 독점력이 감소되어 효율적 자원배분 기능이 증대
시장효율성 제고	• 현물시장에 비해 적정가격을 찾기 위한 노력의 절감과 상대적으로 저렴한 비용으로 시상효율성 증대 • 풍부한 유동성은 포지션 진입과 청산에 드는 거래비용을 낮추는 중요한 요소임

더 알아보기

대표적 파생상품 시장참여자
- 헤저(hedger) : 자신이 직면한 위험을 줄이기 위해 파생상품을 거래하는 자
- 투기자(speculator) : 자신이 예측한 방향에 투자함으로써 큰 이익을 얻고자 하는 시장참여자
  → 투기자는 시장에 유동성을 제고하는 순기능과 시장의 가격을 왜곡시키는 부정적 효과를 동시에 발생시킨다.
- 차익거래자(arbitrageur) : 파생상품과 기초자산 가격 간의 관계가 정상적인 관계에서 벗어난 경우 무위험 이익을 얻고자 거래하는 자

선물시장에서 특정일의 거래상황이 다음과 같다면 거래량과 미결제약정수량으로 옳은 것은?

거 래	투자자	거래내역
1	A B	50계약 매수(신규매수) 50계약 매도(신규매도)
2	C D	20계약 매수(신규매수) 20계약 매도(신규매도)
3	A D	10계약 매도(반대매매) 10계약 매수(반대매매)
4	B E	30계약 매수(반대매매) 30계약 매도(신규매도)

① 거래량 : 100계약, 미결제약정수량 : 50계약

② 거래량 : 110계약, 미결제약정수량 : 60계약

③ 거래량 : 120계약, 미결제약정수량 : 70계약

④ 거래량 : 120계약, 미결제약정수량 : 80계약

해설

거래량은 매매가 체결될 때마다 한쪽의 포지션만 누적·합산하여 계산하므로 $50 + 20 + 10 + 30 = 110$계약이다.

미결제약정수량은 3가지 경우로 생각해 볼 수 있다.

1. 신규매수 － 신규매도인 경우 : 미결제약정수량이 증가한다.

2. 신규매매 － 반대매매인 경우 : 신규매매가 기존의 계약을 대체하므로 미결제약정수량의 변화가 없다.

3. 반대매매 － 반대매매인 경우 : 서로 포지션을 청산하였으므로 미결제약정수량이 감소한다.

거 래	1	2	3	4
미결제약정수량	50	$50 + 20 = 70$	$70 - 10 = 60$	$60 - 0 = 60$

정답 ②

03 장내파생상품 거래 구성요소(거래소의 규정)

기초자산(S)	거래대상
계약단위	• 기본거래단위로 1계약의 크기 • 계약단위 크기에 따라 유동성과 시장의 안정성에 영향을 미침 (참고) 거래승수 : 한 계약의 거래규모를 결정짓는 금액
결제월	파생상품의 만기가 되어 실물인수도나 현금결제가 이루어지는 달
가격표시방법	현물시장의 가격표시방식을 기준으로 거래소가 사전에 규정
최소 호가단위(tick)	파생상품 거래 시 호가할 수 있는 최소 가격 변동폭
손익금액(tick value)	• 최소 호가 1단위 변동 시 계약당 손익금액 • 계약단위 × 최소 호가단위(tick)
일일가격제한폭	전일의 결제가격 기준으로 당일 거래 중 등락할 수 있는 최대한의 가격 변동 범위
거래량(volume)	매도한 수량 또는 매수한 수량 중 한쪽의 수량만으로 표시

미결제약정	• 선물거래가 이루어진 후 반대매매나 최종결제가 이루어지지 않고 남아있는 매수 또는 매도 포지션의 합(기존 포지션)
	• 시장에 유입 또는 유출되는 자금의 크기를 측정하는 데 이용
	  − 미결제약정 증가 시 자금 유입으로 현재 추세 지속
	  − 미결제약정 감소 시 자금 유출로 추세 반전을 암시

대표 장내파생상품 거래승수

구 분		계약 단위	가격표시
주 식	코스피 200 선물	코스피지수 × 25만원	지수(소수점 둘째자리)
	코스피 200 옵션		
	개별 주식 선물	개별주식가격 × 10주	1주당 가격
	개별 주식 옵션		
금 리	3년 국채선물	액면가 1억원	100원당 원화(= 백분율로 표시)
	5년 국채선물		
	10년 국채선물		
통 화	미국달러 선물	1만달러	1달러당 원화
	미국달러 옵션		
	일본엔 선물	10만엔	100엔당 원화
	유럽연합유로 선물	1만유로	1유로당 원화
	중국위안 선물	10만위안	1위안당 원화
상 품	금선물	100g	1g당 원화
	돈육선물	1,000kg	1kg당 원화

01
★★☆

다음 중 손익구조의 성격이 다른 파생상품은?

① 선도거래(forward)

② 선물거래(futures)

③ 스왑거래(swap)

④ 선물옵션(futures option)

> **해설**
>
> 선물옵션(futures option)과 스왑션(swaption)은 합성형 파생상품에 속하고 선도거래(forward), 선물거래(futures), 스왑거래(swap)는 손익구조가 선형이고 대칭적 관계를 보이는 선도형 파생상품에 해당한다.

02
★☆☆

다음 중 장내파생상품의 구성요소에 관한 설명으로 틀린 것은?

① 미결제약정의 크기가 증가하면 현재의 추세를 지속시킬 자금이 유입되고 있다고 본다.

② 계약단위가 너무 클 경우에는 자금 규모가 큰 기관투자자들만이 참여하게 됨으로써 유동성 확보 문제를 야기할 수도 있다.

③ CME Group의 주요 금리선물과 통화선물에는 가격제한이 없다.

④ 거래량은 장내파생상품 계약을 매도한 수량과 매수한 수량의 총 합계로 표시한다.

> **해설**
>
> 거래량은 장내파생상품 계약을 매도한 수량과 매수한 수량 중 한쪽 수량의 합계로 표시한다.

01 ④　02 ④　**정답**

section 04 | 선물거래와 선도거래   중요도 ★★★

대표유형문제

선물거래와 선도거래에 대한 설명으로 옳지 않은 것은?

① 선도거래는 거래상대방에 대한 신용이 거래의 이행에 중요한 역할을 한다.

② 선물거래는 대부분 현금결제로 포지션이 청산된다.

③ 선물거래는 선도거래에 비해 시장의 유동성이 높고 가격조작가능성이 낮다.

④ 선물거래는 선도거래와는 달리 거래당사자가 계약을 반드시 이행해야 할 의무가 없다.

해설

선물거래와 선도거래 모두 거래당사자가 반드시 계약을 이행하여야 한다. 단, 선도거래는 청산기관이 별도로 없고 상대매매(1:1)거래이기 때문에 계약불이행위험이 크다.

정답 ④

필수핵심개념

01 선물의 기초개념

(1) 선 물

❶ 선물(futures)은 ❷ 거래당사자 간에 선물거래대상인 ❸ 기초자산을 계약체결시점에 약정한 가격으로 ❹ 미래의 일정시점에 ❺ 결제하기로 미리 ❻ 약속하는 계약

선물(futures)		• 일일마다 정산하는 방식으로 만기가 5일인 선물계약인 경우 1일짜리 선물 5계약을 체결한 개념(5 contracts for a day) • 선도의 경우 만기 5일짜리 선물 1계약을 체결한 개념(1 contract for 5 days)
기초자산 (underlying asset)	상품선물	농산물, 에너지, 금속 등
	금융선물	주식 · 주가지수, 채권 · 금리, 통화 등
	기 타	자연현상, 탄소배출권, 경제변수, 신용 등
거래당사자	선물매수자	long(＋) : 전일 종가 < 당일 종가인 경우 수익발생
	선물매도자	short(－) : 전일 종가 > 당일 종가인 경우 수익발생
미래일정시점		• 만기일, 거래일 또는 인도일 • 경제적 행위가 이뤄지는 시점을 기준으로 가치평가(미래를 기준으로 이론가격결정)
결 제	현금 결제	주식 · 주가지수, 국채, 유로달러(LIBOR), 금, 돈육
	실물인수도	T－bond, 통화
약 속		취소불가능매매예약, 쌍무계약

(2) 선물거래와 현물거래

구 분	선물거래	현물거래
증거금 성격	이행보증금으로 낮은 수준	주식 매입대금의 일부지급 성격
계약시점	현 재	현 재
결제시점	미 래	현 재

(3) 선물거래와 선도거래

구 분	선물거래(futures)	선도거래(forward)
거래장소	거래소에서 장내거래	장외에서 당사자 간의 합의(장외거래)
거래방식	경쟁매매(다수 : 다수), 공개호가 · 전산매매 방식	상대매매(1:1)
거래조건	거래방법 · 조건, 만기일 계약단위 등이 표준화	거래당사자 간의 계약
가격형성	시장에서 결정	거래당사자 간의 협의
신용위험	없음(청산소가 계약이행 보증)	계약불이행 위험 존재
중도 청산(유동성)	반대매매를 통해 중도청산 가능	대부분 중도청산이 어려움
증거금, 일일정산	선물매수자와 선물매도자가 모두 증거금을 납입하고 일일정산	대고객의 경우 필요에 따라 증거금 납부 만기일에 정산(일일정산제도 없음)
인수도	대부분 현금결제	대부분 실물인수도(예외 : NDF)

다음 조건을 바탕으로 납입해야 하는 추가증거금은 얼마인가?

┤ 조 건 ├
- 개시증거금 : 120
- 유지증거금 : 개시증거금의 2/3 수준
- 일일 정산 후 증거금 : 85

① 0
② 5
③ 35
④ 40

해설

추가증거금은 유지증거금 이하로 떨어져 마진콜이 통보되면 고객이 다음 날까지 개시증거금 수준까지 현금으로 추가 납입해야 하는 증거금이다. 유지증거금이 80(= 120 × 2/3)이므로 추가로 납입해야 하는 증거금은 없다. 만약 위 조건의 일일정산 후의 증거금 잔액이 70으로 낮아진다면 유지증거금 80이 아닌 개시증거금 120 수준에 맞춰 50의 추가증거금 납입이 필요하다.

정답 ①

필수핵심개념

(4) 장내파생상품의 결제안정화제도(= 결제불이행 위험 방지제도)

증거금	• 이행보증금 : 미래 일정시점에 계약을 반드시 이행하겠다는 약속의 증표 • 거래당사자(위탁자)가 결제이행하지 않을 경우 결제당사자(회원사 또는 거래소)가 결제대금으로 사용할 수 있도록 거래당사자가 예치하는 담보금 • 회원사는 위탁자로부터 징수, 거래소는 회원사로부터 징수 • 개시증거금 : 최초계약 시 회원사에게 납부해야 하는 증거금 • 유지증거금 : 계약 체결 후 계좌에 유지되어야 하는 잔액(임계점 역할) • 추가증거금 : 유지증거금 이하로 떨어져 마진콜이 통보되면 고객은 ❶ 다음날까지 ❷ 개시증거금 수준까지 ❸ 현금으로 추가 납입해야 하는 증거금 • 레버리지 효과 · 개시증거금률의 역수(예 개시증거금률이 5%이면 레버리지 효과는 20배)
일일정산	매일 전일 종가와 당일 종가의 차이로 정산하여 손해나 이익을 증거금에서 가감하여 정산하는 제도
반대매매	만기 이전에 거래당사자가 반대매매를 통해 중도에 청산이 가능하여 유동성 위험이 감소

대표유형문제

A회사의 주식의 가격은 15,000원이다. 투자자는 A주식 100주에 대하여 만기 1년 선도가격 16,000원에 매수계약을 체결하였다. 1년 후 만기일에 A주식의 가격이 17,000원으로 마감되었다면 투자자가 얻은 손익은 얼마인가? (현금결제를 가정)

① 100,000원 이익

② 100,000원 손실

③ 200,000원 이익

④ 200,000원 손실

해설

[STEP 1] 매수 포지션은 주식의 가격이 상승하는 경우 이익이다.

[STEP 2] 17,000원짜리 주식을 미리 정한 선도가격 16,000원에 살 수 있으므로 1주당 1,000원의 수익이 발생한다.
총 수익은 1,000 × 100주 = 100,000원 이익이다.

정답 ①

필수핵심개념

02 선물의 가치

(1) 매수 · 매도 포지션의 손익구조

선물은 대칭적(선형적) 손익구조를 갖는다.

구 분	매수(long) 포지션	매도(short) 포지션
손 익	$[F_T-F_0]$ or $[S_T-F_0]$	$[F_0-F_T]$ or $[F_0-S_T]$
구 조		

$*F_0$: 현재시점 선물가격, F_T : 만기시점 선물가격, S_T : 만기시점 현물가격

(2) 만기까지 보유하는 경우 선물 · 선도거래의 손익

① 현물 가격 상승 시

- 선물매수자 이익 발생(채권 발생)

$$[S_T - F_0] = 120 - 100 = 20$$

- 선물매도자 손실 발생(채무 발생)

$$[F_0 - S_T] = 100 - 120 = -20$$

② 현물 가격 하락 시

- 선물매수자 손실 발생(채무 발생)

$$[S_T - F_0] = 80 - 100 = -20$$

- 선물매도자 이익 발생(채권 발생)

$$[F_0 - S_T] = 100 - 80 = 20$$

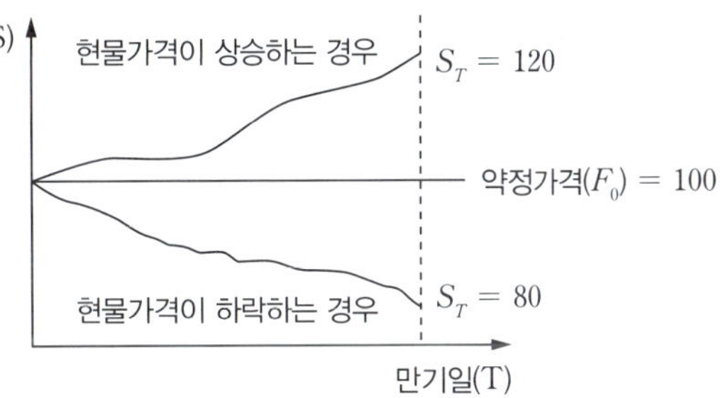

대표유형문제

다음 중 선물이론가격결정에서 보유비용모형에 관한 설명으로 옳지 않은 것은?

① 상품의 재고량이 많을수록 편의수익은 커진다.

② 선물의 이론가격은 현물가격에 순보유비용을 더하여 결정된다.

③ 현금수입이란 보유한 현물로부터 발생하는 수입으로 금융선물의 가격을 결정하는 경우 포함하여야 한다.

④ 금융선물의 경우 보관비용은 "0"이 값을 갖는다.

해설

① 상품의 재고가 줄어들수록 재고의 희소가치가 높아져 편의수익이 증가한다.

정답　①

필수핵심개념

03 선물의 가격결정

(1) 보유비용모형(cost of carry model)

① 이론선물가격(F_N) = 현물가격(S_t) + 순보유비용(C)

② 선물의 이론가격은 최종거래일에 예상되는 최종결제가격

③ 순보유비용(C) = 이자비용(r) + 보관비용(u) − 현금수입(d) − 편의수익(y)

④ 만기일에 가까워질수록 순보유비용은 점점 "0"에 수렴하여 만기시점 현물의 가격(S_T)은 이론선물가격(F_N)과 일치

양($+$)의 순보유비용	• 비용 > 수익 → 선물가격 > 현물가격 • 원월물 가격 > 근월물 가격 (예 상품선물, 주가지수 선물)
음($-$)의 순보유비용	• 비용 < 수익 → 선물가격 < 현물가격 • 원월물 가격 < 근월물 가격 (예 채권선물) 금융선물의 경우 주식이나 채권을 보유하므로 이자비용(r)보다 배당이나 이자 등의 현금수입(d)이 큰 경우에는 순보유비용이 음($-$)의 값을 지녀 선물이론가격이 현물가격보다 낮음

(2) 현물과 선물의 가격차이 원인

이자비용(r)	현물매수에 필요한 자본조달비용 또는 현물자산 매입으로 포기하는 이자기회비용
보관비용(u)	• 보유한 현물을 일정기간 동안 보관하는 저장비용 • 상품선물 가격결정 시 고려사항(단, 금융선물의 경우 "0")
현금수입(d)	• 보유한 현물로부터 발생하는 수입(이자소득과 배당소득) • 금융선물 가격결정 시 고려사항
편의수익(y)	• 현물을 실제로 보유하므로 얻을 수 있는 현물보유자의 비금전적 혜택 • 상품의 재고량에 관한 감소함수(재고량↓ → 희소성↑ → 편의수익↑) • 일부 상품선물 가격결정 시 고려사항(단, 금융선물의 경우 "0")

대표유형문제

콘탱고(contango)와 백워데이션(backwardation)에 대한 설명으로 옳지 않은 것은?

① 헤저들이 매도 포지션을 취하고 투기자들이 매수 포지션을 취하는 경향이 있다면 선물가격은 미래 현물가격의 기대치보다 높게 형성될 것이다.

② 선물가격이 미래 현물가격의 기대치보다 높은 상황을 콘탱고(contango)라고 한다.

③ 선물가격이 미래 현물가격의 기대치보다 낮다면 선물 만기일에 근접하면서 선물가격은 상승할 것이다.

④ 주가지수 선물의 경우 시장수익률이 배당수익률보다 높은 경우 만기일 이전 이론선물가격은 양($+$)의 값을 지닌다.

해설

투기자들이 매수 포지션을 취하는 이유는 현재 선물가격이 미래 현물가격의 기대치보다 낮은 상태(백워데이션)이기 때문에 투기자들은 선물이 만기일에 근접할수록 선물가격이 상승하리라 예상하여 매수 포지션을 취하게 된다.

정답 ①

(3) 콘탱고(contango)와 백워데이션(backwardation)

콘탱고(contango)	정상 백워데이션(backwardation)
정상시장	역조시장
$F_t > E(S_T)$	$F_t < E(S_T)$
$C > 0, r > d$	$C < 0, r < d$
원월물 > 근월물	원월물 < 근월물
헤저 매수 경향 + 투기자 매도 경향	헤저 매도 경향 + 투기자 매수 경향

더 알아보기

케인즈(Keynes)와 힉스(Hicks)의 위험프리미엄 가설
- 헤저의 포지션에 따라 선물가격과 기대현물가격 간의 관계가 결정된다고 봄
- 위험프리미엄 : 헤저의 위험을 전가받은 투기자에 대한 위험 감내에 따른 보상
- 만기일에는 $F_T = E(S_T)$이지만 만기일 이전에서 $F_T \neq E(S_T)$
- 콘탱고시장[$F_t > E(S_T)$]의 경우에는 선물가격 하락을 예상하여 투기자는 선물 매도 포지션
- 정상 백워데이션시장[$F_t < E(S_T)$]의 경우에는 선물가격 상승을 예상하여 투기자는 선물 매수 포지션

(4) 베이시스(basis)의 이해

구 분	내 용
basis	• 선물가격과 현물가격의 차이를 의미 • 시장 베이시스 = 선물시장가격 − 현물가격 • 이론 베이시스 = 선물이론가격 − 현물가격 (= 순보유비용(c)) • 만기일에 basis는 0에 수렴 • 선물가격에 대한 할증 또는 할인 정도 • 현물가격과 선물가격 간의 상대적인 변화로 매우 작은 수준으로 안정적
가격괴리	선물시장가격과 이론선물가격의 차이 또는 시장 베이시스와 이론 베이시스의 차이

01 다음 중 "미래의 특정일에 일어날 상품의 인·수도를 거래하기 용이하도록 표준화하여 거래소에 상장
★★☆ 된 거래"의 특징으로 옳은 것을 모두 고르면?

> 가. 취소불능예약거래
> 나. 회원권이 있는 회원들 간의 거래
> 다. 매입대금 일부를 납부하는 증거금의 성격
> 라. 대부분 실물인수도

① 가
② 가, 나
③ 가, 나, 다
④ 가, 나, 다, 라

해설

다. 선물거래는 쌍방 취소불가능계약으로 매수자와 매도자가 이행보증금의 성격으로 둘 다 증거금을 납부하여야 한다.
라. 대부분 실물인수도는 선도거래의 특징이며, 선물거래는 대부분 현금결제로 이뤄진다.

02 다음 중 선물거래계약에 관한 설명으로 옳은 것은?
★★★
① 선물거래는 개개인의 다양한 수요를 충족시킬 수 있도록 기초자산의 종류에 제한 없이 다양한 상
품이 거래되고 있다.
② 선물거래는 선도거래에 비하여 상대적으로 유동성 위험이 높은 편이다.
③ 선도거래는 선물거래와는 달리 거래단위, 결제월, 결제방법 등의 계약명세가 거래소에 의해 표
준화되어 있다.
④ 선물거래는 신용위험에 대한 제도적 장치가 마련되어 거래상대방의 신용상태를 파악할 필요가
없다.

해설

선물거래는 결제불이행을 사전에 방지하고자 반대매매, 일일정산 및 증거금제도를 갖추고 있다.
①·③ 선도거래의 경우 기초자산 종류와 계약조건에 대한 별도의 제한이 없어 당사자 간의 합의로 개개인의 다양한 니즈
를 충족시킬 수 있으나, 거래 시마다 거래 상대방을 찾고 계약 조건을 수시로 협의해야 하는 번거로움이 있다. 이와 달
리 거래소에 불특정다수가 참여하는 선물거래는 계약조건이 표준화되어 있어 거래에 편의성을 제공한다.
② 선물거래는 최종거래일 이전에 반대매매를 통해 거래대상자가 원할 경우 중도 청산하여 계약에서 벗어날 수 있어 유동
성 위험이 선도거래에 비하여 낮다.

03 다음 중 선물거래의 결제안정화제도에 대한 설명으로 옳은 것은?

★★☆

① 마진콜이 통보되면 고객은 다음날 증거금 납부시한까지 선물회사에 유지증거금 수준까지 추가증거금을 납입하여야 한다.

② 선물거래는 기초자산을 최종거래일에 인수도하거나 차금을 결제하는 계약이므로, 최종거래일까지 계약을 유지해야 한다.

③ 선물거래는 거래당사자가 서로 계약을 이행해야 하는 쌍무계약으로 선물매수와 선물매도자 둘 다 증거금을 납부하여야 한다.

④ 추가증거금은 현금뿐만 아니라 대용증권으로도 납입할 수 있다.

> **해설**
>
> ①, ④ 유지증거금 이하로 떨어져 마진콜이 통보되면 고객은 다음날 증거금 납부시한까지 개시증거금 수준에 맞춰 현금을 추가로 납입해야 한다.
>
> ② 선물거래는 최종거래일 이전에 반대매매를 통해 거래대상자가 원할 경우 중도 청산이 가능하다.

04 현재 만기 3개월 KOSPI200선물 가격은 245pt으로, 주가지수선물 4계약에 대해 매수 포지션을 취

★☆☆ 하였다. 3개월 후 만기일에 KOSPI200선물 가격이 243pt원으로 마감되었다면 만기일의 총 손익으로 올바른 것은? (1pt당 25만원임)

① 200만원 손실

② 200만원 이익

③ 400만원 손실

④ 400만원 이익

> **해설**
>
> [STEP 1] 만기일의 선물가격이 계약시점의 선물가격보다 하락하였으므로 매도자는 이익, 매수자는 손실이 발생한다.
>
> [STEP 2] 손실이 발생한 매수자의 계약불이행 위험이 있으므로 만기일에 채무자가 되어 지급의무가 발생한다.
>
> [STEP 3] 매수 포지션을 취한 손실은 [243pt − 245pt] × 4계약 × 25만원(거래승수) = −200만원이다.

05 선물의 편의수익(y)에 대한 설명으로 가장 바르지 못한 것은?

★★★

① 선물보유자에게 주어지는 비금전적 혜택이다.

② 재고량이 증가할수록 편의수익은 감소한다.

③ 보유비용에 해당하여 가산요인이다.

④ 금융선물의 경우 편의수익은 없다.

> **해설**
>
> 편의수익은 보유비용모형(cost of carry model)의 보유수익에 해당하여 차감요인이다.

06
★☆☆

이론적으로 선물가격이 현물가격보다 낮게 형성될 가능성이 가장 큰 선물상품은?

① 장기채권선물

② 금선물

③ 농산물 관련 선물

④ 주가지수선물

해설

금융선물인 채권선물의 경우 단기이자비용(r)이 장기이표수입(d)보다 적은 경우 순보유비용이 음수이며 이때 선물이론가격이 현물가격보다 낮게 형성된다.

07
★★★

다음 중 정상 백워데이션(backwardation)의 특징이 아닌 것은?

① 투기자들은 만기에 선물가격 상승을 예상하여 매수 포지션을 취하는 경향이 있다.

② 선물가격이 미래 현물가격의 기대치보다 낮은 상황이다.

③ 헤저들은 매도 포지션을 취하는 경향이 있다.

④ 이사비용이 현금수입보다 큰 상황이다.

해설

이자비용이 현금수입보다 크면 순보유비용이 양(+)의 값을 가져 선물가격이 현물가격보다 높게 형성되고 이때의 상황을 콘탱고(contango)라고 한다.

08
★★☆

베이시스(basis)에 관한 설명으로 거리가 먼 것은?

① 선물시장가격과 이론선물가격의 차이를 의미한다.

② 선물 만기일에 가까워질수록 베이시스는 0으로 수렴한다.

③ 가격괴리는 시장 베이시스와 이론 베이시스의 차이이다.

④ 이론 베이시스는 보유비용과 같다.

해설

베이시스는 선물가격과 현물가격의 차이를 의미한다. 기격괴리는 선물시장가격과 이론선물가격의 차이 또는 시장 베이시스와 이론 베이시스의 차이를 의미한다.

09 KOSPI200지수 종가가 107.50이다. KOSPI200선물 9월물 이론가격은 108.10, 선물가격은 108.00
★☆☆ 일 때 KOSPI200선물 9월물의 시장 베이시스는?

① 0.1

② 0.5

③ 0.6

④ 1.5

해설
시장 베이시스는 선물시장가격과 현물가격의 차이이므로 108.00 − 107.50 = 0.5이다.

02

주식 관련 선물

챕터 출제비중

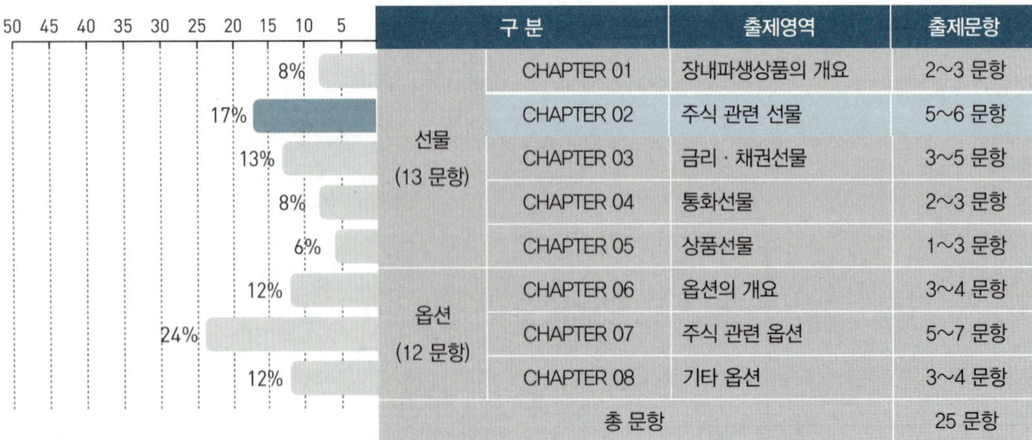

구 분		출제영역	출제문항
선물 (13 문항)	CHAPTER 01	장내파생상품의 개요	2~3 문항
	CHAPTER 02	주식 관련 선물	5~6 문항
	CHAPTER 03	금리 · 채권선물	3~5 문항
	CHAPTER 04	통화선물	2~3 문항
	CHAPTER 05	상품선물	1~3 문항
옵션 (12 문항)	CHAPTER 06	옵션의 개요	3~4 문항
	CHAPTER 07	주식 관련 옵션	5~7 문항
	CHAPTER 08	기타 옵션	3~4 문항
총 문항			25 문항

주식 관련 선물을 반드시 이해해야 하는 이유는 첫째로 출제비중이 가장 많으며, 둘째로 해당 파트의 논리구조가 금리선물, 통화선물, 상품선물의 기본 틀이 되기 때문입니다. 따라서 주식 관련 선물 내용에 대한 이해를 바탕으로 다른 파생상품들과 비교해가며 학습하기를 권장합니다.

Section별 중요도 및 학습체크

구 분	핵심개념	중요도	학습체크		
			1회독	2회독	3회독
01	주가지수 분류	★★★			
02	주식 관련 선물의 특징	★★			
03	주식 관련 선물 이론가격결정모형	★★★			
04	투기거래	★			
05	헤지거래	★★			
06	헤지비율	★★			
07	베이시스 리스크	★★			
08	차익거래 전략	★★★			
09	주가지수 현물바스켓의 구성방법	★★			
10	차익거래 불가능 영역	★★			
11	스프레드 거래	★★★			

대표유형문제

주가지수 산출방법 중 시가총액식에 대한 설명으로 사실이 아닌 것은?

① 주가와 주식 수 모두 중요하다.

② 기업가치의 변동을 잘 나타낸다.

③ 다우지수와 Nikkei225지수는 이 방식을 사용한다.

④ KOSPI200은 2007년 12월 14일부터 주식 수 대신 순수하게 유동주식수만을 고려한 방법이 사용
되고 있다.

해설

다우지수와 Nikkei225지수는 가격가중지수방식을 사용한다.

정답 ③

필수핵심개념

01 주가지수 분류

구 분	시가총액가중지수	가격가중지수(=다우식)
산출방식	$주가지수 = \dfrac{비교시점의\ 시가총액}{기준시점의\ 시가총액} \times 기준지수$	$가격가중지수 = \dfrac{구성종목의\ 주가합계}{제수(divisor)}$
대표 지수	S&P 500, KOSPI200, KOSDAQ150 등	다우존스산업평균지수(DJIA), Nikkei225 등
특 징	• 시가총액(주가 × 주식수)에 가중치 부여 • 장점 : 기업가치의 변동을 잘 나타냄 • KOSPI200의 특징 　－ 시장대표성, 업종대표성, 유동성을 감안하여 선정된 200종목으로 구성 　－ 연속성을 유지하기 위해 주식 수에 변동이 있는 경우 시가총액을 수정 　－ 유동주식수만 가중하여 시가총액 방식으로 산출	• 가격에 가중치 • 장 점 　－ 시장의 핵심 우량주 위주로 구성하여 계산 방식이 간단 　－ 주가등락을 민감하게 반영 • 단 점 　－ 일부종목만을 채용하므로 업종 간의 편차가 심함 　－ 전체 시장 파악 불가 　－ 소수의 고주가 종목에 의해 전체 주가가 종속됨 　－ 고주가 종목이 액면분할 등으로 주가하락 시 주가지수 영향력 감소

대표유형문제

주식선물에 대한 설명으로 옳지 않은 것은?

① 기초자산이 주식이므로 이론상 만기가 없다.
② 해당 종목에 특화된 헤지거래 또는 차익거래를 수행할 수 있다.
③ 레버리지가 내재화된 상품으로 투기적 거래자의 수요를 충족시킬 수 있다.
④ 공매도 호가제한을 적용받지 않는다.

해설
주식과는 달리 특정시점의 만기가 존재한다.

정답 ①

필수핵심개념

02 주가지수선물의 특징

① 추상적인 개념이므로 주식 1포인트당 일정금액을 부여하고 계약시점과 청산시점의 주가지수 차액만큼 현금결제
② 분산투자가 잘 이루어진 주식 포트폴리오가 분산투자를 통해 제거되지 않은 주식시장의 체계적 리스크 관리에 유용

03 주식선물의 특징

① 기초자산이 개별주식으로서 거시경제변수보다 미시경제변수에 상대적으로 더 영향을 받음
② 개별주식의 비체계적 리스크 관리에 유용
③ 주식선물을 활용하여 규제로 인해 거래가 어렵고 비용이 발생하는 주식 공매도 효과를 충족시켜 줌
④ 주식에 비해 증거금 수준이 낮아 높은 레버리지 효과 발생
⑤ 주식과는 달리 만기가 존재하며, 의결권이나 배당청구권이 없음

핵심보충문제

01
★★☆

다음 중 가격가중지수(다우식)에 대한 내용으로 옳지 않은 것은?

① 채용종목을 우량주 위주로 유지하기 때문에 해당 시점의 핵심적인 종목들을 한 번에 볼 수 있다.

② 대표적인 가격가중지수에는 DJIA와 Nikkei225가 있다.

③ 평균적인 주가를 산출하기 때문에 주식시장의 주가 등락을 민감하게 반영하기 어렵다.

④ 고주가 종목이 액면분할 등으로 저주가 종목으로 바뀔 경우 해당 종목의 주가지수에 대한 영향력이 줄어들 수 있다.

해설

가격가중 방식은 주식의 가격에 가중치를 부여하여 평균적인 주가를 산출하기 때문에 주식시장의 주가 등락을 민감하게 반영할 수 있는 장점이 있다. 반면에 시가총액 방식은 주가와 주식 수에 가중치를 부여하기 때문에 기업가치의 변동을 잘 나타낼 수 있다.

02
★★★

KOSPI200지수와 같은 시가총액가중지수에 대한 설명 중 올바른 것은?

① 기업가치의 변동을 잘 나타내준다.

② 업종 간의 편차가 심하게 나타날 수 있다.

③ 계산방식이 간단하다.

④ 주가등락을 민감하게 반영할 수 있다.

해설

기업의 시가총액이 해당 기업의 가치를 가장 적절하게 평가하기 때문에 시가총액가중지수는 기업가치의 변동을 잘 나타내주는 장점이 있다. ②는 가격가중지수의 단점이고, ③과 ④는 가격가중지수의 장점이다.

03 주가지수선물의 특징에 대한 설명으로 거리가 먼 것은?

★☆☆

① 분산투자가 잘 이루어진 주식 포트폴리오의 가격 변동 리스크를 헤지하는 데 매우 유용하다.

② 주가지수선물은 주식시장 전반의 체계적 리스크를 관리할 수 있는 최적의 파생상품이다.

③ 주가지수는 실물이 아닌 추상물이기 때문에 결제일에 기초자산을 인도 또는 인수할 수가 없다.

④ 주가지수선물은 만기까지의 평가손익을 결제일에 한 번에 정산하여 현금으로 결제한다.

해설

주가지수선물은 일일정산하여 매일 전일 종가와 당일 종가의 차이로 정산하여 손해나 이익을 증거금에서 가감하여 정산하며 결제일 이전에 반대매매를 통해 포지션을 정리할 수 있다.

04 개별주식선물에 대한 설명 중 바르지 못한 것은?

★★☆

① 거시경제변수보다 미시경제변수에 상대적으로 큰 영향을 받는다.

② 공매도에 대한 제한을 극복할 수 있는 금융상품이다.

③ 체계적 위험 관리에 유용하다.

④ 주주총회 의결권이나 배당청구권은 주어지지 않는다.

해설

주가지수선물이 주식시장 전반의 체계적 리스크를 관리할 수 있는 최적의 파생상품이다.

---

section 03 **주식 관련 선물 이론가격결정모형**   중요도 ★★★

대표유형문제

KOSPI200선물 이론가격결정에 대한 설명으로 바르지 못한 것은?

① 일반적으로 선물가격이 현물가격보다 높은 상태이다.

② 원월물 가격이 근월물 가격보다 낮다.

③ 배당이 증가하면 선물가격은 낮아진다.

④ 금리가 증가하면 선물가격은 높아진다.

해설

잔존기간이 증가할수록 선물가격이 증가하므로 원월물의 가격이 근월물의 가격보다 높다.

정답 ②

필수핵심개념

01 완전시장하에 무차익거래와 이론선물가격(spot-futures parity)

[현재(t) 시장 정보]

현물가격(S_t) = 100, 이자율(r) = 8%, 배당률(d) = 4%, 잔존만기 3개월 선물가격(F_t) : 101

(단, 일자계산을 30/360으로 가정)

현재(t) 포지션	현재 현금흐름	만기일(T) 포지션	만기일 현금흐름
현물 구매 자금을 차입	$+100(S_t)$	차입한 원리금을 갚음	$-102^{*1}(S_t + S_t \times r \times \frac{90}{360})$
현물 매수	$-100(S_t)$	현물에서 발생한 배당수익	$+1^{*2}(S_t \times d \times \frac{90}{360})$
선물 매도 예약	0	선물 매도 약속 이행	$+101(F_t)$
합 계	0	합 계	0

$^{*1} : 100 + 100 \times 0.08 \times \frac{1}{4} = 102, \quad ^{*2} : 100 \times 0.04 \times \frac{1}{4} = 1$

① 이처럼 현재시점 선물가격이 101일 경우에는 아무런 차익이 발생하지 않는다.

② 차익이 발생하지 않는 현물의 가격을 선물이론가격(F_N)이라고 한다.

③ $F_t \neq F_N$인 경우 차익거래 기회가 발생한다.

02 주가지수(개별주식)선물의 이론가격결정(F_N)

$$F_N = S_t + C$$

$$F_N = S_t + S_t(r - d) \times \frac{T - t}{365}, \ C = S_t(r - d) \times \frac{T - t}{365}$$

$$F_N = S_t \times [1 + (r - d) \times \frac{T - t}{365}] \ or \ F_N = S_t \times [1 + r \times \frac{T - t}{365}] - D$$

(F_N : 이론선물가격, S_t : 현재시점 현물가격, $T-t$: 잔존일수, D : 배당금의 만기 시 가치)

03 주식 관련 선물의 이론가격결정요인

요 인	선물가격	순보유비용(=basis)
기초자산 상승	상 승	상 승
이자율 증가	상 승	상 승
배당수익률 증가	하 락	하 락
잔존기간 증가	상 승	상 승

02 핵심보충문제

01
★★☆

다음 중 개별주식선물의 이론가격결정에 대한 내용 중 바르지 않은 것은? (정상시장을 전제)

구 분	요 인	선물가격	순보유비용(=basis)
①	주식가격 상승	상 승	상 승
②	이자율 증가	상 승	상 승
③	배당수익률 증가	하 락	하 락
④	잔존기간 증가	상 승	하 락

해설

보유비용모형에 의해 이론선물가격은 현물가격 + 순보유비용이다. 그러므로 기초자산과 순보유비용이 증가하면 선물가격은 상승하게 된다. 선물이 현물보다 유리하다면 선물가격이 상승할 것이며, 현물이 선물보다 유리하다면 선물의 가격이 하락할 것은 당연하다.

이자율 상승의 경우 현재 현물 매입자금이 없으면 일정 이자율을 지급하고 자금을 차입해야 하나 선물은 미래시점에 결제하므로 이자율이 증가할수록 유리하다. 매입자금이 있으면 그 자금을 높은 이자율로 예치가능하므로 이자율의 상승은 현물보다 선물이 유리하다. 배당수익은 현물을 보유해야 받을 수 있는 수익인데 선물은 배당수익을 받을 수 없어 배당수익이 크면 클수록 현물보다 불리해진다. 따라서 배당수익률의 증가는 선물가격의 하락요인이 된다.

보유기간이 증가하면 증가할수록 현물을 보유하고 있다면 보관비용이 많이 발생하므로 선물이 현물보다 유리하다.

02
★★☆

A기업의 주가가 10만원이고, 배당수익률은 1%, 선물의 만기가 3개월(90일), 이자율이 5%라고 할 때 주식선물의 이론가격은 얼마인가? (이산복리 가정)

① 100,493원
② 100,986원
③ 101,000원
④ 101,493원

해설

[STEP 1] 보유비용모형에 의해 이자비용(r) > 현금수입(d) 이므로 양($+$)의 순보유비용이 발생하여 선물의 이론가격은 현물가격보다 높게 나온다.

[STEP 2] 주가 10만원에 대해 이자율 5%와 배당수익률 1%의 차이인 4%가 순보유비용이다.

[STEP 3] 선물의 만기는 3개월이고 약 1%($= 4\% \times \dfrac{3}{12}$) 정도이므로 10만원의 1%인 1,000원이 순보유비용이 된다.

[STEP 4] 현물가 100,000원에 순보유비용 1,000원을 합산한 주식선물 이론가격은 약 101,000원이 된다.

공식에 대입하면 $F_N = S_t + S_t(r - d) \times \dfrac{T - t}{365}$ 이므로,

$$100,000 + 100,000 \times (0.05 - 0.01) \times \frac{90}{365} \fallingdotseq 100,986$$

03 현재 주가가 10,000이고, 배당수익률이 2%, 이자율이 3.5%이고 선물의 만기가 1년이라고 할 때 주
★☆☆ 식선물의 순보유비용은 얼마인가? (이산복리 가정)

① 150원

② 1,050원

③ 10,150원

④ 11,500원

[STEP 1] 주가 10,000원에 대해 이자율 3.5%와 배당수익률 2%의 차이인 1.5%가 순보유비용이다.

[STEP 2] 선물의 만기는 1년이므로 10,000원의 1.5%인 150원이 순보유비용이 된다.

$$\text{공식에 대입하면 } C = S_t(r-d) \times \frac{T-t}{365} = 10,000 \times (0.035 - 0.02) = 150$$

04 주가지수선물의 가격에 대한 설명으로 옳지 않은 것은?
★★☆ ① 잔존만기가 짧아질수록 선물가격은 하락한다.

② 현물주가지수가 상승하면 선물가격도 상승한다.

③ 배당수익률이 상승하면 선물가격도 상승한다.

④ 무위험이자율이 상승하면 선물가격도 상승한다.

선물가격은 기초자산, 이자율, 잔존기간과는 비례하고 배당과는 반비례한다.

05 주가지수선물의 베이시스에 영향을 미치는 요인의 관계로 옳지 않은 것은?
★★☆ ① 배당수익률 증가 — 베이시스 축소

② 무위험이자율 상승 — 베이시스 확대

③ 주가지수 하락 — 베이시스 축소

④ 잔존기간의 감소 — 베이시스 확대

이론 베이시스는 순보유비용과 같다. 잔존기간이 짧아질수록 순보유비용이 감소한다. 따라서 베이시스가 축소된다.

03 주식 관련 선물의 투자전략(strategy)

대표유형문제

선물거래를 이용한 전략 중 투기거래에 대한 설명으로 옳지 않은 것은?

① 레버리지 효과로 인해 적은 증거금으로 큰 수익을 기대할 수 있는 반면 위험도 매우 높다.
② 방향성 매매로 포지션을 취한 투자자는 만기까지 의무적으로 포지션을 유지하여야 한다.
③ short position을 취한 투자자는 기초자산의 가격이 하락하는 경우 이익이 발생한다.
④ 현재 선물의 가격이 저평가라고 판단되는 투자자는 long position을 취할 것이다.

해설
선물거래는 최종거래일 이전에 투자자가 원할 경우 반대매매를 통해 중도 청산이 가능하다.

정답 ②

필수핵심개념

01 투기거래(speculation)

(1) 방향성 매매

예측 방향		투기전략
방향성 매매	기초자산의 가격 상승 예상	선물 매수 포지션(+), long position
	기초자산의 가격 하락 예상	선물 매도 포지션(−), short position

(2) 위탁증거금을 이용한 레버리지 효과(= 손익확대효과)

1계약당 선물가격 : 100, 위탁증거금률 : 10%, 만기 시 선물가격 : 120 가정하였을 경우 1계약을 매수 포지션으로

[STEP 1] 선물의 수익률을 계산하면 $(120 - 100)/100 = 0.2$ (∴ 20% 상승이다.)

[STEP 2] 선물의 레버리지 효과는 개시증거금의 역수이므로 1/개시증거금률 $= 1/0.1 = 10$배의 레버리지 효과를 가져온다.

[STEP 3] 실제수익률은 20% × 10배 = 200%이다.

(결론) 선물가격의 상승률 20% 대비 실제수익률은 200%로 10배의 손익확대효과를 가져온다. 만약 매도 포지션을 취한 경우 10배의 손실이 확대된다.

(참고) 실제 계약에 필요한 자금은 위탁증거금 $= 100 \times 0.1 = 10$이고 선물로 인한 수익은 $120 - 100 = 20$이므로 위탁증거금 대비 실제수익률은 $(120-100)/10 = 2 \rightarrow 200\%$ 상승임을 알 수 있다.

대표유형문제

선물거래를 이용한 헤지거래에 대한 설명으로 옳지 않은 것을 고르면?

① 미래에 현물을 불확실한 가격으로 사야 할 상황에 대비하여 선물거래를 이용하여 헤지하는 경우에는 매수헤지를 해야 한다.

② 현재 현물을 보유한 경우 기초자산가격의 하락위험이 있으므로 기초자산에 대한 헤지 수단으로 선물 매도 포지션을 취해야 한다.

③ 교차헤지의 경우 기초자산과 상관성이 낮은 선물을 이용하는 헤지거래이다.

④ 주식 포트폴리오와 지수선물 간에 추적오차와 베이시스 리스크가 낮을수록 헤지의 효율성이 높아진다.

해설

헤지수단으로 이용되는 선물의 기초자산이 헤지대상인 현물과 가격변동이 유사한, 즉 상관성이 높은 다른 선물상품을 이용하여 헤지하는 방법이다.

정답 ③

필수핵심개념

02 헤지(hedge)거래

(1) 가격변동위험에 대한 헤지 포지션

현물 포지션		노출된 위험	헤지 전략(선물기준)
현 재	현물 보유	기초자산가격 하락 위험	선물 매도 헤지
	현물 공매도	기초자산가격 상승 위험	선물 매수 헤지
미 래	현물 매수 예정	기초자산가격 상승 위험	선물 매수 헤지
	현물 매도 예정	기초자산가격 하락 위험	선물 매도 헤지

(2) 헤지의 구분

직접헤지 (direct hedge)	헤지대상인 현물과 헤지수단으로 이용되는 선물의 기초자산이 동일한 경우의 헤지
교차헤지 (cross hedge)	• 헤지수단으로 이용되는 선물의 기초자산이 헤지대상인 현물과 가격변동이 유사하고 다른 특성을 갖는 선물상품을 이용하여 헤지하는 방법 • 헤지 대상이 선물시장에 존재하지 않거나, 유동성이 부족한 경우, 상이한 자산에 대한 선물계약이 더 유리하다고 판단되는 경우에 이용 • 주가지수선물을 이용하여 주식형 펀드를 헤지하는 경우 교차헤지에 해당하며 이때 헤지 효율성 저해 요인으로는 ❶ 추적오차와 ❷ 베이시스 리스크가 있음

section 06 | 헤지비율   중요도 ★★☆

대표유형문제

현재 보유하고 있는 주식 포트폴리오의 가치는 10억원이다. 포트폴리오 베타가 1.2이고 KOSPI200선물지수가 100pt이고, 주가상승을 예상하여 보유 주식의 이익규모를 확대하기 위해 목표 베타를 1.9로 증가시키기를 원할 때 KOSPI200선물 계약수는 얼마인가? (단, KOSPI200선물 거래승수는 25만원이다.)

① 28계약 매수

② 28계약 매도

③ 70계약 매수

④ 70계약 매도

해설

[STEP 1] 주가상승을 예상하므로 주가지수선물을 매수하여 베타를 상향 조정해야 한다.

[STEP 2] 베타를 1.2에서 1.9로 0.7만큼 증가시키기 위한 매수 계약 수를 산출한다.

$$(\beta_T - \beta_P) \times P = F \times N^* \text{이므로} \ (1.9 - 1.2) \times 10\text{억} = 100pt \times 25\text{만원} \times N^*$$

$$\therefore N^* = 28\text{계약}$$

정답 ①

필수핵심개념

(3) 헤지비율의 계산(헤지계약수 계산)

① 단순헤지

현물가격과 선물가격의 움직임이 동일하다고 가정하거나 상대적 움직임을 감안하지 않은 단순한 헤지

$$S = F \times N^*$$

$$N^* = \frac{S}{F}$$

$(S : 주식의 현재가치, F : 선물 한 계약의 현재가치, N^* : 헤지계약수)$

② 베타헤지

시장지수에 대한 현물가격의 상대적 민감도(β_S)를 고려한 헤지

$$\beta_S \times S = F \times N^*$$
$$N^* = \frac{S}{F} \times \beta_S$$
$$(N^* : \text{헤지계약수, } \beta_S : \text{현물자산의 } \beta)$$

더 알아보기

시장리스크 관리를 위한 베타조정헤지
- 개별주식을 보유한 경우 주가지수선물의 베타를 조정하여 개별주식의 교체 없이 체계적(= 시장)리스크를 조정하여 효율적 시장시기선택전략(market timing)[1] 가능
- $(\beta_T - \beta_P) \times P = F \times N^*$
  (P : 주식 포트폴리오 현재가치, N^* : 헤지계약수, β_T : 포트폴리오의 목표베타, β_P : 주식 포트폴리오의 베타)

[1] : 시장시기선택전략(market timing : 주가 상승(하락) 예상 시 주식 포트폴리오에 베타가 높은(낮은) 주식을 편입하여 베타(＝체계적 리스크)가 증가(감소)하여 적극적 전략을 구사

③ 최소분산헤지

   ㉠ 현물가격의 상대적 민감도뿐만 아니라 선물가격의 상대적 민감도까지 고려한 헤지

   ㉡ 선물가격 변동에 대한 현물가격의 상대적 변동을 감안한 위험을 최소화하는 헤지

$$\beta_S \times \beta_{IF} \times S = F \times N^*$$
$$\beta_{SF} \times S = F \times N^*$$
$$N^* = \beta_{SF} \times \frac{S}{F}$$
$$(N^* : \text{헤지계약수, } \beta_{IF} : \text{선물자산의 베타, } \beta_{SF} : \text{선물지수에 대한 현물주식의 베타})$$

더 알아보기

주가지수선물의 최소분산헤지
- 주가지수선물 베타가 주어지지 않은 경우에는 $\beta_{IF} = 1$(시장의 움직임과 동일)이므로 최소분산헤지 전략과 베타헤지전략이 동일하다. 즉, 주가지수선물의 $\beta_{IF} = 1$을 가정하는 경우, 목표베타(β_T)가 0일 때 시장리스크가 완전히 제거된 최소분산헤지 전략이 가능하다.
- 추적오차가 없는 경우, 완전헤지된 주식 **포트폴리오의 시장리스크는 0**이 되어 무위험자산을 보유한 효과와 동일하다.
  ∴ ⊕무위험 자산 ＝ ⊕주식 포트폴리오 ⊖주가지수선물

대표유형문제

다음 중 헤지거래에 대한 설명으로 옳지 않은 것은?

① 베이시스 위험은 항상 헤저에게 불리한 것은 아니다.

② 역조시장에서 주가지수선물을 이용하여 매도헤지를 하였다면 만기이전 청산시점에 베이시스가 축소되면 이익이 발생한다.

③ 현물가격과 선물가격이 같은 방향으로 일정한 관계를 유지하며 움직이기 때문에 헤징이 가능하다.

④ 헤지거래를 통하여 가격변동위험을 회피하고 베이시스 변동위험으로의 전가를 통해 전체적 위험이 감소된다.

해설

역조시장에서 현물가격 > 시장선물가격이며, 매도 헤지 포지션은 $+S-F$ 이다. 이를 그림으로 이해하자.

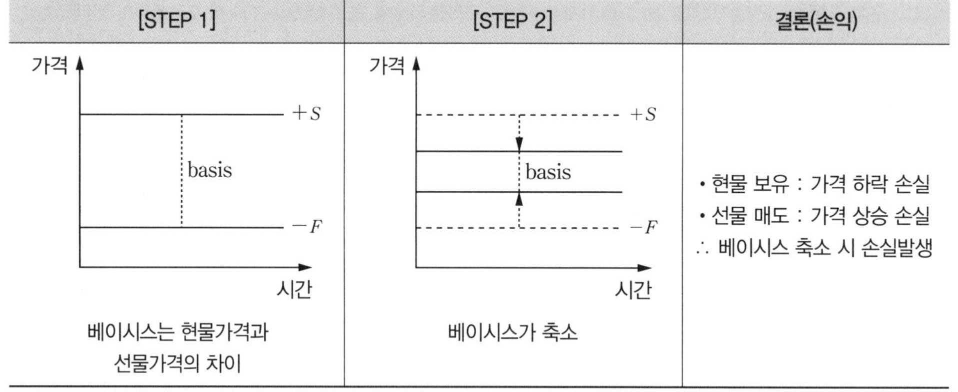

[STEP 1]	[STEP 2]	결론(손익)
가격 / 시간 $+S$ basis $-F$ 베이시스는 현물가격과 선물가격의 차이	가격 / 시간 $+S$ basis $-F$ 베이시스가 축소	• 현물 보유 : 가격 하락 손실 • 선물 매도 : 가격 상승 손실 ∴ 베이시스 축소 시 손실발생

실제 선물가격과 현물가격의 움직임 방향은 동일하여 역조시장에서 베이시스가 축소된다는 의미는 현물가격의 하락폭이 선물가격의 하락폭보다 크거나 현물가격의 상승폭보다 선물가격의 상승폭이 큰 경우에 베이시스가 축소되는 것을 가리킨다.

정답 ②

필수핵심개념

(4) 베이시스(basis)

① 베이시스 리스크의 이해

　㉠ 만기일 이전에 반대매매를 통해 포지션을 청산하는 경우 해당 시점의 현물가격과 선물가격의 차이

　㉡ 현물가격과 선물가격의 절대적 변동에 비해 안정적이고 어느 정도 예측이 가능

　㉢ 헤지거래로 현물가격변동리스크가 위험이 작은 베이시스 리스크로 전가되므로 위험이 잔존

　㉣ 개시 베이시스(B_0)와 청산 베이시스(B_1)가 다른 경우 발생하는 손익

　㉤ 베이시스 리스크가 있는 경우 완전 헤지가 불가하나 항상 불리한 것은 아님

② 정상시장하에 베이시스 리스크의 손익

예상 베이시스	현재 포지션	청산 시점 상황	손익 = basis risk
베이시스 축소 예상	매도 헤지$(+S-F)$	베이시스 확대$(B_0 < B_1)$	손실$(B_0 - B_1)$
		베이시스 축소$(B_0 > B_1)$	이익$(B_0 - B_1)$
베이시스 확대 예상	매수 헤지$(-S+F)$	베이시스 확대$(B_0 < B_1)$	이익$(B_1 - B_0)$
		베이시스 축소$(B_0 > B_1)$	손실$(B_1 - B_0)$

 차익거래 전략　　　　중요도 ★★★

대표유형문제

보유비용모형에 의한 선물의 이론가격이 245이고 시장선물의 가격이 240일 때 차익거래 전략은?

① 매수차익거래, 자금차입 + 현물매입 + 선물매도
② 매수차익거래, 현물매도 + 자금대출 + 선물매입
③ 매도차익거래, 자금차입 + 현물매입 + 선물매도
④ 매도차익거래, 현물매도 + 자금대출 + 선물매입

해설

선물이론가격 > 시장선물가격 → 선물저평가 → 선물매수 + 현물매도 → 매도차익거래 전략
매도차익거래 전략은 투자시점 현물을 공매하여 자금을 대여하고 선물매수 포지션을 취하면 만기시점에 차익이 발생

정답 ④

필수핵심개념

03 차익거래(arbitrage, spot–futures parity)

추가적인 자금이나 위험을 부담하지 않으면서 선물의 시장가격과 이론가격 사이에 괴리가 발생한 경우 상대적으로 고평가되어 있는 것은 매도하고 상대적으로 저평가되어 있는 것을 동시에 매수함으로써 이익을 실현시키는 거래

(1) 차익거래 전략

차익거래 기회	가치 평가	차익거래 전략(현물기준)
시장선물가격 > 이론선물가격	선물가격 고평가	$-F +S$, 매수차익거래(cash & carry strategy)
시장선물가격 < 이론선물가격	선물가격 저평가	$+F -S$, 매도차익거래(reverse cash & carry strategy)

① 매수차익거래 전략(cash & carry strategy)

> **[현재(t) 시장 정보]**
> 현물가격(S_t) = 100, 이자율(r) = 8%, 배당률(d) = 4%, 잔존만기 3개월 선물가격(F_t) = 105

[STEP 1] 이론선물가격 산출 : $F_N = 100[1 + (0.08 - 0.04) \times \dfrac{1}{4}] = 101$

[STEP 2] 시장선물가격(105) > 이론선물가격(101) → 시장선물가격 고평가

[STEP 3] $-F + S$, 매수차익거래(cash & carry strategy) → $[F_t - F_N]$ 만큼 차익이 발생

현재(t) 포지션	현재 현금흐름	만기일(T) 포지션	만기일 현금흐름
현물 구매자금을 차입	$+100(S_t)$	차입한 원리금을 상환	$-102^{*1}(S_t + S_t \times r \times \dfrac{T-t}{365})$
현물 매수	$-100(S_t)$	현물에서 발생한 배당수익	$+1^{*2}(S_t \times d \times \dfrac{T-t}{365})$
선물 매도 예약	0	선물 매도 약속 이행	$+105(F_t)$
합 계	0	합 계	$4 (= 106 - 102)$

$*1 : 100 + 100 \times 0.08 \times \dfrac{1}{4} = 102,\quad *2 : 100 \times 0.04 \times \dfrac{1}{4} = 1$

② 매도차익거래 전략(reverse cash & carry strategy)

> **[현재(t) 시장정보]**
> 현물가격(S_t) = 100, 이자율(r) = 10%, 배당률(d) = 2%, 잔존만기 6개월 선물가격(F_t) = 102

[STEP 1] 이론선물가격 산출 : $F_N = 100[1 + (0.1 - 0.02) \times \dfrac{1}{2}] = 104$

[STEP 2] 시장선물가격(102) < 이론선물가격(104) → 시장선물가격 저평가

[STEP 3] $+F - S$, 매도차익거래(reverse cash & carry strategy) → $[F_N - F_t]$ 만큼 차익이 발생

현재(t) 포지션	현재 현금흐름	만기일(T) 포지션	만기일 현금흐름
현물을 빌림	$+100(S_t)$	현물 수익 대납	$-1^{*1}(S_t \times d \times \dfrac{T-t}{365})$
현물 매도 자금 예치(대출)	$-100(S_t)$	대출 원리금 회수	$+105^{*2}(S_t + S_t \times r \times \dfrac{T-t}{365})$
선물 매수 예약	0	선물 매수 약속 이행	$-102(F_t)$
합 계	0	합 계	$2 (= 105 - 103)$

$*1 : 100 \times 0.02 \times \dfrac{1}{2} = 1,\quad *2 : 100 + 100 \times 0.1 \times \dfrac{1}{2} = 105$

대표유형문제

주가지수를 추적하는 현물바스켓을 구성하는 방법으로 거리가 먼 것은?

① 부분복제법은 현물바스켓을 구성하지만 대상 주가지수와의 괴리가 발생할 위험이 존재한다.
② 완전복제법은 구성종목수가 많아질수록 구성비용이 증가한다.
③ 최적화법은 주가지수를 정확히 추적한다는 점에서 추적오차가 제거된 이론적으로 가장 완벽한 방법이다.
④ 층화추출법은 업종별 대표종목을 선별하여 현물바스켓을 구성하는 부분복제 방법이다.

해설

최적화법은 업종 및 종목별 특성치 등의 기준에 의해 종목을 선정한 뒤에 일정한 제약 조건을 만족하는 종목으로 구성하는 부분복제법으로 추적오차 발생위험이 있다.

정답 ③

필수핵심개념

(2) 주가지수 현물바스켓(인덱스펀드)을 구성하는 방법

주가지수선물을 이용한 차익거래는 개별 주식이 아닌 주가지수를 추적하는 현물바스켓이다.

방 식	특 징
완전복제법	전 종목을 대상으로 바스켓을 구성하여 대상 주가지수를 추적오차 없이 추적하는 방식이지만 비용 부담이 큼
부분복제법	일반적 방식이나 추적오차 발생 위험이 있고 추적오차 발생 시 재조정 추가비용 필요 • 층화추출법(sampling) : 업종별 대표종목을 선별하여 현물바스켓을 구성 • 최적화법(optimization) : 업종 및 종목별 특성치 등의 기준에 의해 종목을 선정한 뒤에 일정한 제약 조건을 만족하는 종목으로 구성(계량적 접근법)

(3) 주가지수 차익거래의 리스크

주가지수를 추적하는 현물바스켓(인덱스펀드)을 구성하는 과정에서 발생하는 리스크

추적오차	대상 주가지수를 제대로 추적하지 못하여 기대한 차익을 얻지 못할 위험
유동성 리스크	미청산위험으로서 현물바스켓의 일부 종목에 유동성이 부족하여 미체결되거나 불리한 가격에 체결되는 위험
시장충격비용	현물바스켓을 주문집행할 때 순간적으로 대규모 주문을 체결하기 때문에 개별종목이나 선물의 가격 변동이 불리하게 되는 위험

대표유형문제

다음 중 실제 차익거래에서 발생하는 암묵적 비용에 속하지 않는 것은?

① 수수료 및 세금

② 호가스프레드

③ 시장충격비용

④ 차입과 공매의 제약

해설

거래로 발생하는 수수료 및 세금은 명시적 비용이다. 암묵적 비용에는 호가스프레드, 시장충격비용, 차입금액 한도와 공매도 제약 및 조달비용과 운용수익의 불일치와 같은 제도적 마찰요인이 있다.

정답　①

필수핵심개념

(4) 불완전시장하에 차익거래가 불가능한 이론선물가격영역

① 시장의 불완전 요인

명시적 비용	거래로 발생하는 수수료, 세금	
암묵적 비용	호가스프레드	• 매도가격과 매수가격 간의 차이에서 발생하는 기회비용 • 원하는 가격에 계약이 체결되지 않는 상황에서 발생하는 비용
	시장충격비용	• 자신의 매매주문으로 인해 시장에서 발생할 수 있는 가격 변동 • 유동성이 낮을수록 높음
	제도적인 마찰요인	• 차입자금 한도와 공매도 제약 • 차입이자율(조달비용)과 대출이자율(운용수익) 불일치

② 차익거래불가영역(no−arbitrage band)

$$S_t \times [1 + (r_{운용} - d) \times \frac{T - t}{365}] - TC \leq F_t \leq S_t \times [1 + (r_{차입} - d) \times \frac{T - t}{365}] + TC$$

$$F_t : \text{현재 시장선물가격}, \quad TC : \text{거래비용}$$

㉠ 완전시장을 가정한 ❶ 선물이론가격에 ❷ 거래비용을 감안한 범위 이내에서는 차익거래에 따른 이익이 존재하지 않는 영역, 거래비용을 감안하지 않은 순수 이론가격 이외에 거래비용을 감안한 실질적 이론가격

㉡ 시장선물가격이 이론선물가격 하한선과 상한선 사이에 있는 경우 거래비용을 고려하면 오히려 손실이 발생

③ 거래비용을 감안한 차익거래 기회

상 황	전 략
$F_t < S_t \times [1 + (r_{운용} - d) \times \dfrac{T-t}{365}] - TC$ 시장선물가격 < 차익거래불가능영역 하한선	• 시장선물가격 < 이론선물가격 → 선물가격 저평가 → 　선물매수 + 현물매도 → 매도차익거래 − 하한선은 매도차익거래가 가능한 가장 높은 가격대
$S_t \times [1 + (r_{차입} - d) \times \dfrac{T-t}{365}] + TC < F_t$ 차익거래불가능영역 상한선 < 시장선물가격	• 이론선물가격 < 시장선물가격 → 선물가격 고평가 → 　선물매도 + 현물매수 → 매수차익거래 − 상한선은 매수차익거래가 가능한 가장 낮은 가격대

④ 차익거래불가영역 상한선과 하한선의 거래비용

차익거래불가영역 상한선	주식매수자금, 주식매수수수료, 선물매도수수료와 선물증거금 등
차익거래불가영역 하한선	주식공매도수수료, 거래세, 선물매수수수료, 선물증거금 등

대표유형문제

정상시장을 가정하는 경우 주가지수선물의 원월물과 근월물 간 스프레드 확대가 예상되는 적절한 스프레드 전략은?

① 근월물 매수, 원월물 매수　　　② 근월물 매도, 원월물 매도
③ 근월물 매수, 원월물 매도　　　④ 근월물 매도, 원월물 매수

해설

정상시장에서 원월물가격(F_2) > 근월물가격(F_1)이다. 이를 그림으로 이해하자.

[STEP 1]	[STEP 2]	결론(손익)
가격 / 시간 spread (P_2, P_1) 스프레드는 원월물과 근월물의 가격 차이	가격 / 시간 spread (F_2, F_1) 스프레드 확대 예상	• 원월물가격 상승 예상 → 원월물 매수 • 근월물가격 하락 예상 → 근월물 매도하는 경우 스프레드 확대 시 이익이 발생

상품 내 스프레드는 기초자산이 동일하여 실제 원월물가격과 근월물가격의 움직임 방향은 동일하고 정상시장에서 스프레드가 확대된다는 의미는 근월물가격의 하락폭이 원월물가격의 하락폭보다 크거나 근월물가격의 상승폭보다 원월물가격의 상승폭이 큰 경우에 스프레드가 확대됨을 말한다.

정답 ④

04 스프레드(spread) 거래

(1) 스프레드 거래 특징

① 스프레드(spread) : 서로 다른 선물의 가격차이(가격차이 발생요소 : 시장, 상품, 만기)

② 상대적으로 저평가된 선물을 매수하고 동시에 상대적으로 고평가된 선물을 매도하는 전략

③ 두 선물의 상대 가격의 변화에 따라 손익이 결정되는 거래

④ 투기거래의 일종이지만 단순 투기거래에 비해 위험과 수익이 낮음(일반적으로 증거금률은 낮고, 거래규모가 큼)

⑤ 스프레드 거래 순기능 : 시장의 유동성 제고 및 시장의 가격을 정상 수준으로 조정, 헤지 이월

더 알아보기

이월(roll over) 방법
보통 실물인수도를 원하지 않아 자신의 포지션을 만기 이전에 처분하고 새 포지션을 취함
• 레그 인(leg in) 방법 : 만기되는 3월물 매도와 신규월물인 6월물 매수를 각각 거래
• 스프레드 매매 : 만기되는 3월물 계약의 청산 주문과 신규 6월물 계약을 동시에 처리하는 방법

(2) 스프레드 거래의 종류

① 상품 내 스프레드(inter−delivery spread, 결제월 간 스프레드) : 동일 상품, 만기 상이

현재 스프레드	예상 스프레드	시장별 스프레드 전략	
		정상시장(contango)	역조시장(backwardation)
강세스프레드 (bull spread)	스프레드 축소 예상	⊖원월물 ⊕근월물 스프레드 매도 전략	⊕원월물 ⊖근월물 스프레드 매수 전략
약세스프레드 (bear spread)	스프레드 확대 예상	⊕원월물 ⊖근월물 스프레드 매수 전략	⊖원월물 ⊕근월물 스프레드 매도 전략

② 상품 간 스프레드(inter−commodity spread) : 동일 만기, 상관성이 높은 다른 자산

③ 시장 간 스프레드(inter−market spread) : 동일한 만기와 상품, 서로 다른 거래소

더 알아보기

거래소에서 KOSPI200선물의 스프레드 거래 도입
KOSPI200스프레드를 별도의 매매대상으로 독립함에 따라 헤징기간이 긴 경우 원월물의 유동성 부족에 영향을 받지 않고 최근월물의 매도 헤지 포지션을 차근월물로 이월하기 위해서 스프레드 매도(❶ 최근월물 매수 + ❷ 차근월물 매도)를 통해 최근월물은 반대매매로 포지션이 청산되고 차근월물 매도 포지션만 남아 헤지 이월이 수월

01 선물을 이용한 투기거래에 대한 설명으로 거리가 먼 것은?
★☆☆

① 현물과 관계없이 단순히 장래 선물가격의 변동을 예측하여 선물을 매도 또는 매수함으로써 시세 변동에 따른 차익을 목적으로 하는 거래이다.

② 선물거래는 통상 거래대금보다 적은 위탁증거금만으로 거래가 가능하기 때문에 레버리지 효과가 있다.

③ 선물시장의 가격형성을 원활하게 만들며 유동성을 높이는 긍정적인 역할과 함께 시장의 안정성을 향상시키기도 한다.

④ 투기거래는 헤지거래자의 위험을 받아주는 역할을 한다.

해설

투기거래는 시장의 유동성을 공급해주는 긍정적 기능을 하나 시장의 불안정성을 고조시키는 부정적인 측면도 있다.

02 주가상승을 예상하여 KOSPI200주가지수선물을 100포인트에 5계약을 매수한 후 KOSPI200선물
★☆☆ 이 101.4포인트로 상승하였다면 투자손익은 얼마인가? (단, 기래승수는 25만원이다.)

① 140만원 손실

② 175만원 손실

③ 140만원 이익

④ 175만원 이익

해설

[STEP 1] 매수 포지션은 실제선물가격이 약정선물가격보다 상승하면 이익이다.

[STEP 2] 이익은 101.4 − 100 = 1.4이다. 거래승수는 1포인트에 25만원이므로 1.4 × 25만원 = 35만원이고, 총 5계 약이므로 총 수익은 35만원 × 5 = 175만원이다.

03 ★☆☆ A주식선물을 10,000원에 5계약을 매수하였다. 1주일 후에 12,000원에 선물을 청산하였다면 증거금 대비 투자 수익률은 얼마인가? (단, 거래승수 10주, 위탁증거금률 20%)

① 50%

② 100%

③ 200%

④ 400%

> **해설**

[STEP 1] 1계약당 선물의 수익률 : (12,000 − 10,000)/10,000 = 0.2 ∴ 20% 상승
[STEP 2] 선물의 레버리지 효과는 개시증거금률의 역수이므로 1/개시증거금률 = 1/0.2 = 5 ∴ 5배의 이익 확대
[STEP 3] 선물가격의 상승률은 20%에 5배의 손익확대효과로 인한 수익률은 100%가 된다.

04 ★☆☆ 투자자 A가 현재 보유한 주식가격은 20,000원이고, 보유수량은 1,000주이며, 보유주식의 베타는 1.5 이다. 향후 주식가격의 하락이 예상되어 주가지수선물을 이용하여 매도헤지거래를 이용하였다. 3개월 만기 주가지수선물의 가격은 120포인트이다. 3개월 후 보유한 주식의 가격이 18,000원으로 하락하였 고, 주가지수선물은 115포인트가 되었다면 투자자 A의 헤지 결과는 얼마인가?

① 75만원 이익

② 75만원 손실

③ 100만원 이익

④ 완전헤지(0)

> **해설**

[STEP 1] 현재 보유한 주식의 투자규모는 2,000만원(= 2만원 × 1,000주)이다.
[STEP 2] 보유한 주식의 시장지수 대비 상대적 민감도(β)를 고려한 투자규모는 3,000만원(= 2,000만 × 1.5)이 된다.
[STEP 3] $\beta_S \times S = F \times N^* \to$ 3,000만원 = $120pt \times$ 25만원 $\times N^* \therefore N^* =$ 1계약 매도헤지
[STEP 4] 따라서 주식을 보유하고 선물 1계약 매도헤지거래의 손익결과는 다음과 같다.

결 과	현물시장의 손실 [18,000 − 20,000] × 1,000 = −200만원
	선물시장의 이익 [120 − 115] × 1 × 25만원 = 125만원
순손실	−200 + 125 = −75만원

05
★★★

현재 보유하고 있는 주식 포트폴리오의 가치는 50억원이다. 포트폴리오 베타가 0.8이고 KOSPI200 선물지수가 250pt이다. 주가하락을 예상하여 보유주식의 손실규모를 축소하기 위해 목표 베타를 0.3으로 감소시키기를 원할 때 KOSPI200선물 계약수는 얼마인가? (거래승수는 25만원이다.)

① 40계약 매수　　　　　　　　　　　② 40계약 매도
③ 400계약 매수　　　　　　　　　　　④ 400계약 매도

해설

[STEP 1] 주가하락을 예상하므로 주가지수선물을 매도하여 베타를 하향조정해야 한다.

[STEP 2] 베타를 0.3으로 줄이기 위해 베타를 0.5만큼 감소시켜야 한다. 베타 0.5에 해당하는 주식 포트폴리오의 가치는 25억으로 이 금액에 해당하는 만큼을 위한 선물매도 계약을 체결하면 된다.

$(\beta_T - \beta_P) \times P = F \times N^*$이므로 $(0.3 - 0.8) \times 50억 = 250pt \times 25만(거래승수) \times N^*$

$\therefore N^* = 40$계약

06
★★★

현재 보유하고 있는 주식 포트폴리오의 가치는 10억원이다. 포트폴리오 베타가 1.4이고 KOSPI200 선물지수가 100pt일 때 주가하락을 예상하여 보유주식의 손실규모를 축소시키기 위해 KOSPI200선물 20계약을 매도하였다면 최종 포트폴리오의 베타는 얼마인가? (단, 주가지수선물의 거래승수는 25만원이다.)

① 0.5　　　　　　　　　　　② 0.7
③ 0.9　　　　　　　　　　　④ 1.2

해설

주가지수선물 매도 포지션의 의도는 현재 포트폴리오의 민감도를 줄이겠다는 의도이므로 결론적으로 목표 베타값은 하향조정이 된다.

[STEP 1] 신물매도로 쓴 비용은 $100pt \times 25만인 \times 20계약 = 5억원$이다.

[STEP 2] 주식 포트폴리오 10억원에 대해 선물매도 5억원의 민감도 베타는 0.5이다.

[STEP 3] 선물매도를 통해 주식폴리오 베타 1.4에서 0.5만큼을 줄여 최종목표베타를 $1.4 - 0.5 = 0.9$로 조정하였다.

공식에 대입하면 $(\beta_T - \beta_P) \times P = F \times N^*$이므로

$(\beta_T - 1.4) \times 10억 = 100pt \times 25만원(거래승수) \times -20계약 \therefore B_T : 0.9$

07
★☆☆

펀드운용자가 보유한 A주식의 가치가 10억원이고 베타가 1.5 수준이다. KOSPI200선물을 이용하여 완전헤지를 하려고 한다. KOSPI200선물가격이 200포인트인 경우 필요한 선물 계약수는? (단, KOSPI200선물의 베타(β_{IF})는 1로 가정)

① 30계약 매수　　　　　　　　　　　② 30계약 매도
③ 50계약 매수　　　　　　　　　　　④ 50계약 매도

해설

[STEP 1] 시장리스크를 완전히 제거하기 위해 최소분산헤지 전략을 따르면 된다.

[STEP 2] $\beta_S \times \beta_{IF} \times S = F \times h$에서 주가지수선물의 베타가 1이므로, 목표베타를 "0"으로 하는 완전헤지는 베타헤지와 전략이 동일해지므로 $1.5 \times 10억원 = 200pt \times 25만원 \times N^* \therefore N^* = -300$이다. 즉 30계약 매도 포지션을 취하면 된다.

08 헤지하고자 하는 현물상품을 대상으로 하는 선물이 존재하지 않을 때 현물상품과 유사한 가격변동 패
★★☆ 턴을 갖는 선물을 이용하여 헤지하는 전략은?

① 스트립헤지

② 스택헤지

③ 직접헤지

④ 교차헤지

해설

교차헤지에 대한 설명이다.

09 선물가격이 현물가격보다 높은 정상시장에 대한 설명 중 거리가 먼 것은?
★☆☆
① 매도헤지 시 선물가격의 상승폭이 현물가격의 상승폭보다 크면 손실

② 매도헤지 시 선물가격의 하락폭이 현물가격의 하락폭보다 크면 이익

③ 매입헤지 시 선물가격의 하락폭이 현물가격의 하락폭보다 작으면 손실

④ 매입헤지 시 선물가격의 상승폭이 현물가격의 상승폭보다 크면 이익

해설

매입헤지는 선물을 매수하고 현물을 매도하는 포지션이다. 따라서 선물매수는 선물가격이 상승하면 이익이고 하락하면 손
실이다. 현물매도는 현물가격이 상승하면 손실, 하락하면 이익이다. 매입헤지로 인해 선물가격의 하락으로 인한 손실이 현
물가격의 하락으로 인한 이익보다 작으면 이익이 발생한다. 즉 정상시장에서 베이시스 확대 시에는 매입헤지는 이익이 발
생한다. 그림을 그려서 파악하면 실수를 줄일 수 있다.

10 다음 중 베이시스에 대한 설명으로 틀린 것은?
★★★
① 베이시스의 위험은 현물과 선물 각각의 절대적 가격변동위험보다 작다.

② 만기일 전에 헤지 포지션을 청산하는 경우, 베이시스가 불변인 시장에서의 헤지 포지션보다 항
상 수익이 크다.

③ 베이시스는 만기일에 근접할수록 0에 수렴하는 것이 일반적이다.

④ 정상시장을 가정하는 경우 개별주식선물은 금리가 상승하면 이론 베이시스가 확대된다.

해설

만기일 전에 헤지 포지션을 청산하는 경우 베이시스 리스크에 노출된다. 이로 인해 헤저에게 이익 또는 손실을 가져다 줄
수 있다. 베이시스가 일정하게 유지되는 경우에는 가격의 변동리스크를 거의 완벽하게 헤지할 수 있어 손익이 '0'인 상태가
된다.

11 ★★☆ 콘탱고 상황에서 주가지수선물의 베이시스 변화에 따른 투자성과에 대한 설명으로 가장 거리가 먼 것은?

① 베이시스가 확대될 경우에는 매입헤지가 이익이다.

② 선물가격의 하락폭이 현물가격의 하락폭보다 큰 경우에는 매도헤지가 이익이다.

③ 베이시스 변화가 나타나지 않는 경우에는 현물과 선물의 수익에 변동이 나타나지 않는다.

④ 선물가격은 불변인 상태에서 현물가격이 급락하면 베이시스를 축소시킨다.

해설

[STEP 1] 콘탱고 시장이므로 선물가격이 현물가격보다 높은 상태이다.

[STEP 2] 그림을 그려가며 생각해보자.

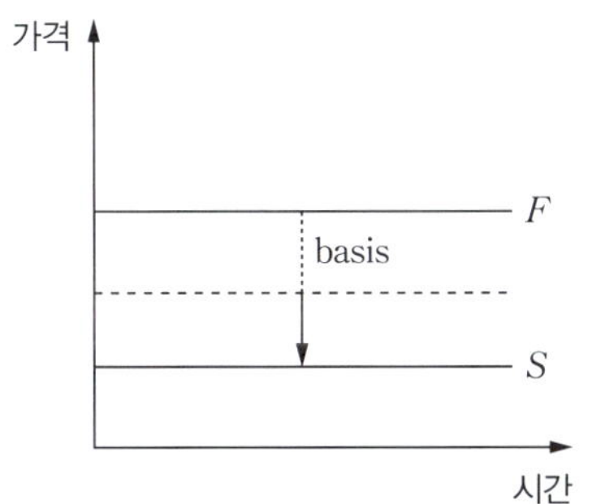

[결론] 주가지수선물의 베이시스는 'basis = F − S', 선물가격은 불변인 상태에서 현물가격이 급락하면 베이시스를 확대시킨다.

12 ★☆☆ 보유비용이 (+)이다. 정상시장에서 베이시스를 이용한 전략으로 옳은 것은?

① 베이시스 감소 예상 시 선물 매도, 현물 매수한다.

② 베이시스 감소 예상 시 선물 매수, 현물 매도한다.

③ 베이시스 증가 예상 시 선물 매도, 현물 매수한다.

④ 베이시스 증가 예상 시 선물 매수, 현물 매수한다.

해설

[STEP 1] 보유비용이 (+)이면 콘탱고 시장이다. 즉 정상적 시장에서는 선물가격이 현물가격보다 높은 상태이다.

[STEP 2] 그림을 그려가며 생각해보자.

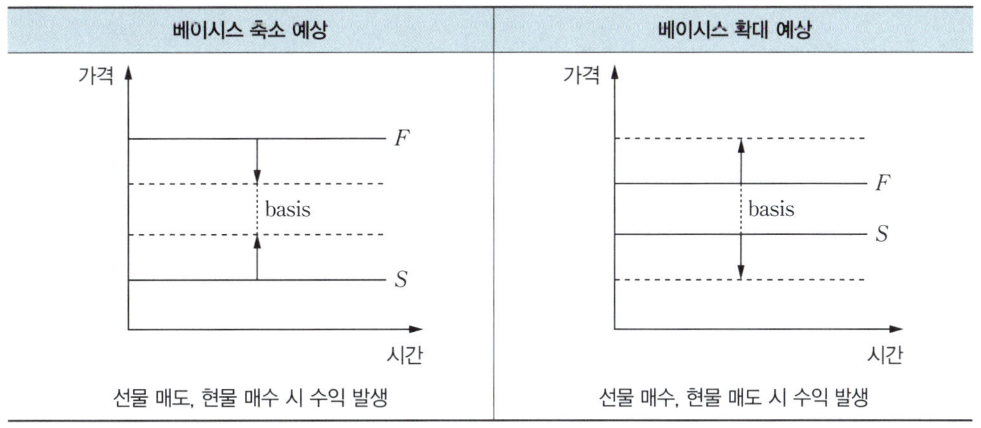

13 주식 포트폴리오의 가격하락위험을 헤지하기 위하여 주가지수선물을 이용하였다. 헤지시점에 선물가격은 현물가격보다 높은 상태였고 시장 베이시스는 5포인트였다. 청산시점의 시장 베이시스는 3포인트로 축소되었다. 현물과 선물을 전량 청산하였다면 손익은 얼마인가?

① 손실 1포인트
② 손실 2포인트
③ 이익 1포인트
④ 이익 2포인트

해설

[STEP 1] 가격하락위험을 헤지하기 위하여 주가지수선물을 이용하였으므로 매도헤지거래를 하였다. 따라서 투자자의 현재 포지션은 $+S - F$이다.

[STEP 2] 헤지시점에 선물가격이 현물가격보다 높은 상태란 말은 정상시장 가정을 의미한다.

[STEP 3] 그림을 그려가며 생각해보자.

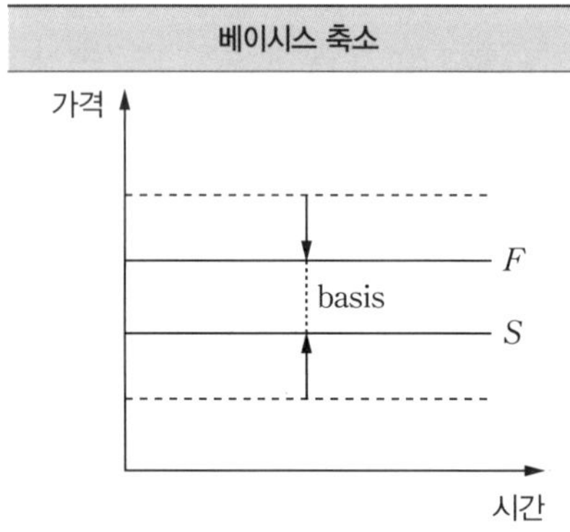

현재 현물매수와 선물매도 포지션에서 베이시스 리스크로 인해 수익이 발생하는 구조이며 그 수익은 베이시스 리스크의 크기이다.

현재 포지션	청산 시점 상황	손익 = basis risk
매도 헤지 $(+S - F)$	베이시스 축소 $(5 > 3)$	이익 = 2 $(= 5 - 3)$

14 다음 중 차익거래에 대한 설명으로 거리가 먼 것은?

① 매수차익거래란 주가지수선물 매수와 동시에 주식을 공매도하는 전략이다.
② 이론상 차익거래 실행시점에서의 현금흐름은 제로(0)이다.
③ 빈번한 차익거래는 선물가격과 현물가격을 효율적으로 형성시킨다.
④ 차익거래 포지션을 종결할 때 공매도한 주식에 대해 현금배당금이 있는 경우 주식대여자에게 배당금을 지급한다.

해설

매수차익거래는 현물인 주식을 매수하고 동시에 주가지수선물을 매도하는 전략이다.

15 ★☆☆ 완전시장을 가정한 경우 역현물보유전략(reverse cash & carry strategy)에 대한 내용으로 옳지 않은 것은?

① 현물을 매도하고 선물을 매입하여 만기에 이를 청산하면 수익을 얻을 수 있다.

② 이론선물가격은 102.00이고, 실제시장선물가격이 104.00인 상황에 적합한 전략이다.

③ 선물가격이 저평가된 시장상황에서 사용한다.

④ 역현물보유전략 투자시점의 투자금액은 없다.

해설

시장선물가격이 이론선물가격보다 낮은 경우 시장의 선물가격은 저평가되어 선물을 매수하고 동시에 현물을 매도하는 역현물보유전략(매도차익거래)을 취하면 만기 시 차익거래기회가 발생한다. 매도차익거래전략은 투자시점에 현물을 공매도한 자금을 대여하므로 투자시점에 투자금액은 0이다.

16 ★☆☆ 현재 KOSPI지수는 100이다. 무위험이자율이 연 5%이고, 배당수익률은 3%라고 본다. 현재 만기가 3개월 남은 KOSPI200선물을 이용한 매수차익거래로 계약당 3포인트의 이익이 가능한 상황이라면 시장의 선물가격은 얼마인가? (1년을 12개월로 가정)

① 96.50

② 98.00

③ 102.00

④ 103.5

해설

[STEP 1] 매수차익거래의 포지션은 $-F +S$ 로 현재 시장선물가격이 이론선물가격보다 높은 고평가 상태를 의미한다.

[STEP 2] 이자비용과 배당률의 차이가 2%이고 3개월 남았으므로 $2\% \times \dfrac{3}{12} = 0.5\%$이다. 100pt의 0.5%인 0.5pt가 순보유비용이다.

[STEP 3] 이론선물가격은 $100 + 0.5 = 100.5$가 된다.

공식에 대입하면 $F_N = S_t + S_t(r - d) \times \dfrac{T - t}{365} = 100 + 100 \times (0.05 - 0.03) \times \dfrac{3}{12} = 100.50$

[STEP 4] 차익거래의 수익은 이론선물가격과 시장선물가격의 차이이므로 이론선물가격보다 3포인트가 높은 시장선물가격은 $103.50(= 100.5 + 3)$이다.

17 현재 시장상황이 아래와 같다. 다음 설명 중 틀린 것은?
★★★

| 시장상황 |

KOSPI200 : 95.00, 이론선물가격 : 100.00, 선물가격 : 105.00

① 시장 베이시스는 10포인트이고, 시장선물가격이 5포인트 고평가되어 있다.
② 콘탱고(contango) 시장이다.
③ 매도차익거래(reverse cash & carry strategy) 기회가 발생한다.
④ 이자율이 배당수익률보다 높다.

해설

선물가격이 현물가격보다 높은 상태이므로 콘탱고 시장이다. 정상시장에서는 순보유비용과 시장 베이시스가 10(= 105 − 95)으로 양(+)의 값을 가지므로 이자율이 배당수익률보다 크다. 이론선물가격보다 실제 시장선물가격이 높고 이론 베이시스가 5(= 105 − 100)포인트이므로 선물가격이 고평가되어 있어 선물을 매도하고 현물을 매수하는 매수차익거래 기회가 발생한다.

18 주가지수선물과 현물을 이용한 차익거래를 하는 경우 현물바스켓을 구성할 때 추적오차 위험이 가장
★★☆ 적은 방식은?

① 완전복제법
② 부분복제법
③ 표본추출법
④ 최적화법

해설

완전복제법은 전 종목을 대상으로 바스켓을 구성하여 대상 주가지수를 추적오차 없이 추적하는 방식이나 비용 부담이 크다.

19 다음 중 주가지수 차익거래의 위험요소와 거리가 먼 것은?
★★☆
① 모델리스크
② 추적오차
③ 유동성 리스크
④ 시장충격비용

해설

모델리스크는 장외파생상품의 운영위험에 해당된다.

20 ★★☆ 주가지수선물을 이용한 차익거래 시 유의할 점으로 가장 거리가 먼 것은?

① 최적화법(optimization)은 업종별 대표종목을 선별하여 현물바스켓을 구성하는 부분복제법이다.
② 완전복제법은 지수의 구성종목수가 많아질수록 구성비용이 증가한다.
③ 현물바스켓을 대규모로 주문집행할 때 개별종목이나 선물의 가격변동이 불리하게 되는 시장충격비용이 발생한다.
④ 현물바스켓의 잦은 재조정(Rebalancing)은 비용이 수반되므로 거래비용을 감안한 차익거래 기회가 줄어든다.

해설

부분복제법은 층화추출법과 최적화법이 있다. 최적화법(optimization)은 업종 및 종목별 특성치 등의 기준에 의해 종목을 선정한 뒤에 일정한 제약 조건을 만족하는 종목으로 구성하는 방식이다.

21 ★★★ 차익거래불가영역에 대한 설명으로 거리가 먼 것은?

① 이론선물가격에 다양한 거래비용을 감안한 차익거래이익이 존재하지 않는 영역이다.
② 차익거래불가영역 하한선보다 선물가격이 낮으면 매도차익거래 기회가 발생한다.
③ 차익거래불가영역 상한선은 매수차익거래가 가능한 가장 낮은 가격대이다.
④ 차익거래불가영역 상한선에 소요되는 거래비용에는 주식공매도수수료, 거래세, 선물증거금 등이 속한다.

해설

선물가격이 차익거래불가영역 하한선보다 낮은 경우 매도차익거래 기회가 발생한다. 매도차익거래는 현물을 매도하고 선물을 매수하는 차익거래로 소요되는 거래비용에는 주식공매도수수료, 거래세, 선물증거금 등이 속한다.

22 ★★★ 다음과 같은 상황에서 차익거래불가영역의 하한선과 상한선을 순서대로 바르게 나열한 것은?

> KOSPI200 : 100, 이론선물가격 : 101, 시장선물가격 : 104,
> 선물거래수수료 : 0.02pt(매수 + 매도), 주식거래수수료 : 0.06pt(매수 + 매도)

① 99.92, 100.08
② 100.92, 101.08
③ 103.92, 104.08
④ 100.92, 104.08

해설

완전시장을 가정한 선물이론가격에 상기의 거래비용을 가감한 범위 이내에서는 차익거래에 따른 이익이 존재하지 않는 영역으로 $101 - 0.08 \leq F_t \leq 101 + 0.08$이 된다.

23 스프레드 거래에 대한 설명으로 옳지 않은 것은?

★★☆

① 스프레드 거래는 개별 거래보다 위험이 커 증거금률이 높다.

② 거래이익이 적으나 거래량은 많은 박리다매형 거래이다.

③ 손익이 두 선물의 상대가격의 변화에 따라 결정되는 거래이다.

④ 스프레드 거래는 상이한 두 개의 선물계약을 반대로 거래하기 때문에 한 종목에서 생기는 이익이 다른 종목에서 생기는 손실에 의해 상쇄된다.

> **해설**
>
> 스프레드 거래는 한 종목으로만 투자하는 단순거래보다 리스크가 적어 증거금률 또한 낮다.

24 주가 하락이 예상되나 리스크를 줄이기 위해 상대적 가격변동을 이용하여 수익을 얻기 위해 1월 21일

★★☆ 에 KOSPI200선물 3개월물 5계약을 매도하고, 동시에 6월물 5계약을 매수한 후 2월 1일에 청산하기로 하였다. 다음 중 틀린 설명은?

일 자	3월물	6월물
1월 21일	150.50	160.50
2월 1일	155.50	170.50

① 청산시점의 스프레드가 15포인트로 확대되었다.

② 결제월 간 스프레드에 해당하며 스프레드 매수전략이다.

③ 현재 시장은 콘탱고 시장이며, 스프레드 확대를 예상하고 있다.

④ 청산시점에 손실의 크기는 625만원이다.

> **해설**
>
> 주가 하락으로 인한 약세스프레드를 예상하고 있다. 주가 하락장에서는 근월물의 가격하락폭이 원월물의 가격하락폭보다 크기 때문에 스프레드가 확대되므로 근월물을 매도하고 동시에 원월물을 매수하는 스프레드 매수전략을 취할 경우 확대된 스프레드 크기만큼의 이익이 발생한다.

결 과	3월물 손실(150.50 − 155.50) × 25만원 × 5계약 = −625
	6월물 이익(170.50 − 160.50) × 25만원 × 5계약 = +1,250
순이익	1,250 − 625 = 625 즉, 확대된 스프레드만큼 이익발생, (15 − 10) × 25만원 × 5

25 다음은 거래소의 KOSPI200지수선물에 결제월물 스프레드 거래에 대한 내용으로 (　　) 안에 들어
★★☆　갈 말을 순서대로 나열한 것은?

> 최근월물의 매수 헤지 포지션을 차근월물로 이월하기 위해서 최근월물은 (　　)하고, 차근월물을 (　　)
> 하는 스프레드 (　　)를 수행하면 된다.

① 매도, 매수, 매수
② 매수, 매도, 매도
③ 매도, 매수, 매도
④ 매수, 매도, 매수

해설

헤징기간이 긴 경우 원월물의 유동성 부족에 영향을 받지 않고 최근월물의 매수 헤지 포지션을 차근월물로 이월하기 위해
서 스프레드 매수(최근월물 매도 + 차근월물 매수)를 통해 최근월물은 반대매매로 포지션이 청산되고 차근월물 매수 포
지션만 남는다.

03

금리 · 채권선물

챕터 출제비중

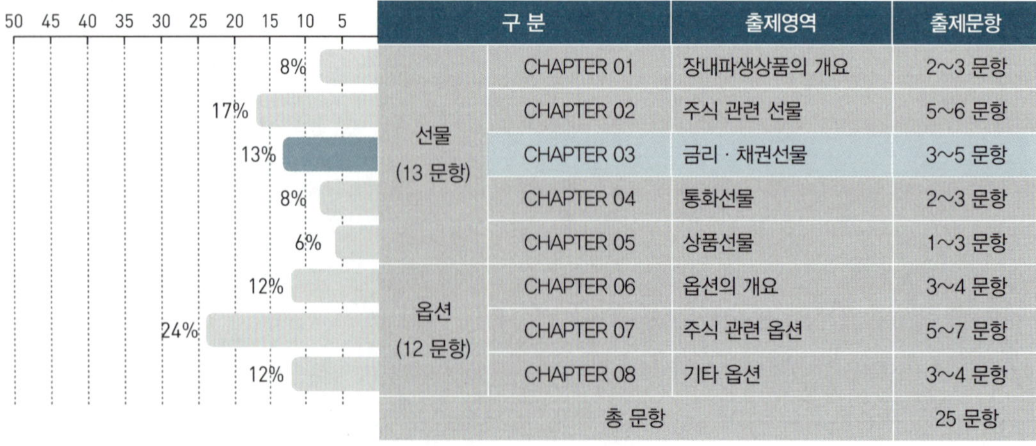

구 분		출제영역	출제문항
선물 (13 문항)	CHAPTER 01	장내파생상품의 개요	2~3 문항
	CHAPTER 02	주식 관련 선물	5~6 문항
	CHAPTER 03	금리 · 채권선물	3~5 문항
	CHAPTER 04	통화선물	2~3 문항
	CHAPTER 05	상품선물	1~3 문항
옵션 (12 문항)	CHAPTER 06	옵션의 개요	3~4 문항
	CHAPTER 07	주식 관련 옵션	5~7 문항
	CHAPTER 08	기타 옵션	3~4 문항
총 문항			25 문항

금리선물은 우선 채권에 대한 기초개념을 필수적으로 학습해야 합니다. 금리와 채권의 가격은 반비례하여 주식 관련 선물의 전략과 반대로 해석되므로 혼동의 여지가 있습니다. 따라서 금리선물의 기초자산이 채권임을 상기하며 채권가격을 중심으로 투기거래, 헤지거래, 스프레드 거래전략을 파악해야 합니다.

Section별 중요도 및 학습체크

구 분	핵심개념	중요도	학습체크		
			1회독	2회독	3회독
01	할인수익률과 채권등가수익률(BEY)	★			
02	현물금리와 선도금리의 관계	★★★			
03	채권가격과 채권 수익률의 관계	★			
04	채권의 수익률곡선	★★			
05	듀레이션	★★★			
06	금리 · 채권선물의 상품내역	★			
07	SOFR선물의 주요특징	★★			
08	T-Bond선물의 주요특징	★★			
09	국채선물의 특징	★			
10	투기거래	★★★			
11	헤지거래	★★★			
12	스트립헤지와 스택헤지	★★★			
13	듀레이션 헤지모형	★★			
14	스프레드거래	★★★			

금리·채권에 대한 이해

대표유형문제

액면 100만달러, 만기 1년 T−Bill을 호가 20에 매수체결 시 채권등가수익률은 얼마인가? (d는 1년 ＝360일, BEY는 1년＝365일)

① 21.56%

② 23.47%

③ 24.55%

④ 25.35%

해설

T−Bill은 무이표채 할인율로 호가하므로 20은 할인수익률 20%를 의미한다.

[STEP 1] 액면(F) 100만달러를 기준으로 20% 할인된 현재 채권의 가격(P)은 100 − 20 ＝ 80만달러이다.

[STEP 2] 채권등가수익률은 현재 채권가격 80만달러가 만기의 액면가 100만달러를 받기 위한 수익률이므로 (100 − 80)/80 ＝ 25%이다.

[STEP 3] 여기서 주의할 점은 할인수익률은 1년을 360일로 보고 채권등가수익률은 1년을 365일로 보므로, 계산한 25%의 수익률을 만기인 360으로 나눠 1일 수익률(25%/360)을 계산한다. 이제 365일을 곱하여 연 채권등가수익률($25\% \times \dfrac{365}{360}$)을 계산하면 25.35%이다.

정답 ④

필수핵심개념

01 금리의 유형

(1) 할인수익률(d)과 채권등가수익률(BEY)

할인수익률	액면가격기준으로 얼마나 할인되어 있는가를 나타내는 개념(연율로 표시) $$d = \frac{100 - F}{F} \times \frac{360}{n}$$
채권등가수익률	채권매수가격을 기준으로 무이표채 할인율인 채권등가수익률(연율로 표시) $$BEY = \frac{100 - P}{P} \times \frac{365}{n}$$

T-Bill

- 만기 1년 이하의 미국 정부채권으로 무이표채 할인수익률로 호가
- 1년을 360일로 봄

section 02 현물금리와 선도금리의 관계 중요도 ★★★

대표유형문제

3개월 만기 금리가 연 4%이고 9개월 만기 금리는 연 6%라면 3개월 후부터 6개월간의 내재선도금리는 얼마인가? (단, 이자계산 일수 기준을 30/360으로 가정하고 가까운 근사치를 구하시오.)

① 연 4.7%

② 연 5.5%

③ 연 6.3%

④ 연 6.9%

해설

만기의 비가 3개월 : 6개월 : 9개월이므로 1 : 2 : 3이다. 이를 활용하여 가중평균의 개념을 이용하면 쉽게 근사값을 계산할 수 있다. $4 \times 1 + F \times 2 = 6 \times 3 \therefore F = 7\%$이다.

공식에 대입하면 $(1 + 0.04 \times \frac{90}{360})(1 + {}_3F_9 \times \frac{180}{360}) = (1 + 0.06 \times \frac{270}{360}) \therefore {}_3F_9 \fallingdotseq 6.9\%$이다.

정답 ④

필수핵심개념

(2) 현물금리와 선도금리

현물금리	❶ 현재부터 미래일정기간 동안에 중간에 현금지급이 없는 ❷ 무이표채 ❸ 연수익률
선도금리	현재의 현물금리에 내재된 ❶ 미래의 특정시점부터 ❷ 일정기간 동안의 ❸ 연이자율
현물금리와 선도금리의 관계	$[1 + {}_0r_1 \times \frac{t_1}{360}] \times [1 + {}_1f_2 \times \frac{t_2 - t_1}{360}] = [1 + {}_0r_2 \times \frac{t_2}{360}]$ ${}_0r_1 \times t_1 + {}_1f_2 \times (t_2 - t_1) \fallingdotseq {}_0r_2 \times t_2$ $({}_{n-1}f_n : n - 1$년 후부터 n년만기 선도금리, ${}_0r_n :$ 현재부터 n년만기 현물금리$)$

02 채권의 용어정리

액면금액(F)	이자계산의 기본단위, 만기에 회수되는 원금
표면이율(i)	채권에서 보상해주는 수익률, 연단위로 표시
이표(C)	정기적으로 지급되는 일정 금액의 이자, 액면가와 표면이율의 곱으로 계산
만기(N)	발행일로부터 만기까지의 기간, 경과기간 이후부터 만기까지의 기간
만기수익률(y)	• 일반적인 채권의 수익률로 채권의 미래현금과 현재 채권의 시장가격을 일치시키는 할인율 • 이자를 재투자하는 경우 재투자 수익률
채권가격(P)	채권가격은 미래의 현금흐름을 채권의 수익률(y)로 할인한 현재가치의 합 $$P = \sum_{t=1}^{N} \frac{C}{(1+y)^t} + \frac{F}{(1+y)^N}$$

---

section 03　채권가격과 채권 수익률의 관계　　　　중요도 ★☆☆

채권가격과 수익률의 관계에 대한 설명으로 바르지 못한 것은?

① 채권가격과 수익률은 반비례관계가 있다.

② 만기가 긴 장기채가 만기가 짧은 단기채보다 수익률 변동에 대한 가격 변동폭이 크다.

③ 만기가 일정할 때 수익률 하락으로 인한 가격 상승폭이 수익률 상승으로 인한 가격 하락폭보다 작다.

④ 표면금리가 낮은 채권이 높은 채권보다 수익률 변동에 따른 가격변동률이 크다.

해설

가격－수익률은 원점에서 볼록인 곡선모양을 지니므로 금리하락으로 인한 상승폭이 금리상승으로 인한 하락폭보다 커 투자자에게 유리하여 이를 positive convexity라 하며 채권이 위험피난처(risk haven)라 불리는 이유이다.

정답　③

필수핵심개념

03 채권가격과 채권 수익률의 관계

① 채권가격과 수익률은 반비례관계가 있다.

② 만기가 긴 장기채가 만기가 짧은 단기채보다 수익률 변동에 대한 가격 변동폭이 크다.

③ 만기가 일정할 때 수익률 하락으로 인한 가격 상승폭이 수익률 상승으로 인한 가격 하락폭보다 크다.

④ 표면금리가 낮은 채권이 높은 채권보다 수익률 변동에 따른 가격변동률이 크다.

대표유형문제

다음 중 채권의 수익률곡선에 대한 설명으로 옳지 않은 것은?

① 일반적으로 수익률곡선의 형태는 우상향의 형태를 취한다.

② 수익률곡선이 우하향하면 선도금리는 무이표채 수익률보다 낮다.

③ 금리 하락이 예상되는 경우 단기채 수요가 줄고 장기채 수요가 늘어 수익률곡선의 기울기가 완만해진다.

④ 유동성선호가설에 따르면 미래의 금리가 현재 수준을 유지할 것으로 예상하는 경우 수익률곡선의 모양이 수평의 형태를 취한다.

해설

④는 불편기대가설에 대한 설명이다. 유동성선호가설에 따르면 유동성프리미엄으로 인해 미래의 금리가 현재 수준을 유지할 것으로 예상하는 경우에도 우상향하는 형태를 가질 수 있다.

정답 ④

필수핵심개념

04 채권의 수익률곡선

(1) 수익률곡선

① 다른 조건이 일정하다고 가정하는 경우 만기와 수익률 사이의 관계를 나타낸 그래프(기간구조)

② 일반적으로 무위험 무이표채권(순수할인채)의 만기수익률과 만기 간의 관계를 의미

③ 경기예측이나 기대인플레이션 정부 추출, 금리예측과 투자정보의 획득 수단, 채권투자전략의 지표로 활용

④ 일반적으로 우상향의 형태를 취함

⑤ 우상향하는 경우 선도금리 > 무이표채수익률 > 이표채수익률 관계가 성립, 우하향하는 경우 이표채수익률 > 무이표채수익률 > 선도금리 관계가 성립

(2) 수익률곡선의 기간구조 이론

불편기대가설	• 장기금리가 미래의 단기금리를 반영한다고 보는 견해로 예를 들어 현재시점 2년 만기 채권에 투자하는 수익률과 현재시점 1년 만기 채권과 1년 후 1년 만기 채권 투자에 재투자하는 수익이 동일하다는 의미 • 미래의 금리가 현재 수준을 유지하는 경우 수익률곡선이 수평 • 금리하락 예상 → 채권가격 상승 예상 → 단기채수요↓, 장기채수요↑ → 수익률곡선 완만 • 금리상승 예상 → 채권가격 하락 예상 → 단기채수요↑, 장기채수요↓ → 수익률곡선 급격
유동성선호가설	• 위험회피적인 투자자는 단기채와 장기채의 수익률이 같다면 유동성이 높은 단기채를 더 선호하므로 장기채는 유동성프리미엄만큼 더 보상을 해줘야 한다는 견해 • 채권의 만기가 길어지면 유동성프리미엄은 증가 • 미래의 금리가 현재 수준을 유지하는 경우에도 유동성프리미엄으로 인해 수익률곡선이 우상향 형태
시장분할가설	투자자들이 채권의 만기에 대해 서로 다른 선호도를 가지고 있어 채권시장이 분할되어 각 시장 나름대로의 수익률곡선을 갖는다는 견해

대표유형문제

듀레이션에 대한 설명으로 옳지 않은 것은?

① 만기가 길수록 듀레이션은 크다.

② 표면금리가 증가할수록 듀레이션은 작다.

③ 이자지급주기가 길어질수록 듀레이션은 작다.

④ 순수할인채의 듀레이션은 만기와 일치한다.

> **해설**
>
> 이자지급주기가 길어질수록 이자지급빈도가 감소하므로 듀레이션은 커진다. 추가적으로 이표채의 듀레이션은 항상 만기보다 작고 수익률이 증가할수록 듀레이션은 작음을 기억하자.
>
> **정답** ③

필수핵심개념

05 채권의 위험

(1) 듀레이션(duration)

① 금리 변화에 따른 채권가격의 민감도

$$\frac{dP}{P} = -\frac{dy}{(1+y)} \times D, \quad D = -\frac{\text{채권가격변화율}(\frac{dP}{P})}{\text{금리변화율}(\frac{dy}{(1+y)})}$$

$$\frac{dP}{P} = -\frac{D}{(1+y)} \times dy = -D_m \times dy$$

(D_m : 수정듀레이션, 수익률이 1%p변화에 따른 채권가격의 변화율)

$$dP = -D_m \times dy \times P$$

$$BPV = -D_m \times 1bp \times P \ (BPV : \text{베이시스포인트가치, 수익률}1bp \text{ 변화에 따른 채권가격의 변동폭})$$

② 채권의 현금흐름을 회수하는 데 소요되는 가중평균 상환기간(년)

$$D = \sum_{t=1}^{N} w_t \times t, \quad w_t = \frac{\dfrac{CF_t}{(1+y)^t}}{P}$$

③ 듀레이션 결정요인

요 인	듀레이션
만기 증가	증 가
표면금리 증가	감 소
이자지급빈도 증가	감소(무이표채 만기=D)
채권 수익률(y) 증가	감 소

(2) 볼록도(convexity)

채권가격과 수익률의 관계	볼록성(convexity)
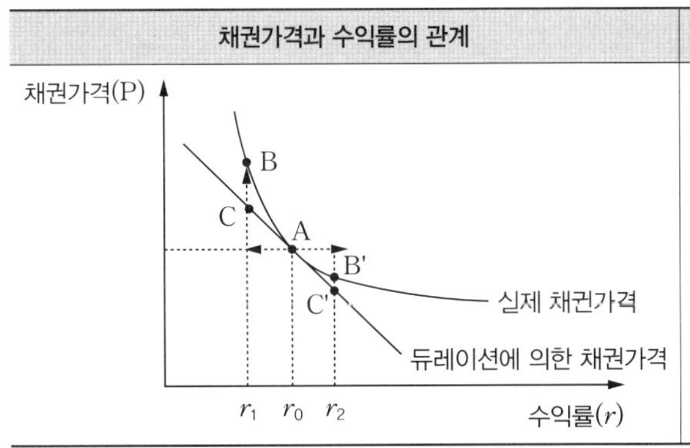 	듀레이션에 의한 수익률 변화에 따른 채권가격 변화는 선형(직선)관계이다. 수익률 변화가 미세한 경우에는 오차가 크지 않으나 수익률 변화폭이 큰 경우 실제 채권가격(곡선)변동과 듀레이션으로 측정한 가격 변동차이인 오차가 커지므로 볼록성을 함께 고려하면 채권가격 변화율의 수정오차를 줄일 수 있나. $$\frac{dP}{P} = -D_m \times dy + \left[\frac{1}{2} \times C \times (dy)^2\right]$$

01 핵심보충문제

01 수익률곡선이 우상향하는 경우 수익률 간의 관계로 옳은 것은?
★★☆

① 이표채 수익률곡선 > 선도금리 수익률곡선 > 무이표채 수익률곡선

② 이표채 수익률곡선 > 무이표채 수익률곡선 > 선도금리 수익률곡선

③ 선도금리 수익률곡선 > 무이표채 수익률곡선 > 이표채 수익률곡선

④ 선도금리 수익률곡선 > 이표채 수익률곡선 > 무이표채 수익률곡선

해설

수익률곡선이 우상향하고 있다는 의미는 미래 특정기간의 수익률이 현재 수익률보다 크다는 의미이다. 쉽게 설명하면 미래에 현재 평균점수보다 높은 점수를 득점하면 총 평균점수가 증가하는 것과 같다. 무이표채는 이표채에 비해 중간에 현금흐름이 없어 다른 조건이 동일하다면 만기에 따른 수익률의 변화가 더 크다. 따라서 무이표채의 수익률은 상승 시에는 이표채의 수익률보다 더 높고 하락 시 수익률은 이표채보다 더 낮다.

02 다음 중 듀레이션이 가장 작은 채권은?
★★☆

① 만기 5년, 이자지급빈도 연 2회, 이표율 4%

② 만기 10년, 이자지급빈도 연 4회, 이표율 6%

③ 만기 5년, 이자지급빈도 연 4회, 이표율 6%

④ 만기 10년, 이자지급빈도 연 2회, 이표율 4%

해설

만기가 짧을수록, 이자지급빈도가 높을수록, 이표(쿠폰)가 높을수록 듀레이션은 낮아진다.

03 수익률곡선에 관한 다음 설명 중 거리가 먼 것은?
★★☆

① 수익률곡선은 만기까지의 잔존기간과 수익률 간의 관계를 도표로 작성한 것이다.

② 금리하락이 예상되면 유동성선호가설이나 불편기대가설에 의한 수익률곡선은 비슷한 모양을 갖는다.

③ 유동성선호가설에서는 유동성프리미엄을 감안한다.

④ 시장분할가설에서는 각 시장의 수요와 공급에 의해 결정된다.

해설

불편기대가설의 경우 금리상승이 예상되면 단기채의 수요가 증가하고 장기채의 수요가 감소하여 수익률곡선이 급격한 모양을 갖는다. 유동성 선호가설의 경우 미래금리가 현재수준을 유지하더라도 유동성프리미엄으로 인해 우상향하는 형태를 가지며, 금리가 상승하는 경우에는 수익률곡선이 급격해진다.

04 다음 괄호 안에 들어갈 단어로 올바른 것은?
★★☆

> 유동성선호가설은 불편기대가설과 동일하게 수익률곡선의 형태가 미래 단기이자율의 변동에 대한 시장 참가자들의 기대에 의하여 결정된다고 보고 있다. 하지만 여기에 유동성 포기에 대한 대가를 고려하여 만기가 길어지면 유동성프리미엄은 (　　　　　)

① 증가한다.

② 감소한다.

③ 일정하다.

④ 증가 후 감소한다.

해설

위험회피적인 투자자는 단기채와 장기채의 수익률이 같다면 유동성이 높은 단기채를 더 선호하므로 장기채는 유동성프리미엄만큼 더 보상을 해줘야 한다는 견해이므로 채권의 만기가 길어지면 유동성프리미엄은 증가한다.

05 다음 중 금리위험을 측정하는 수단이 아닌 것은?
★☆☆

① BPV

② 듀레이션

③ 볼록성

④ 베 타

해설

베타는 주식의 상대적 위험을 측정하는 지표이다.

06 금리리스크 측정에 대한 내용 중 바르지 못한 것은?

★☆☆

① 듀레이션에 의한 수익률 변화에 따른 채권가격 변화는 수익률 변화폭이 큰 경우 채권가격변동 리스크를 거의 정확하게 나타낸다.

② 채권가격과 수익률 간의 볼록성 때문에 금리상승 시 가격하락폭보다 금리 하락 시 가격상승폭이 더 크다.

③ BPV는 수익률 1bp 변화에 따른 채권가격의 변화를 측정한 개념이다.

④ 듀레이션은 최종 현금흐름의 발생 시점인 만기와는 달리 현금흐름의 시기 및 상대적 크기, 시간가치를 고려하는 개념이다.

> **해설**
>
> 듀레이션에 의한 수익률 변화에 따른 채권가격 변화는 수익률 변화폭이 작은 경우 채권가격변동 리스크를 거의 정확하게 나타내나, 변화폭이 큰 경우에는 볼록한 가격-수익률 곡선과 듀레이션을 나타내는 접선이 멀리 떨어지게 되어 오차가 커진다.

07 100억원의 가치를 갖는 채권 포트폴리오가 있다. 수정듀레이션이 2.2년이면 금리가 1%p 상승할 때 채권 포트폴리오의 가치 변화분은?

★☆☆

① +1.1억

② -2.2억

③ +4.4억

④ -8.8억

> **해설**
>
> 수정듀레이션은 금리 1%p 변화에 따른 채권가격의 변화율을 의미한다.
> [STEP 1] 수정듀레이션 2.2년은 금리가 1%p 변화 시 채권가격은 2.2% 변화한다는 의미이다.
> [STEP 2] 채권 포트폴리오의 가치가 100억원으로 총 가치의 변화분은 100억 × 2.2% = 2.2억원이다.
> [STEP 3] 금리와 채권가격은 반비례하므로 채권의 가격은 2.2억만큼 감소한다.

08 아래와 같은 채권이 있다. 시장수익률이 10%에서 11%로 상승하는 경우에 대한 설명 중 바르지 못한
★☆☆ 것은?

> 만기 : 11년, 듀레이션(D) : 10년, 수정듀레이션(D_m) : 9.52년,
> 만기수익률(r) : 10%, 채권가격(P) : 10,000

① 중간에 현금흐름이 발생하지 않는 순수할인채이다.
② 채권의 가격은 하락할 것이다.
③ 금리가 1%p 변화할 때 채권가격이 9.52%p 변화하게 된다.
④ BPV는 −9.52이다.

해설

순수할인채의 경우 중간에 현금흐름이 없어 잔존만기와 듀레이션은 일치하여야 한다. 상기 문제의 듀레이션이 만기보다 낮
으므로 이표채임을 알 수 있다.

시장의 수익률과 채권가격은 반비례관계이므로 시장 수익률의 상승으로 채권가격은 하락한다. 수정듀레이션 9.52년은 금
리가 1%p 변화할 때 채권가격 변화율이 9.52%p임을 의미한다. BPV는 금리가 0.01%p(1bp) 변화할 때 채권가격의 변
화폭으로 금리가 1%p 변화하면 변화율이 9.52%p이므로 0.01%p 상승하면 채권가격은 0.0952%p 하락하게 된다. 채권
의 가격이 10,000이므로 가격 하락폭은 10,000 × 0.0952% = 9.52원만큼 감소하여 BPV는 9,990.48원이 된다.

02 금리·채권선물 상품특징

대표유형문제

3개월 SOFR선물에 대한 내용으로 가장 거리가 먼 것은?

① SOFR선물 매수 포지션은 대출금리를 확정시키는 효과가 있다.

② IMM지수 방식으로 가격을 표시하여 채권가격과 금리가 같은 방향으로 움직인다.

③ 거래단위는 액면 100만달러이다.

④ 선물가격이 1bp 움직일 경우 가격변동은 25달러가 움직인다.

해설

IMM지수 방식으로 가격을 표시하여 채권가격과 금리가 반대방향으로 움직이므로 투자자들이 이해하기 쉬운 장점이 있다.

정답 ②

필수핵심개념

01 미국 CME Group에서 거래되는 금리 · 채권선물의 상품내역

구 분	단기금리선물		채권선물
	3개월 SOFR	1개월 SOFR	T−Bond
거래대상	3개월간 SOFR금리 일일 복리평균	1개월간 SOFR금리 단순 산술평균	T−Bond(만기 30년, 표면금리 6%)
계약단위	액면 100만불	액면 500만불	액면 10만불
가격표시방법	IMM지수 방식 : 100 − SOFR 금리 예 3개월 SOFR 3.5%는 100 − 3.5 = 96.5로 표시		액면가의 백분율(%) 예 100 − 08는 $(100 + 8/32)\% = 100.25\%$를 의미, 가격으로 환산하면 $100,250
호가단위	1bp(0.01%) 25달러 $100만 \times 0.01\% \times \dfrac{90}{360}$	1bp(0.01%) 41.67달러 $500만 \times 0.01\% \times \dfrac{30}{360}$	소수점 이하는 1/32% 계약당 ($31.25 = 10만 \times \dfrac{1}{32}\%$)

			실물인수도
결제방법	현금결제		인도가능채권 인도월 첫 영업일 기준 잔존만기 15년 이상 25년 미만인 T−Bond (품질옵션)
일일가격제한폭	없 음		없 음
결제(인도)월	최근 39개 분기물 (3, 6, 9, 12월 주기) 분기 물을 제외한 최근 6개 매월물(총 45개) ※특이점 : 월물표기가 초기	최근 연속 13개 매월물	3개의 연속적 분기월
결제(인도)일	최종거래일		인도월의 최종영업일 이전의 모든 영업일 (인도시점옵션)
최종거래일	3개월 뒤 3번째 수요일 전일	만기월 마지막 영업일	인도월의 최종영업일부터 7영업일 전 12시 1분 (월말옵션)

> **대표유형문제**
>
> 2××4년 6월 3번째 수요일부터 같은 해 9월 3번째 수요일 전일까지 공시된 SOFR금리의 일일 복리평균은 3.07%, 단순 산술평균은 3.04%이다. 3개월 SOFR선물의 월물과 최종결제가와 관련해 다음 설명 중 맞는 것은?
>
> ① 3개월 SOFR선물 2××4년 6월물의 최종결제가는 96.93이다.
> ② 3개월 SOFR선물 2××4년 9월물의 최종결제가는 96.93이다.
> ③ 3개월 SOFR선물 2××4년 6월물의 최종결제가는 96.96이다.
> ④ 3개월 SOFR선물 2××4년 9월물의 최종결제가는 96.96이다.
>
> **해설**
>
> 참조기간이 6월부터 시작하므로 6월물이며, 3개월 SOFR선물은 3번째 수요일부터 3개월 뒤 3번째 수요일 전일까지 (참조기간) 공시된 금리의 복리평균을 이용해 최종결제가를 산출한다. 따라서 최종결제가격은 IMM 방식으로 100 − 3.07 = 96.93이다.
>
> **정답** ①

02 SOFR선물

개 요	• LIBOR를 대체하기 위해 미국 연준이 제시하는 달러 표시 단기 자금의 기준금리로 달러 변동금리의 준거금리 역할 • 뉴욕 연은이 미국 국채를 담보로 하는 1일짜리 Repo 거래를 기반으로 산출해 일별로 발표 • 미국 국채를 담보로 하는 거래에서 산출되기 때문에 무위험 금리로 인식 • LIBOR가 런던 은행 간 금리로 무담보로 크레딧 리스크가 있었던 것과 차이를 보임
포지션 효과	• SOFR선물 매수 포지션 : 대출금리를 확정시키는 효과 • SOFR선물 매도 포지션 : 차입금리를 확정시키는 효과

만기 최종결제가 계산	• 뉴욕 연은이 매 영업일 동부시간 8시까지 이전 영업일의 실제 Repo 거래 데이터를 수집해 가중평균 방식으로 이전 영업일의 벤치마크 SOFR금리를 공시
	   − 금요일이 영업일인 경우 월요일에 금요일 벤치마크 SOFR금리가 공시되며 토요일, 일요일은 금요일 공시값 적용(3일 복리 적용)
	   − 수요일이 휴일일 경우 목요일에 화요일 벤치마크 SOFR금리가 공시되며, 휴일인 수요일은 화요일 공시값 적용(2일 복리 적용)
	   − 3개월 SOFR선물은 3번째 수요일부터 3개월 뒤 3번째 수요일 전일까지(참조기간) 공시된 금리를 복리평균(연율로 표시. 빼기 1, 곱하기 360/91일)
	   − 1개월 SOFR선물은 매월 1일부터 해당월의 마지막일까지(참조기간) 공시된 SOFR금리를 단순 산술평균

<table><tr><td>section 08</td><td>T-Bond선물의 주요특징</td><td>중요도 ★★☆</td></tr></table>

> **대표유형문제**
>
> **T−bond선물에 대한 내용으로 옳지 않은 것은?**
>
> ① 표면금리가 6%인 T−bond의 전환계수는 1의 값을 갖는다.
> ② 청구금액 = 선물정산가격(EDSP) × 전환계수(CF) + 경과이자
> ③ 최저가인도채권은 매수자 입장에서 가장 유리한 채권을 말한다.
> ④ 전환계수는 T−bond선물인수도에서 청구가격을 계산하거나 선물의 헤지계약수를 구할 때에 사용된다.
>
> **해설**
> 최저가인도채권은 매도자 입장에서 가장 유리한 채권을 말한다.
>
> **정답** ③

03 T-Bond선물의 주요특징

구 분	내 용
전환계수 (conversion factor)	• 실제 거래되는 T-Bond는 만기와 표면금리가 매우 다양하여 T-Bond선물 거래대상 기준인 표면금리 6%인 표준으로 전환조정을 위해 전환계수를 이용하며, 표준물의 전환계수는 1임 • 채권수익률 6%를 기준으로 구한 표준물 가격 대비 인도대상 채권의 비율 • 표준물 1달러당 인도대상 채권의 가격을 의미, 청구가격의 계산과 헤지 계약수 산정에 사용 • 각 현물채권 및 각 결제월별 전환계수는 결제월 주기 동안 일정하게 유지 • 표준물과 상이한 T-Bond선물 조정선물가격(AFP) = T-Bond선물가격(정산가격) × 전환계수(CF) • 즉 T-Bond선물가격이 동일하더라도 전환계수의 크기에 따라 조정선물가격은 상이
청구금액 (invoice amount)	• T-Bond선물매도자가 채권을 매도하고 T-Bond선물매수자로부터 받는 금액을 의미 • 청구금액 = 정산가격(EDSP) × 전환계수(CF) + 경과이자 = 조정선물가격(AFP) + 경과이자
최저가 인도채권 (CTD) (Cheapest-to- Deliver Bond)	• 선물매수자에게 채권을 인도하기 위해 구매해야 하는 T-Bond현물 인수비용 지불 금액을 의미 • 인도가능 채권은 잔존만기가 15년 이상 25년 미만인 T-Bond라면, 표면금리는 전환계수로 조정하면 되므로 표면금리에 상관없이 어느 것이든 가능하므로 매도자는 가장 유리한(저렴한) 채권을 인도하게 되는데, 이것을 최저가인도채권이라 함 • 인도 채권 수익률이 6%보다 높은(낮은) 경우 : 만기가 길고(짧고), 이표가 낮은(높은) 채권 인도가 유리 • 수익률곡선이 우상향(우하향)하는 경우 : 만기가 긴(짧은) 채권 인도가 유리
매도자 인도옵션 (delivery option)	• 품질옵션(quality option) : 인도적격채권 중 임의로 선택할 수 있는 권리 • 인도시점옵션(timing option) : 채권의 인도 시 인도월 한 달 중 어느 영업일을 인도일로 선택할 수 있는 권리 • 월말옵션(end-of-month option) : 최종거래일 인도월의 최종영업일부터 7영업일 전 12시 1분에 청구금액이 확정되면 매도자는 최종거래일 이후 7영업일간 임의로 인도일을 결정할 권리 • 와일드카드옵션(wild card option) : 매도자가 선물거래 종결시간 이후에 이미 정해진 선물정산가격을 확인한 후 채권가격의 움직임을 확인하고 현물인도의사를 통보할 수 있는 권리 ※ 매도자인도옵션은 매도자가 임의로 선택할 수 있는 일종의 풋옵션으로 볼 수 있어 실제 선물가격은 이러한 매도자 옵션의 가치만큼 낮게 형성됨

대표유형문제

한국거래소의 국채선물에 대한 설명으로 바르지 못한 것은?

① 거래대상은 3년국채선물, 5년국채선물, 10년국채선물이 상장되어 있으며 모두 현금결제방식을 택하고 있다.

② 현물바스켓은 신규 결제월물 상장 전시점에 기발행 현물채권을 지정하여 선물만기일까지 바스켓을 고정하는 방식이다.

③ 국채선물의 거래단위는 액면가 1억원이다.

④ 최종결제수익률은 10:00, 10:30, 11:00 수익률의 산술평균이다.

해설

최종결제수익률은 10:00, 10:30, 11:00 중 최고치와 최저치를 제외한 중간수익률과 11:30 수익률의 산술평균이다.

정답 ④

필수핵심개념

04 한국거래소에서 거래되는 국채선물의 특징

① 가격표시는 액면가 100원당 원화로 소수점 둘째 자리까지 표시(백분율 방식)

② 기초자산으로 가상국채를 사용하므로 시장에 수익률이 존재하지 않아 거래소가 실제 발행되어 거래되는 국고채로부터 현물바스켓을 구성하여 산출한 평균수익률을 가져와 가상채권의 수익률로 사용

③ 최종결제가격의 기준이 되는 현물바스켓은 신규 결제월물 상장 전에 기발행 현물채권을 지정

$$(3년 국채선물)\ 최종결제가격 = \sum_{t=1}^{6} \frac{5/2}{(1 + \frac{r}{2})^t} + \frac{100}{(1 + \frac{r}{2})^6}$$

④ 이때 r은 최종결제수익률이며 10:00, 10:30, 11:00 중 최고치와 최저치를 제외한 중간수익률과 11:30 수익률의 산술평균으로 계산

02 핵심보충문제

01 단기금리선물에 대한 설명으로 가장 거리가 먼 것은?

★★★

① 대부분 IMM 방식으로 거래된다.

② SOFR선물의 매수 포지션은 SOFR금리가 하락하면 이익을 보게 된다.

③ SOFR선물을 활용하여 미국 통화정책 변경가능성을 예측할 수 있다.

④ 1개월 SOFR선물의 만기 최종결제가는 매월 1일부터 해당 월의 마지막일까지 공시된 SOFR 금리를 단순 산술평균한다.

해설

연방기금금리선물은 시장참여자의 미래 금리예측이 반영되기 때문에 이를 활용하여 FRB 통화정책 변경가능성 유추가 가능하다. 은행들의 지급준비금은 이자가 생기지 않으므로 은행들은 준비금을 초과하는 현금을 자금이 필요한 다른 은행에게 빌려주는 거래가 일어나는 단기자금시장을 연방기금시장이라 하며, 이러한 시장에서 은행들 간의 일일거래에 적용되는 금리를 연방기금금리라고 한다. 미국의 실질적 기준금리 역할을 한다.

02 다음 (   ) 안에 들어갈 말을 순서대로 나열한 것은?

★★☆

> • SOFR선물 매수 포지션은 SOFR 선물금리가 (   )하면 이익이다.
> • SOFR선물 매수 포지션은 (   )금리를 확정시키는 효과가 있다.

① 상승, 차입

② 하락, 차입

③ 상승, 대출

④ 하락, 대출

해설

SOFR선물은 기초자산이 채권이므로 SOFR선물 매수는 미래에 정해진 가격에 채권을 사기로 약정한 것과 같다. 따라서 채권가격이 상승하여도 계약시점에 정한 가격으로 매수가 가능하여 이득이다. 즉, SOFR금리가 하락하는 경우 수익이 발생하며, 따라서 자금대여자 입장에서 SOFR선물 매수 포지션을 이용하면 대출금리를 확정시키는 효과가 있다.

03 T-Bond선물 상품내역에 대한 내용으로 가장 거리가 먼 것은?

★☆☆

① 실물인수도 결제방식이다.

② 계약단위는 액면가 $100,000이다.

③ 호가가 100-016일 경우에는 (100＋1.6/32)%로 액면가의 100.05%를 의미한다.

④ 인도가능채권은 표면금리가 6%이고, 잔존만기가 15년 이상 25년 미만인 T-Bond이다.

> **해설**
>
> 인도가능채권 인도월 첫 영업일 기준 잔존만기 15년 이상 25년 미만인 T-Bond라면, 표면금리는 전환계수로 조정하면 되므로 상관없다. 이렇게 인도가능채권의 범위가 넓은 이유는 표면이율 6%를 가지는 T-bond현물의 유통규모가 선물거래보다 매우 작다면 채권선물시장은 가격조작위험에 직면할 수 있기 때문이다.

04 액면 100,000달러의 T-Bond선물을 93-12에 매도하였다. 이를 금액으로 환산하면 얼마인가?

★☆☆

① $92,284

② $93,375

③ $94,563

④ $95,578

> **해설**
>
> 호가가 93-12일 경우에는 (93 ＋ 12/32)%로 액면가의 93.375%를 의미한다. 따라서 $100,000 × 93.375% = $93,375이다.

05 선물의 전환계수에 대한 설명으로 가장 거리가 먼 것은?

★★☆

① 표면금리가 6%보다 클 경우 전환계수가 1보다 크다.

② 표면금리가 6%보다 작을 경우 만기가 길수록 전환계수도 커진다.

③ 잔존만기가 같은 경우 표면금리가 클수록 전환계수도 커진다.

④ 전환계수는 T-bond선물 인도 시 청구가격을 계산할 때 사용한다.

> **해설**
>
> 전환계수는 채권수익률 6%를 기준으로 구한 표준물 가격 대비 인도대상채권의 비율이다.

$$CF = \sum_{t=1}^{n} \frac{C_t / 2}{(1 + \frac{0.06}{2})^t} + \frac{1}{(1 + \frac{0.06}{2})^n}$$

인도대상채권의 표면금리는 분자(C)가 할증요인이며 분모 6%는 할인요인이다. 분자가 6%보다 낮은 경우는 할증요인보다 할인요인이 커 만기가 길어질수록 전환계수 값은 작아진다.

06 ★★☆ **T−bond선물에 대한 내용으로 옳지 않은 것을 모두 고르면?**

> 가. 전환계수는 각 현물채권 및 각 결제월별로 하나의 유일한 값을 가지며 결제월 주기 동안 일정하게 유지 된다.
> 나. 청구금액은 정산가격(EDSP)을 전환계수와 곱한 값과 경과이자의 합으로 계산된다.
> 다. 인도적격채권의 채권수익률이 6%보다 높으면 이표가 높고 만기가 짧은 채권을 인도하는 것이 유리하다.
> 라. 최저가인도채권은 매도자 입장에서 가장 유리한 채권을 말한다.

① 가, 나
② 가, 다
③ 나, 다
④ 나, 라

해설

나. 청구금액 = 선물정산가격(EDSP) × 전환계수(CF) + 경과이자

다. 매도자 입장에서는 청구금액은 최대한 늘리고 인도하는 채권의 가격을 최대한 낮춰야 유리하다. 즉, 인도해야 하는 채권들 중 가장 저렴한 채권을 구매하여 선물매수자에게 인도하는 것이 유리하다. 따라서 채권의 수익률이 높은 경우 채권가격은 하락하고 듀레이션이 클수록 가격하락폭도 크므로 만기가 길고 이표가 낮은 채권을 인도하는 것이 유리하다.

07 ★☆☆ **T−bond선물 2××9년 6월물의 정산가격(EDSP)이 100−16이고, CTD에 관한 정보가 다음과 같이 주어졌을 때 청구금액은?**

> US T−bond (만기 26년), 경과이자 : 0.3%, 전환계수 : 0.9

① $90,848
② $90,750
③ $90,738
④ $90,530

해설

[STEP 1] T−bond선물의 정산가격은 가격표시 100−16이 100% + 16/32%를 의미한다. 그러므로 100.5%를 의미하며 계약단위가 10만달러이므로 10만달러의 100.5%인 100,500달러이다.

[STEP 2] 전환계수를 활용한 조정선물가격(AFP)은 정산가격 100,500달러에 0.9를 곱하여 계산한다. 따라서 90,450달러이다.

[STEP 3] 최저가인도채권(CTD)을 매수자에게 인도하기 전에 보유한 기간 동안 발생한 경과이자는 매수자의 이익이므로 T−bond 액면금에 대한 경과이율을 곱하여 계산하면 10만달러의 0.3%로 300달러이다.

따라서 '청구금액 = 정산가격(EDSP) × 전환계수(CF) + 경과이자'는 90,750달러이다.

08 T-bond선물의 매도자인도옵션(delivery option) 중 선물시장 폐장시간과 인도통지 최종시간이
★★★ 상이하여 발생하는 권리는 무엇인가?

① 품질옵션(quality option)
② 인도시점옵션(timing option)
③ 월말옵션(end-of-month option)
④ 와일드카드옵션(wild card option)

해설

와일드카드옵션에 대한 설명이다. 매도자는 선물시장 폐장 후 정산가격을 확인하고 현물채권시장의 가격이 하락하면 가장 싼 채권을 물색하고 가격이 하락하지 않으면 매도 포지션을 그대로 유지하는 전략을 취할 수 있다. 이러한 매도자인도옵션은 선물매도자에게 유리하고 선물매수자에게 불리하기 때문에 실제선물가격은 이론선물가격보다 옵션가치만큼 저렴해진다.

| section 10 | 투기거래 | 중요도 ★★★ |

대표유형문제

수익률곡선 하락을 예상하는 강세전략으로 적합하지 않은 것은?

① 장기채의 비중을 늘린다.
② 순수할인채의 비중을 늘린다.
③ 금리선물을 매도한다.
④ 듀레이션을 증가시킨다.

해설

수익률곡선의 하락 예상은 채권가격 상승이 예상되므로 채권가격 상승 시 이익인 금리선물 매수 포지션을 취해야 한다.

정답 ③

필수핵심개념

01 투기거래(speculation)

(1) 방향성 거래 : 금리 · 채권선물의 기초자산은 "채권의 가격"이다.

예측 방향		투기전략
수익률곡선 하락 예상 → 채권가격 상승 예상	강세전략	[전략 1] 듀레이션 매수 전략 : 듀레이션이 큰 채권의 편입비중 증가
		[전략 2] 금리선물 매수
수익률곡선 상승 예상 → 채권가격 하락 예상	약세전략	[전략 1] 듀레이션 매도 전략 : 듀레이션이 작은 채권의 편입비중 증가
		[전략 2] 금리선물 매도

(2) 채권 포트폴리오의 듀레이션 조정 전략

예측 방향		투기전략
금리 하락 예상 → 채권가격 상승 **예상**	강세전략	• 듀레이션 증가 전략 : 단기채 매도(차입) & 장기채 매수(운용) • 일반적 우상향의 수익률곡선인 경우 : 양($+$)의 캐리와 롤 효과로 추가수익 • 금리 상승 시 : 손실이 발생하나 양($+$)의 캐리와 롤 효과로 어느 정도 손실보전
금리 상승 예상 → 채권가격 하락 **예상**	약세전략	• 듀레이션 감소 전략 : 단기채 매수(운용) & 장기채 매도(차입) • 일반적 우상향의 수익률곡선인 경우 : 음($-$)의 캐리 발생 • 금리 하락 시 : 손실

(3) 채권선물을 이용한 듀레이션 조정 전략

현금결제 시 선물듀레이션(D)을 이용, 실물인수도결제 시 BPV를 이용

예측 방향		투기전략
금리 하락 예상 → 채권가격 상승 **예상**	강세전략	채권 포트폴리오 듀레이션을 늘리기 위해 채권선물을 매수 $$(D_T - D_P) \times P = F \times D_F \times N^* \ (D_T > D_P)$$ D_T : 목표듀레이션, D_P : 채권 포트폴리오 듀레이션, D_F : 채권선물 듀레이션, N^* : 채권선물 계약수
금리 상승 예상 → 채권가격 하락 **예상**	약세전략	채권 포트폴리오 듀레이션을 줄이기 위해 채권선물을 매도 $$(D_T - D_P) \times P = F \times D_F \times N^* \ (D_T < D_P)$$ D_T : 목표듀레이션, D_P : 채권 포트폴리오 듀레이션, D_F : 채권선물 듀레이션, N^* : 채권선물 계약수

대표유형문제

채권선물을 이용하여 매수 헤지전략이 필요한 상황으로 적절하지 않은 것은?

① 고정금리 자금 차입자

② 채권발행을 통해 자금조달을 예정하는 경우

③ 변동금리부채권을 보유한 투자자

④ 향후 채권투자 예정인 자

해설

② 채권발행 예정인 경우 금리 상승 시 더 많은 이자비용을 지급해야 하므로 금리 상승 위험이 있다. 채권(금리)선물의 기초자산은 채권가격이므로 금리 상승 위험을 채권가격 하락 위험으로, 가격중심으로 해석해야 한다. 채권가격 하락 손실을 금리(채권)선물 매도로부터 발생하는 이익으로 상쇄하여 위험을 감소시킬 수 있으므로 채권선물은 매도 헤지 전략을 취해야 한다.

정답　②

필수핵심개념

02 헤지거래(hedge)

(1) 가격변동위험에 대한 헤지 포지션

현물 포지션		노출된 위험	헤지 전략(선물기준)
현재보유	채권 투자	금리 상승 위험 → 가격 하락 위험	채권(금리) 선물매도 헤지
	변동금리 부채		
	고정금리 차입	금리 하락 위험 → 가격 상승 위험	채권(금리) 선물매수 헤지
보유예정	채권 투자 예정		
	고정금리 차입 예정	금리 상승 위험 → 가격 하락 위험	채권(금리) 선물매도 헤지

대표유형문제

다음 중 헤지 거래에 대한 설명으로 잘못된 것은?

① 스트립헤지는 기업이 장기간에 걸쳐 금리리스크에 노출되어 있을 때 헤지 대상 물량 전체에 해당하는 최근월물을 모두 매매한 후 만기가 되면 해당 기간과 경과분 물량을 제외한 나머지를 그 다음 최근월물로 롤오버하는 기법이다.

② 직접헤지는 헤지대상인 현물과 헤지수단으로 이용되는 선물의 기초자산이 동일한 경우의 헤지방식이다.

③ 교차헤지는 헤지수단으로 이용되는 선물의 기초자산이 헤지대상인 현물과 가격변동이 유사한 다른 특성을 갖는 선물상품을 이용하여 헤지하는 방법이다.

④ 스택헤지는 수익률곡선 변동에 따른 투기적 요소가 포함되어 있다.

> **해설**
>
> 스택헤지에 대한 설명이다. 스트립헤지는 장기간 금리리스크에 노출된 경우 각 결제월의 단기금리선물을 동일 수량만큼 매매하여 전체적으로 균형화하는 헤지방식이다.

정답 ①

필수핵심개념

(2) 헤지의 구분

① 직접헤지와 교차헤지

직접헤지 (direct hedge)	헤지대상인 현물과 헤지수단으로 이용되는 선물의 기초자산이 동일한 경우의 헤지
교차헤지 (cross hedge)	• 헤지수단으로 이용되는 선물의 기초자산이 헤지대상인 현물과 가격변동이 유사하지만 다른 특성을 갖는 선물상품을 이용하여 헤지하는 방법 • 헤지대상이 선물시장에 존재하지 않거나, 유동성이 부족한 경우, 상이한 자산에 대한 선물계약이 더 유리하다고 판단되는 경우에 이용

② 스트립헤지와 스택헤지

구 분	스트립헤지(strip hedge)	스택헤지(stack hedge)
공통점	단기금리선물을 이용하여 장기간 금리리스크를 헤지하는 방법	
헤지기법	• 장기간 금리리스크에 노출된 경우 각 결제월의 단기금리선물을 동일 수량만큼 매매하여 전체적으로 균형화하는 헤지 • 미래 일정기간에 걸친 리스크 노출과 거의 완벽하게 일치	• 스택 앤 롤링(Stack & Rolling)헤지 • 헤지 대상 물량 전체에 해당하는 최근월물을 모두 매매한 후 만기가 되었을 경우 해당 기간과 경과분 물량을 제외한 나머지를 그 다음 최근월물로 롤오버하는 기법

		• 수익률곡선 변동에 따른 투기적 요소 포함
수익률곡선 변동 여부	수익률곡선의 변동에 상관없이 확정금리	− 수익률곡선이 가파를 경우 근월물 스택 매 도헤지 효과 감소
		− 수익률곡선이 평평할 경우 근월물 스택 매 도헤지 효과 증가
단 점	원월물로 갈수록 유동성 저하 문제 발생가능성	• 베이시스 리스크에 노출 • 스택헤지는 거래량이 많아 수수료 측면에서 스트립헤지가 우수

section 13 듀레이션 헤지모형　　중요도 ★★☆

현재 액면금액은 300억, 시장가치는 390억인 채권형 펀드 운용담당자는 향후 채권 수익률 상승이 예상되어 3년 국채선물을 이용하여 헤지하고자 한다. 다음과 같은 상황에서 듀레이션 헤지 모형에 의한 헤지 계약수는?

> 채권형 펀드의 수정듀레이션(D_P) : 2.4년, 국채선물 수정듀레이션(D_F) : 2.6년,
> 국채선물 시장가격 : 120.00

① 300계약 매수

② 300계약 매도

③ 360계약 매수

④ 360계약 매도

해설

채권 수익률 상승 예상은 채권가격 하락의 예상이므로 채권선물 매도 헤지 전략을 해야 한다.

[STEP 1] 채권형 펀드의 시장가치(P)를 기준으로 헤지비율을 계산한다.

[STEP 2] 계약단위는 액면 1억원이고 가격표시는 백분율로 표시하므로 1억원의 120%로 국채선물 가격 계산

[STEP 3] 듀레이션 헤지 모형 $D_P \times P = F \times D_F \times N^*$에 의해

　　　헤지 계약 수는 390억 × 2.4 = 1억 × 1.2 × 2.6 × N

　　　∴ N = 300계약이다.

정답 ②

(3) 금리리스크 헤지모형

금리리스크는 완벽한 헤지가 불가능하여 헤지의 효율성을 증대시키기 위해 헤지비율 결정모형을 사용한다.

베이시스 포인트 가치 모형	금리 1bp 변화에 따른 채권가격 변동에 근거한 헤지비율을 사용 $$BPV_P = BPV_F \times h$$
전환계수 모형	• T−Bond나 T−Note선물계약에 적용하는 모형 • 전환계수를 민감도 지수로 사용하여 가격민감도 차이를 조정 $$P \times CF_{CTD} = F \times N^*$$
듀레이션 헤지 모형	• 채권의 볼록성으로 인한 듀레이션 헤지 모형개념의 한계로 완전한 헤지 불가 • 채권 포트폴리오의 수정듀레이션과 선물의 수정듀레이션의 비율로 헤지 $$D_P \times P = F \times D_F \times N^*$$ D_P : 채권 포트폴리오 듀레이션, D_F : 채권선물 듀레이션, N^* : 채권선물 계약수

03 차익거래(arbitrage, spot−futures parity)

(1) 차익거래

추가적인 자금이나 위험을 부담하지 않으면서 선물의 시장가격과 이론가격 사이에 괴리가 발생한 경우 상대적으로 고평가되어 있는 것은 매도하고 상대적으로 저평가되어 있는 것을 동시에 매수함으로써 이익을 실현시키는 거래

국채선물 차익거래 기회	가치 평가	차익거래 전략(현물기준)
실제시장선물가격 > 이론선물가격	채권선물가격 고평가	−F + S, 매수차익거래
실제시장선물가격 < 이론선물가격	채권선물가격 저평가	+F − S, 매도차익거래

(2) 국채선물을 이용한 차익거래

① 바스켓 구성 채권들과 국채선물 기초자산의 만기와 이표율이 달라 금리변동에 따른 가격민감도 차이가 나타날 수 있어 사전적 차익거래 이익과 사후적 차익거래 이익 간에 괴리 발생

② 괴리를 줄이기 위해서 차익거래를 위한 선물계약수를 선물의 수정듀레이션과 현물의 수정듀레이션의 비율로 조정

$$D_{현물} \times 현물가치 = D_{선물} \times 선물가치 \times N$$

대표유형문제

금리선물의 스프레드가 확대될 것을 예상하는 경우 적절한 전략은? (단, 근월물 가격 > 원월물 가격 상태이다.)

① 원월물 매도 + 근월물 매수, 매도 스프레드 전략
② 원월물 매수 + 근월물 매도, 매도 스프레드 전략
③ 원월물 매수 + 근월물 매도, 매수 스프레드 전략
④ 원월물 매도 + 근월물 매수, 매수 스프레드 전략

해설

금리선물은 근월물의 가격이 원월물의 가격보다 높게 형성된다. 그림으로 스프레드 확대 예상을 이해해 보자.

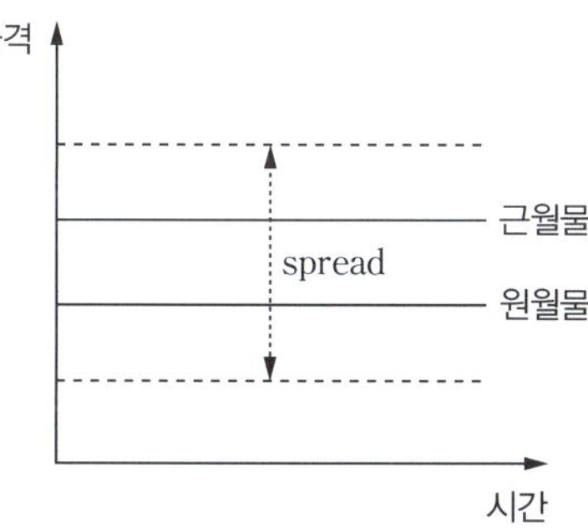

근월물의 가격은 상승이 예상되므로 매수 포지션이 유리, 원월물의 가격은 하락이 예상되므로 매도 포지션이 유리하다. 즉, 근월물 매수 + 원월물을 매도하는 매수 스프레드 전략을 취해야 한다.

이론적으로 채권가격이 움직이는 방향은 동일하므로 스프레드 확대가 예상되면 근월물의 가격 상승이 원월물의 상승 폭보다 상대적으로 크므로 근월물을 매수하고 원월물을 매도하는 매수 스프레드 전략을 취한다.

정답 ④

필수핵심개념

04 스프레드(spread)거래

금리선물은 채권에서 나오는 현금수입(d : 이표)이 이자비용(r)보다 커 음(−)의 순보유비용 값을 갖는다. 따라서 현물가격(S)이 선물가격(F)보다 크고, 근월물 가격이 원월물 가격보다 크게 형성된다.

(1) 상품 내 스프레드(inter–delivery spread, 결제월 간 스프레드) : 동일 상품, 만기 상이

현재 스프레드	예상 스프레드	스프레드 전략(고가 기준)
강세스프레드 (bull spread)	스프레드 확대 예상	⊖원월물 ⊕근월물 매수 스프레드 전략
약세스프레드 (bear spread)	스프레드 축소 예상	⊕원월물 ⊖근월물 매도 스프레드 전략

(2) 상품 간 스프레드(inter-commodity spread) : 동일 만기, 상관성이 높은 다른 자산

예 상	스프레드 전략(근월물기준)
금리 상승 예상	T-Note선물 매수 + T-Bond선물 매도(NOB 스프레드 매수 전략)
금리 하락 예상	T-Note선물 매도 + T-Bond선물 매수(NOB 스프레드 매도 전략)

05 수익률곡선 거래전략(Yield Curve Trading Strategy)

전 략	예 상	포지션
스티프닝 전략 (steepening strategy)	수익률곡선의 기울기가 급격질 것을 예상	장기물 매도 + 단기물 매수 NOB 스프레드 매수 전략
플래트닝 전략 (flattening strategy)	수익률곡선의 기울기가 완만해질 것을 예상	장기물 매수 + 단기물 매도 NOB 스프레드 매도 전략

더 알아보기

수익률곡선 거래전략 포지션 비율 설정

$$D_1 \times N_1 = D_2 \times N_2$$

(D_1 : 근월물채권 듀레이션, D_2 : 원월물채권 듀레이션, N : 채권선물계약수)

수익률곡선 전략 실행 시 단기물과 장기물의 듀레이션 비율로 포지션을 설정해야 한다. 그렇지 않으면 수익률곡선이 평행하게 움직이더라도 손익이 발생하기 때문이다.

03 핵심보충문제

01
★★★
향후 금리 상승이 예상될 때 실행할 수 있는 약세전략과 거리가 먼 것은?

① 단기 채권 매수
② 듀레이션 확대
③ 국채선물 매도
④ 장기 채권 매도

해설

약세전략은 금리 상승에 따른 채권가격 하락을 예상하여 현금이나 단기금융상품을 매수하고 장기 채권을 매도하여 듀레이션을 축소하는 전략이다.

02
★★★
금리선물을 이용한 듀레이션 조정 전략에 대한 내용이다. 괄호 안에 들어갈 말을 순서대로 올바르게 나열한 것은?

> 금리상승을 예상하는 약세전략은 금리선물을 (   )하여 보유하고 있는 채권 포트폴리오의 듀레이션을
> (   )시키는 전략이다.

① 매수, 증가
② 매도, 증가
③ 매수, 감소
④ 매도, 감소

해설

금리상승 예상은 채권가격의 하락 예상을 말하며 채권을 보유한 투자자는 가격하락의 변동폭을 줄이기 위해 듀레이션을 감소시켜야 한다. 그 방법으로 금리선물 매도를 이용하여 가격하락 시 발생하는 선물의 이익으로 손실분을 상쇄하여 하락에 대한 채권 포트폴리오의 듀레이션을 감소시킬 수 있다.

03 ★★☆ 아래의 (   ) 안에 들어갈 내용을 순서대로 바르게 나열한 것은?

> 금리하락이 예상되는 강세전략은 수익률곡선에서 단기 채권을 (   )하고, 수익률곡선에서 장기 채권을
> (   )함으로써, 채권 포트폴리오의 듀레이션을 (   )시키는 전략이다.

① 매수, 매도, 증가 ② 매도, 매수, 증가
③ 매수, 매도, 감소 ④ 매도, 매수, 감소

금리하락 예상은 채권가격의 상승 예상을 말하며 채권을 보유한 투자자는 가격상승폭을 확대하기 위해 듀레이션을 증가시키는 전략을 취한다. 듀레이션은 만기가 길수록 커지므로 장기 채권을 매수하고 단기 채권을 매도하여 장기 채권의 비중을 높여야 한다.

04 ★★☆ 국채선물 3년물을 102.50에 3계약을 매도한 후 100.25에 환매수하였다. 이 거래로 인한 이익은?

① 225만원 ② 450만원
③ 675만원 ④ 850만원

국채선물의 거래단위는 1억원이며, 가격표시는 액면 100원당 원화로 백분율방식이다.
[STEP 1] 국채선물을 매도하여 가격하락으로 얻은 1계약당 이익은 102.50 − 100.25 = 2.25이다.
[STEP 2] 국채선물의 가격표시방법은 백분율방식으로 2.25는 2.25%를 의미하고 기본단위가 액면 1억원이므로 1계약당 이익은 1억원 × 2.25% = 225만원이다. 3계약을 매도하였으므로 총이익은 225만원 × 3 = 675만원이다.

05 ★★★ 채권형 펀드매니저가 현재 500억원의 원화 채권 포트폴리오를 관리하고 있다. 현재 채권 포트폴리오의 듀레이션은 2.5년이고 금리하락을 대비하여 채권 포트폴리오의 듀레이션을 4년으로 증가시키고자 한다. 이때 필요한 국채선물계약은? (단, 국채선물의 듀레이션은 3년, 국채선물가격은 125.00이다.)

① 200계약 국채선물 매도 ② 200계약 국채선물 매수
③ 300계약 국채선물 매도 ④ 300계약 국채선물 매수

[STEP 1] 금리하락 예상은 향후 채권가격의 상승을 예상하므로 채권선물 매수를 이용하여 듀레이션을 증폭시켜 가격 상승폭을 증가시키는 전략을 취하여야 한다.
[STEP 2] 계약단위는 액면 1억원이고 가격표시는 백분율로 표시하므로 국채선물가격은 1억원 × 125% = 1.25억원이다.
[STEP 3] 국채선물계약의 금리민감도인 듀레이션을 고려하면 1.25억원 × 3 = 3.75억원이 된다.
[STEP 4] 목표듀레이션 4년으로 4.0 − 2.5 = 1.5(년)만큼 채권의 민감도를 증가시키는 선물매수 계약수를 구한다.

$$(4.0 - 2.5) \times 500억 = 1.25억 \times 3 \times N^* \therefore N = 200계약\ 국채선물\ 매수$$

06 ★★★ 현재 포지션과 헤지전략의 연결이 올바른 것은?

① 채권투자자의 경우 채권선물 매수 헤지

② 채권발행 예정인 경우 채권선물 매수 헤지

③ 변동금리 차입자의 경우 금리선물 매수 헤지

④ 고정금리 차입 예정인 경우 금리선물 매도 헤지

> **해설**
> ① 채권투자자의 경우 금리 상승 시 채권 가격이 하락하는 위험이 있으므로 채권선물 매도 헤지가 적합하다.
> ② 채권발행 예정인 경우 금리 상승 시 더 많은 이자비용을 지급해야 한다. 금리 상승 위험이 있으므로 채권선물 매도 헤지 전략을 취해야 한다.
> ③ 변동금리 차입자의 경우 금리 상승 시 더 많은 이자비용을 지급해야 한다. 금리 상승 위험이 있으므로 채권선물 매도 헤지전략을 취해야 한다.

07 ★★★ 다음 괄호 안에 들어갈 말을 순서대로 올바르게 나열한 것은?

> 고정금리 채권 보유자는 금리 (   ) 위험에 노출되어 있으므로 금리선물을 (   )해야 한다.

① 상승, 매도   ② 상승, 매수

③ 하락, 매도   ④ 하락, 매수

> **해설**
> 고정금리 채권 보유자는 확정된 고정금리로 이자를 수취한다. 만약 시장의 금리가 상승되었을 경우에도 추가적인 이자수익을 얻지 못한다. 즉, 기회손실이 발생하여 금리 상승 위험이 있다. 금리선물의 기초자산은 채권가격이므로 금리 상승 위험을 재권가격 하락 위험으로, 가격중심으로 해석해야 한다. 채권가격 하락 손실을 금리(채권)선물 매도로부터 발생하는 이익으로 상쇄하여 위험을 감소시킬 수 있다.

08 ★★☆ A사는 2개월 후 1억달러를 변동금리(3개월 SOFR 복리평균 + 가산금리)로 3개월간 차입할 예정이다. 현재 시점에서 2개월 후 3개월 만기의 차입금리를 확정시키기 위한 헤지 전략은? (SOFR선물 1계약단위는 100만달러이다.)

① SOFR선물 100계약 매수

② SOFR선물 100계약 매도

③ SOFR선물 1,000계약 매수

④ 채권시장에서 1억달러를 2개월간 차입

> **해설**
> SOFR선물 매도는 차입금리를 확정시키는 효과가 있다. 변동금리 차입자는 향후 변동금리 상승 위험에 노출되어 있다. SOFR선물 매도는 금리가 상승하는 경우 이익을 보므로 손실분이 선물의 이익으로 상쇄되어 3개월간의 차입금리를 확정시킬 수 있다.

09
★★☆

헤지하고자 하는 현물상품을 대상으로 하는 선물이 존재하지 않을 때 현물상품과 유사한 가격변동 패턴을 갖는 선물을 이용하여 헤지하는 전략은?

① 매입헤지
② 직접헤지
③ 교차헤지
④ 스트립헤지

> **해설**
> 교차헤지는 현물상품을 대상으로 하는 선물이 존재하지 않을 때 현물상품과 유사한 가격변동 패턴을 갖는 선물을 이용하여 헤지하는 전략으로 헤지 대상이 선물시장에 존재하지 않거나, 유동성이 부족한 경우, 상이한 자산에 대한 선물계약이 더 유리하다고 판단되는 경우에 이용된다.

10
★★☆

변동금리부채권 보유자가 매 시점마다 표면금리가 달라지는 위험을 헤지하기 위해 표면이자 지급 시점과 일치하도록 만기가 다른 여러 개의 금리선물 계약을 동시에 체결하는 헤지전략은?

① 스트립헤지
② 스택헤지
③ 교차헤지
④ 매도헤지

> **해설**
> 스트립헤지는 여러 결제월의 금리선물을 이용하여 장기간 금리리스크를 관리하는 헤지 기법이다.

11
★★☆

다음 중 스트립헤지의 장점이 아닌 것은?

① 미래의 여러 시점에 노출된 위험을 거의 완벽하게 헤지할 수 있다.
② 거래에 따른 사후관리가 거의 필요치 않다.
③ 거래실수의 가능성이 적고 스택헤지에 비해 상대적으로 수수료가 저렴하다.
④ 원월물의 유동성이 적을 때 사용한다.

> **해설**
> 스트립헤지는 원월물로 갈수록 유동성이 저하되는 문제가 있어 원월물의 유동성이 풍부한 SOFR선물시장에서 주로 활용된다.

12 스택헤지의 특징이 아닌 것은?
★☆☆

① 투기적 요소가 내재되어 있다.

② 회계상으로 한꺼번에 실현 손익이 발생한다.

③ 미래 수익률곡선의 형태에 따라 헤지오차가 야기된다.

④ 롤오버(roll over)가 필요 없다.

해설

최근월물이 만기가 되면 차근월물로 롤오버가 필요하다.

13 장기간에 걸친 금리리스크를 회피하고자 하는 기업의 헤지방법에 대한 설명으로 잘못된 것은?
★★★

① 스트립헤지는 미래의 일정기간에 걸친 위험노출을 거의 완벽하게 일치시킬 수 있다.

② 스트립헤지는 원월물로 갈수록 유동성이 저하되는 문제가 생길 수 있다.

③ 스택헤지는 수익률곡선의 변동에 상관없이 확정금리가 된다.

④ 수익률곡선의 기울기가 평평하면 스택 매도헤지의 효과가 스트립 매도헤지의 효과보다 크다.

해설

③은 스트립헤지에 대한 설명이다. 스택헤지는 수익률곡선의 변동에 따른 투기적 요소가 가미되어 수익률곡선이 가파를 경우 스택 매도헤지 효과는 스트립 매도헤지 효과보다 감소한다.

14 금리리스크 헤지모형에 관한 설명으로 적절하지 않은 것은?
★☆☆

① BPV모형은 수익률 1bp 변화에 대한 채권가격 변동에 근거하여 헤지비율을 계산한다.

② 전환계수모형은 전환계수를 민감도 지수로 사용하여 가격민감도 차이를 조정한다.

③ 듀레이션 헤지모형을 이용하여 헤지를 할 경우 완전한 헤지가 가능하다.

④ 듀레이션 헤지모형은 채권 포트폴리오의 금리리스크를 헤지하는 가장 일반적인 방법이다.

해설

채권의 볼록성으로 인한 듀레이션 헤지모형 개념의 한계로 완전한 헤지가 불가하므로 선물수익률과 현물수익률 간의 수익률 베타와 채권 포트폴리오의 볼록도를 고려하여 헤지비율을 산출하면 헤지성과를 개선할 수 있다.

15
★☆☆

현재 $1,000,000의 채권 포트폴리오를 관리하는 펀드매니저가 T−Bond선물을 이용하여 헤지하려고 한다. 최저가인도채권(CTD)의 전환계수(CF)가 1.2일 때 적절한 헤지 전략은? (단, T−Bond선물의 1계약단위는 $100,000이다.)

① 10계약 매도
② 10계약 매수
③ 12계약 매도
④ 12계약 매수

현재 펀드매니저는 보유한 채권의 가격이 하락하는 것을 염려하므로 매도헤지 전략을 취해야 한다. 전환계수 헤지 모형은 전환계수를 민감도 지수로 사용하여 산출하므로 $1,000,000 \times 1.2 = 100,000 \times N \therefore N = 12$계약 매도이다.

16
★★★

3년 국채선물과 5년 국채선물을 이용한 상품 간 스프레드거래를 하고자 한다. 향후 금리 하락이 예상되는 경우 적절한 스프레드 전략은?

① 3년 국채선물 매수 + 5년 국채선물 매도
② 3년 국채선물 매도 + 5년 국채선물 매수
③ 3년 국채선물 매수 + 5년 국채선물 매수
④ 3년 국채선물 매도 + 5년 국채선물 매도

상품 간 스프레드는 만기가 같은 두 선물계약의 상대적 가격변화 차이를 이용하는 전략으로 금리 하락이 예상되면 상대적으로 단기채의 가격상승률이 장기채의 가격상승률보다 크기 때문에 5년 국채선물을 매도하고 3년 국채선물을 매수하는 매수스프레드 전략을 취해야 한다.

17
★★★

향후 장단기금리가 동일하게 상승하리라 예상할 때 이용할 수 있는 NOB(Notes over Bonds) 스프레드거래 전략은?

① T−Note선물 매도 + T−Bond선물 매도
② T−Note선물 매수 + T−Bond선물 매수
③ T−Note선물 매수 + T−Bond선물 매도
④ T−Note선물 매도 + T−Bond선물 매수

상품 간 스프레드 전략으로 금리가 상승할 때 장기채의 금리상승률이 단기채의 금리상승률보다 크다. 이를 가격 중심으로 생각하면 장기채의 가격하락률이 단기채의 가격하락률에 비해 크므로 상대적으로 만기가 짧은 T−Note선물을 매수하고 만기가 긴 T−Bond선물을 매도하는 NOB 스프레드 매수 전략을 취해야 한다.

18 **★★★** 수익률곡선의 플래트닝이 예상될 경우 가장 바람직한 채권운용전략은?

① 단기물 매도, 장기물 매수
② 단기물 매수, 장기물 매도
③ 단기물 매도, 장기물 매도
④ 단기물 매수, 장기물 매수

> **해설**
> 수익률곡선은 일반적으로 우상향한다. 플래트닝이 예상되면 수익률곡선의 기울기가 완만해진다. 이를 그림으로 그려보면 다음과 같다.

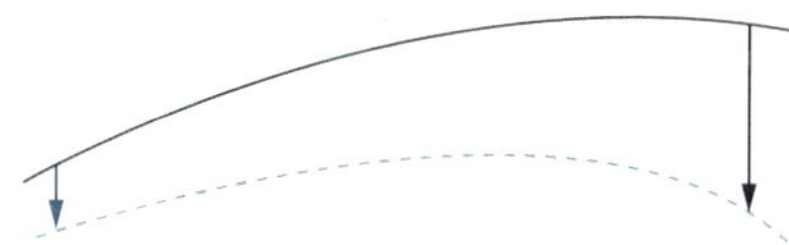

장기물의 수익률 감소폭이 단기물의 수익률 감소폭보다 크다. 즉, 장기채의 가격상승폭이 단기채의 가격상승폭보다 크므로 단기물을 매도하고 장기물을 매수한다.

19 **★☆☆** 수익률곡선의 스티프닝을 예상하는 투자자는 국채선물을 이용하여 수익률곡선 전략을 실행하려 한다. 다음 내용을 보고 ( ) 안에 들어갈 말을 순서대로 올바르게 나열한 것은?

> 3년물 국채선물의 듀레이션은 2.5년이고, 10년물 국채선물의 듀레이션은 7.5년이다. 스티프닝을 예상하므로 단기물인 국채선물 3년물을 120계약 ( )하는 경우 장기물인 국채선물 10년물을 ( )계약을 ( )해야 한다.

① 매수, 40계약, 매도
② 매수, 60계약, 매도
③ 매도, 40계약, 매수
④ 매도, 60계약, 매수

> **해설**
> [STEP 1] 수익률곡선은 일반적으로 우상향한다. 스티프닝이 예상되면 수익률곡선의 기울기가 급격해진다. 이를 그림으로 그려보면 다음과 같다.

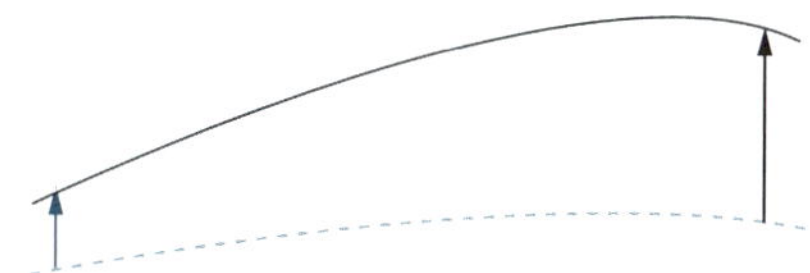

장기물의 수익률 상승폭이 단기물의 수익률 상승폭보다 크다. 즉, 장기채의 가격하락률이 단기채에 비해 크므로 단기물을 매수하고 장기물을 매도한다.

[STEP 2] 수익률곡선 전략 실행 시 3년물과 10년물의 듀레이션 비율로 포지션을 설정해야 한다.

$D_1 \times N_1 = D_2 \times N_2$으로 3년물 듀레이션 2.5×120계약 $= 10$년물 듀레이션 $7.5 \times N$

$N = 40$계약을 매도해야 한다.

통화선물

챕터 출제비중

구 분		출제영역	출제문항
선물 (13 문항)	CHAPTER 01	장내파생상품의 개요	2~3 문항
	CHAPTER 02	주식 관련 선물	5~6 문항
	CHAPTER 03	금리 · 채권선물	3~5 문항
	CHAPTER 04	통화선물	2~3 문항
	CHAPTER 05	상품선물	1~3 문항
옵션 (12 문항)	CHAPTER 06	옵션의 개요	3~4 문항
	CHAPTER 07	주식 관련 옵션	5~7 문항
	CHAPTER 08	기타 옵션	3~4 문항
총 문항			25 문항

통화선물에서는 외환시장에 대한 이해가 선행되어야 합니다. 외환시장은 딜러중심인 시장으로 환율의 표시는 고객입장이 아닌 딜러입장에서 생각해야 합니다. 통화선물의 이론선물가격의 산정방식이 주식 관련 선물과 달리 이자율평형이론(IRPT)을 따르므로 반드시 숙지해야 차익거래 포지션에 관한 문제도 이해할 수 있습니다. 많은 문항이 출제되는 영역은 아니므로 본 교재에서 다루는 문제를 중점적으로 학습하시기 바랍니다.

Section별 중요도 및 학습체크

구 분	핵심개념	중요도	학습체크		
			1회독	2회독	3회독
01	환율표시방법	★★			
02	외환포지션과 환리스크	★			
03	선물환과 통화선물 특징	★★★			
04	선물환율 환율고시 방법	★★			
05	선물환 할증률(할인율)	★★			
06	차액결제선물환(NDF)	★★			
07	이자율평형이론(IRPT)	★★★			
08	투기거래	★			
09	헤지거래 전략	★★			
10	단기자금시장을 이용한 헤지	★			
11	차익거래 전략	★★★			
12	차익거래 후 시장의 변화	★★★			

대표유형문제

환율표시방법에 대한 설명으로 옳지 않은 것은?

① 영국, 호주, 뉴질랜드 등은 미국식으로 환율을 고시한다.
② 직접표시법은 외국통화 한 단위의 가치를 자국통화로 표시한다.
③ 매입률(bid−rate)은 고객 입장에서 외국통화를 매입하는 환율을 말한다.
④ 대부분의 국가들이 소수점 아래 넷째 자리를 핍단위로 한다.

해설

외환시장은 딜러 중심의 시장으로 매입률(bid rate)과 매도율(offer rate)은 딜러 입장에서 매입과 매도를 의미한다.

정답 ③

필수핵심개념

01 환율표시방법

환율은 교환비율을 줄인 말이다. 즉, 교환의 대상인 외화(물건) 1개를 얻기 위해 지불해야 하는 금액이다.

(1) 기준통화에 따른 구분

직접표시법	외화 통화 1단위의 가격을 기준으로 자국통화로 표시하는 방법(원화)
간접표시법	자국 통화 1단위의 가격을 기준으로 외국통화로 표시하는 방법

(2) 국제시장 관행에 의한 환율고시 방식

기축통화 달러 중심의 환율 고시	• 유럽식 : 미 달러 가치를 다른 통화로 가격을 표시하는 방법. 우리나라를 포함한 대부분의 국가에 적용 • 미국식 : 다른 통화의 가치를 미 달러로 가격을 표시하는 방법으로 영국 파운드화, 유로화, 호주 달러, 뉴질랜드 달러 등
양방향 호가	• 매입률(bid rate) : 은행(딜러) 입장에서 매입하는 환율 • 매도율(offer rate) : 은행(딜러) 입장에서 매도하는 환율 • 매도율이 항상 매입률보다 크며 이 차이(spread)만큼 딜러의 이익
소수점 아래 네 자리 또는 두 자리로 표시	• 환율 변동의 기본단위를 핍(pip) 또는 포인트(point)라 함 • 대부분 소수점 아래 넷째 자리가 핍 단위 • 소수점 아래 둘째 자리 핍 단위 : 원화, 엔, 루피아, 동 등

스프레드에 영향을 주는 요인
- 스프레드는 딜러의 위험부담에 대한 프리미엄으로 간주되어 위험이 커질수록 스프레드가 증가
- 소매거래보다 도매거래가 스프레드 낮아짐, 거래규모가 크고 거래가 빈번한 통화일수록 스프레드 낮아짐

section 02 | 외환포지션과 환리스크   중요도 ★☆☆

대표유형문제

외환포지션에 대한 설명으로 옳지 않은 것은?

① 외환 초과매도 포지션은 환율이 상승하는 경우 환차손이 발생한다.
② 외환 매수 포지션(long position)은 자국통화가 평가절하되면 환차손이 발생한다.
③ 외환 초과매수 포지션은 외화자산이 외화부채보다 많은 상태이다.
④ 외환 스퀘어 포지션(square position)은 환율변동에 따른 영향을 받지 않는다.

해설

외환 매수 포지션(long position)은 외환을 매수한 포지션으로 자국통화가 평가절하되면 상대적으로 외화의 가치가 평가절상되어 환차익이 발생한다.

정답 ②

필수핵심개념

02 외환포지션과 환리스크

외환포지션은 환리스크에 노출된 금액을 나타냄

포지션	자산과 부채의 차이	노출된 환리스크
외환 (초과)매수 포지션 (long position)	외환 매수 외화자산 > 외화부채	환율 하락 위험
외환 (초과)매두 포지션 (short position)	외환 매도 외화자산 < 외화부채	환율 상승 위험
외환 스퀘어 포지션 (square position)	외화자산 = 외화부채	환리스크 영향 없음

01 핵심보충문제

01 우리나라 원-달러 환율표시법으로 가장 거리가 먼 것은?
★☆☆
① 직접표시법
② 미국식
③ 자율변동환율제도
④ 소수점 아래 둘째 자리 핍 단위

해설

우리나라를 포함한 대부분의 국가들은 미 달러 가치를 다른 통화로 가격을 표시하는 유럽식 방식으로 환율을 고시한다.

02 자국통화표시법(직접표시법)으로 환율을 표시할 때 환율 상승의 효과는?
★☆☆
① 자국통화 가치상승
② 자국통화 가치하락
③ 외국통화 가치하락
④ 정답 없음

해설

자국통화표시법은 외화 통화 1단위의 가격을 기준으로 자국통화로 표시하는 방법이다. 외화통화를 물건이라 생각했을 때 외화 1개당 가격을 의미한다. 즉, 환율 상승은 외국통화의 1개당 가격이 비싸졌다는 의미이고 더 많은 원화를 지급해야 외화 1단위를 구매할 수 있다는 뜻이다. 따라서 환율의 상승은 상대적으로 자국통화의 가치가 하락하는 효과를 갖는다.

03 외환시장 딜러입장에서 매도율(offer rate)과 매입률(bid rate)의 차이를 스프레드라고 한다. 다음
★☆☆ 중 스프레드 결정요인에 대한 설명으로 바르지 못한 것은?
① 딜러의 위험부담이 커질수록 스프레드는 증가한다.
② 대고객시장보다 은행 간 시장이 스프레드가 크다.
③ 거래규모가 큰 통화일수록 스프레드가 낮아진다.
④ 통화의 유동성이 풍부할수록 스프레드가 낮아진다.

해설

외환시장은 소매거래(대고객시장)보다 도매거래(은행 간 시장)가 스프레드가 낮아진다.

04 ★☆☆ 외환시장에서 매도율(offer rate)과 매입률(bid rate)에 대한 설명이다. 다음 중 틀린 것은?

① 고객 입장에서 외화를 매입하는 데 적용받는 환율은 매도율이다.

② 매입률과 매도율의 차이를 스프레드라 하며 위험부담에 대한 프리미엄이다.

③ 거래규모가 클수록, 많이 사용되는 통화일수록 스프레드가 작아지는 것이 일반적이다.

④ 은행 간 거래에서는 스프레드가 존재하지 않는다.

해설

은행 간 거래에서도 스프레드는 존재하나 위험이 적어 대고객 간 거래보다 스프레드가 낮다.

05 ★☆☆ 현재 A은행은 외환 초과 매수 포지션 상태이다. 원－달러 환율이 인상되었다면 이 은행의 자산과 부채의 변화는?

① 외화자산이 감소하고 외화부채가 증가한다.

② 외화자산이 증가하고 외화부채가 감소한다.

③ 외화자산이 감소하고 외화부채는 변화가 없다.

④ 외화자산은 변화가 없고 외화부채는 증가한다.

해설

외환 매수 포지션은 외화자산이 외화부채보다 많은 상태이므로 환율 상승으로 외화자산이 증가하고 외화부채가 감소하는 결과를 가져와 환차익이 발생한다.

06 ★☆☆ 외환포지션에 대한 설명이다. 다음 중 틀린 것은?

① 초과매입 포지션의 경우 외화자산이 외화부채보다 많다.

② 매입 포지션에 있을 경우 자국통화가 평가절하되면 환이익이 발생한다.

③ 매도 포지션에 있을 경우 외국통화가 평가절상되면 환손실이 발생한다.

④ 스퀘어 포지션에 있을 경우 포지션 청산 시까지 환율변동에 영향을 받는다.

해설

스퀘어 포지션은 외화자산과 부채가 동일하여 환율변동에 영향을 받지 않는다.

02 선물환과 통화선물 기초개념

section 03 **선물환과 통화선물 특징**　　　　　　　　　　　　　중요도 ★★★

대표유형문제

선물환거래(forward)에 대한 설명으로 바르지 못한 것은?

① 외환스왑(FX swap)은 동일 금액의 현물환과 선물환을 반대방향으로 동시에 매매하는 것으로 환리스크에 노출된다.

② 일반적으로 거래계약일로부터 2영업일 후의 날짜를 현물일 또는 현물환 결제일이라고 한다.

③ 단순 선물환 거래에서 현물환율이 상승할 것을 예상한다면 선물환 매수 포지션을 취할 수 있다.

④ 선물환 포인트(forward point) 표시법은 선물환율과 현물환율의 차이인 선물환 포인트로 고시하는 방법이다.

해설

외환스왑(FX swap)은 동일 금액의 현물환과 선물환을 반대방향으로 동시에 매매하는 것이다. 종합포지션은 0이므로 환리스크에 노출되지 않는다.

정답 ①

필수핵심개념

01 현물환과 선물환 비교

구 분	거래 계약일	지급결제일
현물환(spot)	거래가 이루어진 날(T)	T+2일(현물일) 이내
선물환(forward)	거래가 이루어진 날(T)	T+2일(현물일) 초과 = T+3일 이후
선물환 기간	기산일은 지급결제일인 현물일(T+2)로부터 기산(만기일이 휴일인 경우 다음 영업일)	

02 선물환과 통화선물 비교

구 분	통화선물(선물거래)	선물환(선도거래)
거래장소	거래소에서 장내거래	장외에서 당사자 간 합의(장외거래)
거래비용	중개인 수수료	딜러의 매수 · 매도 스프레드 일반적으로 중개 수수료보다 높은 편
거래조건	표준화 → 베이시스 리스크 발생요인	거래 당사자 간 협의 → 헤지 효과가 높음
거래단위	비교적 소규모 → 유동성 풍부	일정 규모 이상
신용위험	없음 → 증거금 관리가 필요	계약불이행 위험 존재 → 헤지관리업무 비교적 간단
시장참여자	제한 없음	신용도가 높은 금융기관이나 대기업
결 제	실물인수도 대부분 반대매매를 통한 중도 청산	대부분 실물인수도(예외 : NDF)

03 선물환의 구분

구 분	개 념	환리스크
일방향(단순) 선물환 (outright forward)	한쪽 방향으로 선물환을 매수 또는 매도	환리스크에 노출
외환스왑 (FX swap)	동일 금액의 현물환과 선물환을 동시에 반대방향으로 매매	환리스크 노출 없음

대표유형문제

외환시장에 원－달러 현물환율이 1,200.50 － 1,205.50에 거래되고 있다. 3개월 선물환 포인트가 1,100 － 2,330로 주어진 상황이라면 3개월 선물환율은 얼마인가? (단, 선물환 1포인트는 0.01원이다.)

① 1,211.50 － 1,228.80
② 1,311.50 － 1438.50
③ 1,189.50 － 1,182.20
④ 1,090.50 － 967.50

해설

선물환 포인트가 1,100 < 2,330로 앞의 숫자보다 뒤의 숫자가 크다. 즉 매입률보다 매도율이 높으므로 할증상태이다. 매입률과 매도율의 1포인트가 0.01원이므로 11원과 23.3원을 가산한 선물환율은 1,211.50(= 1,200.50 + 11) － 1,228.80(= 1,205.50 + 23.3)이다. 반대로 앞의 숫자가 뒤의 숫자보다 크면 선물환율의 할인을 의미하여 선물환 포인트를 차감하여 계산한다.

정답 ①

04 선물환율 환율고시 방법

(1) 선물환율 고시방법의 구분

구 분	환율 고시 방법
아웃라이트율(outright rate)	매입률과 매도율로 고시
선물환(스왑) 포인트(swap point)	선물환율과 현물환율의 차이인 선물환 포인트로 고시(대부분)

(2) 선물환 포인트 (forward point(forward margin) or swap point(swap rate))의 이해

외환스왑에 적용되는 선물환율은 두 통화의 금리 차이를 환율 단위(swap point)로 환산하여 이를 현물환율에 가감. 따라서 swap point는 선물환율과 현물환율의 차이를 의미

① 선물환 포인트(forward point) 고시 방법

선물환 포인트의 단위는 1포인트 당 0.01원임(예 120포인트는 1.20원이 된다.)

선물환 포인트 고시	상 태	선물환율(outright rate) 결정
매입률(bid) < 매도율(offer)	선물환율 할증(P) 상태	현물환율에 스왑포인트 가산
매입률(bid) > 매도율(offer)	선물환율 할인(D) 상태	현물환율에 스왑포인트 차감

※ bid가격 절대값과 offer가격 절대값을 비교

<table><tr><td>section 05</td><td>선물환 할증률(할인률)</td><td>중요도 ★★☆</td></tr></table>

원－달러 현물환율이 1\$ ＝ 1,200.00원이고, 1개월 선물환율이 1\$ ＝ 1,201.20원이다. 이때 1개월 선물의 할증률(할인율)은? (단, 두 통화 모두 이자계산 일수계산이 동일하다고 가정한다.)

① 0.1% 할증

② 0.1% 할인

③ 1.2% 할증

④ 1.2% 할인

해설

[STEP 1] 현물환율(S) < 선물환율(F)이므로 할증(Premium) 상태이다.

[STEP 2] 1개월 선물환율의 할증률은 $\dfrac{1,201.20 - 1,200.00}{1,200} = 0.001$ ∴ 0.1%이다.

[STEP 3] 할증률(할인율)은 연율로 표시하므로 12개월 할증률은 1.2%(＝ 0.1% × 12)

정답 ③

② 선물환 할증률(할인율)

    ㉠ 선물환율의 할증률 또는 할인율은 현물환율과 비교하여 연율로 표현

    ㉡ 현물가격에 비해 선물가격이 어느 정도(%) 고(저)가인지 여부를 나타내는 지표

$$\text{선물환율의 할증률(할인율)} = \frac{F - S}{S} \times \frac{12}{\text{선물환만기}}$$

$$[F > S : \text{할증}(Premium),\ F < S : \text{할인}(Discount)]$$

---

section 06   **차액결제선물환(NDF : Non-Deliverable Forward)**   중요도 ★★☆

대표유형문제

차액결제선물환(NDF)에 대한 설명으로 옳지 않은 것은?

① 만기 시점에 계약통화를 계약 당시의 정해진 선물환율로 정산한다.

② 차액만을 결제하므로 일반 선물환 거래보다 결제위험이 작다.

③ 결제통화가 주로 미 달러화로 사용되어 해당국의 통화가 국제적으로 통용되지 않더라도 역외시장에서 거래가 형성된다.

④ 적은 금액만으로도 거래가 가능하여 레버리지 효과가 높아 환리스크 헤지뿐 아니라 투기적 거래에도 활용한다.

해설

일반적인 선물환은 만기일에 실물인수도하는 네 반해 만기 시섬에 계약통화의 교환 없이 계약 당시의 선물환율과 지정환율(현물환율)의 차이만큼을 거래당사자 간의 지정통화(통상 미 달러화)로 정산한다.

정답 ①

---

05 차액결제선물환(NDF : Non-Deliverable Forward)

(1) 차액결제선물환(NDF)의 특징

① 일반적인 선물환은 만기일에 실물인수도하는 데 반해 만기 시점에 계약통화의 교환 없이 계약 당시의 선물환율과 지정환율(현물환율)의 차이만큼을 거래당사자 간의 지정통화(통상 미 달러화)로 정산

② 차액만을 결제하므로 결제위험이 작음

③ 결제통화가 주로 미 달러화로 사용되어 해당국의 통화가 국제적으로 통용되지 않더라도 역외시장에서 거래가 형성

④ 소액만으로도 거래가 가능해 레버리지 효과가 높아 환리스크 헤지뿐 아니라 투기적 거래에도 활용

(2) 원-달러 NDF 특징

① 국내(역내) 선물환시장 이외에도 홍콩, 싱가포르, 동경, 런던, 뉴욕 등 역외시장에서 비교적 활발하게 거래되고 있음

② 원-달러 NDF의 만기는 주로 1개월. 거래금액 제한은 없으나 일반적으로 100만달러 단위로 거래

③ 결제환율(지정환율)은 직전 영업일의 기준환율을 적용하고, 차액정산 시 교환되는 통화는 미 달러화

(3) NDF 결제금액의 계산

$$결제금액 = \frac{지정환율 - 계약 시 선물환율}{지정환율} \times 계약금액$$

① **지정환율 > 계약 시 선물환율** : 매수자 이익(매도자로부터 수취, 매도자가 지급)

② **지정환율 < 계약 시 선물환율** : 매도자 이익(매수자로부터 수취, 매수자가 지급)

01 통화선물에 대한 설명으로 거리가 먼 것은?
★★★
① 실물인수도 방식을 채택하나 대부분 만기 이전에 반대매매로 청산한다.
② 거래조건이 표준화되어 있다.
③ 거래비용은 매수·매도 스프레드이다.
④ 시장참여자에 대한 제한이 없다.

해설

통화선물의 거래비용은 중개 수수료인 반면 선물환은 딜러의 스왑(매도·매수)스프레드이다. 일반적으로 중개 수수료가 더 저렴하다.

02 선물환거래와 통화선물에 대한 설명으로 바르지 못한 것은?
★★★
① 선물환거래는 선도계약으로 개별 거래자의 필요에 맞추어서 거래조건이 결정된다.
② 통화선물은 장외거래인 선물환을 규격화, 표준화하여 거래소에 상장시킨 것으로 기본적 개념이나 가격결정 등이 선물환과 유사하다.
③ 선물환거래는 장외거래의 특성상 거래상대방의 제한 없이 누구나 거래에 참여할 수 있다.
④ 선물환거래에 비해 통화선물은 거래단위가 비교적 소규모로 정해져 있어 접근성이 좋고 유동성이 풍부하다.

해설

선물환거래는 장외거래의 특성상 거래상대방에 대한 계약불이행 위험이 존재하여 신용도가 높은 금융기관이나 대기업 등으로 참여 범위가 제한적이다.

03
★★☆

현재 원−달러 현물환율이 달러당 1,000원이고 6개월 선물환율이 달러당 900원이다. 선물환 할증률 (할인율)은?

① −10%

② −20%

③ 20%

④ 10%

해설

[STEP 1] 현물환율(S) > 선물환율(F)이므로 할인상태이다.

[STEP 2] 6개월 선물환율의 할인률은 $\dfrac{900 - 1,000}{1,000} = -0.1 \therefore -10\%$이다.

[STEP 3] 할인율은 연율로 표시하므로 12개월 할인율은 $-20\%(= -10\% \times 2)$이다.

04
★★★

원−달러 현물환율이 1$ = 1,200.00원이고, 3개월 원−달러 선물환율이 4% 할인되어 거래되는 경우에 3개월 원−달러 선물환율은 얼마인가? (단, 이자계산 일수 기준이 '30/360'으로 동일하다고 가정함)

① 1$ = 1,052원

② 1$ = 1,152원

③ 1$ = 1,088원

④ 1$ = 1,188원

해설

[STEP 1] 먼저 할인율은 연율로 표시되므로 3개월 할인율을 계산하면 $1\%(= 4\% \times \dfrac{3}{12})$이다.

[STEP 2] 현물환율 1,200원의 1%인 12원($= 1,200 \times 0.01$)을 할인해주면 선물환율은 1$=1,188원이다.

05 시장에 원-달러 선물환에 대해 다음과 같이 고시되어 있다. 이에 대한 설명으로 거리가 먼 것은?
★★☆

> • 현물환율 : 1,220.20 − 1,225.30
> • 1개월 선물환 포인트 : 1,700 − 710

① 원화금리가 달러금리보다 높은 상태이다.
② 1개월 선물환 매입률은 1,203.20이다.
③ 선물환율은 할인상태에 있다.
④ 선물환 포인트는 원화와 달러의 이자율 차이를 반영한 결과이다.

해설

[STEP 1] 1개월 선물환 포인트의 앞의 숫자가 뒤의 숫자보다 크다. 따라서 선물포인트의 매수율이 매도율보다 크므로 선
물환 포인트를 차감하여 아웃라이트율(outright rate)을 구하면 1,203.20 − 1,218.20이다.
[STEP 2] 선물환율이 현물환율보다 낮으므로 할인상태이다.
[STEP 3] 선물환율이 더 저렴하단 뜻은 현재 달러를 보유하는 것이 미래에 달러를 사는 것보다 유리하다는 의미다. 이는
달러를 지금 사서 미국은행에 예치하여 받는 금리가 원자금을 차입하여 발생하는 금리보다 높음을 말한다. 따라
서 원화금리가 달러금리보다 낮은 상태에서는 선물환율이 현물환율보다 더 저렴하다.
이렇듯 외환스왑에 적용되는 선물환율은 두 통화의 금리 차이를 환율 단위(swap point)로 환산하여 이를 현물
환율에 가감하여 계산한다.

06 원-달러 차액결제선물환(NDF)에 대한 설명으로 옳지 않은 것은?
★★☆
① 홍콩, 싱가포르, 동경, 런던, 뉴욕 등 역외시장에서 비교적 활발하게 거래되고 있는 반면 국내 선
물환시장에서는 통화당국의 외환규제로 거래가 미미하다.
② 원-달러 NDF의 만기는 다양하게 존재하지만 이중에서 1개월물이 가장 많이 거래된다.
③ 거래금액은 제한이 없으나 관행상 100만달러 단위로 거래되는 것이 일반적이다.
④ 결제환율(지정환율)은 직전 영업일의 기준환율을 적용하며 차액정산 시 교환되는 통화는 미 달
러화로 정하고 있다.

해설

국내(역내) 선물환시장 이외에도 홍콩, 싱가포르, 동경, 런던, 뉴욕 등 역외시장에서 비교적 활발하게 거래되고 있다.

07 국내 A은행이 미국의 B은행에게 1개월 만기 원－달러 NDF를 1,000만달러만큼 매도하였다. 계약
★★★ 시 선물환율은 달러당 1,200원이었다. 1달 후 결제일 전일의 기준환율이 달러당 1,250원이라면 A은
행의 결제금액은 얼마인가?

① 국내 A은행은 $400,000를 미국의 B은행에게 지급해야 한다.
② 국내 A은행은 $400,000를 미국의 B은행으로부터 수취하게 된다.
③ 국내 A은행은 $41,667를 미국의 B은행에게 지급해야 한다.
④ 국내 A은행은 $41,667를 미국의 B은행으로 부터 수취하게 된다.

해설

[STEP 1] 결제일 전일의 기준환율은 1,250원으로 계약 시 선물환율인 1,200보다 크다. 환율의 상승으로 인해 선물매수자
인 미국의 B은행이 국내 A은행으로부터 결제금액을 수취하게 된다. 즉 A은행은 결제금액을 지급하여야 한다.

[STEP 2] 결제금액은 $\dfrac{1,250-1,200}{1,250} \times 1,000$만달러 $= 40$만달러이다.

03 선물환과 통화선물 가격결정모형 (spot-futures parity)

section 07　이자율평형이론(IRPT : Interest Rate Parity Theory)　중요도 ★★★

현재 외환시장과 단기금융시장에서 아래와 같은 정보가 주어져 있다면, 이자율평형이론에 의해 만기가 6개월 남은 원－달러 통화선물의 이론선물환율은 얼마인가? (단, 1개월은 30일, 1년은 360일로 가정)

> 현물환율(S_0) : \$1 = 1,200원, 6개월 달러화 이자율(r_f) : 4%, 6개월 원화 이자율(r_d) : 8%

① 1,211.65

② 1,218.72

③ 1,223.53

④ 1,238.05

해설

선물환 포인트(= 스왑포인트)를 이용하여 이론선물환율을 도출해보자.

[STEP 1] 할증률(할인율) ≒ $r_d - r_f$이며 한국 금리가 미국 금리보다 연 4%가 높으므로 균형선물가격은 현물환율보다 연 4% 할증 상태이다. 만기가 6개월이므로 6개월에 대한 할증률은 절반인 $4\% \times \dfrac{6}{12} = 2\%$이다.

[STEP 2] 2%의 금리차이를 환율로 환산한 스왑포인트는 1,200원의 2%값인 24원이 된다.

[STEP 3] 할증된 상태이므로 현물환율에 스왑포인트를 가산하면 균형선물환율은 1,200 + 24 = 1,224원이다. 따라서 근사값 ③을 정답으로 한다. 이자율평형이론(IRPT)에 따른 공식에 대입하면

$$F_N = S_t \times \left(\frac{1 + r_d}{1 + r_f} \right) = 1,200 \times \left(\frac{1 + 0.08 \times 6/12}{1 + 0.04 \times 6/12} \right) = 1,223.53$$이다.

정답 ③

01 완전시장하에서의 무차익거래와 이론선물가격(spot-futures parity)

> **[현재(t) 시장 정보]**
>
> 거래대금 : 1만달러, 원-달러 환율 : 1,000(S_0), 1년 만기 원-달러 선물환율 : 1,047.62(F_0),
>
> 한국 금리(r_d) : 10%, 미국 금리(r_f) : 5% (두 통화 모두 이자계산 일수계산이 동일하다고 가정)

현재 포지션	현재 현금흐름	만기일 포지션	만기일의 현금흐름
원화로 차입	+1,000만원	원화 차입 상환	−1,100만원[$= S \times (1 + r_d)$]
달러로 교환 후 예치	−$10,000 [*1]	달러 원리금 회수	$10,500
선물 매도	0	선물환율로 원화로 환전	1,100만원[*2][$= F \times (1 + r_f)$]
합 계	0	합 계	0

*1 : 1,000만 ÷ 1,000(S) = 1만달러   *2 : 1만(1 + 0.05) × 1,047.62(F) = 1,100만원

① 이처럼 현재시점의 선물환율이 1,047.62일 경우에는 아무런 차익이 발생하지 않는다.

② 차익이 발생하지 않는 현물의 가격을 균형선물환율(F_N)이라고 한다.

③ 균형 상태에서 원화로 자금을 차입하고 달러로 교환 후 예치하는 것은 선물매수 포지션과 만기현금흐름이 동일해진다.

④ $F_t \neq F_N$인 경우 차익거래 기회가 발생한다.

02 이자율평형이론(IRPT : Interest Rate Parity Theory)에 의한 균형선물환율결정 모형

(1) 시장이 균형상태라면 일물일가의 법칙이 성립하여 동일한 위험을 가진 금융상품은 국제적으로 동일한 가격을 가짐

$$F_N \times (1 + r_f) = S_t \times (1 + r_d)$$

$$F_N = S_t \times \left(\frac{1 + r_d}{1 + r_f} \right)$$

(F_N : 이론선물가격, S_t : 현재시점 현물가격, r_d : 자국통화금리, r_f : 외국통화금리)

(2) 이자율평형이론(IRPT)에 따른 선물환 할증률 또는 할인율의 균형조건

$$\text{할증률(할인율)} = \frac{F_N - S}{S} \fallingdotseq r_d - r_f$$

① $F_N > S_t$: 할증(*premium*), $F_N < S_t$: 할인(*discount*)

② $r_d > r_f$: 할증(*premium*), $r_d < r_f$: 할인(*discount*)

(3) 주식 관련 선물이론가격 모형을 이용한 통화선물 이론가격결정원리

외화를 보유하여 예치하면 얻을 수 있는 수익(r_f)을 주식으로 보유해서 얻을 수 있는 현금수입(d)이라고 가정하면 다음의 식을 얻을 수 있다.

$$F_N = S_t + C$$
$$F_N = S_t + S_t(r_d - r_f)$$
(F_N : 이론선물가격, S_t : 현재시점 현물가격, r_d : 자국통화금리, r_f : 외국통화금리)

주식 관련 선물	통화 선물
$(r - d) > 0$: 콘탱고($contango$) → 현물환율에 순보유비용 가산	$(r_d - r_f) > 0$: 할증($premium$) → 현물환율에 스왑포인트 가산
$(r - d) < 0$: 백워데이션($backwardation$) → 현물환율에 순보유비용 차감	$(r_d - r_f) < 0$: 할인($discount$) → 현물환율에 스왑포인트 차감

01 원−달러 현물환율이 1,200.00원이고 6개월 만기 원−달러 선물이 1,224.00일 때 한국 금리와 미국
★★☆ 금리의 차이로 적절한 것은?

① 한국금리가 미국금리보다 2% 더 높다.
② 한국금리가 미국금리보다 2% 더 낮다.
③ 한국금리가 미국금리보다 4% 더 높다.
④ 한국금리가 미국금리보다 4% 더 낮다.

해설

[STEP 1] 선물환율(F) > 현물환율(S)이므로 할증 상태이다.

[STEP 2] 선물환율의 할증률은 $\dfrac{1,224 - 1,200}{1,200} \times \dfrac{12}{6} =$ 연 4%

[STEP 2] 이자율평형이론(IRPT)에의 선물환 할증률 균형조건은 $\dfrac{F - S}{S} \fallingdotseq r_d - r_f$이다. 즉 한국금리가 4% 더 높다.

02 현재 원−달러 현물환율은 달러당 1,000원, 미국의 달러화 금리는 연 1%, 한국의 원화금리는 연 3%
★☆☆ 라고 할 때, 이자율평형이론에 의한 3개월 만기 선물환율은? (단, 1개월은 30일, 1년은 360일로 가정)

① 1,004.99원
② 1,003.99원
③ 1,001.99원
④ 1,002.99원

해설

선물환 포인트(＝스왑포인트)를 이용하여 이론선물환율을 도출해보자.

[STEP 1] 할증률(할인율) $\fallingdotseq r_d - r_f$이며 한국 금리가 미국 금리보다 연 2%가 높으므로 균형선물가격은 현물환율보다
연 2% 할증 상태이다. 만기가 3개월이므로 3개월에 대한 할증률은 2% × 3/12 = 0.5%이다.

[STEP 2] 0.5%의 금리차이를 환율로 환산한 스왑포인트는 1,000원의 0.5%값인 5원이 된다.

[STEP 2] 할증된 상태이므로 현물환율에 스왑포인트를 가산하면 균형선물환율은 1,000 ＋ 5 ＝ 1,005원이다. 따라서 근
사값 ①을 정답으로 한다. 이자율평형이론(IRPT)에 따른 공식에 대입하면

$$F_N = S_t \times \left(\frac{1 + r_d}{1 + r_f}\right) = 1,000 \times \left(\frac{1 + 0.03 \times 3/12}{1 + 0.01 \times 3/12}\right) = 1,004.99이다.$$

01 ③ 02 ① **정답**

04 통화선물 투자전략(strategy)

대표유형문제

투자자가 향후 엔화 약세가 예상되어 한국거래소에 상장된 엔선물을 100엔당 1,300.50원에 5계약을 매도하였다. 다음날 예상과는 달리 엔화가 급등하여 1350.50원에 매도 포지션을 전량 반대매매하였다면 손익은 얼마인가? (단, 엔선물의 1계약단위는 100만엔이다.)

① 50만원 이익

② 50만원 손실

③ 250만원 이익

④ 250만원 손실

해설

[STEP 1] 매도 포지션은 현물환율이 상승하는 경우 손실이 발생한다.

[STEP 2] 100엔당 엔화가 1,350.50원으로 상승하였으나 미리 정한 선물환율 1,300.50원에 매도해야 하므로 100엔당 50원의 손실이 발생한다.

[STEP 3] 1계약은 100만엔이므로 1계약당 50만원 손실이며 총 5계약을 매도했으므로 총 손실은 250만원이다.

정답 ④

필수핵심개념

01 투기거래

(1) 방향성 매매

예측 방향		투기전략
방향성 매매	상품가격 상승 예상	선물 매수 포지션($+$), long
	상품가격 하락 예상	선물 매도 포지션($-$), short

(2) 투기거래자의 분류

스켈퍼(scalper)	시장가격의 미세한 변동을 이용, 거래규모가 커 시장의 유동성을 공급하는 역할
데이트레이더(day trader)	포지션을 개장 시장 동안 보유하여 일중 가격 차이를 이용
포지션트레이더(position trader)	장기적인 가격전망에 기초하여 하루 이상의 포지션을 유지

대표유형문제

다음 중 통화선물을 이용한 헤지거래에 대한 설명으로 바르지 못한 것은?

① 외화채권보유자는 매도 헤지를 통해 환율 하락 시 손실을 줄일 수 있다.

② 원－달러 선물환율이 할인상태에서는 음(0)의 베이시스를 갖는다.

③ 원화금리가 달러금리보다 높은 상태에서 통화선물을 이용하여 매수 헤지포지션을 취한 헤저는 헤지 이익이 발생하게 된다.

④ 스프레드가 없다는 가정하에서 실제선물환율이 고평가되어 있는 경우에는 단기자금시장을 이용한 매수헤지가 유리하다.

해설

[STEP 1] 원화금리가 달러금리보다 높은 상태는 할증상태로, 선물가격이 현물가격보다 높은 상태를 말한다.

[STEP 2] 통화선물을 이용한 헤지의 경우 베이시스 리스크로 인해 헤지 이익 또는 헤지 손실이 발생하며 베이시스의 크기는 만기에 가까워질수록 감소한다. 선물의 상승폭이 현물의 상승폭보다 작거나 선물의 감소폭이 현물의 감소폭보다 크므로 매수 헤지 포지션(현물 매도 ＋ 선물 매수)인 경우 헤지 손실이 발생한다.

정답 ③

필수핵심개념

02 헤지거래 전략

(1) 가격변동위험에 대한 헤지 포지션

현물 포지션	노출된 위험	헤지 전략(선물기준)
수출업자	환율 하락 위험	매도 헤지($-F$), short
수입업자	환율 상승 위험	매수 헤지($+F$), long
외화 차입자	환율 상승 위험	매수 헤지($+F$), long
외화 운용자	환율 하락 위험	매도 헤지($-F$), short

(2) 통화선물의 베이시스 리스크와 헤지손익

만기가 가까워짐에 따라 베이시스는 0에 수렴하므로 크기가 감소

현재 상태	현재 베이시스	포지션	손 익
원화금리 > 달러금리	양($+$)의 베이시스 $[F - S] > 0$	매수헤지	헤지 손실
		매도헤지	헤지 이익
원화금리 < 달러금리	음($-$)의 베이시스 $[F - S] < 0$	매수헤지	헤지 이익
		매도헤지	헤지 손실

대표유형문제

다음 중 원−달러 선물환매수 포지션의 수익구조를 복제한 합성포지션으로 적절한 것은?

① 원화채권 발행 + 현물환 매도 + 달러채권 투자

② 원화채권 매도 + 현물환 매수 + 달러채권 매수

③ 원화채권 매입 + 현물환 매도 + 달러채권 발행

④ 원화채권 투자 + 현물환 매수 + 달러채권 매각

해설

국내 수입업자는 환율 상승 위험에 노출되어 있다. 단기자금시장을 이용하여 헤지전략을 구사해보자. (1년 뒤 결제금액은 1달러, 한국의 금리 10%, 미국의 금리는 5%. 현물환율(S_t)은 1달러당 1,000원을 가정)

[STEP 1] 1년 뒤 1달러가 필요하므로 현재 필요한 자금, 즉 1달러의 현가는 $\dfrac{1}{(1 + 5\%)}$달러이다.

[STEP 2] $\dfrac{1}{(1 + 5\%)}$달러를 원화로 환전하면 $\dfrac{1}{(1 + 5\%)}$달러 × 1,000원 = $\dfrac{1,000}{(1 + 5\%)}$원이다. 수입대금 결제에 필요한 원화 자금을 한국에서 연 10%의 금리로 차입한다.

[STEP 3] 차입한 $\dfrac{1,000}{(1 + 5\%)}$원을 현물환시장을 통해 달러를 매수(환전)하면 $\dfrac{1}{(1 + 5\%)}$달러이다.

[STEP 4] $\dfrac{1}{(1 + 5\%)}$달러를 연 5% 미국금리로 예금을 하면 1년 후 원리금은 $\dfrac{1}{(1 + 5\%)}$달러 × (1 + 5%) = 1 달러이다.

[STEP 5] 수취한 원리금 1달러로 수입대금을 결제하고 한국에 원화 원리금 $\dfrac{1,000}{(1 + 5\%)}$원 × (1 + 10%)를 상환한다.

결국 국내 수입업자는 1년 뒤 1달러를 1000원(S_t) × $\dfrac{[1 + 10\%(r_d)]}{[1 + 5\%(r_f)]}$에 구매할 것을 1년 전에 확정할 수 있다. 즉, 이자율평형이론을 이용한 균형선물가격 $F_N = S_t \times \left(\dfrac{1 + r_d}{1 + r_f}\right)$ 과 동일해진다.

따라서 원화자금을 차입하기 위해 원화채권을 발행하여 매도하고 차입한 원화자금으로 현물환시장에서 달러를 매수한 후 달러채권에 투자(매수)하여 자금을 대여해주면 선물환매수 포지션을 복제할 수 있다.

정답 ②

필수핵심개념

(3) 무차익거래와 단기자금시장 간의 메커니즘

① 단기자금시장을 이용한 선물 포지션

이론선물가격(spot−futures parity)에서 시장이 균형인 경우 현재 '선물매도(−F) + 원화 차입 + 달러로 교환 후 운용'하면 만기일에 현금흐름이 영(zero)으로 차익이 발생하지 않는 무차익거래를 학습하였다. 이를 정리하면

선물매도	원화차입	달러 예치
선물매도	합성 선물 매수	

즉, 단기자금시장을 이용해 현물거래와 두 통화를 이용한 차입, 대출을 통해 선물거래와 동일한 효과 (복제)

② 단기자금시장을 이용한 환리스크 헤지 전략

단, 국제단기자금시장에서 두 통화의 차입과 예금이 자유롭고 매수－매도로 인한 스프레드가 영 (zero)이라고 가정

시장상태	상 태	전 략	
		매수 헤지	매도 헤지
시장선물환율 = 이론선물환율	시장 균형	선물과 단기자금시장의 결과가 동일	
시장선물환율 > 이론선물환율	고평가	단기자금시장 유리	선물 유리
시장선물환율 < 이론선물환율	저평가	선물 유리	단기자금시장 유리

section 11 **차익거래 전략(arbitrage, spot-futures parity)**　　　　중요도 ★★★

현재 시장에서 거래되는 원－달러 선물환율이 이론선물환율에 비해 고평가된 상태에서 이를 이용한 선물환 무위험 차익거래 전략은? (단, 거래비용은 무시한다.)

① 선물환 매도 + 원화자금 운용 + 달러 차입
② 선물환 매도 + 원화자금 차입 + 달러 운용
③ 선물환 매수 + 원화자금 운용 + 달러 차입
④ 선물환 매수 + 원화자금 차입 + 달러 운용

해설

선물가격이 이론선물가격보다 높아 선물이 고평가 상태이므로 선물을 매도, 현물을 매수한다.
[STEP 1] 높은 가격은 받고(수익) 낮은 가격은 지급(비용)하면 차익이 발생한다.
[STEP 2] 선물환율 고평가란 미래 일정시점에 원－달러 환율이 비싼 상태이다. 쉽게 말해 만기에 달러가 비싸므로 이를 선물환율로 고정해 만기에 팔아버리면 수익이 되므로 선물 매도 포지션을 취한다.
[STEP 3] 따라서 현재시점에 상대적으로 저렴한 달러 구매자금을 원화로 차입하여 현물환시장에서 달러를 매수한 후 달러자금을 만기까지 예치하여 운용하면 만기시점에 무위험 차익이 발생한다.

정답 ②

03 차익거래(arbitrage, spot–futures parity)

(1) 매수차익거래전략

> **[현재(t) 시장 정보]**
>
> 거래대금 1만달러, 원－달러 환율 : $1,000(S_0)$, 1년 만기 원－달러 선물환율 : $1,100(F_0)$,
>
> 한국 금리(r_d) : 10%, 미국 금리(r_f) : 5% (두 통화 모두 이자계산 일수계산이 동일하다고 가정)

[STEP 1] 이론선물환율 산출 : $F_N = 1,000 \times \left(\dfrac{1 + 0.1}{1 + 0.05}\right) \fallingdotseq 1,047.62$

[STEP 2] 실제선물환율(1,100) > 이론선물환율(1,047.62) → 시장선물가격 고평가

[STEP 3] $-F + S$, 매수차익거래 → $[F_t - F_N]$ 만큼 차익이 발생

현재 포지션	현재 현금흐름	만기일 포지션	만기일의 현금흐름
원화로 차입	$+1,000$만원	원화 원리금 상환	$-1,100$만원$[= S \times (1 + r_d)]$
달러로 교환 후 예치	$-\$10,000$ [*1]	달러 원리금 회수	$\$10,500$
선물 매도	0	선물환율로 달러 매도	$1,155$만원[*2]$[= F \times (1 + r_f)]$
합 계	0	**합 계**	55만원 차익

[*1] : $1,000$만 $\div 1,000(S) = 1$만달러, [*2] : 1만$(1 + 0.05) \times 1,100(F) = 1,155$만원

(2) 매도차익거래전략

> **[현재(t) 시장 정보]**
>
> 거래대금 1만달러, 원－달러 환율 : $1,000(S_0)$, 1년 만기 원－달러 선물환율 : $1,050(F_0)$,
>
> 한국 금리(r_d) : 10%, 미국 금리(r_f) : 2%, (두 통화 모두 이자계산 일수계산이 동일하다고 가정)

[STEP 1] 이론선물환율 산출 : $F_N = 1,000 \times \left(\dfrac{1 + 0.1}{1 + 0.02}\right) \fallingdotseq 1,078.43$

[STEP 2] 실제선물환율(1,050) < 이론선물환율(1,078) → 시장선물가격 저평가

[STEP 3] $+F - S$, 매도차익거래 → $[F_N - F_t]$ 만큼 차익이 발생

현재 포지션	현재 현금흐름	만기일 포지션	만기일의 현금흐름
달러로 차입	$+\$10,000$	달러 원리금 상환	$-\$10,200$
원화로 교환 후 예치	$-1,000$만원	원화 원리금 회수	$+1,100$만원[*1]$[= S \times (1 + r_d)]$
선물 매수	0	선물환율로 달러 매수	$-1,071$만원[*2]$[= F \times (1 + r_f)]$
합 계	0	**합 계**	29만원 차익

[*1] : $1,000$만원$(S) \times (1 + 0.1) = 1,100$만원, [*2] : $10,000$달러$(1 + 0.02) \times 1,050(F) = 1,071$만원

대표유형문제

외환시장에서 원－달러 선물환율이 이자율평형이론에 의해 계산된 이론선물가격보다 높은 경우 차익거래가 실행된다. 이때 차익거래의 결과로 나타나는 현상으로 가장 거리가 먼 것은?

① 원화이자율 상승

② 원－달러 현물환율 하락

③ 원－달러 선물환율 하락

④ 미국이자율 하락

해설

이론선물환율에 비해 고평가된 상태에서 '선물환 매도 ＋ 원화자금 차입 ＋ 달러 운용'의 차익거래전략을 취하게 된다. 이로 인해 선물환율은 하락하고 원화를 차입하여 원화금리는 상승하고, 달러로 운용(대출)하여 달러금리는 하락할 것이다. 현물환시장을 통해 원화를 팔아 달러화를 매수하므로 현물환율은 상승하게 된다. 결국 이 과정이 이자율평형이론이 성립할 때까지 지속되고 시장은 균형을 회복할 것이다.

정답 ②

필수핵심개념

(3) 차익거래 기회와 시장의 균형

금리는 화폐의 가격이므로 화폐의 수요(차입)가 증가하고 공급(대여)이 증가하면 금리가 상승한다.

차익거래 구분	현재 포지션		시장 변화
매수 차익거래	선물 매도		선물환율 하락
	현물 매수	원화 자금 차입	원화 금리 상승
		원화 매도 ＋ 달러 매수	현물환율 상승
		달러 자금 운용	달러 금리 하락
매도 차익거래	선물 매수		선물환율 증가
	현물 매도	달러 자금 차입	달러 금리 증가
		달러 매도 ＋ 원화 매수	현물환율 하락
		원화 자금 대출	원화 금리 하락

01
★☆☆
현재 원－달러 현물환율은 1\$ = 1,200원이며, 만기가 1개월인 원－달러 선물환율이 1,221.00 － 1,231.00으로 제시되어 있다. 1개월 후 현물환율이 상승할 것으로 예상하여 1개월 만기인 원－달러 선물환 100만달러를 매수하였다. 1개월 후 현물환율이 1\$ = 1,250원이 되었다면 손익은 얼마인가?

① 900만원 이익
② 900만원 손실
③ 1,900만원 이익
④ 1,900만원 손실

해설

고객입장에서 선물환의 매수는 딜러입장에서 매도이므로 매도환율인 1\$ = 1,231원이 약정선물환율이 된다. 만기에 1\$ = 1,250원으로 상승하여도 1\$ = 1,231원에 매수가 가능하여 1달러당 19원의 이익이 발생하여 총 이익은 1,900만원이다.

02
★☆☆
원－달러 통화선물시장의 베이시스 리스크에 대한 특징으로 바르지 않은 것은?

① 양(＋)의 베이시스인 상태에서는 원화금리가 달러금리보다 높다.
② 음(－)의 베이시스인 상태에서 만기가 가까워짐에 따라 베이시스의 크기는 증가한다.
③ 양(＋)의 베이시스인 상태에서는 매도헤지에서 헤지 이익이 발생한다.
④ 음(－)의 베이시스인 상태에서는 현물환율이 선물환율보다 크다.

해설

베이시스는 만기가 가까워짐에 따라 베이시스의 크기가 감소하여 만기에는 0으로 수렴한다.

03
★☆☆
이자율평형이론에 대한 설명 중 가장 거리가 먼 것은?

① 무위험이자율 차익거래는 이자율평형이론에 의해 시장선물환율이 고평가 또는 저평가인지 여부에 달려 있다.
② 거래비용을 고려할 때 이자율평형이론으로부터 괴리가 발생하더라도 차익거래에서 발행하는 이익이 거래비용을 커버하지 못한다면 무위험이자율 차익거래가 발생하지 못한다.
③ 이자율평형이론이 성립하지 않는다면 위험이 같고 표시통화만 다른 두 금융상품의 수익률은 서로 다르다는 것을 의미한다.
④ 이자율평형이론에 따르면 선물환율은 현물환율과 양국의 편의수익률 수준에 따라 결정된다.

해설

이자율평형이론에 따르면 선물환율은 현물환율과 양국의 이자율 수준에 따라 결정된다.

04 **★★★** 현재 외환시장에서 6개월 만기 원－달러 선물환율은 달러당 1,200원이다. 이자율평형이론에 의한 이론선물환율이 1,220원일 경우 발생할 수 있는 무위험차익거래에 대한 설명으로 거리가 먼 것은?

① 선물환시장에서 달러선물환을 매입

② 달러화를 차입

③ 현물환시장에서 원화를 매도

④ 원화를 예금

해설

선물가격이 이론선물가격보다 낮아 선물이 저평가 상태이므로 선물을 매수, 현물을 매도한다.

[STEP 1] 높은 가격은 받고(수익) 낮은 가격은 지급(비용)하면 차익이 발생한다.

[STEP 2] 선물환율 저평가란 미래 일정시점에 원－달러 환율이 저렴한 상태이다. 쉽게 말해 달러가 만기시점에 저렴하므로 이를 선물환율로 고정해 만기에 싸게 사면 수익이 되므로 선물 매수 포지션을 취한다.

[STEP 3] 동시에 현재시점에 상대적으로 비싼 현물인 달러를 차입하여(빌려) 현물환시장에서 달러를 매도하고(팔고) 원화로 교환한 뒤 원화로 예금하면 만기시점에 상환한 원화자금을 계약시점에 정한 선물환율로 달러를 매수하고 차입한 달러를 상환하면 차익이 발생한다.

05 **★☆☆** 단기금융시장과 외환시장에 관한 정보가 다음과 같이 주어졌을 때 시장상황에 관한 다음 설명으로 틀린 것은 무엇인가?

> 현물환율(S_0) : \$1 = 1,000원, 만기가 3개월(92일)인 선물환율(F_0) : \$1 = 1,002
>
> 3개월 달러화 이자율(r_f) : 3%(act/360), 3개월 원화 이자율(r_d) : 5%(act/365)

① 원화를 차입하고 이를 달러화로 바꾸어 달러로 예금하고 달러선물환을 매수하는 차익거래를 할 수 있다.

② 이론선물환율은 \$1 = 1,004.90이다.

③ 시장선물환율은 할증(premium)상태이다.

④ 시장선물환율은 이론선물환율보다 저평가되어 있다.

해설

[STEP 1] 이론선물가격 산출 : $F_N = 1,000 \times \left(\dfrac{1 + 0.05 \times \dfrac{92}{365}}{1 + 0.03 \times \dfrac{92}{360}} \right) \fallingdotseq 1,004.90$

[STEP 2] 실제선물가격(1,002) < 이론선물가격(1,004.9) → 시장선물가격 저평가

[STEP 3] +F － S, 매도차익거래(reverse cash & carry strategy)

현물환이 고평가되어 있으므로 달러로 자금을 차입하여 현물환시장에서 달러를 매도하여 원화로 교환 후 원화로 예금하고 동시에 선물환시장에서 달러선물 매수 포지션을 취하는 차익거래를 하는 경우 무위험차익이 발생한다.

06
★★★

현재 시장에서 거래되는 원－달러 선물환율이 이론선물환율에 비해 고평가된 상태에서 이를 이용한 선물환 무위험 차익거래에 따라 예상되는 시장의 변화로 적절한 것은?

① 선물환율 하락, 원화금리 하락

② 현물환율 상승, 달러금리 하락

③ 선물환율 상승, 원화금리 상승

④ 현물환율 하락, 달러금리 상승

해설

이론선물환율에 비해 고평가된 상태에서 '선물환 매도 ＋ 원화자금 차입 ＋ 달러 운용'의 차익거래전략을 취하게 된다. 이로 인해 선물환율은 하락하고 원화를 차입하여 원화금리는 상승하고, 달러로 운용(대출)하여 달러금리는 하락할 것이다. 현물환시장을 통해 원화를 팔고 달러화를 매수하므로 현물환율은 상승하게 되고 결국 이자율평형이론이 성립할 때까지 이 과정이 지속되고 시장은 균형으로 회복할 것이다.

07
★☆☆

한국의 A기업은 미국의 B기업으로부터 물품을 구입하고 1년 후 잔금 200만달러를 지급하기로 하였다. 현재 원－달러 환율은 달러당 1,200원이고, 한국의 이자율은 연 5%, 미국의 이자율은 연 4%이다. A기업은 단기자금시장을 이용하여 환위험을 헤지하고자 한다. 이때 A기업이 1년 후에 지불해야 하는 원화금액은? (근사값임)

① 23억 7,700만원

② 23억 9,800만원

③ 24억 2,300만원

④ 24억 4,600만원

해설

시장이 균형이라면 실제 선물환 매수를 하여도 동일한 결과를 가져온다. 선물환 포인트(＝스왑포인트)를 이용하여 이론선물환율을 도출해보자.

[STEP 1] 할증률(할인율) ≒ $r_d - r_f$이고 한국 금리가 미국 금리보다 연 1% 높으므로 균형선물가격은 현물환율보다 1% 할증상태이다. 따라서 스왑포인트는 1,200 × 0.01 ＝ 달러당 12원이 된다.

[STEP 2] 할증된 상태이므로 현물환율에 스왑포인트를 추가하면 균형선물환율은 1,200 ＋ 12 ＝ 1,212원이다.

[STEP 3] A기업이 결제할 금액은 200만달러이므로 총 결제 금액은 1,212 × 200만 ＝ 24억 2,400만원이다. 따라서 근사값 ③을 정답으로 한다. 이자율평형이론(IRPT)에 따른 공식에 대입하면

$$F_N = S_t \times \left(\frac{1 + r_d}{1 + r_f} \right) = 1,200 \times \left(\frac{1 + 0.05}{1 + 0.04} \right) ≒ 1211.5$$ 이다.

상품선물

챕터 출제비중

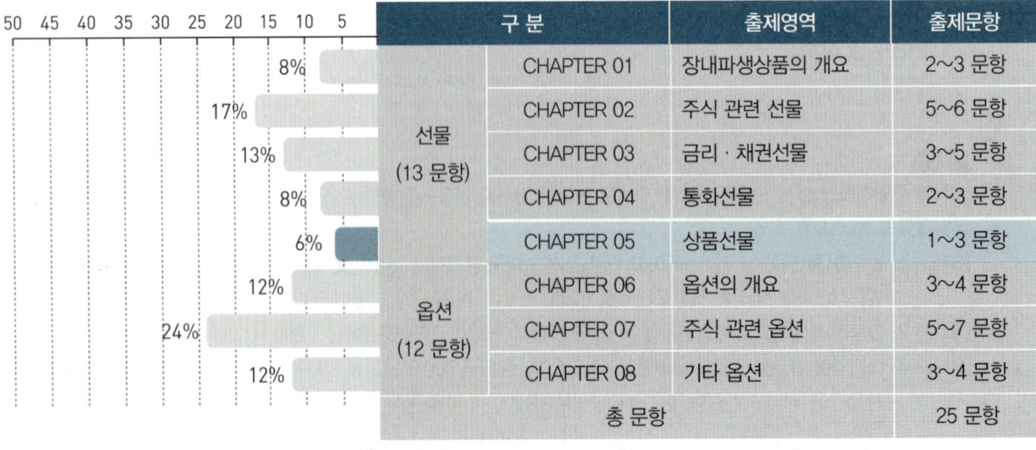

구 분		출제영역	출제문항
선물 (13 문항)	CHAPTER 01	장내파생상품의 개요	2~3 문항
	CHAPTER 02	주식 관련 선물	5~6 문항
	CHAPTER 03	금리 · 채권선물	3~5 문항
	CHAPTER 04	통화선물	2~3 문항
	CHAPTER 05	상품선물	1~3 문항
옵션 (12 문항)	CHAPTER 06	옵션의 개요	3~4 문항
	CHAPTER 07	주식 관련 옵션	5~7 문항
	CHAPTER 08	기타 옵션	3~4 문항
총 문항			25 문항

상품선물과 금융선물의 차이점은 이론선물가격 산출 시 추가적인 보관비용이 포함되는 것이며, 베이시스가 현물가격에서 선물가격을 차감한 값으로 반대부호를 가지므로 기존 베이시스의 축소와 확대의 개념도 반대임을 유의하여야 합니다.

Section별 중요도 및 학습체크

구 분	핵심개념	중요도	학습체크		
			1회독	2회독	3회독
01	한국거래소 상품선물의 특징	★★			
02	상품선물 이론가격	★★			
03	상품선물 이론가격결정요인	★★★			
04	투기거래	★			
05	헤지거래 전략	★★			
06	상품선물 베이시스	★★★			
07	헤지 이월	★★★			
08	최소분산헤지 비율	★			
09	스프레드거래	★★			

01 상품선물에 대한 이해

 한국거래소 상품선물의 특징 중요도 ★★☆

대표유형문제

한국거래소에 거래되고 있는 상품선물에 관한 설명 중 옳은 것을 모두 고르면?

> (ㄱ) 돈육선물은 돼지고기의 가격 변동성이 높아 증거금률이 21%로 높은 편이다.
> (ㄴ) 금선물은 타 금투자상품에 비해 매매수수료가 높은 편이나 부가가치세(10%)나 주식거래 시 발생
> 하는 증권거래세, 양도소득세와 같은 세금이 없다.
> (ㄷ) 금선물의 최소가격변동가치(tick value)는 5,000원이다.
> (ㄹ) 돈육선물은 현금결제방식을 채택하고 있다.
> (ㅁ) 금선물의 증거금 납부는 현금으로만 가능하다.

① (ㄱ), (ㄴ) ② (ㄴ), (ㄹ)
③ (ㄷ), (ㅁ) ④ (ㄱ), (ㄹ)

해설

(ㄴ) 금선물은 타 금투자상품에 비해 매매수수료가 저렴하며 부가가치세(10%)나 주식거래 시 발생하는 증권거래세,
 양도소득세와 같은 세금이 없어 비과세혜택을 볼 수 있다.
(ㄷ) 금선물의 최소가격변동가치(tick value)는 1,000원이고, 돈육선물의 최소가격변동가치는 5,000원이다.
(ㅁ) 금선물의 증거금 납부는 현금 이외의 대용증권으로 증거금 납부가 가능하다.

정답 ④

필수핵심개념

01 한국거래소 금선물의 특징

① 증거금을 납부하고 나머지 금액을 기타 상품에 투자하여 추가 수익을 얻을 수 있음. 또한 현금 이외
 의 대용증권으로 증거금 납부가 가능

② 비과세혜택을 보면서 소규모(100g)단위로 금을 거래할 수 있음

③ 타 금투자상품에 비해 매매수수료가 낮으며, 금 가격 상승 또는 하락에 대해 투자할 수 있음

④ 해외 금선물에 비해 증거금률이 높은 수준이나 거래비용을 종합적으로 고려해보면 국내 금선물 이용
 이 유리함

⑤ 타 선물상품 대비 기본예탁금이 저렴

⑥ 최종결제가격으로 KRX 금현물시장의 종가를 사용

02 한국거래소 돈육선물의 특징

① 돼지고기의 유통 특성상 변질 가능성이 높고 저장과 인수도가 용이하지 않아 현금결제방식 채택

② 돼지고기의 가격 변동성이 높아 증거금률이 높은 편

③ 최장거래기간은 6개월로 돼지의 평균 생육시간을 고려

03 계약단위 · 호가(tick) · 손익금액(tick value)

구 분	거래대상	계약단위	호가(tick)	손익금액 (tick value)
상품선물	순도 99.99% 금	100g	10원/g	1,000원
	돈육 대표가격	1,000kg	5원/kg	5,000원

04 거래시간, 최종거래일, 최종결제일, 결제방식

구 분	거래대상	거래시간	최종거래일	최종결제일	결제방식
상품선물	순도 99.99% 금	09:00~15:45 (최종거래일 09:00~15:20)	각 결제월의 세 번째 수요일	T+1	현금결제
	돈육 대표가격	10:15~15:45		T+2	

---

section 02 **상품선물 이론가격**　　　　　　　　　　　　　　중요도 ★★☆

대표유형문제

현재 금가격은 100,000원/g이다. 시중금리가 연 4%이고, 6개월 저장비용은 1,800원/g이다. 잔존만기가 3개월인 금선물의 이론가격은 얼마인가?

① 101,900원/g
② 102,800원/g
③ 104,900원/g
④ 105,800원/g

해설

상품선물 보유비용모형에 따르면 선물가격의 현재가격에서 이자율과 저장비용은 가산항목이다.

[STEP 1] 연 4%의 3개월 이자율은 1%($= 4\% \times \dfrac{3}{12}$)로 1,000원의 이자비용을 가산

[STEP 2] 3개월분 저장비용은 6개월의 절반 수준이므로 900원의 저장비용을 가산

[STEP 3] 이론선물가격은 100,000 + 1,000 + 900 = 101,900원/g이 된다.

정답　①

필수핵심개념

01 상품선물 이론가격결정(F_N)

$$F_N = S_t + C$$

$$F_N = S_t + S_t(r + u - y) \times \frac{T - t}{365}$$

$$F_N = S_t \times [1 + (r + u - y) \times \frac{T - t}{365}]$$

(F_N : 이론선물가격, S_t : 현재시점 현물가격, $T - t$: 잔존일수)

대표유형문제

보유비용모형에 따른 상품선물 이론결정요인의 연결이 바르지 않은 것은?

번 호	요 인	선물가격	순보유비용
①	기초자산(S) 상승	상 승	상 승
②	이자율(r) 하락	하 락	하 락
③	저장비용(u) 증가	상 승	상 승
④	편의수익(y) 하락	상 승	하 락

해설

편의수익은 현물보유자에게 주어지는 비금전적 혜택을 말하므로 선물보유자는 얻지 못하는 기회손실이 된다. 그러므로 편의수익이 하락하면 기회손실이 줄어들어 선물가격과 순보유비용은 상승한다.

정답 ④

필수핵심개념

02 상품선물의 이론가격결정요인

$F_N = f(\oplus S_t, \oplus r, \ominus d, \oplus T)$ − 정상시장(contango market)을 전제

요 인	선물가격	순보유비용
기초자산(S) 상승	상 승	상 승
이자율(r) 증가	상 승	상 승
저장비용(u) 증가	상 승	상 승
편의수익(y)증가	하 락	하 락
잔존기간 증가(T−t)	상 승	상 승

01 ★☆☆
보유비용모형을 이용한 상품선물의 이론가격을 계산할 때 고려해야 할 요인이 아닌 것은?

① 이자비용
② 저장비용
③ 편의수익
④ 현금수입

해설

현금수입은 채권이나 주식과 같은 금융선물에서 발생한다.

02 ★☆☆
다음 중 상품선물시장에서 정상시장에 해당되지 않는 경우는?

① 양(＋)의 순보유비용
② 양(＋)의 베이시스
③ 원월물가격이 근월물가격보다 큰 경우
④ 이자비용이 편의수익보다 큰 경우

해설

상품선물의 베이시스 ＝ 현물가격 － 선물가격으로 금융선물과는 반대로 (－)베이시스가 정상시장을 의미한다.

03 ★★☆
상품의 현재가격은 10,000원, 이자율은 연 4%, 저장비용은 연 6%이다. 잔존만기가 6개월인 상품의 선물가격이 10,400원인 경우 보유비용모형에 따른 편의수익은 얼마인가? (이산복리 가정)

① 연 1%
② 연 2%
③ 연 3%
④ 연 4%

해설

상품선물 보유비용모형에 따르면 선물가격은 현재가격에서 이자율과 저장비용은 가산항목이고 편의수익은 차감항목이다.

[STEP 1] 현물가격 대비 선물가격에서 할증률을 산정하면 $\dfrac{10,400 - 10,000}{10,000} = 0.04$로 4% 더 비싸다.

[STEP 2] 6개월분의 이자율은 2%(＝ 4/2)이고, 저장비용은 3%(＝ 6/2)이므로 총 5% 증가했다.

[STEP 3] 할증률 4%와 보유비용(5%)의 차이가 편의수익(y)이므로 6개월분 편의수익은 1%이고 연 2%이다.

01 ④ 02 ② 03 ② **정답**

03 상품선물 투자전략(strategy)

대표유형문제

향후 금값 상승을 예상한 투자자가 한국거래소에 거래되는 금선물 5계약을 98,000원/g에 매수 포지션을 취하였다. 1개월 후 금값이 101,000원으로 상승하여 전량을 반대매매로 청산하였다면 얼마의 손익이 발생하는가? (단, 금선물 1계약단위는 100g이다.)

① 15,000원 이익

② 15,000원 손실

③ 1,500,000원 이익

④ 1,500,000원 손실

해설

[STEP 1] 예상대로 금값이 상승하였으므로 선물매수에서 이익이 발생한다.

[STEP 2] 1g당 얻게 되는 이익은 $101,000 - 98,000 = 3,000$원이다.

[STEP 3] 금선물의 1계약단위는 100g이고 총 5계약을 매수했으므로 얻는 총이익은 $3,000 \times 100 \times 5 = 1,500,000$원이다.

정답  ③

필수핵심개념

01 투기거래(speculation)

예측 방향		투기전략
방향성 매매	기초자산의 가격 상승 예상	선물 매수 포지션($+$), long
	기초자산의 가격 하락 예상	선물 매도 포지션($-$), short

대표유형문제

다음 상품선물을 이용한 투자전략의 포지션이 다른 하나는?

① 금 도매업자가 납부할 금괴를 구매할 예정이다.

② 양돈 농가에서 돼지를 사육하여 판매하려 한다.

③ 금 도매업자가 금괴를 보유하고 있다.

④ 투자자가 향후 돼지고기의 가격이 하락하리라 예상하고 있다.

해설

금 도매업자는 구매할 금괴의 가격상승 위험에 노출되었으므로 선물 매수헤지 포지션을 취해야 한다.

정답　①

필수핵심개념

02 헤지거래(hedge)

(1) 가격변동 위험에 대한 헤지 포지션

현물 포지션		노출된 위험	헤지 전략(선물기준)
현 재	현물 보유	기초자산가격 하락 위험	선물 매도($-F$), short hedge 재고 헤지, 저장 헤지
	현물 공매도	기초자산가격 상승 위험	선물매수($+F$), long hedge
미 래	현물 매수 예정	기초자산가격 상승 위험	선물매수($+F$), long hedge
	현물 매도(생산) 예정	기초자산가격 하락 위험	선물매도($-F$), short hedge 생산 헤지, 예상 헤지

현재 돈육 현물가격은 4,500원/kg이며, 거래소에서 거래되고 있는 돈육 선물가격은 4,700원/kg인 상황에서 육가공업체가 매수헤지를 실시하였다. 1개월 후 헤지를 청산할 때 돈육 현물가격과 선물가격의 차이인 베이시스가 −100원/kg이라면 순매수가격(NBP)은?

① 4,400원　　　　　　　　　　　② 4,500원

③ 4,600원　　　　　　　　　　　④ 4,700원

해설

1. 선물매수를 했다는 것은 선물가격인 4,700원으로 가격을 고정하고 싶다는 의미이다. 그러나 청산시점의 베이시스(오차)를 고려하면($F_1 + B_2$) 실제 매수가격은 $4,700 - 100 = 4,600$원이 된다.
2. 현재 구매가격은 4,500원이고 개시 베이시스는 −200원이 된다. 청산시점의 베이시스가 −100원으로 확대되었으므로 매수헤지는 헤지 손실이 100원 발생되고 손실은 추가적 비용($S_1 + \Delta B$)이므로 순매수가격은 $4500 + 100 = 4,600$원이다.

정답 ③

필수핵심개념

(2) 상품선물의 베이시스(basis)

① 베이시스(basis)의 이해

구 분	금융선물	상품선물
basis	베이시스(B) = 선물가격(F) − 현물가격(S)	베이시스(B) = 현물가격(S) − 선물가격(F)
	콘탱고 시장에서 양(+)의 베이시스	콘탱고 시장에서 음(−)의 베이시스

② 베이시스 리스크의 이해

　㉠ 만기일 이전에 반대매매로 청산하는 경우 개시 베이시스(B_0)와 청산 베이시스(B_1)가 다르면 발생하는 손익

　㉡ 베이시스 리스크가 있는 경우 완전 헤지는 불가하나 헤지 이익이나 헤지 손실이 발생

③ 정상시장하에 상품선물 베이시스 리스크의 손익

금융선물과 부호가 반대임을 주의하자.

현재 포지션	청산 시점 상황	손익 = basis risk
매도헤지(+S−F)	베이시스 축소($B_0 < B_1$)	손실($B_0 - B_1$)
	베이시스 확대($B_0 > B_1$)	이익($B_0 - B_1$)
매수헤지(−S+F)	베이시스 축소($B_0 < B_1$)	이익($B_1 - B_0$)
	베이시스 확대($B_0 > B_1$)	손실($B_1 - B_0$)

④ 순헤지 가격(net hedged price)의 산출

구 분	방 법	산출 개념
순매도(매수) 가격 산출	$S_2 + (F_1 - F_2)$	만기시점 현금흐름
	$S_1 + \Delta B$	현물가격에 베이시스 리스크 손익 가감
	$F_1 + B_2$	선물가격에 오차반영

F_1 : 개시 선물가격, S_1 : 개시 현물가격, F_2 : 청산 시 선물가격, S_2 : 청산 시 현물가격

section 07 | **헤지 이월** | 중요도 ★★★

다음 중 헤지 이월(roll over)에 대한 설명으로 바르지 못한 것은?

① 헤지 이월(roll over)은 근월물로부터 원월물로 헤지를 전환하여 나가는 것을 말한다.

② 장기간에 걸쳐 헤지를 하여야 하는 상황에서 원월물이 전혀 거래되지 않아 헤지거래가 곤란한 경우에 이용하는 방법이다.

③ 매도헤지는 정상시장에서 이월해야 한다.

④ 근월물의 가격이 원월물의 가격보다 저렴한 상태에서는 매수헤지 시 스프레드 이익이 발생한다.

해설

매수헤지의 헤지 이월은 근월물을 전량 매도하고 원월물을 매수로 전환해야 한다. 근월물이 원월물보다 저렴한 상태이므로 저렴하게 팔고 비싸게 사야 하는 상황이라 헤지 이월 시 스프레드 손실이 발생한다.

정답 ④

필수핵심개념

(3) 헤지 이월(roll over) : 근월물로부터 원월물로 헤지를 전환하여 나가는 것

① 헤지 이월로 인한 스프레드 손익

현재 포지션	헤지 이월	스프레드 이익	헤지 이월 시점 포착
매도헤지	근월물을 환매 + 원월물 매도	근월물 < 원월물	정상시장(contango)
매수헤지	근월물을 전매 + 원월물 매수	근월물 > 원월물	역조시장(backwardation)

② 헤지 이월을 하는 이유

㉠ 장기간에 걸친 헤지를 해야 하는 상황인 경우 유동성이 풍부한 근월물을 이용

㉡ 현물의 구매나 판매 계획이 만기일에 이뤄지지 않아 원월물로 이월해야 하는 경우

㉢ 헤지 이월로 얻어지는 스프레드 이익이나 베이시스의 헤지 이익이 비용보다 큰 경우

금도매업자가 순도 99.99%의 금괴 10kg을 보유하고 있으며, 내년에 금괴를 판매하게 될 것이라 예상하고 있다. 내년 상반기에 금 가격이 크게 하락할 우려가 있어 한국거래소의 금선물로 대비책을 마련하려고 한다면 금선물에 필요한 최적의 헤지 계약수는? (단, 금선물의 1계약단위는 100g이고, 회귀계수(beta)가 0.7이다.)

① 100계약 매수

② 100계약 매도

③ 70계약 매수

④ 70계약 매도

해설

[STEP 1] 도매업자는 가격하락 위험에 노출되어 있으므로 선물매도헤지 포지션을 취해야 한다.

[STEP 2] 단순헤지 계약수를 산출하면 가진 금괴는 10,000g이고 금선물의 계약단위는 100g으로 100계약이 필요하다.

[STEP 3] 회귀계수가 0.7이라는 의미는 선물가격이 1만큼 변화할 때 현물가격의 변화는 0.7만큼 변화하므로 선물에 비해 현물가격변동이 작아 100계약을 해버리면 오히려 초과매도헤지가 되어버려 위험이 최소화되지 않는다.

[STEP 4] 최소분산헤지 계약수는 100계약 × 0.7 = 70계약만 매도하면 된다.

정답 ④

필수핵심개념

(4) 헤지비율의 계산(헤지 계약수 계산)

① 단순헤지

현물가격과 선물가격의 움직임이 동일하다고 가정하거나 상대적 움직임을 감안하지 않은 단순한 헤지

$$S = F \times N^{*}$$
$$N^{*} = \frac{S}{F}$$
$$(S : 현물가격, F : 선물가격, N^{*} : 단순헤지비율)$$

② 최소분산헤지

㉠ 현물가격의 상대적 민감도뿐만 아니라 선물가격의 상대적 민감도까지 고려한 헤지

㉡ 선물가격 변동에 대한 현물가격의 상대적 변동을 감안한 위험을 최소화하는 헤지

$$\beta \times S = F \times N^{*}$$
$$N^{*} = \beta \times \frac{F}{S}$$
$$(N^{*} : 헤지계약수, \beta : 회귀계수 = 헤지비율(h))$$

03 차익거래(arbitrage, spot-futures parity)

차익거래 기회	가치 평가	차익거래 전략(현물기준)
실제시장선물가격 > 이론선물가격	선물가격 고평가	$-F + S$, 매수차익거래(cash & carry strategy)
실제시장선물가격 < 이론선물가격	선물가격 저평가	$+F - S$, 매도차익거래(reverse cash & carry strategy)

대표유형문제

현재 돈육선물의 근월물과 원월물 간의 스프레드가 +50/kg일 때 강세 스프레드(bull spread) 전략을 구사하였다. 일정 시간이 흐른 뒤 스프레드 거래를 청산할 때 근월물과 원월물 간의 스프레드가 +30 /kg으로 축소하였다면 거래손익은?

① 30원 이익

② 30원 손실

③ 20원 이익

④ 20원 손실

해설

강세 스프레드 전략은 스프레드 축소를 예상하여 근월물을 매수하고 원월물을 매도하는 스프레드 매도 전략이다. 강세장에서는 근월물가격 상승폭이 원월물가격의 상승폭보다 커 스프레드 축소 시 스프레드 차이만큼 차익이 발생한다. 그러므로 스프레드 감소폭인 $50 - 30 = 20$만큼 이익이 발생한다.

정답 ③

필수핵심개념

04 스프레드(spread)거래

① 상품 내 스프레드(inter-delivery spread, 결제월 간 스프레드) : 동일 상품, 만기 상이

현재 스프레드	예상 스프레드	시장별 스프레드 전략(고가 기준)	
		정상시장(contango)	역조시장(backwardation)
강세 스프레드 (bull spread)	스프레드 축소 예상	⊖원월물 ⊕근월물 스프레드 매도 전략	⊕원월물 ⊖근월물 스프레드 매수 전략
약세 스프레드 (bear spread)	스프레드 확대 예상	⊕원월물 ⊖근월물 스프레드 매수 전략	⊖원월물 ⊕근월물 스프레드 매도 전략

② 상품 간 스프레드(inter-commodity spread) : 동일 만기, 상관성이 높은 다른 자산

③ 시장 간 스프레드(inter-market spread) : 동일한 만기와 상품, 서로 다른 거래소

01 금선물에 대한 설명으로 옳지 않은 것은?
★☆☆

① 현금결제 방식이다.

② 100g단위로 소규모로 금을 거래할 수 있다.

③ 호가할 수 있는 최소가격변동폭은 5원/g이다.

④ 최종결제가격으로 KRX 금현물시장의 종가를 사용한다.

해설

금선물은 호가할 수 있는 최소가격변동폭이 10원/g이며 돈육선물의 경우 호가는 5원/kg이다.

02 현재 돈육현물 가격이 4,200원/kg인 상황에서 양돈농가가 돈육선물을 매도하여 헤지하고 6개월 후
★★☆ 환매하여 청산하였다. 헤지기간 동안 베이시스가 120원/kg 상승했다면 순매도가격(NSP)은?

① 4,080원

② 4,200원

③ 4,320원

④ 4,400원

해설

[STEP 1] 매도헤지 시 베이시스가 확대되면 베이시스의 변화분만큼 헤지 이익이 발생하므로 이는 가산요인이다.

[STEP 2] 현재 가격 4,200원에 베이시스 변화분 120원을 가산한 4,320원이 순매도가격이 된다.

옵션의 개요

챕터 출제비중

	구 분	출제영역	출제문항
선물 (13 문항)	CHAPTER 01	장내파생상품의 개요	2~3 문항
	CHAPTER 02	주식 관련 선물	5~6 문항
	CHAPTER 03	금리 · 채권선물	3~5 문항
	CHAPTER 04	통화선물	2~3 문항
	CHAPTER 05	상품선물	1~3 문항
옵션 (12 문항)	CHAPTER 06	옵션의 개요	3~4 문항
	CHAPTER 07	주식 관련 옵션	5~7 문항
	CHAPTER 08	기타 옵션	3~4 문항
총 문항			25 문항

50 45 40 35 30 25 20 15 10 5

8%
17%
13%
8%
6%
12%
24%
12%

옵션의 개요를 통해 옵션에 등장하는 단어들을 반드시 숙지하여야 합니다. 특히 옵션가격은 선물가격처럼 선물의 매매가격이 아닌 권리를 사거나 파는 데 지불하는 비용임을 기억합니다. 또한 이론가격을 산출하는 경우 선물가격에 대한 결제가 미래에 이뤄지지만 옵션가격은 현재 시점을 기준으로 하는 현가개념임을 숙지하여야 교재에 등장하는 수식을 이해할 수 있습니다.

Section별 중요도 및 학습체크

구 분	핵심개념	중요도	학습체크		
			1회독	2회독	3회독
01	옵션의 주요 용어	★★★			
02	선물과 옵션의 비교	★★			
03	선물옵션의 포지션	★★★			
04	내재가치	★★			
05	옵션 가격	★★★			
06	옵션거래상대방	★			
07	옵션가격 결정요인	★★			
08	풋—콜 패리티를 이용한 옵션가격	★			
09	풋—콜 패리티를 활용한 합성포지션	★★★			

01 옵션의 기초개념

대표유형문제

다음 중 옵션 유형에 대한 설명으로 옳지 않은 것은?

① 미국형 옵션은 만기일 이전에 언제든지 옵션을 행사할 수 있다.

② 유럽형 옵션은 옵션만기일에만 옵션을 행사할 수 있다.

③ 버뮤다 옵션은 유럽형 옵션과 미국형 옵션의 중간 형태이다.

④ 미국형 옵션은 유럽형 옵션의 가격보다 저렴하다.

해설

미국형 옵션은 조기행사를 할 수 있는 권리의 가치만큼 유럽형 옵션보다 가치가 높다.

정답 ④

필수핵심개념

01 옵 션

옵션(option)은 ❶ 기초자산을 계약체결시점에 ❷ 행사가격으로 ❸ 미래의 일정시점에 ❹ 결제할 수 있는 ❺ 권리이다.

기초자산(S)	옵션의 거래 대상이 되는 자산으로 상품옵션 또는 금융옵션	
행사가격(X)	현재시점에 미리 정한 기초자산을 매입 · 매도하는 가격	
미래 일정시점(N)	• 유럽식 : 만기일에만 권리 행사 가능(우리나라는 모두 유럽식) • 미국식 : 만기일 이전에 권리 조기행사 가능(일반적으로 유럽식보다 비쌈) • 버뮤다 : 유럽식과 미국식의 중간형태로 사전에 정해진 기간에 한해서 만기이전 권리행사 가능 (예 조기상환이 가능한 ELD, 조기상환채권 등 구조화 상품)	
결 제	현금 결제	주식 · 주가지수, 국채, 유로달러(LIBOR), 금, 돈육
	실물인수도	T−bond, 통화
권 리	취소가능매매예약, 조건부 청구권, 편무계약	
	Call	미래 일정시점에 행사가격에 살 수 있는 권리
	Put	미래 일정시점에 행사가격에 팔 수 있는 권리

대표유형문제

선물과 옵션의 비교에 대한 설명으로 잘못된 것은?

① 선물은 계약의 대가를 지불할 필요가 없다.
② 옵션에서 매수자는 의무를 가지고 매도자는 권리를 가진다.
③ 선물은 매수자와 매도자 쌍방이 계약이행 의무를 가진다.
④ 옵션의 수익구조는 비대칭적이다.

해설

옵션의 매도자가 매수자에게 권리를 부여하는 대가로 프리미엄을 받는다. 옵션매수자는 프리미엄을 지불한 대가로 옵션 행사의 권리만 갖게 되며, 매도자는 매수자로부터 프리미엄을 받는 대가로 매수자의 권리행사에 대하여 계약이행 의무를 지게 된다.

정답 ②

필수핵심개념

02 선물과 옵션

구 분	옵 션	선 물
권리와 의무	매수자는 권리, 매도자는 의무	매수자와 매도자 모두 계약이행 의무
거래 대가	매수자가 매도자에게 프리미엄 지급	대가 없음
위탁증거금	매도자에게만 부과	모두에게 부과
일일정산	매도자만 일일정산	모두 일일정산
마진콜	매도자만 마진콜	모두 마진콜
수익구조	비대칭(비선형)	대칭(직선형)

대표유형문제

선물옵션에 대한 설명으로 거리가 먼 것은?

① 선물 풋옵션의 매수자가 권리를 행사하면 행사가격이 선물가격을 초과하는 만큼의 이익이 발생하며 선물의 매수 포지션을 취하게 된다.

② 선물 콜옵션 매수자가 권리를 행사하게 되면 선물가격이 행사가격을 초과하는 만큼의 이익이 발생하며 선물매수 포지션을 취하게 된다.

③ 선물 콜옵션 매도자는 매수자가 권리를 행사하면 선물 매도 포지션을 취하게 된다.

④ 선물 풋옵션 매도자는 매수자가 권리를 행사하면 행사가격이 선물가격을 초과하는 만큼의 손실이 발생한다.

해설
선물 풋옵션의 매수자가 권리를 행사하면 행사가격이 선물가격을 초과하는 만큼의 이익이 발생하며 선물의 매도 포지션을 취하게 된다.

정답 ①

필수핵심개념

03 선물옵션

기초자산이 선물계약인 옵션으로 옵션 행사 시 선물 포지션을 취득하는 옵션

구 분	콜옵션	풋옵션
선물 옵션 매수자	선물 매수 권리	선물 매도 권리
선물 옵션 매도자	옵션 매수자 권리 행사 시 선물 매도 포지션	옵션 매수자 권리 행사 시 선물 매수 포지션

01 선물과 옵션의 차이점에 대한 설명으로 바르지 못한 것은?
★☆☆
① 옵션은 쌍방 간에 서로 대가를 주고받는다.
② 선물은 매도자만 계약이행 의무를 진다.
③ 선물은 거래당사자 모두에게 일일정산이 일어난다.
④ 옵션매수자는 프리미엄을 지불한 대가로 옵션 행사의 권리만 갖게 된다.

해설
선물은 매수자와 매도자 쌍방이 계약이행 의무를 가진다.

02 선물 풋옵션 매수자가 권리를 행사하게 되면 풋옵션 매도자가 취득하는 선물포지션은?
★★☆
① 선물매수 포지션
② 선물매도 포지션
③ 현물매수 포지션
④ 현물매도 포지션

해설
선물 풋옵션 매수자가 권리 행사 시 선물 매도 포지션을 취득하므로 매도자는 그 반대 포지션인 선물 매수 포지션을 취하게 된다.

---

section 04 **내재가치**　　　　　중요도 ★★☆

대표유형문제

옵션의 내재가치에 대한 설명으로 바르지 못한 것은?

① ATM에서 내재가치가 최대값을 가진다.

② 콜옵션의 내재가치는 제한이 없다.

③ 풋옵션의 내재가치는 행사가격으로 제한된다.

④ 콜옵션은 기초자산가격이 상승할수록 내재가치가 증가한다.

해설

ATM상태나 OTM상태에서 내재가치는 "0"이며, ITM상태에서만 내재가치가 존재한다.

정답 ①

필수핵심개념

01 옵션가격의 구성

옵션가격 = 내재가치 + 시간가치

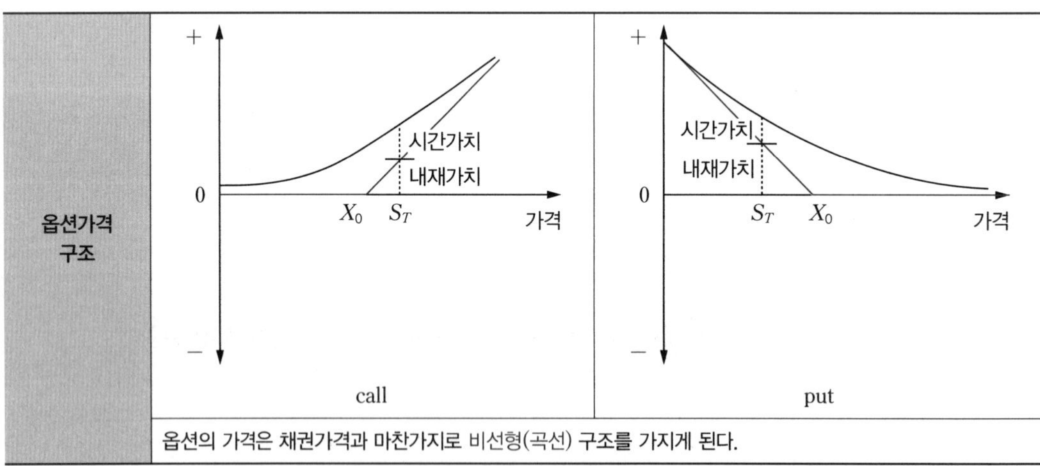

(1) 내재가치

ATM상태나 OTM상태에서 내재가치는 "0"이며, ITM상태에서만 내재가치가 존재

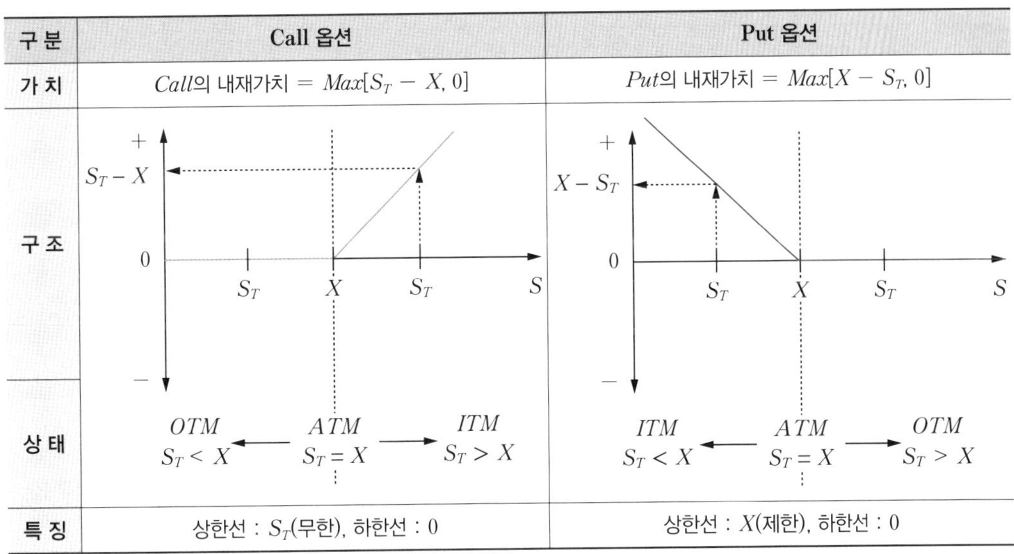

구 분	Call 옵션	Put 옵션
가 치	$Call$의 내재가치 $= Max[S_T - X, 0]$	Put의 내재가치 $= Max[X - S_T, 0]$
구 조		
상 태	OTM $S_T < X$ $\leftarrow$ ATM $S_T = X$ $\rightarrow$ ITM $S_T > X$	ITM $S_T < X$ $\leftarrow$ ATM $S_T = X$ $\rightarrow$ OTM $S_T > X$
특 징	상한선 : S_T(무한), 하한선 : 0	상한선 : X(제한), 하한선 : 0

대표유형문제

A주식 옵션의 투자자는 만기 3개월, 행사가격 50만원인 풋옵션을 3만원에 매수하였다. 현재 주식의 가격이 48만원이라고 할 때 풋옵션의 내재가치와 시간가치를 순서대로 바르게 나열한 것은?

① 2만원, 1만원

② 3만원, 0원

③ 0원, 3만원

④ 0원, 2만원

해설

옵션가격 = 내재가치 + 시간가치이다.

[STEP 1] 풋옵션의 내재가치는 50 − 48 = 2만원이다.

[STEP 2] 풋옵션의 가격이 3만원이므로 시간가치는 3 − 2 = 1만원이다.

정답 ①

필수핵심개념

(2) 시간가치

① 옵션의 만기까지 옵션가격의 움직임에 따른 거래가능성 → 유리한 방향으로 변동할 가능성

② 만기가 길수록, 기초자산의 변동성이 클수록 시간가치는 증가 → 옵션가격 증가

③ 시간가치소멸현상 : 만기일이 다가올수록 시간가치가 급격히 감소하는 현상 → 옵션을 소모성 자산이라 함

④ 등가격(ATM)이나 외가격(OTM)일 때도 시간가치가 존재

⑤ 등가격(ATM)일 때 시간가치가 최댓값을 가짐

더 알아보기

유럽식 옵션의 현금흐름

선물과 달리 옵션은 현재시점과 만기시점에 현금흐름이 발생한다. 이를 반드시 이해하자.

구 분	현 재		만기(권리 행사 시)	
	매수자	매도자	매수자	매도자
콜옵션	프리미엄(C) 유출	프리미엄(C) 유입	현금[S−X] 유입	현금[S−X] 유출
풋옵션	프리미엄(P) 유출	프리미엄(P) 유입	현금[X−S] 유입	현금[X−S] 유출

대표유형문제

옵션매수자에 대한 내용으로 바르지 못한 것은?

① 옵션가격을 지불하고 매수하는 사람이다.

② 기초자산의 가격이 자신에게 유리하게 움직일 경우 옵션 행사를 통해 상당한 이익을 얻을 수 있다.

③ 기초자산의 가격이 불리하게 움직일 경우 기초자산의 움직임에 따라 막대한 손실을 볼 수 있다.

④ 프리미엄을 지불한 대가로 옵션 행사의 권리만 갖게 된다.

해설

기초자산의 가격이 불리하게 움직일 경우 옵션 행사를 포기하는 대신 이미 지불한 옵션가격으로 손실을 한정시킬 수 있다.

정답 ③

필수핵심개념

02 옵션거래상대방

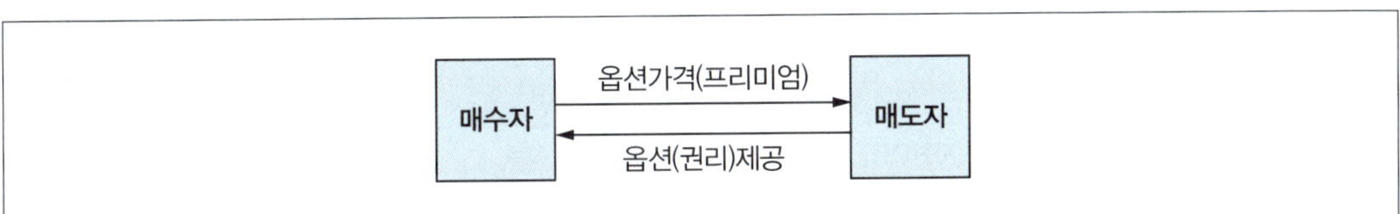

03 옵션가격을 고려한 포지션별 손익구조

구 분	call	put
손 익	$call$ 매수자 $= Max[S_T - X, 0] - C$ $call$ 매도자 $= + C - Max[S_T - X, 0]$	put 매수자 $= Max[X - S_T, 0] - P$ $call$ 매도자 $= + P - Max[X - S_T, 0]$
손익구조		

풋옵션의 가격에 영향을 주는 요인으로 적절하지 않은 것은?

① 기초자산의 가격이 상승하면 풋옵션의 가격은 하락한다.

② 행사가격이 상승하면 풋옵션의 가격은 상승한다.

③ 변동성이 증가하면 풋옵션의 가격은 상승한다.

④ 현금수입이 증가하면 풋옵션의 가격은 하락한다.

해설

풋옵션은 미래의 일정시점에 현재 미리 정한 행사가격으로 팔 수 있는 권리이다. 따라서 풋 매수자는 보유한 현물에서 발생하는 현금수입을 취득할 수 있어 유리하므로 가격이 상승한다.

정답 ④

필수핵심개념

04 옵션가격에 영향을 주는 요인

옵션가격 결정요인		옵션 가격의 변화	
		call	put
내재가치	기초자산(S) ↑	가격 상승	가격 하락
	현금수입(d) ↑	가격 하락	가격 상승
	행사가격(X) ↑	가격 하락	가격 상승
시간가치	변동성(sigma) ↑	가격 상승	가격 상승
	잔존기간(t) ↑	가격 상승	가격 상승
	이자율(r) ↑	가격 상승	가격 하락

05 유럽형 옵션가격의 상 · 하한 범위

옵션의 프리미엄은 계약시점에 결제한다. 즉, 경제행위가 현재시점에 발생하여 현재가치로 산출된다.

① 콜옵션 가격의 결정범위 : $Max[S_t - PV(X), 0] \leq C \leq S_t$

② 풋옵션 가격의 결정범위 : $Max[PV(X) - S_t, 0] \leq P \leq PV(X)$

01 옵션에 대한 설명 중 가장 거리가 먼 것은?
★☆☆
① 콜옵션은 기초자산을 매수할 수 있는 권리이다.

② 옵션매수자는 프리미엄을 지불한다.

③ 옵션매도자는 행사할 권리를 갖는다.

④ 옵션매수자의 손실은 프리미엄으로 한정된다.

해설

옵션매수자가 옵션을 행사할 권리를 갖는다.

02 옵션의 시간가치에 대한 설명으로 바르지 못한 것은?
★☆☆
① 등가격(ATM)일 때 시간가치가 최대값을 가진다.

② 만기일이 다가올수록 시간가치가 급격히 감소하는 현상을 보인다.

③ 등가격(ATM)이나 외가격(OTM)상태에서 시간가치는 "0"이다.

④ 만기가 길수록, 기초자산의 변동성이 클수록 시간가치는 증가한다.

해설

등가격(ATM)이나 외가격(OTM)일 때도 시간가치가 존재한다.

03 옵션프리미엄에 대한 설명으로 거리가 먼 것은?
★★★
① 등가격옵션인 경우에는 시간가치만 있다.

② 외가격옵션인 경우에도 시간가치는 양(+)의 값을 지닌다.

③ 외가격옵션인 경우 내재가치는 음(−)의 값을 지닌다.

④ 시간가치는 기초자산의 가격이 옵션만기 시까지 옵션 매수자에게 유리하게 진행될 가능성에 대한 가치이다.

해설

$call$의 내재가치 $= Max[S_T - X, 0]$, put의 내재가치 $= Max[X - S_T, 0]$이므로 내재가치는 음(−)의 값을 지니지 않는다.

현재 기초자산의 가격은 300pt이고 행사가격은 310pt이다. 투자자가 콜옵션 프리미엄을 5pt에 매수하였다. 이 옵션에 대한 설명으로 바르지 않은 것은?

① 현재 외가격(OTM)상태이다.
② 내재가치가 −10pt이다.
③ 시간가치는 5pt이다.
④ 기초자산이 315pt 이상으로 상승하는 경우 이익이 발생한다.

> **해설**
> $call$의 내재가치 $= Max[S_T - X, 0]$, put의 내재가치 $= Max[X - S_T, 0]$이므로 내재가치는 음(−)의 값을 지니지 않는다.

5월 현재 KOSPI200지수는 168이고 시장의 옵션프리미엄 시세는 아래와 같다. 다음 설명 중 잘못된 것은?

행사가격	Call		Put
	5월물	6월물	5월물
160	A	C	3
165	B	5.5	D
170			E

① C는 A보다 크고, E는 D보다 크다.
② 165 Call 6월물의 경우 내재가치가 3이고, 시간가치는 2.5이다.
③ 160 Put 5월물의 경우 내재가치는 2이고, 시간가치는 1이다.
④ 165 Call은 ITM상태이고, 165 Put은 OTM상태이다.

> **해설**
> 160 Put은 현재 OTM상태이고 내재가치가 '0'이므로 시간가치는 3이다.

옵션매수자에 대한 내용으로 바르지 못한 것은?

① 옵션가격을 지불하고 매수하는 사람이다.
② 기초자산의 가격이 자신에게 유리하게 움직일 경우 옵션 행사를 통해 상당한 이익을 얻을 수 있다.
③ 기초자산의 가격이 불리하게 움직일 경우 기초자산의 움직임에 따라 막대한 손실을 볼 수 있다.
④ 프리미엄을 지불한 대가로 옵션 행사의 권리만 갖게 된다.

> **해설**
> 기초자산의 가격이 불리하게 움직일 경우 옵션행사를 포기하는 대신 이미 지불한 옵션가격으로 손실을 한정시킬 수 있다.

콜옵션의 이론가격 상승요인으로 가장 거리가 먼 것은?

① 변동성이 감소하였다.
② 현금수입이 감소하였다.
③ 잔존기간이 증가하였다.
④ 금리가 상승하였다.

해설

옵션은 손실이 옵션가격으로 한정되는 반면 이익은 무한히 얻을 수 있는 특징이 있으므로 변동성이 클수록 옵션의 가격은 증가한다.

08

주식시장의 변동성은 하락할 것으로 예상된다. 변동성 하락이 콜옵션과 풋옵션 가격에 미치는 영향으로 올바른 것은?

① 콜옵션 가격 상승, 풋옵션 가격 상승
② 콜옵션 가격 하락, 풋옵션 가격 상승
③ 콜옵션 가격 하락, 풋옵션 가격 하락
④ 콜옵션 가격 상승, 풋옵션 가격 하락

해설

변동성이 크다는 것은 상승폭과 하락폭이 크다는 것을 의미한다. 콜옵션은 기초자산 가격이 상승할 때 유리한 상품이고, 풋옵션은 기초자산 가격이 하락할 때 유리한 상품이므로 변동성이 하락하면 콜옵션과 풋옵션의 가치가 하락한다.

기초자산이 동일한 경우 다음 풋옵션의 가격을 비싼 순서대로 바르게 나열한 것은?

풋옵션	A	B	C	D
잔존 만기(일)	50	100	150	150
변동성	10	10	15	20

① D > A > C > B
② D > C > B > A
③ B > C > A > D
④ A > B > D > C

해설

풋옵션과 콜옵션 모두 잔존만기가 길고 변동성이 클수록 가격이 증가한다.

10 유럽식 옵션가격에 대한 설명으로 거리가 먼 것은?
★★☆

① 시간가치는 기대가치라고도 하며 등가격옵션에서 최대이며 내가격은 양수(＋)값, 외가격은 음수
   (－)값을 갖는다.

② 시간가치의 구성요소에는 만기, 변동성, 이자율 등이 있다.

③ 콜옵션의 시간가치는 콜옵션 프리미엄 － (기초자산가격 － 행사가격)이다.

④ 콜옵션의 가치는 기초자산의 가치보다 클 수 없다.

> **해설**
>
> 외가격이나 내가격일 때의 시간가치가 등가격 상태보다 작으나 음수값을 가지지 않는다.

11 유럽식 옵션의 가격에 대한 설명으로 옳지 않은 것은?
★☆☆

① 콜옵션, 풋옵션 모두 그 가치는 0보다 작을 수 없다.

② 콜옵션의 가치는 기초자산의 가치보다 클 수가 없다.

③ 콜옵션의 가격은 기초주식의 주가에서 행사가격의 현재가치를 차감한 값보다 작다.

④ 풋옵션의 가격은 행사가격을 무위험수익률로 할인한 현재가치에서 기초주식의 가격을 차감한 값
   보다 크다.

> **해설**
>
> 옵션의 프리미엄은 계약시점에 결제한다. 즉, 결제행위가 현재시점에 발생하여 현재가치로 산출된다. 콜옵션가격의 결정범위는 $Max[S_t - PV(X), 0] \leq C \leq S_t$이다. 따라서 콜옵션의 가격은 기초주식의 주가에서 행사가격의 현재가치를 차감한 값보다 크다.

12 유럽식 풋옵션가격의 하한선은? (S_t : 현재시점 기초자산, T : 만기일, X : 행사가격, τ : 잔존기간,
★☆☆ r : 이자율)

① $Max[S_T - X, 0]$

② $Max[S_t - Xe^{-r\tau}, 0]$

③ $Max[Xe^{-r\tau} - S_t, 0]$

④ $Max[X - S_T, 0]$

> **해설**
>
> 풋옵션이란 상품은 현재시점에 구매하므로 가격의 범위도 현재가치로 정해야 한다. 풋옵션은 만기에 기초자산을 행사가격에 팔 수 있는 권리이므로 풋옵션의 상한선이 행사가격의 현가($Xe^{-r\tau}$)보다는 작아야 한다. 만기 시 풋옵션의 내재가치는 $Max[X - S_T, 0]$이고 현재가치는 $Max[Xe^{-r\tau} - S_t, 0]$이다. 시간가치까지 고려하면 풋옵션의 가격은 적어도 $Max[Xe^{-r\tau} - S_t, 0]$보다 커야 한다.

03 시장균형상태하에 옵션가격결정 (put-call parity)

---

section 08 풋-콜 패리티를 이용한 옵션가격　　　　　　　중요도 ★☆☆

대표유형문제

현재 주식가격은 20,200원, 행사가격이 20,000원인 3개월 만기 유럽식 콜옵션의 가격이 1,200원이다. 무위험이자율이 연 4%인 경우 풋−콜 패리티를 이용한 동일 만기, 동일 행사가격 유럽형 풋옵션의 가격은? (단, 배당금과 거래비용은 없고, 이산복리를 가정한다.)

① 500원

② 750원

③ 1,000원

④ 1,250원

해설

풋−콜 패리티는 $+C - P = S - B$ 이고 이를 이용하여 풋옵션의 가격은 $+P = +B + C - S$가 된다.

[STEP 1] 만기가 3개월이므로 할인율은 $4\% \times \dfrac{3}{12} = 1\%$이다.

[STEP 2] 옵션가격은 현재 시점에 결제되므로 만기 행사가격(B)의 현재가치를 계산하면 $\dfrac{20{,}200}{1 + 0.01} = 20{,}000$원이다.

[STEP 3] 풋−콜 패리티에 대입하면 풋옵션의 가격은 $20{,}000 + 1{,}200 - 20{,}200 = 1{,}000$원

정답 ③

필수핵심개념

01 유럽식 옵션의 풋−콜 패리티(put−call parity)

동일한 기초자산에 대해 발행되어 행사가격과 만기가 같은 콜옵션과 풋옵션 간에는 일정한 등가관계가 성립

(1) 보호직 풋(protective put)과 콜옵션을 활용한 복제전략

① protective put 전략 : 주식(S) 매입 + 풋옵션(P) 매입

② 콜옵션을 활용한 복제 전략 : 만기일에 행사가격(X)을 받는 채권(B) 매수 + 콜옵션(C) 매수

(2) 두 전략의 만기시점 손익구조

구 분	현재 포지션	만기시점 예상 손익구조	
		$S_T > X$	$S_T < X$
방어적 풋 (protective put)	+S	S_T	S_T
	+P	0(소멸)	$[X - S_T]$
	합 계	S_T	X
콜옵션 이용 복제 전략	+B	X	X
	+C	$[S_T - X]$	0(소멸)
	합 계	S_T	X

(3) 풋―콜 패리티(Put-Call parity)의 손익구조

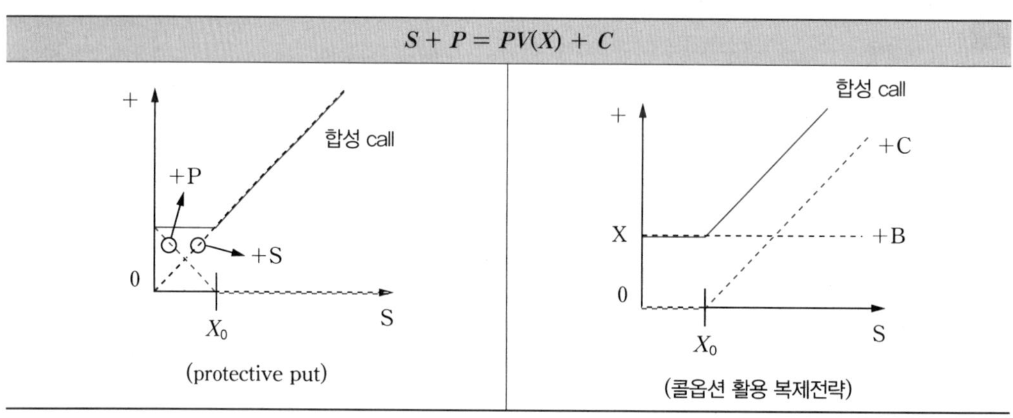

(4) 배당금을 고려한 put-call parity

① $S - D + P = PV(X) + C$ (D : 배당금의 현재가치)

② 콜옵션의 가치는 배당금이 (−)효과, 풋옵션의 가치는 배당금이 (+)효과

다음 관계식 중에서 잘못된 것은?

① 합성 기초자산 매수 = 콜옵션 매도 + 풋옵션 매수
② 합성 콜옵션 매도 = 기초자산 매도 + 풋옵션 매도
③ 합성 풋옵션 매도 = 기초자산 매수 + 콜옵션 매도
④ 합성 콜옵션 매수 = 기초자산 매수 + 풋옵션 매수

해설

기초자산 매수의 합성포지션을 구성하려면 콜옵션을 매수하고 풋옵션을 매도한다.

정답 ①

필수핵심개념

02 풋-콜 패리티(Put-Call parity)의 활용

(1) Put-Call parity 현물옵션의 가치비교

$$+C - P = S - B \rightarrow +C - P = S - PV(x)$$

등가격옵션인 경우 : $+C - P = S - PV(S) \rightarrow +C - P > 0 \ \therefore \ C > P$

즉, 등가격 현물옵션인 경우에는 콜옵션의 가치가 풋옵션의 가치보다 크다.

(2) Put-Call-Futures parity 선물옵션 가치비교

$$PV(F) + P = PV(X) + C \rightarrow +C - P = PV(F) - PV(X)$$

등가격옵션인 경우 : $+C - P = PV(F) - PV(F) \rightarrow +C - P = 0 \ \therefore \ C = P$

즉, 등가격 선물옵션인 경우에는 콜옵션과 풋옵션의 가치가 동일하다.

(3) 합성포지션 구성

합성 옵션	합성 기초자산	합성 선물
$+C^* = +S + P$ $+P^* = +C - S$	$+S^* = +C - P$ $-S^* = -C + P$	$+F^* = +C - P$ $-F^* = -C + P$

콜 매수 + 풋 매도 시 만기시점 손익구조

현재 포지션	만기 시점 예상 손익구조	
	$S_T > X$	$S_T < X$
콜 매수	$S_T - X$	0(소멸)
풋 매도	0(소멸)	$-(X - S_T)$
총 손익	$S_T - X$	$S_T - X$

이는 마치 주식을 X에 매수하거나 선물을 X에 매수한 것과 같은 동일한 수익구조를 갖는다.

(4) 차익거래

① 컨버전(conversion) 전략 : $S + P < PV(X) + C$의 경우 고평가된 콜옵션은 매도하고 저평가된 풋옵션을 매수하는 무위험차익거래 전략

② 리버설(reversal) 전략 : $S + P > PV(X) + C$의 경우 저평가된 콜옵션은 매수하고 고평가된 풋옵션을 매도하는 무위험차익거래 전략

(5) 헤지포트폴리오(hedge portfolio)

① $B = S + P - C$

② $B = S - m \times C \, (m = \dfrac{\Delta S}{\Delta C})$

③ $B = S + h \times C \, (h = \dfrac{\Delta S}{\Delta P})$

03 핵심보충문제

01 풋−콜 패리티에 대하여 올바르게 표현한 것은?
★★☆

① $C + P = S + Xe^{-rt}$

② $C + P = S - Xe^{-rt}$

③ $C - P = S + Xe^{-rt}$

④ $C - P = S - Xe^{-rt}$

해설

$S + P = PV(X) + C$ 이므로 이를 변형하면 $C - P = S - Xe^{-rt}$ 이다.

02 풋−콜 패리티(put−call parity)에 대한 설명으로 옳지 않은 것은?
★★☆

① 주식을 매수하고 풋옵션을 매도하고 콜옵션을 매수하는 경우 무위험자산에 투자한 손익구조와 동일해진다.

② 주식의 배당금을 고려하는 경우 콜옵션의 가치는 배당금이 (−)효과를 갖는다.

③ 이자율이 0보다 큰 경우 등가격 콜옵션은 등가격 풋옵션에 비해 가치가 크다.

④ 풋−콜 패리티를 유도하기 위해서는 만기일 전에 권리를 행사할 수 없는 유럽식 옵션이라는 가정이 필요하다.

해설

hedge portfolio전략에 대한 설명이다. 위험자산인 주식, 콜옵션, 풋옵션을 합성하여 무위험자산인 채권과 손익구조를 동일하게 만들 수 있다. $B = S + P - C$. 즉, 주식을 매입하고 풋옵션을 매수하고 콜옵션을 매도하는 포트폴리오를 합성해야 한다.

03 풋−콜 패리티에 대한 설명으로 바르지 못한 것은?
★★★

① 기초자산을 매수하고 풋옵션을 매수하면 콜옵션 매수와 손익구조가 동일해진다.

② 풋−콜−선물 패리티는 $Fe^{-rt} + P = Xe^{-rt} + C$ 이다.

③ 기초자산을 매도하고 콜옵션을 매도하면 풋옵션 매도와 손익구조가 동일해진다.

④ 배당금의 영향을 받지 않는다.

해설

풋−콜 패리티가 배당금을 고려할 경우 콜옵션의 가치는 (−)효과, 풋옵션의 가치는 (+)효과가 있다.

04 풋―콜 패리티에 대한 설명으로 거리가 먼 것은?

★★★

① ATM에서 콜옵션의 가치가 풋옵션의 가치보다 크다.

② 풋옵션과 주식의 결합포지션은 위는 막혀있고 아래가 뚫려있는 수익구조를 가진다.

③ $S \leq Xe^{-rt} + C$의 관계가 성립된다.

④ 배당금(D) 고려 시 $S + P = Xe^{-rt} + C + D$의 관계가 성립한다.

> **해설**
>
> 풋옵션을 매수하고 주식을 매수하면 콜옵션 매수 포지션과 수익구조가 동일하여 아래가 막혀있고 위는 뚫려있는 수익구조를 가진다.

05 잔존만기가 1년이고 행사가격이 44,000원인 A회사 주식의 유럽식 콜옵션과 풋옵션이 각각 2,500원과 2,200원에 거래되고 있다. 무위험이자율이 연 10%라 할 때, 옵션을 이용한 차익거래가 발생하지 않기 위한 A회사의 주식가격은 얼마인가? (단, 이산복리를 가정한다.)

★☆☆

① 39,800원

② 40,300원

③ 42,500원

④ 44,900원

> **해설**
>
> 풋―콜 패리티는 $+C - P = S - B$이고 이를 이용하여 $+S = +C - P + B$가 된다.
>
> [STEP 1] B는 행사가격(X)의 현재가치이므로 $\dfrac{44,000}{1 + 0.1} = 40,000$원이다.
>
> [STEP 2] 주식의 가격은 $2,500 - 2,200 + 40,000 = 40,300$원

06 콜옵션 매수와 동일한 손익구조를 가진 포트폴리오를 합성하려 한다. 이를 위해 필요한 포지션이 아닌 것은?

★★★

① 무위험이자율로 차입

② 주식 매입

③ 풋옵션 매수

④ 주식 공매도

> **해설**
>
> 풋―콜 패리티는 $S + P = B + C$이고 이를 이용하여 $+C = +S + P - B$가 된다. $-B$는 채권의 매도 즉, 채권을 발행하여 무위험이자율로 자금을 차입한 것을 의미한다.

07 주식 포트폴리오 매수와 콜옵션 매도 포지션으로 얻어질 수 있는 합성포지션으로 가장 올바른 것은?

★★★

① 풋옵션 매수

② 풋옵션 매도

③ 콜옵션 매도

④ 콜옵션 매수

> **해설**
>
> 풋―콜 패리티는 $S + P = B + C$, $S - C - B = -P$ 이므로 합성 풋옵션 매도 포지션을 만들 수 있다.

08 현재 주식을 보유하고 있다. 주식의 가격변동위험을 헤지하기 위해 행사가격이 100인 콜옵션을 매도

★☆☆ 하였다. 주가변동에 관계없이 자신의 포트폴리오를 행사가격 100으로 유지하기 위한 전략으로 적질한

것은?

① 행사가격이 100인 콜옵션 매입

② 행사가격이 100인 콜옵션 매도

③ 행사가격이 100인 풋옵션 매입

④ 행사가격이 100인 풋옵션 매도

> **해설**
>
> 풋―콜 패리티를 이용하여 헤지포트폴리오를 구성하면 $B = S + P - C$ 이므로 추가적으로 행사가격이 동일한 풋옵션을 매입하면 된다.

주식 관련 옵션

챕터 출제비중

	구 분	출제영역	출제문항
선물 (13 문항)	CHAPTER 01	장내파생상품의 개요	2~3 문항
	CHAPTER 02	주식 관련 선물	5~6 문항
	CHAPTER 03	금리 · 채권선물	3~5 문항
	CHAPTER 04	통화선물	2~3 문항
	CHAPTER 05	상품선물	1~3 문항
옵션 (12 문항)	CHAPTER 06	옵션의 개요	3~4 문항
	CHAPTER 07	주식 관련 옵션	5~7 문항
	CHAPTER 08	기타 옵션	3~4 문항
총 문항			25 문항

출제비중: 50 45 40 35 30 25 20 15 10 5

- 8%
- 17%
- 13%
- 8%
- 6%
- 12%
- 24%
- 12%

옵션 문항 12개 중 대부분이 주식 관련 옵션에서 출제가 이루어집니다. 주식 관련 옵션에서 배우는 개념을 토대로 기타옵션을 파악하도록 합니다. 특히 옵션투자전략의 손익구조의 그림을 암기 및 이해한다면 이론 및 계산문제 대비가 가능합니다.

Section별 중요도 및 학습체크

구 분	핵심개념	중요도	학습체크		
			1회독	2회독	3회독
01	이항옵션가격결정모형	★★			
02	블랙–숄즈(Black–Scholes) 옵션가격결정모형	★★★			
03	옵션의 민감도	★★★			
04	델 타	★★★			
05	감 마	★★			
06	세 타	★★			
07	베가, 로	★			
08	옵션의 포지션에 대한 민감도 부호	★★★			
09	옵션의 민감도의 합산	★★★			
10	포지션(position) 거래	★★			
11	수직적 스프레드(spread) 거래	★★★			
12	시간 스프레드	★★★			
13	스프레드 전략	★★			
14	변동성 매매	★★★			
15	방향성 매매와 변동성 매매의 결합	★★			
16	방어적 풋과 커버드 콜	★★★			
17	컨버전과 리버설	★★			
18	크레딧 박스와 데빗 박스	★			

01 불완전시장(시장 충격 반영)하에 옵션의 가격결정모형

section 01 이항옵션가격결정모형   중요도 ★★☆

대표유형문제

1기 이항모형에 의한 콜옵션의 가치를 구하려고 한다. 현시점의 콜옵션의 가격은 얼마인가?

> 현재 주가지수는 100, 만기에 상승률이 10%, 하락률이 5%, 행사가격이 90, 무위험이자율이 5%

① 7.5
② 12.5
③ 14.3
④ 16.7

해설

리스크 중립확률(p)을 이용한 단일기간 콜옵션 가격 산출방식이다.

[STEP 1] 주가 상승 시 주식의 가격은 $100 \times 1.1 = 110$이 되고, 하락 시에는 $100 \times 0.95 = 95$이다.

[STEP 2] 무위험수익률(10%)을 추구하는 리스크중립확률(p)을 가중평균의 개념으로 계산하면
$$5\% = 10\% \times p + (-5\%) \times (1 - p) \therefore p = 2/3 , (1 - p) = 1/3$$이 된다.

[STEP 3] c_u는 $110 - 90 = 20$이고, c_d는 $95 - 90 = 5$이다.

[STEP 4] $\dfrac{c = pc_u + (1 - p)c_d}{1 + r}$ 에 대입하면 $\dfrac{20 \times 2/3 + 5 \times 1/3}{1 + 0.05} = 14.30$이다.

정답 ③

필수핵심개념

01 단일기간 이항옵션가격결정모형

(1) 무위험포트폴리오(hedge portfolio)를 통한 콜옵션 가격 산출

$$B = S - m \cdot C$$
주식을 1주 매입하고 m단위의 콜옵션을 매도하면 채권과 같은 무위험 포트폴리오가 구성됨을 의미

현재(0)   1기간 후

$$S - m \cdot C \begin{cases} S_u - m \cdot C_u \quad C_u = Max[S_u - X, 0] \\ S_d - m \cdot C_d \quad C_d = Max[S_d - X, 0] \end{cases}$$

[STEP 1] 만기에 무위험자산은 미래의 주가 변동과 상관없이 일정한 투자성과를 주어야 하므로 주가상 승과 하락하는 두 가지 성과가 동일한 무위험 포트폴리오를 구성하기 위한 1주당 콜옵션 매도 단위인 헤지비율(m)을 계산한다.

$$S_u - m \cdot C_u = S_d - m \cdot C_d$$

$$m = \frac{S_u - S_d}{C_u - C_d} = \frac{\triangle S}{\triangle C}$$

(S_u : 상승 시 주가, S_d : 하락 시 주가, C_u : 주가 상승 시 콜옵션 가치,
C_d : 주가 하락 시 콜옵션 가치, m : 헤지비율)

[STEP 2] 무위험 포트폴리오의 예상수익률과 무위험수익률이 동일해야 한다.

$$(S - m \cdot C) \cdot (1 + r) = (S_u - m \cdot C_u) \text{ or } (S_u - m \cdot C_d)$$

[STEP 3] 위 식에 현재시점 C에 대해서 정리하면 다음과 같이 정리된다.

$$C = \frac{1}{m}\left(S - \frac{S_u - mC_u}{1 + r}\right)$$

[STEP 4] 풋옵션의 가격은 콜옵션의 가격을 계산한 뒤 풋−콜 패리티를 이용하여 산출한다.

(2) 리스크중립확률(p)을 이용하여 단일기간 콜옵션 가격 산출

$$P = \frac{X}{(1 + r)^t} + C - S$$

위 식에 헤지비율(m)을 대입하여 정리하면 다음과 같은 식을 얻을 수 있다.

$$c = \frac{pc_u + (1 - p)c_d}{1 + r}$$

$$p = \frac{r - d}{u - d}$$

(u : 주가상승배수, d : 주가하락배수)

(3) 풋옵션의 가격은 콜옵션의 가격을 계산한 뒤 풋—콜 패리티를 이용하여 산출한다.

$$P = \frac{X}{(1 + r)^t} + C - S$$

(4) 이항분포 옵션가격결정모형의 특성

① 옵션 가격은 주식 가격의 상승 또는 하락 확률과는 독립적으로 결정

② 옵션 가격은 투자자의 리스크에 대한 태도와 독립적으로 결정

③ 리스크 중립적이라고 가정하면 $p = q$의 관계가 성립하고 주식에 투자하는 경우 무위험수익률만을 요구

④ 리스크 중립적이면 콜옵션의 가격은 '콜옵션의 미래 기대성과의 현재가치'

> **대표유형문제**
>
> 블랙─숄즈모형에서 옵션의 가격에 영향을 주는 요인에 해당하지 않는 것은?
>
> ① 기초자산의 예상 수익률
> ② 옵션의 행사가격
> ③ 변동성
> ④ 잔존일수
>
> **해설**
> 옵션가격이 기초자산가격(S_t), 옵션행사가격(X), 무위험수익률(r), 변동성(σ), 잔존일수(τ)의 함수로 표현된다. 기초자산의 예상 수익률은 이항분포 옵션가격결정모형에서 옵션가격에 영향을 주는 요소이다.
>
> **정답** ①

필수핵심개념

02 블랙─숄즈(Black─Scholes) 옵션가격결정모형

$$C = S_t \times N(d_1) - X_e^{-rt} \times N(d_2)$$

$$d_1 = \frac{\ln\left(\dfrac{S_t}{X}\right) + \left(r + \dfrac{1}{2}\sigma^2\right)(\tau)}{\sigma\sqrt{t}}, \; d_2 = d_1 - \sqrt{\tau}$$

(1) **콜옵션가격에 영향을 주는 요인** : ❶ 기초자산가격(S_t), ❷ 옵션행사가격(X), ❸ 무위험수익률(r), ❹ 변동성(σ), ❺ 잔존일수(τ) → 개인 리스크에 의해 결정되는 '주식의 예상수익률'은 옵션가격에 영향을 미치지 않음

(2) $N(d_1)$과 $N(d_2)$의 의미

구 분	개 념
$N(d_1)$	• $N(d_1)$: 예상치 못한 주가 하락 확률을 의미 • 주가 변화에 대한 콜옵션가격 변화정도로 헤지비율을 의미 → $N(d_1) = \dfrac{\triangle C}{\triangle S}$ = 콜의 델타 • $N(d_1)$은 콜의 델타도 의미하여 주가가 낮아지면 0으로 수렴, 수가가 높아시면 1로 수렴
$N(d_2)$	• $N(d_2)$: 예상치 못한 주가 상승 확률을 의미 • 내가격(ITM)상태가 될 확률을 의미하여 옵션행사가능성 • 과내가격(Deep─ITM)일 때 $N(d_2)$값은 1로 수렴

01
★★☆

이항모형 옵션가격결정모형에 대한 설명으로 바르지 못한 것은?

① 주식 가격의 상승 확률이 하락 확률보다 클수록 옵션가격은 상승한다.

② 옵션 가격 결정에서 투자자의 리스크 선호도를 전혀 고려하지 않아도 된다.

③ 리스크 중립적이라고 가정하면 $p = q$의 관계가 성립하고 주식에 투자하는 경우 무위험수익률만을 요구한다.

④ 주가상승배수는 (1 + 무위험수익률)보다 크고, 주가하락배수는 (1 + 무위험수익률)보다 작다고 가정한다.

해설

옵션 가격은 주식 가격의 상승 또는 하락 확률과는 독립적으로 결정된다.

02
★☆☆

기초자산의 현재가격은 100, 상승률은 40%, 하락률은 10%, 무위험이자율은 10%, 행사가격이 80인 경우 만기 시 콜옵션의 내재가치는?

① 0 또는 40

② 10 또는 60

③ 0 또는 60

④ 90 또는 100

해설

기초자산의 가격이 상승하는 경우 만기시점의 기초자산 가격은 100 × 1.4 = 140이고 하락하는 경우에는 100 × 0.9 = 90이 된다. 따라서 만기시점 콜옵션의 내재가치는 140 − 80 = 60 또는 90 − 80 = 10이 된다.

03 ★★☆ 현재 주식가격은 100만원이고, 1년 후에 120만원으로 상승하거나 80만원으로 하락한다고 하자. 만기가 1년, 행사가격이 100만원일 때 유럽식 콜옵션 1계약을 매도하는 경우 헤지를 위해 매입해야 하는 주식 수량은?

① 0.5주 매입   ② 1주 매입

③ 1.5주 매입   ④ 2주 매입

해설

hedge portfolio를 $B = S - m \cdot C$를 이용해 헤지비율을 구해보자.

현 재   1년 후

$$100만원 - m \cdot C \begin{cases} 120만 - m \cdot 20만 \quad 20만 = Max[120만 - 100만, 0] \\ 80만 - m \cdot 0 \qquad 0 = Max[80만 - 100만, 0] \end{cases}$$

[STEP 1] 헤지비율 $m = \dfrac{S_u - S_d}{C_u - C_d} = \dfrac{40}{20} = 2$가 된다.

[STEP 2] 즉, $m = \dfrac{\triangle S}{\triangle C} = 2$이므로 콜옵션 가격이 1원 움직이는 경우 주식의 가격은 2원 변동하는 것을 말한다.

[STEP 3] 헤지를 위해 가격변동을 동일하게 유지하려면 콜옵션 1계약 매도 시 주식은 0.5주로 매입하여야 한다. ($\triangle 1 \times 1 = \triangle 2 \times 0.5$)

04 ★☆☆ 현재 A주식가격은 10,000원이고, 3개월 후에 13,000원으로 상승하거나 8,000원으로 하락한다고 하자. A주식에 대한 3개월 만기 유럽식 콜옵션의 행사가격이 11,000원일 때 A주식 1주를 소유한 투자자가 무위험헤지를 하기 위하여 몇 단위의 콜옵션을 매도해야 하는가?

① 2.5단위   ② 1.4단위

③ 0.8단위   ④ 0.4단위

해설

hedge portfolio를 $B = S - m \cdot C$를 이용해 헤지비율을 구해보자.

현 재   1년 후

$$10,000원 - m \cdot C \begin{cases} 13,000 - m \cdot 2,000 \quad 2,000 = Max[13,000 - 11,000, 0] \\ 8,000 - m \cdot 0 \qquad 0 = Max[8,000 - 11,000, 0] \end{cases}$$

[STEP1] 헤지비율 $m = \dfrac{S_u - S_d}{C_u - C_d} = \dfrac{13,000 - 8,000}{2,000 - 0} = 2.5$가 된다.

[STEP2] 즉, $m = \dfrac{\triangle S}{\triangle C} = 2.5$이므로 헤지비율의 역수는 $\dfrac{1}{m} = \dfrac{\triangle C}{\triangle S} = 0.4$이고 이는 주가가 1원 변동할 때 콜옵션의 가격은 0.4원 변동함을 의미한다.

[STEP3] 주식 보유에 따른 리스크를 없애기 위해 가격변동을 동일하게 유지하려면 1주당 콜옵션을 2.5단위 매도하여야 가격의 변동폭이 동일해진다. ($\triangle 1 \times 1 = \triangle 0.4 \times 2.5$)

05 현재 주식가격은 100만원이고, 1년 후에 120만원으로 상승하거나 80만원으로 하락한다고 하자. 무위
★☆☆ 험이자율은 연 10%이고, 만기가 1년, 행사가격이 100만원인 유럽식 풋옵션의 현재가치는? (단, 이산
복리를 가정한다.)

① 2.04만원

② 3.68만원

③ 4.54만원

④ 5.80만원

hedge portfolio의 $B = S - m \cdot C$를 이용해 콜옵션의 균형가격을 구한 뒤 풋옵션의 가격을 산출해 보자.

$$100만원 - m \cdot C \begin{cases} 120만 - m \cdot 20만 & 20만 = Max[120만 - 100만, 0] \\ 80만 - m \cdot 0 & 0 = Max[80만 - 100만, 0] \end{cases}$$

[STEP 1] 헤지비율 $(m) = \dfrac{S_u - S_d}{C_u - C_d} = \dfrac{40}{20} = 2$가 된다. 여기서 헤지비율 $(m) = 2$는 콜옵션가격 1원 변동 대비 주
식가격은 2원 변동한다는 의미로 주식 1주를 헤지하기 위해 콜옵션 2계약을 매도해야 한다는 의미로 해석되거
나, 콜옵션 매도 1계약을 주식매입을 통해 헤지하기 위한 주식수량 0.5주의 매입을 의미하기도 한다.

[STEP 2] 현재시점에 콜옵션의 가치를 무위험이자율로 예치하면 만기에 얻어지는 콜옵션의 가격과 같아져야 하므로
$100 - 2 \cdot C \times (1 + 0.1) = 120 - 2 \cdot 20$이다.

[STEP 3] 콜옵션의 가격(C)에 대하여 이항을 하면 $C = \dfrac{1}{2}\left(100 - \dfrac{120 - 2 \times 20}{1 + 0.1}\right) = 13.63$이다.
또는 $C = \dfrac{1}{m}\left(S - \dfrac{S_u - mC_u}{1 + r}\right)$ 공식을 암기하여 식에 바로 대입하여도 된다.

[STEP 4] 풋−콜 패리티를 이용하여 $P = B + C - S$에 값을 대입하면 $\dfrac{100}{1 + 0.1} + 13.63 - 100 = 4.54$로 풋옵션
의 현재가치는 4.54만원이다.

06 이항옵션가격결정모형에서 사용하는 가정으로 바르지 않은 것은?
★☆☆
① 주식가격은 상승과 하락의 두 가지 경우만 계속해서 반복된다.

② 주가상승배수와 주가하락배수는 (1 + 무위험수익률)보다 크다. 만일 이러한 관계가 성립하지
않으면 무위험 차익거래기회가 존재하게 된다.

③ 주식보유에 따른 배당금지급은 없고, 거래비용, 세금 등이 존재하지 않는다.

④ 주식가격은 이항분포 생성과정을 따른다.

주가상승배수는 (1 + 무위험수익률)보다 크고, 주가하락배수는 (1 + 무위험수익률)보다 작다. 만일 이러한 관계가 성립
하지 않으면 무위험 차익거래기회가 존재하게 된다.
문제 03을 통해 리스크중립확률(p)을 이용하여 단일기간 콜옵션 가격을 산출하는 과정에서 알 수 있듯이 1 + 무위험수익
률(10%) = 1.1은 주가상승배수 (1 + 30%) = 1.3보다는 작고 주가하락배수 (1 − 30%) = 0.7보다는 큰 값인 것을
알 수 있다.

02 옵션포지션의 민감도

대표유형문제

옵션의 민감도에 대한 설명으로 바르지 못한 것은?

① 델타 $= \dfrac{\text{옵션가격 변화분}}{\text{기초자산가격 변화분}}$ ② 감마 $= \dfrac{\text{델타변화분}}{\text{기초자산가격 변화분}}$

③ 베가 $= \dfrac{\text{옵션가격 변화분}}{\text{시간의 변화분}}$ ④ 로 $= \dfrac{\text{옵션가격 변화분}}{\text{금리의 변화분}}$

해설

세타 $= \dfrac{\text{옵션가격 변화분}}{\text{시간의 변화분}}$ 이고, 베가 $= \dfrac{\text{옵션가격 변화분}}{\text{변동성의 변화분}}$ 이다.

정답 ③

필수핵심개념

01 옵션의 민감도

델타(Δ)	감마(Γ)	세타(θ)	베가(Λ)	로(ρ)
$\dfrac{\text{옵션가격 변화분}}{\text{기초자산가격 변화분}}$	$\dfrac{\text{델타변화분}}{\text{기초자산가격 변화분}}$	$\dfrac{\text{옵션가격 변화분}}{\text{시간의 변화분}}$	$\dfrac{\text{옵션가격 변화분}}{\text{변동성의 변화분}}$	$\dfrac{\text{옵션가격 변화분}}{\text{금리의 변화분}}$

대표유형문제

옵션의 민감도 지표인 델타에 관한 설명으로 가장 거리가 먼 것은?

① 옵션가격과 기초자산가격 간의 관계를 나타내는 곡선의 기울기이다.

② 옵션가격 변화속도를 의미한다.

③ 델타가 0.5인 등가격 콜옵션은 현 시점에서 만기를 맞을 경우 내가격으로 결제될 확률이 50%라는 의미이다.

④ 풋옵션의 델타는 기초자산가격이 하락할수록 0의 값에 가까워진다.

해설

풋옵션의 델타 범위는 $(-1 < \Delta_P < 1)$이며, 기초자산이 상승하면 0에 근접, 기초자산이 하락하면 −1에 근접한다.

정답 ④

필수핵심개념

(1) 델타(△)

① 옵션의 가치를 나타내는 곡선의 접선 기울기로 선형적인 민감도를 표시, 옵션 가격의 변화 속도

② 해당 행사가격의 옵션이 ITM으로 만기를 맞을 확률, 즉 옵션의 행사가능성

   (**예** 델타 0.5인 경우 행사가능성 50% 의미)

③ 델타의 범위

   ㉠ 콜옵션의 델타 : 기초자산이 상승하면 1에 근접, 기초자산이 하락하면 0에 근접$(0 < \Delta_C < 1)$

   ㉡ 풋옵션의 델타 : 기초자산이 상승하면 0에 근접, 기초자산이 하락하면 −1에 근접$(-1 < \Delta_P < 1)$

④ 잔존만기가 줄어들수록 옵션의 가격 곡선이 직선으로 변화함에 따라 ITM델타의 절대값 증가, OTM델타 절대값은 감소, ATM델타 절대값은 큰 변화 없음. 즉, 잔존만기가 긴 옵션의 델타는 완만하게 변화하는 반면 만기가 짧은 옵션의 델타는 급격하게 변화함

⑤ 기초자산으로 옵션을 헤지하는 경우 헤지비율로도 사용(델타중립포지션 가능)

$$\rightarrow N(d_1) = \frac{\Delta C}{\Delta S} = \text{델타}(\Delta) : \text{콜옵션 1계약을 매도했을 때 매수해야 하는 주식 수를 의미}$$

$$\rightarrow \text{델타}(\Delta) = \frac{1}{m} : \text{헤지비율}(m) \text{ 역수}$$

대표유형문제

옵션의 민감도 지표인 감마에 관한 설명으로 가장 거리가 먼 것은?

① 옵션의 비선형적인 민감도를 측정하는 지표이다.

② 등가격에서 최대이며, 외가격과 내가격으로 갈수록 낮아지는 종모양 곡선을 형성한다.

③ 콜옵션 매수자의 경우 (+)값(long gamma)을 갖고 풋옵션 매수자의 경우 (−)값(short gamma)을 갖는다.

④ 만기일에 가까워질수록 등가격 인근에서는 주가의 작은 움직임으로 델타값이 크게 변하게 되어 감마값이 커진다.

해설

콜옵션과 풋옵션 매수자의 경우 모두 (+)값(long gamma)을 갖고 매도자의 경우 (−)값(short gamma)을 지닌다. 감마는 옵션가격의 가속도 개념이다. 감마 (+)값은 옵션가격이 빠르게 변화함을 말하며, (−)는 느리게 변화함을 의미한다. 따라서 옵션 매수자들은 가격의 하한이 제한되므로 가격이 빠르게 변화하는 것을 선호한다.

정답 ③

필수핵심개념

(2) 감마(Γ)

① 곡선 기울기(Δ)의 변화로 비선형적 민감도를 표시, 옵션가격의 가속도

② 감마 값이 크면 델타가 주가의 변화에 민감하게 반응, 감마 값이 작으면 델타는 주가의 변화에 완만하게 반응

③ 콜옵션과 풋옵션 매수자의 경우 모두 (+)값(long gamma)을 갖고 매도자의 경우 (−)값(short gamma)을 지님

④ 감마는 ATM에서 최대이며, OTM과 ITM으로 갈수록 낮아지는 종모양 곡선을 형성

⑤ 만기일에 가까워질수록 ATM 인근 감마는 커지고, OTM과 ITM의 감마는 더욱 작아짐

⑥ 최종적 델타 = 기존 델타 ± 감마 (기초자산 1단위당 델타 변동분으로 기초자산 상승 시 (+), 하락 시 (−))

⑦ 감마는 델타의 변동분을 관리할 수 있기 때문에 델타 헤지에 이용

∴ 감마값 ↑, 헤지포트폴리오의 조정폭 ↑

대표유형문제

옵션의 민감도 지표인 세타에 관한 설명으로 가장 거리가 먼 것은?

① 세타는 일반적으로 음수(−)이다.

② 세타 공식의 시간은 년으로 측정된다.

③ 기초자산의 가격변화가 없다면 옵션의 가치는 변하지 않는다.

④ 옵션의 세타는 등가격일 때 가장 크고 외가격과 내가격으로 갈수록 작아진다.

해설

기초자산의 가격변화가 없더라도 시간가치 감소의 영향을 받아 옵션의 가격은 변할 수 있다.

정답 ③

필수핵심개념

(3) 세타(θ)

① 세타는 일반적으로 음수(−)임

② 세타 공식의 시간은 년으로 측정되기 때문에 1일 세타를 구하기 위해서는 달력일 기준 세타값은 365로 나누어줘야 함(참고 : 거래일 기준 세타는 252일로 나누어 줌)

③ 옵션가치의 변화는 시간가치 감소에 의해 영향을 받는 결정적 요소와 델타에 의해 영향을 받는 확률적 요소로 구분

④ 옵션의 세타는 ATM일 때 가장 크고 OTM과 ITM으로 갈수록 작아짐

⑤ 만기일에 가까워질수록 ATM의 시간가치가 빠르게 잠식되고 OTM과 ITM은 느리게 잠식됨

대표유형문제

옵션의 민감도 지표인 베가에 관한 설명으로 가장 거리가 먼 것은?

① 다른 변수들이 일정할 때 변동성이 높을수록 옵션가격이 하락한다.

② 등가격옵션의 베가가 가장 높다.

③ 잔존만기가 길수록 베가가 높아진다.

④ 변동성 상승이 예상되면 등가격옵션 매수를 고려한다.

해설

옵션은 손실이 한정되고 이익은 주가의 상승이나 하락에 비례하여 증가하기 때문에 변동성이 클수록 옵션매수자들이 증가하여 옵션가격은 상승한다.

정답 ①

필수핵심개념

(4) 베가(Λ)

① 다른 변수들이 일정할 때 변동성이 높을수록 옵션가격 상승

② 베가는 ATM에서 최대이며, OTM과 ITM으로 갈수록 낮아짐

③ 잔존만기가 길수록 베가는 높아지며, 잔존만기가 짧아질수록 베가는 낮아짐

④ 베가를 이용한 옵션투자전략 : 변동성 상승이 예상되면 ATM옵션 매수, 변동성 하락이 예상되면 ATM옵션 매도

(5) 로(ρ)

① 일반적으로 이자율의 상승은 주가를 하락시켜 콜옵션 가치를 감소시키고, 풋옵션 가치를 증가시킴

② 이자율 상승은 행사가격의 현재가치를 감소시켜 콜옵션 가치를 증가시키고, 풋옵션 가치를 감소시킴

③ 상반된 효과로 인해 이자율 변동이 옵션가격에 미치는 영향은 매우 미미함

④ 내재가치가 높은 옵션일수록 보유해야 하는 기회비용이 증가하므로 내가격 옵션의 로가 가장 높고 등가격, 외가격순으로 낮아짐

---

section 08 | **옵션의 포지션에 대한 민감도 부호** | 중요도 ★★★

대표유형문제

풋매수 포지션의 델타와 감마의 부호가 순서대로 바르게 연결된 것은?

① +, +　　　　　　　　　　② +, −

③ −, +　　　　　　　　　　④ −, −

해설

풋옵션매수자는 기초자산 가격이 상승하는 경우 옵션가격이 하락하여 (−)델타를 가지고, 옵션매수자는 손실이 제한하면서 이익을 향유할 수 있으므로 가격변화속도가 증가할수록 유리하여 (+)값을 갖는다.

정답 ③

필수핵심개념

02 옵션 민감도의 특징과 활용

(1) 옵션의 포지션에 대한 민감도 부호

구분		델 타	감 마	세 타	베 가	로
Call	매 수	+	+	−	+	+
	매 도	−	−	+	−	−
Put	매 수	−	+	−	+	−
	매 도	+	−	+	−	+

주식 10주 매수와 델타가 -0.3인 풋옵션 10계약 매수의 포지션에서 기초자산의 가격이 1단위 하락하는 경우 포지션의 가치 변화는?

① $+3$
② -7
③ $+5$
④ -5

해설

주식을 기초자산으로 하면 기초자산의 민감도는 1이다. 포지션의 민감도 크기를 합산하면 $1 \times 10 + (-0.3) \times 10 = 7$이다. 전체 델타 포지션이 양$(+)$값을 가지므로 기초자산의 변화 방향과 포지션 가치의 변화 방향이 동일하며 델타는 기초자산 1단위당 옵션가격의 변화분을 의미하고 포지션의 델타가 7이므로 기초자산이 1단위 하락하는 경우 포지션의 가치는 7단위 하락한다는 것을 의미한다.

정답 ②

필수핵심개념

(2) 옵션의 민감도의 크기 합산(가법성)

① 민감도의 크기가 (+)인 경우 포지션의 가치가 기초자산의 방향과 동일, (−)인 경우 기초자산의 방향과 반대 움직임

② 델타 0.5인 콜옵션 10계약 매수 + 델타 -0.3인 풋옵션 20계약 매수
= 전체 델타 $(0.5 \times 10) + (-0.3 \times 20) = -1.0$

③ 감마 0.05인 콜옵션 6계약 매수 + 감마 -0.06인 풋옵션 4계약 매도
= 전체 감마 $(0.05 \times 6) + (-0.06 \times 4) = 0.06$

④ 델타 0.6, 감마 0.02인 콜옵션 10계약 매수 + 델타 -0.8, 감마 0.03인 풋옵션 매수
= 전체 포지션 델타 $(0.6 + 0.02) \times 10 + (-0.8 + 0.03) \times 10$
= $-1.5 \rightarrow$ 기초자산이 1단위 상승하였을 경우 동 포지션은 -1.5단위만큼 하락하는 민감도

01 옵션의 민감도 지표인 델타에 관한 설명으로 가장 거리가 먼 것은?
★★★
① 내가격옵션의 델타의 절대값은 커지고 외가격옵션의 델타값은 작아진다.
② 잔존만기가 긴 콜옵션의 델타는 주가가 변함에 따라 콜옵션의 델타가 급격하게 변한다.
③ 콜옵션의 델타는 투자자가 콜옵션 1계약을 매도할 때 몇 개의 주식을 매수해야 헤지포지션의 가치가 변하지 않겠는가 하는 개념이다.
④ 콜옵션의 델타는 $N(d_1)$이다.

> **해설**
>
> 잔존만기가 긴 콜옵션의 델타는 시간가치로 인해 옵션가격의 기울기가 완만하여 주가가 변함에 따라 완만하게 변하는 반면, 잔존만기가 짧은 옵션의 델타는 급격하게 변화한다.

02 델타에 대한 설명 중 바르지 못한 것은?
★★★
① 기초자산가격이 상승할수록 델타는 커지고 하락할수록 델타는 작아진다.
② 콜옵션의 델타는 0과 1 사이의 값을, 풋옵션의 델타는 −1과 0 사이의 값을 갖는다.
③ 델타는 옵션프리미엄의 변화속도를 의미한다.
④ Deep OTM 및 Deep ITM옵션의 델타의 절대값은 1에, ATM옵션의 델타는 0에 가깝다.

> **해설**
>
> 델타는 행사가능성을 의미한다. 따라서 Deep ITM옵션의 델타의 절대값은 1에, ATM옵션의 델타는 0.5에, Deep OTM 옵션의 델타는 0에 근접한다.

03 기초자산인 KOSPI200지수가 100pt에서 105pt로 상승하였을 때, 콜옵션의 가격이 1.5pt에서 2.5pt
★☆☆ 로 상승하였다면 콜옵션의 델타는?

① −0.2 ② 0.2
③ −0.4 ④ 0.4

> **해설**
>
> 델타는 $\dfrac{\text{옵션가격 변화분}}{\text{기초자산가격 변화분}}$ 으로 계산되므로 $\dfrac{2.5 - 1.5}{105 - 100} = 0.2$이며, 주가지수가 1pt 변할 때 콜옵션가격이 0.2pt씩 변동된다고 해석한다.

04 옵션의 선형성을 측정하는 지표로서 헤지비율로 사용되는 민감도 지표는?
★★☆

① 델타

② 감마

③ 세타

④ 베가

해설

델타는 선형적 민감도를 측정하는 지표이며, 델타는 $N(d_1)$으로 콜옵션 1계약을 매도하는 경우 필요한 주식계약수를 의미하는 헤지비율로 사용된다.

05 옵션의 민감도 지표인 감마에 관한 설명으로 가장 거리가 먼 것은?
★★★

① 만기일에 가까워질수록 등가격 인근에서는 감마값이 커지고 외가격과 내가격의 감마는 더욱 작아진다.

② 등가격에서 최대이다.

③ 콜옵션과 풋옵션 매도자의 경우 모두 (−)값(short gamma)을 갖는다.

④ 감마의 절대값이 클수록 델타헤지를 유지하기 위한 헤지 포트폴리오 조정폭이 감소한다.

해설

감마는 델타의 변동분을 관리할 수 있어 델타헤지에도 이용된다. 기준물의 가격이 변동될 경우 새로운 델타값이 나타나며 델타헤지를 유지하기 위해 헤지 포트폴리오를 조정해야 하고 이때 감마값이 클수록 헤지 포트폴리오 조정폭 역시 커진다.

06 현재 콜옵션 매수 포지션의 델타가 0.35이고 감마가 0.05라면 기초자산이 2단위 상승하는 경우 최종적인 델타는?
★☆☆

① 0.25

② 0.3

③ 0.4

④ 0.45

해설

[STEP 1] 감마는 기초자산 1단위가 상승하는 경우 델타의 변화를 의미한다. 감마값이 (+)값이므로 0.05는 기초자산이 1단위 상승하는 경우 델타가 0.05 증가했다는 의미다. 결론적으로 기초자산이 2단위 증가하면 증가한 델타는 0.1이 된다.

[STEP 2] 기존 델타와 증가된 델타를 합하면 0.35 + 0.1 = 0.45이다.

07 옵션의 민감도 지표인 세타에 관한 설명으로 가장 거리가 먼 것은?
★★☆

① 시간의 변화는 다른 옵션가격결정 변수들과 같이 예측 가능하기 때문에 옵션의 시간가치 감소는 옵션거래자에게 중요한 개념 중 하나이다.

② 만기일에 가까워질수록 내가격의 시간가치가 느리게 잠식되고 외가격과 내가격의 시간가치는 빠르게 잠식된다.

③ 옵션매도자는 시간가치감소에 따른 옵션가격의 하락으로 수익을 볼 수 있기 때문에 (+)세타 상태이다.

④ 옵션의 세타는 등가격일 때 가장 크고 외가격과 내가격으로 갈수록 작아진다.

> **해설**
> 만기일까지 기간이 많이 남아있는 경우 등가격 옵션의 시간가치는 크며 내가격과 외가격 옵션의 시간가치는 작다. 그러므로 만기일에 가까워질수록 내가격의 시간가치가 빠르게 잠식되고 외가격과 내가격은 느리게 잠식된다.

08 옵션 민감도에 대한 설명으로 틀린 것은?
★★☆

① 옵션의 델타는 등가격에서 0.5 또는 −0.5의 값을 갖는다.

② 근월물 옵션과 원월물 옵션 중 베가는 원월물 옵션이 더 크다.

③ 주가지수가 상승하면 콜옵션 · 풋옵션의 델타는 상승한다.

④ 로는 등가격에서 가장 크다.

> **해설**
> 로는 상반된 효과로 인해 이자율 변동이 옵션가격에 미치는 영향은 매우 미미하며 내재가치가 높은 옵션일수록 보유해야 하는 기회비용이 증가하므로 내가격옵션의 로가 가장 높고 등가격, 외가격순으로 낮아진다.

09 옵션 민감도 부호에 대한 내용 중 바르지 못한 것은?
★★☆

① 콜옵션 매수자는 (+)의 델타값을 갖는다.

② 풋옵션 매도자는 (−)의 감마값을 갖는다.

③ 콜옵션 매수자는 (+)의 세타값을 갖는다.

④ 풋옵션 매도자는 (−)의 베가값을 갖는다.

> **해설**
> 옵션을 매수한 사람은 잔존기간이 줄어들수록 시간가치의 감소로 옵션가격의 하락을 감수해야 하기 때문에 (−)상태이다.

10
★★★
델타가 0.4이고, 감마가 0.02인 콜옵션 10계약 매수와 델타가 −0.5이고 감마가 0.03인 풋옵션 5계약 매수의 포지션에서 기초자산 가격이 1단위 상승하는 경우 포트폴리오의 델타는?

① 0.5로 변화

② 1.25로 변화

③ 1.85로 변화

④ 변화 없음

해설

전체 포트폴리오의 델타는 $(0.4 + 0.02) \times 10 + (−0.5 + 0.03) \times 5 = 1.85$이다. 기초자산이 1단위 상승하는 경우 포트폴리오는 1.85단위만큼 상승하는 민감도를 가진다.

11
★★☆
델타가 0.6인 콜옵션 10계약을 매수하였다. 풋옵션의 델타가 −0.4라면 델타중립포지션을 만들기 위한 풋옵션의 계약수는?

① 10계약 매수

② 10계약 매도

③ 15계약 매수

④ 15계약 매도

해설

[STEP 1] 델타중립포지션은 전체 델타를 0으로 만들어야 한다.

[STEP 2] 콜옵션의 델타는 $0.6 \times 10 = 6$이므로 최종 델타의 합이 0이 되기 위해서는 풋옵션의 델타가 −6이다.

[STEP 3] $−0.4 \times 15 = −6$이므로 풋옵션을 15계약 매수하면 된다.

03 주식 관련 옵션 투자전략(strategy)

대표유형문제

주가가 상승할 가능성이 낮고 가격변동성은 감소할 것으로 예상되는 경우 택할 수 있는 전략은?

① 콜옵션 매수　　　　　　　　　　　② 풋옵션 매수

③ 콜옵션 매도　　　　　　　　　　　④ 풋옵션 매도

해설

주가가 하락하면 콜옵션 매도자는 프리미엄의 이익을 얻을 수 있다. 또한 주가가 보합이라 하더라도 가격변동성이 낮으면 옵션의 시간가치가 하락하여 옵션의 가격도 하락하여 콜옵션 매도자에게 유리하다.

정답 ③

필수핵심개념

01 방향성 매매

(1) 포지션(position) 거래

① 강세 전략(주가 상승 예상)

전 략	특 징		손익구조
콜옵션 매수	사용 시기	주가 강세 예상, 변동성 증가 예상	
	이 익	주가 상승에 비례하여 이익 증가(무한)	
	최대 손실	프리미엄으로 한정	
	손익분기점	행사가격(X) + 프리미엄(C)	
풋옵션 매도	사용 시기	주가 보합 또는 상승, 변동성 감소 예상	
	최대 이익	프리미엄	
	손 실	주가 하락에 비례하여 손실 증가	
	손익분기점	행사가격(X) − 프리미엄(P)	

② 약세 전략(주가 하락 예상)

전략	특징		손익구조
콜 매도	사용 시기	주가 약세 예상, 변동성 감소 예상	
	최대 이익	프리미엄	
	손 실	주가 상승에 비례하여 손실이 증가(무한)	
	손익분기점	행사가격(X) + 프리미엄(C)	
풋 매수	사용 시기	주가 약세 예상, 변동성 증가 예상	
	이 익	주가 하락에 비례하여 이익 증가	
	최대 손실	프리미엄으로 한정	
	손익분기점	행사가격(X) − 프리미엄(P)	

section 11　수직적 스프레드(spread) 거래　　중요도 ★★★

강세 콜 스프레드 전략에 대한 설명으로 옳지 않은 것은?

① 행사가격이 낮은 콜옵션을 매수하고 행사가격이 높은 콜옵션을 매도한다.
② 시장의 강세가 예상되나 확신이 높지 않을 때 택하는 보수적인 전략이다.
③ 초기에 프리미엄의 순유출이 발생한다.
④ 두 옵션의 세타(theta)가 반대부호를 갖게 되어 시간가치 소멸 효과가 커 장기보유가 어렵다.

해설

옵션은 시간소모성 자산으로 옵션을 매수하면 시간이 지날수록 옵션의 가치가 떨어지나 매도를 동시에 진행하기 때문에 매도자 입장에서는 옵션의 가치가 떨어지는 게 유리하여 시간가치 소멸 효과가 상쇄되어 미미해진다.

정답 ④

(2) 수직적 스프레드(spread)거래

① 강세 전략(상승 예상) : 행사가격이 낮은 옵션을 매수 + 행사가격이 높은 옵션을 매도하는 보수적인 전략

구 분		내 용	손익구조
강세 **콜옵션** **스프레드**	전 략	강세 예상, 낮은 확신	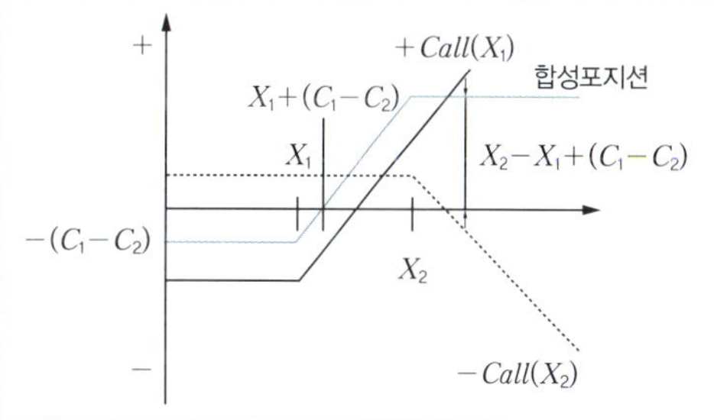 $+Call(X_1)$, 합성포지션, $X_1+(C_1-C_2)$, X_1, $X_2-X_1+(C_1-C_2)$, $-(C_1-C_2)$, X_2, $-Call(X_2)$
	포지션 구성	$+Call(X_1) - Call(X_2)$	
	최대 이익	$X_2 - X_1 - (C_1 - C_2)$ (제한)	
	최대 손실	$C_1 - C_2$ (제한)	
	손익분기점	$X_1 + (C_1 - C_2)$	
	초기 현금흐름	프리미엄 순지출$(C_1 > C_2)$	
강세 **풋옵션** **스프레드**	전 략	강세 예상, 낮은 확신	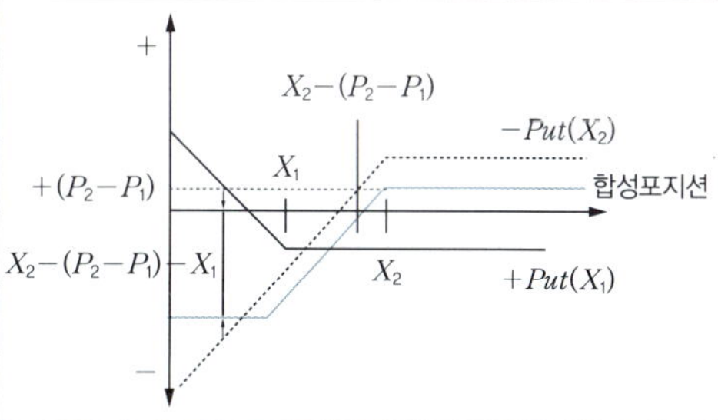 $X_2-(P_2-P_1)$, $-Put(X_2)$, $+(P_2-P_1)$, X_1, 합성포지션, $X_2-(P_2-P_1)-X_1$, X_2, $+Put(X_1)$
	포지션 구성	$+Put(X_1) - Put(X_2)$	
	최대 이익	$P_2 - P_1$ (제한)	
	최대 손실	$X_2 - (P_2 - P_1) - X_1$ (제한)	
	손익분기점	$X_2 - (P_2 - P_1)$	
	초기 현금흐름	프리미엄 순수입$(P_1 < P_2)$	

② 약세 전략(하락 예상) : 행사가격이 높은 옵션을 매수 + 행사가격이 낮은 옵션을 매도하는 보수적인 전략

전 략		특 징	손익구조
약세 **콜옵션** **스프레드**	전 략	약세 예상, 낮은 확신	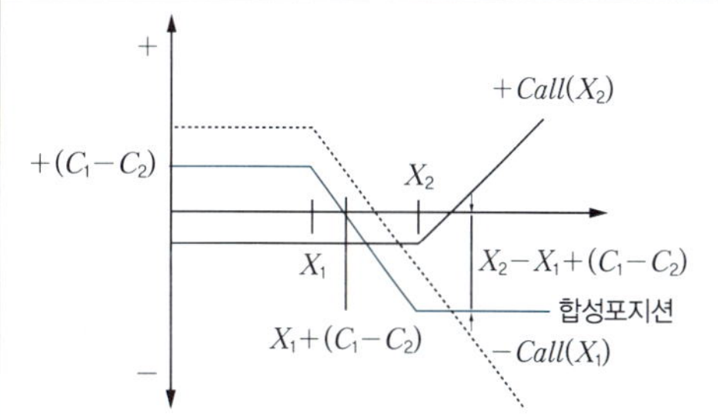 $+Call(X_2)$, $+(C_1-C_2)$, X_2, X_1, $X_2-X_1+(C_1-C_2)$, $X_1+(C_1-C_2)$, 합성포지션, $-Call(X_1)$
	포지션 구성	$-Call(X_1) + Call(X_2)$	
	최대 이익	$C_1 - C_2$ (제한)	
	최대 손실	$X_2 - X_1 - (C_1 - C_2)$ (제한)	
	손익분기점	$X_1 + (C_1 - C_2)$	
	초기 현금흐름	프리미엄 순수입, $(C_1 > C_2)$	
약세 **풋옵션** **스프레드**	전 략	약세 예상, 낮은 확신	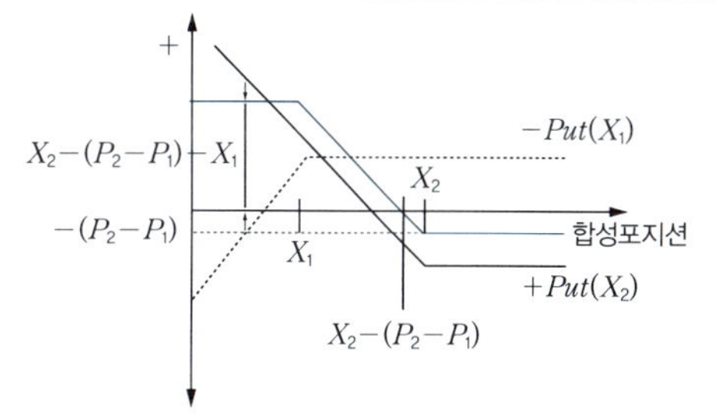 $X_2-(P_2-P_1)-X_1$, $-Put(X_1)$, X_2, $-(P_2-P_1)$, X_1, 합성포지션, $+Put(X_2)$, $X_2-(P_2-P_1)$
	포지션 구성	$+Put(X_2) - Put(X_1)$	
	최대 이익	$X_2 - (P_2 - P_1) - X_1$ (제한)	
	최대 손실	$P_2 - P_1$(제한)	
	손익분기점	$X_2 - (P_2 - P_1)$	
	초기 현금흐름	프리미엄 순지출, $(P_1 < P_2)$	

시간 스프레드에 대한 설명으로 옳지 않은 것은?

① 수직 스프레드 또는 캘린더 스프레드라고도 한다.

② 행사가격은 동일하지만 만기가 다른 콜옵션이나 풋옵션을 이용하여 매수와 매도를 조합한다.

③ 시간가치의 감소가 잔존만기별로 다르게 이루어진다는 점을 이용한다.

④ 근월물을 매도하고 원월물 매수로 구성된 포지션을 시간 스프레드 매수라고 한다.

해설

행사가격은 동일하지만 만기가 다른 콜옵션이나 풋옵션을 이용하여 매수와 매도를 조합하는 수평 스프레드 전략이다. 수직 스프레드는 만기는 동일하나 행사 가격이 다른 콜옵션 또는 풋옵션을 동시에 매수·매도하는 전략이다.

정답 ①

필수핵심개념

(3) 시간 스프레드(= 수평 스프레드, 캘린더 스프레드)

① 행사가격은 동일하나 만기가 다른 콜옵션이나 풋옵션을 이용하여 매수·매도하는 전략

② 근월물과 원월물 간 시간가치의 상대적 변화차이를 이용한 전략

　→ 다른 조건이 동일한 경우 근월물의 시간가치 감소폭이 원월물의 시간가치 감소폭보다 큼

③ 시간경과에 따르는 옵션가치의 소모 + 변동성 변화에 따른 옵션가치 변화

전 략		특 징	손익구조
시간 스프레드 매수 (long time spread)	전 략	안정적 주가 예상 변동성 감소 예상	
	포지션	근월물 매도 + 원월물 매수	
	초기 현금흐름	현금지출 발생	
시간 스프레드 매도 (short time spread)	전 략	주가 변동성 증가 예상	
	포지션	근월물 매수 + 원월물 매도	
	초기 현금흐름	현금수입 발생	

대표유형문제

옵션의 수평적 또는 수직적 스프레드 전략의 설명 중 가장 거리가 먼 것은?

① 시간가치 소멸효과가 미미하다.

② 기초자산의 변동성에 덜 민감하다.

③ 이익과 손실이 한정되어 있다.

④ 델타중립포지션으로 기초자산의 방향성과 무관하다.

해설

수직적 스프레드 전략은 기초자산의 방향성을 예상한 방향성 전략이다.

정답 ④

필수핵심개념

(4) 스프레드 전략의 특징

① 매수 · 매도로 세타부호가 반대부호라 시간가치 소멸효과가 미미하여 포지션의 장기보유가 가능

② 매수 · 매도로 베가부호가 반대부호라 기초자산의 변동성에 덜 민감

③ 이익과 손실이 한정되어 있어 확신이 서지 않을 때 택하는 보수적 전략

대표유형문제

기초자산의 변동성이 증가하리라 예상하는 경우 취하는 전략으로 바르지 못한 것은?

① 스트래들 매수

② 스트랭글 매수

③ 버터플라이 매수

④ 시간 스프레드 매도

해설

버터플라이 매수는 변동성이 감소하리라 예상하는 경우에 택하는 전략이다. 버터플라이의 매수 · 매도는 행사가격이 가장 낮은 옵션과 가장 높은 옵션의 포지션을 기준으로 결정된다.

정답 ③

02 변동성 매매

(1) 강세 전략(변동성 증가 예상)

구 분		특 징	손익 구조
스트래들 (straddle) 매수	전 략	변동성 증가가 예상될 때	
	포지션 구성	$+Call(X) + Put(X)$	
	이 익	• 상승 시 : 손익분기점보다 상승 시 • 하락 시 : 손익분기점보다 하락 시	
	최대 손실	$C + P$	
	손익분기점	• 상승 시 : $X + (C + P)$ • 하락 시 : $X - (C + P)$	
스트랭글 (strangle) 매수	전 략	변동성 확대가 예상될 때	
	포지션 구성	$+Call(X_2) + Put(X_1)$	
	이 익	• 상승 시 : 손익분기점보다 상승 시 • 하락 시 : 손익분기점보다 하락 시	
	최대 손실	C_2+P_1	
	손익분기점	• 상승 시 : $X_2 + (C_2 + P_1)$ • 하락 시 : $X_1 - (C_2 + P_1)$	
	스트래들 매수와 차이점	• 지불하는 옵션프리미엄이 감소 • 손실구간 넓음, 최대손실금액 감소	
버터플라이 (butterfly) 매도	전 략	• 변동성 상승 예상 • 이익과 손실 제한, 보수적 투자전략	
	포지션 구성	$-C_1 + 2 \times C_2 - C_3$	
	프리미엄 차액	$(C_1 + C_3) - 2 \times C_2, (C_1 > C_2 > C_3)$	
	최대 이익	프리미엄 차액	
	최대 손실	$(X_2 - X_1)$ - 프리미엄 차액	
	손익분기점	• 하락 시 : $X_1 +$ 프리미엄 차액 • 상승 시 : $X_3 -$ 프리미엄 차액	

(2) 약세 전략(변동성 감소 예상)

구 분	특 징		손익 구조
스트래들 (straddle) 매도	전 략	변동성 감소하여 주가 횡보 예상	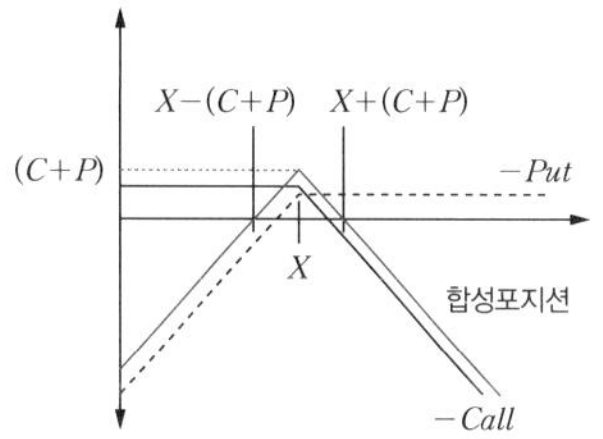
	포지션 구성	$-Call(X) - Put(X)$	
	최대 이익	$C + P$	
	손 실	• 상승 시 : 손익분기점보다 상승 시 • 하락 시 : 손익분기점보다 하락 시	
	손익분기점	• 상승 시 : $X + (C + P)$ • 하락 시 : $X - (C + P)$	
스트랭글 (strangle) 매도	전 략	변동성 감소가 예상될 때	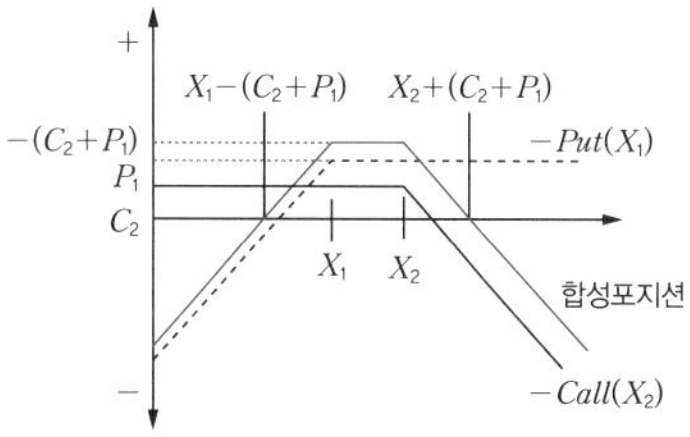
	포지션 구성	$-Call(X_2) - Put(X_1)$	
	최대 이익	$C_2 + P_1$	
	최대 손실	• 상승 시 : 손익분기점보다 상승 시 • 하락 시 : 손익분기점보다 하락 시	
	손익분기점	• 상승 시 : $X_2 + (C_2 + P_1)$ • 하락 시 : $X_1 - (C_2 + P_1)$	
	스트래들 매도와 차이점	• 수취하는 옵션프리미엄이 낮아짐 • 이익 구간이 넓어짐	
버터플라이 (butterfly) 매수	전 략	• 변동성 하락 예상 • 이익과 손실 제한, 보수적 투자전략	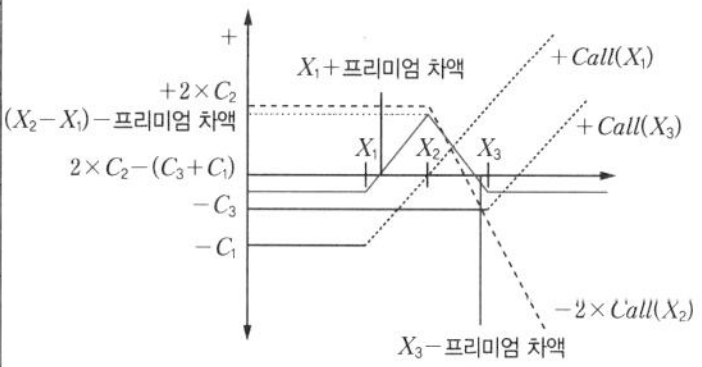
	포지션 구성	$+C_1 - 2 \times C_2 + C_3$	
	프리미엄 차액	$2 \times C_2 - (C_1 + C_3)$, $(C_1 > C_2 > C_3)$	
	최대 이익	$(X_2 - X_1)$ − 프리미엄 차액	
	최대 손실	프리미엄 차액	
	손익분기점	하락 시 : X_1 + 프리미엄 차액 상승 시 : X_3 − 프리미엄 차액	

대표유형문제

다음 옵션을 이용한 스프레드 거래에 대한 설명으로 바르지 못한 것은?

① 강세 콜 스프레드는 수직적 스프레드이며 전략 구축 시 초기에 비용이 발생한다.

② 시간 스프레드는 만기가 다른 두 개의 옵션에 대한 포지션을 구축한다.

③ 비율 스프레드는 수직적 스프레드 전략으로 가격변동성이 다소 높은 시기에 주가의 흐름이 확신 있는 상황에서 활용해야 한다.

④ 스트립(strip) 매수 전략은 풋 매수보다 콜 매수를 많이 하여 변동성 확대를 예상하면서 상승장에 높은 이익을 기대한다.

해설

스트랩(strap) 매수에 대한 설명이다. 스트립(strip) 매수 전략은 콜 매수보다 풋 매수를 많이 하여 변동성 확대를 예상하면서 하락장에 높은 이익을 기대하는 전략이다.

정답 ④

필수핵심개념

03 방향성 매매와 변동성 매매의 결합

(1) 비율 스프레드(ratio vertical spread)

구 분		특 징	손익 구조
콜 비율 스프레드 매수	전 략	수직 스프레드 전략으로 가격변동성이 다소 높은 시기에 주가의 흐름이 확신 있는 상황에서 활용	
	포지션 구성	$+Call(X_1) - N \times Call(X_2)$ (N : 계약수)	
	손 익	매도 옵션의 프리미엄을 추가로 수취하며, 매도 옵션의 행사가격(X_2) 이상으로 상승하는 경우 손실 가능	
	델타 기준 위험 순위	콜옵션 매도 > 콜옵션 비율 스프레드 매수 > 콜옵션 강세스프레드	
풋 비율 스프레드 매수	전 략	수직 스프레드 전략으로 가격변동성이 다소 높은 시기에 주가의 흐름이 확신 있는 상황에서 활용	
	포지션 구성	$+Put(X_2) - N \times Put(X_1)$ (N : 계약수)	
	손 익	매도 옵션의 프리미엄을 추가로 수취하며, 매도 옵션의 행사가격(X_2) 이하로 하락하는 경우 손실 가능	

(2) 스트랩(strap) 또는 스트립(strip)

구 분		특 징	손익구조
스트랩 (strap) 매수	전 략	변동성 확대를 예상하면서 주가상승에 더 큰 비중을 두는 전략	
	포지션 구성	• $+2 \times Call(X) + Put(X)$ • 콜옵션 매수 > 풋옵션 매수	
스트립 (strip) 매수	전 략	변동성 확대를 예상하면서 주가하락에 더 큰 비중을 두는 전략	
	포지션 구성	• $+Call(X) + 2 \times Put(X)$ • 콜옵션 매수 < 풋옵션 매수	

section 16 방어적 풋과 커버드 콜

중요도 ★★★

다음 중 커버드 콜(covered call)과 동일한 손익구조를 지닌 포지션은?

① 콜옵션 매수
② 콜옵션 매도
③ 풋옵션 매수
④ 풋옵션 매도

해설

커버드 콜은 기초자산을 매수하고 이에 따른 가격하락위험을 콜옵션 매도로 일부 커버하는 전략이다. 매도로 인한 프리미엄 수취로 보합이나 약세장에서는 수익률이 제고되나 강세장에서는 콜 매수자의 행사로 인해 기초자산의 이익이 상쇄되어 되려 수익이 줄어든다. 또한 큰 폭으로 하락하는 경우 손실이 발생한다. 즉 상승 시는 이익이 제한되고 하락 시 손실이 증가하는 풋옵션 매도와 수익구조가 동일하다.

정답 ④

04 헤지 거래(hedge)

(1) 가격변동위험에 대한 헤지 포지션

현물 포지션		노출된 위험	헤지 전략	포지션 구성
현 재	현물(S) 보유	가격 하락 위험	풋 옵션 매수 보호적 풋(protective put)	$S + P$
	현물(S) 보유	가격 하락 위험	콜 옵션 매도 커버드 콜(covered call)	$S - C$

(2) 방어적 풋과 커버드 콜

구 분	특 징		손익구조
보호적 풋 (protective put) $S + P$	사용 시기	향후 주식시장에 하락 위험이 있는 경우	
	손 익	• 하락 시 : 풋옵션의 매수로 주가 하락 손실 상쇄 • 상승 시 : 풋옵션은 소멸, 주가 상승 이익 획득 • 프리미엄만큼 이익 감소 → 콜옵션 매수 포지션과 동일한 수익구조	
	특 징	• 포트폴리오 보험전략의 일종 • 헤지 비용(풋옵션 가격)이 높은 편 • 옵션 롤 오버 비용 발생 • 헤지 대상과 주가지수옵션과의 연관성(추적오차 문제)	
커버드 콜 (covered call) $S - C$	사용 시기	향후에 시장이 횡보하거나 약간 하락을 예상하는 경우	
	손 익	• 횡보 시 : 콜옵션 매도 프리미엄만큼 수익 발생 • 상승 시 : 콜옵션 매도로 주가 상승 이익이 상쇄 • 하락 시 : 큰 폭으로 하락 시 손실 발생 → 풋옵션 매도 포지션과 동일한 수익구조	
	특 징	• 손익분기점이 하향 조정 • 보합이나 약세장에서는 원래 포트폴리오 수익보다 높은 수익을 얻고 강세장에서는 더 낮은 수익을 얻는 구조(절대적으로 수익률을 제고하지는 못함) • 콜옵션이 고평가되었을 경우 유리	

대표유형문제

KOSPI200옵션시장에서 풋−콜 패리티가 $S + P > K \cdot e^{-rt} + C$ 상태일 때, 무위험차익을 얻을 수 있는 거래 전략은?

① 컨버전(conversion)

② 리버설(reversal)

③ 크레딧 박스(credit box)

④ 데빗 박스(debit box)

해설

풋−콜 패리티 등가관계가 성립하지 않아 옵션을 이용한 차익거래가 가능하다. 현재 풋옵션의 가치가 고평가된 상태이므로 리버설(reversal)전략이 적합하다. 리버설(reversal)은 고평가된 풋옵션을 매도하고 저평가된 풋옵션을 매수하여 합성 기초자산 매수 포지션을 만들고, 기초자산을 매도한 자금을 무위험이자율로 운용하여 무위험 차익을 얻을 수 있다.

정답 ②

필수핵심개념

05 차익거래

옵션 가격이 균형상태(put−call parity)를 벗어났을 경우 무위험 차익거래 전략 구사

(1) 옵션과 기초자산을 이용한 차익거래전략

차익거래 기회	가치 평가	차익거래 전략	포지션 구성
$S + P < PV(X) + C$	콜옵션 고평가	컨버전(conversion)	$+S - C + P$ 기초자산 매수 + 합성기초자산 매도
$S + P > PV(X) + C$	풋옵션 고평가	리버설(reversal)	$-S + C - P$ 기초자산 매도 + 합성기초자산 매수

① 컨버전(conversion) 현금흐름

현재(t) 포지션	현재 현금흐름	만기 현금흐름	
		주가 상승 시	주가 하락 시
자금 차입	$+S_0$	$-S_0$	$-S_0$
주식 매수($+S$)	$-S_0$	$+S_T$	$+S_T$
콜옵션 매도($-C$)	$+C$	$-(S_T - X)$	0
풋옵션 매수($+P$)	$-P$	0	$+(X - S_T)$
손익 합계	$+(C - P)$	$-(S_0 - X)$	$-(S_0 - X)$

ⓐ 만기 시 주식가격 등락에 관계없이 균형의 차이만큼 일정한 수익 확정

ⓑ 이익의 크기는 (C − P) + (X − S_0)이다.

② 리버설(reversal) 현금흐름

현재(t) 포지션	현재 현금흐름	만기 현금흐름	
		주가 상승 시	주가 하락 시
주식 공매도($-S$)	$+S_0$	$-S_T$	$-S_T$
자금 대여	$-S_0$	$+S_0$	$+S_0$
콜옵션 매수($+C$)	$-C$	$+(S_T - X)$	$-C$
풋옵션 매도($-P$)	$+P$	$+P$	$(X - S_T)$
손익 합계	$+(P - C)$	$+(S_0 - X)$	$+(S_0 - X)$

ⓐ 만기 시 주식가격 등락에 관계없이 균형의 차이만큼 일정한 수익이 확정

ⓑ 이익의 크기는 (P − C) + (S_0 − X)이다.

<table><tr><td>section 18</td><td>크레딧 박스(credit box)와 데빗 박스(debit box)</td><td>중요도 ★☆☆</td></tr></table>

대표유형문제

다음 중 옵션만을 이용한 차익거래 전략으로 차익거래 포지션 설정 시 옵션프리미엄의 순유입이 발생하는 전략은?

① 컨버전(conversion)

② 리버설(reversal)

③ 크레딧 박스(credit box)

④ 데빗 박스(debit box)

해설

크레딧 박스(credit box)는 $-C(X_1) + P(X_1) + C(X_2) - P(X_2)$으로 포지션을 구성하는 차익거래 전략이다. 콜옵션은 행사가격이 낮을수록 비싸고 풋옵션은 행사가격이 높을수록 옵션의 가격이 비싸다. 크레딧 박스는 가격이 비싼 콜과 풋을 매도하여 초기에는 프리미엄의 차익이 발생한다.

정답  ③

(2) 옵션만을 이용한 차익거래 전략

구 분	크레딧 박스(credit box)	데빗 박스(debit box)
차익거래 기회	컨버전(X_1) > 리버설(X_2) 합성 매도 포지션 행사가 < 합성 매수 포지션 행사가	컨버전(X_1) < 리버설(X_2) 합성 매수 포지션 행사가 < 합성 매수도 포지션 행사가
포지션	합성기초자산 매도(X_1) + 합성기초자산 매수(X_2) $= -C(X_1) + P(X_1) + C(X_2) - P(X_2)$	합성기초자산 매수(X_1) + 합성기초자산 매도(X_2) $= +C(X_1) - P(X_1) - C(X_2) + P(X_2)$
현금흐름	초기 현금 순유입 발생 > 만기 현금 유출	초기 현금 순지출 발생 < 만기 현금 유입

① 크레딧 박스(credit box) 현금흐름($X_1 < X_2$인 경우)

현재(t) 포지션	현재 현금흐름	만기 현금흐름	
		주가 상승 시	주가 하락 시
낮은 행사가격(X_1) 콜 옵션 매도	$+C_1$	$-(S_T - X_1)$	0
낮은 행사가격(X_1) 풋 옵션 매수	$-P_1$	0	$+(X_1 - S_T)$
높은 행사가격(X_2) 콜 옵션 매수	$-C_2$	$+(S_T - X_2)$	0
높은 행사가격(X_2) 풋 옵션 매도	$+P_2$	0	$-(X_2 - S_T)$
손익 합계	$+(C_1 - C_2)+(P_2 - P_1)$	$-(X_2 - X_1)$	$-(X_2 - X_1)$

㉠ 거래 당시 옵션의 프리미엄을 수취하는 구조이기 때문에 박스 매도(selling a box)라고도 함

㉡ 최초 순유입 > 만기 시 순유출 → 일정한 차익 발생

㉢ 이익의 크기는 '프리미엄 차이 − 행사가격 차이'이다.

② 데빗 박스(debit box) 현금흐름($X_1 > X_2$인 경우)

현재(t) 포지션	현재 현금흐름	만기 현금흐름	
		주가 상승 시	주가 하락 시
낮은 행사가격(X_1) 콜옵션 매수	$-C_1$	$+(S_T - X_1)$	0
낮은 행사가격(X_1) 풋옵션 매도	$+P_1$	0	$-(X_1 - S_T)$
높은 행사가격(X_2) 콜옵션 매도	$+C_2$	$-(S_T - X_2)$	0
높은 행사가격(X_2) 풋옵션 매수	$-P_2$	0	$+(X_2 - S_T)$
손익 합계	$-(C_1 - C_2) - (P_2 - P_1)$	$+(X_2 - X_1)$	$+(X_2 - X_1)$

㉠ 거래 당시 옵션의 프리미엄을 지출하는 구조이기 때문에 박스 매수(buying a box)라고도 함

㉡ 최초 순지출 < 만기 시 순유입 → 일정한 차익 발생

㉢ 이익의 크기는 '행사가격 차이 − 프리미엄 차이'이다.

01
★★☆

주가가 하락할 가능성은 낮고 가격 변동성은 증가하지 않을 것으로 예상하는 경우 적합한 옵션 투자 전략은?

① 콜옵션 매수 ② 풋옵션 매수
③ 콜옵션 매도 ④ 풋옵션 매도

해설

풋옵션 매도 전략은 주가가 하락가능성이 낮거나 보합 또는 상승 가능성이 있고 가격 변동성의 감소를 예상할 때 사용할 수 있다. 주가 상승가능성이 있어 콜옵션을 매수할 수도 있으나 콜옵션 매수는 초기에 프리미엄을 지불하기 때문에 손익분기점(행사가격 + 프리미엄)이 올라가 변동성이 크지 않으면 얻은 이익이 프리미엄에 미치지 못해 손해를 볼 수 있으므로 적합하지 않다.

02
★☆☆

기초자산 가격이 상승하는 경우 손실은 제한되나 이익이 무제한인 옵션의 포지션은?

① 콜옵션 매수 ② 콜옵션 매도
③ 풋옵션 매수 ④ 풋옵션 매도

해설

콜옵션 매수
콜옵션 매도
풋옵션 매수
풋옵션 매도

03
★☆☆

KOSPI200을 기초자산으로 하는 행사가격 100pt인 콜옵션을 3pt에 2계약 매도한 경우 콜옵션의 손익분기점은 얼마인가?

① 94pt ② 97pt
③ 103pt ④ 106pt

해설

콜옵션 매도자의 손익분기점과 매수자의 손익분기점은 동일하다. 매수자가 권리를 행사하면 매도자는 의무를 이행해야 한다. 콜옵션은 행사가격 100보다 기초자산이 상승할 때 매수자가 수익이 발생한다. 하지만 초기에 6의 프리미엄을 매도자에게 지불했으므로 본전을 생각한다면 프리미엄을 고려한 손익분기점은 행사가격(100)＋프리미엄(6)인 106이다. 반면 콜옵션 매도자의 경우 106보다 기초자산이 상승하면 손실을 보게 된다.

04 행사가격이 100pt인 KOSPI200 풋옵션을 2pt에 매도하였다. 만기시점에 KOSPI200지수가 103pt
★☆☆ 가 되었다면 풋옵션 매도자의 손익은 얼마인가? (거래승수는 25만원이다.)

① 50만원 손실
② 50만원 이익
③ 150만원 손실
④ 150만원 이익

> **해설**
> 기초자산의 가격이 상승하였으므로 풋옵션 매수자는 권리를 행사하지 않아 옵션은 소멸되고 풋옵션 매도자는 초기에 수취
> 한 프리미엄인 2pt × 25만원 = 50만원만큼의 이익이 생긴다.

05 콜옵션을 매수하는 경우로 적절하지 않은 것은?
★☆☆ ① 기초자산의 가격이 상승할 것으로 예상하는 투자자
② 기초주식 매수보다는 레버리지 효과를 누리고자 하는 투자자
③ 기초주식의 최저매입가격을 고정하고자 하는 투자자
④ 기초자산의 가격하락을 예상하여 주식을 공매한 투자자

> **해설**
> 콜옵션은 기초자산에 대한 가격상한선, 즉 최고매입가격($X + C$)을 고정할 수 있다.

06 약세 스프레드에 대한 설명으로 옳지 않은 것은?
★★★ ① 약세장 예상에 대한 확신이 높을 때 택하는 전략이다.
② 두 옵션의 베가(vega)가 반대부호이기에 옵션포지션의 손익이 기초자산가격의 변동성에 덜 민
감하다.
③ 콜옵션을 이용하면 초기에 프리미엄의 순수입이 발생한다.
④ 이익과 손실이 제한적이다.

> **해설**
> 시장의 약세장은 예상되나 확신이 높지 않은 경우 택하는 보수적 전략이다.

07 주가상승이 예상되지만 확신이 높지 않을 때에 이용하는 보수적인 투자전략으로 초기에 현금 수취가
★★★ 발생하는 전략은?

① 강세 콜 스프레드 전략　　　　　　　② 약세 콜 스프레드 전략
③ 강세 풋 스프레드 전략　　　　　　　④ 약세 풋 스프레드 전략

해설

강세 풋 스프레드는 $+Put(X_1) - Put(X_2)$의 포지션을 구성한다. 풋옵션은 행사가격이 높을수록 내재가치가 증가하여 옵션가격이 상승한다. 비싼 풋옵션을 판매하고 저렴한 풋옵션을 구매하였으므로 초기에 프리미엄 순유입이 발생한다.

08 약세장을 예상하고 있는 경우 등가격 풋옵션을 매도하였다면 약세 스프레드를 구축하기 위해 필요한
★☆☆ 포지션은?

① 내가격 풋옵션 매입　　　　　　　　② 등가격 풋옵션 매입
③ 외가격 풋옵션 매입　　　　　　　　④ 내가격 콜옵션 매입

해설

약세 풋 스프레드는 $-Put(X_1) + Put(X_2)$하는 전략이다. 낮은 행사가격의 풋옵션이 등가격이므로 상대적으로 행사가격이 높은 내가격 풋옵션을 매입하여야 한다.

09 KOSPI200 콜 300을 9포인트에 1계약 매수함과 동시에 콜 308을 3포인트에 매도한 경우 최대 이익
★☆☆ 과 최대 손실의 범위는?

① −12포인트 ≤ 손익 ≤ 6포인트

② −6포인트 ≤ 손익 ≤ 12포인트

③ −6포인트 ≤ 손익 ≤ 2포인트

④ −2포인트 ≤ 손익 ≤ 6포인트

해설

낮은 행사가격을 매수하였으므로 강세 콜 스프레드 전략이다.
[STEP 1] 강세 콜 스프레드의 손익구조를 떠올린다. (　)
[STEP 2] 초기에 프리미엄은 −9 + 3 = −6만큼 현금 순유출이 발생한다. 이 금액이 최대 손실 금액인 −6pt이다.
[STEP 3] 행사가가 300포인트인 콜을 매수했으므로 300보다 상승하면 이득이다. 초기 프리미엄 6이 발생하였으므로 본전을 생각하면 306보다 더 올라야 한다. 바로 306포인트가 손익분기점이다.
[STEP 4] 308부터는 콜옵션 매도와 콜옵션 매수 포지션이 동시에 겹쳐지는 구간이다. 주가지수 상승으로 콜매수 포지션은 돈을 벌지만 308부터 콜매도로 고스란히 손실이다. 결국 306이라는 손익분기점을 넘고 308까지가 주가지수 상승에 비례해서 얻을 수 있는 이익이 된다. 그러므로 최대 이익은 2pt로 제한된다.
(참고) 공식암기에 의해 답을 도출할 수도 있다. 최대 손실은 $C_1 - C_2 = 9 - 3 = 6$이고 최대 이익은 $X_2 - X_1 - (C_1 - C_2) = 308 - 300 - (9 - 3) = 2$이다.

10 KOSPI200 풋 100을 5포인트에 1계약 매도함과 동시에 풋 120를 8포인트에 매수한 경우 손익분기
★★☆ 점은?

① 103pt

② 108pt

③ 113pt

④ 117pt

해설

높은 행사가의 풋을 매수했으므로 약세 풋 스프레드이다.

[STEP 1] 약세 풋 스프레드의 손익구조를 떠올린다. (⌐＿)

[STEP 2] 초기에 프리미엄은 $-8 + 5 = -3$만큼 현금 순유출이 발생한다. 이 금액이 최대 손실 금액인 -3pt이다.

[STEP 3] 행사가가 120포인트인 풋을 매수했으므로 120보다 하락하면 이득이다. 그러나 초기 프리미엄 3을 이미 지출했
다. 본전을 생각하면 117보다 더 내려가야 한다. 바로 117포인트가 손익분기점이다.

공식 암기에 의해 손익분기점은 $X_2 - (P_2 - P_1) = 120 - (8 - 5) = 117$이다.

11 옵션 만기 전에 시장이 완만한 상승을 보일 것으로 예상하고 있다. 만일 시장에서 기초자산이 100pt
★☆☆ 에 거래되고 있다면 트레이더는 3pt를 받고 행사가격 95pt 풋옵션을 매도하고 2pt를 지불하여 행사
가격 90pt 풋옵션을 매수하려고 한다. 다음 설명으로 옳지 않은 것은?

① 풋 강세 스프레드 전략이다.

② 초기 스프레드의 총비용은 1pt로 스프레드 구축 시 현금유입이 발생한다.

③ 손익분기점은 91pt이다.

④ 만기일에 기초자산이 85pt으로 마감하는 경우 거래의 손실은 4pt이다.

해설

낮은 행사가격을 매수하였으므로 강세 풋 스프레드 전략이다.

[STEP 1] 강세 풋 스프레드의 손익구조를 떠올린다. (＿⌐)

[STEP 2] 초기에 프리미엄은 $-2 + 3 = +1$ 만큼 현금 순유입이 발생한다. 이 금액이 최대 이익 금액 1pt이다.

[STEP 3] 행사가가 95포인트인 풋을 매도했으므로 95보다 하락하면 손실이다. 초기 프리미엄 1을 수취하였으므로 본전을
생각하면 94까지는 하락해도 된다. 바로 94포인트가 손익분기점이다.

[STEP 4] 94보다 하락하면 손실이 점점 증가하다가 90부터는 풋옵션 매도와 풋옵션 매수 포지션이 동시에 겹쳐지는 구간
이다. 기초자산 하락으로 풋매도 포지션은 수익을 잃지만 90부터의 하락은 풋 매수로 이익이 발생한다. 그러므
로 최대 손실은 $94 - 90 = 4$pt가 된다.

이 문제를 제대로 이해했다면 강세나 약세 스프레드 계산 문제는 모두 해결할 수 있을 것이다.

12 옵션 스프레드 거래로서 미래 기초자산 가격의 움직임을 예측하여 행사가격은 같으나 만기가 다른 동일 유형의 옵션을 동시에 매수 · 매도하는 전략은?

① 수직적 스프레드

② 수평적 스프레드

③ 대각 스프레드

④ 비율 스프레드

해설

수평적 스프레드에 대한 설명으로 시간 스프레드 또는 캘린더 매수 및 매도하는 스프레드 등으로 불린다. 수직적 스프레드는 만기가 동일하고 행사가 상이한 동일 유형의 옵션을 동시에 매수 및 매도하는 전략이며, 대각 스프레드는 만기와 행사가격이 상이한 옵션을 동시에 매수 및 매도하는 전략이다. 비율 스프레드는 수직적 스프레드 전략과 유사하나 콜옵션과 풋옵션의 매수 및 매도 포지션의 계약수 비율을 조절하는 전략이다.

13 시간 스프레드에 대한 설명으로 거리가 먼 것은?

① 근월물의 시간가치 감소폭보다 원월물의 시간가치 감소폭이 크다는 점을 이용한 전략이다.

② 시간경과에 따르는 옵션가치의 소모와 변동성 변화에 따른 옵션가치 변화의 특성을 지닌다.

③ 주가변동성이 클 것이라고 예상하는 경우에는 시간 스프레드 매도가 유리하다.

④ 행사가격은 동일하지만 근월물을 매도하고 원월물 매수로 구성된 포지션을 시간 스프레드 매수라고 한다.

해설

시간가치는 만기가 가까워질수록 빠르게 잠식된다. 이는 옵션의 권리라는 것은 만기가 지나면 소멸되기 때문이다. 만기에 가까워질수록 싼 값에라도 반대매매하려는 사람이 늘어난다. 이는 옵션의 가격을 빠르게 하락시킨다. 일반적으로 시간 스프레드는 근월물을 매도하고 원월물을 매수하는 포지션이 이용된다. 이때 옵션매도자는 옵션의 가치가 소멸될수록 이익이고 옵션의 매수자는 손실이다. 시간 스프레드는 매도와 매수를 둘 다 하므로 이익과 손실이 공존한다. 그러나 만기가 가까운 근월물 매도로 시간가치로 인한 옵션의 가격 감소에 따른 이익이 만기가 긴 원월물 매수로 시간가치의 감소로 인한 옵션가격의 감소로 인한 손실보다 커 이익을 얻게 되는 전략이다.

14 ★☆☆ 행사가격이 98pt인 KOSPI200 5월물 콜옵션 1계약을 4pt에 매수하고 동일한 행사가격의 3월물 콜옵션 1계약을 3pt에 매도하였다. 3월물의 만기일에 KOSPI200지수가 98pt이고 5월물 콜옵션의 가격은 3.5pt가 되었다. 이 경우 시간 스프레드 매수의 거래 이익은?

① 1.5pt

② 2.0pt

③ 2.5pt

④ 3.0pt

> **해설**
> 시간 스프레드 매수는 KOSPI200지수의 움직임이 안정적인 경우 수익이 발생한다.
> [STEP 1] 등가격옵션의 내재가치는 0이며, 만기일에 옵션의 가치가 소멸되어 3월물 콜옵션 매도 포지션 프리미엄인 3pt 만큼 이익이 발생한다.
> [STEP 2] 5월물 콜옵션 매수는 3월물 만기일에 등가격 상태로 옵션의 내재가치는 없으나 만기가 아직 남아있으므로 시장에서 3pt로 거래되어 4pt − 3.5pt = 0.5pt의 손실이 발생하였다.
> [STEP 3] 시간 스프레드로 얻은 총 이익은 3pt − 0.5pt = 2.5pt이다.

15 ★☆☆ 시장이 9월 만기까지는 조용하고 안정된 모습을 보일 것이며, 12월부터 시장의 본격 랠리가 시작될 것으로 예상하는 투자자가 있다. 단순히 12월물 콜옵션을 매수할 수도 있었지만 12월물 콜옵션의 프리미엄은 남아 있는 시간가치 때문에 비쌀 것을 염려하여 근월물의 콜을 매도해 지불해야 하는 프리미엄 비용을 일부 상쇄하려 한다면 이 투자자가 취한 전략은?

① 강세 콜 스프레드

② 약세 콜 스프레드

③ 시간 스프레드 매수

④ 시간 스프레드 매도

> **해설**
> 시간 스프레드 매수는 주가가 안정적일 것으로 예상되는 상황에서 근월물을 매도하고 원월물을 매수하는 전략이다. 이 문제는 출제유형과 거리가 멀지만 시간 스프레드 이해를 위해 본서에 수록하였다.

16 ★★★ 다음 중 변동성이 축소되리라 예상할 때 적합한 옵션을 이용한 투자전략은?

① 풋옵션 매수

② 약세 콜 스프레드

③ 스트래들 매도

④ 버터플라이 매도

> **해설**
> 변동성이 축소되리라 예상되는 경우 스트래들 매도, 스트랭글 매도, 버터플라이 매수, 시간 스프레드 매수 전략이 있다.

17 다음 중 스트래들 거래에 해당하는 것은?

★★☆

① 행사가격 100 콜 매수 + 행사가격 100 풋 매수

② 행사가격 100 콜 매수 + 행사가격 90 풋 매수

③ 행사가격 90 콜 매수 + 행사가격 100 풋 매수

④ 행사가격 100 콜 매수 + 행사가격 100 풋 매도

해설

스트래들은 행사가격 및 만기가 동일한 콜옵션과 풋옵션을 동시에 매수 또는 매도하는 전략이다.

18 스트랭글 포지션에 관한 설명 중 옳지 않은 것은?

★★☆

① 만기가 같고 행사가격이 다른 두 개의 옵션, 콜과 풋을 동시에 매수 또는 매도하는 전략이다.

② 스트랭글 매수 포지션은 기초자산의 가격이 현재시점에 비해 크게 상승하거나 크게 하락할 경우 이익이 발생한다.

③ 행사가격이 100인 풋옵션과 행사가격이 105인 콜옵션을 동시에 매도할 경우 프리미엄의 합이 15라면 기초자산가격이 120 이상 상승하는 경우 이익이 발생한다.

④ 기초자산의 가격이 방향성과는 무관하고 변동성에 대해서만 베팅을 할 수 있다는 의미에서 옵션 이외의 자산으로는 구축이 불가능한 전략이라고 볼 수 있다.

해설

스트랭글 매도의 수익구조를 떠올려보자.(⟋⎺⎺⟍) 즉, 기초자산이 크게 하락하여 손익분기점 85(= 100 − 15) 이하로 내려가는 경우에는 손실이 발생한다.

19 동일 만기의 KOSPI200 콜 100을 3포인트에 1계약 매수함과 동시에 KOSPI200 풋 100을 2포인트에 1계약 매수한 경우 주가 상승 시 손익분기점은 얼마인가?

★★☆

① 95포인트 < KOSPI200 < 105포인트

② KOSPI200 < 95포인트 또는 105포인트 < KOSPI200

③ 99포인트 < KOSPI200 < 101포인트

④ KOSPI200 < 99포인트 또는 101포인트 < KOSPI200

해설

동일한 만기와 행사가의 콜과 풋을 동시에 매도하는 전략을 스트래들 매도라고 한다.

[STEP 1] 손익구조를 떠올려보자. (⟍⟋)

[STEP 2] 콜과 풋을 매도하여 3 + 2 = 5포인트는 초기 현금 유출이 발생하고 만기에 주가지수가 100포인트라면 최대 손실이 5포인트가 된다.

[STEP 3] 주가지수가 행사가격 100보다 상승하는 경우 콜을 매수하였으므로 이익이 발생하나 초기에 이미 5포인트의 비용을 고려한 105가 손익분기점이 되고 105보다 상승할수록 이익이 발생한다. 이번에는 주가가 행사가 100보다 하락하는 경우는 풋을 매수하였으므로 이익이 발생하나 초기 프리미엄 5포인트의 비용이 있으므로 95가 손익분기점이 되고 95 이하로 하락할수록 이익이 증가하게 된다.

20 ★★☆ 다음 중 이익과 손실이 모두 제한적인 옵션 전략은?

① 비율스프레드

② 스트랭글 매도

③ 버터플라이 매수

④ 콜옵션 매도

해설

버터플라이 매수는 수직 스프레드 전략으로 향후 변동성이 축소되리라 예상하는 경우 적합한 전략이다. 변동성 축소 시 얻는 최대 이익은 $(X_2 - X_1) -$ 프리미엄 차액으로 제한되고 최대 손실은 프리미엄 차액으로 제한된다.

21 ★★☆ 시장의 방향성이 뚜렷하지 않고 변동성이 축소될 것으로 예상할 때 사용하는 전략으로 향후 판단이 틀릴 경우라 해도 프리미엄의 차액으로 리스크를 제한하는 전략은?

① 버터플라이 매수

② 스트래들 매도

③ 스트랭글 매도

④ 스트립 매도

해설

버터플라이 매수는 잠재 손실을 스프레드 자체 비용 즉, 프리미엄의 차액으로 제한시킨다.

22 ★★☆ 버터플라이 매도 거래 전략에 대한 내용으로 거리가 먼 것은?

① X_1 풋 1계약 매도, X_2 풋 2계약 매수, X_3 풋 1계약 매도

② 변동성 증가 예상 시 사용하는 전략이다.

③ 손실과 이익이 제한된다.

④ 세 종류의 풋옵션이 모두 행사될 때 손실이 최대가 된다.

해설

버터플라이 매도의 손익구조를 떠올려보자(＼＿／). 기초자산의 가격이 X_2와 같을 때 손실이 최대가 된다. 따라서 X_3 풋 1계약 매도 포지션만 행사될 때 손실이 최대가 된다.

23 ★☆☆ 기초자산가격의 방향성과 변동성을 함께 고려한 옵션투자전략으로 올바른 것은?

① 컨버전

② 스트립

③ 박 스

④ 스트래들

해설

방향성과 변동성을 결합한 전략으로는 스트립, 스트랩, 비율스프레드가 있다.

24
★★★
다음 옵션을 이용한 전략에 대한 설명으로 바르지 못한 것은?

① 불 콜 스프레드는 수직형 스프레드이며 전략 구축 시 초기비용이 발생한다.

② 시간 스프레드는 만기가 다른 두 개의 옵션에 대한 포지션을 구축하는 것이다.

③ 스트랭글 매수는 스트래들 매수 전략보다 초기비용을 줄일 수 있다.

④ 스트립(strip)전략은 풋매수보다 콜매수를 많이 하여 상승장에 높은 이익을 기대한다.

> **해설**
> 스트립(strip)전략은 콜매수보다 풋매수를 많이 하여 하락장에 높은 이익을 기대하는 전략이다.

25
★★★
옵션을 이용한 스프레드 거래전략에 대한 설명으로 옳지 않은 것은?

① 시간 스프레드는 미래 기초자산 가격의 움직임을 예측하여 행사 가격은 같으나 만기가 다른 동일 유형의 옵션을 동시에 매수와 매도를 하는 전략으로 수평 스프레드 또는 캘린더 스프레드라고도 한다.

② 비율스프레드는 변동성이 큰 폭으로 확대되는 상황에서 활용이 가능하다.

③ 스트립 매수는 동일한 행사가격의 풋옵션 두 개와 콜옵션 하나를 매수하는 전략이다.

④ 스트랩 매수는 기초자산의 변동성 확대를 예상하면서 주가의 상승가능성에 더 큰 비중을 두는 거래전략이다.

> **해설**
> 비율스프레드의 손익구조를 떠올린다. (⌒ 콜 비율 수직 스프레드 손익구조)
> 비율스프레드는 매수에 비해 수 배의 매도 옵션으로 포지션을 구성하는 스프레드전략이다. 낮은 행사가의 콜매수보다 높은 행사가의 콜매도를 더 많이 하므로 기초자산 증가가 큰 폭으로 확대되면 손실이 발생할 수 있다. 이 전략은 투자자가 기초자산이 어느 정도까지 반등하다가 멈출 것이라는 것을 어느 정도 확신할 수 있다면 매도 포지션을 취해 포지션 비용을 0으로 만들거나 수 배의 매도로 초기에 현금유입이 발생할 수도 있다.

26
★★☆
다음 옵션거래전략 중 protective put 헤지거래 전략은?

① 콜옵션 매입 + 풋옵션 매입

② 콜옵션 발행 + 풋옵션 매입

③ 주식 매입 + 풋옵션 매입

④ 주식 매입 + 콜옵션 매입

> **해설**
> 보호적 풋매수의 포지션은 S+P로 콜옵션 매수와 동일한 수익구조를 지닌다.

27 다음 중 보호적 풋(protective put)에 대한 설명으로 옳지 않은 것은?

★★☆

① 결과적으로 풋옵션 매도와 동일한 포지션이 된다.

② 주가가 상승할 때는 상승에 따른 수익을 유지하면서, 주가가 하락할 때는 손실을 제한한다.

③ 주식 포트폴리오를 단독으로 보유한 경우에 비하여 풋매수 시 지불한 프리미엄만큼 이익이 줄어든다.

④ 포트폴리오 보험에서 활용할 수 있으나 완전한 포트폴리오 보험이 이루어지기 힘들다.

> **해설**
> 보호적 풋매수의 포지션은 $S + P$로 콜옵션 매수와 동일한 수익구조를 지닌다. 풋−콜 패리티($S + P = PV(X) + C$)에서 확인할 수 있다.

28 다음 중 커버드 콜(covered call)에 대한 설명으로 바르지 못한 것은?

★★☆

① 현물과 콜옵션을 매입한다.

② 약보합장세에 대비한 헤지 전략이다.

③ 이익은 제한되지만 손실은 제한이 없다.

④ 초기수입이 발생한다.

> **해설**
> 현물을 보유한 자는 가격하락 위험이 있다. 이를 가격하락 시 이익이 발생하는 옵션 포지션을 이용하여 헤지전략을 구사할 수 있다. 이때 콜옵션 매도 포지션을 이용하는 전략을 커버드 콜이라고 하며, 풋옵션 매수를 이용한 전략을 보호적 풋이라 한다.

29 다음 중 커버드 콜(covered call)에 대한 설명으로 바르지 못한 것은?

★★☆

① 풋옵션 매도 포지션과 동일한 수익구조를 갖는다.

② 원래의 포트폴리오를 보유하는 것보다 포트폴리오의 수익률을 절대적으로 향상시킨다.

③ 주식 포트폴리오만 보유할 때의 손익분기점보다 포트폴리오의 손익분기점이 하향 조정된다.

④ 목표 수준에서 주식을 무조건 매도하고자 하는 투자자는 콜옵션 매도를 통해 포트폴리오의 성과를 관리할 수 있다.

> **해설**
> 커버드 콜 전략이 수익률 증강전략이라고 할지라도 실현수익과 기대수익에는 커다란 차이가 있다. 커버드 콜 전략의 실현수익을 보면 안정적이거나 약세장에서 기초자산을 보유하는 것보다 수익이 크고, 기초자산가격이 크게 상승하였을 경우 기초자산을 보유하는 것보다 수익이 작아 포트폴리오의 수익률을 절대적으로 제고하지는 못하더라도 의미는 있다.

30 컨버전 포지션으로 가장 올바른 것은?

★★☆

① 합성기준물 매수(풋옵션 매도 + 콜옵션 매수) + 실제기준물 매도
② 합성기준물 매수(풋옵션 매수 + 콜옵션 매도) + 실제기준물 매도
③ 합성기준물 매도(풋옵션 매수 + 콜옵션 매도) + 실제기준물 매수
④ 합성기준물 매도(풋옵션 매도 + 콜옵션 매도) + 실제기준물 매도

해설

컨버전 포지션은 고평가된 콜옵션을 매도하고 저평가된 풋옵션을 매수하는, 즉 합성기준물을 매도하는 포지션과 동시에 무위험이자율로 차입하여 기초자산을 매수하는 것으로 구성된다.

31 다음 중 컨버전에 대한 설명으로 거리가 먼 것은?

★☆☆

① 콜옵션이 고평가되고 풋옵션이 저평가된 경우에 사용한다.
② 옵션시장과 현물시장을 동시에 이용한다.
③ 현물을 매수하고 합성선물을 매도하여 구성하는 차익거래전략이다.
④ 이익의 크기는 $(P - C) + (S_0 - X)$이다.

해설

컨버전 포지션은 고평가된 콜옵션을 매도하고 저평가된 풋옵션을 매수하는, 즉 합성기준물을 매도하는 포지션과 동시에 자금을 차입하여 기초자산을 매수(S_0)하는 것으로 구성된다.

[STEP 1] 초기에는 비싼 콜옵션을 팔고 저렴한 풋옵션을 구매하여 $(C - P)$의 초기수입이 발생한다.

[STEP 2] 만기시점에는 기초자산의 가격이 상승하는 경우와 하락하는 경우를 생각해 볼 수 있다.

    • 기초자산이 상승하는 경우를 가정해 보겠다.

        ❶ 차입한 금액을 상환(유출)한다$(-S_0)$.

        ❷ 상승한 주식을 처분(유입)한다$(+S_T)$.

        ❸ 기초자산의 가격이 상승하는 경우에는 풋옵션은 소멸되지만 콜옵션의 행사로 $(S_T - X)$만큼 손실(유출)을 본다. → $(-(S_T - X))$

        ❶ + ❷ + ❸ = $-S_0 + S_T - (S_T - X) = X - S_0$이다.

    • 기초자산의 가격이 하락하는 경우도 만기시점 현금흐름은 동일하다.

[STEP 3] 초기와 만기시점의 현금흐름을 고려한 총 이익의 크기는 $(C - P) + (X - S_0)$이다.

32 현재 행사가격이 90으로 동일한 콜옵션과 풋옵션이 각각 12와 7에 거래되고 있다. 기초자산인
★☆☆ KOSPI200지수가 100이라면 다음 중 어떤 차익거래가 가능한 상황인가? (단, 무위험이자율은 0%
이다.)

① 컨버전(conversion)

② 리버설(reversal)

③ 크레딧 박스(credit box)

④ 데빗 박스(debit box)

해설

크레딧과 데빗은 서로 다른 행사가격을 이용한 차익거래전략이므로 답에서 제외한다.

[STEP 1] 풋-콜 패리티 등가식($S + P = C + B$)을 이용하여 콜옵션과 풋옵션의 가치를 평가하면 $90 + 12 < 100 + 7$으로 풋옵션의 가치가 고평가임을 알 수 있다.

[STEP 2] 풋옵션의 가치가 고평가인 경우에는 $-S + C - P$로 포지션을 구성하는 리버설(reversal) 차익거래 전략을 택한다.

33 현재 행사가격이 90으로 동일한 콜옵션과 풋옵션이 각각 3과 5에 거래되고 있다. 기초자산인
★☆☆ KOSPI200지수가 95인 상황에서 컨버전 전략을 실행했을 때 예상되는 이익은? (단, 무위험이자율
은 0%이다.)

① 1

② 2

③ 7

④ 8

해설

[STEP 1] 풋-콜 패리티 등가식($S + P = C + B$)을 이용하여 콜옵션과 풋옵션의 가치를 평가하면 $90 + 3 < 95 + 5$으로 콜옵션의 가치가 고평가임을 알 수 있다.

[STEP 2] 차익거래는 균형가격과 시장가격의 차이가 무위험차익이 되므로 예상되는 이익은 $100 - 93 = 7$이다.

34 옵션을 이용한 차익거래에 대한 설명으로 옳지 않은 것은?
★★★

① 컨버전(conversion)은 풋옵션 가격에 비해 상대적으로 콜옵션 가격이 고평가된 경우 활용하는 차익거래 전략이다.

② 리버설(reversal)은 풋옵션을 매도하고 콜옵션을 매수하여 합성기준물을 매수하는 포지션과 함께 실제 기준물을 매도하여 구성된다.

③ 크레딧 박스(credit box)는 기초자산의 합성매수 포지션에 이용된 행사가격이 합성 매도 포지션에 이용된 행사가격보다 낮은 경우의 박스거래를 말한다.

④ 데빗 박스(debit box)는 거래당시 옵션프리미엄을 지출하는 구조이다.

> **해설**
>
> 크레딧 박스는 거래 당시 옵션의 프리미엄을 수취하는 구조이기 때문에 박스 매도(selling a box)라고도 한다. 높은 행사가격의 콜옵션 가격은 비싸고 낮은 행사가격의 풋옵션은 저렴하다. 따라서 초기에 프리미엄 수입이 발생하려면 비싼 옵션은 팔고 저렴한 옵션을 구매하면 된다.
>
> [STEP 1] 행사가격이 낮은 콜옵션과 행사가격이 높은 풋옵션을 매도한다.
>
> [STEP 2] 행사가격이 높은 콜옵션과 행사가격이 낮은 풋옵션을 매수한다.
>
> [STEP 3] 이를 정리하면 $-C(X_1) + P(X_1) + C(X_2) - P(X_2)$이다. 즉, 합성기준물 매수 포지션($+C(X_2) - P(X_2)$) 행사가격이 합성기준물 매도 포지션($-C(X_1) + P(X_1)$)의 행사가격보다 높은 경우의 박스거래를 말한다.

35 옵션을 이용한 차익거래 전략 중 데빗 박스(debit box)에 관한 특징이 아닌 것은?
★☆☆

① 옵션만을 이용한 합성 포지션 간의 차익거래

② 박스 매도(selling a box)

③ 순이익 = 만기 시 순이익 − 포지션 설정 순이익

④ 합성 매수 포지션의 행사가격(X_1) < 합성 매도 포지션의 행사가격(X_2)

> **해설**
>
> 데빗 박스는 거래 당시 매수, 매도하는 옵션프리미엄을 지출하는 구조이다. 때문에 데빗 박스 포지션 개설 시 현금이 필요하며, 데빗 박스를 박스 매수(buying a box)라고도 한다.

교육은 우리 자신의 무지를 점차 발견해 가는 과정이다.

- 윌 듀란트 -

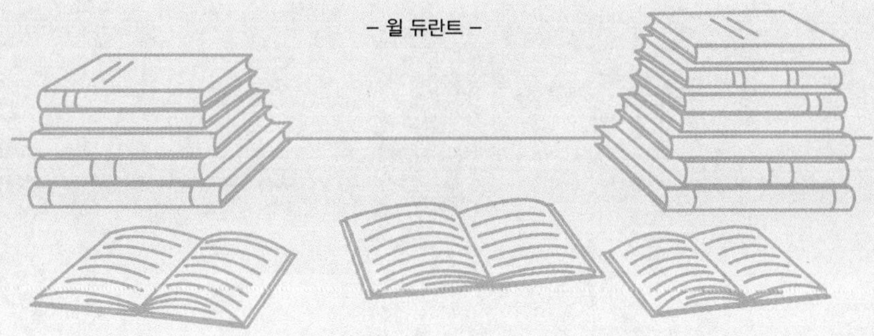

기타 옵션

챕터 출제비중

	구 분	출제영역	출제문항
선물 (13 문항)	CHAPTER 01	장내파생상품의 개요	2~3 문항
	CHAPTER 02	주식 관련 선물	5~6 문항
	CHAPTER 03	금리 · 채권선물	3~5 문항
	CHAPTER 04	통화선물	2~3 문항
	CHAPTER 05	상품선물	1~3 문항
옵션 (12 문항)	CHAPTER 06	옵션의 개요	3~4 문항
	CHAPTER 07	주식 관련 옵션	5~7 문항
	CHAPTER 08	기타 옵션	3~4 문항
총 문항			25 문항

챕터 출제비중 그래프: 50 45 40 35 30 25 20 15 10 5

- 8%
- 17%
- 13%
- 8%
- 6%
- 12%
- 24%
- 12%

출제경향 및 학습전략

기타 옵션의 출제비중은 금리옵션 > 통화옵션 > 상품옵션 순입니다. 특히 헤지거래에 대한 내용이 문제의 주를 이룹니다. 헤지거래 전략을 이해하기 위해서는 현재 헤저가 가지고 있는 리스크를 먼저 파악한 후에 이에 부합하는 옵션을 선정하여야 합니다. 주의할 점은 금리옵션의 기초자산은 채권의 가격이고 장외금리옵션의 기초자산은 금리라는 것입니다.

Section별 중요도 및 학습체크

구 분	핵심개념	중요도	학습체크		
			1회독	2회독	3회독
01	옵션이 내재되어 있는 채권	★★			
02	장외금리옵션	★★			
03	금리옵션 투기거래	★			
04	금리리스크 관리	★★★			
05	금리선물옵션 차익거래	★★			
06	풋―콜―선물 패리티	★			
07	통화옵션의 가격결정	★★★			
08	통화옵션을 이용한 환리스크 헤지	★★★			
09	상품옵션을 이용한 헤지거래	★			

01 금리옵션

대표유형문제

옵션이 내재되어 있는 채권에 대한 설명으로 옳지 않은 것은?

① 수의상환채권(callable bond) 투자자는 발행자에게 콜옵션을 매수한 것과 같다.

② 수의상환요구채권(putable bond) 투자자는 발행자로부터 풋옵션을 매수한 것과 같다.

③ 수의상환채권(callable bond)은 일반적으로 발행 후 일정기간 동안 콜옵션 행사를 금지하는 조항을 포함하여 투자자를 보호한다.

④ 수의상환요구채권(putable bond)의 수익률은 일반적으로 상환요구권이 없는 채권의 수익률보다 낮은 편이다.

해설

발행자가 미래에 미리 약정된 가격에 채권을 다시 매수할 수 있는 권리(조기상환권)가 내재되어 있어 채권투자자는 발행자에게 콜옵션을 매도한 것과 같다.

정답 ①

필수핵심개념

01 금리 옵션의 분류

채권은 균일화시키기가 어렵고, 대부분 장외거래로 이루어져 가격을 실시간으로 파악하기 어렵기 때문에 채권이나 이자율 관련 옵션들은 대부분 현물이 아닌 선물을 기초자산으로 하는 선물옵션임

구 분	대표 유형
채권옵션	T−Bond옵션, T−Note옵션
채권(금리) 선물옵션	T−Bond선물옵션, T−Note선물옵션, SOFR선물옵션
장외금리옵션	캡, 플로어 스왑션 등 구조화 채권

02 옵션이 내재되어 있는 채권

수의상환채권 (callable bond)	• 발행자가 미래에 미리 약정된 가격에 채권을 다시 매수할 수 있는 권리(조기상환권)가 내재 • 채권투자자는 발행자에게 콜옵션을 매도한 것과 같음 • 수의상환채권가격 = 일반채권 − 콜옵션프리미엄(일반채권보다 저렴) • 일반적으로 발행 후 일정기간 동안 콜옵션 행사를 금지하는 조항을 포함하여 투자자 보호

| 수의상환요구채권
(putable bond) | • 투자자가 미래에 미리 약정한 가격으로 상환을 요구할 수 있는 권리(조기인출권)가 내재
• 채권 투자자는 발행자로부터 풋옵션을 매수한 것과 같음
• 수의상환요구채권가격 = 일반채권 + 풋옵션프리미엄(일반채권보다 비쌈)
• 채권 가치의 증가로 상환요구채권의 수익률은 일반채권 수익률보다 낮음 |

03 선물옵션의 장점

① 기초자산인 선물이 현물보다 유동성이 높고 거래하기가 용이함

② 현물가격은 투자자들이 쉽게 알 수 없는 반면, 선물가격은 시장에서 실시간으로 제공

③ 선물옵션 행사 시 선물포지션으로 들어간 후 만기 이전 청산이 일반적이나 현물옵션은 옵션을 행사하여 현물을 취득해야 함

④ 선물옵션과 선물이 동일한 거래소의 피트(pit)에서 거래되는 편리함뿐만 아니라 거래비용이 작음

| section 02 | 장외금리옵션 | 중요도 ★★☆ |

대표유형문제

금리의 상한을 설정하여 금리상승 리스크를 제거하고 금리가 하락하는 유리한 리스크를 보존하고자 할 때 활용하는 전략은?

① 금리 캡(Cap) 매수　　　　　　　② 금리 캡(Cap) 매도
③ 금리 플로어(Floor) 매수　　　　　④ 금리 플로어(Floor) 매도

해설

금리 캡의 기초자산은 금리이다. 변동금리 차입자의 경우 금리상승 리스크에 노출되어 있다. 만약 금리 캡을 매수하면 미리 금리 상한선을 설정하여 상한보다 금리가 상승하면 금리 캡 매도자로부터 상한선을 초과분의 금리만큼 수취하여 금리상승 리스크를 제거할 수 있다.

정답 ①

필수핵심개념

04 장외금리옵션

금리 캡(cap)	금리에 대한 콜옵션, 금리 상한선 설정
금리 플로우(flow)	금리에 대한 풋옵션, 금리 하한선 설정
금리 칼라(collar)	• 금리 칼라 매수 = 금리 캡 매수 + 금리 플로어 매도, 금리 상·하한선 설정 • 금리 칼라 매도 = 금리 캡 매도 + 금리 플로어 매수, 금리 상·하한선 설정 • 동시에 매수와 매도를 통해 비용을 줄이거나 '0'으로 만들 수 있어 자주 사용되는 기법

대표유형문제

투자자가 행사가격 104−00, 만기 6월의 T−Bond선물 풋옵션을 1−32의 프리미엄을 지불하고 매수하였다고 하자. 선물가격이 101−84일 때 옵션 매수자가 옵션을 행사한 후 선물포지션을 청산하였을 때 순이익은? (다른 조건은 일정하다고 가정함)

① $300

② $450

③ $600

④ $750

해설

T−Bond선물옵션의 거래단위는 10만달러이고 호가단위는 1/64%이다.

[STEP 1] T−Bond선물 풋옵션의 프리미엄은 $10만 $\times$ $(1 + \dfrac{32}{64})$% = $1,500이다.

[STEP 2] 기초자산인 T−Bond선물가격이 행사가보다 낮아졌으므로 104′00 − 101′84 = 2′16만큼 이익이 발생한다.

이익을 금액으로 산정하면 $10만 $\times$ $(2 + \dfrac{16}{64})$% = $2,250의 이익이 생긴다.

[STEP 3] 순이익은 프리미엄을 제외한 $2,250 − $1,500 = $750이다.

정답 ④

필수핵심개념

05 금리옵션의 투자전략

(1) 투기거래

예측 방향	투기전략
금리 하락 예상 → 채권(선물)가격 상승 예상	금리 콜옵션 매수
단기 금리 하락 예상	SOFR선물 콜옵션 매수
장기 금리 하락 예상	T−Bond선물 콜옵션 매수 or T−Note선물 콜옵션 매수
금리 상승 예상 → 채권(선물)가격 하락 예상	금리풋옵션 매수
단기 금리 상승 예상	SOFR선물 풋옵션 매수
장기 금리 상승 예상	T−Bond선물 풋옵션 매수 or T−Note선물 풋옵션 매수

대표적 금리선물옵션과 미국식 선물옵션의 가치

구 분	T−Bond · T−Note선물옵션	SOFR선물옵션	
거래 대상	T−Bond선물, T−Note선물	3개월 SOFR선물	1개월 SOFR선물
거래 단위	10만달러	100만달러	500만달러
최소 호가 단위	1/64% 계약당 $15.625 ($10만 $\times \frac{1}{64}\% = \$15.625$)	최근 · 2번째 분기물 : 0.25bp 기타 분기월 : 0.5bp($=\$12.5$) 매월물 : 0.25bp($=\$6.25$)	0.25bp($=\$10.4175$)
행사유형	미국식	미국식	

※ 미국형 선물옵션의 가치

(1) 미국형 선물옵션의 가격 = 유럽형 선물옵션 가격 + 조기행사권리가치(VEP)

(2) 과내가격(Deep−In−The−Money) 콜옵션의 조기행사권리가치

   콜옵션이 과내가격일 경우 조기행사권리가치(VEP)의 최대값은 조기행사로 얻게 되는 이자수익의 현가이다.

$$\text{조기행사권리가치}(VEP) = \text{미국형 콜옵션의 행사가치} - \text{유럽형 콜옵션의 행사가치}$$

$$VEP = (F - X) - PV(F - X) = (F - X)(1 - \frac{1}{(1 + r)^\tau}) = \frac{(F - X) \times r}{(1 + r)^\tau}$$

---

section 04 금리리스크 관리 중요도 ★★★

대표유형문제

금리상승 리스크를 관리하는 방법으로 적절한 것은?

① 채권선물 매수

② 금리 콜옵션 매수

③ 금리 캡 매수

④ 금리선물 풋옵션 매도

해설

금리 캡은 금리에 대한 콜옵션으로 금리 상승 시 정해진 금리 상한선을 초과할 경우 캡 매도자로부터 이자를 수취하므로 금리상승 리스크를 관리할 수 있는 수단이 된다.

정답 ③

(2) 금리리스크 헤지거래

현재 포지션	노출된 금리리스크	헤지 전략
변동금리 차입자	금리 상승 위험 → 채권 가격 하락 위험	• 채권 풋옵션 매수 • 채권 풋옵션(X_1) 매수 + 채권 콜옵션(X_2) 매도(callaring) • 채권 콜옵션 매도 • 금리 캡 매수 • 금리 캡 매수 + 금리 플로어 매도
채권발행 계획		
고정금리 채권 투자		
채권 투자 계획	금리 하락 위험 → 채권 가격 상승 위험	• 채권 콜옵션 매수 • 채권 콜옵션(X_2) 매수 + 채권 풋옵션(X_1) 매도(callaring) • 채권 풋옵션 매도 • 금리 플로어 매수 • 금리 캡 매도 + 금리 플로어 매수
고정금리 차입자		
변동금리 채권 투자		

---

section 05 　금리선물옵션 차익거래　　　　중요도 ★★☆

대표유형문제

현재 행사가격이 104.00인 국채선물 콜옵션이 2.50에, 풋옵션이 0.80에 거래되고 있다. 국채선물의 시장가격이 104.50일 때 적합한 차익거래전략은? (단, 무위험이자율은 0%를 가정한다.)

① 컨버전(conversion)
② 리버설(reversal)
③ 크레딧 박스(credit box)
④ 데빗 박스(debit box)

해설

옵션 가격 균형상태인 풋−콜−선물 패리티(Put−Call−Futures parity)를 벗어나면 차익거래 기회가 발생한다. $+C - P = PV(F) - PV(X)$인 경우 균형이다. 무위험이자율이 0%이므로 현가를 별도로 계산해줄 필요 없이 바로 값을 대입해보자.

$2.5 - 0.8 > 104.50 - 104.000$이고 지금 국채선물이 저평가상태이므로 컨버전 차익거래가 적합하다. 저평가된 선물을 매수하고 합성선물 매도 포지션을 취하면 균형 차이인 $1.7 - 0.5 = 1.2$의 차익이 발생한다.

정답 ①

01 핵심보충문제

01 수의상환채권(Callable Bond) 투자자에게 내재되어 있는 옵션 포지션은?
★★☆

① 콜옵션 매수
② 콜옵션 매도
③ 풋옵션 매수
④ 풋옵션 매도

해설

채권 발행자가 미래 일정 기간 내에 일정 가격으로 채권을 다시 매수할 수 있는 권리를 갖는다. 즉 투자자는 채권 발행자에게 콜옵션을 매도한 것과 같다.

02 SOFR선물을 기초자산으로 하는 풋옵션 매수자가 권리를 행사하면 풋옵션 매도자가 취해야 하는 포
★★☆ 지션은?

① SOFR선물 매수 포지션
② SOFR선물 매도 포지션
③ SOFR옵션 매수 포지션
④ SOFR옵션 매도 포지션

해설

SOFR선물 풋옵션 매수자는 권리를 행사하면 SOFR선물 매도 포지션을 취하게 되므로 풋옵션 매도자는 의무적으로 SOFR선물 매수 포지션을 취해야 한다.

03 다음 중 금리변동의 상하한을 제한하기 위한 방안은?
★☆☆

① 금리캡
② 금리칼라
③ 금리플로어
④ 금리스왑션

해설

금리칼라는 금리의 상하한선을 제한한다.

04 미국형 선물옵션가격결정에 대한 설명으로 바르지 못한 것은?
★☆☆

① 미국형 선물옵션의 경우 조기행사 권리에 대한 가치를 고려해야 한다.

② 미국식 콜옵션의 경우 선물가격이 행사가격보다 높아져 과내가격(Deep ITM)옵션이 되면 $N(d_1)$과 $N(d_2)$는 0에 수렴한다.

③ 미국형 옵션의 가격은 유럽형 옵션 가격보다 높게 형성된다.

④ 조기행사권리가치(VEP)의 최대치는 옵션의 조기행사로 얻게 되는 이자수익의 현재가치이다.

> **해설**
>
> 옵션 매수자는 과내가격(Deep ITM)옵션에서 행사할 확률이 커진다.
>
> [STEP 1] 콜옵션 가격(내재가치 + 시간가치)의 비선형 구조를 떠올려보자.
>
> 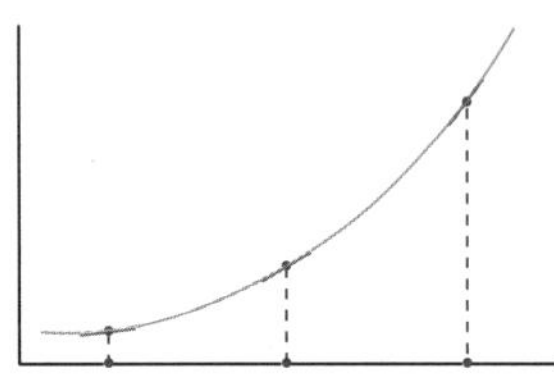
>
> [STEP 2] $N(d_1) = \dfrac{\Delta C}{\Delta S}$ 이고, 델타는 곡선의 기울기로 ITM상태가 될수록 기울기는 점점 1에 가까워 진다.
>
> [STEP 3] $N(d_2)$는 옵션 행사 확률로 0~1 사이의 값을 갖는다. 과내가격인 상태에서는 옵션 행사 가능성이 커 $N(d_2)$의 값이 1에 수렴하게 된다.

05 미국식 옵션의 가격구성요소에 포함되지 않는 것은?
★☆☆

① 내재가치   ② 시간가치

③ 조기행사권리가치   ④ 경과일수가치

> **해설**
>
> • 미국형 옵션의 가격 = 유럽형 옵션 가격 + 조기행사권리가치(VEP)
> • 유럽형 옵션의 가격 = 내재가치 + 시간가치

06 행사가격이 105이며 만기가 8월인 T－Bond선물 콜옵션의 가격이 2－40이라면 이 옵션 1계약의 매
★☆☆ 입비용은? (단, T－Bond선물 옵션의 1tick = 1/64이다.)

① $2,625   ② $2,325

③ $3,125   ④ $5,725

> **해설**
>
> T－Bond선물옵션의 거래단위는 10만달러이고 호가단위는 1/64%이다. 따라서 T－Bond선물 풋옵션의 프리미엄은 $10만 $\times (2 + \dfrac{40}{64})\% = \$2,625$이다.

07 ★☆☆ 행사가격이 98인 3개월 SOFR선물 콜옵션을 0.50에 매수한 후 3개월 SOFR선물의 가격이 100이 되었을 경우 옵션을 행사하여 포지션을 청산하였다고 할 때 옵션 거래 순이익은? (0.01point당 25달러임)

① $3,500 ② $3,650
③ $3,750 ④ $4,100

해설

3개월 SOFR선물의 거래단위는 100만달러이며, 계산의 간소화를 위해 최소가격 변동폭을 1% 기준으로 전환해준다. 1%는 100bp이므로 0.25bp인 6.25달러의 400배인 2,500달러이다.

[STFP 1] 3개월 SOFR선물 콜옵션의 프리미엄 1포인트는 2,500달러이므로 0.5포인트는 절반인 1,250달러이다.

[STEP 2] 기초자산이 3개월 SOFR선물 가격이 행사가보다 상승하였으므로 100 − 98 = 2만큼의 이익이 발생한다. 이를 금액으로 환산하면 1포인트는 2,500달러이므로 2포인트는 두 배인 5,000달러이다.

[STEP 3] 순이익은 프리미엄을 제외한 5,000 − 1,250 = 3,750달러이다.

08 ★☆☆ 행사가격이 95인 1개월 SOFR선물 콜옵션을 0.70에 매수한 후 1개월 SOFR선물의 가격이 96이 되었을 경우 옵션을 행사하여 포지션을 청산하였다고 할 때 옵션 거래 순이익은? (0.01point당 41.67달러임)

① $1,200 ② $1,250
③ $1,750 ④ $2,100

해설

1개월 SOFR선물의 거래단위는 500만달러이고 계산의 간소화를 위해 최소가격 변동폭을 1% 기준으로 전환해준다. 1%는 100bp이므로 0.25bp인 6.25달러의 400배인 4,167달러이다.

[STEP 1] 1개월 SOFR선물 콜옵션의 프리미엄은 1포인트는 4,167달러이므로 0.7포인트는 약 2,917달러이다.

[STEP 2] 기초자산인 1개월 SOFR선물 가격이 행사가보다 상승하였으므로 96 − 95 = 1만큼의 이익이 발생한다. 이를 금액으로 환산하면 1포인트는 4,167달러이다.

[STEP 3] 순이익은 프리미엄을 제외한 4,167 − 2,917 = 1,250달러이다.

09 ★★☆ 단기금리가 상승할 것으로 예상되는 경우 가장 바람직한 옵션 전략은?

① SOFR선물 풋옵션 매수
② SOFR선물 콜옵션 매수
③ T−Bond선물 풋옵션 매수
④ T−Bond선물 콜옵션 매수

해설

단기이자율 상승은 단기채권가격 하락이 예상되므로 유로달러선물 풋옵션을 매수한다. T−Bond선물옵션은 장기금리 관리에 활용된다.

10 다음 중 금리상승 시 불이익이 없는 포지션은?

★★★

① 변동금리 차입자

② 채권발행 계획이 있는 자

③ 고정금리 자산을 보유한 자

④ 장기고정금리 부채 보유자

해설

장기고정금리로 차입한 자는 시장의 금리가 상승하여도 계약 시점에 정해진 고정된 금리를 만기까지 지급하면 되므로 금리상승 위험에 노출되지 않는다.

11 금리하락 위험을 관리하기 위한 방법으로 적절하지 않은 것은?

★★★

① 채권 풋옵션 매수

② 금리 선물 매수

③ 금리 콜옵션 매수

④ 금리 플로어 매수

해설

채권(금리)선물의 기초자산은 채권가격이며, 금리캡과 금리플로어의 기초자산은 금리임을 잊지 말아야 한다. 금리플로어를 매수하여 금리의 하한을 설정하는 것은 금리하락 리스크를 제거하고 금리가 상승하면 유리한 리스크를 보존하고자 할 때 사용하는 전략이다. 금리하락 위험은 채권가격상승 위험으로 상승 시 이익으로 손실을 상쇄하기 위해 채권 콜옵션을 매수하거나 채권 풋옵션을 매도하여야 한다.

12 고정금리 채권에 투자한 자가 금리변동 위험을 관리하기 위한 수단으로 적절한 것은?

★★★

① 채권 콜옵션(X_2) 매수 + 채권 풋옵션(X_1) 매도

② 금리선물 매수

③ 금리캡 매수

④ 금리플로어 매수

해설

[STEP 1] 고정금리 채권 투자자는 일정한 금리를 지급받는다. 만약 시장의 금리가 상승한다면 보유한 채권의 가격은 하락하고 더 높은 이자를 받지 못하는 기회손실이 발생하여 금리상승 위험에 노출되어 있다.

[STEP 2] 채권을 기초자산으로 하는 금리선물이나 금리옵션은 금리상승 시 채권가격의 하락위험으로 채권가격 하락 시 이익이 발생하는 포지션을 이용하여 리스크를 관리해야 한다. 금리캡과 금리플로어와 같은 장외파생상품의 기초자산은 금리상승 시 유리한 포지션인 금리캡 매수를 이용하여 금리리스크를 헤지하여야 한다.

13 다음은 장외금리옵션에 대한 설명이다. 거리가 먼 것은?

① 변동금리 자금차입자가 금리캡을 매수하면 자신이 원하는 기간 동안 금리상승 위험을 회피하면서 금리하락에 따른 혜택을 누릴 수가 있다.

② 금리칼라(5% − 9%) 매수는 = 금리캡(9%) 매수 + 금리플로어(5%) 매도이다.

③ 금리상승 시 금리캡의 시장가치는 커지고 금리플로어의 시장가치는 작아지는 경향을 보인다.

④ 금리칼라 매수 비용은 금리캡 매수 비용보다 크다.

해설

금리칼라는 동시에 매수와 매도를 통해 비용을 줄이거나 '0'으로 만들 수 있어 자주 사용되는 기법이다.

14 금융기관은 변동금리 예금상품에 다음과 같은 조건을 제공하였다. 고객입장에서 이와 같은 조건과 동일한 구조의 장외옵션은?

> - 예금금액 : 10억, 만기 : 3년
> - 예금이자조건 : 이자 = $\begin{cases} CD금리 - 0.5\% \ (CD금리 > 4\%인\ 경우) \\ 3.5\% \ (CD금리 \leq 4\%인\ 경우) \end{cases}$
> - 이자지급 : 3개월마다 매 이자지급기간이 시작되기 하루 전에 결정된 금리를 기간 말에 지급

① 금리캡(Cap) 매수   ② 금리캡(Cap) 매도

③ 금리플로어(Floor) 매수   ④ 금리플로어(Floor) 매도

해설

변동금리 예금의 금리가 현재 CD금리와 같다고 가정한다면 고객입장에서 금리가 4% 이상으로 상승하는 경우 0.5%의 금리를 차감한 이자를 수취하는 대신 금리가 3.5% 이하로 하락하여도 3.5%로 고정된다. 이와 같이 금리 하한 소건의 예금은 금리플로어를 매수하는 것으로 볼 수 있다. 고객입장에서 0.5%의 비용을 지불하고 금리가 4% 이하로 하락할 리스크를 제거하는 것이다.

15 행사가격이 100인 6월물 3년 국채선물 콜옵션 가격이 3.5이고 동일행사가격 풋옵션은 1.0이다. 6월물 국채신물가격이 102일 때 차익거래 전략은?($e^{-rt} = 0.98$)

① 콜매수 + 풋매도 + 선물매입

② 콜매도 + 풋매수 + 선물매도

③ 콜매수 + 풋매도 + 선물매도

④ 콜매도 + 풋매수 + 선물매수

해설

[STEP 1] 풋−콜−선물 패리티 등가식($PV(F) + P = PV(X) + C$)을 이용하여 콜옵션과 풋옵션의 가치를 평가하면

$102 \times 0.98 + 1 > 3.5 + 100 \times 0.98 = 100.96 < 101.5$으로 콜옵션의 가치가 고평가되었음을 알 수 있다.

[STEP 2] 콜옵션의 가치가 고평가인 경우에는 $+F - C + P$로 포지션을 구성하는 컨버전 차익거래 전략을 택한다.

section 06 풋-콜-선물 패리티(Put-Call-Futures parity) 중요도 ★☆☆

대표유형문제

현재 원－달러 현물환율은 1,200원/\$, 3개월 만기 원－달러 선물환율은 1,220원/\$이다. 원화 금리는 연 5%, 미국달러 금리는 연 3%라고 하자. 만기 3개월 행사가격이 1,200원/\$인 원－달러 콜옵션이 45원에 거래되고 있을 때, 시장에 차익거래 기회가 없으려면 동일한 행사가격과 만기를 가진 풋옵션은 얼마에 거래되어야 하는가? (단, 이산복리 가정)

① 35.12원 ② 49.80원

③ 50.10원 ④ 55.50원

해설

차익거래 기회가 없으려면 풋－콜－선물 패리티(Put－Call－Futures parity)에 의해 $+C - P = PV(F - X)$ 관계가 성립하여야 한다.

[STEP 1] 현물가격과 미국달러 금리는 불필요한 정보이다.

[STEP 2] 주어진 정보를 등가식에 넣으면 $45 - P = \dfrac{1,210 - 1,200}{1 + 0.05 \times 3/12}$ 이므로 $P = 45 - 9.88 = 35.12$이다.

정답 ①

필수핵심개념

01 풋－콜－선물 패리티(Put－Call－Futures parity)

우리나라 미국달러옵션은 현물옵션이나 대부분의 국가들은 거래가 쉽고 상대적으로 거래비용도 저렴하며 공매도의 제한이 없는 선물옵션을 보다 선호한다.

(1) 선물환율의 균형가격결정

선물환은 만기시점에 거래되므로 만기를 기준으로 식을 도출한다.

Put－Call－Futures parity(현재)	시장이 균형일 때 무차익거래의 선물환율(만기)
$PV(F) + P = PV(X) + C$ $+C - P = PV(F - X)$	$+F = X + C - P$ 합성 선물환 매수 = 만기 행사가격 + 현재 시점 콜과 풋의 가격차이

(2) 선물환 매수와 합성선물환 매수 현금흐름 비교

포지션	현재 시점 현금흐름	만기 시점 현금흐름
선물환 매수($+F$)	없 음	미리 정한 선물환율로 지급(매수)
합성선물환 매수($+C - P$)	$-C + P$	미리 정한 행사가격으로 지급

현재 행사가격이 1,200원/$, 만기가 1개월인 원－달러 콜옵션이 65원에, 동일한 행사가격과 만기를 가진 원－달러 풋옵션은 10원에 거래되고 있다. 원－달러 현물환율이 달러당 1,250원이라고 하자. 콜옵션과 풋옵션의 내재가치의 합은?

① 25원   ② 50원

③ 75원   ④ 100원

해설

콜옵션은 현물환율이 행사가격보다 높으므로 내재가치는 1,250 － 1,200 ＝ 50원이 되고, 풋옵션의 경우 내재가치는 음수가 없으므로 0이 된다.

정답 ②

필수핵심개념

02 통화옵션의 가격결정

(1) 가먼－콜하겐 모형(Gaman－Kohlhagen)

① 주식옵션의 가격결정모형인 블랙－숄즈(Black－Scholes)모형을 통화옵션에 적합하도록 수정

② 기초자산인 외국통화를 주식으로 간주하고 외국통화에서 나오는 이자율(r_f)을 배당수익률이라고 간주한 모형

(2) 통화옵션가격과 이자율의 관계

결정요인		콜옵션	풋옵션
자국통화 금리상승(r_d)		상 승	하 락
배당수익률(d) → 외국통화 금리상승(r_f)		하 락	상 승
이자율 차이	자국 통화 금리 > 외국 통화 금리	상 승	하 락
	자국 통화 금리 < 외국 통화 금리	하 락	상 승

(3) 통화옵션의 동일한 기초자산(환율)에 대한 대칭적 관계

① 자국통화에 대한 콜옵션 매수(매도) ＝ 외국통화에 대한 풋옵션 매수(매도)

② 자국통화에 대한 풋옵션 매수(매도) ＝ 외국통화에 대한 콜옵션 매수(매도)

대표유형문제

6개월 후 100만달러의 수입대금을 지급해야 하는 수입업자가 원－달러 통화옵션을 이용하여 환리스크를 헤지하고자 할 때 적절한 전략은?

① 달러 콜옵션 매수
② 달러 콜옵션 매도
③ 달러 풋옵션 매수
④ 달러 풋옵션 매도

해설

[STEP 1] 수입대금 지급업자는 환율상승 위험이 있으므로 환율상승 시 이익이 나는 포지션인 달러 콜옵션 매수 또는 달러 풋옵션 매도 포지션을 취해야 한다.

[STEP 2] 옵션의 매도 헤지는 포지션의 이익이 프리미엄으로 고정되어 있어 손실을 충분히 상쇄시키기 어려워 달러 콜옵션 매수를 이용하는 것이 적절하다.

정답 ①

필수핵심개념

03 통화옵션을 이용한 환리스크 헤지

(1) 가격변동 위험에 대한 헤지 포지션

옵션의 매도헤지는 포지션의 이익이 프리미엄으로 고정되어 있어 손실을 충분히 상쇄시키기 어려워 매수헤지가 주로 이용됨

현물 포지션	노출된 위험	헤지 전략
수출업자	환율 하락 위험	풋옵션 매수
수입업자	환율 상승 위험	콜옵션 매수
외화 차입자	환율 상승 위험	콜옵션 매수
외화 운용자	환율 하락 위험	풋옵션 매수

(2) 콜옵션 매수를 이용한 환헤지

국내 수입업자가 3개월 후 수입대금을 달러화로 결제하는 것을 가정함

> **[현재 시장상황 정보]**
> 원－달러 현물환율(S_0) : \$1 ＝ 1,000
> 3개월 만기 콜옵션 가격 : 990원 달러 콜옵션 15원, 1,000원 달러 콜옵션 10원, 1,010원 달러 콜옵션 5원

① 콜옵션 매수헤지의 현금흐름

현재 포지션	현재 현금흐름	만기 시점 현금흐름		
		환율 상승	행사가격 유지	환율 하락
$-S_0$	0	$-S_T$	$-X$	$-S_T$
$+C$	$-C$	$S_T - X$	0	0
합계	$-C$	$-X$	$-X$	$-S_T$

② 행사 가격별 달러당 결제금액

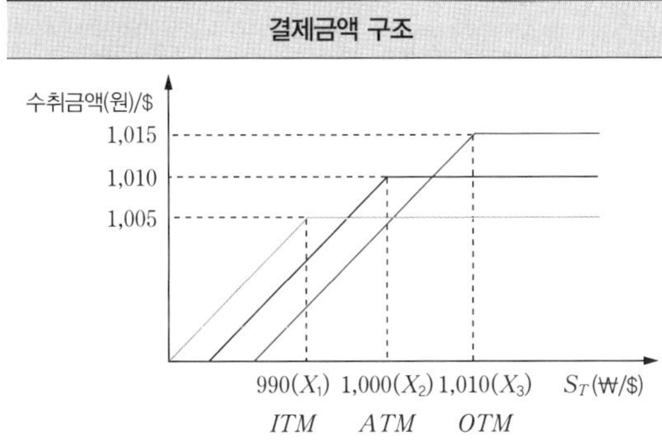

- 행사가격 이상으로 상승하는 경우 $-(X + C)$로 고정
- 행사가격 미만으로 하락하는 경우 $-(S_T + C)$
- ITM 콜옵션은 초기에 비용이 증가하나 손실이 감소
- OTM 콜옵션은 초기에 비용은 감소하나 손실이 증가

(3) 풋옵션 매수를 이용한 환헤지

국내 수출업자가 3개월 후 수출대금을 수취하는 경우를 가정

> **[현재 시장상황 정보]**
>
> 원–달러 현물환율(S_0) : $1 = 1,000
>
> 3개월 만기 콜옵션 가격 : 990원 달러 풋옵션 5원, 1,000원 달러 풋옵션 10원, 1,010원 달러 풋옵션 15원

① 풋옵션 매수헤지의 현금흐름

현재 포지션	현재 현금흐름	만기 시점 현금흐름		
		환율 상승	행사가격 유지	환율 하락
$+S_0$	0	$+S_T$	$+X$	$+S_T$
$+P$	$-P$	0	0	$X - S_T$
합 계	$-P$	$+S_T$	$+X$	$+X$

② 행사 가격별 달러당 수취금액

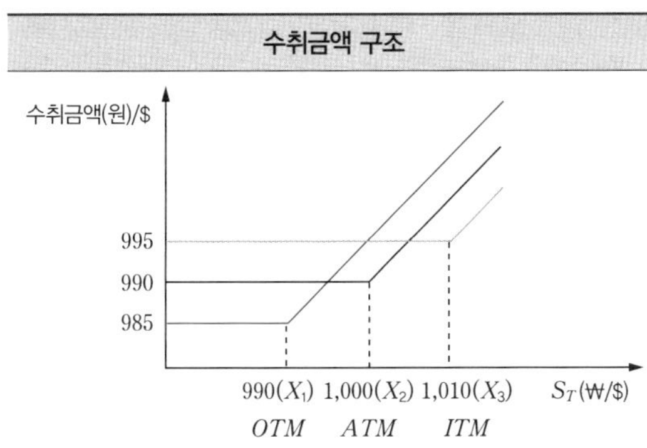

- 행사가격 이상으로 상승하는 경우 $+S_T - P$
- 행사가격 미만으로 하락하는 경우 $(+X - P)$로 고정
- ITM 풋옵션은 초기에 비용이 증가하나 이후 손실이 감소
- OTM 풋옵션은 초기에 비용은 감소하나 이후 손실이 증가

01
★★★
현재 행사가격이 1,100원, 만기가 1개월인 원−달러 풋옵션이 65원에, 동일한 행사가격과 만기를 가진 원−달러 풋옵션은 10원에 거래되고 있다. 원−달러 현물환율이 달러당 1,250원이라고 하자. 콜옵션과 풋옵션의 시간가치의 합은?

① 25원

② 50원

③ 75원

④ 100원

해설

콜옵션은 현물환율이 행사가격보다 높으므로 내재가치는 1,250 − 1,200 = 50원이다. 옵션의 가격은 내재가치와 시간가치의 합이므로 옵션가격에 행사가치를 차감한 65 − 50 = 15가 콜옵션의 시간가치가 된다. 풋옵션은 내재가치가 0이므로 풋옵션 가격인 10원이 시간가치에 해당한다.

02
★☆☆
가먼−콜하겐(Gaman−Kohlhagen)모형을 이용하여 통화옵션의 가격을 구하고자 한다. 다음 중에서 현재값이 아니라 반드시 추정해야 할 옵션가격 결정 요인은 무엇인가?

① 현물환율

② 자국 이자율

③ 외국 이자율

④ 변동성

해설

변동성은 현재부터 만기까지의 가격변동을 의미하므로 추정해야 한다.

03
★★☆
통화옵션의 가격에 대한 설명이다. 옳지 않은 것은?

① 현물환율이 낮을수록 풋옵션의 가격은 커진다.

② 행사가격이 높을수록 콜옵션의 가격은 커진다.

③ 환율변동성이 클수록 풋옵션의 가격은 커진다.

④ 환율변동성이 클수록 콜옵션의 가격은 커진다.

해설

콜옵션의 가격은 행사가격이 낮을수록 커진다.

04 어느 한 통화의 콜옵션 매입과 동일한 효과를 거두는 상대통화의 거래는 무엇인가?

★☆☆

① 콜옵션 매입

② 풋옵션 매입

③ 콜옵션 매도

④ 풋옵션 매도

해설

원－달러 환율로 예를 들어 보자. 콜옵션의 매수자는 달러의 가치가 올라가면 이익이다. 달러의 가치가 상승하면 상대적으로 원화의 가치는 하락한다. 따라서 원화가치 하락 시에 이익인 풋옵션 매수와 동일한 효과를 얻을 수 있다.

05 한국거래소에서 거래되는 행사가격이 1,100원인 미국달러 풋옵션을 달러당 1.5원에 30계약 매수하였

★☆☆ 다. 최종거래일 장 종료 후 발표된 매매기준율이 1,090원일 경우 총 손익은 얼마인가? (단, 미국달러 옵션의 계약단위는 $10,000이다.)

① 85만원

② 170만원

③ 255만원

④ 500만원

해설

[STEP 1] 30계약을 체결하였으므로 총 거래금액은 1만 × 30계약 = 30만달러가 된다.

[STEP 2] 달러당 풋옵션은 1.5원이고 1계약에 1만 5천원이므로 30계약을 매수하였으므로 풋옵션 초기 매수비용은 1만 5,000원 × 30계약 = 45만원이다.

[STEP 3] 풋옵션은 1,090원을 1,100원에 매도할 권리가 있으므로 풋옵션은 자동 행사되고 현금결제금액은 (1,100 － 1,090) × 30만달러 = 300만원으로 계산되어 결제일은 T＋1이므로 최종거래일 다음 거래일에 선물옵션계좌로 정산 입금된다.

그러므로 발생한 총 손익은 결제금액에서 프리미엄을 차감한 300만원 － 45만원 = 255만원이다.

06 수입업자인 A기업은 1개월 후 100만달러를 결제대금으로 지급할 예정이다. 한국거래소의 미국달러

★★☆ 옵션을 이용하여 환위험을 헤지하고자 한다면, 필요한 옵션 계약 수는?

① 미국 달러 콜옵션 100계약 매수

② 미국 달러 콜옵션 10계약 매수

③ 미국 달러 풋옵션 100계약 매수

④ 미국 달러 풋옵션 10계약 매수

해설

수입업자가 노출된 위험은 환율상승 위험으로 미국달러 콜옵션 매수 포지션을 이용하여 상승 위험을 헤지해야 한다. 거래대금은 100만달러이고 한국거래소에 상장된 미국달러옵션의 계약단위는 1만달러이므로 100계약을 매수하여야 한다.

07 현재 우리나라의 수출업자가 3개월 후 10만달러의 수출대금을 수취할 예정이다. 이 수출업자는 장차
★☆☆ 환율이 하락하여 결제받을 원화대금이 적어질 것을 예상하여 달러화에 대한 풋옵션을 매수하기로 결
정했다. 현재 시장은 다음과 같다면 아래 설명 중 적절하지 않은 것은?

> 원－달러 현물환율 : 1,200원/$
> 3개월 만기 달러 풋옵션 시세 : 1,190원 달러 풋옵션 5원,
> 1,200원 달러 풋옵션 10원, 1,210원 달러 풋옵션 18원

① 매수헤지에 필요한 풋옵션은 10계약이다.

② 행사가격이 1,190원인 달러 풋옵션은 현재 OTM상태로 시간가치는 5원이다.

③ ITM 풋옵션으로 매수헤지를 한다면 최저 수취금액을 1,182원/$으로 고정시킬 수 있다.

④ 3개월 선물환율이 1,195원/$이라고 하면 선물환을 매도하는 경우 3개월 현물환율과 상관없이
달러당 1,195원으로 고정된다.

수출업자는 환율이 하락하는 경우 손실이 예상되나 환율 상승 시 환차익을 기대할 수 있다.
[STEP 1] 거래대금이 10만달러이고 미국달러 계약단위가 1만달러이므로 10계약의 풋옵션 매수계약을 체결해야 한다.
[STEP 2] OTM옵션의 프리미엄은 5 × 1만 × 10계약 = 50만원, ATM옵션은 100만원, ITM옵션은 180만원이다. 풋
옵션은 행사가격이 낮을수록 가격이 저렴하여 OTM 풋옵션을 이용하면 초기비용을 줄일 수 있다.
[STEP 3] 풋옵션 손익분기점은 행사가격에서 프리미엄을 차감한 값이므로 각 옵션별 손익분기환율은 OTM옵션은 1,185
원, ATM옵션은 1,190원, ITM옵션은 1,192원이다. 여기서 풋옵션 매수는 행사가격보다 떨어지는 경우 이익
이 발생하므로 ITM옵션은 환율이 1,192원 이하로 하락할 때부터 이익이 발생하여 환율하락으로 인한 손실에
대한 이익보전이 가능하여 하락 시 환율을 1,192원으로 고정시킬 수 있다. OTM옵션은 고정환율이 1,195원으
로 초기비용이 적게 소요되나 손실의 하한폭이 커지게 된다.
[STEP 4] 환율이 1,200원 이상으로 상승하는 경우에는 환차익이 발생하나 초기에 발생한 프리미엄을 고려한다면 순이익
은 (결제시점 환율 － 풋옵션의 프리미엄)이다. 만약 ATM옵션 현물환율로 달러당 (1,215 － 1,200) = 15원
이 발생한다면, 총 10만달러이므로 150만원의 현물환율로 인한 환차익이 발생하나 초기 프리미엄 100만원을
차감하여 전체적으로 50만원의 이익이 발생한다.
상기 문제는 실제 기출유형과는 거리가 있으나 통화옵션을 활용한 헤지 전략을 제대로 이해하기 위해 수록했다.

대표유형문제

금을 보유한 도매업자가 금선물 풋옵션을 이용하여 매수헤지를 하였다. 현재 금선물은 12,300원/g에 거래되고 있으며, 과거의 경험에 의하면 매도시점에 예상되는 베이시스는 −140원이다. 행사가격 12,500원 풋옵션 130원/g을 이용하여 매수 헤지하였다면 예상 가능한 최저 매도가격은?

① 12,200원/g

② 12,230원/g

③ 12,280원/g

④ 13,100원/g

해설

[STEP 1] 금선물옵션의 기초자산은 금선물이며 풋옵션 매수자가 권리를 행사하면 만기시점에 선물매도 포지션을 취해 행사가격 12,500원에 판매할 수 있다.

[STEP 2] 상품선물의 베이시스는 현물가격과 선물가격의 차이로 음(−)의 값을 갖는다고 학습했다. 매도시점 예상 베이시스가 −140원이란 매도시점에 현물가격이 선물가격보다 140원 저렴(선물가격은 140원 더 비쌈)할 것을 예상한다는 의미이다. 예상되는 매도시점 현물가격은 12,500 − 140 = 12,360이다.

[STEP 3] 매도시점에 예상 현물가격 12,360원/g에 판매하더라도 초기에 매수비용 130원/g이 발생하였으므로 실제 예상 최저 매도가격은 12,360 − 130 = 12,230원/g이다. 공식을 이용하면 예상 하한가격 = 풋옵션 행사가격 + 예상 베이시스 − 프리미엄이다.

정답 ②

필수핵심개념

01 풋선물옵션 매수를 이용한 매도 헤지

① 상품가격 하락위험이 있는 헤지는 풋옵션을 매수함으로써 옵션 매수자는 최저매도가격, 즉 하한가격을 설정

② 가격이 하락한 경우 풋매수로 보호, 가격 상승 시 보유한 현물을 비싸게 처분하는 대가로 프리미엄 발생

③ 옵션매수자 입장으로 증거금 납입 없음

예상 하한가격	• 예상 하한가격 = 풋옵션 행사가격 + 예상 베이시스 − 프리미엄 = 예상 현물매수가격 − 프리미엄 • 예상 하한가격을 높이거나 낮추는 유일한 변수는 실제 베이시스와 예상 베이시스의 차이임 (참고) 상품선물 베이시스 = 현물가격 − 선물가격

가격이 하락하는 경우 순매도가격	• 상품의 가격이 하락하면 풋옵션을 행사한다. • 행사하는 경우 순매도 가격 = 현물 매도가격 + 선물거래 이익 − 프리미엄 • 예상 베이시스 < 실제 베이시스로 베이시스가 확대되면 실현된 순매도가격이 예상 하한 가격보다 상승한다.
가격이 상승하는 경우 순매도가격	• 풋옵션 소멸 • 행사하지 않는 경우 순매도가격 = 현물 매도가격 − 프리미엄
가격이 하락하는 경우 풋옵션 반대매매 시 순매도가격	• 옵션을 매도하는 경우 순매도가격 = 현물 매도가격 − 옵션거래이익(프리미엄차액) • 옵션의 시간가치만큼 순매도가격이 상승 • 일반적으로 옵션을 행사하는 것보다 옵션을 매도하는 것이 유리 　− 옵션을 행사하면 내재가치만 얻고 시간가치를 포기해야 함 　− 상품선물옵션을 행사하면 선물포지션을 청산하는 경우 추가적인 중개수수료가 발생

02 콜선물옵션 매수를 이용한 매수 헤지

① 상품가격 상승의 위험이 있는 헤지는 콜옵션을 매수함으로써 옵션 매수자는 최고매수가격, 즉 상한 가격을 설정
② 가격이 상승한 경우 콜매수로 보호, 가격 하락 시 낮은 가격에 현물을 매수를 대가로 프리미엄 발생
③ 옵션매수자 입장으로 증거금 납입 없음

예상 상한가격	• 예상 상한가격 = 콜옵션 행사가격 + 예상 베이시스 + 프리미엄 = 예상 현물 매수가격 + 프리미엄 • 예상 상한가격을 높이거나 낮추는 유일한 변수는 실제 베이시스와 예상 베이시스의 차이임
가격이 하락하는 경우 순매수가격	• 콜옵션 소멸 • 행사하지 않는 경우 순매수가격 = 현물 매수가격 + 프리미엄
가격이 상승하는 경우 순매수가격	• 상품의 가격이 상승하면 콜옵션을 행사 • 행사하는 경우 순매수가격 = 현물 매수가격 − 선물거래 이익 + 프리미엄 • 예상 베이시스 > 실제 베이시스로 베이시스가 축소되면 실현된 순매수가격이 예상 상한 가격보다 하락
가격이 상승하는 경우 콜옵션 반대매매 시 순매수가격	• 옵션을 매도하는 경우 순매수가격 = 현물 매수가격 − 옵션거래이익(프리미엄차액) • 옵션의 시간가치만큼 순매수가격이 하락

01
★☆☆
금을 매수할 계획인 금 도매업자는 매수 시점까지 금 가격의 상승을 대비하여 행사가격이 12,400원인 금선물 콜옵션을 120원/g에 매수하여 헤지하였다. 매수시점에 금괴를 12,450원/g에 매수하였고, 이 날 금선물은 12,640원/g에 거래되어 콜옵션을 행사하여 선물포지션을 전매도하였다면 헤지 결과 실현된 순매수 가격은?

① 12,350원

② 12,330원

③ 12,270원

④ 12,300원

해설

[STEP 1] 금 현물거래로 12,450원을 지불하였다. 참고로 매수시점 베이시스는 −190원(= 12,450 − 12,640)이다.

[STEP 2] 금리선물 콜옵션으로 선물 매수 포지션을 취함으로써 선물가격이 행사가격보다 높아 12,640 − 12,400 = 240 원/g의 이익이 발생하였으므로 실제 현물매수금액에서 차감하면 12,450 − 240 = 12,210원이다.

[STEP 3] 순매수가격은 금선물 콜옵션 초기 프리미엄을 합산한 12,210 + 120 = 12,330원/g이다.

02
★☆☆
금을 보유한 도매업자가 매도시점까지 금가격 하락이 우려되어 행사가격 12,500원인 풋옵션 130원/g 을 매수하여 헤지하였다. 예상과는 달리 금가격이 12,590원/g으로 상승하였다면 순매도가격은?

① 12,140원/g

② 12,460원/g

③ 12,130원/g

④ 12,160원/g

해설

[STEP 1] 금 현물거래로 12,590원을 판매하였다.

[STEP 2] 가격이 올라가 풋매수 포지션은 행사가치가 없어 매도시점에 그대로 소멸한다.

[STEP 3] 순매도가격은 금선물 풋옵션 초기 프리미엄을 차감한 12,590 − 130 = 12,460원/g이다.

03 ★☆☆ 금을 매수할 계획인 금 도매업자는 매수 시점까지 금 가격의 상승을 대비하여 행사가격 12,400원의 금선물 콜옵션을 120원/g에 매수하여 헤지하였다. 매수시점에 금괴를 12,450원/g에 매수하였고, 이 날 금선물은 12,640원/g에 거래되었고 금선물 콜옵션의 가격은 270원/g이었다. 금 도매업자가 콜옵션을 행사하지 않고 반대매매하였을 경우 순매수가격은?

① 12,350원

② 12,330원

③ 12,270원

④ 12,300원

해설

[STEP 1] 금 현물거래로 12,450원을 지불하였다. 참고로 매수시점 베이시스는 −190원(= 12,450 − 12,640)이다.

[STEP 2] 금리선물 콜옵션으로 반대매매했으므로 270원의 수입이 발생한다. 이때 금리선물의 내재가치는 240원이고 시간가치는 30원이 된다. 만약 옵션을 행사했다면 추가적 시간가치에 대한 수입이 발생하지 않았을 것이다. 옵션 반대매매로 옵션거래이익은 270 − 120 = 150원이다.

[STEP 3] 순매수가격은 매수가격에서 옵션거래이익을 차감한 12,450 − 150 = 12,300원이다. 앞 01번 문제의 옵션을 행사하는 경우보다 시간가치로 인해 더 저렴한 가격에 금을 매수할 수 있다.

03 ④ 정답

PART 02

파생상품 Ⅱ

기타파생상품

챕터 출제비중

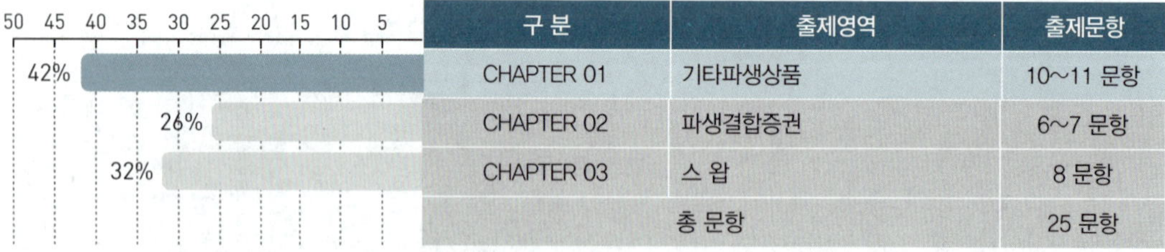

	구 분	출제영역	출제문항
42%	CHAPTER 01	기타파생상품	10~11 문항
26%	CHAPTER 02	파생결합증권	6~7 문항
32%	CHAPTER 03	스 왑	8 문항
		총 문항	25 문항

기타 파생상품 중 이색옵션에서 신경써야 하는 부분은 일반적 옵션의 행사가격이 고성이라는 것입니다. 그러나 이색옵션이란 단어가 뜻하듯 행사가격을 고정시키지 않고 변수로 둡니다. 이렇듯 이색옵션과 일반옵션과의 수익구조 차이를 비교하며 학습하고, 통화관련 파생상품 중 통화옵션을 이용한 위험관리 방식을 중점적으로 살펴봅니다. 또한 신용파생상품의 대표 유형인 CDS를 기본으로 TRS와 CLN의 유사점과 차이점을 학습하도록 합니다.

Section별 중요도 및 학습체크

구 분	핵심개념	중요도	학습체크		
			1회독	2회독	3회독
01	장내 · 장외파생상품의 비교	★			
02	장외파생상품의 경제적 기능	★★			
03	이색옵션(exotic option)의 특성에 따른 분류	★			
04	경로의존형 옵션	★★★			
05	첨점수익형 옵션	★★			
06	시간의존형 옵션	★			
07	다중변수의존형 옵션	★★★			
08	선물환과 위험관리	★★			
09	외환스왑(FX swap)과 환위험 관리	★★			
10	통화옵션과 환위험 관리	★★★			
11	신용파생상품의 특징	★			
12	신용파생상품의 유용성과 위험성	★★			
13	CDS와 회사채의 비교	★★			
14	신용디폴트스왑(CDS)	★★★			
15	총수익스왑(TRS)	★★★			
16	신용연계채권(CLN)	★★★			

01 장외파생상품

대표유형문제

장내 · 장외파생상품을 비교한 것이다. 사실과 가장 다른 것은?

① 장내파생상품은 거래내용이 표준화되어 있고, 거래상대방을 모른다.

② 장외파생상품은 공통적인 요소는 있으나 표준화된 내용은 없으며, 거래상대방을 반드시 알아야 한다.

③ 중도 포지션 청산은 일반적으로 장외파생상품이 거래상대방을 알기 때문에 빠르고 비용 없이 처리가 가능하다.

④ 가격변동에 따른 손익정산의 빈도수는 장내파생상품이 높다.

해설

장외파생상품은 중도 청산이 가능하지만 일반적으로 비용이 많이 소요된다.

정답 ③

필수핵심개념

01 장내파생상품과 장외파생상품 비교

구 분	장내파생상품	장외파생상품
종 류	선물, 옵션	선도, 옵션, 스왑
거래방식	거래소에서 경쟁매매로 거래	사적인 흥정에 의해 거래
표준화	거래내용 표준화	공통적 요소는 있으나 표준화된 내용 없음
가격의 투명성	가격 형성이 투명하고 실시간 공개	가격 형성이 비교적 불투명
거래상대방	서로 모름	반드시 알아야 함
거래시간과 규정	거래소가 규정	유동성은 떨어지나 24시간 거래 가능
포지션 청산	반대거래로 포지션 청산 쉬움	청산할 수 있으나 높은 비용 발생
거래의 보증	거래소가 보증	보증기관이 없어 당사자의 신용도에 의존
정산 및 가치평가	가격 변동에 따른 손익 정산을 매일 수행 증거금 및 일일정산제도	거래 초기 및 만기에 대금지급 기간 내 정기적인 가치평가

02 장외파생상품과 금융공학(financial engineering)

개 념	• 금융상품을 결합, 분해 혹은 변형 등의 작업을 위해 공학적인 개념과 접근법으로 상품을 분석하는 것 • 전통적 금융상품을 바탕으로 특수한 목적에 맞게 비표준적인 현금흐름을 갖는 금융상품을 만드는 과정
파생상품들의 기본적 빌딩블록	• 선도계약 블록 : 미래의 가격을 고정시키는 역할을 해주는 파생상품(FRA, FX forward, futures) • 옵션 블록 : 미래 특정 시점에 특정 가격에 금융상품을 사거나 파는 권리를 매매하는 계약 • 스왑 블록 : 향후 발생하는 일정한 현금흐름을 상호 교환하는 계약
세 가지 블록의 이용	• 세 가지 블록을 이용하여 고객의 욕구에 맞는 새로운 파생상품 개발 • '기초적 블록(A) + 기초적 블록(B) = 복잡한 파생상품(C)'의 관계가 성립한다면 복잡한 파생상품도 결국 기본적인 상품의 빌딩블록으로 만들어진 결과물이므로 금융공학을 이용하여 가격산정과 헤지빙법을 도출하는 것이 가능 • 위 등식이 깨지는 경우 차익거래의 기회가 발생하고 이를 무위험차익거래라고 함

<table><tr><td>section 02</td><td>장외파생상품의 경제적 기능</td><td>중요도 ★★☆</td></tr></table>

대표유형문제

장외파생상품의 경제적 기능에 대한 설명으로 거리가 먼 것은?

① 장외파생상품을 이용하면 투자자의 투자기간과 원하는 헤지규모에 의해 보유 기초자산의 가격변동 리스크를 정확히 헤지할 수 있다.

② 장외파생상품은 헤지목적으로만 사용할 수 있으며 새로운 투자수단으로서의 의미는 없다.

③ 자금조달수단으로서의 장외파생상품은 주로 채권발행에 내재되어 거래된다.

④ 장외파생상품을 통해 금융기관의 다양한 수요를 충족시키는 맞춤형 금융상품을 제공할 수 있다.

해설

장외파생상품은 그 자체로 하나의 투자상품이 될 수 있다. 리스크 관리수단뿐만 아니라 기업 및 금융기관들의 개별수요에 적합한 효율적인 투자상품으로 활용될 수 있다.

정답 ②

필수핵심개념

03 장외파생상품의 경제적 기능

리스크 관리수단	장내상품과 달리 표준화되어있지 않아 투자자가 보유한 기초자산의 가격변동리스크를 정확히 헤지 가능
투자수단	장외파생상품 그 자체가 하나의 투자상품
자금조달수단	채권발행자 입장에서 채권에 장외파생상품을 내재화해 좋은 조건에 자금조달 가능
투자자 요구에 부합하는 금융상품 제공	각 기관의 수요를 충족시키는 맞춤형 금융상품을 제공하는 것이 가능

01 다음 중 장외파생상품에 대한 설명으로 옳지 않은 것은?
★★★
① 거래 초기 및 만기에 대금지급이 발생하고 기간 내 정기적인 가치평가가 이루어진다.

② 선도 및 스왑이 대표적 상품이다.

③ 장소의 제약이 없고 거래에 관한 강제적인 규정이 없다.

④ 장외파생상품은 표준화되지 않아 공통적 요소가 없다.

해설

표준화된 내용은 없으나 공통적 요소는 있다.

02 다음은 장외파생상품과 금융공학에 대한 설명이다. 거리가 먼 것은?
★☆☆
① 선도계약 및 스왑은 미래의 기초자산 가격이 자신에게 불리한 방향으로 움직여도 반드시 계약을 이행해야 하는 의무가 있는 확정계약이다.

② 전통적인 금융상품을 바탕으로 특수한 목적에 맞게 표준적인 현금흐름을 갖는 금융상품을 만드는 과정이다.

③ 대표적인 선도계약 파생상품에는 선도금리계약(FRA), 선물환(FX forward), 선물계약(Futures)이 있다.

④ 금융공학을 이용한 파생상품의 가격결정에 유용하게 이용된다.

해설

전통적인 금융상품을 바탕으로 특수한 목적에 맞게 비표준적인 현금흐름을 갖는 금융상품을 만드는 과정이다.

03 ★★★ 장외파생상품의 경제적 기능에 대한 내용으로 적절하지 않은 것은?

① 만기와 가격 등이 표준화되어있지 않아 불완전 헤지를 할 수 밖에 없다.
② 리스크 관리수단뿐만 아니라 기업 및 금융기관의 개별 수요에 적합한 효율적인 투자상품으로 활용될 수 있다.
③ 각 기관의 수요를 충족시키는 맞춤형 금융상품을 제공할 수 있다.
④ 단순한 형태의 채권보다 더 많은 리스크를 감수하면서 높은 수익을 기대하는 투자자들로 하여금 장외파생상품을 활용한 구조화채권을 발행하여 자금조달이 가능하다.

해설

장내파생상품은 만기와 가격 등이 표준화되어있어 투자자의 투자기간과 만기가 일치하지 않아 대부분 불완전 헤지를 할 수 밖에 없다. 반면 장외파생상품을 이용하면 투자자의 투자기간과 원하는 헤지규모에 의해 보유 기초자산의 가격변동 리스크를 정확히 헤지할 수 있다.

대표유형문제

다음 중 경로의존형 옵션에 속하지 않는 것은?

① 아시안옵션
② 선택옵션
③ 후불옵션
④ 룩백옵션

해설

선택옵션은 만기일 이전 미래의 특정시점에 이 옵션이 콜옵션인지 풋옵션인지 여부를 선택할 수 있는 옵션으로 권리행사 시점이 다른 시간의존형 옵션이다.

정답 ②

필수핵심개념

01 이색옵션(exotic option)의 특성에 따른 분류

분 류	내 용
경로의존형 옵션	• 기초자산의 가격이 옵션 계약기간 동안 어떠한 경로를 통해 움직여왔는가에 의해 만기 시 결제금액 결정 • 평균옵션 혹은 아시안옵션, 장애옵션, 후불옵션, 룩백옵션, 클리켓옵션
첨점수익구조형 옵션	• 옵션의 수익구조가 불연속적으로 결정되는 옵션 • 디지털옵션, 디지털베리어옵션
시간의존형 옵션	• 권리행사 시점이 다르게 결정되는 옵션 • 버뮤다옵션, 선택옵션
다중변수의존형 옵션	• 옵션의 수익이 둘 이상의 기초자산의 가격변동성과 상관관계에 의해서 결정되는 옵션 • 레인보우옵션, 퀀토옵션

대표유형문제

기초자산의 가격이 다음과 같을 때 평균가격 콜옵션의 만기 시 정산 손익은 얼마인가?

초기 가격 : 1,000원	만기 가격 : 1,200원
최고 가격 : 1,600원	최저 가격 : 800원
평균 가격 : 1,100원	행사 가격 : 1,100원

① 0원 ② 100원

③ 200원 ④ 400원

해설

평균가격옵션은 일정기간 동안의 기초자산의 가격평균(S_{AVG})을 S_N으로 이용한다.

평균가격 콜옵션 $= MAX[S_{AVG} - X, 0]$이므로 1,100원 $-$ 1,100원 $=$ 0원이다.

정답 ①

필수핵심개념

02 경로의존형 옵션

평균옵션 **(average)** **또는** **아시안옵션** **(Asian)**	• 평균 가격 옵션 : 일정기간 동안의 기초자산의 가격평균(S_{AVG})을 S_N으로 이용 $$평균가격 콜옵션 = MAX[S_{AVG} - X, 0], \ 평균가격 풋옵션 = MAX[X - S_{AVG}, 0]$$ • 평균 행사가격 옵션 : 일정기간 동안의 기초자산의 가격평균(S_{AVG})을 X로 이용 $$평균 행사가격 콜옵션 = MAX[S - S_{AVG}, 0], \ 평균 행사가격 풋옵션 = MAX[S_{AVG} - S, 0]$$ • 산술평균이나 기하평균을 이용한 값 이용 • 변동성이 낮아져 프리미엄이 저렴 • 환율위험은 특정일보다 일정기간 동안 노출되므로 외환시장에 많이 사용

장애옵션
(barrier)
	• 행사가격 외에 일정한 가격(=촉발가격 or 베리어 가격)을 설정
	• 장애옵션은 일반적으로 표준옵션(vanilla)보다 프리미엄이 저렴
	• 촉발가격이 현재와 가깝게 설정될수록 프리미엄이 저렴
	• 녹인 옵션(knock in) : 기초자산이 촉발가격(trigger level)을 건드리면 옵션이 발효
	• 녹아웃 옵션(knock out) : 기초자산이 촉발가격(trigger level)을 건드리면 옵션이 무효
	• 일반적으로 장애옵션은 녹아웃 형식으로 거래가 무효로 되면 아무 대가가 없거나 약간의 현금보상(rebate)이 주어짐
	    − up−and−out : 촉발가격이 계약 시 기초자산보다 높게 설정(예 업앤아웃 풋옵션)
	    − down−and−out : 촉발가격이 계약 시 기초자산보다 낮게 설정(예 다운앤아웃 콜옵션)
	• 표준옵션(vanilla)가격 = 녹아웃 옵션(knock out)가격 + 녹인 옵션(knock in)가격

룩백옵션 **(lookback)**	• 옵션계약기간 동안 가장 유리한 기초자산가격을 행사가격으로 사용 • 룩백 콜옵션 : 기초자산가격 중 최저 가격을 행사가격으로 설정, $MAX[S_T - S_{low}, 0]$ • 룩백 풋옵션 : 기초자산가격 중 최고 가격을 행사가격으로 설정, $MAX[S_{high} - S_T, 0]$ • 룩백옵션의 가치는 미국식 옵션가치보다 커 프리미엄이 매우 비쌈

클리켓옵션 (cliquet) 또는 래칫옵션 (rachet)	• 표준옵션처럼 초기에 행사가격을 정하여 두지만 일정한 시점이 되면 그 시점의 시장가격이 새로운 행사가격이 되도록 하는 옵션 • 행사가격이 재확정될 때마다 그 시점에서의 내재가치가 실현된 것으로 하여 차액 지급 보장 • 발행 당시 미리 일정을 정해 놓고 그 일정에 도달하면 당일의 시장가격을 새로운 행사가격으로 조정

section 05 첨점수익형 옵션 중요도 ★★☆

기초자산의 가격이 다음과 같을 때 디지털 콜옵션의 만기 시 정산 손익은 얼마인가?

초기 가격 : 1,000원	만기 가격 : 900원
최고 가격 : 1,600원	최저 가격 : 800원
행사 가격 : 1,100원	사전 약정 지급액 : 100원

① 0원

② 100원

③ 200원

④ 400원

해설

디지털옵션은 옵션 만기일이 ITM상태이면 약정된 금액을 지불하고, ATM이나 OTM인 경우에는 0인 옵션으로 만기시점의 기초자산가격이 900원으로 OTM상태이므로 손익은 0원이다.

정답 ①

필수핵심개념

03 첨점수익구조형 옵션

디지털옵션 (digital)	• 옵션 만기일이 ITM상태이면 약정된 금액을 지불하고 ATM이나 OTM인 경우에는 0인 옵션 얼마나 ITM상태에 있는가는 의미가 없고, ITM상태 여부만 중요 • cash−or−nothing : 일정한 금액을 지급하는 방식 • asset−or−nothing : 기초자산을 지급하는 방식
디지털 베리어옵션	• 디지털옵션에 베리어옵션이 내재된 원터치옵션(one−touch option) • 만기까지 ❶ 한 번이라도 ❷ 내가격 상태였으면 약정한 금액을 지급 • 만기 지급방식과 즉시 지급방식

신주인수권부 전환사채나 상환요구채권(putable bond)에 내재되어 있는 옵션은?

① 유럽식 옵션　　　　　　　　　　　② 미국식 옵션

③ 버뮤다옵션　　　　　　　　　　　④ 선택옵션

해설

신주를 인수할 수 있는 권리나 전환권 등은 일정기간이 지난 후부터 일정 기일까지만 행사가 가능하므로 미리 정한 특정 일자 중에서 행사가 한 번 가능한 버뮤다옵션이 내재하여 있다.

정답 ③

필수핵심개념

04 시간의존형 옵션

버뮤다옵션 (bermudan)	• 유럽식과 미국식의 중간형태의 옵션 • 미리 정한 특정일자 중에서 한 번 행사 가능 • 주식전환권을 일정한 기일 후부터 일정 기일까지만 행사할 수 있는 신주인수권부 전환사채의 경우 버뮤다옵션이 내재 • 상환요구채권(putable bond) 차입자가 버뮤다식 스왑션을 사용
선택옵션 (chooser)	• 만기일 이전 미래의 특정시점에 이 옵션이 콜옵션인지 풋옵션인지 여부를 선택할 수 있는 옵션 • 스트래들과 유사하나 비용면에서 유리

대표유형문제

국내 투자자가 해외 주가지수 등 해외자산에 연계된 투자를 할 경우 해외자산의 투자수익률과 함께 환위험도 동시에 헤지할 수 있는 옵션은?

① 퀀토옵션　　　　　　　　　　　② 버뮤다옵션
③ 레칫옵션　　　　　　　　　　　④ 레인보우옵션

해설

퀀토옵션은 기초자산 A의 가격에 의해 수익률이 결정되지만 위험에 노출된 정도나 크기는 다른 기초자산 B에 의해서 결정되는 옵션을 말한다. 예를 들어, 한국의 투자자가 일본주가지수인 Nikkei225지수 콜옵션에 투자하면서 행사가격보다 상승하는 경우 수익에 대한 지불을 1포인트당 1,000원의 수익을 지급하는 구조라고 하자. Nikkei225지수가 만일 행사가격보다 1,000포인트가 상승했다면 수익은 1,000원 × 1,000포인트 ＝ 100만원이 된다.

이처럼 퀀토옵션을 이용하면 국내투자자는 원과 엔화 간 환율을 전혀 걱정하지 않고 Nikkei225지수에 투자가 가능하다.

정답　①

필수핵심개념

05 다중변수의존형 옵션

레인보우옵션 (rainbow)	• 둘 이상의 자산 중 실적이 가장 좋은 것의 손익구조에 따라 가치가 결정되는 옵션 • 레인보우 콜옵션 : 기초자산 중 가장 높은 실적의 기초자산을 S_N으로 사용 • 레인보우 풋옵션 : 기초자산 중 가장 낮은 실적의 기초자산을 S_N으로 사용 $\quad$ 레인보우 콜옵션 가치 $= Max[0, \max(S_T^1, S_T^2, S_T^3, \cdots, S_T^n) - X]$ $\quad$ 레인보우 풋옵션 가치 $= Max[0, X - \min(S_T^1, S_T^2, S_T^3, \cdots, S_T^n)]$ • 서로 다른 종류의 자산(예 주식과 채권의 실적)을 포함하기도 함
퀀토옵션 (quanto)	• 수량조절 옵션(quantity adjusted option)의 약어 • 기초자산 A의 가격에 의해 수익률이 결정되지만 위험에 노출된 정도나 크기는 다른 기초자산 B에 의해서 결정되는 옵션 • 한 통화로 표시된 기초자산에 대한 옵션의 수익이 다른 통화로 표시되는 경우가 대부분임 • 해외자산의 수익률이 원화로 환산되는 퀀토옵션을 이용하면 수익률과 함께 환위험도 동시에 헤지

02 핵심보충문제

01
★★☆
옵션의 수익구조를 기초자산의 만기시점 단일 가격이 아닌 일정기간 동안의 가격을 이용하여 결정하는 옵션으로 볼 수 없는 것은?

① 평균가격옵션
② 아시안옵션
③ 평균행사가격옵션
④ 유럽형옵션

해설

평균옵션 혹은 아시안옵션은 만기시점 단일 가격이 아닌 일정기간 동안의 평균을 이용한다.

02
★★☆
시간의존형 옵션(Time Dependent option)은 어느 것인가?

① 선택옵션(Chooser Option)
② 장애옵션(Barrier Option)
③ 룩백옵션(Lookback Option)
④ 디지털옵션(Digital Option)

해설

시간의존형 옵션에는 버뮤다옵션과 선택옵션이 있다. 장애옵션과 룩백옵션은 경로의존형 옵션이며 디지털옵션은 첨점수익구조형 옵션이다.

03 **경로의존형 옵션에 대한 설명으로 올바른 것은?**
★★★
① 장애옵션은 촉발가격이 현재가격과 멀게 설정될수록 프리미엄이 저렴하다.
② 평균옵션은 일정기간 동안의 기초자산의 가격평균을 행사가격으로 이용한다.
③ 룩백 콜옵션 기초자산가격 중 최고가격을 기초자산의 가격으로 설정한다.
④ 클리켓옵션은 초기에 행사가격을 정하여 두지만 일정한 시점이 되면, 그 시점의 시장가격이 새로운 행사가격이 된다.

> **해설**
> ① 녹인옵션(knock in)은 촉발가격을 건드리면 원금손실 수익구조가 생겨나며 녹아웃 옵션(knock out)은 촉발가격을 건드리면 기존 수익구조가 무효가 되어 불리해진다. 따라서 현재가격과 촉발가격이 가까울수록 촉발가격을 건드릴 확률이 커져 가격이 저렴해진다.
> ② 평균옵션은 일정기간 동안의 기초자산의 가격평균을 기초자산가격으로 이용하며 평균행사가격옵션의 경우 기초자산의 가격평균을 행사가격으로 사용한다.
> ③ 룩백옵션은 옵션계약기간 동안 가장 유리한 기초자산가격을 행사가격으로 사용하므로 룩백 콜옵션의 경우는 기초자산가격 중 최저가격을 행사가격으로 설정해야 가장 유리해진다.

04 **평균옵션에 대한 설명으로 옳지 않은 것은?**
★★★
① 경로의존형 옵션이다.
② 아시안옵션이라고도 한다.
③ 평균을 산정하는 방법에는 단순 산술평균방식도 있으나 기하평균을 이용하여 값을 구할 수도 있다.
④ 평균옵션의 프리미엄은 표준옵션의 프리미엄보다 크다.

> **해설**
> 평균옵션은 일정기간 동안 기초자산가격의 평균가격을 기초자산가격으로 이용하여 표준옵션보다 변동성이 작기 때문에 변동성이 클수록 가치가 커지는 옵션의 특성상 평균옵션의 프리미엄은 표준옵션보다 작다.

05 장애옵션에 대한 설명으로 옳지 않은 것은?
★★☆

① 수출업자가 환율하락에 따른 위험에 대비하고자 하면 환율 강세 시 무효화가 되는 업앤아웃 풋옵션을 이용할 수 있다.

② 시간의존형 옵션이라 할 수 있다.

④ 콜 베리어옵션의 경우 촉발가격을 계약 시 기초자산보다 낮게 설정하는 것이 일반적이다.

④ 녹아웃(knock out)옵션은 시작할 때는 일반옵션과 동일하나 촉발가격 도달 시 무효가 되는 옵션을 말한다.

해설

장애옵션은 경로의존형 옵션이다.

06 평균옵션에 대한 설명으로 옳지 않은 것은?
★★★

① 평균행사가격옵션은 일정기간 동안 기초자산가격의 평균가격을 기초자산가격으로 이용한다.

② 평균을 산정하는 방법으로 기하평균을 이용하여 값을 구할 수도 있다.

③ 외환시장에서 많이 사용된다.

④ 평균옵션의 프리미엄은 표준옵션의 프리미엄보다 작다.

해설

평균행사가격옵션은 일정기간 동안 기초자산가격의 평균가격을 행사가격으로 이용한다.

07 기초자산의 가격이 다음과 같을 때 평균행사가격 풋옵션의 만기 시 정산 손익은 얼마인가?
★★☆

초기 가격 : 1,000원	만기 가격 : 1,200원
최고 가격 : 1,600원	최저 가격 : 800원
평균 가격 : 1,300원	행사 가격 : 1,200원

① 0원

② 100원

③ 200원

④ 400원

해설

평균행사가격옵션은 일정기간 동안의 기초자산의 가격평균(S_{AVG})을 X로 이용한다.
평균가격 풋옵션$=MAX[X_{AVG}-S_T,\ 0]$이므로 1,300원 $-$ 1,200원 $=$ 100원이다.

08 기초자산의 가격이 다음과 같을 때 룩백 콜옵션의 만기 시 정산 손익은 얼마인가?
★★★

초기 가격 : 1,000원	만기 가격 : 1,200원
최고 가격 : 1,600원	최저 가격 : 800원
평균 가격 : 1,100원	행사 가격 : 1,100원

① 0원
② 100원
③ 200원
④ 400원

해설

룩백옵션은 옵션계약기간 동안 가장 유리한 기초자산가격을 행사가격으로 사용한다. 콜옵션은 행사가격이 낮을수록 유리하므로 기초자산가격 중 최저가격을 행사가격으로 설정하면 $MAX[S_T - S_{low}, 0]$이므로 1,200원 $-$ 800원 $=$ 400원이다.

09 만기 1년, 행사가격 80, 촉발가격 90, Up$-$and$-$Out$-$Put옵션이 있다. 기초자산의 가격은 최소
★★☆ 70부터 최대 95까지 움직였으며 만기일에는 79가 되었다. 만기 시 손익은?

① 0
② 1
③ 10
④ -2

해설

Up$-$and$-$Out옵션은 기초자산가격이 촉발가격 이상으로 오를 때는 옵션이 무효가 된다.

10 만기 1년, 행사가격 80, 베리어 90인 knock$-$in 풋옵션이 있다. 기초자산의 현재가격은 100이고 최
★☆☆ 소 70부터 최대 95까지 움직였으며 만기일에는 79가 되었다. 다음 중 틀린 설명은?

① 경로의존형 옵션이다.
② 기초자산이 촉발가격(trigger level)을 건드리면 옵션에 효력이 생긴다.
③ 만기 시에 아무런 이익을 얻을 수 없다.
④ 일반적으로 표준옵션(vanilla)보다 프리미엄이 저렴하다.

해설

기초자산의 가격이 최소 70까지 움직였으므로 촉발가격(trigger level)을 건드리면 옵션에 효력이 발생하게 된다. 따라서 만기일 기초자산의 가격이 79로 행사가격 80보다 낮아 80 $-$ 79 $=$ 1의 이익을 얻게 된다.

11 원유를 매입해야 하는 정유회사에서 유가변동위험을 헤지하려고 한다. 가장 적절한 것은?

★★☆

① 업앤인 풋옵션 매입

② 업앤아웃 콜옵션 매입

③ 다운앤인 콜옵션 매입

④ 다운앤아웃 콜옵션 매입

> **해설**
>
> 원유를 매입하는 회사는 환율상승위험에 노출되어 있으므로 콜옵션 매수를 통해 헤지가 가능하다. 여기에 down−and−out조건을 부여하면 옵션의 프리미엄이 저렴해져 헤지비용을 절감할 수 있다. 만약 환율이 하락하여 촉발가격을 건드려서 무효가 되면 낮은 가격으로 원유를 확보할 수 있게 되어 옵션이 중간에 소멸되더라도 불이익을 상쇄시킬 수 있다.

12 기초자산의 가격이 다음과 같을 때 down−and−out 콜옵션의 만기 시 정산 손익은 얼마인가?

★★☆

초기 가격 : 1,000원	만기 가격 : 1,200원
최고 가격 : 1,600원	최저 가격 : 900원
촉발 가격 : 800원	행사 가격 : 1,100원

① 0원

③ 200원

② 100원

④ 400원

> **해설**
>
> down−and−out옵션은 기초자산가격이 촉발가격 이하로 하락하면 무효가 되고 옵션계약기간 중 촉발가격을 건드리지 않으면 표준옵션과 동일하다. 최저가격 900원으로 촉발가격을 건드리지 않았고 ITM상태에 있으므로 콜옵션의 손익은 $MAX[S_T - X, 0]$로 1,200원 − 1,100원 = 100원이다.

13 행사가격이 100인 콜옵션이 가격 1,000원에 거래되고 있다. 녹인 콜옵션의 가격이 700원이라면 녹아웃 콜옵션의 가격은 얼마인가? (단, 녹인 콜옵션과 녹아웃 콜옵션의 촉발가격은 동일하다.)

★☆☆

① 100원

③ 700원

② 300원

④ 1,700원

> **해설**
>
> 표준옵션은 촉발가격이 없으므로 항상 유효한 옵션이다. 녹아웃 옵션(knock out)은 기초자산이 촉발가격에 도달하지 않는 한 유효하고 녹인 옵션은 촉발가격에 도달하지 않는 한 효력이 없다가 촉발가격에 도달하면 효력이 생기므로 이 둘을 결합하면 항상 유효한 표준옵션과 동일해진다.
> 즉, 표준옵션(vanilla) 가격 = 녹아웃 옵션(knock out) 가격 + 녹인 옵션(knock in) 가격이다.
> 녹아웃 옵션의 가격은 1,000원 − 700원 = 300원이다.

14 다음은 장외옵션의 손익구조를 식으로 표현한 것이다. 이러한 손익구조를 갖는 장외옵션은?
★★☆

> • 옵션계약기간 중 기초자산가격(S_t) > 촉발가격(H)이면, $Max[0,\ S_T - X]$
> • 옵션계약기간 중 기초자산가격(S_t) ≤ 촉발가격(H)이면, 0 혹은 일부 현금보상(rebate)

① 업앤아웃 콜옵션(up-and-out call)
② 다운앤아웃 풋옵션(down-and-out put)
③ 업앤아웃 풋옵션(up-and-out call)
④ 다운앤아웃 콜옵션(down-and-out call)

해설

콜옵션은 기초자산가격이 행사가보다 상승하리라 전망하는 투자자가 매수하게 된다. 녹아웃 베리어는 촉발가격을 건드리면 무효가 되므로 콜옵션을 매수하는 사람은 본인이 전망하지 않는 하락 방향에 베리어가격을 설정한다. 베리어옵션은 일반 옵션보다 프리미엄이 저렴하므로 본인의 예상이 맞는다면 더 높은 레버리지 효과를 얻을 수 있다.

15 아래 조건에서 만기 3개월 클리켓 콜옵션과 표준콜옵션의 수익은 얼마인가?
★★☆

초기 행사가격 : 50	클리켓 1개월 후, 2개월 후 행사가 조정
초기 시장가격 : 50	1개월 후 : 53
2개월 후 : 51	만기일 : 55

① 클리켓 7, 표준옵션 5
② 클리켓 5, 표준옵션 5
③ 클리켓 7, 표준옵션 7
④ 클리켓 2, 표준옵션 7

해설

클리켓옵션은 표준옵션처럼 초기에 행사가격을 정하여 두지만 일정한 시점이 되면, 그 시점의 시장가격이 새로운 행사가격이 되도록 하는 옵션으로 행사가격이 재확정될 때마다 그 시점에서의 내재가치가 실현된 것으로 하여 차액 지급을 보장한다.

[STEP 1] 1개월 후 기초자산가격이 53으로 행사가격 50원보다 높아져 53 − 50 = 3의 이익이 발생하고 행사가격이 53으로 재설정된다.

[STEP 2] 2개월 후 기초자산가격이 51로 재설정된 행사가격 53보다 낮아 이익은 없고 행사가격이 51로 재설정된다.

[STEP 3] 만기일에 기초자산가격이 55로 재설정된 행사가격 51보다 높아 55 − 51 = 4의 차액이 지급된다. 따라서 전체적으로 7의 이익이 발생한다.

표준콜옵션은 만기의 시점의 기초자산가격에 따라 수익이 결정되어 55 − 50 = 5의 이익이 발생하였다.

16 만기는 6개월이고 투자기간 중에 KOSPI200주가지수가 한 번이라도 275p를 상향돌파하면 만기에
★☆☆ 연 4.1%를 지급하는 옵션은 어느 것인가?

① 클리켓옵션

② 아시안옵션

③ 룩백옵션

④ 디지털베리어옵션

> **해설**
>
> 디지털베리어옵션은 투자기간 중에 기초자산의 가격이 일정한 베리어에 도달하면 수익이 확정되는 증권이다. 클리켓옵션은 행사가격을 조정하는 옵션이고, 아시안옵션은 평균가격으로 결제하는 옵션이다. 룩백옵션은 만기에 투자기간 중에 가장 유리한 가격으로 행사가격을 정하는 옵션이다.

17 기초자산의 가격이 다음과 같을 때 디지털베리어 콜옵션의 만기 시 정산 손익은 얼마인가?
★☆☆

초기 가격 : 1,000원	만기 가격 : 900원
최고 가격 : 1,600원	최저 가격 : 800원
행사 가격 : 1,100원	사전 약정 지급액 : 100원

① 0원

② 100원

③ 200원

④ 400원

> **해설**
>
> 디지털베리어옵션은 디지털옵션과는 다르게 종료시점에서 기초자산의 내가격 여부를 판별하는 것이 아니라 만기까지 한 번이라도 내가격 상태였다면 약정한 금액을 지급하는 방식이다. 최고가격이 1,600원으로 행사가격을 넘겨 ITM상태였으므로 정해진 금액인 100원을 지급한다.

18 만기일 이전 미래의 특정시점에 이 옵션이 콜옵션인지 풋옵션인지 여부를 선택할수 있는 선택옵션
★★☆ (chooser option)의 손익구조와 유사한 것은?

① 스트랭글

② 스트래들

③ 콜옵션

④ 풋옵션

> **해설**
>
> 선택옵션은 만기일 이전 미래의 특정시점에 이 옵션이 콜옵션인지 풋옵션인지 여부를 선택할 수 있는 옵션으로 기초자산의 가격이 상승하거나 하락하든 상관없이 행사가격에서 가격이 멀어질수록 수익이 발생하는 상품이다. 수익구조는 스트래들 매수와 유사하나 옵션 하나를 매수하므로 비용면에서 저렴하다.

19

홍콩에 상장되어 거래되는 HSCEI주가지수의 수익률을 원화로 지급하는 경우처럼 환율위험이 제거되는 옵션은 어느 것인가?

① 레인보우옵션   ② 퀀토옵션
③ 선택옵션   ④ 버뮤다옵션

해설

퀀토옵션은 수량조절옵션(quantity adjusted option)의 약어로, 기초자산 A의 가격에 의해 수익률이 결정되지만 위험에 노출된 정도나 크기는 다른 기초자산 B에 의해서 결정되는 형태이다. 퀀토옵션은 한 통화로 표시된 기초자산에 대한 옵션의 수익이 다른 통화로 표시되는 경우가 주종을 이룬다.

20
★☆☆

다음 중 레인보우 콜옵션의 가치를 나타낸 것은?

① $Max[S_{AVG}-X,0]$
② $Max[S_T-S_{low}, 0]$
③ $Max[0, \ max(S_T^1, \ S_T^2, \ S_T^3, \ \cdots, \ S_T^n)-X]$
④ $Max[S_T-S_{AVG}, 0]$

해설

레인보우옵션의 기본적인 형태는 둘 또는 그 이상의 자산 중 실적이 가장 좋은 것의 손익구조에 따라 가치가 결정되는 것이다.
① 평균가격옵션 ② 룩백 콜옵션 ④ 평균행사가격옵션

21
★★☆

장외옵션에 대한 설명으로 틀린 것은?

① 선택옵션은 만기 이전 일정시점에 콜인지 풋인지 여부를 결정할 수 있는 옵션이다.
② 디지털베리어옵션은 옵션이 ITM으로 종료 시 미리 정한 일정금액을 지급하는 옵션이다.
③ 퀀토옵션은 발생여부가 불확실한 외화표시수익이 발생한 경우 미리 정한 환율로 결제하는 옵션이다.
④ 버뮤다옵션은 미리 정한 몇 개의 시점에서만 권리행사가 가능한 옵션이다.

해설

디지털베리어옵션은 디지털옵션과는 다르게 종료시점에서 기초자산의 내가격 여부를 판별하는 것이 아니라 만기까지 한 번이라도 내가격 상태였다면 약정한 금액을 지급하는 방식이다.

22 장외옵션에 대한 설명으로 틀린 것은?
★★☆

① 클리켓옵션은 만기 중간에 손익정산 및 행사가격 재조정이 이루어지는 옵션이다.

② 룩백옵션은 일정기간 동안 기초자산가격의 최대 또는 최솟값을 기준으로 하여 수익구조를 결정하는 옵션이다.

③ 아시안옵션은 미국형 옵션의 변형으로 조기행사일이 일정 기간으로 한정되는 옵션을 말한다.

④ 무지개옵션은 둘 이상의 자산 중 실적이 가장 좋은 것의 손익구조에 따라 가치가 결정되는 옵션으로 주식에 투자할지 채권에 투자할지 망설이는 투자자에 적합한 파생상품이다.

해설

미국형 옵션의 변형으로 조기행사일이 일정 기간으로 한정되는 옵션은 버뮤다옵션이다. 아시안옵션은 만기일의 손익구조가 일정 기간 기초자산의 평균 가격에 의존하는 옵션을 의미한다.

---

23 장외옵션에 대한 설명으로 옳지 않은 것은?
★★☆

① 룩백옵션은 옵션계약기간 동안 가장 유리한 기초자산가격을 기초자산가격으로 사용한다.

② 장애옵션은 촉발가격이 현재와 가깝게 설정될수록 프리미엄이 저렴해진다.

③ 디지털옵션은 만기일에 옵션이 ITM상태인지 여부만 중요하다.

④ 선택옵션은 스트래들과 유사하나 비용면에서 유리하다.

해설

룩백옵션은 옵션계약기간 동안 가장 유리한 기초자산가격을 행사가격으로 사용한다.

---

24 이색옵션에 관한 설명으로 옳지 않은 것은?
★★☆

① Cash-or-nothing은 디지털옵션의 일종이다.

② Putable Bond 발행자는 헤지차원에서 버뮤다식 스왑션을 사용할 수 있다.

③ 만기일까지 베리어(barrier)에 한 번도 도달하지 않은 knock-in옵션은 소멸한다.

④ 선택옵션은 주식에 투자할지 채권에 투자할지 고민하는 투자자에게 적합한 상품이다.

해설

선택옵션은 만기일 이전 미래의 특정시점에 이 옵션이 콜옵션인지 풋옵션인지 여부를 선택할 수 있는 옵션으로 기초자산의 가격이 떨어지든 오르든 상관없이 행사가격에서 가격이 멀어질수록 수익이 발생하는 상품이다. 수익구조는 스트래들 매수와 유사하나 옵션 하나를 매수하므로 비용면에서 저렴하다.

주식에 투자할지 채권에 투자할지 고민하는 투자자에게 적합한 상품으로는 무지개옵션이 있다. 무지개옵션은 둘 이상의 자산 중 실적이 가장 좋은 것의 손익구조에 따라 가치가 결정되는 옵션으로 주식과 채권 중 실적이 좋은 쪽의 성과를 취할 수 있다.

25 다음 옵션 중 현재 시장가치가 가장 낮은 것은?

★★☆

① 현재 기초자산가격이 Knock-Out 콜옵션의 촉발가격(trigger level)에 근접했을 때

② 현 룩백 콜옵션 계약기간 중 최저가와 종가가 상당히 벌어졌을 때

③ 기초자산 두 개의 레인보우 콜옵션에서 각 기초자산이 행사가격보다 각각 10%와 20% 상승했을 때

④ 만기가 얼마 남지 않은 디지털 콜옵션의 기초자산가격이 행사가격보다 상당히 높은 수준을 유지할 때

해설

기초자산가격이 촉발가격(trigger level)에 도달하면 옵션이 무효화되어 가치가 없어진다.

26 다른 조건이 동일하다고 가정하는 경우 옵션의 가격을 가장 비싼 것부터 순차적으로 바르게 나열한 것은?

★☆☆

가. 유럽식 옵션	라. 베리어옵션
나. 미국식 옵션	마. 룩백옵션
다. 버뮤다옵션	바. 평균옵션

① 나, 마, 다, 가, 바

② 나, 마, 가, 다, 라

③ 마, 나, 다, 바, 가

④ 마, 나, 다, 가, 라

해설

평균옵션은 변동성이 낮아져 유럽식 옵션보다 저렴하며, 베리어옵션은 촉발가격이 장애요인으로 유럽식 옵션보다 저렴하다. 버뮤다옵션은 미국식과 유럽식의 중간 형태로 옵션가격도 그 사이이다. 미국식 옵션은 만기일 이전에 기초자산가격이 가장 유리하다고 생각되는 시점에서 행사할 수 있는 옵션으로 프리미엄이 비싸다. 룩백옵션은 만기시점까지 기초자산의 가격 움직임을 다 보고 뒤를 회상하면서 가장 유리한 기초자산의 가격을 행사가격으로 선택할 수 있어 미국식 옵션가치보다 커서 프리미엄이 매우 비싸다.

27 행사가격이 거래시점에 정해지면 만기까지 변하지 않는 장외옵션은?

★☆☆
① 평균옵션

② 클리켓옵션

③ 룩백옵션

④ 평균행사가격옵션

해설

평균옵션은 일정 기간 기초자산의 가격평균(S_{AVG})을 S_N으로 이용하므로 행사가격은 변하지 않는다.

28 기초자산가격의 움직임이 다음과 같을 때 만기 시 손익정산을 계산한 결과가 가장 큰 것은?

★★★

초기 가격 : 1,000원	만기 가격 : 1,200원
최고 가격 : 1,300원	최저 가격 : 800원
평균 가격 : 1,000원	행사 가격 : 1,100원

① 표준 콜옵션   ② 평균가격 콜옵션

③ 평균행사가격옵션   ④ 룩백 풋옵션

해설

① 표준 콜옵션 : $1,200 - 1,100 = 100$

② 평균가격 콜옵션 : $Max[0,\ 1,000 - 1,100] = 0$

③ 평균행사가격옵션 : $1,200 - 1,000 = 200$

④ 룩백 풋옵션 : $1,300 - 1,200 = 100$

section 08 선물환과 위험관리   중요도 ★★☆

대표유형문제

다음 중 선물환(FX forward)에 대한 설명으로 옳은 것은?

① 일방향선물환은 외화를 매입하는 한쪽 방향의 거래를 의미한다.

② 스왑선물환은 외환스왑거래를 의미한다.

③ 현물환 결제일에 외환거래를 하기로 약정하는 계약이다.

④ 표준만기와 비표준만기로 구분하며 모두 거래가 가능하다.

해설

① 일방향선물환은 외화를 매입하거나 매도하는 한쪽 방향의 거래를 의미한다. ② 스왑선물환은 외환스왑거래에서 선물환쪽을 의미한다. ③ 선물환은 현물환 결제일 이후에 외환거래를 하기로 약정하는 계약이다.

정답 ④

필수핵심개념

01 통화 관련 장외파생상품 분류

파생상품의 기초자산이 환율에 연계되어 장외에서 거래되는 파생상품을 말한다. 선도거래 형태인 선물환(FX forward), 옵션거래인 통화옵션(FX option), 스왑거래인 외환스왑(FX swap)과 통화스왑(currency swap)으로 분류된다.

02 수출업자와 수입업자의 외환포지션

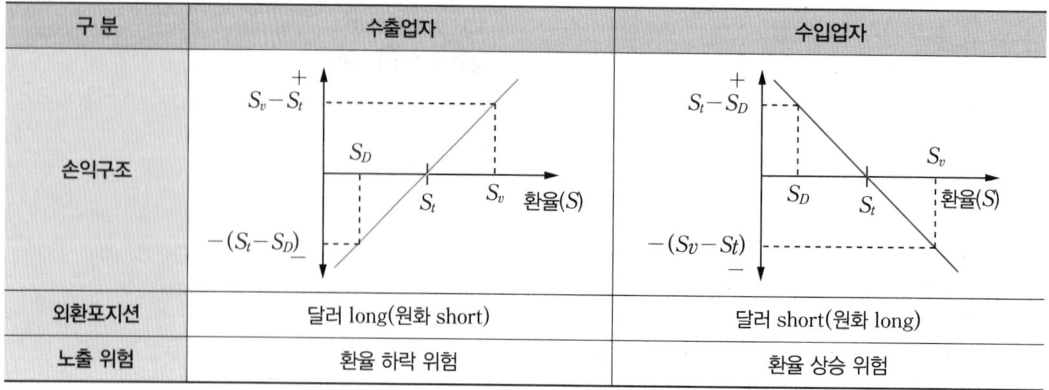

구 분	수출업자	수입업자
손익구조		
외환포지션	달러 long(원화 short)	달러 short(원화 long)
노출 위험	환율 하락 위험	환율 상승 위험

03 통화관련 장외파생상품을 이용한 위험관리

(1) 선물환과 위험관리

선물환의 개요	• 현물환 결제일(spot date) 이후의 특정일(forward date)에 미리 정한 환율(forward rate)로 외환거래를 하기로 약정하는 계약 • 선물환 거래는 기업의 가장 기본적인 환위험 관리 수단으로 활용 • 일반적인 선물환은 만기일에 실물인수도(delivery) 결제(예외 : NDF) • 표준만기 : 주로 은행 간 시장에서 활용하며 1개월, 2개월, 3개월 등 표준화된 몇 가지 만기일 중 선택하여 거래 • 비표준만기 : 기업이나 개인 고객은 자신이 필요로 하는 미래의 특정일자를 선택하여 거래 • 일방향선물환(outright forward) : 선물환으로 외화를 매수하거나 매도하는 한쪽 방향의 거래 • 스왑선물환(swap forward) : 외환스왑 거래 시 '현물환 + 선물환' 양방향거래 중 선물환 쪽을 의미
선물환율의 결정 원리	• 선물환거래에 적용되는 선물환율은 현물환율과 보관비용에 해당하는 두 거래 통화의 이자율 차이를 감안하여 결정 • 두 통화의 금리 차이를 환율 단위로 환산한 수치를 선물환 포인트 또는 스왑포인트라 함 $$F_N = \left(\frac{1 + r_{KRW} \times n/12}{1 + r_{USD} \times n/12} \right)$$ $$Forward\ Point = S_t \times (r_{KRW} - r_{USD}) \times \frac{n}{12}$$ $r_{KRW} > r_{USD}$: 할증(premium), $r_{KRW} < r_{USD}$: 할인($discount$)
선물환율 고시	선물환 포인트의 단위는 1포인트당 0.01원이다. 예 120포인트는 1.20원이 된다. 표 아래 참조 ※ bid가격 절대값과 offer가격 절대값을 비교
위험관리	만기의 환율에 상관없이 결제환율을 선물환율로 고정시키는 효과 표 아래 참조

선물환율 고시

선물환 포인트 고시	상 태	선물환율(Outright rate) 결정
매입률(bid) < 매도율(offer)	할증(p)	현물환율에 스왑포인트 가산
매입률(bid) > 매도율(offer)	할인(d)	현물환율에 스왑포인트 차감

위험관리

상 황	노출 위험	헤지 전략
수출기업	환율 하락 위험	선물환 매도 헤지
수입기업	환율 상승 위험	선물환 매수 헤지

더 알아보기

선물환율의 할증 · 할인의 개념

$F_N = S_t + C$, $F_N = S_t + S_t(r_d - r_f)$ (F_N : 이론선물가격, S_t : 현재시점 현물가격, r_d : 자국통화금리, r_f : 외국통화금리)

통화선물의 이론환율을 보유비용모형으로 표현하였다. 달러 매수자 입장에서 현재 달러를 매수(현물환)하는 것보다 미래에 달러를 매수(선물환)하는 것이 유리하면 선물환율은 할증되고 그 반대이면 할인된다. 현재 한국의 금리가 달러금리보다 높다면 선물환 매수자는 보유한 원화를 국내은행에 높은 금리로 예치하여 미래에 달러를 정해진 선물환율로 매수하면 이익을 보게 되므로 이에 상응하는 금리 차이만큼 선물환율에 반영되어 선물환율이 할증된다.

다음 중 외환스왑(FX swap)에 대한 설명으로 옳지 않은 것은?

① 외환스왑은 동일한 거래상대방과 동일 금액의 두 외환거래를 거래방향을 반대로 하여 체결하는 한 쌍의 외환거래이다.

② 외환스왑은 스왑기간이 장기로 통상 1년 이상이다.

③ 스왑기간 중 주기적인 이자교환은 발생하지 않는다.

④ 거래 당시에는 현물환율을 적용하고 만기 시 교환되는 원금은 선물환율을 적용한다.

해설

외환스왑은 주로 만기가 단기로 통상 1년 이하이며 선물환거래의 한 종류로 외환시장에서 주로 이용한다.

정답 ②

필수핵심개념

(2) 외환스왑(FX swap)과 환위험 관리

① 외환스왑과 통화스왑 비교

구 분	외환스왑	통화스왑
공통점	초기와 만기에 두 통화의 원금을 서로 반대방향으로 교환	
만 기	단기(통상 1년 이내)	장기(통상 1년 이상)
거래 시 환율	계약 시 현물환율	계약 시 현물환율
만기 시 환율	계약 시 선물환율	상기와 동일(즉, 계약 초기 현물환율)
중간 이자교환	없 음	있 음

② 외환스왑을 이용한 환위험관리 : 외환스왑을 이용하면 외환의 수취 · 지급 시점의 불일치를 해소하고 개별적 거래보다 거래비용을 절감할 수 있다.

ⓐ 수출대금 입금일이 수입대금 결제일보다 빠른 경우

현 재	미 래
외환스왑 상대방과 동시에 현물환을 매도 + 선물환 매수 → 현물환시장에서 달러를 매도하고 얻은 원화를 수입대금 결제일까지 운용	수입대금 결제일에 원화를 지급하고 선물환시장에서 달러를 매수 후 수입대금 결제

ⓑ 수출대금 입금일이 수입대금 결제일보다 늦은 경우

현 재	미 래
외환스왑 상대방과 동시에 현물환을 매수 + 선물환 매도 → 원화 차입 후 현물환시장에서 달러를 매수하여 수입대금을 결제	수출대금 입금일에 수취한 달러를 선물환시장에서 매도 후 원화로 교환하여 차입자금 상환

대표유형문제

T 수출기업은 통화옵션을 이용하여 선물환 매도를 복제하려고 한다. 옵션의 매매 방향과 행사가격을 고려할 때 적절한 방법은 어느 것인가?

① 풋옵션 행사가격 1,125원 매수 ＋ 콜옵션 행사가격 1,145원 매수
② 풋옵션 행사가격 1,095원 매도 ＋ 콜옵션 행사가격 1,125원 매도
③ 풋옵션 행사가격 1,125원 매수 ＋ 콜옵션 행사가격 1,125원 매도
④ 풋옵션 행사가격 1,125원 매도 ＋ 콜옵션 행사가격 1,145원 매수

해설

옵션을 이용한 합성선물환의 행사가격은 동일해야 한다. 풋－콜 패리티를 이용한 합성선물환 매도 포지션은 $-F^{*}=-C+P$이다. 따라서 동일행사가격의 콜옵션을 매도하고 풋옵션을 매수하여야 한다.

정답　③

필수핵심개념

(3) 통화옵션과 환위험 관리

① 개별 옵션을 이용한 환위험 관리 : 선물환과 외환스왑을 이용한 위험관리는 미래의 환율에 상관없이 외환포지션을 선물환율에 고정시켜 만기환율에 따른 이익기회마저 제거하는 반면, 통화옵션을 통한 위험관리는 선택적 헤지가 가능(단, 초기에 비용이 발생)

② 옵션비용 절감을 위한 옵션 상품(제로코스트 옵션) : 통화옵션을 이용하는 경우 옵션프리미엄을 지불하므로 옵션매입자의 권리인 이익기회를 일부 포기하는 대가로 옵션비용을 절감

<table>
<tr><td rowspan="3">합성선물환</td><td colspan="3">동일한 행사가격의 콜옵션과 풋옵션의 프리미엄이 동일하여 제로코스트(zero－cost) 옵션이 됨</td></tr>
<tr><td>상 태</td><td>노출된 위험</td><td>헤지 전략</td></tr>
<tr><td>수출업자
수입업자</td><td>환율 하락 위험
환율 상승 위험</td><td>합성선물환 매도 ＝ 풋옵션 매수 ＋ 콜옵션 매도
합성선물환 매입 ＝ 콜옵션 매수 ＋ 풋옵션 매도</td></tr>
<tr><td rowspan="2">범위선물환
(range)</td><td colspan="3">• 두 옵션의 행사가격을 달리하는 구조로 매입옵션과 매도옵션의 프리미엄을 같게 설계
• 매수옵션과 매도옵션의 프리미엄이 같게 설계되므로 일반 선물환거래와 마찬가지로 초기 옵션비용이 발생하지 않아서 세로코스트(zero－cost) 옵션이라고도 함
• 범위선물환 매도거래를 이용하는 경우 최저 환율~최고 환율의 범위를 구성하여 환율 상승 시 일정 수준의 이익 실현이 가능하나 환율 하락 시에는 일정 수준의 손실을 감수해야 함. 즉, 환율 상승 또는 하락 시 손실과 이익이 제한</td></tr>
<tr><td colspan="3">
<table>
<tr><td>상 태</td><td>노출된 위험</td><td>헤지 전략</td></tr>
<tr><td>수출업자</td><td>환율 하락 위험</td><td>범위선물환 매도 ＝ 풋옵션(X_1) 매수 ＋ 콜옵션(X_2) 매도</td></tr>
<tr><td>수입업자</td><td>환율 상승 위험</td><td>범위선물환 매입 ＝ 콜옵션(X_2) 매수 ＋ 풋옵션(X_1) 매도</td></tr>
</table>
</td></tr>
</table>

인핸스드 포워드 **(Enhanced)**	• 인핸스드 포워드는 일반 합성선물환 거래에 행사가가 다른 OTM옵션을 추가로 매도하여 가격 조건을 개선한 상품(인핸스드 포워드 = 합성선물환 + OTM옵션 매도) • 인핸스드 포워드 매도는 옵션 추가 매도에 따른 추가 매도로 가격 개선에 이용하여 초기 옵션 거래비용이 발생하지 않음 • 인핸스드 포워드 매도는 환율이 크게 하락하지 않는 이상 풋옵션 매도로 일반 선물환에 비해 유리(가격 개선)하나 환율 급락 시 환위험에 그대로 노출

상 태	노출된 위험	헤지 전략
수출업자	환율 하락 위험	인핸스드 포워드 매도 = 풋옵션(X_1) 매도 + 콜옵션(X_2) 매도 + 풋옵션(X_2) 매수 → 수출업자 입장에서 환율에 대한 풋옵션 매도 포지션
수입업자	환율 상승 위험	인핸스드 포워드 매입 = 콜옵션(X_1) 매수 + 풋옵션(X_1) 매도 + 콜옵션(X_2) 매도 → 수입업자 입장에서 환율에 대한 콜옵션 매도 포지션

목표 선물환 (Target)

• 일반 합성선물환 거래에 옵션을 추가로 매도하여 가격 조건을 개선한 상품으로 초기비용이 발생하지 않음
• 가격 개선 효과를 위해 추가적으로 매도하는 옵션의 금액을 배수로 늘리는 레버리지 효과가 특징
• 투기적 성격이 포함되어 환율이 큰 폭으로 변동 시에는 n배에 해당하는 거래를 이행해야 하는 위험이 존재

상 태	노출된 위험	헤지 전략
수출업자	환율 하락 위험	목표 선물환 매도 = 풋옵션 매수 + 콜옵션 매도 $\times\ n$
수입업자	환율 상승 위험	목표 선물환 매입 = 콜옵션 매수 + 풋옵션 매도 $\times\ n$

01
★★☆
외환시장에 원−달러 현물환율이 1,120.00−1,121.00으로 거래되고 있다. 3개월 선물환 포인트 (Forward point)가 300−400으로 주어진 상황이라면 3개월 선물환율은 얼마인가?

① 1,520.00−1,521.00

② 1,150.00−1,151.00

③ 1,123.00−1,125.00

④ 1,120.30−1,121.40

해설

선물환 포인트가 1,120 < 1,121로 매입률보다 매도율이 높으므로 할증상태이다. 매입률과 매도율의 1포인트가 0.01원이므로 3원과 4원 가산한 선물환율은 1,123.00(= 1,120 + 3) − 1,125.00(= 1,121 + 4)이디.

02
★★☆
외환시장에 원−달러 현물환율이 1,120.00−1,121.00으로 거래되고 있다. 6개월 선물환 포인트 (Forward point)가 550−700으로 주어진 상황이라면 6개월 선물환 매수 포지션을 취한 고객에게 적용되는 선물환율은?

① 1,111.50

② 1,125.50

③ 1,114.00

④ 1,128.00

해설

[STEP 1] 외환시장은 딜러 중심의 시장으로 매입률(bid rate)과 매도율(offer rate)은 딜러 입장에서 매입과 매도를 의미한다. 따라서 고객 입장에서 매수는 딜러 입장에서 매도율이고 항상 딜러는 매입률 < 매도율이다.

[STEP 2] 적용되는 현물환 매도율은 1,121.00원이고, 550 < 700으로 스왑포인트가 할증 상태이므로 현물환에 스왑포인트 7이 가산된다. 따라서 고객에게 적용되는 선물환율은 1,121 + 7 = 1,128.000이다.

03 다음의 상황에서 이론적 선물환율은 얼마인가? (근사치를 선택하시오.)
★★☆

> • USD/KRW 현물환율 : 1,150.00
> • USD 3개월 LIBOR : 연 0.75% (30/360)
> • KRW(원화) 3개월 금리 : 연 1.50% (30/365)

① 1,147.85   ② 1,152.15

③ 1,158.63   ④ 1,167.25

해설

선물환 포인트(＝스왑포인트)를 이용하여 이론선물환율을 도출해보자.

[STEP 1] 할증률(할인율) $≒ r_d - r_f$ 이고 한국 금리가 미국 금리보다 연 0.75%가 높으므로 이론선물가격은 현물환율보다 연 0.75% 할증된 상태이다. 만기가 3개월이므로 3개월에 대한 할증률은 $0.75\% \times \dfrac{3}{12} = 0.1875\%$이다.

따라서 스왑포인트는 1,150원 × 0.1875% ＝ 2.15625원이다.

[STEP 2] 할증된 상태이므로 현물환율에 스왑포인트를 가산하면 1,150 ＋ 2.15625 ＝ 1,152.156250이다.

이자율평형이론에 의한 선물환율의 공식은 다음과 같다.

$$F_N = S_t \times \left(\frac{1 + r_{KRW} \times t/365}{1 + r_{USD} \times t/360} \right)$$

원화는 365일을 기준으로 하고 달러는 360일을 기준으로 한다. 이를 공식에 대입하면,

$$= 1,150 \times \left(\frac{1 + 0.015 \times 90/365}{1 + 0.0075 \times 90/360} \right) = 1,152.10이다.$$

04 A기업은 수출과 수입거래를 동시에 행하는 무역업체이다. 2영업일 후에 수출대금 US$1백만달러의
★★☆ 입금이 예정되어 있고, 3개월 후 US$1백만달러의 수입대금 결제가 예정되어 있다. A기업은 외환스
왑을 이용한 외환의 수취와 지급 시점의 불일치를 해소하고자 한다면 적절한 전략은?

① 현물환 매도, 선물환 매도

② 현물환 매수, 선물환 매수

③ 현물환 매도, 선물환 매수

④ 현물환 매수, 선물환 매도

해설

달러의 수취시점과 지급시점이 일치하지 않는다. A기업은 3개월 후 달러의 가격이 상승할 위험이 있어 만기시점에 지급하는 달러가치를 고정시킬 필요가 있다. 이에 외환스왑을 이용하고자 하는 것이다.

외환스왑은 동일한 거래상대방과 동일 금액의 현물 거래와 선물환 거래방향을 반대로 하여 체결하는 한 쌍의 외환거래이다. 2영업일 후에 수취하는 달러를 외환스왑 상대방에게 지급(현물환 매도)하고, 원화로 교환하여 3개월 원화 자금을 운용한 후 원화를 지급하고 약정된 외환스왑 환율(선물환율)로 달러를 수취(선물환 매수)하여 수입대금 결제에 이용한다.

05 환위험관리를 위해 통화옵션을 이용하고자 한다. 이때 옵션비용을 절감하는 목적으로 하는 상품으로
★☆☆ 바르지 못한 것은?

① 범위선물환
② 차액결제선물환
③ 목표선물환
④ 인핸스드 포워드

해설

일반적인 선물환은 만기일에 실물인수도 하는 데 반해 차액결제선물환은 만기 시점에 계약통화의 교환 없이 계약 당시의 선물환율과 지정환율(현물환율)의 차이만큼을 거래당사자 간의 시정통화(동싱 미 달러화)로 정산하는 선물환으로 통화옵션을 이용한 합성선물환이 아니다.

06 수입업자가 환위험 관리를 위해 범위선물환(Range Forward)을 구성하려고 한다. 다음 중 적절한
★★☆ 포지션은?

① 높은 행사가격의 콜옵션 매수 + 낮은 행사가격의 풋옵션 매도
② 동일 행사가격의 콜옵션 매도 + 낮은 행사가격의 풋옵션 매수
③ 동일 행사가격의 콜옵션 매수 + 동일 행사가격의 풋옵션 매도
④ 높은 행사가격의 콜옵션 매도 + 낮은 행사가격의 풋옵션 매수

해설

수입업자는 환율 상승 위험에 노출되어 있으므로 합성선물환 매수(콜옵션 매수 + 풋옵션 매도) 포지션을 취해야 한다.
범위선물환은 콜옵션과 풋옵션의 행사가격을 달리하는 구조로 설계하므로 높은 행사가격의 콜옵션 매수 + 낮은 행사가격의 풋옵션 매도를 통해 두 행사가격 사이에서는 만기환율로 거래되며 행사가격보다 상승하거나 하락하는 경우에는 행사가격으로 환율이 고정된다.

범위선물환을 이용한 환헤지 사례이다. 설명이 사실과 다른 것은? (현물환율은 1,125이다.)

구성 옵션	행사가격	거래금액	매입/매도
유럽식 풋옵션	1,050원	50만불	매 입
유럽식 콜옵션	1,195원	50만불	매 도

① 수출업체가 환율 하락 위험을 헤지하기 위해 범위선물환 매도거래를 이용하였다.

② 범위선물환은 중소기업에게 유용하지만 설정 초기에 프리미엄을 많이 지불해야 하는 단점이 있다.

③ 만기 환율이 1,050원 이하이면 1,050원에 매도하는 효과이다.

④ 만기 환율이 1,195원 이상이면 1,195원에 매도하는 효과이다.

해설

그림을 그려 이해하자.

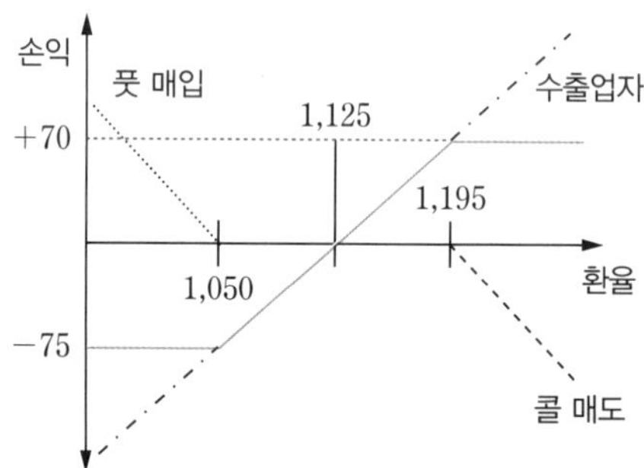

범위선물환(range forward)은 두 옵션의 행사가격을 달리하는 구조로 매입옵션과 매도옵션의 프리미엄을 같게 설계된다. 매수옵션과 매도옵션의 프리미엄이 같게 설계되므로 일반 선물환거래와 마찬가지로 초기 옵션비용이 발생하지 않아서 제로코스트(zero-cost) 옵션이라고도 한다.

❶ 만기 현물환율(S_T)이 1,195원 이상인 경우

시장환율(S_T)	1,050원 풋옵션 매입	1,195원 콜옵션 매도	최종 수취환율
$+S_T$	소 멸	$-[S_T - 1,195]$	$+S_T - [S_T - 1,195]$ $= 1,195$원

❷ 만기 현물환율(S_T)이 1,050원~1,195원 사이에 있는 경우

시장환율(S_T)	1,050원 풋옵션 매입	1,195원 콜옵션 매도	최종 수취환율
$+S_T$	소 멸	소 멸	$+S_T$

❸ 만기 현물환율(S_T)이 1,050원 이하인 경우

시장환율(S_T)	1,050원 풋옵션 매입	1,195원 콜옵션 매도	최종 수취환율
$+S_T$	$+[1,050 - S_T]$	소 멸	$S_T + [1,050 - S_T]$ $= 1,050$

08 ★☆☆ 수출업자 입장에서 인핸스드 포워드(Enhanced Forward) 매도 합성포지션이다. 이에 대한 설명으로 잘못된 것은? (현물환율은 1,125이다.)

구성 옵션	행사가격	거래금액
유럽형 풋옵션	1,100원	50만불
유럽형 풋옵션	1,135원	50만불
유럽형 콜옵션	1,135원	50만불

① 동일 행사가격(1,135원) 합성선물 매도(풋옵션 매입 + 콜옵션 매도)와 추가로 낮은 행사가격 (1,100원) 외가격 풋옵션 매도로 구성한다.

② 수출업자 입장에서는 환율에 대한 콜옵션 매도 포지션이다.

③ 만기환율이 1,100원 이상이라면 환율과 관계없이 1,135원에 매도하는 효과이다.

④ 만기환율이 1,100원 이하라면 시장환율보다 35원 높은 환율로 매도한다.

해설

인핸스드 매도 포지션은 동일 행사가격(1,135원) 합성선물 매도(풋옵션 매입 + 콜옵션 매도)와 추가로 낮은 행사가격 (1,100원) 외가격 풋옵션 매도로 구성된다. 그림을 그려 이해해보자.

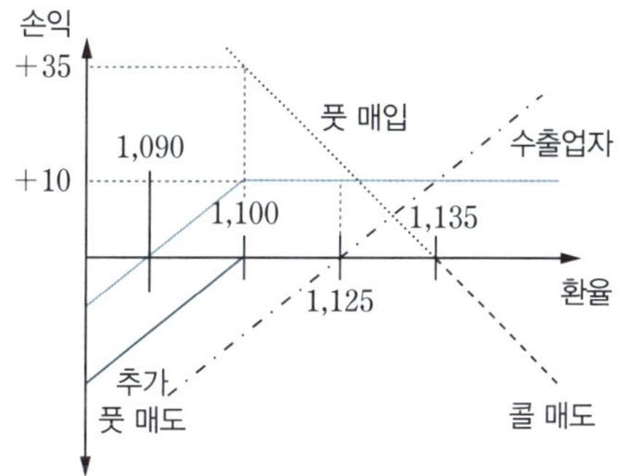

❶ 만기 현물환율(S_T)이 1,135원 이상인 경우

시장환율	1,100원 풋옵션 매도	1,135원 콜옵션 매도	1,135원 풋옵션 매입	최종 수취환율
$+S_T$	소 멸	$-[S_T - 1,135]$	소 멸	1,135원

❷ 만기 현물환율(S_T)이 1,100원~1,135원 사이에 있는 경우

시장환율	1,100원 풋옵션 매도	1,135원 콜옵션 매도	1,135원 풋옵션 매입	최종 수취환율
$+S_T$	소 멸	소 멸	$+[1,135 - S_T]$	1,135

❸ 만기 현물환율(S_T)이 1,100원 이하인 경우

시장환율	1,100원 풋옵션 매도	1,135원 콜옵션 매도	1,135원 풋옵션 매입	최종 수취환율
$+S_T$	$-[1,100 - S_T]$	소 멸	$+[1,135 - S_T]$	$S_T + 35$원

즉, 시장환율이 1,100원 이상인 경우 1,135원으로 고정되고 1,100원 이하로 하락하는 경우 손실이 발생하므로 상승 시 수익고정, 하락 시 손실증가의 손익구조를 갖는다. 따라서 수출업자 입장에서는 환율에 대한 풋옵션 매도 포지션이다.

09 통화옵션을 이용한 환위험 관리에 대한 설명으로 바르지 않은 것은?

★★☆

① 합성선물환 매입 포지션은 동일한 행사가격의 콜옵션을 매수하고 풋옵션 매도를 통해 복제한다.

② 수출업체에게 레인지 포워드 매도거래는 환율 상승 시 일정 수준의 이익 실현이 가능하다.

③ 인핸스드 포워드 매도거래는 행사가가 높은 외가격 콜옵션을 추가로 매도하여 가격조건을 개선한 상품이다.

④ 목표 선물환 매도거래는 일반 합성선물환 거래에 콜옵션을 추가로 매도하여 가격조건을 개선한 상품이다.

> **해설**
>
> 인핸스드 포워드 매도거래는 행사가가 낮은 외가격 풋옵션을 추가로 매도하여 가격조건을 개선한 상품이다. 수출업자 입장에서 환율에 대한 풋옵션 매도 포지션으로 환율이 크게 하락하지 않는 한 일반 선물환 거래에 비해 유리한 반면, 환율 급락으로 인한 손실 확대는 방어하지 못하는 단점이 있다.

10 통화관련 장외파생상품에 대한 설명으로 잘못된 것은?

★★☆

① 통화옵션의 매도 포지션은 환율변동에 따른 손실폭에 제한이 없다.

② 선물환과 외환스왑을 이용한 위험관리는 미래의 환율에 상관없이 외환포지션을 선물환율에 고정시킨다.

③ 외환스왑을 이용하면 외환의 수취와 지급 시점의 불일치로 인한 환위험을 관리할 수 있다.

④ 레인지 포워드는 행사가격이 서로 다른 콜옵션이나 풋옵션 하나만을 이용하여 매입과 매도를 하는 구조로 설계된다.

> **해설**
>
> 범위선물환(range forward)은 콜옵션과 풋옵션의 옵션 행사가격을 달리하는 구조로 설계된다. 이때 매입옵션과 매도옵션의 프리미엄을 같게 설계하여 초기 옵션비용은 발생하지 않는 제로(0)코스트옵션이다.

11 통화관련 장외파생상품에 대한 설명으로 잘못된 것은?

★★☆

① 수입기업은 외화 선물환 매입을 통해 만기의 환율에 상관없이 결제환율을 선물환율로 고정시킬 수 있다.

② 수출업자 입장에서 환위험 관리를 위한 범위선물환 매입 포지션은 손실과 이익이 모두 제한된다.

③ 자국통화의 금리가 외국통화의 금리보다 높은 경우 선물환율은 현물환율보다 높게 형성된다.

④ 통화옵션의 매입 포지션은 환율변동에 따른 손실폭 제한이 없다.

> **해설**
>
> 통화옵션의 매입 포지션 초기에 프리미엄을 지급하므로 이익은 수취하고 손실 발생 시 옵션행사를 포기하는 경우 최대손실금액을 프리미엄으로 제한할 수 있다.

09 ③ 10 ④ 11 ④ **정답**

04 신용파생상품

> **대표유형문제**
>
> 신용파생상품 시장참여자에 대한 설명으로 바르지 못한 것은?
>
> ① 자산운용사는 신용파생상품을 설계하고 거래 참여자들을 연결시킴에 따라 수수료 수입을 얻을 수 있다.
> ② 은행은 신용위험을 관리할 목적으로 신용파생상품시장에 참여한다.
> ③ 신용파생상품 중 기본적이고 대표적인 거래는 신용디폴트스왑(CDS : Credit Default Swap)이다.
> ④ 보험회사 등의 기관투자자들은 보장매도를 통해 신용위험을 인수함으로써 고수익을 얻을 수 있다.
>
> **해설**
>
> 투자은행은 신용파생상품을 설계하고 거래 참여자들을 연결시킴에 따라 수수료 수입을 얻을 수 있다. 자산운용사나 헤지펀드는 신용위험의 보장매입과 매도를 통해 다양한 차익거래를 추구한다.
>
> **정답** ①

필수핵심개념

01 신용파생상품

개 요		• 채권이나 대출 등 신용위험이 내재된 부채에서 신용위험만 분리하여 거래당사자 간에 이전하는 금융계약 • 신용파생상품 중 가장 기본적이고 대표적인 거래는 신용디폴트스왑(CDS : Credit Default Swap) • 대부분 장외시장에서 거래되어 다양한 상품이 존재하고 구조가 복잡하여 내용을 파악하기 어려움
시장참여자	은행·대출금융기관	신용위험을 관리할 목적으로 CDS시장을 형성
	투자은행	신용파생상품을 설계하고 거래 참여자들을 연결시킴에 따라 **수수료 수입** 창출
	기관투자자	보장매도를 통해 신용위험을 인수하여 고수익 창출
	자산운용사·헤지펀드	신용위험의 보장매입과 매도를 통해 다양한 차익거래 추구, 특히 헤지펀드의 경우 레버리지 기법 등 다양한 신용파생상품 전략을 통해 고수익 창출

신용상품의 유용성에 대한 설명이다. 사실과 거리가 먼 것은?

① 금융기관에게는 효율적인 신용관리 수단이 된다.

② 신용파생상품이 활성화되면 준거자산의 유동성은 감소하나, 보장매도자가 많고 비용이 싸서 파생상품 유동성은 확대된다.

③ 신용위험에 대한 새로운 투자기회를 제공한다.

④ 신용위험의 가격발견기능이 제고될 수 있다.

해설

신용파생상품을 이용하면 위험관리가 가능하여 준거자산의 유동성이 확대되는 것이 일반적 현상이다. 따라서 신용파생상품이 활성화되면 유동성이 떨어지는 자산의 유동성을 증가시킬 수 있다.

정답 ②

필수핵심개념

02 신용파생상품의 유용성과 위험성

유용성	• 금융기관에게 효율적인 신용위험 관리수단 : 신용위험만을 분리하여 거래할 수 있어 기존자산은 그대로 보유하면서 신용위험관리 가능 • 유동성이 떨어지는 자산의 유동성 증가 : 위험관리가 가능하여 준거자산의 유동성이 확대되는 것이 일반적 현상이며, 신용파생상품은 대출과 같이 매각하기 힘든 자산에 비해 쉽게 거래할 수 있어 유동성이 상대적으로 높음 • 새로운 투자기회 제공 : 보장매도자는 신용위험을 인수하고 프리미엄 수입 발생, 법적 규제나 제약으로 인해 직접적으로 시장에 진입하지 못하는 경우 간접적으로 시장에 참여 • 신용위험의 가격발견 기능 : 신용파생상품을 통한 차익거래로 신용위험에 대한 합리적인 시장가격이 형성되고 활발한 매매를 통해 시장효율성 강화
위험성	• 금융당국의 관리가 소홀할 경우 금융시스템 안정성이 저해 • 금융기관의 경우 신용위험 이전으로 도덕적 해이 현상 발생 가능 • 신용구조화상품의 구조가 복잡하여 정보의 비대칭성 발생으로 가격과 변동성 왜곡 가능 • 신용위험에 대해 상대적으로 이해도가 낮은 일반투자자는 잠재적 위험을 간과할 수 있음

대표유형문제

신용디폴트스왑(CDS)과 회사채의 차이점에 대한 설명으로 바르지 못한 것은?

① CDS보장매도자는 원금 투자 없이 레버리지 효과를 거둘 수 있다.

② CDS거래는 채권시장의 유동성에 직접적인 영향을 미치지 않는다.

③ CDS는 신용위험의 증가가 예상될 때 이에 대한 매도 포지션을 취하기가 현실적으로 어렵다.

④ CDS거래는 실물채권을 직접 갖고 있지 않아도 신용위험만을 분리하여 거래할 수 있다.

해설

신용위험의 증가가 예상되는 경우 회사채의 공매도 전략은 현실적으로 어려우나 신용파생상품의 경우 보장매입을 통해 신용위험에 대한 매도 포지션을 쉽게 취할 수 있다.

정답 ③

필수핵심개념

03 신용디폴트스왑(CDS : Credit Default Swap)과 회사채의 비교

① 채권투자자는 투자시점에 반드시 원금을 지불하는 반면, CDS의 보장매도자는 신용사건이 발생하는 경우에만 손실금을 지급하면 되므로 원금 투자 없이 레버리지 효과를 거둘 수 있음

② CDS거래는 실물채권을 직접 갖고 있지 않아도 신용위험만을 분리하여 거래할 수 있어 채권시장의 유동성에 직접적인 영향을 미치치 않음

③ 신용위험의 증가가 예상되는 경우 회사채의 공매도 전략은 현실적으로 어려우나 신용파생상품의 경우 보장매입을 통해 신용위험에 대한 매도 포지션을 쉽게 취할 수 있음

신용파생상품인 신용디폴트스왑(CDS)에 대한 설명으로 거리가 먼 것은?

① 신용파생상품 중 가장 기본적이고 대표적인 거래이다.

② 준거기업 혹은 준거자산에 대한 신용위험을 보장매입자가 보장매도자에게 일정한 프리미엄을 지불하고 이전하는 계약이다.

③ 만기 이전에 서로 정한 신용사건이 발생할 경우 보장매입자는 손실금(채무원금−회수금액)을 보장매도자에게 지급해야 한다.

④ 보장매입자는 준거기업에 대한 신용위험을 이전하는 대신 보장매도자의 신용위험을 인수하게 된다는 것이다.

해설

보장매입자는 보장매도자에게 일정한 프리미엄을 지불하고 신용위험을 이전하였으므로 손실분에 대한 보전을 받는다. 따라서 만기 이전에 서로 정한 신용사건이 발생할 경우 보장매도자는 손실금(채무원금−회수금액)을 보장매입자에게 지급해야 한다.

정답 ③

필수핵심개념

04 주요 신용연계 파생상품

(1) 신용디폴트스왑(CDS : Credit Default Swap)

의 의	준거기업 또는 준거자산에 대한 신용위험을 분리하여 ❶ 보장매입자가 ❷ 보장매도자에게 ❸ 프리미엄을 지급하고 준거자산과 관련된 신용사건이 나타날 경우 보장매도자로부터 손실을 보상받는 계약
CDS의 구조	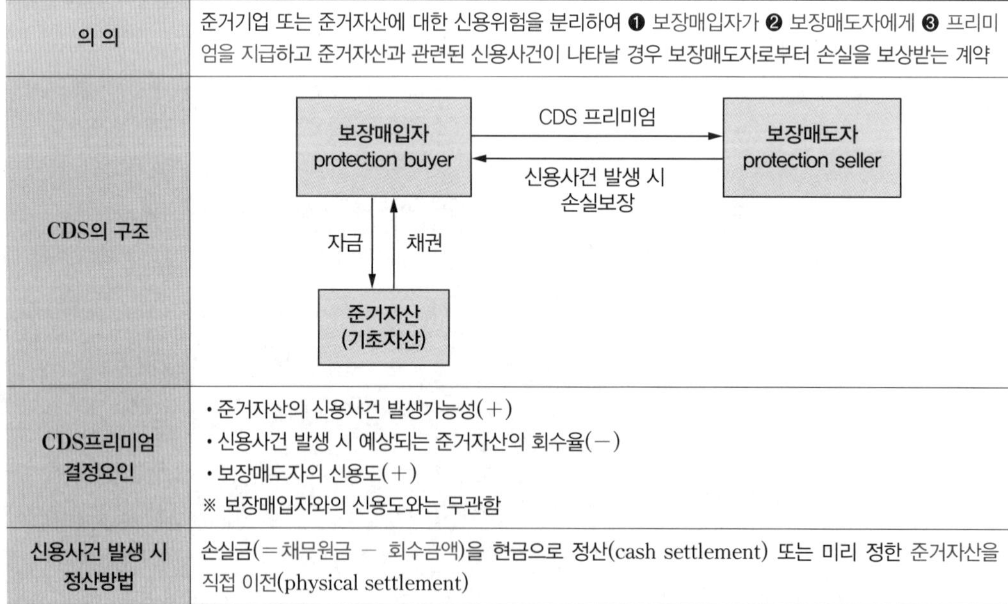
CDS프리미엄 결정요인	• 준거자산의 신용사건 발생가능성(+) • 신용사건 발생 시 예상되는 준거자산의 회수율(−) • 보장매도자의 신용도(+) ※ 보장매입자와의 신용도와는 무관함
신용사건 발생 시 정산방법	손실금(＝채무원금 − 회수금액)을 현금으로 정산(cash settlement) 또는 미리 정한 준거자산을 직접 이전(physical settlement)

특 징	• 보장매도자는 신용사건이 발생하는 경우에만 손실금을 지급하면 되므로 원금의 투자 없이 레버리지 효과 가능 • 실물채권을 직접 갖고 있지 않아도 신용위험만을 분리하여 거래할 수 있으므로 채권시장의 유동성에 직접적으로 영향을 미치지 않음 • 준거기업에 대한 부정적 전망으로 신용위험 증가가 예상될 경우 공매도가 현실적으로 어려워 보장매입을 통해 신용위험에 대한 매도 포지션을 쉽게 취함

더 알아보기

신용사건(Credit Event) 유형

준거기업의 파산(Bankruptcy), 지급불이행(Failure to Pay), 채무재조정(Restructuring), 채무불이행(Obligation Default), 기한의 이익상실(Obligation Acceleration), 지급이행거절(Repudiation)과 모라토리엄(Moratorium)

section 15 ─ 총수익스왑(TRS : Total Return Swap)   중요도 ★★★

대표유형문제

다음 중 총수익스왑(TRS : Total Return Swap)에 대한 설명으로 옳은 것은?

① 보장매도자가 준거자산에서 발생하는 이자, 자본수익(손실)을 모두 지급한다.

② 보장매입자는 약정한 수익(Libor 등)을 지급한다.

③ 신용사건이 발생하지 않아도 시장가치에 따른 현금흐름이 발생한다.

④ 신용위험만을 분리하여 전가하는 신용파생상품이다.

해설

총수익스왑은 ① 보장매입자가 준거자산에서 발생하는 모든 현금흐름을 보징매도자에게 지급하고, ② 보장메도지로부터 약정한 수익을 지급받는 계약이며 ③ 신용사건이 발생하지 않아도 준거자산의 시장가치를 반영한 현금흐름이 발생하여 ④ 신용위험뿐만 아니라, 시장위험까지도 동시에 이전하는 형태의 상품이다.

정답 ③

필수핵심개념

(2) 총수익스왑(TRS : Total Return Swap)

<table>
<tr><td>의 의</td><td>보장매입자가 준거자산에서 발생하는 모든 현금흐름을 보장매도자에게 지급하고, 보장매도자로부터 약정한 수익을 지급받는 계약</td></tr>
<tr><td>TRS의 구조</td><td>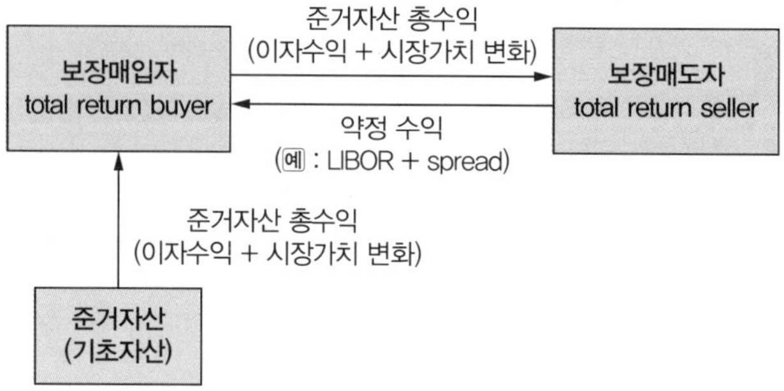
</td></tr>
<tr><td>신용사건 발생 시 정산방법</td><td>• 현금정산 : 준거자산의 액면가에서 시장가격을 뺀 만큼을 지급
• 실물인도 : 준거자산의 액면가격만큼을 지급하고 도산한 준거자산을 인도</td></tr>
<tr><td>특 징</td><td>• 준거자산의 가격이 상승하는 경우 보장매입자가 보장매도자에게 차액을 지불
• 신용사건이 발생하지 않아도 준거자산의 시장가치를 반영한 현금흐름이 발생한다. 즉, 준거자산에서 발생하는 모든 현금흐름을 이전하기 때문에 현금흐름 측면에서 보장매입자는 보장매도자에게 준거자산을 매각하는 것과 동일한 효과를 얻음
• ❶ 신용위험뿐만 아니라 ❷ 시장위험까지도 동시에 이전하는 형태의 상품</td></tr>
</table>

section 16 신용연계채권(CLN : Credit Linked Note) 중요도 ★★★

대표유형문제

신용연계채권(CLN : Credit Linked Note)에 대한 설명으로 거리가 먼 것은?

① 신용연계채권은 고정금리채권에 신용파생상품이 내재된 형태의 구조화 상품이다.
② CLN 투자자는 초기 채권 매입에 원금을 투자한다.
③ CLN 투자자는 발행자의 신용위험뿐만 아니라 내재된 준거기업의 신용위험 또한 감수한다.
④ 특수목적회사(SPV)가 발행한 CLN의 수익률은 담보채권의 수익률과 보장매입자로부터 수취하는 CDS프리미엄의 합이다.

해설

특수목적회사를 통해 CLN을 발행하는 경우에 준거기업의 신용위험은 부담하지만 CLN 발행자(보장매입자)에 대한 신용위험은 SPV가 보유한 담보채권으로 CLN원리금 상환이 보존되어 발행자의 신용위험은 어느 정도 해결할 수 있다.

정답 ③

(3) 신용연계채권(CLN : Credit Linked Note)

특 징	• 일반적으로 고정금리채권에 신용파생상품이 내재된 형태의 신용구조화상품 • 현재 채권에 CDS가 추가된 CLN이 일반적으로 거래됨 • 보장매도자 입장에서 CDS는 투자자금 없이 프리미엄을 받는 구조이나 CLN은 초기 매입에 원금을 투자(∴ 보장매입자 입장에서는 CLN을 더 선호)

	보장매입자가 직접 CLN 발행	특수목적회사(SPV)를 통한 CLN 발행
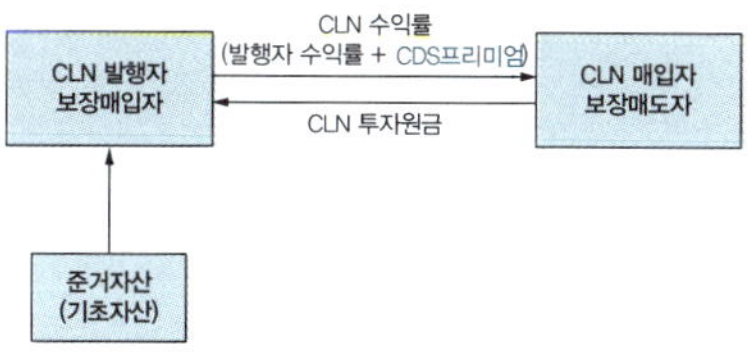 CLN 구조	CLN 수익률 (발행자 수익률 + CDS프리미엄) / CLN 발행자 보장매입자 ← CLN 투자원금 → CLN 매입자 보장매도자 / 준거자산(기초자산)	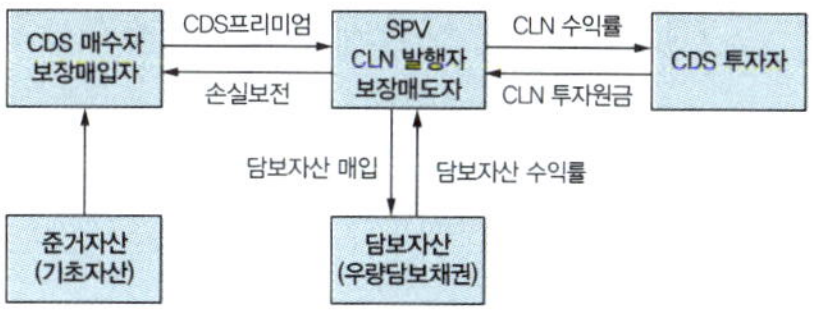 CDS 매수자 보장매입자 ← CDS프리미엄 / 손실보전 → SPV CLN 발행자 보장매도자 ← CLN 수익률 / CLN 투자원금 → CDS 투자자 / 담보자산 매입 · 담보자산 수익률 / 준거자산(기초자산) · 담보자산(우량담보채권) CLN 발행자의 신용위험을 SPV에게 이전
신용사건 발생 시 손실보장	CLN 투자자(보장매도자)가 손실을 부담	SPV가 보유한 담보채권 + 투자자 손실 부담
CLN 수익률	• 준거기업의 신용위험 + CLN 발행자의 신용위험 ∴ CLN 수익률 = 발행자의 수익률 + CDS프리미엄 • 일반채권보다 높은 투자수익	• SPV가 우량자산을 보유하고 있어 신용위험을 어느 정도 해결 ∴ CLN 수익률 = 담보채권의 수익률 + CDS 프리미엄

신용디폴트스왑(CDS) VS 신용연계채권(CLN)

구 분	CDS	CLN
형 태	원금 비수반된 구조 (unfunded structure)	원금 수반된 구조 (funded structure)
보장매도자 신용위험	있 음	없음 (CLN을 통한 신용보장매입을 선호)

01 신용파생상품의 위험성에 대한 설명으로 거리가 먼 것은?

★★☆

① 신용파생상품에 대한 금융기관과 금융당국의 리스크관리가 소홀한 경우 금융시스템의 안정성이 저해될 여지가 높다.

② 은행 등 금융기관의 경우 신용위험이 이전되면, 신용공여의 사후관리 소홀 등의 도덕적 해이 현상이 발생할 수 있다.

③ 신용구조화상품은 구조가 단순하고 가격은 공정하나, 유동성이 없어 중도청산이 사실상 곤란하다.

④ 신용위험에 대해 상대적으로 이해도가 낮은 일반투자자들에게 위험자산을 복잡한 구조 등으로 가공함으로써 잠재적인 위험을 간과하게 만드는 결과를 가져온다.

해설

• 신용구조화상품의 구조가 복잡하여 정보의 비대칭성이 발생할 수 있고, 이로 인해 몇몇 대형투자자들에 의해 가격과 변동성이 왜곡될 수 있다. 따라서 소액투자자나 초보투자자는 신중해야 한다.
• 신용파생상품의 중도청산은 일반적으로 가능하다.

02 신용파생상품의 주요 용어에 대한 설명이다. 사실과 다른 것은?

★☆☆

① 준거기업(Reference Entity) : 신용파생상품의 거래대상이 되는 채무(채권, 대출 등)를 부담하는 주체이다.

② CDS프리미엄 : 보장매입자의 최대이익에 해당한다.

③ 신용사건(Credit Event) : 준거기업의 파산(Bankruptcy), 지급불이행(Failure to Pay) 등이 해당된다.

④ 회수율(Recovery Rate) : 준거기업의 신용사건 발생 시 자산의 회수비율이다.

해설

CDS프리미엄, 신용스프레드는 보장매입자가 보장매도자에게 지급하는 비용으로 이는 보장매도자의 최대 이익에 해당된다.

03 신용디폴트스왑(CDS)에 대한 설명으로 옳지 않은 것은?

★★☆

① 보장매입자는 보장매도자에게 준거기업에 대한 신용위험을 이전한다.

② 신용사건이 발생하지 않는 경우에도 준거자산의 시장가치를 반영한 현금흐름이 발생한다.

③ 신용사건이 발생하는 경우 손실금 지급은 현금으로 정산하거나 미리 정한 준거자산을 직접 이전할 수도 있다.

④ CDS거래는 초기에 원금이 수반되지 않는 unfunded 형태의 거래이다.

> **해설**
>
> 총수익스왑(TRS : Total Return Swap)은 신용사건이 발생하지 않는 경우에도 준거자산의 시장가치를 반영한 현금흐름이 발생한다.

04 신용디폴트스왑(CDS) 프리미엄에 영향을 주는 요인이 아닌 것은?

★★★

① 준거자산의 신용사건 발생가능성

② 신용사건 발생 시 예상되는 준거자산의 회수율

③ 보장매입자의 신용도

④ 스왑계약의 만기

> **해설**
>
> 보장매입자는 CDS프리미엄을 지불하는 자로 신용위험관리를 위해 CDS라는 상품을 구매하는 소비자이다. 보장매도자 입장에서 프리미엄을 받으므로 신용위험에 노출되지 않아 보장매입자의 신용은 프리미엄에 영향을 미치지 않으나 보장매입자 입장에서는 프리미엄을 지급하였으므로 이를 수취한 보장매도자가 약속을 이행하지 않을 수 있어 보장매도자의 신용도가 낮을수록 상품의 질이 떨어지므로 CDS프리미엄(가격)은 저렴해진다.

05 신용디폴트스왑(CDS) 프리미엄에 대한 설명으로 옳지 않은 것은?

★★☆

① 보장매입자가 보장매도자에게 지급하는 비용으로 매년 일정 스프레드를 지급하거나 특정시점에 지급한다.

② 보장매도자의 신용등급이 높아질수록 CDS프리미엄은 낮아진다.

③ 준거자산의 신용사건 발생확률이 높아질수록 CDS프리미엄은 높아진다.

④ 신용사건 발생 시 예상되는 준거자산의 회수율이 높을수록 CDS프리미엄은 낮아진다.

> **해설**
>
> 보장매도자는 신용사건이 발생하면 손실금(채무원금 − 회수금액)을 보장매입자에게 지급해야 한다. 보장매도자의 신용등급이 높을수록 손실분에 대한 보전 가능성이 높아지므로 CDS프리미엄은 높아진다. 이는 동일한 보험상품이라 하더라도 신용도가 높은 보험사의 보험료가 높은 이유이다.

06 총수익스왑(TRS : Total Return Swap)에 대한 설명으로 바르지 못한 것은?

★★★ ① 현금흐름 측면에서 준거자산을 매각하는 것과 동일하다.

② 신용사건이 발생하지 않는 경우에도 준거자산의 시장가치를 반영한 현금흐름이 발생한다.

③ 계약기간 중 준거자산이 도산하게 되는 경우에는 현금이나 실물인도를 통해 정산한다.

④ 보장매입자가 준거자산에서 발생하는 이자수익만을 보장매도자에게 지급한다.

> **해설**
> 보장매입자는 준거자산에서 발생하는 이자수익뿐만 아니라 자본수익(손실)을 포함한 모든 현금흐름을 보장매도자에게 이전하여 보장매도자는 실제 준거자산을 보유한 것과 같은 효과가 있다.

07 총수익스왑(TRS : Total Return Swap)에서 발행할 수 있는 현금흐름에 대한 설명으로 거리가
★★☆ 먼 것은?

① 스왑기간 동안 보장매입자는 자신이 보유한 준거자산에서 발생하는 이자소득을 보장매도자에게 지급한다.

② 보장매도자는 보장매입자에게 Libor 금리에 고정 스프레드를 더한 이자를 준다.

③ 계약 만기 시에 준거자산의 시장가격이 계약 당시보다 상승한 경우 보장매도자가 보장매입자에게 차액을 지급한다.

④ 현금정산은 계약 기간 중 준거자산이 도산하게 되는 경우 보장매도자가 보장매입자에게 준거자산의 액면가에서 시장가격을 뺀 만큼을 지급한다.

> **해설**
> 보장매도자는 보장매입자로부터 준거자산에서 발생하는 자본이익과 손실까지 지급받는다. 만약 계약 만기 시에 준거자산의 시장가격이 계약 당시보다 상승한 경우 보장매입자가 보장매도자에게 차액을 지급하고 가격이 하락하는 경우 반대방향의 현금흐름이 발생한다.

08 고정금리 채권에 신용파생상품이 내재된 신용구조화상품은?
★☆☆
① 신용디폴트스왑(CDS)

② 총수익스왑(TRS)

③ 신용연계채권(CLN)

④ 상장지수채권(ETN)

> **해설**
> 고정금리 채권에 신용파생상품이 내재된 신용구조화상품은 신용연계채권(CLN)이다.

09 신용연계채권(CLN)에 대한 설명으로 거리가 먼 것은?
★★★
① 현재 채권에 CDS가 추가된 CLN이 일반적으로 거래되고 있다.

② 투자자금이 수반되므로 funded 형태의 거래이다.

③ 거래상대방(보장매도자)에 대한 신용위험에 노출된다.

④ CLN을 보장매입자가 직접 발행하는 경우 투자자는 발행자의 일반채권 수익률에 준거기업에 대한 신용프리미엄이 추가된 수익을 얻는다.

> **해설**
> CLN 발행자(보장매입자)는 투자자(보장매도자)에게 신용연계채권을 팔아 초기에 투자원금을 받는다. 따라서 준거기업 부도 시 CLN 발행대금에서 손실금을 회수할 수 있어 거래상대방에 대한 위험이 없다.

파생결합증권

챕터 출제비중

구 분	출제영역	출제문항
CHAPTER 01	기타파생상품	10~11 문항
CHAPTER 02	파생결합증권	6~7 문항
CHAPTER 03	스 왑	8 문항
	총 문항	25 문항

- CHAPTER 01 : 42%
- CHAPTER 02 : 26%
- CHAPTER 03 : 32%

파생결합증권의 종류와 고난도금융투자상품의 기준을 명확히 구분하여야 하며, 고난도금융투자상품은 누구를 대상으로 판매하였느냐에 따라 투자자 보호장치의 차이가 발생하므로 대상을 명확히 구분하여 학습하길 권장합니다. ELS, ELW, ETN의 특징들은 1과목과 겹치는 부분이 많으나 각 발행시장, 상장시장제도에 대한 암기가 필요합니다.

Section별 중요도 및 학습체크

구 분	핵심개념	중요도	학습체크		
			1회독	2회독	3회독
01	파생결합증권의 분류	★			
02	파생결합증권의 발행	★			
03	일반금융소비자에 대한 보호 의무	★★★			
04	고난도금융투자상품	★			
05	고난도금융투자상품 판매규제	★			
06	ELD, ELS, ELF 비교	★★★			
07	만기상환형 ELB 수익구조	★			
08	조기상환형 ELS 손익구조	★★★			
09	ELS/ELB 투자전략	★★★			
10	ELW의 특징	★★★			
11	ELW와 개별주식옵션 비교	★★★			
12	ELW의 기초자산	★★			
13	ELW의 주요용어	★★			
14	ELW의 가격구조	★★			
15	ELW 가격결정요인	★★★			
16	ELW의 민감도 지표	★★★			
17	ELW의 활용전략	★★			
18	ETN의 특징	★★			
19	ETN의 기초지수	★★			
20	ETN의 발행제도	★★			
21	ETN의 상장제도	★★★			
22	ETN의 상장폐지	★			
23	ETN의 유동성 공급자 제도	★★			
24	ETN의 매매제도	★			
25	ETN의 투자지표	★★★			
26	ETN의 투자위험	★			

01 파생결합증권의 개요

<table>
<tr><td>section 01</td><td>파생결합증권의 분류</td><td>중요도 ★☆☆</td></tr>
</table>

대표유형문제

파생결합증권이 아닌 증권은?

① ELS(주가연계증권)

② ELW(주식워런트증권)

③ ETN(상장지수증권)

④ ELB(파생결합사채)

해설

2013년 5월 자본시장법 개정으로 파생결합사채(ELB, DLB)는 파생결합증권이 아닌 채무증권으로 다시 분류하였다.

정답 ④

필수핵심개념

01 파생결합증권

자본시장법상 정의		• 기초자산의 가격, 이자율, 지표, 단위 또는 이를 기초로 하는 지수 등의 변동과 연계하여 미리 정하여진 방법에 따라 지급금액 또는 회수금액이 결정되는 권리가 표시된 것 • 기존 열거주의에서 파생결합증권 기초자산의 범위를 확대하여 금융위험으로서 평가가 가능한 것으로 매우 포괄적으로 정의
대표적 파생결합증권	ELS (주가연계증권)	주식의 가격이나 주가지수의 변동과 연계하여 사전에 정해진 수익조건에 따라 상환금액을 지급하는 유가증권
	DLS (기타 파생결합증권)	• 이자율, 환율, 원자재, 신용위험 등의 변동과 연계하여 사전에 정해진 수익조건에 따라 상환금액을 지급하는 유가증권 • 적정한 방식으로 가격이나 이자율 등을 산정할 수 있다면 기후와 같은 자연환경의 변화도 DLS 형태로 만들 수 있음
	ELW (주식워런트증권)	특정 주가 또는 주가지수를 미리 일정시점에 사전에 정해진 조건에 따라 매매할 수 있는 권리가 주어진 유가증권
	ETN (상장지수증권)	기초지수 변동과 수익률이 연동되도록 증권회사가 발행한 파생결합증권으로 주식처럼 거래소에 상장되어 거래되는 증권

※ 파생결합사채(ELB, DLB)는 파생결합증권이 아닌 채무증권으로 분류

> **대표유형문제**
>
> 다음 중 파생결합증권의 발행에 대한 설명으로 올바른 것은?
>
> ① 파생결합증권 발행은 증권에 대한 투자매매업과 함께 장내파생상품에 대한 투자매매업 인가를 받은 경우로 한정한다.
> ② 일괄신고서를 제출한 자는 발행예정기간 중 2회 이상 그 증권을 발행해야 한다.
> ③ 모든 공모 고난도파생결합증권은 일괄신고서 제출이 제한된다.
> ④ 적정한 방식으로 가격이나 이자율 등을 산정할 수 있다면 기후와 같은 자연환경의 변화도 DLS 형태로 발행할 수 있다.
>
> **해설**
>
> ① 증권과 더불어 장내파생상품이 아닌 장외파생상품에 대한 인가를 받아야 한다.
> ② 대부분 발행증권사들은 1년 단위로 일괄신고서를 제출하고 이 기간 중 3회 이상 그 증권을 발행해야 한다.
> ③ 공모 고난도파생결합증권은 원칙적으로 일괄신고서 제출이 제한되나 예외적으로 기초자산이 주식 또는 주가지수로 이루어지고 손실배수가 1 이하인 ELS는 고난도금융투자상품에 해당하더라도 일괄신고서 제출이 가능하다.
>
> **정답** ④

필수핵심개념

02 파생결합증권(ELS, DLS, ELW, ETN)의 발행

발행자격	증권에 대한 ❶ 투자매매업과 함께 ❷ 장외파생상품에 대한 ❸ 투자매매업 인가를 받은 경우로 한정

발행방법	**공 모**	• 모집 : 50인 이상의 투자자에게 새로 발행된 증권 취득의 청약을 권유 • 매출 : 50인 이상의 투자자에게 이미 발행된 증권 매두의 청약을 하거나 매수의 청약을 권유하는 것
	사 모	새로 발행되는 증권 취득의 청약을 권유하는 것으로서 모집에 해당하지 아니하는 것

증권신고서	• 파생결합증권의 모집과 매출을 위해서는 공시규제에 따라 기본적으로 파생결합증권 발행자는 증권신고서를 작성하여 금융위원회에 제출 • 증권신고서는 수리된 날로부터 15일(영업일) 경과 후 효력 발생

일괄신고서	• 파생결합증권의 발행기간을 단축하고 발행편의를 도모하기 위해 발행인이 당해 발행인의 실체와 증권발행내용에 관한 사항과 일정기간 동안의 모집 · 매출 예정 물량을 일괄하여 사전에 신고서를 작성하여 금융위원회에 제출 • 일괄신고서의 발행 예정기간 : 일괄신고서 효력발생일로부터 2개월 이상 1년 이내 기간 • 일괄신고서를 제출한 지는 발행예정기간 중 3회 이상 그 증권을 발행해야 함
	※ 일괄신고서 제출을 위한 3가지 요건(모두 충족 시) • 동종 증권을 최근 1년간 모집 또는 매출한 실적이 있으면서 　－ 최근 1년간 사업보고서와 반기보고서를 제출한 자 　－ 최근 1년간 분기별 업무보고서 및 월별 업무보고서를 제출한 금융투자업자 • 최근 사업연도의 재무제표에 대한 회계감사인의 감사의견이 적정일 것 • 최근 1년 이내에 금융위원회로부터 증권의 발행을 제한하는 조치를 받은 사실이 없을 것
	※ 일괄신고서 제출 제한 • 원칙 : 공모 고난도파생결합증권 일괄신고서 제출 금지 • 예외 : ❶ 오랫동안 반복적으로 발행된 것으로서 ❷ 기초자산이 주식 또는 주가지수로 이루어지고 ❸ 손실배수가 1 이하(기초자산변동률 기준)인 ❹ ELS는 고난도금융투자상품에 해당하더라도 일괄신고서 제출 가능

대표유형문제

파생결합증권 투자권유에 대한 내용으로 거리가 먼 것은?

① 주권상장법인이 일반금융소비자와 같은 대우를 받겠다는 의사를 금융상품판매업자 또는 금융상품자문업자에게 서면으로 통지하는 경우 금융상품판매업자 등은 정당한 사유가 있는 경우를 제외하고는 이에 동의하여야 한다.

② ELS · DLS를 신규투자자, 고령투자자(65세 이상) · 초고령투자자(80세 이상)에게 투자권유하고자 하는 경우 투자자의 올바른 투자판단을 유도하기 위해 추천사유 및 유의사항 등을 기재한 '적합성보고서'를 계약체결 전에 투자자에게 교부하여야 한다.

③ 투자자가 파생결합증권을 모집 또는 매출의 방법으로 취득하고자 하는 경우 투자설명서, 예비투자설명서, 간이투자설명서 중 어느 하나를 선택하여 교부할 수 있다.

④ 공모 방법으로 발행된 파생결합증권의 판매 후 만기일 전에 최초로 원금손실조건에 해당하는 경우 일반투자자에게 원금손실조건에 해당되었다는 사실, 기초자산 상환 시 예상수익률, 중도상환 청구 관련 사항, 공정가액 등을 통지하여야 한다.

해설

공모 방식 청약의 권유 시 투자설명서, 예비투자설명서, 간이투자설명서 중 선택하여 이용 가능하나, 판매에 따른 교부는 선택이 불가하며 투자설명서만 허용하여 미리 사전에 투자설명서를 교부하여야 한다.

정답 ③

필수핵심개념

03 파생결합증권의 투자권유

(1) 금융소비자의 구분

개 요		• 자본시장법상 투자자에 따른 위험감수능력 여부에 따라 전문투자자와 일반투자자로 구분 • 금소법은 기존 자본시장법의 전문투자자의 범위를 근간으로 금융상품별 특성을 감안하여 전문금융소비자의 범위를 보완	
금융 소비자구분	일반투자자	적합성 원칙, 적정성 원칙, 설명의무 등을 통해 투자자보호	
	전문투자자	절대적 전문투자자	국가, 한국은행, 금융회사 등
		상대적 전문투자자*	❶ 주권상장법인, ❷ 지방자치단체, ❸ 해외상장법인
		❹ 자발적 전문투자자 (= 적격투자자)	법인 및 단체 : 협회에 지정신청
			개인 : 금융회사에 지정신청
	*상대적 전문투자자 : 일반투자자로 서면전환 신청이 가능한 전문투자자(단, 장외파생상품 거래를 하는 경우에 전문투자자 대우를 받기 위해서는 그 내용을 서면으로 금융투자업자에게 통지하는 경우에만 투자가능)		

(2) 파생결합증권의 일반금융소비자에 대한 보호 의무

① 적합성의 원칙

금융판매회사가 일반금융소비자에게 ❶ 투자권유를 하는 경우 ❷ 고객의 정보를 파악하여 ❸ 확인을 받은 후 정보를 지체 없이 제공하고 ❹ 유지 · 보관하여야 하며, 부적합한 경우 계약체결 권유 불가

❷ 고객의 정보를 파악	정보미제공 시 (불원 투자자)		• "투자권유 희망 및 투자정보 제공 여부확인서"를 받아 판매절차 진행 가능 • 단, 적정성 원칙 상품 계약 불가 • 적정성 원칙 상품 외 계약 체결하는 경우 협회 인터넷 홈페이지 공시
	정보제공 시	투자성상품의 확인 정보 (투자자정보확인서)	⊙ 금융상품 취득 · 처분 목적, ⓒ 재산상황, ⓒ금융상품의 취득 · 처분 경험, ⓔ 소비자의 연령, ⓜ 금융상품에 대한 이해도, ⓗ 기대이익(손실) 등을 고려한 위험에 대한 태도
		부적합투자자인 경우	• 계약체결의 권유 금지(고객이 원해도 투자권유 불가) • "투자성향에 적합(적정)하지 않는 금융투자상품 거래확인서"를 통해 계약을 체결하는 경우 협회 인터넷 홈페이지 공시
❸ 확 인	서명(전자서명 포함), 기명날인, 녹취 또는 전자적 수단의 방법		
❹ 보 관	유지 · 관리(10년)		

※ 적합성 보고서 교부 : ❶ 신규투자자, 투자성향 부적합 투자자, 고령투자자(65세 이상) 및 초고령 투자자(80세 이상)에게 ❷ ELS, ELF, ELT, DLS, DLF, DLT를 판매하고자 하는 경우 ❸ 계약 체결 이전에 투자자에게 ❹ 적합성보고서를 교부해야 함

② 적정성의 원칙

판매회사의 ❶ 투자권유 없이 일반금융소비자가 자발적으로 ❷ 적합성 원칙 대상 상품에 대해 계약 체결의사를 밝힌 경우 ❸ 고객의 정보를 파악하여 부적정할 경우 그 사실을 소비자에게 고지하고 ❹ 확인할 의무 있음

❷ 적합성 원칙 대상 상품 (파생상품 등)	⊙ 파생상품(장내 및 장외), ⓒ 파생결합증권, ⓒ 조건부자본증권 고난도금융상품, ⓔ 파생형 집합투자증권(레버리지 · 인버스ETF 포함), ⓜ 집합투자재산의 50%를 초과하여 파생결합증권에 운용하는 집합투자증권 등		
❸ 고객의 정보를 파악	정보미제공 시		계약 불가
	정보제공 시	투자성상품의 확인 정보	적합성의 원칙과 동일
		부적정투자자인 경우	• 그 사실을 소비자에게 알림 • "투자성향에 적합(적정)하지 않는 금융투자상품 거래확인서"을 통해 계약을 체결하는 경우 협회 인터넷 홈페이지 공시
❹ 확 인	서명(전자서명 포함), 기명날인, 녹취 또는 전자적 수단의 방법		

③ 설명의무

판매회사가 ❶ 일반금융소비자에게 계약체결을 권유하거나 일반금융소비자가 설명으로 요청하는 경우 ❷ 중요한 사항을 ❸ 설명하고, 설명한 내용을 이해하였음을 ❹ 확인받으며, 이에 필요한 ❺ 설명서를 ❻ 제공하여야 함

❷ 중요한 사항 (영업실무, 직무윤리, 금소법 공통)	㉠ 상품의 내용, ㉡ 투자에 따르는 위험, ㉢ 위험등급(금융상품판매업자가 정함), ㉣ 금융소비자가 부담해야 하는 수수료, 계약의 해지·해제, ㉤ 증권의 환매 및 매매에 관한 사항, ㉥ 계약기간, 금융상품의 구조, 손실이 발생할 수 있는 상황 및 그에 따른 손실 추정액 등(단, 일반금융소비자가 원하는 경우 중요 사항 중 특정 사항만을 설명)
❸ 설 명	• 금융상품 측면과 투자자 측면을 고려하여 상품의 설명 정도를 달리 할 수 있음 • 금소법상 설명사항 중 자본시장법상 투자설명서 또는 간이투자설명서에 기재된 내용은 금소법상 설명서에서 제외 가능 ※ ㉠ 공모 파생상품 결합증권에 대한 ㉡ 청약 권유는 투자설명서, 예비투자설명서, 간이투자설명서 중 ㉢ 선택하여 이용 가능 • 요약(핵심)설명서*를 맨 앞에 두어야 함 *요약(핵심)설명서 : 투자자가 쉽게 이해할 수 있도록 한 요약설명서로 유사 금융상품과 구별되는 특징, 발생가능 불이익 사항, 해당 위험등급의 의미와 유의사항, 민원처리, 분쟁조정 절차에 관한 사항(연락처 포함)이 포함되어야 함
❹ 확 인	서명(전자서명 포함), 기명날인, 녹취 또는 전자적 수단의 방법
❺ 설명서 (금투협 규정 및 금소법 공통)	**[교부해야 하는 설명서]** <table><tr><td>구 분</td><td colspan="2">고난도금융투자상품 外</td><td>고난도금융투자상품</td></tr><tr><td rowspan="2">공모○</td><td>집합투자증권 ○</td><td>투자설명서 또는 간이투자설명서</td><td rowspan="2">요약설명서 추가 교부 및 설명 (ELW, ETN, 금적립계좌 제외) ※ 요약설명서를 맨 앞에 제공</td></tr><tr><td>집합투자증권 ×</td><td>투자설명서</td></tr></table> ※ 파생결합증권 판매에 따른 투자설명서의 교부는 선택 불가
❻ 제 공	• 서면, 우편 또는 전자우편, 휴대전화 문자메세지 등을 통해 반드시 사전에 제공해야 함 • 투자설명서 또는 간이투자설명서, 요약설명서는 투자자가 원하지 않는 경우에는 교부의무 면제

파생결합증권(ELS 등)에 대한 특례(금투협 규정 공통) : 정보제공 강화

금융투자회사는 ❶ 공모의 방법으로 발행된 ❷ 파생결합증권(ELW, ETN, 금적립계좌 제외)에 대해서는 ❸ 일반투자자가 미리 정한 서신, 전화 등 그 밖의 이와 유사한 전자통신 방법으로 ❹ 다음의 정보를 제공해야 함(단, 일반투자자가 정보수령을 거부하는 경우에는 통지하지 않을 수 있음)

❹ **다음의** **정보**	**[만기일 이전에 최초로 원금손실조건(만기일 포함)에 해당하는 경우]**
	㉠ 원금손실조건에 해당되었다는 사실, ㉡ 기초자산의 현재가격, ㉢ 자동 조기상환 조건 및 자동 조기상환시 예상수익률, ㉣ 만기상환 조건 및 만기상환 시 예상수익률, ㉤ 중도상환 청구 관련 사항, ㉥ 공정가액
	[다음 어느 하나에 해당 하는 경우 판매 후 비정기적 정보 세공]
	㉠ 최초 기준가격 확정 시 : 최초 기준가격 및 원금손실 조건에 해당하는 기초자산의 가격 ㉡ 자동 조기상환 조건을 충족하지 못한 경우 : 자동 조기상환의 순연사실 ㉢ 발행회사의 신용등급이 하락한 경우 : 신용등급 변동 내역(ELB나 DLB의 경우)
	[판매 후 정기적 정보제공]
	분기 1회 이상 파생결합증권의 공정가액 및 기초자산의 가격 등에 관한 정보

대표유형문제

다음 중 고난도금융투자상품에 해당하는 것은?

① 회수보장금액을 원금의 80% 이상으로 하는 ELS
② 거래소에 상장되어 있는 ELW
③ 개인전문투자자를 대상으로 하는 CFD
④ 전문투자자만을 대상으로 하는 DLS

해설

전문투자자이지만 개인전문투자자를 대상으로 하는 CFD는 고난도금융투자상품에 해당한다.

정답 ③

필수핵심개념

(3) 고난도금융투자상품

고난도 금융투자상품 개념	[원칙] ❶ 최대 원금손실 가능 금액이 ❷ 원금의 20%를 초과하는 ❸ 파생결합증권, 파생상품, 투자자가 이해하기 어려운 펀드 · 투자일임 · 금전신탁계약 [예외] 상장(해외거래소 포함)상품이나, 전문투자자만을 대상(상대적 전문투자자 제외)으로 하는 상품은 제외
ELS · DLS	[원칙] 손익구조상 별도의 손실제한이 없는 경우 고난도금융투자상품에 해당 [예외] 손익구조상 손실을 원금의 20% 이내로 제한(회수 보장금액이 원금의 80% 이상)하는 경우에만 고난도금융투자상품에서 제외
ETN · ELW	• 투자자가 거래소에서 직접 매매하는 경우에는 손실제한 여부와 상관없이 고난도에서 제외 • 펀드나 일임 · 신탁 등에 편입되어 거래되는 경우에는 손실제한이 없으면 고난도에 해당
CFD* (차액결제거래)	개인전문투자자를 대상으로 하나 고난도금융상품에 해당

*CFD : 해당 상품의 가격변동에 따른 차익을 얻을 수 있는 장외파생상품

더 알아보기

최대원금손실 가능액

상품 매매 · 계약을 위해 기지급 또는 지급해야 할 금전 총액(원금)으로부터 기회수 또는 회수가 보장된 금전 총액을 차감하여 산정한 금액

*회수가 보장된 금전 총액 : 환매 · 해지수수료, 세금 등을 포함하므로 환매 · 해지수수료, 세금 등을 별도로 차감하지 않음

대표유형문제

다음 중 고난도금융투자상품에 대한 판매규제의 내용으로 적절하지 않은 것은?

① 고난도금융투자상품을 개인전문투자자에게 판매하는 경우 녹취·숙려의무가 적용된다.

② 손익구조상 손실을 원금의 20% 이내로 제한한 ELS를 개인일반투자자 중 고령자(65세 이상)에게 판매하는 경우 녹취·숙려의무를 적용하되 요약설명서는 교부하지 않는다.

③ 일반금융소비자로부터 계약 체결의 권유를 해줄 것을 요청받지 않은 경우에는 사전동의 여부와 상관없이 고난도금융투자상품 등에 대하여 방문·전화 등 실시간 대화의 방법으로 계약체결의 권유를 하여서는 안 된다.

④ 고난도금융투자상품을 개인일반투자자에게 판매하는 경우 녹취의무, 숙려제도, 요약설명서 교부, 이사회 판매승인을 모두 준수하여야 한다.

해설

고난도금융투자상품을 개인전문투자자에게 판매하는 경우 요약설명서 교부와 이사회 판매승인만 준수하면 된다. 즉 녹취·숙려의무는 개인일반투자자에게만 적용된다.

정답 ①

필수핵심개념

(4) 고난도금융투자상품에 대한 주요 판매 규제와 대상

고난도금융투자상품 투자자와 고령 투자자를 위해 판매과정이 녹취되고, 투자의사를 재차 생각할 수 있는 숙려기간 부여 등을 통해 강화된 투자자 보호장치를 적용

판매 대상	판매 규세	내 용
개인 일반투자자만 적용	녹취의무	판매과정을 녹취하여야 하며 투자자가 요청하는 경우 녹취파일 제공
	숙려제도	• 철회 숙려기간 2영업일 이상 보장 • 숙려기간 중 투자위험, 원금손실가능성, 최대 원금손실가능금액을 고지 • 숙려기간이 지난 후 투자자가 서명, 기명날인, 녹취 등으로 청약 의사를 다시 표현하는 경우에만 청약을 집행해야 함
개인 투자자 모두 직용 (개인일반· 전문투자자)	요약설명서 교부	[고난도금융투자상품 시 요약설명서 교부 및 포함 사항] ❶ 해당 상품의 특성과 ❷ 손실위험에 대한 시나리오분석 결과와 ❸ 목표시장의 내용 및 설정 근거를 포함한 요약설명서 제공 단, 투자자가 받지 않겠다는 의사를 서면, 전화 등의 방법으로 표현한 경우 교부하지 아니할 수 있음
대상 구분 없음	이사회 판매승인	• 원칙 : 이사회에서 판매 여부를 결정 • 예외 : 회사 사정 등을 고려하여 내부통제기준에 따라 위임가능

(5) 개인투자자 대상별 고난도금융투자상품 판매규제

개인일반투자자	녹취의무, 숙려제도, 요약설명서 교부, 이사회 판매승인 4가지 제도 모두 준수
개인전문투자자	요약설명서 교부, 이사회 판매승인만 준수(녹취, 숙려제도 미적용)

(6) 개인인 일반투자자 중 고령자(65세 이상) 또는 부적합투자자 대상 판매규제

판매 규제	금융소비자보호법에 따른 '적정성 원칙 적용대상' 상품을 판매하는 경우 녹취 · 숙려 제도를 부과 ※ 적정성 원칙 적용 대상 상품 : 파생결합증권, 파생상품, 파생결합펀드, 조건부자본증권, 고난도금융 　투자상품 등
ELS, DLS, ELW, ETN (파생결합증권)	• 고난도금융투자상품 판매 시 ❶ 녹취 ❷ 숙려 및 ❸ 요약설명서 교부 적용(개인전문투자자 포함) • 파생결합증권은 적정성 원칙이 적용되므로 고난도에 해당하지 않더라도 ❶ 녹취 · 숙려 제도를 부과 　하되 ❷ 요약설명서 미교부

(7) 불초청권유 금지 강화

원 칙	금융소비자의 구체적 · 적극적인 요청이 없는 불초청권유의 경우, 방문 전 소비자의 동의를 확보한 경우 에 한해 예외적으로 허용
일반금융소비자	계약 체결 권유를 해줄 것을 요청받지 않은 경우에는 사전 동의 여부와 상관없이 장외파생상품, 장내파 생상품, 사모펀드, 고난도금융투자상품 등에 대하여 방문 · 전화 등 실시간 대화의 방법으로 계약체결 권유 불가
전문금융소비자	장외파생상품에 대해서만 사전 동의 여부와 상관없이 불초청권유가 금지

01 핵심보충문제

01 ★☆☆

다음 중 이자율, 환율, 원자재 등의 변동과 연계하여 사전에 정해진 수익구조에 따라 상환금액을 지급하는 유가증권은?

① ELS

② DLS

③ ELW

④ ETN

해설

주가 또는 주가지수 이외의 다른 기초자산의 변동과 연계되는 파생결합증권은 DLS이다.

02 ★★☆

다음 중 대표적 파생결합 증권에 해당하지 않는 것은?

① ELS

② DLS

③ ELW

④ ETF

해설

ETF는 자본시장법상 집합투자증권이므로 파생결합증권으로 분류되는 ETN과 다르게 취급된다.

03 ★★☆

다음 중 일괄신고서 제출이 불가능한 공모 고난도파생결합증권은?

① 투자자가 거래소에서 직접 매매하는 ETN

② 투자자가 거래소에서 직접 매매하는 ELW

③ 오랫동안 반복적으로 발행된 것으로서 손실배수가 1 이하인 손익구조상 별도의 손실제한이 없는 ELS

④ 오랫동안 반복적으로 발행된 것으로서 회수 손실배수가 1 이하인 손익구조상 회수보장금액이 원금의 80% 이하인 DLS

해설

원칙적으로 공모 고난도파생결합증권의 일괄신고서 제출이 금지된다. 고난도금융상품은 최대 원금손실 가능 금액이 원금의 20%를 초과하는 파생결합증권이다. 그러나 예외적으로 오랫동안 반복적으로 발행된 것으로서 기초자산이 주식 또는 주가지수로 이루어지고 손실배수가 1 이하인 ELS는 고난도금융투자상품에 해당하더라도 일괄신고서 제출이 가능하다. 또한 투자자가 거래소에서 직접 매매하는 ETN · ELW는 손실여부와 상관없이 고난도파생결합증권에서 제외되어 일괄신고서 제출이 가능하다. 따라서 원금 손실이 20%를 초과하는 DLS는 기초자산이 주식이나 주가지수가 아니므로 손실배수와 관계없이 고난도금융상품에 해당하여 일괄신고서 제출이 불가하다.

정답 01 ② 02 ④ 03 ④

04
★★☆

금융회사가 일반금융소비자에게 계약체결을 권유하거나 일반금융소비자가 설명으로 요청하는 경우 설명해야 하는 중요한 사항에 해당하지 않는 것은?

① 상품의 내용
② 투자에 따르는 위험
③ 증권의 환매 및 매매에 관한 사항
④ 만기상환 시 예상수익률

해설

만기상환시 예상수익률은 금융투자회사가 공모의 방법으로 발행된 파생결합증권(ELW, ETN, 금적립계좌 제외)에 대해서 일반투자자에게 제공해야 하는 정보에 해당한다.

05
★★☆

고난도금융투자상품의 판매 규제에 대한 설명으로 가장 거리가 먼 것은?

① 개인일반투자자인 경우 판매과정을 녹취하여야 하며 투자자가 요청하는 경우 녹취파일을 제공해야 한다.
② 개인일반투자자에게 청약철회 숙려기간을 2영업일 이상 보장해야 한다.
③ 개인전문투자자의 경우 요약설명서를 제공하지 않아도 된다.
④ 개인전문투자자의 경우 녹취의무와 숙려제도가 적용되지 않는다.

해설

개인일반투자자와 개인전문투자자에게 투자자가 쉽게 이해할 수 있도록 요약설명서를 제공해야 한다. 단, 투자자가 받지 않겠다는 의사를 서면, 전화 등의 방법으로 표현한 경우 교부하지 아니할 수 있다.

06
★★☆

고난도금융투자상품의 개념 및 판매 규제에 대한 설명으로 가장 적절한 것은?

① 투자자가 시장에서 ETN을 직접 매매하는 경우에는 판매과정이 녹취되고, 투자의사를 재차 생각할 수 있는 숙려기간 부여 등을 통해 강화된 투자자 보호장치가 적용된다.
② 최대 원금 손실금액은 손실금액에 대한 시뮬레이션을 통해 측정한다.
③ 최대 원금 손실금액을 산정하는 경우 환매 또는 해지 수수료가 있으면 해당 금액만큼 별도로 차감한다.
④ 고난도에 해당하지 않는 파생결합증권을 고령자(65세 이상) 또는 부적합투자자를 대상으로 판매하는 경우 녹취 · 숙려 제도를 부과하되 요약설명서 교부는 부과하지 않는다.

해설

① 투자자가 시장에서 ETN을 직접 매매하는 경우에는 고난도파생결합증권에 해당하지 않아 판매과정이 녹취되고, 투자의사를 재차 생각할 수 있는 숙려기간 부여 등을 통한 강화된 투자자 보호장치가 적용되지 않는다.
② 최대 원금 손실금액은 상품 매매 · 계약을 위해 기지급 또는 지급해야 할 금전 총액(원금)으로부터 기회수 또는 회수가 보장된 금전 총액을 차감하여 산정한다.
③ 회수가 보장된 금전 총액에 환매 · 해지수수료, 세금 등을 포함하므로 환매 · 해지수수료, 세금 등을 별도로 차감하지 않는다.

07 고난도금융투자상품 판매 규제에 대한 설명으로 거리가 먼 것은?
★★☆

① 숙려기간이 지난 후 투자자가 서명, 기명날인, 녹취 등으로 청약 의사를 다시 표현하는 경우에만 청약을 집행해야 한다.

② 고난도금융투자상품 판매 승인은 원칙적으로 이사회에서 결정하되 회사 사정 등을 고려하여 내부통제기준에 따라 위임 가능하다.

③ 일반금융소비자에게 계약체결의 권유를 해줄 것을 요청받지 않은 경우에는 사전 동의를 확보한 후 고난도금융투자상품 등에 대하여 방문 · 전화 등 실시간 대화의 방법으로 계약체결을 권유하여야 한다.

④ 전문금융소비자는 장외파생상품, 연계투자에 대해서만 사전 동의 여부와 상관없이 불초청권유가 금지된다.

> **해설**
>
> 일반금융소비자는 계약체결 권유를 해줄 것을 요청받지 않은 경우에는 사전 동의 여부와 상관없이 고난도금융투자상품 등에 대하여 방문 · 전화 등 실시간 대화의 방법으로 계약체결 권유가 불가하다.

08 다음 중 개인일반투자자 중 고령자 또는 부적합투자자 대상 판매규제에 대한 설명으로 올바른 것은?
★★☆

① 고령자란 70세 이상인 자를 말한다.

② 고령자 또는 부적합투자자에 대한 녹취 · 숙려제도는 고난도금융투자상품을 판매하는 경우에만 적용된다.

③ 고난도에 해당하지 않는 ELW를 판매하는 경우 녹취 · 숙려제도는 생략하되 요약설명서를 교부하여야 한다.

④ 개인전문투자자 중 고령자 또는 부적합투자자에게 고난도금융투자상품 판매 시 녹취 · 숙려 및 요약설명서 교부가 동일하게 적용된다.

> **해설**
>
> ① 고령자란 65세 이상인 자를 말한다.
> ② 고령자 또는 부적합투자자에 대한 녹취 · 숙려제도는 금융소비자보호법에 따른 '적정성 원칙 적용대상' 상품을 판매하는 경우 적용된다.
> ③ 파생결합증권(ELS, DLS, ELW, ETN)은 적정성 원칙 적용대상 금융상품으로 고난도에 해당되더라도 녹취 · 숙려제도를 적용하되 요약설명서 교부는 하지 않는다.

section 06   ELD, ELS, ELF 비교   중요도 ★★★

대표유형문제

다음은 ELD, ELS, ELF에 대한 비교 설명이다. 사실과 다른 것은?

① ELD는 은행에서 판매하며 100% 원금보장

② ELS는 증권사가 파생결합증권으로 판매

③ ELF는 증권사가 신탁 형태로 판매

④ ELF는 은행에서 수익증권 형태로 판매

해설

ELF는 은행이나 증권사에서 펀드로 판매되며, 은행을 중심으로 신탁형태로 판매하는 상품은 ELT이다.

정답 ③

필수핵심개념

01 ELD, ELS, ELF

(1) ELD, ELS, ELF 비교

구 분	ELD	ELS	ELF
발행기관	은 행	증권사	집합투자기구
투자형태	예 금	파생결합증권	수익증권
예금보호	보장(장점)	비보장	비보장
원금보장	100% 보장	사전약정	보장없음
만기수익률	사전약정수익률	사전약정수익률	실적배당

(2) ELD, ELS, ELF 특징

ELD	• 예금으로 분류, 예금자보호가 되는 장점 • 실제 운용은 투자원금의 일정 부분을 원금이 보장될 수 있는 이자가 발생하는 정기예금에 넣은 뒤 나머지 돈으로 주가지수옵션 등 파생상품을 투자하는 형태
ELF	• 자산의 대부분을 안정적인 채권에 투자하고 동 채권에서 발생하는 이자발생액만큼을 ELW나 기타 옵션에 투자하여 원금보존을 추구하거나 최대 손실액이 원금 일부에 국한되도록 설계한 증권 • 대다수의 ELF는 증권사가 사모로 발행하는 ELS에 펀드 자산의 대부분을 투자하는 형태 • 집합투자재산의 운용제한에 따라 동일 종목의 파생결합증권에 집합투자기구 자산총액의 30%를 초과하여 투자하는 것을 금지하므로 일반적으로 4개의 ELS 발행사에 편입 • 불필요한 운용 수수료 발생가능성 존재
ELS	• 다른 증권과는 달리 ELS는 발행사가 자금조달목적으로 발행하기보다는 다양한 위험선호도를 갖고 있는 투자자에게 위험을 이전하고 그 대가를 받는 형태 • 발행을 통해 들어온 투자자금은 대부분 상환금을 준비하는 목적으로 사용 • 상환금을 준비하는 방법 　－ 백투백(back−to−back) : 국내외 다른 금융기관으로부터 동일한 상품을 매입하는 방법 　－ 자체헤지(동적헤지) : 현물주식, 장내파생상품, 장외파생상품의 매매를 통하여 ELS의 지급구조를 복제하는 방법

대표유형문제

다음 ELS의 대표 수익구조 중 정상적인 시장에서 원금손실이 발생할 수 있는 구조가 아닌 것은?

① 녹아웃(Knock-Out) 옵션형

② 조기상환형 스텝다운 ELS 녹인형(Knock-in)

③ 조기상환형 스텝다운 ELS 노녹인형(NO Knock-in)

④ 조기상환형 월지급식 스텝다운 ELS

해설

녹아웃(Knock-Out) 옵션형은 파생결합사채(ELB)가 대표 유형으로 기초자산이 상방 베리어 이상으로 상승하면 원금만 주는 경우(no rebate)와 원금 및 일정금액의 리베이트 수익을 주는 경우(partial rebate)로 원금손실이 발생하지 않는 구조이다.

정답 ①

필수핵심개념

02 대표 상품 구조

(1) 만기상환형 ELB : 파생결합사채(ELB)는 저위험상품으로 분류되어 ELS보다 안정성이 보강된 상품

구 분	특 징	손익구조
녹아웃 옵션형 (Knock-Out- Option)	• 녹아웃 콜옵션형 : Up-and-out Call Option • 녹아웃 풋옵션형 : Down-and-out Call Option • 대부분 녹아웃 콜옵션 형태가 주로 판매 : 기초자산이 상방 베리어 이상으로 상승하면 원금만 주는 경우(no rebate)와 원금 및 일정금액의 리베이트 수익을 주는 경우(partial rebate)로 활용	
콜 스프레드형	만기 기초자산의 가격에 따라 일정구간까지는 상승 수익을 지급하고 그 이상은 고정된 최대 수익을 지급하는 형태	
디지털형	미리 정한 행사가격 미만에서는 원금을 지급하고, 그 행사가격 이상에서는 미리 정한 고정수익을 지급(all or nothing)	
양방향 녹아웃형	녹아웃 콜옵션과 녹아웃 풋옵션을 합쳐놓은 형태	

대표유형문제

다음은 조기상환형 ELS의 수익구조 유형이다. 기초자산, 만기, 평가주기 등의 기본요인이 동일하다면 이 중 제시수익률이 가장 높은 구조는?

① 조기상환형 스텝다운 ELS 녹인형(Knock-in)
② 조기상환형 스텝다운 ELS 노녹인형(NO Knock-in)
③ 조기상환형 월지급식 스텝다운 ELS
④ 조기상환형 스텝다운 ELS에 6개월과 12개월의 상환조건 추가(Lizard)

해설

투자자에게 유리한 조건이 추가되면 제시수익률은 낮아진다. 노녹인형이나 월지급식 스텝다운 및 상환조건 추가는 안전성을 보강한 구조로 조기상환형 스텝다운 ELS보다 제시수익률이 낮다.

정답 ①

필수핵심개념

(2) 조기상환형 ELS

조기상환형 ELS	• 통상 만기가 2년이나 3년으로 설계, 발행 후 6개월 단위로 조기상환기회 부여 • 조기상환 가격 수준 이상으로 상승하는 경우 : 사전에 약정한 수익을 액면금액과 함께 지불하고 계약 종료 • 조기상환 가격 미만인 경우 : 다음 조기상환 시점으로 순연 • 만기시점에 만기수익 상환조건을 달성하지 못하는 경우 : 원금손실이 발생하는 원금비보장형 ELS • worst performer 방식 : 기초자산이 2개 이상인 경우 이 중 주가가 낮은 기초자산가격을 기준으로 수익상환조건이 결정되는 구조(자산 간의 상관성이 낮을수록 투자자 입장에서 불리) • 종목형보다 지수형 상품 ELS가 주로 판매 • 주로 사용되는 기초자산 : KOSPI200, HSCEI, EuroStoxx50, S&P500, NIKKEI 등	
스텝다운 ELS	녹인형 (Knock-in)	매 조기상환 시점마다 일정 비율씩 조기상환 가격 수준을 낮춰줌으로써 조기상환의 가능성을 높인 구조로 녹인은 손실이 발생할 가능성이 생겨났다는 의미이다. 녹인이 발생한 ELS도 손실이 확정된 것은 아니며 다시 기초자산이 상승하여 상환조건을 달성하면 원금과 수익금액 모두 지급받는 구조
	노녹인형 (NO Knock-in)	녹인을 없애는 대신에 만기상환조건을 녹인형의 녹인 수준으로 낮추어 안정성을 보강하여 안정성이 높은 반면에 녹인형 대비 제시수익률은 낮은 편
월지급식 스텝다운 ELS	기존 조기상환형 스텝다운 ELS가 매 4개월 또는 6개월마다 조기상환 조건이 부여된 것과 달리 매월 지정된 날짜에 최초 기준가격의 일정수준(보통 40~65% 수준) 이상이면 월 쿠폰을 지급하는 조건을 첨가하여 안정성을 보강한 구조로 조기상환형 스텝다운 ELS보다 제시수익률이 낮은 편	월 쿠폰 수익구조

대표유형문제

조기상환형 ELS 투자전략 중 투자자 측면에서 안정성이 높은 경우로 보기 어려운 것은?

① 낮은 변동성의 기초자산

② 높은 최초기준가격

③ 낮은 조기 및 만기상환조건

④ 낮은 원금손실 발생조건(Knock−in)

해설

투자자 입장에서는 변동성, 최초기준가격, 조기 및 만기상환조건이 낮고, 원금손실 발생조건이 낮은 경우가 안정적이다. 따라서 ELS 투자시점을 고려할 때 기초자산이 일정기간 동안 고점일 때보다는 저점일 때가 상대적으로 유리하다.

정답 ②

필수핵심개념

03 ELS/ELB 투자전략

ELB	• 파생결합증권이 아닌 채무증권으로 분류되어 저위험성향 투자자들에게 적합 • 고난도금융상품에 해당하지 않음 • 고난도판매규제 또는 고령자 및 부적합투자자 대상 녹취 · 숙려제도 미적용 • 금융소비자보호법상 적정성 원칙 미적용 • 설명의무, 적합성 원칙은 적용
조기 상환형 ELS	• 대부분 원금비보장형 상품 • 고난도 ELS에 해당하는 경우 : 녹취 · 숙려 및 요약설명서 교부 적용 • 기초자산의 변동성이 작은 자산일수록, 기초자산 수가 적을수록 안정적 • 투자시점에 기초자산가격이 저점일 때가 상대적으로 유리 • 조기상환조건 및 만기상환조건이 최초기준가격 대비 낮을수록 안정적 • 원금손실 발생조건(Knock−in) : 녹인 조건이 최초기준가격 대비 낮을수록 안정적 • 손실가능성 보완조건 : 노녹인형 또는 월지급식형이 기존에 비해 안정적(단, 손실가능성이 축소되어 안정성이 높아지면 수익성 측면에서는 불리)

01 다음 중 ELS, ELD, ELF에 대한 설명으로 적절하지 않은 것은?

★★★
① ELD는 은행에서 발행되는 금융상품으로 예금자보호법의 대상이다.

② 대다수 ELF는 증권사가 사모로 발행하는 ELS에 펀드 자산의 대부분을 투자하는 형태로 집합투자재산의 운용제한에 따라 동일 종목의 파생결합증권에 집합투자기구 자산총액의 30%를 초과하여 투자하는 것을 금지하므로 일반적으로 4개의 ELS 발행사에 편입한다.

③ ELS는 증권사가 발행하는 다른 증권과 같이 발행사가 자금조달목적으로 발행한다.

④ ELS가 상환금을 준비하는 방법에는 백투백(back−to−back)과 자체헤지가 있다.

> **해설**
>
> 다른 증권과는 달리 ELS는 발행사가 자금조달목적으로 발행하기보다는 다양한 위험선호도를 갖고 있는 투자자에게 위험을 이전하고 그 대가를 받는 형태로 발행을 통해 들어온 투자자금은 대부분 상환금을 준비하는 목적으로 사용한다.

02 ELS의 상환금을 준비하는 방식 중 국내증권사와 해외 금융기관으로부터 동일한 상품을 매입하는 방법은?

★☆☆
① 백투백(back−to−back)

② 자체헤지

③ 베타헤지

④ 최소분산헤지

> **해설**
>
> 백투백(back−to−back)에 대한 설명이다. ELS는 발행사가 자금조달목적으로 발행하기보다는 다양한 위험선호도를 갖고 있는 투자자에게 위험을 이전하고 그 대가를 받는 형태로 발행을 통해 들어온 투자자금은 대부분 상환금을 준비하는 목적으로 사용된다. 상환금을 준비하는 방법에는 국내외 다른 금융기관으로부터 동일한 상품을 매입하는 백투백(back−to−back)과 현물주식, 장내파생상품, 장외파생상품의 매매를 통하여 ELS의 지급구조를 복제하는 자체헤지가 있다.

03 조기상환형 스텝다운 ELS에 대한 설명으로 거리가 먼 것은?

★★☆

① 기초자산의 주가가 사전에 정해진 조기상환조건을 만족하면 사전에 정해진 수익을 액면금액과 함께 투자자에게 지불하고 계약이 종료된다.

② 본격적으로 조기상환 ELS가 판매되기 시작하는 시기에는 기초자산의 개수가 2개인 경우가 대부분이었다. 이 경우에는 worst performer의 조건을 주로 사용한다.

③ 대표적인 원금비보장 ELS이다.

④ 조기상환형 스텝다운 녹인형(Knock-in) ELS는 시점마다 사전에 정해둔 조기상환조건을 달성하지 못하면 조기상환 가능성이 낮아지는 구조이다.

매 조기상환 시점마다 일정 비율씩 조기상환가격 수준을 낮춰줌으로써 조기상환의 가능성을 높인 구조이다.

04 ELB의 수익구조가 바르게 연결된 것은?

★☆☆

구 분	수익구조
(가)	기초자산이 상방 베리어 이상으로 상승하면 원금만 주는 경우(no rebate)와 원금 및 일정금액의 리베이트 수익을 주는 경우(partial rebate)로 활용
(나)	만기 기초자산의 가격에 따라 일정구간까지는 상승 수익을 지급하고 그 이상은 고정된 최대 수익을 지급하는 형태
(다)	미리 정한 행사가격 미만에서는 원금을 지급하고, 그 행사가격 이상에서는 미리 정한 고정수익을 지급(all or nothing)
(라)	녹아웃 콜옵션과 녹아웃 풋옵션을 합쳐놓은 형태

① (가) - 양방향 녹아웃형

② (나) - 콜 스프레드형

③ (다) - 녹아웃 콜옵션형

④ (라) - 디지털형

(가) - 녹아웃 콜옵션형, (다) - 디지털형, (라) - 양방향 녹아웃형이다.

05 조기상환형 ELS에 대한 설명으로 적절하지 않은 것은?

★★☆

① 기초자산이 2개 이상인 경우 이 중 주가가 높은 기초자산가격을 기준으로 수익상환조건이 결정되는 구조이다.

② 주식종목형과 주가지수형이 골고루 판매되었으나 두 번의 금융위기 이후 주식종목형 ELS의 손실사례가 증가하면서 주가지수형 ELS의 판매가 크게 증가하였다.

③ 기초자산은 국내지수뿐만 아니라 해외지수도 사용된다.

④ 통상 만기가 2년이나 3년으로 설계되고, 발행 후 6개월 단위로 조기상환기회가 부여된다.

> **해설**
>
> worst performer 방식으로 기초자산이 2개 이상인 경우 이 중 주가가 낮은 기초자산가격을 기준으로 수익상환조건이 결정되는 구조이다.

06 다음 중 공모의 방법으로 발행된 조기상환형 스텝다운 ELS 녹인형(Knock-in)에 대한 설명으로

★★☆ 적절하지 않은 것은?

① 녹인형 ELS에 만기일 이전에 최초로 원금손실조건이 발생하는 경우에는 해당 사실을 투자자에게 통지하여야 한다.

② 녹인형 ELS에 원금손실조건이 발생하면 손실이 확정되므로 이를 중도상환하여 재투자하는 것이 유리하다.

③ 다른 조건이 동일할 때, 녹인형 ELS는 노녹인 ELS보다 제시수익률이 더 높다.

④ 녹인형 ELS에 원금손실조건이 발생하지 않으면 해당 ELS는 조기 또는 만기에 수익상환된다.

> **해설**
>
> 녹인이 발생한 ELS도 손실이 확정된 것은 아니며 다시 기초자산이 재상승하여 상환조건을 달성하면 원금과 수익금액을 모두 지급받는 경우도 있다.

07 안정성을 최우선으로 고려하는 투자자가 조기상환형 스텝다운 ELS 투자를 고민할 경우 적절하지 않
★★★ 은 투자전략은?

① 기초자산이 3개인 경우보다 기초자산이 1개인 조기상환형 ELS를 선택한다.
② 기초자산이 최근 일정기간 동안 많이 하락하여 최초기준가격이 낮아져 있는 ELS를 선택한다.
③ 조기상환조건이 최초기준가격의 95%로 시작하는 ELS보다 최초기준가격의 85%로 시작하는
　 ELS를 선택한다.
④ 원금손실 발생조건인 녹인조건이 높은 ELS를 선택한다.

> **해설**
> 녹인조건은 최초기준가격 대비 낮으면 낮을수록 안정성 측면에서 투자자에게 유리하다. 일반적으로 조기상환형 스텝다운
> ELS의 녹인은 최초기준가격의 40%~60% 수준으로 발행되고 있다.

08 ELB에 대한 설명으로 거리가 먼 것은?
★★☆

① 저위험상품으로 분류되어 ELS보다 안정성이 보강된 상품이다.
② 파생결합증권이 아닌 채무증권으로 분류되어 저위험성향 투자자들에게 적합하다.
③ 고난도금융상품에 해당하지 않으므로 적합성의 원칙이 적용되지 않는다.
④ 대부분 녹아웃 콜옵션 형태가 주로 판매된다.

> **해설**
> ELB는 고난도금융상품에 해당하지 않으므로 고난도판매규제 또는 고령자 및 부적합투자자 대상 녹취 · 숙려제도와 적정
> 성 원칙은 적용되지 않으나 설명의무 및 적합성 원칙은 적용된다.

09 만기상환 ELB의 수익구조가 아닌 것은?
★★☆

① Down−and−out 구조의 녹아웃 콜옵션형
② 콜 스프레드형
③ 디지털형
④ 양방향 녹아웃형

> **해설**
> 녹아웃 콜옵션형은 기초자산의 상방 베리어 이상으로 상승하여 베리어를 건드리면 수익구조가 사라져 원금만 주는 no
> rebate형과 일정금액만을 보상하는 partial rebate로 운용되는 Up−and−out Call Option 구조이다.

---

section 10 | ELW의 특징 중요도 ★★★

대표유형문제

ELW의 주요 특징이다. 사실과 다른 것은?

① 적은 투자금액으로도 큰 수익을 얻을 수 있는 레버리지 효과가 있다.
② ELW의 투자위험은 투자원금으로 한정되어 있다.
③ 시장의 상승 시에만 수익이 가능하고, 하락 시에 수익을 얻는 구조는 불가하다.
④ 투자자의 원활한 거래를 위하여 유동성 공급자제도를 시행한다.

해설

기초자산인 주식이 상승할 때는 콜ELW, 하락할 때는 풋ELW에 투자하면 되므로 시장의 상승 시나 하락 시에도 다양하게 투자할 수 있는 수단으로 활용할 수 있다.

정답 ③

필수핵심개념

01 ELW의 기본개념

개 요	• 개별 주식 및 주가지수 등의 기초자산을 만기 시점에 미리 정하여진 가격으로 사거나 팔 수 있는 권리를 나타내는 옵션인 파생결합증권 • 유동성 공급자(LP)제도가 운용, 거래소에 상장되어 주식과 동일하게 매매 • 주식과 달리 기본예탁금 제도(1,500만원 이상) 운영 • 파생결합증권이므로 적정성 확인을 통하여야 거래가 가능
특 징	• 레버리지 효과 • 한정된 손실위험 : 투자자는 옵션 매입만 가능하므로 손실이 투자원금에 해당하는 프리미엄으로 한정. 위험의 헤지 • 양방향 투사수단 • 유동성의 보장 : 유동성 공급자가 매수 또는 매도호가를 제공
경제적 기능	투자수단의 다양화, 저비용 소액투자, 가격효율성 증대

ELW와 주식옵션에 대한 내용이다. 사실과 가장 거리가 먼 것은?

① ELW는 파생결합증권이고 주식옵션은 (장내)파생상품이다.

② ELW는 금융투자회사가 발행하고 주식옵션은 포지션 매도자가 발행하여 거래소에 상장한 상품이다.

③ ELW는 상대적으로 표준화된 상품이다.

④ 주식옵션은 제도에 따라 월물이 정해진다.

해설

거래소에 상장된 주식옵션이 상대적으로 표준화된 조건이다. ELW는 원칙적으로는 비표준화된 상품이다.

정답 ③

필수핵심개념

02 ELW와 주식옵션의 비교

구 분	ELW	주식옵션
법적특성	파생결합증권	파생상품(장내)
발행주체	금융투자회사	포지션 매도자(개인도 매도 가능)
의무이행자	발행자	매도 포지션 보유자
계약이행보증	발행자의 자기신용	거래소 결제이행보증
유동성 공급	1개 이상의 유동성 공급자	시장의 수요와 공급
거래기간	3개월~3년	결제월제도에 따름
표준화	원칙 : 비표준상품 예외 : 거래소 상장 표준화 요건 (현금결제, 유럽식, 잔존만기 3개월~1년 등)	표준화된 조건
결제수단	현금 또는 실물	현 금

대표유형문제

ELW의 기초자산에 대한 설명이다. 사실과 다른 것은?

① KOSPI200을 구성하는 모든 종목이 가능하다.

② KOSDAQ150 구성종목 중 시가총액을 감안한 5개 종목 또는 해당 복수종목의 바스켓이 가능하다.

③ KOSPI200 지수, KOSDAQ150 지수가 가능하다.

④ 외국증권시장 중에서는 우리나라와 거래시간이 유사한 일본의 NIKKEI225, 홍콩의 HSI로 한정되어 있다.

해설

KOSPI200 구성종목 중 거래대금 상위 100위 이내이고 일평균거래대금 100억원 이상인 종목 중 거래소가 분기별로 공표하는 종목(50개) 또는 해당 복수종목의 바스켓이 가능하다.

정답 ①

필수핵심개념

03 ELW 기초자산

구 분	개별 주식	주가지수
국내 기초자산	• KOSPI200 구성종목 중 거래대금 상위 100위 이내이고 일평균거래대금 100억원 이상 종목 중 거래소가 분기별로 공표하는 종목(50개) 또는 해당 복수종목의 바스켓 • KOSDAQ150 구성종목 중 시가총액을 간안하여 거래소가 월별로 공표하는 종목(5개) 또는 해당 복수종목의 바스켓	KOSPI200 KOSDAQ150
해외 기초자산	없 음	일본 NIKKEI225 홍콩 HSI

ELW의 투자지표인 전환비율(Conversion Ratio)에 대한 설명은 어느 것인가?

① ELW의 권리를 행사함으로써 얻을 수 있는 이익을 의미한다.

② 만기에 ELW 1증권을 행사하여 얻을 수 있는 기초자산의 수이다.

③ 델타, 감마, 베가, 로 등이 해당된다.

④ 행사가격과 기초자산가격의 상대적 크기이다.

해설

전환비율이 0.2인 ELW 1증권을 행사하여 기초자산의 20%인 1/5에 대해서만 권리를 행사할 수 있다. 즉, ELW 5개를 보유하여야 권리행사 시 기초자산 하나를 살 수 있다.
①은 내재가치에 대한 설명이다. ③은 민감도지표에 대한 설명이다. ④는 패리티의 설명이다.

정답 ②

필수핵심개념

04 ELW 주요용어설명

구분	구분	내용
투자지표	전환비율	• 만기에 ELW 1주를 행사하여 얻을 수 있는 기초자산의 수 • 전환비율의 역수는 기초자산 하나를 살 수 있는 ELW의 수 • (ELW가격/전환비율) 기초자산 하나에 해당하는 옵션 가격
	손익분기점	• 콜ELW의 손익분기점 ＝ 행사가격 ＋ (ELW가격/전환비율) • 풋ELW의 손익분기점 ＝ 행사가격 － (ELW가격/전환비율)
	패리티	• 행사가격과 기초자산가격의 상대적 크기 • 패리티＝1이면 ATM, 패리티 > 1이면 ITM, 패리티 < 1이면 OTM 　－ 콜ELW 패리티 ＝ 기초자산가격/행사가격 　－ 풋ELW 패리티 ＝ 행사가격/기초자산가격
워런트 (Warrant)		• 콜ELW : 기초자산을 발행자로부터 권리행사가격으로 인수하거나 그 차액(만기결제가격－ 권리행사가격)을 수령할 수 있는 권리가 부여된 워런트로 기초자산의 가격상승에 따라 이익이 발생 • 풋ELW : 기초자산을 발행자에게 권리행사가격으로 인도하거나 그 차액(권리행사가격－만기결제가격)을 수령할 수 있는 권리가 부여된 워런트로 기초자산의 가격하락에 따라 이익이 발생
자동 권리행사		• 권리행사 만기일에 주식워런트증권 보유자가 권리행사로 인해 이익이 발생하는 경우[내가격(ITM) 주식워런트증권의 경우], 보유자의 권리행사여부와 관계없이 자동적으로 권리행사가 되도록 하여 보유자의 이익을 보호하는 제도 • 자동권리행사는 "현금결제방식"의 주가워런트증권에만 적용
만기결제		• 발행자와 주식워런트증권 보유자 간의 최종결제 시 결제방식은 발행조건에 따라 "현금결제"와 "실물결제" 2가지 방법 • 현재 상장된 ELW는 현금결제방식을 채택하며 현금결제 시 지급일은 권리행사일(만기일)로부터 2일째 되는 날(T＋2)

유동성 공급자 제도	• 유동성 공급자의 자격 : 증권 및 장외파생상품에 대하여 투자매매업 인가를 받은 한국거래소의 결제회원으로서 순자본비율이 150% 이상 • 발행사 LP제도(ELW 발행인이 직접 유동성 공급) 또는 제3자 LP제도(유동성 공급자 중 1사 이상과 유동성 공급계약을 체결) • 업무금지 ① 유동성 공급자 평가결과 2회 연속 최저등급 → 1개월간 LP업무 금지 ② 3회 연속 최저등급을 받거나 유동성 업무관련 증권관계 법규 및 거래소 업무관련 규정위반으로 형사제재, 영업정지 또는 거래정지 이상의 조치를 받으면 1년간 LP업무 금지

section 14 ELW의 가격구조 중요도 ★★☆

다음의 조건에서 콜ELW의 내재가치는 얼마인가?

> • 기초자산가격 : 11,000
> • 권리행사가격 : 10,000
> • 전환비율 : 0.5

① 5,000

② 2,000

③ 1,000

④ 500

해설

[STEP 1] 콜옵션의 내재가치는 기초자산의 가격이 권리행사가격보다 상승하여 권리를 행사함으로써 이익을 얻을 수 있다. 따라서 그 이익은 11,000 − 10,000 = 1,000이다.

[STEP 2] 기초자산은 개별주식 1주의 가격이므로 전환비율을 감안해야 한다. 전환비율은 기초자산가격 1단위에 대한 ELW 1증권 가격의 비중(투자비중)으로 해석할 수 있다. 따라서 1,000의 50%(0.5)인 1,000 × 0.5 = 500이다.

정답 ④

필수핵심개념

05 ELW의 가격구조

ELW 가격 = 내재가치 + 시간가치	
내재가치	• 콜ELW 내재가치 = (기초자산가격 − 권리행사가격) × 전환비율 • 풋ELW 내재가치 = (권리행사가격 − 기초자산가격) × 전환비율
시간가치	• 만기까지 기초자산가격의 변동에 따라 얻게 될 기대가치를 의미 • 만기일에 근접할수록 감소하여 0에 근접, 만기에 근접할수록 하락 속도가 빨라짐 • 외가격 워런트도 만기일까지 이익발생 가능성이 있으므로 시간가치를 가짐

대표유형문제

ELW의 가격결정요인에 대한 설명이다. 사실과 다른 것은?

① 콜ELW의 경우 주가가 상승하면 만기에 수익을 올릴 가능성이 높아지기 때문에 해당 ELW 가격이 상승한다.

② 콜ELW의 경우 행사가격이 높을수록 만기에 기초자산가격이 행사가격 이상이 되어 수익을 올릴 가능성이 낮아지기 때문에 해당 ELW 가격은 낮아진다.

③ 기초자산가격의 변동성이 커진다는 것은 주가가 크게 변동하여 상승 또는 하락할 가능성이 높다는 것을 의미한다.

④ 다른 조건이 동일할 때 잔존만기가 장기인 ELW의 가격이 낮다.

해설

ELW의 잔존만기가 장기일수록 상대적으로 만기 도래 시까지 해당 ELW의 이익실현기회가 늘어나므로 수익창출의 가능성이 높아져 ELW의 가격이 상승한다.

정답 ④

필수핵심개념

06 ELW 가격결정요인과 민감도지표

(1) ELW 가격결정요인

가격결정요인	Call ELW	Put ELW
기초자산 시장가격 상승	증 가	감 소
행사가격 상승	감 소	증 가
변동성 증가	증 가	증 가
잔존만기기간 감소	감 소	감 소
배당수익률 증가	감 소	증 가
이자율 상승	증 가	감 소

더 알아보기

역사적 변동성과 내재변동성
- 역사적 변동성 : 과거 일정 기간 기초자산수익률의 표준편차, 계산이 쉬운 장점, 미래의 변동성을 정확히 예측으로 볼 수 없는 단점
- 내재변동성 : ELW가격모형을 블랙–숄즈모형으로 가정하고 시장의 ELW가격에서 역으로 모형에 내재한 변동성을 추출, 역사적 변동성의 한계를 극복하고 현재 반영된 정보를 활용, 시장을 가장 충실하게 반영한 변동성, 개별 ELW에 대한 수치이므로 동일 구조의 ELW라 하더라도 그 값이 상이하여 고유의 특성으로 보기 어려움(LP가 결정하며 ELW의 가격결정요인)

대표유형문제

ELW의 민감도 지표에 대한 설명이다. 사실과 다른 것은?

① 델타는 기초자산가격이 1단위 변할 때 ELW 가격이 변하는 비율이다.
② 감마는 기초자산가격이 1단위 변할 때 델타 값이 변하는 비율이다.
③ 세타는 무위험이자율이 1%p 변할 때 ELW 가격이 변하는 비율이다.
④ 베가는 기초자산의 가격 변동성이 1%p 변할 때 ELW 가격이 변하는 비율이다.

해설

세타는 잔존만기가 1일 감소할 때 ELW 가격이 변하는 비율로, 일반적으로 ELW상품은 만기가 가까워짐에 따라 지속적으로 시간가치가 감소하므로 대부분 세타가 음수로 나타난다. 무위험이자율이 1%p 변할 때 ELW 가격이 변하는 비율은 로(Rho)이다.

정답 ③

필수핵심개념

(2) ELW의 민감도 지표

델타(Delta)	기초자산가격이 1단위 변할 때 ELW 가격이 변하는 비율
감마(Gamma)	기초자산가격이 1단위 변할 때 델타 값이 변하는 비율
세타(Theta)	잔존만기가 1일 감소할 때 ELW 가격이 변하는 비율, 대부분 세타가 음수($-$)
베가(Vega)	기초자산의 가격 변동성이 1%p 변할 때 ELW 가격이 변하는 비율
로(Rho)	무위험이자율이 1%p 변할 때 ELW 가격이 변하는 비율

ELW의 활용전략에 대한 설명이다. 사실과 거리가 먼 것은?

① 레버리지 전략 : 향후 가격을 예상하여 투자하되, 레버리지가 높은 ELW를 이용하는 전략이다.

② 프로텍티브 풋(Protective Put) 전략 : 보유주식에 대한 풋ELW를 매수하여 위험을 회피하는 전략이다.

③ 레인지 포워드(Range Forward) 전략 : 콜ELW와 풋ELW의 행사가격을 달리하는 구조로 매입옵션과 매도옵션의 프리미엄을 같게 설계하여 헤지하는 전략이다.

④ 변동성 매수 전략 : 기초자산, 행사가격, 전환비율이 같은 콜ELW와 풋ELW를 동시에 매수하여 포지션을 구성한다.

> **해설**
>
> 레인지 포워드(Range Forward)는 통화옵션을 이용한 환헤지 전략이다. 수출업자는 환율하락 위험에 노출되어 행사가격이 낮은 풋옵션 매수와 행사가격이 높은 콜옵션 매도로 구성된다. ELW에는 매도가 없기 때문에 합성선물환과 유사한 형태의 포지션을 구성할 수 없다.
>
> **정답** ③

필수핵심개념

07 ELW의 투자전략

레버리지 전략	방향성 투자로 현물보다 레버리지가 높은 ELW를 이용
프로텍티브 풋 (Protective Put)	보유주식에 대한 풋ELW를 매수하여 위험을 회피하는 전략으로 주가 하락을 방어하면서 주가상장 시에는 수익을 취할 수 있는 장점이 있음
변동성 매수 전략	스트래들, 스트랭글

03 핵심보충문제

01 다음 중 ELW에 대한 설명으로 옳은 것은?
★★★
① ELW는 거래소에 상장되어 매매되므로 발행사의 신용위험에 노출되지 않는다.

② 현금결제방식의 ELW는 자동적으로 권리가 행사된다.

③ ELW는 장내 파생상품으로 분류된다.

④ 일반투자자도 ELW를 발행할 수 있다.

> **해설**
> ① ELW는 파생상품인 주식옵션과 경제적 실질은 동일하나 파생결합증권으로 증거금제도가 없다. 따라서 ELW를 발행하는 발생사의 신용위험에 노출된다.
> ③ ELW는 파생상품이 아닌 파생결합증권으로 분류된다.
> ④ ELW의 발행주체는 증권에 대한 투자매매업과 함께 장외파생상품에 대한 투자매매업 인가를 받은 금융투자회사이다.

02 ELW에 대한 설명으로 거리가 먼 것은?
★★☆
① 일반투자자도 기존 주식계좌를 이용하여 주식과 동일하게 매매할 수 있다.

② 개인투자자에 대한 기본예탁금 제도가 있어 최초 계좌개설 시에는 최소 3,000만원 이상을 예탁하여야 한다.

③ 적정성 원칙이 적용되는 파생결합증권이므로 적정성 확인을 통하여야 거래가 가능하다.

④ 투자자의 환금성을 보장하고 거래를 활성화할 수 있도록 호가를 의무적으로 제시하는 유동성 공급자(LP)제도가 운영된다.

> **해설**
> 주식과 달리 기본예탁금 제도가 있어 개인투자자가 신규로 거래하기 위해서는 최소 1,500만원 이상을 예탁하여야 한다.

03 ELW의 경제적 기능에 대한 설명이다. 사실과 거리가 먼 것은?
★★☆

① 투자자에게 새로운 투자수단을 제공하고 있다.

② 거래에 수반되는 비용이 저렴하고 절차가 단순하다.

③ 장내지수옵션과 동일하게 기본예탁금 등의 증거금 예탁 등 절차가 필요하다.

④ ELW의 등장으로 다양한 형태의 차익거래가 증가하여 균형가격 성립이 촉진되고 가격효율성도 증대하게 된다.

> **해설**
>
> ELW는 옵션이면서도 파생결합증권이기 때문에 장내 파생상품시장에서 거래되는 옵션에 수반되는 증거금 예탁 등의 복잡한 절차가 필요 없으며, 보통 1,000원 전후의 발행 가격으로 소액투자가 용이하다.

04 ELW의 기초자산으로 적합하지 않은 것은?
★☆☆

① KOSDAQ150

② 일본 NIKKEI225

③ 홍콩 HSI

④ 미국 DJIA

> **해설**
>
> 외국증권시장 중에서는 우리나라와 거래시간이 유사한 일본의 NIKKEI225, 홍콩의 HSI로 ELW의 기초자산이 한정되어 있다. 또한 주가지수가 아닌 해외의 개별주식은 기초자산이 될 수 없다.

05 ELW의 변동성 추정에 대한 내용으로 거리가 먼 것은?
★☆☆

① 역사적 변동성은 과거 일정기간 동안의 기초자산수익률의 표준편차이다.

② ELW가격모형을 블랙-숄즈모형으로 가정하고 시장의 ELW 가격에서 역으로 모형에 내재된 변동성을 추출한다.

③ 내재변동성은 시장을 가장 충실하게 반영한 변동성이다.

④ 내재변동성은 동일 구조의 ELW이면 그 값이 유사하여 고유의 특성을 나타낸다.

> **해설**
>
> 내재변동성은 개별 ELW에 대한 수치이므로 동일 구조의 ELW라 하더라도 그 값이 상이하여 고유의 특성으로 보기 어렵다.

06 ELW에 대한 내용으로 적합하지 않은 것은?
★★★

① 콜 ELW의 손익분기점 = 행사가격 + (ELW가격 / 전환비율)

② 콜 ELW의 패리티 = 행사가격 / 기초자산가격

③ 풋 ELW의 내재가치 = (행사가격 − 기초자산가격) × 전환비율

④ ELW의 가격 = 내재가치 + 시간가치

> **해설**
>
> 콜 ELW의 패리티 = 기초자산가격/행사가격으로 패리티 = 1이면 ATM, 패리티 > 1이면 ITM, 패리티 < 1이면 OTM이다.

07 다음의 조건에서 풋ELW에 대한 설명으로 거리가 먼 것은?
★★☆

- 기초자산가격 : 11,000
- 권리행사가격 : 12,000
- 풋ELW가격 : 400
- 전환비율 : 0.2

① ELW 5개가 있어야 권리행사 시 기초자산 하나를 사고 팔 수 있다.

② 내재가치는 200이다.

③ 패리티가 1보다 커 ITM상태이다.

④ 손익분기점은 14,000이다.

> **해설**
>
> ①, ④ 전환비율을 감안하면 ELW 5개가 있어야 권리행사 시 기초자산 하나를 사고 팔 수 있으므로 해당 기초자산의 옵션가격은 400 × 5 = 2,000이다. 따라서 풋ELW의 손익분기점은 행사가격에서 옵션가격을 차감한 12,000 − 2,000 = 10,000이다.
>
> ② 풋옵션 내재가치는 기초자산의 가격이 권리행사가격보다 하락하면 이익을 얻을 수 있다. 따라서 그 이익은 (12,000 − 11,000) × 0.2 = 200이다.
>
> ③ 행사가가 기초자산가격보다 높으므로 패리티는 1보다 크고 ITM(In The Money)상태이다.

08 ★★★ 다음의 조건에서 콜ELW에 대한 설명으로 거리가 먼 것은?

> - 기초자산가격 : 9,000
> - 권리행사가격 : 10,000
> - 콜ELW가격 : 600
> - 전환비율 : 0.5

① 내재가치는 0이다.
② 시간가치는 1,200이다.
③ 패리티는 0.9로 OTM상태이다.
④ 손익분기점은 11,200이다.

해설

콜ELW의 가격은 내재가치와 시간가치의 합이다. 콜ELW의 행사가격보다 기초자산이 낮아 OTM상태로 내재가치가 '0'이다. 따라서 콜ELW의 시간가치는 600이다.

09 ★★★ 다음 중 **ELW가격**에 영향을 주는 요인이 아닌 것은?

① 잔존만기
② 기초자산가격
③ 변동성
④ 총투자금액

해설

ELW의 가격결정요인에는 기초자산 시장가격, 행사가격, 변동성, 잔존만기, 배당수익률, 이자율이 있다.

10 ★☆☆ **ELW의 활용전략**에 대한 설명이다. 사실과 거리가 먼 것은?

① 향후 가격 상승을 예상하여 레버리지가 높은 콜ELW를 매수하는 전략
② 보유주식에 대한 풋ELW를 매수하여 위험을 회피하는 전략
③ 변동성 상승을 예상하여 기초자산, 전환비율은 같고 행사가격이 다른 콜ELW와 풋ELW를 동시에 매수하여 포지션을 구성하는 전략
④ 변동성 감소를 예상하여 기초자산, 행사가격, 전환비율이 같은 콜ELW와 풋ELW를 동시에 매도하여 포지션을 구성하는 전략

해설

ELW에는 매도가 없기 때문에 변동성 매도 전략을 구성할 수 없다.

08 ② 09 ④ 10 ④ **정답**

section 18 ETN의 특징 중요도 ★★☆

대표유형문제

ETN(상장지수증권)의 특징에 대한 설명이다. 사실과 거리가 먼 것은?

① ETN은 직접투자에 비해 발행사가 일반투자자로부터 상대적으로 저렴한 수수료를 대가로 받고서 다양한 자산에 투자가 가능하도록 하였다는 점에서 강점을 가지고 있다.

② ETN은 채권형식으로 발행되기에 일반적인 공모펀드의 신규 발행에 비하여 신속하고 유연한 구조로 발행할 수 있다.

③ ETN은 많은 장점에도 불구하고 벤치마크지수와의 차이인 추적오차가 커서 투자자에게 손실을 입힐 수 있는 단점이 있다.

④ ETN은 벤치마크지수가 명확히 설정되어 있어서 내재가치 산정의 어려움이 다른 금융상품에 비해 매우 작다.

해설

모든 ETN 상품이 추적오차가 없는 것은 아니지만 원칙적으로 발행사가 제시한 가격을 보장한다는 측면에서 추적오차를 최소화할 수 있어 운용의 결과를 돌려주는 간접투자상품과는 차이가 있다.

정답 ③

필수핵심개념

01 ETN 기본개념

(1) ETN 개요

① 기초지수 변동과 수익률이 연동되도록 증권회사가 발행한 파생결합증권으로서 거래소에 상장되어 주식처럼 거래할 수 있는 만기가 있는 증권

② 금융기관이 1년에서 20년 이하의 만기 동안 이표 없이 사전에 정의된 벤치마크지수에 연동된 수익률을 투자자에게 지급하고, 자신의 신용으로 발행하면서 별도의 담보나 보증을 받지 않는 선순위 무보증 채권

③ 거래소 상장은 필수적

④ 레버리지 · 인버스 ETN의 추적 배율은 ±2배까지의 정수배만 가능하였으나, 소수점배율(±0.5배 단위)과 채권형 ETN의 경우 3배율(±3배)까지 허용

(2) ETN(Exchange Traded Note)의 특징

접근성	통상적으로 개인이 일반상품이나 파생상품이 결합된 포트폴리오에 투자하는 것은 어려운 반면에 ETN은 발행사가 일반투자자로부터 직접투자에 비해서는 상대적으로 저렴한 수수료를 대가로 받고서 다양한 자산에 투자가 가능하도록 하였다는 점에서 강점을 지님
유연성과 신속성	ETN은 채권형식으로 발행되기에 일반적인 공모펀드의 신규 발행에 비하여 신속하고 유연한 구조로 발행 가능
추적오차 최소화	• 모든 ETN 상품이 추적오차가 없는 것은 아니지만 원칙적으로 발행사가 제시한 가격을 보장한다는 측면에서 추적오차를 최소화할 수 있음 • 특히 유사 상품인 ETF는 펀드 보유자산의 운용을 통해 기초지수를 추적하는 과정에서 오차가 발생한다는 점에서 추적오차의 최소화는 ETN 투자의 큰 장점
유통시장	거래소에 상장되어 유통시장을 통해 거래되는 상품으로 주식시장이 열려있는 동안에는 언제라도 실시간으로 매매가 가능. 거래소 상장은 유동성뿐만 아니라 투자자의 접근성도 높여주는 장점 있음
가격투명성	• 일반적으로 ETN의 내재가치는 벤치마크지수에서 사전에 정의된 수수료를 차감함으로써 쉽게 산출 • 내재가치를 나타내는 참조가격(지표가치)을 거래시간에는 연속적으로 공시하도록 함으로써 투자자가 쉽게 가격정보를 조회 • 거래소에서 거래되는 상품으로서 종가가 산출되고 있으며 장중에도 매매에 따른 가격정보가 존재

section 19 ETN의 기초지수 중요도 ★★☆

ETN으로 사용가능한 기초지수는?

> ㉠ 시장대표지수나 섹터지수를 변형하여 전략을 가미한 지수
> ㉡ 주식 5종목으로 구성한 지수
> ㉢ 주가지수와 개별종목 한 종목으로 구성한 지수
> ㉣ KOSPI200, KRX300 등 시장대표지수의 단순 추종지수

① ㉠　　　　　　　　　　　　　　② ㉠, ㉡

③ ㉠, ㉡, ㉢　　　　　　　　　　　④ ㉠, ㉡, ㉢, ㉣

해설

국내 ETN시장은 ETF와의 직접적 경쟁을 지양하기 위해서 시장의 대표지수에 투자하는 상품은 ETN 출시를 제한하였으나 ETN·ETF 시장 건전화 방안에서 국내 시장대표 지수 ETN 출시를 허용하였다. 실제로 2021년 10월 코스피200, 코스닥150을 기초로 하는 ETN이 출시되었다.

정답 ④

(3) ETN과 ETF비교

구 분		ETN		ETF
정 의		❶ 증권사가 ❷ 자기신용으로 ❸ 지수수익률을 보장하는 ❹ 만기가 있는 ❺ 파생결합증권		❶ 자산운용사가 ❷ 자산운용을 통하여 ❸ 지수 수익률을 추적하는 ❹ 만기가 없는 ❺ 집합투자 증권(펀드)
법적구분		파생결합증권		집합투자증권
발행자		증권사		자산운용사
발행자 신용위험		있 음		없 음
만 기		1년~20년		없 음
기초자산 운용방법		발행자 재량으로 운용		기초지수 100% 추적운용
가격결정		장 중		장 중
추적오차		수수료 이외 추적오차 없음		벤치마크와의 추적오차 존재
기초지수	투자대상	기초자산가격, 지수	투자대상	기초자산가격, 지수
	종목 수	5종목(해외증권시장 상장 주식으로만 구성되는 경우 3종목) 이상	종목 수	10종목 이상
	핵심 시장	전략형/구조화/변동성 상품 (맞춤형 지수 활용 중심)	핵심 시장	주식, 채권 상품 (기존 지수 활용 중심)

① ETF의 한계점 : 상대적으로 엄격한 규제를 받는 ETF는 신속한 상품 설정이 용이하지 않은데다가 추적오차가 존재

② 국내 ETN시장은 ETF와의 직접적 경쟁을 지양하기 위해서 시장의 대표지수에 투자하는 상품은 ETN 출시를 제한하였으나 ETN · ETF 시장 건전화 방안에서 국내 시장대표지수 ETN 출시를 허용

(4) 시장참가자

발행회사	• ETN 시장에서 중추적인 역할을 하는 회사로서 투자수요에 맞는 ETN을 기획하고 발행하는 업무, 마케팅 활동, 만기 또는 중도상환 시 지수 수익률을 투자자에게 지급 • 자산을 운용(헤지)하는 활동, 그리고 중요한 사항이 발생했을 때 신고 · 공시함으로써 투자자에게 고지하는 업무 등 일체를 담당하는 회사

유동성 공급자	• 한국거래소는 ETN 시장을 개설하면서 투자자가 원활하게 매매거래를 할 수 있도록 유동성 공급자(Liquidity Provider, LP) 제도를 도입하여 유동성 공급자는 발행된 ETN을 최초로 투자자에게 매도(매출)하는 한편, 상장 이후 지속적으로 유동성 공급호가를 제출
	• ELW의 유동성 공급자 평가 공통점 : 유동성 업무관련 증권관계 법규 및 거래소 업무관련 규정위반으로 형사제재, 영업정지 또는 거래정지 이상의 조치를 받으면 1년간 LP업무금지
	• ELW의 유동성 공급자 평가의 차이점
	   − ETN유동성 공급자 평가부분 강화 : 평가주기(분기→월별)단축
	   − 유동성 공급자 위반수준에 비례하여 1개월~6개월간 자격정지(두 번째 낮은 등급 : 1개월, 최저 1회 : 2개월, 최저 2회 연속 : 3개월, 최저 3회 연속 : 6개월)
	   − 원활한 유동성 공급을 위한 최소 유동성 보유의무로 상장증권총수에 비례하여 일정 수량 이상의 ETN을 보유하여야 함(괴리율 확대 방지 목적)

지수산출기관	• 발행회사는 지수산출기관과 지수 사용에 관한 계약을 맺거나 자체지수를 산출(Self-Indexing)하여 ETN을 상장 • 지수산출기관은 안정적으로 지수를 산출, 관리할 수 있는 전문성과 독립성을 갖춰야 함
기타 시장참가자	• 일반사무관리회사 : ETN의 사무처리를 위해 발행회사로부터 일부 업무를 위탁받아 수행하는 곳으로 현재는 한국예탁결제원에서 해당 업무를 담당 • 한국예탁결제원 : 매일 장 종료 후 ETN의 지표가치를 계산하고 거래소와 코스콤을 통해 공시하고 있으며, 여기에서 산출된 지표가치는 다음 날 코스콤을 통해 산출·발표되는 실시간 지표가치의 기준이 되는 역할, 또한 매일 세금 부과의 기준이 되는 과표기준가격의 계산 업무도 수행

더 알아보기

유동성 공급자의 최소 유동성 보유 의무 도입

ETN의 유동성 공급자는 상장증권 총수에 따라 일정 수량 이상의 ETN을 보유하여야 함

상장증권 총수	최소 보유수량
1,000만 증권 이하	상장증권 총수의 20%
1,000만 증권 ~ 5,000만 증권 이하	Max(200만 증권, 상장증권 총수의 15%)
5,000만 증권 ~ 2억 증권 이하	Max(750만 증권, 상장증권 총수의 10%)
2억 증권 초과	2,000만 증권

section 20 ETN의 발행제도

중요도 ★★☆

대표유형문제

ETN(상장지수증권)의 발행제도에 대한 설명이다. 사실과 다른 것은?

① 1년 이상 20년 이내의 만기로 발행한다.
② 개인이나 기관의 청약을 통해 발행물량을 배정받는다.
③ 신규상장 후 시장수요에 따라 추가발행이 가능하다.
④ 최대 원금손실 가능금액과 무관하게 일괄신고서 제출이 가능하다.

해설

ETN은 유동성 공급자에게 일괄하여 배정하는 형태로 발행(간주공모)하므로 유동성 공급자(일반적으로 발행사)가 발행물량을 전액 취득한 후 한국거래소를 통하여 일반투자자에게 매출함으로써 ETN거래가 시작된다.

정답 ②

02 ETN 시장구조

(1) ETN의 발행제도

① 간주공모방식 : ETN은 신용등급, 재무안정성 등이 우수한 증권회사가 발행하고, 발행한 증권회사가 직접, 또는 발행된 ETN을 전량인수한 유동성 공급자가 거래소 시장을 통해 일반투자자에게 매출(매도)함으로써 거래가 시작(ELW도 동일 즉, ELW도 간주공모방식임)

② 신규상장 후 시장수요에 따라 추가발행이 가능하고, 일정규모 이상을 모아 중도상환도 가능

③ ETN와 ELW는 파생결합증권으로서 투자자가 거래소에서 직접 매매하는 경우에는 손실제한 여부와 상관없이 고난도금융상품에서 제외되므로 일괄신고서 제출이 가능. 따라서 일괄신고서 제도를 통해 신속하게 투자자에게 상품 공급(상장) 가능

---

section 21 **ETN의 상장제도**　　　　　　　　　　　중요도 ★★★

> **대표유형문제**
>
> **ETN(상장지수증권)의 상장제도에 대한 설명이다. 사실과 다른 것은?**
>
> ① 신속한 상장을 위해 심사기간을 15일로 짧게 설정하여 심사기간이 20일인 ETF보다 빠른 시일 내에 상장이 가능하다.
>
> ② 발행회사는 자기자본 5,000억원 이상, 신용등급 AA- 이상 그리고 순자본비율(NCR) 150% 이상이다.
>
> ③ 개별종목은 종목당 10%가 적용되며, 최소 10종목이 포함되어야 한다.
>
> ④ 원활한 유동성 공급을 위해 유동성 공급계약을 체결하거나 자신이 직접 유동성을 공급하여야 한다.
>
> **해설**
>
> 기초지수에 국내외 주식, 또는 채권이 포함되는 경우 주식·채권 각각 최소 5종목 이상, 동일 종목 비중 30% 이내로 분산하여야 한다(단, 국채, 통안채, 지방채 등으로만 구성된 지수의 경우 3종목 이상이면 가능).
>
> **정답** ③

---

(2) ETN의 상장제도

ETN은 반드시 거래소 시장에 상장되어야 하며 상장적합성 심사를 위해 주식의 신규상장절차와 동일하게 신규상장 신청 전에 상장예비심사를 받아야 하지만 신속한 상장을 위해 심사기간을 15일로 짧게 설정하여 심사기간이 20일인 ETF보다 빠른 시일 내에 상장이 가능

① ETN 상장요건

발행회사의 자격	• 증권 및 장외파생상품 매매업 인가를 받은 금융투자업자 • 자기자본 5,000억원 이상 • 신용등급 AA - 이상 • 순자본비율(NCR) 150% 이상 • 최근 3년간 감사의견 적정

기초지수 요건	• 기초지수가 다음 중 하나에 해당하여야 함
	  − KRX 시장에서 거래되는 기초자산가격의 변동을 종합적으로 나타내는 지수
	  − 외국거래소 시장 등 거래소가 인정하는 시장에서 거래되는 기초자산가격의 변동을 나타내는 기초지수
	  − 기초지수에 국내외 주식, 또는 채권이 포함되는 경우 주식 · 채권 각각 최소 ❶ 5종목 이상, ❷ 동일 종목 비중 30% 이내로 분산될 것(단, 국채, 통안채, 지방채 등으로만 구성된 지수의 경우 3종목 이상이면 가능하며, 이 경우 동일 종목 비중 30% 이내 요건은 미적용. 또한 지수가 해외증권시장에서 거래되는 종목만으로 구성되는 지수인 경우 구성종목의 수는 ❶ 3종목 이상으로 하며, ❷ 하나의 구성종목 비중은 50% 이내)

발행규모와 발행한도	• 신규상장하는 ETN은 발행총액이 최소 70억원 이상이고, 발행증권수가 10만 증권 이상이어야 함 • ETN 발행자는 자기자본의 50%까지만 ETN을 발행할 수 있도록 제한
만 기	1년 이상 20년 이내의 만기로 발행
지수이용계약 및 유동성 공급계약	• 발행사 또는 유동성 공급자가 전량 보유한 상태에서 상장 이후 매출이 시작되는 간주모집 • 지수와 연동된 상품이므로 기초자산인 지수정보가 실시간으로 투자자에게 공표 • 발행자는 지수에 관한 법적 권한을 가진 기관과 지수이용계약을 체결 • 원활한 유동성 공급을 위해 유동성 공급계약을 체결하거나 자신이 직접 유동성을 공급

② 추가상장과 변경상장

추가상장	• 시장에서 투자자에게 인기가 있어 상당수량 이상 매출이 일어난 종목의 추가적인 시장수요가 예상될 때 발행회사가 신속하게 물량을 공급하는 제도 • ETN을 추가 상장하는 경우 발행회사의 자격, 지수 요건, 유동성 공급자에 관한 요건 등을 충족하여야 하지만, 상장요건 중 발행한도는 괴리율 관리를 위해 미적용
변경상장	상장법인이 이미 발행한 ETN의 종목명을 바꾸거나 중도상환 및 증권 병합 · 분할에 따라 수량을 변경하는 제도

ETN의 상장폐지 요건으로 사실과 다른 것은?

① 발생회사의 자기자본이 2,500억원 미만인 경우
② 고의·중과실 또는 상습적으로 신고의무를 위반하는 경우 관리종목으로 지정된 후 다음 반기 말에도 위반
③ 유동성 공급계약을 체결한 LP가 없게 되는 경우에 1개월 이내에 다른 LP와 유동성 공급계약을 체결하지 않는 경우
④ 반기 일평균거래대금이 500만원에 미달하는 경우에는 관리종목으로 지정된 후 다음 반기 말에도 동일 기준에 미달하는 경우

해설

고의·중과실 또는 상습적으로 신고의무를 위반하는 경우에는 관리종목으로 지정되지 않는다.

정답 ②

필수핵심개념

③ ETN 상장폐지

발행회사의 자격 미달		발행사 자격요건 비교
• 인가취소 • 자기자본 2,500억원 미만 • 투자적격등급(BBB−) 미만 • 순자본비율이 100% 미만 3개월 지속 또는 50% 미만 • 최근 사업연도 감사의견 부적정 또는 의견거절		• 자기자본 5,000억원 이상 • 신용등급 AA−이상 • 순자본비율(NCR) 150% 이상 • 최근 3년간 감사의견 적정
기초지수 요건 미달	• ETN 기초자산의 가격 또는 지수를 산출할 수 없거나 이용할 수 없게 되는 경우 • 지수의 산출기준이 변경되는 경우	
유동성 공급 능력 부족	• 발행사가 유동성 공급을 할 수 없게 되거나 유동성 공급계약을 체결한 LP가 없게 되는 경우 • 그 날로부터 1개월 이내에 다른 LP와 유동성 공급계약을 체결하지 않거나 발행회사가 직접 유동성 공급 계획서를 제출하지 않는 경우	
상장규모 부족	ETN 종목의 발행원본액과 지표가치금액이 모두 50억원에 미달하는 경우에는 관리종목으로 지정된 후 다음 반기 말에도 동일 기준에 미달하면 상장폐지	
거래규모 부족	반기 일평균거래대금이 500만원에 미달하는 경우에는 관리종목으로 지정된 후 다음 반기 말에도 동일 기준에 미달하면 상장폐지	
신고의무 위반	고의·중과실 또는 상습적으로 신고의무를 위반하는 경우 상장을 폐지	

대표유형문제

ETN의 유동성 공급자 제도에 대한 설명으로 가장 적절한 것은?

① 발행사 이외의 제3자가 유동성 공급자로 유동성 공급을 하여야 한다.

② 국내기초지수만을 추적하는 ETN의 경우 호가스프레드 비율을 3% 이내로 유지하여야 한다.

③ 상장증권 총수가 1,000만 주 이하인 ETN의 유동성 공급자는 상장증권 총수의 20% 이상 ETN을 보유하여야 한다.

④ 한국거래소는 매 분기별 유동성 공급자를 평가하여 3회 이상 최저등급을 받은 경우 12개월간 유동성 공급자 업무를 제한한다.

해설

① 발행인이 직접 유동성 공급자가 되거나 유동성 공급자 중 1사 이상과 유동성 공급계약을 체결할 수 있다.

② 국내기초지수만을 추적하는 ETN의 경우 호가스프레드 비율을 2% 이내로 유지하여야 한다.

④ 한국거래소는 유동성 공급자 위반수준에 비례하여 1개월~6개월간 자격을 제한한다.

정답 ③

필수핵심개념

(3) 유동성 공급자 제도

유동성 공급자	• 원활한 거래를 지원하는 시장참가자로서 시장에 주문이 충분하지 않아 매도, 매수 주문의 가격 차이가 크게 확대되어 있는 경우 이 가격 차이를 좁히기 위해 매도, 매수 양방향의 주문을 일정수량 이상 제출할 의무가 있는 자 • 매수와 매도 양쪽 방향으로 최소 100증권 이상씩 호가를 제출

가격괴리 조정기능	• ETN 시장가격이 지표가치에서 벗어나는 현상인 가격괴리가 발생하지 않도록 하는 것
	• LP는 상시적으로 실시간 지표가치 근처에서 호가를 제출하기 때문에 ETN 시장가격의 비정상적 형성을 막는 역할을 수행
	• 거래소는 ETN괴리율이 3%를 초과하지 않도록 유동성 공급호가를 제출토록 함
	• 거래소는 LP들로 하여금 호가스프레드 비율을 일정 수준 이하에서 유지되도록 규제
	   − 국내기초자산만 추적하는 경우 : 호가스프레드 비율 2% 이내
	   − 해외기초자산이 포함된 경우 : 호가스프레드 비율 3% 이내
	   − 동 범위를 초과하는 때에는 그 때부터 5분 이내에 유동성 공급호가를 제출하여야 함

호가제출 예외사항	• 오전 단일가 매매 호가접수시간(08:00~09:00) • 증권시장 개시 후 5분간(09:00~09:05) • 오후 단일가 매매 호가접수시간(15:20~15:30) • 09:05~15:20 사이라도 호가스프레드 비율이 ETN 상장 시 거래소에 신고한 비율 이하인 경우

ETN의 매매제도에 대한 설명으로 거리가 먼 것은?

① 매매시간은 정규시장이 09:00~15:30이고, 시간외시장은 08:00~09:00, 15:40~18:00이다.

② 호가가격단위는 5원이며, 1증권 단위로 매매할 수 있다.

③ 가격제한폭은 기준가격의 상하 30%이다.

④ ETN 가격의 변동성을 축소시켜 투자자의 위험을 줄이기 위해 지정가주문만 가능하다.

해설

투자자의 접근성과 선택권을 확대시키기 위해 주식과 동일하게 지정가주문, 시장가주문, 조건부지정가주문, 최유리지정가주문, 최우선지정가주문이 가능하다.

정답 ④

필수핵심개념

(4) 매매제도

	매매시간	정규시장 : 09:00~15:30, 시간외시장 : 08:00~09:00, 15:40~18:00
	호가가격단위	5원
매매제도	매매수량단위	1증권
	가격제한폭 상하	기준가격의 상하 30%(레버리지가 있는 ETN의 경우 그 배율을 곱한 금액)
	주문의 종류	지정가주문, 시장가주문, 조건부지정가주문, 최유리지정가주문, 최우선지정가주문
대용증권		ETN도 현금에 갈음하여 위탁증거금으로 사용할 수 있도록 대용증권으로 지정
신용거래		신용거래융자와 신용거래대주는 허용되지 않음
결제제도		• ETN의 결제제도는 일반 주식거래와 동일 • ETN 결제는 주식과 같이 거래성립일로부터 2일째 되는 날(T+2) • ETF와 같이 예탁기관에 전부 예탁되어 계좌대체를 통해 인수도

대표유형문제

ETN(상장지수증권)의 투자지표에 대한 설명이다. 설명이 잘못된 것은?

① 일일지표가치는 ETN 1증권당 실질가치인 지표가치로 ETF의 순자산가치(Net Asset Value : NAV)와 유사한 개념이다.

② 일일지표가치 산출은 매 영업일 장 종료 후 이루어지며 한국예탁결제원 등 일반사무관리회사가 산출을 담당한다.

③ 실시간지표가치는 하루에 한 번 발표되기 때문에 일일지표가치를 보완하고자 실시간으로 ETN의 가치변화를 나타낸다.

④ 실시간지표가치 산출은 전일 지표가치에 당일 장중 기초지수 변화율을 반영하여 산출하며, 산출주기는 10분이다.

해설

실시간지표가치의 산출주기는 기초지수 산출주기와 동일하게 하되 최대 15초 이내로 설정한다.

정답 ④

필수핵심개념

03 투자지표

일일지표가치(IV) : Indicative Value	• ETN 1증권당 실질가치인 지표가치 • ETF의 순자산가치(Net Asset Value : NAV)와 유사한 개념 • 산출방법 : 발행일 기준가로부터 일일 기초지수 변화율에 일할계산된 제비용, 분배금 등을 가감하여 산출 • 산출주기 : 매 영업일 장 종료 후 1회(한국예탁결제원 등 일반사무관리회사가 산출 담당) • 투자자가 발행자에게 중도상환을 요청할 경우 중도상환기준가(당일 지표가치 − 중도상환수수료(증권사 자율))로 활용 • 당일시장가격과의 괴리율(%) 판단 기준으로도 활용
실시간지표가치(IIV) : Intraday Indicative Value	• 하루에 한 번 발표되기 때문에 일일지표가치를 보완하고자 실시간지표가치를 투자지표로 발표 • 산출방법 : 전일 지표가치에 당일 장중 기초지수 변화율을 반영하여 산출 • 산출주기 : 기초지수 산출주기와 동일하게 하되 최대 15초 이내로 설정
괴리율	• ETN의 시장가격과 지표가치의 차이를 나타내는 지표 • 장가격의 고평가/저평가 정도를 나타내는 지표 • 발행회사의 신용위험이 부각되거나 유동성 공급이 원활하지 않을 때에는 괴리율이 확대 $$괴리율(\%) = \frac{시장가격 - 지표가치}{지표가치} \times 100$$

대표유형문제

ETN의 투자위험에 대한 내용으로 거리가 먼 것은?

① 발행회사의 채무불이행 위험이 존재한다.

② 개별주식 투자에 비해 기업 고유의 위험은 줄일 수 있지만 시장위험에 노출되어 있다.

③ 상장폐지되는 ETN 발행회사는 투자자에게 투자금액을 지급하지 않는다.

④ 추적배수가 1배가 아닌 ETN을 2일 이상 보유하는 경우 보유기간 동안 ETN의 누적수익률은 투자대상 등의 누적수익률에 추적 배율을 곱한 값과 차이가 날 수 있다.

해설

발행회사의 부도발생이 아닌 경우에는 상장폐지되더라도 ETN 발행회사가 최종거래일의 지표가치에 해당하는 금액을 투자자에게 지급한다.

정답 ③

필수핵심개념

04 투자위험

발행회사 신용 위험	• ETN은 신탁재산을 별도 보관하는 ETF와 달리 무보증·무담보 일반사채와 동일한 발행자 신용위험 존재 • ETF에 비해 추적오차의 위험이 적은 반면, 발행회사의 채무불이행 위험 존재
기초자산 가격변동 위험	• 인덱스 상품이기 때문에 지수가 하락하면 손실이 나타날 수 있는, 원금 비보장 상품 • 개별주식 투자에 비해 기업 고유의 위험은 줄일 수 있지만 시장위험에 노출 • ETN의 가격은 일반기업의 주가처럼 향후 진밍과 같은 미래의 가치가 현재의 가격에 반영되는 상품이 아니라 단순히 기초지수의 변동에 따라 결정(추가발행으로 인한 희석문제 없음) • ETN은 ETF에 비하여 적은 구성종목수로 상품구성이 가능하므로 분산투자 효과 감소
유동성 부족 위험	• 호가가 충분하게 제시되어 있지 않은 종목의 경우 투자자가 원하는 가격에 즉각적으로 거래하지 못할 가능성 존재 • 시장에서 투자자에게 인기가 있어 상당수량 이상 매출이 일어난 종목에 추가상장이 신속하고 원활하게 일어나지 않으면 ETN의 가격이 왜곡될 위험
단기거래 비용증가 위험	• ETN의 매매를 위해서는 증권회사를 거쳐야 하기 때문에 매매가 빈번할 경우 증권회사에 지불하는 위탁수수료 부담 증가 • 가급적 장기투자를 위한 수단으로 활용하는 것이 바람직
상장폐지 위험	• 일반 기업의 주식처럼 ETN의 경우도 일정 요건에 미달하면 상장폐지 • 단, 발행회사의 부도발생이 아닌 경우에는 상장폐지되더라도 ETN 발행회사가 최종거래일의 지표가치에 해당하는 금액은 투자자에게 지급
일별 복리화 효과 위험	레버리지·인버스 상품은 투자기간만큼의 기초자산 가격수익률(누적수익률)을 추종하는 것이 아니라 일간 수익률에 연동되므로 ETN 매도 시 투자한 기간 동안의 수익률에 대한 추적배율수익률이 실현되지 아니할 가능성이 존재
롤오버 위험	ETN의 기초지수가 선물인 경우 롤오버 효과가 발생하여 비용 또는 수익이 발생하여 단순히 기초자산가격을 기준으로 한 누적수익률과 실제수익률 간의 차이가 발생

01 ETN의 특징에 대한 설명으로 적절하지 않은 것을 모두 고르면?
★★★

> ㄱ. ETN은 거래소에 상장되어 거래된다.
> ㄴ. ETN은 발생사의 신용위험에서 자유롭다.
> ㄷ. ETN의 만기는 10년 이내로 제한된다.
> ㄹ. ETN은 직접투자에 비해서는 상대적으로 저렴한 수수료를 대가로 받고서 다양한 자산에 투자가 가능하다.

① ㄱ
② ㄱ, ㄴ
③ ㄴ, ㄷ
④ ㄷ, ㄹ

해설

ㄴ. 발생사의 신용위험이 없어지는 것은 아니다. 반면에 ETF는 펀드가 보유하고 있는 주식 등을 별도의 신탁재산으로 보관해야 하므로 발행회사(자산운용사)가 파산하는 경우에도 투자자금을 돌려받을 수 있어 발행사의 신용위험에 노출되지 않는다.

ㄷ. ETN의 만기는 1년 이상 20년 이내이다.

02 ETN의 특징에 대한 설명으로 옳은 것은?
★☆☆

① 국내 ETN시장은 ETF와의 직접적 경쟁을 지양하기 위해서 시장의 대표지수에 투자하는 상품은 ETN 출시를 제한한다.

② 레버리지·인버스 ETN의 추적 배율은 ±2배까지의 정수배만 가능하다.

③ 금융기관이 1년에서 20년 이하의 만기 동안 투자자에게 정해진 이자를 지급하는 채권이다.

④ 상대적으로 엄격한 규제를 받는 ETF에 비해 신속한 상품 설정이 용이하다.

해설

① 국내 ETN시장은 ETF와의 직접적 경쟁을 지양하기 위해서 시장의 대표지수에 투자하는 상품은 ETN 출시를 제한하였으나 ETN·ETF 시장 건전화 방안에서 국내 시장대표 지수 ETN 출시를 허용하였다.

② 레버리지·인버스 ETN의 추적 배율은 ±2배까지의 정수배만 가능하였으나, 소수점배율(±0.5배 단위)과 채권형 ETN의 경우 3배율(±3배)까지 허용하였다.

③ 금융기관이 1년에서 20년 이하의 만기 동안 이표 없이 사전에 정의된 벤치마크지수에 연동된 수익률을 투자자에게 지급하고, 자신의 신용으로 발행하면서 별도의 담보나 보증을 받지 않는 선순위 무보증 채권이다.

03 ETN의 상장제도에 대한 설명으로 거리가 먼 것은?
★★★

① 주식의 신규상장절차와 동일하다.

② ETF보다 빠른 시일 내에 상장이 가능하다.

③ 신규상장하는 ETN은 발행총액이 최소 70억원 이상이고, 발행증권수가 10만 증권 이상이어야 한다.

④ ETN 발행자는 자기자본의 100%까지만 ETN을 발행할 수 있도록 제한하고 있다.

> **해설**
> ETN의 발행사가 안정적으로 운영하기 위하여 ETN 발행자는 자기자본의 50%까지만 ETN을 발행할 수 있도록 제한하고 있다. 그러나 추가상장하는 경우에는 괴리율 관리를 위해 발행한도를 적용하지 않는다.

04 ETN의 기초지수 요건에 해당하지 않는 것은?
★★★

① KRX 시장에서 거래되는 기초자산가격의 변동을 종합적으로 나타내는 지수

② 기초지수에 국내외 주식, 또는 채권이 포함되는 경우 주식 · 채권 각각 최소 5종목 이상, 동일 종목 비중 30% 이내로 분산될 것

③ 국채, 통안채, 지방채 등으로만 구성된 지수의 경우 3종목 이상, 동일 종목 비중 30% 요건으로 분산될 것

④ 지수가 해외증권시장에서 거래되는 종목만으로 구성되는 지수인 경우에는 구성종목의 수는 3종목 이상으로 하며, 하나의 구성종목 비중은 50% 이내로 분산될 것

> **해설**
> 국채, 통안채, 지방채 등으로만 구성된 지수의 경우 3종목 이상이면 가능하며, 이 경우 동일 종목 비중 30% 이내 요건은 적용되지 않는다.

05 시장에서 투자자에게 인기가 있어 상당수량 이상 매출이 일어난 종목의 추가적인 시장수요가 예상될 때 발행회사가 신속하게 물량을 공급하는 제도는?
★★☆

① 신규상장　　　　　　　　　② 추가상장

③ 변경상장　　　　　　　　　④ 우회상장

> **해설**
> 추가상장에 대한 설명이다.

06 ★★☆ **ETN 발행회사의 자격미달 요건에 해당하지 않는 것은?**

① 자기자본 2,500억원 미만

② 투자적격등급(BBB−) 미만

③ 순자본비율 100% 미만

④ 최근 사업연도 감사의견 부적정 또는 의견거절

해설

순자본비율이 100% 미만인 상태가 3개월간 지속되거나 순자본비율이 50% 미만인 경우 상장폐지 사유가 된다.

07 ★★☆ **유동성 공급자 제도에 대한 설명으로 거리가 먼 것은?**

① LP는 매수와 매도 양쪽 방향으로 최소 100증권 이상씩 호가를 제출해야 한다.

② 호가스프레드 비율이 일정 수준 범위를 초과하는 때에는 그 때부터 5분 이내에 유동성 공급호가를 제출해야 한다.

③ 원활한 유동성 공급을 위한 최소 유동성 보유의무로 상장증권총수에 비례하여 일정수량 이상의 ETN을 보유하여야 한다.

④ 증권시장에 개시시점 이후부터 장 종료 시점(09:05~15:20)까지 호가를 제출해야 한다.

해설

LP 호가제출 예외사항으로 오전 단일가매매 호가접수시간(08:00~09:00), 증권시장 개시 후 5분간(09:00~09:05), 오후 단일가매매 호가접수시간(15:20~15:30)이다. 또한 09:05~15:20 사이라도 호가스프레드 비율이 ETN 상장 시 거래소에 신고한 비율 이하인 경우 LP가 호가를 제출하지 않아도 된다.

08 ★☆☆ **ETN 매매거래 제도에 대한 내용으로 바르지 않은 것은?**

① ETN도 현금에 갈음하여 위탁증거금으로 사용할 수 있다.

② ETN도 신용거래융자와 신용거래대주를 할 수 있다.

③ ETN 결제는 주식과 같이 거래성립일로부터 2일째 되는 날이다.

④ 레버리지가 있는 ETN의 경우에 가격제한폭은 기준가격의 상하 30%에 그 배율을 곱한 금액이 된다.

해설

시장의 무분별한 투자수요를 차단하기 위해 ETN은 신용거래 대상에서 제외된다.

09 ETN의 지표가치에 대한 설명으로 거리가 먼 것은?
★★☆

① 발행 시점으로부터 기초지수의 변화율을 누적하여 산출하는데, 계산된 제비용 · 분배금 등을 가감하여 증권당 실질적인 보유가치를 계산한다.

② 중도상환기준가로 활용된다.

③ 괴리율이 양수인 경우에는 시장가격이 저평가되었음을 나타낸다.

④ 실시간지표가치의 산출주기는 기초지수 산출주기와 동일하게 하되 최대 15초 이내로 설정한다.

> **해설**
> ETN의 지표가치는 당일시장가격과의 괴리율(%) 판단 기준으로도 활용되며, 괴리율이 양수인 경우에는 지표가치(실질가치) 대비 시장가치가 고평가되었음을 나타낸다.

10 다음 중 ETN의 투자위험에 대한 내용으로 옳은 것은?
★★★

① ETN은 신탁재산을 별도 보관한다.

② 추가발행으로 인한 희석문제가 발생하지 않는다.

③ 가급적 단기투자를 위한 수단으로 활용하는 것이 바람직하다.

④ 유동성 공급제도가 있어 투자자가 원하는 가격에 즉각적으로 거래할 수 있다.

> **해설**
> ① ETN은 신탁재산을 별도 보관하지 않아 발행회사의 신용위험이 존재한다.
> ③ ETN 매매가 빈번할 경우 증권회사에 지불하는 위탁수수료 부담이 증가하여 가급적 장기투자를 위한 수단으로 활용하는 것이 바람직하다.
> ④ 유동성 공급제도가 있긴 하지만 호가가 충분하게 제시되어 있지 않은 종목의 경우나 시장에서 투자자에게 인기가 있어 상당수량 이상 매출이 일어난 종목에 추가상장이 신속하고 원활하게 일어나지 않으면 투자자가 원하는 가격에 즉각적으로 거래할 수 없어 유동성 위험이 존재한다.

03

스 왑

챕터 출제비중

구 분	출제영역	출제문항
CHAPTER 01	기타파생상품	10~11 문항
CHAPTER 02	파생결합증권	6~7 문항
CHAPTER 03	스 왑	8 문항
	총 문항	25 문항

42%
26%
32%

스왑거래에서 주의할 점은 누구의 입장에서 스왑거래전략을 취하였는지를 명확히 해야 한다는 것입니다. 또한 스왑금리는 스왑거래를 원하는 사람이 요구하는 프리미엄에 해당하므로 요구하는 사람보다 요구를 들어주는 상대방이 취하는 이익이 상대적으로 크다는 점을 염두에 두면서 문제에 접근해야 합니다.

Section별 중요도 및 학습체크

구 분	핵심개념	중요도	학습체크		
			1회독	2회독	3회독
01	스왑의 개요	★			
02	Parallel Loan과 Back-to-Back Loan	★★★			
03	스왑거래 포지션	★★★			
04	스왑거래 날짜 표현	★★★			
05	스왑거래 금리표시 및 이자계산방법	★★			
06	이자율스왑의 특징	★★			
07	시장금리 변화에 따른 손익 변화	★★★			
08	스왑금리	★★★			
09	스왑스프레드	★★★			
10	스왑의 가격산정 개념	★★			
11	스왑의 가격산정 절차	★			
12	비교우위론	★★★			
13	금리리스크 관리	★★★			
14	스왑딜러의 이자율스왑 헤징	★★★			
15	원화이자율스왑의 활용	★			
16	이자율연계 구조화 채권	★★			
17	표준형 스왑	★★★			
18	비표준형 스왑	★★★			
19	통화스왑 개념	★★★			
20	통화스왑 비교우위	★★★			
21	베이시스 통화스왑의 가격고시	★			
22	국내 통화스왑시장의 특징	★★			

---

section 01 **스왑의 개요** 중요도 ★☆☆

> **대표유형문제**
>
> **다음은 스왑거래에 대한 설명이다. 사실과 가장 거리가 먼 것은?**
>
> ① 스왑거래는 현물거래와 선도거래 혹은 일련의 선도거래가 여러 개 모인 하나의 거래이다.
>
> ② 스왑거래는 기초자산에 따라서 이자율스왑, 통화스왑, 주식스왑, 상품스왑 등이 있다.
>
> ③ 스왑이 경제적으로 의미 있기 위해서는 들어오는 현금흐름의 현재가치와 나가는 현금흐름의 현재 가치가 같아야 한다.
>
> ④ 스왑거래는 반드시 원금교환과 기간 중의 이자교환이 있어야 한다.
>
> **해설**
>
> 이자율스왑은 원금교환이 없는 것이 일반적이며, 만기가 짧은 외환스왑은 기간 중에 이자교환이 없다. 또한 통화스왑 은 초기교환, 쿠폰교환, 만기교환으로 나눈다. 초기교환에서는 원금교환이 이루어지지 않기도 한다.
>
> **정답** ④

필수핵심개념

01 스왑의 생성과 발전

(1) 스 왑

① 두 당사자가 각기 지니고 있는 미래의 서로 다른 자금흐름을 일정기간 동안 서로 교환하기로 계약하는 거래

② 들어오는 현금흐름의 현재가치와 나가는 현금흐름의 현재가치가 원칙적으로 서로 같아야 스왑에 경제적 의미가 있음

③ 현물거래와 선도거래 혹은 일련의 선도거래가 여러 개 모인 하나의 거래

④ 일련의 현금흐름을 다른 현금흐름과 교환하는 것

⑤ 스왑거래 중 가장 일반적인 스왑은 이자율스왑이며 그 다음으로 통화스왑이 거래비중이 높음

(2) 스왑의 근간이 되는 구조

① 외환스왑거래(FX Swap)

ㄱ 외환시장에서 장기적 위험을 관리하기 위해서 외환스왑의 형태로 거래되었고 외환거래의 선물환 거래를 장기화하려는 시도에서 통화스왑으로 발전

ㄴ 특정 통화에 대한 거래금액은 동일하나 거래방향이 반대인 현물환과 선물환을 동시에 체결하는 거래

ㄷ 현물환 매도 + 선물환 매수 : US\$ buy & sell swap against KRW

ㄹ 현물환 매수 + 선물환 매도 : US\$ sell & buy swap against KRW

ㅁ forward point(forward margin) or swap point(swap rate)는 선물환율과 현물환율의 차이를 의미하고 이자율평형이론(IRPT)에 의해 원−달러의 금리차이에 의해 할인 또는 할증

$\rightarrow r_d > r_f$: 할증(premium), $r_d < r_f$: 할인(discount)

두 통화의 금리차이가 클수록, 스왑기간이 길어질수록 현물환율과 선물환율의 차이가 커짐

② 장기자본시장의 스왑거래

채권의 장기금리 리스크관리를 위해 금리구조를 고정금리와 변동금리로 전환하는 과정에서 이자율 스왑거래가 발전

구 분	통화 종류	교 환	노출위험
통화스왑	이종 통화	원금 + 이자	시장위험 + 환위험
이자율스왑	동일 통화	이자(고정금리 ⇄ 변동금리)	시장위험

※ 외환스왑의 경우 단기금융시장의 스왑

대표유형문제

Parallel Loan과 Back−to−Back Loan에 대한 설명이다. 사실과 다른 것은?

① 통화스왑이 원초적 형태로 1960년대에 고안되어 1973년 규제가 철폐되기까지 널리 이용되었다.

② Parallel Loan을 통해 두 자회사는 일반대출보다 전체비용을 절감하고 외환거래에 부과되는 수수료 비용을 회피할 수 있다.

③ Parallel Loan계약은 두 개의 대출계약이 연계되어 한쪽에 채무불이행 사태가 발생했을 때 상대방과 채무상계(set−off)가 가능한 장점이 있다.

④ Back−to−Back Loan은 채무상계 문제로 고안되었고 신용위험을 상당히 개선하였다.

해설

Parallel Loan(평행대출)은 상대 모기업에서 상대 자회사에 직접 대출하는 형태로 한쪽이 채무를 불이행했다고 해서 같이 불이행을 실행하면 신용등급과 기업의 이미지 문제로 채무상계(set−off)가 어려운 문제점이 있어 이를 고안한 대출방식이 Back−to−Back Loan(직접대출)이다.

정답 ③

필수핵심개념

③ Parallel Loan과 Back−to−Back Loan

개 요	• 해외투자에 관련되어 외환규제를 피하기 위한 대출계약(파생상품이 아님) • 파생상품과는 달리 부외(off balance sheet)거래가 아님
Parallel Loan	• 상대 모기업에서 상대 자회사에 직접 대출하는 형태로 2건의 대출계약 발생 • 장 점 　− 금융기관으로부터 대출받을 경우보다 전체비용 절감 　− 외환거래에 부과되는 수수료 비용을 회피 • 문제점 　− 동일기간 동일금액의 자금수요를 가진 거래상대방을 찾기가 용이하지 않음 　− 한쪽에 채무불이행 사태가 발생했을 때 채무상계(set−off) 불능 문제 　− 자금조달의 순효과가 없에도 대출건에 대한 이자소득세 원천징수의무 발생
Back−to−Back Loan	• 한쪽에 채무불이행 사태가 발생했을 때 채무상계 불능 문제를 해소하는 방법으로 고안 • 모기업 간에 서로 직접 조달받아서 각 회사에 본 · 지사 간 대출하는 것 • 두 모기업이 직접 대출당사자가 되므로 신용위험이 개선 • 문제점 : 여전히 대출건에 대한 이자소득세 원천징수의무 발생

> **대표유형문제**
>
> 스왑포지션에 관한 설명이다. 사실과 다른 것은?
>
> ① payer swap : 고정금리 지급
> ② receiver swap : 변동금리 수취
> ③ long swap : 고정금리 지급, 변동금리 수취
> ④ short swap : 고정금리 수취, 변동금리 지급
>
> **해설**
> receiver swap은 고정금리를 수취하고 변동금리를 지급한다.
>
> **정답** ②

필수핵심개념

02 스왑시장 주요 용어

(1) 스왑시장의 참여자

warehouse bank	• 투자은행이나 대형 상업은행으로 스왑시장의 시장조성자(market maker) 역할을 수행 • 스왑시장에서 자체 호가 제시
중개기관 (broker company)	warehouse bank와 user 또는 user들을 연결해주는 기관으로 시장활성화에 기여
최종이용자 (user)	자체 포지션의 관리를 목적으로 상호 직접적인 거래와 중개기관의 중개거래를 통해 시장에 참여하는 기관

(2) 스왑거래 포지션

변동금리 기준	변동금리 수취 + 고정금리 지급	long swap
	변동금리 지급 + 고정금리 수취	short swap
고정금리 기준 (일반적)	변동금리 수취 + 고정금리 지급	payer swap
	변동금리 지급 + 고정금리 수취	receiver swap

대표유형문제

스왑거래에 사용되는 날짜 표현에 대한 내용 중 바르지 못한 것은?

① effective date는 스왑거래의 이자계산이 시작되는 날로 통상 trade date 이후 2영업일 후가 된다.

② 원화 이자율 스왑의 경우 trade date 이후 1영업일 후부터 이자계산이 시작된다.

③ modified following day 방식은 payment date가 공휴일이면 다음 영업일로 하지만 다음 달로 넘어갈 경우 직전 영업일로 앞당겨진다.

④ 스왑거래에서 payment date는 통상 following day 방식을 사용한다.

해설

스왑거래에서 payment date는 통상 modified following day 방식을 사용한다.

정답 ④

필수핵심개념

(3) 스왑거래에 사용되는 날짜 표현

trade date	스왑계약을 체결하는 날
effective date	• effective date : 스왑거래의 이자계산이 시작되는 날 • spot date : 통상 trade date 이후 2영업일 후 • forward starting date : spot date 초과하여 스왑거래 계산이 시작되는 날 • 원화 이자율 스왑의 경우 trade date 이후 1영업일 후부터 이자계산이 시작
payment date	※ payment date 결정과 영업일의 관행(business day convention) • payment date : 자금결제가 발생하는 날로 이자지급일 또는 원금교환일 • modified following day 방식 : 결제일이 공휴일이면 다음 영업일(단, 다음 영업일이 다음 달로 넘어가는 경우 직전 영업일) • following day 방식 : 결제일이 공휴일이면 무조건 다음 영업일(연과 월 상관없음) • preceding day 방식 : 결제일이 공휴일이면 무조건 이전 영업일(연과 월 상관없음) • modified following day의 영업일 관행을 가장 많이 사용 • 공휴일은 각국마다 다르기 때문에 스왑계약 시 공휴일이 적용되는 국가의 도시를 명시하고 이 경우 한 도시만이라도 공휴일이면 payment date가 조정
reset date	• 변동금리 재설정일로 변동금리 이자계산에 사용되는 변동금리를 선택하는 날 • 달러화 Libor의 경우 이자계산 시작일의 2영업일 전일의 변동금리 적용 • 원화 CD금리의 경우 이자계산 시작일의 1영업일 전일의 변동금리 적용 • 비표준형 스왑 Libor−in−arrear은 이자종료일(지급일) 2영업일 전일의 변동금리 적용

> **대표유형문제**
>
> 금리표시 및 이자계산방법에 대한 설명이다. 사실과 다른 것은?
>
> ① 10.0% : 변동금리 지급 시의 상한 값이다.
>
> ② s.a. : 이자를 1년에 2회 지급, 지급단위가 매 반기이다.
>
> ③ 30/360 : 이자계산의 시작일과 종료일 기간의 1달을 무조건 30일로 가정하고, 1년을 360일로 고정한다.
>
> ④ Unadj. : unadjusted의 약자로 이자지급은 하루가 늦춰지더라도 이자를 재계산하지는 않는다.
>
> **해설**
>
> 10.0%는 스왑가격으로 고정금리 값이다.
>
> **정답**　①

필수핵심개념

(4) 원금과 이자

명목원금	• 이자율스왑 : 이자계산에만 사용 • 통화스왑 : 원금이 상호 간에 교환되는 중요한 요소
변동금리	달러스왑계약은 주로 6개월 또는 3개월 Libor, 원화스왑계약은 3개월 CD금리 사용
고정금리	• 스왑계약상 가장 중요한 변수로 보통 스왑가격 또는 스왑금리(swap rate)라고 함 • two－way－quotation : 스왑딜러들은 2개의 금리를 제시 (receiver/pay 또는 offer/bid)

더 알아보기

금리표시 및 이자계산방법
- 이자지급주기
  - 통상 s.a.(semi-annual) : 연 2회, p.a.(per annum) : 연 1회, q.a.(quarterly) : 연 4회
- 이자계산방법

구 분	내 용	적용 대상
act/365	1년을 365일로 고정하고 실제 날짜수로 이자계산	엔화, 파운드화, 원화이자율스왑
act/act	1년을 윤년인 경우는 366일, 그렇지 않은 경우 365일로 하고 실제 날짜수로 이자계산	통상 국내채권
act/360	1년을 360일로 고정하고 실제 날짜수로 이자계산	• 주요 외국통화의 Libor 금리 계산에 사용 • 주로 단기자금시장에 사용되어 'Money Market Basis'라고 함
30/360	1년을 360일로 고정하고 1달을 30일로 고정하여 이자계산	대부분 고정금리 유로본드 채권계산에 사용되어 'Bond Basis'라고 함

- 이자계산 종료일이 휴일인 경우 영업일 관행(business day convention)
  - Adj.(adjusted) : 하루치 이자를 계산(주로 act/365나 act/360에 적용)
  - Unadj.(unadjusted) : 늦어지는 이자를 계산하지 않음(일반적으로 30/360에 적용)

01 핵심보충문제

01 다음 중 스왑에 대한 설명으로 옳은 것은?
★★☆

① 오늘 거래를 체결하고, 이 거래의 인수도결제가 바로 일어나는 거래를 말한다.

② 미래의 특정일에 일어날 상품의 인수도를 거래하기 용이하도록 표준화하여 거래소에 주식처럼 상장된 거래이다.

③ 미래의 특정일에 미리 제시한 거래조건을 만족하는 경우에 인수도결제가 발생할 수도 있고 그렇지 않을 수도 있는 거래이다.

④ 현물거래와 선도거래 혹은 일련의 선도거래가 여러 개 모인 하나의 거래이다.

> **해설**
> ① 현물거래 ② 선물거래 ③ 옵션거래에 대한 설명이다.

02 다음 중 스왑거래에 대한 설명으로 옳은 것은?
★☆☆

① Parallel Loan은 Back−to−Back Loan이 갖는 신용위험 문제를 상당히 개선하였다.

② 외환스왑에서 swap rate의 부호는 이자율평가이론에 의해 결정된다.

③ 이자율스왑과 외환스왑은 장기 자본시장 스왑거래이다.

④ 통화스왑거래에서 만기 현금흐름은 선물환율에 의해 결정된다.

> **해설**
> ① Back−to−Back Loan은 Parallel Loan이 갖는 신용위험 문제를 상당히 개선함
> ③ 외환스왑은 단기 자본시장 스왑거래임
> ④ 통화스왑거래에서 만기 현금흐름은 거래 시점 현물환율에 의해 결정

03 해외투자에 관련된 외환규제를 회피하기 위해 영국에 있는 외국기업의 자회사에게 영국 모기업이 파
★★☆ 운드 대출을 하는 대신에 이 파운드 금액에 상당하는 달러를 외국 모기업이 영국의 해외 현지법인에
게 대출하는 방법은?

① cross hedge　　　　　　　　　　② Parallel Loan
③ Back－to－Back Loan　　　　　　④ currency swap

Parallel Loan에 대한 설명이다.

04 Parallel Loan과 Back－to－Back Loan에 대한 설명이다. 사실과 다른 것은?
★★★ ① 통화스왑의 원초적인 형태로 통화스왑보다 위험이 더 크다.
② Back－to－Back Loan에서는 모기업끼리 직접 상호대출 계약을 체결한다.
③ 둘 다 원천징수 부담의 문제가 있다.
④ Back－to－Back Loan은 파생상품과 같은 부외(off balance sheet)거래로 인식된다.

Parallel Loan과 Back－to－Back Loan은 실제 대출계약서가 작성되어 실행되는 대출거래이므로 통화스왑 등의 파
생금융상품과는 달리 부외(off balance sheet)거래가 아니다.

05 스왑관련 주요용어에 대한 설명으로 가장 거리가 먼 것은?
★★★ ① short swap : 변동금리 지급 스왑
② swap rate : 달러스왑계약은 주로 6개월 또는 3개월 Libor, 원화스왑계약은 3개월 CD금리
③ effective date : 스왑거래의 이자계산이 시작되는 날
④ s.a. : 이자를 1년에 2번, 즉 매 6개월마다 지급한다는 것을 의미함

②는 변동금리에 대한 설명이다.
고정금리는 스왑계약상 가장 중요한 변수로 스왑가격 또는 스왑금리(swap rate)라고 한다.

06 스왑거래 용어 중 스왑계약을 체결하는 날은?

★★☆
① trade date ② spot date

③ payment date ④ reset date

스왑계약을 체결하는 날은 trade date이다.

07 reset date에 대한 설명으로 거리가 먼 것은?

★★☆
① 이자계산에 사용되는 변동금리를 선택하는 날이다.

② Libor−in−arrear은 이자계산 시작일(effective date)을 기준으로 한다.

③ 달러 Libor의 경우 이자계산 시작일의 2영업일 전일을 기준으로 적용한다.

④ 원화 CD금리의 경우 이자계산 시작일의 1영업일 전일을 기준으로 적용한다.

Libor−in−arrear은 비표준형 스왑으로 이자종료일 2영업일 전일을 기준으로 적용한다.

08 다음 중 원화 이자율스왑 계약 시 사용되는 변동금리와 변동금리의 이자계산방법이 바르게 연결된

★★★ 것은?

① 3개월 CD금리, act/365

② 3개월 CD금리, act/360

③ 6개월 CD금리, act/act

④ 6개월 CD금리, 30/360

원화 이자율스왑의 계약에 사용되는 변동금리는 3개월 CD금리이며, 이자계산방법은 act/365이다. 참고로 이자계산이 시작되는 날은 trade date 이후 1영업일 후(T＋1)이다.

09 액면금액이 1억원인 채권의 표면이율이 10%이다. act/act 금리표시방식에 따라 183일간 발생한 이
★☆☆ 자금액은 얼마인가? (단, 윤년을 가정함)

① 10,000,000원

② 5,000,000원

③ 5,013,698원

④ 2,500,000원

> **해설**
>
> act/act로 이자를 계산하는 경우 1년이 윤년인 경우는 366일, 그렇지 않은 경우 365일로 하고 실제 날짜수로 이자를 계산한다. 윤년으로 1년 366일 중 실제 투자일수는 183일로 10%의 183/366인 5%의 이자율이 적용되어 1억원에 대한 이자는 500만원(1억 × 0.05)이다.

10 다음은 3년 만기 이자율스왑의 거래내용이다. 거리가 먼 것은? (단, 이자계산 시작일은 spot date를
★★☆ 적용)

> • 명목원금(notional amount) : US$ 10,000,000
> • 고정금리(fixed rate) : 3.20$. s.a.30/360. Unadj.
> • 고정금리 지급자(fixed rate payer) : A은행
> • 변동금리(floating rate) : US$ 6M Libor ＋1.0%. act/360
> • 변동금리 지급자(floating rate payer) : B은행
> • business day convention : modified following day
> • 스왑계약체결일(trade date) : 2××1년 2월 10일

① 이자계산의 기산일은 trade date의 2영업일 이후인 2월 12일부터 시작한다.

② 만기일이 공휴일인 경우 다음 영업일로 미루는데, 이때 연도와 월을 넘길 경우 하루 앞으로 넘긴다.

③ A은행은 이자계산기간의 실제 날짜수를 감안하여 6개월마다 명목원금의 1.6%를 지급한다.

④ 첫 번째 6M Libor는 거래일인 2××1년 2월 10일에 결정된다.

> **해설**
>
> A은행은 6개월마다(s.a.) 실제날짜수와 상관없이 1년을 360일로 고정하고 1달을 30일로 고정하여 이자계산(30/360.)을 하고 이자계산 종료일이 휴일인 경우에는 하루치 늦어진 이자를 계산하지 않는다(Unadj.).

02 이자율스왑
(IRS : Interest Rate Swap)

대표유형문제

다음 중 이자율스왑에 대한 설명으로 옳은 것은?

① 두 거래상대방이 일정기간 동안 이종 통화에 대한 고정금리와 변동금리를 주기적으로 교환하는 계약이다.

② 고정금리 채권투자(long 포지션)와 receiver swap은 금리리스크와 신용리스크 측면에서 서로 동일하다.

③ 차액결제를 통해 거래상대방에 대한 결제위험을 줄일 수 있다.

④ 고정금리 이자와 변동금리 이자의 지급주기가 다를 경우에는 차액결제가 적용되지 않는다.

해설

① 이자율스왑은 동일 통화에 대한 고정금리와 변동금리를 주기적으로 교환하는 계약이다.

② 고정금리 채권투자(long 포지션)에 투자하면 receiver swap에서 금리리스크 측면은 동일하나 채권투자의 신용리스크를 감안할 경우 이자율에 미치는 영향은 이자율스왑과 확연히 다르다.

④ 고정금리 이자와 변동금리 이자의 지급주기가 다를 경우에도 같은 날에 발생하는 현금흐름에 대해서는 차액결제가 적용된다.

정답 ③

필수핵심개념

01 이자율스왑의 개요

① 두 거래상대방이 일정기간 동안 동일 통화에 대한 고정금리와 변동금리를 주기적으로 교환하는 계약

② 대부분 변동금리 지표의 주기와 이자지급주기가 동일

③ 고정금리와 변동금리의 이자 교환이 같은 날에 발생하면 차액결제를 통해 결제위험을 줄임. 만약 고정금리 이자와 변동금리 이자의 지급주기가 다를 경우에도 같은 날에 발생하는 현금흐름에 대해서는 차액결제 적용

02 이자율스왑과 기타 금리거래와의 비교

(1) 이자율스왑과 채권의 비교

① 채권의 현금흐름

구 분	초기현금흐름	중간현금흐름	만기현금흐름
고정금리 채권 발행	원금 수취	고정금리 지급	원금 지급
변동금리 채권 투자	원금 지급	변동금리 수취	원금 수취

㉠ 고정금리 채권 발행 + 변동금리 채권에 투자하는 것은 현금흐름이 동일하여 원금은 상쇄되고 서로 상이한 조건의 쿠폰만 남게 되어 고정금리 지급 + 변동금리 수취하는 이자율스왑과 동일

㉡ 현금흐름과 같이 시장(금리)리스크는 동일하나 회계처리방법과 상대방에 대한 신용리스크는 차이가 발생

② 시장금리 변화에 따른 채권과 이자율스왑의 손익 변화

구 분	금리 상승 위험		금리 하락 위험	
	채권 투자	receiver swap	채권 발행	payer swap
시장금리 상승	손 실	손 실	이 익	이 익
시장금리 하락	이 익	이 익	손 실	손 실

채권투자(long 포지션)와 receiver swap 금리리스크 동일, 채권발행(short 포지션)과 payer swap 금리리스크 동일

| section 07 | **시장금리 변화에 따른 손익 변화** | 중요도 ★★★ |

대표유형문제

고정금리 채권을 발행한 것과 동일한 금리리스크를 갖는 포지션으로 바르게 묶은 것은?

① receiver swap, 시리즈 FRA 매입

② payer swap, 시리즈 FRA 매입

③ long swap, 시리즈 FRA 매도

④ short swap, 시리즈 FRA 매도

해설

• 고정금리 채권을 발행한 자는 금리하락으로 채권가격이 상승하는 위험에 노출된다.

• payer swap은 변동금리를 수취하기 때문에 금리가 하락하는 경우 손실이 발생할 수 있어 금리하락 위험이 있다.

• 시리즈 FRA 매입은 약정금리를 지급하고 결제시점의 시장금리를 수취하는 포지션으로 금리가 하락하는 경우 손실이 발생하므로 금리하락 위험이 있다.

정답 ②

(2) 이자율스왑과 FRA의 비교

① 이자지급주기가 3개월인 1년 이자율 스왑 = 연속 4개 FRA거래(FRA strip 거래)

예 1년 이자율 스왑금리 = 0 × 3 FRA + 3 × 6 FRA + 6 × 9 FRA + 9 × 12 FRA

② 시장금리 변화에 따른 FRA와 이자율 스왑의 손익 변화

구 분	금리 상승 위험		금리 하락 위험	
	FRA매도	receiver swap	FRA매입	payer swap
시장금리 상승	손 실	손 실	이 익	이 익
시장금리 하락	이 익	이 익	손 실	손 실

시리즈 FRA 매입은 payer swap 거래와 동일, 시리즈 FRA 매도는 receiver swap 거래와 동일

더 알아보기

선도금리계약(FRA : Forward Rate Agreement)
- 기초자산이 금리인 상품
- 미래에 적용할 단기금리를 현시점에서 미리 약정하는 장외계약
- FRA 매입 : 금리 상승 시 (실제이자율 – 계약이자율)의 차액을 수령(약정금리를 지급하고 결제시점의 시장금리를 수취하는 포지션과 동일)
- FRA 매도 : 금리 하락 시 (계약이자율 – 실제이자율)의 차액을 수령(약정금리를 수취하고 결제시점의 시장금리를 지급하는 포지션과 동일)

---

section 08 　스왑금리　　　　　중요도 ★★★

대표유형문제

스왑금리(swap rate)에 대한 설명으로 거리가 가장 먼 것은?

① 스왑딜러들은 2개의 고정금리를 제시한다.
② 통상 국채의 수익률은 bid 수익률이 offer 수익률보다 크다.
③ 고객이 receiver swap을 하는 경우에는 스왑 offer rate가 적용된다.
④ 매도율(bid rate)은 딜러가 고정금리 수취 스왑을 할 때 적용된다.

해설

스왑거래 시 적용되는 스왑금리는 딜러의 입장에서 2개의 고정금리를 제시(receiver/pay 또는 offer/bid)한다. 고객이 고정금리를 수취하는 receiver swap을 하는 경우 딜러 입장에서는 고정금리를 지급하여 지급률(pay rate)이 적용된다. 즉 고객이 receiver swap을 하는 경우에는 스왑 bid rate가 적용된다.

정답 ③

03 스왑금리(swap rate)

(1) 스왑거래 시 적용되는 스왑금리

① 고정금리는 스왑계약상 가장 중요한 변수로 보통 스왑가격(swap price) 또는 스왑금리(swap rate)라고 함

② two-way-quotation : 스왑딜러들은 2개의 고정금리를 제시(receiver(팔자)/pay(사자) 또는 offer(팔자)/bid(사자))

③ 스왑거래의 경우에는 'receive more/pay less'의 원칙으로 고정금리를 많이 받고 작게 지급하여 스왑딜러가 스프레드만큼 이익을 수취(관행상 offer(팔자)/bid(사자) 순으로 표시하는 게 일반적)

④ 포지션별 적용금리

적용금리	스왑딜러 입장 포지션	고객 입장 포지션
스왑 offer rate	고정금리 수취 + 변동금리 지급(receiver swap)	고정금리 지급 + 변동금리 수취(payer swap)
스왑 bid rate	고정금리 지급 + 변동금리 수취(payer swap)	고정금리 수취 + 변동금리 지급(receiver swap)

(2) 스왑금리 고시 방식

T+ spread 방식	• 스왑금리 = 재무부 채권수익률 + 스왑 spread • 스왑 offer rate = 국채 bid 수익률 + 스왑 offer spread • 스왑 bid rate = 국채 offer 수익률 + 스왑 bid spread • 미 재무부 채권은 6개월마다 이자를 지급하므로 스왑 고정금리 이자와 변동금리(Libor)는 6개월마다 교환이 이루어짐 • 통상 국채의 bid 가격이 offer 가격보다 작으므로 국채의 수익률은 반대로 bid 수익률이 offer 수익률 보다 큼 • 스왑금리 수준 비교 : 수취율(receiver rate) > 지급률(pay rate) > 미 재무부 채권수익률
절대금리 직접표시	스왑 offer rate/ 스왑 bid rate

더 알아보기

미 달러 이자율스왑과 원화 이자율스왑 비교

구 분	이자계산방식	고정금리 이자지급주기	변동금리 이자지급주기	변동금리
미 달러화 이자율스왑	AMM방식(act/360)	p.a (1년에 1번)	s.a (1년에 2번)	6개월 Libor
원화 이자율스왑	act/365	q.a (1년에 4번)	계약에 따라 상이	3개월 CD

(3) 스왑금리의 결정

① 스왑거래는 최소 1년 이상의 장기간 거래이기 때문에 스왑금리는 장기 고정금리임

② 스왑금리는 만기가 동일한 채권 수익률을 기준으로 결정

③ 스왑거래는 은행 간 거래나 은행과 기업 간의 거래이기 때문에 신용위험이 존재하여 이론적으로 스왑금리는 국채수익률보다 높아야 하고 국채수익률과 스왑금리의 차이를 '스왑 spread'라고 함 → 일반적으로 스왑스프레드는 (+)

---

section 09 **스왑스프레드** 중요도 ★★★

스왑스프레드의 변동요인에 대한 설명이다. 사실과 가장 거리가 먼 것은?

① 유로시장(은행 간의 자금시장)에서 신용위험이 증가하면 유로달러금리와 Treasury금리 간의 차이가 확대되어 스왑스프레드가 확대된다.

② 장래 금리상승이 예상될 때는 차입자의 금리고정화 수요가 증가하여 스왑스프레드가 확대되는 경향이 있다.

③ 미국 재무부 채권금리 수준으로 저금리 상태일 때는 장기차입자의 금리고정화 수요가 증가함으로써 스왑스프레드가 확대된다.

④ 주요 스왑은행의 포지션으로 스왑딜러의 고정금리 수취포지션이 많을 경우에는 딜러들이 헤지를 위해 고정금리 지급스왑을 확대해야 하므로 스왑스프레드가 축소된다.

해설

신용스프레드는 거래상대방과 고정금리 교환을 요구하는 프리미엄이다. 딜러들이 헤지를 위해 고정금리 지급스왑을 하려면 거래상대방이 고정금리 수취를 해야 한다. 만약 거래상대방에게 낮은 가격(고정금리)을 제시한다면 고정금리를 수취하는 상대방을 찾기 어려울 것이다. 따라서 고정금리 지급 스왑을 확대하기 위해 고정금리(스왑금리)가 높아져 스왑스프레드가 확대된다. 딜러 입장에서 스왑스프레드 확대는 헤지를 위한 비용 증가를 의미한다.

정답 ④

필수핵심개념

(4) 스왑스프레드

① 스왑스프레드 개요

㉠ 스왑 spread = 스왑금리 − 국채수익률(무위험수익률)

㉡ 스왑 spread는 신용프리미엄을 의미 ∴ 일반적으로 스왑스프레드는 (+)

㉢ 스왑 spread는 거래상대방과 고정금리 교환을 요구하는 프리미엄

㉣ 스왑금리가 증가하거나 국채수익률이 감소하는 경우 스왑스프레드 확대

② 스왑스프레드의 변동

변동요인		스왑스프레드의 변동
신용위험	증 가	스왑 spread 확대
	감 소	스왑 spread 축소
금리 변동에 대한 예상	상승 예상	차입자의 고정화 수요 증가(= 고정금리 지급) → 딜러입장 고정금리 수취 → 스왑금리 상승 → 스왑 spread 확대
	하락 예상	투자기관(운용자)의 고정화 수요 증가(= 고정금리 수취) → 딜러입장 고정금리 지급 → 스왑금리 하락 → 스왑 spread 축소
미 재무부 채권금리 수준	고금리 상태	자금운용기관 자신스왑(고정 수취 + 변동 지급) → 딜러입장 고정금리 지급 → 스왑금리 하락 → 스왑 spread 축소
	저금리 상태	장기자금 차입자의 고정화 수요 증가(= 고정금리 지급) → 딜러입장 고정금리 수취 → 스왑금리 상승 → 스왑 spread 확대
스왑딜러 포지션 상태	payer swap 포지션이 많은 경우	헤지를 위한 고정금리 수취 → 스왑수요 증가 → 스왑금리 하락 → 스왑 spread 축소
	receiver swap 포지션이 많은 경우	헤지를 위한 고정금리 지급 → 스왑수요 증가 → 스왑금리 상승 → 스왑 spread 확대

section 10 | 스왑의 가격산정 개념

중요도 ★★☆

스왑 가격산정(pricing)을 위한 금리의 기초개념에 대한 설명으로 거리가 먼 것은?

① 이표가 있는 채권은 만기수익률이 만기 이전에 실현되는 모든 현금흐름을 모두 동일한 수익률로 재투자한다는 비현실적인 가정을 근거로 한다.
② 순할인채 수익률은 만기까지 이자지급이 전혀 없는 현금흐름에 대한 수익률이다.
③ 부트스트래핑(bootstrapping)은 단기 순할인채 수익률을 이용하여 장기 이표채 만기수익률로부터 장기 순할인채 수익률을 순차적으로 구하는 방법이다.
④ 만기수익률은 수익률곡선에 따라 각 기간별 금리로 할인하거나 재투자로 계산한다.

해설

만기수익률은 모든 수익률을 하나의 할인율로 할인하는 개념이므로 만기수익률은 수익률곡선에 따라 각 기간별 금리로 할인하거나 재투자로 계산하지 않는다.

정답 ④

04 스왑의 가격산정

(1) 스왑 가격산정의 개념

① 미래의 일련의 현금흐름을 현재가치화하여 서로 평가하는 것

② 지급하는 현금흐름의 가치와 수취하는 현금흐름의 가치를 비교하여 공정한 가격에 거래가 될 수 있게 하는 것

③ 스왑금리는 스왑시장의 수요와 공급 등 시장요인에 의해서 결정

④ 스왑 가격산정(pricing)

ㄱ. 시장에서 거래되는 특정 표준만기의 스왑금리를 바탕으로 시장에서 고시되는 스왑 만기 이외의 스왑 등 비정형 스왑의 가격을 산정

ㄴ. 이미 체결된 스왑거래나 스왑포트폴리오(스왑book)를 평가(MtM)

ㄷ. 기체결된 스왑을 중도에 청산할 경우 그 정산할 금액을 계산하는 일

(2) 스왑 가격산정을 위한 금리 기초개념

① 스왑 가격산정 과정

❶ 현금흐름 파악	• 고정금리 현금흐름 : 확정된 현금흐름(파악 용이) • 변동금리 현금흐름 : 미확정 현금흐름(시장의 수익률곡선을 이용하여, 선도금리로 추정)
❷ 현금흐름이 발생하는 시점의 할인율 산출	어떤 할인율을 사용할지, 불특정 시점(보간법)의 현금흐름 할인은 어떻게 할지를 결정
❸ 현금흐름의 현재가치화 후 ❹ 지급과 수취의 순현재가치(＝스왑가치) 산출	

② 스왑 가격산정 금리 기초개념

수익률곡선	• 수익률이란 현재가치와 미래가치의 관계를 성장률로 수량화한 개념 • 만기수익률 : 채권투자에 있어 수익률의 표시방법으로 모든 현금흐름을 동일한 이자율로 할인하는 내부수익률법을 사용하여 일반적으로 고시되는 채권수익률 • 수익률곡선 : 각 기간별 수익률을 각 만기에 대응하여 그린 그래프(기간 구조) • 이표채의 만기수익률법 　－ 만기 이전에 실현되는 현금흐름을 모두 동일한 수익률로 재투자한다는 비현실적인 가정 　－ 모든 현금흐름을 하나의 할인율로 할인하는 개념. 즉, 각 기간별 금리로 할인되거나 재투자로 계산하지 않음
순할인채 수익률 (무이표채)	• 시장에서 고시되는 수익률은 대부분 이표채에 대한 만기수익률이며, 순할인채의 수익률은 따로 고시되지 않아 이표채 만기수익률로부터 순할인채 수익률로 환산 • 만기까지 이자지급이 전혀 없는 현금흐름에 대한 수익률 • 부트스트래핑(bootstrapping) : 단기 순할인채 수익률을 이용하여 장기 이표채 만기수익률로부터 장기 순할인채 수익률을 순차적으로 구하는 방법
할인계수(DF)	미래 현금흐름의 현재가치를 구하기 위해서 곱해주는 $\dfrac{1}{(1+r)^t}$
수익률 보간법	주어진 기간의 금리를 이용하여 그 사이의 기간에 대한 금리를 추정하는 방법
선도금리 (forward rate)	• 미래의 특정시점에서 시작하여 일정기간 동안의 수익률 혹은 금리 • 내재선도금리를 이용하여 이자율스왑의 변동금리 현금흐름과 같이 향후 확정될 변동금리 이자(현금흐름)를 추정

스왑의 가격산정 절차를 순서대로 나열한 것이다. (　　　) 안에 들어갈 단어를 바르게 나열한 것은?

> 첫째, 시장 수익률곡선을 이용하여 (　㉠　)과 (　㉡　)를 산출
> 둘째, 스왑거래에서 수취하는 현금흐름과 지급하는 현금흐름을 파악
> 셋째, 각 현금흐름 발생일의 (　㉡　)를 각각 산정
> 넷째, 각 현금흐름의 현재가치(PV) 산출
> 마지막으로 현금흐름의 순현재가치(NPV) = 스왑의 가치

① ㉠ 만기수익률　　㉡ 선도금리　　　　② ㉠ 순할인채 수익률　　㉡ 할인계수

③ ㉠ 만기수익률　　㉡ 선도금리　　　　④ ㉠ 순할인채 수익률　　㉡ 할인계수

해설

스왑의 가격을 산정하기 위해서는 만기까지 이자지급이 전혀 없는 현금흐름에 대한 수익률인 순할인채 수익률을 산출해야 하며 현재가치로 환산하기 위해 할인계수를 산정해야 한다.

정답 ②

필수핵심개념

(3) 스왑 가격산정의 절차

- 시장 수익률곡선을 이용하여 순할인채 수익률과 할인계수를 산출
- 시장 고시 스왑금리와 단기자금 금리 이용
- ※ 유동성이 풍부하고 신용도가 이미 감안된 단기자금 금리인 Libor와 스왑금리를 이용하는 것이 가장 합리적

⇓

- 고정금리와 변동금리 현금흐름을 파악
- 변동금리 현금흐름은 내재선도금리 이용

⇓

고정금리와 변동금리의 각 현금흐름 발생일의 할인계수(DF) 산정

⇓

각 현금흐름의 현재가치(PV) 산출

⇓

현금흐름의 순현재가치(NPV) = 수취현금흐름PV − 지급현금흐름PV = 스왑의 가치
※ 스왑체결시점에서 스왑의 가치는 '0'이 되어야 하므로 0이 되게 하는 비정형스왑의 가격(금리)을 찾는 작업

2년과 3년 스왑 가격산정

구 분	1년	2년	3년
순할인채 수익률 (Zero Rate)	5%	6%	6.5%
선도금리 (Forward Rate)	5%	7%	7.5%
할인계수 (Discount Factors)	$0.9524(= 1/1.05)$	$0.89(= 1/1.06)^2$	$0.8278(= 1/1.065)^3$
균형 Swap Rate (고정금리)	5%	5.97% (PV고정CF = PV변동CF)	6.44% (PV고정CF = PV변동CF)

section 12 비교우위론 중요도 ★★★

대표유형문제

현재 A사와 B사가 자금을 차입하려고 하는데 자금시장에서 요구하는 금리가 다음과 같다고 가정한다. 각각 비교우위가 있는 방식으로 자금을 조달하고 이자율스왑을 할 경우에 두 회사가 절약하게 될 금리는 총 얼마인가? (단, 거래비용은 무시)

구 분	고정금리	변동금리
A 사	6.5%	Libor + 1.0%
B 사	8.0%	Libor + 1.5%

① 0.50% ② 0.75%
③ 1.00% ④ 1.25%

해설

A사는 두 시장에서 모두 절대우위에 있으나 스왑거래를 통해 거래참여자 모두 차입비용을 절감할 수 있다.

[STEP 1] 고정금리 차이는 8.0% − 6.5%＝1.5%이고, 변동금리의 차이는 (Libor + 1.5%) − (Libor + 1.0%) = 0.5%이므로 B사는 상대적으로 변동금리의 차이가 고정금리차보다 적어 변동금리 차입에 비교우위가 있고 A사는 고정금리 차입 시 비교우위에 있다.

[STEP 2] 두 회사의 비용절감의 합은 고정금리시장과 변동금리시장의 조달금리 순차이인 1.5% − 0.5% = 1.0% 이다.

정답 ③

05 이자율스왑의 이용

(1) 비교우위론

두 당사자 사이에 시장에서의 신용도 차이가 존재하는 경우 스왑거래를 통해 거래참여자 모두 이익을 보게 되는 스왑거래

① 차입조건 비교우위

구 분	A 사	B 사	금리차이
고정금리 시장	5.5%	4.5%	1.0%
변동금리 시장	Libor + 0.5%	Libor	0.5%
비용절감	0.2%	0.3%	

㉠ B사는 두 시장에서 모두 절대우위

㉡ B사는 고정금리 차입 시 비교우위, A사는 변동금리 차입 시 비교우위

㉢ 거래참여자의 총이익(= 비용절감)은 고정금리와 변동금리의 차이인 1.0% − 0.5% = 0.5%

② 이자율스왑거래 구조

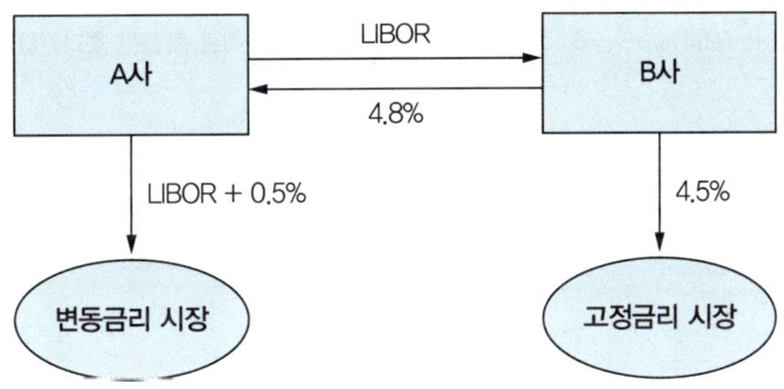

※ A사와 B사가 4.8% 고정금리와 변동금리(Libor) 간의 교환을 가정

㉠ 유입되는 금리 (+), 유출되는 금리 (−)

㉡ A사의 차입금리는 −(Libor + 0.5%) − 4.8% + Libor = −5.3%이다. 즉 A사는 스왑거래를 통해 5.3%의 고정금리로 차입한 효과가 생겨 0.2%의 비용절감효과가 있다.

㉢ B사의 차입금리는 −4.5% − Libor + 4.8% = −(Libor − 0.3%)이다. 즉 B사는 스왑거래를 통해 Libor − 0.3%의 변동금리로 차입한 효과가 생겨 0.3%의 비용절감효과가 있다.

대표유형문제

A기업은 유로시장에서 5년 만기 변동금리채를 차입금리 LIBOR + 150bp에 1억달러를 발행하고 금리스왑거래를 통하여 금리비용을 고정하려 한다. 5년 만기 스왑금리가 5.04/4.95%일 때 순차입비용은?

① 5.04%　　　　　　　　　　　　　② 4.95%

③ 6.54%　　　　　　　　　　　　　④ 6.35%

해설

[STEP 1] A기업은 변동금리 차입자로 금리상승 위험이 있으므로 금리가 상승하는 경우 이익이 발생하는 변동금리를 수취하는 스왑(long swap, payer swap)을 통한 헤지가 적합하다.

[STEP 2] 고객 입장에서의 고정금리 지급은 스왑딜러 입장에서 고정금리 수취이므로 스왑거래의 경우에는 'receive more/pay less'의 원칙으로 고정금리를 많이 받는다. 따라서 스왑딜러에게 적용되는 스왑금리(offer)는 5.04%이다.

[STEP 3] 이자율스왑 사례를 도식으로 표현하면 다음과 같다.

[STEP 4] 수취하는 금리를 (+)로 지급하는 금리를 (−)로 정리하면 A기업의 스왑 효과는 +LIBOR − (LIBOR + 1.5%) − 5.04% = −6.54%이다. 즉 6.54%의 고정금리로 차입한 효과이다.

정답 ③

필수핵심개념

(2) 금리리스크 관리

자본에서 발생하는 현금흐름의 전환

고객입장 고정금리 지급 + 변동금리 수취 스왑	고객입장 고정금리 수취 + 변동금리 지급 스왑
・금리상승 리스크 관리 ・변동금리 채무를 고정금리 채무로 전환 ・고정금리 수입을 변동금리 수입으로 전환	・금리하락 리스크 관리 ・고정금리 채무를 변동금리 채무로 전환 ・변동금리 수입을 고정금리 수입으로 전환

(3) 자산스왑(asset swap)

① 변동금리 자산보유자가 자산 스왑을 통해 투자자산의 현금흐름을 변경하거나 투자자산의 수익률을 제고

② 고정금리 채권 매입(자산) + 스왑 = 합성 FRN 매수

[상황] 투자자 A가 B은행으로부터 Libor + 100bp로 구매자금을 조달하여 잔존만기 5년, 이표 4% 유로채권을 구입하는 경우 자산스왑을 통한 금리상승 위험 헤지를 위해 C은행과 고정금리 4% 지급 + 변동금리 Libor + 2.0% 스왑 거래를 체결한 경우

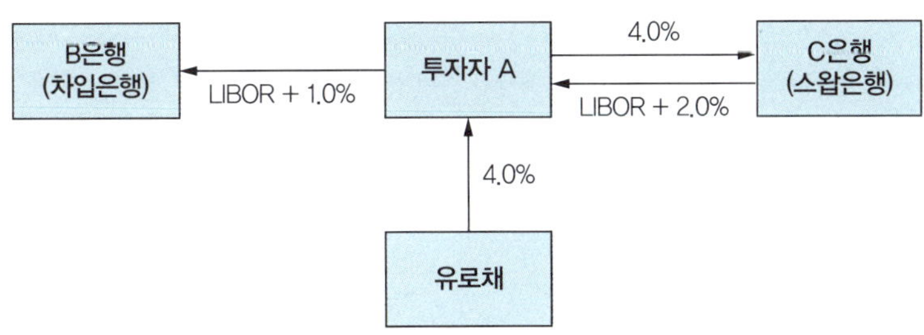

(결과) 이 거래로 투자자 A는 5년간 100bp[= Libor + 2.0% – (Libor + 1.0%)]의 스프레드 확정
즉 투자자 A는 고정금리 채권을 매입하고 자산스왑을 함으로써 Libor + 2.0% FRN을 매입한 것과 동일한 경제적 효과를 얻음. 이러한 상품을 합성 FRN이라 칭함

---

section 14 스왑딜러의 이자율스왑 헤징　　　　중요도 ★★★

대표유형문제

다음은 고정금리를 수취하고 변동금리를 지급하여 이자율스왑으로부터 발생하는 금리변동위험을 제거하는 방법이다. 이에 대한 설명으로 적절하지 않은 것은?

① 고정금리채를 발행하고, 변동금리채를 매입한다.
② 여러 만기의 유로달러선물을 매입(strip 매입)한다.
③ T−bond를 매도하고, reverse repo를 실행하고, TED spread를 매입한다.
④ 고정금리를 지급하고, 변동금리를 수취하는 이자율스왑거래를 체결한다.

해설

고정금리를 수취하고 변동금리를 지급하는 이자율스왑은 금리상승 위험에 노출되어 있다. 이를 헤지하기 위해서는 금리상승에 이익이 나는 거래를 통해 헤지를 해야 한다. 유로달러선물은 기초자산이 채권이고 금리가 상승하면 채권가격이 하락하므로 유로달러선물 매도를 통해 헤지를 해야 한다.

정답 ②

06 이자율스왑의 헤징

(1) 스왑딜러의 금리리스크 헤징전략

포지션	금리리스크	헤지 전략
receiver swap (고정금리 수취 + 변동금리 지급)	금리 상승 위험	**payer swap 거래 체결** • 국채현물 매도 • 재무부 채권 매도 + reverse−repo + TED spread 매입 • 국채선물 매도 • 유로달러선물 스트립 매도 • FRA 스트립 매수
payer swap (고정금리 지급 + 변동금리 수취)	금리 하락 위험	**receiver swap 거래 체결** • 국채현물 매입 • 재무부 채권 매수 + repo + TED spread 매도 • 국채선물 매입 • 유로달러선물 스트립 매수 • FRA 스트립 매도

더 알아보기

TED spread

• TED spread = 3개월 Libor 금리 − 3개월 T−bill 금리
• TED spread 매수 = T 매수 + ED 매도 = 지급하는 Libor 금리와 수취하는 T−bill금리 간 스프레드를 확정 → TED spread 확대 시 이익
• TED spread 매도 = T 매도 + ED 매수 = 수취하는 Libor 금리와 지급하는 T−bill금리 간 스프레드를 확정 → TED spread 축소 시 이익
• 신용리스크 상승 시 T−bill 수요 증가로 T−bill 금리가 하락하여 TED spread 확대
• 금융시스템의 중요한 위험지표

> **대표유형문제**
>
> 보험회사는 현재 장기부채를 단기 자산관리로 운용 중이다. 이 회사는 장기이자율스왑을 활용하여 자산 듀레이션을 조정하고자 한다. 사실과 가장 거리가 먼 것은?
>
> ① 보험회사는 단기채권에 투자하므로 금리하락 위험에 노출되어 있다.
> ② 보험회사는 스왑뱅크와 10년 만기 고정금리 receiver스왑 거래를 체결한다.
> ③ 스왑은 10년 만기 고정금리채권을 투자한 것과 동일한 듀레이션을 가진다.
> ④ 보험회사는 스왑거래를 통해 확정수익을 확보한다.
>
> **해설**
>
> 보험회사가 지급해야 하는 부채는 장기인데 운용 중인 채권은 단기채권으로 금리가 하락하면 이자수익이 감소하는 위험에 노출되어 있다. 이때 CD금리를 지급하고 고정금리를 수취하는 10년 만기 스왑거래를 체결하면 스왑을 통해 자산의 듀레이션을 늘릴 수 있다. 그러나 단기채권의 수익률과 CD금리 간의 차이가 발생할 수 있어 확정적 수익을 확보하지 못할 수 있다. 다만, 단기금리 지표이므로 두 상관관계가 높아 금리차는 크지 않을 것이다.
>
> **정답** ④

필수핵심개념

07 원화이자율스왑의 활용과 원화구조화스왑

(1) 원화이자율스왑의 활용

보험회사의 자산 듀레이션 조정	**[상황]** 장기고정부채를 과다하게 보유하나 자산은 주로 단기채권으로 구성되어 있는 보험회사의 경우 **[금리리스크]** 시장 금리기 히향 안정화로 예상될 때 금리하락 리스크 **[스왑을 이용한 헤지]** 장기 receiver 이자율스왑을 통해 자산의 듀레이션을 장기화 **[스왑 효과]** 장기 고정금리 채권에 투자한 것과 동일한 듀레이션을 가지는 효과(단, 단기채권 수익률과 변동금리(CD) 간의 차이가 발생할 수 있으나 모두 단기지표로 상관관계가 높음)
은행의 자산·부채관리	**[상황]** 은행의 부동산 담보 대출(대부분 변동금리)을 위한 자금차입을 장기은행채(고정금리)에 의존하고 있는 경우 **[금리리스크]** 변동금리하락 리스크, 변동금리와 고정금리의 금리 갭 **[스왑을 이용한 헤지]** receiver 이자율스왑을 통해 자산·부채를 효율적으로 관리
은행의 스왑대출 활용	**[상황]** 향후 금리이상 가능성과 이자비용 확정에 대한 요구 등으로 고정금리 차입에 대한 수요가 존재하는 경우 변동금리를 고정금리로 전환 필요, 음(−)의 스프레드 상황 **[스왑을 이용한 관리]** 은행은 변동금리 대출과 동시에 추가로 고객과 receiver 이자율스왑거래를 체결하는 스왑대출을 활용 **[스왑 효과]** 고객입장에서 고정금리 대출을 받은 것과 동일한 효과와 은행의 추가적인 이익기회 창출

단기채권펀드의 본드-스왑스프레드 이용 (핵심보충문제 24번 참고)	[상황] 금융회사의 단기자금(CMA, MMF, MMDA, RP 등) 운용대상이 제한적인 운용회사가 장기채권(통안채 등)을 매입하는 경우 [금리리스크] 지급해야 하는 단기자금금리 상승 위험 [스왑을 이용한 헤지] payer 이자율스왑을 체결 [스왑 효과] 단기변동금리에 투자한 효과 • 안정적인 채권투자와 본드-스왑스프레드(음(−)의 스왑스프레드)를 이용해 운용수익을 확보 • 단, 단기자금(CMA)금리와 변동금리(CD) 간의 차이가 발생할 수 있으나 모두 단기지표로 상관관계가 높음
음(−)의 스왑스프레드를 이용한 재정거래 (핵심보충문제 25번, 26번 참고)	[상황] 음(−)의 스왑스프레드가 확대되는 시점 ㉠ 스왑금리가 국채수익률보다 낮은 상태 ㉡ 은행 간 거래인 스왑금리 수준이 국가 신용위험인 국채수익률보다 낮은 비정상적인 상황 [스왑을 이용한 전략] 채권(국고채 등) 투자와 pay 이자율스왑의 재정거래 [스왑 효과] 단기변동금리에 투자한 효과 • 국고채 투자 운용 수익과 음(−)의 스왑스프레드를 이용한 재정이익 확보 • pay 이자율스왑의 재정거래수요가 증가하게 되면 음(−)의 스왑스프레드는 축소

구조화 채권에 대한 설명으로 옳은 것은?

① callable note 투자자가 만기 이전에 조기상환을 청구할 수 있는 채권이다.
② inverse FRN는 변동금리가 상승하면 높은 쿠폰을 지급한다.
③ daily CD range accural note는 변동금리 지표가 만기에 특정 구간 범위 내에 있는 경우에 정해진 쿠폰을 지급한다.
④ power spread note는 음(−)의 스왑스프레드의 왜곡현상을 이용한 구조로 하나의 변동금리 지표가 아닌 2개의 지표에 의해 쿠폰이 결정된다.

해설

① callable note 발행자가 만기 이전에 조기상환할 수 있는 채권이다.
② inverse FRN는 변동금리가 상승하면 낮은 쿠폰을 지급한다.
③ daily CD range accural note는 매일 변동금리 지표가 특정 구간 범위 내에 머문 일수만 계산하여 지급한다.

정답 ④

필수핵심개념

(2) 이자율연계 구조화 채권

callable note	• 가장 간단한 형태의 구조화 채권으로 발행자가 만기 이전에 조기상환할 수 있는 채권 • 시장금리 하락 시 조기상환권 행사
inverse FRN	변동금리가 상승하면 높은 쿠폰을 지급하고 금리가 낮아지면 낮은 쿠폰을 지급하는 일반적 FRN의 수익구조와 반대의 쿠폰을 지급하는 형태 예 $9.5\% - CD$
daily CD range accural note	변동금리 지표가 특정 구간 범위 내에 머문 일자만 쿠폰을 계산 예 $6.2\% \times n/N$, n : 매일의 CD금리가 range내에 머문 일수
CMS spread range accural note	CD range accural note와 동일한 개념으로 쿠폰이 계산되나 CD와 같은 단기금리가 아니라 중·장기 금리인 CMS의 스프레드를 지표로 사용 예 $6.2\% \times n/N$, n : 매일의 CMS $5-2$ spread $> 0\%$인 일수
US\$ Libor range accural quanto note	• CD range accural note와 동일한 개념으로 쿠폰이 계산되나 변동금리 지표로 US\$ Libor를 이용 • quanto note가 의미하듯 변동금리 지표는 외화이지만 쿠폰은 원화로 지급하는 채권 예 원화 $6.2\% \times n/N$, n : 매일의 3M Libor 금리가 range내에 머문 일수
power spread note	• 스왑시장에서 장기간 지속된 음(−)의 스왑스프레드의 왜곡현상을 이용한 구조 • 하나의 변동금리 지표가 아닌 2개의 지표에 의해 쿠폰이 결정(레버리지 이용) • 수익률곡선에 내재되어 있는 이론적인 단기금리 스프레드 역전현상을 이용 예 $5.0\% + 12 \times (CD - 3m\ KTB)$

핵심보충문제

01 이자율스왑에 대한 설명으로 틀린 것은?

★★★
① 명목원금의 교환은 발생하지 않는다.

② 이자율스왑에서 교환되는 변동금리는 일반적으로 6개월 Libor를 사용한다.

③ Swap price란 스왑거래에서 고정금리와 교환되는 변동금리를 말한다.

④ Libor 금리 이자계산에 사용되는 방법은 act/360의 Money Market Basis 방식이다.

> **해설**
>
> Swap price란 스왑거래에서 변동금리와 교환되는 고정금리를 말한다.

02 6개월 주기로 고정금리를 지급하고 변동금리를 수취하는 1년 만기 이자율스왑을 합성할 경우 필요한

★☆☆
FRA포지션은?

① 0 × 6 FRA 매입 + 0 × 12 FRA 매입

② 0 × 6 FRA 매도 + 0 × 12 FRA 매도

③ 0 × 6 FRA 매입 + 6 × 12 FRA 매입

④ 0 × 6 FRA 매도 + 6 × 12 FRA 매도

> **해설**
>
> 시리즈 FRA 매입은 payer swap거래와 동일하다. 따라서 현재부터 6개월 후의 변동금리를 고정시키는 0 × 6 FRA 매입과 6개월 후부터 6개월 변동금리를 고정시키는 6 × 12 FRA를 매입해야 한다.

03 시장의 금리변화로 인한 시장의 리스크 방향이 다른 하나는?

★★★
① payer swap   ② FRA 매수

③ 고정금리채권 발행   ④ 국채선물 매수

> **해설**
>
> ① payer swap, ② FRA 매수, ③ 고정금리채권 발행은 금리하락 위험에 노출되어 있다. 반면 국채선물 매수 포지션은 국채 가격이 하락하는 경우 손실을 보게 되므로 금리상승 위험에 노출되어 있다.

04 스왑 가격산정(pricing) 개념에 대한 내용으로 거리가 먼 것은?

① 시장에서 고시되는 스왑만기 이외의 스왑 등 비정형 스왑의 가격을 산정

② 시장에서 거래되는 특정 표준만기의 스왑금리를 계산

③ 이미 체결된 스왑거래나 스왑포트폴리오(스왑book)를 평가(MtM)

④ 기체결된 스왑을 중도에 청산할 경우 그 청산할 금액을 계산하는 일

> **해설**
> 스왑 가격산정(pricing)은 시장에서 거래되는 특정 표준만기의 스왑금리를 바탕으로 시장에서 고시되는 스왑만기 이외의
> 스왑 등 비정형 스왑의 가격을 산정하는 것이다. 스왑금리는 스왑시장의 수요와 공급 등 시장요인에 의해서 정해지는 것
> 이다.

05 스왑의 가격산정을 위한 금리의 기초개념에 대한 설명이다. 사실과 다른 것은?

① 스왑의 가격산정(Pricing)은 지급하는 현금흐름의 가치와 수취하는 현금흐름의 가치에서 큰 값을 찾는 과정이다.

② 채권투자에 있어서 수익률의 표시방법은 모든 현금흐름을 동일한 이자율로 할인하는 것이 일반적이다.

③ 순할인채 수익률은 만기까지 이자지급이 전혀 없는 현금흐름에 대한 수익률이다.

④ 선도금리는 미래의 특정 시점에서 시작하여 일정기간 동안의 수익률 혹은 금리를 나타낸다.

> **해설**
> 스왑의 기격산정(Pricing)은 미래이 일련의 현금흐름을 현재가치화하여 서로 평가한 것으로 지급하는 현금흐름의 가치와
> 수취하는 현금흐름의 가치를 비교하여 공정한 가격에 거래될 수 있게 하는 것이다.

06 유로달러선물 3년 strip 거래의 평균금리가 4.5%이고, 현재 스왑시장에서 3년 스왑금리가 4.0%/3.95%로 고시되고 있다면 어떤 차익거래가 가능한가?

① 유로달러선물 매도 + receiver swap

② 유로달러선물 매입 + payer swap

③ 유로달러선물 매입 + receiver swap

④ 차익거래 기회가 없음

> **해설**
> 유로달러선물이 스왑금리보다 높으므로 높은 금리를 수취하고 낮은 금리를 지급하면 차익을 얻을 수 있다. 유로달러를 매
> 수하면 3년간 운용금리를 4.5%로 고정시키는 효과가 있다. 스왑시장에서는 고정금리를 지급하면 되므로 payer 스왑을
> 체결한다. 이때 스왑딜러는 Market Maker로서 높은 금리를 수취하므로 offer rate가 적용되어 4.0%를 지급한다.

07 스왑가격을 표시할 때 T+spread 방식은 어떻게 구성되는가?

★☆☆

① 미 국채수익률 + 스왑 spread

② 미 국채수익률 − 스왑 spread

③ 미 국채수익률 + 스왑 rate

④ 미 국채수익률 − 스왑 rate

해설

T+ spread 방식은 스왑금리 = 재무부 채권수익률 + 스왑 spread이다.

08 현재 2년짜리 스왑금리가 T+35/32로 고시되어 있다. 고객이 receiver swap 포지션을 취하고자

★★★ 할 때 적용되는 스왑 금리는? (단, 미 국채 bid 수익률 2.5%, 미 국채 offer 수익률 2.4%이다.)

① 2.75% ② 2.85%

③ 2.72% ④ 2.82%

해설

스왑금리 표시방법 중 T+spread 방식은 미 국채수익률 + 스왑 spread이다. 고객은 고정금리를 수취하는 스왑을 체결하였으므로 스왑딜러 입장에서는 고정금리 지급 포지션이다. 따라서 'receive more/pay less'의 원칙으로 고정금리를 작게 지급하여 스왑딜러가 스프레드만큼 이익을 수취하므로 지급하는 고정금리(bid)는 스왑 bid rate = 국채 offer 수익률 + 스왑 bid spread. 스왑 bid rate = 2.72%(= 2.4% + 0.32%)이다.
통상 국채의 bid 가격이 offer 가격보다 작으므로 국채의 수익률은 반대로 bid 수익률이 offer 수익률보다 크다.

09 고객이 long swap 포지션을 취하고자 하는 경우, 다음 이자율스왑 고시가격 중에서 어떤 스왑은행

★★★ 과 거래를 체결하는 것이 유리한가?

① A : 4.40% − 4.35%

② B : 4.42% − 4.36%

③ C : 4.43% − 4.38%

④ D : 4.41% − 4.34%

해설

long swap 포지션은 고객입장에서 변동금리 수취/고정금리 지급 포지션이다. 스왑은행 입장에서 고정금리를 수취하기 때문에 'receive more/pay less'의 원칙으로 offer rate가 적용된다. 따라서 스왑금리가 큰 offer rate 중에서 가장 스왑금리가 낮은 스왑딜러와 거래를 체결하는 것이 유리하다.

10 ★★☆ 현재 시장에서 5년 만기 원화스왑금리가 4.9%/4.8%로 고시되고 있다. A은행의 고객인 B기업은 3개월 CD금리를 지급하고 고정금리를 수취하는 스왑거래를 요청하면서 B기업이 1억원의 up−front−fee를 수취하는 조건이었다. A은행이 제시하는 스왑금리는?

① 4.9%보다 높음　　　　　　　　　② 4.9%로 결정

③ 4.8%보다 낮음　　　　　　　　　④ 4.8%로 결정

해설

[STEP 1] 스왑딜러는 시장조성자로서 'receive more/pay less'의 원칙으로 고정금리를 많이 받고 작게 지급하여 스왑딜러가 스프레드만큼 이익을 수취하므로 받는 고정금리(offer)는 4.9%이고 지급하는 고정금리(bid)는 4.8%이다.

[STEP 2] B기업이 1억원의 up−front−fee(선취수수료)를 수취하는 조건이 있고 이 조건은 B기업에게 유리하므로 실제 지급하는 스왑금리는 4.8%보다 낮은 수준으로 결정된다.

11 ★★☆ 이자율스왑의 스왑스프레드(swap spread) 계산식은?

① 스왑금리 − 무위험수익률

② 스왑금리 + 국채수익률

③ 회사채수익률 − 국채수익률

④ 매도율 − 매입률

해설

스왑스프레드는 스왑금리와 국채수익률(＝무위험수익률)의 치이를 말한다.

12 ★★★ 스왑스프레드 확대요인으로 거리가 먼 것은?

① 신용위험의 증가

② 미래 금리의 상승 예상

③ 미 재무부 채권금리 수준이 저금리 상태

④ 스왑딜러의 고정금리 지급 포지션이 많은 경우

해설

스왑스프레드는 거래상대방과 고정금리 교환을 요구하는 프리미엄이다. 스왑딜러의 고정금리 지급 포지션이 많은 경우 헤지를 위해 반대포지션인 고정금리 수취 스왑을 해야 한다. 이때 스왑딜러 입장에서 높은 스왑금리를 받으면 유리하나 스왑을 요구하는 입장이 스왑딜러로 거래상대방에게 높은 프리미엄을 요구하면 헤지포지션을 취하기 어려울 것이므로 스왑스프레드가 축소될 수밖에 없다.

13 시장금리 변화에 따른 손익 변화가 다른 것은?

★★☆

① 고정금리채권 발행
② FRN 매수
③ FRA 매도
④ long swap

③ FRA 매도는 약정금리를 수취하고 결제시점의 시장금리를 지급하는 포지션으로 시장의 금리가 약정금리보다 하락하는 경우 이익이 발생한다.

① 고정금리채권을 발행하고 시장의 금리가 상승하게 되면 기회이익이 발생한다.

② FRN은 변동금리부 채권으로 시장의 금리가 상승하면 표면이율도 증가하므로 FRN 매수자는 수취 이표가 커져 이익이 발생한다.

④ long swap은 변동금리를 수취하고 고정금리를 지급하는 스왑으로 시장 금리가 상승하면 수취하는 금리가 증가하여 이익이 발생한다.

14 다음 (   ) 안에 들어갈 스왑의 종류를 순서대로 바르게 나열한 것은?

★★★

> 고정금리 자산을 변동금리 자산으로 전환하려면 (   )스왑이 필요하고, 변동금리 부채를 고정금리 부채로 전환하려면 (   )스왑이 필요하다.

① receiver, payer

② payer, receiver

③ receiver, receiver

④ payer, payer

스왑을 그림으로 표현하면 쉽게 정답을 확인할 수 있다.

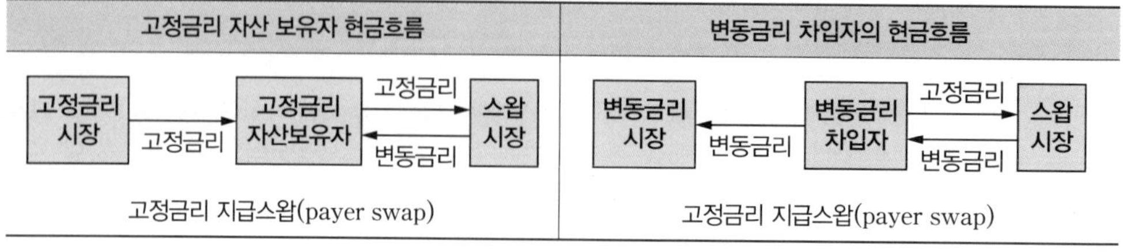

15 변동금리 채권을 발행할 예정인 기업이 대신 검토할 수 있는 대안은?
★★★
① 고정금리 채권 발행 + 고정금리 수취 스왑
② 고정금리 채권 발행 + 고정금리 지급 스왑
③ 고정금리 채권 투자 + 고정금리 수취 스왑
④ 고정금리 채권 투자 + 고정금리 지급 스왑

해설

고정금리 채권 발행 + 고정금리 수취 스왑을 그림으로 그려보면 다음과 같다.

기업은 스왑시장에 변동금리 지급만 남게 되므로 변동금리 채권을 발행한 것과 동일한 효과를 본다.

16 고정금리 지급 스왑(payer swap)의 사용 용도가 아닌 것은?
★★★
① 장래 금리상승 위험 헤지
② 장래 금리하락 예상 시 이익 실현 수단
③ 변동금리 채무를 고정금리 채무로 전환
④ 고정금리 수입을 변동금리 수입으로 전환

해설

payer swap은 고정금리를 지급하고 변동금리를 수취하는 스왑으로 장래 금리가 하락하면 수취하는 변동금리가 지급하는 고정금리보다 낮아지는 경우에 손실이 발생한다.
③ 변동금리 채무가 있는 변동금리 차입자의 경우 장래 금리상승 위험이 있다. 이때 payer swap을 통해 딜러에게서 수취한 변동금리를 변동금리 채권자에게 넘기고 딜러에게 고정금리를 지급하면 변동금리 채무를 고정금리 채무로 전환할 수 있다.

17 다음 중 고정금리를 수취하는 이자율스왑(receiver swap)이 필요한 상황은?

★★★

① A은행이 5년 만기 변동금리로 차입 후 금리상승이 예상되는 경우

② 변동금리 차입을 고정금리 차입으로 전환하고자 하는 경우

③ 은행으로부터 변동금리로 자금을 조달한 투자자가 잔존만기가 5년인 고정금리 채권을 구입한 후 자산스왑을 통해 FRN을 매입한 것과 같은 경제적 효과를 얻기 위한 경우

④ 장기고정부채를 과다하게 보유한 생명보험사가 자산이 주로 단기채권으로 구성된 경우 금리리스크를 관리하는 경우

> **해설**
>
> ④ 보유한 단기채권에서 발생하는 금리를 기초로 변동금리를 지급하고 장기고정금리 수취스왑 거래를 한다면 고정금리자산을 보유한 것과 같은 듀레이션을 갖게 된다. 단, 단기채권 수익률과 변동금리 간에는 금리차이가 발생할 수 있다.
>
> ① 변동금리로 자금을 차입하면 금리상승 위험에 노출되어 있으므로 금리상승 시에 유리한 고정금리 지급스왑이 적합하다.
>
> ② 변동금리를 차입하는 자는 변동금리를 수취하고 고정금리를 지급하는 스왑을 통해 변동금리 차입을 고정금리 차입으로 전환할 수 있다.
>
> ③ 고정금리를 지급하는 스왑을 하면 보유한 고정금리 채권에서 발생하는 고정금리를 지급하고 변동금리를 수취하여 은행으로부터 조달한 자금으로 FRN을 매입한 것과 같은 효과를 얻는다.

18 A기업은 은행으로부터 Libor + 1.5%금리로 자금을 차입하였다. 금리변동 위험을 헤지하기 위한

★★☆ 거래로 적절하지 않은 것은?

① 유로달러선물 매도　　　　　　② FRA 매입

③ 금리플로어 매수　　　　　　　④ long swap

> **해설**
>
> A기업은 금리상승 위험이 있으므로 금리상승 시 이익이 나는 포지션을 이용하여 헤지거래를 해야 한다. 장외옵션인 금리플로어 매수는 금리에 대한 풋옵션이 매수와 동일하여 금리하락 시 이익이 난다.

19
★★★

A기업은 US$ Libor + 2.5%의 변동금리채를 발행하고 이자율스왑을 통해 지급이자를 고정하려고 한다. 현재 스왑딜러가 US$ Libor 금리에 대해 제시하고 있는 스왑금리의 offer/bid 가격이 5.3%/5.25%라고 할 때 A기업이 최종적으로 부담해야 하는 고정금리는?

① 7.55% ② 7.62%
③ 7.75% ④ 7.8%

A기업은 변동금리 채권을 발행한 차입자로 부채스왑을 통해 투자자산의 수익률을 제고시키거나 투자자가 원하는 현금흐름을 얻을 수 있다.

[STEP 1] A기업은 현재 변동금리 US$ Libor + 2.5%로 이자를 지급하므로 금리상승 위험에 노출되어 있다.

[STEP 2] A기업은 금리상승 리스크를 제거하기 위해 변동금리를 수취(short swap), 고정금리 지급스왑(payer swap)을 해야 한다.

[STEP 3] 스왑딜러는 시장조성자로서 'receive more/pay less'의 원칙으로 고정금리를 많이 받고 작게 지급하여 스왑딜러가 스프레드만큼 이익을 수취하므로 받는 고정금리(offer)는 5.3%이고 지급하는 고정금리(bid)는 5.25%이다. 따라서 스왑딜러 입장에서는 고정금리 수취스왑(receiver swap)이므로 스왑금리는 5.3%이다.

[STEP 4] 이자율스왑 사례를 도식으로 표현하면 다음과 같다.

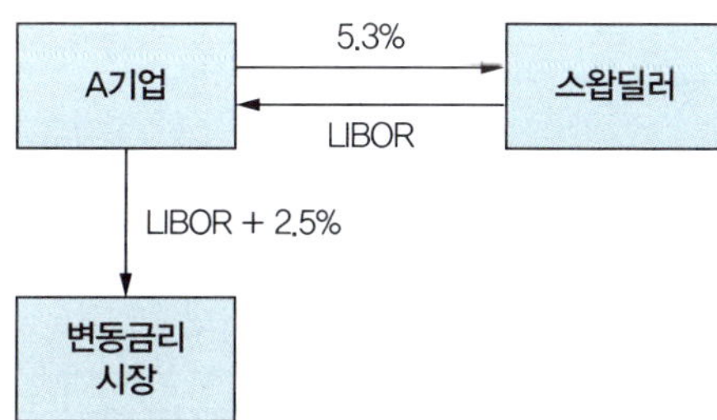

수취하는 금리를 (+)로 지급하는 금리를 (−)로 정리하면 스왑의 효과는 다음과 같다.

$+\text{Libor} - (\text{Libor} + 2.5\%) - 5.3 = -7.8\%$

즉 7.8%의 고정금리 채권을 발행한 효과를 얻는다.

20
★★★

비교우위에 의한 스왑의 이익을 표로 작성한 것이다. 표에 대한 설명으로 잘못된 것은? (현재 스왑은행의 스왑금리는 4.75%−4.70%로 호가되고 있다.)

구 분	P 사	S 사
고정금리시장	5.5%	4.5%
변동금리시장	Libor + 0.5%	Libor

① P사는 고정금리를 지급하는 Payer Swap이다.
② P사는 스왑을 통해 비용절감 효과를 얻는다.
③ S사는 변동금리를 수취하므로 스왑거래는 금리상승에 유리하다.
④ P사와 S사의 비용절감의 합은 고정금리시장과 변동금리시장의 조달금리 순차이인 0.5%보다 클 수 없다.

해설

P사는 두 시장에서 모두 절대우위에 있으나 스왑거래를 통해 거래참여자 모두 차입비용을 절감할 수 있다.

[STEP 1] 고정금리 차이는 5.5% − 4.5% = 1%이고, 변동금리의 차이는 (Libor + 0.5%) − Libor = 0.5%이므로 P사는 상대적으로 변동금리의 차이가 고정금리차보다 적어 변동금리 차입에 비교우위에 있고 S사는 고정금리 차입 시 비교우위에 있다.

[STEP 2] 스왑거래의 경우에는 'receive more/pay less'의 원칙으로 고정금리를 많이 받고 작게 지급하여 스왑딜러가 스프레드만큼 이익을 수취하므로 받는 고정금리(offer)는 4.75%이고 지급하는 고정금리(bid)는 4.7%이다.

[STEP 3] 이자율스왑 사례를 도식으로 표현하면 다음과 같다.

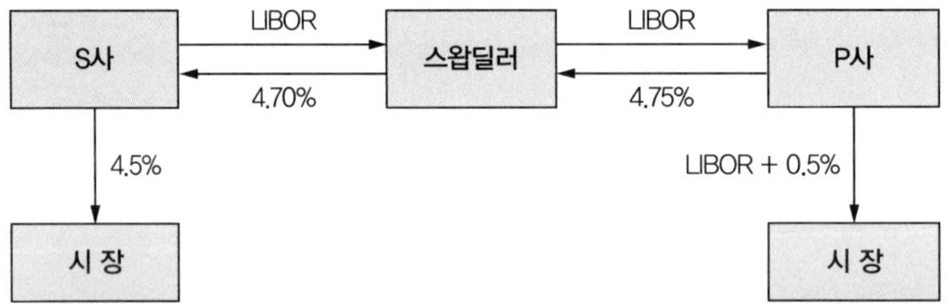

비용절감의 합은 고정금리와 변동금리의 조달금리 순차이인 1% − 0.5% = 0.5%이지만 스왑딜러의 0.25%의 스프레드 이익으로 인하여 총 비용절감은 0.5% − 0.05% = 0.45%이다.

P사는 고정금리를 지급하는 Payer Swap을 체결하였고, S사는 고정금리를 수취하는 Receiver Swap을 체결하여 금리가 상승하는 경우 비용이 증가하여 불리하다.

21 **★★★** A은행은 고객요청으로 3% 고정금리를 지급하고 3개월 Libor 금리를 수취하는 3년 만기 달러화 이자율스왑을 체결하였다. A은행은 이 스왑포지션을 헤지하기 위하여 repo시장에서 자금을 조달하고 Treasury를 매입하였다. A은행의 스왑포지션의 리스크는?

① 금리상승 리스크는 모두 헤지되었다.

② 금리하락 리스크는 모두 헤지되었다.

③ TED 스프레드확대 리스크가 남아있으므로 TED 스프레드 매입거래를 추가한다.

④ TED 스프레드축소 리스크가 남아있으므로 TED 스프레드 매도거래를 추가한다.

A은행은 현재 고정금리를 지급하고 변동금리를 수취하는 payer swap을 하여 금리하락 리스크에 노출되었다. 채권(국채)을 이용하여 헤지하기 위한 방법을 알아보자.

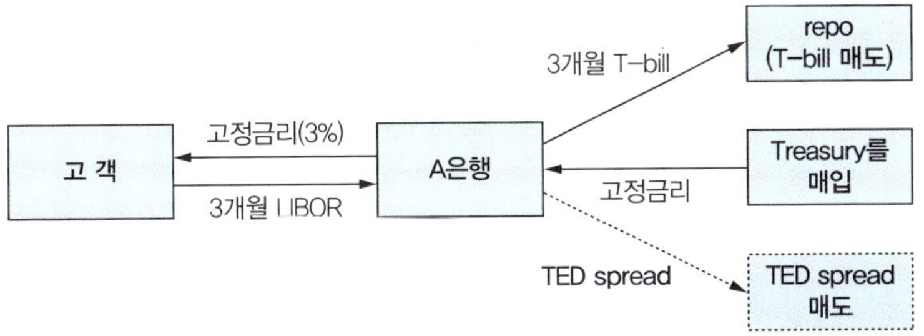

[STEP 1] 재무부 채권을 repo거래를 통해 자금을 조달한다. 이는 T-bill 금리로 차입(매도)하는 효과가 발생하여 T-bill 금리를 지급하는 포지션이 된다.

  *repo거래 : 채권매도 후 나중에 재매입하기로 약정하는 환매조건부채권 거래

[STEP 2] 조달한 자금으로 Treasury를 매입하여 고정금리를 수취한다.

[STEP 3] 고정금리 간 차이는 확정이지만 고객에게 수취하는 변동금리는 Libor 금리이고 A은행이 지급하는 고정금리는 T-bill 금리로 상이하여 변동금리 차이로 인한 위험이 잔존한다.

[STEP 4] 따라서 수취하는 Libor 금리가 감소하고 지급하는 T-bill 금리가 상승하는 경우 손실이 발생할 수 있는 위험에 노출된다. 즉 TED spread(= Libor 금리 − (T-bill 금리))가 축소되는 위험에 노출되어 있다.

[STEP 5] 수취하는 Libor 금리와 지급하는 T-bill 금리 간에 스프레드를 확정하는 거래인 TED spread 매도를 함으로써 위험을 상쇄할 수 있다.

22 **★★★** 고정금리를 지급하는 이자율스왑으로부터 발생하는 금리변동 위험을 제거하는 방법으로 적절하지 않은 것은?

① 국채선물 매도

② 재무부 채권 매수 + repo + TED spread 매도

③ receiver swap 거래 체결

④ FRA 스트립 매도

고정금리를 지급하고 변동금리를 수취하는 이자율스왑은 금리하락 위험에 노출되어 있다. 이를 헤지하기 위해서는 금리하락 시 이익이 나는 거래를 통해 헤지를 해야 한다. 국채선물의 기초자산은 채권이다. 따라서 국채선물을 매입하면 금리가 하락하는 경우 채권가격이 상승하여 이익이 발생한다.

23

★☆☆

다음 중 구조화 채권에 대한 설명으로 적절하지 않은 것은?

① 구조화 채권은 시장위험과 신용위험이 혼재되어 있고 이를 분리할 수 있다.

② 투자자의 요구사항을 수용하여 맞춤형 상품을 만들 수 있다.

③ 구조화 채권은 주로 투자자들에게 수익률 향상 수단으로만 사용되고 있다.

④ 투자은행은 구조화 채권에 내재되어 있는 각종 파생상품 거래를 공급하고 헤지하는 역할을 수행하므로 구조화 상품시장을 활성화시키는 데 가장 중요한 역할을 한다.

해설

투자수단뿐만 아니라, 리스크 관리수단으로도 사용될 수 있으며, 발행자 입장에서는 조달금리 절감 목적으로 사용하기도 한다.

24

★★☆

단기채권펀드에서 장기채에 투자하고 스왑을 활용하는 사례이다. 사실과 가장 거리가 먼 것은?

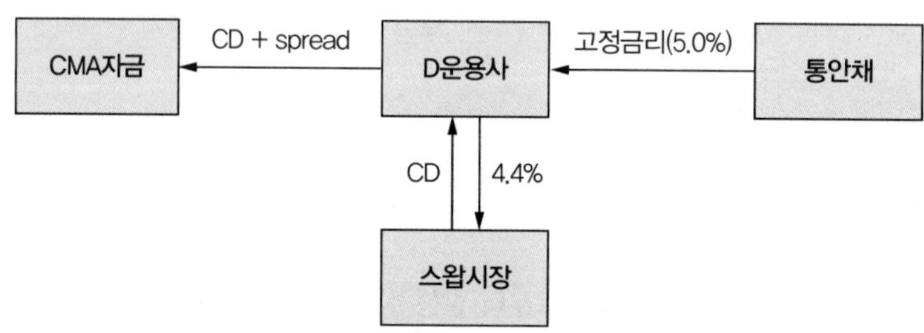

① 운용사는 단기채권펀드이지만 통안채 투자를 통해 수익을 확보한다.

② 향후 금리상승에 대한 위험을 헤지하기 위하여 이자율스왑을 체결하면 −0.6%(음의 스왑스프레드)인 본드−스왑스프레드를 이용할 수 있다.

③ 운용사는 단기변동금리에 투자한 효과를 얻는다.

④ 운용사는 payer swap을 통해 CMA자금이 고정금리인 통안채 수익률을 얻은 결과가 된다.

해설

D운용사는 payer swap을 통해 통안채 투자로 5.0%와 고정금리 4.4%를 지급하고 CD금리 수취거래를 통해, CMA자금을 통안채에 안정적으로 투자하고, 우량은행에 대한 운용금리인 CD + 0.6%의 운용수익을 거둘 수 있다.

25 현재 3년 만기 국고채 금리가 5%이고, 스왑시장에서 3년 만기 스왑금리가 4.7%/4.5%로 고시되어
★☆☆ 있다면 채권운용팀의 적합한 재정거래 전략은?

① 국고채 투자와 pay 이자율스왑

② 국고채 투자와 receive 이자율스왑

③ 국고채 매도와 pay 이자율스왑

④ 국고채 매도와 receive 이자율스왑

> **해설**
> '스왑스프레드 = 스왑금리 − 국채수익률'이다. 현재 스왑금리보다 국고채수익률이 높아 음(−)의 스프레드 상태이다. 이
> 경우 채권투자로 5%를 수취하고 4.7%로 스왑딜러에게 지급하는 pay 이자율스왑 재정거래 수요가 증가한다. 이를 그림으
> 로 표현하면 다음과 같다.

> 스왑스프레드는 −0.3%로 채권운용팀은 국고채 투자와 pay 이자율스왑으로 CD + 0.3%로 운용할 수 있다.

26 음(−)의 스왑스프레드에 대한 설명으로 거리가 먼 것은?
★★☆ ① 스왑금리가 국채수익률보다 낮다는 것을 말한다.

② 은행 간 거래인 스왑금리 수준이 국가 신용위험인 국채수익률보다 낮은 비정상적인 상황을 의미
한다.

③ 음(−)의 스왑스프레드가 확대되면 채권매도와 receive 이자율스왑의 재정거래 수요가 증가
한다.

④ pay 이자율스왑의 수요가 증가하면 음(−)의 스왑스프레드가 축소된다.

> **해설**
> 25번 문제의 해설에서 보았듯이 음(−)의 스프레드가 확대되면 채권 투자와 pay 이자율스왑의 재정거래 수요가 증가한
> 다. 따라서 이러한 수요가 증가하게 되면 스왑딜러 입장에서 요구하는 스왑금리는 증가하게 되며 채권 매수 수요가 증가하
> 고 채권가격은 상승하여 국채수익률은 하락하게 되어 음(−)의 스왑스프레드는 축소하게 될 것이다.

27 다음 중 원화이자율스왑의 활용에 대한 내용으로 거리가 먼 것은?

★★☆

① 은행의 부동산 담보 대출을 위한 자금차입을 장기은행채에 의존하고 있는 경우 금리하락 리스크에 노출되어 있다.

② 은행은 변동금리 대출과 동시에 추가로 고객과 payer 이자율스왑거래를 체결하는 스왑대출을 활용하면 고객은 고정금리 대출을 받은 것과 동일한 효과를 가질 수 있다.

③ 금융회사의 단기자금 운용대상이 제한적인 운용회사가 장기채권을 매입하는 경우에 payer 이자율스왑을 체결하면 단기변동금리에 투자한 효과를 얻는다.

④ 장기고정부채를 과다하게 보유하나 자산은 주로 단기채권으로 구성되어 있는 보험회사의 경우 장기 receiver 이자율스왑을 통해 장기 고정금리 채권에 투자한 것과 동일한 듀레이션을 가지는 효과를 얻는다.

해설

스왑대출을 도식화시키면 다음과 같다.

은행 입장에서는 고객과 고정금리를 수취하고 변동금리를 지급하는 receiver 이자율스왑거래를 체결하면 고객은 고정금리 대출을 받은 것과 동일한 효과를 가질 수 있다.

28 A은행은 스왑대출을 활용하여 고객에게 CD + 2.0%로 3년 만기 대출실행과 동시에 CD + 2.0%를 지급하고, 고정금리 7.0%를 수취하는 이자율스왑을 체결하였다. 스왑시장의 스왑금리가 4.5%/4.0%로 고시되어 있다면 A은행 입장에서 이자율스왑 거래를 통해 얻은 추가적 이익은?

★☆☆

① 0.2%   ② 0.5%

③ 0.8%   ④ 1.0%

해설

다음 스왑대출을 도식화하면 다음과 같다.

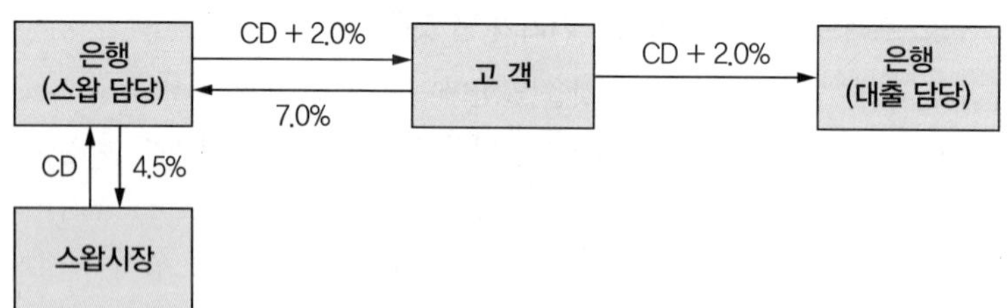

수취하는 금리(+)의 합	CD + 7.0% + CD + 2.0%
지급하는 금리(−)의 합	4.5% + CD + 2.0%
순 수취 금리	(CD + 7.0% + CD + 2.0%) − (4.5% + CD + 2.0%) = CD + 2.5%

따라서 A은행은 이자율스왑거래를 통해 변동금리 대출금리인 CD + 2.0%보다 0.5%p 더 높은 CD + 2.5%의 수익을 얻는다.

29 어느 보험사가 장기고정부채를 보유하고 자산으로는 단기채권을 보유하고 있다. 자산의 듀레이션을
★★☆ 장기화하려고 할 때 스왑딜러의 이자율 조건이 다음과 같다면 어느 스왑딜러와 거래를 체결하는 것이
가장 유리한가?

① A : 3.85 − 3.80

② B : 3.86 − 3.83

③ C : 3.87 − 3.85

④ D : 3.88 − 3.84

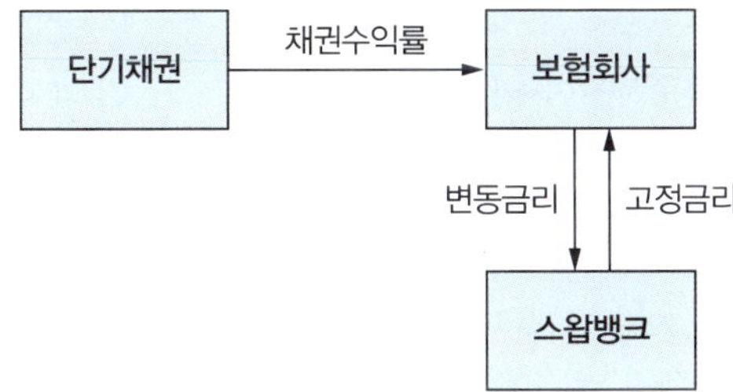

- 보험회사의 경우 장기 receiver 이자율스왑을 통해 장기 고정금리 채권에 투자한 것과 동일한 듀레이션을 가지는 효과
를 얻는다.
- 스왑딜러 입장에서는 고정금리를 지급하므로 bid rate가 적용된다.
- 즉 투자자는 bid rate가 가장 큰 스왑은행과 거래를 체결하는 것이 가장 유리하다.

30 Market follower 입장에서 스왑딜러(Market Maker)와의 payer 이자율스왑이 필요한 상황으로
★★☆ 거리가 먼 것은?

① 변동금리자산을 고정금리자산으로 변경하고자 하는 경우

② 변동금리로 자금을 조달한 기업이 금리상승 위험을 헤지하는 경우

③ 은행이 고객에게 변동금리대출 실행과 동시에 스왑거래를 실시하여 스왑시장을 통해 고정금리
대출로 변경하고자 하는 경우

④ 보유하고 있는 자산듀레이션이 부채듀레이션보다 큰 기업이 듀레이션을 일치시키고자 하는
경우

변동금리자산 보유자는 주기적으로 변동금리를 수취한다. 이때 변동금리를 지급하고 고정금리를 수취하는 receiver
swap을 체결하여 고정금리자산을 보유한 것과 같은 효과를 얻을 수 있다.

31 다음 구조화 상품별 채권의 쿠폰구조가 바르게 연결된 것은 몇 개인가?

> • inverse FRN : $6.2\% \times n/N$
> • daily CD range accural note : $9.5\% - CD$
> • US\$ Libor range accural quanto note : 원화 $6.2\% \times n/N$
> • power spread note : $5.0\% + 12 \times (CD - 3m\ KTB)$

① 1개   ② 2개

③ 3개   ④ 4개

해설

inverse FRN은 변동금리가 상승하면 이자가 감소하는 구조로 $9.5\% - CD$이다. daily CD range accural note는 CD금리가 머문 일수만을 이자로 지급하는 구조로 $6.2\% \times n/N$이다.

03 비표준형 이자율스왑

section 17 | **표준형 스왑** | 중요도 ★★★

대표유형문제

표준형 스왑에 대한 설명이다. 사실과 가장 거리가 먼 것은?

① 고정금리 조건은 만기까지 동일하게 적용되며, 해당 통화표시 장기채권시장의 관행을 따른다.

② 변동금리는 런던시장의 3개월 혹은 6개월 미 달러 Libor로 하고 가산금리가 붙지 않는다(이를 'Libor flat' 금리라 부른다).

③ 변동금리는 이자계산 종료일에 결정된다.

④ 스왑계약의 원금은 계약기간 내에 동일하게 적용된다.

해설

표준형 스왑에서의 변동금리는 해당 이자계산기간 시작일에 결정된다. 참고로 비표준형 스왑인 LIBOR in−arrear 스왑은 이자계산기간 종료일의 2영업일 전일에 결정되는 변동금리를 기준으로 변동금리 이자가 결정되는 스왑이다.

정답 ③

필수핵심개념

01 표준형(plain vanilla) 스왑

① 고정금리 조건은 만기까지 동일하게 적용되며, 해당 통화표시 장기채권시장의 관행을 따름

② 변동금리는 3개월 또는 6개월 Libor로 하고 가산금리가 붙지 않음(= Libor flat 금리)

③ 변동금리 결정은 이자계산 시작일에 결정되고, 이자지급은 후취 조건

④ 명목원금은 계약기간 내에 동일하게 적용

⑤ 스왑계약의 효력은 Spot date(T+2)부터 발생하며, 만기일에 종료

⑥ 계약에서 정한 금리 외에 별도 지급이 없음

⑦ 옵션 등 특수조항이 없음

대표유형문제

비표준형 스왑인 베이시스 스왑에 대한 설명은 어느 것인가?

① 고정금리와 고정금리를 교환하는 스왑

② 변동금리와 변동금리를 교환하는 스왑

③ 중간에 이자지급이 없는 스왑

④ 명목원금 혹은 고정금리가 변화하는 스왑

해설

③은 제로쿠폰스왑이며 ④는 원금변동형 스왑 또는 step−up, step−down swap이다.

정답 ②

필수핵심개념

02 비표준형(Non−Generic) 스왑

구 분		내 용
베이시스 스왑 (basis)		동일 통화 내에서 2가지 변동금리를 상호 교환하는 스왑
제로쿠폰 스왑 (zero−coupon)		• 이자율스왑과 유사하나 고정금리 지급이 만기일에 한 번만 발생하는 스왑 • 중도에 현금흐름이 필요 없는 경우, 수취하는 변동금리의 재투자 위험을 헤지할 뿐만 아니라 거래 시점의 수익률로 만기에 수취하는 금액을 일시에 확정
원금 변동형 스왑	accreting swap	명목원금이 증가하는 원금증가형 스왑. 특정 사업을 계속하는 동안 사업이 진행될수록 필요자금이 점점 증가하는 경우에 적합
	amortizing swap	명목원금이 감소하는 원금감소형 스왑. 분할상환조건의 자금차입과 연계하여 스왑을 실행한 경우 차입금 감소에 따라 스왑원금도 감소해야 하는 경우 적합
	rollercoaster swap	명목원금이 증가하기도 하고 감소하기도 하는 스왑. 특정 프로젝트를 위한 자본조달을 위해 처음에는 차입액을 늘려가다가 단계적으로 차입금을 상환해 나가는 프로젝트 파이낸싱에서 활용
고정 금리 변동형 스왑	개 요	명목원금은 만기까지 동일하게 적용되지만 변동금리와 교환되는 고정금리가 표준스왑과 달리 몇 단계로 나뉘어 커지거나 작아지는 스왑
	step−up swap	고정금리가 증가하는 스왑. 수익률곡선이 우상향하는 모습을 보이는 경우 변동금리 차입자가 금리확정을 위해 고정금리를 지급하고 변동금리를 수취하는 스왑을 하는 경우 초기의 고정금리와 변동금리 간의 이자차액 자금부담을 줄이고 향후 변동금리 상승 예상과 비슷한 수준으로 고정금리 지급계획을 만들 수 있음
	step−down swap	고정금리가 감소하는 스왑. 수익률곡선이 우하향하는 경우 변동금리 투자자 입장에서 스왑초기의 이자차액 부담을 줄이는 변동금리 지급 & 고정금리 수취 스왑계약자의 현금흐름을 조정
선도스왑 (forward swap)		• 이자계산이 spot date 이후 특정일부터 시작하는 스왑 • 미래에 발생할 것으로 예상되는 자산 혹은 부채의 현금흐름의 금리리스크를 헤지 • 현재 자산이나 부채는 일정기간 동안 리스크에 노출시키고 향후 특정시점부터 헤지하고자 하는 경우 이용

<table>
<tr><td rowspan="2" align="center">Libor in−arrear
스왑</td><td>• 이자계산기간 종료일 2영업일 전일에 결정되는 변동금리를 기준으로 변동금리 이자가 결정되는 스왑</td></tr>
<tr><td>• 변동금리를 지급하는 스왑이 필요한 경우 향후 변동금리가 지속적으로 하락할 것으로 예상하는 경우, 지급하는 이자금액을 줄이기 위해 이용</td></tr>
<tr><td rowspan="2" align="center">CMS스왑
(Constant Maturity)</td><td>• CMS금리는 고정금리와 교환되는 변동금리 지표가 향후 시장에서 결정되는 특정 만기의 이자율스왑 금리</td></tr>
<tr><td>• CMS금리 듀레이션은 표준형 스왑보다 장기이므로 금리민감도가 큼</td></tr>
<tr><td rowspan="3" align="center">over−night index
swap</td><td>• 고정금리와 교환되는 변동금리가 1일의 over−night 금리로 적용되는 스왑</td></tr>
<tr><td>• 일반적으로 OIS스왑은 1년 미만의 단기 거래</td></tr>
<tr><td>• 1일 단기자금차입을 많이 하는 금융기관들이 금리리스크 관리를 위해 이용</td></tr>
</table>

<table>
<tr><td rowspan="9" align="center">스왑
+
옵션</td><td rowspan="2" align="center">callable swap</td><td colspan="2">• ❶ 고정금리 지급자가 일정기간 경과 후 기준 스왑포지션을 ❷ 취소할 수 있는 권리가 추가된 스왑. 동일 만기의 스왑보다 ❸ 금리가 높음</td></tr>
<tr><td colspan="2">• 2 × 5 callable swap은 ❶ 고정금리 지급자가 2년 후 취소 가능한 ❷ 5년짜리 스왑으로 ❸ 금리가 하락하는 경우 2년 후 잔존만기 3년 남은 스왑거래의 조기청산이 가능</td></tr>
<tr><td align="center">puttable swap</td><td colspan="2">❶ 고정금리 수취자가 일정기간 경과 후 기준 ❷ 스왑포지션을 취소할 수 있는 권리가 추가된 스왑. puttable swap은 동일 만기의 스왑보다 ❸ 금리가 낮음</td></tr>
<tr><td align="center">extendible
swap</td><td colspan="2">고정금리 지급자가 일정기간 경과 후 스왑기간을 일정기간 연상 가능</td></tr>
<tr><td rowspan="5" align="center">swaption</td><td align="center">개 요</td><td>일정기간 후 고정금리를 수취 또는 지급할 수 있는 권리가 추가된 스왑</td></tr>
<tr><td align="center">2 × 5 payer's
swaption</td><td>❶ 2년 뒤 3년짜리 ❷ 고정금리 지급 스왑을 할 수 있는 권리. 2년 뒤 3년짜리 스왑금리가 ❸ 행사금리보다 높은 경우 권리행사로 지급금리를 고정시키는 옵션이므로 ❹ 금리 상한 계약(cap)과 유사</td></tr>
<tr><td align="center">2 × 5
receiver's
swaption</td><td>❶ 2년 뒤 3년짜리 ❷ 고정금리 수취 스왑을 할 수 있는 권리. 2년 뒤 3년짜리 스왑금리가 ❸ 행사금리보다 낮은 경우 권리행사로 수취금리를 고정시키는 옵션이므로 ❹ 금리 하한 계약(floor)과 유사</td></tr>
</table>

03 표준형 스왑과 비표준형 스왑비교

구 분	표준형 스왑	비표준형 스왑	
금리 교환	변동 ⇄ 고정	변동 ⇄ 변동	베이시스 스왑
고정금리 교환	주기적 교환	만기일에 한 번만 발생	제로쿠폰 스왑
명목원금	고 정	원금 변동	accreting, amortizing, rollercoaster swap
고정금리	고 정	고정금리 변동	step−up, step−down swap
이자계산 시작일	effective date, 보통 spot date	spot date 이후 특정일	forward start 스왑
변동금리의 결정시기	시작일 2영업일 전	종료일 2영업일 전	Libor in−arrear 스왑
변동금리 지표	3개월 또는 6개월 Libor	1일	over−night index swap
		5년, 10년 등	CMS 스왑
옵션 등 특수 조항	없 음	있 음	callable, puttable, extendible swap, swaption

01
★★★

표준형 스왑의 조건에 대한 내용이다. 거리가 먼 것은?

① 변동금리는 3개월 또는 6개월 Libor로 하고 가산금리가 붙는다.

② 변동금리 결정은 이자계산 시작일에 결정되고, 이자지급은 후취 조건이다.

③ 스왑계약의 효력은 Spot date(T+2)부터 발생하며, 만기일에 종료된다.

④ 계약에서 정한 금리 외에 별도 지급(up−front fee, back−end fee)이 없다.

> **해설**
>
> 변동금리는 3개월 또는 6개월 Libor로 하고 가산금리가 붙지 않는 Libor flat 금리이다.

02
★★☆

Libor 금리와 단기 재무부 채권 수익률(T−bill rate)을 교환하는 스왑은?

① Zero−coupon swap ② Basis Swap

③ Libor in−arrear swap ④ over−night index swap

> **해설**
>
> 베이시스 스왑(Basis Swap)은 2가지의 변동금리를 상호 교환하는 스왑으로 변동금리 대 변동금리 스왑이라 불리기도 한다. 미국 우대금리와 Libor, 3개월 만기 Libor와 6개월 만기 Libor 간 등의 형태로 이루어진다.

03
★★☆

비표준형 스왑 중에서 명목원금이 증가하는 스왑은 어느 것인가?

① Accreting swap ② Amortizing swap

③ Step−up swap ④ Step−down swap

> **해설**
>
> ② Amortizing swap은 명목원금이 감소하는 원금감소형 스왑이며, ③ Step−up swap 또는 ④ Step−down swap은 명목원금이 만기까지 동일하게 적용되지만 변동금리와 교환되는 고정금리가 표준스왑과 달리 몇 단계로 나뉘어 커지거나 작아지는 스왑이다.

04 비표준형 스왑 중에서 스왑의 고정금리가 단계별로 커지는 스왑은 무엇인가?
★★☆

① Zero−coupon Swap ② Basis Swap

③ Step−up swap ④ Step−down swap

> **해설**
> ① Zero−coupon Swap은 고정금리 지급이 매번 이루어지는 것이 아니라 만기에 일시 지급되는 스왑이며, ② Basis Swap은 2가지의 변동금리를 상호 교환하는 스왑이다. ④ Step−down swap은 고정금리가 몇 단계로 나뉘어 하락하는 스왑이다.

05 비표준형 스왑에 대한 설명으로 거리가 먼 것은?
★★★

① 수취하는 변동금리의 재투자 위험을 헤지하는 경우 forward start swap 거래를 이용한다.

② 초기의 고정금리와 변동금리 간 이자차액의 자금부담을 줄이기 위해 step−down swap 거래를 이용한다.

③ 변동금리를 지급하는 스왑이 필요할 때 향후 변동금리가 지속적으로 하락할 것으로 예상하는 경우 지급하는 이자금액을 줄이기 위해 Libor in−arrear swap 거래를 이용한다.

④ 1일 단기자금차입을 많이 하는 금융기관들이 금리리스크 관리를 위해 over−night index swap 거래를 이용한다.

> **해설**
> 중도에 현금흐름이 필요 없는 경우, 수취하는 변동금리의 재투자 위험을 헤지할 뿐만 아니라 거래시점의 수익률로 만기에 수취하는 금액을 일시에 확정하기 위해 zero−coupon거래를 이용한다.

06 비표준형 스왑에 대한 설명으로 거리가 먼 것은?
★★★

① zero−coupon swap은 고정금리 지급이 만기일에 한 번만 발생한다.

② 특정 프로젝트를 위한 자본조달을 위해 처음에는 차입액을 늘려 나가다가 단계적으로 차입금을 상환해 나가는 프로젝트 파이낸싱에서 rollercoaster swap을 활용하여 미상환차입금과 명목원금을 대응시킬 수 있다.

③ forward start swap은 현재 자산이나 부채는 일정기간 동안 리스크에 노출시키고 향후 특정 시점부터 헤지하고자 할 때 이용할 수 있다.

④ CMS금리의 듀레이션은 단기금리 지표보다 장기이므로 CMS스왑의 금리 민감도는 표준형 스왑보다 작다.

> **해설**
> CMS금리는 5yr, 10yr 등 다양하게 사용될 수 있다. 따라서 듀레이션은 단기금리 지표보다 장기이므로 CMS스왑의 금리 민감도는 표준형 스왑보다 크다.

07 변동금리 차입자가 금리상승 리스크를 헤지하기 위해 고정금리 지급스왑을 거래한다. 이때 초기에 고
★☆☆ 정금리 지급 부담을 줄이기 위한 비표준형 스왑거래는?

① Zero−coupon Swap
② Basis Swap
③ Step−up swap
④ Step−down swap

해설

수익률곡선이 우상향하는 모습을 보이는 경우 변동금리 차입자는 금리상승 위험에 노출되어 있다. 금리리스크를 헤지하기 위해 고정금리 지급 & 변동금리 수취스왑을 하는 경우 고정금리가 증가하는 Step−up swap을 이용하면 초기의 고정금리와 변동금리 간 이자차액의 자금부담을 줄이고 향후 금리상승으로 수취하는 변동금리와 비슷한 수준으로 고정금리 지급계획을 만들 수 있다.

08 다음 (　　　) 안에 들어갈 단어를 순서대로 바르게 나열한 것은?
★★★

> 2 × 5 callable swap은 고정금리 (　　　)가 2년 후 취소 가능한 (　　　)년짜리 스왑으로 금리가 하락하는 경우 조기청산이 가능하며 동일 만기의 스왑보다 금리가 (　　　)

① 변동금리 지급자, 3, 높다.
② 변동금리 수취자, 3, 낮다.
③ 고정금리 지급자, 5, 높다.
④ 고정금리 수취자, 5, 낮다.

해설

callable swap 고정금리 지급자가 일정기간 경과 후 기준스왑 포지션을 취소할 수 있는 권리가 추가된 스왑이다. 2 × 5 callable swap은 2년 후 취소 가능한 5년짜리 스왑으로 금리가 하락하는 경우 2년 후 잔존 만기가 3년 남은 스왑거래의 조기청산이 가능하며 이는 고정금리를 수취하는 자에게는 불리하므로 callable swap은 동일 만기의 스왑보다 금리가 높다.

09 다음 (   ) 안에 들어갈 단어를 순서대로 바르게 나열한 것은?
★★★

> 2 × 5 payer's swaption은 2년 뒤 (   )년짜리 고정금리 (   ) 스왑을 할 수 있는 권리이다. 2년 뒤 스왑금리가 행사금리보다 높은 경우 권리행사로 지급금리를 고정시키는 옵션이므로 금리 (   ) 계약과 유사하다.

① 3, 지급, 상한
② 3, 수취, 하한
③ 5, 지급, 하한
④ 5, 수취, 상한

해설

swaption은 일정기간 후 고정금리를 수취 또는 지급할 수 있는 권리가 추가된 스왑이다. 2 × 5 payer's swaption은 2년 뒤 3년짜리 고정금리 지급 스왑을 할 수 있는 권리로서 2년 뒤 3년짜리 스왑금리가 행사금리보다 높은 경우 권리행사로 지급금리를 고정시키는 옵션이므로 금리 상한 계약과 유사하다.

10 스왑거래에 다양한 옵션 조항이 포함된 경우이다. 설명이 잘못된 것은?
★★★
① 고정금리 지급자가 스왑포지션을 취소할 수 있는 옵션이 있으면 Callable Swap이다.
② 고정금리 지급자가 스왑포지션을 변동금리 지급으로 변경할 수 있는 옵션이 있으면 Puttable Swap이다.
③ Extendible Swap은 기간 만료 후 고정금리 지급자가 스왑기간을 일정기간 연장 가능한 형태이다.
④ 2 × 5 Callable swap은 2년 후 취소 가능한 5년짜리 스왑이다.

해설

고정금리 수취자가 일정기간 경과 후 기준스왑 포지션을 취소할 수 있는 옵션이 있으면 Puttable Swap이다. 지급조건을 바꾸려면 추가로 거래를 해야 한다.

11 **7% 2 × 5 receiver's swaption에 대한 내용으로 거리가 먼 것은?**

★★★

① 2년 뒤 3년짜리 7% 고정금리 수취 스왑을 할 수 있는 권리이다.

② 만기 전 권리행사 여부에 따라 유럽식과 미국식이 있으며 시장에서는 유럽식이 많이 거래된다.

③ swaption 매입자가 매도자에게 프리미엄을 지급한다.

④ 현금정산방식을 사용하는 경우 2년 만기 시점에서 3년 스왑금리가 6%라고 한다면 6%와 7%의 차이를 현재가치로 평가하여 그 차액을 swaption 매도자가 수취한다.

> **해설**
>
> 스왑금리가 행사금리인 7%보다 아래이면 스왑션 매도자가 6%와 8%의 차이인 1%를 현재가치로 평가하여 스왑션 매입자에게 지불한다. 따라서 2년 뒤 스왑금리가 행사가보다 하락하더라도 스왑션 매입자가 수취하는 금리를 7%로 고정할 수 있어 금리의 하한 계약과 비슷하다.

12 **1 × 5, 9.6% payer's 스왑션 가격이 20bp/30bp로 주어졌다. A은행이 스왑션을 매도하였는데 1년 뒤에 5년 만기 스왑금리가 9.5%가 되었다면 다음 설명 중 옳은 것은?**

★☆☆

① 거래상대방은 9.6%의 고정금리를 지급하는 스왑거래를 개시할 것이다.

② A은행은 9.6%의 고정금리를 지급하는 스왑거래를 개시할 것이다.

③ A은행은 9.6%와 9.5%의 차이인 10bp의 이익이 발생한다.

④ OTM옵션이므로 A은행은 20bp의 프리미엄 이익만 발생한다.

> **해설**
>
> A은행은 고객의 요청이 아닌 본인이 스스로 스왑션 매도 포지션을 취하였으므로 Market follwer가 되며 A은행의 요청으로 스왑션을 매수한 거래상대방은 Market Maker이다.
>
> 1 × 5, 9.6% payer's 스왑션은 1년 후 5년짜리 고정금리 지급 스왑을 할 수 있는 권리가 있는 옵션이다. 스왑션 매수 포지션인 스왑딜러는 스왑금리가 행사금리 9.6%보다 낮아 OTM옵션으로 행사가치가 없어 옵션이 소멸된다. 따라서 A은행은 Market follower로서 받는 프리미엄보다 작은 20bp의 프리미엄 이익이 발생한다.

대표유형문제

통화스왑에 대한 설명이다. 사실과 다른 것은?

① 통화스왑이란 두 거래 당사자가 일정한 계약기간 동안 주기적으로 이종통화의 일정한 원금에 대한 이자를 서로 교환하는 것이다.

② 통화스왑에서 원금교환 시 적용환율은 당시의 현물환율(Spot Rate)을 사용한다.

③ 통화스왑은 일반적으로 명목금액만 확정하고 원금교환을 하지 않는다.

④ 금리와 관련하여, 고정금리와 변동금리이거나 양쪽 다 고정금리 혹은 양쪽 다 변동금리일 수도 있다.

해설

통화스왑의 각 거래당사자는 거래 초기에는 이종통화 간 원금을 교환하고 스왑 기간 중 상대방에게 주기적으로 이자를 지급하기로 약정한다.

정답 ③

필수핵심개념

01 통화스왑(CRS : currency swap)의 일반적인 거래 형태

통화스왑 초기의 원금 교환통화의 방향은 만기 원금 교환통화와 반대방향

계약 시 현금흐름	중도 현금흐름	만기 현금흐름
거래자 →(원화 원금) 거래상대방, 거래자 ←(외화 원금) 거래상대방	거래자 ←(외화 이자) 거래상대방, 거래자 →(원화 이자) 거래상대방	거래자 →(외화 원금) 거래상대방, 거래자 ←(원화 원금) 거래상대방
현물환 외환거래(FX Spot)	이종 통화의 쿠폰스왑	선물환 거래(FX Forward)

02 통화스왑과 외환스왑, 장기 선물환 비교

구 분	통화스왑	외환스왑	장기 선물환
원금교환 시기	• 초기 원금교환 선택사항 • 만기 원금교환	• 초기 원금교환 • 만기 원금교환	만기에만 원금교환
적용환율	현물환율	• 초기 현물환율 • 만기 선물환율	선물환율
이자교환 (중도 현금흐름)	• 주기적 이자 교환 − 고정 ⇌ 고정 − 변동 ⇌ 고정 − 변동 ⇌ 변동	없 음	없 음
만 기	장기(1년 이상)	단기(1년 이내)	단기(1년 이내)

대표유형문제

비교우위론에 의한 통화스왑 이익을 나타낸 표이다. 설명이 잘못된 것은?

구 분	고정금리시장	변동금리시장	스 왑	
			지 급	수 취
L자동차	Euro 9.00%	US$ LIBOR	US$ LIBOR	Euro 9.45%
K전자	Euro 10.10%	US$ LIBOR	Euro 9.55%	US$ LIBOR
차 이	1.10%	0%		
순차이	1.10%			

① L자동차는 고정금리시장에서, K전자는 변동금리시장에서 각기 비교우위가 있다.

② L자동차는 유로화를 고정금리 9.00%로 차입함과 동시에 스왑딜러와 US$ LIBOR Flat을 지불하고 유로화 9.45%를 수취하는 스왑을 체결한다.

③ 스왑의 결과 L자동차는 LIBOR − 0.45%의 변동금리로 차입하는 효과가 있다.

④ L자동차의 비용절감효과가 더 크다.

해설

스왑거래를 통해 거래참여자 모두 차입비용을 절감할 수 있다.

[STEP 1] 고정금리 차이는 1.1%이고, 변동금리의 차이는 0이므로 K전자는 변동금리 차입에 비교우위가 있고 L자동차는 고정금리 차입 시 비교우위에 있다.

[STEP 2] 스왑거래의 경우에는 'receive more/pay less'의 원칙으로 고정금리를 많이 받고 작게 지급하여 스왑딜러가 스프레드만큼 이익을 수취하므로 받는 고정금리(offer)는 9.55%이고 지급하는 고정금리(bid)는 9.45%이다.

[STEP 3] 이자율스왑 사례를 도식으로 표현하면 다음과 같다.

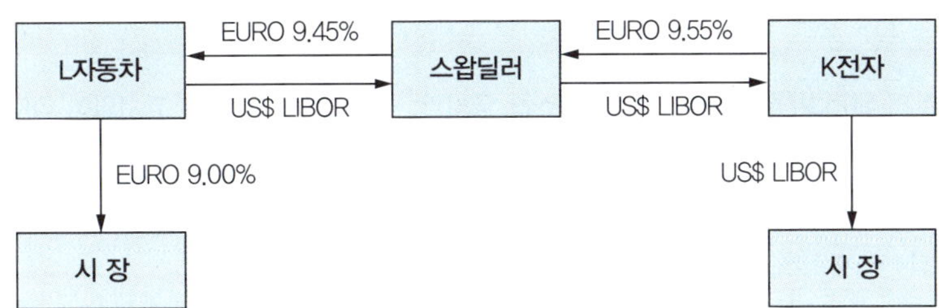

비용절감의 합은 고정금리시장과 변동금리시장의 조달금리 순차이인 1.1% − 0% = 1.1%이지만 스왑딜러의 0.1% 스프레드 이익으로 인하여 총 비용절감은 1.1% − 0.1% = 1.0% 이다.

[STEP 4] 수취하는 금리를 (＋)로 지급하는 금리를 (−)로 정리하면 스왑의 효과와 비용절감은 다음과 같다.

구 분	스왑 결과	스왑 효과	비용 절감
L자동차	$+9.45\% - \text{LIBOR} - 9\% = -\text{LIBOR} + 0.45\%$ $= -(\text{LIBOR}-0.45\%)$	LIBOR − 0.45% 변동금리 차입효과	0.45%
K전자	$+\text{LIBOR} - \text{LIBOR} - 9.55\% = -9.55\%$	9.55% 고정금리 차입효과	0.55% (= 10.1% − 9.55%)

비용절감효과는 K전자가 더 크다.

정답 ④

03 통화스왑의 이용

(1) 비교우위에 의한 유리한 조건의 자금 차입

(2) 자산 · 부채의 환율변동리스크와 금리리스크를 효율적으로 관리

구 분	부채 스왑 (Liability Swap)	자산 스왑 (Asset Swap)
상 황	신규투자를 위해 은행으로부터 달러 변동금리 차입	포트폴리오의 다양화를 위해 유로화 채권(고정금리)에 투자
노출된 리스크	환율 상승 위험 + 금리 상승 위험	환율 하락 위험 + 금리 하락 위험
스왑 전략 (헤지)	• 초기에 원화원금을 수취하고 달러차입금을 지급하는 통화 쿠폰스왑 • 원화 고정금리 pay swap(달러 변동금리 ⇄ 원화 고정금리)	• 초기에 원화의 지급을 대가로 유로화 투자원금을 수취하는 통화스왑 • 원화 고정금리 receive swap(유로 고정금리 ⇄ 원화 고정금리)
스왑 효과	원화 고정금리 차입과 동일한 효과	원화 채권에 투자한 것과 동일한 효과

대표유형문제

2년 만기 미 달러화/원화 베이시스 통화스왑 금리가 −1.13/−1.23으로 고시되어 있다. B기업이 A은행과 미 달러와 원화 간 베이시스 통화스왑을 하고자 한다면 A은행이 6M Libor flat을 대가로 수취하는 원화 3M CD는?

① 3M CD + 1.13%

② 3M CD + 1.23%

③ 3M CD − 1.13%

④ 3M CD − 1.23%

해설

베이시스형식으로 고시하는 방법은 미 달러 변동금리(6M Libor flat)와 교환되는 이종통화의 변동금리(원화 3M CD)에 가산되는 스프레드를 'offer−bid'로 고시한다. 스왑딜러는 'receive more/pay less'의 two−way 가격 원리가 적용되므로 원화 3M CD를 많이 수취해야 하므로 3M CD − 1.13%를 수취해야 한다. 그 반대의 경우에는 3M CD − 1.23%를 지급하게 된다.

정답 ③

필수핵심개념

04 통화스왑의 가격고시

스왑딜러는 'receive more/pay less'의 two–way 가격 원리가 적용

(1) 스왑금리 고시 방식

변동금리 ⇔ 고정금리	변동금리 ⇔ 변동금리
• 절대금리를 고시하는 방법 • 미 달러 변동금리(6M Libor flat)와 교환되는 이종통화의 고정금리(=통화스왑가격)를 'offer/bid'로 고시	• 베이시스형식으로 고시하는 방법 • 미 달러 변동금리(6M Libor flat)와 교환되는 이종통화의 변동금리(원화 3M CD)에 가산되는 스프레드를 'offer/bid'로 고시

(2) 통화스왑 금리와 베이시스 통화스왑 금리의 관계

market follower로서 통화스왑과 이자율스왑을 동시에 체결하는 경우 스왑딜러가 체결가능한 통화 베이시스 스왑금리(spread)와 동일

통화스왑 베이시스 스프레드 = 통화스왑 금리 − 이자율스왑 금리
• 통화스왑 offer − 이자율스왑 bid = 베이시스 통화스왑 offer
• 통화스왑 bid − 이자율스왑 offer = 베이시스 통화스왑 bid

대표유형문제

국내 통화스왑시장의 특징에 대한 설명이다. 사실과 가장 거리가 먼 것은?

① 거래상대방에 대한 신용도 차이와 유동성 부족에 의해 시장의 왜곡현상이 발생하였고 장기화되었다.

② 신용도 차이는 주로 Market Maker인 국내 은행과 외국계 은행에 대한 신용도가 다르기 때문이다.

③ 원화이자율스왑에 비해 상대적으로 유동성이 부족한 것은 국내시장의 만성적인 외화부족에 그 원인을 찾을 수 있다.

④ 국내스왑뱅크들은 달러가 부족할 경우, 원화 고정금리 payer 통화스왑을 통해 달러조달이 가능하다.

해설

국내스왑뱅크들은 달러가 부족할 경우 원화 고정금리 receive 통화스왑(거래초기 미 달러원금을 수취하고 원화원금을 지급하는 원금교환)을 통해 달러조달이 가능하다. 달러를 수취하고 원화를 제공하면 원화 고정금리를 받아야 한다.

정답　④

필수핵심개념

05 국내 통화스왑시장의 특징

(1) 거래상대방에 대한 신용도 차이와 유동성 부족에 의해 시장왜곡현상 발생 장기화

미 달러화 유동성 부족 → 달러에 대한 수요 증가 → 원화 고정금리 receive 통화스왑(거래초기 미 달러원금을 수취하고 원화원금을 지급하는 원금교환) 수요증가 → 통화스왑 금리 감소 → 통화스왑 음(−)의 베이시스 스프레드 확대

(2) 국내 통화스왑시장의 수요

원화 고정금리 receive 통화스왑 수요 요인 미 달러원금 현물환 Buy & 선물환 Sell (= 국내에서 달러 유동성 유출 수요와 동일)	원화 고정금리 pay 통화스왑 수요 요인 미 달러원금 현물환 Sell & 선물환 Buy (= 국내에서 달러 유동성 유입 수요와 동일)
• 보험회사 등 기관투자자의 해외투자 증가로 자산스왑의 수요 증가 • 수주 수출물량의 증가로 인한 장기선물환 매도 수요 증가로 스왑달러의 통화 스왑의 헤지수요 증가 • 외국인의 통화스왑을 이용한 재정거래 포지션 청산 • 국내 해외펀드의 투자 증가로 환율변동 리스크 관리를 위한 선물환 매도 수요가 많아지는 경우	• 국내 기업의 해외채권 발행 증가로 부채스왑의 수요 증가 • 외국인의 통화스왑을 이용한 재정거래 포지션 증가 • 해외펀드 투자손실의 증가로 선물환 매도거래 포지션 청산이 발생

01 통화스왑거래의 특징으로 가장 거리가 먼 것은?
★★★

① 기존 자산이나 부채의 원금에 대해 통화스왑을 계약하는 경우 초기의 원금교환은 현물시장에서의 반대거래를 통해 상쇄하여 원금교환을 생략할 수도 있다.

② 통화스왑 초기의 원금 교환통화의 방향과 이자 교환통화의 방향은 반대방향이고, 만기 원금 교환통화와 이자 교환통화는 동일한 방향이다.

③ 만기 원금교환의 적용환율은 만기환율이 적용된다.

④ 베이시스 통화 스왑은 서로 다른 통화에 대해 양쪽 다 변동금리를 교환하는 스왑이다.

> **해설**
> 만기 원금교환의 적용환율은 만기환율과 관계없이 거래 시점의 환율(현물환율)이 동일하게 적용된다.

02 다음 중 통상적 통화스왑과 외환스왑의 차이점은 모두 몇 개인가?
★★☆

> ㉠ 초기 원금교환
> ㉡ 만기 원금교환
> ㉢ 계약기간 중 이자교환
> ㉣ 초기 원금교환 시 적용 환율
> ㉤ 만기 원금교환 시 적용 환율
> ㉥ 계약기간

① 1개 　　　　　　　　　　② 2개
③ 3개 　　　　　　　　　　④ 4개

> **해설**
> ㉢ 외환스왑은 계약기간 중 이자교환 없이, 두 통화의 금리차이를 선물환율을 통한 만기 원금교환으로 정산한다.
> ㉤ 통화스왑은 만기 시 교환되는 환율이 계약 초기의 현물환율이고 외환스왑의 만기 시 교환되는 환율은 선물환율을 적용한다.
> ㉥ 통상 계약기간이 단기금융시장(1년 이내)인 경우는 선물환이나 외환스왑으로 거래되고, 장기자본시장(1년 이상)인 경우에는 통화스왑으로 거래된다.

03 다음은 달러/원 통화스왑과 베이시스 스왑의 가격고시를 나타낸 표이다. 다음 설명 중 거리가 먼 것은?

★☆☆

기 간	통화스왑	베이시스 스왑
	US$/KRW s.a. act/365	US$/KRW Basis
2년	3.27/3.21	$-1.13/-1.23$
3년	3.45/3.39	$-1.12/-1.21$

① 통화스왑에서 고시된 금리는 달러 6M Libor flat과 교환되는 원화 고정금리이다.

② 통화스왑에서 고객이 3년 만기 pay스왑을 할 경우 3.45%가 적용된다.

③ 3년 만기 이자율스왑의 offer rate는 4.60%이다.

④ 고객이 2년 만기 베이시스 스왑을 할 경우 6M Libor flat을 수취하면 원화 3M CD $-$ 1.23%를 지급해야 한다.

[STEP 1] 베이시스 통화스왑은 6M Libor flat와 교환되는 3M CD에 가산되는 스프레드로 고시가 된다.

[STEP 2] 스왑딜러 입장에서는 최대한 금리를 많이 받아야 유리하므로 3M CD $-$ 1.13%를 수취해야 한다. 즉 고객은 3M CD $-$ 1.13%를 딜러에게 지급해야 한다. 즉 스왑딜러 입장에서 -1.13(offer)$/-1.23$(bid)가 된다.

(참고) 통화스왑(bid) $-$ 이자율스왑(offer) = 베이시스 통화스왑(bid)

∴ 이자율스왑(offer)은 $3.39 - (-1.21) = 4.60$%이다.

04 A기업과 B기업의 1년 원화 고정금리와 달러 변동금리 자금조달 조건이 아래와 같다면 비교우위 통화스왑을 이용한 각 사의 금리 절감 효과는? (단, 이익은 동일하게 분배)

★★★

[자금조달 요건]
- A기업 : 원화 5.0%, 달러화 Libor + 50bp
- B기업 : 원화 6.0%, 달러화 Libor + 80bp
- 1년간 통화스왑 고시금리 : 5.6%/5.5%

① 30bp

② 35bp

③ 45bp

④ 50bp

스왑거래를 통해 거래참여자 모두 차입비용을 절감할 수 있다.

[STEP 1] 원화 고정금리 차이는 1.0%이고, 변동금리의 차이는 0.3%이므로 B기업은 달러화 변동금리 차입에 비교우위가 있고 A기업은 원화 고정금리 차입 시 비교우위에 있다.

[STEP 2] 비용절감의 합은 고정금리시장과 변동금리시장의 조달금리 순차이인 $1.0\% - 0.3\% = 0.7$%이지만 스왑딜러의 0.1% 스프레드 이익으로 두 기업의 총 금리절감 비용은 $0.7\% - 0.1\% = 0.6$%이다. 따라서 각 이익을 동일하게 배분하면 0.3%(30bp)씩 금리를 절감할 수 있다.

05

A기업은 신규투자를 위해 T은행으로부터 US$10,000,000을 Libor + 1.5%에 3년간 차입하기로 하였다. A기업은 P은행과 통화스왑거래를 통해 향후 환율변화에 따른 부채규모의 변화와 금리 상승 시 이자비용이 증가하는 리스크를 동시에 헤지하려 한다면 A기업이 취해야 할 적절한 통화스왑 전략은?

① 원화 고정금리 지급과 달러화 변동금리를 수취하는 통화스왑
② 원화 고정금리 수취와 달러화 변동금리를 지급하는 통화스왑
③ 원화 변동금리 지급과 달러화 변동금리를 수취하는 통화스왑
④ 원화 변동금리 수취와 달러화 고정금리를 지급하는 통화스왑

해설

위 상황을 그림으로 표현하면 다음과 같다.

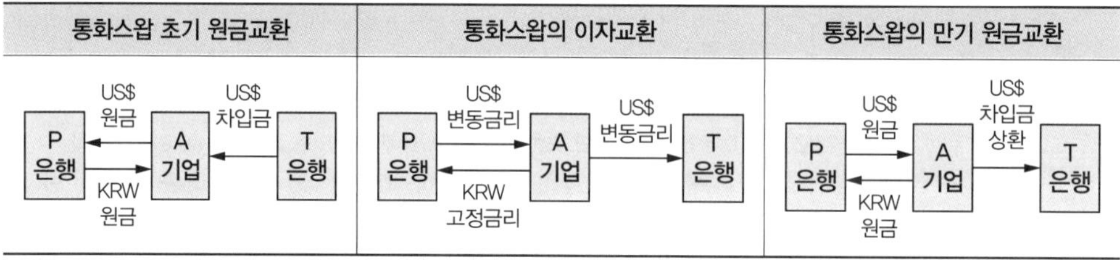

A기업은 P은행과의 부채스왑을 통해 원화 고정금리를 차입한 효과를 얻는다.

06

T보험사는 투자 포트폴리오의 다양화를 위해 유로화 채권에 투자하려 한다. 투자자산의 환율변동 리스크와 금리리스크를 헤지하기 위해서 P은행과 통화스왑계약을 체결하고자 한다면 적절한 통화스왑 전략은?

① KRW 고정금리 수취 + 유로화 고정금리를 지급하는 통화스왑
② KRW 고정금리 지급 + 유로화 고정금리를 수취하는 통화스왑
③ KRW 변동금리 수취 + 유로화 고정금리를 지급하는 통화스왑
④ KRW 변동금리 지급 + 유로화 변동금리를 수취하는 통화스왑

해설

유로화원금 수취, 원화원금을 지급하는 통화스왑 체결 후 확보한 유로화로 유로채권을 매수하면 추가적인 차입비용 없이 유로채권 투자가 가능하다. 위 상황을 그림으로 표현하면 다음과 같다.

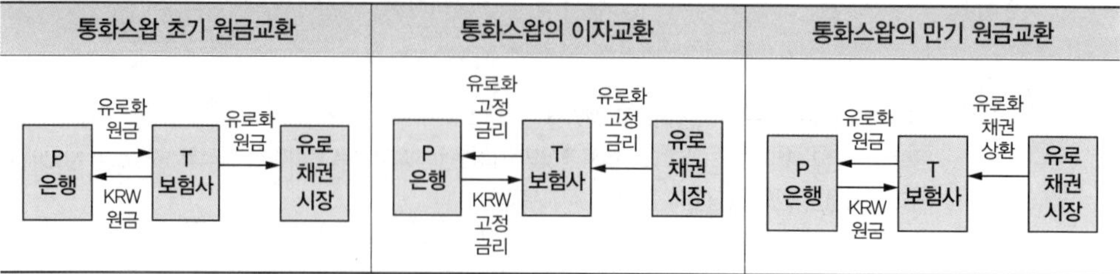

T보험사는 P은행과의 자산스왑을 통해 원화 고정금리채권에 투자한 효과를 얻는다.

07 외국기업 P는 국내 채권시장에서 고정금리채권을 발행한 후 원/달러 통화스왑을 통해 원화부채를 미 달
★☆☆ 러 변동금리부채로 전환하고자 한다면 외국기업 P의 초기 원금교환과 중간 이자교환의 현금흐름은?

	초기 원금교환	중간 이자교환
①	원화 수취 / 달러화 지급	원화 고정금리 수취 / 달러 변동금리 지급
②	원화 수취 / 달러화 지급	원화 고정금리 지급 / 달러 변동금리 수취
③	원화 수취 / 달러화 지급	원화 고정금리 지급 / 달러 고정금리 수취
④	원화 지급 / 달러화 수취	원화 고정금리 수취 / 달러 변동금리 지급

이자교환의 현금흐름만을 확인해 본 후 초기 원금교환은 반대방향이고 만기의 현금교환은 동일한 방향임을 이용하여 답을
찾아보자. 먼저 이자교환의 현금흐름을 그림으로 그려보면 다음과 같다.

원화고정금리로 가격이 고시되므로 원화고정금리 receive 스왑을 체결하면 된다. 따라서 초기 원금은 반대방향으로 원화
원금 지급 + 달러원금을 수취하는 통화스왑을 체결한다.

08 만기 2년인 미 달러/원화 간 베이시스 통화스왑 금리가 −1.13/−1.23이고, B기업이 A은행과 미 달
★☆☆ 러화/원화 간 베이시스 통화스왑을 하고자 한다. 이 경우 B기업 6M Libor flat를 수취하는 경우 지
급해야 하는 원화금리는?

① 원화 3M CD −1.13
② 원화 3M CD −1.23
③ 원화 3M CD +1.23
④ 원화 3M CD +1.13

베이시스 통화스왑 금리는 미 달러 변동금리(6M Libor flat)와 교환되는 이종통화의 변동금리(원화 3M CD)에 가산되
는 스프레드를 'offer/bid'한다.
[STEP 1] B기업이 Market follower가 되므로 상대방에서 지급하는 베이시스 통화스왑 금리는 offer가 적용되어 bid보
다 높은 금리를 지급해야 한다.
[STEP 2] '원화 3M CD −1.13 > 원화 3M CD −1.23'이므로 원화 3M CD −1.13이 B기업이 지급해야 하는 금리가
된다.

09 Market follower인 A기업이 2년 만기 통화스왑의 3.27/3.21에 receive하였다. 동시에 A기업이
★☆☆ 2년 만기 원화 payer 이자율스왑을 4.44/4.40에 할 수 있다고 한다면, 스왑딜러가 체결가능한 미 달
러화/원화 베이시스 통화스왑 금리는?

① bid : −1.13 ② offer : −1.13
③ bid : −1.23 ④ offer : −1.23

> **해설**
>
> Market follower로서 통화스왑과 이자율스왑을 동시에 체결하는 경우 스왑딜러가 체결가능한 통화 베이시스 스왑금리
> (spread)를 산출할 수 있다.
> [STEP 1] Market follower인 A기업이 고정금리를 수취하는 스왑딜러 입장에서 고정금리를 지급하는 통화스왑 금리
> 3.21%는 bid에 해당한다.
> [STEP 2] Market follower인 A기업은 동시에 payer 이자율스왑의 고정금리를 지급하는 스왑은 스왑딜러 입장에서는
> 고정금리 수취로 이자율스왑 금리 4.44%는 offer에 해당한다.
> [STEP 3] '통화스왑 bid − 이자율스왑 offer = 베이시스 통화스왑 bid'이므로 3.21% − 4.44% = −1.23%이다.
> 참고로 '원화 3M CD −1.13 > 원화 3M CD −1.23'이므로 딜러입장에서 원화 3M CD −1.13가 offer이고,
> 3M CD −1.23가 bid임을 알 수 있다.

10 다음 중 국내 통화스왑시장에 대한 설명으로 적절하지 않은 것은?
★★★

① 국내 통화스왑시장에서 원화 고정금리 receiver 달러/원 통화스왑 수요가 확대되면, 통화스왑의
음(−)의 베이시스가 확대된다.
② 보험회사 등 기관투자자의 해외투자가 늘어나면 원화 고정금리 pay 달러/원 통화스왑의 수요가
늘어난다.
③ 국내 자금시장에서 달러의 유동성이 확대되면, 통화스왑의 음(−)의 베이시스가 축소된다.
④ 해외 펀드투자의 손실 증가로 인해, 선물환 매도 거래의 포지션 청산이 발생할 때, 원화 고정금
리 pay 통화스왑 수요가 증가한다.

> **해설**
>
> [STEP 1] 보험회사 등 기관투자자의 해외투자가 늘어나면 환율하락 위험과 금리하락 위험에 노출된다.
> [STEP 2] 이를 헤지하기 위해 자산스왑(초기 달러 수취, 원화 지급)의 수요증가로 원화 고정금리 receiver 달러/원 통화
> 스왑의 수요가 늘어난다.

11 A은행의 통화스왑거래에 있어 원화고정금리 수취의 현재가치가 16억 5천만원이고 미 달러화 변동금
★☆☆ 리 지급의 현재가치가 US\$ 1백만불이다. 현재 대미 환율이 US\$ 1당 1,500원이고 스왑원금에 대한
평가를 제외할 경우, A은행의 평가 손익은?

① 평가익 1억원 ② 평가익 1억 5천만원
③ 평가손 1억원 ④ 평가손 1억 5천만원

> **해설**
>
> 지급하는 변동금리의 달러가치를 원화가치로 환산하면 15억(=1,500 × 1백만)이다. 따라서 수취하는 원화가치가 1억 5
> 천만원 더 커 평가이익이 발생한다.

PART 03

리스크관리 및 직무윤리

리스크관리

챕터 출제비중

구 분	출제영역	출제문항
CHAPTER 01	리스크관리	8 문항
CHAPTER 02	영업실무	5 문항
CHAPTER 03	직무윤리	10~11 문항
CHAPTER 04	투자자분쟁예방	1~2 문항
CHAPTER 05	자금세탁방지제도	1~2 문항
	총 문항	25 문항

50 45 40 35 30 25 20 15 10 5

32%
20%
40%
4%
4%

학습할 분량은 많지 않기 때문에 높은 점수를 얻을 수 있는 과목입니다. 계산문제가 출제되긴 하나 개념만 익히면 어렵지 않게 문제를 풀 수 있습니다.

Section별 중요도 및 학습체크

구 분	핵심개념	중요도	학습체크		
			1회독	2회독	3회독
01	리스크(Risk)의 유형	★★			
02	VaR의 정의	★★★			
03	VaR의 통계학적 표현	★★★			
04	VaR를 선호하는 이유	★★★			
05	변동성 추정방법	★★			
06	상관계수에 따른 포트폴리오의 VaR	★★★			
07	현물상품의 합성포지션 복제	★★			
08	콜옵션 VaR의 계산	★★★			
09	옵션 VaR의 Delta–Normal 방법 계산의 문제점	★★★			
10	VaR의 3가지 측정방법	★★★			
11	신용리스크와 시장리스크의 비교	★★			
12	신용리스크의 측정	★★			
13	장외시장의 신용증대제도	★★★			
14	장외파생상품의 신용리스크	★★			
15	장외파생상품의 신용리스크 노출금액	★★★			
16	장외파생상품 신용리스크 노출금액의 시간적 변화	★★			
17	운영리스크 유형	★			
18	선물 헤지거래와 리스크	★★			
19	파생결합증권의 리스크	★★★			
20	파생결합증권의 투자관련 위험	★			
21	파생결합증권 발행사의 헤지거래	★★			
22	동적 헤지전략(자체헤징)	★★			

<table>
<tr><td>section 01</td><td>리스크(Risk)의 유형</td><td>중요도 ★★☆</td></tr>
</table>

대표유형문제

리스크의 유형 중에서 재무리스크가 아닌 것은?

① 시장리스크   ② 신용리스크

③ 유동성리스크   ④ 운영리스크

해설

리스크는 가격변동·채무불이행·신용경색 등 시장에서 발생 가능한 재무리스크와 시장 외의 요인에 의해 발생할 수 있는 비재무리스크로 구분되며, 재무리스크에는 시장리스크, 신용리스크, 금리리스크, 유동성리스크가 있고 비재무리스크에는 운영리스크, 전략리스크, 법률리스크, 평판리스크가 있다.

정답 ④

필수핵심개념

01 리스크(Risk)의 개념 및 유형

(1) 개 념

① 불확실성에의 노출 또는 기대하지 않은 결과의 변동성

② 수학적으로 리스크는 사건의 결과가 목표 또는 기댓값으로부터 벗어난 정도를 의미함

③ 측정가능한 불확실성

④ 투자의 리스크는 위험과 기회(수익)를 모두 내포하므로 리스크가 무조건 나쁘다고 평가할 수 없음

⑤ 리스크란 예상과 결과가 다를 가능성을 의미하므로 주가가 상승하든 하락하든 항상 리스크관리를 해야 함

(2) 리스크의 유형

① 시장요인 여부에 따른 분류

분 류	리스크 구분	리스크 유형
시장에서의 요인 (가격변동, 채무불이행, 신용경색 등)	재무리스크	시장리스크, 신용리스크, 금리리스크, 유동성리스크
시장 외 요인	비재무리스크	운영리스크, 전략리스크, 법률리스크, 평판리스크

② 측정 가능 여부에 따른 분류

분류	리스크 구분	리스크 유형
객관적 자료로 측정이 가능한 리스크	계량리스크	시장리스크, 신용리스크, 금리리스크, 운영리스크, 유동성리스크
객관적 자료로 측정이 불가한 리스크	비계량리스크	전략리스크, 법률리스크, 평판리스크, 시스템리스크

③ 각 리스크의 정의

시장리스크	• 시장상황(주가, 금리, 환율, 상품가격)의 불리한 변동으로 인해 손실을 보게 되는 위험 • 주식가격변동리스크, 이자율변동리스크, 환율변동리스크, 상품가격변동리스크로 구분
신용리스크	• 거래상대방이 계약조건에 의한 채무를 이행하지 못하여 입는 경제적 손실 위험 • 채무불이행리스크, 신용등급하락리스크 포함
운영리스크	• 부적절하거나 실패한 내부통제, 인력과 시스템, 외부사건으로 인해 발생하는 손실위험 • 인적리스크, 내부시스템리스크, 프로세스리스크, 외부사건리스크로 구분
유동성리스크	• 포지션을 마감하는 데서 발생하는 비용에 대한 위험 • 시장유동성리스크, 자금조달유동성리스크로 구별
법률리스크	• 계약 당사자에 대하여 계약을 강제할 수 없을 때 발생할 수 있는 손실위험 • 계약이 잘못 문서화된 경우와 거래상대방이 법적으로 계약할 권한이 없는 경우에 발생
평판리스크	• 금융투자회사 외부의 여론 또는 이미지가 악화되어 금융투자회사가 경제적 손실(주가하락, 수익악화 등)을 입을 수 있는 위험
시스템리스크	• 금융투자회사, 금융시장, 결제시스템의 붕괴 등으로 인해 금융산업 전체가 입게 되는 손실위험
전략리스크	• 정치와 경제환경의 근본적인 변화로 인해 발생 가능한 손실위험

01
★★☆
객관적인 자료측정이 가능한 리스크에 해당하는 것은?

① 운영리스크
② 법률리스크
③ 평판리크스
④ 시스템리스크

해설

계량리스크는 객관적인 자료측정이 가능한 리스크를 의미하며 측정기법의 발전으로 계량리스크의 범위는 넓어지고 있다. 시장리스크, 신용리스크, 금리리스크, 운영리스크, 유동성리스크는 계량리스크라고 하며, 전략리스크, 법률리스크, 평판리스크, 시스템리스크는 비계량리스크라고 한다.

02
★★☆
다음 중 시장위험(market risk)에 속하지 않는 것은?

① 운영위험
② 주식위험
③ 이자율위험
④ 환율위험

해설

시장리스크는 주식가격변동리스크, 이자율변동리스크, 환율변동리스크, 상품가격변동리스크로 구분된다.

03
★★★
재무위험(financial risk)에 대한 설명이다. 틀린 것은?

① 시장위험은 시장가격 변동으로부터 발생하는 위험으로서 주식위험, 이자율위험, 환위험, 상품가격위험 등이 포함된다.
② 신용위험은 거래상대방이 약속한 금액을 지불하지 못하는 경우에 발생하는 손실에 대한 위험이다.
③ 유동성위험은 부적절한 내부시스템, 관리실패, 잘못된 통제, 사기, 인간의 오류 등으로 인해 발생하는 손실에 대한 위험이다.
④ 법적위험은 계약을 집행하지 못함으로 인해 발생하는 손실에 대한 위험이다.

해설

③은 운영위험에 대한 설명이다. 유동성위험은 포지션을 마감하는 데서 발생하는 비용에 대한 위험을 말한다.

04 재무위험의 종류와 관련해서 빈칸을 순서대로 옳게 연결한 것은?

★★☆

> • 기업이 소유하고 있는 자산을 매각하고자 할 때, 매입자가 없어서 매우 불리한 조건으로 자산을 매각해야
>   하는 경우 (   )에 노출된다.
> • (   )은 거래상대방이 약속한 금액을 지불하지 못하는 경우에 발생하는 손실에 대한 위험이다.

① 신용위험, 법적위험   ② 유동성위험, 신용위험

③ 신용위험, 유동성위험   ④ 운영위험, 법적위험

해설

유동성리스크는 시장유동성리스크와 자금조달유동성리스크로 구분된다. 기업이 소유하고 있는 자산을 매각하고자 할 때, 매입자가 없어서 매우 불리한 조건으로 자산을 매각해야 하는 경우에는 시장유동성리스크에 노출되며, 금융기관이 정산일에 또는 증거금 납입 요청을 받고 지급금액을 확보하지 못하면 자금조달유동성리스크에 노출된다. 신용리스크는 거래상대방이 약속한 금액을 지불하지 못하는 경우에 발생하는 손실에 대한 위험이다.

05 리스크(Risk)의 개념에 대한 설명으로 옳지 않은 것은?

★☆☆

① '불확실성에의 노출' 또는 '기대하지 않은 결과의 변동성'으로 정의된다.

② 수학적으로 리스크는 '사건의 결과가 목표 또는 기댓값으로부터 벗어난 정도'를 의미한다.

③ 주가가 상승하는 시기에는 리스크관리가 필요하지 않고 주가가 하락하는 시기에 리스크를 관리해야 한다.

④ 투자의 리스크는 위험과 기회(수익)를 모두 내포하므로 리스크가 무조건 나쁘다고 평가할 수 없다.

해설

리스크는 실제로 발생한 사건이 예상과 다를 가능성을 의미하므로 상황이 좋을 때나 나쁠 때나 항상 리스크를 관리해야 한다.

| section 02 | **VaR의 정의** | 중요도 ★★★ |

대표유형문제

VaR의 정의에 대한 설명이다. 사실과 다른 것은?

① 하락하는 시장(Bear Market)에서

② 주어진 신뢰수준(Confidence Level)으로

③ 목표기간(Target Period) 동안에 발생할 수 있는

④ 최대손실금액(Maximum Loss)

해설

VaR는 정상적인 시장에서, 주어진 신뢰수준으로 목표기간 동안에 발생할 수 있는 최대손실금액으로 통계학적 리스크 측정치이다.

정답 ①

필수핵심개념

01 시장리스크 관리의 두 가지 접근법

개별 접근법	• 리스크를 하나씩 확인하여 개별적으로 관리하는 방법 • 거래부서(trading office)가 사용하는 방법으로 자기가 취한 포지션의 위험을 즉각적으로 헤지 • 거래자는 노출 정도를 측정하고 헤지하는 데 민감도를 수치화한 델타, 감마, 베가 등을 계산
통합 접근법	• 리스크를 통합하여 잘 분산시킴으로써 관리하는 방법 • 리스크 관리부서인 중간부서(middle office)가 사용하여 매일 거래가 종료되기 직전에 모든 시장위험요인에 대해 통합적으로 노출된 정도를 측정 • 주로 위험을 VaR로 측정 • 신용리스크는 전통적으로 통합접근법에 의해 관리(신용파생상품의 등장으로 개별적 관리도 가능)

더 알아보기

델타 헤지

주식과 옵션으로 구성된 포트폴리오의 델타를 0(델타중립)으로 만들면 짧은 기간 동안에 기초자산의 가격이 변해도 포트폴리오의 가치는 변하지 않는데 이를 델타 헤지라 한다.

델타(Δ) : $\Delta Call = \dfrac{dC}{dS} = N(d_1)$, $\Delta Put = \dfrac{dp}{dS} = N(d_1) - 1$, 주식매입포지션의 델타($\Delta$) $= 1$

02 VaR(Value at Risk)의 정의와 측정

(1) VaR의 정의

VaR는 ❶ 정상적인 시장에서, ❷ 주어진 신뢰수준으로 ❸ 목표기간 동안에 발생할 수 있는 ❹ 최대손실금액으로 ❺ 통계학적 리스크 측정치이다.

❶ 정상적인 시장	비정상적 상황(극단적 상황)은 위기분석(stress test)으로 보완
❷ 주어진 신뢰수준	• 허용수준에 대한 금액은 측정이 불가. 허용수준 = 1 − 신뢰구간 • 리스크의 회피정도와 VaR보다 더 큰 손실이 발생하는 경우 기업이 부담해야 하는 비용을 고려하여 결정
❸ 목표기간	• 포지션을 정상적인 상황에서 헤지하거나 또는 청산하는 데 소요되는 기간을 고려하여 결정 • 1일 변동성 × $\sqrt{T}$ (시간의 제곱근 공식을 이용하여 단기 · 장기 변동성을 수정)
❹ 최대손실금액	상승을 고려하지 않은 손실에 대한 화폐액으로 표현. 통일된 단위. Total Risk 관리 용이
❺ 통계학적 리스크 측정치	즉 과거자료를 이용하므로 사후검증(back testing)을 통해 사전적 data와 사후적 data의 조정이 필요

→ 대체로 선택요소인 목표기간이 길어지거나 신뢰수준이 높아지면 VaR는 커짐

---

section 03 **VaR의 통계학적 표현** 중요도 ★★★

대표유형문제

목표기간 5일, 95% 신뢰수준에서 추정한 VaR가 4억원이면 4억원보다 더 큰 손실이 발생할 확률은 얼마인가?

① 99% ② 95%

③ 5% ④ 1%

해설

정상적인 시장에서 5일 동안 발생할 수 있는 손실이 4억원보다 클 확률은 5%이다. 이때 5%를 허용수준이라고 한다.

정답 ③

필수핵심개념

(2) VaR의 통계학적 표현

목표기간 5일, 신뢰수준 95%에서 계산된 VaR가 8억원인 경우

- 정상적인 시장에서 5일 동안 발생할 수 있는 손실이 8억원보다 작을 확률이 95%이다.
- 정상적인 시장에서 손실이 8억원보다 작을 것을 95% 신뢰 수준에 확신한다.
- 정상적인 시장에서 5일 동안 발생할 수 있는 손실이 8억원보다 클 확률은 5%이다.
- 정상적인 시장에서 5일 동안 5%의 확률로 발생할 수 있는 최소손실은 8억원이다.

포트폴리오 이론의 기초가 되는 표준편차보다 VaR를 선호하는 이유에 대한 설명이다. 사실과 다른 것은?

① VaR는 정규분포에 대한 가정을 반드시 필요로 하지는 않는다.
② VaR는 포트폴리오의 최저 수익에 대한 정보도 함께 제공한다.
③ VaR는 하향손실에 초점을 맞추어 계산되므로 변동성보다 직관적인 리스크 측정치가 된다.
④ VaR를 이용하면 목표 신용등급을 유지하기 위한 소요 자기자본의 계산이 용이하여 자본관리에 유용하다.

해설

VaR는 하향손실에 초점을 맞춘 리스크 측정치로 포트폴리오 수익 관련 정보를 제공하지는 않는다.

정답 ②

필수핵심개념

(3) 전통적 위험 측정치와 VaR의 필요성

① 전통적 위험 측정치

통계학적인 리스크 측정치	표준편차(변동성)
리스크요인에 대한 민감도 측정치	베타, 듀레이션, 델타 등

※ VaR는 통계적 리스크로 현대 포트폴리오의 이론은 표준편차를 기초로 정립

② 리스크 측정치로 표준편차보다 VaR를 선호하는 이유

　㉠ 표준편차가 리스크의 척도가 되려면 정규분포를 가정해야 하지만, VaR는 정규분포에 대한 가정을 반드시 필요로 하지는 않음

　㉡ 표준편차는 하향손실과 상향이익을 모두 고려하지만, VaR는 하향손실에 초점을 맞추어 계산되므로 변동성(표준편차)보다 직관적인 리스크 측정치가 됨(비대칭적 수익분포에 초점)

　㉢ VaR는 주어진 신뢰수준에서의 최대손실을 금액으로 측정하므로 VaR를 이용하면 목표 신용등급을 유지하기 위한 소요 자기자본의 크기를 적절히 구할 수 있음

대표유형문제

VaR를 계산하기 위한 변동성 추정방법으로 보기 어려운 것은?

① 지수가중이동평균법(EWMA)　　　　　② 자본자산가격결정모형(CAPM)

③ 단순이동평균모형　　　　　　　　　　④ 옵션의 내재변동성

해설

자본자산가격결정모형(CAPM)은 자산의 기대수익률을 추정하는 방법이다.

정답 ②

필수핵심개념

(4) 정규분포를 가정한 개별 VaR의 추정과 포트폴리오의 VaR

① 개별 VaR의 추정

$$VaR_i = \alpha \times V_i \times \sigma$$

α : 신뢰수준에 상응하는 배수(95% 신뢰수준은 $\alpha = 1.65$, 99% 신뢰수준은 $\alpha = 2.33$)

V_i : 포트폴리오의 가치

σ : 변동성(표준편차)

더 알아보기

변동성(σ)의 추정

- $VaR_i = \alpha \times V_i \times \sigma$이므로 VaR의 정확성은 변동성이 얼마나 정확하게 추정되느냐에 따라 결정
- 변동성의 군집(또는 집중)이란 변동성이 한 번 커지게 되면 큰 상태로 어느 정도 지속되고, 그런 다음 상대적으로 변동성이 작은 기간이 이를 뒤따르는 패턴을 말하며, σ가 시간에 따라 변화하므로 이를 변동성의 시간 가변성이라고도 함
- 변동성 군집현상이 있다는 것은 변동성이 예측 가능한 패턴으로 움직인다는 것을 의미하고, 이런 패턴을 이용하면 변동성이 보다 정확할 수 있다는 것을 의미하며 변동성의 정확한 예측은 리스크의 효율적 관리를 의미함

※ 미래의 변동성을 추정하는 방법

단순이동평균	• 일정기간의 이동기간을 설정하고 그 기간 동안의 단순이동평균치를 구하여 변동성을 추정하는 방법(이 모형에서 이동기간에 포함된 모든 과거수익률은 동일한 가중치를 가짐) • 장점 : 계산하기가 편리 • 단 점 　－ 과거수익률은 모두 동일한 비중을 가지므로 최근의 자료가 오래된 자료보다 더 많은 정보를 내포하고 있다는 점(변동성군집 현상)을 무시함 　－ 이동기간 설정이 자의적 　－ 에코현상을 야기 ※ 에코현상 : 변동성 추정치가 시장에서 충격이 발생하는 시점뿐만 아니라 충격이 이동기간에서 제외되는 시점에서도 영향을 받게 되는데 실제로 존재하지 않는 허구적인 2번째 영향을 뜻함

JP Morgan의 리스크매트릭스 방법 : EWMA (Exponentially Weighted Moving Average)	• 변동성을 구할 때, 오래된 수익률일수록 가중치(소멸계수)를 지수적으로 감소시키는 지수. 가중이동평균법 또는 EWMA모형을 사용
	$$\sigma_t^2 = \lambda\sigma_{t-1}^2 + (1 - \lambda)r_t^2$$ (λ : 소멸계수(가중치를 의미. 0~1 사이 값을 지님)) — 소멸계수(λ)가 동일한 경우 $\sigma_{t-1}^2 < r_t^2$이면 $\sigma_{t-1}^2 < \sigma_t^2$ — $\sigma_{t-1}^2 > r_t^2$이면 $\sigma_{t-1}^2 > \sigma_t^2$ — 이 식을 반복적으로 적용하면 r_t^2 비중이 과거로 갈수록 감소함
	• 전기에 계산된 추정치 σ_{t-1}^2와 최근 수익률의 제곱 r_t^2을 가중평균하여 계산되므로, 과거자료를 보관할 필요가 없고, 단 2개의 자료로 변동성을 간단히 계산한다는 장점을 지님(변동성의 군집현상을 잘 표현함)
옵션의 내재변동성	• 내재변동성이란 옵션의 가격으로부터 블랙-숄즈 공식을 역산하여 추정하는 변동성 • 변동성 스마일 : 옵션의 내재변동성은 행사가격에 따라 달라지는 특성이 있는데, 외가격 또는 내가격옵션의 내재변동성이 등가격옵션의 내재변동성보다 높은 경향을 가지는 것 • 옵션의 내재변동성을 가중평균으로 한 대표적 변동성 지수 : VIX, VKOSPI

대표유형문제

포트폴리오의 VaR를 계산할 때 두 개 자산의 분산효과가 가장 큰 경우는 자산 간의 상관계수가 얼마일 때인가?

① -1.0　　　　　　　　　　② 0.0

③ $+1.0$　　　　　　　　　　④ $+2.0$

해설

상관계수(ρ)는 $-1\sim1$ 사이의 값을 지니며 상관계수가 -1로서 두 자산 간에 완전 부($-$)의 관계가 성립하면 분산두자 효과가 극대화된다. 즉 자산 간에 완전 부의 관계가 성립하여 리스크가 서로 상쇄됨으로써 포트폴리오의 리스크는 매우 작아진다.

정답 ①

필수핵심개념

② 포트폴리오의 VaR와 분산효과

　㉠ 포트폴리오의 VaR

$$VaR_P = \sqrt{VaR_A^2 + VaR_B^2 + 2\rho \cdot VaR_A \cdot VaR_B}$$

　㉡ 상관계수에 따른 포트폴리오의 VaR

상관계수가 +1일 때 ($\rho = 1$)	$VaR_P = VaR_A + VaR_B$ • 두 자산 간에 완전 정($+$)의 상관관계가 존재하여 분산투자 효과가 전혀 없음
상관계수가 0일 때 ($\rho = 0$)	$VaR_P = \sqrt{VaR_A^2 + VaR_B^2}$ • 두 자산 간에 상관성이 없으나(독립적) 분산투자 효과가 있음
상관계수가 −1일 때 ($\rho = -1$)	$VaR_P = \|VaR_A - VaR_B\|$ • 두 자산 간에 완전 부($-$)의 관계가 성립하면 분산투자 효과가 극대화 • 두 자산의 리스크의 크기가 같으면 VaR_P를 완전히 0으로 만들 수 있음

　㉢ 투자 자산이 2개인 경우 분산효과

$$분산효과 = VaR_A + VaR_B - VaR_P$$

대표유형문제

다음 중 선물환의 VaR를 산출하기 위해서 선물환 매입 포지션을 복제한 현물상품의 합성포지션으로 올바른 것은?

① 원화채권 매도 포지션 + 현물환 매입 포지션 + 외화채권 매입 포지션
② 원화채권 매도 포지션 + 현물환 매도 포지션 + 외화채권 매입 포지션
③ 외화채권 매도 포지션 + 현물환 매입 포지션 + 원화채권 매입 포지션
④ 외화채권 매도 포지션 + 현물환 매도 포지션 + 원화채권 매도 포지션

해설

원화자금을 차입하기 위해 원화채권을 발행하여 매도하고 차입한 원화자금을 현물환시장에서 달러를 매입한 후 달러채권에 투자(매입)하여 자금을 대여해주면 선물환 매수 포지션을 복제할 수 있다. (파생상품 Ⅰ-단기자금시장을 이용한 헤지 참고)

정답 ①

필수핵심개념

(5) 파생상품 VaR의 추정

① 수익구조가 선형인 파생상품의 VaR 추정 : 선형파생상품은 Delta(선형)-Normal(정규분포)방법으로 VaR를 산출하기 위해서는 현물상품의 합성포지션으로 복제

구 분	현물상품의 합성포지션 복제
금리스왑 VaR	• receiver swap : 차기 금리변동일을 만기로 하는 채권 매도 포지션 + 스왑종료일을 만기로 하는 채권 매입 포지션(금리스왑 매도 포지션) • payer swap : 차기 금리변동일을 만기로 하는 채권 매입 포지션 + 스왑종료일을 만기로 하는 채권 매도 포지션(금리스왑 매입 포지션) • 변동금리 채권 VaR와 고정금리 채권 VaR의 상관관계를 고려하여 금리스왑 VaR를 산출
선물환 VaR	• 선물환 매입 포지션 = 원화채권 매도 포지션 + 현물환 매입 포지션 + 외화채권 매입 포지션 • 선물환 매도 포지션 = 외화채권 매도 포지션 + 현물환 매도 포지션 + 원화채권 매입 포지션 • 각 포지션의 VaR를 위험요인 간의 상관계수를 이용하여 합산하고 선물환 VaR를 산출
선도금리계약 (FRA) VaR	• FRA 매입 포지션 = 단기채권 매입 포지션 + 장기채권 매도 포지션(차입금리 고정 포지션) • FRA 매도 포지션 = 단기채권 매도 포지션 + 장기채권 매입 포지션(대출금리 고정 포지션) 각 포지션의 VaR를 위험요인 간의 상관계수를 이용하여 합산하고 선도금리 VaR를 산출

대표유형문제

다음 상황에서 Delta−Normal 방법으로 구한 콜옵션 VaR 값은 얼마인가? (근사치임)

- A종목 기초자산가격 : 100,000원
- A종목 옵션가격 : 2,000원
- 보유기간 1일
- 신뢰수준 95% (신뢰계수 1.65)

- 변동성 : 연 40.0%
- 콜옵션의 델타 : 0.5
- 연간 영업일 220일로 계산, $\dfrac{1}{\sqrt{220}} = 0.0674$

① 37,418원

② 4,450원

③ 2,225원

④ 2,000원

해설

옵션 VaR를 산출할 때 콜옵션 가격을 사용하지 않고 기초자산의 가격을 사용하므로 현재 옵션가격은 필요 없다.

[STEP 1] 콜옵션 매입의 현물복제는 기초자산 델타(△)주 매입 포지션과 동일하다. 델타 0.5의 의미는 콜옵션 매입 1개의 움직임과 동일한 주식 수를 의미한다. 즉, 콜옵션의 매입 포지션은 $100,000 \times 0.5 = 50,000$의 가치를 지닌 주식과 동일하므로 주식에 대한 VaR를 산출하면 된다.

[STEP 2] 보유기간은 1일이고 연간 변동성이므로 일간 변동성으로 환산하면

$$50,000\,V_i \times 1.65\alpha \times 0.4\sigma \times 0.0674 = 2,224.86원이다.$$

정답 ③

필수핵심개념

② 수익구조가 비선형인 파생상품의 VaR 추정

대표적 비선형 파생상품인 옵션의 가격은 비선형(곡선)이므로 Delta(선형) 관계가 성립하지 않고 옵션의 손익 분포 또한 Normal(정규분포)이 아님. 그럼에도 불구하고 옵션 VaR를 Delta−Normal 방법으로 구하면 다음과 같다.

㉠ 주식의 옵션 VaR 측정

주식 옵션 VaR = 주식 VaR × △(델타)
- $C = S_t \times N(d_1) - Xe^{-rt} \times N(d_2)$
- 콜옵션 매입 = 기초자산 델타($= N(d_1)$)주 매입 포지션(+ 일정 금액을 차입)
- 일정 금액 차입의 VaR는 매우 작다고 가정하여 무시

㉡ Delta−Normal 옵션 VaR 측정 시 주의사항

- 옵션 VaR를 산출할 때 콜옵션 가격을 사용하지 않고 기초자산의 가격을 사용함. 즉 현재 옵션 가격은 필요 없음
- 매입 포지션의 VaR와 매도 포지션의 VaR는 동일함

대표유형문제

비선형 상품인 옵션의 VaR를 Delta−Normal 방법으로 계산하는 데에는 몇 가지 문제가 있다. 사실과 거리가 먼 것은?

① 포트폴리오가 무위험 상태가 아니어도 옵션 포트폴리오의 델타가 0일 수 있다.
② 델타가 0.5인 스트래들 매도의 델타는 0이지만 이 포지션의 위험은 대단히 크다.
③ 콜옵션과 풋옵션의 매입 포지션처럼 양(＋)의 감마를 갖는 포지션의 경우, 선형으로 추정한 VaR는 실제의 VaR보다 과소평가된다.
④ 콜옵션과 풋옵션의 매도 포지션처럼 음(−)의 감마를 갖는 포지션의 경우, 선형으로 추정한 VaR는 실제의 VaR보다 과소평가된다.

해설

Delta−Normal 방법은 옵션의 선형 부분만을 가지고 위험을 도출하며 실제 옵션가격은 비선형(곡선)구조를 갖는다. 이해를 돕기 위해 그림으로 그려보면 이해가 쉽다.

(콜옵션의 매입 포지션)

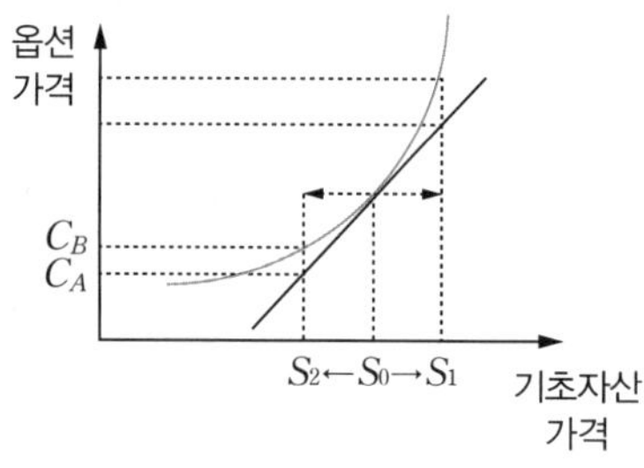

[STEP 1] 기초자산가격의 하락($S_0 \rightarrow S_2$)으로 인해 옵션가격이 하락한다.
[STEP 2] 선형인 경우 옵션가격의 하락폭은 C_A이다.
[STEP 3] 비선형인 경우 옵션가격의 하락폭은 C_B이다.
  ∴ C_B(비선형)$<C_A$(선형)이다.
  즉 콜옵션 매입 포지션의 경우 선형으로 추정한 VaR는 실제의 VaR보다 과대평가된다.

정답 ③

필수핵심개념

ⓒ 비선형 상품인 옵션의 VaR를 Delta−Normal 방법으로 계산하는 경우 문제점
  • 포트폴리오가 무위험 상태가 아니어도 옵션 포트폴리오의 델타가 0일 수 있음
    예 델타가 0.5인 스트래들 매도의 델타는 0임
  • 콜옵션과 풋옵션의 매입 포지션처럼 양(+)의 컨벡시티(볼록성) 또는 감마를 갖는 포지션의 경우, 선형으로 추정한 VaR는 실제의 VaR보다 과대평가됨
  • 콜옵션과 풋옵션의 매도 포지션처럼 음(−)의 컨벡시티(볼록성) 또는 감마를 갖는 포지션의 경우, 선형으로 추정한 VaR는 실제의 VaR보다 과소평가됨

대표유형문제

분석적 분산－공분산 방법에 대한 설명으로 거리가 먼 것은?

① 모든 자산의 수익률이 정규분포를 따른다고 가정한다.

② 잠재적 손실을 선형으로 측정하는 부분가치평가방법이다.

③ 실제 분포의 두터운 꼬리를 반영하지 못하여 리스크를 과대평가할 수 있다.

④ 비선형 자산인 옵션의 리스크를 정확히 평가하지 못한다.

해설

실제 분포의 두터운 꼬리를 반영하지 못하여 리스크를 과소평가할 수 있다.

정답 ③

필수핵심개념

(6) VaR의 3가지 측정방법

측정 방법	특 징
분석적 분산－공분산 방법 (Delta－Normal)	• 과거 자료를 이용하여 분산과 공분산을 추정하고 이 값들을 이용하여 VaR를 계산 • 잠재적 손실을 선형으로 측정하는 부분가치평가방법(선형 관계만 평가) • 실제 분포의 두터운 꼬리를 반영하지 못하여 리스크를 과소평가할 수 있으며, 비선형 자산인 옵션의 리스크를 정확히 평가하지 못함 • 리스크 요인의 움직임에 선형 노출된 정도를 측정하는 지표 : 주식의 경우 베타, 파생상품의 경우 델타, 채권의 경우 수정듀레이션이 있음
역사적 시뮬레이션	• 특정 확률분포를 가정하지 않고 시장변수들의 과거 변화에 기초(실제 분포)하여 완전가치평가방법으로 시뮬레이션을 함으로써 VaR를 계산 • 실제 가격을 이용하므로 비선형성과 비정규분포를 모두 수용할 수 있는 방법 • 특정 분포를 가정하지 않고 실제의 변동성과 상관관계를 이용 • 오직 1개의 가격변화만이 고려된다는 점과 완전가치평가를 위하여 가치평가모형이 필요하다는 것 • 일시적으로 증가한 변동성을 고려하지 못하고, 과거 자료에 극단치가 포함되어 있으면 이 관찰치의 영향을 크게 받음
몬테카를로 시뮬레이션	• 가장 효과적으로 VaR를 계산할 수 있는 방법 • 비선형성, 변동성의 변화, 두터운 꼬리, 극단적인 상황 등을 모두 고려할 수 있음 • 위험과 상관관계 등 계수의 규정은 과거 자료 또는 옵션 자료로부터 산출하며, 확률모형으로 가장 많이 사용되는 모형은 기하적 브라운 운동 • 주어진 목표기간 동안 시장가치는 완전가치평가모형에 의해 계산하며 이렇게 구해진 가상적인 가격 변화를 이용하여 수익률 분포를 구한 후 VaR를 직접 계산 • 계산비용이 많이 들고, 생성된 가격이 실제 가격이 아니므로 모형 리스크가 큼

※ **VaR의 3가지 측정방법의 문제점** : 위의 세 가지 방법은 정상적인 시장여건을 가정하고 발생할 수 있는 최대손실금액을 계산한 것으로 세밀한 리스크관리를 위해서는 극단적인 사건이 발생하는 경우의 손실금액을 추정하는 위기상황분석이 필요함

위기상황분석 또는 스트레스검증(Stress Testing)

- 위기상황분석은 주요 변수의 극단적인 변화가 포트폴리오에 미치는 영향을 시뮬레이션하는 기법임
- 관심있는 변수가 변할 수 있는 상황을 주관적인 시나리오로 결정한 후 이 변화가 포트폴리오의 가치에 미치는 영향을 분석하는 것임
- 정기적으로 월 1회 또는 분기 1회 실시하며 시장 상황이 급변하는 경우 수시로 실시
- 시나리오 설정 시 고려사항
  - 현재 포지션에 적절, 관련된 모든 변수의 변화를 고려
  - 구조적 변화의 가능성 고려
  - 유동성 위기 상황을 포함
  - 시장리스크와 신용리스크 간의 상호작용을 반영

01 시장리스크 관리에 대한 접근방법으로 다음 내용 중 가장 거리가 먼 것은?
★★☆
① 개별리스크를 개별적으로 관리하는 방법을 리스크 개별관리법이라 하며, 이는 리스크 관리부서에서 수로 사용하는 방법이나.

② 전통적인 개별리스크 측정지표로 주식에는 베타, 채권에는 듀레이션, 옵션에는 델타 · 감마가 사용된다.

③ 다양한 개별리스크를 합산하여 관리하는 데 어려움이 있다.

④ 리스크 통합관리법은 리스크 관리부서인 중간부서가 사용하며 VaR로 측정하는 경우가 많다.

해설
개별적으로 관리하는 방법은 주로 거래부서(trading office)가 사용하는 방법이다.

02 VaR와 관련하여 빈칸을 순서대로 옳게 연결한 것은?
★★★

> 특정회사의 거래포지션 1일 동안 VaR가 신뢰구간 95%에서 10억원인 경우, 이는 회사가 이 포트폴리오를 보유함으로써 향후 1일 동안에 (　　　) 확률로 (　　　) 손실을 볼 수 있다는 것을 의미한다.

① 5%, 10억원 이하의　　　　　　　　② 5%, 10억원을 초과하는
③ 1%, 10억원 이하의　　　　　　　　④ 95%, 10억원을 초과하는

해설
정상적인 시장하에서 1일 동안 5%의 확률로 10억원을 초과하는 손실을 볼 수 있다는 것을 의미한다.

03 다음 중 다른 조건이 동일하다면 VaR가 가장 큰 것은?
★★☆
① 목표기간 1일, 신뢰구간 95%
② 목표기간 5일, 신뢰구간 95%
③ 목표기간 1일, 신뢰구간 99%
④ 목표기간 5일, 신뢰구간 99%

해설
목표기간이 길고 신뢰구간이 높을수록 VaR값이 크다.

04 95% 신뢰수준의 VaR가 10억이라면 99% 신뢰수준의 VaR는 얼마인가? (단, 신뢰수준이 95%이면
★★☆ 1.65, 99%이면 2.33임)

① 9.6억   ② 10.4억

③ 12.8억   ④ 14.1억

해설

신뢰수준이 상승하여 VaR는 10억보다 증가하므로 ①은 답이 될 수 없다. 다른 조건이 동일한데 신뢰수준이 두 VaR의 신뢰수준과 다르므로 신뢰수준을 1.65에서 2.33으로 변경하면 다음과 같다.

$$10 \times \frac{1}{1.65} \times 2.33 = 14.1$$

05 시장리스크를 관리하는 기법 중 통합접근법으로 주로 사용되는 위험측정치는?
★☆☆

① 델 타   ② 감 마

③ 베 가   ④ VaR

해설

개별접근법에서 거래자는 노출 정도를 측정하고 헤지하는 데 민감도를 수치화한 델타, 감마, 베가 등의 지표를 계산하고, 통합적 접근법은 리스크 관리부서인 중간부서가 사용하는데 매일 거래가 종료되기 직전에 모든 시장위험요인에 대해 통합적으로 노출된 정도를 측정하는 방식으로 주로 위험을 VaR로 측정한다.

06 A자산의 가치가 1,000만원이고 일별 변동성이 4%이다. B자산의 가치가 400만원이고 일별 변동성이
★★★ 5%이다. 1일 기준으로 95%의 신뢰수준에서 개별 VaR를 각각 계산하면? (단, 95% 신뢰수준에서 α
= 1.65이다.)

	A자산 VaR	B자산 VaR
①	50만원	25만원
②	66만원	33만원
③	75만원	35만원
④	88만원	45만원

해설

$VaR_A = 1.65 \times 1,000 \times 0.04 = 66만원,\ VaR_A = 1.65 \times 400 \times 0.05 = 33만원$

07
★★★
A자산의 VaR가 200, B자산의 VaR가 300이고, 상관계수가 1이라면 포트폴리오의 VaR는 다음 중 얼마인가?

① 100

② 300

③ 400

④ 500

해설

상관계수가 1인 경우에는 분산투자 효과가 전혀 없어 포트폴리오의 VaR는 개별 VaR의 합이 된다. 200 + 300 = 500 이다.

08
★★★
A자산의 VaR가 200, B자산의 VaR가 300이다. 상관계수가 −1이라면 분산투자 효과는 얼마인가?

① 100

② 300

③ 400

④ 500

해설

[STEP 1] 먼저 두 자산의 포트폴리오 VaR를 산출한다. 상관계수가 −1인 경우에는 두 자산 간에 완전 부(−)의 관계가 성립하면 분산투자 효과가 극대화되어 포트폴리오의 VaR는 개별 VaR의 차이이므로 300 − 200 = 100이다.

[STEP 2] 두 자산의 분산투자 효과가 전혀 없었다면 총 위험의 크기는 200 + 300 = 500이 된다. 이때 분산투자로 인해 위험의 크기를 100으로 감소시켰으므로 분산투자 효과는 500 − 100 = 400이다.

09
★★★
A자산의 VaR가 200, B자산의 VaR가 300이다. 상관계수가 0.25라면 포트폴리오의 VaR와 분산투자 효과는 얼마인가?

① 100

② 300

③ 400

④ 500

해설

[STEP 1] 먼저 두 자산의 포트폴리오 VaR를 산출한다. $VaR_P = \sqrt{200_A^2 + 300_B^2 + 2 \times 0.25 \times 200 \cdot 300} = 400$

[STEP 2] 두 자산의 분산투자 효과가 전혀 없었다면 총 위험의 크기는 200 + 300 = 500이 된다. 이때 분산투자로 인해 위험의 크기를 400으로 감소시켰으므로 분산투자 효과는 500 − 400 = 100이다.

10 ★★☆ A주식을 매입하고 B주식을 공매도하여 구성한 포트폴리오에서 분산투자 효과가 극대화되려면 두 주식 간의 상관계수는 얼마인가?

① −1.0

② 0.0

③ +1.0

④ 0.5

해설

상관계수가 +1이란 가격이 움직이는 방향이 완전히 일치한다는 의미이다. 즉 매입 포지션을 취하였을 때 손실이 발생하였다면 매도 포지션에서는 이익이 발생하였음을 의미하므로 리스크의 크기가 동일하다면 서로 리스크가 완벽하게 상쇄되어 포트폴리오의 VaR를 완전히 0으로 만드는 것도 가능하다.

11 ★★★ 포트폴리오 이론의 기초가 되는 표준편차보다 VaR를 선호하는 이유에 대한 설명이다. 사실과 다른 것은?

① VaR는 정규분포에 대한 가정을 반드시 필요로 하지는 않는다.

② VaR는 대칭적인 수익률 분포에서 계산한다.

③ VaR는 하향손실에 초점을 맞추어 계산되므로 변동성보다 직관적인 리스크 측정치가 된다.

④ VaR를 이용하면 목표 신용등급을 유지하기 위한 소요 자기자본을 계산하기가 용이하여 자본관리에 유용하다.

해설

VaR는 하향손실에 초점을 맞춘 비대칭적 수익률 분포에서 계산한다.

12 ★★☆ 두 자산으로 구성된 포트폴리오를 보유하고 있다. A자산의 VaR는 1억, B자산의 VaR는 4억인 경우 다음 설명 중 사실과 거리가 먼 것은?

① 두 자산의 상관계수가 0이면, 분산투자 효과가 없다.

② 두 자산의 상관계수가 −1이면, 포트폴리오 VaR가 3억이다.

③ 두 자산의 포트폴리오 VaR가 3억이라면, 분산투자 효과는 2억이다.

④ 두 자산의 상관계수가 1이면, 포트폴리오 VaR가 5억이다.

해설

두 자산의 상관성이 1이 아닌 경우에는 모두 분산투자 효과가 존재한다.

13 ★☆☆

A자산의 VaR가 400, B자산의 VaR가 300이다. 두 자산의 포트폴리오의 VaR가 500인 경우 A, B 두 자산 간의 상관관계는?

① 아무런 상관관계가 없다.　　　　　　② 0.5
③ 완전상관관계이다.　　　　　　　　④ 완전 부$(-)$의 관계가 성립한다.

해설

[STEP 1] 공식에 대입하면 $500_P = \sqrt{400_A^2 + 300_B^2 + 2\rho \times 400_A \times 300_B}$ 이다.

[STEP 2] 양변을 제곱하면 $2{,}500_P = 2{,}500_P + 2\rho \times 400_A \times 300_B$ 이다.

[STEP 3] 즉, $2\rho \times 400_A \times 300_B$ 이 "0"이 되어야 하므로 상관계수가 0이고 아무런 상관관계가 없다.

14 ★★★

변동성 추정에 대한 설명으로 적절하지 않은 것은?

① 변동성이 한 번 커지게 되면 큰 상태로 어느 정도 지속되고, 그런 다음 상대적으로 변동성이 작은 기간이 이를 뒤따르는 에코현상이 있다.
② 단순이동평균법은 이동기간에 포함된 모든 과거수익률이 동일한 가중치를 갖는다.
③ 지수가중이동평균법(EWMA모형)은 오래된 수익률일수록 가중치(소멸계수)를 지수적으로 감소시킨다.
④ 내재변동성이란 옵션의 가격으로부터 블랙-숄즈 공식을 역산하여 추정하는 변동성이다.

해설

① 변동성군집현상에 대한 설명이다.

15 ★☆☆

JP Morgan의 리스크매트릭스에서 변동성을 추정하는 방법은?

① 단순이동평균법　　　　　　　　② 지수가중이동평균법(EWMA)
③ GARCH　　　　　　　　　　　④ 옵션의 내재변동성

해설

JP Morgan의 리스크매트릭스 변동성 추정 방법은 지수가중이동평균법(EWMA)이다.

16 지수가중이동평균법(EWMA모형)에 대한 설명으로 적합한 것은?
★★☆

① 과거 수익률은 모두 동일한 비중을 가지므로 최근의 자료가 오래된 자료보다 더 많은 정보를 내포하고 있다는 점을 무시하였다.

② 일정기간의 이동기간을 설정하고 그 기간 동안의 단순이동평균치를 구하여 변동성을 추정하는 방법이다.

③ 이동기간 설정이 자의적이고 에코현상이 야기된다.

④ 과거 자료를 보관할 필요가 없고, 단 2개의 자료로 변동성을 간단히 계산한다는 장점을 지닌다.

해설

①, ②, ③은 단순이동평균을 이용하여 VaR를 측정하는 방법이다.

17 다음에 대한 설명으로 옳은 것은?
★★☆

> 변동성 추정치가 시장에서 충격이 발생하는 시점뿐만 아니라 충격이 이동기간에서 제외되는 시점에서도 영향을 받게 되는데 실제로 존재하지 않는 허구적인 2번째 영향을 말한다.

① 변동성군집현상
② 에코현상
③ 변동성스마일현상
④ 기하적 브라운 운동

해설

에코현상에 대한 설명이다.

18 변동성스마일현상에 대한 설명으로 올바른 것은?
★★☆

① 외가격 또는 내가격옵션의 내재변동성이 등가격옵션의 내재변동성보다 높은 경향을 가지는 것

② 외가격 또는 내가격옵션의 내재변동성이 등가격옵션의 내재변동성보다 낮은 경향을 가지는 것

③ 외가격옵션의 내재변동성이 내가격옵션의 내재변동성보다 높은 경향을 가지는 것

④ 외가격옵션의 내재변동성이 내가격옵션의 내재변동성보다 낮은 경향을 가지는 것

해설

변동성스마일현상은 외가격 또는 내가격옵션의 내재변동성이 등가격옵션의 내재변동성보다 높은 경향을 가지는 것을 말한다.

19
★★★

금리스왑의 VaR를 산출하기 위해서 receiver swap을 복제한 현물상품의 합성포지션으로 올바른 것은?

① 차기 금리변동일을 만기로 하는 채권 매도 포지션 + 스왑종료일을 만기로 하는 채권 매입 포지션
② 차기 금리변동일을 만기로 하는 채권 매입 포지션 + 스왑종료일을 만기로 하는 채권 매입 포지션
③ 차기 금리변동일을 만기로 하는 채권 매도 포지션 + 스왑종료일을 만기로 하는 채권 매도 포지션
④ 차기 금리변동일을 만기로 하는 채권 매도 포지션 + 스왑종료일을 만기로 하는 채권 매수 포지션

해설

receiver swap은 변동금리를 지급하고 고정금리를 수취하는 스왑으로 채권 매도를 통해 차기 금리변동일마다 지급하는 이자가 달라 변동금리를 지급하는 것과 같은 포지션이고 스왑종료일을 만기로 하는 채권을 매입하면 만기까지 고정금리를 수취할 수 있어 금리스왑 매도 포지션과 동일해진다.

20
★★★

3 × 6 FRA 매수 포지션의 VaR를 산출하기 위해서 복제한 현물상품의 합성포지션으로 올바른 것은?

① 단기채권 매입 포지션 + 장기채권 매도 포지션
② 단기채권 매도 포지션 + 장기채권 매입 포지션
③ 단기채권 매입 포지션 + 장기채권 매입 포지션
④ 단기채권 매도 포지션 + 장기채권 매도 포지션

해설

3 × 6 FRA 매수는 3개월 후 3개월 만기의 차입금리를 고정시키는 효과가 있다. 따라서 현재부터 3개월 만기의 채권을 매수하면서 현재부터 6개월 만기의 장기채권을 매도하면 현재부터 3개월은 들어오는 3개월 만기 채권 매수로부터 수취한 금리와 6개월 만기 장기채권을 매도하여 지급 금리가 상쇄되고 6개월 만기 채권은 3개월 후 잔존만기 3개월이므로 남은 3개월 동안 정해진 금리만 지급하면 차입금리를 고정할 수 있다. 그러므로 두 포지션의 각 채권 VaR를 계산하여 상관계수를 이용하여 합산한 포트폴리오 VaR로 선도금리 VaR를 산출한다.

21
★☆☆

바젤위원회에서 권장하는 시장리스크 측정기준은?

① 1일 기준, 95% 신뢰수준
② 5일 기준, 95% 신뢰수준
③ 10일 기준, 99% 신뢰수준
④ 20일 기준, 99% 신뢰수준

해설

바젤위원회에서는 10일 기준, 99% 신뢰수준을 권장한다.

22

옵션의 VaR를 델타분석법으로 측정할 때 필요하지 않은 정보는?

① 기초자산의 가격 변동성

② 기초자산의 가격

③ 옵션의 델타

④ 옵션의 거래가격

해설

옵션의 VaR를 델타분석법으로 측정할 때 기초자산가격에 델타값을 곱하고 콜옵션을 복제하여 시장리스크를 측정하므로 옵션의 거래가격은 필요하지 않다.

주가지수옵션의 가격이 10pt이며, KOSPI200이 200pt이고 주가지수 수익률의 1일 기준 변동성이 3%, 옵션의 델타가 0.6이다. 이때 95% 신뢰도에서 1일 VaR는 얼마인가? (95% 신뢰수준 상수 : 1.65)

① 5.94pt

② 6.94pt

③ 7.94pt

④ 18.94pt

해설

옵션 VaR를 산출할 때 콜옵션 가격을 사용하지 않고 기초자산의 가격을 사용하므로 현재 옵션가격은 필요 없다.

[STEP 1] 콜옵션 매입의 현물복제는 기초자산 델타(Δ)주 매입 포지션과 동일하다. 델타 0.6의 의미는 콜옵션 매입 1개의 움직임과 동일한 주식 수를 의미한다. 즉, 콜옵션의 매입 포지션은 $200 \times 0.6 = 120$의 가치를 지닌 주식과 동일하므로 주식에 대한 VaR를 산출하면 된다.

[STEP 2] 보유기간은 1일이고 변동성은 일 0.03%이고 신뢰상수가 1.65로 주식의 VaR를 산출하면 $1.65 \times 120 \times 0.03 = 5.94pt$이다.

24

다음 중 Delta-Normal 방식으로 VaR를 측정하기에 적절한 자산은?

① 채 권

② ATM 옵션

③ ITM 옵션

④ 정답 없음

해설

ITM 옵션의 경우 델타값이 1에 근접하여 기초자산 1주를 보유한 것과 거의 동일한 위험을 지니는 선형적 관계를 보인다. 참고로 채권의 가격은 곡선이므로 선형관계가 성립하지 않아 Delta-Normal 방법이 부적합하다.

25 다음 중 VaR를 측정하기 위해서 자산의 수익률이 정규분포를 따른다고 가정하며, 부분가치평가방법
★★☆ 을 이용한 측정방법은?

① 분석적 공산−분공산 방법
② 역사적 시뮬레이션
③ 몬테카를로 시뮬레이션
④ 위기상황분석

해설

분석적 공산−분공산 방법은 분산과 공분산을 추정하고 이 값들을 이용하여 VaR를 계산하며, 잠재적 손실을 선형으로 측
정하는 부분가치평가방법을 이용한다.

26 다음 중 VaR를 측정하는 방법에 대한 설명으로 적절하지 않은 것은?
★★★ ① 역사적 시뮬레이션은 정규분포를 가정하여 시장변수들의 과거 변화에 기초하여 완전가치평가방
법으로 시뮬레이션을 함으로써 VaR를 계산한다.
② 몬테카를로 시뮬레이션은 가장 효과적으로 VaR를 계산할 수 있는 방법이기 하나 계사비용이 많
이 들고, 생성된 가격이 실제 가격이 아니므로 모형 리스크가 크다.
③ 몬테카를로 시뮬레이션은 주어진 목표기간 동안 시장가치를 완전가치평가모형에 의해 계산하며
이렇게 구해진 가상적인 가격 변화를 이용하여 수익률 분포를 구한 후 VaR를 직접 계산한다.
④ 역사적 시뮬레이션은 일시적으로 증가한 변동성을 고려하지 못하고, 과거 자료에 극단치가 포함
되어 있으면 이 관찰치의 영향을 크게 받는다.

해설

역사적 시뮬레이션은 특정 확률분포를 가정하지 않고 실제가격을 이용하므로 비선형성과 비정규분포를 모두 수용할 수 있
는 방법이다.

27
★★☆

다음의 방법 중 비선형이나 변동성군집현상, 두터운 꼬리, 극단적인 상황 등을 모두 고려할 수 있는 방법은?

① 델타−노멀 방법
② 역사적 시뮬레이션
③ 몬테카를로 시뮬레이션
④ 위기상황분석

해설

몬테카를로 시뮬레이션은 가장 효과적으로 VaR를 계산할 수 있는 방법으로 비선형성, 변동성의 변화, 두터운 꼬리, 극단적인 상황 등을 모두 고려할 수 있으나 계산비용이 많이 들고, 생성된 가격이 실제가격이 아니므로 모형 리스크가 크다.

28
★★☆

주요 변수의 극단적인 변화가 포트폴리오에 미치는 영향을 시뮬레이션하는 기법으로 관심 있는 변수가 변할 수 있는 상황을 주관적인 시나리오로 결정한 후 이 변화가 포트폴리오의 가치에 미치는 영향을 분석하는 기법은?

① 델타−노멀 방법
② 역사적 시뮬레이션
③ 몬테카를로 시뮬레이션
④ 위기상황분석

해설

위기상황분석에 대한 설명이다.

29
★★☆

위기상황분석에서 시나리오 설정 시 고려할 사항이 아닌 것은?

① 구조적 변화의 가능성을 고려해야 한다.
② 관련된 모든 변수의 변화를 고려해야 한다.
③ 유동성 위기 상황을 포함시켜야 한다.
④ 시장리스크와 신용리스크를 별도로 분리해야 한다.

해설

시장리스크와 신용리스크 간의 상호작용을 반영해야 한다.

> **대표유형문제**
>
> 신용리스크를 시장리스크와 비교한 설명이다. 사실과 가장 거리가 먼 것은?
>
> ① 신용리스크의 원천에는 채무불이행리스크, 회수율리스크, 신용등급하락리스크, 시장리스크 등이 있다.
> ② 목표기간은 시장리스크에 비해 짧다.
> ③ 수익률 분포에 대하여 시장리스크는 정규분포를 가정하나 신용리스크는 정규분포가 아니다.
> ④ 법률리스크는 신용리스크에만 존재하고 시장리스크에는 없다.
>
> **해설**
>
> 시장리스크의 경우에는 보유한 자산의 가격하락이 우려되면 바로 반대매매로 청산하여 목표기간이 1일 또는 며칠이 된다. 반면에 신용리스크는 거래상대방이 현재는 신용상태가 좋아도 미래에 신용등급이 하락할 수도 있어 현재시점의 신용위험 노출뿐만 아니라 미래의 잠재적 신용위험까지 고려해야 하므로 목표기간이 길다.
>
> **정답** ②

필수핵심개념

01 신용리스크

(1) 신용리스크의 개념

① 국제결제은행(BIS)은 신용리스크를 '거래상대방이 계약조건에 의한 채무를 이행하지 못하여 입는 경제적 손실의 가능성'으로 정의함
② 좁은 의미로 채무불이행리스크를 뜻하지만, 넓게는 신용등급하락리스크까지도 포함

(2) 신용리스크와 시장리스크 비교

구 분	신용리스크	시장리스크
리스크 원천	채무불이행리스크, 회수율리스크, 신용등급하락리스크, 시장리스크	시장위험(가격하락위험)
목표기간	길다(보통 1년)	짧다(1일 또는 며칠)
리스크한도 적용대상	거래상대방 (특정, 사적−비체계적 위험)	거래조직 계층(Level) (전체 체계적 정보−체계적 위험)
수익률 분포	정규분포가 아님(비대칭적, 두꺼운 꼬리) (비모수적 방법−실제분포 사용)	정규분포(옵션 제외) (모수적 방법)
법률리스크	법률리스크가 큼	없 음

대표유형문제

노출금액이 100억원이고 부도 시 회수율이 30%로 추정된다. 채무불이행 확률이 5%라면 기대손실은 얼마인가?

① 1.5억원   ② 2.5억원

③ 3.5억원   ④ 5.5억원

해설

100억원 중 70%는 미회수되므로 70억원이 신용손실(CL)이 된다. 거래상대방이 실제 채무를 이행하지 않을 확률이 5%이므로 기대손실(EL)은 70억원의 5%인 3.5억원이 된다.

개별 EL(기대손실) = PD(채무불이행확률) × EAD × LGD

정답 ③

필수핵심개념

02 신용리스크의 측정

(1) 신용리스크 분포 결정의 주요 세 가지 변수

채무불이행확률(PD) (Probability of Default)	기대손실과 기대외손실을 1년 기준으로 측정하므로 1년 기준의 채무불이행확률을 이용
신용리스크 노출금액 또는 익스포저 (EAD) (Exposure At Default)	• EAD는 회수율이 0%라는 가정하에서 계산된 최대손실금액 • 채무불이행 시점에서의 리스크 노출금액은 MAX(자산의 시장가치, 0)로 계산 • 채권(or 대출)의 경우 리스크 노출금액은 원금 또는 시장가치로 계산 • 파생상품의 경우 경제적 가치가 음(−)이면 리스크 노출금액은 '0'
채무불이행 시 손실률(LGD) (Loss Given Default)	• 채무불이행으로 인해 회수하지 못하는 손실 • LGD = 1 − 회수율

(2) 기대손실과 기대외손실의 측정

미래에 발생 가능한 상황이 채무불이행 또는 정상인 두 경우만 가능하다고 가정

기대손실(EL)	• 기대손실(Expected Loss)은 신용손실(CL $=$ EAD $\times$ LGD)을 확률로 가중한 값 • 개별 EL(기대손실) $=$ PD(채무불이행확률) $\times$ EAD $\times$ LGD • 포트폴리오의 기대손실 : $EL_P = \sum_{i=1}^{n} EL_i$ (단순 합산)
기대외손실(UL) (= 신용 VaR)	• 기대외손실(Unexpected Loss) 또는 비예상손실은 주어진 신뢰수준에서의 최대손실금액 • 신용손실 변동성 $\sigma_{CL} = \sqrt{PD(1-PD)} \times EAD \times LGD$ • 개별 기대외손실 $= \alpha \times \sigma_{CL}$ • 신용손실 변동성 • $UL_P = \sqrt{\sum_{i=1}^{n}\sum_{j=1}^{n}\rho_{ij} \times UL_i \times UL_j} \leq \sum_{i=1}^{n} UL_i$ (포트폴리오 분산 효과로 위험 감소)

03 장외파생상품(금리스왑)의 신용리스크

장내파생상품은 상대방이 채무를 불이행하여도 거래소가 계약이행을 보증하므로 신용리스크는 거의 없음

(1) 채무불이행 측면에서 대출과 금리스왑의 차이점

구 분	대 출	금리스왑
신용리스크	원금의 상환여부가 중요	원금에 대한 노출이 없음
현금흐름의 결정	금리수준	고정금리와 변동금리의 차이
채무불이행리스크 노출	차입자가 계약불이행 시 발생	• 두 조건을 동시에 충족하는 경우 발생 　− 계약자에게 계약의 양($+$)의 순현가 　− 상대방이 채무불이행하는 경우

대표유형문제

장외시장의 신용증대제도에 해당하지 않는 것은?

① 네팅협약　　　　　　　　② 내부통제
③ 증거금요구　　　　　　　④ 포지션 설정

해설

인간의 실수, 사기, 내부규정의 고의적 위반 등과 같은 인적리스크와 같은 운영리스크는 사후적으로 판단하면 늦거나 면접 당시에 직원의 실수나 사기를 예상하기 쉽지 않다. 그러므로 회사 내부의 잠재적 위험을 사전에 제어하는 수단이 필요하다. 이때 기업의 투명성과 책임성을 높이고, 경영활동을 효율적으로 통제하기 위한 조직적 통제방법이 내부통제이다.

정답 ②

필수핵심개념

(2) 장외시장의 신용증대제도

네팅 (Netting)	동일한 상대방과 체결한 기본스왑계약서(Master Swap Agreement)는 모든 계약에 대해 지급금액의 상계가 가능하도록 하므로, 네팅협약의 적용을 받는 모든 계약의 리스크 노출금액은 순지급금액으로 제한됨
포지션 한도 설정	• 리스크에 노출되는 금액의 한도를 상대방별로 설정 • 개별적으로 적절한 포지션 한도라 하더라도 포트폴리오 측면에서 최종적으로 포지션 한도 검토 필요
증거금과 담보 요구	• 만기가 긴 스왑은 시장가치를 자주 반영하여 증거금을 조정하도록 요구 • 신용등급이 변함에 따라 계약의 가치가 변하여 요구되는 증거금 조정 또는 적절한 규모의 담보를 요구
계약종료 조항	계약자 중 한쪽이 투자부적격으로 하락하면 다른 한쪽이 스왑계약의 현금결제를 요구할 수 있는 권리를 갖도록 규정한 계약종료조항
이자율 조정	상대방의 신용리스크를 반영하여 스왑계약의 고정금리를 조정

대표유형문제

장외파생상품의 신용리스크에 대한 설명이다. 사실과 다른 것은?

① 국제결제은행은 장외시장에서 거래되는 파생상품에 대해 신용리스크에 대한 자본금을 요구하고 있다.

② 신용리스크 노출금액은 현재노출과 잠재노출 중에서 큰 값이다.

③ 현재노출은 Max(계약의 대체비용, 0)이다.

④ 잠재노출은 액면금액과 신용환산율의 곱으로 계산된다.

해설

신용리스크 노출금액은 현재노출과 잠재노출의 합으로 계산된다. 현재노출은 만일 상대방이 지금 채무를 불이행하는 경우 계약을 대체하는 데 필요한 대체비용으로 계약의 현가를 의미한다. 신용리스크의 경우 현재 신용등급은 높아서 현재노출이 낮더라도 미래에 신용상태 등 회사의 여건이 달라져 신용리스크가 커질 수 있다. 따라서 잠재적 미래 노출까지 합산된다. 이렇듯 신용리스크를 측정하는 기간은 시장리스크보다 길다.

정답 ②

필수핵심개념

(3) 장외파생상품의 신용리스크 측정(BIS의 자기자본비율 규정)

① 거래소 (장내)파생상품은 거래소가 계약의 이행을 보장하므로 신용리스크는 없는 것으로 간주

② 국제결제은행은 장외파생상품에 신용리스크에 대한 자본금을 요구함

③ BIS 규정에 의한 장외파생상품의 신용리스크 및 요구자본 계산

> ❶ 요구자본금 = ❷ 위험가중자산가치 × 8%

❷ 위험가중자산가치 = ❸ 신용리스크 노출금액(CEA) × 상대방별 위험가중치

❸ 신용리스크 노출금액(CEA) = ❹ 현재노출(CE) + ❺ 잠재노출(PE)

❹ 현재노출(Current exposure) = Max(계약의 대체비용, 0)

※ [순현가 > 0]인 경우 현재노출은 대체비용이고, [순현가 < 0]인 경우 현재노출은 0임

❺ 잠재노출(Potential exposure) = 액면금액 × 신용환산율

대표유형문제

장외파생상품 유형별 신용리스크 노출금액에 대한 설명이다. 잘못된 것은?

① 스왑과 선도계약의 선형 장외파생상품은 현재노출과 잠재노출이 0부터 대단히 큰 값을 가질 수 있다.

② 고정금리 지급 포지션의 현재노출(CE)은 스왑의 가치가 0보다 큰 경우에만 존재한다.

③ 장외옵션 매입 포지션의 현재노출과 잠재노출은 리스크요인의 움직임에 의해 결정되며, 0보다 클 수 있다.

④ 장외옵션 매도 포지션은 시장가격의 변동에 따라 0에서 매우 큰 값을 갖는다.

해설

옵션매도자는 계약시점에 이미 프리미엄을 수취하였으므로 더이상 돈이 들어올 일이 없어 노출된 금액은 현재도 잠재도 0이다. 반면에 옵션매입자는 ITM상태가 되었다면 매도자로부터 수취해야 하는 금액이 발생하여 수익을 회수하지 못할 위험이 생긴다.

정답 ④

필수핵심개념

(4) 장외파생상품 유형별 신용리스크 노출금액

선형 장외파생상품 (스왑과 선도계약)	계약의 양 당사자가 기초자산을 매입 또는 매도할 의무를 가지므로, 가치에 영향을 미치는 리스크요인의 움직임에 따라 현재노출과 잠재노출은 0부터 대단히 큰 값을 가질 수 있음
이자율스왑	• 고정금리 지급 포지션의 현재노출(CE)은 이자율 콜옵션 매입 포지션과 유사 • 고정금리 수취 포지션의 현재노출(CE)은 이자율 풋옵션 매입 포지션과 유사
장외옵션 매입 포지션	• 현재노출과 잠재노출은 리스크요인의 움직임에 의해 결정 • 옵션은 음(－)의 가치를 결코 갖지 않으므로 현재가치가 0보다 작을 수 없음
장외옵션 매도 포지션	프리미엄을 이미 수령했고 미래에 발생할 수 있는 것은 손실뿐이기 때문에 현재노출과 잠재노출이 전부 '0'

금리스왑과 통화스왑 리스크 노출금액의 시간적 변화에 대한 설명으로 거리가 먼 것은?

① 금리확산효과는 시간이 지남에 따라 변동금리가 고정금리로부터 멀어지는 현상을 말한다.

② 금리확산효과로 인해 만기일에 접근할수록 리스크 노출금액은 증가한다. 금리확산효과를 변동성효과로 부르기도 한다.

③ 만기효과는 시간이 지남에 따라 불확실성이 증가하는 것을 의미한다.

④ 통화스왑의 경우 만기일에 원금을 교환해야 하므로 확산효과가 만기효과를 항상 지배하게 되어 만기까지 신용위험 노출금액은 계속 증가한다.

해설

만기효과는 시간이 지남에 따라(만기일에 접근함에 따라) 남은 이자지급횟수의 감소로 리스크 노출금액이 감소한다.

정답　③

필수핵심개념

(5) 장외파생상품 신용리스크 노출금액의 시간적 변화

① 스왑에서 신용노출금액에 영향을 주는 요인은 두 가지

금리확산효과 (= 변동성효과)	• 시간이 지남에 따라 변동금리가 고정금리로부터 멀어지는 현상 • 만기일에 접근할수록 리스크 노출금액은 증가
만기효과 (= 상각효과)	• 시간이 지남에 따라(만기일에 접근함에 따라) 남은 이자지급횟수의 감소로 리스크 노출금액이 감소하는 효과 • 금리확산효과를 상쇄시키는 효과

② 이자율스왑과 통화스왑 신용리스크 노출금액의 시간적 변화

이자율스왑	• 초기 : 확산효과 > 만기효과 → 신용리스크 노출금액 증가 • 후기 : 만기효과 > 확산효과 → 신용리스크 노출금액 감소 • 대략 T/3 지점에서 신용리스크 노출금액 극대화
통화스왑	통화스왑은 만기일에 원금을 교환해야 하므로 확산효과가 만기효과를 지배하게 되어 만기까지 신용위험 노출금액은 계속 증가

01 신용리스크 분포를 결정하는 세 가지 변수에 해당하지 않는 것은?
★☆☆

① 채무불이행 시 손실률　　　　② 채무불이행 확률

③ 노출금액　　　　　　　　　　④ 자산가격의 변동성

해설

자산가격의 변동성은 시장리스크에 영향을 주는 요소이다.

02 A채권의 가치는 100억원이고 채무불이행확률은 5%이다. B채권의 가치는 95억원이고 채무불이행
★★☆ 확률은 10%이다. 두 채권의 회수율이 0%일 때 기대손실은 각각 얼마인가?

① A : 0원, B : 0원

② A : 5억원, B : 9.5억원

③ A : 8억원, B : 10.5억원

④ A : 10억원, B : 25억원

해설

회수되는 금액이 없으므로 신용손실은 채권의 가치가 된다. A채권의 신용손실은 100억원이고, 불이행확률은 5%로 5억원
이 기대손실이 된다. B채권의 신용손실은 95억원이고, 불이행확률은 10%로 9.5억원이 기대손실이 된다.

03 A채권의 기대손실은 5억원이고 B채권의 기대손실은 9.5억원이다. 두 채권으로 구성된 포트폴리오의
★★★ 기대손실은 얼마인가? (단, 두 채권의 채무불이행 간 상관계수는 −1이다.)

① 10.5억원　　　　　　　　　　② 12억원

③ 13.5억원　　　　　　　　　　④ 14.5억원

해설

포트폴리오의 기대손실은 상관계수와 관계없이 개별채권 기대손실의 단순 합산으로 계산되어 5 + 9.5 = 14.5(억원)이다.

04 채권의 가치가 100억원인 A채권의 기대손실이 5억원이면, 95% 신뢰수준에서 A채권의 기대외손실
★★☆ (신용VaR)은? (단, 회수율은 0%임)

① 약 25억원   ② 약 36억원

③ 약 41억원   ④ 약 47억원

[STEP 1] 각 채권의 신용손실 변동성을 구한다. 암기한 공식을 이용한다.

$$A채권의 \ 신용손실 \ 변동성은 \ \sigma_{CL} = \sqrt{PD(1-PD)} \times EAD \times LGD으로$$
$$\sigma_{CL} = \sqrt{0.05(1-0.05)} \times 100 \times 1 = 21.80$$

[STEP 2] 기대외손실은 $\alpha \times \sigma_{CL}$이다. 95%의 신뢰수준에서 $\alpha = 1.65$이고 도출한 신용손실 변동성(σ_{CL})은 21.8로 두 수
의 곱인 $1.65 \times 12.8 = 35.97$(억원)이다.

[참고 : 신용손실 변동성 도출과정]

※ 변동성은 예상에서 벗어날 가능성을 의미하며, 즉 분산은 편차 제곱의 기댓값(평균)이고 표준편차는 분산의
제곱근이다.

① 채무를 이행했다면 실제 손실은 0원이고 기대손실이 5억원으로 5억만큼 편차가 발생하고 이를 제곱하면 25억
원이다.

② 채무를 이행하지 않았다면 실제로는 회수율이 0%이므로 신용손실은 100억원으로 기대손실 5억원과의 편차
가 95억원이고 이를 제곱하면 9,025(억원)이다.

③ 이들의 편차의 제곱의 기댓값(평균)인 분산은 $25 \times 0.95 \times 9,025 \times 0.05 = 475$이다.

④ 표준편차는 분산의 제곱근으로 A채권의 신용손실 변동성은 21.80이다.

---

05 A채권의 기대외손실은 36억원이고, B채권의 기대외손실이 47억원이다. 두 채권의 채무불이행 간 상
★☆☆ 관계수가 −1이면 포트폴리오의 기대외손실(신용VaR)은?

① 11억원   ② 41.5억원

③ 72억원   ④ 83억원

완전 부의 상관관계에 있으므로 두 신용VaR의 차이가 포트폴리오의 신용VaR가 되므로 $47 - 36 = 11$(억원)이다.

---

06 A은행이 100억원의 대출을 하고 있다. 대출의 채무불이행확률은 10%이고, 손실률이 30%일 때 신용
★★★ 손실의 변동성은 얼마인가?

① 3억원   ② 6억원

③ 9억원   ④ 12억원

신용손실의 변동성은 공식을 암기해 활용하자.

$$\sigma_{CL} = \sqrt{PD(1-PD)} \times EAD \times LGD$$

이에 대입하면 $\sqrt{0.1 \times 0.9} \times 100억 \times 0.3 = 9$억이다. 여기서 주의해야 할 점은 LGD는 손실률이 30%임을 말하며, 이
는 회수율이 70%와 같은 의미이다. 문제에 회수율로 나오는지 손실률로 나오는지 체크하자.

07 장외시장의 신용증대제도에 대한 설명이 잘못된 것은?

★★★

① 네팅협약 : 만기가 긴 스왑은 자주 시장가치를 반영하여(MtM) 증거금을 조정하고, 상대방의 신용등급에 따라 적절한 규모의 담보를 요구한다.

② 포지션 한도 설정 : 장외파생상품에 포지션을 취하는 투자자들은 리스크에 노출되는 금액의 한도를 상대방별로 설정한다.

③ 계약종료조항 : 장기스왑은 신용경보조항을 포함하고 있어 계약자 중 한쪽이 투자부적격으로 하락하면 다른 한쪽이 스왑계약의 현금결제를 요구할 수 있는 권리를 규정한다.

④ 이자율 조정 : 상대방의 신용리스크를 반영하여 스왑계약의 고정금리를 조정하기도 한다.

> **해설**
>
> 기본스왑계약서(Master Swap Agreement)는 모든 계약에 대해 지급금액의 상계가 가능하도록 하므로, 네팅협약의 적용을 받는 모든 계약의 리스크 노출금액은 순지급금액으로 제한된다. ①의 설명은 증거금과 담보요구에 대한 설명이다.

08 신용리스크 측정(BIS 측정방법)에 관한 설명이다. 거리가 먼 것은?

★★★

① 신용리스크 노출금액은 현재노출금액에서 잠재노출금액을 차감한다.

② 신용리스크 노출금액에 상대방별 리스크가중치를 곱하고 리스크를 조정하여 자산가치를 계산한다.

③ 현재노출금액은 계약상대방이 채무를 불이행하는 경우 그 계약을 대체하는 데 필요한 대체비용으로 계약의 현재가치를 의미한다.

④ 금리스왑에서 교환되는 금리차액의 현재가치가 0보다 작으면 현재노출은 0으로 설정된다.

> **해설**
>
> 신용리스크 노출금액은 현재노출금액에서 잠재노출금액을 합산하여 계산한다.

09 A금융투자회사는 5년 만기 금리스왑(액면 100만달러)과 5년 만기 통화스왑(액면 50만달러)의 포지션을 갖고 있다. 현재 시장가치는 각각 5만달러와 −3만달러라면 상계가 인정되지 않을 경우 전체 신용위험 노출금액은 얼마인가? (단, 잠재노출 신용환산율은 각각 0.5%와 5%이다.)

★☆☆

① 2만달러　　　　　　　　　　　② 3만달러

③ 5만달러　　　　　　　　　　　④ 8만달러

> **해설**
>
> 신용리스크 노출금액은 현재노출과 잠재노출의 합으로 구한다.
>
> [STEP 1] 현재 염려되는 노출금액은 금리스왑의 현재 시장가치 5만달러만 해당한다. 3만달러는 지불해야 하므로 채무불이행 염려가 존재하지 않아 현재노출은 '0'이다.
>
> [STEP 2] 잠재노출은 액면금액에 해당 대출이나 금융상품의 원금에 대해 얼마나 큰 신용위험이 있는지를 나타내는 신용환산율을 곱한다. 금리스왑의 잠재노출액은 100만달러의 0.5%인 5천달러이고, 통화스왑의 잠재노출액은 50만달러의 5%인 2만 5천달러로 두 자산의 잠재노출금액의 합은 3만달러이다.
>
> [STEP 3] 따라서 신용위험 노출금액은 금리스왑의 현재노출금액 5만달러와 잠재노출금액 3만달러를 합한 8만달러이다.

10 고정금리를 지급하는 이자율스왑에서 시장의 금리가 하락할 때 신용리스크의 변화로 적절한 것은?

★★☆

① 현재노출 증가　　　　　　　　　　② 현재노출 감소

③ 잠재노출 증가　　　　　　　　　　④ 잠재노출 감소

해설

현재노출은 순이익이 더 클 때 상대방의 불이행이 우려되어 신용리스크가 증가하게 된다. 손실이 나면 현재노출은 감소한다. 고정금리를 지급하고 변동금리를 수취하는 스왑에 금리가 하락할수록 지급하는 금리는 많고 수취하는 변동금리가 점점 낮아지면 순현가가 음수가 되어 현재노출이 0이 될 수도 있다.

11 다음은 자산별 신용리스크 및 리스크노출에 대한 설명이다. 거리가 먼 것은?

★★☆

① 옵션매입 포지션은 프리미엄 지급 후 음(−)의 가치를 갖지 않으므로 현재가치는 0보다 작을 수 없다.

② 옵션매도 포지션의 경우 현재노출과 잠재노출 전부 0이다.

③ 이자율스왑에서 시간이 경과함에 따라 변동금리가 고정금리로부터 멀어지는 경향인 금리확산 효과는 만기일에 접근할수록 리스크 노출금액이 감소하는 것이다.

④ 이자율스왑에서 시간이 지남에 따라 만기가 다가오면 만기효과로 리스크 노출금액은 감소한다.

해설

금리확산 효과는 만기일에 접근할수록 리스크 노출금액이 증가하는 것이다.

12 다음 중 이자율스왑의 고정금리 지급 포지션의 현재노출과 유사한 구조를 가지는 것은?

★☆☆

① 이자율 콜 매수　　　　　　　　　　② 이자율 콜 매도

③ 이자율 풋 매수　　　　　　　　　　④ 이자율 풋 매도

해설

고정금리 지급 + 변동금리 수취 포지션은 금리가 상승하면 이익이 발생하여 현재노출이 발생하고 금리가 하락하는 경우에는 손실이 발생하여 현재노출은 0이다. 이는 금리상승 시 이익이 발생하고 금리가 내려가면 손실이 제한되는, 이자율을 기초자산으로 하는 콜옵션 포지션과 유사하다.

13 금리스왑에서 시간이 지남에 따라 변동금리가 고정금리로부터 멀어지는 현상을 무엇이라고 하는가?
★☆☆

① 변동성효과　　　　　　　　　　　　② 만기효과

③ 상각효과　　　　　　　　　　　　　④ 유동성효과

해설

금리확산 효과로 변동성효과라고도 한다.

14 다음 중 금리스왑의 신용위험이 가장 커지는 시점은?
★☆☆

① 시작시점　　　　　　　　　　　　　② 만기시점

③ 만기까지 1/3이 지난 지점　　　　　④ 만기까지 2/4이 지난 지점

해설

만기까지 1/3이 지난 지점부터 남은 이자지급횟수의 감소로 리스크 노출금액이 감소하면 거래상대방은 자신이 조금 손해 보더라도 채무를 이행하자는 심리가 생긴다.

15 다음 중 통화스왑의 신용위험이 가장 커지는 시점은?
★☆☆

① 시작시점　　　　　　　　　　　　　② 만기시점

③ 만기까지 1/3이 지난 지점　　　　　④ 만기까지 2/4이 지난 지점

해설

통화스왑은 원금을 만기에 교환해야 한다. 금리확산으로 금리차이가 벌어지면 교환되는 화폐가치가 점점 줄어 만기시점까지 신용리스크가 계속 증가한다.

16 A채권의 가치는 10,000이고, 기대손실은 200이고 회수율이 20%이다. 채무불이행확률은 얼마인가?
★★☆

① 2.5%　　　　　　　　　　　　　　② 25%

③ 75%　　　　　　　　　　　　　　　④ 97.5%

해설

[STEP 1] 개별 EL(기대손실) ＝ PD(채무불이행확률) × EAD × LGD(＝ 1 － 회수율)이다.

[STEP 2] 회수율이 20%이므로 손실률은 80%가 되어, 노출금액(EAD) 10,000에서 80%가 된다.

[STEP 3] 따라서 200 ＝ 0.8 × 10,000 × PD이므로 부도확률(PD)은 2.5%가 된다.

04 기타 리스크

대표유형문제

운영리스크에 대한 설명이다. 사실과 거리가 먼 것은?

① 인적리스크 : 인간의 실수, 사기, 내부규정의 고의적 위반 등으로 인해 발생하는 손실과 관련된 위험이다.

② 시스템리스크 : 정보시스템과 IT 분야에서 하드웨어 · 소프트웨어 실패, 해킹, 바이러스, 커뮤니케이션 실패 등으로 인한 손실과 관련된 위험이다.

③ 프로세스리스크 : 거래상대방의 적격투자자 여부에 대한 위험이다.

④ 외부사건리스크 : 은행이 통제할 수 없는 외부사건으로부터 발생한 손실과 관련된 위험이다.

해설

프로세스리스크는 내부 절차와 통제에서의 부적절함으로 인한 손실과 연관된 위험이다.

정답 ③

필수핵심개념

01 운영리스크

운영리스크는 부적절하거나 실패한 내부통제, 인력과 시스템 또는 외부사건 등으로 인해 발생하는 손실의 위험(운영리스크에 법률리스크를 포함하지만 평판리스크와 전략리스크는 포함하지 않음)

인적리스크	인간의 실수, 사기, 내부규정의 고의적 위반 등으로 인해 발생하는 손실과 관련된 위험
시스템 리스크	정보시스템과 IT 분야에서 하드웨어 · 소프트웨어 실패, 해킹, 바이러스, 커뮤니케이션 실패 등으로 인한 손실과 관련된 위험
프로세스 리스크	• 내부 절차와 통제에서의 부적절함으로 인한 손실과 연관된 위험 • 결제 실수, 모형리스크, 장부기장 실수, 가격평가의 오류, 부적절한 통제로 인한 보안실패 등
외부사건 리스크	은행이 통제할 수 없는 외부사건(정치적 또는 법적 환경의 변화, 화재, 지진 등)으로부터 발생한 손실과 관련된 위험

02 유동성리스크

유동성리스크는 포지션을 마감하는 데서 발생하는 비용에 대한 위험 → 유동성리스크는 재무리스크이며 계량리스크임

시장유동성 리스크	특정 자산과 시장이 연관된 리스크 예 기업이 소유하고 있는 자산을 매각하고자 하는 경우, 매입자가 없어 매우 불리한 조건으로 자산을 매각해야만 할 때 노출되는 유동성리스크
자금조달 유동성리스크	금융기관의 자금조달과 관련된 리스크 예 금융기관이 정산일에 또는 증거금 납입 요청을 받고 지급금액을 확보하지 못할 때 발생하는 유동성리스크

03 비계량리스크

법률 리스크	• 계약 당사자에 대하여 계약을 강제할 수 없을 때 발생할 수 있는 손실위험 • 법률리스크는 계약이 잘못 문서화된 경우와 거래 상대방이 법적으로 계약할 권한이 없는 경우에 발생
법규준수 리스크	• 금융회사가 규정, 법령, 내규, 관행, 도덕적 기준을 위반 또는 준수하지 않음에 따라 입을 수 있는 경제적 손실 • 준법감시제도(준법감시인)를 통해 금융회사 직원이 법규를 준수하도록 통제하고 감시
평판리스크	• 금융회사 외부의 여론 또는 이미지가 악화되어 금융회사가 경제적 손실을 입을 수 있는 위험 • 평판은 시장에서 금융기관이 지속적으로 영업을 할 수 있는 기반을 제공하는 무형자산 • 여론을 수시로 확인, 정보를 적시에 공시, 적극적인 홍보 전략을 통한 지속적 노력 필요
전략리스크	• 정치와 경제환경의 근본적인 변화로 인해 발생 가능한 손실위험(경영진의 정책결정 오류에서 발생하는 손실위험을 포함) • 평판리스크처럼 객관적 측정이 어렵기 때문에 '판단의존법'과 같은 정성적 방법으로 판단해야 함
시스템 리스크	• 개별 금융투자회사, 금융시장, 결제시스템의 붕괴 등으로 인해 금융산업 전체가 입게 되는 손실위험 • 한 금융투자회사의 파산 또는 재무적 곤경이 다른 회사에 연쇄적으로 영향을 미치는 도미노효과로 시장 전체적으로 유동성이 고갈되는 위험이 포함됨 • 시나리오 분석을 통해 특정 금융회사의 리스크가 금융산업 전체에 미칠 수 있는 영향을 정기적으로 파악하여 리스크 관리부서는 위기상황계획을 수립해야 함

01
★★☆
기업이 소유하고 있는 자산을 매각하고자 하는 경우, 매입자가 없어 매우 불리한 조건으로 자산을 매각해야만 할 때 노출되는 리스크는?

① 운영리스크

② 법률리스크

③ 시장유동성리스크

④ 자금조달유동성리스크

해설

시장유동성리스크에 대한 설명이다.

02
★★★
금융기관이 정산일에 또는 증거금납입 요청을 받고 지급금액을 확보하지 못할 때 발생하는 리스크는?

① 운영리스크

② 법률리스크

③ 시장유동성리스크

④ 자금조달유동성리스크

해설

자금조달유동성리스크에 대한 설명이다.

<table><tr><td>section 18</td><td>선물 헤지거래와 리스크</td><td>중요도 ★★☆</td></tr></table>

대표유형문제

선물시장에서 헤지를 실행할 때의 위험에 대한 설명이다. 사실과 거리가 먼 것은?

① 선물을 이용한 헤지에서 투자자의 자산 매도 또는 매입시점이 선물의 만기일과 정확히 일치하지 않을 때 일일정산 위험이 발생한다.

② 헤지대상 자산과 선물의 기초자산이 다른 교차헤지는 자산의 가격이 서로 다른 방향으로 움직일 때, 헤지효과가 감소할 수 있다.

③ 롤오버를 통한 헤지 전략은 때로는 심각한 유동성위험을 초래하기도 한다.

④ 헤지대상 자산의 유동성이 부족해서 선물거래의 손실에 따른 증거금 납입에 필요한 유동성을 공급하지 못하고 계약을 청산해야 할 가능성이 있다.

해설

선물 이용 헤지에서 투자자의 자산 매도 또는 매입시점이 선물 만기일과 정확히 일치하지 않을 때 베이시스 위험에 노출된다.

정답 ①

필수핵심개념

01 선물 헤지거래와 리스크

베이시스 위험 (Basis Risk)	• 선물을 이용한 헤지에서 투자자의 자산 매도 또는 매입시점이 선물의 만기일과 정확히 일치하지 않는 경우에 노출됨 • 헤지개시시점과 헤지종결시점의 베이시스 변동에 따라서 헤지거래에 따른 손익의 변동이 발생함
추적오차 위험	헤지대상 자산과 선물의 기초자산이 정확히 일치하지 않는 헤지(교차헤지)에서 발생
롤오버 유동성 리스크	• 롤오버를 통한 헤지 전략은 때로는 심각한 유동성위험을 초래 • 헤지대상 자산이 장기에 걸쳐 이익을 실현하게 되면 단기적으로 선물에서 발생하는 손실에 따른 증거금유동성을 확보하지 못할 위험

02 장외파생상품의 유동성리스크

증거금과 담보 요구에 따른 유동성 위험	급격하게 시장 상황이 변동하는 경우 거래상대방에게 제공해야 하는 증거금 또는 담보액이 단기간에 매우 큼으로 인해 적정 유동성을 확보하지 못해서 마진콜에 대응하지 못하는 경우 발생
계약 청산에 따른 유동성 위험	장외파생상품은 1:1의 쌍방계약이므로 만기 이전에 계약을 종료하기 위해서는 시장에서 반대 매매를 통해 청산할 수 없고 거래상대방에게 계약 해지를 요청해야 하는 경우 청산비용(패널티)이 크게 발생

> **대표유형문제**
>
> **파생결합증권의 리스크에 대한 설명이다. 사실과 가장 거리가 먼 것은?**
>
> ① 스텝다운 ELS는 기초자산가격이 하락하면 가치가 하락하는 위험을 가진다.
> ② 스텝다운 ELS는 일반적으로 변동성이 하락하면 ELS의 가치가 하락하는 위험을 가진다.
> ③ 일반적 스텝다운 ELS의 경우 기초자산의 수익률 간 상관관계가 낮아지면 ELS가치가 하락한다.
> ④ 퀀토위험은 기초자산이 해외자산인 경우 발생하는 위험이다.
>
> **해설**
>
> ELS는 투자자 입장에서는 풋옵션 매도의 구조이다. 옵션의 매도자는 변동성이 축소될수록 유리하므로 변동성이 하락하면 ELS의 가치는 상승한다.
>
> **정답** ②

필수핵심개념

03 파생결합증권의 리스크

(1) 파생결합증권의 시장위험

① Stepdown ELS의 시장위험요인

기초자산의 가격변동	• 기초자산의 가격이 하락하면, ELS의 가치 하락(델타 > 0) • 발행기준가 근처 음($-$)의 감마, Knock$-$in 베리어 근처 양($+$)의 감마를 지님
변동성	변동성이 상승하면, ELS의 가치 하락(베가 < 0)
상관관계	기초자산 수익률 간의 상관관계가 낮아지면, Stepdown ELS의 가치 하락
금 리	• 조기상환 조건을 만족하면 확정수익을 지급하므로 금리가 상승하면 ELS 현재가치가 하락 • 금리상승으로 ELS에 포함되는 자산의 기대수익률 증가로 ELS가치의 증가 • 일반적으로 할인율 상승으로 현재가치가 하락하는 효과가 더 큼
배 당	배당은 배당락 효과에 의해 미래 주가(지수)를 하락시키기 때문에 배당이 커지면 Stepdown ELS의 가치 하락
퀀토위험	• 기초자산이 해외자산인 경우 발생하는 위험 • ELS의 가치는 환율의 변동성과 환율의 변화율과 해외자산의 수익률 간의 상관관계에 영향을 받음 • 원$-$달러 환율과 S&P지수의 상관관계의 곱이 음수일수록 ELS가치 상승 • 일반적으로 환율의 변동성이 커질수록, ELS의 가치 상승

② Knock$-$out call형 ELS

기초자산의 가격변동	• 기초자산의 가격이 하락하면, ELS의 가치 하락(델타 > 0) • 기초자산의 가격이 상승하면, 베리어 터치 가능성이 증가하여 ELS의 가치 하락(델타 < 0) • 발행가 기준 양($+$)의 감마, Knock$-$out 베리어 근처 음($-$)의 감마를 지님
변동성	• 변동성이 낮은 수준에서 변동성이 상승하면, ELS의 가치 상승(베가 > 0) • 변동성이 높은 수준에서 변동성이 상승하면, ELS의 가치 하락(베가 < 0)

대표유형문제

파생결합증권의 투자와 관련된 위험에 대한 설명이다. 사실과 다른 것은?

① 발행사가 부도나거나 채무불이행을 하면 투자금을 회수하지 못할 신용위험 가능성이 있다.
② 투자자가 만기 이전에 발행사에 환매를 요청하는 경우 유동성위험에 노출될 수 있다.
③ 파생결합증권의 평가와 관련한 평가모델의 불확실성에 따른 리스크에 노출된다.
④ 파생결합증권 발행사에 대한 제한이 없어 법적리스크가 있다.

해설

파생결합증권은 인가를 받은 금융투자회사(증권사)만 발행하므로 법적리스크 문제는 없다. 또한 장외파생상품에 대해서는 적격거래자와만 거래가 가능하지만 파생결합증권은 장외파생상품이 아닌 증권으로 분류된다.

정답 ④

필수핵심개념

(2) 파생결합증권의 투자관련 위험

발행사 신용위험	파생결합증권은 발행사의 신용으로 발행되는 증권이므로 발행사가 부도나거나 채무불이행을 하면 투자금을 회수하지 못할 가능성이 있기 때문에 파생결합증권의 투자자는 발행사의 신용위험에 노출됨
유동성위험	투자자가 만기 이전에 발행사에 환매를 요청하는 경우, 중도 환매에 대한 패널티 부과
모델위험	파생결합증권은 시장가격이 없기 때문에 평가모델에 의한 평가가격에 의하여 환매기준가격이 결정되므로, 평가모델의 불확실성에 따른 리스크에 노출됨

파생결합증권 발행사의 헤지거래에 대한 설명으로 바르지 못한 것은?

① fully-funded 스왑 헤지는 파생결합증권을 발행하여 조달한 투자원금을 헤지거래 상대방에게 지급하므로 거래상대방의 신용위험에 노출된다.

② unfunded 스왑거래는 시장위험과 모델리스크가 중요한 위험이다.

③ 파생결합증권을 자체헤징하는 경우 평가에 사용되는 모델이 부정확해서 잘못된 민감도가 계산되는 모델위험에 노출된다.

④ 파생결합증권의 가격에 영향을 주는 변수 중에서 거래가 가능하지 못하거나 유동성이 매우 낮아서 높은 거래비용을 지불해야 하는 위험이 있다.

해설

unfunded 스왑거래는 금리변동에 따른 투자 원금 운용수익 변동위험과 스왑계약의 가치 변동에 따른 추가 담보 납입 요청(마진콜) 시 유동성위험이 발생한다.

정답 ②

필수핵심개념

04 파생결합증권 발행사의 헤지거래

(1) 백투백(back to back)헤지

파생결합증권의 발행사가 발행되는 파생결합증권과 동일한 수익구조의 스왑계약을 다른 거래상대방과 체결하여 헤지하는 거래

[원금 교환 여부에 따른 백투백(back to back) 헤지의 구분]

fully-funded 스왑 (원금 교환)	• 파생결합증권을 발행하여 조달한 투자원금을 헤지거래 상대방에게 지급하고 만기에 상환받는 헤지거래 • 스왑계약 거래상대방의 신용위험에 노출
unfunded 스왑 (원금 미교환)	• 투자원금은 발행사에서 운용하며 스왑거래 상대방에게는 3개월 또는 6개월마다 변동금리를 지급하고 만기에 수익금액을 정산하는 방식 • 금리변동에 따른 투자 원금 운용수익 변동위험과 스왑계약의 가치 변동에 따른 추가 담보 납입 요청(마진콜) 시 유동성위험 발생

대표유형문제

다음 중 파생결합증권의 동적 헤지전략에 대한 설명으로 적절하지 않은 것은?

① 델타중립을 유지하는 전략이다.

② 감마, 베가 위험을 헤지하기 위해 선물 거래를 이용한다.

③ 시장 상황의 변화에 따라 지속적인 리밸런싱이 필요하다.

④ 헤지 불가능한 위험요인이 있을 수 있다.

해설

감마, 베가는 옵션의 민감도로서 옵션을 이용하여 헤지하여야 한다.

정답 ②

필수핵심개념

(2) 동적 헤지전략(자체헤징)

개념	• 파생결합증권의 발행에 따라 투자자에게 지급해야 하는 수익구조를 복제하기 위해 기초자산을 직접 거래하여 헤지하는 전략(델타 중립 포트폴리오를 유지해 나가는 전략) • 헤지포지션은 주가와 시간의 변화에 따라 계속 변화하므로 시간에 따라 헤지 포트폴리오를 재조정하는 거래인 리밸런싱의 지속적인 조정이 필요한 전략
리스크	• 모델리스크 : 파생결합증권의 평가에 사용되는 모델이 부정확해서 잘못된 민감도가 계산되는 위험 • 헤지 불가능한 위험요인 : 가격에 영향을 주는 모든 변수가 시장에서 거래가 가능하지 못하거나 유동성이 매우 낮아 높은 거래비용을 지불해야 하는 경우 • 유동성리스크 : 마진콜이 발생하여 증거금을 추가납입해야 하는 경우에 현금 유동성이 충분하지 못할 위험

05 핵심보충문제

01 Stepdown ELS의 시장위험요인에 해당하지 않는 것은?
★☆☆

① 기초자산가격   ② 상관관계

③ 발행사   ④ 퀀토위험

해설

발행사는 신용위험에 해당한다.

02 Stepdown ELS의 가치가 하락하는 경우가 아닌 것은?
★★★

① 기초자산의 가격하락   ② 변동성의 상승

③ 기초자산 수익률 간의 상관관계가 낮아짐   ④ 배당의 감소

해설

배당은 배당락 효과에 의해 미래 주가(지수)를 하락시키기 때문에 배당이 커지면 Stepdown ELS의 가치가 하락한다.

03 Knock−out call형 ELS에 대한 설명으로 거리가 먼 것은?
★★☆

① 기초자산의 가격이 하락하면 ELS의 가치가 하락한다.

② 기초자산의 가격이 상승하면, 베리어 터치 가능성이 증가하여 ELS의 가치가 하락한다.

③ 발행가 기준에서는 (−)감마를 갖는다.

④ 변동성이 낮은 수준에서 변동성이 상승하면, ELS의 가치가 상승한다.

해설

감마는 가속도로 (−)인 경우 가속도가 감소하면 유리하다는 의미이다. 발행가 기준에서는 아직 베리어에 도달하려면 한참 남았으므로 가격의 가속도가 증가하면 유리하여 감마값은 (＋)를 지나다가 베리어 근처에 가면 수익이 없거나 일부를 리베이트 형식으로 받으므로 베리어의 가속도가 감소할수록 유리해져 (−)값을 지닌다.

영업실무

챕터 출제비중

구 분	출제영역	출제문항
CHAPTER 01	리스크관리	8 문항
CHAPTER 02	영업실무	5 문항
CHAPTER 03	직무윤리	10~11 문항
CHAPTER 04	투자자분쟁예방	1~2 문항
CHAPTER 05	자금세탁방지제도	1~2 문항
	총 문항	25 문항

- CHAPTER 01: 32%
- CHAPTER 02: 20%
- CHAPTER 03: 40%
- CHAPTER 04: 4%
- CHAPTER 05: 4%

영업실무는 한국거래소규정과 중복되는 내용을 많이 포함하고 있지만 출제되는 문항 수에 비해서는 학습 분량이 많아 시험에 자주 출제되는 부분을 중심으로 학습할 필요가 있습니다.

Section별 중요도 및 학습체크

구 분	핵심개념	중요도	학습체크		
			1회독	2회독	3회독
01	투자권유	★★			
02	전문금융소비자와 일반금융소비자의 구분	★			
03	일반금융소비자에 대한 투자권유 3대 준수사항	★			
04	투자권유를 받지 않는 투자자에 대한 판매	★★			
05	투자권유를 희망하는 투자자에 대한 판매	★★			
06	투자권유 시 유의사항	★★★			
07	계약서류 교부, 청약의 철회, 위법계약의 해지	★★★			
08	투자매매업자 및 투자중개업자의 금지행위	★★★			
09	계좌개설	★★			
10	신규계좌 개설 신청서류	★★			
11	파생상품거래 약관의 필수적 기재사항	★			
12	실명확인	★★			
13	서명거래	★			
14	해외파생상품 거래 계좌	★★			
15	거래시간	★★★			
16	주문 접수 유형	★★★			
17	호가의 입력 제한	★★			
18	실시간 가격제한제도(Price band)	★★			
19	호가수량제한	★			
20	미결제약정의 제한	★★★			
21	거래의 체결	★★★			
22	협의거래	★★			
23	거래체결내역의 통지	★★			
24	착오거래	★			
25	기본예탁금	★★★			
26	증거금제도	★★★			
27	위탁증거금	★★★			
28	정산차금 산출	★★★			
29	거래승수	★			
30	결제방식	★			
31	결제차금의 수수기한	★★			
32	추가증거금	★★★			
33	대용증권	★★★			

대표유형문제

투자권유에 대한 내용으로 거리가 먼 것은?

① 투자권유는 특정 투자자를 상대로 금융투자상품의 매매 또는 투자자문계약 · 투자일임계약 · 신탁 계약의 체결을 권유하는 것을 말한다.

② 투자자의 방문목적 및 투자권유 희망 여부 확인 후 투자권유를 희망하지 않는 투자자에 대하여는 투자권유에 해당하는 행위를 하면 안 되고 투자자가 원하는 객관적 정보만 제공해야 한다.

③ 특정 금융투자상품의 매매 · 계약체결의 권유가 수반되지 않는 통상적인 상담 또는 E−mail을 통한 금융투자상품 안내도 투자권유로 보아 적합성 원칙이 적용된다.

④ 투자권유 전에 고객이 일반금융소비자인지 전문금융소비자인지를 확인해야 한다.

해설

특정 금융투자상품의 매매 · 계약체결의 권유가 수반되지 않는 통상적인 상담 또는 E−mail을 통한 금융투자상품 안내도 투자권유에 해당하지 않아 적합성의 원칙이 배제되어 투자자의 정보를 파악하지 않아도 된다.

정답 ③

필수핵심개념

01 투자권유의 정의 및 투자권유 전 확인사항

투자권유 정의	• 특정 투자자를 상대로 금융투자상품의 매매, 투자자문계약, 투자일임계약, 신탁계약의 체결을 권유하는 것 • 특정상품의 매매 · 계약체결의 권유가 수반되지 않는 상담 및 안내는 **투자권유에 해당하지 않아** '투자자정보확인서' 징구 불필요
투자권유 전 확인사항	• 투자자의 방문목적 및 투자권유 희망 여부 확인 후 투자권유를 희망하지 않는 투자자에 대하여는 투자권유에 해당하는 행위를 하면 안 되고 **투자자가 원하는 객관적 정보만 제공** • 투자권유 전 일반금융소비자인지 전문금융소비자인지 확인

대표유형문제

투자권유 전 전문금융소비자와 일반금융소비자의 구분에 대한 내용으로 거리가 먼 것을 모두 고르면?

가. 금융상품에 대한 전문성 또는 소유자산규모 등을 기준으로 구분한다.

나. 주권상장법인이 회사와 장외파생상품 거래를 하는 경우에는 전문투자자로 보나 일반투자자 대우를 받겠다는 의사를 금융투자업자에게 서면으로 통지한 경우에는 일반투자자로 본다.

다. 국가, 은행, 금융기관 등은 전문투자자이다.

라. 전문자격증을 보유한 변호사, 세무사, 회계사 등은 전문투자자로 대우를 받겠다는 의사를 회사에게 서면으로 통지하는 경우에 한해 전문투자자로 본다.

① 가, 나　　　　　　　　　② 나, 다
③ 다, 라　　　　　　　　　④ 나, 라

해설

나. 주권상장법인이 회사와 장외파생상품 거래를 하는 경우에는 일반투자자로 보나 전문투자자로 대우를 받겠다는 의사를 회사에게 서면으로 통지하는 경우에 한해 전문투자자로 본다.

라. 전문자격증을 보유한 변호사, 세무사, 회계사 등은 전문투자자이다.

정답 ④

필수핵심개념

더 알아보기

전문금융소비자와 일반금융소비자의 구분

금융상품에 대한 전문성 또는 소유자산규모 등을 기준으로 구분

전문금융 소비자	• 국가, 한국은행 • 금융기관 : 은행, 보험회사, 금융투자업자, 증권금융, 종합금융회사, 상호저축은행, 새마을금고연합회, 신용협동조합 · 산림조합중앙회, 외국 금융기관 등 • 주권상장법인(단, 장외파생상품 거래를 하는 경우에는 전문투자자 대우를 받겠다는 의사를 금융투자업자에게 서면으로 통지한 경우에 한함) • 그 밖에 대통령령으로 정하는 자 : 예금보험공사 등 각종 공사, 협회, 예탁결제원, 거래소, 집합투자기구, 신용보증기금, 지방자치단체, 금융위에 신고한 금융투자상품의 잔고 100억 이상의 법인(외감법인 50억), 금융투자상품의 잔고가 최근 5년 중 1년 이상 월말평균잔고 5천만원 이상인 개인 중 다음 요건 중 하나라도 충족하는 개인 ① 연소득 1억(부부합산 1.5억) 이상 ② 순자산 5억(거주부동산 제외) ③ 전문자격증 보유(변호사, 세무사, 회계사 등)
일반금융 소비자	• 전문금융소비자가 아닌 자 • 주권상장법인, 일반법인, 개인 등으로서 전문투자자의 요건에 해당하기는 하나 일반투자자로 대우를 받겠다는 서면의 의사표시를 한 자 • 주권상장법인이 회사와 장외파생상품 거래를 하는 경우에는 일반투자자로 봄(단, 전문투자자로 대우를 받겠다는 의사를 회사에게 서면으로 통지하는 경우에는 전문투자자로 봄)

대표유형문제

전문금융소비자와 일반금융소비자에게 투자권유 시 준수해야 하는 사항은?

① 적합성의 원칙
② 적정성의 원칙
③ 설명의무
④ 부당권유 금지

해설

적합성의 원칙, 적정성의 원칙, 설명의무는 일반투자자 대상 투자권유 시에만 해당하는 준수사항이다.

정답 ④

필수핵심개념

더 알아보기

일반금융소비자에 대한 투자권유 3대 준수사항

적합성의 원칙	• 일반금융소비자인지 전문금융소비자인지 확인 • **일반금융소비자**에게 **투자성 상품** 등의 **계약 체결을 권유**하는 경우 면담, 질문 등을 통해 **투자자정보를 파악**하고 서명, 기명날인, 녹취 등의 방법으로 유지 · 관리하고 그 내용을 투자자에게 제공 • 투자자정보를 고려하여 적합하지 않은 계약 체결을 권유해서는 안 됨
적정성의 원칙	• **적정성 원칙 대상 상품**(투자성, 대출성 상품)을 **일반금융소비자**에게 계약 체결을 **권유하지 않고** 판매계약을 체결하려는 경우 **사전에** 면담, 질문 등을 통해 **투자자정보를 파악** • 투자자정보를 고려하여 해당 금융상품이 적정하지 않다고 판단되면 그 사실을 알리고 서명, 기명날인, 녹취 등의 방법으로 확인받아야 함
설명의무	• 일반금융소비자에게 계약 체결을 **권유**하는 경우 또는 일반금융소비자가 **설명을** 요청하는 경우에는 이해할 수 있도록 설명 • 설명서를 일반금융소비자에게 제공하여야 하며, 설명한 내용을 이해하였음을 서명, 기명날인, 녹취 등의 방법으로 확인받아야 함

대표유형문제

투자권유를 받지 않는 투자자에 대한 판매를 설명한 것으로 적절한 것은?

① 적정성 원칙 대상 상품의 거래를 희망하는 투자자가 투자자정보를 제공하지 않는 경우 '투자권유 희망 및 투자자정보 제공 여부 확인' 내용이 포함된 확인서를 받아 판매 가능하다.

② 특정 금융상품을 청약하는 투자자로부터 '투자권유 희망 및 투자자정보 제공 여부 확인' 내용이 포함되어 확인서를 받은 경우 판매사는 적합성의 원칙과 설명의무 대상에서 제외된다.

③ 투자권유 여부와 상관없이 증권신고서 효력이 발생한 집합투자증권은 투자자에게 간이투자설명서로 교부한다.

④ 자문결합계좌 내에서 투자자문업자로부터 전달된 자문내역에 따라 구매를 요청하는 경우 적합성 원칙, 설명의무 대상에서 제외되나 판매 전에 투자설명서를 투자자에게 교부하여야 한다.

해설

① 소비자가 자발적으로 구매하려는 금융상품이 적정성 원칙 대상 상품인 경우 투자자정보를 제공하지 않으면 판매가 금지된다.

③ 증권신고서 효력이 발생한 집합투자증권은 투자자가 투자설명서를 별도로 요청하지 않는 경우에 간이투자설명서 교부로 갈음할 수 있다.

④ 자문결합계좌 내에서 투자자문업자로부터 전달된 자문내역에 따라 구매를 요청하는 경우에는 투자권유의 행위가 없으므로 적합성 원칙, 설명의무 및 설명서 교부 생략이 가능하다.

정답 ②

필수핵심개념

02 투자권유 질차(투자자가 영업점을 방문하여 투자하는 경우를 전제)

(1) 투자권유를 받지 않는 투자자에 대한 판매

투자권유를 받지 않는 투자자에 대한 보호의무	• 투자권유를 희망하지 않는 투자자에게 투자권유를 할 수 없음 • 적정성 원칙 대상 상품의 거래를 희망하는 **투자자가 투자자정보를 제공하지 않는 경우 거래 제한** • 투자자가 특정 금융상품을 청약하는 경우 '**투자권유 희망 및 투자자정보 제공 여부 확인**' 내용이 포함된 확인서를 받아 판매 가능(투자권유행위가 없으므로 **적합성의 원칙과 설명의무 대상에서 제외**. 단, 소비자가 설명을 요청하는 경우 설명의 의무가 적용) • 임직원등은 투자자가 투자권유를 받지 않고 투자하는 경우라도 원금손실가능성, 투자에 따른 손익은 모두 투자자에게 귀속된다는 사실 등 **투자에 수반되는 주요사항을 알려야 힘** • 임직원등은 **투자권유여부와 상관없이** 투자자가 **증권신고서 효력이 발생한 증권**에 투자하는 경우에는 판매 전에 투자설명서를 투자자에게 교부하여야 함 • 위 내용에도 불구하고 ❶ 집합투자증권의 경우 투자설명서를 별도로 요청하지 않으면 ❷ 간이투자설명서 교부로 갈음되며, 이 경우 투자자에게 투자설명서를 별도로 요청할 수 있음을 알려야 함 • 투자자문업자로부터 '투자자문 결과' 및 '투자자문 확인서'를 받거나 판매계좌(자문결합계좌) 내에서 투자자문업자로부터 전달된 자문내역에 따라 구매를 요청하는 경우 **적합성 원칙, 설명의무 및 설명서 교부 생략 가능**
적정성 원칙 대상 상품에 대한 특칙	• 적정성 원칙 대상 상품의 거래를 희망하는 투자자의 **투자자정보를 파악** • 투자자정보에 비추어 해당 상품이 부적정하다는 사실을 서명(전자서명포함), 기명날인, 녹취 등의 방법으로 확인받아야 함 • 부적정한 금융상품을 고객이 투자하고자 하는 경우에는 "투자성향에 적합(적정)하지 않은 투자성 상품 거래 확인" 양식을 통해 사실을 인식시켜야 함(판매 가능)

> **대표유형문제**
>
> 투자권유를 희망하는 투자자에 대한 판매를 설명한 것으로 거리가 먼 것은?
>
> ① 투자자정보의 유효기간을 설정하고 투자자가 동의한 경우 투자자정보를 파악한 날부터 12~24개월 동안 투자자정보가 변경되지 않은 것으로 간주할 수 있다.
>
> ② 임직원은 반드시 투자자 본인으로부터 투자자정보를 파악해야 한다.
>
> ③ 투자자성향 파악 배점 기준 및 투자자성향 유형을 회사별로 자율적으로 지정 가능하다.
>
> ④ 65세 이상의 고령자나 부적합 상품 · 투자자를 대상으로 금융상품을 판매하는 경우 판매과정 녹취(고객 요청 시 녹취파일 제공) 및 2영업일 이상의 숙려기간을 부여하는 강화된 보호기준을 적용한다.
>
> **해설**
>
> 원칙적으로는 투자자 본인으로부터 정보를 파악해야 하나 예외적으로 대리인이 그 자신과 투자자의 실명확인 증표 및 위임장 등 대리권을 증빙할 수 있는 서류 등을 지참하는 경우 대리인으로부터 투자자 본인의 정보를 파악할 수 있다.
>
> **정답** ②

필수핵심개념

(2) 투자권유를 희망하는 투자자에 대한 판매

투자자 정보 파악	• 투자자정보 미제공 시 투자권유를 못함을 알리고 투자권유를 희망하지 않는 투자자로 간주하고 투자권유를 희망하지 않는 투자자에 대한 판매절차를 따름 • 적정성 원칙 대상상품을 거래하고자 하는 경우 반드시 투자자정보확인서를 징구하여 투자자정보 파악 • 투자자정보 유효기간 : 정보를 파악한 날로부터 12~24개월간 변동되지 않는 것으로 간주(경과 시 재파악) • 예외적으로 적법한 대리인으로부터 위임 범위 내에서 투자자 본인 정보 파악도 가능 • 투자자정보확인서 작성법 : 고객 자필 또는 직원이 면담 정보를 단말기에 입력 후 출력하여 투자자에게 확인
투자자 성향 분석	• 투자자성향 파악 배점 기준 및 투자자성향 유형을 회사별로 자율적으로 지정 가능 • 확인한 투자자정보의 내용 및 투자자성향을 투자자에게 지체 없이 제공
적합성의 원칙	• ❶ 위험회피 목적이나 ❷ 적립식 투자의 경우 위험도 분류기준보다 ❸ 완화된 기준을 적용하여 권유 • 투자자가 부적합한 금융투자상품에 투자하고자 하는 경우에도 투자권유 금지 • 투자자가 투자성향보다 위험도가 높은 금융상품에 투자권유 없이 스스로 투자하고자 하는 경우 '투자성향에 적합(적정)하지 않은 투자성 상품 거래 확인' 내용이 포함된 확인서를 받고 판매절차 진행 가능 • ❶ 65세 이상의 고령자나 부적합 상품 · 투자자를 대상으로 금융상품을 판매하는 경우 ❷ 판매과정 녹취(고객 요청 시 녹취파일 제공) 및 ❸ 2영업일 이상의 숙려기간을 부여하는 강화된 보호기준을 적용 • 적합성보고서 교부 : ❶ 신규투자자, 투자성향 부적합 투자자, 고령투자자 및 초고령투자자에게 ❷ ELS, ELF, ELT, DLS, DLF, DLT를 판매하고자 하는 경우 ❸ 계약 체결 이전에 투자자에게 ❹ 적합성보고서를 교부해야 함

적정성의 원칙	[적정성 원칙 대상 상품] ① 파생상품(장내 및 장외), ② 파생결합증권, ③ 조건부자본증권, ④ 고난도금융상품, ⑤ 파생형 집합투자증권(레버리지 · 인버스 ETF 포함), ⑥ 집합투자재산의 50%를 초과하여 파생결합증권에 운용하는 집합투자증권, ⑦ ①~⑥ 중 어느 하나를 취득 · 처분하는 금전신탁계약의 수익증권 ⑧ 신용공여 등 • 장외파생상품에 대한 특칙 : ❶ 일반투자자는 보유자산이나 보유예정자산의 ❷ 위험을 회피하는 목적인 경우에 한해서 기초자산의 손익 범위 내에서 ❸ 장외파생상품 거래 가능 • 단, 금융투자상품이나 장내파생상품은 별도로 적합성 판단기준을 산정
설명의무	• 상품의 내용, 투자위험, 투자성에 관한 구조와 성격, 수수료, 조기상환조건, 계약의 해제 · 해지, 원금손실 가능성 등을 설명 • 설명한 내용을 투자자가 이해하였음을 서명 등의 방법으로 확인을 받아야 함 • 투자자의 투자경험과 금융투자상품에 대한 지식수준 등 투자자의 이해수준을 고려하여 설명의 정도를 달리할 수 있음

section 06 투자권유 시 유의사항　　　중요도 ★★★

대표유형문제

다음 중 투자권유 시 유의사항에 대한 내용으로 거리가 먼 것은?

① 투자자로부터 투자권유의 요청을 받지 아니하더라도 투자권유를 하기 전에 금융소비자에게 미리 안내하고 해당 금융소비자가 투자권유를 받을 의사를 표시한 경우는 일반투자자를 대상으로 사모펀드에 대한 투자권유를 할 수 있다.

② 투자성 상품의 투자권유를 소비자가 거부의사 표시를 한 후 1개월이 지나면 재권유를 할 수 있다.

③ 금융소비자보호법상 적합성의 원칙을 적용받지 않고 권유하기 위해 투자자로부터 '투자권유 희망 및 투자자정보 제공 여부 확인' 내용이 포함된 확인서를 받는 행위는 금지된다.

④ 금융상품에 중대한 영향을 미치는 사항에 대해 금융회사가 알고 있는 경우 이를 알리지 않는 행위는 금지된다.

해설

일반투자자로부터 투자권유의 요청을 받지 아니한 경우 사전에 미리 안내하고 동의를 받더라도 일반투자자의 경우는 사모펀드, 고난도신탁계약, 고난도일임계약, 고난도공모펀드 및 사모펀드의 불초청권유는 할 수 없다.

정답 ①

03 투자권유 시 유의사항

(1) 투자권유 시 금지사항

| 불초청권유 금지 | 투자자로부터 투자권유의 요청을 받지 아니하고 방문·전화 등 실시간 대화의 방법을 이용하는 행위 금지(단, 투자권유를 하기 전에 금융소비자의 개인정보 취득경로, 권유하려는 금융상품의 종류·내용 등을 금융소비자에게 미리 안내하고 해당 금융소비자가 투자권유를 받을 의사를 표시한 경우는 방문판매 등 가능) | | | | |

			불초청		
구분			사전 동의 ○		사전 동의 ×
			전문	일반	
증권	펀드 외 증권		가능	가능 (단, 고난도의 경우 불가)	불가
	펀드	공모			
		사모			
파생상품	장내파생상품			불가	
	장외파생상품		불가		

재권유 금지	• 원칙적으로 계약의 체결권유를 받은 금융소비자가 이를 거부하는 의사를 표시하였는데도 계약 체결 권유를 계속하는 행위 금지 • 재권유 금지 예외의 경우 　－ 투자성 상품의 투자권유를 소비자가 거부하는 의사표시를 한 후 **1개월이 지난 다음** 재권유 　－ 금융투자상품 및 계약의 종류별로 **서로 다른 종류의 투자성 상품**의 투자권유(단, 기초자산의 종류와 구조가 다른 **장외파생상품은 다른 종류로 봄**)

- 금융상품에 중대한 영향을 미치는 사항에 대해 금융회사가 알고 있는 경우 반드시 알리지 않는 행위는 금지. 이를 위반하면 설명의무 위반 ＋ 부당권유행위 위반에도 해당
- 자본시장법상 미공개정보 이용행위 금지, 시세조정행위 금지, 부정거래행위 금지 등을 위반하여 매매, 그 밖의 거래를 하려고 하는 것을 알고 매매 및 그 밖의 거래 권유 금지
- 투자자의 사전 동의 없이 신용카드를 사용하도록 유도하거나 다른 대출성 상품을 권유하는 행위 금지
- 금융소비자보호법상 적합성의 원칙을 적용받지 않고 권유하기 위해 투자자로부터 '**투자권유 희망 및 투자자정보 제공 여부 확인**' 내용이 포함된 확인서를 받는 행위 금지
- 관계법령 등 회사가 정한 절차에 따르지 아니하고 금전·물품·편익 등의 재산상 이익을 제공하거나 제공받는 행위 금지
- 손실 보전 금지

대표유형문제

투자권유 유의사항에 대한 설명으로 옳지 않은 것은?

① 임직원은 투자자와 계약을 체결한 경우, 그 계약서류를 지체 없이 투자자에게 교부한다.

② 회사는 투자자가 투자성 상품 중 청약철회가 가능한 상품에 한하여 계약서류를 제공받은 날 또는 계약체결일 중 어느 하나에 해당되는 날로부터 7일 내에 서면, 문자 등의 방법으로 요청하는 경우 이를 수락하여야 한다.

③ 매매거래계좌를 설정하는 등 거래를 위한 기본계약을 체결하고 그 계약내용에 따라 계속적·반복적으로 거래를 하는 경우에는 계약서류를 교부하지 않아도 된다.

④ 회사가 금융소비자를 대상으로 금소법의 판매규제를 제외한 적합성 원칙, 적정성 원칙, 설명의무, 불공정영업행위금지, 부당권유금지에 위법한 계약을 체결하는 경우 금융소비자는 위법사실을 안 날로부터 1년 이내에 해당계약의 해지를 요구할 수 있으며, 회사는 7일 내에 수락여부를 통지하여야 한다.

해설

회사는 10일 내에 수락여부를 통지하여야 한다.

정답 ④

필수핵심개념

(2) 계약서류 교부, 청약의 철회, 위법계약의 해지

계약서류 교부	금융소비자에게 계약서류를 서면교부, 우편 또는 전자우편, 휴대전화 문자메시지 또는 이에 준하는 전자적 의사표시 등의 방법으로 교부 **[계약서류 교부 예외사항]** ① 기본계약을 체결하고 그 체결 내용에 따라 계속적·반복적으로 거래를 하는 경우 ② 투자자가 계약서류를 받기를 거부한다는 의사를 서면으로 표시한 경우 ③ 투자자가 우편이나 전자우편으로 계약서류를 받기를 서면으로 표시한 경우 투자자 의사에 따라 우편이나 전자우편으로 계약서류를 제공하는 경우
청약철회권	일반금융소비자가 투자성 상품 중 청약철회가 가능한 상품에 한하여 **계약서류를 제공받은 날 또는 계약체결일 중 어느 하나에 해당되는 날로부터 7일 내에 서면, 문자 등의 방법으로 발송한 때** 청약 철회를 접수한 날로부터 3영업일 이내에 이미 받은 **수수료를 포함**한 금전 등을 반환
위법계약 해지권	회사가 **금융소비자**를 대상으로 금소법의 판매규제를 제외한 적합성 원칙, 적정성 원칙, 설명의무, 불공정영업행위금지, 부당권유금지에 위법한 계약을 체결하는 경우 금융소비자는 ❶ 위법사실을 안 날로부터 1년 이내의 기간으로서 ❷ 계약체결일로부터 5년 이내 범위의 기간 내에 해지요구를 할 수 있으며, 계약의 해지를 요구받은 날로부터 10일 이내에 수락여부를 통지하고, 거절 시에는 사유를 함께 통지하여야 함

투자매매업자 및 투자중개업자의 금지행위에 대한 설명으로 옳지 않은 것을 모두 고르면?

가. 투자자의 투자목적, 재산상황 및 투자경험 등을 고려하지 않고 일반투자자에게 빈번하거나 또는 과도한 규모의 금융투자상품 매매거래를 권유하여서는 아니 된다.

나. 임직원은 자기 또는 제3자가 소유한 금융투자상품의 가치를 높이기 위해 투자자에게 특정 금융투자상품의 매매를 권유하여서는 아니 된다.

다. 금융투자상품의 가치에 중대한 영향을 미치는 사항을 미리 알고 있으면서도 이를 투자자에게 알리지 않고 해당 금융투자상품의 매수나 매도를 권유하는 행위는 금지된다.

라. 매매를 권유한 임직원이 이해관계에 대한 인지여부와 관계없이 임직원은 해당 영업에서 발생하는 통상적인 이해가 아닌 다른 특별한 사유로 그 금융투자상품의 가격이나 매매와 중대한 이해관계를 갖는 경우에 그 내용을 사전에 투자자에게 알리지 아니하고 특정 금융투자상품의 매매를 권유하는 것은 금지된다.

마. 투자권유대행인에 의한 파생상품 등의 투자권유는 가능하다.

① 가, 나   ② 다, 라

③ 나, 마   ④ 라, 마

해설

라. 매매를 권유한 임직원이 이해관계를 알지 못한 경우에는 부당한 권유로 보지 않는다. 단, 회사가 그 이해관계를 알리지 아니하고 임직원으로 하여금 해당 금융투자상품의 매매를 권유하도록 지시하거나 유도한 경우는 제외된다.

마. 파생상품 등에 대한 투자권유대행인에 의한 투자권유는 금지된다.

정답 ④

(3) 투자매매업자 및 투자중개업자의 금지행위

과당매매 권유금지	[과당매매판단기준] • 일반투자자가 부담하는 수수료의 총액 • 일반투자자의 재산상태 및 투자목적에 적합한지 여부 • 일반투자자의 투자지식이나 경험에 비추어 당해 거래에 수반되는 위험을 잘 이해하고 있는지 여부 • 개별 매매거래 시 권유내용의 타당성 여부
자기매매 권유금지	임직원은 자기 또는 제3자가 소유한 금융투자상품의 가치를 높이기 위해 투자자에게 특정 금융투자상품의 매매를 권유하여서는 아니 됨
부당한 권유금지	• 투자자에게 회사가 발행한 주식의 매매 권유 금지 • 임직원은 손실보전금지 및 불건전영업행위에 따른 금지 또는 제한을 회피할 목적으로 하는 행위로서 장외파생상품거래, 신탁계약 또는 연계거래 등 이용 금지 • 임직원은 해당 영업에서 발생하는 통상적인 이해관계가 아닌 다른 특별한 사유로 그 금융투자상품의 가격이나 매매와 중대한 이해관계를 갖는 경우에 그 내용을 사전에 투자자에게 알리지 아니하고 특정 금융투자상품의 매매권유 금지. 단, 다음의 어느 하나에 해당하는 경우로 이를 알리지 아니한 경우는 제외 　－ 투자자가 매매권유 당시 이해관계를 이미 알고 있었거나 알고 있었다고 볼 수 있는 합리적 근거가 있는 경우(단, 조사분석자료에 따른 매매권유의 경우는 제외) 　－ 매매를 권유한 임직원이 이해관계를 알지 못한 경우(회사가 의도적으로 지시하거나 유도한 경우에는 제외) 　－ 해당 매매권유가 투자자에 대한 최선의 이익을 위한 것으로 인정되는 경우(단, 조사분석자료에 따른 매매권유의 경우는 제외)
기 타	• 파생상품 등에 대한 투자권유대행인에 의한 투자권유는 금지 • 투자의 일임은 별도의 투자일임계약에 의하지 않을 경우 불가능(불법)

01 투자권유와 관련된 설명으로 가장 거리가 먼 것은?
★☆☆

① 개인은 전문금융소비자가 될 수 없다.

② 주권상장법인이 일반금융소비자와 같은 대우를 받겠다고 금융투자업자에게 서면으로 통지하여 동의를 받은 경우에는 일반금융소비자로 분류될 수 있다.

③ 종합금융회사는 일반금융소비자로 분류될 수 없다.

④ 일반금융소비자에게 투자권유를 할 경우, 투자에 따르는 위험 등을 설명하여 이를 이해하였음을 서명, 기명날인, 녹취 등의 방법으로 확인받아야 한다.

> **해설**
>
> 금융투자상품의 잔고가 최근 5년 중 1년 이상 월말평균잔고 5천만원 이상인 개인이 다음 요건 중 하나라도 충족하면 전문 금융소비자이다.
> • 연소득 1억(부부합산 1.5억) 이상 / 순자산 5억(거주부동산 제외)

02 투자권유에 대한 설명 중 적절하지 않은 것은?
★★☆

① 금융투자업자는 파생상품 투자권유 시 투자목적, 경험 등을 고려하여 일반투자자 등급별로 차등화된 투자권유준칙을 마련하여야 한다.

② 일반투자자에게 투자권유를 하기 전에 면담, 질문 등을 통해 투자목적, 재산상황 및 투자경험 등의 정보를 파악하고 서명, 기명날인, 녹취 등의 방법으로 확인을 받아야 한다.

③ 투자권유 없이 파생상품을 거래하는 일반투자자의 경우에도 적정성의 원칙에 의한 판별을 하여야 한다.

④ 고령투자자가 ELS를 투자하는 경우에는 적합성보고서를 교부해야 하나 DLS를 투자하는 경우에는 의무사항이 아니다.

> **해설**
>
> • 적합성보고서 교부 : ❶ 신규투자자, 투자성향 부적합 투자자, 고령투자자 및 초고령투자자에게 ❷ ELS, ELF, ELT, DLS, DLF, DLT를 판매하고자 하는 경우 ❸ 계약 체결 이전에 투자자에게 ❹ 적합성보고서를 교부해야 한다.

03 투자권유와 관련된 설명으로 옳지 않은 것을 모두 고르면?

★★☆

> 가. 투자권유를 희망하지 않는 투자자에 대하여는 투자권유에 해당하는 행위를 해서는 아니 된다.
>
> 나. 일반투자자에게 투자권유를 하기 전에 면담, 질문 등을 통해 투자목적, 재산상황 및 투자경험 등의 정보를 파악하고 서명(전자서명 불가), 기명날인, 녹취 등의 방법으로 확인을 받아야 한다.
>
> 다. 투자권유를 희망하지 않는 투자자가 적정성 원칙 대상의 상품을 거래하고자 하는 경우 투자자정보확인서를 작성하지 아니한다.
>
> 라. 회사는 투자자에게 투자권유 전 일반투자자인지 전문투자자인지 확인해야 한다.
>
> 마. 투자자의 투자경험과 금융투자상품에 대한 지식수준 등 투자자의 이해수준을 고려하여 설명의 정도를 달리할 수 있다.

① 가, 나   ② 나, 다

③ 나, 라, 마   ④ 가, 라, 마

해설

나. 전자서명도 가능하다.

다. 적정성 원칙 대상 상품을 거래하고자 하는 경우에 반드시 투자자정보확인서를 징구하여 투자자정보를 파악하여야 하며, 투자자가 투자자정보를 제공하지 않는 경우 거래가 제한된다.

04 다음 중 ELS, ELF 등을 판매하고자 하는 경우 적합성보고서 교부대상에 해당하지 않는 투자자는?

★☆☆

① 일반투자자

② 투자성향 부적합 투자자

③ 고령투자자

④ 초고령투자자

해설

❶ 신규투자자, 투자성향 부적합 투자자, 고령투자자 및 초고령투자자에게 ❷ ELS, ELF, ELT, DLS, DLF, DLT를 판매하고자 하는 경우 ❸ 계약 체결 이전에 투자자에게 ❹ 적합성보고서를 교부해야 함

05 다음 중 적정성 원칙 적용 대상 상품이 아닌 것은?

★☆☆

① 파생상품

② 파생결합증권

③ 인덱스펀드

④ 레버리지 ETF

> **해설**
>
> 적정성 원칙 대상 상품에는 ① 파생상품(장내 및 장외), ② 파생결합증권, ③ 조건부자본증권, ④ 고난도금융상품, ⑤ 파생형 집합투자증권(레버리지 · 인버스 ETF 포함), ⑥ 집합투자재산의 50%를 초과하여 파생결합증권에 운용하는 집합투자증권, ⑦ ①~⑥ 중 어느 하나를 취득 · 처분하는 금전신탁계약의 수익증권, ⑧ 신용공여 등이 있다.

06 투자권유를 희망하는 투자자에 대한 판매를 설명한 것으로 거리가 먼 것을 모두 고르면?

★★☆

> 가. 투자자정보 미제공 시 투자권유를 못함을 알리고 판매를 중단하여야 한다.
> 나. 투자자성향 파악 배점 기준 및 투자자성향 유형을 회사별로 자율적으로 지정 가능하다.
> 다. 투자자가 투자성향보다 위험도가 높은 금융상품에 투자권유 없이 스스로 투자하고자 하는 경우에 부적합한 금융투자상품이란 사실을 안내하고 판매를 중단하여야 한다.
> 라. 일반투자자는 수익을 목적으로 장외파생상품 거래를 할 수 있다.
> 마. 집합투자재산의 50%를 초과하여 파생결합증권에 운용하는 집합투자증권의 경우 반드시 투자자정보확인서를 징구하여 투자자정보를 파악하여야 한다.

① 가, 나, 다

② 가, 다, 마

③ 가, 다, 라

④ 가, 라, 마

> **해설**
>
> 가. 투자자정보 미제공 시 투자권유를 못함을 알리고 투자권유를 희망하지 않는 투자자로 간주하고 투자권유를 희망하지 않는 투자자에 대한 판매절차를 따른다.
>
> 다. 투자자가 투자성향보다 위험도가 높은 금융상품에 투자권유 없이 스스로 투자하고자 하는 경우 '투자성향에 적합(적정)하지 않은 투자성 상품 거래 확인' 내용이 포함된 확인서를 받고 판매절차를 진행할 수 있다.
>
> 라. 일반투자자는 보유자산이나 보유예정자산의 위험을 회피하는 목적인 경우에 한해서 기초자산의 손익 범위 내에서 장외파생상품 거래를 할 수 있다.

07 투자매매업자 및 투자중개업자의 금지행위에 해당하는 것을 모두 고르면?

> 가. 투자자의 투기목적, 재산상 및 투자경험 등을 고려하지 않고 전문투자자에게 빈번한 금융투자상품의 매매거래 또는 과도한 규모의 금융투자상품의 매매를 권유하는 행위
> 나. 투자자가 소유한 금융투자상품의 가치를 높이기 위해 투자자에게 특정 금융투자상품의 매매를 권유하는 행위
> 다. 투자자에게 회사가 발행한 주식의 매매를 권유하는 행위
> 라. 파생상품 등에 대해 투자권유대행인에 의한 투자권유

① 가, 나
② 다, 라
③ 가, 나, 다
④ 가, 나, 다, 라

해설

가. 일반투자자에 대한 과당매매 권유가 금지된다.

나. 임직원은 자기 또는 제3자가 소유한 금융투자상품의 가치를 높이기 위해 투자자에게 특정 금융투자상품의 매매를 권유해서는 아니 된다.

02 계좌개설 업무

대표유형문제

계좌개설 시의 서류준비에 관한 설명으로 옳지 않은 것은?

① 파생상품계좌 개설 신청서, 파생상품거래 위험고지서, 파생상품거래 약관, 일반투자자 투자자정보 확인서, 일중매매거래위험고지서 등을 징구하여야 한다.

② 계좌개설 신청서는 투자자 본인이 작성하는 것이 원칙이나 대리인에게 위임이 가능하다.

③ 비거주 외국인이 장내파생상품을 거래하고자 하는 경우 적격 개인투자자 제도에 따른 서류를 징구하여야 한다.

④ 금융투자회사(겸영금융투자회사 제외)에서 파생상품 업무경험이 1년 이상이고, 파생상품 관련 자격시험에 합격한 사실이 있는 자는 사전교육 및 모의거래 확인이 면제된다.

해설

협회로부터 전문투자자로 지정을 받은 개인, 법인, 단체 및 외국인은 장내파생상품시장 적격 개인투자자 제도대상에서 제외된다.

정답 ③

필수핵심개념

01 계좌개설

(1) 개요 및 제반 서류

개 요	• 고객과의 파생상품거래 매매업 수탁을 위한 요건으로 고객과 회사 간 파생상품거래에 관한 기본적인 계약을 체결하고 필요한 정보를 획득하는 일련의 과정 • 불완전판매 예방을 위한 정확한 설명과 위험고지 및 정보파악 필요
개설 관련 제반 서류	파생상품계좌 개설 신청서, 파생상품거래 위험고지서, 파생상품거래 약관, 일반투자자 투자자정보 확인서, 일중매매거래위험고지서, 이체약정 신청서, 결제계좌 신청서, 은행이체 약관, 대용증권이체 약관, 전자금융거래 신청서 및 전자금융거래 약관, 위임장, 사용인감신고서, 주문대리인 위임장, 거래전문회원·비회원 계좌개설 신고서, 적격 개인투자자 제도에 따른 서류

적격 개인투자자 제도에 따른 서류

① 장내파생상품 거래확인서	개인투자자의 거래 단계를 확인하기 위한 장내파생상품 거래확인서	
② 신규 개인투자자	• 법인 및 비거주외국인 제외	
	사전교육 수료 확인증	모의거래 이수 확인서
	금융투자협회 사전교육(최소 1시간 이상) 이수 후 협회 홈페이지에서 확인	거래소 또는 거래소가 인증한 금융투자회사 모의거래과정을 최소 3시간 이상 이수한 후 거래소 홈페이지 또는 회원사에서 확인
③ 자격증, 재직증명서	파생상품 관련 자격시험에 합격하고 합격의 효력이 상실되지 않은 자	사전교육 면제, 모의거래만 이수
	금융투자회사(겸영금융투자회사 제외)에서 파생상품 업무경험이 1년 이상이고, 파생상품 관련 자격시험에 합격한 사실이 있는 자	사전교육 면제, 모의거래 면제
	금융투자일임업자를 통해 투자가능상품으로 장내파생상품이 포함된 투자일임계약에 따른 투자일임계좌	사전교육 면제, 모의거래 면제

section 10 신규계좌 개설 신청서류 중요도 ★★☆

대표유형문제

신규계좌 개설 신청서류 접수와 관련된 설명으로 옳지 않은 것은?

① 거래소 회원은 파생상품계좌 설정 계약에 관한 서면, 파생상품거래위험고지서 교부확인서 및 위탁자 관련 사항에 관한 서면을 10년 이상 보관하여야 한다.

② 약관의 제정으로써 금융서비스와 제공내용·방식·형태 등과 차별성이 있는 경우 변경 후 7일 이내에 금융위원회 및 금융투자협회에 보고하여야 한다.

③ 협회는 금융투자협회 표준약관을 제정하거나 변경하는 경우 미리 금융위원회에 신고하여야 한다.

④ 위탁자가 동일 거래소 회원 내에 위탁계좌를 개설한 상태에서 추가로 파생상품계좌를 개설하는 경우에는 약관 및 파생상품위험고지서 교부·설명, 파생상품위험고지서 교부확인서 징구, 위탁자관련 확인 등을 생략 가능하다.

해설

금융투자업자는 약관을 제정하거나 변경하고자 할 때는 변경 후 7일 이내에 금융위원회 및 금융투자협회에 보고하는 사후보고가 원칙이나 약관의 제정으로써 금융서비스와 제공내용·방식·형태 등과 차별성이 있는 경우에는 예외적으로 미리 금융위에 신고하여야 한다.

정답 ②

(2) 신규계좌 개설 신청서류 접수 및 교부서류

계좌 개설 신청서 접수	• 위탁자명 및 비밀번호는 필히 고객 자필로 작성하여야 함 • 비밀번호는 숫자로 4~6자리(4자리 필수) → 주민등록번호, 동일숫자, 연속숫자는 비밀번호 등록 불가, 통신용 비밀번호와 계좌원장 비밀번호를 구분해서 사용. 비밀번호 5회 이상 입력오류 시 거래중지 및 본인확인 후 비밀번호 재부여함. 금융회사가 이용자로부터 받은 비밀번호는 계좌개설신청서에 기재하지 말고 핀패드 등 보안장치를 이용하여 입력을 받을 것 • 실명확인증표를 징구하고 대리인일 경우 위임장과 위임한 고객의 인감증명서 및 위임인과 위임받은 사람의 실명확인증표를 징구하여야 함(대리인에 의한 계좌 개설 가능)
서면에 의한 계약체결	파생상품계좌를 개설하는 때에는 서면으로 파생상품계좌 설정 계약을 체결하여야 함
파생상품거래 약관의 교부 및 변경	• 위탁자에게 약관의 중요 내용을 설명하고 교부해야 함 • 사후보고 원칙 : 금융투자업자는 약관을 제정하거나 변경하고자 할 때는 변경 후 7일 이내에 금융위원회 및 금융투자협회에 보고 **[예외적 사전신고]** • 약관의 제정으로써 금융서비스와 제공내용 · 방식 · 형태 등과 차별성이 있는 경우 • 투자자의 권리를 축소하거나 의무를 확대하기 위한 약관으로 변경 전 약관을 적용받는 기존 투자자에게 변경된 약관을 적용하는 경우 • 사전신고 원칙 : 협회는 금융투자협회 표준약관을 제정하거나 변경하는 경우 미리 금융위원회에 신고 • 금융위원회는 협회나 금융투자업자로부터 약관을 신고 또는 보고받은 경우 적합하면 신고를 수리하고 공정거래위원회에 통보
파생상품거래 위험고지서 교부	• 거래소 회원은 위탁자와 파생상품계좌 설정 ❶ 계약을 체결하기 전에 ❷ 위탁증거금 이상의 손실발생 가능성, ❸ 위탁증거금의 추가 예탁 가능성 등의 내용이 기재된 파생상품거래위험고지서를 위탁자에게 교부하고 그 내용을 충분히 설명하여야 함 • 파생상품위험고지서 교부확인서(위탁자의 기명날인 또는 서명 필요) 징구
기 타	• 위탁자가 동일 거래소 회원 내에 위탁계좌를 개설한 상태에서 추가로 파생상품계좌를 개설하는 경우에는 약관 및 파생상품위험고지서 교부 · 설명, 파생상품위험고지서 교부확인서 징구, 위탁자관련 확인 등 생략 가능(단, 내용의 변경이 있는 경우 예외) • 거래소 회원은 사후 위탁증거금 계좌를 설정 · 변경 또는 해지하는 때에는 해당 계좌에 관한 사항을 거래소에 신고, 사후 위탁증거금 할인계좌 설정에 관한 사항을 신고하는 때에는 동일인의 주권연계계좌와 사후위탁증거금 일반계좌도 신고해야 함 • 거래소 회원은 파생상품계좌 설정 계약에 관한 서면, 파생상품거래위험고지서 교부확인서 및 위탁자 관련 사항에 관한 서면을 10년 이상 보관하여야 함

대표유형문제

파생상품거래 약관의 필수적 기재사항이 아닌 것은?

① 일정한 경우 수탁을 거부할 수 있다는 수탁의 거부에 관한 사항

② 기본예탁금의 예탁에 관한 사항

③ 회사의 리스크관리 정책에 관한 사항

④ 위탁수수료의 징수에 관한 사항

해설

회사의 리스크관리 정책에 관한 사항은 필수적 기재사항에 해당하지 아니한다.

정답 ③

필수핵심개념

(3) 파생상품거래 약관의 필수적 기재사항

① 파생상품 관계법규 및 관련 조치의 준수에 관한 사항

② 수탁의 거부에 관한 사항

③ 지정결제회원에 관한 사항

④ 기본예탁금 및 위탁증거금의 예탁에 관한 사항

⑤ 대용증권 및 외화증권의 이용제한 사항

⑥ 위탁수수료의 징수에 관한 사항

⑦ 기초자산 수수의 제한 및 책임에 관한 사항

⑧ 위탁증거금의 추가예탁 통지 등 위탁자에 대한 통지에 관한 사항

대표유형문제

계좌개설 시 실명확인이 가능한 자는?

① 본부의 영업부서 직원 ② 청원경찰

③ 금융상품 모집인 ④ 카드 모집인

해설

본부 영업부서 직원은 실명확인이 가능하며, 본부부서의 근무직원은 실명확인 관련 업무를 처리하도록 명령받은 경우에 실명확인이 가능하다.

정답 ①

필수핵심개념

(4) 실명확인

실명인정 범위	개 인	내국인	주민등록표상에 기재된 성명 및 주민등록번호
		재외국인	• 여권에 기재된 성명 및 여권번호 • 여권이 발급되지 않은 외국인 : 재외국인 등록부에 기재된 성명 및 등록번호 • 외국인계좌(외화계좌)를 개설하는 경우 : 투자등록증상의 성명과 투자등록번호(고유번호)
		외국인	• 여권에 기재된 성명 및 여권번호 • 외국인등록증에 기재된 성명 및 등록번호 • 투자등록증상의 성명과 투자등록번호(고유번호)
	법 인		• 사업자등록증에 기재된 법인명 및 등록번호 • 사업자등록증을 교부받지 않은 법인 : 법인명 및 납세번호
	법인이 아닌 단체	법인이 아닌 단체	• 당해 단체를 대표하는 실지 명의 • 고유번호를 부여받은 경우에는 그 문서에 기재된 단체명 고유번호
		외국단체	• 투자등록증에 기록된 명칭 및 투자등록번호 • 외국단체 등록증에 기록된 명칭 및 등록번호
실명 확인자			• 실제로 고객의 실명을 확인한 직원이 실명확인필을 날인 • 영업점직원(본부의 영업부서 포함) • 후선부서 직원(본부직원, 서무원, 청원경찰 등), 금융상품 모집인 및 카드 모집인은 실명확인 불가 • 단, 본부부서의 근무직원은 실명확인 관련 업무를 처리하도록 명령받은 경우에는 실명확인 가능 • 업무위탁계약에 의해 실명확인 업무위탁에 의한 실명확인 가능
대리인에 의한 계좌개설 시 실명확인 방법	가족 외의 대리인이 계좌 개설 시 징구 서류		• 본인 및 대리인 모두의 실명확인증표(본인은 사본 가능) • 본인의 인감증명서 및 법인인감증명서 • 위임장
	가족이 계좌 개설 시 징구 서류		• 가족의 범위 : 본인의 직계존비속 및 배우자(배우자 부모 포함) • 대리인의 실명확인증표(본인의 실명확인증표는 불필요) • 가족 확인서류 : 주민등록등본, 가족관계증명서 또는 재외국민등록부 등
기 타			• 불법행위를 목적으로 하는 차명거래 금지 • 금융회사 종사자 불법차명거래 알선·중개 금지

대표유형문제

서명거래에 관련된 설명으로 거리가 먼 것은?

① 상임대리인과 법정대리인의 경우는 본인이 아닌 대리인의 서명등록이 가능하다.

② 인감과 서명을 동시에 등록하거나 인감 없이 서명만 등록하는 것도 가능하다.

③ 법인계좌는 서명거래가 불가하다.

④ 성명과 서명을 별도로 기재하는 것이 원칙이나 성명과 서명이 동일한 경우에는 서명의 기재만으로도 가능하다.

해설

성명과 서명이 같더라도 별도로 기재하여야 한다.

정답 ④

필수핵심개념

(5) 서명거래

개 요	거래하는 사고인감 외 본인의 서명을 사전에 등록하고 등록된 서명을 사용하여 거래할 경우 인감거래와 동일
서명등록 및 거래원칙	• 서명등록은 필히 본인이 등록(단, 상임대리인과 법정대리인의 경우는 대리인의 서명등록 가능) • 인감 없이 서명만 등록 가능 • 법인계좌는 서명거래 불가 • 서명거래 시 필수적으로 실명확인증표에 의해 본인 확인 • 성명과 서명은 필히 별도로 기재(성명과 서명이 같더라도 별도로 기재)

대표유형문제

해외파생상품 거래 계좌에 대한 설명으로 옳은 것을 모두 고르면?

> 가. 해외파생상품 거래 시 교부하는 위험고지서는 국내위험고지서와 다른 별도의 사항을 포함하고 있다.
> 나. 총괄계좌는 금융투자업자 명의의 단일계좌이다.
> 다. 중개계좌는 위탁자의 명의와 계산으로 개설하는 계좌이다.
> 라. 자기계좌와 중개계좌를 통한 신용공여는 불가하다.
> 마. 금융투자업자는 총괄계좌에 대하여 해외신용을 획득한 경우에 한해 위탁자에게 제공할 수 있다.

① 가, 나, 다   ② 라, 마
③ 가, 라, 마   ④ 나, 다, 라

해설

라. 국내 파생상품거래와 달리 금융투자업자(자기계좌) 또는 중개계좌를 개설한 위탁자는 해외파생상품 시장회원 또는 해외금융투자업자인 중개인이 제공하는 신용으로 거래 가능하다.

마. 금융투자업자는 총괄계좌에 대하여 해외신용을 획득한 경우라도 이를 위탁자에게 제공하거나 그 사용대가를 위탁자에게 부담시킬 수 없다.

정답 ①

필수핵심개념

(6) 해외파생상품 거래 계좌

해외 파생상품 계좌의 종류	자기 계좌	장내파생상품의 투자매매업자 또는 투자중개업자가 해외파생상품 시장거래를 자기의 명의와 계산으로 하기 위하여 해외파생상품 시장회원 또는 해외파생상품중개인에게 거래를 중개할 수 있는 자에게 개설하는 계좌
	총괄 계좌	• 장내파생상품의 투자중개업자가 자기의 명의와 위탁자의 계산으로 해외파생상품시장거래를 하기 위하여 해외파생상품 시장회원 또는 해외파생상품중개인에게 개설하는 계좌 • 금융투자업자 명의의 단일계좌이지만 회사는 내부적으로 여러 고객을 Sub계좌로 관리 • 옴니버스 계좌
	중개 계좌	위탁자가 장내파생상품 투자중개업자의 중개를 통하여 해외파생상품시장거래를 하기 위하여 해외파생상품 시장회원 또는 해외파생상품중개인에게 자기(위탁자)의 명의와 계산으로 개설하는 계좌
위험고지서		환율변동 위험의 수반 사실, 가격정보 획득, 주문속도 처리 등 제반 거래 여건이 불리하다는 사실, 국내 제도와 다를 수 있다는 사실을 포함하여야 함(국내상품과 위험고지서가 상이)
신용거래		• 국내파생상품거래와 달리 금융투자업자 또는 중개계좌를 개설한 위탁자는 해외파생상품시장회원 또는 해외금융투자업자인 중개인이 제공하는 신용으로 거래 가능(국내는 파생상품거래 시 신용거래 불가) • 금융투자업자는 총괄계좌에 대하여 해외신용을 획득한 경우라도 이를 위탁자에게 제공하거나 그 사용대가를 위탁자에게 부담시킬 수 없음

01 장내파생상품 계좌 개설 시 사전교육 수료확인증과 모의거래 이수확인서를 확인해야 하는 투자자는?
★★☆
① 전문투자자
② 개인투자자
③ 외국인투자자
④ 파생상품 관련 자격시험에 합격하고 합격의 효력이 상실되지 않은 투자자

해설

신규 개인투자자는 적격 개인투자자 제도에 따른 서류인 사전교육 수료확인증을 협회 홈페이지에서 확인하고, 모의거래 이수확인서를 거래소 홈페이지 또는 회원사에서 확인하여야 한다.

02 국내 및 해외파생상품 신용거래에 관한 설명으로 거리가 먼 것은?
★★☆
① 국내 파생상품거래는 신용거래가 일절 불가능하다.
② 금융투자업자는 해외 신용거래가 가능하다.
③ 위탁자가 총괄계좌를 이용하면 해외 신용거래가 가능하다.
④ 중개계좌를 개설한 위탁자는 해외 신용거래가 가능하다.

해설

금융투자업자는 총괄계좌에 대하여 해외신용을 획득한 경우라도 이를 위탁자에게 제공하거나 그 사용대가를 위탁자에게 부담시킬 수 없다.

03 실명확인에 대한 설명으로 옳지 않은 것을 모두 고르면?
★★☆

> 가. 가족 외의 대리인이 계좌개설 시 본인 및 대리인 모두의 실명확인증표 원본을 징구하여야 한다.
> 나. 금융기관의 임직원이 아닌 금융상품 모집인 및 카드 모집인(임시사용인) 등은 실명확인을 할 수 없다.
> 다. 금융거래 및 비밀보장에 관한 법률에 의해 차명거래 계좌 개설을 금지하고 있다.
> 라. 본인이 아닌 가족이 계좌개설 시 징구서류 중 실명확인증표는 대리인의 실명확인증표만 필요하다.
> 마. 가족의 범위에 형제자매와 배우자의 부모는 포함되지 않는다.

① 가, 다, 라　　　　　　　　② 나, 라, 마
③ 가, 다, 마　　　　　　　　④ 나, 마

해설

가. 가족 외의 대리인이 계좌개설 시 본인의 실명확인증표는 사본이 가능하다.

다. 불법행위 목적의 차명거래는 금지되나 법 행위나 탈세 의도가 없는 미성년 자녀의 금융자산을 관리하기 위해 부모명의
　　계좌에 예금하는 행위 등은 허용된다.

마. 가족의 범위에 배우자와 그 부모는 포함되나 형제자매는 포함되지 않는다.

04 계좌개설과 관련된 설명으로 옳은 것은?
★★☆
① 계좌개설 시 인감 없이 서명만으로는 등록이 불가능하다.
② 실명확인은 위탁자 본인을 통해서만 할 수 있다.
③ 계좌개설 신청서는 투자자가 작성하는 것이 원칙이다.
④ 해외선물계좌를 개설할 경우 제공되는 위험고지서는 국내선물의 경우와 같다.

해설

계좌개설 시 인감 없이 서명만으로 등록이 가능하다. 실명확인은 대리인을 통해서도 가능하며, 해외선물계좌를 개설할 경
우 제공되는 위험고지서는 해외파생상품거래의 특성상 환율변동위험이 수반된다는 사실, 가격정보 및 주문처리 등 거래여
건이 불리하다는 사실, 국내제도와 다를 수 있다는 사실 등을 위험고지서에 포함시켜야 한다.

05 투자중개업자가 일반투자자로부터 해외파생상품시장에서의 매매주문을 수탁받았을 때, 교부하는 위
★★☆ 험고지서에 포함되어야 할 사항으로 가장 거리가 먼 것은?
① 해외파생상품시장거래에는 환율변동 위험이 수반된다는 사실
② 해외파생상품시장거래는 가격정보 획득, 주문처리 속도 등 제반 거래 여건이 불리하다는 사실
③ 해외파생상품시장거래는 외국투자중개업자를 통해 매매주문이 처리된다는 사실
④ 해외파생상품시장제도는 국내제도와 다를 수 있다는 사실

해설

해외파생상품시장거래는 외국투자중개업자를 통해 매매주문이 처리된다는 사실은 위험고지서에 포함되어야 할 사항에 해
당되지 않는다.

03 주문접수 및 거래체결 업무

대표유형문제

파생상품 거래시간으로 바르지 않은 것은?

① 주식선물의 최종거래일 미도래의 경우 거래시간 : 08:45~15:45

② 통화선물의 최종거래일 미도래의 경우 거래시간 : 09:00~15:45

③ 미국달러옵션 최종거래일 거래시간 : 09:00~15:30

④ 돈육선물 최종거래일 거래시간 : 10:15~15:20

해설

돈육선물 최종거래일 미도래의 경우 거래시간과 최종거래일 거래시간이 09:00~15:45으로 동일하다.

정답 ④

필수핵심개념

01 주문의 접수

(1) 거래시간

기초자산		최종거래일 미도래		최종거래일
		거래시간	호가접수시간	
주 식		08:45~15:45	8:30~15:45 (거래시간 15분 전부터)	08:45~15:20 (대표지수 외 주식 09:00~15:20)
주식 외	채 권	09:00~15:45	8:30~15:45 (거래시간 30분 전부터)	09:00~11:30(오전장 마감) (미국달러옵션 09:00~15:30)
	통 화			
	금			09:00~15:20
	돈 육	10:15~15:45	9:45~15:45	10:15~15:45

※ 선물 스프레드 거래는 선물거래 접속시간에만 가능

section 16 　주문 접수 유형　　　중요도 ★★★

대표유형문제

파생상품거래의 주문에 대한 설명 중 적절하지 않은 것은?

① 조건부지정가호가는 종가 단일가격 거래 전까지 체결되지 않는 경우 종가 단일가격 거래 시에는 지정가주문으로 전환되는 주문이다.

② 최유리지정가호가는 종목 및 수량은 지정하되 가격은 시장에 도달하는 시점에서 가장 유리하게 거래되는 가격으로 지정되는 주문이다.

③ 일부충족조건(IOC)은 당해 주문의 접수시점에서 주문한 수량 중 체결될 수 있는 수량에 대하여는 거래를 성립시키고 체결되지 아니한 수량은 취소되는 조건이다.

④ 전량충족조건(FOK)은 당해 주문의 접수시점에서 주문한 수량의 전부에 대하여 체결할 수 있는 경우에만 성립시키는 조건이다.

해설

조건부지정가호가는 종가 단일가격 거래 전까지 체결되지 않는 경우 종가 단일가격 거래 시에는 시장가주문으로 전환되는 주문이다.

정답 ①

필수핵심개념

(2) 주문 접수 유형 및 효력

지정가주문	종목, 수량, 가격을 투자자가 지정하는 가장 일반적인 주문형태로서 투자자가 지정한 가격 또는 그 가격보다 유리한 가격으로 매매거래를 하고자 하는 주문
시장가주문	종목과 수량은 지정하되 가격은 지정하지 않는 주문
조건부지정 주문	• 매매거래시간 중에는 지정가주문으로 매매거래에 참여하지만 매매체결이 이루어지지 않은 잔여수량은 종가 결정(장 종료 전 10분간 단일가매매) 시에 시장가주문으로 자동 전환되는 주문 • 상한가 매수호가 지정과 하한가 매도호가 지정 불가

최유리지정가 주문	• 가격을 지정하지 않는 호가유형이나 호가가 시장에 도달된 때 가장 빨리 집행할 수 있는 가격을 '지정'한 것으로 간주하는 호가(시장가호가와 지정가호가의 성격을 동시에 지님) • 매도의 경우 해당 주문의 접수시점에 가장 높은 매수주문의 가격 • 매수호가가 없는 경우 가장 낮은 매도호가에서 1호가 단위를 뺀 가격 • 매도호가와 매수호가가 없는 경우 직전 약정가격 • 해당 가격이 하한가보다 낮은 경우 하한가
주문 효력	접수된 때부터 당일의 장 종료 때까지 효력이 지속
주문접수 기록	그 접수일로부터 10년간 기록 · 유지

(3) 주문의 조건

전량충족조건(FOK)	주문전달 즉시 전량 체결되지 않으면 모든 주문이 자동 취소되는 조건
일부충족조건(IOC)	주문전달 즉시 체결가능수량만 체결하고 나머지 주문 잔량은 취소되는 조건

※ 단, 조건부지정가호가, 단일가호가, 시장조성계좌를 통한 호가는 호가 조건 사용 불가

---

section 17 호가의 입력 제한 중요도 ★★☆

대표유형문제

선물 원월물종목 거래 시 입력이 제한되는 호가가 아닌 것은?

① 지정가호가 ② 시장가호가
③ 조건부지정가호가 ④ 최유리지정가호가

해설

선물 원월물종목 거래 시 지정가호가만 가능하다. 단, 예외적으로 최근월물 최종거래일부터 소급하여 4일간은 차근월물도 모든 호가가 가능하다.

정답 ①

필수핵심개념

(4) 호가의 입력 제한

적용 대상	입력제한
원월종목	• 시장가호가, 조건부지정가호가 및 최유리지정가호가(즉, 지정가호가만 가능) • 단, '최근월종목의 최종거래일부터 소급한 4거래일 간은 차근월종목'은 제외
선물 스프레드 거래	• 시장가호가, 조건부지정가호가 및 최유리지정가호가(즉, 지정가호가만 가능) • 선물 스프레드를 구성하는 선물거래의 2개 종목 중 거래시간이 종료된 종목이 있는 경우에 해당 선물 스프레드 거래의 호가
시장조성계좌	• 시장가호가, 조건부지정가호가 및 최유리지정가호가(즉, 지정가호가만 가능) • 일부충족조건 및 전량충족조건의 호가

실시간 가격제한 제도 미적용거래 종목	• 시장가호가, 조건부지정가호가 및 최유리지정가호가(즉, 지정가호가만 가능) • 다만, 시장가호가 및 최유리지정가호가의 경우 실시간 가격제한의 적용을 해제
지정가호가만 가능한 상품	해외지수선물, ETF선물, 개별주식 선물 · 옵션, 위안선물, 돈육선물 : 시장가호가, 조건부지정가호가 및 최유리지정가호가
단일가호가	최유리지정가호가. 다만, 취소호가인 경우는 제외
종가 단일가호가 (=최종약정가격)	조건부지정가호가. 다만, 취소호가인 경우는 제외
최종거래일 도래 종목	조건부지정가호가. 다만, 통화선물거래 및 돈육선물거래의 종목은 제외
조건부지정가호가	• 호가의 가격을 상한가로 지정한 매수호가 • 호가의 가격을 하한가로 지정한 매도호가
일부충족조건 및 전량충족조건	조건부지정가호가, 단일가호가, 시장조성계좌를 통한 호가
예상 체결가격 공표 시간	단일가호가 시간의 종료 1분 전 정정 · 취소 호가 입력 제한

section 18 실시간 가격제한제도(Price band)　　　중요도 ★★☆

파생상품 실시간 가격제한제도에 대한 기술 중 거리가 먼 것은?

① 시가 · 종가 · 장중 단일가호가 접수시간과 당일 중 시가형성 전까지 실시간 가격제한제도가 적용되지 않는다.

② 야간거래, 협의거래, 기초자산이 정리매매종목인 주식선물거래는 실시간 가격제한제도가 적용되지 않는다.

③ 실시간 가격제한제도 미적용 상품은 모든 거래시간 동안 시장가호가만 허용한다.

④ 투자자 또는 회원의 착오거래로 인한 장중급변으로 시장혼란을 방지하기 위한 제도이다.

해설

실시간 가격제한제도 미적용 상품은 모든 거래시간 동안 지정가호가만 허용한다.

　　　정답 ③

필수핵심개념

(5) 실시간 가격제한제도(Price band)

① 일중 가격제한제도(Price limit)와 실시간 가격제한제도(Price band) 비교

구 분	일중 가격제한제도	실시간 가격제한제도
목 적	경제급변 등으로 과도한 가격 변동 방지	장중 직전가 대비 과도한 가격 급변 방지
상 · 하한가	당일 기준가격 ± 가격변동폭 (당일 고정)	직전 약정가격 ± 가격변동폭 (실시간 변동)

적용상품	전 상품	유동성이 풍부한 상품 (코스피200선물 · 옵션, 주식선물, 3년 · 10년 국채선물, 미국달러선물, 미니코스피200선물, 코스닥150선물)
적용종목	전 종목	선물 : 최근월물, 차근월물, 제1스프레드 옵션 : 최근월물, 차근월물
설정횟수	1일 중 1회	체결 시마다
적용시간	정규거래 호가접수시간	접속거래시간 중(09:00~15:35)

※ 실시간 가격 범위를 벗어나는 시장가호가의 경우 전량 실시간 상한가나 하한가의 지정가로 전환되며, FOK, IOC조건 시 체결 가능한 수량 외에는 자동 취소됨

② 실시간 가격제한제도가 미적용 되는 경우

    ㉠ 시가 · 종가 · 장중 단일가호가 접수시간과 당일 중 시가형성 전까지

    ㉡ 야간거래, 협의거래, 기초자산이 정리매매종목인 주식선물거래

    ㉢ 실시간 가격제한제도 미적용 상품은 모든 거래시간 동안 지정가호가만 허용

더 알아보기

기준가격

거래개시일부터 최초거래 성립일	• 이론가격(단, 주식선물에서 배당락 등이 있는 경우 : 조정이론가격) • 돈육선물 : 전일 공표된 돈육 대표 가격 • 코스피200변동성지수선물 : 전일 변동성지수 수치
최초거래 성립일 다음 거래일 이후	• 전일 정산 가격 • 미국 달러플렉스선물 : 선물이론가격

section 19   호가수량제한

중요도 ★☆☆

대표유형문제

호가수량의 제한에 관한 설명으로 옳지 않은 것은?

① 호가수량한도 이상으로 주문을 일시에 넣을 수 없는 것이지 주문수량을 나누어 여러 번 넣는다면 주문이 가능하다.

② 코스피200선물 거래의 호가수량한도는 2,000계약이다.

③ 통화선물의 호가수량한도는 5,000계약이다.

④ 누적호가수량한도는 협의거래와 글로벌 거래에 한정하여 적용한다.

해설

누적호가수량한도에서 협의거래와 글로벌 거래는 제외된다.

정답 ④

(6) 호가수량제한

① 일시에 대량의 주문이 집행되어 시장을 교란하거나 착오 등에 의한 체결 가능성을 방지하기 위함
② 주문을 일시에 넣는 것을 방지하는 것이므로 주문수량을 나누어 여러 번 주문 가능

구 분	상 품	호가수량한도
선물거래	코스피200, 코스피200변동성지수, KRX300, ETF	2,000계약
	미니코스피200	10,000계약
	통 화	5,000계약
	주 식	거래소가 별도로 정하는 수량
	그 외	1,000계약
선물 스프레드	코스피200, 코스피200변동성지수, 국채, 일반상품, KRX300, ETF, 5년 국채, 10년 국채	2,000계약
	미니코스피200, 통화	10,000계약
	3년 국채	5,000계약
	주 식	거래소가 별도로 정하는 수량
	코스피200글로벌	100계약

더 알아보기

누적호가수량한도
- 취지 : 거래소가 코스피200선물 · 옵션 등을 매매하는 과정에서 주문시스템 오류로 인해 호가가 반복 또는 잘못 제출되는 사고를 사전에 통제하기 위한 제도
- 대상 : 코스피200선물(선물 스프레드 포함), 코스피200옵션, 미니코스피200선물, 미니코스피200옵션
- 해당 계좌 : 회원의 자기거래 계좌와 사후 위탁증거금 계좌에 한정하여 적용
- 단, 협의거래와 글로벌 거래는 제외

미결제약정의 제한에 관한 설명으로 옳지 않은 것은?

① 시세조종 등 불공정행위의 사전 예방, 과당투기 방지 및 결제불이행을 방지할 목적으로 미결제약정을 제한한다.

② 회원이 자기계산으로 행하거나 동일인 위탁자별로 위탁받을 수 있는 순미결제약정수량 또는 종목별 미결제약정수량을 제한하고 있다.

③ 헤지거래에만 미결제약정수량을 제한하고 있다.

④ 코스피200선물·옵션 및 미니코스피200선물·옵션의 미결제약정 보유한도는 선물환산순델타포지션 기준으로 20,000계약(개인투자자의 경우 10,000계약)이다.

해설

투기거래에만 미결제약정수량을 제한하고 있다. 차익·헤지거래 관련 수량은 보유수량 산출 시 제외한다. 이 경우 증빙서류를 다음 거래일의 10시까지 거래소에 제출하여야 한다.

정답 ③

필수핵심개념

(7) 미결제약정의 제한

제한의 목적	시세 조종 등 불공정행위의 사전 예방, 과당투기 방지 및 결제불이행 방지 등	
제한내용	• 회원이 자기계산으로 행하거나 동일인 위탁자별 위탁받을 수 있는 순미결제약정 수량 또는 미결제약정수량을 제한(단, 자기거래의 경우 회원의 시장조성계좌에 보유하고 있는 수량은 제외) • 회원은 거래소가 설정한 미결제약정 보유제한수량을 초과하여 자기거래 또는 동일인 위탁자로부터 수탁금지(투자자 기준)	
제한대상거래	투기거래(단, ❶ 차익 · ❷ 헤지거래 관련 수량은 ❸ 보유수량 산출 시 제외. 이 경우, 회원은 회원 자기거래 또는 위탁거래 중 차익 · 헤지 증빙서류를 다음 거래일 10시까지 거래소에 제출)	
미결제약정수량 보유 한도	**구 분**	**미결제약정 보유 한도**
	코스피200선물 · 옵션, 미니코스피200선물 · 옵션	코스피200을 기초자산으로 하는 모든 종목을 합산한 선물환산순델타포지션 기준 2만 계약(개인 1만 계약)
	코스피200변동성지수 선물, KRX300선물	순미결제약정 기준 2만 계약(개인 1만 계약)
	코스닥150선물 · 옵션	코스피150을 기초자산으로 하는 모든 종목을 합산한 선물환산순델타포지션 기준 2만 계약(개인 1만 계약)
	섹터지수선물	순미결제약정 기준 1만 계약(개인 5천 계약)
	해외지수선물	순미결제약정 기준 5만 계약(개인 2만 5천 계약)
	주식선물 · 옵션	선물환산순델타포지션 기준으로 산출(1천 계약 미만 절사) • 산식 : Max{5천, 보통주 총수 × 0.5% / Max(주식거래승수)} • 매년 첫 번째 거래일에 거래소가 운영하는 전자전달매체를 통해 제한 수량을 공표, 공표 후 7거래일 후부터 적용
	ETF선물	각 기초자산별로 상이(5천~2만 계약)

| 미결제약정수량 | 돈육선물 | 순미결제약정 기준 3천 계약(최근월물의 경우 9백 계약) |
| 보유 한도 | 금선물 | 순미결제약정 기준 3천 계약 |

section 21   거래의 체결   중요도 ★★★

대표유형문제

개별경쟁거래의 원칙에 대한 설명으로 옳지 않은 것은?

① 매수호가는 가격이 높은 호가가 가격이 낮은 호가에 우선하고, 매도호가는 가격이 낮은 호가가 가격이 높은 호가에 우선한다.

② 시장가호가는 지정가호가에 우선한다.

③ 가격이 동일한 호가 간에는 먼저 접수된 호가가 나중에 접수된 호가에 우선한다.

④ 단일가거래의 약정가격이 상한가 · 하한가로 결정되는 경우에 상한가 또는 하한가로 제출된 단일가호가 간에는 호가수량이 적은 호가부터 수량을 배분한다.

해설

단일가거래의 약정가격이 상한가 · 하한가로 결정되는 경우에 수량우선의 원칙이 먼저 적용되어 상한가 또는 하한가로 제출된 단일가호가 간에는 호가수량이 많은 호가부터 수량을 배분한다.

정답 ④

필수핵심개념

(8) 거래의 체결

일반원칙	• 파생상품거래는 거래소에 제출된 호가끼리 일정한 경쟁원칙에 따라 개별적으로 거래를 성립시키는 개별경쟁거래가 원칙 • 개별경쟁거래방식은 집중거래방법의 단일가격에 의한 개별경쟁거래(단일가거래)와 계속적거래방법의 복수가격에 의한 개별경쟁거래(접속거래)로 구분 • 상대거래방식 : 협의거래제도(협의대량거래, 기초자산 조기인수도부거래, 미국달러플렉스거래)
거래체결방법	• 가격우선의 원칙 • 시간우선의 원칙(단, 상 · 하한의 단일가호가 간에는 시간우선의 원칙이 배제되고 수량우선의 원칙을 먼저 적용하고, 수량이 동일한 경우 시간우선의 원칙을 적용)
접속거래 (복수가격)	접수된 호가에 대해 호가의 우선순위(가격, 시간)에 따라 매수호가와 매도호가의 가격이 합치되는 가격으로 즉시 연속적으로 거래를 체결하는 방식 [거래체결방법] • 가격우선의 원칙 • 시간우선의 원칙(단, 상 · 하한의 단일가호가 간에는 시간우선의 원칙이 배제되고 수량우선의 원칙을 먼저 적용하고, 수량이 동일한 경우 시간우선의 원칙을 적용)

<table>
<tr><td rowspan="7">단일가거래
(단일가격)</td><td>특정 시간 동안 체결 없이 호가만 접수한 후 호가 접수시간 종료 후 가장 많은 호가수량이 체결될 수 있는 하나의 가격(합치가격)으로 거래를 체결하는 매매체결 방식</td></tr>
<tr><td>• 정규시장 시초가(개시 전 15분 또는 30분)</td></tr>
<tr><td>• 거래 중단 후 재개 시의 최초가격(거래 재기한 때부터 10분간)</td></tr>
<tr><td>• 종가(종료 전 10분간)</td></tr>
<tr><td>• 기초주권이 정리매매종목인 주식선물거래 및 주식옵션거래의 가격(장 개시로부터 30분 간격)</td></tr>
<tr><td>• 최종거래일이 도래한 종목의 종가단일가는 호가 접수시간 없이 접속거래(복수가격)로 종료(단, 해외지수선물, 통화선물, 돈육선물은 제외. 즉, 최종약정거래가격 단일가로 결정)</td></tr>
<tr><td>※ 암기법 : 해외산/통/돼지/단일가</td></tr>
</table>

section 22   협의거래-협의대량거래   중요도 ★★☆

대표유형문제

협의대량거래에 대한 기술 중 잘못된 것은?

① 금리선물, 통화선물, 일반상품선물 및 선물 스프레드 거래의 경우 협의가 완료된 시간부터 1시간 이내에 거래소에 신청하여야 한다.

② 협의대량거래 신청기간은 단일가호가 시간을 포함한 당일 정규거래시간으로 한다.

③ 10년 국채선물은 협의대량거래가 불가능하다.

④ 주식상품거래의 경우 협의대량거래 신청시각이 협의완료시각으로부터 1시간 이상 지체되는 경우에는 사유를 기록 · 보관하여야 한다.

해설

5년 국채선물, 돈육선물은 협의대량거래 대상에서 제외하고 있다.

정답 ③

필수핵심개념

(9) 협의거래 : 시장조성자 계좌를 통한 협의거래 신청 불가

① 협의대량거래(Block Trade)

개 요	• 공개적이고 경쟁적인 개별경쟁방법이나 예외적으로 거래편의를 위해 장외시장에서 이용되고 있는 거래자 간 쌍방의 협의에 의한 거래체결방법인 상대거래방식의 협의거래 제도 • 당사자 간 사전에 협의된 가격이나 수량으로 거래를 체결시키는 상대거래방식의 협의거래 제도로 기관투자자 등이 대량의 포지션을 신속, 원활하게 결제월 간 이월하도록 해줌
협의대량매매 제외대상	• 주식상품 : 코스피200변동성지수선물 • 금리상품 : 5년 국채선물 • 통화상품 : 미국달러옵션 • 일반상품 : 돈육선물 • 선물 스프레드 : 코스피200변동성지수 선물 스프레드 거래, 5년 국채선물 스프레드 거래, 국채선물상품 간 스프레드 거래 및 돈육선물 스프레드 거래

신청기간	• 정규거래시간(단일가호가 시간 포함) • 주식상품거래의 경우 직전거래일의 장 종료 시점 이후부터 당일 장 종료 시점까지 협의가 완료된 협의대량거래를 당일 정규거래시간 이내에 거래소에 신청 • 금리선물, 통화선물, 일반상품선물 및 선물 스프레드 거래의 경우 협의 완료된 시각으로부터 1시간 이내에 협의대량거래를 신청하여야 함 • 협의완료시각으로부터 1시간 이상 지체되는 경우에는 사유를 기록·보관하여야 함

② 장 개시 전 협의거래(유렉스(Eurex)연계선물)

유렉스(Eurex) 연계선물	독일의 유렉스(EUREX)의 규정 및 한국거래소의 파생상품시장 업무규정에 따라 유렉스와 한국거래소 파생상품시장에서 이루어지는 1일물 코스피200선물, 미니코스피200선물, 코스피200옵션, 미국달러선물
장 개시 전 협의거래	EUREX 시장에서의 매매로 발생한 순미결제약정을 실물인수도하기 위한 과정으로서, KRX와 KRX회원사(증권사) 간에 이루어지는 협의 거래
장 개시 전 협의거래 시간	오전 07:30~오전 08:30
신청방법	• 회원이 해당 내용을 회원 파생상품 시스템을 통해 거래소 파생상품 시스템에 입력하는 방식 • 호가수량한도 제한이 없어 일시에 거래 가능

기초자산 조기인수도부거래(EFP : Exchange of Futures for Physicals)에 대한 설명으로 거리가 먼 것은?

① 미국달러선물에 도입되었다.

② 거래자가 원하는 시기에 한 번의 거래로 선물포지션 해소와 실물인수도가 가능하여 수출기업 등 외환 실수요자들이 유용하게 이용할 수 있다.

③ 종목, 가격 및 수량에 관하여 회원이 당사자 간에 협의된 거래의 체결을 거래소에 신청하고, 해당 미결제약정수량에 관한 기초자산과 대금을 수수하는 제도이다.

④ 거래당사자가 선물거래의 미결제약정을 최종거래일에 해소하기 위한 제도이다.

해설

최종거래일 이전에 해당 미결제약정수량에 관한 기초자산과 대금을 수수하는 제도이다.

정답 ④

③ 기초자산 조기인수도부거래(EFP : Exchange of Futures for Physicals)

　　㉠ 거래당사자가 선물거래의 미결제약정을 최종거래일 이전에 해소하기 위함

　　㉡ 종목, 가격 및 수량에 관하여 회원이 당사자 간에 협의된 거래의 체결을 거래소에 신청하고, 해당 미결제약정수량에 관한 기초자산과 대금을 수수하는 제도

　　㉢ 미국달러선물에 도입되어 있으며, 거래자가 원하는 시기에 한 번의 거래로 선물포지션 해소와 실물 인수도가 가능하여 수출기업 등 외환 실수요자들이 유용하게 이용

④ 플렉스협의거래(FLEX : Flexible Exchange)

　　㉠ 최종거래일, 최종결제방법, 가격 및 수량에 관하여 당사자 간에 협의된 내용을 거래소에 신청한 경우 거래를 체결시켜 주는 제도

　　㉡ 미국달러플렉스선물에 도입, 미국달러선물환과 유사한 거래를 거래소 장내 통화선물시장에서 낮은 거래비용으로 보다 안전하고 편리하게 이용

---

section 23　거래체결내역의 통지　　　　　　중요도 ★★☆

대표유형문제

거래체결내역의 통지에 관한 설명으로 옳지 않은 것을 모두 고르면?

가. 업무의 효율성을 위하여 거래체결을 담당한 직원과 거래내역을 통보하는 직원은 동일인이 하는 것이 바람직하다.

나. 위탁자의 주문에 대하여 거래가 체결된 경우, 즉시 거래내용을 통지하여야 한다.

다. 월간 거래내용 통지는 거래가 있는 고객의 경우 다음달 10일까지 통지한다.

라. 반기 잔고현황 통지는 반기간(6개월) 거래가 없는 고객의 경우에도 반기 말 잔고현황을 반기종료 후 20일까지 통지하여야 한다.

마. 우편발송한 월간내역 등이 2회 이상 계속 반송된 투자자의 계좌에 대하여 투자자 요구 시 즉시 통지할 수 있도록 영업점에 이를 비치한 경우 통지한 것으로 본다.

① 가, 다, 마　　　　　　　　　② 나, 라, 마
③ 가, 다, 라　　　　　　　　　④ 가, 다, 마

해설

가. 내부직원에 의한 부정이나 오류를 방지하는 절차이기도 하여 거래의 체결을 담당한 직원과 거래내역을 통보하는 직원이 분리되어 운영하는 것이 바람직하다.

다. 월간 거래내용 통지는 거래가 있는 고객의 경우 다음달 20일까지 통지한다.

마. 우편발송한 월간내역 등이 3회 이상 계속 반송된 투자자의 계좌에 대하여 투자자 요구 시 즉시 통지할 수 있도록 영업점에 이를 비치한 경우 통지한 것으로 본다.

정답 ①

(10) 거래체결내역의 통지

의 의	내부직원에 의한 부정이나 오류를 방지하는 절차이기도 하여 거래의 체결을 담당한 직원과 거래내역을 통보하는 직원이 분리되어 운영하는 것이 바람직
통지시기	• 즉시통지 : 위탁자의 주문에 대하여 거래가 체결된 경우 즉시 거래내용을 통지하여야 함 • 월간 거래내역 통지 : 즉시통지와 별도로 다음달 20일까지 통지 • 반기 잔고현황 : 반기 동안 거래가 없는 고객의 경우 반기 종료 후 20일까지 통지
통지간주	• 전자통신의 방법으로 월간 거래내역 등을 통지하는 경우 • 투자자가 통지를 원하지 않는 경우 투자자 요구 시 즉시 통지할 수 있도록 월간내역 등을 영업점에 비치하거나 전산상에 기록하는 경우 • 3회 이상 계속 반송된 경우 투자자 요구 시 즉시 통지할 수 있도록 월간내역 등을 영업점에 비치한 경우 • 투자자가 수시로 확인할 수 있는 통장으로 거래되는 경우

(11) 기타 거래소 제도

알고리즘계좌 사전신고	• 알고리즘거래는 사전에 일정한 규칙에 따라 투자의 판단, 호가의 생성 및 제출 등을 사람의 개입 없이 자동화된 시스템으로 하는 거래로 계좌를 설정, 변경 또는 해지하는 경우 사전에 거래소에 신고하여야 함 • 신고하지 않은 계좌의 당일 호가건수가 초당 2건 이상 및 장 종료시점을 기준으로 5천 건 이상인 경우 소명 자료를 다음 거래일 장 종료 시까지 제출 • 계좌단위호가처리(Kill Switch) : 알고리즘 오류, 시스템 장애 등 발생 시 해당 계좌에서 제출한 모든 호가를 일괄 취소 후, 추가적인 호가접수 차단(협의대량거래 제외)
장중 추가증거금	• 외부 이벤트 등의 시황급변 시, 결제위험 축소를 위해 장중에 미결제약정 보유상황에 따라 추가증거금 부과 • 매 거래일 매시(9:01, 10시, 11시, 12시, 1시, 2시) 산출 • 부과조건 : 두 기준 모두 충족 시 부과하며, 산출 시점부터 1시간이 지난 시점에 부과 여부 결정 및 통보 　① 변동기준 : KOSPI200지수의 변동률(전일 종가 대비) : 코스피200선물 거래증거금률의 80% 이상 　② 금액기준 : 회원별로 산출된 장중 거래증거금 ≥ 예탁총액의 120%

착오거래 정정에 대한 설명으로 거리가 먼 것은?

① 거래소의 매도와 매수에 관한 착오거래는 회원의 자기거래로 인수한다.

② 대량 투자자의 착오거래 시 구제신청을 하려면 약정가격과 착오거래 구제기준 가격과의 차이에 해당 거래의 약정수량 및 거래승수를 곱하여 산출되는 수치를 합산한 금액이 상품시장별로 10억원 이상이어야 한다.

③ 착오거래 정정 신청은 착오가 발생한 날의 장 종료 후 30분 이내에 하여야 한다.

④ 위탁거래와 자기거래의 구분 및 투자자의 구분에 대한 착오거래는 그 구분에 부합되도록 정정한다.

해설

② 100억원 이상이여야 한다.

정답 ②

필수핵심개념

(12) 착오거래

착오거래 정정 신청	착오가 발생한 날의 장 종료 후 30분 이내에만 하면 되므로 장중에도 신청 가능함. 기초자산 조기인수도부 거래의 경우 거래체결 즉시 실물인수도가 이루어져 착오거래 대상에서 제외됨		
	구 분	**착오사유**	**정정방법**
착오거래 정정 방법	거래소 착오거래	종목, 수량, 가격, 매도와 매수, 호가의 종류 및 위탁자의 파생상품계좌번호 등에 대한 착오거래	회원의 자기거래로 인수
		위탁거래와 자기거래의 구분 및 투자자의 구분에 대한 착오거래	그 구분에 부합되도록 정정
	회원 착오거래	종목, 수량, 가격, 매도와 매수, 호가의 종류 등에 대한 착오거래	회원의 자기거래로 인수
		위탁자의 파생상품계좌번호에 대한 착오거래	회원의 자기거래로 인수하게 하거나 착오거래가 성립된 파생상품계좌를 개설한 위탁자의 동의를 얻어 파생상품계좌번호를 정정
대량 투자자 착오거래	구제요건 (모두 충족)	• 약정가격과 착오거래 구제기준 가격과의 차이에 해당 거래의 약정수량 및 거래승수를 곱하여 산출되는 수치를 합산한 금액이 상품시장별로 100억원 이상일 것 • 약정가격이 착오거래 구제제한범위를 벗어날 것 • 착오거래가 동일한 착오에 의하여 연속적으로 체결될 것 • 착오자가 규정 대량 투자자 착오거래 구제 제도를 악용하지 않을 것 • 그 밖에 안정적이고 원활한 결제를 위하여 해당 착오거래를 구제할 필요가 있을 것		
	구제신청	착오거래가 발생한 때부터 30분 이내 신청		
	결정통지	구제시청을 받은 날의 장 종료 후 30분까지 결정통지(단, 시장상황을 고려하여 다음 거래일 장 종료 30분까지 가능)		

[대표유형문제]

파생상품 거래 시 기본예탁금제도와 관련하여 잘못 설명된 것은?

① 미결제약정이 없는 위탁자가 파생상품거래를 하기 위하여 금융투자업자에게 예탁하여야 하는 최소한의 거래개시기준금액이다.

② 기본예탁금의 예탁면제계좌는 사전위탁증거금 전용계좌이다.

③ 금선물거래 또는 돈육선물거래만을 위해 파생상품계좌를 개설하는 위탁자에 대하여는 기본예탁금을 50만원 이상으로 할 수 있다.

④ 미결제약정이 '0'이 된 경우에도 결제시한인 익일 12시까지는 미결제약정이 있는 것으로 보며 기본예탁금의 확인없이 신규주문이 가능하다.

[해설]

기본예탁금의 예탁면제계좌는 사후위탁증거금 적용계좌, 예탁자산에 대한 헤지거래만을 하는 파생상품계좌(헤지전용계좌)이다.

[정답] ②

[필수핵심개념]

02 기본예탁금

개 요	• 회원이 미결제약정이 없는 위탁자로부터 거래의 위탁을 받은 때에는 사전에 위탁자의 재무건전성 및 신용상태 등을 감안하여 위탁자에게 받아야 하는 최소한의 개시 기준금액 • 현금, 대용증권, 외화 또는 외화증권을 예탁 가능하며, 위탁증거금으로 충당 가능 • 개인투자자가 무분별하게 참여하는 것을 방지하기 위해 도입
기본예탁액	• 선물거래 및 옵션매수거래(코스피200변동성지수선물 제외) : 1천만원 이상 • 모든 파생상품거래 : 2천만원 이상 • 일반상품선물만 거래 : 50만원 이상 ※ 회원은 거래소가 정하는 금액 범위에서 위탁자별로 차등적용하여야 함
기본예탁금 면제계좌	사후위탁증거금 적용계좌, 예탁자산에 대한 헤지거래만을 하는 파생상품계좌(헤지전용계좌)

상황별 기본예탁금	상황 구분			기본예탁금 예탁 여부
	미결제약정 없는 위탁자의 신규 주문 시			기본예탁금 예탁
	미결제약정을 보유하고 있는 경우			기본예탁금 없이 신규 주문 가능
	미결제약정 전량 해소 (반대매매)	결제시한(익일 12시) 도래 전		미결제약정이 있는 것으로 간주. 즉, 기본예탁금 없이 신규 주문 가능
		결제시한 (익일 12시) 이후	신규 주문	기본예탁금 예탁
			결제시한 이전 주문이 체결되지 않은 경우	기본예탁금 예탁 또는 주문 취소

| 기본예탁금 인출 | 인출 사유 | • 반대거래, 최종결제, 권리행사의 신고·배정 또는 옵션의 소멸로 파생상품거래의 미결제약정이 전량 해소된 때
• 옵션매수의 미결제약정만 보유한 상태에서 미결제약정을 전량 해소하기 위하여 하한가로 위탁한 매도주문이 호가된 때 |
| | 인출 후 재매매 | 재매매 전에 기본예탁금을 예탁하여야 함 |

증거금에 대한 설명으로 옳지 않은 것을 모두 고르면?

가. 거래증거금은 현금, 대용증권, 외화 또는 외화증권으로 납부할 수 있으나 일정 정도의 현금예탁필요액이 필요하다.

나. 사후위탁증거금 적용계좌는 기본예탁금의 예탁이 면제된다.

다. 거래증거금은 사전증거금제도가 적용되며, 위탁증거금의 경우 적격기관투자자는 사후증거금제도가, 그 외 일반투자자는 사전증거금제도가 적용된다.

라. 납부주체에 따라 고객이 회원에 납부하는 위탁증거금과 회원이 거래소에 납부하는 거래증거금으로 구분된다.

① 가, 나   ② 나, 라

③ 다, 라   ④ 가, 다

해설

가. 거래증거금은 전액 대용증권, 외화 또는 외화증권으로 납부할 수 있다.

다. 거래증거금은 사후증거금제도를 적용한다.

정답 ④

필수핵심개념

03 증거금제도

(1) 납부주체에 따른 분류

| 위탁증거금 | • 고객이 회원에게 파생상품거래 주문을 위탁할 때 해당 주문에 대한 위탁증거금
• 기초자산의 변동성을 감안하여 거래소가 정한 증거금률 이상을 위탁자가 회원에게 사전에 예탁하여 결제이행을 보증(보증금 성격)
• 예탁시기에 따라 사전위탁증거금과 사후위탁증거금으로 구분
• 신규 거래 시 납부하는 개시증거금, 미결제약정을 유지하는 최소한의 필요한 유지증거금 |
| 거래증거금 | • 위탁자로부터 받은 위탁증거금 중 회원이 실제로 거래소에 납부하여야 하는 증거금
• 거래증거금은 위탁증거금의 2/3 수준으로 설정 |

납부시기	• 납부시기에 따라 주문제출 전 납부하는 사전증거금과 거래종료 후 납부하는 사후증거금으로 구분 • 거래증거금 : 사후증거금 제도 적용 • 위탁증거금 : 적격기관투자자에 한해 사후증거금제도 적용, 그 외에는 사전증거금제도 적용

더 알아보기

거래증거금과 위탁증거금 비교

구 분	거래증거금	위탁증거금
예탁주체	회원이 거래소에	투자자가 회원에게
산출시기	장 종료 후 (사후증거금제도)	• 장중 매 주문 시 : 사전위탁증거금 • 장 종료 후 : 사후위탁증거금(결제이행능력이 충분한 기관투자자에 한해 적용)
예탁수단	현금, 대용증권, 외화, 외화증권으로 전액 납부 (위탁증거금의 2/3 수준)	현금, 대용증권, 외화, 외화증권 (현금예탁필요액 존재. 즉, 일정정도 현금으로 납부해야 함)

section 27 위탁증거금 중요도 ★★★

대표유형문제

다음은 위탁증거금에 대한 설명이다. 옳지 않은 것을 모두 고르면?

> 가. 적격기관투자자는 주문 시 주문증거금을 납부하여야 한다.
> 나. 미결제약정이 없는 선물거래의 매도 · 매수 주문 시 위탁증거금은 1/2 이상을 현금으로 예탁받는다.
> 다. 미결제약정이 없는 선물 스프레드 거래 주문 시 위탁증거금은 전액 현금으로 납부해야 한다.
> 라. 미결제약정이 없는 옵션 매수 주문 시 위탁증거금은 전액 현금으로 납부해야 하며, 옵션매도 주문 시 전액 대용증권으로 가능하다.

① 가, 다 　　　② 가, 라
③ 나, 다 　　　④ 나, 라

해설

가. 적격기관투자자는 사후위탁증거금 적용계좌로 장 종료 시점의 미결제약정에 대하여만 증거금을 부과하므로 주문에 대한 증거금을 부과하지 않는다.
다. 미결제약정이 없는 선물 스프레드 거래 주문 시 위탁증거금은 전액 대용증권으로 가능하다.

정답 ①

(2) 위탁증거금

① 개 요

㉠ 위탁증거금액 : 회원이 산출한 고객의 보유위험을 평가한 최소한의 위탁증거금 소요액

㉡ 위탁증거금 : 위탁증거금액 이상으로 고객이 파생상품계좌에 납부한 증거금

㉢ 납부시점에 따라 사전위탁증거금과 사후위탁증거금으로 구분

㉣ 현금예탁필요액 : 위탁증거금 중 반드시 현금으로 예탁하여야 하는 증거금

㉤ 회사는 파생상품계좌별 위탁증거금을 예탁받아야 하며, 미결제약정을 증가시키는 주문에 한해 예탁

㉥ 증거금과 손익은 반비례

② 사전위탁증거금

개 요	위탁자가 주문을 제출하기 전에 개시 위탁증거금 수준으로 현금 등으로 예탁하여야 하는 위탁증거금			
산출방법	주문 시 노출 위험요소 : 과도한 주문, 미결제약정 보유, 손실금액의 증가로 결제불이행 위험			
	적용대상	**주 문**	**미결제약정**	**손실금액**
	구성요소	주문 위탁증거금 (신규거래 대상) (반대매매 시 미부과)	순위험증거금 (포트폴리오 기준) (여러 상품들 간 가격 연관성 고려)	결제예정금액 (손실에 대해 부과)
증거금 납부 방법	※ 미결제약정이 없는 주문의 경우 • 선물거래의 매매 : 1/2 이상 현금예탁 • 선물 스프레드 거래 주문 시 : 전액 대용증권 가능 • 옵션 매수 주문 시 : 전액 현금 • 옵션 매도 주문 시 : 전액 대용증권 예탁이 가능하나, 회원 자율			

③ 사후위탁증거금

개 요	• 정규거래시간 종료 후 예탁받는 위탁증거금 • 기본예탁금 면제			
계좌 분류	• 일반계좌 : 모든 유형의 거래에 적용 • 할인계좌 : 헤지 또는 차익거래 실수요 증빙			
적용대상	• 기관투자자 중 회원은 재무건전성, 신용상태, 미결제약정의 보유현황 및 시장상황 등에 비추어 결제 능력이 충분하다고 인정되는 자 • 자산규모요건 : 자산총액 5천억원 이상 또는 운용자산총액 1조원 이상일 것 단, 회원의 위험관리부서가 결제이행능력이 충분하다고 인정하는 경우 자산규모요건 미적용 가능			
예탁시한	• 거래가 체결된 후에 다음 거래일의 10시 또는 회원이 정하는 시간 이내에서 예탁 • 유지위탁증거금 수준 이하로 예탁총액이 내려가는 경우에만 다음 거래일 12시까지 추가증거금 예탁(사전 위탁증거금과 동일)			
산출방법	• 주문에 대한 증거금을 부과하지 않음(장 종료 시점의 미결제약정에 대하여만 증거금 부과)			
	적용대상	**주 문**	**미결제약정**	**손실금액**
	구성요소	없 음	순위험증거금	결제예정금액

핵심보충문제

01 파생상품의 호가접수시간으로 바르지 않은 것은?
★★☆
① 주식옵션 8:30~15:45

② 채권선물 8:30~15:45

③ 금선물 9:45~15:45

④ 돈육선물 9:45~15:45

해설

금선물의 호가접수시간은 8:30~15:45이다.

02 일중 가격제한제도(Price Limit)의 기준가격에 관한 설명으로 옳지 않은 것은?
★★☆
① 기준가격을 기준으로 상한가보다 높거나 하한가보다 낮은 가격은 주문이 제한된다.

② 거래개시일부터 최초 거래성립일까지의 기준가격은 이론가격이다(다만, 주식선물거래에서 배당락이 있는 경우에는 주식선물 조정이론가격으로 함).

③ 돈육선물의 기준가격은 전일에 공표된 돈육 대표 가격이며, 코스피200변동성지수선물 거래의 경우 전일의 최종 코스피200변동성지수의 수치이다.

④ 최초 거래성립일의 다음 거래일 이후의 기준가격은 전일의 평균가격이다.

해설

최초 거래성립일의 다음 거래일 이후의 기준가격은 전일의 정산가격이다(다만, 미국달러플렉스선물 거래의 경우에는 선물이론가격으로 함).

03 거래소의 거래체결 원칙에 관한 설명으로 옳지 않은 것은?

★★★ ① 파생상품거래는 거래소에 제출된 호가끼리 일정한 경쟁원칙에 따라 개별적으로 거래를 성립시키는 개별경쟁거래가 원칙이다.
② 개별경쟁거래방식은 집중거래방법의 단일가격에 의한 개별경쟁거래(단일가거래)와 계속적거래방법의 복수가격에 의한 개별경쟁거래(접속거래)로 구분된다.
③ 상대거래방식으로 거래를 체결하는 협의거래제도를 두고 있다.
④ 협의거래로는 협의대량거래, 기초자산 조기인수도부거래 및 미국달러선물거래가 있다.

> **해설**
> 협의거래로는 협의대량거래, 기초자산 조기인수도부거래 및 플렉스선물거래가 있다.

04 미결제약정의 제한에 관한 설명으로 옳은 것은?

★★★ ① 파생상품계좌별로 미결제약정 수량을 제한한다.
② 회원의 시장조성계좌에 보유하고 있는 미결제약정수량에 대해서도 제한한다.
③ 투기거래 및 차익 · 헤지거래 관련 미결제약정 수량을 제한한다.
④ 코스피200선물의 미결제약정수량 보유한도는 코스피200을 기초자산으로 하는 모든 종목을 합산한 선물환산순델타포지션 기준 2만 계약이고 개인투자자는 1만 계약이다.

> **해설**
> • 투자자별을 기준으로 수량을 제한하며, 회원의 시장조성계좌에 보유하고 있는 수량은 제외된다.
> • 투기거래 대상으로 제한하며 차익 · 헤지거래 관련 수량은 보유수량 산출 시 제외된다. 이 경우, 회원은 회원 자기거래 또는 위탁거래 중 차익 · 헤지 증빙서류를 다음 거래일 10시까지 거래소에 제출해야 한다.

05 협의거래에 관한 설명으로 적절하지 않은 것은?

★★☆ ① 장 개시 전 협의거래는 유렉스에 상장된 거래소 파생상품을 결제하기 위해 이용한다.
② 플렉스협의거래는 중소기업 등이 은행과 거래하는 미국달러선물환거래 성격의 거래로 거래소 장내 통화선물시장에서 낮은 거래비용으로 보다 안전하고 편리하게 이용할 수 있다.
③ 기초자산 조기인수도부거래는 거래당사자가 선물거래의 미결제약정을 최종거래일 이전에 해소하기 위한 제도로 코스피200선물에 도입되었다.
④ 협의대량거래는 기관투자자 등이 대량의 포지션을 신속, 원활하게 결제월간 이월하도록 해준다.

> **해설**
> • 기초자산조기인수도부 거래는 미국달러선물에 도입
> • 플렉스협의거래는 미국달러플렉스선물에 도입
> • 협의대량매매는 5년 국채선물, 돈육선물을 제외한 대부분 상품
> • 장 개시 전 협의거래는 유렉스와 한국거래소 파생상품시장에서 이루어지는 코스피200선물, 미니코스피200선물, 코스피200옵션, 미국달러선물을 대상

06 기본예탁금이 면제되는 계좌는?
★★★
① 사전위탁증거금 전용 계좌와 투기거래 계좌
② 사전위탁증거금 전용 계좌와 헤지거래 계좌
③ 사후위탁증거금 전용 계좌와 차익거래 계좌
④ 사후위탁증거금 전용 계좌와 헤지거래 계좌

해설

기본예탁금 면제계좌는 사후위탁증거금 전용 계좌와 헤지거래 계좌이다.

07 기본예탁금에 대한 설명으로 거리가 먼 것은?
★★☆
① 미결제약정이 없는 위탁자의 신규주문 시에 기본예탁금을 예탁해야 한다.
② 모든 파생상품거래를 하기 위해 계좌를 설정하는 위탁자는 1천만원 이상을 예탁하여야 한다.
③ 파생상품거래의 미결제약정이 전량 해소된 때 기본예탁금을 인출할 수 있다.
④ 옵션매수의 미결제약정만 보유한 상태에서 미결제약정을 전량 해소하기 위하여 하한가로 위탁한 매도주문이 호가된 때 기본예탁금을 인출할 수 있다.

해설

기본예탁액

- 선물거래 및 옵션매수거래(코스피200변동성지수선물 제외) : 1천만원 이상
- 모든 파생상품거래 : 2천만원 이상
- 일반상품선물만 거래 : 50만원 이상

08 증거금제도에 대한 설명으로 옳지 않은 것은?
★★★
① 고객은 파생상품거래 주문을 위탁할 때 위탁증거금을 거래소에 납부하여야 한다.
② 증거금은 현금뿐만 아니라 대용증권, 외화 또는 외화증권으로 납부가 가능하다.
③ 유지증거금은 미결제약정을 유지하는 데 필요한 최소한의 증거금이다.
④ 거래증거금은 위탁증거금의 2/3 수준으로 설정된다.

해설

위탁증거금은 투자자가 회원에게 납부하는 증거금이고, 거래증거금은 회원이 거래소에 납부하는 증거금이다.

09 위탁증거금에 관한 설명으로 옳지 않은 것은?

★★★
① 고객이 보유한 미결제약정 및 주문의 위험을 고려하여 회원이 예탁받을 금액을 산출한 것이 위탁증거금액이다.
② 위탁증거금은 반드시 현금으로 예탁받아야 한다.
③ 위탁자의 파생상품계좌별로 위탁증거금을 예탁받아야 하며, 증거금을 납부하는 주문은 해당 종목의 미결제약정을 증가시키는 주문에 한한다.
④ 거래소가 정한 위탁증거금액은 위탁증거금률, 계약당 위탁증거금액 및 위탁증거금 부과방식 등을 고객별로 차등징수가 가능하다.

> **해설**
>
> 위탁증거금은 현금으로 예탁받아야 하지만, 현금예탁필요액을 제외한 위탁증거금액은 대용증권, 외화 또는 외화증권으로 예탁받을 수 있다.

10 사전위탁증거금과 사후위탁증거금에 관한 설명으로 옳지 않은 것은?

★★☆
① 사전위탁증거금은 적격투자자 이외의 모든 위탁자에 적용된다.
② 사전위탁증거금은 주문이 집행되기 전에 위탁증거금액을 계산하여 사전 납부되지 않으면 주문체결이 불가하다.
③ 사후위탁증거금은 적격투자자만을 대상으로 한다.
④ 사후위탁증거금은 장 종료시점에 보유하고 있는 미결제약정에 대한 순위험증거금액과 익일결제예정금액을 더한 위탁증거금액을 계산하여 당일 16시까지 예탁한다.

> **해설**
>
> 사후위탁증거금은 장 종료시점에 보유하고 있는 미결제약정에 대한 순위험증거금액과 익일결제예정금액을 더한 위탁증거금액을 계산하여 다음 거래일 10시 이내에 예탁한다.

| section 28 | 정산차금 산출 | 중요도 ★★★ |

대표유형문제

미국달러선물이 다음과 같이 거래된 경우 정산차금은 얼마인가?

구 분	T−1일	T일
거래내역	매수 10계약	매수 2계약(1,192.8) 매도 6계약(1,192.6)
정산가격	1,191.6	1,193.0

① +100,500원

② +120,000원

③ +130,500원

④ +140,000원

해설

일일정산차금은 당일차금과 갱신차금으로 구분된다.

[STEP 1] 먼저 갱신차금은 전일정산가보다 당일정산가가 달러당 원화가 1,191.6에서 1,193.0으로 1.4원 상승하였고 10계약을 보유하고 있으므로 14원의 갱신차익이 발생하였다. 미국달러선물의 거래단위는 10,000달러이므로 갱신차금은 140,000원이다.

[STEP 2] 다음으로 매수 포지션의 당일차금은 금일 정산가격(종가)이 1,193원이다. 당일 1,192.8원으로 당일종가에 비해 0.2원 저렴하게 2계약을 매수했으므로 0.4원 이익이고 기본단위가 10,000달러이므로 4,000원의 이익이 발생한다.

[STEP 3] 마지막으로 매도 포지션의 당일차금은 금일 정산가격(종가)이 1,193원이나 1,192.6원으로 0.4원 저렴하게 6계약을 매도하여 손실 2.4원이 발생하였다. 기본거래단위가 10,000달러이므로 매도로 인한 당일손실차금은 24,000원이다.

[STEP 4] 갱신차금과 당일차금을 합산하면 140,000 + 4,000 − 24,000 = 120,000원의 정산차익이 발생한다.

정답 ②

01 일일정산

개 요	• 파생상품은 비교적 장기간의 거래를 약속하는 계약임에 따라 결제불이행을 막기 위해 매 거래일마다 당일 체결된 선물거래의 체결가격 및 전일 선물종가로 평가된 미결제약정을 매일의 선물종가로 재평가하여 그 차손익을 매일 수수하는 제도 • 옵션매수의 경우 결제가 현재시점에 이뤄지므로 일일정산이 없음
미결제약정 수량	• 매수 미결제약정수량 = 전일 매수 미결제약정수량 + 당일 매수수량 − 당일 매도거래수량 • 매도 미결제약정수량 = 전일 매도 미결제약정수량 + 당일 매도수량 − 당일 매수거래수량 ※ 자동상계 : 파생상품계좌별 동일한 종목의 매도와 매수의 약정수량 중 대능한 수량을 상계로 소멸

정산 차금	개 요	선물거래의 가격변화에 따라 매 거래의 각 종목에 대하여 정산가격(종가)으로 산정한 당일차금 및 갱신차금을 결제회원과 거래소, 거래전문회원과 지정결제회원 간 수수하여야 할 금액
	당일차금	당일 매수 거래 = 당일 매수수량 × (당일 정산가격 − 당일 약정가격) × 거래승수
		당일 매도 거래 = 당일 매수수량 × (당일 약정가격 − 당일 정산가격) × 거래승수
	갱신차금	매수 미결제약정 = 전일 매수 미결제약정수량 × (당일정산가격 − 전일정산가격) × 거래승수
		매도 미결제약정 = 전일 매도 미결제약정수량 × (전일정산가격 − 당일정산가격) × 거래승수

 거래승수 중요도 ★☆☆

대표유형문제

거래소 상품의 거래승수가 사실과 다른 것은?

① 코스피신물 − 25민 ② 코스닥150선물 − 1만
③ 3년 국채선물 − 1억 ④ 돈육선물 − 1,000

해설

국채선물의 거래승수는 100만이며, 계약단위는 액면 1억이다.

정답 ③

---

02 거래승수

100만	3년 · 5년 · 10년 국채선물
25만	코스피200선물 · 옵션, 변동성지수선물
10만	엔선물
5만	미니코스피200선물 · 옵션
1만	미국달러선물 · 옵션, 유로선물, 코스닥150선물, 섹터지수선물

1천	돈육선물
1백	금선물, ETF선물
1십	주식선물 · 옵션

section 30 | 결제방식 | 중요도 ★☆☆

선물 · 옵션의 최종결제방법은 현금결제와 인수도결제로 구분된다. 다음 중 현금결제방식이 아닌 것은?

① 금선물
② 미국달러선물
③ 10년 국채선물
④ 돈육선물

해설

통화선물은 인수도결제방식이다.

정답 ②

필수핵심개념

03 결 제

(1) 결제금액

개 념	장 종료 후 일일정산과정에서 발생하여 예탁현금에 반영되는 금액
결제금액 산출	결제금액 = 미수금 ± 정산차금 ± 최종결제차금 ± 옵션대금 ± 권리행사차금 ± 인수도차금
결제금액처리	장 종료 후 산출하여 예탁현금에 반영(단, 예탁현금이 부족하여 미결제금액이 발생한 경우 회원은 위탁자에게 추가증거금을 현금으로 징수해야 함)

(2) 선물의 결제

최종결제차금 (현금결제)		• 통화선물의 제외한 모든 상품은 현금결제 방식 • 강제적인 현 · 선물 가격 수렴을 위하여 최종결제가격을 기초자산의 가격으로 함 • 매수 미결제약정 = 최종 매수수량 × (최종결제가격 − 당일 정산가격) × 거래승수 • 매도 미결제약정 = 최종 매도수량 × (당일 정산가격 − 최종결제가격) × 거래승수
최종결제대금 (통화선물 인수도결제)	최종거래일 (T일)	회원은 최종 거래일 장 종료(15:45) 후부터 회원이 정하는 시간까지 통화선물거래의 최종결제수량, 통화의 수수액, 최종결제대금 등 인수도 내역을 위탁자에게 통지하여야 함
	최종결제일 (T + 2일)	• 12시 이전까지 매수 미결제 보유자는 인수도대금을, 매도미결제보유자는 통화를 회원에게 납부 • 회원은 납부된 인수도 대금 및 인수도물품(통화)을 거래소와 차감결제하고 해당 위탁자에게 인수도 대금 및 물품을 지급하여야 함

(3) 옵션의 결제

프리미엄 수수	• 옵션매도자가 매수자로부터 수취 • 옵션대금 = 체결가격 × 체결수량 × 거래승수
반대매매	옵션매수자는 전매, 옵션매도자는 환매를 통해 반대매매
권리행사	권리보유자인 옵션매수자만 행사가능(자동권리행사제도)
권리포기	권리보유자인 옵션매수자만 포기가능(실물인수도 결제방식에만 발생)
결제대금 수수기한	결제금액이 발생한 익일 12시까지, 회원과 거래소 간에는 익일 16시까지

대표유형문제

결제차금의 수수기한의 연결이 바르지 않은 것은?

① 결제회원과 거래소 − 거래일 다음 거래일 16시까지(공휴일은 순연)
② 지정결제회원과 거래전문회원 − 거래일 다음 거래일 내 지정결제회원이 정함
③ 회원과 위탁자 − 거래일 다음 날 12시까지
④ 통화선물 − 최종거래일 12시

해설
통화선물의 경우 최종결제일 12시까지이다.

정답 ④

필수핵심개념

(4) 결제차금의 수수기한

결제회원과 거래소	거래일 다음 거래일 16시까지(공휴일은 순연)
지정결제회원과 거래전문회원	거래일 다음 거래일 내 지정결제회원이 정함
회원과 위탁자	거래일 다음 날 12시까지
통화선물	최종결제일 12시까지

대표유형문제

추가증거금(Margin Call)에 대한 기술 중 틀린 것은?

① 위탁자의 예탁총액 또는 예탁현금이 일정수준 이하로 떨어져 부족액이 발생하는 경우 위탁자로부터 추가로 예탁받아야 하는 증거금이다.

② 일별 추가증거금이 발생한 위탁자는 부족액 발생일의 다음 날 16시까지 추가증거금을 납부해야 한다.

③ 예탁현금이 유지현금예탁필요액보다 적은 경우에도 추가증거금을 납부해야 한다.

④ 회원은 추가증거금 · 결제대금의 지연 및 불이행 시 연체이자, 이로 인하여 회원이 부담한 비용 등을 징구할 수 있다.

해설

일별 추가증거금이 발생한 위탁자는 부족액 발생일의 다음 날 12시까지 추가증거금을 납부해야 한다.

정답 ②

필수핵심개념

04 추가증거금

의 의	선물가격 변동으로 증거금 수준이 유지증거금 수준을 밑돌게 될 경우 개시증거금 수준만큼 추가로 납부해야 하는 증거금	
일별 추가증거금	적용시점	장 종료 시점을 기준
	적용사유	• 예탁총액 부족 : 예탁총액이 유지위탁증거금보다 적은 경우 • 예탁현금 부족 : 예탁현금이 유지현금예탁필요액보다 적은 경우
	예탁기한	다음 거래일 12시까지
장중 추가증거금	적용시점	정규거래시간 중
	적용사유	예탁총액이 장중 유지위탁증거금액보다 적은 경우
결제불이행 시 조치	• 미결제약정을 반대거래 • 위탁증거금으로 예탁받은 대용증권, 외화, 외화증권 매도 • 부족액이 발생하는 경우 해당 위탁자에게 부족의 납부를 청구 • 회원은 추가증거금 · 결제대금의 지연 및 불이행 시 연체이자, 이로 인하여 회원이 부담한 비용 등을 징구할 수 있음	

[회원의 반대매매 시 호가입력방법]

구 분	접속거래
매도 호가	• 직전 약정가격 또는 최우선매수호가 ~ 최우선매수호가 − 9틱 • 최우선매수호가가 없는 경우 : 최우선매도호가
매수 호가	• 직전 약정가격 또는 최우선매도호가 ~ 최우선매도호가 + 9틱 • 최우선매도호가가 없는 경우 : 최우선매수호가
거래소의 유가증권 또는 코스닥시장에 상장된 주권 매도의 경우 시장가호가(위탁자의 동의 또는 요구가 있는 경우 시장가호가 입력 가능)	

04 핵심보충문제

01
★★☆

일일정산제도에 대한 설명 중 적절하지 않은 것은?

① 결제불이행 방지를 목적으로 도입된 제도이다.

② 당일 체결된 선물거래의 체결가격 및 전일 선물종가로 평가된 미결제약정을 매일의 선물종가로 재평가하여 그 차손익을 매일 수수한다.

③ 매수 미결제약정수량은 당일 매수수량에서 당일 매도수량을 차감한다.

④ 정산차금은 거래소와 회원 간 수수금액으로 당일차금과 갱신차금을 의미한다.

해설

매수 미결제약정 수량 = 전일 매수 미결제약정 수량 + 당일 매수 수량 − 당일 매도거래 수량

02
★★☆

다음 자료를 이용하여 미결제약정수량을 계산하면?

전일 미결제약정 현황	당일 거래체결 내역
매수 미결제약정수량 : 160계약	당일 체결 매수거래 : 100계약 당일 체결 매도거래 : 300계약

① 매수 미결제약정 40계약

② 매도 미결제약정 40계약

③ 매수 미결제약정 360계약

④ 매도 미결제약정 360계약

해설

매수 미결제약정수량은 전일 160계약에서 당일 매수 100계약과 매도거래 300계약이 상쇄되어 200계약의 매도계약을 합산하여 40계약의 매도 미결제약정수량이 남는다.

03 다음과 같은 거래를 한 경우, 갱신차금은 얼마인가?
★★★

> • 전일 미결제약정 : 5년 국채선물 매수 10계약(체결가격 110.50, 정산가격 110.55)
> • 당일 신규 매수 2계약(체결가격 110.62)
> • 당일 매도 5계약(체결가격 110.58, 정산가격 110.65)

① 500,000
② −1,000,000
③ −500,000
④ 1,000,000

해설

일일정산차금은 당일차금과 갱신차금으로 구분된다. 갱신차금은 전일 정산가보다 당일 정산가가 110.55에서 110.65로 0.1 상승하였고 10계약을 보유하고 있으므로 1 갱신차익이 발생하였다. 국채선물의 가격표시는 1억원에 대해 백분율(%)로 표시되므로 1억원의 1%인 1,000,000원이 갱신차금이 된다(참고 : 국채선물의 거래승수 100만원).

04 통화선물의 인수도결제에 대한 설명으로 거리가 먼 것은?
★★★

① 회원은 최종결제일 장 종료(15:45) 후부터 회원이 정하는 시간까지 통화선물거래의 최종결제 수량, 통화의 수수액, 최종결제대금 등 인수도내역을 위탁자에게 통지하여야 한다.
② 최종결제일 12시 이전까지 매수 미결제를 보유한 위탁자는 인수도대금을 회원에게 납부하여야 한다.
③ 최종결제일 12시 이전까지 매도 미결제를 보유한 위탁자는 인수도물품을 회원에게 납부하여야 한다.
④ 최종결제일에 회원은 납부된 인수도대금 및 인수도물품을 거래소와 차감결제하고 해당 위탁자에게 인수도대금 및 물품을 지급하여야 한다.

해설

회원은 최종결제일이 아닌 최종거래일 종료(15:45) 후부터 회원이 정하는 시간까지 인수도내역을 위탁자에게 통지하여야 한다.

05 대용증권

대표유형문제

다음 중 거래증거금으로 납부할 수 없는 대용증권은?

① 코스닥시장 상장주권
② 코스피200을 기초지수로 하는 레버리지 ETF
③ 상장외국주식예탁증권
④ 코넥스시장 상장주권

해설

ETF 지수자산 유형 중 원자재 또는 레버리지, 인버스 등 주식군(파생형)인 경우 납입가능 대용증권에서 제외된다.

정답 ②

필수핵심개념

01 대용증권 및 외화관리 업무

(1) 대용증권 관리업무

대용증권의 정의		현금을 대신하여 증거금으로 사용할 수 있는 일정 기준 이상의 유가증권을 의미
대용증권의 예탁		• 위탁자는 위탁증거금에서 현금예탁필요액을 제외한 금액에 대해서 대용증권으로 예탁할 수 있음 • 회원은 위탁증거금으로 예탁한 대용증권을 거래증거금 등으로 이용할 수 있음(단, 위탁자의 서면에 의한 사전동의 필요)
대용증권의 종류	납입가능 대용증권	• 상장주권 및 상장외국주식예탁증서 중 유동화기간이 10일 이하이고 직전 1년간 거래성립일 비중 75% 이상인 종목(단, 관리종목, 투자위험종목, 정리매매종목, 매매거래정지종목 제외) • 상장회사채(신용등급 BBB＋ 이상) • 상장채권(국공채) • ETF : 지수자산 유형 중 원자재 또는 레버리지, 인버스 등 주식군(파생형)인 경우 제외 • ETN : 지수자산 유형이 채권형이 아니거나 레버리지, 인버스 등 주식군(파생형)인 경우 제외
	효력정지	거래소는 환금이 제한되는 대용증권에 대해 효력을 정지할 수 있음

	대용증권 종류 제한	• 결제회원은 자신을 지정결제회원으로 하는 거래전문회원의 거래전문회원증거 금으로 사용 가능한 대용증권의 종류를 제한 가능 • 회원은 위탁자가 사용할 수 있는 대용증권의 종류를 제한 가능
	사용제한	• 회원은 자기가 발행한 유가증권을 대용증권으로 사용할 수 없음 단, 위탁자로부터 예탁받은 유가증권이 자기가 발행한 것인 경우는 사용 가능 • 회원은 위탁자가 위탁증거금으로 예탁한 대용증권을 그 위탁자 이외의 자의 거래증거금으로 예탁할 수 없음
대용가격의 산정	대용가격은 거래소가 규정(매 분기 과거 1년간 시장데이터를 기준으로 담보인정비율 산출)	
	대용가격 산출	대용증권의 기준시세 × 사정비율
	사정비율의 산정	외 화	담보인정비율은 99% 수준의 2일간(유동화기간) 가격변동과 원 화로 환전하는 경우 발생할 수 있는 부대비용을 커버할 수 있는 수준으로 산출(최대 95% 상한선)
		주식군	담보인정비율은 종목별 유동화기간과 일평균거래대금으로 설정 한 유동성 등급과 종목별 99% 수준의 3일간 수익률로 설정한 수 익률 등급을 고려하여 60~80%로 설정
		채권군	담보인정비율은 발행자의 지급능력(발행주체, 신용등급)에 따라 설정한 등급과 잔존만기 구간을 고려
	효력정지	관리종목, 투자위험종목, 정리매매종목, 매매거래정지종목으로 지정된 대용증권 은 그 사유 발생일의 다음날부터 대용증권의 효력을 정지
	산출시기	• 외화 및 주식군 : 매 분기 말 • 채권군 : 매매거래일
대용증권 입출고 방법	예 탁	• 예탁한 대용증권을 질권을 취득하는 방법으로 예탁 • 회원은 거래증거금으로 예탁하는 경우 자기재산과 수탁재산을 구분하여 예탁 • 회원은 위탁자의 사전 동의를 받은 경우 거래증거금 이용 가능
	인 출	질권을 말소하는 방법으로 인출하며, 증거금으로 예탁된 대용증권 중 증거금필 요액을 초과하는 대용증권은 장중에 수시로 인출할 수 있음
	처 분	거래에 의한 채무를 이행하지 아니한 경우 질권자인 거래소 또는 회원은 질권설 정자인 회원 또는 위탁자에 대한 통지 또는 최고없이 임의처분하여 채무 변제에 충당할 수 있음

(2) 외환관리업무

증거금 예탁 가능 통화	① 미국 달러화 ② 캐나다 달러화 ③ 홍콩 달러화 ④ 호주 달러화 ⑤ 싱가포르 달러화 ⑥ 영국 파운드화 ⑦ 유럽연합 유로화 ⑧ 스위스 프랑화 ⑨ 중국 위안화 ⑩ 일본 엔화	
기준시세	미국 달러화, 위안화	산출일 다음날 매매기준율
	그 외	산출일의 매매기준율
사정비율	외화별 매매기준율의 수익률을 기준으로 산출	

(3) 외화증권

예탁가능 외화	미국 단기 재무부국채(T-Bill), 미국 중기 재무부국채(T-Note), 미국 장기 재무부국채(T-Bond)
사정비율	외화증권의 기준 시세에 매매기준율 및 사정비율을 곱하여 산출

05 핵심보충문제

01 증거금으로 예탁 가능한 외화가 아닌 것은?

★★★
① 태국 바트화
② 싱가포르 달러화
③ 스위스 프랑화
④ 영국 파운드화

해설

태국 바트화는 증거금으로 예탁 가능한 외화가 아니다.

02 대용증권에 대한 설명으로 거리가 먼 것은?

★★☆
① 회원은 자기가 발행한 유가증권을 대용증권으로 사용하는 것을 금지하나 위탁자로부터 예탁받은 유가증권이 자기가 발행한 것인 경우는 사용할 수 있다.
② 거래소는 환금이 제한되는 대용증권에 대해 효력을 정지할 수 있다.
③ 상장회사채의 경우 신용등급이 BBB＋ 이상이어야 한다.
④ 대용가격은 매 분기 과거 1년간 시장데이터를 기준으로 회원이 담보인정비율을 산출한다.

해설

대용가격은 거래소가 규정한다.

직무윤리

챕터 출제비중

구 분	출제영역	출제문항
CHAPTER 01	리스크관리	8 문항
CHAPTER 02	영업실무	5 문항
CHAPTER 03	직무윤리	10~11 문항
CHAPTER 04	투자자분쟁예방	1~2 문항
CHAPTER 05	자금세탁방지제도	1~2 문항
	총 문항	25 문항

제3과목에서 가장 출제비중이 높은 중요한 과목이며, 직무윤리의 포인트는 법제화에 있습니다. 이는 법으로 행위를 강제화하고 있다는 의미입니다. 기본적으로 도덕적 관념으로 문제에 접근할 수 있어 불명확하고 난해한 문장이나 단어들을 중심적으로 암기하면 점수를 얻기가 쉬운 챕터입니다.

Section별 중요도 및 학습체크

구 분	핵심개념	중요도	학습체크		
			1회독	2회독	3회독
01	기업윤리와 직무윤리	★★			
02	윤리경영과 직무윤리가 강조되는 이유	★★			
03	금융투자업에서의 직무윤리가 더욱 강조되는 이유	★★			
04	직무윤리의 사상적 배경	★			
05	자본시장법 및 지배구조법에서의 직무윤리의 역할	★★			
06	윤리경영의 국제적 환경	★			
07	직무윤리의 적용대상	★			
08	직무윤리의 법제화	★★			
09	이해상충방지 의무	★★★			
10	금융소비자보호 의무	★★★			
11	본인 · 회사 · 사회에 대한 윤리	★★★			
12	본인에 대한 윤리	★★			
13	회사에 대한 윤리	★★★			
14	사회에 대한 윤리	★★			
15	내부통제 도입배경 및 개요	★★			
16	지배구조법상 내부통제 조직	★★★			
17	준법감시제제의 운영	★★★			
18	사이버룸	★★			
19	내부통제 위반 시 회사의 조치 및 제재	★★★			
20	직무윤리 위반행위에 대한 제재	★★			
21	금융소비자보호 의무	★★★			

01 직무윤리 일반

---

section 01　기업윤리와 직무윤리　　　　　　　　　　　　　　　중요도 ★★☆

대표유형문제

다음 중 기업윤리와 직무윤리에 대한 설명으로 적절하지 않은 것은?

① 기업윤리는 조직 구성원 개개인들이 지켜야 하는 윤리적 행동과 태도를 구체화한 것이다.
② 기업윤리와 직무윤리는 흔히 혼용되어 사용되기도 한다.
③ 직무윤리는 미시적인 개념이며, 기업윤리는 거시적인 개념으로 본다.
④ 윤리경영은 직무윤리를 기업의 경영방식에 도입하는 것으로 간단히 정의될 수 있다.

해설
①은 직무윤리에 대한 설명이다. 직무윤리는 사적, 미시적, 구체적, 실질적인 특징이 있다.

정답　①

필수핵심개념

01 직무윤리에 대한 이해

(1) 법과 윤리

법	윤 리
• 정당한 사회관계를 규정하기 위하여 강제력을 갖는 여러 규범들의 총합 • 사회적 정의, 사회질서 수호 목적 • 있는 그대로의 법 − 윤리 무관, 모든 사회에 있는 법 • 법규는 강행적 성격 − 감독기관이 감독, 법은 최소한의 윤리임 • 보수적, 낡은 법(유행따라 바뀌면 혼란)	• 도덕규칙. 인간이 인간으로서 마땅히 해야 할 도리 내지 규범 • 개인적 도덕심을 지키는 목적 • 있어야 할 법 − 윤리에 합당한 법 • 윤리는 자율적 성격 − 자신이 감독, 내면화된 준법정신 • 새로운 윤리

(2) 기업윤리와 직무윤리

기업윤리	직무윤리
• 조직의 모든 구성원들에게 윤리적 행동을 강조, 포괄적 개념 • 거시적 • 윤리강령(추상적 선언 : 공정성과 투명성 등)	• 개개인이 맡은 업무를 수행하면서 지켜야 되는 윤리적 행동, 추상적 선언을 실질적 의미로 갖게 만든 것 • 미시적 • 임직원 행동강령(직무와 연결된 구체적 기준)

※ 윤리경영은 직무윤리를 기업의 경영방식에 도입하는 것

※ 윤리경영 문제는 잠재적인 이해상충이 발생하는 상황을 전부 다 포함하는 통합적 개념

> **대표유형문제**
>
> 윤리경영과 직무윤리의 필요성이 강조되는 이유에 관한 설명으로 적절하지 않은 것은?
>
> ① 현대 사회는 고도의 정보화 기술 및 시스템에 의해 움직이는 사회인데, 이를 잘못 사용하는 경우에 초래될 재난을 방지하기 위하여 이를 다루는 자들에게 직무윤리가 요구된다.
> ② 현대 사회에서는 위험비용을 제외한 거래비용의 최소화를 요구하기 때문이다.
> ③ 현대 사회에서 직무윤리는 공정하고 자유로운 경쟁의 전제조건이기 때문이다.
> ④ 현대 사회에서 직무윤리는 새로운 무형의 자본으로 인정되고 있기 때문이다.
>
> **해설**
>
> 위험비용을 포함하여 거래비용의 최소화를 요구하기 때문이다. 개별 경제주체는 눈에 보이는 비용(거래수수료 등) 이외에 상대방이 자신의 이익에 반하는 행동을 할 경우에 발생하는 위험비용(부실한 자산관리에 따르는 손해 위험 등)을 거래비용에 포함시켜 그 거래비용이 가장 적은 쪽을 선택해야 한다.
>
> **정답** ②

필수핵심개념

(3) 윤리경영과 직무윤리가 점점 더 강조되는 이유

① 윤리경쟁력 시대

　㉠ 기업의 윤리경영 도입여부 + 조직 구성원의 직무윤리 준수여부 = 윤리경쟁력

　㉡ 윤리경쟁력 = 기업을 평가하는 하나의 잣대이자 기업의 지속적인 생존여부와 직결

강조 이유	내 용
환경의 변화	고도의 정보화 기술 및 시스템에 의해 움직이는 사회인데, 이를 잘못 사용할 경우에 초래될 재난을 방지하기 위하여 이를 다루는 자들에게 고도의 직무윤리가 요구됨
위험과 거래비용	개인은 위험을 통제함으로써 가장 적은 거래비용*이 발생할 수 있도록 거래와 관련된 자들에게 직무윤리를 요구함 *거래비용 = 명시적 비용 + 위험비용 (위험비용 : 이해상충으로 발생하는 비용, 직접적으로 감지되지 않는 위험)
생산성 제고	윤리경영은 차별화된 홍보수단뿐만 아니라 기업의 생존 조건으로서 지속가능한 성장원동력
신종 자본	직무윤리는 새로우 무형의 자본으로 인정되고 있음(금융산업은 신용도가 가장 중요한 자산)
인프라 구축	윤리는 공정하고 자유로운 경쟁의 전제조건
사회적 비용의 감소	비윤리적 행동은 더 큰 사회적 비용(규제비용 등)을 가져오며, 이를 규제하기 위한 법적 규제와 같은 타율적인 규제 증가 → 규제법령 준수를 위한 기관과 조직의 운영비용 증가 → 사회 전체 비용 증가

대표유형문제

다른 산업에 비하여 금융투자산업에서 직무윤리가 특히 강조된다. 금융투자산업의 속성에 대한 설명으로 거리가 먼 것을 모두 고르면?

> 가. 고객자산을 위탁받아 운영·관리하는 것을 주요업무로 하므로 이해상충 가능성이 높다.
> 나. 금융투자업은 엄격한 규제를 받고 있으므로 금융투자업 종사자들의 행위를 법규에 의하여 사후적으로 감독하는 것만으로도 금융소비자를 보호할 수 있다.
> 다. 자본시장에서 금융소비자의 보호가 효과적으로 이루어지지 않으면 투자가 위축되어 자본시장이 제대로 기능을 수행할 수 없게 된다.
> 라. 오늘날 금융투자업에 있어서 금융소비자를 합리적 인간상으로 전제하기 때문이다.

① 가, 다 ② 다, 라
③ 가, 라 ④ 나, 라

해설

나. 정보비대칭 문제로 인해 사후적으로 감독하는 것만으로는 안정성 유지와 금융소비자 보호에 한계가 있다.
라. 전통적 금융투자업에 있어서 금융소비자는 정확하고 충분한 정보만 제공되면 투자여부를 스스로 알아서 판단할 수 있는 합리적 인간상을 전제로 한 것이었으나, 오늘날은 전문가조차도 금융투자상품의 정확한 내용을 파악하기가 어려울 정도로 전문화·복잡화·다양화로 인해 정확한 정보제공의 차원을 넘어 금융소비자 보호를 위한 적극적 노력이 요구되기 때문에 법이 요구하는 최소한의 수준 이상의 윤리적인 업무자세가 요구된다.

정답 ④

필수핵심개념

② 금융투자업에서의 직무윤리가 더욱 강조되는 이유

산업의 고유속성	• 고객의 자산을 위탁받아 운영·관리하는 것을 주요 업무로 하므로 고객의 이익을 침해할 가능성(이해상충 발생가능성)이 높음 • 특히 정보비대칭 문제로 사후적으로 감독하는 것만으로는 안정성 유지와 금융소비자 보호에 한계가 있음. 따라서 엄격한 직무윤리가 필수전제조건임
상품의 특성	금융투자상품은 투자성(원본손실 가능성)을 내포하고 있어 고객과의 분쟁가능성 상존
금융소비자의 질적 변화	• 전통적 금융투자업에서는 금융소비자를 합리적 인간상으로 전제함(정보만 주면 끝) • 오늘날은 금융투자상품의 전문화·복잡화·다양화로 인해 정확한 정보제공의 차원을 넘어 금융소비자 보호를 위한 적극적 노력과 법이 요구하는 최소한의 수준 이상의 윤리적인 업무자세가 요구됨(정보의 양이 아닌 고객을 위한 서비스의 질)
안전장치	직무윤리를 준수하는 것은 금융투자업 종사자들을 보호하는 안전장치 역할을 함

대표유형문제

다음 진술은 직무윤리의 사상적 배경 중 어디에 해당하는가?

> • 금욕적인 생활윤리에 기반한 노동과 직업은 신성한 것이다.
> • 근검, 절약, 절제를 통하여 부를 얻는 행위는 신앙인의 정당하고 신성한 의무라고 강조

① 루터의 소명적 직업관
② 칼뱅의 금욕적 생활윤리
③ 마르크스의 유물사관
④ 막스 베버의 프로테스탄티즘의 윤리와 자본주의 정신

해설

기본서에 수록된 인물은 칼뱅과 베버이다. 기본서 외적인 것은 출제되지 않으니 하나만 암기한다면 쉽게 득점이 가능한 문제이다.

정답 ②

필수핵심개념

02 직무윤리의 사상적 배경 및 국내외 동향

(1) 직무윤리의 사상적 배경

칼뱅	• 금욕적 생활윤리(근검, 정직, 절제) → 종교적인 일과 세속적인 일을 구분하는 가톨릭에 반대, 모든 신앙인은 노동과 직업이 신성하다는 소명을 가져야 한다고 역설 • 초기 자본주의 발전의 정신적 원동력이자 지주로서의 역할(초기 자본주의 발전의 정신적 토대가 된 직업윤리의 중요성을 강조)
베버	프로테스탄티즘(개신교)의 윤리와 자본주의 정신에서 서구의 문화적 속성으로 합리성, 체계성, 조직성, 합법성을 언급

대표유형문제

자본시장법에서 직무윤리의 역할에 대한 설명으로 가장 옳은 것은?

① 자본시장법에서 금융투자상품을 포괄적으로 정의함으로써 그 적용대상과 범위가 확대됨에 따라 법의 사각지대를 메워주는 직무윤리의 중요성이 커졌다.

② 자본시장법상 직무윤리는 금융소비자에 대한 배려차원에서 법적 의무 부여보다는 금융기관 자체 서비스 중심의 금융소비자법을 강조한다.

③ 자본시장법상 전문투자자의 경우 법상 주된 보호대상에서 제외됨에 따라 직무윤리 책임도 한결 완화된 측면이 있다.

④ 자본시장법은 금융소비자 보호와 금융투자업자의 평판리스크 관리를 위해 내부통제 중심의 자발적 직무윤리를 강조하고 있다.

해설

② 서비스 중심에서 법적 의무로 제도화

③ 윤리적 책임까지 완전히 면제되는 것은 아님

④ 내부통제를 강화하여 독립성을 보장하고, 금융투자회사가 윤리경영을 실천하도록 법적인 강제성을 부여한 것은 지배구조법이다.

정답 ①

필수핵심개념

(2) 자본시장법 및 지배구조법에서 직무윤리의 역할

자본시장법	지배구조법 (윤리경영, 금융시장 안정, 투자자보호 목적)
• 투자자보호에 관한 자율적 서비스의 상당 부분이 고객(특히 일반투자자)에 대한 법적 의무로 제도화 • 금융투자상품을 포괄적으로 정의함으로써 그 적용대상과 범위가 확대됨에 따라 법의 사각지대를 메워줌 • 규제관리 효율성 제고를 위해 전문투자자는 주된 보호대상에서 제외. 이에 대한 윤리적 책임까지 완전히 면제되는 것은 아님 • 겸영허용 업무범위 확대로 새로운 상품 다양화 경쟁의 심화. 고도의 직무윤리는 신뢰의 확보로 평판리스크 관리차원에서 중요요소	• 윤리경영 영역에 있던 지배구조와 관련된 부분을 법제화하여 강제성을 추가 • 내부통제제도를 강화하여 독립성을 보장함으로써 금융투자회사가 윤리경영을 실천하도록 법적 강제성 부여
	금융소비자보호법
	• 임직원의 사전정보제공 － 금융상품 판매 － 사후피해규제에 이르는 전과정에서 금융소비자보호를 포괄하는 체계 구축 • 금융소비자 별도의 내부통제제도 도입

대표유형문제

국제투명성기구(TI : Transparency International)와 관련된 설명으로 옳지 않은 것은?

① 1995년 이래 매년 각 국가별 부패인식지수(CPI)를 발표하고 있다.
② 전문가, 기업인, 애널리스트들의 견해를 반영하여 공무원들과 정치인들의 부패수준이 어느 정도인지에 대한 인식의 정도를 지수로 나타낸 것이다.
③ 부패인식지수의 점수가 높을수록 부패정도가 심한 것이다.
④ 우리나라는 아직도 경제규모에 비해 윤리수준이 낮게 평가됨으로써 국제신인도와 국제경쟁력에 부정적인 영향을 미치고 있는 실정이다.

해설

부패인식지수의 점수가 낮을수록 부패정도가 심한 것이다.

정답 ③

필수핵심개념

(3) 윤리경영의 국제적 환경

① OECD : 국제 공통의 기업윤리강령 발표. 단, 강제 규정은 아님
② ❶ 국제투명성기구(TI : Transparency International)에서 ❷ 국가별 부패인식지수(CPI)를 발표
③ 공무원들과 정치인들의 부패수준이 어느 정도인지에 대한 인식 정도를 지수로 나타낸 것
④ 부패인식지수의 점수가 ❸ 낮을수록 부패 정도가 심함. 우리나라는 아직도 경제규모에 비해 윤리 수준이 ❹ 낮게 평가됨
⑤ 점수보다는 순위의 변동추이를 살펴보아야 함

(4) 윤리경영의 국내적 환경

2016년 9월 28일부터 시행된 「부정청탁 및 금품 수수 등의 금지에 관한 법률」(청탁금지법, 일명 김영란법)로 인해 공직자 등(일반 국민 전체가 적용 대상)이 직무관련성, 대가성 등이 없더라도 금품 등의 수수를 하는 경우에는 제재가 가능해짐

대표유형문제

직무윤리의 적용대상에 관한 설명으로 적절하지 않은 것은?

① 투자권유자문인력 등의 전문자격증을 소유하고 있지 않으나, 관련 업무에 실질적으로 종사하는 자가 적용대상이다.

② 잠재적 고객은 아직 정식 고객이 아니므로 직무윤리를 준수할 대상이 아니다.

③ 직무윤리의 적용대상인 직무행위란 금융투자업에 관련된 일체의 직무활동을 말한다.

④ 금융투자전문인력이 아니더라도 금융투자행위에 종사하는 자는 직무윤리 적용대상이다.

해설

잠재적 고객도 금융투자업 종사자가 준수해야 할 직무윤리의 대상이다.

정답 ②

필수핵심개념

03 교재(금융투자협회 기본서)에서의 직무윤리

(1) 직무윤리의 적용대상 : 투자관련 직무에 종사하는 일체의 자*는 직무윤리 적용대상임

***일체의 자**
- 관련 전문자격증을 보유하고 있는 자(금융투자전문인력)
- 자격을 갖기 이전에 관련 업무에 실질적으로 종사하는 자
- 직접 또는 간접적으로 이와 관련되어 있는 자를 포함
- 회사와의 위임계약관계 또는 고용계약관계 및 보수의 유무
- 고객과의 법률적인 계약관계 및 보수의 존부를 불문함
- 회사와 정식 고용관계에 있지 않은 자나 무보수로 일하는 자도 직무윤리를 준수해야 함
- 아직 아무런 계약관계를 맺지 않은 잠재적 고객에 대해서도 직무윤리를 준수해야 함

01 다음 중 법과 윤리에 대한 설명으로 가장 적절하지 않은 것은?

★☆☆

① 법의 수단과 목적은 시대에 따라 얼마든지 변할 수 있다.

② 윤리에 합당한 법을 '있어야 할 법'이라고 한다.

③ 법은 최소한의 윤리이다.

④ 윤리가 좀 더 개인적이고 내면적인 규범으로 되면 '도덕'이라고 하고, 그것이 사회적인 범위로 확장되면 '정의'라고 부른다.

해설

법은 성격상 특히 '보수적'이다. 법이 제정되기도 힘들거니와 한 번 제정되면 좀처럼 바뀌지 않는다. 시류에 따라 바뀌면 그 사회의 전체질서가 위험에 빠지기 쉽다. 법의 수단은 현실에 따라 얼마든지 변할 수 있지만 그 본질인 목적은 결코 변함이 없어야 한다.

02 다음 중 법과 윤리에 대한 설명으로 바르지 못한 것은?

★☆☆

① 윤리는 인간이 인간으로서 마땅히 해야 할 도리 내지 규범이다.

② 법이 지키고자 하는 정의는 사회적인 것이다.

③ 인류의 오랜 법 생활은 '있는 그대로의 법'이 '있어야 할 법'으로 되기를 꿈꾸고 실현해오는 과정이라 할 수 있다.

④ 윤리는 궁극적으로 법의 실현을 목적으로 한다.

해설

법은 최소한의 윤리이다. 법은 궁극적으로 윤리 실현을 목적으로 한다.

03 다음 중 기업윤리와 직무윤리에 대한 설명으로 적절하지 않은 것은?

★★★

① 기업윤리는 포괄적 · 거시적 개념이다.

② 기업윤리와 직무윤리는 흔히 혼용되어 사용되기도 한다.

③ 직무윤리는 윤리적 이념을 업무와 직접적인 관련성을 높임으로써 추상적 선언을 실질적 의미로 갖게 만든다.

④ 직무윤리는 '윤리강령' 등의 형태를 지닌다.

> **해설**
> 기업윤리는 '윤리강령'의 추상적 선언문 형태를 지니는 반면 직무윤리는 '임직원 행동강령'으로 직무와 연결된 구체적 기준을 담고 있다.

04 자본시장법에서의 직무윤리의 역할에 대한 설명이다. 거리가 먼 것은?

★★★

① 단순히 금융소비자에 대한 배려차원에서 자발적으로 이루어지던 서비스 중 상당부분이 금융소비자에 대한 법적의무로 제도화되었다.

② 금융상품의 정의를 포괄적으로 정의하여 그 적용대상과 범위가 확대됨에 따라 법의 사각지대를 메워주는 직무윤리의 중요성이 증대되었다.

③ 주요 업무집행자와 임원에 대한 자격요건을 정하고 윤리경영의 실행을 포함한 내부통제제도를 강화하여 독립성을 보장함으로써 금융투자회사가 윤리경영을 실천하도록 법적인 강제성을 부여한다.

④ 새로운 업무와 상품에 대한 전문적 지식의 습득은 물론이고 금융소비자에 대한 고도의 윤리의식을 가지고 이를 준수함으로써 금융소비자의 신뢰 확보로 '평판위험'을 관리할 수 있다.

> **해설**
> ③은 지배구조법에서 직무윤리의 역할이다.

05 윤리경영과 직무윤리의 필요성이 강조되는 이유에 관한 설명으로 적절하지 않은 것은?

★★★

① 현대 사회는 고도의 정보화 기술 및 시스템에 의해 움직이는 사회인데, 이를 잘못 사용하는 경우에 초래될 재난을 방지하기 위하여 이를 다루는 자들에게 직무 윤리가 요구된다.

② 현대 사회에서는 위험비용을 제외한 거래비용의 최소화를 요구하기 때문이다.

③ 현대 사회에서 직무윤리는 공정하고 자유로운 경쟁의 전제조건이기 때문이다.

④ 현대 사회에서 직무윤리는 새로운 무형의 자본으로 인정되고 있기 때문이다.

> **해설**
> 위험비용을 포함하여 거래비용의 최소화를 요구하기 때문이다. 개별 경제주체는 눈에 보이는 비용(거래수수료 등) 이외에 상대방이 자신의 이익에 반하는 행동을 할 경우에 발생하는 위험비용(부실한 자산관리에 따르는 손해 위험 등)을 거래비용에 포함시켜 그 거래비용이 가장 적은 쪽을 선택해야 한다.

06 서구문화의 속성으로 합리성, 체계성, 조직성, 합법성을 들고, 이러한 속성들은 세속적 금욕생활과 직
★☆☆ 업윤리에 의하여 형성되었다고 설명한 사람은 누구인가?

① 루터의 소명적 직업관
② 칼뱅의 금욕적 생활윤리
③ 마르크스의 유물사관
④ 막스 베버의 프로테스탄티즘의 윤리와 자본주의 정신

해설

막스 베버에 대한 설명이다.

07 2016년 9월 28일부터 시행된 '부정청탁 및 금품 수수 등의 금지에 관한 법률'(이하 '청탁금지법')에 대
★☆☆ 한 설명으로 옳지 않은 것은?

① 법안을 발의한 당시 국민권익위원회의 위원장이었던 김영란 전 대법관의 이름을 따 '김영란법'이
   라고도 불린다.
② 그동안 우리나라에서 관행, 관습이라는 이름하에 묵인되어 왔던 공직자 등에 대한 부정청탁 행
   위 및 부당한 금품 등을 제공하는 행위 등을 강력하게 금지하고 있다.
③ 단순히 공직자 등에게만 국한된 것이 아니라 일반 국민 전체를 적용대상으로 하고 있다는 점에서
   그 영향력이 매우 크며, 위반 시 제재조치 또한 강력하다.
④ 공직자 등이 직무 관련성, 대가성 등이 있는 금품 등의 수수를 하는 경우에는 제재가 가능하도록
   하고 있다.

해설

공직자 등이 직무 관련성, 대가성 등이 없더라도 금품 등의 수수를 하는 경우에는 제재가 가능하도록 하고 있다.

08 직무윤리의 적용대상에 대한 설명으로 부적절한 것은?

★★☆

① 회사와의 위임, 고용관계, 고객과의 법률관계 및 보수의 유무를 불문하고 모든 금융투자업 종사자는 직무윤리를 준수해야 한다.

② 무보수직 및 임시직도 직무윤리를 준수해야 하지만, 회사와 정식 고용관계에 있지 않은 자나 고객과 아무런 계약관계를 맺고 있지 않은 잠재적 고객은 적용대상에서 제외된다.

③ 직무윤리를 인지하지 못한 자도 준수해야 한다.

④ 직무윤리의 적용대상이 되는 직무행위는 자본시장과 금융투자업에 직접 또는 간접적으로 관련된 일체의 직무행위를 포함한다.

> **해설**
>
> 무보수직 및 임시직도 직무윤리를 준수해야 되고, 회사와 정식 고용관계에 있지 않은 자나, 아무런 계약 관계를 맺고 있지 않은 잠재적 고객에 대해서도 직무윤리를 준수해야 한다.

09 직무윤리의 성격에 관한 설명으로 옳지 않은 것은?

★☆☆

① 법은 외형적 행위나 결과를 규제하는 강행적·타율적인 성격을 가지고 있지만, 직무윤리 및 직무윤리기준은 자율규제로서의 성격을 지닌다.

② 직무윤리는 자율적 준수라는 장점이 있다.

③ 직무윤리는 법규에 비해 강제수단이 미흡하기 때문에, 직무윤리를 위반하는 경우 단순히 윤리적으로 잘못된 것이라는 비난에 그치게 된다.

④ 법적 규제에는 한계가 있으므로 이를 보완하는 것이 직무윤리이다. 또한 윤리는 사전예방 차원에서 필요하지만 법은 결과에 대해서 책임을 묻는다.

> **해설**
>
> 직무윤리 위반 시 단순한 윤리적 비난에 그치지 않고, 실정법 위반행위로서 국가기관에 의한 행정제재·민사 배상책임·형사책임 등의 타율적 규제와 제재의 대상이 되는 경우가 많다.

대표유형문제

다음 괄호 안에 들어갈 단어로 적절하지 않은 것을 고르면?

> 금융투자업자들이 반드시 지켜야 할 두 가지 기본적이고 핵심적인 (ㄱ)과 (ㄴ)을 이해하였고
> 이 직무윤리는 지배구조법, 자본시장법 및 금융소비자보호법 등에서 (ㄷ)와 (ㄹ)로 대표되는
> 법적의무로 승화되었다.

① ㄱ : 고객 우선의 원칙
② ㄴ : 신의성실의 원칙
③ ㄷ : 이해상충방지 의무
④ ㄹ : 선관주의 의무

해설

'ㄹ'에 들어갈 적절한 의무는 금융소비자 보호의무이다. 선관주의 의무는 선량한 관리자로서의 주의의무이며 이는 핵심 직무윤리인 고객 우선의 원칙과 신의성실의 원칙의 기본적 근거가 된다.

정답 ④

필수핵심개념

01 기본원칙

① 금융투자업자에게 적용되는 공통적인 직무윤리이자 가장 높은 수준의 기준이며 금융투자업에서 준수해야 할 가장 중요한 덕목인 두 가지 직무윤리는 '고객 우선의 원칙' 과 '신의성실의 원칙'이다.
② 금융투자협회에서 금융투자회사가 준수해야 한 '금융투자회사의 표준윤리준칙'을 제정

고객 우선의 원칙	금융소비자를 우선순위에 놓아야 할 의무
신의성실의 원칙	회사와 임직원은 정직과 신뢰를 가장 중요한 가치관으로 삼고, 신의성실의 원칙에 입각하여 맡은 업무를 충실히 수행하여야 함

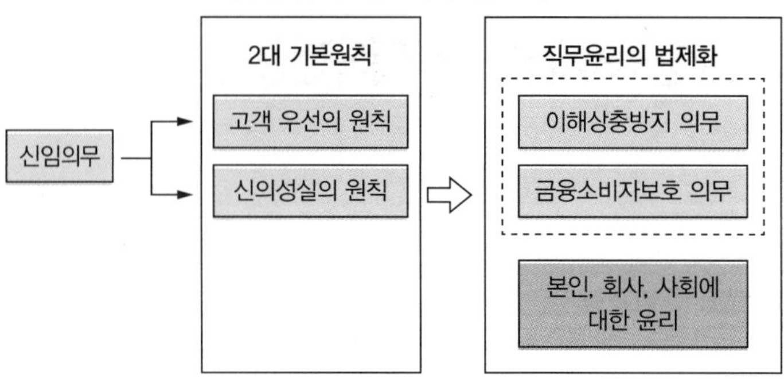

<table>
<tr><td>section 09</td><td>이해상충방지 의무 - 개요</td><td>중요도 ★★★</td></tr>
</table>

section 09 이해상충방지 의무 - 개요   중요도 ★★★

대표유형문제

이해상충방지 의무에 대한 설명으로 옳지 않은 것은?

① 금융투자업자는 금융투자업을 영위함에 있어 정당한 사유 없이 투자자의 이익을 해하면서 자기가 이익을 얻거나 제3자가 이익을 얻도록 하여서는 아니 된다.

② 금융투자업 종사자는 신의성실의 원칙에 입각하여 투자자의 이익을 최우선으로 하여 업무를 수행하여야 한다.

③ 이해상충방지 의무는 금융투자업 종사자의 충실의무와 직접적인 연관성이 있다.

④ '최선의 이익'이란 결과에 있어서 최대의 수익률을 얻어야 한다는 뜻이다.

해설

'최선의 이익'이란 단순히 결과에 있어서 최대의 수익률을 얻어야 한다는 뜻이 아니라 결과와 과정 양자 모두에 있어서 최선의 결과를 얻도록 노력하여야 한다는 뜻이다.

정답 ④

필수핵심개념

02 이해상충방지 의무

(1) 개 요

「자본시장법」 제37조 제2항	금융투자업자는 금융투자업을 영위함에 있어서 정당한 사유 없이 투자자의 이익을 해하면서 자기가 이익을 얻거나 제3자가 이익을 얻도록 하여서는 아니 된다.
최선집행의무	• '최선의 이익'이란 소극적으로 고객 등의 희생 위에 자기 또는 제3자의 이익을 도모해서는 안 된다는 것에 그치는 것이 아니고, 적극적으로 금융소비자 등의 이익을 위하여 실현가능한 최대한의 이익을 추구하여야 하는 것을 말한다. • 단순히 결과에 있어서 최대의 수익률을 얻어야 한다는 뜻이 아니라 결과와 과정 양자 모두에 있어서 최선의 결과를 얻도록 노력하여야 한다는 뜻이다.

대표유형문제

다음 중 이해상충의 발생원인과 거리가 먼 것은?

① 회사 내의 사적 업무영역에서 공적 업무영역의 정보를 이용하기 때문이다.

② 금융투자업자와 금융소비자 간 존재하는 정보의 비대칭 때문이다.

③ 금융투자업 종사자가 금융소비자의 이익을 희생하여 본인 또는 제3자의 이익을 추구할 가능성이 항상 존재하기 때문이다.

④ 금융투자업자의 겸영업무 허용범위가 넓어졌기 때문이다.

해설

공적정보는 외부정보로 공개된 시장의 정보이다. 인수 계획 등 아직 공개되지 않은 내부정보로 주가에 큰 영향을 미치는 정보가 미공개중요정보이다.

정답 ①

필수핵심개념

(2) 이해상충의 발생원인

미공개중요정보	금융투자업자 내부의 문제로서 금융투자업을 영위하는 공적 업무영역에서 사적 업무영역(내부정보)의 정보를 이용하기 때문임(내부정보를 이용하여 주식을 사고 싶은 욕구)
정보의 비대칭	금융투자업자와 금융소비자 간에 존재하는 정보의 비대칭으로 금융투자업 종사자가 금융소비자의 이익을 희생하여 본인 또는 제3자의 이익을 추구할 가능성이 항상 존재(고객이 자세한 정보를 모르므로 수수료가 비싼 상품을 팔고 싶은 욕구)
자본시장법에서 겸영업무 허용	복수의 금융투자업 간 겸영업무의 허용범위가 넓어짐. 즉, 생산(발행)과 판매를 모두 겸업가능(본인 회사 물건을 팔고 싶은 욕구)

대표유형문제

과당매매와 관련하여 특정 거래가 빈번한 거래인지 또는 과도한 거래인지를 판단할 때에 고려되어야 할 사항으로 부적절한 것은?

① 일반투자자가 부담하는 수수료의 총액

② 일반투자자의 재산상태 및 투자목적에 적합한지 여부

③ 일반투자자가 당해 거래로 인하여 실제 투자손실을 입었는지의 여부

④ 일반투자자가 투자지식이나 경험에 비추어 당해 거래에 수반되는 위험을 잘 이해하고 있는지 여부

해설

일반투자자가 실제 손해를 입었는지 혹은 이익을 입었는지는 과당매매의 판단 기준이 아니다. 이 외에도 개별 매매거래 시 권유 내용의 타당성 여부 등을 종합적으로 고려하여 판단한다.

정답 ③

필수핵심개념

(3) 이해상충의 발생사례 – 과당매매

※ 특정거래가 빈번한 거래인지 또는 과도한 거래인지 여부의 종합적 판단 기준

① 일반투자자가 부담하는 수수료의 총액

② 일반투자자의 재산상태 및 투자목적에 적합한지 여부

③ 일반투자자의 투자지식이나 경험에 비추어 당해 거래에 수반되는 위험을 잘 이해하고 있는지 여부

④ 개별 매매거래 시 권유내용의 타당성 여부

대표유형문제

자본시장법상의 이해상충방지 체계에 관한 설명으로 옳지 않은 것은?

① 자본시장법에서는 금융투자업 간 겸영 허용 범위가 넓어짐에 따라 이해상충방지 체계를 금융투자업의 인가 · 등록 시부터 갖추도록 의무화하고 있다.

② 금융투자업자는 이해상충이 발생할 가능성을 파악 · 평가하고, 내부통제기준이 정하는 방법 및 절차에 따라 이를 적절히 관리하여야 한다.

③ 금융투자업자는 이해상충이 발생할 가능성이 있는 경우에는 그 사실을 미리 해당 투자자에게 알려야 하며, 이해상충이 발생할 가능성을 투자자보호에 문제가 없는 수준으로 낮춘 후 매매, 그 밖의 거래를 하여야 한다.

④ 금융투자업자는 이해상충이 발생할 가능성을 낮추는 것이 곤란하다고 판단되는 경우에는 준법감시인의 승인 후 거래를 하여야 한다.

해설
금융투자업자는 이해상충이 발생할 가능성을 낮추는 것이 곤란하다고 판단되는 경우에는 매매, 그 밖의 거래를 하여서는 아니 된다.

정답 ④

필수핵심개념

(4) 이해상충의 방지체계

이해상충발생 가능성의 파악 등 관리 의무 (자본시장법)	• 금융투자업자는 이해상충이 발생할 가능성을 파악 · 평가하고, 내부통제기준이 정하는 방법 및 절차에 따라 적절히 관리(미리 기준을 만들고 매뉴얼대로 해야 한다) • 이해상충발생 가능성 고지 및 저감 후 거래 의무(가능성을 낮추고 팔아야 한다) • 이해상충발생 회피 의무(낮추지 못하면 팔지 말아야 한다)
정보교류의 차단 의무 (**Chinese Wall 구축**) (자본시장법)	미공개중요정보 등이 내부에서 교류되지 않도록 내부통제기준을 마련하고 정기적으로 점검을 실시하고 임직원 대상으로 교육하며 관리
조사분석자료의 작성 대상 및 제공의 제한 (금융투자협회 규정)	금융투자협회의 규정에서는 금융투자업자 자신이 발행하였거나 관련되어 있는 대상에 대한 조사분석자료의 공표와 제공을 원천적으로 금지(본인회사에서 만든 상품보고서에 좋은 말만 가득 써서 고객들한테 공표하거나 제공하면 안 된다)
자기거래의 금지 (자본시장법)	• 고객으로부터 금융투자상품의 매매를 위탁받은 투자중개업자가 고객의 대리인이 됨과 동시에 그 거래상대방이 될 수 없음 • 금융투자업 종사자는 금융소비자가 동의한 경우를 제외하고는 금융소비자와의 거래 당사자가 되거나 자기 이해관계인*의 대리인이 되어서는 아니 됨(본인 물건이나 친구 물건인 사실을 고객한테 말하지 않고 중개하면 안 된다) *자기 이해관계인 : 법률적 이해관계인에 국한하지 않고 사실상의 이해관계까지도 모두 포함

자기거래 예외의 경우(자기거래 가능)

※ 우연히 결정되거나 투자자의 이익을 해칠 가능성이 없는 경우

• 증권시장, 파생상품시장 또는 다자간매매체결회사를 통하여 매매가 이루어지는 경우(불특정다수가 거래하는 시장에 중개해서 구매하므로)
• 투자매매업자 또는 투자중개업자가 자기가 판매하는 집합투자증권을 매수하는 경우(판매하려고 했으나 자신이 직접 구매)
• 종합금융투자사업자가 자본시장법에 따라 단기금융업 등 금융투자상품의 장외매매가 이루어지도록 한 경우(이 장외거래는 1:1 거래가 아니라 불특정 다수인을 대상으로 하는 예외적 장외거래임)

---

section 10 금융소비자보호 의무 – 개요 　　중요도 ★★★

대표유형문제

금융소비자보호의 기본원칙인 주의의무에 관한 설명으로 옳지 않은 것은?

① 금융투자업 종사자는 금융소비자 등의 업무를 수행함에 있어서 그때마다의 구체적인 상황에서 전문가로서의 주의를 기울여야 한다.
② 금융투자업 종사자는 일반인에게 요구되는 정도의 주의를 기울여 그 업무를 수행하여야 한다.
③ 주의업무를 다하는 것인가는 구체적 업무내용에 따라서 다르지만, 일반적으로 '신중한 투자자의 원칙(Prudent Investor Rule)'이 기준이 된다.
④ 수탁자가 포트폴리오 이론에 따라서 자산을 운용하면 그것은 일반적으로 적법한 것으로 인정된다.

해설
금융투자업 종사자는 일반인(아마추어)에게 요구되는 것 이상의 '전문가로서의 주의'를 기울여 그 업무를 수행하여야 한다.

정답 ②

필수핵심개념

03 금융소비자보호 의무

(1) 개 요

① 기본개념

금융소비자 정의	• 금융판매업자의 거래상대방인 전문금융소비자 또는 일반금융소비자 • 금융회사와 거래하고 있는 당사자뿐만 아니라 장래 금융회사의 상품이나 서비스를 이용하고자 하는 자를 포괄하는 개념(잠재적 고객도 포함)
금융소비자 보호	금융시장의 공급자인 금융상품의 개발자와 판매자에 비해 교섭력과 정보력이 부족한 수요자인 금융소비자의 입지를 보완하기 위하여 불공정하고 불평등한 제도와 관행을 바로잡는 업무
효 과	협상을 통한 신뢰 제고로 장기적 금융서비스 수요증가 효과 발생. 이는 우리나라 자본시장을 발전시키는 역할 수행

<table>
<tr><td rowspan="1">전문가로서의
주의의무</td><td>

- 고객은 전문가라고 믿고 맡기므로 그에 합당하게 신중한 투자자의 원칙을 기준으로 수탁자의 투자판단에 관한 의무이행뿐만 아니라 수익자의 이익을 위하여 행동하여야 하는 의무와 수익 전념의무를 포함(의무의 포괄성)
- '전문가로서' : 일반인에게 요구되는 것 이상의 당해 전문가 집단의 평균 수준
- '주의' : 유상이건 무상이건 업무를 수행하는 데 있어서 관련된 모든 요소에 기울여야 하는 마음가짐과 태도
- 고의 또는 과실로 전문가로서의 주의의무를 위반하는 경우 채무불이행책임과 불법행위책임 등 법적책임을 지게 됨

</td></tr>
</table>

② 금융소비자보호 관련 국제 동향

　㉠ G20의 금융소비자보호 10대 원칙 채택

　㉡ 금융소비자보호 모범규준 제정

대표유형문제

다음 중 금융상품 판매 후 금융소비자보호제도에 해당하지 않는 것은?

① 계약서 제공 의무

② 자료열람요구권

③ 미스터리쇼핑

④ 정보누설 및 부당이용 금지

해설

계약서 제공 의무는 금융상품 판매단계의 금융소비자보호제도이다.

정답 ①

필수핵심개념

판매 이전 단계	판매단계	판매 후 단계	사후구제
• 상품개발단계 　– 사전협의 절차 　– 금융상품개발관련 점검 　　절차 　– 외부의견청취 • 금융상품 판매절차 구축 　– 금융상품판매 전 절차 　　구축(교육체계마련, 판 　　매자격관리) 　– 금융상품판매 후 절차 　　구축	• 영업행위규칙 • 적합성의 원칙 • 적정성의 원칙 • 설명의무(+청약철회권) • 불공정영업행위 금지 • 부당권유행위 금지 　– 합리적 근거 제공 의무 　– 적정한 표시 의무 　– 불초청투자권유 금지 • 광고규제 • 계약서 제공의무	• 보고 및 기록의무 　– 처리결과보고 의무 　– 기록 및 유지관리 의무 　– 자료열람요구권 • 해피콜 서비스 • 고객의 소리 • 미스터리쇼핑 • 위법계약해지권 • 정보누설 및 부당이용 금지	• 법원의 소송중지 • 소액분쟁사건의 분쟁조정 　이탈금지 • 손해배상책임

대표유형문제

다음 중 상품 판매 이전 단계에서의 금융소비자보호의무와 가장 거리가 먼 것은?

① 상품 판매 개시 이후 적정한 판매절차를 거쳤는지 점검하는 절차를 마련한다.
② 판매임직원 등의 판매자격 관리절차를 마련한다.
③ 판매임직원 등 대상 교육체계를 마련한다.
④ 해당 상품에 대한 미스터리쇼핑을 자체적으로 실시한다.

해설
미스터리쇼핑은 상품 판매 이후 단계에서 실행하는 절차이다.

정답　④

필수핵심개념

(2) 상품개발 단계의 금융소비자보호

사전협의 절차	상품개발부서, 마케팅부서, 총괄기관 간 사전 협의(내부통제기준 부합여부 점검)
금융상품개발관련 점검절차	총괄기관은 점검항목을 마련하여 개발부서에 제공
외부의견 청취	이전 발생 민원, 소비자 만족도 등 소비자 의견 적극 반영 및 외부전문가의 의견도 포함

(3) 금융상품 판매절차 구축

금융상품 판매 전 절차	교육체계 마련(의무교육), 판매자격관리
금융상품 판매 후 절차	• 불완전판매 여부를 금융소비자가 확인할 수 있는 절차가 마련되어 있어야 함 • 불완전판매의 개연성이 높은 상품에 대해서 재설명, 청약철회, 위법계약해지 등 보호절차 마련 • 문자, 전자우편 등을 활용한 금융소비자 통지 체계 마련

더 알아보기

취급상품별 판매자격 기준

집합투자기구(펀드)	펀드투자권유자문인력
주식, ELB · DLB(파생결합사채)	증권투자권유자문인력
채권, CP, RP, CMA	
선물, 옵션, 파생결합증권(ELS, ELW 등)	파생상품투자권유자문인력
파생상품이 포함된 금전신탁	
랩어카운트	운용대상자산별 자격증
방카슈랑스	생명보험, 손해보험, 변액보험, 제3보험 대리점

대표유형문제

금융소비자보호법상 금융투자회사의 영업행위 일반원칙에 대한 설명으로 거리가 먼 것은?

① 금융소비자 대상 영업행위 일반원칙은 법적인 의무로 규정하고 있다.

② 금융소비자의 투자목적, 지식·경험, 정보제공에 대한 대가 등에 따라서 필요한 정보를 적절하게 차별하여 제공하는 것은 허용되지 않는다.

③ 동일한 성격을 가진 금융소비자에 대하여 제공되는 서비스의 질과 양 및 시기 등이 동일하다면 공정성을 유지하는 것으로 본다.

④ 관리책임을 명확히 규정하고 직무수행에 지켜야 할 내부통제기준을 반드시 마련하여야 한다.

해설

공평하게라는 의미가 아닌 공정하게 라는 의미를 담고 있어, 금융소비자의 투자목적, 지식·경험, 정보제공에 대한 대가 등에 따라서 필요한 정보를 적절하게 차별하여 제공하는 것은 허용된다.

정답 ②

필수핵심개념

(4) 상품판매 단계의 금융소비자보호(금융소비자보호법상에 법적인 의무로 규정)

영업행위 일반원칙	• 영업행위 준수사항 해석의 기준 : 금융소비자의 권익을 우선 적용 • 신의성실의무 : 업무의 내용과 절차를 공정히 하여야 함 • 차별금지 : 금융소비자의 투자목적, 지식·경험, 정보제공에 대한 대가 등에 따라서 필요한 정보를 적절하게 차별하여 제공하는 것은 허용. 즉, 동일한 성격을 가진 금융소비자에 대하여 제공되는 서비스의 질과 양 및 시기 등이 동일하다면 공정성을 유지하는 것으로 봄 • 관리책임 : 금소법은 관리책임을 명확히 규정하고 직무수행에 지켜야 할 내부통제기준을 반드시 마련하도록 의무(내부통제기준 마련의무)
6대 판매원칙	적합성의 원칙, 적정성의 원칙, 설명의무, 불공정영업행위금지, 부당권유금지, 광고규제

대표유형문제

금융소비자보호법상 투자권유 전 실행해야 하는 절차의 순서를 올바르게 연결한 것은?

> ㉠ 해당 금융소비자가 일반금융소비자인지 전문금융소비자인지 확인
> ㉡ 일반금융소비자인 경우 면담·질문 등을 통해 금융상품별 소비자정보 파악
> ㉢ 파악된 금융소비자의 투자성향 분석결과 설명 및 확인서 제공
> ㉣ 금융소비자가 투자권유를 원하는지 원하지 않는지를 확인
> ㉤ 투자자금의 성향파악

① ㉡ – ㉣ – ㉠ – ㉢ – ㉤　　　　② ㉣ – ㉠ – ㉡ – ㉢ – ㉤
③ ㉠ – ㉡ – ㉢ – ㉤ – ㉣　　　　④ ㉣ – ㉢ – ㉡ – ㉠ – ㉤

해설

금융소비자가 투자권유를 원하는지, 원하지 않는지를 가장 먼저 확인해야 하며 투자권유를 희망하지 않는 경우 권유불가 사실을 안내해야 한다.

정답 ②

필수핵심개념

① 적합성의 원칙

　㉠ 응대하는 금융소비자가 가지고 있는 개별적인 요소 또는 상황이 모두 다를 수 있기 때문에 그에 맞는 적합한 투자권유나 투자상담이 필요

　㉡ 금융소비자의 정보를 파악하여 상황변화에 따라 적절히 수정하여 투자권유 또는 투자상담

　㉢ 투자권유 전 실행해야 하는 절차

> **[투자권유 전 실행해야 하는 절차]**
>
> ❶ 금융소비자가 투자권유를 원하는지 원하지 않는지를 확인
> 　– 투자권유를 희망하지 않는 경우 권유불가 사실 안내
> ❷ 해당 금융소비자가 일반금융소비자인지 전문금융소비자인지 확인
> 　– 전문금융소비자는 별도의 등록절차 진행
> ❸ 일반금융소비자인 경우 면담·질문 등을 통해 금융상품별 소비자정보 파악
> 　– 정보미제공 시 적정성 원칙 대상(파생상품 등)상품 가입제한 사실 안내
> ❹ 파악된 금융소비자의 투자성향 분석결과 설명 및 확인서 제공
> 　– 서명(전자서명 포함), 기명날인, 녹취, 전자우편, 전자통신, 우편, 전화자동응답시스템 등의 방법으로 확인받음
> 　– 투자성향 분석 결과 및 확인서의 제공은 1회성이 아니라 가입할 때마다 실행
> ❺ 투자자금 성향 파악
> 　– 원금보존을 추구하는 상품가입에 제한이 있음을 안내

② 개별 금융소비자에게 적합한 금융투자상품을 권유

⑩ 해당 금융상품이 적합하지 않다고 판단되는 경우 계약체결 권유 불가. 단, 예금성 상품은 제외

⑪ 금융소비자가 투자권유를 희망하지 않고, 본인의 정보를 제공하지 않는 경우 판매임직원은 적합성의 원칙 및 설명의무가 적용되지 않음을 안내

금융소비자보호법상 적정성의 원칙에 해당하지 않는 것을 모두 고르면?

가. 예금성 상품은 대상에서 제외된다.
나. 전문금융소비자에게는 적용되지 않는다.
다. 금융상품판매업자는 확인한 사항을 고려하여 해당 금융상품이 그 일반금융소비자에게 적정하지 아니하다고 판단되는 경우에는 그 사실을 알리고, 판매를 중단하여야 한다.
라. 금융투자업자가 계약체결을 권유하는 경우에 적용되는 원칙이다.

① 가, 나   ② 다, 라
③ 가, 다   ④ 나, 라

해설

다. 금융상품판매업자는 확인한 사항을 고려하여 해당 금융상품이 그 일반금융소비자에게 적정하지 아니하다고 판단되는 경우에는 그 사실을 알리고, 그 일반금융소비자로부터 서명, 기명날인, 녹취, 그 밖에 대통령령으로 정하는 방법으로 확인을 받아 적정하지 않은 상품임을 투자자에게 인식시키고 판매절차를 진행한다.

라. 적정성의 원칙은 보장성 상품, 투자성 상품 및 대출성 상품에 대하여 일반금융소비자에게 계약체결을 권유하지 아니하고 금융상품 판매계약을 체결하려는 경우에 해당한다.

정답 ②

필수핵심개념

② 적정성이 원칙

㉠ ❶ 보장성 상품, 투자성 상품 및 대출성 상품에 대하여 ❷ 일반금융소비자에게 ❸ 계약체결을 권유하지 아니하고 금융상품 판매계약을 체결하려는 경우에 해당

㉡ 계약체결을 권유하지 아니하더라도 미리 면담·질문 등을 통해 일반금융소비자의 정보를 파악하여야 함

㉢ 금융상품판매업자는 확인한 사항을 고려하여 해당 금융상품이 그 일반금융소비자에게 적정하지 아니하다고 판단되는 경우에는 그 사실을 알리고, 그 일반금융소비자로부터 서명, 기명날인, 녹취, 그 밖에 대통령령으로 정하는 방법으로 확인을 받아야 함

설명의무에 대한 내용이다. 가장 거리가 먼 것은?

① 일반금융소비자만을 대상으로 한다.

② 금융소비자보호법상의 금융상품 4가지 모두를 대상으로 이행해야 한다.

③ 금융투자상품판매업자 등은 금융상품의 종류별 설명에 필요한 설명서를 계약체결을 권유하기 전에 서면을 통해 일반금융소비자에게 제공해야 하며, 설명의무를 이행한 경우 일반금융소비자가 이해하였음을 서면이나 전자우편 등의 방법으로 확인을 받고 해당 기록을 유지 · 보관해야 한다.

④ 금융소비자보호법상의 설명의무를 이행하지 않은 금융회사에 대해, 해당 금융상품으로부터 얻는 수입의 최대 50% 이내에서 과징금을 부과할 수 있으며 별도로 최대 1억원의 과태료를 부과할 수 있다.

해설

설명서의 제공방법은 서면이나 전자우편 등의 방법으로 가능하나 설명에 대해 이해하였음을 명시하는 확인서는 서명, 기명날인, 녹취 등으로 확인받아야 한다.

정답 ③

③ 설명의무

적용대상 확대	• 모든 금융상품에 해당하며 금융상품판매업자 등은 일반금융소비자에게 계약체결을 권유하는 경우 및 계약체결의 권유가 없더라도 일반금융소비자가 설명을 요청하는 경우에는 금융상품에 관한 중요한 사항*을 일반금융소비자가 이해할 수 있도록 설명하여야 함 *중요한 사항 : 사회통념상 투자 여부의 결정에 영향을 미칠 수 있는 사안으로, 합리적인 투자 판단 또는 해당 금융투자상품의 가치에 중대한 영향을 미칠 수 있는 사항(모두 설명이 원칙) • 설명의 대상 : 민원 및 분쟁조정절차, 청약철회권, 위법계약해지권, 자료열람요구권 포함
설명서의 제공 및 확인의무	• 금융상품에 관한 계약을 체결하려는 경우 서면, 우편 또는 전자우편, 문자메세지 또는 이와 유사한 방법으로 반드시 사전에 금융소비자에게 해낭 금융상품의 실명서를 제공(딘, 예외사항*이 있음) *「금융소비자보호법」 설명서 미교부 예외사항 ① 기존 계약과 동일한 내용으로 계약을 갱신하는 경우 ② 기본 계약을 체결하고 그 체결 내용에 따라 계속적 · 반복적으로 거래를 하는 경우 • 설명한 내용을 일반금융소비자가 이해하였음을 서명, 기명날인, 녹취, 그 밖에 대통령령으로 정하는 방법으로 확인을 받아야 함
설명 시 유의사항	• 금융상품판매업자 등은 설명을 할 때 일반금융소비자의 합리적인 판단 또는 금융상품의 가치에 중대한 영향을 미칠 수 있는 사항을 거짓 또는 왜곡(불확실한 사항에 대하여 단정적 판단을 제공하거나 확실하다고 오인하게 할 소지가 있는 내용을 알리는 행위를 말함)하여 설명하거나 중요한 사항을 빠뜨려서는 아니 됨 • 전문적인 언어는 가급적 피하고 일상적 어휘를 사용하여 이해도를 높이고, 시각적 요소 활용
위반 시 제재	중요한 사항을 설명하지 않거나, 설명서를 사전에 제공하지 않거나, 설명하였음을 일반금융소비자로부터 확인받지 아니한 경우 금융회사에 대해 해당 금융상품의 계약으로부터 얻는 수입의 최대 50% 이내에서 과징금을 부과할 수 있으며, 별도로 자본시장법에 따라 최대 1억원 이내에서 과태료를 부과할 수 있음

대표유형문제

금융소비자보호법상 청약철회권에 대한 설명으로 바르지 못한 것은?

① 청약철회권은 금융소비자보호법의 실행으로 인해 금융회사가 금융소비자에게 설명해야 하는 사항 중 하나이다.

② 청약철회권은 금융회사의 고의 또는 과실 사유 여부 등 귀책사유가 있는 경우 일반금융소비자에 한해서 행사할 수 있는 법적 권리로 금융소비자의 권익이 크게 강화된 제도이다.

③ 금융회사가 청약 철회를 접수한 날로부터 3영업일 이내에 이미 받은 수수료를 포함한 금전 등을 반환해야 한다.

④ 일반금융소비자는 투자성 상품 중 청약철회가 가능한 상품에 한하여 계약서류를 제공받은 날 또는 계약체결일 중 어느 하나에 해당되는 날로부터 7일 내에 청약을 철회할 수 있다.

해설

청약철회권은 금융회사의 고의 또는 과실 사유 여부 등 귀책사유와 상관없다. 즉 청약과정 등에 하자가 없음에도 불구하고 청약철회로 인한 불이익 없이 탈퇴할 수 있는 기회를 제공하여 일반금융소비자 권익 향상에 기여한 제도이다.

정답 ②

필수핵심개념

더 알아보기

새롭게 설명해야 할 사항 '청약철회권'

적용대상	예금성 상품은 제외 대상이며, 투자성, 대출성 상품 중 일부에 적용
개 요	청약철회권은 금융회사의 고의 또는 과실 사유 여부 등 귀책사유가 없더라도 일반금융소비자가 행사할 수 있는 법적 권리로 금융소비자의 권익이 크게 강화된 제도
청약철회 가능 기간	• 일반금융소비자는 투자성 상품 중 청약철회가 가능한 상품에 한하여 계약서류를 제공받은 날 또는 계약체결일 중 어느 하나에 해당되는 날로부터 7일 내 • 금융투자회사의 신용공여와 같은 대출성 상품은 계약서류를 제공받은 날 또는 계약체결일 중 어느 하나에 해당되는 날로부터 14일 내
금전 등의 반환	청약 철회를 접수한 날로부터 3영업일 이내에 이미 받은 수수료를 포함한 금전 등을 반환
청약철회 가능 투자성 상품	• 고난도금융투자상품(일정기간 자금을 모은 후 운용하는 집합투자(단위형 펀드)에 한정) • 고난도투자일임계약, 고난도금전신탁계약 • 비금전신탁

요청받지 않은 투자권유의 금지 규정에 대한 설명으로 옳지 않은 것은?

① 금융투자업 종사자는 고객으로부터 요청이 없으면 방문·전화 등의 방법에 의하여 투자권유 등을 하여서는 아니 된다. 즉, 투자권유는 고객이 원하는 경우에만 하여야 한다.

② 장외파생상품은 원본 손실의 가능성이 매우 크고 분쟁 가능성이 크기 때문에 요청하지 않은 투자권유를 하여서는 아니 된다.

③ 증권의 경우에 투자권유 전 금융소비자에게 미리 안내하고, 해당 금융소비자가 투자권유를 받을 의사 표시를 하는 경우에 투자권유를 할 수 있다.

④ 투자권유를 받은 투자자가 이를 거부하는 취지의 의사를 표시한 후 1주일이 지난 경우 재권유가 가능하다.

해설

투자권유를 받은 투자자가 이를 거부하는 취지의 의사를 표시한 후 1개월이 지난 경우 재권유가 가능하다.

정답 ④

필수핵심개념

④ 불공정영업행위의 금지

　㉠ 모든 금융소비자 대상

　㉡ 금융회사가 자신의 우월적 지위를 이용하여 금융상품의 계약체결에 있어 금융소비자에게 불리한 행위를 요구하는 것(소위 '갑질')

　㉢ 상대적으로 대출성 상품의 계약체결에서 발생가능성이 높아 대출성 상품에 대한 규제가 강함

　㉣ 신의원칙과 고객우선원칙을 정면으로 위반한 행위로 수입의 최대 50% 이내에서 과징금, 별도 최대 1억원 이내에서 과태료

⑤ 부당권유행위의 금지

보호대상	모든 금융소비자
합리적 근거 제공의무	• 금융소비자에 대한 투자정보 제공 및 투자권유는 정밀한 조사·분석에 의한 자료에 기하여 합리적이고 충분한 근거에 기초하여야 하고, 여러 관련 요소 중에서 선택하여야 할 사항이 있는 경우, 그 취사여부는 합리적 판단*에 기초하여야 함 *합리적 판단 : 유사한 상황에서 유사한 지식을 보유한 자가 대부분 선택할 수 있어야 함을 의미 • 합리적 근거의 제공은 정보 출처를 밝힐 수 있어야 함 • 금융상품에 중대한 영향을 미치는 사항에 대해 금융회사가 알고 있는 경우 반드시 알려야 함. 이를 위반하면 설명의무 위반 + 부당권유행위 위반에도 해당
적정한 표시 의무	• ❶ 중요 사실에 대한 ❷ 정확한 표시 의무 　− ❶ '중요한 사실' : 금융소비자의 투자판단에 중요한 영향을 미친다고 생각되는 사실(국내에 영향을 미칠 수 있는 외국의 정보도 중요 사실에 해당함) 　− ❷ '정확한 표시' : 투자판단에 필요한 중요한 사항은 빠짐없이 모두 포함시켜야 하고, 그 내용이 충분하고 명료할 것을 의미함

구분			초 청	불초청			사전 동의 ×
				사전 동의 ○			
				전 문	일 반		
증 권	펀드 외 증권		가 능	가 능	가 능 (단, 고난도의 경우 불가)		불 가
	펀 드	공 모					
		사 모			불 가		
파생 상품	장내파생상품						
	장외파생상품			불 가			

- 금소법은 원칙적으로 소비자의 요청이 없는 경우 방문 · 전화 등 실시간 대화 방법을 활용한 투자성 상품의 권유를 금지(단, 방문 전 소비자의 동의를 확보한 경우에만 예외적으로 허용)

(위 표의 제목 행: 요청하지 않은 투자권유 금지)

- 원칙적으로 계약의 체결권유를 받은 금융소비자가 이를 거부하는 의사를 표시하였는데도 계약의 체결권유를 계속하는 행위를 금지

※ 재권유 금지 예외의 경우
- 투자성 상품의 투자권유를 소비자가 거부하는 의사표시를 한 후 1개월이 지난 경우 재권유
- 금융투자상품 및 계약의 종류별로 서로 다른 종류의 투자성 상품의 투자권유(단, 기초자산의 종류와 구조가 다른 장외파생상품은 다른 종류로 봄)

위반 시

금융상품의 계약으로부터 얻는 수입의 최대 50% 이내에서 과징금을 부과할 수 있으며, 별도로 자본시장법에 따라 최대 1억원 이내에서 과태료를 부과할 수 있음

대표유형문제

금융소비자보호법상 광고 규제와 계약서류 제공의무에 대한 설명으로 거리가 먼 것은?

① 등록된 금융상품판매업자 등만이 상품 또는 업무에 관한 광고가 가능하나 예외적으로 협회와 금융회사를 자회사나 손자회사로 두고 있는 금융지주회사는 가능하다.

② 계약서류의 제공의무에 대한 입증 책임은 금융회사에게 있다.

③ '지체없이'는 물리적인 시간 또는 기간을 의미한다.

④ 계약서류 제공의무는 금융소비자 모두에게 적용된다.

해설

'지체없이'는 물리적인 시간 또는 기간이 아닌 사정이 허락하는 한 가장 신속하게 처리해야 하는 기간을 의미한다.

정답 ③

필수핵심개념

⑥ 광고 관련 준수사항

광고주체	금소법상 등록된 금융상품판매업자 등만이 상품 또는 업무에 관한 광고 가능(단, 예외적으로 협회와 금융회사를 자회사나 손자회사로 두고 있는 금융지주회사는 가능)
광고에 포함되어야 하는 내용	• 금융상품 계약 체결 전 설명서 및 약관을 읽어볼 것을 권유하는 내용 • 금융회사의 명칭 및 금융상품의 내용 • 보장성, 투자성, 예금성 상품의 위험, 조건 등 법에서 정하고 있는 주요 사항 등

⑦ 계약서류 제공의무

적용대상	금융소비자(일반금융소비자, 전문금융소비자) 모두 적용
개 요	금융상품직접판매업자 및 금융상품자문업자는 계약을 체결하는 경우 금융소비자에게 계약서류를 지체없이* 교부하여 금융소비자 권익을 보장 *지체없이 : 물리적 기간을 의미하는 것이 아니라 '제공하지 못하는 합리적 사유가 있는 경우 그 사유를 해소한 후 신속하게'를 의미
계약서류 종류	① 금융상품 계약서 ② 금융상품의 약관 ③ 금융상품 설명서(금융상품판매업자만 해당)
계약서류 제공 사실 증명	금융상품직접판매업자 및 금융상품자문업자(즉 금융회사 입증책임)

대표유형문제

금융소비자보호법상 자료열람권에 대한 설명으로 거리가 먼 것은?

① 금융소비자는 분쟁조정 또는 소송의 수행 등 권리구제를 위한 목적으로 요구할 수 있다.

② 자료열람을 요구받은 날로부터 10영업일 이내에 해당 자료를 열람할 수 있게 하여야 한다.

③ 해당 기간 내에 열람할 수 없는 정당한 사유가 있을 때에는 금융소비자에게 그 사유를 알리고 열람을 연기할 수 있다.

④ 금융소비자에게 수수료 등 비용을 청구할 수 있다.

해설

요구받은 날로부터 6영업일 이내에 열람을 제공해야 한다.

정답 ②

필수핵심개념

(5) 상품판매 이후 단계의 금융소비자보호를 위한 제도

① 보고 및 기록의무

처리결과 보고의무	• 금융투자업 종사자는 고객으로부터 위임받은 업무에 대하여 그 결과를 고객에게 지체 없이 보고하고 그에 따른 필요한 조치를 취하여야 함 • 매매명세의 통지 : 매매가 체결된 후 지체 없이 매매의 유형, 종목 · 품목, 수량, 가격, 수수료 등 모든 비용, 그 밖의 거래내용을 통지하고, 매매가 체결된 날의 다음달 20일까지 월간 매매내역 · 손익내역, 월말 현재 잔액현황 · 미결제약정현황 등을 통지할 것
기록 및 유지 · 관리의무	• 업무집행의 적정성을 담보하고 후일 분쟁이 발생할 경우를 대비하기 위한 것으로 금융소비자와 금융투자업 종사자 모두를 동시에 보호하는 역할 • 유지관리기간 : 원칙적으로 10년(내부통제기준의 제정 및 운영 등에 관한 자료는 5년)
자료열람요구권	• 금융소비자는 분쟁조정 또는 소송의 수행 등 권리구제를 위한 목적으로 요구 가능 • 자료열람을 요구받은 날로부터 6영업일 이내에 열람제공. 단, 해당 기간 내에 열람할 수 없는 정당한 사유가 있을 때에는 금융소비자에게 그 사유를 알리고 열람을 연기할 수 있으며, 그 사유가 소멸하면 지체 없이 열람하게 하여야 함 • 법령에 따라 열람을 제한하거나 거절할 수 있음 • 우편청구 시 우송료, 열람승인한 자료의 생성 등 추가비용이 발생하는 경우 수수료 청구 가능

대표유형문제

고객정보의 누설 및 부당이용 금지 규정에 관한 설명으로 옳지 않은 것은?

① 금융투자업 종사자는 업무를 수행하는 과정에서 알게 된 금융소비자의 정보를 누설하거나 이용할 수 있는 처분권한은 없다.

② 매매내역 등 직무와 관련하여 알게 된 금융소비자의 정보를 정당한 사유 없이 자기 또는 제3자의 이익을 위하여 부당하게 이용하여서는 아니 된다.

③ 금융소비자에 대한 정보를 누설하거나 부당하게 이용하는 경우, 이는 단순히 윤리기준 위반일 뿐, 강행법규 위반은 아니다.

④ 정부차원에서도 신용정보 이용 및 보호에 관한 법률을 제정하여 금융소비자의 신용정보를 철저히 보호하고 있으며, 개인정보보호법을 제정하여 정보보호의 범위를 개인정보로까지 확대하였다.

해설

신용정보보호법과 개인정보보호법의 위반이므로 강행법규이기도 하다.

정답  ③

필수핵심개념

② **정보의 누설 및 부당이용 금지**

　㉠ 금융투자업 종사자는 업무를 수행하는 과정에서 알게 된 금융소비자의 정보를 누설하거나 이용할 수 있는 처분권한은 없음

　㉡ 매매내역 등 직무와 관련하여 알게 된 금융소비자의 정보를 정당한 사유 없이 자기 또는 제3자의 이익을 위하여 부당하게 이용하여서는 아니 됨

　㉢ 신의성실윤리기준 위반이며, 강행법규 위반에 해당한다.

대표유형문제

다음은 금융소비자보호 의무 이행을 위한 상품판매 이후 단계에서 실행되는 제도이다. 괄호 안에 들어갈 말이 순서대로 바르게 연결된 것은?

- 해피콜 서비스는 금융소비자와 판매계약을 맺은 날로부터 (　　) 이내에 판매직원이 아닌 제3자가 해당 금융소비자와 통화하여 판매직원이 설명의무 등을 적절히 이행하였는지 여부를 확인하는 것이다.
- 금융회사는 금융소비자의 위법계약 해지 요구가 있는 경우 해당일로부터 (　　) 이내에 계약 해지 요구의 수락 여부를 결정하여 금융소비자에게 통지하여야 한다.

① 7일, 10일

② 7영업일, 10영업일

③ 7일, 10영업일

④ 7영업일, 10일

해설

영업일과 일을 구분하여 암기해야 한다.

정답 ④

필수핵심개념

③ 상품판매 이후 단계의 금융소비자보호를 위한 기타 관련 제도

판매 후 모니터링 제도 (해피콜 서비스)	금융소비자와 판매계약을 맺은 날로부터 7영업일 이내에 판매직원이 아닌 제3자가 해당 금융소비자와 통화하여 판매직원의 설명의무 이행 여부를 확인하는 절차
고객의 소리 (VOC)	고객만족도 조사, 고객 패널제도 등 고객의 의견을 청취하는 제도
미스터리쇼핑	금융소비자임을 가장하여 영업점을 방문해서 판매과정에서 금융투자업 종사자의 규정 준수 여부 등을 확인하는 것

위법계약 해지권

구 분	청약철회권	위법계약해지권
귀책사유	상관없음	있어야 함
행사 시점	계약 체결 전	계약 체결 후

대상 금융상품	❶ 계속적 거래가 이루어지고 ❷ 해지 시에 재산상 불이익이 발생하는 금융상품 → 투자일임계약, 금전신탁계약, 금융상품자문계약, 수익증권(펀드) (예외 : P2P업자와 체결하는 계약, 원화표시 양도성예금증서, 표지어음)
해지요구기간	❶ 소비자가 위법사실을 안 날로부터 1년 이내의 기간으로서 ❷ 계약체결일로부터 5년 이내 범위의 기간 내에 해지요구 가능
수락통지	계약의 해지를 요구받은 날로부터 10일 이내에 수락여부 통지

대표유형문제

금융소비자보호법에서 금융소비자 사후구제를 위한 법적제도에 대한 설명으로 거리가 먼 것은?

① 조정이 신청된 사건에 대하여 신청 전 또는 신청 후 소가 제기되어 소송이 진행 중일 때에는 수소법원은 조정이 있을 때까지 소송절차를 중지해야 한다.

② 조정대상기관은 일반금융소비자가 신청한 사건으로서 권리나 이익의 가액이 2천만원 이내인 분쟁사건에 대하여 조정절차가 개시된 경우에는 조정안을 제시받기 전에는 금융회사가 소를 제기할 수 없다.

③ 금융상품판매업자 등이 고의 또는 과실로 법을 위반하여 금융소비자에게 손해를 발생시킨 경우에는 그 손해를 배상할 책임이 있다.

④ 설명의무를 위반한 금융회사가 고의 또는 과실에 대한 입증책임이 있다.

해설

반드시 중지해야 하는 것은 아니고 법원의 선택이다.

정답　①

필수핵심개념

④ 금융소비자 사후구제를 위한 기타법적제도

법원의 소송중지	조정이 신청된 사건에 대하여 신청 전 또는 신청 후 소가 제기되어 소송이 진행 중일 때에는 수소법원은 조정이 있을 때까지 소송절차를 중지할 수 있음
소액분쟁사건의 분쟁조정 이탈금지	일반금융소비자가 신청한 사건으로서 권리나 이익의 가액이 2천만원 이내인 분쟁사건에 대하여 조정절차가 개시된 경우에는 조정안을 제시받기 전에는 금융회사가 소를 제기할 수 없음
손해배상책임	금융상품판매업자 등이 고의 또는 과실로 법을 위반하여 금융소비자에게 손해를 발생시킨 경우에는 그 손해를 배상할 책임이 있음. 이 경우 손해배상의 입증책임은 금융회사에 있음

본인에 대한 윤리에 해당하지 않는 것은?

① 법규준수

② 자기혁신

③ 부당한 금품수수 금지

④ 정보보호

해설

정보보호는 회사에 대한 윤리이다.

정답 ④

필수핵심개념

04 본인 · 회사 · 사회에 대한 윤리

본인에 대한 윤리	회사에 대한 윤리	사회에 대한 윤리
• 법규준수 • 자기혁신 • 품위유지 • 공정성 및 독립성 유지 • 사적이익 추구 금지 　－ 부당한 금품 수수금지(재산상 이익) 　－ 직무관련 정보의 사적 이용금지 　－ 직위의 사적 이용금지	• 상호존중 • 공용재산의 사적사용 및 수익금지 • 경영진의 책임 • 정보보호 • 위반행위 보고 • 대외활동 • 고용계약 종료 후 의무	• 시장질서 존중(시장질서교란행위) • 주주가치 극대화 • 사회적 책임

대표유형문제

본인에 대한 윤리로서 법규준수에 관한 설명으로 옳지 않은 것은?

① 금융투자업무 종사자는 직무와 관련된 윤리기준, 그리고 이와 관련된 모든 법률과 그 하부규정, 정부·공공기관 또는 당해 직무활동을 규제하는 자율단체의 각종 규정을 숙지하고 그 준수를 위하여 노력하여야 한다.

② 금융투자업 종사자가 법규의 존재 여부와 내용을 알지 못하여 위반한 경우에는 그에 대한 법적 제재가 가해지지 않는다.

③ 준수해야 할 법규는 자본시장법과 같이 직무와 직접적으로 관련 있는 법령뿐만 아니라, 직무와 관련하여 적용되는 인접 분야의 법령 및 자율적으로 만든 사규까지 포함한다.

④ 준수하여야 할 법규는 법조문으로 되어 있는 것은 물론이고, 그 법정신과 취지에 해당하는 것도 포함한다.

해설

법에 대한 무지는 변명되지 아니한다. 이는 금융투자업 종사자가 법규의 존재 여부와 내용을 알지 못하여 위반한 경우라도 그에 대한 법적 제재가 가해진다는 뜻이다.

정답 ②

필수핵심개념

(1) 본인에 대한 윤리 (준 · 기 · 위 · 독 · 사)

① 법규준수

　㉠ 법에 대한 무지는 변명되지 아니 한다. → 법규의 존재여부와 내용을 알지 못하여 위반한 경우라도 그에 대한 법적 제재를 가한다.

　㉡ 법규의 범위는 직무와 직접적인 관련 법령뿐만 아니라, 사규, 법조문, 법정신과 취지까지 모두 해당한다(즉, 룰을 알고 상품을 팔아야 한다는 의미).

대표유형문제

본인에 대한 윤리로서 자기혁신에 관한 설명으로 옳지 않은 것은?

① 금융투자업 종사자가 본인이 담당하고 있는 직무에 관한 이론과 실무를 숙지하고 전문지식을 배양하는 것이다.

② 금융투자업 종사자가 윤리경영 실천에 대한 의지를 스스로 제고하기 위해 노력하는 것이다.

③ 금융투자업 종사자가 윤리기준을 위반하는 경우 법률위반에는 해당하지 않는다.

④ 금융투자협회는 표준윤리준칙을 제정하여 개별 회원사들이 준용할 수 있도록 권고하고 있다.

해설

금융투자업 종사자가 윤리기준을 위반하는 경우 사람들의 지탄으로 끝나는 것이 아니라 법률로써 강제화되어 있어 법률위반에 해당하는 경우가 많다.

정답 ③

필수핵심개념

② 자기혁신

ㄱ 회사와 임직원은 경영환경 변화에 유연하게 적응하기 위하여 창의적 사고를 바탕으로 끊임없이 자기혁신할 것

ㄴ 기본적으로 요구되는 전문능력 확보가 필요(기본은 해야 한다)

ㄷ 자기혁신은 신의성실원칙에도 해당됨. 전문지식의 부족으로 제대로 대처하지 않으면 금융소비자의 이익을 침해할 뿐만 아니라 회사의 신뢰도도 하락하므로 협회는 자기혁신을 '표준윤리준칙'에 포함(공부하지 않으면 징계받는다)

ㄹ 직무윤리가 법으로 강제화되면서 직무윤리를 위반하는 경우 단순히 사람들의 지탄을 받는 게 아니라 관련 법률을 위반하게 되는 경우가 많다는 의미임

③ 품위유지

ㄱ 직원은 회사의 품위나 사회적 신뢰를 훼손할 수 있는 일체의 행위를 하여서는 아니 된다.

ㄴ 신의성실원칙과도 연결되는 직무윤리

ㄷ 윤리기준 및 법률 위반 시 본인 품위뿐만 아니라 회사의 품위와 사회적 신뢰 훼손

대표유형문제

본인에 대한 윤리로서 공정성과 독립성에 대한 설명으로 옳지 않은 것은?

① 직무수행에 공정성을 기하기 위해서는 금융투자업 종사자 스스로가 독립적으로 판단하고 업무를 수행하여야 한다.

② 금융투자업 종사자는 해당 직무를 수행함에 있어서 공정한 입장에 서야 하고 독립적이고 객관적인 판단을 하도록 하여야 한다.

③ 온정주의나 타협은 업무의 공정성과 독립성을 해치는 가장 큰 걸림돌이 된다.

④ 직위를 이용하여 상급자가 하급자에게 부당한 명령이나 지시를 하지 않으며, 부당한 명령이나 지시를 받은 직원은 일단 지시에 따른 후 이를 준법감시인에게 보고하여야 한다.

해설

직위를 이용하여 상급자가 하급자에게 부당한 명령이나 지시를 하지 않으며, 부당한 명령이나 지시를 받은 직원은 이를 거절해야 한다.

정답 ④

필수핵심개념

④ 공정성 및 독립성 유지

　㉠ 금융투자업 종사자는 다양한 이해관계 상충 속에서 어느 한쪽으로 치우치지 아니하고 특히 금융소비자보호를 위하여 항상 공정한 판단을 내릴 수 있도록 하여야 함

　㉡ '독립성'이란 자기 또는 제3자의 이해관계에 의하여 영향을 받는 업무를 수행하여서는 안 되며, 독립성과 객관성을 유시하기 위해 합리직 주의를 기울여야 한디는 것(즉, 부당한 명령이나 지시를 거절하란 의미)

대표유형문제

다음 사례에서 ○○증권사의 S부장이 위반한 윤리기준으로 가장 적절한 것은?

> ○○증권사의 S부장은 평소 알고 지내던 친구가 금융투자업 관련 자격증 취득반이 있는 학원을 개업하면서 ○○증권사가 소속 임직원들에게 해당 학원에 대해 이용 등 협찬을 하고 있는 것처럼 해달라는 부탁을 받고 마치 ○○증권회사에서 해당 학원을 협찬하는 것처럼 전단지 등 광고물에 회사의 명칭 등을 사용토록 하여 많은 사람들이 해당 학원의 공신력을 믿고 수강하도록 유도하였다.

① 공정성 및 독립성 유지
② 부당한 금품 등의 제공 및 수령 금지
③ 직위의 사적이용 금지
④ 공용재산의 사적사용 및 수익 금지

해설

직위의 사적이용 금지 규정을 위반한 사례이다. 금융투자업 종사자는 직무의 범위를 벗어나 사적이익을 위하여 회사의 명칭이나 직위를 공표, 게시하는 등의 방법으로 이용하거나 이용하게 해서는 아니 된다. 하지만, 일상적이고 특정인의 이익을 위한 목적이 아닌 경우에는 윤리기준 위반행위로 볼 수 없다. 대표적으로 경조사 봉투 및 화환 등에 회사명 및 직위를 기재하는 행위나 지점 개업식 또는 계열회사의 창립기념일에 축하 화환 등을 보내면서 회사의 명칭을 기재하는 것 등은 직무와 관련하여 회사 명칭이나 직위를 사용하는 행위로서 위반에 해당하지 않는다.

정답 ③

필수핵심개념

⑤ 사적 이익 추구금지

부당한 금품 등의 제공 및 수령 금지	• 금융투자협회의 '금융투자회사의 영업 및 업무에 관한 규정'에서는 부당한 재산상 이익의 제공 및 수령을 강력히 금지 • 사회적으로 허용되는 범위 내에서는 예외적으로 인정하되, 해당 제공(수령) 내역의 준법감시인 승인 및 기록의 유지 관리 등을 의무화하여 통제를 엄격히 함 • 재산상 이익의 제공 및 수령 등에 관한 한도규제를 폐지하는 대신 다음과 같이 내부통제절차를 강화함 ❶ 거래상대방에게 제공하거나 거래상대방으로부터 수령한 재산상 이익의 가액이 10억 원을 초과하는 즉시 인터넷 홈페이지에 공시하도록 의무(최근 5년간 금액합산) ❷ 재산상 이익을 거래상대방에게 제공하는 경우 금융투자회사가 자율적으로 정한 일정 금액을 초과하거나 금액과 무관하게 전체 건수에 대해 금융투자회사는 그 제공에 대한 적정성을 평가하고 점검. 결과 등을 매년 이사회에 보고 ❸ 금융투자회사는 이사회가 정한 금액 이상을 초과하여 동일한 거래상대방과 재산상 이익을 제공하거나 수령하는 경우 이사회의 사전승인을 받아야 함 ❹ 재산상 이익 제공 및 수령 내역을 기록하고 5년 이상 유지 · 관리의무
직무관련 정보를 이용한 사적 거래 제한	'미공개중요정보의 이용 금지' 및 '시장질서 교란행위'로 규정하고, 직무수행 중 알게 되는 정보를 이용하거나 이를 다른 사람에게 알리는 유통행위를 엄격히 금지
직위의 사적이용 금지	**[직위 사적이용 금지 예외 사항]** ❶ 경조사 봉투 및 화환 등에 회사명 및 직위를 기재하는 행위나 ❷ 지점 개업식 또는 계열사의 창립기념일에 축하 화환 등을 보내면서 회사의 명칭을 기재하는 것 등은 위반행위에 해당하지 않음

대표유형문제

다음 중 '금융투자회사의 영업 및 업무에 관한 규정'에서 정하고 있는 부당한 재산상 이익의 제공에 해당하지 않은 것은?

① 거래상대방만 참석한 여가 및 오락 활동 등에 수반되는 비용을 제공하는 경우
② 제조업체의 고유재산관리를 담당하는 직원에게 문화상품권을 제공하는 경우
③ 자산운용사 직원이 펀드판매 증권사 직원에게 백화점상품권을 제공하는 경우
④ 증권사 직원이 금융소비자에게 펀드 판매사 변경을 이유로 현금을 제공하는 경우

해설

문화활동을 할 수 있는 용도로만 정해진 문화상품권의 제공은 부당한 재산상 이익의 제공에서 제외된다.

정답 ②

필수핵심개념

⑥ 부당한 재산상 이익의 제공 및 수령 금지 : 금융투자회사는 다음에 해당하는 경우 재산상 이익을 제공하거나 제공받아서는 아니 되며, 금융투자회사는 임직원 및 투자권유대행인이 이 규정을 위반하여 제공한 재산상 이익을 보전 금지

㉠ 경제적 가치의 크기가 일반인이 통상적으로 이해하는 수준을 초과하는 경우

㉡ 재산상 이익의 내용이 사회적 상규에 반하거나 거래상대방의 공정한 업무수행을 저해하는 경우

㉢ 재산상 이익의 제공 또는 수령이 비정상적인 조건의 금융투자상품 매매거래, 투자자문계약, 투자일임계약 또는 신탁계약의 체결 등의 방법으로 이루어지는 경우

㉣ 다음 어느 하나에 해당하는 경우로서 거래상대방에게 금전, 상품권, 금융투자상품을 제공하는 경우(다만, 사용범위가 공연·운동경기 관람, 도서·음반 구입 등 문화활동으로 한정된 상품권을 제공하는 경우는 제외)

 • 집합투자회사, 투자일임회사 또는 신탁회사 등 타인의 재산을 일임받아 이를 금융투자회사가 취급하는 금융투자상품 등에 운용하는 것을 업무로 영위하는 자에게 제공하는 경우
 • 법인, 기타 단체의 고유재산관리업무를 수행하는 자에게 제공하는 경우
 • 집합투자회사가 자신이 운용하는 집합투자기구의 집합투자증권을 판매하는 투자매매회사, 투자중개회사 및 그 임직원과 투자권유대행인에게 제공하는 경우

㉤ 재산상 이익의 제공 또는 수령이 위법·부당행위의 은닉 또는 그 대가를 목적으로 하는 경우

㉥ 거래상대방만 참석한 여가 및 오락 활동 등에 수반되는 비용을 제공하는 경우

㉦ 금융투자상품 및 경제정보 등과 관련된 전산기기의 구입이나 통신서비스 이용에 소요되는 비용을 제공하거나 제공받는 경우

㉧ 집합투자회사가 자신이 운용하는 집합투자기구의 집합투자증권의 판매실적에 연동하여 이를 판매하는 투자매매회사·투자중개회사에게 재산상 이익을 제공하는 경우

㉨ 투자매매회사 또는 투자중개회사가 판매회사의 변경 또는 변경에 따른 이동액을 조건으로 하여 재산상 이익을 제공하는 경우

대표유형문제

금융투자업 종사자의 공용재산의 사적 사용 및 수익 금지 규정에 대한 설명으로 옳지 않은 것은?

① 회사의 재산을 사적인 용도로 사용하거나 자신의 지위를 이용하여 사적 이익을 추구하는 행위는 금지된다.

② 회사의 중요정보를 사전에 회사와 협의하지 않고 유출하는 행위는 금지된다.

③ 고객관계, 영업기회 등과 같은 무형의 것도 회사의 재산에 모두 포함된다.

④ 회사가 임직원에게 부여한 지위는 회사의 재산으로 볼 수 없다.

해설

회사의 재산은 매우 넓은 개념으로 동산, 부동산, 무체재산권, 영업비밀과 정보, 고객관계, 영업기회 등과 같은 유형 · 무형의 것이 모두 포함된다. 회사가 임직원에게 부여한 지위도 그 지위를 부여받은 개인의 것이 아니고 넓은 의미에서의 회사재산이 된다. 회사의 재산을 부당하게 유용하거나 유출하는 행위는 형사법상 처벌의 대상이 될 수 있다(횡령죄, 절도죄, 업무방해죄).

정답 ④

필수핵심개념

(2) 회사에 대한 윤리

① 상호존중

   ㉠ 개인 간 관계(임직원 간), 조직 – 개인 간 관계(회사와 임직원 간)로 구분

   ㉡ 회사는 임직원 개개인의 자율과 창의를 존중하고 삶의 질 향상을 위하여 노력하여야 하며, 임직원은 서로를 존중하고 원활한 의사소통과 적극적인 협조 자세를 견지(금융소비자와 직접 만나는 건 임직원이니 임직원의 상호존중이 소비자 신뢰를 향상시킨다)

   ㉢ 성희롱 방지도 상호존중에 포함, 넓은 의미에서 품위유지에도 해당하며, 매년 1회 이상 성희롱 예방교육 실시

② 공용재산의 사적사용 및 수익 금지

   ㉠ 회사의 재산 : 매우 넓은 개념으로 동산, 부동산, 무체재산권, 영업비밀과 정보, 고객관계, 영업기회 등과 같은 유형 · 무형의 것이 모두 포함되며, 회사가 임직원에게 부여한 지위도 개인의 것이 아니고 넓은 의미에서의 회사 재산이 됨

   ㉡ 회사 재산을 부당하게 유용하거나 유출하는 행위는 형사법상 처벌의 대상 : 횡령죄, 배임죄, 절도죄, 업무방해죄 등

대표유형문제

금융투자회사의 표준윤리준칙 제11조 경영진 책임에 대한 내용이다. 옳은 것으로 묶인 것은?

> 가. 경영진을 포함한 중간책임자도 자신의 직위와 직계를 통하여 지도 · 지원의 책임을 진다.
> 나. 피용자가 업무집행상 타인에게 불법행위를 하고 그 결과 사용자가 사용자책임으로 피해자에게 배상을 한 경우, 피용자에게 구상권을 청구할 수 없다.
> 다. 투자권유대행인은 개인사업자로서 회사의 피용자가 아니므로, 투자권유대행인에 대한 사용자책임은 지지 않는다.

① 가
② 나
③ 다
④ 가, 나, 다

해설

나. 사용자책임을 진 사용자는 피용자에게 구상권을 행사할 수 있다.
다. 투자권유대행인은 피용자는 아니나 민법상 사용자책임을 준용하여 사용자책임을 진다.

정답 ①

필수핵심개념

③ 경영진의 책임

　㉠ 지도의 부족으로 소속 임무담당자가 업무수행과 관련하여 다인에게 손해를 끼친 경우, 회사와 경영진은 사용자로서 피해자에게 배상책임(사용자책임)을 질 수도 있음

　㉡ 회사가 임직원의 윤리의식 제고를 위한 교육을 반드시 실시하고 교육을 이수하지 않은 자들에 대한 관리방안을 의무적으로 마련하도록 강제화

대표유형문제

다음 비밀정보의 관리에 관한 사항 중 맞는 것은?

① 회사의 경영전략이나 새로운 상품 등에 관한 정보는 인쇄된 경우에 한하여 비밀정보로 본다.

② 정보차단벽이 설치된 부서에서 발생하는 정보는 일단 비밀정보로 간주되어야 한다.

③ 임직원이 회사를 퇴직하는 경우 본인이 관리하던 고객정보는 향후 관계 유지를 위해 반출할 수 있다.

④ 특정한 정보가 비밀정보인지 불명확할 경우 대표이사가 판단하여야 한다.

해설

① 중대한 미공개정보는 기록형태나 기록 유무에 관계없이 비밀정보이다.

③ 직원이 퇴사하는 경우 일체의 비밀정보를 회사에 반납해야 한다.

④ 특정한 정보가 비밀정보인지 불명확한 경우 그 정보를 이용하기 전에 준법감시인의 사전 확인을 받아야 하며, 준법 감시인의 사전 확인을 받기 전까지 당해 정보는 비밀정보로 분류 · 관리되어야 한다.

정답 ②

필수핵심개념

④ 정보보호

비밀정보의 범위	다음에 해당하는 미공개정보는 기록형태나 기록 유무에 관계없이 비밀정보 • 회사의 재무건전성이나 경영 등에 중대한 영향을 미칠 수 있는 정보 • 고객에 관한 신상정보, 매매거래내역, 계좌번호, 비밀번호 등에 관한 정보 • 회사의 경영전략이나 새로운 상품 및 비즈니스 등에 관한 정보
비밀정보의 관리	• 정보차단벽이 설치된 사업부서 등에서 발생한 정보는 우선적 비밀정보로 간주 • 비밀정보가 포함된 서류는 필요 이상의 복사본을 만들지 말 것 • 임직원은 회사가 요구하는 업무를 수행하기 위한 목적 이외에 어떤 경우라도 자신 또는 제3자를 위하여 비밀정보를 이용하여서는 아니 됨 • 임직원이 퇴사하는 경우 일체의 비밀정보를 회사에 반납 • 특정한 정보가 비밀정보인지 불명확한 경우 그 정보를 이용하기 전에 준법감시인의 사전 확인을 받아야 하며, 준법감시인의 사전 확인을 받기 전까지 당해 정보는 비밀정보로 분류 · 관리되어야 함
비밀정보의 제공절차	• 업무의 수행을 위해 비밀정보를 공유하거나 제공해야 하는 경우 그 필요성이 인정되는 경우에 한해서 회사가 정하는 사전승인 절차에 따라 이루어져야 함 • 비밀번호를 제공받은 자가 이 기준에서 정하는 비밀유지의무를 성실히 준수해야 하며, 제공받은 목적 이외의 목적으로 사용하거나 타인으로 하여금 사용하도록 하여서는 아니 됨
정보교류의 차단	정보교류를 차단할 수 있는 장치(정보차단벽)를 마련(물리적 분리 + 접근 권한 통제)

대표유형문제

법규 또는 윤리강령 위반행위 보고에 관한 설명으로 옳지 않은 것은?

① 금융투자업 종사자는 업무와 관련하여 법규 또는 윤리강령 위반 사실을 발견하거나 위반할 가능성을 인지한 경우 즉시 회사에 보고하여야 한다.

② 위반행위의 효과적인 보고와 처리를 위해 내부제보(Whistle Blower)제도를 법률로 의무화하고 있다.

③ 내부제보(Whistle Blower)제도는 임직원이 직무와 관련한 법규 위반, 부조리 및 부당행위 등의 윤리 기준 위반행위가 있거나 있을 가능성이 있는 경우 신분 노출의 위험없이 해당 행위를 제보할 수 있게 만든 제도이다.

④ 제보자가 제보를 할 때에는 육하원칙에 따른 정확한 사실만을 제보해야 하며, 회사는 제보자의 신분 및 제보사실을 철저히 비밀로 보장하고, 어떠한 신분상 불이익 또는 근무조건상 차별을 받지 않도록 해야 한다.

해설

내부제보제도는 법률상 의무사항이 아니라 권장사항이다.

정답 ②

필수핵심개념

⑤ **위반행위의 보고** : 현실적으로 단계를 밟아서 위반행위를 보고하는 것이 쉬운 일이 아니므로 이를 위해 내부제보제도가 권장되고 있음(즉, 법률상 의무 아님)

> **[내부제보제도]**
> - 내부제보(Whistle Blower)제도는 임직원이 직무와 관련한 법규 위반, 부조리 및 부당행위 등의 윤리 기준 위반행위가 있거나 있을 가능성이 있는 경우 신분 노출의 위험 없이 해당 행위를 제보할 수 있게 만든 제도
> - 육하원칙에 따른 정확한 사실만을 제보하여야 함
> - 제보자의 신분 및 제보사실을 철저히 비밀로 보장(비밀보장)
> - 어떠한 신분상 불이익 또는 근무조건상 차별을 받지 않도록 해야 함(차별금지)
> - 준법감시인이 당해 불이익 원상회복, 신분보장 조치 요구 + 포상(인사상 또는 금전적 혜택)을 추천할 수 있음
> - 단, 제보자가 다른 임직원 등에 대한 무고, 음해 등 악의적 목적인 경우 비밀보장 및 근무조건 차별금지 등을 보호받을 수 없음

대표유형문제

대외활동을 하는 경우의 준수사항 내용으로 거리가 먼 것은?

① 회사의 공식의견이 아닌 경우 사견임을 명백히 표현하여야 한다.

② 개인이 운영하는 블로그 등에 회사의 금융투자상품을 홍보할 수 없다.

③ 언론접촉이 예정된 경우 예외 없이 관계부서와 반드시 사전 협의하여야 한다.

④ 대외활동으로 인하여 금전적인 보상을 받게 되는 경우 회사에 신고하여야 한다.

해설

사전협의가 불가능한 경우 언론매체 접촉 후 지체없이 관계부서에 해당사항을 보고할 수 있다.

정답 ③

필수핵심개념

⑥ 대외활동

개 요	• 소속회사의 직무수행에 영향을 줄 수 있는 지위를 겸하거나 업무를 수행할 때에는 사전에 회사의 승인을 얻어야 하고, 부득이한 경우에는 사후에 즉시 보고(즉, 사후 보고 가능) • 업무를 수행할 때는 회사와의 경쟁관계나 이해상충 여부에 불문하며, 계속성 여부도 불문하고 금지되며, 이러한 경우 사전승인이 원칙(단, 부득이한 경우 사후 승인 가능) • 승인받지 못하는 경우에는 즉각적으로 중지 • 정식 고용계약 관계의 유무, 보수 지급의 유무, 계약기간의 장단은 문제되지 않는 게 원칙
범 위	외부강연, 연설, 교육, 기고 등의 활동, 신문, 방송 등 언론매체 접촉활동, 회사가 운영하지 않는 온라인 커뮤니티(블로그, 인터넷 카페 등), SNS, 웹사이트 등 전자통신 수단을 이용한 대외 접촉활동
허가 등 절차	상황이나 정도에 따라 소속 부점장, 준법감시인, 또는 대표이사의 사전승인이 필요(사후 승인 가능)
준수사항	• 회사의 공식의견이 아닌 경우 사견임을 명백히 표현하여야 함 • 대외활동으로 인하여 회사의 주된 업무 수행에 지장을 주어서는 아니 됨 • 대외활동으로 인하여 금전적인 보상을 받게 되는 경우 회사에 신고하여야 함
금지사항	• 회사가 승인하지 않은 중요자료나 홍보물 등을 배포하거나 사용하는 행위 • 불확실한 사항을 단정적으로 표현하는 행위 또는 오해를 유발할 수 있는 주장이나 예측이 담긴 내용을 제공하는 행위 • 합리적인 논거없이 시장이나 특정 금융투자상품의 가격 또는 증권발행기업 등에 영향을 미칠 수 있는 내용을 언급하는 행위
언론기관의 접촉	• 사전에 언론기관과의 접촉업무를 담당하는 관계부서(홍보부 등)와 사전에 충분히 협의 • 사전협의가 불가능한 경우 언론매체 접촉 후 지체없이 관계부서에 해당 사항 보고
전자통신 수단 사용	• 임직원과 고객 간의 이메일은 사용 장소에 관계없이 표준내부통제기준 및 관계법령을 적용 받음 • 임직원의 사외 대화방 참여는 공중포럼으로 간주되어 언론기간과 접촉할 때와 동일한 윤리기준 준수 • 인터넷 게시판이나 웹사이트 등에 특정 금융상품에 대한 분석이나 권유와 관련된 내용을 게시하고자 하는 경우 사전에 준법감시인이 정하는 절차나 방법을 따라야 함. 단, 자료의 출처를 명시하고 그 내용을 인용하거나 기술적분석에 따른 투자권유의 경우에는 그러하지 아니함

금융투자업 종사자의 고용계약 종료 후의 의무에 대한 설명으로 옳지 않은 것은?

① 금융투자업 종사자의 회사에 대한 선관주의 의무는 재직 중에는 물론이고 퇴직 등의 사유로 회사와의 고용 내지 위임계약관계가 종료된 이후에도 합리적인 기간 동안 지속된다.

② 고용기간이 종료된 이후에도 회사로부터 명시적으로 서면에 의한 권한을 부여받지 않으면 비밀정보를 출간, 공개 또는 제3자가 이용하도록 하여서는 아니 된다.

③ 고용기간의 종료와 동시에 또는 회사의 요구가 있을 경우에는 보유하고 있거나 자신의 통제하에 있는 기밀정보를 포함한 모든 자료를 회사에 반납하여야 한다.

④ 고용기간 동안 본인이 생산한 지적재산물은 회사의 재산으로 반환하여야 하며, 고용기간이 종료한 후에는 본인이 생산한 지적재산물에 대한 이용 및 처분권한은 퇴직자가 갖는다.

해설

고용기간 동안 본인이 생산한 지적재산물은 회사의 재산으로 반환하여야 하며, 고용기간이 종료한 후라도 그 이용이나 처분권한은 회사가 가지는 것이 원칙이다.

정답 ④

필수핵심개념

⑦ **고용계약 종료 후의 의무**

　㉠ 선관주의 의무는 고용 내지 위임계약 관계가 종료된 이후에도 합리적인 기간 동안 지속됨

　㉡ 퇴직하는 경우 후속조치 행위 예시

　　• 고용기간이 종료된 이후에도 회사로부터 명시적으로 서면에 의한 권한을 부여받지 않으면 비밀정보를 출간, 공개 또는 제3자가 이용하도록 하여서는 아니 됨

　　• 고용기간의 종료와 동시에 또는 회사의 요구가 있을 경우에는 보유하고 있거나 자신의 통제하에 있는 기밀정보를 포함한 모든 자료를 회사에 반납하여야 함

　　• 고용기간이 종료되면 어떠한 경우에도 회사명, 상표, 로고 등을 사용하여서는 아니 되고, 고용기간 동안 본인이 생산한 지적재산물은 회사의 재산으로 반환하여야 하며, 고용기간이 종료한 후라도 지적재산물의 이용이나 처분권한은 회사가 가지는 것이 원칙임

자본시장법상 시장질서 교란행위에 대한 설명으로 적절하지 않은 것은?

① 장내 · 장외 파생상품매매 등에 중대한 영향을 줄 가능성이 있는 경우로서 금융소비자들이 알지 못하는 사실에 관한 정보가 불특정 다수인에게 공개되기 전이어야 한다.

② 시장질서 교란은 목적성 여부와 무관하게 시세에 부당한 영향을 주는 행위이다.

③ 프로그램 오류 등으로 대량의 매매거래가 체결되어 시세의 급변을 초래한 경우라 할지라도 시장질서 교란행위로 제재할 수 있다.

④ 위반에 대하여 5억원 이하의 과징금을 부과할 수 있으며 얻은 이익이나 회피한 손실의 1.5배에 해당하는 금액이 5억원을 초과하는 경우에는 그에 상당하는 금액 이하로 과징금을 부과할 수 있다.

해설

적용되는 금융상품은 장내에서 거래되는 증권이 파생상품 또는 이를 기초로 하는 파생상품으로 한한다. 장외거래에서 발생하는 시세정보까지 모두 파악하는 건 현실적으로 어렵다.

정답 ①

필수핵심개념

(3) 사회 등에 대한 윤리

① 시장질서 존중

[기존 불공정거래와 시장질서행위의 비교]

구 분	불공정거래행위			시장질서 교란행위	
	미공개중요정보	시세조정	부정거래	정보이용형	시세관여형
대상자	내부자, 준내부자 1차 수령자	누구든지	누구든지	다차수령자, 직무 관련 정보취득자, 부정한 방법의 정보취득자	누구든지
금지 행위	미공개중요정보 이용 (내부정보)	목적성 있는 시세조정	목적성 있는 풍문유포, 부정한 수단	미공개중요정보 이용 (내부정보 + 외부정보)	목적성 없는 시세조정, 풍문유포
시장질서 교란행위 대상	• 상장증권, 장내파생상품 및 이를 기초자산으로 하는 파생상품 • 불특정 다수인이 알 수 있도록 공개되기 전 금융소비자들이 알지 못하는 사실에 관한 정보				
시장질서 교란행위 금지 위반 시	• 시장질서 교란행위에 따른 이익 또는 손실회피액 × 1.5 ≤ 5억원 : 5억원 이하 • 시장질서 교란행위에 따른 이익 또는 손실회피액 × 1.5 > 5억원 : 이익 또는 손실회피액 이하				

② 주주가치 극대화

③ 사회적 책임

01
★☆☆
금융투자회사 임직원이 업무를 수행함에 있어 지켜야 할 직무윤리와 관련하여 금융투자협회에서 작성한 표준은?

① 표준윤리준칙

③ 표준윤리강령

② 직무윤리준칙

④ 직무윤리강령

해설

금융투자회사는 금융투자협회가 제시하는 표준윤리준칙을 기준으로, 각 회사별 특성에 맞추어 직무윤리와 관련된 규정을 제정·운영하게 된다.

02
★★☆
다음 설명 중 틀린 것은?

① 금융투자업 직무윤리의 기본적 핵심은 '고객우선의 원칙'과 '신의성실의 원칙'이다.

② 직무윤리가 법제화된 대표적인 사례는 '금융소비자보호의무'와 '이해상충방지의무'이다.

③ 금융소비자를 두텁게 보호하기 위해 대표이사는 법령에 규정된 의무를 모두 본인이 수행하여야 하며, 다른 임원 등에게 위임할 수 없다.

④ 금융소비자보호에 관한 인식은 국내외를 막론하고 점차 강해지고 있다.

해설

금융소비자보호법에서는 대표이사의 고유 권한 중 일부를 총괄책임자에게 위임할 수 있도록 허용하고 있다.

03
★☆☆
다음 중 신의성실의 원칙에 관한 설명으로 옳지 않은 것은?

① 상대방의 정당한 이익을 배려하여 형평에 어긋나거나 신뢰를 저버리는 일이 없도록 성실하게 행동해야 한다는 것을 말한다.

② 윤리적 원칙이면서 동시에 법적 의무이다.

③ 이해상충의 방지 및 금융소비자보호와 관련된 기본원칙이다.

④ 상품 판매 이전 단계에만 적용되는 원칙이다.

해설

상품 판매 전의 개발단계부터 모든 단계에서 적용한다.

04

㉠~㉢에 들어갈 말을 순서대로 나열한 것은?

> 금융투자회사의 표준윤리준칙 제4조에서는 "회사와 임직원은 (㉠)와/과 (㉡)을/를 가장 중요한 가치관으로 삼고 (㉢)에 입각하여 맡은 업무를 충실히 수행하여야 한다"라고 규정하고 있다.

① 정직, 신뢰, 신의성실의 원칙
② 공정, 공평, 독립성의 원칙
③ 합리, 이성, 효율성의 원칙
④ 중립, 평등, 선관주의 원칙

해설

금융투자회사의 표준윤리준칙 제4조에서는 "회사와 임직원은 정직과 신뢰를 가장 중요한 가치관으로 삼고 신의성실의 원칙에 입각하여 맡은 업무를 충실히 수행하여야 한다"라고 규정하고 있다.

다음에서 설명하고 있는 이해상충 방지체계를 무엇이라 하는가?

> 금융투자업 종사자는 금융소비자가 동일한 경우를 제외하고는 금융소비자와의 거래당사자가 되거나 자기 이해관계인의 대리인이 되어서는 아니 된다.

① 임의매매 금지
② 일임매매 금지
③ 자기거래 금지
④ 과당매매 금지

해설

자기거래의 금지에 관한 설명이다.

06

자기거래가 금지되는 사례는?

① 장내증권시장에서의 거래
② 장내파생상품시장에서의 거래
③ 투자중개업자 또는 투자매매업자가 자기가 판매하는 집합투자증권을 매수하는 경우
④ 장외시장에서의 거래

해설

종합금융투자사업자가 자본시장법에 따라 단기금융업 등 금융투자상품의 장외매매가 이루어지도록 한 경우에 가능하다.
종합금융투자사업자등 외에 장외거래는 1:1계약으로 이해상충 발생가능성이 크다.

07 이해상충방지에 대한 설명으로 적절하지 않은 것으로 연결된 것은?
★★★

> 가. 금융투자업자는 이해상충이 발생할 가능성을 파악·평가하고, 내부통제기준이 정하는 방법 및 절차에 따라 이를 적절히 관리하여야 한다.
> 나. 금융투자업자는 이해상충이 발생할 가능성이 있는 경우에는 그 사실을 미리 해당 투자자에게 알렸다면 별도의 조치 없이 매매 등 그 밖의 거래를 할 수 있다.
> 다. 금융투자업자는 영위하는 금융투자업자 간 또는 계열회사 및 다른 회사와의 이해상충 발생을 방지하기 위해 정보교류 차단벽을 구축할 의무가 있다.
> 라. 금융투자업 종사자는 어떠한 경우에도 금융소비자와의 거래당사자가 되거나 자기 이해관계인의 대리인이 되어서는 안 된다.

① 가, 다
② 나, 라
③ 다, 라
④ 가, 라

해설

나. 금융투자업자는 이해상충이 발생할 가능성이 있는 경우에는 그 사실을 미리 해당 투자자에게 알려야 하며, 이해상충이 발생할 가능성을 투자자보호에 문제가 없는 수준으로 낮춘 후 매매, 그 밖의 거래를 하여야 한다.
라. 금융투자업 종사자는 금융소비자가 동의한 경우를 제외하고는 금융소비자와의 거래당사자가 되거나 자기 이해관계인의 대리인이 되어서는 안 된다. 즉 동의한 경우에는 가능하다.

08 이해상충 방지체계의 일환으로서 자기계약(자기거래) 금지 규정에 대한 내용이다. 가장 적절하지 않
★★★ 은 것은?

① 고객으로부터 금융투자상품의 매매를 위탁받은 투자중개업자가 고객의 대리인이 됨과 동시에 그 거래상대방이 될 수 없다.
② 금융투자업 종사자는 금융소비자가 동의한 경우를 제외하고는 금융소비자의 거래당사자가 되거나 자기 이해관계인의 대리인이 되어서는 아니 된다.
③ 투자중개업자가 투자자로부터 장내(증권시장, 파생상품시장)에서 매매를 위탁받아 장내시장에서 그 거래가 이루어지게 한 경우는 자기거래가 허용된다.
④ 투자중개업자가 투자자로부터 다자간체결회사의 매매를 위탁받아 거래가 이루어지게 한 경우, 다자간체결회사를 통한 거래가 장외시장 거래에 해당되므로 자기거래가 허용되지 않는다.

해설

다자간매매체결회사는 자본시장법상 시장으로 인정하는 장내거래로 다수 대 다수가 만나서 거래가 이루어지므로 우연성이 인정되어 자기거래로 보지 않는다.

09 자본시장법상의 이해상충 방지체계에 관한 설명으로 옳지 않은 것은?

★★☆

① 금융투자업자는 영위하는 금융투자업 간 또는 계열회사 및 다른 회사와의 이해상충발생을 방지하기 위하여 정보교류 차단벽(Chinese Wall)을 구축할 의무가 있다.

② 금융투자협회의 영업규정에서는 금융투자업자가 자신이 발행하였거나 관련되어 있는 대상에 대한 조사분석자료의 공표와 제공을 원칙적으로 금지하고 있다.

③ 금융투자업자는 금융소비자가 동의한 경우를 제외하고는 금융소비자의 거래당사자가 되거나 자기 이해관계인의 대리인이 될 수 없다.

④ 자기거래 금지 규정에서 '자기 이해관계인'은 법률적 이해관계인을 의미한다.

> **해설**
>
> '자기 이해관계인'에는 친족이나 소속 회사 등과 같이 경제적으로 일체성 내지 관련성을 갖는 자 등이 모두 포함되는데 법률적 이해관계인에 국한하지 않고 사실상의 이해관계까지도 모두 포함된다. 이를 위반한 경우 형사처벌의 대상이 된다.

10 주의의무에 관한 설명으로 옳지 않은 것은?

★☆☆

① '전문가로서의'라는 것은 일반인 내지 평균인(문외한) 이상의 당해 전문가집단에 평균적으로 요구되는 수준의 주의가 요구된다는 뜻이다.

② 주의의무는 사무처리의 대가가 유상인 업무에 대해서만 요구된다.

③ 금융투자업자는 금융기관의 공공성으로 인하여 일반 주식회사에 비하여 더욱 높은 수준의 주의의무를 요한다.

④ 주의의무는 금융소비자가 금융투자상품을 매수하는 거래 이전과 매수한 이후 모두 적용된다.

> **해설**
>
> 주의의무는 업무수행이 신임관계에 의한 것인 한 사무처리의 대가가 유상이든 무상이든 구별하지 않고 요구된다.

11 금융소비자보호에 관한 설명 중 거리가 먼 것은?
★★☆

① 금융소비자는 금융상품에 관한 계약의 체결 또는 계약체결의 권유를 하거나 청약을 받는 것에 관한 금융판매업자의 거래상대방으로서 금융회사와 거래하고 있는 당사자만을 포함하고, 잠재적으로 금융회사의 상품이나 서비스를 이용하고자 하는 자를 포함하지 않는다.

② 금융소비자보호는 금융시장의 공급자인 금융상품의 개발자와 판매자에 비해 교섭력과 정보력이 부족한 수요자인 금융소비자의 입지를 보완하기 위하여 불공정하고 불평등한 제도와 관행을 바로잡는 일련의 업무로 정의할 수 있다.

③ 금융소비자보호는 금융시장의 불균형을 시정하여 소비자들이 금융기관과 공정하게 협상할 수 있는 기반을 확보하고, 금융소비자의 신뢰 제고를 통하여 장기적으로 금융서비스의 수요를 증가시키는 효과가 발생하게 되므로, 궁극적으로 우리나라의 자본시장을 발전시키는 역할을 수행한다.

④ 전문가로서의 주의의무는 금융회사가 금융소비자에게 판매할 상품을 개발하는 단계부터 판매단계 및 판매 이후 단계까지 적용된다.

> **해설**
> 금융소비자란 금융회사와 거래하고 있는 당사자뿐만 아니라 장래 금융회사의 상품이나 서비스를 이용하고자 하는 자를 포괄하는 개념이다.

12 다음 중 금융투자업 종사자가 고객에게 투자를 권유하거나 이와 관련된 직무를 수행함에 있어 따라야
★★☆ 할 기준으로 적절하지 않은 것은?

① 투자권유 전 고객의 재무상황, 투자경험, 투자목적에 관하여 적절한 조사를 해야 한다.

② 투자권유 시 환경 및 사정변화가 발생하더라도 일관성 있는 투자권유를 위해 당해 정보를 변경하여서는 안 된다.

③ 고객을 위하여 각 포트폴리오 또는 각 고객별로 투자권유의 타당성과 적합성을 검토하여야 한다.

④ 파생상품 등과 같이 투자위험성이 큰 경우 일반금융투자상품에 요구되는 수준 이상의 각별한 주의가 필요하다.

> **해설**
> 응대하는 금융소비자가 가지고 있는 개별적인 요소 또는 상황이 모두 다를 수 있기 때문에 금융소비자의 정보를 파악하여 상황변화에 따라 적절히 수정하여 투자권유 또는 투자상담을 하여야 한다.

13 적합성의 원칙에 관한 설명으로 옳지 않은 것은?

★☆☆

① 금융투자업자는 일반투자자에게 투자권유를 하는 경우에는 일반투자자의 투자목적 · 재산상황 및 투자경험 등에 비추어 적합하지 아니하다고 인정되는 투자권유를 하여서는 아니 된다.

② 일반금융소비자정보 미제공 시 적정성 원칙 대상 상품의 가입제한 사실을 안내한다.

③ 금융소비자가 투자권유를 희망하지 않고, 본인의 정보를 제공하지 않는 경우 판매임직원은 적합성의 원칙 및 설명의무가 적용되지 않음을 안내해야 한다.

④ 자본시장법은 일반투자자와 전문투자자 모두에 대해서 적합성 원칙과 설명의무를 부과하고 있다.

> **해설**
>
> 자본시장법은 투자자를 일반투자자와 전문투자자로 구분하고, 일반투자자에 대해서만 적합성 원칙과 설명의무를 부과하고 전문투자자에 대해서는 이를 적용하지 않고 있다.

14 금융투자업 종사자의 설명의무와 가장 거리가 먼 것은?

★★☆

① 중요한 내용에 대해서는 고객이 이해할 수 있도록 설명해야 한다.

② '중요한 내용'이란 사회통념상 투자 여부의 결정에 영향을 미칠 수 있는 사안으로, 투자의 합리적인 투자판단 또는 해당 금융투자상품의 가치에 중대한 영향을 미칠 수 있는 사항을 말한다.

③ 설명의무의 대상인 금융투자상품에 대해서 중요한 사항에 대해 고객의 이해도를 고려하여 생략하여 설명할 수 있다.

④ 금융투자업자는 설명의무를 다한 후 일반투자자가 이해하였음을 서명, 기명날인, 녹취, 그 밖에 대통령령으로 정하는 방법 중 하나 이상의 방법으로 확인을 받아야 한다.

> **해설**
>
> 판매업자는 일반금융소비자에게 금융상품을 권유하는 경우에 금융소비자보호법령에 열거된 금융상품에 관한 중요사항을 모두 설명해야 하며, 일반금융소비자가 원하는 경우에 한해 중요 사항 중 특정 사항만을 설명하도록 규정하고 있다.

15 금융소비자보호를 위한 설명의무에 대한 설명으로 옳지 않은 것은?

★★☆

① 금융투자업자는 일반투자자를 상대로 투자권유를 하는 경우에는 금융투자상품의 내용, 투자에 따르는 위험 등을 일반투자자가 이해할 수 있도록 설명하여야 한다.

② 금융투자업자는 일반투자자가 설명내용을 이해하였음을 서명, 기명날인, 녹취 등의 방법으로 확인을 받아야 한다.

③ 중요사항을 거짓 또는 왜곡하여 설명하거나 누락하여서는 아니 된다.

④ 투자자의 투자경험 등 투자자의 이해수준을 고려하여 설명의 정도를 달리하여서는 아니 된다.

> **해설**
> 투자자의 투자경험과 금융투자상품에 대한 지식수순 능 투사사의 이해수준을 고려하여 설명의 정도를 달리할 수 있디. 금융투자업 종사자는 설명의무 위반으로 인하여 발생한 일반투자자의 손해를 배상할 책임이 있다.

16 상품판매 단계의 원칙 중에서 일반금융소비자와 전문금융소비자 모두를 대상으로 적용하는 것은?

★★☆

① 적합성의 원칙

② 적정성의 원칙

③ 설명의무

④ 부당권유행위 금지의무

> **해설**
> 부당권유행위 금지의무는 금융소비자 전원에 적용된다.

17 다음은 중요사실에 대한 정확한 표시의무에 관한 설명이다. 옳지 않은 것은?

★☆☆

① 중요한 사실에 대해서는 모두 정확하게 표시하여야 한다.

② '중요한 사실'이란 고객의 투자판단에 중요한 영향을 미친다고 생각되는 사실이며, 국내에 영향을 미칠 수 있는 외국의 정보도 중요 사실에 해당한다.

③ '정확한 표시'란 투자판단에 필요한 중요한 사항은 빠짐없이 모두 포함시켜야 하고, 그 내용이 충분하고 명료할 것을 의미한다.

④ 상대방에게 불필요한 오해를 유발할 소지가 있는 경우라도 모든 사실은 빠짐없이 정확하게 표시하여야 한다.

> **해설**
> 전체적 맥락에서 당해 정보가 불필요한 오해를 유발할 소지가 있는 경우인지, 내용의 복잡성이나 전문성에 비추어 정보의 전달방법이 상대방에게 정확하게 정보가 전달될 수 있는지를 고려하여 중요한 사실이 아니라면 생략이 가능하다.

18 투자자로부터 투자권유 요청을 받지 않고 방문·전화 등 실시간 대화의 방법을 이용하는 행위(불초청
★★★ 권유)가 가능한 금융투자상품이 아닌 것은?

① 집합투자증권　　　　　　　　　　③ 장내파생상품
② 주 식　　　　　　　　　　　　　　④ 장외파생상품

해설

장외파생상품은 고위험 금융상품으로 소비자의 요청이 없는 경우 사전에 동의하여도 투자권유가 불가하다.

19 부당권유행위의 금지와 불공정영업행위의 금지에 대한 설명으로 거리가 먼 것은?
★★☆
① 일반금융소비자뿐만 아니라 전문금융소비자도 대상에 포함된다.
② 금융회사가 자신의 우월적 지위를 이용하여 금융상품의 계약체결에 있어 금융소비자에게 불리한
　행위를 요구하는 행위는 과징금과 별도로 과태료 부과 사유가 된다.
③ 금융상품에 중대한 영향을 미치는 사항에 대해 금융회사가 알고 있는 경우 해당 사항을 금융소비
　자에게 설명하지 않으면 부당권유행위 위반에 해당하지 않는다.
④ 실적의 허위·과장·부실표시 금지 규정은 집합투자기구의 운용역뿐만 아니라 투자중개업이나
　투자자문업에 종사하는 자에게도 적용된다.

해설

금융상품에 중대한 영향을 미치는 사항에 대해 금융회사가 알고 있는 경우 해당 사항을 금융소비자에게 설명하지 않으면
설명의무 위반과 동시에 부당권유행위 위반에 해당한다.

20 자본시장법에서는 '매매명세의 통지'에 관하여 다음과 같이 규정하고 있다. ㉠, ㉡에 순서대로 들어갈
★★★ 말은?

> 매매가 체결된 후 (㉠) 매매의 유형, 종목·품목, 수량, 가격, 수수료 등 모든 비용, 그 밖의 거래내용을
> 통지하고, 매매가 체결된 날의 다음 날 (㉡)까지 월간 매매내역·손익내역, 월말 현재 잔액현황·미체
> 결약정 현황 등을 통지할 것

① 2일 이내에, 10일　　　　　　　　② 지체 없이, 20일
③ 2일 이내에, 20일　　　　　　　　④ 지체 없이, 10일

해설

매매가 체결된 후 지체 없이 매매의 유형, 종목·품목, 수량, 가격, 수수료 등 모든 비용, 그 밖의 거래내용을 통지하고, 매
매가 체결된 날의 다음 날 20일까지 월간 매매내역·손익내역, 월말 현재 잔액현황·미체결약정 현황 등을 통지해야 한다.

21 A는 동 지점의 주된 고객을 예탁된 자산규모에 따라 1억원 이상, 5천만원~1억원, 5천만원 이하로 구
★★☆ 분하여 오직 자산규모가 큰 고객에 대해서만 환율 위험이 있는 외화표시상품과 파생투자상품을 혼합
한 복잡한 금융상품을 권장하고 있다면 이는 6대 판매원칙 중 어느 것을 위반한 것인가?

① 적합성의 원칙
② 적정성의 원칙
③ 불공정영업행위 금지
④ 부당권유행위 금지

해설

예탁된 자산규모가 크다고 해서 반드시 위험허용도가 큰 것은 아니므로 금융소비자보호법상 적합성의 원칙을 위반하였다.
고객의 투자목적 등을 고려하여 개별적으로 고객의 투자성향에 적합한 투자권유를 하여야 한다.

22 투자상담업무를 담당하고 있는 자가 객관적이고 중립적인 자료에 근거하여 투자를 권유하지 않고 미
★★☆ 래에 대한 낙관적 전망을 기초로 투자를 권유하였다면, 이는 어떤 윤리기준을 위배한 것인가?

① 충실 의무
② 선관주의 의무
③ 합리적 근거를 제시할 의무
④ 품위유지 의무

해설

투자상담업무 종사자는 객관적인 근거에 기초하여 합리적 근거를 가지고 고객에게 투자권유를 하여야 한다.

23 금융소비자보호법상 부당권유행위금지 위반과 설명의무 위반에 모두 해당하는 것은?
★★☆
① 불확실한 사항에 대하여 단정적 판단을 제공하거나 확실하다고 오인하게 할 소지가 있는 내용을
알리는 행위
② 금융상품의 내용을 사실과 다르게 알리는 행위
③ 금융상품의 가치에 중대한 영향을 미치는 사항을 미리 알고 있으면서 금융소비자에게 알리지 않
는 행위
④ 금융상품 내용의 일부에 대하여 비교대상 및 기준을 밝히지 아니하거나 객관적인 근거 없이 다른
금융상품과 비교하여 해당 금융상품이 우수하거나 유리하다고 알리는 행위

해설

금융상품의 가치에 중대한 영향을 미치는 사항을 미리 알고 있으면서 금융소비자에게 알리지 않는 행위는 부당권유행위금
지 위반과 설명의무 위반 모두에 해당한다.

24 다음 중 금융소비자보호의무에 대한 설명으로 적절하지 않은 것은?

★★★

① 금융상품판매업자는 열람을 요구받았을 때에는 해당 자료의 유형에 따라 요구받은 날부터 8영업일 이내에 금융소비자가 해당 자료를 열람할 수 있도록 하여야 한다.

② 금융회사는 금융소비자와 판매계약을 맺은 날로부터 7영업일 이내에 판매직원이 아닌 제3자가 해당 금융소비자와 통화하여 판매직원이 설명의무 등을 적절히 이행하였는지 여부를 확인하여야 한다.

③ 금융상품판매업자 등은 청약철회를 접수한 날부터 3영업일 이내에 이미 받은 금전·재화 등을 반환하고, 금전·재화 등의 반환이 늦어진 기간에 대하여는 지연이자를 가산하여 지급하여야 한다.

④ 금융회사는 금융소비자의 위법계약 해지 요구가 있는 경우 해당일로부터 10일 이내에 계약 해지 요구의 수락 여부를 결정하여 금융소비자에게 통지하여야 한다.

> **해설**
>
> 금융상품판매업자는 열람을 요구받았을 때에는 해당 자료의 유형에 따라 요구받은 날부터 6영업일 이내에 금융소비자가 해당 자료를 열람할 수 있도록 하여야 한다.

25 다음 중 상품 판매 이후의 금융소비자보호제도가 아닌 것은?

★★★

① 위법계약해지권   ② 해피콜 서비스

③ 미스터리쇼핑   ④ 청약철회권

> **해설**
>
> 청약철회권은 판매단계의 금융소비자 보호제도이다.

26 금융소비자보호법상의 '위법계약해지권'에 대한 설명으로 옳지 않은 것은?

★★★

① 금융소비자는 금융상품의 계약체결일로부터 5년 이내이고 위법계약 사실을 안 날로부터 1년 이내에만 해지요구가 가능하다.

② 금융회사는 고객의 해지요구가 있는 경우 해당일로부터 10일 이내에 계약해지 요구의 수락 여부를 결정하여 통지하여야 하며, 거절하는 경우 그 거절사유도 같이 알려야 한다.

③ 위법계약해지권은 계약이 최종적으로 체결된 이후라는 전제조건이 있으며, 또한 금융회사의 귀책사유가 있어야 한다는 점에서 청약철회권과 유사하다.

④ 금융회사가 위법계약해지청구권을 수리하여 해지되는 경우에는 별도의 수수료, 위약금 등 계약해지에 따른 비용을 부과할 수 없다.

> **해설**
>
> 청약철회권은 금융회사에 별도의 귀책사유가 없음에도 금융소비자가 각 상품별로 정하여진 해당기간 내에 청약을 철회할 수 있는 권리로서, 금융소비자가 금융상품의 계약을 최종적으로 체결하기 전에 계약의 청약을 진행하는 단계에서 행사할 수 있다. 반면, 위법계약해지권은 금융회사에 귀책사유가 있고 계약이 최종적으로 체결된 이후라는 전제조건이 있다.

27 ★★☆ 금융소비자의 사후구제를 위한 기타 법적제도에 대한 설명이다. 잘못된 것은?

① 조정이 신청된 사건에 대하여 신청 전 또는 신청 후 소가 제기되어 소송이 진행 중일 때에는 수소 법원은 조정이 있을 때까지 소송절차를 중지할 수 있다.

② 조정위원회는 조정이 신청된 사건과 동일한 원인으로 다수인이 관련되는 동종·유사 사건에 대한 소송이 진행 중인 경우에는 조정위원회의 결정으로 조정절차를 중지할 수 있다.

③ 소액분쟁사건에 대하여 조정절차가 개시된 경우에는 조정안을 제시받기 전에는 소를 제기할 수 없다.

④ 소액분쟁사건의 충족 요건으로는 모든 금융소비자가 신청한 권리나 이익의 가액이 2천만원 이내에서 대통령령으로 정하는 금액 이하여야 한다.

해설

소액분쟁사건은 일반금융소비자가 신청한 사건이어야 한다.

28 ★★★ 금융투자업 종사자가 준수하여야 할 직무윤리로 그 성격이 나머지 셋과 다른 하나는?

① 법규준수

③ 품위유지

② 자기혁신

④ 시장질서 존중

해설

시장질서 존중은 사회 등에 대한 윤리이며, 나머지는 본인에 대한 윤리이다.

29 ★★☆ 금융투자회사의 표준윤리준칙상 본인에 대한 윤리에 대한 내용이다. 가장 거리가 먼 것은?

① 금융투자업 종사자는 직무와 관련된 윤리기준, 그리고 그와 관련된 모든 법률과 그 하부 규정, 당해 직무활동을 규제하는 자율단체의 각종 규정을 숙지하고 그 준수를 위해 노력해야 한다.

② 금융투자업 종사자는 직무를 수행함에 있어서 최대한 전문지식을 갖추어야 한다.

③ 금융투자업 종사자 중 상급자는 본인의 직위를 이용하여 하급자에게 부당한 명령이나 지시를 하지 않아야 하며, 하급자는 부당한 명령이나 지시를 받은 경우 이를 거절해야 한다.

④ 금융투자업 종사자는 직위의 사적이용을 금지해야 하지만, 경조사 봉투 및 화환 등에 회사명 및 직위를 기재하는 행위는 위반행위에 해당하지 않는다.

해설

금융투자업 종사자는 직무를 수행함에 있어서 최대한의 전문지식이 아닌 일정 수준의 학습과 경험을 통하여 해당 분야에 기본적으로 요구되는 전문능력을 확보해야 한다.

30 다음 사례에서 A가 위반한 윤리기준으로 가장 적절한 것은?

★☆☆

> A는 금융투자회사에서 투자상담업무를 맡고 있다. A의 친구 B는 통신회사의 홍보담당 이사이다. A는 동창회 등의 모임 외에도 수시로 B를 만나고 있으며, B의 알선으로 무료 골프를 수차례 치기도 하였다. B가 특별히 명시적으로 요구한 것은 아니지만 A는 친구 B가 처해 있는 회사에서의 입장을 생각하여 투자상담을 받으려고 객장을 찾아온 고객에게 "좋은 것이 좋은 것이다"라는 생각으로 B회사의 종목에 투자할 것을 권유하였다. 그렇다고 B회사에 특별히 문제가 있는 것은 아니다.

① 공정성 및 독립성 유지
② 품위유지
③ 사적 이익 추구 금지
④ 정보보호

해설

A는 수임자로서 해당 직무를 수행함에 있어 항시 공정한 입장에서 독립적이고 객관적인 판단을 하여야 한다는 윤리기준을 위반하였다.

31 금융투자업 종사자의 회사에 대한 윤리로서 상호존중에 관한 설명으로 옳지 않은 것은?

★☆☆

① 상사의 부당한 지시가 있을 경우 상호존중의 차원에서 일단 따른 후 해당 지시내용의 잘못된 점은 회사에 보고하여야 한다.
② 회사는 임직원 개개인의 자율과 창의를 존중함으로써 임직원이 자신의 삶의 질을 향상시킬 수 있도록 도와주어야 한다.
③ 상호존중에 포함되는 것 중의 하나가 성희롱 방지로 넓은 의미의 품위유지의무에도 해당하나 그 이상의 것이 포함된다.
④ 금융투자회사는 정부의 권고에 따라 매년 1회 이상 성희롱 예방 등에 관한 교육을 정기적으로 실시하고 있다.

해설

상사의 부당한 지시에 대해 이를 거절하여야 한다.

32 다음 중 금융투자회사의 재산상 이익의 제공 및 수령에 대한 설명으로 적절하지 않은 것은?

★★★

① 영업직원이 금융소비자에게 펀드판매자 변경을 조건으로 연극관람권을 제공하는 것은 부당한 재산상 이익의 제공에 해당한다.

② 금융투자회사가 거래상대방에게 재산상 이익을 제공하거나 제공받은 경우 제공목적, 제공내용, 제공일자, 거래상대방, 경제적 가치 등을 5년 이상의 기간 동안 기록 · 보관하여야 한다.

③ 금융투자회사는 특정 거래상대방에게 금전 · 물품 · 편의 등이 10억원(최근 5개 사업연도 합계)을 초과할 경우 공시하여야 한다.

④ 금융투자회사는 재산상 이익의 제공현황 및 적정성 점검결과를 매년 준법감시인에게 보고하여야 한다.

> **해설**
> 금융투자회사는 재산상 이익의 제공현황 및 적정성 점검결과를 매년 이사회에게 보고하여야 한다.

33 부당한 금품 등의 제공 및 수령 금지에 대한 설명으로 옳지 않은 것은?

★★★

① 금융투자협회는 재산상 이익의 제공 및 수령 한도 규제를 폐지하는 대신 내부통제절차를 강화하였다.

② 금융투자회사가 거래상대방에게 제공하거나 거래상대방으로부터 수령한 재산상 이익의 가액이 10억원을 초과하는 즉시 인터넷 홈페이지를 통해 공시하도록 의무화하였다.

③ 금융투자회사는 이사회가 정한 금액 이상을 초과하여 동일한 거래상대방과 재산상 이익을 제공하거나 수령하려는 경우 이사회의 사전승인을 받아야 한다.

④ 금융투자회사(및 임직원)는 재산상 이익을 제공 및 수령하는 경우 해당 사항을 기록하고 3년 이상의 기간 동안 관리 · 유지하여야 할 의무가 있다.

> **해설**
> 금융투자회사(및 임직원)는 재산상 이익을 제공 및 수령하는 경우 해당사항을 기록하고 5년 이상의 기간 동안 관리 · 유지하여야 할 의무가 있다.

34 재산상 이익의 제공 및 수령에 대한 설명으로 옳은 것은 다음 중 몇 개인가?

★★★

> 가) 거래상대방에게 제공하거나 거래상대방으로부터 수령한 재산상 이익의 가액이 5억원을 초과하는 즉시 인터넷 홈페이지에 공시하여야 한다.
>
> 나) 재산상 이익을 거래상대방에게 제공하는 경우 금융투자회사가 자율적으로 정한 일정 금액을 초과하거나 금액과 무관하게 전체 건수에 대해 금융투자회사는 그 제공에 대한 적정성을 평가하고 점검하여 결과 등을 반기별로 대표이사에게 보고하여야 한다.
>
> 다) 금융투자회사는 이사회가 정한 금액 이상을 초과하여 동일한 거래상대방과 재산상 이익을 제공하거나 수령하는 경우 준법감시인의 사전승인을 받아야 한다.
>
> 라) 금융투자회사가 거래상대방에게 재산상 이익을 제공하거나 제공받은 경우 제공목적, 제공내용, 제공일자, 거래상대방, 경제적 가치 등을 5년 이상 기록·보관하여야 한다.

① 0개

② 1개

③ 2개

④ 3개

해설

가) 재산상 이익의 가액이 10억원을 초과하는 경우 공시한다.
나) 매년 이사회에게 보고하여야 한다.
다) 이사회의 사전승인을 받아야 한다.

35 금융투자업 종사자의 회사에 대한 윤리를 설명한 내용으로 옳지 않은 것은?

★☆☆

① 금융투자업 종사자는 회사에서 맡긴 자신의 직무를 신의로서 성실하게 수행하여야 한다.

② 금융투자업 종사자는 소속 회사의 직무수행에 영향을 줄 수 있는 지위를 겸하거나 업무를 수행한 때에는 사전에 회사의 승인을 얻어야 하고 부득이한 경우에는 사후에 즉시 보고하여야 한다.

③ 소속 회사의 직무수행에 영향을 줄 수 있는 것이라 할지라도 회사와 경쟁관계에 있지 않거나 이해상충관계에 있지 않으며, 일시적인 경우에는 예외가 인정된다.

④ 회사와의 신임관계 및 신임의무 존부를 판단함에 있어서는 정식 고용계약관계의 유무, 보수 지급의 유무, 계약기간의 장단은 문제되지 않는 것이 원칙이다.

해설

소속 회사의 직무수행에 영향을 줄 수 있는 것이면 회사와 경쟁관계에 있거나 이해상충관계에 있는지의 여부를 불문하며, 계속성 여부도 불문하고 금지된다.

36 금융투자회사 표준윤리준칙 제6조 정보보호에 대한 내용이다. 거리가 먼 것은?
★★☆

① 정보보호의무상 정보보호는 회사의 업무정보 및 고객정보 모두를 대상으로 한다.

② 회사의 재무건전성이나 경영 등에 중대한 영향을 미칠 수 있는 정보 또는 고객의 신상정보나 거래내역 정보 등은 기록형태나 기록유무에 관계없이 비밀정보로 본다.

③ 임직원은 어떠한 경우라도 비밀정보를 이용해서는 아니 된다.

④ 비밀정보의 제공은 그 필요성이 인정되는 경우에 한하여 회사가 정하는 사전승인절차에 따라 이루어져야 한다.

> **해설**
>
> 비밀정보는 회사업무수행을 목적으로 하는 경우에는 사용이 가능하며, 어떠한 경우에도 자신 또는 제3자를 위해 비밀정보를 이용해서는 아니 된다.

37 금융투자업 종사자의 공용재산의 사적사용 및 수익 금지 사항에 해당하지 않는 것은?
★☆☆

① 회사의 비품이나 자재를 사적인 용도로 사용하는 행위

② 사적인 용도로 회사 전화를 장시간 사용하는 행위

③ 신문, 방송 등 언론매체 접촉을 준법감시인 등의 승인 없이 하는 행위

④ 회사의 업무와 무관한 E−mail을 사용하거나 게임을 하는 행위

> **해설**
>
> 신문, 방송 등 언론매체 접촉을 준법감시인 등의 승인없이 하는 행위는 대외활동 시의 준법절차 준수의무에 관한 사항이다. 또한 회사 내에서의 지위를 이용하여 사적인 이익을 추구하는 행위, 회사의 정보를 무단으로 유출하는 행위 등도 공용재산의 사적사용 및 수익 금지 사항이다.

 금융투자회사와 그 임직원의 정보보호에 대한 설명으로 틀린 것을 모두 고르면?

> 가. 미공개된 회사의 경영전략이나 새로운 상품 및 비즈니스 등에 관한 정보는 기록형태나 기록유무와 관계
>   없이 비밀정보로 본다.
> 나. 비밀정보가 포함된 서류는 복사본을 만들거나 안정이 보장되지 않는 장소에 보관하여서는 안 된다.
> 다. 특정한 정보가 비밀정보인지 불명확한 경우, 준법감시인의 사전 확인을 받기 전에는 당해 정보는 비밀
>   정보가 아닌 것으로 분류되어야 한다.
> 라. 비밀정보 제공은 그 필요성이 인정되는 경우에 한하여 준법감시인의 사전승인을 받아 제공하여야 한다.

① 나, 다
② 나, 다, 라
③ 다, 라
④ 가, 나

해설

나. 필요 이상의 복사본을 만드는 것을 금한다.
다. 준법감시인의 사전 확인을 받기 전에는 당해 정보는 비밀정보로 분류되어야 한다.
라. 회사가 정하는 사전승인 절차에 따라야 한다.

 금융투자회사의 임직원이 대외활동 시 준수사항에 대한 설명으로 옳지 않은 것은?

① 회사의 공식의견이 아닌 사견을 표현해서는 아니 된다.
② 대외활동으로 인하여 회사의 주된 업무 수행에 지장을 주어서는 아니 된다.
③ 대외활동으로 인하여 금전적인 보상을 받게 되는 경우 회사에 신고하여야 한다.
④ 불확실한 사항을 단정적으로 표현하거나 다른 금융투자회사를 비방하여서는 아니 된다.

해설

사견도 말할 수 있다. 다만, 회사의 공식의견이 아닌 경우 사견임을 명백하게 표현하여야 한다.

40 금융투자회사 임직원의 대외활동 시 금지사항이 아닌 것은?

★☆☆

① 회사 승인을 받은 중요자료나 홍보물 등을 배포하거나 사용하는 행위

② 불확실한 사항을 단정적으로 표현하는 행위 또는 오해를 유발할 수 있는 주장이나 예측이 담긴 내용을 제공하는 행위

③ 합리적인 논거 없이 시장이나 특정 금융투자상품의 가격 또는 증권발행기업 등에 영향을 미칠 수 있는 내용을 언급하는 행위

④ 경쟁업체의 금융투자상품, 인력 및 정책 등에 대하여 사실과 다르거나 명확한 근거없이 부정적으로 언급하는 행위

> **해설**
> 회사가 승인하지 않는 중요자료나 홍보물 등을 배포하거나 사용하는 행위가 금지된다. 그 밖에 자신이 책임질 수 없는 사안에 대해 언급하는 행위, 주가조작 등 불공정거래나 부당권유 소지가 있는 내용을 제공하는 행위도 금지된다.

41 임직원이 언론기관 접촉 활동을 하는 경우의 준수사항에 대한 설명으로 가장 거리가 먼 것은?

★☆☆

① 임직원이 언론기관 등에 대하여 업무와 관련된 정보를 제공하고자 하는 경우 사전에 관계부서 (홍보부 등)와 충분히 협의하여야 한다.

② 관계부서의 장은 제공하는 정보가 거짓의 사실 또는 근거가 희박하거나, 일반인의 오해를 유발할 수 있는 주장이나 예측을 담고 있는지 여부를 검토하여야 한다.

③ 관계부서의 장은 정보제공자가 언급하고자 하는 주제가 회사를 충분히 홍보할 수 있는 내용을 담고 있는지의 여부를 검토하여야 한다.

④ 관계부서의 장은 내용의 복잡성이나 전문성에 비추어 언론기관 등을 통한 정보 전달이 적합한지의 여부 등을 검토하여야 한다.

> **해설**
> 관계부서의 장은 정보제공자가 언급하고자 하는 주제에 대하여 충분한 지식과 자격을 갖추고 있는지의 여부를 검토하여야 한다.

42
★★★

임직원이 전자통신수단(이메일, 대화방, 게시판 및 웹사이트)을 사용하는 경우의 준수사항으로 옳지 않은 것은?

① 회사 이외의 장소에서 임직원과 금융소비자 간의 이메일은 개인정보이므로 표준내부통제기준 및 관계법령 등의 적용을 받지 아니한다.

② 임직원의 사외 대화방 참여는 공중포럼으로 간주하여 언론기관과 접촉할 때와 동일한 윤리기준을 준수하여야 한다.

③ 임직원이 인터넷 게시판이나 웹사이트 등에 특정 금융투자상품에 대한 분석이나 권유와 관련된 내용을 게시하고자 하는 경우 사전에 준법감시인이 정하는 절차와 방법에 따라야 한다.

④ 임직원이 인터넷 게시판이나 웹사이트 등에 자료의 출처를 명시하고 그 내용을 인용하거나 기술적 분석에 따른 투자권유를 하는 경우에는 사전에 준법감시인이 정하는 절차와 방법을 따르지 않아도 된다.

> **해설**
> 임직원과 금융소비자 간의 이메일은 사용 장소와 관계없이 표준내부통제기준 및 관계법령 등의 적용을 받는다.

43
★★☆

금융투자업 종사자의 소속 회사에 대한 의무를 설명한 것으로 옳지 않은 것은?

① 회사의 재산은 회사의 이익을 위한 용도로만 사용되어야 하며, 개인의 사적이익을 위하여 부당하게 사용되어서는 아니 된다.

② 회사, 주주 또는 고객과 이해상충이 발생할 수 있는 대외활동을 하는 경우 준법감시인에게 사후보고를 하여야 한다.

③ 임직원과 고객 간의 이메일은 사용장소에 관계없이 표준내부통제기준 및 관계법령 등의 적용을 받는다.

④ 회사에 대한 선관주의 의무는 퇴직 등의 사유로 고용관계가 종료된 후에도 상당기간 지속된다.

> **해설**
> 회사, 주주 또는 고객과 이해상충이 발생할 수 있는 대외활동을 하는 경우 해당 활동의 성격, 이해상충의 정도 등에 따라 소속 부점장, 준법감시인 또는 대표이사의 사전승인을 받아야 한다.

44
★★★

금융투자업 종사자의 회사에 대한 윤리를 설명한 것으로 적절하지 않은 것은?

① 회사재산은 오로지 회사 이익을 위해서만 사용되어야 하고, 회사의 이익이 아닌 사적용도로 이용하는 일체의 행위가 금지된다.

② 소속업무 담당자가 타인에게 손해를 끼친 경우 경영진은 윤리적 책임은 있으나 법적책임은 없다.

③ 특정한 정보가 비밀정보인지 불명확한 경우 그 정보를 이용하기 전에 준법감시인의 사전확인을 받아야 한다.

④ 임직원은 대외활동을 사전승인 받았더라도 그 활동으로 인해 고객, 주주 및 회사 등과 이해상충이 확대되는 경우 회사는 그 대외활동의 중단을 요구할 수 있다.

> **해설**
>
> 필요한 지도 부족으로 소속업무 담당자가 직무윤리를 위반하거나 타인에게 손해를 끼친 경우, 회사와 경영진은 피해자에게 손해배상책임을 질 수 있다.

45
★★☆

다음 중 사회 등에 대한 윤리에 관한 설명으로 가장 옳은 것은?

① 시장질서 교란행위는 불공정거래행위의 다른 표현으로 그 의미는 같다.

② 미공개정보의 이용에 대한 불공정거래행위의 적용은 내부자, 준내부자 및 미공개정보의 1차 수령자까지만을 대상으로 한다.

③ 특정한 목적성 없이 금융투자상품의 시세에 영향을 미쳤다면 불공정거래행위로 구분되어 관련 법령의 적용을 받는다.

④ 프로그램 오류로 인한 시세의 급격한 변동은 단순실수이므로 과징금 등 벌칙조항의 적용을 받지 않는다.

> **해설**
>
> ① 불공정거래행위와 시장질서 교란행위는 대상과 목적성 여부에 따라 적용되는 범위가 다르다.
>
> ③ 목적성이 없다면 시장질서 교란행위에 해당한다.
>
> ④ 자본시장법 제429조의2에 따라 5억원 이하의 과징금이 부과될 수 있다.

46 빈칸에 알맞은 것은?

★☆☆

> 시장질서 교란행위에 따른 이익이나 회피한 손실액의 (　　)에 해당하는 금액이 (　　)을 초과할 경우, 그에 상당하는 금액 이하를 과징금으로 부과한다.

① 1.5배, 2억원
② 1.5배, 5억원
③ 2배, 2억원
④ 2배, 5억원

해설

1.5배, 5억원이다. 예를 들어 시장질서 교란행위를 통해 얻은 이익 또는 손실회피액이 4억원이라면 '4억원×1.5배＝6억원', 즉 5억원을 초과할 경우 해당 금액(6억원)을 과징금으로 한다.

46 ② **정답**

---

section 15 내부통제 도입배경 및 개요　　　　　중요도 ★★☆

대표유형문제

다음은 내부통제에 대한 설명이다. 틀린 것으로만 연결된 것은?

> 가. 금융투자업의 직무윤리는 금융투자회사의 자율적인 노력에 의해 직무윤리를 준수하는 제도를 가장
>   이상적인 것으로 보아 우리나라에서는 직무윤리를 금융투자회사의 내부통제 활동의 하나로 인식하
>   여 회사에서 자체적인 '표준내부통제기준'을 규정하여 자율적으로 준수하도록 하고 있다.
> 나. 금융투자업 종사자가 기본적으로 준수하여야 할 윤리기준은 상당 부분 법률 등과 중첩되어 강제됨에
>   따라 윤리기준을 위반하는 것은 관련 법규 및 사규 등을 위반하는 것으로 제재 대상이 된다.
> 다. 준법감시제도는 감사로 대표되는 법규에 의한 사전적 감독으로만 자산운용의 안정성 유지와 금융소
>   비자보호라는 기본적 역할을 수행하는 데에 한계가 있다는 점을 착안하여 도입되었다.

① 가, 나　　　　　　　　　② 가, 다
③ 나, 다　　　　　　　　　④ 가, 나, 다

해설

가. 금융투자회사의 자율적인 노력에 의한 직무윤리 준수를 중심으로 하되, 법령 등에 의한 타율적인 준수를 보완하는
　　제도로 직무윤리 준수의 효율성을 높이기 위함이다.
다. 준법감시제도는 감사의 사후 감독의 한계로 감사와는 달리 사전적, 상시적 사고 예방 등의 목적을 위해 도입된 내
　　부통제시스템이다.

정답 ②

필수핵심개념

01 직무윤리 준수절차

- 금융투자업의 직무윤리는 금융투자회사의 자율적인 노력에 의한 직무윤리 준수 중심 + 법령 등에 의한 타율적인 준수
  를 보완하는 제도 (혼합형)
- 우리나라에서는 직무윤리를 금융투자회사의 내부통제 활동의 하나로 인식하여 준수하도록 ❶ '표준내부통제기준'에 규
  정하여 자율적으로 준수하되, ❷ 내부통제기준의 설정 의무화 등 특정 사항에 대해서는 법령 등에 규정
- 금융투자업 종사자가 기본적으로 준수하여야 할 윤리기준은 상당 부분 법률 등과 중첩되어 강제됨에 따라 윤리기준을
  위반하는 것은 관련 법규 및 사규 등을 위반하는 것으로 제재 대상이 됨

(1) 지배구조법상 금융투자회사 표준내부통제기준 용어정리

내부통제	회사 임직원이 업무 수행 시 ❶ 법규를 준수하고 ❷ 조직운영의 효율성 제고 및 ❸ 재무보고의 신뢰성을 확보하기 위하여 회사 내부에서 수행하는 모든 절차와 과정을 의미
내부통제체제	효과적인 내부통제 활동을 수행하기 위한 조직구조, 위험평가, 업무분장 및 승인절차, 의사소통 · 모니터링 · 정보시스템 등의 종합적 체제
준법감시제도	• 회사의 임직원 모두가 '신의성실원칙'과 '고객우선원칙'을 바탕으로 금융소비자에 대해 선량한 관리자로서의 의무에 입각하여 금융소비자의 이익을 위해 최선을 다했는지, 업무를 수행함에 있어 직무윤리를 포함한 제반법규 등을 철저하게 준수하고 있는지에 대하여 사전적 또는 상시적으로 통제 · 감독하는 장치 • 감사로 대표되는 법규에 의한 사후적 감독으로만 자산운용의 안정성 유지와 금융소비자보호라는 기본적 역할을 수행하는 데에 한계가 있다는 점을 착안하여 감사와는 달리 사전적, 상시적 사고 예방 등의 목적을 위해 도입된 내부통제시스템
내부통제기준	• 지배구조법에서는 금융회사에 대하여 내부통제기준을 마련하여 운영할 것을 법적 의무로 요구 • 회사의 임직원이 법령을 준수하고, 경영을 건전하게 하며, 주주 및 이해관계자* 등을 보호하기 위하여 금융회사의 임직원이 직무를 수행할 때 준수하여야 할 기준 및 절차 (본서에는 주주 및 이해관계자의 이익* 대신 '이해상충 방지 등 금융소비자'로 표현) • 내부통제기준을 제정하거나 변경하는 경우 이사회결의를 요함

대표유형문제

다음 중 금융투자회사 내부통제의 근간이 되는 내부통제체제 구축 및 운영에 관한 기준을 정하는 주체는?

① 이사회

② 대표이사

③ 감 사

④ 준법감시인

해설

이사회에 대한 설명이다.

정답 ①

(2) 지배구조법상 내부통제 조직 및 운영

① 이사회 : 회사 내부통제의 근간이 되는 내부통제체제 구축 및 운영에 관한 기준을 정함(최종적 책임 부담)

② 대표이사 : 내부통제체제의 구축 및 운영에 필요한 제반사항을 수행·지원하고 적절한 내부통제정책을 수립하여야 하며, 다음 각 호의 사항에 대한 책임 및 의무가 있음(구체적인 내부통제 시스템을 구축·운영할 의무 부담)

> - 위법·부당행위의 사전예방에 필요한 내부통제체제의 구축·유지·운영 및 감독
> - 내부통제체제의 구축·유지·운영에 필요한 인적·물적 자원의 지원
> - 조직 내 각 업무분야에서 내부통제와 관련된 제반 정책 및 절차가 지켜질 수 있도록 각 부서 등 조직 단위별로 적절한 임무와 책임을 부여
> - 매년 1회 이상 내부통제체제·운영실태의 정기점검 및 점검 결과 이사회 보고(대표이사는 내부통제체계·운영에 대한 실태점검 및 이사회 보고 업무를 준법감시인에게 위임 가능)

---

section 16 지배구조법상 내부통제 조직 - 준법감시인　　　중요도 ★★★

대표유형문제

준법감시인에 대한 설명이다. 틀린 항목으로 연결된 것은?

> 가. 준법감시인은 감사위원회의 지휘를 받아 금융투자회사 전반의 내부통제업무를 수행한다.
> 나. 금융투자회사가 준법감시인을 임면하려는 경우 이사회 의결을 거쳐야 하며, 해임할 경우에는 주주총회 결의를 거쳐야 한다.
> 다. 금융투자회사가 준법감시인을 임면한 때에는 임면일로부터 7영업일 이내에 금융위원회에 보고해야 한다.
> 라. 금융투자회사는 준법감시인에 대하여 회사의 재무적 경영성과와 연동하는 보수지급 및 평가기준을 마련·운영해야 한다.

① 가, 나　　　　　② 나, 라
③ 나, 다　　　　　④ 가, 나, 라

해설
가. 준법감시인은 이사회 및 대표이사의 지휘를 받아 금융투자회사 전반의 내부통제업무를 수행한다.
나. 해임 시에도 이사회의결을 거친다. (단, 해임 시보다 요건이 엄격해져 이사 총수의 3분의 2 이상의 찬성을 요한다.)
라. 금융회사는 준법감시인에 대하여 회사의 재무적 경영성과와 연동하지 아니하는 별도의 보수지급 및 평가기준을 마련·운영하여야 한다.

정답 ④

③ 준법감시인

개 요	• 이사회 및 대표이사의 지휘를 받아 금융투자회사 전반의 내부통제 업무를 수행 • 금융투자업자는 내부통제기준의 준수 여부를 점검하고 내부통제기준을 위반하는 경우 이를 조사하는 등 내부통제 관련 업무를 총괄하는 자(이하 "준법감시인"이라 한다)를 1명 이상 두어야 함
임면 등	• 회사(외국금융투자회사의 국내지점은 제외)는 준법감시인을 임면하려는 경우에는 이사회의 의결을 거쳐야 하며, 해임할 경우에는 이사 총수의 3분의 2 이상의 찬성으로 의결(해임하기 힘든 구조) • 금융투자업자는 사내이사 또는 업무집행책임자 중에서 준법감시인을 선임하여야 함 • 준법감시인의 임기는 2년 이상으로 함(지위와 독립성 보장) • 회사는 준법감시인을 임면한 때에는 임면일로부터 7영업일 이내에 금융위원회에 보고 • 금융회사는 준법감시인에 대하여 회사의 재무적 경영성과와 연동하지 아니하는 별도의 보수 지급 및 평가 기준을 마련·운영하여야 함(경영성과에 연동되면 이해상충 발생으로 독립성 강화 장치) • 회사는 준법감시인이 자신의 직무를 공정하게 수행할 수 있도록 업무의 독립성을 보장하여야 하며, 그 직무수행과 관련된 사유로 부당한 인사상의 불이익을 주어서는 안 됨
권한 및 의무	• 내부통제기준 준수 여부 등에 대한 정기 또는 수시 점검 • 업무전반에 대한 접근 및 임직원에 대한 각종 자료나 정보 제출 요구권 • 임직원의 위법·부당행위 등과 관련하여 이사회, 대표이사, 감사(위원회)에 대한 보고 및 시정 요구 • 이사회, 감사위원회, 기타 주요 회의에 대한 참석 및 의견진술 • 준법감시 업무의 전문성 제고를 위한 연수프로그램의 이수
위 임	• 준법감시인은 위임의 범위와 책임의 한계 등이 명확히 구분되는 경우 준법감시업무 중 일부를 준법감시업무를 담당하는 임직원에게 위임할 수 있음 • 준법감시인은 준법감시업무의 효율적 수행을 위하여 부점별 또는 수개의 부점을 1단위로 하여 준법감시인의 업무 일부를 위임받아 직원의 관계법령 등 및 이 기준의 준수여부를 감독할 관리자(영업관리자)를 지명할 수 있음 ※ 관계법규에서 정하는 요건을 모두 충족하지 아니하는 한, 원칙적으로 단일 영업관리자가 2 이상 지점의 영업관리자 업무를 수행하도록 지정하지 못하나, 감독업무 수행에 지장을 주지 않는 등 예외적인 경우 가능

 지배구조법상 내부통제 조직 – 영업점에 대한 내부통제　　　중요도 ★★★

대표유형문제

영업점에 대한 내부통제제도의 하나인 영업점별 영업관리자에 대한 규정이다. 가장 거리가 먼 것은?

① 영업점에서 1년 이상 근무한 경력이 있거나 준법감시나 감사업무를 1년 이상 수행한 경력이 있는 자를 대상으로 영업관리자로 임명할 수 있다.

② 영업장이 아닌 책임자급에서 영업관리자로 임명하는 것이 원칙이다.

③ 준법감시인은 영업점별 영업관리자에 대하여 연간 1회 이상의 법규 및 윤리교육을 실시해야 한다.

④ 영업점별 영업관리자에게 업무수행의 결과로 성과보수나 보상을 지급하는 것은 내부통제기준상 금지된다.

해설
업무수행 결과에 따라 적정한 보상을 지급할 수 있다.

정답 ④

더 알아보기

영업점에 관한 내부통제

❶ 준법감시인이 지명하는 영업점별 영업관리자는 다음의 요건을 모두 구비한 자이어야 함

- 영업점에서 1년 이상 근무한 경력이 있거나 준법감시 · 감사업무를 1년 이상 수행한 경력이 있는 자로서 당해 영업점에 상근하고 있을 것
- 본인이 수행하는 업무가 과다하거나 수행하는 업무로 인하여 준법감시업무에 곤란을 받지 아니할 것
- 영업점장이 아닌 책임자급일 것(다만, 당해 영업점의 직원 수가 적어 영업점장을 제외한 책임자급이 없는 경우에는 그러하지 아니함)
- 준법감시업무를 효과적으로 수행할 수 있는 충분한 경험과 능력, 윤리성을 갖추고 있을 것

❷ ❶에 불구하고 다음의 요건을 모두 충족하는 경우 단일(1명) 영업관리자가 2 이상 영업점의 영업관리자 업무를 수행할 수 있음

- 감독대상 영업직원 수, 영업규모와 내용 및 점포의 지역적 분포가 단일 영업관리자만으로 감시 · 감독하는 데 특별한 어려움이 없을 것
- 해당 영업관리자가 대상 영업점 중 1개의 영업점에 상근하고 있을 것
- 해당 영업관리자가 수행할 업무의 양과 질이 감독업무 수행에 지장을 주지 아니할 것

❸ 영업관리자는 해당 영업점에서 투자중개업자의 투자권유에 사실상 의존하는 고객의 계좌를 별도로 구분하여 이들 계좌의 매매거래상황 등을 주기적으로 점검하는 등 직원의 투자권유 등 업무수행을 할 때 관련법규 및 내부통제기준을 준수하고 있는지 여부를 감독
❹ 준법감시인은 영업점별 영업관리자에 대하여 연간 1회 이상 법규 및 윤리 관련 교육을 실시
❺ 회사는 영업점별 영업관리자의 임기를 1년 이상으로 하여야 함
❻ 회사는 영업점별 영업관리자가 준법감시 업무로 인하여 인사 · 급여 등에서 불이익을 받지 아니하도록 하여야 함
❼ 회사는 영업점별 영업관리자에게 업무수행 결과에 따라 적절한 보상을 지급할 수 있음

④ **지점장** : 지점장(회사가 정하는 영업부문의 장을 포함)은 소관 영업에 대한 내부통제업무의 적정성을 정기적으로 점검하여 그 결과를 대표이사에 보고하여야 함(대표이사는 지점장의 점검 결과를 보고받는 업무를 준법감시인에게 위임가능)

⑤ **임직원**

  ㉠ 직무를 수행함에 있어 관계법령 등 및 내부통제기준, 윤리강령 등을 숙지하고 이를 성실히 준수하여야 함

  ㉡ 관계법령 등 및 내부통제기준, 윤리강령 등의 위반(위반가능성을 포함)을 인지하는 경우 지체 없이 준법감시인에게 보고하여야 함

  ㉢ 준법감시인은 준법감시업무 중 일부를 준법감시업무를 담당하는 임직원에게 위임할 수 있음

대표유형문제

지배구조법상 금융회사의 내부통제위원회에 대한 설명으로 가장 적합한 것은?

① 일정규모 이상의 금융투자회사는 준법감시인을 위원장으로 하여 위험관리 책임자 및 그 밖에 내부통제 관련 업무 담당 임원을 위원으로 하는 내부통제위원회를 두어야 한다.

② 내부통제위원회는 매 분기별 1회 이상 회의를 개최하여야 한다.

③ 최근 사업연도 말 현재 자산총액이 8천억원 이상인 상호저축은행은 내부통제위원회를 두지 않아도 된다.

④ 금융투자회사의 경우 최근 사업연도 말 현재 자산총액이 5조원 미만이라 하더라도 운용하는 고객자산이 20조 이상인 경우 내부통제위원회를 두어야 한다.

해설

① 대표이사를 위원장으로 두어야 한다.

② 매 반기별 1회 이상 회의를 개최하여야 한다.

③ 7천억원 미만인 상호저축은행은 내부통제위원회를 두지 않아도 된다.

정답 ④

필수핵심개념

⑥ 내부통제위원회

설치	• 금융사 지배구조법상 일정규모 이상의 금융투자회사는 내부통제기준의 운영과 관련하여 대표이사를 위원장으로 하는 내부통제위원회를 두어야 함 • 내부통제위원회는 매 반기별 1회 이상 회의를 개최하여야 함 • 내부통제위원회는 대표이사, 준법감시인, 위험관리책임자 및 그 밖에 내부통제 관련 업무 담당 임원을 위원으로 함
설치 예외 대상	• 최근 사업연도 말 현재 자산총액이 7천억원 미만인 상호저축은행 • 최근 사업연도 말 현재 자산총액이 5조원 미만인 금융투자업자 또는 종합금융회사(다만, 최근 사업연도 말 현재 그 금융투자업자가 운용하는 집합투자재산, 투자일임재산 및 신탁재산의 전체 합계액이 20조원 이상인 경우는 제외) • 최근 사업연도 말 현재 자산총액이 5조원 미만인 보험회사 • 최근 사업연도 말 현재 자산총액이 5조원 미만인 여신전문금융회사 (금융회사가 주권상장법인으로서 최근 사업연도 말 현재 자산총액이 2조원 이상인 자는 제외) ※ 내부통제위원회 설치대상 정리 • 은행 및 금융지주회사는 자산총액 상관없이 • 운용재산 합계액이 20조원 이상이면 자산총액 상관없이 • 상장된 금융회사는 자산총액 2조원 이상이면 자산총액 상관없이
역할	• 내부통제 점검결과의 공유 및 임직원 평가 반영 등 개선방안 검토 • 금융사고 등 내부통제 취약부분에 대한 점검 및 대응방안 마련 • 내부통제 관련 주요 사항 협의 • 임직원의 윤리의식 · 준법의식 제고 노력

⑦ 준법감시 부서

설치 및 운영	• 회사는 준법감시업무에 대한 자문기능의 수행을 위하여 준법감시인, 준법감시부서장, 인사담당부서장 및 변호사 등으로 구성된 준법감시위원회를 설치 · 운영할 수 있음 • 회사는 IT부문의 효율적인 통제를 위하여 필요하다고 인정되는 경우 준법감시부서 내에 IT분야의 전문지식이 있는 전산요원을 1인 이상 배치하여야 함

준법감시업무
독립성 확보
	• 회사는 준법감시인 및 준법감시부서의 직원이 자신의 직무를 공정하게 수행할 수 있도록 업무의 독립성을 보장하여야 함
	• 그 직무수행과 관련된 사유로 부당한 인사상의 불이익을 주어서는 아니 됨
	• 준법감시인 및 준법감시부서 직원은 선량한 관리자로서의 주의의무를 다하여 직무를 수행하여야 하며, 다음의 업무를 수행하면 안 됨
	
	  - 자산 운용에 관한 업무
	  - 회사의 본질적 업무 및 그 부수업무
	  - 회사의 겸영업무(법 제 40조에 따른 업무)
	  - 위험관리 업무(다만, 내부통제위원회 설치 예외 회사의 경우에는 위험관리업무 겸임가능)

section 17 **준법감시체제의 운영**   중요도 ★★★

대표유형문제

금융투자회사의 내부통제체제에 대한 설명으로 옳지 않은 것은?

① 내부제보자가 제보행위를 이유로 인사상 불이익을 받은 것으로 인정되는 경우 준법감시인은 회사에 대해 시정을 요구할 수 있으며, 회사는 정당한 사유가 없는 한 이에 응하여야 한다.

② 내부제보가 회사의 재산상 손실방지에 기여했다 하더라도 직무윤리 준수차원에서 해당 내부제보자에 대한 인사상 또는 금전적 혜택을 부여하는 것은 금지된다.

③ 금융사고 발생 우려가 높은 업무를 수행하고 있는 임직원을 대상으로 일정기간 휴가를 명령하고, 동 기간 중 해당 임직원의 업무수행 적정성을 점검하는 명령휴가제도를 운영하여야 한다.

④ 회사는 영업점별 영업관리자의 임기를 1년 이상으로 하여야 하며, 준법감시인은 영업점별 영업관리자에 대하여 연간 1회 이상 법규 및 윤리 관련 교육을 실시하여야 한다.

해설

법 감시인(또는 감사)은 내부고발 우수자를 선정하여 인사상 또는 금전적 혜택을 부여하도록 회사에 요청할 수 있다. 다만, 내부고발자가 원하지 아니하는 경우에는 그러하지 아니하다.

정답 ②

(3) 준법감시체제의 운영

내부자제보 (고발)제도	• 임직원이 회사 또는 다른 임직원의 위법·부당한 행위 등을 회사에 신고할 수 있는 제도 • 금융투자업자는 내부통제의 효율적 운영을 위하여 내부고발제도를 운영하여야 하며, 이에 필요한 세부 운영지침을 정할 수 있음 • 내부고발제도에는 내부고발자에 대한 비밀보장, 불이익 금지 등 내부고발자 보호와 회사에 중대한 영향을 미칠 수 있는 위법·부당한 행위를 인지하고도 회사에 제보하지 않는 미고발자에 대한 불이익 부과 등에 관한 사항이 포함 • 내부고발자가 고발행위를 이유로 인사상 불이익을 받은 것으로 인정되는 경우 준법감시인은 회사에 대해 시정을 요구할 수 있으며, 회사는 정당한 사유가 없는 한 이에 응하여야 함 • 준법감시인(또는 감사)은 내부고발 우수자를 선정하여 인사상 또는 금전적 혜택을 부여하도록 회사에 요청할 수 있음. 다만, 내부고발자가 원하지 아니하는 경우에는 그러하지 아니함 • 일부 금융회사는 거래상대방으로부터 제보를 받을 수 있는 '외부제보제도'도 같이 운영
명령휴가제도	• 금융사고 발생 우려가 높은 업무를 수행하고 있는 임직원을 대상으로 일정 기간 휴가를 명령하고, 동 기간 중 해당 임직원의 업무수행 적정성을 점검하는 제도 • 회사는 임직원의 위법·부당한 행위를 사전에 방지하기 위하여 명령휴가제도를 운영하여야 함 • 적용대상, 실시주기, 명령휴가 기간, 적용 예외 등 명령휴가제도 시행에 필요한 사항은 회사의 규모 및 인력 현황 등을 고려하여 별도로 정할 수 있음

임직원
겸직에 대한
평가·관리
	• 준법감시 담당부서는 해당 임직원이 다른 회사의 임직원을 겸직하려는 경우 겸직 개시 전 다음사항에 해당하는지를 검토하고, 주기적으로 겸직 현황을 관리하여야 함
	
	  - 회사의 경영건전성을 저해하는지 여부
	  - 고객과의 이해상충을 초래하는지 여부
	  - 금융시장의 안정성을 저해하는지 여부
	  - 금융거래질서를 문란하게 하는지 여부
	
	• 준법감시인은 검토 결과 필요하다고 인정하는 경우 겸직 내용의 시정 및 겸직 중단 등의 조치를 요구할 수 있음

기 타	준법서약, 윤리강령의 제정 및 운영, 직무분리, 신상품 도입 관련 업무절차

대표유형문제

회사가 특정 고객을 위하여 고객전용공간을 제공하는 경우 준수하여야 할 사항에 대한 설명으로 옳지 않은 것은?

① 당해 공간은 직원과 분리되어야 하며, 영업점장 및 영업관리자의 통제가 용이한 장소에 위치하여야 한다.

② 사이버룸의 경우 반드시 '사이버룸'임을 명기하고 외부에서 내부를 관찰할 수 있도록 폐쇄형 형태로 설치되어야 한다.

③ 회사는 다른 고객이 사이버룸 사용 고객을 직원으로 오인하지 아니 하도록 사이버룸 사용 고객에게 명패, 명칭, 개별 직통전화 등을 사용하도록 하거나 제공하여서는 아니 된다.

④ 영업점장 및 영업관리자는 고객전용공간에서 이루어지는 매매거래의 적정성을 모니터링하고 이상매매가 발견되는 경우 지체없이 준법감시인에게 보고하여야 한다.

해설

사이버룸의 경우 반드시 '사이버룸'임을 명기(문패부착)하고 외부에서 내부를 관찰할 수 있도록 개방형 형태로 설치하여야 한다.

정답 ②

필수핵심개념

더 알아보기

특정 금융소비자를 위하여 전용공간을 제공하는 경우 준수사항
- 특정 금융소비자를 위하여 전용공간을 제공하는 경우 다음 각 항을 준수하여야 함

> – 당해 공간은 직원과 분리되어야 하며, 영업점장 및 영업점 영업관리자의 통제가 용이한 장소에 위치
> – 사이버룸의 경우 반드시 "사이버룸*"임을 명기(문패부착)하고 외부에서 내부를 관찰할 수 있도록 개방형 형태로 설치
> *사이버룸은 별도의 비용 없이 온라인 증권거래를 할 수 있도록 각 증권사들이 영업점 내에 별도로 설치한 트레이딩 룸
> – 회사는 다른 고객이 사이버룸 사용 고객을 직원으로 오인하지 아니 하도록 사이버룸 사용 고객에게 명패, 명칭, 개별 직통전화 등을 사용하도록 하거나 제공하여서는 안 됨
> – 영업장 및 영업관리자는 사이버룸 등 고객전용공간에서 이루어지는 매매거래의 적정성을 모니터링하고 이상매매가 발견되는 경우 지체없이 준법감시인에게 보고

대표유형문제

내부통제기준 위반 시 회사에 대한 조치로서 1억원 이하의 과태료 부과 대상이 아닌 것은?

① 내부통제기준을 마련하지 않은 경우

② 준법감시인을 두지 아니한 경우

③ 이사회결의를 거치지 않고 준법감시인을 임면한 경우

④ 준법감시인이 자산운용에 관한 업무를 겸직하게 할 경우

해설

3천만원 이하의 과태료 부과대상이다.

정답 ④

필수핵심개념

(4) 내부통제 위반 시 회사의 조치 및 제재

1억원 이하의 과태료 부과대상	3천만원 이하의 과태료 부과대상
• 내부통제기준을 마련하지 않은 경우 • 준법감시인을 두지 아니한 경우 • 사내이사 또는 업무집행책임자 중 준법감시인을 선임하지 않은 경우 • 이사회결의를 거치지 않고 준법감시인을 임면한 경우 • 금융위의 제재조치를 이행하지 않은 경우	• 준법감시인에 대한 별도의 보수지급 및 평가기준을 마련 · 운영하지 않은 경우 • 준법감시인이 자산운용에 관한 업무 · 회사의 본질적 업무 · 겸영업무 등을 겸직하거나 겸직하게 한 경우
	2천만원 이하의 과태료 부과대상
	준법감시인의 임면사실을 금융위에 보고하지 않은 경우

금융소비자보호법상 금융상품판매업자 등에 대한 처분 내용으로 임원에 대한 조치가 아닌 것은?

① 해임요구　　　　　　　　　　② 문책경고

③ 면 직　　　　　　　　　　　　④ 주 의

해설

※ 금융투자업자의 임직원에 대한 조치권

- 임원 : 해임요구, 6개월 이내의 직무정지, 문책경고, 주의적 경고, 주의 등
- 직원 : 면직, 6개월 이내의 정직, 감봉, 견책, 경고, 주의 등

정답 ③

필수핵심개념

02 직무윤리 위반행위에 대한 제재

회사별 내부통제기준, 윤리강령 등의 윤리기준을 위반하는 경우 회사별 사규에 의해서 제재가 상이. 공통적인 제재 중심으로 살펴봄

(1) 금융투자협회의 자율규제

- 금융투자협회는 회원 및 그 임직원에 대한 자율규제업무를 담당
- 주요 직무 종사자의 등록 및 관리권과 회원의 제명 또는 그 밖의 제재권(회원의 임직원에 대한 제재의 권고를 포함)

(2) 금융위원회의 행정제재

행정제재는 금융감독기구인 금융위원회, 증권선물위원회, 금융감독원 등에 의한 제재가 중심

금융투자업자에 대한 제재권	• 금융위원회의 조치명령권(금융투자업자의 고유재산 운용에 관한 사항, 영업의 질서유지에 관한 사항, 장내파생상품 및 장외파생상품의 거래규모의 제한에 관한 사항* 등) * 장내파생상품 및 장외파생상품 거래규모의 제한에 관한 사항은 위탁자인 금융소비자에게도 필요한 조치를 명할 수 있음 • 금융투자업 인가 또는 금융투자업 등록의 취소권 • 금융위원회의 조치(6개월 이내에 업무의 전부 또는 일부정지, 위법행위의 시정명령 또는 중지명령, 위법행위로 인한 조치사실의 공표명령, 기관경고, 기관주의 등)
금융투자업자 임직원에 대한 조치권	위법행위를 시정하거나 방지하기 위해 다음의 조치를 할 수 있음 • 임원 : 해임요구, 6개월 이내의 직무정지, 문책경고, 주의적 경고, 주의 등 • 직원 : 면직, 6개월 이내의 정직, 감봉, 견책, 경고, 주의 등
청문 및 이의 신청	• 금융위가 일정사항에 대해 처분 또는 조치를 하고자 하는 경우 반드시 청문을 실시하여야 함 • 금융위원회의 처분 또는 조치에 대해 불복하는 자는 해당 처분 또는 조치의 고지를 받는 날로부터 30일 이내에 그 사유를 갖추어 금융위원회에 이의신청을 할 수 있으며, 금융위는 이의신청에 대해 60일 이내에 결정하여야 하며, 부득이한 사정으로 그 기간 내에 결정할 수 없는 경우에는 30일 범위에서 그 기간 연장이 가능

(3) 민사책임(사법적 제재)

법률행위 실효	• 법률행위에 중대한 하자가 있는 경우에는 무효로 하고, 가벼운 하자가 있는 경우에는 취소 • 계약당사자 일방의 채무불이행으로 계약의 목적을 달성할 수 없는 경우, 일시적인 거래인 경우에는 계약을 해제할 수 있고, 계속적인 거래인 경우에는 계약을 해지할 수 있음(해제 시 소급효 발생되어 원상회복의 의무, 계약을 해지하면 해지 시점부터 실효)
손해배상	• 채무불이행(계약책임) 또는 불법행위에 의하여 손해를 입은 자는 배상을 청구 • 법행위책임은 계약관계의 존부를 불문하고, 고의 또는 과실의 위법행위로 타인에게 손해를 가한 경우를 말하고, 가해자는 피해자에게 발생한 손해를 배상

(4) 형사책임

① 형사처벌은 법에서 명시적으로 규정하고 있는 것에 한하며(죄형법정주의), 절차는 형사소송법에 의함

② 행위자와 법인 양자 모두를 처벌하는 양벌규정을 두는 경우가 많음

(5) 시장의 통제

직무윤리 위반행위에 대해 아무런 법적 제재를 받지 않아도, 고객과 시장으로부터의 신뢰 상실과 명예 실추, 고객과의 단절은 당해 업무에 종사하는 자에게 가해지는 가장 무섭고 만회하기 어려운 제재임

| section 21 | **금융소비자보호 의무 – 내부통제체계** | 중요도 ★★★ |

금융소비자보호 내부통제위원회에 대한 설명이다. 가장 적절하지 않은 것은?

① 내부통제위원회 설치요건에 해당하는 금융투자회사는 금융소비자보호 내부통제위원회를 설치하여야 한다.

② 금융소비자 내부통제위원회는 매 반기 1회 이상 의무적으로 개최해야 하며, 의장은 대표이사가 맡는다.

③ 금융소비자보호 총괄책임자(CCO)는 대표이사 직속의 독립적 지위를 갖는다.

④ 금융소비자보호 총괄책임자(CCO)의 직무에는 '금융기관의 위험관리에 관한 규정의 제정 및 수립, 금융소비자보호에 필요한 절차 및 기준 수립, 민원접수 및 처리에 관한 관리 · 감독업무 등'이 있다.

해설

위험관리업무는 해당하지 않는다.

정답 ④

03 금융소비자보호법상 내부통제

금융소비자보호법상의 내부통제제도는 금융상품판매업자 및 금융상품자문업자인 금융회사가 금융사 지배구조법상의 내부통제 일부분에 해당하는 금융상품관리체계를 금융소비자보호법이라는 특별법에 따라 강화된 제도로 운영하려는 취지

구 분	금융소비자보호법상 내부통제	지배구조법상 내부통제
목 적	회사의 임직원 및 금융상품판매대리·중개업자가 직무를 수행할 때 준수하여야 할 기준 및 절차를 규정함으로써 금융소비자의 권익을 보호하는 것이 목적	회사의 임직원이 그 직무를 수행함에 있어 준수하여야 하는 기준과 절차를 정하여 경영이 건전성을 도모하고, 주주 등 이해관계자의 이익을 보호하는 것이 목적
적용범위	회사의 모든 임직원과 금융소비자보호와 관련한 모든 업무에 적용	회사 임직원이 행하는 업무 전반에 대하여 적용
운영조직	내부통제위원회(대표이사 위원장)	내부통제위원회(대표이사 위원장)
내부통제업무수행 조직	총괄책임자, 총괄기관	준법감시인, 준법감시부서

(1) 금융소비자보호 내부통제체계

① 내부통제체계의 운영

    ㉠ 금융소비자보호 업무에 관한 임직원의 역할과 책임을 명확히 하고, 업무의 종류 및 성격, 이해상충의 정도 등을 감안하여 업무의 효율성 및 직무 간 상호 견제와 균형이 이루어질 수 있도록 업무분장 및 조직구조를 수립

    ㉡ 회사의 금융소비자보호에 관한 내부통제조직은 이사회, 대표이사, 금융소비자보호 내부통제위원회, 금융소비자보호 총괄기관 등으로 구성

    ※ 기존 금융소비자보호 모범규준과는 달리 금융소비자보호에 관한 내부통제업무의 승인 권한을 회사의 최고의사결정기관인 이사회까지 확대시킴으로써 금융소비자보호의 중요성을 강조

② 금융소비자보호에 관한 각 조직별 권한과 의무

조 직	권한과 의무
이사회	• 최고의사결정기구 • 금융소비자보호에 관한 내부통제체계의 구축 및 운영에 관한 기본방침을 정함. 내부통제에 영향을 미치는 경영전략 및 정책을 승인, 내부통제와 관련된 주요사항 심의·의결(내부통제기준 마련의무 위반 시 최종적 책임부담)

대표이사	❶ 이사회가 정한 기본방침에 따라 금융소비자보호와 관련한 내부통제체계를 구축·운영
	❷ 대표이사는 회사의 금융소비자보호 내부통제체계가 적절히 구축·운영되도록 내부통제환경을 조성하고, 관련법규의 변경, 영업환경 변화 등에도 금융소비자보호 내부통제체계의 유효성이 유지될 수 있도록 관리
	❸ 대표이사는 다음에 대한 권한 및 의무가 있음. 단, 대표이사는 ㉠ 내지 ㉢의 업무를 금융소비자보호 총괄책임자에게 위임할 수 있으며, 업무를 위임하는 경우 위임하는 업무의 범위를 구체적으로 명시하여야 함
	
	  ㉠ 기준 위반 방지를 위한 예방대책 마련
	  ㉡ 기준 준수 여부에 대한 점검
	  ㉢ 기준 위반내용에 상응하는 조치방안 및 기준 마련
	  ㉣ ❶ 및 ❷에 필요한 인적, 물적 자원의 지원
	  ㉤ 준법감시인과 금융소비자보호 총괄책임자의 업무 분장 및 조정
	
	❹ 대표이사는 ❸에 따라 업무를 금융소비자보호 총괄책임자에게 위임하는 경우에 금융소비자보호 총괄책임자로 하여금 매년 1회 이상 위임업무의 이행사항을 내부통제위원회(내부통제위원회가 없으면 대표이사)에 보고하게 하는 등 위임한 업무에 대한 주기적 관리·감독 절차를 마련하여야 함

내부통제 위원회	• 내부통제위원회 설치를 예외로 적용하는 경우를 제외하고 각 금융회사별로 금융소비자보호에 관한 내부통제를 수행하기 위하여 필요한 의사결정기구로서 대표이사를 의장으로 하는 금융소비자보호 내부통제위원회를 설치하도록 의무화 • 매 반기 1회 이상 개최, 개최결과 이사회 보고, 최소 5년 이상 관련 기록 유지
총괄기관	• 회사가 책임과 권한을 가지고 금융소비자보호에 관한 내부통제 업무를 수행하기 위해 필요한 조직 • 금융소비자보호 총괄기관은 소비자보호와 영업부서 업무 간의 이해상충방지 및 회사의 소비자보호 업무역량 제고를 위하여 금융상품 개발·판매 업무로부터 독립하여 업무를 수행하여야 하고, 대표이사 직속 기관으로 함
총괄책임자 (CCO)	• 금융소비자보호 업무를 담당하는 임원으로 하여금 금융소비자보호 총괄기관의 장을 맡도록 하고, 해당 임원을 금융소비자보호 총괄책임자로 지정 • 대표이사 직속으로 준법감시인에 준하는 독립적 지위를 보장, 적법한 직무수행과 관련하여 부당한 인사상의 불이익을 받지 않음 • 소비자의 권익 침해 시 지체없이 대표이사에게 보고 **[총괄책임자 수행 직무]** • 금융소비자보호 총괄기관의 업무 통할 • 상품설명서, 금융상품 계약서류 등 사전 심의(단, 준법감시인 수행 시 제외함) • 금융소비자보호 관련 제도 기획 및 개선, 기타 필요한 절차 및 기준의 수립 • 금융상품 각 단계별(개발, 판매, 사후관리) 소비자보호 체계에 관한 관리·감독 및 검토 업무 • 민원접수 및 처리에 관한 관리·감독 업무 • 금융소비자보호 관련부서 간 업무협조 및 업무조정 등 업무 총괄 • 대내외 금융소비자보호 관련 교육 프로그램 개발 및 운영 업무 총괄 • 민원발생과 연계한 관련부서·직원 평가 기준의 수립 및 평가 총괄 • 금융소비자보호 내부통제기준 준수여부에 대한 점검·조치·평가 업무 총괄 • 대표이사로부터 위임받은 업무 • 금융소비자보호와 관련하여 이사회, 대표이사, 내부통제위원회로부터 이행을 지시·요청 받은 업무

03 핵심보충문제

01
★☆☆
내부통제 및 내부통제기준의 목적으로 보기 어려운 것은?

① 법규준수
② 업무의 효과성과 효율성
③ 금융소비자의 보호
④ 재무보고의 불확실성

해설

내부통제는 내부감사(Internal Audit), 준법감시(Compliance)는 물론 통제환경의 구축, 위험평가체제, 통제활동, 정보와 전달체계 등 조직전반에 대한 통제를 포괄하는 개념으로 이사회, 경영진, 기타 직원이 운영의 효과성 및 효율성, 재무보고의 신뢰성, 법규준수 등의 목석달성을 위한 합리적인 확신을 제공하는 과정(Process)이다. 내부통제기준은 법령을 준수하고, 경영을 건전하게 하며, 이해상충방지 등 금융소비자를 보호하기 위하여 금융회사의 임직원이 직무를 수행할 때 준수하여야 할 기준 및 절차를 의미한다.

02
★★☆
금융투자업자가 법령을 준수하고, 자산을 건전하게 운용하며, 이해상충방지 등 금융소비자를 보호하기 위하여 금융투자업자의 임직원이 직무를 수행함에 있어서 준수해야 할 적절한 기준 및 절차를 정한 것은?

① 내부통제기준
② 준법감시제도
③ 내부통제
④ 내부통제체제

해설

내부통제기준에 대한 설명이다.
- 내부통제 : 회사 임직원이 업무 수행 시 법규를 준수하고 조직운영의 효율성 제고 및 재무보고의 신뢰성을 확보하기 위하여 회사 내부에서 수행하는 모든 절차와 과정을 의미
- 내부통제체제 : 효과적인 내부통제 활동을 수행하기 위한 조직구조, 위험평가, 업무분장 및 승인절차, 의사소통 · 모니터링 · 정보시스템 등의 종합적 체제
- 준법감시제도 : 회사의 임직원 모두가 '신의성실원칙'과 '고객우선원칙'을 바탕으로 금융소비자에 대해 선량한 관리자로서의 의무에 입각하여 금융소비자의 이익을 위해 최선을 다했는지, 업무를 수행함에 있어 직무윤리를 포함한 제반법규 등을 철저하게 준수하고 있는지에 대하여 사전적 또는 상시적으로 통제 · 감독하는 장치

03 다음 중 금융투자회사의 준법감시인에 대한 설명으로 적절하지 않은 것은?

★★★

① 준법감시인을 임면하는 경우에는 이사회의결을 거쳐야 한다.

② 준법감시인의 해임은 이사 총수의 3분의 2 이상의 찬성으로 의결하여야 한다.

③ 회사는 사내이사 또는 업무책임자 등에서 준법감시인을 선임하여야 한다.

④ 준법감시인의 임기는 2년 이상으로 하며 임면일로부터 10일 이내에 금융위원회에 보고하여야 한다.

해설

임면일로부터 7영업일 이내에 금융위원회에 보고하여야 한다.

04 준법감시인에 대한 설명이다. 가장 거리가 먼 것은?

★★★

① 준법감시제도는 회사의 임직원 모두가 신의성실원칙과 고객우선원칙을 바탕으로 금융소비자의 이익을 위해 최선을 다했는지, 업무를 수행함에 있어 직무윤리를 포함한 제반 법규를 엄격히 준수하고 있는지에 대해 사전적 또는 상시적으로 통제·감독하는 장치를 말한다.

② 준법감시인은 이사회의 결의를 거쳐서 임면한다.

③ 준법감시인은 자신의 업무를 위임할 수 없다.

④ 금융투자회사는 준법감시인에 대하여 회사의 재무적 경영성과와 연동되지 않는 별도의 보수 지급 및 평가기준을 마련·운영해야 한다.

해설

준법감시인은 자신의 업무를 위임할 수 있다. 영업점별 관리자 임명 및 업무위임이 가능하다.

05 영업점별 영업관리자에 대한 설명이다. 틀린 것으로 연결한 것은?

★★★

> 가. 준법감시인은 위임의 범위와 책임의 한계 등이 명확히 구분된 경우 준법감시인 업무 중 일부를 영업관리자에게 위임할 수 있다.
>
> 나. 영업관리자는 영업장이 아닌 책임자급을 임명하는 것을 원칙으로 하며, 해당 영업점에서 1년 이상 근무하고 있고 해당 영업점에서 상근하고 있을 것 등의 요건을 갖추어야 한다.
>
> 다. 영업관리자의 임기는 2년 이상으로 한다.
>
> 라. 영업관리자에게 업무수행의 결과에 따라 적절한 보상을 지급하는 것은 내부통제기준상 불가하다.

① 가, 나 ② 다, 라

③ 가, 다 ④ 나, 라

해설

다. 영업관리자의 임기는 1년 이상으로 한다(준법감시인의 임기는 2년 이상이다).

라. 업무수행 결과에 따라 적절한 보상을 지급할 수 있다.

06 영업점 내부통제로서 영업관리자에 대한 설명으로 적절하지 않은 것은?

★★★

① 준법감시인은 위임의 범위와 책임의 한계 등이 명확히 구분된 경우 준법감시인 업무 중 일부를 영업관리자에게 위임할 수 있다.

② 대상 영업점들에 대한 영업관리자의 상근 여부와 무관하게 예외적으로 1명의 영업관리자가 2개 이상의 영업점을 묶어 영업관리자의 업무를 수행할 수 있다.

③ 영업관리자는 해당 영업점에서 투자중개업자의 투자권유에 사실상 의존하는 고객의 계좌를 별도로 구분하여 이들 계좌의 매매거래상황 등을 주기적으로 점검하는 등 직원의 투자권유 등 업무 수행을 할 때 관련법규 및 내부통제기준을 준수하고 있는지 여부를 감독하여야 한다.

④ 회사는 영업점별 영업관리자에게 업무수행 결과에 따라 적절한 보상을 지급할 수 있다.

해설

※ 다음의 요건을 모두 충족하는 경우 단일(1명) 영업관리자가 2 이상의 영업점의 영업관리자의 업무를 수행

• 감독대상 영업직원 수, 영업규모와 내용 및 점포의 지역적 분포가 단일 영업관리자만으로 감시 · 감독하는 데 특별한 어려움이 없을 것
• 해당 영업관리자가 대상 영업점 중 1개의 영업점에 상근하고 있을 것
• 해당 영업관리자가 수행할 업무의 양과 질이 감독업무 수행에 지장을 주지 아니할 것

07 준법감시인이 영업점에 대한 준법감시업무를 위하여 지명하는 영업점별 영업관리자가 구비하여야 할

★★☆ 요건으로 옳지 않은 것은?

① 영업점에서 1년 이상 근무한 경력이 있거나 준법감시 · 감사업무를 1년 이상 수행한 경력이 있는 자로서 당해 영업점에 상근하고 있을 것

② 본인이 수행하는 업무가 과다하거나 수행하는 업무의 성격으로 인하여 준법감시업무에 곤란을 받지 아니할 것

③ 영업점장일 것

④ 준법감시업무를 효과적으로 수행할 수 있는 충분한 경험과 능력, 윤리성을 갖추고 있을 것

해설

영업점장이 아닌 책임자급이어야 한다.

08 지배구조법상 금융회사의 내부통제위원회에 대한 설명으로 거리가 먼 것은?

★★☆

① 일정규모 이상의 금융투자회사는 대표이사를 위원장으로 하여 위험관리 책임자 및 그 밖에 내부통제 관련 업무 담당 임원을 위원으로 하는 내부통제위원회를 두어야 한다.

② 내부통제위원회는 매 반기별 1회 이상 회의를 개최하여야 한다.

③ 최근 사업연도 말 현재 자산총액이 7천억원 미만인 여신전문금융회사는 내부통제위원회를 두지 않아도 된다.

④ 최근 사업연도 말 현재 자산총액이 3조원인 상장된 보험회사는 내부통제위원회를 두어야 한다.

해설

내부통제위원회 설치 예외 대상

- 최근 사업연도 말 현재 자산총액이 7천억원 미만인 상호저축은행
- 최근 사업연도 말 현재 자산총액이 5조원 미만인 금융투자업자 또는 종합금융회사(다만, 최근 사업연도 말 현재 그 금융투자업자가 운용하는 집합투자재산, 투자일임재산 및 신탁재산(관리형신탁의 재산은 제외)의 전체 합계액이 20조원 이상인 경우는 제외)
- 최근 사업연도 말 현재 자산총액이 5조원 미만인 보험회사
- 최근 사업연도 말 현재 자산총액이 5조원 미만인 여신전문금융회사
- 다만, 해당 금융회사가 주권상장법인으로서 최근 사업연도 말 현재 자산총액이 2조원 이상인 자는 제외

09 내부제보제도에 대한 설명이다. 옳은 항목으로 연결된 것은?

★★☆

> 가. 내부제보자가 제보행위를 이유로 인사상 불이익을 받은 것으로 인정되는 경우 준법감시인은 회사에 대해 시정을 요구할 수 있으며, 회사는 정당한 사유가 없는 한 이에 응하여야 한다.
> 나. 내부제보가 회사의 재산상 손실방지에 기여했다 하더라도 직무윤리 준수차원에서 해당 내부제보자에 대한 인사상 또는 금전적 혜택을 부여하는 것은 원칙상 금지된다.
> 다. 회사에 중대한 영향을 미칠 수 있는 위법 · 부당한 행위를 인지하고도 회사에 제보하지 않는 미고발자에 대한 불이익 부과 등에 관한 사항이 포함되어야 한다.

① 가, 나

② 나, 다

③ 가, 다

④ 가, 나, 다

해설

나. 준법감시인(또는 감사)은 내부고발 우수자를 선정하여 인사상 또는 금전적 혜택을 부여하도록 회사에 요청할 수 있다.

10 준법감시 담당부서가 해당 임직원이 다른 회사의 임직원을 겸직하려는 경우 겸직 개시 전에 검토할
★☆☆ 사항에 관한 설명으로 거리가 먼 것은?

① 회사의 경영건전성을 저해하는지 여부
② 고객과의 이해상충을 초래하는지 여부
③ 금융시장의 안정성을 저해하는지 여부
④ 겸직을 통해 회사가 얻을 수 있는 잠재적 효용

> **해설**
> 겸직을 통해 회사가 얻을 수 있는 잠재적 효용은 고려 대상이 아니다. 금융거래질서를 문란하게 하는지 여부를 추가적으로
> 검토해야 한다.

11 내부통제기준 준수를 위한 준법감시체제 운영에 관한 설명으로 옳지 않은 것은?
★☆☆ ① 회사는 임직원이 금융투자업무를 수행하는 데 필요한 직무윤리와 관련된 윤리강령을 제정·운영
하여야 한다.
② 준법감시 담당부서는 해당 회사의 임직원이 다른 회사의 임직원을 겸직하려는 경우 겸직 개시 전
에 겸직의 내용을 검토하며, 준법감시인은 검토 결과 필요하다고 인정하는 경우 겸직 내용의 시
정 및 중단을 요구할 수 있다.
③ 회사는 임직원 업무수행의 적정성을 점검하기 위해 금융사고 발생 우려가 높은 업무를 수행하고
있는 임직원을 대상으로 명령휴가제도를 운영하여야 한다.
④ 회사는 입·출금 등 금융사고 발생 우려가 높은 단일거래에 대해 단일의 인력이 참여하도록 하는
등의 직무윤리 기준을 마련·운영하여야 한나.

> **해설**
> 직무분리에 대한 내용으로 금융사고 발생 우려가 높은 단일거래에 대해 복수의 인력이 참여하도록 하여 상호견제기능을
> 하도록 하기 위함이다.

12 내부통제기준 위반 시 회사에 대한 조치로서 1억원 이하의 과태료 부과대상에 해당하는 것은?
★★☆ ① 준법감시인의 임면사실을 금융위원회에 보고하지 않은 경우
② 준법감시인에 대한 별도의 보수지급 및 평가기준을 마련·운영하지 않은 경우
③ 준법감시인이 자산운용에 관한 업무 등을 겸직하는 경우
④ 사내이사 또는 업무집행책임자 중에서 준법감시인을 선언하지 않는 경우

> **해설**
> ①은 2천만원 이하, ②와 ③은 3천만원 이하

13 회사별 사규에 따른 제재는?

★☆☆

① 자율규제
② 내부통제기준
③ 행정제재
④ 시장통제

- 금융투자협회가 제정한 표준내부통제기준을 바탕으로 회사가 자율적으로 제정한 회사별 내부통제기준, 윤리강령 등을 위반하는 경우에는 해당 회사가 정한 사규 등에 따라 제재수위가 정해진다.
- 자율규제는 자율이 아니라 금융투자협회의 제재이다.

14 다음 중 금융위원회의 직무윤리 위반행위에 대한 행정제재에 해당하지 않는 것은?

★★☆

① 영업질서 유지에 관한 조치 명령권
② 6개월 이내의 업무의 전부 또는 일부의 정지
③ 금융투자업 임원에 대한 해임요구
④ 회원의 제명

회원의 제명은 금융투자협회의 제재에 해당한다.

15 금융감독기구의 행정제재에 대한 설명으로 적절하지 않은 것은?

★★☆

① 금융투자업자를 대상으로 금융투자업의 인가나 등록을 취소할 수 있다.
② 금융투자업자를 대상으로 6개월 이내의 기간 동안 업무의 전부 또는 일부의 정지의 조치가 가능하다.
③ 장내파생상품 및 장외파생상품의 거래규모 제한에 관한 사항은 금융투자업자가 아닌 위탁자(금융소비자)에게도 필요한 조치를 명할 수 있다.
④ 금융투자업자의 임원을 대상으로 해임요구 등을 할 수 있지만, 직원을 대상으로 면직요구 등을 할 수 없다.

금융위원회는 임직원을 대상으로 직접 제재가 가능하다.

16 직무윤리 위반에 대한 제재로서, 제재권자와 제재의 내용을 잘못 연결한 것은?

★★☆

① 금융투자협회 : 회원의 제명

② 금융위원회 : 금융투자업자에 대한 금융투자업의 인가나 등록의 취소

③ 금융투자협회 : 회원의 임직원에 대한 제재

④ 금융위원회 : 회원의 임직원에 대한 조치

> **해설**
>
> 금융투자협회는 자율규제기관으로 회원에 대해서는 직접제재가 가능하나 회원의 임직원에 대해서는 제재의 권고를 할 수 있어 간접적인 제재가 가능하다.

17 다음 괄호 안에 들어갈 숫자를 순서대로 바르게 나열한 것은?

★★☆

> 금융위원회의 처분 또는 조치에 대해 불복하는 자는 해당 처분 또는 조치의 고지를 받는 날로부터 (   ) 일 이내에 그 사유를 갖추어 금융위원회에 이의신청을 할 수 있다. 금융위는 이의신청에 대해 (   )일 이 내에 결정하여야 하며, 부득이한 사정으로 그 기간 내에 결정할 수 없는 경우에는 (   )일 범위에서 그 기 간을 연장할 수 있다.

① 10, 20, 30

③ 30, 60, 30

② 15, 60, 30

④ 10, 60, 7

> **해설**
>
> 30일, 60일, 30일이다.

18 직무윤리 및 내부통제기준 위반행위에 대한 제재를 설명한 내용으로 옳지 않은 것은?

★☆☆

① 금융투자협회는 회원 간 건전한 영업질서 유지 및 투자자 보호를 위한 자율규제업무를 담당한다.

② 금융위원회는 금융투자업자의 직원에 대하여 면직, 6개월 이내의 정직, 감봉, 견책, 경고, 주의 등의 조치를 할 수 있다.

③ 형사처벌은 법에 명시적 규정이 없더라도 가능하며, 이 경우 행위자와 법인 양자 모두를 처벌하는 경우가 많다.

④ 직무윤리강령 및 직무윤리기준 등을 위반한 행위에 대하여 법적 제재를 받지 않을 수도 있으나, 고객 및 시장으로부터의 신뢰상실과 명예실추, 고객과의 단절이 야기된다.

> **해설**
>
> 형사처벌은 법에서 명시적으로 규정하고 있는 것에 한정하며(죄형법정주의), 절차는 형사소송법에 의하여 한다.

19 다음 중 금융소비자보호 의무와 관련된 설명으로 거리가 먼 것은?

★★☆

① 상품개발단계에서부터 판매 이후의 단계까지 전 단계에 걸쳐 적용된다.

② 금융투자업 종사자의 '전문가로서의 주의'와 관련된다.

③ 우리나라는 현재 금융소비자보호법에 따라 관련 절차 등이 규정되어 있다.

④ CCO는 상근감사 직속의 독립적 지위를 갖는다.

> **해설**
> CCO는 대표이사 직속이다.

20 다음 중 금융소비자보호 내부통제위원회의 의장이 되는 자는?

★☆☆

① 금융소비자보호 총괄책임자(CCO)

② 대표이사

③ 위험관리책임자

④ 감 사

> **해설**
> 의장은 대표이사로 내부통제위원회는 매 반기별 1회 이상 회의를 개최해야 한다.

21 금융투자회사의 내부통제위원회에 대한 설명이다. 가장 적절하지 않은 것은?

★★★

① 금융투자회사는 대표이사를 위원장으로 하여 위원관리책임자 및 그 밖에 내부통제 관련 업무 담당 임원을 위원으로 하는 내부통제위원회를 두어야 한다.

② 내부통제위원회는 매 분기별 1회 이상 회의를 개최해야 한다.

③ 개최결과를 이사회에 보고하는 것은 물론 최소 5년 이상 관련기록을 유지해야 한다.

④ 금융소비자보호에 관한 경영방향, 금융소비자보호 관련 제고 변경사항 등에 대해 의결한다.

> **해설**
> 내부통제위원회는 매 반기별 1회 이상 회의를 개최해야 한다.

22 다음 중 금융소비자보호 총괄책임자(CCO)가 수행하는 직무가 아닌 것은?

★★★

① 금융소비자보호에 필요한 절차 및 기준의 수립

② 금융상품 각 단계별(개발, 판매, 사후관리) 소비자보호 체계에 관한 관리, 감독 업무

③ 민원, 분쟁의 현황 및 조치결과에 대한 관리

④ 금융소비자보호 관련 관계부서 간 업무협조 및 업무조정 등 업무 총괄

해설

금융소비자보호 총괄기관의 권한이다.

23 금융투자회사의 내부통제체계에 대한 설명이다. 틀린 것을 모두 고르면?

★★★

> 가. 내부통제 조직은 이사회, 대표이사, 금융소비자보호 내부통제위원회, 금융소비자보호 총괄기관 등으로 구성된다.
>
> 나. 대표이사는 모든 권한과 의무를 금융소비자보호 총괄책임자에게 위임할 수 있으며, 이 경우 총괄책임자는 매년 1회 이상 위임업무의 이행사항을 금융소비자보호 내부통제위원회에 보고하여야 한다.
>
> 다. 내부통제위원회는 매 분기별 1회 이상 회의를 개최해야 하며, 개최결과를 이사회에 보고하는 것은 물론 최소 5년 이상 관련기록을 유지해야 한다.
>
> 라. 금융투자회사는 총괄책임자를 위원장으로 하여 위원관리책임자 및 그 밖에 내부통제 관련 업무 담당 임원을 위원으로 하는 내부통제위원회를 두어야 한다.

① 가, 나, 다

② 나, 다, 라

③ 나, 다

④ 다, 라

해설

나. 대표이사는 내부통제기준 위반방지를 위한 예방대책 마련, 내부통제기준 준수여부에 대한 점검, 내부통제기준 위반내용에 상응하는 조치방안 및 기준마련에 해당하는 업무를 위임할 수 있다.

다. 내부통제위원회는 매 반기별 1회 이상 회의를 개최해야 한다.

라. 내부통제위원회는 대표이사를 위원장으로 둔다.

투자자분쟁예방

챕터 출제비중

구 분	출제영역	출제문항
CHAPTER 01	리스크관리	8 문항
CHAPTER 02	영업실무	5 문항
CHAPTER 03	직무윤리	10~11 문항
CHAPTER 04	투자자분쟁예방	1~2 문항
CHAPTER 05	자금세탁방지제도	1~2 문항
	총 문항	25 문항

CHAPTER 01 32%
CHAPTER 02 20%
CHAPTER 03 40%
CHAPTER 04 4%
CHAPTER 05 4%

학습량에 비해 실제 출제 문항수는 적은 챕터입니다. 시험에 출제된 적 있는 '이해상충이 발생한 경우 우선순위', '개인정보의 개념', '개인정보의 처리 · 관리 및 분쟁조정제도'를 우선적으로 학습하는 것을 권장합니다.

Section별 중요도 및 학습체크

구 분	핵심개념	중요도	학습체크		
			1회독	2회독	3회독
01	분쟁의 유형	★★			
02	이해상충이 발생한 경우 우선순위	★★★			
03	개인정보보호법 경합	★★			
04	개인정보	★★			
05	정보주체의 권리	★★			
06	개인정보의 처리 및 관리	★★			
07	금융소비자보호법 위반 시 제재 사항	★★			
08	분쟁조정제도	★★			
09	금융감독원의 금융분쟁조정제도	★★			
10	금융투자협회의 분쟁조정제도	★★			
11	분쟁 관련 금융투자상품의 내재적 특성	★			
12	금융투자상품 관련 분쟁의 유형	★★			

01 투자자분쟁예방

<table><tr><td>section 01</td><td>분쟁의 유형</td><td>중요도 ★★☆</td></tr></table>

대표유형문제

다음 중 임의매매와 일임매매에 관한 설명으로 적절하지 않은 것은?

① 자본시장법에서는 임의매매와 일임매매를 엄격히 금지하고 있다.

② 임의매매는 금융소비자의 매매거래에 대한 위임이 없었음에도 금융투자업 종사자가 자의적으로 매매를 한 경우이다.

③ 일임매매는 금융소비자가 매매거래와 관련한 전부 또는 일부의 권한을 금융투자업 종사자에게 위임한 상태에서 매매가 발생한 경우이다.

④ 임의매매와 일임매매는 손해배상책임에 있어 차이가 있다.

해설

일임매매는 일정 조건하에서는 제한적으로 허용되고 있다.

정답 ①

필수핵심개념

01 분쟁예방 시스템

(1) 분쟁에 대한 이해

① 개 요

㉠ 통상 금융분쟁은 금융소비자 및 이해관계인이 금융기관의 금융업무 등과 관련하여 권리의무 또는 이해관계가 발생함에 따라 금융기관을 상대로 제기하는 분쟁을 말함

㉡ 금융소비자보호법에 따라 금융상품판매업자 등은 금융소비자 불만 예방 및 신속한 사후구제를 통하여 금융소비자를 보호하기 위하여 그 임직원이 직무를 수행할 때 준수하여야 할 기본적인 절차와 기준을 정할 의무가 있으므로 분쟁의 예방 및 조정을 위한 절차가 포함된 내부적 기준을 제정해야 함

㉢ 이에 따라 판매회사는 의무적으로 분쟁 발생 예방을 위한 시스템을 구축하여야 함

② 분쟁의 유형

부당권유 등 불완전판매 관련 분쟁	금융소비자보호법 6대 판매원칙과 관련된 분쟁
주문 관련 분쟁	해당 주문의 요청자가 정당한 권리자인지 여부, 임직원 등의 단순 주문실수 등
일임매매 관련 분쟁	임직원 등은 금융소비자로부터 투자판단의 전부 또는 일부를 일임받아 금융투자상품을 취득, 처분 및 그 밖의 방법으로 운용하는 일체의 행위를 원칙적으로 금지(예외적으로 허용 - 투자일임업 적용배제 사항)
임의매매 관련 분쟁	임직원 등은 정당한 권한을 가진 금융소비자의 주문 없이 예탁받은 재산으로 금융투자상품 매매금지(일임매매와는 다르게 예외적 허용 없이 법으로 금지)
전산장애 관련 분쟁	• 접근매체의 위조나 변조, 계약체결 또는 거래지시의 전자적 전송이나 처리과정에서 발생하는 사고 • 금융위가 정하는 기준에 따라 보험 또는 공제에 가입하거나 준비금을 적립하는 등의 필요한 조치를 취해야 함

대표유형문제

고객과 이해충돌이 발생할 경우의 우선순위 등에 대한 설명으로 옳지 않은 것은?

① 고객의 이익은 회사의 이익에 우선한다.
② 고객의 이익은 회사의 주주 및 임직원의 이익에 우선한다.
③ 임직원의 이익은 회사의 이익에 우선한다.
④ 모든 고객의 이익은 상호 동등하게 취급한다.

해설
회사의 이익은 임직원의 이익보다 우선한다.

정답  ③

(2) 분쟁 예방을 위한 방법

직무윤리 준수	• 고객우선의 원칙과 신의성실의 원칙을 업무수행에 있어 철저히 준수(본인에 대한 윤리 중 법규준수와 연계됨) • 이해상충이 발생한 경우 우선순위 ❶ 고객의 이익은 회사와 주주 및 임직원의 이익보다 우선 ❷ 회사의 이익은 임직원의 이익보다 우선 ❸ 모든 고객의 이익은 상호 동등하게 취급		
6대 판매원칙 준수	**6대 판매원칙 위반 시 제재사항**		
	6대 판매원칙	위반 시 책임	
	적합성의 원칙	위법계약해지권, 3천만원 이하 과태료, 손해배상책임, 6개월 이내 업무정지, 기관 및 임직원 제재대상	
	적정성의 원칙		
	설명의무	위법계약해지권, 거래금액의 50% 과징금, 1억원 이하 과태료, 손해배상책임(회사입증책임), 6개월 이내 업무정지, 기관 및 임직원 제재대상	
	불공정영업행위 금지		
	부당권유행위 금지		
	허위 · 부당 광고 금지	거래금액의 50% 과징금, 1억원 이하 과태료, 손해배상책임(회사입증책임), 6개월 이내 업무정지, 기관 및 임직원 제재대상	
분쟁예방요령	• 임직원이 개인계좌로 고객자산 등의 입금을 받는 행위 금지(위반 시 개인의 일탈 행위로 분류) • 금융투자업에서 일정 범위 내에서 허용되는 일임매매의 경우 그 범위 및 취지에 맞게 업무수행(거래결과를 고객에게 안내, 메일이나 메신저로 보고함으로써 향후 증빙자료로 활용) • 어떠한 형태로든 손실보전 또는 이익보장 약정 금지. 단 사전에 준법감시인에게 보고한 경우에는 예외적으로 다음에 해당하는 행위가 허용(단, 손실보전 또는 이익보장을 약속하여 투자권유가 이루어진 경우 금융소비자가 그 권유에 따라 위탁을 하지 않더라도 금지규정을 위반한 것으로 봄) 　- 회사가 자신의 위법행위 여부가 불명확한 경우 사적 화해의 수단으로 손실을 보상 　- 회사의 위법행위로 인하여 회사가 손해를 배상 　- 분쟁조정 또는 재판상 화해절차에 따라 손실을 보상하거나 손해를 배상 • 지나친 단정적 판단 제공 금지 • 업무수행 중 취득하게 된 정보의 취급에 신중할 것		

> **대표유형문제**
>
> 일반법과 특별법의 관계에 있어 특별법에 의거하여 우선 처리하고 특별법에 정함이 없으면 일반법을 적용한다. 다음 중 다른 법의 일반법 지위에 있는 법은?
>
> ① 개인정보보호법
> ② 전자금융거래법
> ③ 금융실명거래 및 비밀보장에 관한 법률
> ④ 신용정보의 이용 및 보호에 관한 법률
>
> **해설**
> 개인정보보호법은 일반법이다.
>
> **정답** ①

필수핵심개념

(3) 「개인정보보호법」 관련 고객정보 처리

① 개 요

배 경	개인정보보호법 시행에 따라 공공부문과 민간부문 구별 없이 개인정보를 처리하는 기관·단체·개인 등은 국제수준에 부합하는 개인정보 처리 원칙을 마련하여 개인정보 침해를 방지하고 사생활의 비밀을 보호하도록 하여야 함
개인정보보호법 경합	개인정보보호법은 일반법으로서 특별법*이 있을 경우 특별법을 우선하여 적용 *특별법 : 신용정보법, 금융실명법, 전자금융거래법

> **대표유형문제**
>
> 다음 개인정보 중 민감정보에 해당하는 것은?
>
> ① 성 명
> ② 여권번호
> ③ 정당의 가입 여부
> ④ 통장계좌번호
>
> **해설**
> 성명, 여권번호는 고유식별정보이며, 통장계좌번호는 금융정보이다.
>
> **정답** ③

② 개인정보의 개념

개인정보	"개인정보"란 살아있는 개인에 관한 정보로서 다음에 해당하는 정보(해당 정보만으로는 특정 개인을 알아볼 수 없더라도 다른 정보와 쉽게 결합하여 알아볼 수 있는 정보)	
	고유식별정보	주민등록번호, 여권번호 등
	민감정보	건강상태, 진료기록, 병력, 정당의 가입 등
	금융정보	신용카드번호, 통장계좌번호
개인정보보호	개인정보처리자가 정보주체의 개인정보를 정당하게 수집 및 이용하고 개인정보를 보관, 관리하는 과정에서 내부자의 고의나 관리 부주의 및 외부 공격으로부터 유출 및 변조·훼손되지 않도록 하며, 정보주체의 개인정보 자기결정권이 제대로 행사되도록 보장하는 일련의 행위	
정보주체	처리되는 정보에 의하여 알아볼 수 있는 사람으로서 그 정보의 주체가 되는 사람	
개인정보파일	개인정보를 쉽게 검색할 수 있도록 일정한 규칙에 따라 체계적으로 배열하거나 구성한 개인정보의 집합물	
개인정보처리자	업무를 목적으로 개인정보파일을 운용하기 위하여 스스로 또는 다른 사람을 통하여 개인정보를 처리하는 공공기관, 법인, 단체 및 개인 등	

---

section 05 정보주체의 권리

중요도 ★★☆

대표유형문제

개인정보보호법상 정보주체가 자신의 개인정보처리와 관련하여 갖는 권리를 모두 묶은 것은?

> 가. 개인정보의 처리에 관한 정보를 제공받을 권리
> 나. 개인정보의 처리에 관한 동의여부, 동의범위 등을 선택하고 결정할 권리
> 다. 개인정보의 처리정지, 정정·삭제 및 파기를 요구할 권리

① 가
② 나, 다
③ 가, 다
④ 가, 나, 다

해설
모두 해당한다.

정답 ④

③ 개인정보의 처리원칙

정보주체의 권리	• 개인정보의 처리에 관한 정보를 제공받을 권리 • 개인정보의 처리에 관한 동의여부, 동의범위 등을 선택하고 결정할 권리 • 개인정보의 처리 여부를 확인하고 개인정보에 대한 열람(사본의 발급을 포함) 및 전송을 요구할 권리 • 개인정보의 처리정지, 정정·삭제 및 파기를 요구할 권리 • 개인정보의 처리로 인하여 발생한 피해를 신속하고 공정한 절차에 따라 구제받을 권리 • 완전히 자동화된 개인정보 처리에 따른 결정을 거부하거나 그에 대한 설명 등을 요구할 권리
개인정보처리자 개인정보보호원칙	• 개인정보의 처리 목적을 명확히 하고, 목적에 필요한 범위에서 최소한의 개인성보반을 수집 • 그 목적 외의 용도로 활용하여서는 아니 됨 • 목적에 필요한 범위에서 개인정보의 정확성, 완전성 및 최신성이 보장 • 정보주체의 권리가 침해받을 가능성과 그 위험 정도를 고려하여 개인정보를 안전하게 관리 • 개인정보의 처리에 관한 사항을 공개, 열람청구권 등 정보주체의 권리를 보장 • 정보주체의 사생활 침해를 최소화하는 방법으로 개인정보를 처리 • 익명 또는 가명으로 처리하여도 개인정보 수집목적을 달성할 수 있는 경우 익명처리가 가능한 경우에는 익명에 의하여, 익명처리로 목적을 달성할 수 없는 경우에는 가명에 의하여 처리

---

section 06	**개인정보의 처리 및 관리**	중요도 ★★☆

대표유형문제

개인정보의 수집 및 이용이 가능한 경우에 해당하지 않은 것은?

① 정보주체의 동의를 받은 경우
② 법률에 특별한 규정이 있거나 법령상 의무를 준수하기 위하여 불가피한 경우
③ 공공기관 법령 등에서 정하는 소관 업무의 수행을 위해 불가피한 경우
④ 정보처리자의 정관상 업무수행을 위해 불가피한 경우

해설
정관상의 이유는 개인정보의 수집 및 이용의 사유가 되지 않는다.

정답 ④

④ 개인정보의 처리 및 관리

개인정보의 수집 · 이용	• 개인정보처리자는 다음에 해당하는 경우에 개인정보를 수집할 수 있으며 그 수집 목적의 범위 내에서 이용 　－ 정보주체의 동의를 받은 경우 　－ 법률에 특별한 규정이 있거나 법령상 의무를 준수하기 위하여 불가피한 경우 　－ 공공기관이 법령 등에서 정하는 소관 업무의 수행을 위하여 불가피한 경우 　－ 정보주체와 체결한 계약을 이행하거나 계약을 체결하는 과정에서 정보주체의 요청에 따른 조치를 이행하기 위하여 필요한 경우 　－ 명백히 정보주체 또는 제3자의 급박한 생명, 신체, 재산의 이익을 위하여 필요하다고 인정되는 경우 　－ 개인정보처리자의 ❶ 정당한 이익을 달성하기 위하여 필요한 경우로서 ❷ 명백하게 정보주체의 권리보다 우선하는 경우. 이 경우 개인정보처리자의 정당한 이익과 상당한 관련이 있고 ❸ 합리적인 범위를 초과하지 아니하는 경우에 한함 　－ 공중위생 등 공공의 안전과 안녕을 위하여 긴급히 필요한 경우 • 개인정보처리자는 정보주체의 동의를 받을 때에는 다음 사항을 정보주체에게 알려야 함. 다음 사항을 변경하는 경우에도 이를 알리고 동의를 받아야 함 　－ 수집 · 이용 목적 　－ 수집 항목 　－ 보유 및 이용 기간 　－ 동의 거부권 등
개인정보의 수집 제한	• 최소한의 개인정보 수집이라는 입증책임은 개인정보처리자가 부담 • 필요한 최소한의 정보 외의 개인정보 수집에는 동의하지 아니할 수 있다는 사실을 구체적으로 알리고 개인정보를 수집하여야 함 • 개인정보처리자는 정보주체가 필요한 최소한의 정보 외의 개인정보 수집에 동의하지 아니한다는 이유로 정보주체에게 재화 또는 서비스의 제공을 거부하여서는 아니 됨
개인정보의 제공	❶ 개인정보처리자는 정보주체의 동의를 받거나 법률에 특별한 규정이 있는 경우에는 정보주체의 개인정보를 제3자에게 제공(공유를 포함) 가능 ❷ 개인정보처리자는 ❶에 따른 동의를 받을 때에는 다음 사항을 정보주체에게 알려야 함. 다음 사항을 변경하는 경우에도 이를 알리고 동의를 받아야 함 　－ 제공받는 자 　－ 제공받는 자의 이용 목적 　－ 제공 항목 　－ 제공받는 자의 개인정보 보유 및 이용 기간 　－ 동의 거부권 등 ❸ 개인정보는 수집한 목적 범위를 초과하여 이용하거나 제3자에게 제공 금지
개인정보의 파기	• 개인정보가 불필요하게 되었을 때에는 지체 없이 그 개인정보를 파기 • 복구 또는 재생되지 아니하도록 조치 • 법령에 따라 보존하여야 하는 경우 해당 개인정보 또는 개인정보파일을 다른 개인정보와 분리하여서 저장 · 관리
개인정보의 처리제한	민감정보와 고유식별정보는 정보주체에게 별도의 동의를 얻거나, 법령에서 구체적으로 허용된 경우에 한하여 예외적으로 처리하도록 엄격하게 제한함

주민등록번호 처리의 제한	• 개인정보처리자는 다음에 해당하는 경우를 제외하고는 주민등록번호 처리 금지 　― 법률 · 대통령령 · 국회규칙 · 대법원규칙 · 헌법재판소규칙 · 중앙선거관리위원회규칙 및 감사 　　원규칙에서 구체적으로 주민등록번호의 처리를 요구하거나 허용한 경우 　― 정보주체 또는 제3자의 급박한 생명, 신체, 재산의 이익을 위하여 명백히 필요하다고 인정되 　　는 경우 　― 주민등록번호 처리가 불가피한 경우로 개인정보보호위원회가 고시로 정하는 경우 • 개인정보처리자는 주민등록번호가 분실 · 도난 · 유출 · 위조 · 변조 또는 훼손되지 아니하도록 암 　호화 조치를 통하여 안전하게 보관하여야 하며 암호화 적용 대상 및 대상별 적용 시기 등에 관한 　규정된 의무사항을 이행하여야 함
징벌적 손해배상책임	개인정보처리자의 고의 또는 중대한 과실로 인하여 개인정보가 분실 · 도난 · 유출 · 위조 · 변조 또 는 훼손된 경우로서 정보주체에게 손해가 발생한 때에는 법원은 그 손해액의 5배를 넘지 아니하는 범위에서 손해배상액을 정할 수 있다.

section 07　금융소비자보호법 위반 시 제재 사항 – 벌칙　　중요도 ★★☆

대표유형문제

다음 중 금융소비자보호법 위반에 대한 제재조치 중 가장 가벼운 것은?

① 금융소비자에게 투자대상의 상품설명서를 제공하지 않았다.

② 금융소비자의 투자요청 상품이 투자성향에 적정하지 않다는 사실을 알리지 않았다.

③ 금융소비자에게 계약관련 서류를 제공하지 않았다.

④ 회사가 금융상품 판매관련 업무자료를 기록, 관리하지 않았다.

해설

적정성 원칙 위반은 3천만원 이하 과태료 부과대상이고, 나머지 선택지는 1억원 이하의 과태료 부과대상이다.

정답 ②

02 준수절차 및 위반 시 제재

(1) 금융소비자보호법 위반 시 제재사항

① 금융소비자보호법상 벌칙

벌 금	• 형법상 제재조치로 다음에 해당하는 자는 5년 이하의 징역 또는 2억원 이하의 벌금
	  − 금융상품판매업 등의 등록을 하지 아니하고 금융상품판매업 등을 영위한 자
	  − 거짓이나 그 밖의 부정한 방법으로 제12조에 따른 등록을 한 자
	  − 금융상품판매대리 · 중개업자가 아닌 자에게 금융상품계약체결 등을 대리 · 중개하게 한 자

과징금 · 과태료에 대한 설명:

과징금은 일정한 행정법상 의무를 위반하거나 이행하지 않았을 때 행정의 실효성을 확보하기 위한 수단으로 의무자에게 부과하여 징수하는 금전적 제재이며 재정수입의 확보보다는 위반행위에 대한 제재라는 성격이 강함

구 분	과징금	과태료	
부과목적	부당이득 환수로 징벌적 목적	의무위반에 부과(행정처분)	
부과대상	• 금융상품직접판매업자(원칙적으로 소속 임직원, 대리 · 중개업자 위반행위 시에도 책임 − 양벌규정) • 금융상품자문업자	• 규정 위반자(즉, 대리 · 중개업자에게 직접 부과 가능 − 부과대상 제한 없음)	
부과사유	• 설명의무 위반 • 불공정영업행위금지 위반 • 부당권유금지 위반 • 광고규제 위반	상한액	위반 행위
		1억원	• 설명의무 위반 • 불공정영업행위금지 위반 • 부당권유금지 위반 • 광고규제 위반 • 내부통제기준 미수립 • 계약서류제공의무 위반 • 자문업자 영업행위준칙 마련 • 자료유지의무 위반 • 검사거부 · 방해 · 기피
		3천만원	• 적합성 · 적정성 원칙 위반 • 판매대리 · 중개업자 금지의무 및 고지 의무 위반
		1천만원	• 변동보고의무 위반

대표유형문제

다음 중 금융상품판매업자 등에 대한 조치 중 반드시 등록이 취소가 되는 경우는?

① 거짓이나 부정한 방법으로 등록한 경우

② 정지기간 중 업무를 한 경우

③ 금융위원회의 시정 또는 중지명령을 받고 정한 기간 내에 시정 또는 중지하지 아니한 경우

④ 등록요건을 유지하지 못하는 경우

해설

②, ③, ④는 금융위원회가 등록을 취소할 수도 있는 사항이다.

정답 ①

필수핵심개념

② 금융소비자보호법상 행정제재

금융상품판매업자 등에 대한 처분	금융상품판매업자 등의 임직원에 대한 조치	
	임 원	직 원
• 등록취소(거짓이나 부정한 방법으로 등록한 경우 등록을 반드시 취소) • 기타 처분 조치(6개월 이내에 업무의 전부 또는 일부정지, 위법행위의 시정명령 또는 중지명령, 위법행위로 인한 조치사실의 공표명령, 기관경고, 기관주의 등) • 업태에 따른 별도 조치	해임요구, 6개월 이내의 직무정지, 문책경고, 주의적 경고, 주의	면직, 6개월 이내의 정직, 감봉, 견책, 주의

③ 자율규제기관에 의한 제재

㉠ 금융투자협회는 원활한 운영을 위하여 자율규제위원회를 둠

㉡ 자율규제위원회 위원장 1인, 위원 6인(금융전문가 2인, 법률전문가 1인, 회계 또는 재무전문가 1인, 회원이사가 아닌 정회원의 대표이사 2인)

㉢ 자율규제위원회는 제재 사실을 공표할 수 있으며, 회원에 대한 개선요구, 시정요구 등 조치 가능

㉣ 부과되는 제재 조치는 투자자보호에 미치는 영향에 따라 가중되거나 감면

회원에 대한 제재 부과	회원의 임직원에 대한 제재를 권고	
	임 원	직 원
• 총회에 대한 회원 제명요구, 회원자격 정지 • 협회가 회원에게 제공하는 업무의 일부 또는 전부 정지 • 제재금 부과, 경고, 주의	해임, 6개월 이내의 업무집행정지, 경고, 주의	징계면직, 정직, 감봉, 견책, 주의

④ 회사자체의 제재 : 내부통제기준 위반자에 대한 처리기준을 규정화하고 위반정도에 따라 조치

⑤ 민사책임

㉠ 금융판매업자의 손해배상 책임

㉡ 금융상품직접판매업자가 위탁한 금융상품 판매대리·중개업자를 통한 계약체결 등에 있어서도 손해배상책임(구상권 청구 가능)

분쟁조정제도에 관한 설명으로 옳지 않은 것은?

① 분쟁조정이란 분쟁 당사자의 신청에 기초하여 주장내용과 사실관계를 확인하고 이에 대한 합리적인 분쟁 해결 방안이나 의견을 제시하여 당사자 간의 합의에 따른 원만한 분쟁해결을 도모하는 제도를 말한다.

② 분쟁조정 신청이 접수되면 양 당사자의 제출자료 검토와 대면 문답절차 등을 거쳐 분쟁조정기관이 투자자입장을 우선 반영한 조정안을 제시한다.

③ 분쟁조정기관은 조정안을 제시하기 위해 통상적으로 법조계, 학계, 소비자단체, 업계 전문가로 구성된 분쟁조정위원회를 구성하고 운영한다.

④ 금융기관과 금융수요자 기타 이해관계인 사이에 발생하는 금융 관련 분쟁의 조정에 관한 사항을 심의·의결하기 위하여 금융감독원에 금융분쟁조정위원회를 두고 있다.

해설

분쟁조정 신청이 접수되면 양 당사자의 제출자료 검토와 대면 문답절차 등을 거쳐 분쟁조정기관이 중립적인 조정안을 제시한다.

정답 ②

필수핵심개념

(2) 분쟁조정제도

개 요	• 분쟁 당사자의 신청에 기초하여 주장내용과 사실관계를 확인하고 이에 대한 합리적인 분쟁 해결 방안이나 의견을 제시하여 당사자 간 합의에 따른 원만한 분쟁해결을 도모하는 제도 • 분쟁조정 신청이 접수되면 양 당사자의 제출자료 검토와 대면 문답절차 등을 거쳐 분쟁조정기관이 중립적인 조정안을 제시 • 조정안을 제시하기 위해 통상적으로 법조계, 학계, 소비자단체, 업계 전문가로 구성된 분쟁조정위원회를 구성하고 운영
분쟁의 장·단점 · 장 점	• 소송에 따른 비용 부담 없이 최소한의 시간 내에 합리적으로 분쟁 처리 가능 • 복잡한 금융관련 분쟁에 대해 전문가의 도움을 받을 수 있음 • 개인투자자 측면에서 확인하기 어려운 금융투자회사의 보유자료 등을 분쟁조정기관을 통해 간접적으로 확인 가능
분쟁의 장·단점 · 단 점	• 합의가 도출되지 않으면 협의지연 • 판단기관에 따라 결과 차이 가능성(조정안에 대한 수용 여부는 당사자가 신중히 판단)
분쟁의 효력	• 조정은 법원의 판결과 달리 그 자체로는 구속력이 없고 당사자가 이를 수락하는 경우에 한하여 효력을 가짐 • 금융감독원에 설치된 금융분쟁조정위원회의 조정안을 당사자가 수락하면 당해 조정안은 재판상 화해와 동일한 효력을 가짐(그 밖의 기관은 민법상 화해계약으로서의 효력)

> **대표유형문제**
>
> 금융분쟁조정절차에 대한 설명이다. (　　)에 들어갈 숫자로 순서대로 올바른 것은?
>
> ---
>
> - 금융감독원장은 분쟁조정의 신청을 받은 날로부터 (㉠) 이내에 당사자 간에 합의가 이루어지지 아니한 때에는 지체 없이 이를 금융분쟁조정위원회에 회부하여야 한다.
> - 금융분쟁조정위원회는 조정의 회부를 받은 때에는 (㉡) 이내에 이를 심의하여 조정안을 작성하여야 한다.
>
> ① 7일, 30일
> ② 10일, 30일
> ③ 20일, 60일
> ④ 30일, 60일
>
> **해설**
> 금융감독원장은 분쟁조정의 신청을 받은 날로부터 30일 이내에 금융분쟁조정위원회에 회부하여야 하고, 조정위원회는 60일 이내에 조정안을 작성하여야 한다.
>
> **정답** ④

필수핵심개념

① 금융감독원의 금융분쟁조정제도(금융분쟁조정위원회)

명칭 및 구성	금융분쟁조정위원회(위원장 1명 포함 총 35명 이내의 위원으로 구성)
근거규정	금융소비자보호법
조정대상	금융회사와 금융소비자 사이에서 발생하는 금융관련 분쟁
분쟁조정 신청	이해관계인은 금융감독원장에게 분쟁조정 신청
분쟁조정위 회부	분쟁조정 신청을 받은 날로부터 30일 이내에 합의가 이루어지지 않은 때 지체 없이 회부
조정안 작성	조정위는 60일 이내에 조정안 작성
조정안 수락 권고	금융감독원장은 분쟁조정 신청인과 관계 당사자에게 조정안을 제시하고 수락을 권고할 수 있음
조정안 성립	조정안을 제시받은 날부터 20일 이내에 조정안을 수락하지 않은 경우 수락하지 않은 것으로 봄
조정 효력	재판상 화해

대표유형문제

금융투자협회가 조정위원회에 회부하기 전에 종결처리할 수 있는 경우가 아닌 것은?

① 분쟁조정신청 취하서 접수

② 수사기관의 수사진행

③ 법원의 제소

④ 조정의 결과에 중대한 영향을 미치는 새로운 사실이 나타난 경우

해설

조정의 결과에 중대한 영향을 미치는 새로운 사실이 나타난 경우 조정결정 또는 각하 결정을 통지받은 날부터 30일 이내 재조정 신청이 가능하다.

정답 ④

필수핵심개념

② 금융투자협회의 분쟁조정제도

명 칭	분쟁조정위원회
근거규정	자본시장법
조정대상	금융투자협회 회원인 금융투자회사의 영업행위와 관련한 분쟁
분쟁조정신청 접수·통지	신청인은 본인이 직접 신청함이 원칙이나 대리인도 신청 가능하며 협회로 온라인 신청, 직접방문 또는 우편으로 신청 가능
사실조사	제출한 자료검토 및 당사자 간 대면질의 등의 방법으로 투자 당시의 구체적 사실관계 확인
분쟁조정위원회 회부 전 처리(종결)	• 일방 당사자 주장내용의 전부 또는 일부가 이유 있다고 판단되는 경우 위원회 회부 전 양 당사자에게 합의권고안 제시 • 분쟁조정신청 취하서 접수, 수사기관의 수사진행, 법원의 제소, 신청내용의 허위사실 등 일정한 사유에 해당하는 경우
분쟁조정위원회 회부	• 합의가 성립하지 않은 경우 협회는 조정신청서 접수일로부터 30일 이내에 분쟁조정위원회에 사건을 회부, 위원회는 회부된 날부터 30일 이내에 심의하여 조정 또는 결정이 원칙(부득이한 경우 15일 이내 기한 연장 가능) • 위원이 이행관계가 있는 경우 위원회에서 제척
조정 성립	• 당사자가 조정결정수락서에 기명날인한 후 조정결정의 통지를 받은 날부터 20일 이내에 협회에 제출하면 민법상 화해효력 발생 • 회원 당사자는 조정이 성립한 날부터 20일 이내에 조정에 따른 후속조치를 취하고 그 결과를 지체없이 협회에 제출
재조정 신청	조정의 결과에 중대한 영향을 미치는 새로운 사실이 나타난 경우 조정결정 또는 각하 결정을 통지받은 날부터 30일 이내에 재조정 신청이 가능
조정 효력	민법상 화해

대표유형문제

분쟁 관련 금융투자상품의 내재적 특성과 가장 거리가 먼 것은?

① 원금손실 가능성

② 금융투자회사 직원에 대한 높은 의존성

③ 투자결과에 대한 본인 책임

④ 투자상품에 대한 지속적인 관리 요구

해설

금융투자상품은 원금손실 가능성, 투자결과에 대한 본인 책임, 투자상품에 대한 지속적인 관리 요구(필요성)의 내재적 특성이 있다.

정답 ②

필수핵심개념

03 주요분쟁사례 분석

(1) 금융투자상품 관련 분쟁 특징

① 증권 또는 선물거래는 은행거래, 보험거래 등 다른 금융거래와는 달리 투자대상의 높은 가격변동에 따른 고위험, 투자과정에서의 전문성 필요 등과 같이 내재적인 특성을 가지고 있음

② 고객과 금융투자회사 간의 법률관계에서도 거래과정에서 고객이 증권회사 직원에 대한 높은 의존성, 위임과정 중 금융투자회사 직원의 폭넓은 개입 기회, 불공정거래 가능성 등 일반적인 위임의 법률관계와는 다른 특성이 존재

③ 거래과정 중 고객과 금융투자회사 임직원 간에 예기치 못한 분쟁이 발생할 개연성이 높은 특징을 가지며, 분쟁 발생 시 당사자 간의 분쟁 해결이 쉽지 않은 경향

(2) 분쟁 관련 금융투자상품의 내재적 특성

① 원금손실 가능성

② 투자결과에 대한 본인 책임

③ 투자상품에 대한 지속적인 관리 요구

대표유형문제

고객과 금융회사 임직원 간 금융투자상품 관련 분쟁의 유형으로 보기 어려운 것은?

① 임의매매

② 일임매매

③ 부당권유

④ 내부자거래

해설

내부자거래란 상장기업의 주요주주나 임직원이 자신의 지위를 통하여 취득한 중대한 미공개정보(내부 정보)를 이용하여 자기 회사의 주식을 매매하는 등 부당하게 이득을 취하는 것을 말한다. 따라서 내부자거래는 고객과 금융회사 임직원 간 금융투자상품 관련 분쟁과는 거리가 멀다.

정답　④

필수핵심개념

(3) 금융투자상품 관련 분쟁의 유형

임의매매	고객이 증권회사 또는 선물회사 직원에게 금융투자상품의 관리를 맡기지 아니하였고 그 금융투자회사 직원이 매매주문을 받지 않았음에도 고객의 예탁자산을 마음대로 매매한 경우에는 민사상 손해배상책임뿐만 아니라 직원의 처벌도 가해질 수 있음
일임매매	투자일임업자가 고객과 투자일임계약을 체결한 상태에서 당초의 일임계약 취지를 위반하여 수수료 수입목적 등의 사유로 인하여 과도한 매매를 일삼은 경우 등 고객충실의무 위반이 인정될 수 있는 경우에는 민사상 손해배상책임이 발생할 수 있음
부당권유	증권회사 또는 선물회사 등의 금융투자회사 또는 은행, 보험 등의 겸영금융투자회사 직원이 고객에게 투자권유를 하면서 금융투자상품에 대한 설명의무를 충실하게 이행하지 않아 위험성에 대한 투자자의 인식형성을 방해하거나, 과대한 위험성이 있는 투자를 부당하게 권유한 경우에는 사안에 따라 민사상 손해배상책임이 발생할 수 있음
집합투자증권 등 불완전판매	불완전판매도 부당권유의 한 유형으로 분류되는 것이 보통이므로 적합성의 원칙, 적정성의 원칙, 설명의무, 손실보전약정 금지 등을 종합적으로 고려하여 민법상의 불법행위 여부를 판단함
주문 관련	고객이 낸 주문을 증권회사, 선물회사 등 투자중개업자인 금융투자회사가 다르게 처리하거나 주문권한이 없는 자로부터의 매매주문을 제출받아 처리한 경우 민사상 손해배상책임이 발생할 수 있음
기타분쟁	전산장애가 발생하여 매매가 불가능함으로 인해 발생된 손해, 금융투자회사의 부적절한 반대 매매처리로 인한 분쟁, 기타 무자격상담사로 인한 분쟁 사례 등이 있음

01
★★☆
당초 고객과 직원이 약정한 매매거래 중단사유가 발생하였음에도 불구하고 직원이 매매거래를 계속하여 분쟁이 발생하였다면, 이 분쟁은 어떤 유형의 분쟁에 해당하는가?

① 임의매매
② 일임매매
③ 적정성 위반
④ 불완전판매

해설

임직원 등은 정당한 권한을 가진 금융소비자의 주문 없이 예탁받은 재산으로 금융투자상품을 매매하였으므로 임의매매에 해당한다.

02
★★☆
증권사 직원이 고객으로부터 포괄적으로 선물·옵션거래에 대하여 위임을 받고 옵션거래를 하던 중 최종거래일의 거래마감시간 직전에 신규로 대량 매수하여 손실이 발생하였고 이로 인해 분쟁이 발생하였다면 이 행위는 어떤 유형의 분쟁에 해당하는가?

① 임의매매
② 일임매매
③ 적정성 위반
④ 불완전판매

해설

고객으로부터 위임받았더라도 마감시간 직선의 대량매매는 과도한 위험성을 수빈하여 위임의 취지를 벗어난 일임매매라 할 수 있다.

03
★☆☆
분쟁 예방 요령에 대한 설명으로 가장 적절하지 않은 것은?

① 부당권유행위의 경우에는 금전 제공, 수수료 할인 또는 비정상적 조건 등 고객에 대한 직간접적 손실보전행위를 금지한다.
② 과다 일임매매와 관련하여 고객으로부터 포괄적 일임매매를 받는 것이 최선이며, 빈번하거나 과도한 거래권유를 삼간다.
③ 임의매매의 경우 위반 시 엄격한 제재 등을 감안할 때 고객의 위임 없는 거래는 금지하여야 한다.
④ 금융투자상품 주문거래에는 녹취와 서류 등의 증빙을 갖추어 분쟁 예방 또는 발생 시를 대비하여야 한다.

해설

과다 일임매매와 관련하여 고객으로부터 포괄적 일임매매를 받지 않는 것이 최선이며, 일임의 경우에는 관련 규정을 준수하여 분쟁소지를 제거하는 것이 바람직하다.

04 역외펀드에 가입하였지만 선물환거래 경험이 없는 고객에게 환헤지에 대해 개략적으로만 설명하고 특
★★☆ 성 및 구체적인 위험에 대해 충분히 설명하지 않았다면 이 행위의 분쟁요인에 해당하지 않는 것은?

① 일임매매
② 적합성 위반
③ 설명의무 위반
④ 부당권유

해설

선물환거래 경험이 없는 고객은 적합성의 원칙을 위반한 사례이고, 개략적으로만 설명함은 설명의무 위반으로 이는 6대 판매원칙 위반에 해당하는 부당권유에 의한 분쟁 유형이다.

05 다음 중 개인정보처리자의 개인정보 보호원칙으로 옳지 않은 것은?
★★☆ ① 개인정보의 처리목적에 필요한 범위에서 적합하게 개인정보를 처리하여야 하며, 그 목적 외의
용도로 활용해서는 안 된다.
② 개인정보의 처리방침 등 개인정보의 처리에 관한 사항을 비밀로 유지하여야 한다.
③ 정보주체의 사생활 침해를 최소화하는 방법으로 개인정보를 처리하여야 한다.
④ 개인정보는 익명처리가 가능한 경우 익명으로 처리한다.

해설

개인정보의 처리 방침은 공개하여야 한다.

06 개인정보 처리 및 관리에 관한 설명으로 옳지 않은 것은?
★★☆ ① 개인정보처리자는 불가피한 경우를 제외하고는 정보주체의 동의를 받은 경우 개인정보를 수집
할 수 있다.
② 보유기간이 경과하여 개인정보가 불필요하게 된 경우에는 다른 법령에 따른 보존의무가 없는 경
우를 제외하고 지체 없이 개인정보를 파기하여야 한다.
③ 민감정보 및 고유식별정보는 정보주체에게 별도의 동의를 얻거나, 법령에서 구체적으로 허용된
경우에 한하여 예외적으로 처리를 하도록 엄격하게 제한하고 있다.
④ 주민등록번호는 원칙적으로 정보주체의 동의를 받은 경우에만 처리할 수 있다.

해설

주민등록번호는 법 개정에 따라 정보주체의 동의를 받았어도 법령 근거가 없는 경우에는 원칙적으로 처리가 금지되므로 2016년 8월 6일까지 수집된 주민등록번호에 대한 삭제 조치를 취해야 한다.

07 정보주체의 개인정보를 제3자에게 제공할 경우 정보주체에게 알려야 할 사항으로 거리가 먼 것은?

★★☆

① 개인정보를 제공받는 자

② 개인정보를 제공받는 자의 개인정보 이용 목적

③ 동의를 거부할 권리가 있다는 사실 및 동의 거부에 따른 불이익이 있는 경우에는 그 불이익의 내용

④ 개인정보를 제공하는 자의 개인정보 보유 및 이용 기간

해설

개인정보를 제공하는 자가 아닌 제공받는 자의 보유 및 이용 기간을 알려야 한다.

08 개인정보의 수집 및 이용에 대한 설명으로 옳은 것은?

★★☆

① 공공기관이 법령 등에서 정하는 소관 업무의 수행을 위해서는 반드시 정보주체의 개인정보 수집에 대한 동의를 받아야 한다.

② 정보주체와 체결한 계약을 이행하기 위하여 필요한 경우 개인정보를 수집, 이용할 수 있다.

③ 개인정보처리자의 정당한 이익을 달성하기 위하여 필요한 경우 별도의 제한 없이 개인정보를 수집, 이용할 수 있다.

④ 개인정보처리자는 목적에 필요한 최소한의 개인정보를 수집해야 하고 그 입증책임은 해당 개인정보수집에 동의한 정보주체가 진다.

해설

① 공공기관이 법령 등에서 정하는 소관 업무의 수행을 위하여 불가피한 경우 별도의 동의절차 없이 개인정보를 수집, 이용할 수 있다.

③ 개인정보처리자의 정당한 이익을 달성하기 위하여 필요한 경우로서 명백하게 정보주체의 권리보다 우선하고 합리적인 범위를 초과하지 아니하는 경우에 한해서 개인정보를 이용할 수 있다.

④ 최소한의 개인정보 수집이라는 입증책임은 개인정보처리자가 부담한다.

09 금융소비자보호법 위반 시 제재 사항에 대한 내용으로 거리가 먼 것은?

★★☆

① 과징금은 재정수입의 확보보다는 위반행위에 대한 제재라는 성격이 강하다.

② 금융상품판매업 등의 등록을 하지 아니하고 금융상품판매업 등을 영위한 자는 5년 이하의 징역 또는 2억원 이하의 벌금에 처하도록 규정하고 있다.

③ 적합성 원칙이나 적정성의 원칙을 위반하면 과징금 부과대상에 해당한다.

④ 금융투자협회의 자율규제위원회는 위원장 1인, 위원 6인으로 구성되어 있다.

해설

적합성 원칙이나 적정성의 원칙을 위반하면 3천만원 이하의 과태료를 부과한다.

10 분쟁조정제도에 관한 설명으로 옳지 않은 것은?

★★☆

① 금융기관과 예금자 등 금융수요자, 기타 이해관계인 사이에 발생하는 금융 관련 분쟁의 조정에 관한 사항을 심의·의결하기 위하여 금융감독원에 금융분쟁조정위원회를 두고 있다.

② 금융감독원장은 분쟁조정의 신청을 받은 때에는 관계당사자에게 그 내용을 통지하고 합의를 권고할 수 있다.

③ 조정은 법원의 판결과는 달리 그 자체로는 구속력이 없고 당사자가 이를 수락하는 경우에 한하여 효력을 갖는다.

④ 한국거래소 분쟁조정심의위원회, 금융투자협회 분쟁조정위원회 등 금융감독원 이외의 기관에 의한 조정은 재판상 화해계약으로서의 효력을 갖는다.

해설

금융감독원에 설치된 금융분쟁조정위원회의 조정안을 당사자가 수락하면 당해 조정안은 재판상 화해와 동일한 효력을 갖는다. 금융감독원 이외의 기관(한국거래소 분쟁조정심의위원회, 금융투자협회 분쟁조정위원회 등)에 대한 조정은 민법상 화해계약으로서의 효력을 갖는다.

11 분쟁조정제도에 관한 설명으로 옳지 않은 것은?

★★☆

① 분쟁조정기관은 중립적인 조정안을 제시하기 위해 통상적으로 분쟁의 양 당사자와 법조계, 학계, 소비자단체, 업계 전문가로 구성된 분쟁조정위원회를 구성하고 운영한다.

② 조정은 법원의 판결과는 달리 그 자체로는 구속력이 없고 당사자가 이를 수락하는 경우에 한하여 효력을 갖는다.

③ 금융감독원장은 조정신청사건의 진행 중에 일방당사자가 소를 제기한 경우에는 조정의 처리를 중지하고 이를 당사자에게 쌍방으로 통보하여야 한다.

④ 분쟁조정제도의 단점은 분쟁조정기관에 따라 결과의 차이가 있을 수 있으며, 양 당사자의 합의가 도출되지 아니하면 분쟁처리가 지연될 수 있다는 것이다.

해설

분쟁조정위원회의 구성에 양 당사자는 제외한다.

12 분쟁조정제도의 장단점에 관한 설명으로 옳지 않은 것은?

★★☆

① 소송에 따른 비용 부담 없이 최소한의 시간 내에 합리적으로 분쟁을 처리할 수 있다.

② 복잡한 금융관련 분쟁에 대해 전문가의 도움을 받을 수 있다.

③ 개인투자자 측면에서 확인하기 어려운 금융투자회사의 보유자료 등을 분쟁조정기관을 통해 간접적으로 확인할 수 있다.

④ 대체로 실제 소송을 수행할 때의 결과보다 분쟁조정안이 투자자에게 유리하므로 분쟁조정안을 수용하는 편이 유리하다.

> **해설**
>
> 실제 소송수행결과와 반드시 같은 결과가 나올 것으로 단정할 수 없으므로, 조정안에 대한 최종 수용여부는 당사자가 신중히 판단해야 한다.

13 금융투자협회의 분쟁조정제도에 대한 설명으로 적절하지 않은 것은?

★★☆

① 대리인에 의한 신청도 가능하다.

② 합의가 성립하지 않은 경우 협회는 조정신청서 접수일로부터 30일 이내에 분쟁조정위원회에 사건을 회부해야 하며, 위원회는 회부된 날부터 30일 이내에 심의하여 조정 또는 결정하여야 한다.

③ 당사자가 조정결정수락서에 기명날인 한 후 조정결정의 통지를 받은 날부터 30일 이내에 협회에 제출하면 민법상 화해효력이 발생한다.

④ 조정의 결과에 중대한 영향을 미치는 새로운 사실이 나타난 경우 조정결정 또는 각하 결정을 통지받은 날부터 30일 이내에 재조정을 신청할 수 있다.

> **해설**
>
> 20일 이내에 협회에 제출하여야 한다.

14 금융투자상품 관련 분쟁 특징 중 가장 거리가 먼 것은?

★★☆

① 금융투자상품은 그 특성상 높은 수익을 기대할 수 있는 반면에 높은 가격 변동성으로 인한 고위험에 노출되어 있고 투자과정에서 고도의 전문성이 요구되기 때문에 거래과정에서 분쟁이 발생할 소지가 높다.

② 투자중개업을 영위하는 금융투자회사의 일반적인 업무행태는 민법상 위임계약 및 상법상 위탁매매업을 수행하는 것이므로, 수임인 또는 위탁매매업자로서 마땅히 이행하여야 할 선관주의의무를 다하지 못하였다면, 이로 인한 민사상 불법행위 책임 또는 채무불이행책임이 발생할 수 있다.

③ 계좌개설 시부터 결제 등 거래 종료까지의 거래과정 중에 고객과 금융투자회사 임직원 간에 예기치 못한 분쟁이 발생할 개연성이 높다.

④ 금융투자업자의 업무를 규율하는 감독규정과 회사내규가 자세히 갖춰져 있으므로 금융투자회사 직원의 의무위반 여부 파악이 상대적으로 용이하므로, 분쟁 발생 시 당사자 간의 분쟁 해결이 쉬운 경향이 있다.

> **해설**
> 금융상품의 복잡성, 위험성, 투자과정의 전문성 등으로 분쟁 발생 시 당사자 간의 분쟁 해결이 쉽지 않은 경향이 있다.

15 금융분쟁에 관한 설명으로 옳지 않은 것은?

★★☆

① 금융수요자 등이 금융업무 등과 관련하여 이해관계 등이 발생함에 따라 금융 관련 기관을 상대로 제기하는 분쟁이 금융분쟁이다.

② 금융업무 관련이라도 금융 관련 기관이 금융 관련 기관을 상대로 제기하는 분쟁은 금융분쟁에 해당하지 않는다.

③ 금융투자 관련 금융분쟁은 주로 자본시장법령 등에서 금융투자업자에게 부여하는 의무 이행 여부가 쟁점이 된다.

④ 금융투자업 영위과정에서 거래관계가 수반되는 권리의무에 대한 상반된 주장이 분쟁이라는 형태로 도출된다.

> **해설**
> 금융 관련 기관이 금융업무와 관련하여 금융 관련 기관을 상대로 제기하는 분쟁도 금융분쟁에 해당한다.

많이 보고 많이 겪고 많이 공부하는 것은 배움의 세 기둥이다.

– 벤자민 디즈라엘리 –

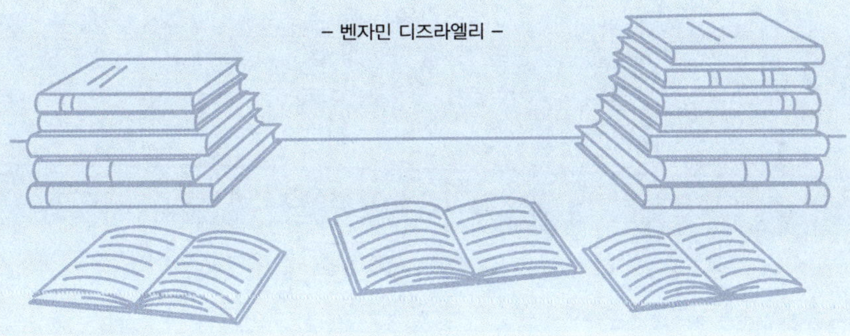

05

자금세탁방지제도

챕터 출제비중

구 분	출제영역	출제문항
CHAPTER 01	리스크관리	8 문항
CHAPTER 02	영업실무	5 문항
CHAPTER 03	직무윤리	10~11 문항
CHAPTER 04	투자자분쟁예방	1~2 문항
CHAPTER 05	자금세탁방지제도	1~2 문항
	총 문항	25 문항

투자자분쟁예방과 마찬가지로 학습량에 비해 출제 문항수는 적은 챕터입니다. 시험에 자주 출제된 '고객확인제도', '의심스러운거래보고제도(STR)', '고액현금거래보고제도(CTR)'를 중심으로 학습하시길 바랍니다.

Section별 중요도 및 학습체크

구 분	핵심개념	중요도	학습체크		
			1회독	2회독	3회독
01	자금세탁의 절차	★★			
02	자금세탁의 유형	★			
03	FATF : 금융조치기구	★			
04	금융정보분석원(KoFIU)	★			
05	고객확인제도	★★			
06	의심스러운거래보고제도(STR)	★★			
07	고액현금거래보고제도(CTR)	★★			
08	자금세탁방지와 내부통제활동	★★			
09	위험기반접근법(RBA)	★★			
10	자금세탁방지 관련 법령 위반에 따른 제재조치	★★			
11	차명거래금지제도	★★			
12	FATCA와 MACC	★			

01 파생상품의 개요

<table>
<tr><td>section 01</td><td>자금세탁의 절차</td><td>중요도 ★★☆</td></tr>
</table>

대표유형문제

자금세탁(Money Laundering)의 절차를 바르게 나타낸 것은?

① 예치(Placement)단계 → 은폐(Layering)단계 → 합법화(Integration)단계
② 은폐(Layering)단계 → 예치(Placement)단계 → 합법화(Integration)단계
③ 은폐(Layering)단계 → 합법화(Integration)단계 → 예치(Placement)단계
④ 합법화(Integration)단계 → 은폐(Layering)단계 → 예치(Placement)단계

해설

자금세탁은 단일한 행위가 아니라 일련의 단계로 이루어지는 과정이며, 3단계 모델이론에 따르면, 자금세탁은 예치 (Placement)단계, 은폐(Layering)단계, 합법화(Integration)단계를 거쳐 이루어진다.

정답 ①

필수핵심개념

01 금융기관과 자금세탁방지

(1) 자금세탁의 절차 : 3단계 모델이론

예치단계 : 배치	• 자금세탁행위자가 범죄행위로부터 얻은 불법재산을 취급하기 용이하고 덜 의심스러운 형태로 변형하여 수사기관 등에 적발되지 않도록 금융회사에 유입시키거나 국외로 이송하는 단계 • 자금세탁과정에서 성공하기 가장 어려운 단계
은폐단계 : 반복	• 자금세탁행위자가 불법자금의 출처와 소유자를 감추기 위하여 여러 가지 복잡한 금융거래를 거쳐 거래빈도, 거래량 등에서 정상적인 금융거래와 유사하게 만들어 자금추적을 어렵게 만드는 단계 • 자금의 출처 또는 소유자에 대한 허위서류 작성, 입출금 반복, 유가증권 매입 · 매각의 반복, 전자자금이체 등의 방법을 이용 • 금융비밀이 엄격히 보장되는 버뮤다, 케이맨군도, 바하마제도 등 역외금융피난처 이용
합법화단계 : 통합	자금세탁의 마지막 단계인 합법화단계는 충분한 반복단계를 거쳐 자금출처 추적이 불가능하게 된 불법자금을 정상적인 경제활동에 재투입하는 단계

대표유형문제

다음 자금세탁 유형 중 기존의 Finance System을 이용한 방법이 아닌 것은?

① 차명계좌 사용

② 소액분산입금

③ 은행어음 사용

④ 해외로 소액분할 반출 후 여행자수표를 통한 국내 반입

해설

해외로 소액분할 반출 후 여행자수표를 통한 국내 반입은 Money smuggling의 한 유형이다.

정답 ④

필수핵심개념

(2) 자금세탁의 유형

전통적인 금융시스템을 이용 (Money Laundering)	차명계좌 사용, 소액분산입금, 은행어음 사용
휴대 반출입, 수출입화물을 이용 (Money smuggling)	• 현금 자체를 밀수출·입하거나 수표 등 은닉이 용이한 형태로 전환 • 해외로 소액분할 반출 후 여행자수표, 우편환 등을 통해 국내 반입
가격조작, 허위신고 등 수출입을 이용 (TBML : Trade Based Money Laundering)	• 무역거래를 통해 범죄수익을 가장하거나 이동해 불법자금을 합법화 • 재화나 용역의 가격, 물량, 품명을 조작
신종기법	• 사업체 또는 조세피난처를 이용한 자금세탁 • 비금융기관(부동산거래, 보험회사, 카지노 등)을 이용한 자금세탁 • 가상통화 이용

> **대표유형문제**
>
> **다음 중 FATF에 관한 설명으로 거리가 먼 것은?**
>
> ① FATF의 40 권고사항은 형식적으로는 구속력이 있는 다자협약은 아니나 사실상 구속력을 발휘한다.
> ② FATF는 크게 정회원, 준회원, 옵저버로 구성되는 바, 우리나라는 정회원에 가입되어 있지 않다.
> ③ FATF는 회원국에 대한 상호평가나 자금세탁방지 비협조국가 지정 등을 하고 있다.
> ④ 국제기준 이행 수준을 총체적으로 평가하여 연 3회 자금세탁방지활동에 참조하지 않는 경우 그 수준에 따라 대응조치, 위험고려 등으로 구분하여 성명서를 발표하고 있다.
>
> **해설**
> 우리나라는 2009년 10월에 정회원으로 가입하였다.
>
> **정답** ②

필수핵심개념

02 자금세탁방지제도

(1) 자금세탁방지 국제기구 및 규범

① 국제기구 : FATF(Financial Action Task Force : 금융조치기구)

구 성	• 정회원 : 우리나라를 비롯한 37개국과 2개 기구(EC, GCC)로 구성(우리나라는 2009년 10월 가입) • 준회원 : 9개 지역기구인 FSRB로 구성　　　　　　　　• 옵저버
주요활동	• 자금세탁방지(AML) 및 테러자금조달금지(CFT) 분야 국제규범을 제정하고, 각국의 이행현황을 회원국 간 상호평가를 통해 평가 · 감독 • AML/CFT 국제규범 미이행 국가를 선별하고 제재 • 자금세탁 · 테러자금조달 수법 등에 대한 연구, 대응수단 개발 등
국제규범	FATF의 40 권고사항은 형식적으로는 구속력이 있는 다자협약은 아니나 회원국에 대한 상호평가, 자금세탁방지 비협조국가 지정 등을 통하여 사실상의 구속력을 발휘

더 알아보기

FATF 권고사항의 사실상 구속력	
회원국에 대한 상호평가	40개 권고사항 이행여부를 판단하는 기술적 이행평가 + 제도가 실질적으로 잘 작동되고 있는지를 평가하는 효과성 평가
비협조국가 결정	• 국제기준 이행 수준을 총체적으로 평가하여 연 3회 자금세탁방지활동에 참조하지 않는 경우 그 수준에 따라 대응조치, 위험고려 등으로 구분하여 성명서 발표 • 대응국가에 해당하는 경우 사실상 거래중단 효과 • 위험고려는 Black List* 국가와 Grey List** 국가로 분류 　— *Black List : 자금세탁방지제도에 중대한 결함이 있음에도 불구하고 충분한 개선이 없거나, 이행계획을 수립하지 않는 상태로 해당 국가와 거래관계에 있어 특별한 주의를 기울여야 함 　— **Grey List : 이행계획을 수립하였으나, 이행의 상태에 취약점이 존재하는 상태로 해당 국가와 거래 시 위험이 어느 정도 있음을 참고

> **대표유형문제**
>
> ## 다음 중 KoFIU에 관한 설명으로 거리가 먼 것은?
>
> ① 설립근거는 특정금융거래 정보법이다.
> ② 수집된 자금세탁 행위 관련 정보를 법 집행기관에 제공한다.
> ③ 각 금융기관으로부터 STR(혐의거래보고)를 받는 기관이다.
> ④ 기획재정부 소속의 독립기관이다.
>
> **해설**
>
> 2001년 설립 당시 재정경제부 소속 독립기관이었으나 2008년 금융위원회 소속으로 이관되었다.
>
> **정답** ④

필수핵심개념

(2) 우리나라 제도운영 현황

① 금융정보분석원(KoFIU)

개 요	「특정 금융거래정보의 보고 및 이용 등에 관한 법률」(특정금융거래보고법)에 의거 설립된 금융정보분석원(KoFIU)으로 금융기관으로부터 자금세탁 관련 혐의거래 보고 등 금융정보를 수집·분석하여, 이를 법 집행기관에 제공하는 단일 중앙 국가기관
소 속	금융위원회 소속
구성인력	법무부, 금융위원회, 국세청, 관세청, 경찰청, 한국은행, 금융감독원 등 관계기관의 전문인력으로 구성
주요 업무	금융기관 등으로부터 자금세탁 관련 혐의거래를 수집·분석하여 불법거래, 자금세탁 행위 또는 공중협박자금조달행위와 관련된다고 판단되는 금융거래 자료를 법 집행기관(검찰청, 경찰청, 국세청, 관세청, 금융위원회, 중앙선관위 등)에 제공하는 업무를 담당
혐의거래보고제도 (STR)	• 각 금융기관은 혐의거래보고제도(STR)를 채택하여 의무적으로 금융정보분석원장에게 보고해야 함 • 금융정보분석원은 혐의거래보고가 없더라도 자체적으로 FIU정보시스템을 활용하여 자금세탁 행위자를 추출·분석함

대표유형문제

고객확인제도에 대한 설명으로 옳지 않은 것은?

① 금융기관이 고객과 거래 시 고객의 신원, 실제 소유자 여부, 거래목적 등을 파악하는 등 고객에 대한 합당한 주의를 기울이는 제도이다.

② 금융기관이 평소 고객에 대한 정보를 파악·축적함으로써 고객의 혐의거래 여부를 파악하는 토대가 되는 것으로 자금세탁방지제도의 필수요건이라고 할 수 있다.

③ 금융기관은 계좌의 신규개설이나 2천만원(미화 1만달러) 이상의 일회성 금융거래 시 고객의 신원에 관한 사항, 고객을 최종적으로 지배하거나 통제하는 자연인(실제 소유자)에 관한 사항을 확인하여야 한다.

④ 고객이 고위험에 해당하는 비거주자, 카지노사업자, 대부업자, 환전상 등 높은 위험을 가진 고객 및 양도성예금증서, 환거래계약, 비대면거래 등 높은 위험을 가진 상품인 경우 CDD 확인 항목에 더해 거래의 목적과 자금의 원천을 확인해야 하는 바, 이를 EDD(강화된 고객확인)라고 한다.

해설

금융기관은 계좌의 신규개설이나 1천만원(미화 1만달러) 이상의 일회성 금융거래 시 고객의 신원에 관한 사항, 고객을 최종적으로 지배하거나 통제하는 자연인(실제 소유자)에 관한 사항을 확인하여야 한다.

정답　③

필수핵심개념

② 주요 제도

　㉠ 고객확인제도(CDD/EDD)

개 요	• 금융기관이 고객과 거래 시 고객의 신원, 실제 소유자 여부, 거래목적 등을 파악하는 등 고객에 대한 합당한 주의를 기울이는 제도 • 고객확인은 반드시 금융거래가 개시되기 전에 선행되어야 하지만, 예외적으로 다음의 두 가지 경우에는 금융거래 이후 고객확인을 할 수 있음 　－ 종업원, 학생 등에 대한 일괄적인 계좌 개설의 경우 　－「상법」에서 정하는 타인을 위한 보험(제3의 수익자)의 경우 • 제3자를 통해 고객확인의무 이행 가능(최종책임은 당해 금융기관)
적용대상	• 신규계약 및 서비스 등록 • 1,000만원(외화 1만 US$) 이상의 일회성 거래(연결거래 7일 합산) • 자금세탁 행위가 우려되는 경우
CDD	• 간소화된 고객확인(저위험·중위험에 해당하는 경우 실시) • 확인항목 : 성명, 실명번호, 주소, 연락처, 실제 당사자 여부
EDD	• 강화된 고객확인(고객이 고위험에 해당하는 비거주자, 카지노사업자, 대부업자, 환전상 등 높은 위험을 가진 고객 및 양도성예금증서, 환거래계약, 비대면거래 등 위험이 높은 상품인 경우) • 추가 확인 항목 : 거래의 목적, 자금의 원천

실제소유자 확인	• 실제소유자란 고객을 최종적으로 지배하거나 통제하는 사람으로 해당 금융거래를 통해 궁극적으로 혜택을 보는 개인 • 법인의 경우 '25% 이상 최대주주 > 최대지분 소유자 > 대표자'의 순서로 최소 2단계 이상 확인
고객위험평가	저위험 · 중위험 고객인 경우 3년마다 재수행, 고위험 고객의 경우 1년마다 재수행
전신송금 시 고객확인	• 계좌여부 불문 국 · 내외 전신송금을 하는 경우 100만원(외화 1천 US$)을 초과하는 경우 고객 관련정보를 확인하고 보관

대표유형문제

다음 중 STR에 대한 설명으로 적절하지 않은 것은?

① STR은 CTR의 보완을 위해 도입되었다.

② 금융기관의 임직원이 STR 내용을 누설하는 경우 1년 이하의 징역 또는 1천만원 이하의 벌금을 부과받는다.

③ 금융기관이 STR을 누락하거나, 감독기관의 지시를 거부하는 경우 1천만원 이하의 과태료 또는 영업정지가 가능하다.

④ STR의 보고기준은 금액과 무관하다.

해설

CTR이 STR을 보완하기 위해 도입되었다.

정답 ①

필수핵심개념

ⓛ 의심스러운거래보고제도(STR)

개 요	금융기관 종사자의 주관적 판단에 의해 어떤 금융거래가 불법자금이라는 의심이 가거나 거래 상대방이 자금세탁을 하고 있다는 의심이 갈 경우, 금융정보분석원(FIU)에 지체 없이 보고토록 하는 것
보고대상 (금액 무관)	• 금융거래와 관련하여 수수한 재산이 불법재산이라고 의심되는 합당한 근거가 있는 경우 • 금융거래의 상대방이 불법적인 금융거래를 하는 등 자금세탁행위나 공중협박자금조달행위를 하고 있다고 의심되는 합당한 근거가 있는 경우 • 관계 법률에 따라 금융회사 등의 종사자가 관할 수사기관에 신고한 경우
벌 금	의심거래를 허위로 보고하거나 보고된 내용을 누설하는 경우 해당 금융기관과 직원은 1년 이하의 징역 또는 1천만원 이하의 벌금을 부과
과태료 및 영업정지	의심거래를 보고하지 않거나 감독기관의 명령 · 지시 · 검사를 거부하는 경우 건당 1천만원 이하의 과태료 또는 영업정지 가능

대표유형문제

다음 CTR에 대한 설명 중 거리가 먼 것은?

① 보고대상 기준금액은 1천만원 이상(미화 1만달러)의 현금거래이다.

② 인터넷 뱅킹 등을 이용하는 경우 보고대상이 아니다.

③ 동일인이 1거래일 동안 창구를 통하여 기준금액 이상 거래하는 경우 보고 대상이다.

④ 금액 계산 시 금융기관별로 지급, 영수한 금액을 각각 별도 합산한다.

해설

고액현금거래보고제도에 미화기준은 없어 외국통화 거래는 보고대상에서 제외된다.

정답 ①

필수핵심개념

ⓒ 고액현금거래보고제도(CTR)

개 요	• 원화 1천만원 이상의 현금거래를 30일 이내에 금융정보분석원에 의무적으로 보고하도록 하는 제도 • 금융기관이 자금세탁 의혹이 있다고 주관적으로 판단하는 금융거래에 대해서만 보고하도록 하는 의심거래제도를 보완하기 위해 도입
보고대상	• 1거래일 동안 동일인이 창구를 통하여 1천만원 이상의 현금을 입금하거나 출금한 경우 또는 현금 자동입출금기를 이용한 경우 거래자의 신원과 거래일시, 거래금액 등을 의무적으로 보고하여야 함 • 금액산정 시 금융기관이 1거래일 동안 금융기관별로 지급한 금액, 영수한 금액을 각각 별도 합산하는 실질주의 방식을 취하고 있음
제외 대상	• 고객요청에 의한 대체거래 • 다른 금융기관과의 현금 입출금 거래 • 국가, 지방자치단체, 기타 공공단체와의 현금 입출금 거래 • 100만원 이하의 무매체 입금거래 • 수표거래, 계좌이체, 인터넷 뱅킹 등을 이용한 거래 • 공과금 수납·지출 거래 • 외국통화 거래

더 알아보기

의심스러운거래보고제도(STR)와 고액현금거래보고제도(CTR)의 장·단점

구 분	STR	CTR
장 점	금융회사 직원의 전문성 활용, 정확도가 높고 활용도가 큼	자금세탁 행위 예방 효과, 분석 자료로 참고
단 점	금융회사 의존도가 높음, 참고유형 제시 등 어려움	정확도 낮음, 금융회사의 추가 비용 발생

대표유형문제

다음 중 자금세탁방지 내부통제체제에 대한 설명으로 적절하지 않은 것은?

① 경영진은 자금세탁방지를 위해 운영하는 내부통제정책에 대한 감독책임이 있다.
② 자금세탁방지제도는 금융기관 외부와의 관계를 규정하는 것으로 금융기관의 모든 부서와 관련된다.
③ 보고책임자는 연 1회 이상 소속 임직원에 대한 교육을 실시하여야 한다.
④ 금융기관은 자금세탁방지에 대한 독립적인 감사체계를 구축해야 한다.

해설
이사회는 경영진이 자금세탁방지 등을 위해 설계 · 운영하는 내부통제정책에 대한 감독책임이 있다.

정답 ①

필수핵심개념

03 자금세탁방지와 내부통제활동

(1) 내부통제

① 자금세탁방지제도는 금융소비자를 보호하는 데 중요한 내부통제활동의 일부를 담당
② 자금세탁방지제도는 불법자금이 범죄목적으로 금융기관을 이용하지 못하게 하는 것으로 금융기관 외부, 즉 거래 고객과의 관계를 규정
③ 자금세탁방지 업무를 주관하는 부서(준법감시부서)에만 있는 것이 아니라, 본사 관리, 본사 영업, 영업점 등 여러 부서와 관련
④ 이사회, 경영진, 보고책임자, 진담조직, 임직원으로 구성
⑤ 이사회는 경영진이 자금세탁방지 등을 위해 설계 · 운영하는 내부통제정책에 대한 감독 책임
⑥ 보고책임자는 연 1회 이상 소속 임직원에 대해 교육 실시, 직원알기제도를 운영
⑦ 내부보고체계와 외부보고체계를 수립하여 자금세탁 관련 정보를 5년간 보존해야 함
⑧ 금융기관은 자금세탁방지 등의 업무를 수행하는 부서와는 독립된 부서에서 독립적인 감사체계를 구축 · 운영

다음 중 위험기반접근법(RBA)에 대한 설명으로 적절하지 않은 것은?

① 위험도가 높은 분야와 낮은 분야에 대한 위험관리를 적용하는 방법이다.
② RBA위험은 크게 국가위험, 고객위험, 상품위험, 사업(서비스)위험으로 구분할 수 있다.
③ FATE의 2019년 상호평가항목에 RBA 도입 및 효과성 여부 항목을 추가하였다.
④ RBA는 FATE의 권고사항이므로 의무적으로 도입할 필요는 없다.

해설

FATE가 위험기반접근법을 적용하여 이행하도록 요구하고, 회원국 간 상호평가에서 실행여부를 점검하였다. FATE 권고사항은 형식적으로는 구속력이 있는 다자협약은 아니나 회원국에 대한 상호평가, 자금세탁방지 비협조국가 지정 등을 통하여 사실상의 구속력을 발휘하여 의무적으로 도입할 필요가 있다.

정답 ④

필수핵심개념

(2) 위험기반접근법(RBA)

개 요		• 위험도가 높은 분야는 강화된 조치를, 위험도가 낮은 분야는 간소화된 조치를 취하는 자금세탁 · 테러자금조달 위험을 관리하는 방법 • 기존 자금세탁방지 업무가 사후 적발 · 보고체계였다면 위험기반접근법은 사전에 자금세탁 및 테러자금조달 위험을 자체적으로 감지 · 평가하여 대응함으로써 해당 위험을 감소시키는 방법 • FATE가 위험기반접근법을 적용하여 이행하도록 요구하고, 회원국 간 상호평가에서 실행여부를 점검 • 상호평가 방식은 기존의 평가 방법에 '효과성' 부분을 새로 추가함
위험의 분류	국가위험	특정 국가에서 자금세탁방지 및 테러자금조달금지제도와 금융거래 환경의 취약 등에 따라 발생하는 위험 평가
	고객위험	고객 또는 고객유형별 자금세탁방지 및 테러자금조달금지 위험 평가
	상품위험	금융기관에서 취급하는 모든 상품의 자금세탁방지 및 테러자금조달금지 위험 평가
	사업(서비스)위험	전 사업영역에서 발생할 수 있는 자금세탁방지 및 테러자금조달금지 위험 평가

다음 자금세탁방지 관련 법령 위반에 따른 제재조치 중 그 벌칙이 다른 것은?

① STR 관련 정보의 제공을 요구하는 행위

② 거짓으로 STR을 보고하는 행위

③ 신고를 하지 아니하고 가상자산거래를 영업으로 하는 행위

④ 법령에 따라 제공받은 정보를 목적 외의 용도로 사용하는 행위

해설

거짓으로 STR을 보고하는 행위는 1년 이하의 징역 또는 1천만원 이하의 벌금부과 대상이며, 나머지 선택지는 5년 이하의 징역 또는 5천만원 이하의 벌금부과 대상이다.

정답 ②

필수핵심개념

(3) 위반 시 제재조치

① 벌 칙

5년 이하의 징역 또는 5천만원 이하의 벌금

- (의심거래보고와 관련하여) 직권을 남용하여 금융회사 등이 보존하는 관련 자료를 열람·복사하거나 금융회사 등의 장에게 금융거래 등 관련 정보 또는 자료의 제공을 요구한 자
- 직무와 관련하여 알게 된 특정금융거래정보, 법령에 따라 제공받은 정보를 다른 사람에게 제공 또는 누설하거나 그 목적 외의 용도로 사용한 자 또는 해당 정보를 제공할 것을 요구하거나 목적 외의 용도로 사용할 것을 요구한 자
- 정보분석심의회에서 알게 된 사항을 다른 사람에게 제공 또는 누설하거나 그 목적 외의 용도로 사용한 자 또는 이를 제공할 것을 요구하거나 목적 외의 용도로 사용할 것을 요구한 자
- 신고를 하지 아니하고 가상자산거래를 영업으로 한 자(거짓이나 그 밖의 부정한 방법으로 신고한 자 포함)

3년 이하의 징역 또는 3천만원 이하의 벌금

- 가상자산거래 관련 변경신고를 하지 아니한 자(거짓이나 그 밖의 부정한 방법으로 신고한 자 포함)

1년 이하의 징역 또는 1천만원 이하의 벌금

- 의심거래보고 및 고액현금거래보고를 거짓으로 한 자
- 의심거래보고 관련 사실 등을 누설하는 자

② 과태료

1억원 이하의 과태료 부과 대상

- 내부통제의무를 이행하지 않은 경우
- 고객확인의무를 이행하지 않은 경우
- 가상자산사업자가 고객별 거래내역을 분리하여 관리하지 않는 경우
- 금융정보분석원장의 명령·지시·검사에 따르지 아니하거나 이를 거부·방해 또는 기피하는 경우

3천만원 이하 과태료 부과 대상

- 의심거래보고, 고액현금거래보고를 하지 아니하는 행위
- 계좌의 신규개설 및 일정금액 이상의 일회성 금융거래 등을 하는 경우 고객신원 확인 및 실제소유자 확인을 하지 아니하는 행위
- (자금세탁방지 관련) 자료 및 정보를 보존하지 아니하는 경우 (5년간 보존)

차명거래금지제도에 대한 설명으로 옳지 않은 것은?

① 차명거래란 자신의 금융자산을 타인의 명의로 거래하는 것을 말한다.

② 차명거래는 범죄수익 은닉, 자금세탁, 조세포탈 등 불법행위나 범죄의 수단으로 악용될 수 있으므로 모든 차명거래가 금지된다.

③ 실명이 확인된 계좌에 보유하고 있는 금융자산은 '명의자의 소유'로 추정한다.

④ 금융회사 종사자의 불법 차명거래 알선·중개는 금지되며, 위반 시 형사처벌을 받는다.

해설

불법행위를 목적으로 하는 차명 금융거래를 금지하고 있다.

정답 ②

필수핵심개념

(4) 자금세탁방지 관련 제도

① 차명거래금지제도

　㉠ 불법행위를 목적으로 하는 차명 금융거래를 금지(5년 이하의 징역 또는 5천만원 이하의 벌금)

　㉡ 금융회사 종사자의 불법 차명거래 알선·중개는 금지(5년 이하의 징역 또는 5천만원 이하의 벌금, 3천만원 이하의 과태료 부과)

　㉢ 실명이 확인된 계좌에 보유하고 있는 금융자산은 '명의자의 소유'로 추정

　㉣ 금융기관 종사자는 거래자에게 불법차명거래가 금지된다는 사실을 설명

② 반부패협약(OECD뇌물방지협약) : 뇌물수뢰행위가 아닌 뇌물공여행위를 형사처벌하는 것을 목적으로 하고, 규제대상 행위는 외국 공무원에 한정되며, 민간인 간의 뇌물공여행위는 제외됨

대표유형문제

차명거래금지제도에 대한 설명으로 옳지 않은 것은?

① FATCA는 미국과 개별 국가 간 협정이다.

② MCAA는 OECD 및 G20 국가를 중심으로 맺어진 다자간 협정이다.

③ FATCA의 보고기준은 CRS이다.

④ MACC 보고기준에서 기존고객과 신규고객을 구분하는 기준일은 2016년 1월 1일이다.

해설

MCAA의 보고기준은 CRS이다.

정답 ③

필수핵심개념

③ 해외금융계좌 납세자협력법(FATCA)

　㉠ 미국은 자국민의 역외 탈세를 방지하기 위해 해외 금융기관에게 미국 국민의 금융거래정보를 국세청에 보고하도록 의무화하였고, 이를 위해 다수의 국가와 FATCA 협정을 체결함

　㉡ 보고기준 2014. 7. 1. 적용대상상품에 가입하는 모든 신규 고객(금액 무관)

　㉢ 보고의무 위반 시 3천만원 이하의 과태료, 미국정부로부터 미국에서 얻은 수익의 30% 원천징수

④ 다자간조세정보 자동교환 협정(MCAA)

　㉠ OECD 및 G20 국가를 중심으로 각 국가에 납세의무가 있는 고객의 금융정보를 상호 교환하는 MCAA가 100여 개 이상 국가 간에 체결되어 있으며, 확대되는 추세임

　㉡ 보고기준 2016. 1. 1. 이후 적용대상상품에 가입하는 모든 신규 고객(금액 무관)

　㉢ MCAA의 보고기준은 CRS, 위반 시 3천만원 이하의 과태료

　㉣ FATCA와 MCAA 차이점 : FATCA는 미국과 개별 국가가 체결하고 해당 국가의 적용대상자에 대한 정보를 교환, MCAA는 협정을 체결한 모든 국가 간의 정보교환

핵심보충문제

01 자금세탁과정에서 성공하기 가장 어려운 단계는?

★★☆

① 예치(Placement)단계

② 은폐(Layering)단계

③ 고객확인(CDO)단계

④ 합법화(Integration)단계

해설

예치단계는 자금세탁을 위해 금융회사 등을 통해 입출금하는 것으로서 자금세탁행위자의 입장에서는 발각되기 쉬워 자금세탁과정에서 성공하기 가장 어려운 단계라고 할 수 있다.

02 고객확인제도에 대한 설명으로 거리가 먼 것은?

★★☆

① 대부업자인 경우 강화된 고객확인(EDD) 대상이다.

② 간소화된 고객확인(CDD) 대상은 고객 위험 평가를 1년마다 재수행하여야 한다.

③ 강화된 고객확인(EDD)에서는 CDD에 더해 거래목적, 자금의 원천 등을 파악하여야 한다.

④ 고객별 위험도 평가결과 중위험인 경우에는 CDD 대상이다.

해설

CDD는 저위험이나 중위험에 해당하는 경우에 실시하며, 저위험·중위험 고객인 경우 3년마다 재수행, 고위험 고객의 경우 1년마다 재수행한다.

03 다음 중 의심스러운거래보고제도(STR)에 대한 설명으로 적합한 것은?

★★☆

① 자금세탁여부에 관계없이 FIU에 보고하여야 한다.

② 금융기관 직원의 전문성을 활용할 수 있다.

③ 자금세탁행위를 예방하는 효과가 있다.

④ 자금세탁거래를 파악함에 있어 정확도는 낮은 편이다.

해설

①, ③, ④는 고액현금거래보고(CTR)에 대한 설명이다.

04 고객확인제도(CDD/EDD)에 대한 설명으로 적절하지 않은 것을 모두 고르면?
★★☆

> 가. 고객확인제도란 금융기관이 고객과 거래 시 고객의 성명, 주민등록번호, 주소, 연락처, 자금의 실소유자
>   여부, 거래목적 등을 파악하는 등 고객에 대한 합당한 주의를 기울이는 제도이다.
> 나. 이 제도는 FATE의 권고사항으로 외국금융기관 등의 KYC시행을 준용하고 있으며, 기존의 의심거래
>   보고제도(STR)를 보완하고 금융기관의 대고객리스크 관리를 강화하는 차원에서 도입한 제도이다.
> 다. 고객확인제도상 확인하는 대상은 금융실명제법에서 규정하는 대상과 동일하다.
> 라. 종업원, 학생 등에 대한 일괄적 계좌 개설의 경우 고객확인은 금융거래가 개시되기 전에 선행되어야 한다.

① 가, 나
② 다, 라
③ 나, 라
④ 나, 다, 라

해설

다. 금융실명제는 실지명의 정보를 확인하는 데 반해 고객의 신원에 관한 사항, 고객을 최종적으로 지배하거나 통제하는 자
    연인(실제 소유자)에 관한 사항을 확인하여야 한다.

라. 고객확인은 반드시 금융거래가 개시되기 전에 선행되어야 하지만, 예외적으로 다음의 두 가지 경우에는 금융거래 이후
    고객확인을 할 수 있다.
• 종업원, 학생 등에 대한 일괄적인 계좌 개설의 경우
• 「상법」에서 정하는 타인을 위한 보험(제3의 수익자)의 경우

05 고액현금보고제도에 대한 설명으로 적절하지 않은 것은?
★★☆

① 금융기관이 자금세탁 의혹이 있다고 주관적으로 판단하는 금융거래에 대해서만 보고하도록 하는
   의심거래제도를 보완하기 위해 도입되었다.
② 1거래일 동안 동일인이 창구를 통하여 1천만원 이상의 현금을 입금하거나 출금한 경우 또는 현
   금 자동입출금기를 이용한 경우 거래자의 신원과 거래일시, 거래금액 등을 의무적으로 보고하여
   야 한다.
③ 기준금액 산정 시 금융기관이 1거래일 동안 금융기관별로 지급한 금액과 영수한 금액을 합산한
   금액으로 한다.
④ 100만원 이하의 무매체 입금거래와 국가, 지방자치단체, 기타 공공단체와의 현금 입출금 거래는
   보고되는 기준금액 산정 시에 제외된다.

해설

금액산정 시 금융기관이 1거래일 동안 금융기관별로 지급한 금액, 영수한 금액을 각각 별도 합산하는 실질주의 방식을 취
하고 있다.

06 ★★☆ 고액현금거래보고제도(CTR)와 관련하여, 빈칸을 옳게 연결한 것은?

> 고액현금거래보고제도는 '(   ) 동안 동일인이 창구를 통하여 원화 (   ) 이상 현금을 입금하거나 출금할 경우, 거래자의 신원과 금액 등을 금융거래 발생 후 (   ) 이내에 보고해야 하는 것'

① 1거래일, 1천만원, 30일
② 1거래일, 1천만원, 지체 없이
③ 7거래일, 1천만원, 30일
④ 7거래일, 2천만원, 지체 없이

해설
1거래일, 1천만원, 30일이다. 별도의 외화기준은 없다.

07 ★☆☆ 위험기반접근법에 의한 위험의 분류에 해당하지 않는 것은?

① 국가위험
② 상품위험
③ 고객위험
④ 금융기관 종사자 위험

해설
RBA는 모든 고객을 일률적으로 관리하는 것이 아니라 '고객', '상품', '국가', '사업(서비스)' 등에 따라 위험도를 분류하고 위험도가 큰 고객이나 금융상품 및 특정 지역 대상으로 거래할 때 더욱 주의하도록 함으로써 자금세탁이나 불법거래를 방지하는 방법이다.

08 ★☆☆ 다음 설명 중 틀린 것은?

① 우리나라는 FATF의 구성국 중 하나로 권고사항을 준수하여 상호 평가 등을 실시하고 있다.
② 금융기관은 고객이 신규 계좌 개설 시 고객확인제도에 응하지 않는 경우 거래를 거절하여야 한다.
③ 고객확인제도를 적용할 때 법인의 실제 소유자 확인은 '대표자 > 25% 이상 최대주주 > 최대지분 소유자' 순서로 하여야 한다.
④ 분류상 고위험으로 구분되는 고객의 경우 고객확인제도는 1년마다 재수행하여야 한다.

해설
법인의 경우 '25% 이상 최대주주 > 최대지분 소유자 > 대표자'의 순서로 최소 2단계 이상 확인하여야 한다.

09 다음 자금세탁방지제도와 관련한 설명 중 옳은 것은?

★★☆

① 실명번호 기준 동일인이 일회성 거래로 100만원 초과 1,000만원 미만의 금액을 5일 동안 거래한 현금 및 수표금액을 합산한 금액이 1,000만원 이상인 경우 고객확인제도 적용대상이 된다.

② 위험기반접근법(RBA)은 자금세탁방지업무가 사후 적발체계에서 벗어나 사전감지체계를 갖출 수 있게 하는 방법이다.

③ 현재 금융기관의 의심거래보고(STR)대상 기준금액은 1,000만원이다.

④ 고액현금거래보고제도에서 일정금액 이상 금융거래를 하는 경우 지체 없이 금융정보분석원장에게 보고하여야 한다.

해설

① 실명번호 기준 동일인이 일회성 거래로 100만원 초과 1,000만원 미만의 금액을 7일 동안 거래한 현금 및 수표금액을 합산한 금액이 1,000만원 이상인 경우 고객확인제도 적용대상이 된다.

③ 현재 금융기관의 의심거래보고(STR)대상 기준금액은 폐지되었다.

④ 고액현금거래보고제도에서 일정금액 이상 금융거래를 하는 경우 30일 이내에 금융정보분석원장에게 보고하여야 한다.

인생이란 결코 공평하지 않다. 이 사실에 익숙해져라.

- 빌 게이츠 -

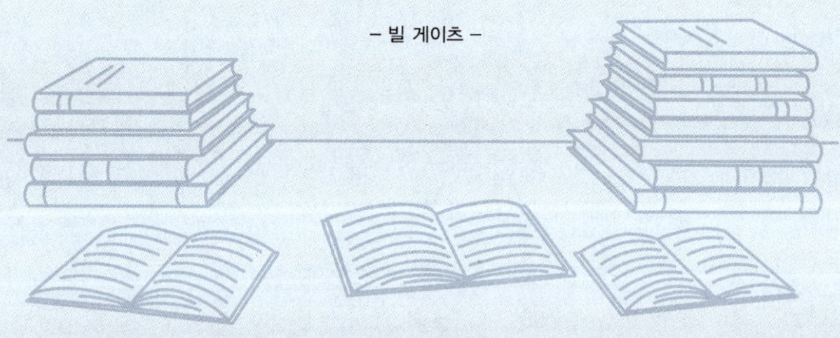

PART 04

파생상품 법규

자본시장 관련 법규

챕터 출제비중

구 분	출제영역	출제문항
CHAPTER 01	자본시장 관련 법규	14~15 문항
CHAPTER 02	한국금융투자협회규정	4 문항
CHAPTER 03	한국거래소규정	4 문항
CHAPTER 04	금융소비자보호법	2~3 문항
	총 문항	25 문항

60 55 50 45 40 35 30 25 20 15 10 5

58%

16%

16%

10%

자본시장법과 금융위원회규정은 4과목의 과락 여부와 전체시험에서 당락을 좌우할 만큼 중요한 부분입니다. 법규의 특성상 어느 한 부분에 치우치지 않고 여러 번 반복 학습하는 것이 중요한데, '금융투자업의 인가 및 유지', '투자매매업자 및 투자중개업자에 대한 영업행위 규제', '내부자거래 규제' 등을 중심으로 폭넓게 학습해야 합니다.

Section별 중요도 및 학습체크

구 분	핵심개념	중요도	학습체크		
			1회독	2회독	3회독
01	자본시장법 기본철학과 기대효과	★			
02	감독기관 및 관계기관	★			
03	금융투자업 관계기관	★			
04	금융법규 체계의 이해	★			
05	금융투자상품의 투자성 판단	★★★			
06	금융투자상품의 구분 방법	★★★			
07	증권의 분류	★★★			
08	파생상품의 거래구조에 따른 분류	★			
09	금융투자업의 진입규제 원칙	★★★			
10	금융투자업의 분류	★★★			
11	투자자	★			
12	금융투자업 인가	★			
13	금융투자업 등록	★			
14	회계처리	★			
15	자산건전성 분류 및 대손충당금의 적립	★★★			
16	순자본비율 규제	★★★			
17	적기시정조치	★★★			
18	위험관리	★★★			
19	경영공시	★			
20	대주주와의 거래제한	★★			
21	공통영업행위 규칙	★★★			
22	투자권유 영업행위	★			
23	매매 또는 중개업무 관련 규제	★★★			
24	불건전영업행위의 금지	★★★			
25	신용공여에 관한 규제	★★★			
26	투자자예탁금 별도예치	★★★			
27	다자간매매체결회사(ATS)	★			
28	종합금융투자사업자	★			
29	장외거래	★★★			
30	주식 소유 제한	★			
31	미공개중요정보 이용행위 금지	★★★			
32	대량취득 및 처분 관련 정보 이용행위 금지	★			
33	내부자 단기매매차익 반환 제도	★★			
34	임원 및 주요주주의 특정 증권 등 소유상황 보고의무	★			
35	시세조정행위 규제	★★			
36	부정거래행위 등의 금지	★			
37	시장질서 교란행위 규제	★★			
38	금융기관 검사 및 제재	★★★			
39	자본시장 조사업무 규정	★★			

01 자본시장법 총설

 자본시장법 기본철학과 기대효과　　　　중요도 ★☆☆

대표유형문제

자본시장법의 법제정 기본철학과 거리가 먼 것은?

① 열거주의에서 포괄주의로 전환
② 기능별 규제에서 기관별 규제로 전환
③ 업무범위의 확장
④ 원칙중심 투자자보호제도 도입

해설

구 증권거래법, 구 간접투자자산운용업법, 구 선물거래법은 각 기관별 규제체계에서는 각 기관들이 동일한 서비스를 제공하더라도 다른 규제를 적용받는 경우가 발생하였다. 따라서 이러한 규제차익을 방지하기 위해 경제적 실질이 동일한 금융서비스를 동일하게 규제하는 기능별 규제체계를 채택하게 되었다.

정답 ②

필수핵심개념

01 자본시장법 기본철학과 기대효과

구 분	「자본시장법」 이전	「자본시장법」의 내용	기대효과
금융투자상품 개념	열거주의	❶ 포괄주의(추상적)	• 자본시장의 유연성과 효율성 제고 • 금융투자업의 규제차익 유인 최소화 • 자본의 지속가능성 제고 • 종합적인 금융서비스 제공
금융투자업자 규제	기관별 규제	❷ 기능별 규제	
업무범위	엄격한 업무 규제	❸ 업무범위 확장	
투자자보호제도	투자자 보호 미흡	❹ 원칙 중심 투자자보호제도	

포괄주의	자본시장법은 금융투자상품을 구체적으로 나열(열거주의)하는 열거주의에서 원금손실 가능성이 있는 금융상품을 금융투자상품으로 추상적으로 정의하여 자본시장법 규제대상에 포함
기능별 규제	• 배경 : 기관별 규제체계에서는 각 기관들이 동일한 서비스를 제공하더라도 다른 규제를 적용받는 경우가 발생함 • 경제적 실질이 동일한 금융서비스를 동일하게 규제함 • 금융서비스의 구분 　－ 투자자 : 일반투자자, 전문투자자 　－ 금융투자상품 : 증권, 파생상품 　－ 금융투자업 : 투자매매업자, 투자중개업자, 집합투자업자, 투자자문업, 투자일임업, 신탁업(각 유형의 조합에 따라 금융서비스의 경제적 실질이 달라질 수 있어 차등규제함)

업무범위의 확장	• 금융투자업자 간 겸업을 허용, 부수업무의 범위를 포괄주의로 전환 • 이해상충 방지를 위해 준법감시 및 내부통제체계를 갖추게 함 • 투자자의 피해를 최소화하기 위한 안전장치를 마련
원칙중심 투자자 보호제도 도입	금융투자업자에 모두 적용하는 공통 영업행위 규칙과 금융투자업자별 특성을 고려한 세분화된 업자별 영업규칙으로 구분하여 규정

---

section 02 | **감독기관 및 관계기관**

중요도 ★☆☆

금융위원회의 소관사무가 아닌 것은?

① 금융기관 감독 및 검사 · 제재   ② 자본시장의 관리 · 감독 및 감시

③ 외국환업무 취급기관의 건전성 감독   ④ 기업의 기준 및 회계감리

해설

기업의 기준 및 회계감리는 증권선물위원회의 소관업무이다.

정답 ④

필수핵심개념

02 감독기관 및 관계기관

(1) 감독기관

구 분	금융위원회	증권선물위원회	금융감독원
설치 목적	• 역할 : ❶ 금융산업의 선진화 ❷ 금융시장의 안정도모 ❸ 건전한 신용질서 ❹ 공정한 금융거래 관행 확립 ❺ 금융소비자보호 • 국무총리 소속 중앙 행정기관으로 금융정책, 외국환 업무 취급기관의 거전성 감독 및 금융감독에 관한 업무를 독립적으로 수행	자본시장 및 기업회계와 관련 주요업무의 수행	금융위와 증권위의 지도 · 감독을 받아 금융기관에 대한 검사 · 감독을 수행
조 직	• 합의제 행정기관 • 위원장/부위원장/상임위원 2인/비상임위원 5인(9인)	• 금융위 내 위원회 • 금융위 위원장이 부위원장 겸임/위원 4인 중 상임 1인/비상임 3인(5인)	• 무자본 특수법인 • 원장 1명/부원장 4명 이내/부원장보 9명 이내/감사 1명

소관 사무 (업무)	• 금융에 관한 정책 및 제도 • 금융기관 감독 및 검사 · 제재 • 금융기관 설립 · 합병 및 경영등의 인 · 허가 • 금융 중심지의 조성 · 발전 • 금융 관련 법령 및 규정의 제 · 개정 및 폐지 • 금융 및 외국환업무 취급기관의 건전성 감독에 관한 양자 · 다자간 협상 및 국제협력 • 외국환업무 취급기관의 건전성 감독 • 자본시장의 관리 · 감독 및 감시 • 금융소비자 보호 · 배상 · 피해구제	• 자본시장의 불건전거래 조사 • 기업회계의 기준 및 회계감리 • 금융위 소관 사무 중 자본시장의 관리 · 감독 및 감시 등과 관련된 주요사항에 대한 사전업무 심의 • 자본시장의 관리 · 감독 및 감시 등을 위하여 금융위로부터 위임받은 업무 등	• 검사대상기관의 업무 및 재산상황에 대한 검사 • 위 검사결과와 관련한 법령 제재 • 금융위, 금융위 소속 기관에 대한 업무지원 • 금융감독원 수행업무
기 타	• 소집 : 위원장 또는 3명 이상의 위원의 요구 • 의안 : 위원장 단독, 3명 이상의 위원 찬성 • 의결 : 재적위원 과반수 출석 & 출석위원 과반수의 찬성 • 특수관계에 있는 위원은 심의 · 의결에서 제척	금융감독원에 대한 지도 · 감독	• 원장 · 부원장 · 부원장보 · 감사 임기 3년(1차례만 연임 가능) • 검사대상 : 은행, 보험사, 상호저축은행, 신용협동조합, 여신전문금융회사 · 겸영여신업자, 농협은행, 수협은행, 금융투자업자, 증권금융회사, 종금사 및 명의개서대행사 등

<table><tr><td>section 03</td><td>금융투자업 관계기관</td><td>중요도 ★☆☆</td></tr></table>

자본시장법상 금융투자업 관계기관의 설명으로 거리가 먼 것은?

① 한국거래소 시장감시위원회는 유가증권 · 코스닥 · 파생상품 시장에서의 시세조정 등 불공정거래를 감시하기 위해 「자본시장법」에 의해 설립된 공적규제기관이다.

② 한국금융투자협회는 회원 상호 간의 업무질서 유지 및 공정한 거래질서 확립, 투자자보호 및 금융투자업의 건전한 발전이 설립목적이다.

③ 신용평가회사는 금융투자상품, 기업 · 집합투자기구, 그밖에 대통령령으로 정하는 자에 대한 신용상태를 평가하여 그 결과에 대하여 기호, 숫자 등을 사용하여 표시한 등급을 부여하고 그 신용등급을 발행인, 인수인, 투자자 그 밖의 이해관계인에게 제공하거나 열람하게 하는 행위를 영업으로 한다.

④ 금융상품거래청산회사는 「자본시장법」에 따라 금융위로부터 청산업 인가업무 단위의 전부나 일부를 택하여 금융투자상품거래청산업 인가를 받은 회사이다.

해설

한국거래소 시장감시위원회는 유가증권 · 코스닥 · 파생상품 시장에서의 시세조정 등 불공정거래를 감시하기 위해 「자본시장법」에 의해 설립된 자율규제기관이다.

정답 ①

(2) 금융투자업 관계기관

한국거래소 시장감시위원회	• 유가증권·코스닥·파생상품 시장에서의 시세조정 등 불공정거래를 감시하기 위해 「자본시장법」에 의해 설립된 한국거래소의 자율규제기관 • 불공정거래 사전적 예방, 사후적 이상거래 발생 시 피해확산 방지 및 투자자보호, 회원사와 투자자 간 분쟁조정
한국금융투자협회	회원 상호 간의 업무질서 유지 및 공정한 거래질서 확립, 투자자보호 및 금융투자업의 건전한 발전을 목적으로 설립
한국예탁결제원	• 증권의 집중예탁과 계좌 간 대체, 매매거래에 따른 결제업무 및 유통의 원활을 위해 설립 • 금융시장 내 자금이 원활하게 흐르도록 돕는 플랫폼
증권금융회사	• ❶ 자기자본 500억원 이상의 주식회사로 ❷ 금융위 인가를 받아 설립할 수 있으며, 현재 한국증권금융(주)이 유일하게 인가받은 회사임 • 금융투자상품 매매에 필요한 자금 또는 증권의 대여, 증권을 담보로 하는 대출업무 • 증권사에 자금을 대여하거나 개인에게 한국증권을 담보대출해 주는 등 자본시장에 유동성을 공급해주는 역할
금융투자상품 거래청산회사	• 「자본시장법」에 따라 금융위로부터 청산업 인가업무 단위의 전부나 일부를 택하여 금융투자상품거래청산업 인가를 받은 회사 • 금융투자상품거래청산업은 금융투자업자 및 청산대상업자를 상대방으로 하여 청산대상업자가 청산대상거래를 함에 따라 발생하는 채무를 채무인수, 경개, 그 밖의 방법으로 부담하는 것을 영업으로 함 ※ 청산대상거래 : 장외파생상품의 거래, 증권의 장외거래 중 환매조건부매매·증권의 대차거래·채무증권의 거래, 수탁자인 투자중개업자와 위탁자인 금융투자업자 등 청산대상업자 간의 상장증권의 위탁매매거래
신용평가회사	「자본시장법」에서의 신용평가업이란 금융투자상품, 기업·집합투자기구, 그밖에 대통령령으로 정하는 자에 대한 신용상태를 평가하여 그 결과에 대하여 기호, 숫자 등을 사용하여 표시한 등급을 부여하고 그 신용등급을 발행인, 인수인, 투자자 그 밖의 이해관계인에게 제공하거나 열람하게 하는 행위를 영업으로 하는 회사

대표유형문제

우리나라 금융법규 체계에 대한 설명으로 거리가 먼 것은?

① 국회에서 제 · 개정되는 법, 대통령령인 시행령, 국무총리령인 시행규칙, 금융위가 제 · 개정하는 감독규정, 금감원이 제 · 개정하고 금융위에 보고하는 시행세칙으로 이루어져 있다.

② 금융감독원의 판례, 비조치의견서, 법규유권해석, 행정지도, 실무해석 · 의견, 모범규준, 업무해설서, 검사매뉴얼 등 금융법규를 보완한다.

③ 비조치의견서란 금융위, 금감원, 금융회사가 공동으로 상호 준수할 것으로 약속하는 모범이 되는 규준을 말한다.

④ 법규유권해석이란 금융회사가 금융위가 소관하는 금융법규 등과 관련된 사안에 대해 법규적용 여부를 명확하게 확인하기 위하여 요청하는 경우 관련 금융법규 유권을 해석하는 것을 말한다.

해설

③은 모범규준에 대한 설명이다. 비조치의견서란 금융회사 등이 수행하려는 행위에 대해 금감원장이 법령 등에 근거하여 향후 제재 등의 조치를 취할지 여부를 회신하는 문서로 즉, 명확하게 적용되는 법규가 없는 경우 금융위가 조치하지 않겠다는 의견을 담은 문서이다.

정답 ③

필수핵심개념

03 금융법규 체계의 이해

(1) 금융법규 체계

① ❶ 국회에서 제 · 개정되는 법, ❷ 대통령령인 시행령, 국무총리령인 시행규칙, ❸ 금융위가 제 · 개정하는 감독규정, 금감원이 제 · 개정하고 금융위에 보고하는 시행세칙

② 금융감독원의 판례, 비조치의견서, 법규유권해석, 행정지도, 실무해석 · 의견, 모범규준, 업무해설서, 검사매뉴얼 등 금융법규를 보완

③ 우리나라 금융법규는 은행, 금융투자, 보험 등 금융권역별로 나누어져 있기 때문에, 동일한 금융서비스에 대해서도 금융권역별로 다르게 적용할 때도 있음

④ 금융위와 금감원이 소관하는 공통금융법규와 자본시장법 및 감독규정

(2) 용어정리

법규유권해석	금융회사가 금융위가 소관하는 금융법규 등과 관련된 사안에 대해 법규적용 여부를 명확하게 확인하기 위하여 요청하는 경우 관련 금융법규 유권을 해석하는 것을 말함
비조치의견서	금융회사 등이 수행하려는 행위에 대해 금감원장이 법령 등에 근거하여 향후 제재 등의 조치를 취할지 여부를 회신하는 문서
행정지도	금융위 및 금감원이 금융관련 법규 등에 의한 소관업무를 수행하기 위해 금융회사 등의 임의적 협력에 기초하여 지도 · 권고 · 지시 · 협조요청 등을 하는 것

실무해석 · 의견	금융법규 내용 및 업무 현안에 관한 질의에 대하여 금융위 및 금감원의 실무부서가 제시한 비공식적인 해석 또는 의견
모범규준	금융위, 금감원, 금융회사가 공동으로 상호 준수할 것으로 약속하는 모범이 되는 규준
해설서 · 매뉴얼	법규 · 제도 · 절차와 관련된 업무해설서와 금융회사의 재무상황에 대한 검사와 관련된 매뉴얼

01 자본시장법상 금융서비스를 동일하게 규제하는 기능별 규제를 위한 요소가 아닌 것은?
★★☆
① 금융투자업　　　　　　　　　　② 금융투자상품
③ 투자자　　　　　　　　　　　　④ 투자금액

> **해설**
>
> • 금융서비스의 구분
>   - 투자자 : 일반투자자, 전문투자자
>   - 금융투자상품 : 증권, 파생상품
>   - 금융투자업 : 투자매매업자, 투자중개업자, 집합투자업자, 투자자문업, 투자일임업, 신탁업
> 각 유형의 조합에 따라 금융서비스의 경제적 실질이 달라질 수 있어 차등규제 한다.

02 금융위원회에 대한 설명으로 거리가 먼 것은?
★★★
① 금융위원회 상임위원 2인은 위원장이 추천하는 금융전문가이고, 비상임위원 중 4인은 당연직으로 기획재정부 차관, 금융감독원 원장, 예금보험공사 사장, 한국은행 부총재이고, 나머지 1인은 대한상공회의소 회장이 추천하는 경제계 대표이다.
② 위원회에는 금융위원회와 중앙위원회가 있으며, 금융위원회는 9명, 증권선물위원회는 5명으로 구성된다.
③ 의결은 재적위원 과반수 출석과 출석위원 과반수의 찬성이 있어야 하며, 특수관계에 있는 위원은 심의·의결에서 제척된다.
④ 금융위원회는 금융정책, 금융감독에 관한 업무를 독립적으로 수행하고 증권선물위원회는 외국환 취급기관의 건전성을 감독한다.

> **해설**
>
> 금융위원회는 금융정책, 외국환 취급기관의 건전성 감독 및 금융감독에 관한 업무를 독립적으로 수행한다.

03 증권선물위원회의 소관업무가 아닌 것은?

★★☆

① 금융감독원 수행업무

② 자본시장의 불건전거래 조사

③ 기업의 기준 및 회계감리

④ 금융위 소관사무 중 자본시장의 관리 · 감독 및 감시 등과 관련된 주요사항에 대한 사전심의

해설

금융민원 해소 및 금융분쟁 조정은 금감원의 소관업무이다.

증권선물위원회 소관업무	금융감독원 소관업무
• 자본시장의 불건전거래 조사 • 기업의 기준 및 회계감리 • 금융위 소관사무 중 자본시장의 관리 · 감독 및 감시 등과 관련된 주요사항에 대한 사전심의 • 자본시장의 관리 · 감독 및 감시 등을 위하여 금융위로부터 위임받은 업무 등	• 검사대상기관의 업무 및 재산상황에 대한 검사 • 위 검사결과와 관련한 법령 제재 • 금융위, 금융위 소속기관에 대한 업무지원 • 금융감독원 수행 업무

04 다음 중 금융감독원에 대한 설명으로 거리가 먼 것은?

★★☆

① 무자본 특수법인으로 금융기관에 대한 검사 · 감독을 수행한다.

② 원장 1명, 부원장 4명 이내, 부원장보 9명 이내와 감사 1명을 둔다.

③ 금융기관의 업무를 검사할 수 있지만 금융기관의 재산상황은 검사할 수 없다.

④ 원장, 부원장, 부원장보 및 감사의 임기는 모두 3년으로 하고 한 차례만 연임할 수 있다.

해설

검사대상기관(금융기관)의 업무 및 재산상황에 대한 검사업무는 금감원의 소관업무이다.

05 다음 〈보기〉의 설명에 해당하는 것은?

★☆☆

> **보 기**
>
> 금융위 및 금감원이 금융관련 법규 등에 의한 소관업무를 수행하기 위해 금융회사 등의 임의적 협력에 기초하여 실시하는 지도 · 권고 · 지시 · 협조요청 등을 지칭한다.

① 법규 유권해석　　　　　　　　　② 비조치의견서

③ 모범규준　　　　　　　　　　　④ 행정지도

해설

행정지도에 대한 설명이다.

대표유형문제

자본시장법상의 금융투자상품의 설명으로 옳은 것은?

① 금융투자상품은 소비나 판매 등 상업에 목적이 있어야 한다.

② 투자성 판단에 있어 투자자가 지급하는 판매수수료는 투자금액에 포함한다.

③ 투자성 판단에 있어 투자자가 지급하는 보험계약에 따른 사업비, 위험보험료는 투자금액에 포함하지 않는다.

④ 거래상대방이 채무불이행으로 지급하지 않은 미지급액은 회수금액에 산입하지 않는다.

해설

금융투자상품은 이익을 얻거나 손실을 회피할 목적이 있어야 한다. 투자자가 지급하는 판매수수료, 보험계약에 따른 사업비, 위험보험료 등은 투자금액 산정 시 제외항목이며, 채무불이행으로 지급하지 않은 미지급액 회수금액 산정에 포함해야 한다.

정답 ③

필수핵심개념

01 금융투자상품

① 금융상품의 포괄적 정의는 기능별 규제의 출발점임

② 금융투자상품의 단계적 정의 : [1단계] 포괄적 정의 → [2단계] 명시적 포함 → [3단계] 명시적 배제

(1) 금융투자상품의 개념 요소(포괄적 정의)

금융투자상품은 ❶ 이익을 얻거나 손실을 회피할 목적으로 현재 또는 장래의 ❷ 특정 시점에 금전, 그 밖의 재산적 가치가 있는 것을 지급하기로 ❸ 약정함으로써 취득하는 권리로서, 그 권리를 취득하기 위하여 지급하였거나 지급하여야 할 금전 등의 총액(투자금액)이 그 권리로부터 회수하였거나 회수할 수 있는 금전 등의 총액(회수금액)을 초과하게 될 ❹ 위험(투자성)이 있는 것

구 분	내 용
목적(기능)	이익을 얻거나 손실을 회피할 목적
금전 등의 지급	특정 시점에 금전, 그 밖의 재산적 가치가 있는 것을 지급
계 약	약정함으로써 취득하는 권리(계약 외적으로 발생하는 신용위험 배제)
원금손실 위험 (투자성)	그 권리를 취득하기 위하여 지급하였거나 지급하여야 할 금전 등의 총액(투자금액)이 그 권리로부터 회수하였거나 회수할 수 있는 금전 등의 총액(회수금액)을 초과하게 될 위험이 있는 것 ※ 시장위험으로 인한 원금손실 가능성을 의미 즉, 발행회사의 신용위험으로 발생한 원금손실은 금융투자상품의 개념과 무관

(2) 투자성의 판단

투자성의 판단	• 투자금액이 회수금액보다 초과하게 될 위험을 의미 • 예금이나 보험상품의 투자성이 있는 금융투자상품을 대상에 제외하기 위해 투자금액에 합산 또는 차감	
	투자금액 산정 시 제외 항목	투자자가 지급하는 판매수수료, 보험계약에 따른 사업비, 위험보험료 등
	회수금액 산정 시 포함 항목	투자자가 지급히는 환매 · 해지수수료, 각종 세금, 발행인 · 거래상대방이 채무불이행으로 지급하지 않은 미지급액 등

대표유형문제

자본시장법상 금융투자상품을 분류하는 기준으로 거리가 먼 것은?

① 주가연계증권(ELS)은 증권에 속한다.

② 금융투자상품 중 취득 이후에 추가적인 지급의무를 부담하는 것은 파생상품으로 분류된다.

③ 특정투자자가 그 투자자와 타인 간의 공동사업에 금전 등을 투자하고 주로 본인이 수행한 공동사업의 결과에 따른 손익을 귀속받는 계약상의 권리가 표시된 증권을 투자계약증권이라 한다.

④ 금융투자상품 중 원본을 손실한도액으로 하는 것은 증권으로 분류한다.

해설

주로 본인이 아닌 타인이 수행한 공동사업의 결과에 따른 손익을 귀속받는 계약상의 권리가 표시된 증권을 투자계약증권이라 한다.

정답 ③

필수핵심개념

(3) 금융투자상품의 분류

① 금융투자상품의 구분 방법(명시적 열거)

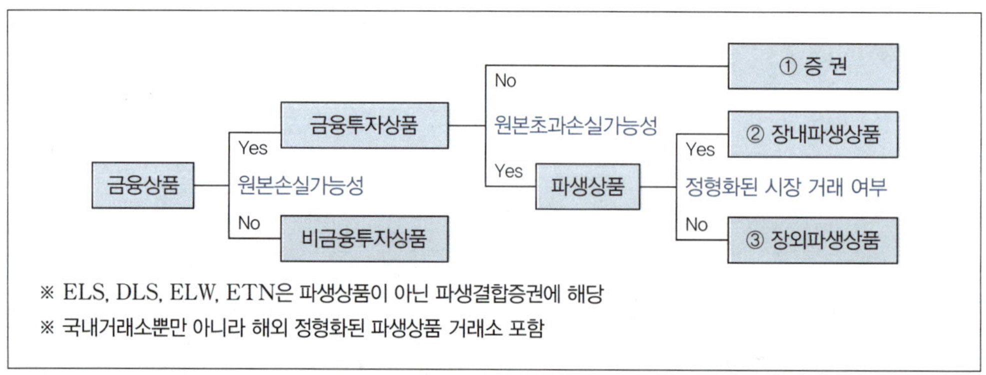

② 금융투자상품 제외 대상(명시적 배제)

㉠ 원화로 표시된 양도성 예금증서(CD) : 투자성이 존재하나 사실상 예금에 준하여 취급

㉡ 관리형 신탁의 수익권 : 가격변동에 따른 투자성은 있으나 신탁업자의 처분권한이 없음

㉢ 주식매수선택권(스톡옵션) : 스톡옵션을 취득하기 위한 금전 등의 지급이 없고, 유통도 불가

대표유형문제

자본시장법상 파생결합증권에 속하지 않는 것은?

① 이자연계파생결합증권　　② 주가연계워런트(ELW)

③ 주가연계증권(ELS)　　④ 재해연계증권(CAT Bond)

해설

- 파생결합증권 제외대상 : 이자연계 파생결합채권, 옵션 파생상품의 권리, 조건부자본증권, 교환사채 또는 상환사채, 전환사채, 신주인수권부사채

정답　①

필수핵심개념

(4) 증권의 분류

증권은 ❶ 내국인 또는 외국인이 발행한 금융투자상품으로서 ❷ 투자자가 취득과 동시에 지급한 금전 등 외에 ❸ 어떠한 명목으로든지 추가로 지급의무를 부담하지 아니하는 것

채무증권	• 발행인에 의하여 원금이 보장되나, 유통과정에서 원금손실이 발생할 수 있는 증권 • 국채, 지방채, 특수채, 사채권, 기업어음, 그 밖에 지급청구권이 표시된 채무증권 • 사채의 경우 이자연계파생결합채권(ELB, DLB)만 포함 • 유통성이 없는 사적 금전채권은 채무증권 불인정
지분증권	• 출자지분 또는 출자지분을 취득할 권리가 표시된 증권 • 주권 등 지분증권은 발행인이 원본을 보장하지 않고, 출자 회수 시에 투자 원본의 손실가능성 있음 • 출자증권(주권 등), 출자지분, 신주인수권증권 · 증서 등 • 합명회사, 합자회사의 무한책임사원의 지분은 지분증권 범위에서 제외
수익증권	• 신탁의 수익권이 표시된 것 • 금전신탁의 수익증권, 투자신탁의 수익증권, 주택저당증권, 유동화전문회사가 발행하는 수익증권 등
증권예탁증권	• 증권을 예탁받은 자가 그 증권이 발행된 국가 외의 국가에서 발행한 것으로서 예탁받은 증권에 관련된 권리가 표시된 증권 • 국내증권예탁증권(KDR), 외국증권예탁증권(GDR, ADR) 등
투자계약증권	• 특정투자자가 그 투자자와 타인 간의 공동사업에 금전 등을 투자하고 주로 타인이 수행한 공동사업의 결과에 따른 손익을 귀속받는 계약상의 권리가 표시된 증권
파생결합증권	• 기초자산의 가격 · 이자율 · 지표 · 단위 또는 이를 기초로 하는 지수 등의 변동과 연계하여 미리 정해진 방법에 따라 지급금액 또는 회수금액이 결정되는 권리가 표시된 증권 • ELS, DLS, ELW, CLN, CAT Bond(재해연계증권) 등 • 파생결합증권 제외대상 : 대표유형문제 참고 • 기초자산의 종류 : ❶ 금융투자상품, ❷ 통화(외국통화 포함), ❸ 일반상품(농산물, 축산물, 광산물, 에너지에 속하는 물품 및 이를 원료로 한 제조 · 가공 물품), ❹ 신용위험(당사자 또는 제3자의 신용등급의 변경, 파산 또는 채무조정 등으로 인한 신용의 변동) ❺ 그 밖에 자연적 · 환경적 · 경제적 현상 등에 속하는 위험으로서 합리적으로 평가가 가능한 것

대표유형문제

장래의 일정기간 동안 미리 정한 가격으로 기초자산이나 기초자산의 가격·이자율·지표·단위 또는 이를 기초로 하는 지수 등에 의하여 산출된 금전 등을 교환할 것을 약정하는 계약은?

① 선 도
② 옵 션
③ 스 왑
④ 선 물

해설
스왑에 대한 개념이다.

정답 ③

필수핵심개념

(5) 파생상품

파생상품은 증권과는 달리 금전 등의 지급 시기가 장래의 일정 시점이고, 투자원금 이상의 손실이 발생할 수 있는 계약상의 권리임. 거래소 여부에 따라 장내파생상품과 장외파생상품으로 구분

① **장내파생상품** : 파생상품으로서 파생상품시장에서 거래되는 것 또는 해외파생상품시장에서 거래되는 것

② **장외파생상품** : 선도, 옵션, 스왑 등에 해당하는 것으로서 장내파생상품이 아닌 것

선도(선물)	기초자산이나 기초자산의 가격·이자율·지표·단위 또는 이를 기초로 하는 지수 등에 의하여 산출된 금전 등을 장래의 특정 시점에 인도할 것을 약정하는 계약
옵 션	당사자 어느 한쪽의 의사표시에 의하여 기초자산이나 기초자산의 가격·이자율·지표·단위 또는 이를 기초로 하는 지수 등에 의하여 산출된 금전 등을 수수하는 거래를 성립시킬 수 있는 권리를 부여하는 것을 약정하는 계약
스 왑	장래의 일정기간 동안 미리 정한 가격으로 기초자산이나 기초자산의 가격·이자율·지표·단위 또는 이를 기초로 하는 지수 등에 의하여 산출된 금전 등을 교환할 것을 약정하는 계약

대표유형문제

자본시장법상 등록대상 금융투자업자가 아닌 것은?

① 투자일임업
② 투자자문업
③ 일반사모집합투자업
④ 신탁업

해설
신탁업은 인가대상 금융투자업자이다.

정답 ④

필수핵심개념

02 금융투자업

(1) 금융투자업의 의의

① 금융투자업은 포괄적으로 정의된 금융상품 매매와 중개 등 영업을 위한 일정한 행위
② 자본시장법은 이익을 얻을 목적으로 금융투자업을 계속적·반복적인 방법으로 행하는 행위로 투자매매업, 투자중개업, 집합투자업, 투자자문업, 투자일임업, 신탁업으로 분류

(2) 금융투자업의 진입규제 원칙

자본시장법이 경제적 실질이 동일한 금융기능을 동일하게 규율하는 기능별 규제체계를 갖춤에 따라서 ❶ 금융투자업, ❷ 금융투자상품, ❸ 투자자를 경제적 실질에 따라 재분류하고 이를 토대로 금융기능을 분류하여 금융투자업으로 인가 또는 등록 승인함

인가 대상	투자매매업, 투자중개업, 집합투자업, 신탁업
등록 대상	투자자문업, 투자일임업, 온라인소액투자중개업(크라우드펀딩), 일반사모집합투자업

※ 종합금융투자사업자는 지정요건을 충족하는 경우 금융위로부터 지정받아야 하며, 이는 금융투자업자의 등록에 해당하는 절차임

대표유형문제

다음 중 투자매매업에 대한 설명으로 옳은 것은?

① 투자매매업자를 상대방으로 하거나 투자중개업자를 통하여 금융투자상품을 매매하는 경우에는 투자매매업에 해당하지 않는다.

② 누구의 명의로 하든지 타인의 계산으로 금융투자상품의 매도 · 매수, 증권의 발행 · 인수 또는 그 청약의 권유, 청약, 청약의 승낙을 영업으로 하는 것을 말한다.

③ 투자신탁 수익증권을 자기의 명의로 발행하는 경우 투자매매업의 적용이 배제된다.

④ 대고객 간의 환매조건부채권(RP) 매매는 투자매매업에 해당하지 않는다.

해설

② 타인의 계산(위탁매매)이 아닌 자기의 계산(자기매매)으로 금융투자상품의 매도 · 매수, 증권의 발행 · 인수 또는 그 청약의 권유, 청약, 청약의 승낙을 영업으로 해야 한다.

③ 투자신탁 수익증권, 투자성이 있는 예금 · 보험 · 파생결합증권은 자기가 발행하는 경우에도 투자매매업으로 본다.

④ 대고객 간의 환매조건부채권(RP) 매매는 투자자보호의 필요가 있어 투자매매업에 해당되며, 특정전문투자자 간 RP 매매는 투자자보호의 필요성이 적고 실제 기관 간의 단기자금대차수단으로 활용되고 있어 투자매매업에서 제외된다.

정답 ①

필수핵심개념

(3) 금융투자업의 분류

① 투자매매업

정 의	누구의 명의로 하든지 자기의 계산으로 ❶ 금융투자상품의 매도 · 매수, ❷ 증권의 발행 · 인수 또는 ❸ 그 청약의 권유, 청약, 청약의 승낙을 영업으로 하는 것
적용배제	• 자기가 증권을 발행(투자신탁 수익증권, 투자성이 있는 예금 · 보험 · 파생결합증권은 제외) • 투자매매업자를 상대방으로 하거나 투자중개업자를 통하여 금융투자상품을 매매 • 정부나 한국은행이 공익을 위해서 금융투자상품 매매를 하는 경우 • 특정 전문투자자 간 환매조건부채권(RP) 매매 • 외국투자매매업자가 일정 요건을 갖추고 국외에서 파생결합증권 발행 • 외국투자매매업자가 국외에서 투자매매업자 또는 투자중개업자를 상대로 투자매매업을 하거나 국내 거주자(투자매매업자나 투자중개업자는 제외)를 상대로 투자권유 또는 투자광고를 하지 아니하고 국내 거주자의 매매주문을 받아 그 자를 상대방으로 투자매매업이나 투자중개업을 하는 행위

② 투자중개업자

정 의	누구의 명의로 하든지 타인의 계산으로 ❶ 금융투자상품의 매도 · 매수, 그 중개나 ❷ 청약의 권유, 청약, 청약의 승낙 또는 ❸ 증권의 발행 · 인수에 대한 청약의 권유, 청약, 청약의 승낙을 영업으로 하는 것
적용배제	• 투자권유대행인이 투자권유를 대행하는 경우 • 한국거래소가 증권시장 및 파생상품시장을 개설 · 운영하는 경우 • 한국금융투자협회가 장외 주식중개시장(K-OTC)을 개설 · 운영하는 경우 • 외국투자중개업자가 국외에서 투자매매업자 또는 투자중개업자를 상대로 투자중개업을 하거나 국내 거주자(투자매매업자나 투자중개업자는 제외)를 상대로 투자권유 또는 투자광고를 하지 아니하고 국내 거주자의 매매주문을 받아 그 자를 상대방으로 투자중개업을 하는 행위

대표유형문제

자본시장법상 집합투자업의 정의와 거리가 먼 것은?

① 2인 이상에게 투자권유를 하여 모은 금전이어야 한다.

② 투자자로부터 일상적인 운용지시를 받지 아니한다.

③ 재산적 가치가 있는 투자대상자산을 취득 · 처분, 그 밖의 방법으로 운용한다.

④ 그 결과를 투자자에게 배분하여 귀속시킨다.

해설

2인 이상에게 투자권유를 하여도 실제로 투자한 사람은 1인일 수 있다. 이는 1인 단독사모펀드에 해당한다. 1인 단독사모펀드를 배제하려 하는데 그 이유는 경제적 실질이 투자일임 또는 신탁과 유사하기 때문이다. 따라서 '2인 이상 투자자로부터 모인 금전'으로 개정되었다.

정답 ①

필수핵심개념

③ 집합투자업자

정 의	집합투자를 영업으로 하는 것
집합투자	❶ 2인 이상의 투자자로부터 모은 금전(1인 단독사모펀드를 배제) 등을 ❷ 투자자로부터 일상적인 운용지시를 받지 아니하면서 ❸ 재산적 가치가 있는 투자대상자산을 취득 · 처분, 그 밖의 방법으로 운용하고 ❹ 그 결과를 투자자에게 배분하여 귀속시키는 것
적용배제	• 다른 법률에 의한 펀드 중 사모펀드 • 투자자예탁금을 예치 · 신탁 • 종투사의 종합투자계좌업무 • 종금사의 어음관리계좌(CMA)업무 • 종합재산신탁의 효율적 운용을 위하여 예외적으로 신탁재산 중 금전을 공동으로 운용 • 투자목적회사 • 프로젝트파이낸싱 법인 • 지주회사 • 가맹사업 • 다단계판매사업 • 사업영위자 통상의 인적 · 물적 시설을 갖추고 투자자로부터 모은 금전 등으로 사업을 하여 그 결과를 배문 • 비영리 목적으로 하는 계(契) • 종중 등 비영리사업인 경우 • 비영리법인 등의 정관 범위 내에서의 사업 • 투자자 전원의 합의에 따라 운용 · 배분 • 기업인수목적회사가 일정한 요건을 갖추어 그 사업목적에 속하는 행위를 하는 경우

④ 투자자문업자

정 의	금융투자상품 등의 가치 또는 금융투자상품등에 대한 투자판단(종류, 종목, 취득·처분, 취득·처분의 방법 및 수량·가격 및 시기 등에 대한 판단)에 관한 자문에 응하는 것을 영업으로 하는 것
적용배제	• 간행물·출판물·통신물·방송 등을 통하여 불특정 다수인을 대상으로 일방적으로 이뤄지는 투자조언(단, 온라인상에서 일정한 대가를 지급한 고객과 의견을 교환할 수 있는 경우는 제외) • 역외영업특례 적용에 해당하는 역외 투자자문업 • 따로 대가 없이 다른 영업에 부수하여 금융투자상품의 가치나 금융투자상품에 대한 투자판단에 관한 자문에 응하는 경우(무보수 상담) • 집합투자기구평가회사, 채권평가회사 등 법령에 따라 자문용역을 제공하고 있는 자가 해당 업무와 관련된 분석정보 등을 제공하는 경우 • 외국투자자문업자가 국외에서 국가, 한국은행, 한국투자공사, 법률에 따라 설립된 기금 및 그 기금을 관리·운용하는 법인을 상대로 투자권유 또는 투자광고를 하지 아니하고 그 자를 상대방으로 투자자문업을 하는 경우

<table>
<tr><td>section 10</td><td>금융투자업의 분류 - 투자일임업</td><td>중요도 ★★★</td></tr>
</table>

대표유형문제

자본시장법상 투자일임업의 정의에서 적용배제되는 경우가 아닌 것은?

① 금융투자업자가 금융투자상품의 총매매 수량이나 총매매 금액의 지정 없이 투자자로부터 투자판단의 일임을 받는 경우

② 투자자가 금융투자상품의 매매 등과 관련한 담보비율 유지의무나 상환의무를 이행하지 아니한 경우로서 금융투자업자가 투자자로부터 약관 등에 따라 금융투자상품의 매매권한을 일임받은 경우

③ 투자자가 CMA계좌에 입·출금하면 따로 의사표시가 없어도 자동으로 MMF를 매매하도록 금융투자업자가 일임받은 경우

④ 투자자가 여행으로 일시적으로 부재하는 중에 주가가 폭락하면 주식을 매도하도록 금융투자업자가 미리 일임받은 경우

해설

투자자가 금융투자상품 매매거래일(1일에 한정)과 그 매매거래분의 총매매 수량이나 총매매 지정금액을 지정한 경우, 그 지정범위 내에서 금융투자상품의 수량·가격 및 시기에 대한 투자판단의 일임을 받은 때에는 투자일임업에 해당하지 않는다.

정답 ①

⑤ 투자일임업

정 의	투자자로부터 금융투자상품 등에 대한 투자판단의 전부 또는 일부를 일임받아 투자자별로 구분하여 그 투자자의 재산상태나 투자목적 등을 고려하여 금융투자상품 등을 취득·처분, 그 밖의 방법으로 운용하는 것을 영업으로 하는 것
적용배제	• 투자자가 금융투자상품 매매거래일(1일에 한정)과 그 매매거래분의 총매매 수량이나 총매매 지정 금액을 지정한 경우 그 지정범위 내에서 금융투자상품의 수량·가격 및 시기에 대한 투자판단의 일임을 받은 경우 • 투자자가 일시적으로 부재(여행·질병 등)하는 경우 금융투자상품의 가격폭락 등 불가피한 사유가 있는 경우로서 투자자로부터 약관 등에 따라 미리 금융투자상품의 매도권한을 일임받은 경우 • 투자자가 결제나 추가증거금 등 또는 신용공여 관련 상환의무를 이행하지 아니한 경우 투자자로부터 약관 등에 따라 미리 금융투자상품의 매도권한을 일임받은 경우 • 투자자의 의사표시가 없어도 MMF를 자동으로 매수 또는 매도하거나 환매를 조건으로 투자자가 투자중개업자가 개설한 계좌에 금전을 입금하거나 출금하는 경우에 투자중개업자와 약정을 미리 체결한 경우 투자자로부터 그 약정에 따라 해당 집합투자증권을 매수 또는 매도하거나 환매하는 권한을 일임받은 경우 • 외국 투자일임업자가 국외에서 국가, 한국은행, 한국투자공사, 법률에 따라 설립된 기금 및 그 기금을 관리·운용하는 법인을 상대로 투자권유 또는 투자광고를 하지 아니하고 그 자를 상대방으로 투자일임업을 하는 경우

⑥ 신탁업

정 의	신탁설정자(위탁자)와 신탁을 인수하는 자(수탁자)의 특별한 신임관계에 기하여 위탁자가 특정의 재산권을 수탁자에게 이전하거나 기타의 처분을 하고 수탁자로 하여금 일정한 자(수익자)의 이익을 위하여 재산권을 관리, 처분하게 하는 신탁을 영업으로 하는 것
적용배제	담보부사채에 관한 신탁업, 저작권신탁관리업(주로 관리에 해당하는 행위임)

⑦ 전담중개업무(프라임브로커)

정 의	일반 사모집합투자기구(헤지펀드) 등에 대하여 다음 어느 하나에 해당하는 업무를 효율적인 신용공여와 담보관리 등을 위하여 대통령령으로 정하는 방법에 따라 연계하여 제공하는 업무로, 종합금융투자사업자가 아니면 중개업무를 영위할 수 없음 • 증권의 대여 또는 그 중개·주선이나 대리업무 • 금전의 융자, 그 밖의 신용공여 • 일반 사모집합투자기구등의 재산의 보관 및 관리 • 그 밖에 일반 사모집합투자기구등의 효율적인 업무 수행을 지원하기 위하여 필요한 업무로서 대통령령으로 정하는 업무

대표유형문제

자본시장법상 '온라인소액투자중개업'에 대한 설명으로 거리가 먼 것은?

① 온라인상에서 누구의 명의로 하든지 타인의 계산으로 채무증권, 지분증권, 투자계약증권의 모집 또는 사모에 관한 중개를 영업으로 하는 투자중개업자이다.

② 증권형 크라우드펀딩업자라고도 한다.

③ 온라인소액투자중개업자가 금융위원회에 등록한 경우 자본시장법 제12조(금융투자업의 인가)에 따른 인가를 받은 것으로 본다.

④ 온라인소액투자중개업자는 온라인소액투자중개를 통하여 증권을 발행하는 자의 신용 또는 투자여부에 대한 투자자의 판단에 영향을 미칠 수 있는 자문에 응할 수 있다.

해설

온라인소액투자중개업자는 투자자와 증권 발행인에 대한 자문이 금지된다.

정답 ④

필수핵심개념

⑧ 온라인소액투자중개업자

정 의	온라인상에서 누구의 명의로 하든지 타인의 계산으로 채무증권, 지분증권, 투자계약증권의 모집 또는 사모에 관한 중개를 영업(단순중개)으로 하는 투자중개업자(증권형 크라우드펀딩업자)
등록 요건	※ 온라인소액투자중개업자가 금융위원회에 등록한 경우 인가를 받은 것으로 간주 • 「상법」에 따른 주식회사 또는 지점 또는 영업소를 설치한 외국 온라인소액투자중개업자 • 5억원 이상의 자기자본을 갖출 것 • 사업계획이 타당하고 건전할 것 • 투자자의 보호가 가능하고 업무수행에 충분한 인력과 전산설비, 그 밖의 물적설비를 갖출 것
영업행위 규제	• 중개증권의 취득 및 발행 등 금지 • 투자자와 증권 발행인에 대한 자문 금지 • 청약 전 투자내용 · 위험 주지 및 확인 의무(별도 항목 참조) • 발행인 요청 시 투자자 자격 제한 • 투자자 의사확인 전 임의청약금지 • 투자자 · 발행인 간 부당차별 금지 • 청약 결과 투자자 통지의무 • 다음 각 호의 내용을 제외한 증권의 청약을 권유하는 행위 일체 금지 　－ 투자광고를 자신의 홈페이지에 게시하거나 투자광고가 게시된 인터넷 홈페이지 주소 등을 제공하는 행위 　－ 온라인소액증권발행인이 게재하는 내용을 자신의 인터넷 홈페이지에 게시하는 행위 　－ 자신의 인터넷 홈페이지를 통하여 자신이 중개하는 증권 또는 온라인소액증권발행인에 대한 투자자들의 의견이 교환될 수 있도록 관리하는 행위 　－ 사모방식으로 증권의 청약을 권유하는 경우 온라인소액증권발행인이 게재하는 내용을 특정 투자자에게 전송하는 행위
투자광고 특례	온라인소액투자중개업자 또는 온라인소액증권발행인은 온라인소액투자중개업자가 개설한 인터넷 홈페이지 이외의 수단을 통해서 투자광고를 하는 행위 금지

1년간 투자한도	구 분	동일 온라인소액증권 발행인에 대한 누적투자금액	누적투자금액
	소득 등 요건을 갖춘 자	1천만원 이하	2천만원 이하
	요건을 갖추지 못한 자	500만원 이하	1천만원 이하

자본시장법상 절대적 전문투자자에 속하지 않는 기관은?

① 산림조합중앙회

② 새마을금고연합회

③ 지방자치단체

④ 한국거래소

해설

절대적 전문투자자에는 국가, 한국은행, 금융기관(은행, 보험, 금융투자업자, 증권금융, 종합금융, 자금중개, 금융지주, 여신전문금융, 상호저축은행 및 동 중앙회, 산림조합중앙회, 새마을금고연합회, 신협중앙회 및 이에 준하는 외국금융기관), 기타기관(예금보험공사, 한국자산관리공사, 한국주택금융공사, 한국투자공사, 금융투자협회, 한국예탁결제원, 한국거래소, 금융감독원, 집합투자기구, 신용보증기금, 기술신용보증기금 및 이에 준하는 외국인), 외국정부 · 외국중앙은행 · 국제기구 등이 있다.

정답 ③

03 투자자

(1) 전문투자자

금융상품에 관한 ❶ 전문성 및 ❷ 소유자산의 규모 등에 비추어 투자에 따른 ❸ 위험 감수능력이 있는 투자자

절대적 전문투자자	• 일반투자자 대우를 받을 수 없는 전문투자자 • 국가, 한국은행, 금융기관, 외국정부 · 외국중앙은행 · 국제기구 등	
상대적 전문투자자	• 상대적 전문투자자는 일반투자자 대우를 받겠다는 의사를 금융투자업자에게 서면으로 통지한 경우 일반투자자로 간주되는 자 • 주권상장법인, 지방자치단체, 기타기관(기금 관리 · 운용법인, 공제사업 영위법인, 해외주권상장 국내법인 및 이에 준하는 외국인) • 장외파생상품 거래를 하는 경우에는 별도 의사를 표시하지 아니하면 일반투자자로 대우 • 장외파생상품 거래를 하는 경우에는 전문투자자 대우를 받기 위해서는 그 내용을 서면으로 금융투자업자에게 통지하여야 함	

자발적 전문투자자	다음 요건을 갖춘 법인 및 개인이 전문투자자로 대우받고자 할 경우 금융위에 신고하여야 하며, 금융위 확인 후 2년간 전문투자자 대우를 받을 수 있음	
	구 분	요 건
	법인 및 단체	금융투자상품 잔고가 100억원(외부감사 대상법인은 50억원) 이상
	개 인	※다음의 ❶ 투자경험 요건(필수)과 나머지 요건 중(❷, ❸, ❹) 하나 이상 충족 ❶ (투자경험) 최근 5년 중 1년 이상 금융투자상품 평균잔고 5천만원 이상 보유한 경험이 있을 것(필수조건) ❷ (소득기준) 본인 연소득이 1억원 이상이거나 부부합산 연소득 1.5억원 이상일 것 ❸ (자산기준) 총자산에서 거주 부동산 · 임차보증금 및 총부채를 차감한 금액이 5억원 이상일 것 ❹ (전문성) 해당 분야에서 1년 이상 종사한 ㉠ 회계사 · 감평사 · 변호사 · 변리사 · 세무사, ㉡ 투자운용전문인력, 재무위험관리사 등 시험합격자, ㉢ 금융투자업 주요직무 종사자(1년 이상 등록이력이 있는 투자자산운용사, 금융투자분석사)

(2) 일반투자자

금융상품에 관한 ❶ 전문성 및 ❷ 소유자산의 규모 등에 비추어 투자에 따른 ❸ 위험 감수능력이 없는 투자자

절대적 일반투자자	전문투자자(절대적 또는 상대적)가 아닌 투자자
상대적 일반투자자	상대적 전문투자자로서 일반투자자 대우를 받겠다는 의사를 금융투자업자에게 서면으로 통지한 자

02 핵심보충문제

01 자본시장법상 금융투자상품에 대한 설명으로 옳지 않은 것은?
★★☆

① 이익을 얻거나 손실을 회피할 목적이 있어야 한다.

② 현재 또는 장래의 특정 시점에 금전, 그 밖의 재산적 가치가 있는 것을 지급해야 한다.

③ 약정함으로써 권리를 취득한다.

④ 시장에서 유통이 원활하게 이루어져야 한다.

> **해설**
> 금융투자상품은 투자성이 중심개념으로 권리를 취득하기 위하여 지급하였거나 지급하여야 할 금전 등의 총액(투자금액)이 그 권리로부터 회수하였거나 회수할 수 있는 금전 등의 총액(회수금액)을 초과하게 될 위험인 위험손실의 위험이 있어야 한다. 유통성은 명시적 요건이 아니다.

02 자본시장법상 금융투자상품 투자성에 대한 설명으로 거리가 먼 것은?
★★☆

① 투자금액 − 회수금액 > 0인 경우 투자성을 인정할 수 있다.

② 발행회사의 신용위험으로 발생한 원금손실은 투자성을 인정할 수 있다.

③ 가격·이자율·환율 변동과 같은 시장위험에 따른 원금손실은 투자성을 인정할 수 있다.

④ 투자자가 지급하는 환매·해지수수료, 각종 세금은 투자금액 산정 시 합산하여 투자성을 판단한다.

> **해설**
> 발행회사의 신용위험은 계약 외적으로 발생하는 요인으로 발행회사의 신용위험으로 발생한 원금손실은 금융투자상품의 요소로 볼 수 없다.

03 자본시장법상 금융투자상품 제외 대상이 아닌 것은?

★★★

① 외화로 표시된 CD

② 위탁자의 지시에 따라 신탁재산의 처분이 이루어지는 신탁

③ 신탁계약에 따른 신탁재산 보존행위의 신탁

④ 주식매수선택권(스톡옵션)

해설

- 금융투자상품 제외 대상
  - 원화로 표시된 양도성 예금증서 : 투자성이 존재하나 만기가 짧아 금리변동에 따른 가치변동이 크지 않으며, 사실상 예금에 준하여 취급
  - 관리형 신탁의 수익권 : 가격변동에 따른 투자성은 있으나 신탁업자의 처분권한이 없음
  - 주식매수선택권(스톡옵션) : 스톡옵션을 취득하기 위한 금전 등의 지급이 없고, 유통가능성이 없는 점을 고려

04 자본시장법상 금융상품을 분류하는 기준으로 거리가 먼 것은?

★★★

① 원본손실 가능성 여부에 따라 금융투자상품과 비금융투자상품으로 구분된다.

② 증권과 파생상품은 원본초과손실가능성 여부로 구분된다.

③ 파생결합증권은 파생상품으로 분류된다.

④ 정형화된 시장 거래 여부에 따라 장내파생상품과 장외파생상품으로 분류된다.

해설

파생결합증권이 투자금을 초과하여 손실을 볼 수는 없기 때문에 파생상품이 아닌 증권으로 구분된다.

05 금융상품의 정의와 관련하여 빈칸을 순서대로 옳게 연결한 것은?

★★☆

> - (   )은 특정 투자자가 그 투자자와 타인 간의 공동사업에 금전 등을 투자하고 주로 타인이 수행한 공동사업의 결과에 따른 손익을 귀속받는 계약상의 권리가 표시된 증권이다.
> - (   )은 기초자산의 가격·이자율·지표·단위 또는 이를 기초로 하는 지수등의 변동과 연계하여 미리 정해진 방법에 따라 지급금액 또는 회수금액이 결정되는 권리가 표시된 증권이다.

① 수익증권 − 파생상품

② 수익증권 − 파생결합증권

③ 투자계약증권 − 파생상품

④ 투자계약증권 − 파생결합증권

해설

투자계약증권과 파생결합증권에 대한 설명이다.

06 KDR, GDR, ADR 등을 의미하는 증권은?
★☆☆

① 수익증권
② 투자계약증권
③ 증권예탁증권
④ 파생결합증권

> **해설**
> 증권을 예탁받은 자가 그 증권이 발행된 국가 외의 국가에서 발행한 것으로서 그 예탁받은 증권에 관련된 권리가 표시된 증권으로 KDR, GDR, ADR 등이 해당한다.

07 자본시장법상 증권에 대한 설명으로 바른 것은?
★★☆

① 사적 금전채권도 지급청구권이 표시되어 채무증권으로 인정된다.
② 외국인이 발행하는 증권은 제외된다.
③ 합명회사의 지분, 합자회사의 지분 등도 손실발생가능성이 있으므로 지분증권으로 인정된다.
④ 신용위험, 그 밖에 자연적·환경적·경제적 현상 등에 속하는 위험으로서 합리적이고 적정한 방법에 의하여 가격·이자율·지표·단위의 산출이나 평가가 가능한 것은 파생결합증권의 기초자산이 될 수 있다.

> **해설**
> ① 사적 금전채권도 지급청구권이 표시되어 있으나 유통성이 없으므로 채무증권으로 인정되지 않는다.
> ② 증권은 내국인 또는 외국인이 발행한 금융투자상품으로서 투자자가 취득과 동시에 지급한 금전 등 외에 어떠한 명목으로든지 추가로 지급의무를 부담하지 아니하는 것으로 정의되므로 외국인이 발행한 증권도 포함된다.
> ③ 합명회사의 지분, 합자회사의 지분 등도 손실발생가능성이 있으나, 무한책임사원은 출자한 범위를 초과해서까지 회사의 채무를 변제할 책임을 지므로 추가지급의무를 부담하지 않는 증권의 개념과 위배되어 지분증권에서 제외된다.

08 자본시장법상 증권에 대한 설명으로 바르지 못한 것은?
★★☆

① 이자율연계파생결합증권은 채무증권이다.
② 외국증권예탁증권은 증권에 포함된다.
③ 증권의 발행주체는 외국인을 포함함으로써 외국증권에 대해서도 포괄적 접근을 채택하고 있다.
④ 원금손실가능성이 없는 경우 증권으로 분류된다.

> **해설**
> 원금손실가능성이 있으면 금융투자상품으로 분류되며 원금초과손실가능성(추가지급의무)이 없는 경우 증권으로 분류된다.

09 ★★☆ 자본시장법상 증권의 분류에 따른 증권의 종류와 이에 해당하는 증권으로 바르게 연결된 것은?

① 지분증권 − 주가연계워런트
② 파생결합증권 − 증권예탁증권
③ 수익증권 − 신주인수권증서
④ 채무증권 − 기업어음(CP)

> **해설**
> 주가연계워런트는 파생결합증권, 증권예탁증권은 증권예탁증권, 신주인수권증서는 지분증권이다.

10 ★☆☆ 다음 중 파생상품에 해당하지 않는 것은?

① 선 도
② 옵 션
③ 스 왑
④ ELW

> **해설**
> ELW(주가연계워런트)는 파생결합증권에 해당한다.

11 ★★☆ 다음 중 금융투자업에 대한 설명으로 거리가 먼 것은?

① 금융투자업은 그 경제적 실질에 따라 투자매매업, 투자중개업, 집합투자업, 투자자문업, 투자일임업, 신탁업으로 분류한다.
② 투자중개업은 누구의 명의로 하든지 타인의 계산으로 매매가 이루어진다는 점에서 투자매매업과 구별된다.
③ 투자권유대행인이 투자권유를 대행하는 경우에는 투자중개업에 해당한다.
④ 따로 대가 없이 다른 영업에 부수하여 금융투자상품의 가치나 금융투자상품에 대한 투자판단에 관한 자문에 응하는 경우에는 투자자문업의 적용이 배제된다.

> **해설**
> • 투자중개업의 적용배제
>   − 투자권유대행인이 투자권유를 대행하는 경우
>   − 거래소가 증권시장 및 파생상품시장을 개설 · 운영하는 경우
>   − 협회가 장외 주식중개시장(K−OTC)을 개설 · 운영하는 경우
>   − 외국투자중개업지기 국내 기주지(투지매매업지니 투자중개업자는 제외)를 상대로 투자권유 또는 투자광고를 하지 아니하고 국내 거주자의 매매주문을 받아 그 자를 상대방으로 투자중개업을 하는 행위

12 자본시장법상 투자중개업에 해당하는 것은?

★★☆

① 투자권유대행인이 투자권유를 대행하는 경우

② 한국거래소가 파생상품시장을 개설 · 운영하는 경우

③ 한국금융투자협회가 비상장 주권을 장외에서 거래하는 업무를 하는 경우

④ 외국투자중개업자가 국내에서 투자매매업자를 상대로 투자중개업을 하는 경우

> **해설**
> 외국투자중개업자가 국내 거주자를 상대로 투자중개업을 하는 행위는 투자중개업에 해당하지 않으나 국내거주자가 투자매매업자나 투자중개업자인 경우에는 적용배제에서 제외되어 금융위의 인가 대상에 해당한다.

13 다음 중 금융투자업에 대한 설명으로 거리가 먼 것은?

★★☆

① 자기가 투자성이 있는 파생결합증권을 발행하는 경우 투자매매업에 해당한다.

② 불특정 다수인을 대상으로 발행 · 송신되고, 불특정 다수인이 수시로 구입 · 수신할 수 있는 간행물 · 출판물 · 통신물 · 방송 등을 통하여 조언하는 경우 투자자문업에 해당하지 않는다.

③ 담보부사채에 관한 신탁업은 신탁업에 해당하지 않는다.

④ 전담중개업무란 헤지펀드에 신용공여, 재산의 보관 · 관리를 포함한 증권대차, 매매주문 집행, 파생상품 매매의 중개 등을 연계하여 제공하는 이른바 프라임브로커(Prime Brokerage) 업무로 인가대상 금융투자업자라면 중개업무를 영위할 수 있다.

> **해설**
> 전담중개업무는 종합금융투자사업자가 아니면 중개업무를 영위할 수 없다.

14 자본시장법상 '온라인소액투자중개업'에 대한 설명으로 거리가 먼 것은?

★★☆

① 등록을 통해 영위가 가능하다.

② 자본금은 5억원 수준으로 일반투자중개업자보다 낮게 설정되어 있다.

③ 온라인소액투자중개업자 또는 온라인소액증권발행인은 온라인소액투자중개업자가 개설한 인터넷 홈페이지 이외의 수단을 통해서 투자광고를 하는 행위가 금지된다.

④ 소득 등 요건을 갖춘 투자자는 연간 동일 온라인소액증권에 발행인별로 2천만원 이하로 투자할 수 있다.

> **해설**
> 소득 등 요건을 갖춘 투자자는 연간 동일 온라인소액증권 발행인별로 1천만원 이하로 투자할 수 있으며, 연간 총 투자한도는 2천만원 이하이다.

15 금융투자업의 적용이 배제가 되는 경우가 아닌 것은?
★★★
① 투자신탁 수익증권, 투자성이 있는 예금·보험 및 파생결합증권을 자기가 발행하는 경우
② 한국은행이 공개시장조작을 하는 경우
③ 투자권유대행인이 투자권유를 대행하는 경우
④ 불특정 다수인을 대상으로 발행·송신되고, 불특정 다수인이 수시로 구입·수신할 수 있는 간행물·출판물·통신물·방송 등을 통하여 조언하는 경우

해설

투자신탁 수익증권, 투자성이 있는 예금·보험 및 파생결합증권을 제외한 증권을 자기가 발행하는 경우에는 투자매매업의 적용 배제에서 제외된다.

16 금융투자업 적용 배제에 대한 설명으로 틀린 것은?
★★★
① 종합금융회사가 어음관리계좌를 판매하고 운용하기 위해서는 집합투자기구 인가를 받아야 한다.
② 유사투자자문업은 투자자문업의 적용이 배제된다.
③ 역외 영업 특례 적용에 해당하는 역외 투자자문업은 투자자문업의 적용이 배제된다.
④ 외국 투자일임업자가 국외에서 국가, 한국은행, 한국투자공사, 법률에 따라 설립된 기금 및 그 기금을 관리·운용하는 법인을 상대로 투자권유 또는 투자광고를 하지 아니하고 그 자를 상대방으로 투자일임업을 하는 경우 투자일임업의 적용이 배제된다.

해설

종합금융회사의 어음관리계좌 업무는 집합투자업 적용에 배제되어 금융투자업 인가대상에 해당하지 않는다.

17 금융투자업자가 일반투자자 및 전문투자자를 구분하여 거래함에 있어 유의할 사항 또는 그 예외에 대
★★☆ 한 설명으로 올바른 것은?

① 신협중앙회와 장외파생상품거래를 하려면 전문투자자로 대우받겠다는 취지의 서면을 제출받아
야 한다.

② 비상장법인이라도 금융위원회의 전문투자자 확인 시 별도 의사표시 없이 위험회피목적과 무관한
장외파생상품거래를 할 수 있다.

③ 상대적 전문투자자는 별도의 조치 없이 장외파생상품거래를 할 수 있다.

④ 투자권유의 요청을 받지 않고 실시간 대화의 방법으로 전문투자자에게 장외파생상품을 투자권유
할 수 없다.

> **해설**
> ① 신협중앙회는 전문투자자이므로 서면제출이 필요 없다.
> ②, ③ 비상장법인이라도 금융위원회의 전문투자자 확인 시 상대적 전문투자자에 해당하는 자발적 투자자이므로 장외파생
> 상품거래 시 일반투자자로 대우받는다. 즉, 전문투자자로 대우받겠다는 취지의 서면을 제출받아야 장외파생투자가 가능
> 하다.

18 상대적 전문투자자에 대한 설명으로 옳지 못한 것은?
★★☆
① 주권상장법인, 집합투자기구와 지방자치단체는 상대적 전문투자자에 해당한다.

② 주권상장법인 등이 장외파생상품거래를 하는 경우에는 별도 의사를 표시하지 아니하면 일반투자
자로 대우한다.

③ 상대적 전문투자자가 장외파생상품을 거래하려면 서면으로 금융투자업자에게 통지하여야 한다.

④ 금융투자업자는 정당한 사유 없이 상대적 전문투자자에 해당하는 주권상법인 등의 서면 요청을
거부할 수 없다.

> **해설**
> 집합투자기구는 절대적 전문투자자이다. 투자전문가인 집합투자업자가 운용하기 때문이다.

19 ★★★ 다음은 개인전문투자자가 되기 위한 요건이다. (   ) 안에 들어갈 숫자로 올바른 것은?

> • 최근 5년 중 1년 이상 금융투자상품 평균잔고를 (가) 이상 보유한 경험이 있을 것
> • 본인 연소득이 (나) 이상이거나 부부합산 연소득 (다) 이상일 것
> • 총자산에서 거주 부동산 · 임차보증금 및 총부채를 차감한 금액이 (라) 이상일 것

	(가)	(나)	(다)	(라)
①	5천만원	1억원	1억 5천만원	5억원
②	1억원	1억 5천만원	2억원	5억원
③	5천만원	1억원	1억 5천만원	10억원
④	1억원	1억 5천만원	2억원	10억원

해설

투자경험은 5천만원, 소득기준은 본인(부부) 1억(1억 5천만)원, 자산기준은 5억원이다.

20 ★★☆ 자본시장법상 투자자에 대한 설명으로 바르지 못한 것은?

① 전문투자자는 금융상품에 관한 전문성 및 소유자산의 규모 등에 비추어 투자에 따른 위험 감수능력이 있는 투자자이다.

② 법인 및 개인이 전문투자자로 대우받고자 할 경우 금융위에 신고하여야 하며, 금융위 확인 후 2년간 전문투자자 대우를 받을 수 있다.

③ 상대적 일반투자자는 전문투자자 대우를 받기 위해서는 그 내용을 금융투자업자에게 서면으로 통지하여야 한다.

④ 개인이 전문투자자 대우를 받고자 할 경우 투자경험 요건은 반드시 필요하다.

해설

일반투자자에서 전문투자자로의 대우는 투자자보호의무를 회피하기 위해 악용될 소지가 있어 도입하지 않고 있다. 전문투자자의 경우 투자자보호에 관련한 규제의 대부분을 적용대상에 제외하는데 이렇게 획일화시키면 부작용이 발생할 수 있어 부작용을 완화하기 위해 일반투자자 대우로의 전환이 가능하다.

03 금융투자업자에 대한 규제 · 감독

대표유형문제

금융투자업 인가 요건에 대한 설명으로 옳지 않은 것은?

① 「상법」에 따른 주식회사, 대통령령이 정하는 금융기관 및 외국금융투자업자로서 지점 또는 영업소를 설치한 자이어야 한다.

② 자기자본이 인가업무 단위별 5억원과 대통령령이 정하는 금액 중 큰 금액 이상이어야 한다.

③ 인가를 받은 이후에도 인가업무 단위별 최저 자기자본을 유지하여야 하며 이를 위반할 경우 금융위는 인가 취소가 가능하다.

④ 대주주 및 신청인이 충분한 출자능력, 건전한 재무상태, 사회적 신용을 갖추어야 한다.

해설

금융투자업자는 인가를 받은 이후에도 인가요건을 계속 유지하여야 하나 자기자본 · 대주주의 요건은 시행령에서 정한 완화된 요건을 적용하여 인가업무 단위별 최저 자기자본의 70% 이상 유지하면 되고, 대주주의 출자능력(자기자본이 출자금액의 4배 이상), 재무건전성, 부채비율(300%) 요건을 적용배제하고 신용요건을 완화하여 적용한다.

정답 ③

필수핵심개념

01 금융투자업의 진입(인가 또는 등록)규제

※ 기능별 진입규제 = ❶ 진입요건 + ❷ 진입업무단위

❶ 진입요건 : 동일한 금융기능(금융투자업 + 금융투자상품 + 투자자)에 대해서는 동일한 요건을 적용(금융투자업의 단일요건)

❷ 진입업무단위 : 필요한 업무영역(금융투자업의 종류 + 금융투자상품의 범위 + 투자자의 유형)을 확장하고자 하는 경우 진입업무단위를 추가하는 방식(add-on 방식)

(1) 금융투자업 인가 절차 개요

예비인가	• 미리 금융위원회에 예비인가를 신청할 수 있음 • (필요시) 공청회, 실지조사, 평가위원회 구성을 할 수 있음 • 예비인가 심사기간은 2개월
본인가	• (필요시) 실지조사 가능 • 본인가 심사기간은 3개월임(단, 예비인가를 받은 경우 심사기간을 1개월로 함)

(2) 금융투자업 인가요건

구 분	인가요건
법인격 요건	❶ 「상법」에 따른 주식회사, 대통령령이 정하는 ❷ 금융기관 및 ❸ 외국금융투자업자로서 지점 또는 영업소를 설치한 자
자기자본 요건	• 자기자본이 인가업무 단위별 5억원과 대통령령이 정하는 금액 중 큰 금액 이상이어야 함 • 집합투자업자가 자기가 운용하는 집합투자기구의 집합투자증권을 매매하는 경우 11−13−1 및 11−13−2의 최저자기자본의 1/2로 함 • 자기자본을 산정하는 경우에는 최근 사업연도말일 이후 인가신청일까지의 자본금의 증감분을 포함하여 계산(등록요건과 동일)
인력 요건	• 임원의 자격 : 제한능력자, 금고 이상의 실형을 선고받은 자 또는 사회적으로 물의를 일으킨 기업의 임원으로 5년이 경과되지 아니한 자(등록요건과 동일) • 최소 전문인력 요건 　− 집합투자업자 및 신탁업 : 각 필요업무에 2년 이상 종사한 경력이 있는 전문인력 요건을 충족 　− 집합투자증권의 투자매매업자 · 투자중개업자 : 투자권유자문인력 5인 이상(전문투자자만을 대상으로 하거나 ETF만 대상으로 하는 경우 3인 이상)
물적요건	전산설비, 그 밖의 물적설비를 갖출 것
사업계획 타당성 요건	수지전망이 타당하고 경영건전성 기준을 충족하고 있으며, 법령 및 건전 금융거래질서를 준수할 수 있을 것
대주주 요건	• 대주주 및 신청인이 충분한 출자능력, 건전한 재무상태 및 사회적 신용을 갖추어야 함 • 심사대상 대주주의 범위 : 최대주주, 주요주주, 최대주주의 특수관계인인 주주, 최대주주가 법인인 경우 그 법인의 최대주주(사실상의 지배자 포함) 및 대표자
이해상충 방지체계	정보교류차단장치 등 이해상충 방지를 위한 장치를 구비할 것

(3) 인가요건 유지의무

금융투자업자는 인가를 받은 이후에도 인가요건을 계속 유지하여야 하며, 이를 위반할 경우 금융위는 인가 취소가 가능함. 단, 자기자본 · 대주주 요건은 시행령에서 정한 완화된 요건을 적용

완화 요건	내 용
자기자본 요건	• 인가업무 단위별 최저 자기자본의 70% 이상 유지하되 동 조건은 매 회계연도말 기준으로 적용 • 다만, 다음 회계연도말까지 자본보완이 이루어지는 경우 요건을 충족한 것으로 간주
대주주 요건	• 적용 배제 : 출자능력(자기자본이 출자금액의 4배 이상), 재무건전성, 부채비율(300%) 요건 • 사회적 신용요건 완화하여 적용 : 최대주주에 대해서만 최근 5년간 5억원 이상의 벌금형만을 적용 (벌금형 → 5억원 이상의 벌금형으로 완화) • 금산법에 의하여 부실금융기관으로 지정된 금융기관의 최대주주 · 주요주주 또는 그 특수관계인이 아닐 것

자본시장법상 투자일임업자 진입규제에 대한 설명으로 가장 거리가 먼 것은?

① 투자일임업의 진입제도는 등록제를 채택하고 있다.

② 신규진입 시 사업계획요건으로 수지전망이 타당하고 실현가능성이 있어야 한다.

③ 전문투자자만을 대상으로 영업하는 경우 자기자본 요건이 완화된다.

④ 금융투자전문인력을 2인 이상 확보해야 한다.

해설

신규진입 시 사업계획요건은 인가업무대상에 해당하며 등록요건에 포함되지 않는다.

정답 ②

필수핵심개념

(4) 금융투자업의 등록요건

신규진입 시 사업계획 타당성요건은 등록요건에서 제외됨(일반사모집합투자업은 물적요건이 등록요건에 포함)

구 분	등록요건
회사형태	「상법」에 따른 주식회사, 대통령령이 정하는 금융기관 및 외국 투자자문업자(또는 투자일임업자)로서 업무수행에 필요한 지점 또는 영업소를 설치한 자
자기자본	• 등록업무 단위별로 일정수준 이상의 자기자본을 갖출 것 　－ 투자자문업 : 1억원~2.5억원 　－ 투자일임업 : 5익원~15익원
전문인력	• 임원의 자격 : 인가대상 금융투자업의 임원에 대한 요건과 동일 • 금융투자전문인력을 확보할 것 　－ 투자자문업 : 1인 이상 　－ 투자일임업 : 2인 이상 　－ 투자자문업·투자일임업 : 위의 인력을 모두(3인) 갖출 것
대주주	• 최근 5년간 벌금형 이상의 형사처벌을 받은 사실이 없을 것 • 최근 5년간 채무불이행 등으로 건전한 신용질서를 해친 사실이 없을 것 • 「금산법」에 따라 부실금융기관으로 지정되었거나 「자본시장법」 등에 따라 영업의 허가·인가 등이 취소된 금융기관의 대주주 또는 특수관계인이 아닐 것 • 그 밖에 금융위가 정하는 건전한 금융거래질서를 해친 사실이 없을 것 등
이해상충 방지체계	금융투자업자는 다양한 업무를 겸영함에 따라 발생할 수 있는 이해상충 방지를 위한 장치를 구비할 것

대표유형문제

자본시장법상 금융투자업자의 회계처리에 대한 설명으로 거리가 먼 것은?

① 금융투자업자의 회계처리는 한국채택국제회계기준에 따르며, 한국채택국제회계기준에 정하지 않은 사항은 금융투자업규정 및 시행세칙에 따라야 한다.

② 투자중개업자는 투자자의 예탁자산과 투자중개업자의 자기재산을 구분계리하여야 한다.

③ 금융투자업자는 반기별로 가결산을 실시하여야 한다.

④ 재무제표 중 재무상태표 및 포괄손익계산서 양식과 계정과목별 처리내용 및 외국환계정의 계리기준은 금융감독원장이 정한다.

해설

금융투자업자는 분기별로 가결산을 실시하여야 한다.

정답 ③

필수핵심개념

02 건전성 규제

건전성 규제란 금융회사의 파산 시 그 고객을 보호하고 시스템 위험을 방지하기 위한 것으로서 광의로는 건전한 경영을 도모하는 모든 조치를 말하고 협의로는 재무상태의 건전성을 도모하는 조치를 말함

(1) 회계처리

① 금융투자업자의 회계처리는 한국채택국제회계기준에 따르며, 한국채택국제회계기준에 정하지 않은 사항은 금융투자업규정 및 시행세칙에 따라야 함

② ❶ 재무제표 중 재무상태표 및 포괄손익계산서 양식과 ❷ 계정과목별 처리내용 및 외국환계정의 계리기준은 ❸ 금융감독원장이 정함

③ 투자중개업자는 투자자의 예탁자산과 투자중개업자의 자기재산을 구분계리하여야 함

④ 금융투자업자는 분기별로 가결산을 실시하여야 함

⑤ 신탁부문은 고유부문과 분리하여 독립된 계정으로 회계처리함

대표유형문제

자본시장법상 금융투자업자의 자산건전성에 대한 설명으로 가장 거리가 먼 것은?

① 매 분기마다 자산 및 부채에 대한 건전성을 '정상', '요주의', '고정', '회수의문', '추정손실'의 5단계로 분류하여야 한다.

② 매 분기 말 '요주의' 이하로 분류된 채권에 대하여 적정한 회수예상가액을 산정하여야 한다.

③ '정상' 분류자산은 100분의 0.5 비율로 충당금 적립 대상이다.

④ 정형화된 거래로 발생하는 미수금, 정상으로 분류된 대출채권 중 콜론 등에 대하여는 대손충당금을 적립하지 아니할 수 있다.

해설

매 분기 말 '고정' 이하로 분류된 채권에 대하여 적정한 회수예상가액을 산정하여야 한다.

정답 ②

필수핵심개념

(2) 자산건전성 분류

① 매 분기마다 자산 및 부채에 대한 건전성을 '정상', '요주의', '고정', '회수의문', '추정손실'의 5단계로 분류

② ❶ 매 분기 말 ❷ '고정' 이하로 분류된 채권에 대하여 적정한 ❸ 회수예상가액을 산정해야 함

③ 감독원장은 금융투자업자의 자산건전성 분류 및 대손충당금 적립의 적정성을 점검하고 부적당하다고 판단되는 경우 이의 시정을 요구할 수 있음

④ 금융투자업자는 ❶ '회수의문' 또는 '추정손실'로 분류된 자산(부실자산)을 ❷ 조기에 상각하여 자산의 건전성을 확보해야 함

⑤ 자산건전성 분류기준의 설정 및 변경에 따른 자산건전성 분류결과 및 대손충당금 적립 결과를 감독원장에게 보고해야 함

(3) 충당금의 적립기준

한국채택국제회계기준에 따라 대손충당금을 적립하며 합계액에 미달하는 경우 그 미달액을 대손준비금으로 적립

자산건전성 분류	대손충당금 적립비율	대손충당금 미적립 대상
정 상	0.5%	❶ 정형화된 거래로 발생하는 미수금, ❷ '정상'으로 분류된 대출채권 중 콜론, 환매조건부매수, 한국채택국제회계기준에 따라 당기손익인식금융자산이나 매도가능금융자산으로 지정하여 공정가치로 평가한 금융자산
요주의	2%	
고 정	20%	
회수의문	75%	
추정손실	100%	

*'정상' 분류자산도 충당금 적립산정이 원칙임

*적용특례 : 채권중개전문회사 및 다자간매매체결회사에 관하여는 자산건전성 분류 및 대손충당금 규정 미적용

대표유형문제

순자산비율규제와 관련된 설명으로 거리가 먼 것은?

① 총위험액이 증가하면 순자본비율도 상승한다.

② 필요유지자기자본이 증가하면 순자본비율은 감소한다.

③ 총위험은 영업을 영위함에 있어 직면하는 손실을 미리 예측하여 계량한 금액을 말한다.

④ 순자본비율이 100% 미만이 된 경우에는 지체 없이 금감원장에게 보고해야 한다.

해설

$$순자본비율 = \frac{영업용순자본 \ - \ 총위험액}{필요유지자기자본} 이다.$$

따라서 총위험액이 증가하면 순자본비율은 감소한다.

정답 ①

필수핵심개념

(4) 순자본비율 규제

의 의	급변하는 시장환경하에서 금융투자업자의 재무건전성을 도모함으로써 궁극적으로 투자자를 보호
중요성	• 감독당국의 주요 감독수단 + 금융투자업자의 경영활동에도 매우 중요 • 적기시정조치의 기준비율(순자본비율 100% 유지), 금융투자업자의 체계적인 리스크 관리 촉진, 금융투자업자 자산운용의 자율성 제고
기본 개념	금융투자업자가 파산할 경우 고객 및 이해관계자에게 손실을 입히지 않기 위해서는 ❶ 위험손실을 감안한 현금화 가능자산의 규모가 ❷ 상환의무 있는 부채의 규모보다 ❸ 항상 크게 유지

<table>
<tr><th rowspan="2">현금화
가능 자산</th><th>자 산</th><th>부채와 자본</th><th rowspan="2">부 채</th></tr>
<tr><td rowspan="2">위험손실을 감안한
현금화 가능자산(C)</td><td>상환의무 있는 부채(D)</td></tr>
<tr><td>α(재무안정 완충수준)</td><td rowspan="3">자기자본</td></tr>
<tr><td>총위험액(B)</td><td>영업용 순자본(A)</td></tr>
<tr><td>현금화 곤란자산
(차감항목)</td><td>현금화 곤란자산
(자기자본에서 차감)</td></tr>
</table>

$$(C \geq D \Leftrightarrow A \geq B \Leftrightarrow \alpha \geq 0)$$

※ 위험손실을 감안한 현금화 가능자산의 규모(C) ≥ 상환의무 있는 부채의 규모(D)

= [총자산 − 현금화 곤란 자산 − 총위험액] ≥ [총자본 − 자기자본]

= [자기자본 − 현금화 곤란 자산] ≥ 총위험액

= 영업용 순자본(A) − 총위험액(B) ≥ 0 ⟺ 재무안정 완충수준(α) ≥ 0

기본 원칙		• 순자본비율의 기초가 되는 금융투자업자의 자산, 부채, 자본은 연결재무제표에 계상된 장부가액을 기준으로 함 • 시장위험과 신용위험을 동시에 내포하는 자산에 대하여는 시장위험액과 신용위험액을 모두 산정함 • 영업용순자본 차감항목에 대하여는 원칙적으로 위험액을 산정하지 않음 • 영업용순자본의 차감항목과 위험액 산정대상 자산 사이에 위험회피 효과가 있는 경우에는 위험액 산정대상 자산의 위험액을 감액할 수 있음 • 부외자산과 부외부채에 대해서도 위험액을 산정하는 것을 원칙으로 함
세부 산정 방식	영업용 순자본	영업용순자본 = 순재산액(자산 − 부채) − ❶ 차감항목 + ❷ 가산항목 ❶ 차감항목 : 자산 중 즉시 현금화하기 곤란한 자산, 특수관계인에 대한 금전 또는 증권에 관한 청구권과 특수관계인이 발행한 증권 ❷ 가산항목 : 부채로 계상되었으나 실질적인 채무이행 의무가 없거나 실질적으로 자본의 보완적 기능을 하는 항목 등
	총위험액	총위험액 = 시장위험액 + 신용위험액 + 운영위험 • 영업을 영위함에 있어 직면하는 손실을 미리 예측하여 계량한 금액 • 시장위험액 : 주식, 금리, 외환, 옵션, 일반상품위험액
	필요유지 자기자본	금융투자업자가 영위하는 인가업무 또는 등록업무 단위별로 요구되는 자기자본을 합계한 금액
	순자본 비율	$$\text{순자본비율} = \frac{\text{영업용순자본} - \text{총위험액}}{\text{필요유지자기자본}}$$
산정 및 보고 시기		• 산정주기 : 금융투자업자는 최소한 일별로 순자본비율을 산정 　− 순자본비율과 산출내역은 매월 말 기준으로 1개월 이내에 업무보고서를 통해 금감원장에게 제출 　− 반기별로 순자본비율에 대한 외부감사인의 검토보고서를 첨부하여 금감원장에게 제출 • 보고시기 : 순자본비율이 100% 미만이 된 경우에는 지체 없이 금감원장에게 보고하고, 순자본비율이 100% 이상에 이를 때까지 매달 순자본비율을 다음달 20일까지 감독원장에게 보고

(5) 레버리지 규제

① 당기순손실 등 경영실적이 저조하면서 외부차입비중이 높아 부실우려가 있는 회사에 대한 선세적 경영개선을 유지하기 위해 증권사 및 선물사에 대해 레버리지 비율을 일정 수준 이하로 유지하도록 요구

② 레버리지 비율은 개별 재무상태표 상의 자기자본 대비 총자산의 비율로 계산

> **자본시장법상 금융투자업자의 순자본비율과 적기시정조치에 대한 설명으로 옳지 못한 것은?**
>
> ① 자본적정성 유지를 위해 순자본비율을 150% 이상 유지하도록 하여야 한다.
> ② 순자본비율 50% 이상~100% 미만 : 경영개선권고
> ③ 순자본비율 0% 이상~50% 미만 : 경영개선요구
> ④ 순자본비율 0% 미만 : 경영개선명령
>
> **해설**
> 자본적정성 유지를 위해 순자본비율을 100% 이상 유지하도록 하여야 한다.
>
> **정답** ①

필수핵심개념

(6) 경영실태평가

의 의	• 사전적으로는 금융투자회사에 대하여 바람직한 경영지표를 제시하여 건전경영을 유도 • 사후적으로는 감독상의 보상과 제재를 통하여 책임경영을 도모하려는 취지
경영실태 평가	• 금융투자업자(전업투자자문업자 · 일임업자 제외)의 재산과 업무상태 및 위험을 종합적 · 체계적으로 분석 평가하여 경영 및 재무건전성을 판단 • 금융투자업자의 종류에 따라 공통부분(❶ 자본적정성, ❷ 수익성, ❸ 내부통제) ＋ 업종부분(❶ 유동성, ❷ 안정성)으로 구분하여 평가하고 그 결과를 감안하여 종합적으로 평가 • 1등급(우수), 2등급(양호), 3등급(보통), 4등급(취약), 5등급(위험)의 5단계 등급으로 구분

구 분	경영개선권고	경영개선요구	경영개선명령
순자본비율	100% 미만	50% 미만	0% 미만
경영실태 평가 결과	종합평가 3등급(보통) 이상 & 자본적정성 부문 4등급 이하	종합평가 4등급(취약) 이하	부실금융기관에 해당
레버리지 비율	2년 연속적자 & 900% 초과 또는 1,100% 초과	2년 연속적자 & 1,100% 초과 또는 1,300% 초과	―
적기시정 조치	① 인력의 조직운용의 개선, ② 경비절감, ③ 점포관리의 효율화, ④ 부실자산 처분, ⑤ 영업용순자본감소행위의 제한, ⑥ 신규업무 진출의 제한, ⑦ 자본금 증액 또는 감액, ⑧ 특별대손충당금의 설정 등	① 고위험자산 보유제한 및 자산처분, ② 점포폐쇄 · 통합 또는 신설 제한, ③ 조직축소, ④ 자회사 정리, ⑤ 영업 일부정지, ⑥ 임원진 교체 요구, ⑦ 금융지주회사의 자회사로 편입계획수립 요구 등	① 주식 일부 또는 전부 소각, ② 임원의 직무집행정지 및 관리인 선임, ③ 합병, 금융지주회사의 자회사로 편입, ④ 영업의 일부 또는 전부 양도, ⑤ 제3자의 당해 금융투자업 인수, ⑥ 6개월 이내의 영업정지, ⑦ 계약의 이전 등

(위 세 칸은 '적기시정 조치' 행 구분)

	※ 적기시정조치 유예 : 금융위는 단기간 내에 적기시정조치의 요건에 해당하지 아니 될 수 있다고 판단되는 경우에는 일정기간동안 조치를 유예할 수 있음
경영개선계획 제출	당해 적기시정조치일로부터 2개월 이내에 금융감독원장에게 제출(승인 1개월 이내)

경영개선계획 이행기간	권고: 승인일로부터 6개월 이내, 요구: 승인일로부터 1년 이내, 명령: 금융위가 정한 기간	
금융위원회 긴급조치	사 유	• 발행한 어음 또는 수표가 부도로 되거나 은행과의 거래가 정지 또는 금지되는 경우 • 유동성이 일시적으로 급격히 악화되어 투자자예탁금 등의 지급불능 사태에 이른 경우 • 휴업 또는 영업의 중지 등으로 돌발사태가 발생하여 정상적인 영업이 불가능하거나 어려운 경우
	긴급조치	• 투자자예탁금 등의 일부 또는 전부 반환명령 또는 지급정지 • 투자자예탁금 등의 수탁금지 또는 다른 금융투자업자로의 이전 • 채무변제행위의 금지 • 경영개선명령조치 • 증권 및 파생상품 매매제한 등의 조치

대표유형문제

금융투자업 규정상 금융투자업자의 위험관리체제에 대한 설명 중 가장 거리가 먼 것은?

① 금융투자업자는 위험을 효율적으로 관리하기 위하여 부서별, 거래별 또는 상품별 위험부담한도 · 거래한도 등을 적절히 설정 · 운영하여야 한다.

② 금융투자업자는 각종 거래에서 발생할 수 있는 시장위험, 운영위험, 신용위험 및 유동성위험 등 각종 위험을 종류별로 평가하고 관리하여야 한다.

③ 금융투자업자는 주요 위험변동상황을 자회사와 분리하여 개별적으로 인식하고 감시하여야 한다.

④ 장외파생상품에 대한 투자매매업의 인가를 받은 금융투자업자는 경영상 발생할 수 있는 위험을 실무적으로 종합 관리하고 이사회(위험관리위원회 포함)와 경영진을 보조할 수 있는 전담조직을 두어야 한다.

해설

금융투자업자는 지배기업의 위험이 종속기업의 재무상태에 의해 영향을 받을 수 있으므로 주요 위험변동상황을 자회사와 연결하여 종합적으로 인식하고 감시하여야 한다.

정답 ③

필수핵심개념

(7) 위험관리체제 구축

개 요	• 금융투자업자는 위험을 효율적으로 관리하기 위하여 부서별, 거래별 또는 상품별 위험부담한도 · 거래한도 등을 적절히 설정 · 운영 • 금융투자업자는 주요 위험변동상황을 자회사와 연결하여 종합적으로 인식하고 감시
위험관리체제 구축	• 금융투자업자의 이사회는 위험관리지침의 제정 및 개정에 관한 심의 · 의결을 함 • 단, 이사회는 효율적인 위험관리를 위하여 필요하다고 인정되는 경우 이사회 내에 위험관리를 위한 위원회를 두고 업무담당을 할 수 있음 • 금융투자업자는 순자본비율 및 자산부채비율의 수준, 운용자산의 내용과 위험 정도, 자산의 운용방법, 고위험자산의 기준과 운용한도 등을 정한 위험관리지침을 마련하고 이를 준수하여야 함

| 위험관리체제
구축 | • 장외파생상품에 대한 투자매매업의 인가를 받은 금융투자업자는 경영상 발생할 수 있는 위험을 실무적으로 종합 관리하고 이사회(위험관리위원회 포함)와 경영진을 보조할 수 있는 전담조직을 두어야 함 |

section 19 경영공시　　　　중요도 ★☆☆

다음 중 금융위원회에 보고해야 하는 금융투자업자의 경영공시 대상이 아닌 것은?

① 공정거래법상 동일 기업집단별로 금융투자업자의 직전 분기 말 자기자본의 10%에 상당하는 금액을 초과하는 부실채권이 발생한 경우

② 인가 또는 등록취소 조치를 받은 경우

③ 금융사고나 민사소송의 패소 등의 사유로 금융투자업자의 손실금액이 5억원인 경우

④ 상장법인이 아닌 금융투자업자의 재무구조에 중대한 변경을 초래하는 사항이 발생하는 경우

> **해설**
> 금융사고나 민사소송의 패소 등의 사유로 손실을 입은 경우 그 금액이 10억원 이하인 경우에는 경영공시 대상에 해당하지 아니한다.
>
> **정답** ③

필수핵심개념

(8) 업무보고 및 경영공시

업무보고서 제출	금융투자업자는 사업연도 개시일로부터 3개월간 · 6개월간 · 9개월간 및 12개월간의 업무 보고서를 작성하여 그 기간 경과 후 45일 이내에 금융위원회 제출
결산서류 제출	금융투자업자는 외감법에 따라 회계감사를 받은 ❶ 감사보고서, ❷ 재무제표 및 부속명세서, ❸ 수정재무제표에 따라 작성한 순자본비율 및 자산부채비율(1종)/자기자본 및 최소영업자본액(2종)/영업용순자본비율 및 자산부채비율(3종), ❹ 해외점포의 감사보고서, 재무제표 및 부속명세서를 금융감독원장이 요청할 경우 제출
경영공시	상장법인의 공시의무 사항의 발생, 부실채권 또는 특별손실 발생, 임직원의 형사처벌을 받은 경우나 그 밖의 다음의 경우에는 금융위에 보고하고, 인터넷 홈페이지 등에 공시 ① 동일 기업집단별로 금융투자업자의 직전 분기 말 자기자본이 10%에 상당하는 금액을 초과하는 부실채권이 발생한 경우 ② 금융사고 등으로 금융투자업자의 직전 분기 말 자기자본의 2%에 상당하는 금액을 초과하는 손실이 발생하였거나 손실이 예상되는 경우(단, 10억원 이하 제외) ③ 민사소송의 패소 등의 사유로 금융투자업자의 직전 분기 말 자기자본의 1%에 상당하는 금액을 초과하는 손실이 발생한 경우(단, 10억원 이하 제외) ④ 적정시정조치나 인가 또는 등록취소 조치를 받은 경우 ⑤ 회계기간 변경을 결정한 경우 ⑥ 상장법인이 아닌 금융투자업자에 재무구조, 채권채무관계, 경영환경, 손익구조 등 중대한 변경을 초래하는 사항이 발생하는 경우

대표유형문제

금융투자업자와 대주주와의 거래제한에 대한 내용으로 거리가 먼 것은?

① 금융투자업자는 대주주가 발행한 증권을 소유할 수 없는 것이 원칙이지만 금융업자의 책임이 없는 사유로 대주주와 거래가 된 경우에는 금융위가 정하는 기간까지 소유할 수 있다.

② 금융투자업자는 원칙적으로 계열회사가 발행한 주식, 채권 및 약속어음을 자기자본의 8%를 초과하여 소유할 수 없다.

③ 금융투자업자는 계열발행회사 발행증권을 한도 내에서 예외적으로 취득하거나 대주주 및 대주주의 특수관계인에 대하여 예외적으로 신용공여를 하는 경우에는 재적이사 4분의 3 이상의 찬성에 의한 이사회 결의를 거쳐야 한다.

④ 대주주 또는 계열회사 발행 증권의 예외적 취득 등을 한 경우 그 내용을 금융위에 보고하고 인터넷 홈페이지 등을 통하여 공시하여야 한다.

해설

재적이사 전원 찬성에 의한 이사회 승인을 받아야 한다. 그 이유는 의사결정의 공정성 · 투명성을 확보하고 각 이사로 하여금 해당 거래의 필요성을 보다 엄격히 심사하도록 하며, 장차 회사에 손해가 발생할 경우 이사 전원에게 연대책임을 지도록 하여 신중을 기하도록 하기 위함이다.

정답 ③

필수핵심개념

(9) 대주주 및 특수관계인 거래제한

대주주가 부당한 거래를 요구할 수 있는 바 금융투자업자와 대주주 간의 거래를 엄격히 제한

대주주 발행 증권 소유 제한	[원칙] 대주주 발행 증권을 소유할 수 없음
	[예외] 단, 다음의 경우 금융위가 정하는 기간까지 소유 가능 • 담보권의 실행 등 권리행사에 필요한 경우 • 대주주가 변경됨에 따라 이미 소유하고 있는 증권이 대주주가 발행한 증권으로 되는 경우 • 인수와 관련하여 해당 증권을 취득하는 경우 • 사채보증업무를 영위할 수 있는 금융기관 등이 원리금의 지급을 보증하는 사채권을 취득하는 경우 • 시장조성 또는 안정조작을 하는 경우 • 특수채증권을 취득하는 경우

계열회사 발행증권 소유 제한	[원칙] 계열회사가 발행한 주식, 채권 및 약속어음을 소유하는 행위 금지(단, 금융투자업자의 자기자본의 8% 범위 내에 소유하는 경우는 제외)
	[예외] 단, 다음의 경우 금융위가 정하는 기간까지 소유 가능 • 담보권 실행 등 권리행사에 필요한 경우 • 계열회사가 아닌 자가 계열회사가 되는 경우 • 인수와 관련하여 해당 증권을 취득하는 경우 • 사채보증업무를 영위할 수 있는 금융기관 등이 원리금의 지급을 보증하는 사채권을 취득하는 경우 • 시장조성 또는 안정조작을 하는 경우 • 특수채증권을 취득하는 경우 • 경영권 참여를 목적으로 지분을 취득하는 경우 • 차익거래나 투자위험을 회피하기 위한 거래의 경우 • 가격변동으로 인해 자기자본의 8%를 초과하는 경우
대주주 신용공여제한	[원칙] 대주주에 대한 신용공여 금지
	[예외] • 임원에 대한 제한적 신용공여 • 해외현지법인에 대한 채무보증 • 담보권의 실행 등의 권리행사 등
이사회 결의	• 금융투자업자는 계열발행회사 발행증권을 한도 내에서 예외적으로 취득하거나 대주주 및 대주주의 특수관계인에 대하여 예외적으로 신용공여를 하는 경우 • 재적이사 전원의 찬성에 의한 이사회 결의 필요(단, 단일거래 금액이 자기자본의 0.01%와 10억 중 적은 금액 범위 내에서는 이사회 결의 불필요)
공시 · 보고	• 대주주 또는 계열회사 발행 증권의 예외적 취득 등을 한 경우 그 내용을 금융위에 보고하고 인터넷 홈페이지 등을 통하여 공시 • 예외적 취득 등과 관련한 보고사항을 종합하여 분기마다 금융위에 보고하고 인터넷 홈페이지 등을 통하여 공시

03 핵심보충문제

01
★★☆

자본시장법상 금융투자업의 인가에 대한 설명으로 거리가 먼 것은?

① 최대주주가 법인인 경우 그 법인의 최대주주(사실상의 지배자 포함) 및 대표자도 대주주의 요건이 적용된다.

② 자기자본을 산정하는 경우에는 최근 사업연도말일 이후 인가신청일까지의 자본금의 증감분을 포함하여 계산한다.

③ 집합투자업자가 자기가 운용하는 집합투자기구의 집합투자증권을 매매하는 경우 11−13−1의 최저자기자본은 해당 최저자기자본의 2분의 1로 한다.

④ 일반사모집합투자기구는 금융투자업자의 인가를 받아야 금융투자업을 할 수 있다.

해설

일반사모집합투자기구는 금융투자업자의 등록대상이다.

02
★☆☆

금융투자업 등록 요건에 대한 설명으로 옳지 않은 것은?

① 등록업무 단위별로 일정수준 이상의 자기자본을 갖추어야 한다.

② 금융투자전문인력을 투자자문업의 경우 2인 이상, 투자일임업의 경우 3인 이상을 확보해야 한다.

③ 대주주는 최근 5년간 벌금형 이상의 형사처벌을 받은 사실이 없어야 한다.

④ 대주주는 최근 5년간 채무불이행 등으로 건전한 신용질서를 해친 사실이 없어야 한다.

해설

금융투자전문인력을 투자자문업의 경우 1인 이상, 투자일임업의 경우 2인 이상을 확보해야 하며, 둘 다 영위할 경우 각각의 인력을 모두 확보해야(총 3인 이상) 한다.

03 금융투자업자의 충당금 적립기준에 대한 설명으로 옳지 않은 것은?

★★☆

① 대출채권, 가지급금과 미수금, 미수수익, 대여금, 대지급금, 부도어음, 부도채권, 그밖에 금융투자업자가 건전성 분류가 필요하다고 인정되는 자산에 대하여 한국채택국제회계기준에 따라 대손충당금을 적립한다.

② 정형화된 거래로 발생하는 미수금에 대하여는 대손충당금을 적립하지 않아도 된다.

③ '정상'으로 분류된 대출채권 중 환매조건부매도에 대하여는 대손충당금을 적립하지 아니할 수 있다.

④ 채권중개전문회사 및 다자간매매체결회사에 관하여는 자산건전성 분류 및 대손충당금 등의 적립기준에 관한 규정을 적용하지 아니한다.

> **해설**
>
> '정상'으로 분류된 대출채권 중 콜론, 환매조건부매수에 대하여는 대손충당금을 적립하지 아니할 수 있다. 환매조건부매수는 되파는 조건으로 매수한 것이기 때문이다.

04 자산건전성 규제에 대한 설명으로 거리가 먼 것을 모두 고르면?

★★★

> 가. 금융투자업자는 매 분기마다 자산 및 부채에 대한 건전성을 '정상', '고정', '회수의문', '추정손실'의 4단계로 분류해야 한다.
> 나. 금융투자업자는 '고정' 이하로 분류된 자산을 조기에 상각하여 자산의 건전성을 확보해야 한다.
> 다. 고정자산에 대한 대손충당금의 최소적립한도는 100분의 30이다.
> 라. 정상으로 분류된 자산 외의 모든 자산에 대하여 대손충당금을 적립하여야 한다.

① 가, 나

③ 가, 다, 라

② 나, 다

④ 가, 나, 다, 라

> **해설**
>
> 가. 금융투자업자는 매 분기마다 자산 및 부채에 대한 건전성을 '정상', '요주의', '고정', '회수의문', '추정손실'의 5단계로 분류해야 한다.
> 나. 금융투자업자는 '회수의문' 또는 '추정손실'로 분류된 자산(부실자산)을 조기에 상각하여 자산의 건전성을 확보해야 한다.
> 다. 고정자산에 대한 대손충당금의 최소적립한도는 100분의 20이다.
> 라. 정상으로 분류된 자산도 0.5%의 대손충당금을 적립하여야 한다.

05 순자본비율 산정의 기본원칙에 대한 내용으로 거리가 먼 것은?
★★☆
① 순자본비율의 기초가 되는 금융투자업자의 자산, 부채, 자본은 연결재무제표에 계상된 장부가액을 기준으로 한다.
② 시장위험과 신용위험을 동시에 내포하는 자산에 대하여는 시장위험액과 신용위험액을 모두 산정한다.
③ 영업용순자본 차감항목에 대하여는 원칙적으로 위험액을 산정하지 않는다.
④ 부외자산과 부외부채에 대해서는 위험액을 산정하지 않는 것을 원칙으로 한다.

> **해설**
> 부외자산과 부외부채에 대해서도 위험액을 산정하는 것을 원칙으로 한다. 부외항목은 권리·의무가 확성되지 않아 재무상태표상 자산·부채로 기록되지 않는 계정으로 부외부채를 고려하지 않으면 우발적 상황에 대한 객관적인 판단이 어렵기 때문이다.

06 금융위원회는 경영개선에 대한 긴급조치를 할 수 있다. 다음 중 긴급조치 사유에 해당하지 않는 것은?
★☆☆
① 발행한 어음 또는 수표가 부도로 되거나 은행과의 거래가 정지 또는 금지되는 경우
② 유동성이 일시적으로 급격히 악화되어 투자자예탁금 등의 지급불능 사태에 이른 경우
③ 휴업 또는 영업의 중지 등으로 돌발사태가 발생하여 정상적인 영업이 불가능하거나 어려운 경우
④ 순자본비율이 0% 미만인 경우

> **해설**
> 금융투자업자의 순자본비율이 0% 미만인 경우는 경영개선명령 발동 사유에 해당하며, 긴급조치 사유에는 해당되지 않는다.

07 금융투자업 규정상 금융투자업자의 총위험액 산정 시 시장위험액에 해당하는 것은?
★★★
① 신용위험액
② 운영위험액
③ 외환위험액
④ 집합투자재산위험액

> **해설**
> • 시장위험액 = 주식위험액 + 금리위험액 + 외환위험액 + 일반상품위험액 + 옵션위험액
> 집합투자재산위험액은 집합투자업자가 집합투자재산을 운용하는 과정에서 법령이나 집합투자규약에 위배되는 행위로 인해 발생할 수 있는 손실액으로 운영위험에 해당한다.

08 순자산비율규제와 관련된 설명으로 거리가 먼 것은?
★★★

① 금융투자업자가 파산할 경우 고객 및 이해관계자에게 손실을 입히지 않기 위해서는 '위험손실을 감안한 현금화 가능자산의 규모'가 '상환의무 있는 부채의 규모'보다 항상 크게 유지해야 한다.

② 시장위험과 신용위험을 동시에 내포하는 자산에 대하여는 신용위험액만 산정한다.

③ 경영개선권고를 받은 경우 경영개선 계획의 승인일로부터 6개월 이내에 적기시정조치를 이행하여야 한다.

④ 순자본비율이 100% 미만이 된 경우에는 지체 없이 금감원장에게 보고하고 순자본비율이 100% 이상에 이를 때까지 순자본비율을 다음달 20일까지 감독원장에게 보고해야 한다.

> **해설**
>
> 시장위험과 신용위험을 동시에 내포하는 자산에 대하여는 시장위험액과 신용위험액을 모두 산정한다.

09 건전성 규제와 관련된 설명으로 거리가 먼 것은?
★★★

① 순자본비율은 영업용순자본에서 총위험액을 차감한 금액을 필요유지자기자본으로 나누어 구한다.

② 필요유지자기자본은 금융투자업자가 영위하는 인가업무 또는 등록업무 단위별로 요구되는 자기자본을 합계한 금액을 말한다.

③ 레버리지 비율은 개별 재무상태표 상의 자기자본 대비 총자산의 비율로 계산한다.

④ 2년 연속 적자이면서 레버리지 비율이 1,100%를 초과하는 경우 경영개선권고의 적기시정조치가 발동된다.

> **해설**
>
> • 2년 연속 적자이면서 레버리지 비율이 900%를 초과하는 경우 또는 레버리지 비율이 1,100%를 초과하는 경우 경영개선권고의 적기시정조치가 발동된다.
> • 2년 연속 적자이면서 레버리지 비율이 1,100%를 초과하는 경우 또는 레버리지 비율이 1,300%를 초과하는 경우 경영개선요구의 적기시정조치가 발동된다.

10 다음 적기시정조치 중 경영개선권고 사항에 해당하지 않는 것은?

★★★
① 영업의 전부 또는 일부의 양도
② 신규업무진출의 제한
③ 자본금의 증액 및 감액
④ 특별대손충당금의 설정

> **해설**
> 영업의 전부 또는 일부의 양도는 개선명령 적기시정조치 사항이다.

11 적기시정조치에 대한 설명이다. 가장 거리가 먼 것은?

★★★
① 금융투자업자의 순자본비율이 0% 미만인 경우 경영개선명령이 발동된다.
② 금융투자업자의 경영실태결과 종합평가등급이 3등급(보통) 이하일 경우 경영개선요구가 발동된다.
③ 주식의 일부 또는 전부의 소각, 6개월 이내의 영업정지 등은 경영개선명령의 이행조치이다.
④ 금융위는 금융투자업자가 경영개선권고 등의 적기시정조치 요건에 해당되더라도, 자본의 확충 또는 자산의 매각 등으로 단기간 내에 적기시정조치의 요건에 해당하지 않을 수 있다고 판단되는 경우에는 일정기간 동안 조치를 유예할 수 있다.

> **해설**
> • 금융투자업자의 경영실태결과 종합평가등급이 4등급(취약) 이하일 경우 경영개선요구가 발동된다.
> • 금융투자업자의 경영실태결과 종합평가등급은 3등급(보통) 이상이나 자본적정성 부문에서 평가등급이 4등급 이하로 나오면 경영개선권고가 발동된다.

12 순자본비율 규제와 관련된 설명으로 거리가 먼 것은?

★★☆
① 금융투자업자는 순자본비율과 산출내역은 매월 말 기준으로 1개월 이내에 업무보고서를 통해 금감원장에게 제출해야 한다.
② 금융투자업자는 반기별로 순자본비율에 대한 외부감사인의 검토보고서를 첨부하여 금감원장에게 제출한다.
③ 적기시정조치를 받은 금융투자업자는 당해 조치일로부터 2개월 범위 내에서 당해 조치권자가 정하는 기한 내에 당해 조치의 내용이 반영된 경영개선 계획을 금융위원회에게 제출하여야 한다.
④ 금융투자업자는 최소한 일별로 순자본비율을 산정해야 한다.

> **해설**
> 적기시정조치를 받은 금융투자업자는 경영개선 계획을 금융위원회가 아닌 금융감독원장에게 제출하여야 한다.

13 순자본비율이 80%이다. 이 경우 발동되는 적기시정조치의 사항이 아닌 것은?

★★★

① 부실자산의 처분

② 신규업무진출의 제한

③ 점포의 신설 제한

④ 특별 대손충당금의 설정

해설

점포폐쇄, 통합 또는 신설 제한은 경영개선요구단계의 적기시정조치 사항이다.

14 다음 중 경영공시 대상이 아닌 것은?

★★☆

① 공정거래법상 동일 기업집단별로 금융투자업자의 직전 분기 말 자기자본의 5%에 상당하는 금액을 초과하는 부실채권이 발생한 경우

② 회계기간 변경을 결정한 경우

③ 적기시정조치를 받은 경우

④ 상장법인이 아닌 금융투자업자에 채권채무관계상 중대한 변경을 초래하는 사항이 발생하는 경우

해설

공정거래법상 동일 기업집단별로 금융투자업자의 직전 분기 말 자기자본의 10%에 상당하는 금액을 초과하는 부실채권이 발생한 경우에 경영공시 대상에 해당한다.

---

section 21 | 공통영업행위 규칙 중요도 ★★★

대표유형문제

다음 중 금융투자업자의 공통영업행위규칙에 대한 설명으로 적절하지 않은 것은?

① 금융투자업자는 신의성실의 원칙에 따라 공정하게 금융투자업을 해야 하며, 정당한 사유 없이 투자자의 이익을 해하면서 자기가 이익을 얻거나 제삼자가 이익을 얻도록 해서는 아니 된다.

② 금융투자업자는 자신의 명의를 대여하여 타인에게 금융투자업을 영위하게 해서는 아니 된다.

③ 금융투자업자는 다른 금융업무를 겸영하고자 하는 경우 영위하기 시작한 날부터 2주 이내에 금융위에 보고하여야 한다.

④ 금융투자업자는 금융투자업에 부수하는 업무를 겸영하고자 하는 경우 영위하기 2주 전에 금융위에 보고하여야 한다.

해설

겸영·부수업무에 대한 사후보고 원칙으로 전환하여 신속한 업무추진을 지원하였다.

정답 ④

필수핵심개념

※ 자본시장법은 금융투자업자에 대한 영업행위 규칙을 공통영업행위 규칙과 금융투자자별·업자별로 세분화된 영업행위 규칙(투자매매업·투자중개업 중심)으로 구분하여 규정함

01 공통영업행위 규칙

공통영업행위 규칙은 일반규제와 투자권유 영업행위규제로 구분

(1) 일반규제

① **신의성실의무** : 금융투자업자는 신의성실의 원칙에 따라 공정하게 금융투자업을 해야 하며, 정당한 사유 없이 투자자의 이익을 해하면서 자기가 이익을 얻거나 제삼자가 이익을 얻도록 해서는 아니 됨

② **상호 규제** : 금융투자업자가 아닌 자는 금융투자와 같은 의미를 갖는 상호의 사용이 금지됨

③ **명의대여금지** : 금융투자업자는 자신의 명의를 대여하여 타인에게 금융투자업을 영위하게 해서는 안 됨

다음 중 금융투자업자의 겸영업무 대상에 속하는 것을 모두 고르시오.

> 가. 전자자금이체 업무
> 나. 프로젝트파이낸싱 대출 업무
> 다. 금지금 매매 및 중개 업무
> 라. 퇴직연금사업자로서 퇴직연금 수급권을 담보로 한 대출 업무

① 가 　　　　　　　　　　　　　② 가, 나
③ 가, 나, 다 　　　　　　　　　　④ 가, 나, 다, 라

해설

모두 다 겸영업무 대상에 속한다. 단 영위자격에 따라 겸영업무 수행 가능 금융투자업자가 구분된다.

정답 ④

필수핵심개념

④ 겸영업무

보고의무	[사후보고] 금융투자업자는 다른 금융업무를 겸영하고자 하는 경우 영위하기 시작한 날부터 2주 이내에 금융위에 보고	
	수행 가능 금융투자업자	**업무범위**
겸영대상 업무	모든 금융투자업자 겸영대상 업무	보험대리점 · 보험중개사 업무, 일반사무관리회사 업무, 외국환 중개 업무, 퇴직연금사업자 업무, 담보부사채신탁 업무, 자산관리회사 업무, 기업구조조정전문회사 업무, 중소기업창업투자회사 업무, 신기술사업금융업무, 전자자금이체 업무
	투자매매 · 중개업자에 한하여 겸영가능	• 국가 또는 공공단체 업무의 대리 • 투자자를 위하여 그 투자자가 예탁한 투자자예탁금으로 수행하는 자금이체 업무
	투자매매 · 중개업자, 신탁업자, 집합투자업자(투자자문업 · 일임업만 경영하는 경우 제외)	자산유동화법상 자산관리자 업무 및 수탁 업무, 투자자계좌에 속한 증권 등에 대한 제3자 담보권 관리 업무, 사채모집의 수탁 업무, ❶ 기업금융 업무 및 PF대출 업무, ❷ 증권대차거래 및 중개 · 주선 · 대리 업무, ❸ 지급보증 업무, ❹ 원화 CD 매매 · 중개 · 주선 · 대리 업무, 대출채권 등 매매 · 중개 · 주선 · 대리 업무, 대출 중개 · 주선 · 대리 업무, 금지금 매매 및 중개 업무, 퇴직연금 수급권을 담보로 한 대출 업무
	영위자격 증권 투자매매업자	❶ 기업금융 업무 관련 대출 업무 및 PF관련 대출 업무
	증권 투자매매 · 중개업자	❷ 증권의 대차거래 및 중개 · 주선 · 대리 업무
	증권 및 장외파생상품 투자매매업자	❸ 지급보증 업무
	채무증권 투자매매 · 중개업자	❹ 원화로 표시된 양도성예금증서의 매매와 그 중개 · 주선 · 대리 업무

⑤ 부수업무 : [사후보고] 금융투자업자는 금융투자업에 부수하는 업무를 겸영하고자 하는 경우 영위하기 시작한 날부터 2주 이내에 금융위에 보고

 공통영업행위 규칙 – 업무위탁 중요도 ★★★

대표유형문제

금융투자업지의 업무위탁에 관한 내용으로 거리가 먼 것은?

① 금융투자업자는 금융투자업자가 영위하는 업무의 일부를 제삼자에게 위탁할 수 있다.

② 금융투자업자의 업무를 위탁받은 자는 위탁한 자의 동의를 받은 경우에 한정하여 위탁받은 업무를 제삼자에게 재위탁할 수 있다.

③ 업무를 본질적 업무와 비본질적 업무로 구분하여 비본질적 업무를 위탁받는 자는 그 업무 수행에 필요한 인가를 받거나 등록을 한 자이어야 한다.

④ 준법감시인 및 위험관리책임자의 업무 등 내부통제업무는 위탁이 금지된다.

해설

본질적 업무를 위탁받는 자는 그 업무 수행에 필요한 인가를 받거나 등록을 한 자이어야 한다.

정답 ③

필수핵심개념

⑥ 업무위탁

개요	• 업무의 일부(금융투자업, 겸영업무, 부수업무)를 제3자에게 위탁 가능 　– 본질적 업무(인가 · 등록을 한 업무와 관련된 필수업무) 위탁 : 인가 · 등록한 자에게 위탁가능 단, 내부통제업무(준법감시업무 및 위험관리책임자의 업무 등)는 제외 　– 비본질적 업무 : 위탁가능
본질적 업무	• 투자매매업 : 계약 체결 · 해지, 매매호가 제시, 주문접수, 인수, 인수증권 가치분석 · 가격결정 등 • 투자중개업 : 계약 체결 · 해지, 일일정산, 증거금 관리 및 거래 종결, 주문의 접수 등 • 집합투자업 : 펀드의 설정 · 설립, 집합투자재산 운용 · 운용지시, 집합투자재산 평가 • 투자자문 · 일임업 : 계약 체결 · 해지, 투자조언, 투자일임 • 신탁업 : 신탁계야 및 집합투자재산 보관 · 관리계약 체결 · 해지, 신탁 및 집합투자재산 보관 · 관리, 신탁재산 운용
재위탁	원칙적으로 재위탁은 금지되나, 특정업무(단순업무 및 외화자산운용 · 보관업무)에 대해서만 위탁자의 동의를 받아 재위탁할 수 있음
보고의무	[사전보고] 금융투자업자는 수탁자가 위탁받은 업무를 실제 수행하려는 날의 7일전까지 금융위에 보고(비본질적 업무의 경우 14일 이내)

대표유형문제

다음 중 이해상충방지에 대한 설명으로 바르지 못한 것은?

① 선행매매금지, 과당매매금지, 이해관계인과의 투자자 재산 거래제한 등을 직접규제하고 있다.

② 자본시장법에서 선관주의의무는 자산관리업자에게만 적용되어 투자매매업자와 투자중개업자는 규제대상에서 제외된다.

③ 이해상충이 발생할 가능성이 있다고 인정되는 경우에는 투자자에게 그 사실을 미리 알리고, 이해상충이 발생할 가능성을 내부통제기준에 따라 투자자 보호에 문제가 없는 수준으로 낮춘 후 거래를 해야 한다.

④ 이해상충이 발생할 가능성을 낮추는 것이 곤란하다고 판단되는 경우에는 준법감시인의 승인을 받은 후 거래를 하여야 한다.

해설

이해상충이 발생할 가능성을 낮추는 것이 곤란하다고 판단되는 경우에는 거래를 중지하여야 한다.

정답 ④

필수핵심개념

⑦ 이해상충 관리

규제 체계	• 일반규제 : 신의성실의무, 투자자의 이익을 해하면서 자기 또는 제3자의 이익도모 금지, 직무 관련 정보이용 금지, 선관주의의무 ※ 선관주의의무는 자산관리업자(집합투자업, 신탁업, 투자자문업, 일임업)에게만 적용 • 직접규제 : 선행매매금지, 과당매매금지(Churning), 이해관계인과의 투자자 재산 거래제한 등 • 정보교류차단장치 : 사내 · 외 정보차단벽 간 정보제공 금지, 임직원 겸직 금지, 사무공간 · 전산설비 공동이용 금지 등 정보교류 금지
관리의무	• 이해상충이 발생할 가능성이 있다고 인정되는 경우에는 투자자에게 그 사실을 미리 알리고, 이해상충이 발생할 가능성을 내부통제기준에 따라 투자자 보호에 문제가 없는 수준으로 낮춘 후 거래 • 이해상충이 발생할 가능성을 낮추는 것이 곤란하다고 판단되는 경우에는 거래를 단념(거래단념의무)

대표유형문제

다음 중 정보교류 차단장치에 대한 설명으로 거리가 먼 것은?

① 금융회사는 법령에서 정한 정보교류가 차단되는 정보에 대해 이해상충 우려가 없다고 판단되는 경우 스스로 차단정보 대상에서 제외 가능하다.

② 법령에서 정한 정보교류차단 관련 행위 제한을 통해 이해상충 발생이 우려되는 정보관련부문 간 정보교류를 차단하여야 한다.

③ 미공개중요정보, 투자자의 금융투자상품 매매 · 소유현황에 관한 정보, 집합투자재산 · 투자일임재산 등 구성내역 · 운용정보 등 불특정 다수인이 알 수 있도록 공개되기 전의 정보 등의 정보교류는 원칙적으로 금지이다.

④ 실효성 있는 제도 운영을 위해 내부통제기준에 대한 정기적 점검 및 임직원교육, 책임자 지정, 내부통제기준 주요 내용 공시 등의 사항을 이행하고 관리해야 한다.

해설

과거에는 법령에서 교류차단 대상정보, 차이니즈월 설치대상, 교류차단관련 행위제한을 정하였으나 자본시장법의 개정으로 금융회사가 스스로 마련한 내부통제기준에 따라 차이니즈월(정보교류 차단) 설치대상과 교류차단 관련 행위를 제한한다.

현행 지배구조법은 금융회사가 스스로 내부통제기준마련 의무를 부과하여 금융당국의 획일적인 규율이 아닌, 금융회사가 스스로 각자의 특성과 경영여건 변화에 맞는 내부통제시스템을 구축 · 운영하도록 하는 동시에, 임원 개개인의 책임을 명확히 정함으로써 내부통제에 대한 임원들의 관심과 책임감을 제고하였다. 단, 지배구조법 시행령에서는 보다 구체적으로 내부통제기준에 포함될 내용을 명시하고 있어, 회사가 완전히 자율적으로 정할 수 있는 것은 아니다.

정답　②

필수핵심개념

⑧ 정보교류 차단장치

개 요	• 정보교류차단제도의 본래 취지는 회사 내외의 일체의 정보교류를 차단하고자 하는 것이 아니라 이해상충 발생이 우려되는 정보관련부문 간 교류를 금지하는 것이라는 점 • 과거 : 교류차단 대상정보, 차이니즈월 설치대상, 교류차단관련 행위제한을 모두 법령에서 정함 • 변경 : 교류차단 대상정보는 법령(회사가 제외 가능)이 정하나 내부통제기준에 따라 차이니즈월 설치대상, 교류차단관련 행위 제한
교류차단 정보범위	**[법령에서 정한 정보교류가 차단되는 정보의 범위]** ❶ 미공개중요정보, ❷ 투자자의 금융투자상품 매매 · 소유현황에 관한 정보, ❸ 집합투자재산 · 투자일임재산 등 구성내역 · 운용정보 등 불특정 다수인이 알 수 있도록 공개되기 전의 정보 등의 정보교류는 원칙적으로 금지 단, 회사가 이해상충 우려가 없다고 판단되는 경우 스스로 차단정보 대상에서 제외 가능(예외정보를 내부통제기준에 미리 반영하여 공시하도록 함) → 자율기능 제고
내부통제기준 관리의무	실효성 있는 제도 운영을 위해 ❶ 내부통제기준에 대한 정기적 점검 및 임직원교육, ❷ 책임자 지정, ❸ 내부통제기준 주요 내용 공시 등 여부 등을 상시점검 하는 내부통제 관리의무를 이행
내부통제기준 마련의무	❶ 정보교류 차단 업무를 독립적으로 총괄하는 임원 또는 총괄 · 집행책임자의 지정 · 운영, ❷ 정보교류 차단을 위한 상시적 감시체계의 운영 및 내부통제기준 중 정보교류 차단과 관련된 주요 내용의 공개 등을 포함한 내부통제기준 수립 의무화

대표유형문제

자본시장법상 투자권유 영업행위 규제에 대한 설명으로 가장 거리가 먼 것은?

① 금융투자업자는 일반금융소비자의 투자목적 등에 비추어 파생상품 등이 적정하지 않다고 판단되는 경우 그 사실을 알리고, 일반투자자로부터 서명 등의 방법으로 확인을 받아야 한다.

② 적정성의 원칙은 투자권유 없이 일반금융소비자에 대하여 파생상품 등을 판매하는 경우에만 적용된다.

③ 투자권유를 받은 고객이 이를 거부하는 취지의 의사를 표시한 후 1개월이 지난 후에 다시 투자권유를 할 수 있다.

④ 금융투자업자는 설명확인의무 위반으로 인해 발생한 일반금융소비자의 손해를 배상할 책임이 있다.

해설

설명의무 위반으로 인해 발생한 일반금융소비자의 손해를 배상할 책임이 있으며, 설명확인의무 위반에 대한 손해배상 책임은 제외된다.

정답 ④

필수핵심개념

(2) 투자권유 영업행위규제

① 공통규제

투자권유	❶ 특정 투자자를 상대로 ❷ 금융투자상품의 매매, ❸ 투자자문계약, ❹ 투자일임계약, ❺ 신탁계약의 체결을 권유하는 것
적합성 원칙	• 투자자가 일반금융소비자인지 전문금융소비자인지를 확인하여야 함 • 고객확인 의무 : 일반금융소비자에게 투자권유를 하기 전에 면담 등을 통하여 투자자의 투자목적 · 재산상황 · 투자경험 등의 정보를 파악하고, 투자자로부터 서명 등의 방법으로 확인을 받아 유지 · 관리해야 하며, 확인받은 내용을 일반금융소비자에게 제공 • 적합성의 원칙 : 일반금융소비자에게 투자권유를 하는 경우 그 일반금융소비자의 투자목적 등에 비추어 적합하지 아니하다고 인정되는 투자권유를 하여서는 아니 됨
적정성 원칙	• 일반금융소비자에게 투자권유를 하지 아니하고 파생상품 등을 판매하려는 경우 면담 · 질문 등을 통해 일반금융소비자의 연령, 금융상품에 대한 이해도, 기대이익 및 기대손실 등을 고려한 위험에 대한 태도 등의 정보를 파악 • 일반금융소비자의 투자목적 등에 비추어 파생상품 등이 적정하지 않다고 판단되는 경우 그 사실을 알리고 서명 등으로 확인받아야 함
설명의무	• 일반금융소비자에게 투자권유를 하는 경우에는 금융상품의 내용 등을 투자자가 이해할 수 있도록 설명하여야 하며, 투자자가 이해하였음을 확인(서명 등)하여야 함 • 설명을 함에 있어 투자자의 합리적인 투자판단이나 해당 금융투자상품의 가치에 중대한 영향을 미칠 수 있는 중요사항을 거짓으로 또는 왜곡(불확실한 사항에 대하여 단정적 판단을 제공하거나 확실하다고 오인하게 할 소지가 있는 내용을 알리는 행위)하여 설명하거나 중요한 사항을 누락하여서는 아니 됨 • 설명의무(확인 의무 제외) 위반으로 인해 발생한 일반금융소비자의 손해를 배상할 책임이 있음. 이 경우 일반금융소비자 손실액 전부를 손해액으로 추정(손해액 산정의 입증책임 전환)

부당권유 금지	• 거짓내용, 단정적 판단의 제공, 오해소지가 있는 내용을 알리는 행위 금지 • 투자권유 요청을 받지 않고 방문 · 전화 등 실시간 대화의 방법을 이용하여 장외파생상품의 투자권유 행위 금지(불초청권유 금지) • 투자권유를 거부한 투자자에게 투자권유를 하는 행위(재권유) 금지(예외 : 1개월 경과 후 투자권유 또는 다른 상품에 대한 투자권유는 가능) • 금융상품 내용의 일부에 대하여 비교대상 및 기준을 밝히지 아니하거나 객관적인 근거 없이 다른 금융상품과 비교하여 해당 금융상품이 우수하거나 유리하다고 알리는 행위 금지 • 금융상품의 가치에 중대한 영향을 미치는 사항을 미리 알고 있으면서 알리지 않는 행위 금지
투자권유 준칙	• 금융투자업자는 투자권유를 함에 있어 임직원이 준수해야 할 구체적인 기준 및 절차를 정해야 함(❶ 파생상품 등에 대해서는 투자자 등급별로 ❷ 차등화된 투자권유준칙을 마련해야 함) • 협회는 금융투자업자가 공통으로 사용할 표준투자권유준칙을 성할 수 있음 • 금융투자업자는 준칙을 제정하거나 변경한 경우 인터넷 홈페이지 등을 통해 공시

대표유형문제

자본시장법상 투자권유대행인의 금지행위를 설명한 것으로 가장 거리가 먼 것은?

① 투자목적, 재산상황 및 투자경험 등을 감안하지 아니하고 투자자에게 지나치게 빈번하게 투자권유를 하는 행위

② 투자자가 불공정거래를 하고자 함을 알고 그 매매, 그 밖의 거래를 권유하는 행위

③ 위탁계약을 체결한 회사가 이미 발행한 주식의 매수 또는 매도를 권유하는 행위

④ 한 개의 회사와 투자권유 위탁계약을 체결하는 행위

해설

둘 이상의 회사와 투자권유 위탁계약을 체결하는 행위가 금지된다.

정답 ④

② 투자권유대행인

자 격	• 투자권유자문인력 · 투자운용인력 시험에 합격한 자 또는 보험설계사 · 중개사 · 대리점 등록요건을 갖춘 자로서 협회가 정한 교육을 이수한 자, 1사 전속, 등록이 취소된 경우 취소된 날로부터 3년이 경과한 자 • 투자권유대행인에게 투자권유를 위탁하는 경우 위탁받은 자를 금융위에 등록하여야 함 • 금융위는 등록업무를 협회에 위탁(즉, 금융위 또는 협회에 등록)
금지행위	• 회사를 대리하여 계약을 체결하는 행위 • 투자자로부터 금전 · 증권, 그 밖의 재산을 수취하는 행위 • 회사로부터 위탁받은 투자권유대행업무를 제삼자에게 재위탁하는 행위 • 둘 이상의 회사와 투자권유 위탁계약을 체결하는 행위 • 보험설계사가 소속 보험회사가 아닌 보험회사와 투자권유 위탁계약을 체결하는 행위 • 금융투자상품의 매매, 그 밖의 거래와 관련하여 투자자에게 협회 및 회사가 정하는 한도를 초과하여 직접 또는 간접적인 재산상의 이익을 제공하면서 투자권유하는 행위 • 금융투자상품의 가치에 중대한 영향을 미치는 사항을 사전에 알고 있으면서 이를 투자자에게 알리지 아니하고 당해 금융투자상품의 매수 또는 매도를 권유하는 행위 • 위탁계약을 체결한 회사가 이미 발행한 주식의 매수 또는 매도를 권유하는 행위 • 투자목적, 재산상황 및 투자경험 등을 감안하지 아니하고 투자자에게 지나치게 빈번하게 투자권유를 하는 행위 • 자기 또는 제3자가 소유한 금융투자상품의 가격상승을 목적으로 투자자에게 해당 금융투자상품의 취득을 권유하는 행위 • 투자자가 불공정거래를 하고자 함을 알고 그 매매, 그 밖의 거래를 권유하는 행위 • 금융투자상품의 매매, 그 밖의 거래와 관련하여 투자자의 위법한 거래를 은폐하여 주기 위하여 부정한 방법을 사용하도록 권유하는 행위
고지사항	• 금융상품의 매매, 기타 거래에 관한 정보는 금융투자업자가 관리하고 있다는 사실 • 투자권유대행인은 투자권유대행인 금지행위를 투자자에게 미리 알려야 함 • 자신이 투자권유대행인이라는 사실을 나타내는 표지를 게시하거나 증표를 내보여야 함
기 타	• 투자권유대행과 관련하여 업무 및 재산상황에 대하여 금융감독원장의 검사를 받아야 함 • 금융위는 등록요건 미유지, 법률 위반 등에 대하여 등록을 취소하거나 6개월 이내의 투자권유대행인 업무 정지를 할 수 있음 • 투자권유를 대행함에 있어서 투자자에게 손해를 끼친 경우 민법상 사용자의 배상책임이 준용

대표유형문제

자본시장법상 약관의 제정 및 변경에 대한 설명으로 거리가 먼 것은?

① 금융투자업자가 표준약관의 제정 · 변경에 따라 약관을 제정 · 변경한 경우 제정 · 변경 후 7일 이내에 금융위 및 협회에 보고하여야 한다.
② 협회는 표준약관을 제정 · 변경하고자 하는 경우 미리 금융위원회에 신고하여야 한다.
③ 협회는 일반금융소비자만을 대상으로 하는 표준약관을 제정 · 변경한 경우 제정 · 변경 후 7일 이내에 금융위에 보고하여야 한다.
④ 금융위는 약관이 법령에 위반되거나 투자자 이익을 침해할 우려가 있는 경우에는 금융투자업자 또는 협회에 약관의 변경을 명령할 수 있다.

해설

협회는 전문금융소비자만을 대상으로 하는 표준약관을 제정 · 변경한 경우 제정 · 변경 후 7일 이내에 금융위에 보고하여야 한다.

정답 ③

필수핵심개념

③ 약 관

금융투자업자약관 제정 · 변경	[사후보고] 금융투자업자는 금융투자업 영위와 관련하여 약관을 제정 · 변경하고자 하는 경우 제정 · 변경 후 7일 이내에 금융위 및 협회에 보고해야 함 [사전신고대상] 투자자의 권리나 의무에 중대한 영향을 미칠 우려가 있는 경우에는 약관의 제정 또는 변경 전에 미리 금융위원회에 신고하여야 함
협회 표준약관 제정 · 변경	[사전신고] 협회는 표준약관을 제정 · 변경하고자 하는 경우 미리 금융위원회에 신고하여야 함 [예외적 사후보고] 전문금융소비자만을 대상으로 하는 표준약관을 제정 · 변경한 경우 제정 · 변경 후 7일 이내에 금융위에 보고
금융위 약관 변경 명령	금융위는 약관이 법령에 위반되거나 투자자 이익을 침해할 우려가 있는 경우에는 금융투자업자 또는 협회에 약관의 변경을 명령할 수 있음

대표유형문제

금융투자업자의 투자권유 영업행위 규제의 내용으로 옳지 못한 것은?

① 금융투자업자는 업무관련 자료를 종류별로 일정한 기간 동안 기록·유지하여야 한다(영업·재무관련 자료 10년, 내부통제자료 5년).

② 금융투자업자는 수수료 부과기준 및 절차를 협회에 통보하여야 하며, 협회는 금융투자업자별로 비교·공시한다.

③ 금융투자업자의 임직원은 자기의 계산으로 특정 금융투자상품을 매매하는 경우 자기의 명의로 투자중개업자 중 하나의 회사를 선택하여 하나의 계좌를 통하여 매매해야 하며, 임직원은 매매명세를 월별로 소속 금융투자업자에게 통지해야 한다.

④ 금융투자업을 폐지하거나 지점·영업소를 폐지하는 경우에 폐지 30일 전에 일간신문에 공고하여야 하며, 알고 있는 채권자에게는 각각 통지하여야 한다.

해설

매매명세는 금융투자업자의 임직원 중 주요 직무종사자는 월별로, 그 밖의 임직원은 분기별로 회사에 통지해야 한다.

정답 ③

필수핵심개념

④ 임직원의 금융투자상품 매매

매매 방식	금융투자업자의 임직원(겸영금융투자업자의 경우 금융투자업 직무수행 임직원에 한함)은 ❶ 자기의 계산으로 특정 금융투자상품을 매매하는 경우 ❷ 자기의 명의로 ❸ 투자중개업자 중 하나의 회사를 선택하여 ❹ 하나의 계좌를 통하여 매매
특정 금융상품의 범위	[규제 대상 특정 금융상품] 상장지분증권 또는 협회중개시장 거래 지분증권, 상장 증권예탁증권, 주권 관련 사채(상장 지분증권 관련), 파생결합증권(상장 지분증권 관련), 장내파생상품, 장외파생상품(상장 지분증권 관련)
통 지	• 매매명세를 분기별 또는 월별로 소속 금융투자업자에게 통지할 것 • 금융투자업자의 임직원 중 주요 직무종사자는 월별로, 그 밖의 임직원은 분기별로 회사에 통지
매매 확인	임직원의 금융투자상품 매매와 관련하여 불공정행위 또는 이해상충 방지를 위해 임직원이 따라야 할 적절한 기준 및 절차를 정하여, 분기별로 확인하여야 함

⑤ 기타 투자권유 규제

수수료	• 수수료의 부과기준 및 절차에 관한 사항을 정하여 공시 • 수수료 부과기준을 정함에 있어 정당한 사유없이 투자자를 차별하여서는 아니 됨 • 수수료 부과기준 및 절차를 협회에 통보하여야 하며, 협회는 금융투자업자별로 비교 · 공시
자료의 기록 · 유지	영업 · 재무관련 자료 10년, 내부통제자료 5년
금융투자업 폐지 공고	금융투자업을 폐지하거나 지점 · 영업소를 폐지하는 경우에 폐지 30일 전에 일간신문에 공고하고, 알고 있는 채권자에게는 각각 통지
손실보전 등 금지	사전에 손실보전 약속 또는 사후 손실보전, 사전 이익보장 또는 사후 이익제공 금지
손해배상책임	• 법령 · 약관 · 집합투자규약 · 투자설명서를 위반하거나 그 업무를 소홀히 하여 투자자에게 손해를 발생시킨 경우 배상책임 • 투자매매업 · 투자중개업과 집합투자업 겸영에 따른 이해상충과 관련된 불건전영업행위로 인한 손해에 대해서는 그 금융투자업자가 상당한 주의를 다하였음을 증명하거나, 투자자가 거래 시 그 사실을 안 경우에는 배상책임을 지지 않음

직무관련정보 이용금지, 소유증권의 예탁(고유재산으로 소유한 증권 등을 예탁결제원에 예탁)

01 다음 중 금융투자업자의 공통영업행위규칙에 대한 설명으로 적절하지 않은 것은?

★★☆

① 금융투자업자는 수탁자가 위탁받은 업무를 실제 수행하려는 날의 7일 전까지 금융위에 보고하여야 한다.

② 금융투자업자는 자신의 명의를 대여하여 타인에게 금융투자업을 영위하게 해서는 아니 된다.

③ 금융투자업자는 다른 금융업무를 겸영하고자 하는 경우 영위하기 시작한 날부터 2주 이내에 금융위에 보고하여야 한다.

④ 금융투자업자는 금융투자업에 부수하는 업무를 겸영하고자 하는 경우 영위하기 2주 전에 금융위에 보고하여야 한다.

> **해설**
>
> ④ 금융투자업자는 금융투자업에 부수하는 업무를 영위하고자 하는 경우, 그 업무를 영위하기 시작한 날부터 2주 이내에 이를 금융위에 보고하여야 한다.

02 다음 중 투자자문업, 투자일임업만 경영하는 금융투자업자가 겸영할 수 있는 업무 대상에 해당하지 않는 것은?

★☆☆

① 보험대리점 · 보험중개사 업무

② 자산관리회사 업무

③ 전자자금이체 업무

④ 국가 또는 공공단체 업무의 대리

> **해설**
>
> 국가 또는 공공단체 업무의 대리와 투자자를 위하여 그 투자자가 예탁한 투자자예탁금으로 수행하는 자금이체 업무의 겸영은 투자매매업자 · 투자중개업자에 한하여 수행할 수 있다.

03 다음 중 지급보증업무 겸영을 영위할 자격이 되는 금융투자업자는?

★☆☆

① 증권투자매매업자

② 투자자문업자

③ 증권 및 장외파생상품 투자매매업자

④ 채무증권 투자중개업자

해설

지급보증업무는 증권 및 장외파생상품 투자매매업자에게만 겸영업무를 허용하고 있다.

04 자본시장법상 투자권유대행인에 대한 설명으로 가장 거리가 먼 것은?

★★☆

① 금융투자상품의 매매, 그 밖의 거래와 관련하여 투자자에게 협회 및 회사가 정하는 한도 내에서는 직접 또는 간접적인 재산상의 이익을 제공하면서 투자권유를 하여도 된다.

② 투자권유대행인은 투자권유를 대행함에 있어서 투자자에게 금융상품의 매매, 기타 거래에 관한 정보는 금융투자업자가 관리하고 있다는 사실을 미리 알려야 한다.

③ 투자권유를 대행함에 있어서 투자자에게 손해를 끼친 경우 민법상 사용자의 배상책임이 준용된다.

④ 금융위원회는 투자권유대행인의 등록요건의 유지의무를 위반한 경우 등록취소 또는 6개월 이상의 업무정지를 할 수 있다.

해설

금융위원회는 투자권유대행인이 등록요건의 유지의무를 위반한 경우 등록취소 또는 6개월 이내의 업무정지를 할 수 있다.

05 자본시장법상 투자권유 영업행위 규제에 대한 설명으로 가장 거리가 먼 것은?

★★☆

① 투자권유란 불특정 다수를 대상으로 금융투자상품의 매매, 투자자문계약·투자일임계약·신탁계약의 체결을 권유하는 것이다.

② 적합성의 원칙·적정성의 원칙 및 설명의무는 일반금융소비자에게만 적용한다.

③ 금융상품 내용의 일부에 대하여 비교대상 및 기준을 밝히지 아니하거나 객관적인 근거없이 다른 금융상품과 비교하여 해당 금융상품이 우수하거나 유리하다고 알리는 행위는 금지된다.

④ 전문금융소비자의 투자권유 요청을 받지 않고 방문·전화 등 실시간 대화의 방법을 이용하여 장외파생상품을 투자권유하는 행위는 금지된다.

해설

투자권유란 특정 투자자를 대상으로 금융투자상품의 매매 등 계약체결을 권유하는 것을 말한다.

06 ★★☆ **다음 중 부당권유금지와 관련된 내용으로 거리가 먼 것은?**

① 투자권유 요청을 받고 방문·전화 등 실시간 대화의 방법을 이용하여 장외파생상품을 투자권유하는 행위는 금지된다.

② 금융상품의 가치에 중대한 영향을 미치는 사항을 미리 알고 있으면서 알리지 않는 행위는 금지된다.

③ 투자권유를 거부한 투자자에게 다른 상품에 대한 투자권유는 가능하다.

④ 거짓내용, 단정적 판단의 제공, 오해소지가 있는 내용을 알리는 행위는 금지된다.

해설

투자권유 요청을 받은 경우에는 고난도금융상품도 투자권유가 가능하다.

07 ★★☆ **자본시장법상 금융투자업자의 영업행위 규제에 대한 설명으로 가장 거리가 먼 것은?**

① 금융투자업자는 고유재산으로 소유하는 증권 및 원화CD를 예탁결제원에 예탁하여야 한다.

② 금융투자업자는 직무상 알게 된 정보로서 외부에 공개되지 아니한 정보를 정당한 사유없이 자기 또는 제3자의 이익을 위하여 이용하여서는 아니 된다.

③ 금융투자업자는 파생상품 등에 대해서는 투자자가 공통으로 사용할 투자권유준칙을 마련해야 한다.

④ 금융투자업자의 주요 직무종사자가 특정금융투자상품을 매매하는 경우에 매매명세를 월별로 소속회사에 통지하여야 한다.

해설

금융투자업자는 파생상품 등에 대해서는 투자자 등급별로 차등화된 투자권유준칙을 마련해야 한다.

08 ★★☆ **자본시장법상 금융투자업자의 위탁업무에 대한 내용으로 옳은 것을 모두 고르시오.**

> 가. 투자매매업자는 계약 체결·해지 업무를 인가받은 제3자에게 위탁이 가능하다.
> 나. 금융투자업자는 수탁자가 위탁받은 업무를 실제 수행한 날부터 7일 이내에 금융위에 보고하여야 한다.
> 다. 단순업무 및 외화자산운용·보관업무는 위탁자의 동의 없이 재위탁이 가능하다.
> 라. 신탁업자는 내부통제업무를 인가받은 제3자에게 위탁이 가능하다.

① 가   ② 가, 나
③ 가, 나, 다   ④ 가, 나, 다, 라

해설

나. 업무위탁은 사전보고가 원칙으로 위탁자가 위탁받은 업무를 실제 수행하려는 날의 7일 전까지 금융위에 보고해야 한다.
다. 재위탁은 원칙적으로 금지되나 특정업무(단순업무 및 외화자산운용·보관업무)에 대해서만 위탁자의 동의를 받아 재위탁할 수 있다.
라. 내부통제업무(준법감시업무 및 위험관리 책임자의 업무 등)는 업무위탁이 불가하다.

05 투자매매업자·투자중개업자에 대한 영업행위 규칙(업자별 영업행위 규칙)

section 23 | **매매 또는 중개업무 관련 규제** | 중요도 ★★★

투자매매업자 및 투자중개업자에 대한 영업행위 규제 중 매매 및 중개업무 관련 규제의 설명으로 옳지 못한 것은?

① 투자자로부터 금융투자상품의 매매에 관한 청약 또는 주문을 받은 경우에는 사전에 투자자에게 자기가 투자매매업자인지 투자중개업자인지를 밝혀야 한다.

② 금융상품의 매매를 위탁받은 투자중개업자가 고객의 대리인이 됨과 동시에 그 거래상대방이 될 수 없다. 그러나 다자간매매체결회사를 통하여 매매가 이루어지도록 하는 경우 등에는 그러하지 아니하다.

③ 투자매매업자는 투자자로부터 그 투자매매업자가 발행한 자기주식으로서 증권시장의 매매수량단위 이상의 주식에 대하여 매도의 청약을 받은 경우에는 이를 증권시장 밖에서 취득할 수 있다.

④ 투자자나 대리인으로부터 금융상품의 매매의 청약 또는 주문을 받지 아니하고 예탁받은 재산으로 금융투자상품의 매매를 할 수 없다.

해설

투자자로부터 그 투자매매업자가 발행한 자기주식으로서 증권시장의 매매수량단위 미만의 주식에 대하여 매도의 청약을 받은 경우에는 증권시장 밖에서 취득하고 이는 3개월 안에 처분해야 한다.

정답 ③

필수핵심개념

※ 금융투자업자 중 투자매매업자·투자중개업자에 대해서는 공통영업행위 규칙 외에 투자매매업·투자중개업을 영위하면서 발생할 수 있는 이해상충을 방지하여 투자자의 피해를 최소화하고 건전한 영업질서를 위해 세부적으로 영업행위를 규제하고 있음

01 매매 또는 중개업무 관련 규제

매매형태 명시	개 요	• 투자자로부터 매매주문을 받은 경우 사전에 투자자에게 자기가 투자매매업자인지 투자중개업자인지 그 역할을 알림으로써 투자자가 합리적인 판단을 할 수 있는 기회를 제공 • 이를 알리는 방법상의 제한은 없음
	역 할	• 투자중개업자 : 거래의 중개에 따른 수수료를 취하는 중개인 역할 • 투자매매업자 : 투자자와의 거래에 따른 손익을 추구하는 협상의 상대방 역할
	위반 시	1년 이하의 징역 또는 3천만원 이하의 벌금
자기계약의 금지	원 칙	동일한 매매에 있어서 자신이 본인이 됨과 동시에 상대방의 투자중개업자가 될 수 없음
	예 외	• 공정한 가격형성과 매매 • 거래의 안정성과 효율성 도모 및 투자자 보호의 우려가 없는 경우 • 증권시장 또는 파생상품시장을 통하여 매매가 이루어지도록 한 경우 • 자기가 판매하는 증권을 매수하는 경우 • 다자간매매체결회사를 통하여 매매가 이루어지도록 한 경우 • 종합금융투자사업자가 금융투자상품의 장외매매가 이루어지도록 한 경우
	위반 시	1년 이하의 징역 또는 3천만원 이하의 벌금
최선집행의 의무	개 요	금융투자상품의 매매에 관한 투자자의 청약 또는 주문을 처리하기 위하여 최선의 거래조건으로 집행하기 위한 기준(최선집행기준) 마련·공표 의무
	최선집행 제외거래	• 증권시장에 상장되지 아니한 증권의 매매 • 장외파생상품의 매매, 증권시장에 상장된 증권 또는 장내파생상품의 어느 하나에 해당하는 상품 중 복수의 금융투자상품시장에서의 거래가능성 및 투자자 보호의 필요성 등을 고려하여 총리령으로 정하는 금융투자상품의 매매
	최선집행 기준	❶ 가격, ❷ 부담하는 수수료 및 비용, ❸ 청약 또는 주문의 규모, ❹ 매매체결의 가능성 등을 고려하여 ❺ 최선의 거래조건으로 집행하기 위한 방법 및 그 이유 등이 포함. 단, 투자자가 별도의 지시를 하는 경우에는 그에 따라 최선집행기준과 달리 처리 가능(투자자 지시우선의 원칙)
	적용대상	❶ 증권시장 상장 주권, ❷ 주권 관련 상장 증권예탁증권(DR)에 한정
	점검 및 공표	최선집행기준을 3개월마다 점검하는 등 법규상 규정된 최선집행의무를 이행하여야 하며 부적합하다고 판단될 경우 기준을 변경하고, 이를 대외에 공표
	교부 및 제공	• 증권사는 상장 주권, 주권 관련 상장 증권예탁증권의 매매에 관한 주문을 받는 경우 미리 최선집행기준이 표시된 설명서 등을 교부 • 투자자가 최선집행기준에 따라 처리되었음을 증명하는 서면 등을 요구할 경우 관련 규정상 제공 대상 정보를 투자자에게 제공
자기주식의 예외적 취득		투자매매업자는 투자자로부터 그 ❶ 투자매매업자가 발행한 자기주식으로서 ❷ 증권시장의 매매수량단위 미만의 주식에 대하여 ❸ 매도의 청약을 받은 경우에는 이를 ❹ 증권시장 밖에서 취득할 수 있음. 이 경우 자기주식 취득일로부터 3개월 이내에 처분하여야 함
임의매매 금지	개 요	투자자나 대리인으로부터 금융상품의 매매의 청약 또는 주문을 받지 않고는 예탁받은 재산으로 금융투자상품의 매매를 할 수 없음
	위 반	5년 이하의 징역 또는 2억원 이하의 벌금

대표유형문제

투자중개업자 또는 투자매매업자는 투자자로부터 금융투자상품의 가격에 중대한 영향을 미칠 수 있는 매수 또는 매도의 청약이나 주문을 받거나 받게 될 가능성이 큰 경우 고객의 주문을 체결하기 전에 자기의 계산으로 매수 또는 매도하거나 제3자에게 매수 또는 매도를 권유하는 행위를 할 수 없다. 이러한 행위에 해당하는 것은?

① Front−running　　　　　　　　　② Scalping
③ Churning　　　　　　　　　　　　④ Hedging

해설

선행매매(Front−running)에 대한 설명이다.
- '조사분석사(애널리스트)의 선행매매(Scalping)'는 정보가 공개되기 전에 매매를 한다는 점에서는 유사하나 Scalping은 조사분석사에 의해 만들어진 정보이고, Front−running은 시장의 정보이다.
- Churning은 금융투자업자가 위탁수수료 수입을 늘리기 위해 거래횟수를 늘리는 과당매매를 말한다.

정답 ①

필수핵심개념

02 불건전영업행위의 금지

① 투자매매업자 또는 투자중개업자는 영업의 영위와 관련하여 투자자 보호 또는 건전한 거래질서를 해칠 우려가 있는 행위를 할 수 없으며, 이를 위반한 금융투자업자 및 그 임직원은 ❶ 손해배상책임과 ❷ 행정조치뿐만 아니라 ❸ 형사처벌(징역, 벌금)의 대상이 됨
② 자본시장법은 불건전영업행위 중 그 성노가 중하고 내표적인 유형을 직접 열거하여 그 위반행위에 대하여 5년 이하의 징역 또는 2억원 이하의 벌금에 처함
③ 시행령 등 하위규정에서 그 밖의 불건전영업행위를 정할 수 있도록 위임하는 동시에 하위 규정의 위반행위에 대해서는 5천만원 이하의 과태료 부과

(1) 자본시장법상 열거된 불건전영업행위

① 선행매매의 금지

개 요	투자중개업자 또는 투자매매업자는 투자자로부터 금융투자상품의 가격에 중대한 영향을 미칠 수 있는 매수 또는 매도의 청약이나 주문을 받거나 받게 될 가능성이 큰 경우 고객의 주문을 체결하기 전에 자기의 계산으로 매수 또는 매도하거나 제3자에게 매수 또는 매도를 권유하는 행위(Front−running)를 금지
적용 예외	• 투자자의 매매주문에 관한 정보를 이용하지 않았음을 입증하는 경우 • 증권시장과 파생상품시장 간의 가격 차이를 이용한 차익거래로서 투자자의 정보를 의도적으로 이용하지 아니하였다는 사실이 객관적으로 명백한 경우

투자매매업자 및 투자중개업자에 대한 불건전영업행위 금지 중 매매 및 '조사분석자료에 해당하는 금지' 대한 설명으로 옳지 못한 것은?

① 조사분석자료가 이미 공표한 조사분석자료와 비교하여 새로운 내용을 담고 있지 아니한 경우에는 내용이 사실상 확정된 때부터 공표 후 24시간 이내라도 그 조사분석자료의 대상이 된 금융투자상품을 자기의 계산으로 매매할 수 있다.

② 조사분석자료의 작성을 담당하는 자에 대해서는 일정한 기업금융업무와 연동된 성과보수를 지급할 수 없다.

③ 주권 등 일정한 증권의 모집 또는 매출과 관련된 계약을 체결한 날부터 그 증권이 최초로 증권시장에 상장된 후 40일 이내에 그 증권에 대한 조사분석자료를 공표하거나 특정인에게 제공할 수 없다.

④ 조사분석자료를 공표한 금융투자상품을 매매하는 경우에는 공표 후 24시간이 경과하여야 하며, 해당 금융투자상품의 공표일부터 7일 동안은 공표한 투자의견과 같은 방향으로 매매하여야 한다.

해설

④의 규정은 해당 금융회사가 아닌 조사분석담당자(애널리스트)가 자신이 속해 있는 증권회사에서 공표한 금융투자상품을 매매하는 경우에 대한 매매거래 제한에 대한 내용이다.

정답 ④

필수핵심개념

② 조사분석자료 공표 후 매매금지

개 요	투자매매업자 또는 투자중개업자는 특정 금융상품의 가치에 대한 주장이나 예측을 담고 있는 자료(조사분석자료)를 투자자에게 공표함에 있어서 그 조사분석자료의 내용이 ❶ 사실상 확정된 때부터 ❷ 공표 후 24시간이 경과하기 전까지 그 조사분석자료의 대상이 된 금융투자상품을 ❸ 자기의 계산으로 매매(scalping)를 금지함
적용 예외	• 조사분석자료의 내용이 직접 또는 간접으로 특정 금융투자상품의 매매를 유도하는 것이 아닌 경우 • 조사분석자료의 공표로 인한 매매유발이나 가격 변동을 의도적으로 이용하였다고 볼 수 없는 경우 • 해당 조사분석자료가 이미 공표한 조사분석자료와 비교하여 새로운 내용을 담고 있지 않은 경우

③ 조사분석자료 작성자에 대한 성과보수 금지

개 요	조사분석자료의 작성을 담당하는 자에 대해서는 일정한 기업금융업무와 연동된 성과보수 지급 금지
금지 업무	※ 일정한 기업금융업무(분석자료의 왜곡 가능성이 높은 업무) • 인수업무, 모집 · 사모 · 매출의 주선업무 • 기업의 인수 및 합병의 중개 · 주선 또는 대리업무 • 기업의 인수 · 합병에 관한 조언업무 • 경영참여형 사모펀드(기관전용사모펀드) 집합투자재산 운용업무 • 프로젝트금융의 자문 또는 주선업무 • 자문 또는 주선에 수반되는 프로젝트금융

④ 모집 · 매출과 관련된 조사분석 자료의 공표 · 제공 금지

개 요	투자매매업자 또는 투자중개업자는 ❶ 주권 등 일정한 증권의 모집 또는 매출과 관련된 계약을 체결한 날부터 그 증권이 ❷ 최초로 증권시장에 ❸ 상장된 후 40일 이내에 그 증권에 대한 조사분석자료를 공표하거나 특정인에게 제공 금지
대상 증권	주권 등 일정한 증권 : 주권, 전환사채, 신주인수권부사채, 교환사채

⑤ 투자권유대행인 · 투자권유자문인력 이외의 자의 투자권유 금지

  ㉠ 투자권유대행인 : 자기직원이 아닌 자로서 금융투자업자가 투자권유를 외부에 위탁하는 경우

  ㉡ 투자권유자문인력 : 금융투자업자의 직원이 내부직원으로 투자권유를 하는 경우

⑥ 일임매매 원칙 금지(단, 투자일임의 형태로 하는 경우나 예외적으로 투자일임업으로 보지 않는 경우에 미적용)

대표유형문제

일반투자자 중 금소법에 따라 정보를 파악한 결과 판매상품이 적합(적정)하지 않다고 판단되는 사람 또는 65세 이상인 사람에 대한 불건전영업행위 금지에 해당하지 않는 것은?

① 판매과정에 녹취된 파일을 제공하지 않는 행위
② 투자권유를 받고 금융투자상품등의 청약등을 한 투자자에게 2영업일 이상의 숙려기간을 부여하지 않는 행위
③ 숙려기간이 지난 후 서명 등의 방법으로 금융상품 매매 관한 청약등의 의사가 확정적임을 확인하지 않고 청약등을 집행하는 행위
④ 청약등을 집행할 목적으로 투자자에게 그 청약등의 의사가 확정임을 표시해 줄 것을 권유하거나 강요하는 행위

해설
투자자의 요청이 없는 경우 녹취된 파일을 제공하지 않아도 된다.

정답 ①

필수핵심개념

(2) 시행령에서 정하는 기타 불건전영업행위 금지

① 투자매매업자 또는 투자중개업자에게 서면으로 일반투자자와 같은 대우를 받겠다고 통지한 전문투자자의 요구에 정당한 사유없이 동의하지 아니하는 행위(절대적 전문투자자는 제외)

② 일반투자자(일반금융소비자) 중 금소법에 따라 정보를 파악한 결과, 판매상품이 적합(적정)하지 않다고 판단되는 사람 또는 65세 이상인 사람을 대상으로 금융상품 판매와 관련해 다음 어느 하나에 해당하는 행위

  ㉠ 미녹취 또는 요청 시 녹취파일 미제공

  ㉡ 판매과정에서 청약등을 철회할 수 있는 기간(숙려기간)에 대한 미안내

  ㉢ 투자권유를 받고 청약등을 투자자에게 2영업일 이상의 숙려기간 미부여

  ㉣ 숙려기간 동안 투자에 따르는 위험

  ㉤ 숙려기간 동안 투자원금의 손실가능성, 최대원금손실가능금액 등을 고시하지 않고 청약 등을 집행

  ㉥ 숙려기간이 지난 후 서명 등의 방법으로 금융상품 매매에 관한 청약등의 의사가 확정적임을 확인하지 않고 청약등을 집행

  ㉦ 청약등을 집행할 목적으로 투자자에게 그 청약등의 의사가 확정임을 표시해 줄 것을 권유하거나 강요하는 행위

③ 투자자 또는 거래상대방등에게 업무와 관련하여 금융위가 정하여 고시하는 기준을 위반하여 직접 또는 간접적으로 재산상의 이익을 제공하거나 이들로부터 재산상의 이익을 제공받는 행위

④ 증권인수업무 또는 모집·사모·매출의 주선업무와 관련하여 다음의 어느 하나에 해당하는 행위

  ㉠ 발행인이 증권신고서와 투자설명서 중 중요사항에 관하여 거짓을 기재(표시)하거나 기재(표시)하지 아니하는 것을 방지하는 데 필요한 적절한 주의를 기울이지 아니하는 행위

  ㉡ 증권의 발행인등에게 증권의 인수를 대가로 모집 후 그 증권을 매수할 것을 사전에 요구하거나 약속하는 행위

  ㉢ 인수하는 증권의 배정을 대가로 그 증권을 배정받은 자로부터 그 증권의 투자로 인하여 발생하는 재산상의 이익을 직접 또는 간접으로 분배받거나 그 자에게 그 증권의 추가적인 매수를 요구하는 행위

  ㉣ 인수하는 증권의 청약자에게 증권을 정당한 사유 없이 차별하여 배정하는 행위

⑤ 투자자에게 해당 투자매매업자·투자중개업자가 발행한 자기주식의 매매를 권유하는 행위

⑥ 금융투자상품의 가치에 중대한 영향을 미치는 사항을 미리 알고 있으면서 이를 투자자에게 알리지 아니하고 해당 금융투자상품의 매수나 매도를 권유하여 해당 금융투자상품을 매도하거나 매수하는 행위

⑦ 자본시장법상 미공개정보 이용행위금지, 시세조정행위 금지, 부정거래행위 금지 등을 위반하여 매매, 그 밖의 거래를 하려고 하는 것을 알고 그 매매 그 밖의 거래를 위탁받는 행위 금지

⑧ 손실보전금지 및 불건전영업행위에 따른 금지 또는 제한을 회피할 목적으로 하는 행위로서 장외파생상품거래, 신탁계약 또는 연계거래 등을 이용하는 행위 금지

⑨ 투자자로부터 집합투자증권(ETF 제외)을 매수하거나 그 중개·주선 또는 대리하는 행위 금지(단, 집합투자증권의 원활한 환매를 위한 경우에는 제외)

> **대표유형문제**
>
> 투자매매업자 또는 투자중개업자의 신용공여에 대한 설명으로 거리가 먼 것은?
>
> ① 해당 투자매매업자 또는 투자중개업자에 증권매매거래계좌를 개설하고 있는 자에 대하여 증권의 매매를 위한 매수대금을 융자하거나 매도하려는 증권을 대여하는 방법과 증권을 예탁하고 있는 자에 대하여 그 증권을 담보로 금전을 융자하는 방법이 있다.
>
> ② 상장증권을 처분하는 경우 그 처분대금은 처분제비용, 연체이자, 채무원금, 이자의 순서로 충당한다.
>
> ③ 투자자의 신용상태 및 종목별 거래상황등을 고려하여 신용공여금액의 140/100 이상에 상당하는 담보를 징구하여야 한다.
>
> ④ 채무상환, 추가 담보납입, 수수료 납입을 하지 않았을 때 그 다음 영업일에 투자자 계좌에 예탁된 현금을 채무변제에 우선 충당하고, 담보증권, 그 밖의 증권의 순서로 필요한 만큼 임의처분하여 채무변제에 충당한다.
>
> **해설**
>
> 상장증권을 처분하는 경우 그 처분대금은 처분제비용, 연체이자, 이자, 채무원금의 순서로 충당한다. 이는 연체이율이나 이자는 원금을 기준으로 부여되므로 원금을 마지막에 충당해야 증권사에 이자수익이 증대됨에 있다.
>
> **정답** ②

필수핵심개념

03 신용공여에 관한 규제

개 요	• 신용공여란 증권과 관련하여 금전의 융자 또는 증권 대여의 방법으로 투자자에 신용을 공여하는 것 • 신용공여행위는 투자매매업자 또는 투자중개업자의 고유업무는 아니지만 증권 관련해서는 예외적으로 허용 • 신용공여한도 · 기간, 이자율 및 연체이율 등은 신용공여 방법별로 투자매매업자 또는 투자중개업자가 정함
방 법	• 해당 투자매매업자 또는 투자중개업자에 ❶ 증권매매거래계좌를 개설하고 있는 자에 대하여 증권의 매매를 위한 매수대금을 융자하거나 매도하려는 증권을 대여하는 방법 • 해당 투자매매업자 또는 투자중개업자의 ❶ 계좌를 개설하여 전자등록주식 등을 보유하고 있거나 증권을 예탁하고 있는 자에 대하여 그 전자등록증 또는 증권을 담보로 금전을 융자하는 방법 • 투자자와 ❷ 신용공여에 관한 약정을 체결하여야 함(즉, 계좌개설 + 약정체결 시 신용공여 가능)
회사별 한도	투자매매업자 또는 투자중개업자의 총 신용공여 규모는 자기자본의 범위 이내로 하되 신용공여 종류별 구체적 한도는 금융위원장이 따로 정할 수 있음

	종 류	담보 징구	담보평가
담 보	**청약자금대출**	청약하여 배정받은 증권	• 청약주식 : 취득가액(상장 후 당일 종가) • 상장주권 · ETF의 집합투자증권 : 당일 종가 • 상장채권 · 공모파생결합증권(ELS에 한함) : 2 이상의 채권 　평가사가 제공하는 가격정보를 기초로 투자매매업자 또는 투 　자중개업자가 산정한 가격 • 집합투자증권 : 당일에 고시된 기준가 • 매도되거나 환매 신청된 금액을 담보 : 당해 증권 매도가, 융 　자일에 고시된 기준가격 • 그 밖의 증권과 신용거래 대주와 관련하여 제공되는 담보증 　권의 사정가격은 협회가 정함
	신용거래융자	매수한 주권 또는 ETF의 집합투자증권	
	신용거래대주	매도대금	
	예탁증권 담보융자	예탁증권(단, 가치산정이나 대출금회수가 곤란한 경우 증권을 담보로 징구 불가)	
담보비율	투자자의 신용상태 및 종목별 거래상황등을 고려하여 신용공여금액의 140/100 이상에 상당하는 담보를 징구하여야 함. 단, 신용거래 대주의 경우 대주 시가상당액의 105/100 이상을 담보로 징구		
임의상환	**상환사유**	채무상환, 추가 담보납입, 수수료 납입을 하지 않았을 때	
	변제 순서	그 다음 영업일에 ❶ 투자자 계좌에 예탁된 현금을 채무변제에 우선 충당하고, ❷ 담보증권, ❸ 그 밖의 증권의 순서로 필요한 만큼 임의처분하여 채무변제에 충당	
	상장증권 처분	증권시장에서 시가결정에 참여하는 호가에 따라 처분	
	비상장증권 등 처분	비상장증권, 집합투자증권, 그 밖에 증권사가 처분할 수 없는 증권을 처분하고자 하는 경우 그 처분방법을 협회가 정함	
	충당순서	처분대금은 ❶ 처분제비용, ❷ 연체이자, ❸ 이자, ❹ 채무원금의 순서로 충당함	
신용거래 제한	• 투자경고종목, 투자위험종목 또는 관리종목으로 지정된 증권, 거래소가 결제 전 예납조치를 취한 증권에 대해서는 신규신용거래 제한 • 상환기일이 도래한 신용공여가 있는 투자자에 대하여는 신용공여금액의 상환을 위한 주문수탁 외의 매매주문의 수탁이나 현금 또는 증권의 인출을 거부할 수 있음		
신용공여 제한	투자매매업자는 증권의 인수일로부터 3개월 이내에 투자자에게 그 인수증권을 매수하게 하기 위해 금전의 융자, 그 밖의 신용공여 제한		
위반 시 제재	회사 및 임직원에 대해 금융위 행정조치의 대상이 되나, 형사상의 제재는 없음		

투자자예탁금의 별도예치제도에 대한 설명이다. 가장 거리가 먼 것은?

① 투자자예탁금은 투자자로부터 금융상품 매매, 그 밖의 거래와 관련하여 예탁받은 금전을 의미하며, 투자매매업자 또는 투자중개업자는 투자자예탁금을 고유재산과 구분하여 증권금융회사에 예치하거나 신탁업자에 신탁하여야 한다.

② 겸영금융투자업자로서 은행과 보험회사는 자신이 신탁업자로서 투자자예탁금을 보관할 수 없다.

③ 누구든지 예치기관에 예치 또는 신탁한 투자자예탁금을 상계·압류하지 못하며, 투자매매업자 또는 투자중개업자는 시행령으로 정하는 경우 외에는 투자자예탁금을 양도하거나 담보로 제공할 수 없다.

④ 예치기관이 인가취소, 해산결의, 파산선고 등의 사유가 발생할 경우 예치 금융투자업자에게 예치 또는 신탁받은 투자자예탁금을 우선하여 지급하여야 한다.

해설

투자자예탁금을 신탁업자에 신탁힐 수 있는 금융투자업자는 은행, 한국산업은행, 중소기업은행, 보험회사이며 겸영금융투자업자의 경우 자기계약이 가능하다.

정답 ②

필수핵심개념

04 투자자 재산보호를 위한 규제

(1) 투자자예탁금 별도 예치 제도

투자자예탁금 별도 예치	• 투자매매업자 또는 투자중개업자는 ❶ 투자자예탁금을 고유재산과 구분하여 ❷ 증권금융회사에 예치하거나 ❸ 신탁업자에 신탁하여야 함 • 투자자예탁금을 신탁업자에 신탁할 수 있는 금융투자업자는 ❶ 은행, ❷ 한국산업은행, ❸ 중소기업은행, ❹ 보험회사이며 겸영금융투자업자의 경우 자기계약이 가능 • 증권금융회사 또는 신탁업자에게 투자자예탁금을 예치 또는 신탁하는 경우 투자자의 재산임을 명시
상계·압류 금지	[원칙] 누구든지 예치기관에 예치 또는 신탁한 투자자예탁금을 ❶ 상계·압류하지 못하며, 투자매매업자 또는 투자중개업자는 시행령으로 정하는 경우 외에는 ❷ 투자자예탁금을 양도하거나 담보로 제공 금지 [예외] 양도나 담보로 제공 가능한 사유 • 예치금융투자업자가 다른 회사에 흡수합병되거나 다른 회사와 신설합병되는 경우 • 예치금융투자업자가 금융투자업의 전부나 일부를 양도하는 경우

투자자예탁금 우선지급	• 예치금융업자가 인가취소, 해산결의, 파산선고, 투자매매업 또는 투자중개업 전부양도 · 전부폐지가 승인된 경우 및 전부의 정지명령을 받은 경우 등의 사유가 발생할 경우, 금융투자업자는 예치기관에 예치 또는 신탁한 투자자예탁금을 인출하여 투자자에게 우선 지급하여야 함 • 이 경우 그 예치금융투자업자는 사유발생일부터 2개월 이내에 그 사실과 투자자예금의 지급시기 · 지급장소 · 그 밖에 투자자예탁금 지급관련 사항을 2 이상의 일간신문에 공고하고, 인터넷 홈페이지에 공시 • 예치기관이 인가취소, 파산 등 동일한 사유가 발생하는 경우에는 예치금융투자업자에게 투자자예탁금을 우선하여 지급
기 타	• 예치기관은 예치받은 투자자예탁금을 자기재산과 구분하여 신의성실 원칙에 입각하여 관리 • 예치기관은 다음의 어느 하나에 해당하는 방법으로 투자자예탁금을 운용하여야 함 　－ 국채증권 또는 지방채증권의 매수 　－ 정부 · 지방자치단체 또는 시행령으로 정하는 금융기관이 지급을 보증한 채무증권의 매수 　－ 그 밖에 투자자예탁금의 안정적 운용을 해할 우려가 없는 것으로서 증권 또는 원화로 표시된 양도성 예금증서를 담보로 한 대출 　－ 한국은행 또는 체신관서에의 예치, 특수채 증권의 매수 등 • 투자매매업자 또는 투자중개업자는 금융투자상품의 매매, 그 밖의 거래에 따라 보관하게 되는 투자자 소유의 증권(원화표시 CD 포함)을 예탁결제원에 지체없이 예탁하여야 함

section 27 | **다자간매매체결회사(ATS)** | 중요도 ★☆☆

자본시장법상 다자간매매체결회사(ATS)에 대한 설명으로 거리가 먼 것은?

① 다자간매매체결회사는 정보통신망이나 전자정보처리장치를 이용하여 다수의 투자자 간에 자본시장법상 매매체결대상상품의 매매 또는 중개 · 주선이나 대리업무를 수행하는 투자매매업자 또는 투자중개업자이다.

② ATS 주주는 예외없이 발행주식 총수의 15%를 초과하여 소유할 수 없다.

③ 2016년 자본시장법 시행령 개정으로 ATS의 경쟁매매 거래량 한도가 시장전체의 경우 5% → 15%, 개별종목의 경우 10% → 30%로 증가하였다.

④ 인가요건은 투자매매업의 경우 자기자본은 300억원이고 투자중개업의 경우에는 200억원이라는 점에서 차이가 있다.

해설
펀드가 소유(사모는 제외), 정부가 소유, 그 밖에 금융위의 승인을 받은 경우 ATS회사의 주식을 15% 초과해서 소유할 수 있다.

정답 ②

05 다자간매매체결회사(ATS)에 관한 특례

(1) 개 요

① 정보통신망이나 전자정보처리장치를 이용하여 다수의 투자자 간에 자본시장법상 매매체결대상상품의 매매 또는 중개·주선이나 대리업무를 수행하는 투자매매업자 또는 투자중개업자

② 대체거래시스템(ATS)으로 정규거래소 이외에 매수자와 매도자 간에 매매를 체결시켜주는 다양한 형태의 증권거래시스템

(2) 자본시장법상 거래소와 다자간매매체결회사 비교

구 분	거래소	ATS
거래량 제한	없 음	(경쟁매매 시) 시장전체 15% 이내, 개별종목 30% 이내
지분보유한도	5%	• 원칙 : 15% 초과 금지 • 예외 : 펀드가 소유(사모는 제외), 정부가 소유, 그 밖에 금융위의 승인을 받은 경우(단, 한도 초과분 의결권 행사가 불가하며, 금융위가 6개월 이내의 기간을 정해 처분을 명할 수 있으며 이를 이행하지 않는 경우 이행강제금 부과도 가능
매매체결대상상품	증권파생상품	상장주권 및 증권예탁증권(DR)
거래참가자	증권회사에 한함	증권회사만 가능(전문투자자 대상)

(3) 인가요건

① 기본적으로 투자매매업자 및 투자중개업자의 인가요건*이 동일하나 업무인가 단위와 소유한도에 차이가 있음

*인가요건 : ㉠ 법인격 요건 ㉡ 자기자본 요건 ㉢ 인력 요건 ㉣ 물적설비 요건 ㉤ 사업계획 요건 ㉥ 건전경영 요건 ㉦ 이해상충 방지체계 요건 ㉧ 대주주 요건 등

② 투자매매업자의 자기자본 요건은 300억, 투자중개업자의 자기자본 요건은 200억

대표유형문제

자본시장법상 종합금융투자사업자에 대한 설명으로 가장 거리가 먼 것은?

① 종합금융투자사업자란 투자매매업자 또는 투자중개업자 중 금융위로부터 종합금융투자사업자의 지정을 받은 자이다.

② 종합금융투자사업자는 상법에 따른 주식회사이어야 한다.

③ 종합금융투자사업자는 5조원 이상의 자기자본을 갖추고 있어야 한다.

④ 종합금융투자사업자는 기업에 대한 신용공여 업무를 영위할 수 있다.

해설
종합금융투자사업자는 3조원 이상의 자기자본을 갖추고 있어야 한다.

정답 ③

필수핵심개념

06 종합금융투자사업자의 특례

(1) 종합금융투자사업자의 개요 및 지정

개 요	• 종합금융투자사업자라 함은 투자매매업자 또는 투자중개업자 중 금융위로부터 종합금융투자사업자의 지정을 받은 자 • 주된 기능 : 일반 사모펀드(헤지펀드)에 대한 신용공여 · 증권대차 · 재산의 보관과 관리 등 헤지펀드에 대하여 투자은행업무를 종합적으로 서비스하는 것
지정요건	• 「상법」에 따른 주식회사일 것 • 증권에 관한 인수업을 영위할 것 • 3조원 이상으로서 대통령령으로 정하는 금액 이상의 자기자본을 갖출 것 • 그 밖에 해당 투자매매업자 또는 투자중개업자의 신용공여 업무수행에 따른 위험관리 능력 등을 고려하여 이해상충발생 가능성을 파악 · 평가 · 관리할 수 있는 적절한 내부통제기준과 이해상충 방지체계를 갖출 것
지정절차	• 지정요건을 갖춘 투자매매업자 또는 투자중개업자가 금융위에 지정신청서를 제출 • 금융위가 지정여부를 결정함에 있어 ❶ 지정요건을 갖추지 않는 경우, ❷ 거짓으로 작성한 경우, ❸ 지정신청서 흠결 보완요구 이행을 하지 않은 경우를 제외하고 지정하여야 함 • 종합금융투자사업자의 지정은 등록에 해당
지정취소	지정요건을 갖추지 않는 경우나 거짓, 그 밖의 부정한 방법으로 지정받은 경우에는 취소 가능

(2) 종합금융투자회사의 업무

전담중개업무	일반 사모펀드(헤지펀드) 등에 대하여 증권대차, 재산의 보관 · 관리, 금전 융자, 신용공여 등 각종 금융서비스를 연계하여 제공하는 투자은행 업무(주된 기능)
전담중개업무 제공 대상	• 일반 사모집합투자기구 • 은행, 보험사, 금융투자사업자(겸영투자사업자 제외) 등 • 기금을 관리 · 운용하는 공제사업을 경영하는 법인 • 기관전용 사모펀드 • 사모펀드에 상당하는 외국 펀드
신용공여 업무	• 신용공여 업무란 대출, 기업어음 증권에 해당하지 아니하는 어음의 할인 · 매입을 말함 • 사본시장법 또는 다른 금융 관련 법령에도 불구하고 기업에 대한 신용 공어 가능 • 신용공여 합계액이 자기자본의 2배 초과 금지/기업금융 및 중소기업에 대한 신용공여를 제외한 신용공여의 합계액이 자기자본의 100% 초과 금지(단, 일반사모펀드로부터 받은 담보를 활용하여 제3자로부터 조달한 자금으로 신용공여를 하는 경우, 기업의 인수 · 합병에 관한 조언업무나 중개 · 주선 또는 대리업무에 관해 총리령으로 정하는 기간 이내의 신용공여를 하는 경우, 국가 · 지자체 · 외국정부 금융기관 또는 이에 준하는 외국금융기관이 원리금 상환에 관해 보증한 신용공여는 초과 가능) • 동일한 법인 및 그 법인에 속하는 회사에 대해 자기자본의 25%를 초과한 신용공여 금지 • 자기자본의 변동 등으로 추가로 신용공여를 하지 아니하였음에도 한도를 초과하는 경우 그 한도를 초과하게 된 날로부터 1년 이내 그 한도에 적합하도록 해야 함
업무 금지	종합금융투자회사와 그 계열회사의 관계에 있는 법인에 대하여 신용공여 금지 및 그 법인이 운용하는 일반사모펀드에 대하여 전담중개업무 제공 금지

05 핵심보충문제

01 투자매매업자 및 투자중개업자에 대한 영업행위 규제 중 최선집행의무의 규제에 대한 설명으로 옳지
★★☆ 못한 것은?

① 금융투자상품의 매매에 관한 투자자의 청약 또는 주문을 처리하기 위하여 최선의 거래조건으로
집행하기 위한 기준을 마련해야 한다.

② 투자자가 최선집행기준에 따라 처리되었음을 증명하는 서면 등을 요구할 경우 관련 규정상 제공
대상 정보를 투자자에게 제공하여야 한다.

③ 장외파생상품 매매에 관한 투자자의 청약 또는 주문을 처리하기 위해서는 최선의 거래조건으로
집행하기 위한 기준을 마련하여야 한다.

④ 최선집행기준을 3개월마다 점검하는 등 법규상 규정된 최선집행의무를 이행하여야 하며 부적합
하다고 판단될 경우 기준을 변경하고, 변경의 이유를 포함하여 그 변경 사실을 공표하여야 한다.

> **해설**
>
> 자본시장법상 최우선 집행의 의무는 증권시장 상장 주권, 주권 관련 상장 증권예탁증권(DR)에 한정하고 있어 증권시장에
> 상장되지 아니한 증권의 매매나 장외파생상품 매매 거래 또는 주권이 아닌 지분증권, 기타 증권에 대해서도 적용하지 않고
> 있다.

02 투자매매업자 및 투자중개업자에 대한 영업행위 규제 중 매매 및 중개업무 관련 규제의 설명으로 옳
★★☆ 지 못한 것은?

① 증권시장 또는 파생상품시장을 통하여 매매가 이루어지도록 한 경우 동일한 매매에 있어서 자신
이 본인이 됨과 동시에 상대방의 투자중개업자가 될 수 있다.

② 투자자가 청약 또는 주문의 처리에 관하여 별도의 지시를 하는 경우에도 최선집행의무를 이행하
여 처리하여야 한다.

③ 투자매매업자는 투자자로부터 그 투자매매업자가 발행한 자기주식으로서 증권시장의 매매수량
단위 미만의 주식에 대하여 매도의 청약을 받은 경우에는 이를 증권시장 밖에서 취득할 수 있다.

④ 임의매매 금지 위반 시 5년 이하의 징역 또는 2억원 이하의 벌금에 처할 수 있다.

> **해설**
>
> 최선집행의무는 투자자 지시 우선의 원칙에 따라 투자자가 별도의 지시를 하는 경우에는 그에 따라 최선집행기준과 달리
> 처리할 수 있다.

03 규제대상 행위로서 〈보기〉에 해당하는 것은?
★★☆

투자매매업자 · 투자중개업자가 투자자나 대리인으로부터 금융상품의 매매의 청약 또는 주문을 받지 아니하고 예탁받은 재산으로 금융투자상품의 매매를 할 수 없다. (자본시장법 제 70조)

① 일임매매
② 임의매매
③ 통정매매
④ 자기매매

해설

임의매매에 대한 설명이다.

04 투자매매업자 및 투자중개업자의 영업행위 규칙과 관련하여 잘못된 내용은 모두 몇 개인가?
★★☆

가. 투자자로부터 매매주문을 받은 경우 사전에 투자자에게 자기가 투자매매업자인지 아니면 투자중개업자인지 서면을 통해서 밝혀야 한다.
나. 매 2개월마다 투자자의 주문을 위한 최선집행기준의 내용을 점검해야 한다.
다. 기존 상장종목의 수량이 추가되는 추가상장 관련 모집 또는 매출과 관련된 계약을 체결한 날부터 40일 이내에 그 증권에 대한 조사분석자료를 공표하거나 특정인에게 제공할 수 없다.
라. 조사분석자료의 작성을 담당하는 자에 대해서는 일정한 기업금융업무와 연동된 성과보수를 지급할 수 없다.

① 1개
② 2개
③ 3개
④ 4개

해설

가. 투자매매업자인지 또는 투자중개업자인지 밝히는 방법상의 제한은 없다.
나. 매 3개월마다 투자자의 주문을 위한 최선집행기준의 내용을 점검해야 한다.
다. 투자매매 · 중개업자가 조사분석자료 공표 · 제공을 통해 기업가치에 관한 합리적인 정보가 부족한 신규 상장증권의 가격에 인위적인 영향을 미치는 것을 제한하기 위한 취지로 신규로 상장된 증권이 아닌 경우에는 적용되지 않는다.

05 ★★☆ 금융투자업자별 자본시장법에서 명시된 영업행위 규칙 중 투자매매업자와 투자중개업자의 규칙이 아닌 것은?

① 선관주의의무

② 신의성실의무

③ 자기계약금지

④ 임의매매금지

> **해설**
>
> 자본시장법상 선관주의의무는 자산관리업자(집합투자업, 신탁업, 투자자문업, 일임업)에게만 적용된다. 단, 자본시장법에서는 투자매매업자와 투자중개업자에 대한 선관주의의무에 대한 규정에 대해서는 구체적으로 명시하지는 않았지만 투자매매업자와 투자중개업자도 당연히 선관주의의무를 부담해야 한다.

06 ★★☆ 투자매매업자 및 투자중개업자에 대한 영업행위 규제 중 불건전영업행위의 금지에 대한 설명으로 옳지 못한 것은?

① 투자매매업자 또는 투자중개업자는 영업의 영위와 관련하여 투자자 보호 또는 건전한 거래질서를 해칠 우려가 있는 행위를 할 수 없으며, 이를 위반한 금융투자업자 및 그 임직원은 형사처벌의 대상이 될 수도 있다.

② 선행매매는 원칙적으로 금지하되, 증권시장과 파생상품시장 간의 가격 차이를 이용한 차익거래로서 투자자의 정보를 의도적으로 이용하지 아니하였다는 사실이 객관적으로 명백한 경우에는 선행매매에 해당되지 않는다.

③ 투자매매업자 또는 투자중개업자는 모든 증권의 모집 또는 매출과 관련된 계약을 체결한 날부터 그 증권이 최초로 증권시장에 상장된 후 40일 이내에 그 증권에 대한 조사분석자료를 공표하거나 특정인에게 제공할 수 없다.

④ 일임매매는 원칙적으로 금지하되, 투자일임의 형태로 하는 경우나 예외적으로 투자일임업으로 보지 않는 경우에는 적용하지 아니한다.

> **해설**
>
> ③ 모든 증권이 아닌 주권, 전환사채, 신주인수권부사채, 교환사채를 대상으로 한다. 40일 동안 정보제공을 금지하는 이유는 조사분석자료(정보비대칭을 줄여주는 중요자료)는 투자자의 의사결정에 미치는 영향이 커 상장을 주관하는 증권사가 그 상장하는 증권의 왜곡가능성을 방지하기 위함이다.

07 투자매매업자 및 투자중개업자에 대한 영업행위 규제 중 불건전영업행위의 금지에 대한 설명으로 옳
★★☆　지 못한 것은?

① 국내금융회사가 투자매매업자 또는 투자중개업자에게 서면으로 일반투자자와 같은 대우를 받겠
다고 통지한 전문투자자의 요구에 정당한 사유 없이 동의하지 아니하는 행위는 금지된다.

② 시행령 등 하위규정에서 그 밖의 불건전영업행위를 정할 수 있도록 위임하는 동시에 하위 규정의
위반행위에 대해서는 5천만원 이하의 과태료가 부과된다.

③ 자본시장법은 불건전영업행위 중 그 정도가 중하고 대표적인 유형을 직접 열거하여 그 위반행위
에 대하여 5년 이하의 징역 또는 2억원 이하의 벌금에 처한다.

④ 투자매매업자 또는 투자중개업자는 영업의 영위와 관련하여 투자자 보호 또는 건전한 거래질서
를 해칠 우려가 있는 행위를 할 수 없으며, 이를 위반한 금융투자업자 및 그 임직원은 손해배상
책임과 행정조치뿐만 아니라 형사처벌(징역, 벌금)의 대상이 된다.

> **해설**
>
> 국내금융회사는 절대적 전문투자자로 일반투자자와 같은 대우를 받을 수 없다.
> - 절대적 전문투자자 : 국가, 한국은행, 금융기관, 외국정부 · 외국중앙은행 · 국제기구 등
> - 상대적 전문투자자 : 주권상장법인, 지방자치단체, 기타 기관(기금 관리 · 운용법인, 공제사업 영위법인, 해외주권상장 국
>   내법인 및 이에 준하는 외국인)

08 다음 중 조사분석자료 작성자의 성과보수 연동이 금지되는 기업금융업무에 해당하지 않는 것은?
★☆☆
① 인수업무

② 모집 · 사모 · 매출의 주선업무

③ 기업의 인수 · 합병에 관한 조언업무

④ 진자자금이체 업무

> **해설**
>
> - 성과보수 연동이 금지되는 기업금융업무는 조사분석자료의 왜곡 가능성이 높은 ① 인수업무, 모집 · 사모 · 매출의 주선
>   업무, ② 기업의 인수 및 합병의 중개 · 주선 또는 대리업무, ③ 기업의 인수 · 합병에 관한 조언업무, ④ 경영참여형 사모
>   펀드(기관전용 사모펀드) 집합투자재산 운용업무, ⑤ 프로젝트금융의 자문 또는 주선업무, ⑥ 자문 또는 주선에 수반되
>   는 프로젝트금융이다.
> - 조사분석자료는 투자자들을 증권사에 유인하는 수단이나 조사분석자료 자체는 수익을 창출하지 못하기 때문에 타 업무
>   의 수익에 의해 이루어진다. 따라서 조사분석가(애널리스트)들은 회사 내 타 업무 요구나 성과보수에 따라 조사분석자료
>   내용을 왜곡할 가능성이 존재하여 이에 대한 유인을 낮추기 위해 왜곡 가능성이 높은 업무에 대해서는 성과보수가 금지
>   된다.

09 ★★☆ 투자매매업자 또는 투자중개업자의 신용공여에 대한 설명으로 옳지 않은 것은?

① 투자매매업자 또는 투자중개업자의 총 신용공여 규모는 자기자본의 범위 이내로 하되 신용공여 종류별 구체적 한도는 금융위원장이 따로 정할 수 있다.

② 가치산정이 곤란하거나 대출금회수가 곤란한 경우 증권을 담보로 징구할 수 없다.

③ 투자매매업자는 증권의 인수일로부터 3개월 이내에 투자자에게 그 인수증권을 매수하게 하기 위해 금전의 융자, 그 밖의 신용공여를 할 수 없다.

④ 신용공여에 관한 규제를 위반하는 경우 회사 및 임직원에 대한 금융위의 행정조치뿐만 아니라 형사상의 제재대상이 된다.

> **해설**
> 신용공여 규제를 위반하는 경우에는 형사상 제재가 없다.

10 ★★☆ 투자매매업자 또는 투자중개업자의 신용공여에 대한 설명으로 옳지 않은 것은?

① 투자매매업자 또는 투자중개업자는 거래소가 투자경고종목, 투자위험종목 또는 관리종목으로 지정된 증권, 거래소가 매매호가 전에 예납조치를 취한 증권에 대해서는 신규의 신용거래를 할 수 없다.

② 투자자의 신용상태 및 종목별 거래상황등을 고려하여 신용공여금액의 120/100 이상에 상당하는 담보를 징구하여야 한다.

③ 상환기일이 도래한 신용공여가 있는 투자자에 대하여는 신용공여금액의 상환을 위한 주문수탁 외의 매매주문의 수탁이나 현금 또는 증권의 인출을 거부할 수 있다.

④ 비상장증권, 집합투자증권, 그 밖에 증권사가 처분할 수 없는 증권을 처분하고자 하는 경우 그 처분방법을 협회가 정한다.

> **해설**
> 투자자의 신용상태 및 종목별 거래상황등을 고려하여 신용공여금액의 140/100 이상에 상당하는 담보를 징구하여야 한다.

11 투자자예탁금의 별도예치제도에 대한 설명이다. 가장 거리가 먼 것은?

★★☆

① 투자매매업자 또는 투자중개업자가 증권금융회사 또는 신탁업자에게 투자자예탁금을 예치 또는 신탁하는 경우에는 그 투자자예탁금이 예치 금융투자업자의 고유재산임을 명시하여야 한다.

② 예치금융투자업자가 다른 회사에 흡수합병되거나 다른 회사와 신설합병되는 경우에는 예외적으로 예치기관에 예탁한 투자자예탁금을 양도할 수 있다.

③ 예치금융업자가 인가취소, 해산결의, 파산선고 등의 사유가 발생한 경우에는 그 예치금융투자업자는 사유발생일부터 2개월 이내에 그 사실과 투자자예금의 지급시기 · 지급장소 · 그 밖에 투자자예탁금 지급관련 사항을 2 이상의 일간신문에 공고하고, 인터넷 홈페이지에 공시하여야 한다.

④ 예치금융업자가 인가취소, 해산결의, 파산선고, 투자매매업 또는 투자중개업 전부 양도 · 전부폐지가 승인된 경우 및 전부의 정지명령을 받은 경우 등의 사유가 발생할 경우, 금융투자업자는 예치기관에 예치 또는 신탁한 투자자예탁금을 인출하여 투자자에게 우선 지급하여야 한다.

> **해설**
> ① 금융투자업자의 고유재산이 아닌 투자자의 재산임을 명시하여야 한다.

대표유형문제

금융투자업자가 장외파생상품을 대상으로 영업을 하는 경우 적용되는 사항에 대한 설명 중 사실과 다른 것은?

> 가. 장외파생상품의 매매 및 그 중개·주선 또는 대리의 상대방이 일반투자자인 경우에는 그 일반투자자가 대통령령으로 정하는 위험회피 목적의 거래를 하는 경우에 한할 것
> 나. 영업용순자본에서 총위험액을 차감한 금액을 인가업무 또는 등록업무 단위별 자기자본을 합계한 금액으로 나눈 값이 100분의 150에 미달하는 경우에는 그 미달상태가 해소될 때까지 모든 장외파생상품의 매매를 중지
> 다. 장외파생상품의 매매를 할 때마다 준법감시인의 승인을 받을 것
> 라. 월별 장외파생상품(파생결합증권을 포함)의 매매, 그 중개·주선 또는 대리의 거래내역을 다음 달 10일까지 금융위원회에 보고할 것

① 가, 나　　　　　　　　　　　　　② 나, 다
③ 다, 라　　　　　　　　　　　　　④ 가, 라

해설

나. 모든 장외파생상품이 아닌 새로운 장외파생상품 매매가 중지되고, 미종결거래의 정리나 위험회피에 관련된 업무만을 수행하여야 한다.
다. 장외파생상품의 매매를 할 때마다 파생상품업무책임자의 승인을 받아야 한다.

정답　②

필수핵심개념

01 장외거래

(1) 장외거래 방법

거래소시장 및 다자간매매체결회사 외에서 증권이나 장외파생상품을 매매하는 경우에는 협회를 통한 비상장주권의 장외거래 및 채권중개전문회사를 통한 채무증권의 장외거래를 제외하고는 단일의 매도자와 매수자 간에 매매하는 방법으로 해야 함

(2) 장외파생상품의 매매

투자매매업자 또는 투자중개업자는 장외파생상품을 대상으로 하여 투자매매업 또는 투자중개업을 하는 경우에는 다음 각 호의 기준을 준수하여야 함

> • 장외파생상품의 매매 및 그 중개 · 주선 또는 대리의 상대방이 ❶ 일반투자자인 경우에는 그 일반투자자가 대통령령으로 정하는 ❷ 위험회피 목적의 거래를 하는 경우에 한할 것
> • 장외파생상품의 매매에 따른 위험액(시장위험액 + 신용위험액 + 운영위험액)이 금융위원회가 정하여 고시하는 한도를 초과하지 아니할 것
>
> > 금융위원회가 정하여 고시하는 한노
> > – 겸영금융투자업자 이외의 투자매매업 · 투자중개업자의 경우 : 위험액이 자기자본의 30% 초과를 금지
> > – 겸영금융투자업자인 투자매매업 · 투자중개업자의 경우 : 당해 겸영투자업자의 내부기준에 정한 한도
>
> • 영업용순자본에서 총위험액을 차감한 금액을 인가업무 또는 등록업무 단위별 자기자본을 합계한 금액으로 나눈 값이 ❶ 100분의 150에 미달하는 경우에는 ❷ 그 미달상태가 해소될 때까지 ❸ 새로운 장외파생상품의 매매를 중지하고, ❹ 미종결거래의 정리나 위험회피에 관련된 업무만을 수행할 것
> • 장외파생상품의 매매를 할 때마다 파생상품업무책임자의 승인을 받을 것. 다만, 금융위원회가 정하여 고시하는 기준을 충족하는 계약으로서 거래당사자 간에 미리 합의된 계약조건에 따라 장외파생상품을 매매하는 경우는 제외
> • 월별 장외파생상품(파생결합증권을 포함)의 매매, 그 중개 · 주선 또는 대리의 거래내역을 다음달 10일까지 금융위원회에 보고할 것

(3) 기타 장외거래

구 분	내 용
협회 및 종합금융투자사업자 장외매매거래	• 동시에 다수의 매수자와 다수의 매도자 간의 매매하는 방법으로 가격과 수량을 공표할 것 • 주권의 종목별로 금융위원회가 정하여 고시하는 단일의 가격 또는 당사자 간의 매도호가와 매수호가가 일치하는 경우에는 그 가격으로 매매거래를 체결시킬 것
해외시장거래	• 일반투자자는 해외 증권시장이나 해외 파생상품시장에서 외화증권 및 장내파생상품의 매매거래를 하려는 경우에는 투자중개업자를 통하여 매매거래 • 투자중개업자가 일반투자자로부터 해외 증권시장 또는 해외 파생상품시장에서의 매매거래를 수탁하는 경우에는 외국 투자중개업자 등에 자기계산에 의한 매매거래 계좌와 별도의 매매거래 계좌를 개설하여야 함 ※ 해외파생상품 시장 런던금속거래소 장외 금속거래, 런던귀금속협회 귀금속거래, 미국선물협회 장외 외국환거래, 선박운임선도거래업자협회 선박운임거래, 일본 금융상품거래법 장외 외국환거래, 유럽연합의 금융상품시장 장외 외국환거래 능
기업어음증권 장외거래	• 투자매매업자 또는 투자중개업자가 기업어음증권을 매매하거나 중개 · 주선 또는 대리하는 경우 – 둘 이상의 신용평가회사로부터 신용평가를 받은 기업어음증권일 것 – 기업어음증권에 대하여 직접 또는 간접의 지급보증을 하지 아니할 것
환매조건부매매	• 국채증권, 지방채증권, 특수채증권를 대상으로 할 것 • 일반투자자 등을 상대로 환매조건부 매수업무 영위 금지(환매조건부 매도는 가능) • 금융기관 등이 상호 간에 환매조건부 매매를 할 경우 금융위원회가 정하여 고시하는 방법에 따라 그 대상증권과 대금을 동시에 결제해야 함

대표유형문제

공공적 법인의 주식 소유 제한에 대한 설명으로 거리가 먼 것은?

① 공공적 법인이 발행한 주식을 기준을 초과하여 소유한 자는 그 초과분에 대하여는 의결권을 행사할 수 없다.

② 공공적 법인의 주식 소유 기준 중 의결권이 없는 주식은 발행주식 총수에서 제외된다.

③ 누구든지 공공적 법인이 발행한 주식을 누구의 명의로 하든지 자기의 계산으로 법에서 정한 기준을 초과하여 소유할 수 없으며, 그 특수관계인의 명의로 소유하는 때에는 자기의 계산으로 취득한 것으로 본다.

④ 상장된 당시에 총수의 10% 이상을 소유한 자가 그 소유비율을 초과한 경우에는 보유한 주식에 대하여 의결권을 행사할 수 없다.

해설

법령에 정해진 기준을 초과하여 주식을 소유한 자는 그 초과분에 대하여는 의결권을 행사를 할 수 없다.

정답　④

필수핵심개념

02 공공적 법인의 주식 소유 제한

공공적 법인 개념	자본시장법상 공공적 법인이라 함은 국가기간산업 등 국민경제상 중요한 산업을 영위하는 법인으로 다음 각 요건을 모두 충족 하는 법인 중에서 금융위가 관계부처장관과의 협의와 국무회의에의 보고를 거쳐 지정하는 상장법인 • 경영기반이 정착되고 계속적인 발전가능성이 있는 법인 • 재무구조가 건실하고 높은 수익이 예상되는 법인 • 해당 법인의 주식을 국민이 광범위하게 분산소유할 수 있을 정도로 자본금규모가 큰 법인
주식소유 한도 제한	누구든지 공공적 법인이 발행한 주식을 누구의 명의로 하든지 자기의 계산(특수관계인 포함)으로 다음의 기준을 초과(무의결권주는 발행주식 총수에서 제외)하여 소유 금지 • 그 주식이 상장된 당시에 총수의 10% 이상을 소유하는 자는 그 소유비율 • 그 외 주주는 발행주식의 3% 이내 ※ 단, 소유비율의 한도에 관하여 금융위의 승인을 받은 경우에는 그 소유비율 한도로 소유 가능
의결권행사 제한 및 시정명령	• 기준을 초과하여 주식을 소유한 자는 그 초과분에 대하여는 의결권 행사 금지 • 금융위는 그 기준을 초과하여 주식을 소유한 자에게 6개월 이내의 기간을 정하여 기준을 충족하도록 시정명령할 수 있음

03 외국인의 증권 또는 장내파생상품 소유제한

외국인의 정의	• 외국인 : 국내에 6개월 이상 주소 또는 거소를 두지 아니한 개인 • 외국법인 : 외국정부, 외국 지자체, 외국 공공단체, 외국법령에 따라 설립된 기업 등
공공적 법인 지분증권 취득한도 제한	• 종목별 외국인 또는 외국법인 등의 1인 취득한도 : 해당 공공적 법인의 정관에서 정한 한도 • 종목별 외국인 또는 외국법인 등의 전체 취득한도 : 해당 종목의 지분증권 총수의 40% • 금융위는 증권시장 및 파생상품시장의 안정과 투자자보호를 위하여 필요하다고 인정하는 경우에는 취득한도 제한 외에 증권 또는 장내파생상품에 대하여 업종별, 종류별 또는 종목별·품목별 취득한도를 정할 수 있음 • 외국인 또는 외국법인 등의 공공적 법인의 주식 취득에 관하여는 금융위 제한에 추가하여 공공적 법인의 정관이 정하는 바에 따라 따로 제한할 수 있음
의결권행사 제한 및 시정명령	• 기준을 초과하여 주식을 소유한 자는 그 초과분에 대하여는 의결권 행사 금지 • 금융위는 그 기준을 초과하여 주식을 소유한 자에게 6개월 이내의 기간을 정하여 기준을 충족하도록 시정명령할 수 있음

06 핵심보충문제

01 자본시장법상 장외거래에 대한 설명으로 가장 거리가 먼 것은?

★★☆

① 거래소시장 및 다자간매매체결회사 외에서 증권이나 장외파생상품을 매매하는 경우에는 협회를 통한 비상장주권의 장외거래 및 채권중개전문회사를 통한 채무증권의 장외거래를 제외하고는 다수의 매도자와 매수자 간에 매매하는 방법으로 해야 한다.

② 투자중개업자가 일반투자자로부터 해외 증권시장 또는 해외 파생상품시장에서의 매매거래를 수탁하는 경우에는 외국 투자중개업자 등에 자기계산에 의한 매매거래 계좌와 별도의 매매거래 계좌를 개설하여야 한다.

③ 투자중개업자는 둘 이상의 신용평가회사로부터 신용평가를 받은 기업어음증권만 중개할 수 있으며 기업어음증권에 대하여 직접 또는 간접의 지급보증을 하지 아니하여야 한다.

④ 일반투자자등을 상대로 환매조건부 매도업무를 영위할 수 있다.

해설

거래소시장 및 다자간매매체결회사 외에서 증권이나 장외파생상품을 매매하는 경우에는 협회를 통한 비상장주권의 장외거래 및 채권중개전문회사를 통한 채무증권의 장외거래를 제외하고는 단일의 매도자와 매수자 간에 매매하는 방법으로 해야 한다.

02 자본시장법상 장외거래에 대한 설명으로 가장 거리가 먼 것은?

★★☆

① 위험액은 시장위험액 · 신용위험액 · 운영위험액을 합산하여 산정한다.

② 겸영금융투자업자 이외의 투자매매업 · 투자중개업자의 경우 위험액이 내부기준에 정한 한도를 초과하여서는 아니 된다.

③ 금융위원회가 정하여 고시하는 기준을 충족하는 계약으로서 거래당사자 간에 미리 합의된 계약조건에 따라 장외파생상품을 매매하는 경우에는 파생상품업무책임자의 승인을 받지 아니하여도 된다.

④ 금융기관 등이 상호 간에 환매조건부매매를 할 경우 금융위원회가 정하여 고시하는 방법에 따라 그 대상증권과 대금을 동시에 결제해야 한다.

해설

※ 금융위원회가 정하여 고시하는 한도

- 겸영금융투자업자 이외의 투자매매업 · 투자중개업자의 경우 : 위험액이 자기자본의 30% 초과를 금지
- 겸영금융투자업자인 투자매매업 · 투자중개업자의 경우 : 당해 겸영투자업자의 내부기준에 정한 한도

03 공공적 법인의 주식 소유 제한 및 외국인의 증권 소유제한에 대한 내용으로 거리가 먼 것은?

★☆☆

① 공공적 법인의 주식 소유한도는 주식이 상장된 당시에 총수의 10% 이상을 소유하는 자에게는 그 소유비율이 된다. 단, 소유비율의 한도에 관하여 금융위의 승인을 받은 경우에는 그 소유비율 한도로 소유가 가능하다.

② 공공적 법인의 종목별 외국인 또는 외국법인 등의 1인 취득한도는 3% 이내이다.

③ 공공적 법인의 종목별 외국인 또는 외국법인 등의 전체 취득한도는 해당 종목의 지분증권 총수의 40%이다.

④ 금융위는 법령에 정한 기준을 초과하여 주식을 소유한 자에게 6개월 이내의 기간을 정하여 기준을 충족하도록 시정명령할 수 있다.

해설

종목별 외국인 또는 외국법인 등의 1인 취득한도는 해당 공공적 법인의 정관에서 정한 정도이다.

---

section 31 **미공개중요정보 이용행위 금지** 중요도 ★★★

대표유형문제

자본시장법상 미공개중요정보 이용행위 금지 관련 내부자거래 규제대상자에 해당하지 않는 자는?

① 직무와 관련하여 미공개중요정보를 알게 된 해당법인 임직원

② 권리를 행사하는 과정에서 미공개중요정보를 알게 된 해당법인 주요주주

③ 해당법인과 계약을 체결하고 있거나 체결을 교섭하고 있는 자로서 그 계약을 체결·교섭 또는 이행하는 과정에서 미공개중요정보를 알게 된 자

④ 미공개중요정보 정보수령자로부터 미공개중요정보를 알게 된 2차 정보수령자

해설

내부자거래 규제대상자는 내부자, 준내부자, 정보수령자이다. 정보수령자로부터 미공개중요정보를 알게 된 2차 정보수령자의 이용행위나 목적성이 없이 시세에 영향을 주는 행위 등과 같은 '시장질서 교란행위'를 금지하고 위반 시 과징금 부과규정이 있다.

정답 ④

필수핵심개념

01 불공정거래

불공정거래는 자본시장법에서 요구하는 각종 의무를 이행하지 않고 주식을 거래하거나 거래 상대방을 속여 부당한 이득을 취하는 일체의(포괄적 정의) 증권거래 행위로서 미공개정보이용(내부자거래), 단기매매차익거래, 주식소유 및 대량보유 보고의무 위반, 시세조정(주가조작), 부정거래행위, 시장질서 교란행위 등이 이에 해당

02 내부자거래 규제

(1) 개요

① 내부자거래 규제란 협의로는 상장 회사의 내부자 등이 해당 회사의 미공개중요정보를 당해 회사의 증권거래에 이용하는 것을 금지하는 미공개중요정보 이용행위의 금지를 의미

② 광의로는 미공개 시장정보의 이용행위 규제와 내부자 등의 미공개중요정보의 사적이용행위를 예방할 수 있는 제반 공시제도를 포함(공시의무 강화로 정보의 비대칭성으로 인한 시장 신뢰의 훼손을 예방함)

③ 내부자거래 규제는 증권 및 파생상품시장에서의 정보비대칭성을 야기하는 행위를 사전적 또는 사후
　적으로 방지하기 위한 제도
④ 자본시장법에서는 회사의 내부에서 생성되지 않는 시장정보라 하더라도 시장참여자 간의 격차가 발
　생하고 투자자들의 투자판단에 영향을 미쳐 주가 변동을 초래할 수 있는 공개매수 관련 정보의 이용
　행위 및 대량취득처분 관련 정보이용행위를 금지

(2) 미공개중요정보 이용행위 금지

<table>
<tr><td>미공개정보</td><td colspan="2">투자자의 판단에 중대한 영향을 미칠 수 있는 정보로서 해당 법인 또는 그 법인의 자회사가 불특정 다수인이 일 수 있도록 공개하기 전의 정보</td></tr>
<tr><td>적용대상</td><td colspan="2">상장법인(6개월 내에 상장이 예정된 법인 포함)</td></tr>
<tr><td rowspan="2">규제대상 증권</td><td colspan="2">특정 증권 등을 대상으로 하여 당해 법인과 관련한 증권들을 포함하고 있음</td></tr>
<tr><td colspan="2">① 상장법인이 발행한 증권(단, CB, BW, PB 및 EB 이외의 채무증권, 수익증권, 파생결합증권은 제외 → 즉, CB, BW, PB 및 EB는 규제 대상에 해당함)
② ①의 증권과 관련된 증권예탁증권
③ 상장법인 외의 자가 발행한 것으로 ① 또는 ②의 증권과 교환을 청구할 수 있는 교환사채권
④ ①~③까지의 증권만을 기초자산으로 하는 금융투자상품</td></tr>
<tr><td rowspan="5">규제대상자</td><td colspan="2">규제대상자는 ㉠~㉣까지 어느 하나에 해당하지 아니하게 된 날부터 1년이 경과하지 아니한 자를 포함</td></tr>
<tr><td>내부자</td><td>㉠ 그 법인(그 계열회사를 포함) 및 그 법인의 임직원 · 대리인
㉡ 그 법인의 주요주주</td></tr>
<tr><td>준내부자</td><td>㉢ 그 법인에 대하여 법령에 따른 허가 · 인가 · 지도 · 감독, 그 밖의 권한을 가지는 자
㉣ 그 법인과 계약을 체결하고 있거나 체결을 교섭하고 있는 자
㉤ ㉠~㉣ 중 어느 하나에 해당하는 자의 대리인 · 사용인 그 밖의 종업원</td></tr>
<tr><td>정보수령자</td><td>㉠~㉣까시의 어느 하나에 해딩하는 자로부터 미공개정보를 받은 자(1차 정보수령자)</td></tr>
<tr><td colspan="2">미공개정보의 2차 · 3차 정보수령자에 대해서는 이용행위나 목적성이 없이 시세에 영향을 주는 행위 등과 같은 '시장질서 교란행위'를 금지하고 위반 시 과징금 부과(미공개정보 규제대상자가 아님)</td></tr>
<tr><td>규제대상 행위</td><td colspan="2">❶ 업무 등과 관련된 ❷ 미공개중요정보(내부정보)를 특정 증권의 매매, 그밖에 거래에 이용하거나 타인에게 이용하게 하는 행위 금지, 즉 증권의 매매거래 자체의 금지가 아니라 미공개정보 이용행위가 금지됨</td></tr>
<tr><td>정보공개 시점</td><td colspan="2">미공개정보 공개 후 정한 시간(기간)이 지나는 방법으로 공개정보로 전환(법상 공개수단 및 주지기간 명시)</td></tr>
<tr><td rowspan="3">위반 시 제재</td><td>형사책임</td><td>1년 이상의 유기징역 또는 그 위반행위로 얻은 이익 등의 3배 이상 5배 이하에 상당하는 벌금(단, 위반행위로 얻은 이익 또는 회피한 손실액이 없거나 산정기기 곤란하고, 5배에 해당하는 금액이 5억원 이하인 경우 5억원으로 함)</td></tr>
<tr><td>손해배상책임</td><td>손해배상청구권은 청구권자가 그 위반행위가 있었던 사실을 안 날부터 2년(행위가 있던 날부터 5년간)</td></tr>
<tr><td>과징금(행정책임)</td><td>그 위반행위로 얻은 이익 등 2배에 상당하는 금액 이하의 과징금 부과(단, 위반행위로 얻은 이익 또는 회피한 손실액이 없거나 산정하기 곤란한 경우 40억원 이하의 과징금을 부과할 수 있음)</td></tr>
</table>

(3) 공개매수 관련 정보(외부정보)의 이용행위 금지

규제대상자	공개매수예정자(계열회사 포함) ❶ 내부자, ❷ 준내부자, ❸ 정보수령자
규제대상 행위	주식등에 대한 공개매수의 실시 또는 중지에 관한 미공개정보를 그 주식등과 관련된 특정 증권 등의 매매, 그 밖의 거래에 이용하거나 타인에게 이용하게 하는 행위 금지(단, 정보이용이 부득이한 경우, 즉 공개매수예정자가 공개매수를 목적으로 거래하는 경우는 예외)
위반 시 제재	미공개중요정보 이용행위 금지 위반과 동일하게 형사책임, 손해배상책임, 행정책임(과징금)

대표유형문제

자본시장법상 대량취득 및 처분 관련 정보 이용행위 금지의 요건에 대한 내용으로 거리가 먼 것은?

① 회사나 그 임원에 대하여 사실상 영향력을 행사할 목적의 취득
② 금융위가 정하는 고시하는 비율 이상의 대량취득 · 처분일 것
③ 그 취득 · 처분이 5% 보고대상에 해당할 것
④ 상기의 ①, ②, ③의 요건 중 하나만 충족하면 된다.

해설
요건을 모두 충족하는 주식등의 취득 · 처분을 말한다.

정답 ④

필수핵심개념

(4) 대량취득 및 처분 관련 정보(외부정보) 이용행위 금지

개 요	기업의 지배권 변동 및 투자자의 투자판단에 중대한 영향을 미칠 수 있는 대량거래 정보를 공개매수 뿐만 아니라 경영권에 영향을 미칠 수 있는 대량취득 · 처분거래로 확대하여 규제의 실효성을 강화
요 건	• 주식의 대량취득 · 처분은 다음 요건을 모두 충족하는 주식등의 취득 · 처분 　− 회사나 그 임원(업무집행지시자 포함)에 대하여 사실상 영향력을 행사할 목적으로 취득 　− 금융위가 정하는 고시하는 비율 이상의 대량취득 · 처분일 것 　− 그 취득 · 처분이 5% 보고대상에 해당할 것
규제대상	대량취득 · 처분을 하려는 자(계열회사 포함) ❶ 내부자, ❷ 준내부자, ❸ 정보수령자
규제대상 행위	주식의 대량취득 · 처분의 실시 또는 중지에 관한 미공개정보를 그 주식등과 관련된 특정 증권 등의 매매거래에 이용하거나 타인에게 이용하게 하는 행위 금지
위반 시 제재	미공개중요정보 이용행위 금지 위반과 동일하게 형사책임, 손해배상책임, 행정책임(과징금)

시장질서 교란행위 금지 – 정보이용형 교란행위

규제대상 정보의 범위를 확대	• 기존 미공개중요정보 이용행위에서 규제되지 아니한 2차 이후 다차 정보수령자가 규제대상으로 포함 • 지정금융투자상품의 매매등 여부 및 매매등 조건에 영향을 줄 수 있는 정보를 생성하거나 해킹 · 절취 등 부정한 방법으로 습득한 자와 그로부터 정보를 전달받은 자까지 규제대상에 포함 • 상장법인의 외부에서 생성된 정책정보 · 시장정보까지 규제대상 정보로 포함(내부 · 외부 모든 정보 포함)
규제대상자	① 내부자 등으로부터 나온 미공개중요정보 또는 미공개정보인 점을 알면서 이를 받거나 전득한 자 ② 자신의 직무와 관련하여 미공개정보를 생산하거나 알게 된 자 ③ 해킹, 절취(竊取), 기망(欺罔), 협박, 그 밖의 부정한 방법으로 정보를 알게 된 자 ④ ①~③에 해당하는 자로부터 나온 정보인 점을 알면서 이를 받거나 전득한 자
규제대상 행위	미공개정보를 이용하여 증권시장에 상장된 증권이나 장내파생상품 또는 이를 기초자산으로 하는 파생상품의 매매, 그 밖의 거래에 이용하거나 타인에게 이용하게 하는 행위
위반 시 제재	• 5억원 이하 과징금(행정책임) • 예 외 　– 위반행위로 얻은 이익의 1.5배가 5억원이 넘는 경우 그 금액 이하의 과징금 부과 　– 위반 행위로 얻은 이익이나 회피한 손실액을 산정하기 곤란한 경우 40억원 이하의 과징금 부과도 가능

대표유형문제

내부자의 단기매매차익 반환제도에 대한 설명으로 거리가 먼 것은?

① 단기매매차익이란, 주권상장법인이 특정 증권등을 매수한 후 6개월 이내에 매도하거나 특정증권등을 매도한 후 6개월 이내에 매수하여 얻은 이익을 말한다.

② 일정 범위의 내부자가 미공개중요정보를 이용하여 특정 증권등의 단기매매거래에 따른 이익을 얻은 경우에 규제한다.

③ 주권상장법인의 주요주주, 임원은 반환대상자에 속한다.

④ 주요주주가 매도·매수한 시기 중 어느 한 시기에 있어서 주요주주가 아닌 경우에는 적용하지 아니한다.

해설

일정 범위의 내부자에 대해 미공개중요정보의 이용여부와 관계없이 특정 증권등의 단기매매거래에 따른 이익을 회사에 반환하도록 하여 내부자의 미공개중요정보 이용행위를 예방하는 제도이다. 이는 내부자거래는 은밀하게 이루어지기 때문에 규제하는 측면이 사실상 어려워 일정한 객관적 요건인 단기차익이 발생하면 무조건 적용하게 만든 제도이다.

정답 ②

필수핵심개념

(5) 내부자 단기매매차익 반환 제도

개 요	일정 범위의 내부자에 대해 미공개중요정보의 이용여부와 관계없이 특정 증권등의 단기매매거래에 따른 이익을 회사에 반환하도록 하여 내부자의 미공개중요정보 이용행위를 예방하는 제도
반환 대상자	• 주권상장법인의 주요주주, 임원 및 직원(내부자만 해당) • 단, 직원의 경우 다음 어느 하나에 해당하는 자로 증선위가 직무상 미공개중요정보를 알 수 있는 자로 인정한 자에 한함 　― 그 법인에서 주요사항보고 대상에 해당하는 사항의 수립·변경·추진·공시, 그 밖에 이에 관련된 업무에 조사하고 있는 직원 　― 그 법인의 재무·회계·기획·연구개발에 관련된 업무에 종사하고 있는 직원
단기매매차익 산식	단기매매차익 = (매도단가 − 매수단가) × 매매일치수량* − (매매수수료 + 증권거래세 + 농촌세액) *min(매수수량, 매도수량) • 6개월 이내에 매수거래 또는 매도거래가 여러 건이 있는 경우 : 가장 시기가 빠른 매수분과 가장 시기가 빠른 매도분에 대응하여 단기매매차익을 산정하고, 그 다음의 매수분과 매도분에 대하여는 대응할 매도분이나 매수분이 없어질 때까지 같은 방법으로 대응하여 산정(선입선출방식) • 금액이 0원 이하인 경우에는 이익이 없는 것으로 간주
반환 대상	• 미공개중요정보 금지 대상증권과 동일 • 주권상장법인이 특정 증권등을 매수한 후 6개월 이내에 매도하거나 특정증권등을 매도한 후 6개월 이내에 매수하여 얻은 이익(단기매매차익)

반환 예외	• 주요주주의 경우 매도 · 매수 ❶ 어느 한 시점에 ❷ 주요주주가 아닌 경우(임직원의 경우 매도 · 매수한 시점에 임직원이면 반환대상임) • 법령에 따라 불가피하게 매수하거나 매도하는 경우 • 정부의 허가, 인가, 승인 등이나 문서에 의한 지도, 권고에 따라 매수 · 매도하는 경우 • 안정조작이나 시장조성을 위하여 매수 · 매도하는 경우 • 이미 보유한 주식매수선택권(스톡옵션), CB, BW 등 특정증권의 권리행사에 따라 주식을 취득하는 경우 • 주식매수청구권 행사에 따라 주식을 처분하는 경우 • 공개매수에 응모함에 따라 주식 등을 처분하는 경우 • 우리사주조합원이 우리사주조합을 통하여 주식을 취득하는 경우
공 시	증신위는 단기매매차익이 발생한 사실을 알게 된 경우 해당 법인에 이를 통보하고, 그 법인은 통보받은 내용을 인터넷 홈페이지 등을 이용하여 공시하여야 함

section 34 임원 및 주요주주의 특정 증권 등 소유상황 보고의무　　　중요도 ★☆☆

대표유형문제

다음 (　　)안에 들어갈 내용으로 올바른 것은?

> 주권상장법인의 임원 · 주요주주가 소유한 특정증권 등의 변동수량이 (　ㄱ　)주 미만이고, 그 취득 및 처분의 금액이 (　ㄴ　) 미만인 경우 특정증권 등 소유상황 보고의무가 면제된다.
> 단, 주권상장법인의 임원 · 주요주주가 소유한 특정증권 등의 누적변동수량이 (　ㄱ　) 이상이거나, 누적취득(처분)금액이 (　ㄴ　) 이상인 경우 그 변동이 있는 날부터 (　ㄷ　)까지 (　ㄹ　)와 거래소에 보고하여야 한다.

	(ㄱ)	(ㄴ)	(ㄷ)	(ㄹ)
①	1,000주	1,000만원	5영업일	증권선물위원회
②	1,000주	1,000만원	5일	금융위원회
③	1,000주	1,500만원	5영업일	금융위원회
④	3,000주	1억원	5일	금융투자협회

해설
임원 및 주요주주의 특정증권 등 소유상황 보고의무에 대한 내용이다.

정답 ①

(6) 임원 및 주요주주의 특정 증권 등 소유상황 보고의무

취 지	발행회사의 임원 또는 사실상 지배주주 등 내부정보를 접할 수 있는 지위에 있는 자가 미공개된 회사의 내부정보를 이용한 주식거래로 부당한 이득을 취득하는 것을 감시하고 사전 예방하기 위한 제도
보고의무	주권상장법인의 임원·주요주주는 임원·주요주주가 된 날부터 5일 이내에 누구의 명의로 하든 자기의 계산으로 소유하는 해당법인의 특정증권의 소유상황을 보고하고, 소유증권의 수의 변동이 있는 경우에는 그 변동이 있는 날부터 5일 이내에 변동내용을 증선위와 거래소에 보고
보고대상자	임원(업무집행자등 포함) 및 주요주주(내부자)
변동 요건	주권상장법인의 임원·주요주주가 소유한 특정증권 등의 누적변동수량이 1,000주 이상이거나, 누적취득(처분)금액이 1천만원 이상인 경우 그 변동이 있는 날부터 5영업일까지 증선위와 거래소에 보고

(7) 장내파생상품 대량보유 보고의무

보고의무	• 동일 품목의 장내파생상품을 금융위가 정하여 고시하는 ❶ 수량 이상 보유하게 된 자는 그 날부터 ❷ 5일 이내에 그 보유 상황 등을 ❸ 금융위와 거래소에 보고하여야 하며, 그 보유 수량이 금융위가 정하여 고시하는 수량 이상으로 변동된 경우에는 그 변동된 날로부터 5일 이내에 그 변동 내용을 금융위와 거래소에 보고 • 장내파생상품 : ❶ 일반상품, 금융위가 정하여 고시하는 기준과 방법에 따른 ❷ 주가지수를 기초자산으로 하는 것으로서 ❸ 파생상품시장에 거래되는 것에 한함

시세조정행위의 규제의 설명으로 옳지 않은 것은?

① 그 증권 또는 장내파생상품의 시세가 자기 또는 타인의 시장 조작에 의하여 변동한다는 말을 유포하는 행위는 허위표시 등에 의한 시세조종에 속한다.

② 증권매매에서 부당한 이익을 얻을 목적으로 증권 및 그 증권과 연계된 증권의 시세를 변동 또는 고정시키는 행위는 현·선연계 시세조종에 속한다.

③ 투자매매업자가 일정한 방법에 따라 모집 또는 매출한 증권의 수요·공급을 그 증권이 상장된 날부터 1개월 이상 6개월 이내에서 인수계약으로 정한 기간 동안 조성하는 매매거래는 시장조성에 속하며 가격고정 또는 안정조작행위 금지의 예외에 해당한다.

④ 모집 또는 매출되는 증권의 발행인 또는 소유자와 인수계약을 체결한 투자매매업자가 일정한 방법에 따라 그 증권의 모집 또는 매출의 청약기간의 종료일 전 20일부터 그 청약기간의 종료일까지 기간 동안 증권의 가격을 안정시킴으로써 증권의 모집 또는 매출을 원활하게 하기 위한 매매거래는 안정조작에 속하며 가격고정 또는 안정조작행위 금지의 예외에 해당한다.

해설

증권매매에서 부당한 이익을 얻을 목적으로 증권 및 그 증권과 연계된 증권의 시세를 변동 또는 고정시키는 행위는 현·현연계 시세조종에 속한다.

정답 ②

필수핵심개념

03 시세조종행위 규제

개 요		• 시세조정행위란 협의로는 증권시장 및 파생시장에서 시장기능에 의하여 자연스럽게 형성되어야 할 가격이나 거래동향을 인위적으로 변동시킴으로써 부당이득을 취하는 행위를 말함 • 광의로는 ❶ 누구든지 ❷ 상장증권 또는 장내파생상품매매를 ❸ 일정목적을 갖고 조정하는 행위
위장매매	목 적	매매가 성황을 이루고 있는 듯이 잘못 알게 하거나, 그 밖에 타인에게 그릇된 판단을 하게 할 목적
	통정매매	자기가 매도(매수)하는 것과 같은 시기에 그와 같은 가격 또는 약정수치로 타인이 그 증권 또는 장내파생상품을 매수(매도)할 것을 사전에 그 자와 서로 짠 후 매매하는 행위
	가장매매	그 증권 또는 장내파생상품의 매매를 함에 있어서 그 권리의 이전을 목적으로 하지 아니하는, 거짓으로 꾸민 매매를 하는 행위
매매유인 목적 행위	목 적	매매를 유인할 목적
	현실매매	매매가 성황을 이루고 있는 듯이 잘못 알게 하거나, 그 시세를 변동시키는 매매를 하는 행위
	허위표시	시세가 자기 또는 타인의 시장 조작에 의하여 변동한다는 말을 유포하는 행위를 하거나 매매를 함에 있어서 중요한 사실에 관하여 거짓의 표시 또는 오해를 유발하는 표시를 하는 행위

	목 적	시세를 고정시키거나 안정시킬 목적
가격 고정·안정 행위	행 위	그 증권 또는 장내파생상품에 관한 일련의 매매 또는 그 위탁이나 수탁을 하는 행위
	예 외	• 시장조성 : 투자매매업자가 일정한 방법에 따라 모집 또는 매출한 증권의 수요·공급을 그 증권이 상장된 날부터 1개월 이상 6개월 이내에서 인수계약으로 정한 기간 동안 조성하는 매매거래를 하는 경우 • 안정조작 : 모집 또는 매출되는 증권의 발행인 또는 소유자와 인수계약을 체결한 투자매매업자가 일정한 방법에 따라 그 증권의 모집 또는 매출의 청약기간의 종료일 20일 전부터 그 청약기간의 종료일까지 기간 동안 증권의 가격을 안정시킴으로써 증권의 모집 또는 매출을 원활하게 하기 위한 매매거래를 하는 경우
연계시세조종행위	목 적	부당한 이익을 얻거나 제삼자에게 부당한 이익을 얻게 할 목적
	현·선연계 시세조정	장내파생상품 매매에서 그 기초자산의 시세를 변동 또는 고정시키는 행위, 기초자산의 매매에서 그 장내파생상품의 시세를 변동 또는 고정시키는 행위
	현·현연계 시세조정	증권 매매에서 그 증권과 연계된 증권의 시세를 변동 또는 고정시키는 행위
위반 시 제재		형사벌칙(형사책임), 손해배상책임

자본시장법상 부정거래행위 등의 금지에 대한 설명으로 거리가 먼 것은?

① 규제대상자는 제한 없이 누구든지 해당된다.

② 포괄적으로 부정거래행위를 금지한다.

③ 증권과 장내파생상품과 관련된 매매와 그 밖의 거래이어야 한다.

④ 부정한 수단, 계획 또는 기교를 사용하는 행위가 포함된다.

해설

누구든 행하는 금융투자상품매매, 그 밖의 거래와 관련된 것이다. 즉 증권과 장내파생상품에 국한하지 않는다. 부정거래행위 금지의 포괄적 규정임을 기억해야 한다.

정답 ③

필수핵심개념

04 부정거래행위 규제

개 요	• 다양하게 급변하고 있는 증권 범죄의 특성상 시세조종, 미공개정보 이용행위 등 몇 개의 범행 방법을 열거해서 규정하는 것만으로는 주가조작 범죄로부터 증권시장과 투자자들을 충분히 보호할 수 없기 때문에, 이러한 상황을 방지하기 위해 포괄적으로 부정거래행위 금지를 규정 • ❶ 누구든지 ❷ 금융투자상품매매, ❸ 그 밖의 거래와 관련하여 부정거래행위를 금지
규제 대상 행위	• 부정한 수단, 계획 또는 기교를 사용하는 행위 • 중요사항에 관하여 거짓의 기재 또는 표시를 하거나 타인에게 오해를 유발시키지 아니하기 위하여 필요한 중유사항의 기재 또는 표시가 누락된 문서, 그 밖의 기재 또는 표시를 사용하여 금전, 그 밖의 재산상의 이익을 얻고자 하는 행위 • 금융투자상품의 매매, 그 밖의 거래를 유인할 목적으로 거짓의 시세를 이용하는 행위 • 금융투자상품의 매매, 그 밖의 거래를 할 목적이나 그 시세의 변동을 도모할 목적으로 풍문의 유포, 위계(僞計)의 사용, 폭행 또는 협박을 하는 행위
위반 시 제재	형사벌칙(형사책임), 손해배상책임

불공정거래행위 중 시장질서 교란행위 규제에 대한 설명으로 가장 거리가 먼 것은?

① 시장질서 교란행위는 크게 정보이용 교란행위와 시세관여 교란행위로 나눌 수 있다.

② 2차 이상의 다차 정보수령자의 미공개정보이용, 외부정보이용, 해킹 등 부정한 방법으로 취득한 정보 이용 등도 정보이용 교란행위로 규제된다.

③ 비록 매매유인이나 부당이득을 얻을 목적 등이 없다고 할지라도 허수 등을 하여 시세에 부당한 영향을 주거나 줄 우려가 있다고 판단되면 해당 행위자에 시세관여 교란행위 규제를 적용한다.

④ 시장질서 교란행위 규제를 위반한 자에 대해서는 10년 이하의 징역 또는 5억원 이하의 벌금에 처할 수 있다.

해설

시장질서 교란행위는 5억원 이하의 과징금을 부과할 수 있으며, 형사벌칙이나 손해배상책임을 묻지 않음에 유의한다.

정답 ④

필수핵심개념

05 시장질서 교란행위 금지 – 시세관여형 교란행위

개 요	• 기존 시세조종 및 부정거래행위의 경우 투자자를 거래에 끌어들이려는 매매유인 등의 목적이 있어야 했지만, 시장질서 교란행위의 경우 이러한 목적이 없거나 입증되지 않은 경우라 하더라도 시세에 부당한 영향을 미칠 우려가 있는 행위에 대하여는 규제가 가능하다. • 누구든 행하는 상장증권 또는 장내파생상품에 관한 매매에 적용됨
규제대상 행위	• 거래 성립 가능성이 희박한 호가를 대량으로 제출하거나 호가를 제출한 후 해당 호가를 반복적으로 정정·취소 • 권리의 이전을 목적으로 하지 아니하는 거짓으로 꾸민 매매 • 손익이전 또는 조세회피 목적으로 타인과 서로 짠 후 매매 • 풍문의 유포, 위계 사용 등으로 상장증권 또는 장내파생상품의 수요·공급 상황이나 그 가격에 대하여 타인에게 잘못된 판단이나 오해를 유발하거나 그 가격을 왜곡할 우려가 있는 행위
위반 시 제재	• 5억원 이하 과징금 부과(행정책임) • 예 외 　－ 위반행위로 얻은 이익의 1.5배가 5억원이 넘는 경우 그 금액 이하의 과징금 부과 　－ 위반행위로 얻은 이익이나 회피한 손실액을 산정하기 곤란한 경우 40억원 이하의 과징금 부과도 가능

01 자본시장법상 내부자거래 규제에 대한 설명으로 거리가 먼 것은?
★☆☆

① 미공개시장정보의 이용행위도 규제한다.

② 제반관련 공시제도는 포함되지 않는다.

③ 증권 및 파생상품시장에서 정보의 비대칭을 야기하는 행위를 사전적 또는 사후적으로 방지하기 위한 제도이다.

④ 공개매수관련 정보의 이용행위 및 대량취득·처분 관련 정보의 이용행위도 규제한다.

해설

내부자거래 규제는 협의의 의미로는 미공개중요정보 이용행위의 금지를 의미하나, 광의로는 미공개시장정보 이용행위 규제와 내부자 등의 미공개중요정보의 사적 이용행위를 예방할 수 있는 제반 공시제도를 포함한다.

02 자본시장법상 내부자거래 규제에 대한 설명으로 거리가 먼 것은?
★☆☆

① 내부자거래 규제의 적용대상인 법인은 상장법인 및 6개월 내 상장이 예정된 법인이다.

② 내부자거래 규제의 대상증권은 특정증권 등으로, 당해 법인이 발행한 증권에 한정되지 않고 당해 법인과 관련한 증권을 기초자산으로 하는 금융상품도 포함된다.

③ 내부자거래의 규제대상 행위는 증권의 매매거래 자체의 금지이다.

④ 준내부자로부터 미공개중요정보를 받은 자는 정보수령자로서 내부자의 범위에 속한다.

해설

업무 등과 관련된 미공개중요정보를 특정 증권의 매매, 그밖에 거래에 이용하거나 타인에게 이용하게 하는 행위, 즉 증권의 매매거래 자체의 금지가 아니라 미공개정보 이용행위가 금지된다.

03 자본시장법상 미공개중요정보 이용행위 금지 관련 내부자거래 규제대상자에 해당하지 않는 자는?

★★★

① 직무와 관련하여 미공개중요정보를 알게 된 해당법인 임직원에 해당하지 아니하게 된 날부터 6개월이 경과한 자

② 권리를 행사하는 과정에서 미공개중요정보를 알게 된 해당법인 주주

③ 해당법인과 계약을 체결하고 있거나 체결을 교섭하고 있는 자로서 그 계약을 체결·교섭 또는 이행하는 과정에서 미공개중요정보를 알게 된 자의 종업원으로서 그 직무와 관련하여 미공개중요정보를 알게 된 자

④ 내부자로부터 미공개중요정보를 받은 자

해설

권리를 행사하는 과정에서 미공개중요정보를 알게 된 해당법인 '주요' 주주

04 내부자거래 규제대상이 되는 증권은 모두 몇 개인가?

★★☆

> 가. 해당 상장법인이 발행한 전환사채(CB)
> 나. 해당 상장법인이 발행한 주식을 기초자산으로 하는 call option
> 다. 해당 상장법인이 외국에서 발행한 증권예탁증권(DR)
> 라. 상장법인이 발행한 수익증권
> 마. 상장법인이 발행한 파생결합증권

① 1개
② 2개
③ 3개
④ 4개

해설

해당 회사 내부자들이 미공개중요정보로 인해 해당 법인과 관련 있는 특정증권등의 가격에 영향을 받는 증권을 대상으로 한다. 상장법인이 발행한 수익증권이나 파생결합증권은 고객으로부터 받은 자금이 다른 곳에 이전되므로 규제대상에 해당되지 않는다. 만약 해당 상장법인이 발행한 주식을 기초자산으로 하는 call option처럼 상장법인이 발행한 증권을 기초자산으로 하는 파생결합증권이라면 해당 법인의 미공개중요정보로 인한 가격의 영향을 많이 받게 되므로 규제대상에 포함된다.

단기매매차익반환제도의 반환대상 직원의 범위에 해당하지 않는 자는?

① 재무담당 대리　　　　　　　　　② 기획담당 과장

③ 공시담당 사원　　　　　　　　　④ 생산담당 과장

해설

직원의 경우 임원이나 주요 주주에 비하여 중요정보 접근가능성이 낮으므로 동일하게 규제하지 않고 중요정보에 접근 가능성이 있는 직원만을 대상으로 한다.

- 그 법인에서 주요사항 보고대상에 해당하는 사항의 수립 · 변경 · 추진 · 공시, 그 밖에 이에 관련된 업무에 종사하고 있는 직원
- 그 법인의 재무 · 회계 · 기획 · 연구개발에 관련된 업무에 종사하고 있는 직원

06

내부자 단기매매차익 반환 예외에 해당하는 것을 모두 고르면?

가. 주식매수청구권 행사에 따라 주식을 처분하는 경우

나. 이미 소유하고 있는 CB, BW의 권리행사에 따라 주식을 취득하는 경우

다. 주식매수선택권(스톡옵션)의 행사에 따라 주식 취득 후 처분하는 경우

라. 임직원의 경우 매도 · 매수한 시기 중 어느 한 시기에 임직원이 아닌 경우

① 가　　　　　　　　　　　　　　② 가, 나

③ 가, 나, 다　　　　　　　　　　④ 모두 해당

해설

자본시장법상 단기매매차익은 처분과 취득으로 구분되어 있어 이를 명확히 구분해야 한다.

다. 주식매수선택권을 행사하여 취득하는 경우는 반환 예외에 해당하나 취득한 주식을 매도하는 경우에는 적용된다.

라. 임직원의 경우에는 주요 주주와 다르게 한 시점에 임직원인 경우 단기매매차익 반환 규제가 적용된다.

다음 중 불공정거래행위에 대한 설명으로 옳은 것은?

① 동일 품목의 장내파생상품을 금융위가 정하여 고시하는 수량 이상 보유하게 된 자는 그 날부터 5일 이내에 그 보유 상황 등을 증권선물위원회와 거래소에 보고해야 한다.

② 임원 · 주요 주주 소유상황보고가 면제되는 경미한 변동의 기준은 변동수량 1천주 미만, 그 취득 및 처분금액이 1천만원 미만이다.

③ 단기매매차익 반환의무는 상장법인의 주요 주주 및 모든 임직원이 부담한다.

④ 차입한 상장증권으로 결제하고자 하는 매도는 공매도에 해당하지 않는다.

해설

① 장내파생상품 대량보고는 금융위와 거래소에 보고해야 한다.

③ 단기매매차익 반환의무는 상장법인의 주요 주주 및 임원과 미공개정보와 연관된 업무를 하는 직원이 부담한다.

④ 공매도에 해당된다.

08 ★★☆ **시세조정행위 규제의 설명으로 옳지 않은 것은?**

① 모집 또는 매출되는 증권의 인수인이 투자매매업자에게 시장조성을 위탁하는 경우에는 시세조정 행위 금지의 예외이다.

② 투자매매업자가 안정조작을 수탁하는 경우에는 시세조정행위 금지의 예외이다.

③ 그 증권 또는 장내파생상품의 매매를 함에 있어서 그 권리의 이전을 목적으로 하지 아니하는 거 짓으로 꾸민 매매 행위를 가장매매라고 한다.

④ 시세조정행위 금지대상자는 금융투자업자의 주요 주주, 임직원에 한하여 적용한다.

해설
시세조정 금지대상자는 '누구든지'로 표현하여 위반하는 모두가 금지대상자에 속한다.

09 ★★☆ **시세조정행위 규제의 설명으로 옳지 않은 것은?**

① 상장증권 또는 장내파생상품매매를 대상으로 한다.

② 일정목적을 갖고 조정하는 행위여야 성립한다.

③ 자기가 매도(매수)하는 것과 같은 시기에 그와 같은 가격 또는 약정수치로 타인이 그 증권 또는 장내파생상품을 매수(매도)할 것을 사전에 그 자와 서로 짠 후 매매하는 행위를 통정매매라고 한다.

④ 시세를 고정시키거나 안정시킬 목적으로 그 증권 또는 장내파생상품에 관한 일련의 매매 또는 그 위탁이나 수탁을 하는 행위는 시세조정행위 금지의 예외이다.

해설
가격 고정 · 안정행위도 시세조정행위 금지대상이나 시장조성이나 안정조작에 속하는 경우에는 예외에 해당한다.

10 ★★☆ **자본시장법상의 불공정거래행위에 대한 설명으로 옳은 것은?**

① 미공개시장정보의 이용행위 규제와 내부자 등의 미공개중요정보의 사적이용행위를 예방할 수 있 는 제반공시제도는 제외된다.

② 자본시장법에서는 회사의 내부에서 생성되지 않는 시장정보라 하더라도 시장참여자 간의 격차가 발생하고 투자자들의 투자판단에 영향을 미쳐 주가 변동을 초래할 수 있는 공개매수 관련 정보 의 이용행위 및 대량취득처분 관련 정보 이용행위를 금지한다.

③ 장내파생상품 대량보유 보고의무의 대상이 되는 장내파생상품은 일반상품을 기초자산으로 하는 것에 한정된다.

④ 자본시장법의 부정거래행위 등의 금지는 비상장장외거래를 제외한 상장증권 또는 장내파생상품 의 매매와 관련한 내용이다.

① 모든 공시제도를 포함하는 개념이다. 공시의무를 강화하여 정보의 비대칭성을 줄이고자 함이다.

③ 증권관련 파생상품도 대량거래를 이용하여 연계 미공개정보 이용행위가 발생할 수 있다는 것을 인식하여 일반상품뿐만 아니라 주가지수를 기초자산으로 하는 것으로 범위가 확대되었다.

④ 부정거래행위 등의 금지는 열거적으로 내부자거래 규제의 어려움을 보완하고자 포괄적으로 부정거래행위를 금지하고 있어 상장여부와 관계없이 금융상품 매매, 그 밖에 거래에 다 적용된다.

11 다음 자본시장법상 불공정거래행위 규제와 규제대상이 바르게 연결되지 않은 것은?

★☆☆

	불공정거래 유형	규제 대상자
①	미공개중요정보 이용	내부자, 준내부자, 1차 정보수령자
②	단기매매차익 반환	내부자, 준내부자
③	시세조종 행위	누구든지
④	시세관여형 교란행위	누구든지

해설

단기매매차익 반환은 내부자만 해당한다.

12 불공정거래행위에 대한 규제 중 시장질서교란행위에 대한 설명으로 옳은 것은?

★★★

① 불공정거래행위 대상자를 내부자, 준내부자 그리고 1차 정보수령자로 제한했던 기존 법령과 달리 2차 정보수령자까지 그 범위가 확대되었다.

② 프로그램매매 오류가 대량거래를 유발하고 이로 인해 시세의 교란이 초래된 경우에는 목적성이 없어 시장질서교란행위로 처벌할 수 없다.

③ 시장질서교란행위의 대상이 되는 정보는 상장증권, 장내파생상품 및 이를 기초자산으로 하는 파생상품매매 등의 주문이나 매매 등에 중대한 영향을 줄 가능성이 있는 것이다.

④ 시장질서교란행위를 위반한 경우 과징금은 최대 5억원이 부과된다.

해설

① 정보이용형 교란행위 규제는 2차 정보수령자뿐만 아니라 다차수령자까지 규제대상에 포함된다.

② 시세관여형 교란행위는 목적성이 없는 시세조정이나 풍문유포도 다 적용할 수 있다.

④ 위반행위로 얻은 이익의 1.5배가 5억원이 넘는 경우 그 금액 이하의 과징금 부과 또는 위반 행위로 얻은 이익이나 회피한 손실액을 산정하기 곤란한 경우 40억원 이하의 과징금을 부과할 수 있다.

section 38 | 금융기관 검사 및 제재 | 중요도 ★★★

대표유형문제

금융기관 검사 및 제재에 관한 규정상의 제재절차에 대한 설명으로 거리가 먼 것은?

① 감독원장은 제재에 관한 사항을 심의하기 위하여 제재심의위원회를 설치·운영한다. 다만, 감독원장은 필요하다고 인정하는 때에는 심의회의 심의를 생략할 수 있다.

② 금융기관 또는 그 임직원에 대하여 제재를 하는 경우 감독원장은 그 제재에 관하여 이의신청·행정심판·행정소송의 제기, 기타 불복을 할 수 있는 권리에 관한 사항을 제재대상자에게 알려주어야 한다.

③ 금융기관 또는 그 임직원의 이의신청에 대한 금융감독원장의 처리결과에 대하여 1회에 한해 다시 이의신청할 수 있다.

④ 금융기관의 장은 제재조치를 받은 경우 감독원장이 정하는 바에 따라 이사회 앞 보고 또는 주주총회 부의 등 필요한 절차를 취해야 한다.

해설

이의신청 처리결과에 대하여는 다시 이의신청할 수 없다.

정답 ③

필수핵심개념

01 금융기관 검사 및 제재에 관한 규정

(1) 검사실시

① 감독원장은 금융기관의 업무 및 재산상황 또는 특정부문에 대한 검사를 실시

② 관계법령에 의하여 금융위가 감독원장으로 하여금 검사를 하게 할 수 있는 금융기관에 대하여는 따로 정하는 경우를 제외하고는 감독원장이 검사를 실시

③ 검사의 종류는 정기검사와 수시검사로 구분하고, 검사의 실시는 현장검사 또는 서면검사의 방법으로 행함. 종합검사는 대부분 현장검사의 방법으로 실시

④ 감독원장은 매년 당해 연도의 검사업무의 기본 방향과 당해 연도 중 검사를 실시할 금융기관, 검사의 목적과 범위 및 검사 실시기간 등이 포함된 검사계획을 금융위에 보고

(2) 검사의 사전통지

감독원장은 현장검사를 실시하는 경우에는 검사목적 및 검사기간 등이 포함된 검사사전예고통지서를 당해 금융기관에 검사착수일 1주일 전(정기검사의 경우 1개월 전)까지 통지(검사목적 달성이 어려워질 우려가 있는 경우 사전통지 생략 가능)

(3) 검사의 절차

검사절차는 주로 사전조사(자료파악 등) → 검사실시(관련 문서 징구, 관련자 진술 청취 등) → 결과보고(위법·부당사항 적출내용 보고) → 검사결과조치(경영유의, 문책 등) → 사후관리(시정사항 이행보고 등)의 순으로 함

(4) 검사결과 조치

검사결과 조치는 ❶ 금융위 심의·의결을 거쳐 조치하되 금감원장 위임사항은 ❷ 금감원장이 직접조치하며, ❸ 금융투자업자 또는 그 임직원에 대한 과태료 부과, ❹ 자본시장법에 의한 조치·명령은 ❺ 중선위의 사전심의를 거쳐 조치함

(5) 제재절차

제재심의위원회의 설치	• 감독원장은 필요하다고 인정하는 때에는 심의회의 심의를 생략 가능 • 감독원장은 검사결과 적출된 지적사항에 대하여 금융위에 제재를 건의하거나 금감원장이 직접 조치
사전통지 및 의견진술	감독원장이 제재조치를 하는 때에는 위규 행위사실 등을 제재대상자에게 구체적으로 사전통지하고 상당한 기간을 정하여 구술 또는 서면에 의한 의견진술 기회를 주어야 함(다만, 상당한 이유가 있는 경우에는 사전통지를 아니할 수 있음)
불복절차	감독원장은 그 제재에 관하여 이의신청·행정심판·행정소송의 제기, 기타 불복을 할 수 있는 권리에 관한 사항을 제재대상자에게 알려주어야 함
이의신청	• 당해 제재처분 또는 조치요구가 위법 또는 부당하다고 인정하는 경우에는 금융위 또는 감독원장에게 이의를 신청(디만, 별도로 불복절차가 마련되어 있는 경우에는 그에 따름) • 당해 금융기관의 장으로부터 특정한 조치가 예정된 직원은 당해 금융기관의 장을 통하여 금융위 또는 감독원장에게 이의를 신청할 수 있음 • 금감원장이 이의신청을 받은 경우에는 그 이의신청 내용을 금융위에 지체없이 통보(다만, 명백한 사유가 있는 경우에는 감독원장이 이의신청을 기각할 수 있음) • 이의신청 처리결과에 대하여는 다시 이의신청할 수 없음 • 감독원장은 증거서류의 오류·누락, 법원의 무죄판결 등으로 그 제재가 위법 또는 부당함을 발견하였을 때에는 직권으로 재심하여 조치를 취할 수 있음
제재내용 이사회 등 보고	금융기관의 장은 제재조치 받은 경우 감독원장이 정하는 바에 따라 이사회 앞 보고 또는 주주총회 부의 등 필요조치를 취해야 함

(6) 주요정보사항 보고

금융기관은 다음에 해당하는 정보사항을 감독원장에게 보고하여야 한다.

① 민사소송에서 ❶ 패소확정되거나, ❷ 소송물 가액이 최직근 분기말 현재 자기자본의 100분의 1(자기자본의 100분의 1이 10억원 미만인 경우에는 10억원) 또는 100억원을 초과하는 민사소송에 피소된 경우

② 금융사고에는 해당되지 아니하나 금융기관이 보고할 필요가 있다고 판단하는 중요한 사항 또는 사건

01 금융기관의 검사 및 제재에 관한 규정상 금융기관 검사에 대한 설명으로 가장 거리가 먼 것은?

★★☆

① 감독원장은 금융기관의 재산상황에 대한 검사를 실시할 수 있다.

② 검사의 종류는 정기검사와 수시검사로 구분하고, 검사의 실시는 현장검사 또는 서면검사의 방법으로 행한다.

③ 임직원이 2회 이상의 주의조치를 받고도 2년 이내에 다시 주의조치에 해당하는 행위를 한 경우에는 제재를 가중할 수 있다.

④ 검사절차는 주로 사전조사(자료파악 등) → 검사실시(관련 문서 징구, 관련자 진술 청취 등) → 결과보고(위법 · 부당사항 적출내용 보고) → 검사결과조치(경영유의, 문책 등) → 사후관리(시정사항 이행보고 등)의 순으로 한다.

해설

임원이 최근 3년 이내에 문책경고 이상 또는 2회 이상의 주의적경고 · 주의를 받고도 다시 위법 · 부당행위를 하는 경우에는 제재를 1단계 가중할 수 있다. 직원이 최근 3년 이내에 2회 이상의 제재를 받고도 다시 위법 · 부당행위를 하는 경우에는 제재를 1단계 가중할 수 있다.

02 금융기관 검사 및 제재에 관한 규정상의 제재절차에 대한 설명으로 옳은 것은?

★★★

① 당해 금융기관의 장으로부터 특정한 조치가 예정된 직원은 당해 자율처리 필요사항이 부당하다고 인정하는 경우에는 금융위 또는 금감원장에게 이의를 신청할 수 있다.

② 제재 받은 금융기관이 당해 제재처분 또는 조치요구가 부당하다고 인정하는 경우 금감원장에게 이의를 신청하면 금감원장이 이의 신청을 기각하여서는 안 된다.

③ 금융기관 또는 그 임직원의 이의신청에 대한 금융감독원장의 처리결과에 대하여 다시 이의신청할 수 있다.

④ 감독원장은 증거서류의 오류 · 누락, 법원의 무죄판결 등으로 그 제재가 위법 또는 부당함을 발견하였을 때에는 직권으로 재심하여 조치를 취할 수 있다.

해설

① 당해 금융기관장을 통하여 금융위 또는 금감원장에게 이의를 신청할 수 있다.

② 이의신청이 이유 없다고 인정할 명백한 사유가 있는 경우에는 금감원장이 이의신청을 기각할 수 있다.

③ 이의신청 처리결과에 대하여는 다시 이의신청할 수 없다.

03 금융기관의 검사 및 제재에 관한 규정상 금융기관 검사에 대한 설명으로 가장 거리가 먼 것은?

★★☆

① 종합검사는 대부분 현장검사의 방법으로 실시한다.

② 금융감독원장이 제재하고자 할 경우 제재내용을 대상자에게 사전에 알려주는 것은 원칙상 불가하다.

③ 금융투자업자 또는 그 임직원에 대한 과태료 부과, 자본시장법에 의한 조치·명령은 증선위의 사전심의를 거쳐 조치한다.

④ 검사결과 조치는 금융위 심의·의결을 거쳐 조치하되 금감원장 위임사항은 금감원장이 직접 조치한다.

> **해설**
>
> 감독원장이 제재조치를 하는 때에는 위규 행위사실 등을 제재대상자에게 구체적으로 사전통지하고 상당한 기간을 정하여 구술 또는 서면에 의한 의견진술 기회를 주어야 한다. 다만, 당해 처분의 성질상 의견청취가 현저히 곤란하거나 명백히 불필요하다고 인정될 만한 상당한 이유가 있는 경우에는 사전통지를 아니할 수 있다.

09 자본시장 조사업무 규정

대표유형문제

자본시장 조사업무 규정상 조사대상에 포함되는 행위를 설명한 것으로 가장 거리가 먼 것은?

① 미공개정보 이용행위

② 시세조정등 불공정거래행위

③ 회사기밀 반출 행위

④ 상장법인의 임원등의 특정 증권등 및 변동상황 보고의무 위반

해설

조사의 주요 대상 : 미공개정보 이용행위, 시세조정등 불공정거래행위, 내부자의 단기매매차익 취득, 상장법인의 공시의무 위반, 상장법인의 임원등의 특정 증권등 및 변동상황 보고의무 위반, 주식등의 대량보유상황보고(5% 보고)

정답 ③

필수핵심개념

01 자본시장 조사업무 규정

불공정거래에 대한 조사는 원칙적으로 당사자의 동의와 협조를 전제로 한 ❶ 청문적 성격의 행정상 임의조사의 성격을 띠지만, 시세조종 등에 대한 조사와 같이 압수 · 수색 등 ❷ 강제조사의 성격이 함께 ❸ 혼재된 특수한 성격을 가짐

(1) 조사의 주요 대상

① 미공개정보 이용행위

② 시세조정등 불공정거래행위

③ 내부자의 단기매매차익 취득

④ 상장법인의 공시의무 위반

⑤ 상장법인의 임원등의 특정 증권등 및 변동상황 보고의무 위반

⑥ 주식등의 대량보유상황보고(5% 보고)

(2) 금융위원회의 조사 실시

조사 실시 대상	• 금융위 및 금융감독원의 업무와 관련하여 위법행위의 혐의사실을 발견한 경우 • 한국거래소로부터 위법행위의 혐의사실을 이첩받은 경우 • 각 급 검찰청의 장으로부터 위법행위에 대한 조사를 요청받거나 그 밖의 행정기관으로부터 위법행위의 혐의사실을 통보받은 경우 • 위법행위에 관한 제보를 받거나 조사를 의뢰하는 민원을 접수한 경우 • 기타 공익 또는 투자자보호를 위하여 조사의 필요성이 있다고 인정하는 경우
조사 면제 대상	• 당해 위법행위에 대한 충분한 증거가 확보되어 있고 다른 위법행위의 혐의가 발견되지 않는 경우 • 당해 위법행위와 함께 다른 위법행위의 혐의가 있으나 그 혐의내용이 경미하여 조사의 실익이 없다고 판단되는 경우 • 공시자료, 언론보도 등에 의하여 널리 알려진 사실이나 풍문만을 근거로 조사를 의뢰하는 경우 • 민원인의 사적인 이해관계에서 당해 민원이 제기된 것으로 판단되는 등 공익 및 투자자 보호와 직접적인 관련성이 적은 경우 • 당해 위법행위에 대한 제보가 익명 또는 가공인 명의의 진정 · 탄원 · 투서 등에 의해 이루어지거나 그 내용이 조사단서로서의 가치가 없다고 판단되는 경우 • 당해 위법행위와 동일한 사안에 대하여 검찰이 수사를 개시한 사실이 확인된 경우

(3) 조사결과의 조치

❶ 형사처벌	금융위 조사결과 발견된 위법행위로서 형사벌칙의 대상이 되는 행위에 대해서는 관계자를 고발 또는 수사기관에 통보(벌금이나 징역은 없음을 주의)
❷ 시정명령 또는 처분명령	• 공개매수 규정은 위반한 주식등의 매수 • 주식등의 대량보유 등의 보고의무 위반 • 공공적 법인이 발행한 주식의 소유제한 규정에 위반한 공공적법인 주식취득 • 외국인의 증권 또는 장내파생상품 거래의 제한규정을 위반한 주식
❸ 상장법인 및 피검사기간에 대한 조치	1년 이내 범위에서 증권발행제한, 임원에 대한 해임권고, 인가 · 등록 취소
❹ 과징금 부과	주요사항 보고서의 과징금 기준금액 및 주가 변동률 산정 시 산정대상기간은 공시의무발생일(거짓기재 · 기재누락이 경우 제출일) 전후 15거래일가으로 함
❺ 과태료 부과, ❻ 단기매매차익 발생사실의 통보 등	

01 자본시장 조사업무 규정상 조사대상과 거리가 먼 것은?

★☆☆

① 금융위 및 금융감독원의 업무와 관련하여 위법행위의 혐의사실을 발견한 경우

② 한국거래소로부터 위법행위의 혐의사실을 이첩받은 경우

③ 위법행위에 관한 제보를 받거나 조사를 의뢰하는 민원을 접수한 경우

④ 당해 위법행위에 대한 충분한 증거가 확보되어 있고 다른 위법행위의 혐의가 발견되지 않는 경우

해설

④ 조사면제 대상에 해당한다.

02 자본시장 조사업무 규정에 따른 조사결과 증권의 발행·모집 매출 등과 관련한 자본시장법을 위반한

★★☆ 상장법인에 대한 조치 사항이 아닌 것은?

① 형사벌칙의 대상이 되는 행위에 대해서는 관계자를 고발 또는 수사기관에 통보

② 2년 이내 범위에서 증권발행제한, 임원에 대한 해임권고, 인가·등록 취소

③ 과징금 부과

④ 과태료 부과, 단기매매차익 발생사실의 통보 등

해설

② 1년 이내 범위에서 증권발행제한

03 자본시장 조사업무 규정에 대한 설명으로 거리가 먼 것은?

★★★

① 자본시장 불공정거래에 대한 조사는 원칙적으로 당사자의 동의와 협조를 전제로 한 청문적 성격의 행정상 임의조사의 성격을 띠지만, 시세조종 등에 대한 조사와 같이 압수·수색 등 강제조사의 성격이 함께 혼재된 특수한 성격을 갖는다.

② 한국거래소로부터 위법행위의 혐의사실을 이첩받은 경우에는 조사를 실시할 수 있다.

③ 당해 위법행위에 대한 제보가 익명 또는 가공인 명의의 진정·탄원·투서 등에 의해 이루어지거나 그 내용이 조사단서로서의 가치가 없다고 판단되는 경우 조사의 면제대상이 된다.

④ 조사결과에 대한 조치로 형사벌칙이 되는 대상에 대한 고발 또는 수사기간통보, 시정명령, 과징금의 부과 등이 있으며 과태료는 부과대상이 아니다.

> **해설**
> 조사결과에 대한 조치로 과태료 부과대상에 포함된다.

02

한국금융투자협회규정

챕터 출제비중

구 분	출제영역	출제문항
CHAPTER 01	자본시장 관련 법규	14~15 문항
CHAPTER 02	한국금융투자협회규정	4 문항
CHAPTER 03	한국거래소규정	4 문항
CHAPTER 04	금융소비자보호법	2~3 문항
	총 문항	25 문항

58%
16%
16%
10%

한국금융투자협회규정은 총 4문제가 출제됩니다. 따라서 한국거래소규정과 더불어 출제비중이 가장 낮은 과목입니다. 시험은 주로 금융투자회사의 영업 및 업무에 관한 규정이나 약관운용 규정에서 출제되는데, 특히 투자권유, 조사분석자료 작성 및 공표, 투자광고, 영업보고서 및 경영공시, 재산상 이익의 제공 및 수령, 약관 등은 자주 출제되는 핵심적인 내용들입니다. 타 법규 과목과 중복되는 내용도 있고 출제비중이 높지 않기 때문에 본서에 제시된 문제만 풀 수 있다면 시험대비에 어려움이 없다고 할 수 있습니다.

Section별 중요도 및 학습체크

구 분	핵심개념	중요도	학습체크		
			1회독	2회독	3회독
01	적합성 확보	★			
02	핵심투자설명서	★★★			
03	파생결합증권에 대한 특례	★			
04	투자자 보호 강화	★★			
05	위험고지	★★			
06	펀드판매 시 금지 행위 및 준수 행위	★★			
07	투자권유대행인	★			
08	조사자료 작성원칙 및 조사분석업무의 독립성 확보	★★★			
09	조사자료 작성 및 공표의 제한	★★★			
10	조사자료의 의무 공표 및 금융투자분석사의 매매거래 제한	★★★			
11	펀드투자 광고 시 의무표시사항	★★★			
12	주요매체별 위험표시기준 강화	★★★			
13	투자광고 금지 행위	★★★			
14	투자광고 시 펀드의 운용실적 표시방법	★★			
15	재산상의 이익	★★★			
16	재산상의 이익 가치 산정 및 제공 및 수령의 한도	★★★			
17	부당한 재산상 이익의 제공 및 수령 금지	★★★			
18	직원 채용 및 복무 기준	★			
19	신상품 보호	★★★			
20	투자자 계좌의 관리 등	★			
21	신용공여	★			
22	유사해외통화선물(FX마진)	★★★			
23	판매회사 변경제도	★			
24	금융투자전문인력의 종류	★★			
25	등록 거부 사유	★★			
26	금융투자전문인력에 대한 제재	★			
27	금융투자회사의 약관	★★			

01 금융투자회사의 영업 및 업무에 관한 규정

대표유형문제

일반투자자 대상 투자권유에 대한 설명으로 거리가 먼 것은?

① 일반투자자인지 전문투자자인지 여부를 확인하고 일반투자자의 경우 투자권유를 하기 전에 면담·질문을 통하여 고객의 투자목적·재산상황 및 투자경험 등의 정보를 파악하여야 한다.

② 확인한 투자자정보의 내용은 해당 투자자에게 지체없이 제공하여야 하며 10년 이상 기록을 유지·보관하여야 한다.

③ 만약 일반투자자가 자신의 투자성향 등과 맞지 않는 금융투자상품의 매매 또는 거래를 하고자 한다면 금융투자회사는 투자위험성을 다시 고지하고 해당 고객으로부터 서명 등의 방법으로 투자위험성을 고지받았다는 사실을 확인받아야 한다.

④ 투자권유를 희망하지 않는 투자자에 대해서는 파생상품 등을 판매하더라도 고객정보를 파악할 필요가 없다.

해설

자발적 일반투자자의 경우라도 투자성 상품에 대한 매매계약체결을 하는 경우 면담·질문 등을 통하여 일반투자자의 정보를 파악하여야 한다.

정답 ④

필수핵심개념

01 투자권유 및 판매관련 규칙

(1) 적합성의 확보

① 투자자정보확인 의무

② **투자성 상품(파생상품 등) 특례** : 일반투자자에게 투자성 상품(파생상품 등)을 매매계약 체결하는 경우 투자권유를 하지 아니하더라도 면담·질문 등을 통하여 일반투자자의 정보를 파악하여야 함

③ 부적합투자자, 투자권유불원투자자인 일반투자자를 대상으로 상품을 판매한 실적을 협회 인터넷 홈페이지에 공시

대표유형문제

다음 중 금융회사의 투자설명서 이외에 추가로 핵심설명서를 교부해야 하는 대상이 아닌 것은?

① 주가연계워런트(ELW)

② 공모로 발행된 파생결합증권

③ 개인전문투자자에 대한 고난도금전신탁계약

④ 유사해외통화선물거래

해설

- ELS와 같은 고위험상품 거래 시 금융회사가 자체적으로 제작한 설명서를 고객에게 교부하고 있으나 분량이 지나치게 많고, 표현 등이 난해한 관계로 금융소비자들의 이해도 제고에 적절치 않다는 의견이 제기되어 금융소비자들이 용이하게 이해할 수 있도록 감독당국과 금융협회는 핵심내용만 중점적으로 수록한 핵심설명서 제도를 도입하였다.
- ELW, ETN의 경우 파생결합증권 적정성 원칙 대상 상품이나 협회가 인정하는 별도의 사전교육을 이수하도록 하고 있으며 시장에서 실시간으로 매매가 가능하므로 핵심설명서 교부대상에서 제외된다.
- 금적립계좌는 상대적으로 위험성이 낮으며 자유롭게 입출금이 자유로워 제외대상에 해당한다.

정답 ①

필수핵심개념

(2) 설명의무

① 설명서 교부

    ㉠ 공모펀드의 간이투자설명서, 일반사모펀드의 핵심상품설명서는 일반투자자가 수령을 거부하는 경우 설명서 교부의무 대상에서 제외

    ㉡ 간이투자설명서를 제외한 설명서 및 핵심상품설명서는 준법감시인 또는 금융소비자보호 총괄책임자의 사전심의 필요

    ㉢ 금소법에 따라 중요한 내용은 부호, 색채, 굵고 큰 글자 등으로 명확하게 표시하여 작성

② 핵심설명서 교부 대상

금융투자회사는 다음 어느 하나에 해당하는 경우 핵심설명서를 추가로 교부하고 그 내용을 충분히 설명하여야 함

    ㉠ ❶ 일반투자자가 ❷ 고난도금융투자상품 이외에 ❸ 공모의 방법으로 발행된 ❹ 파생결합증권(❺ ELW, ETN, 금적립계좌 등은 제외) 매매

    ㉡ ❶ 일반투자자 또는 개인전문투자자가 ❷ 공모·사모의 방법으로 발행된 ❸ 고난도금융상품 매매 또는 고난도금전신탁계약, 고난도투자일임계약의 체결

    ㉢ ❶ 일반투자자가 ❷ 신용융자거래 또는 ❸ 유사해외통화선물거래를 하고자 하는 경우

대표유형문제

파생결합증권에 대한 특례에 관한 설명으로 거리가 먼 것은?

① 원금비보장형 파생결합증권이 만기일 이전에 최초로 원금손실 조건에 해당하는 경우 원금손실 조건에 해당되었다는 사실뿐만 아니라 가격정보 등에 관한 정보도 지체없이 알려야 한다.

② 판매 후 최초 기준가격 확정 시 기초 기준가격 및 원금손실 조건에 해당하는 기초자산의 가격에 대한 정보를 제공해야 한다.

③ 주식워런트증권, 상장지수증권, 금적립계좌의 경우에는 파생결합증권에 대한 정보제공의무가 적용되지 않는다.

④ 판매 후 매월 1회 이상 파생결합증권의 공정가액 및 기초자산의 가격 등에 관한 정보를 제공해야 한다.

해설

판매 후 분기 1회 이상 파생결합증권의 공정가액 및 기초자산의 가격 등에 관한 정보를 제공해야 한다.

정답 ④

필수핵심개념

③ 파생결합증권(ELS 등)에 대한 특례 : 정보제공 강화

금융투자회사는 ❶ 공모의 방법으로 발행된 ❷ 파생결합증권(주식워런트증권, 상장지수증권, 금적립계좌 등은 제외)에 대해서는 ❸ 일반투자자가 미리 정한 서신, 전화 등 그 밖의 이와 유사한 전자통신 방법으로 다음의 정보를 제공해야 함(단, 일반투자자가 정보수령을 거부하면 통지하지 않을 수 있음)

㉠ 만기일 이전에 최초로 원금손실 조건(만기일 포함)에 해당하는 경우

> 원금손실 조건에 해당되었다는 사실 / 기초자산의 현재가격 / 자동 조기상환 조건 및 자동 조기상환 시 예상수익률 / 만기상환 조건 및 만기상환 시 예상수익률 / 중도상환 청구 관련 사항 / 공정가액

㉡ 다음 어느 하나에 해당하는 경우 판매 후 비정기적 정보 제공
  - 최초 기준가격 확정 시 : 최초 기준가격 및 원금손실 조건에 해당하는 기초자산의 가격
  - 자동 조기상환 조건을 충족하지 못한 경우 : 자동 조기상환의 순연사실
  - 발행회사의 신용등급이 하락한 경우 : 신용등급 변동 내역(ELB나 DLB의 경우)

㉢ 판매 후 정기적 정보제공 : 분기 1회 이상 파생결합증권의 공정가액 및 기초자산의 가격 등에 관한 정보

대표유형문제

일반투자자를 대상으로 한 ELW, ETN 매매에 대한 투자자 보호 특례와 장내파생상품시장 적격 개인투자자 제도에 대한 설명으로 옳은 것은?

① 파생상품 관련 자격시험에 합격하고 합격의 효력이 상실되지 않은 개인투자자에 대해서는 장내파생상품 거래 시 사전의무교육 및 모의거래 이수를 면제한다.

② 법인·단체, 외국인 또는 일반투자자가 주식워런트증권을 매매하고자 하는 경우에는 협회가 인정하는 교육을 사전에 이수하도록 하고 그 이수 여부를 확인하여야 한다.

③ 개인투자자가 장내에서 거래되는 선물거래 및 옵션거래를 하고자 하는 경우 1시간 이상의 파생상품 교육과정과 3시간 이상의 파생상품 모의과정을 사전에 이수해야만 거래가 가능하다.

④ 일반투자자가 최초로 변동성 ETN을 매매하고자 하는 경우에는 가격의 등락이 크게 발생할 수 있다는 위험 등을 고지하고 ETN 거래신청서가 아닌 변동성 ETN 거래신청서를 통해 매매의사를 추가로 확인해야 한다.

해설

① 사전교육의무만 면제된다.

② 법인·단체, 외국인, 투자일임계약·비지정형 금전신탁계약에 따라 거래하려는 개인투자자의 경우 사전교육 대상에서 제외된다.

③ 장내에서 거래되는 선물거래 및 옵션거래를 하고자 하는 경우 1시간 이상의 파생상품 교육과정과 3시간 이상의 모의거래과정을 사전에 이수하고 기본예탁금을 예탁하여야 한다.

정답 ④

필수핵심개념

④ ELW, ETN, ETF에 대한 투자자 보호 특례(투자자 보호 강화)

별도 거래 신청서 작성	일반투자자가 최초로 ELW나 ETN을 매매하고자 하는 경우 → 기존의 위탁매매거래계좌가 있더라도 서명 등의 방법으로 매매의사를 별도로 확인
	일반투자자가 최초로 변동성지수선물과 연계된 ETN을 매매하고자 하는 경우 → 가격의 등락이 크게 발생할 수 있다는 위험 등을 고지 + 매매의사 추가 확인 서류* *ETN 거래신청서가 아닌 별도의 변동성 ETN 거래신청서를 통해 매매의사 확인
사전교육 실시	일반투자자가 ELW, 1배(−1배)를 초과하는 레버리지 ETN·ETF를 매매하고자 하는 경우 → 협회가 인정하는 사전교육 이수 확인(단, ❶ 법인·단체, ❷ 외국인, ❸ 투자일임계약·비지정형 금전신탁계약에 따라 거래하려는 개인투자자의 경우 사전교육 대상에서 제외)

⑤ 장내 파생상품시장 적격 개인투자자 제도

개 요	실질적인 투자능력을 갖춘 개인투자자에 한해 파생상품시장의 신규 진입을 허용하기 위해 도입 • 개인투자자 : 자본시장법상 일반투자자(협회로부터 전문투자자로 지정을 받은 개인, 법인, 단체 및 외국인은 제외)
투자능력평가 기준	선물 · 옵션 거래 : ❶ 1시간 이상의 파생상품 교육과정(사전의무교육)과 ❷ 3시간 이상의 모의거래과 정을 사전에 이수하고 ❸ 기본예탁금(위험감수능력)을 예탁하여야만 거래 가능
면 제	• 사전의무교육 및 모의거래 이수 면제 : ❶ 자율규제위원장이 인정하는 ❷ 파생상품 업무경험이 1년 이상이고 ❸ 파생상품 관련 자격시험에 합격한 사실이 있는 자 • 사전 의무교육 면제자 : 파생상품 관련 자격시험에 합격하고 합격의 효력이 상실되지 않은 자

⑥ 판매절차 적정성 점검 : 일반투자자를 대상으로 금융투자상품 매매등을 체결하는 경우 7영업일 이내에 판매절차가 관계법규 및 회사가 마련한 투자권유준칙에 따라 적정하게 이행되었는지 여부를 투자자로부터 확인

대표유형문제

다음 중 위험고지에 대한 설명으로 거리가 먼 것은?

① 주가워런트증권을 거래하기 위해 계좌를 개설하고자 하는 경우 회사가 정한 '일중매매거래 위험고지서'를 교부하고 이를 충분히 설명해야 한다.

② 일반투자자가 시스템매매거래를 신청하는 경우 프로그램에 내재된 가격 예측 이론 및 사용방법 등에 대한 사전교육 이수 여부를 확인하여야 하며 기존의 위탁매매거래계좌가 있는 경우 별도의 신청서 징구를 생략한다.

③ 일중매매거래와 시스템매매거래는 회사의 인터넷 홈페이지 및 온라인거래를 위한 컴퓨터 화면에 해당 위험을 설명하는 설명서나 위험고지서를 게시하여야 한다.

④ 시스템매매(System-trading)란 고객 자신의 판단을 배제하고 사전에 내장된 일련의 조건에 의하여 금융투자상품의 매매종목, 매매시점 또는 매매호가에 대한 의사결정정보를 제공하거나 자동으로 매매주문을 내는 전산 소프트웨어에 의해 매매거래하는 투자방법을 말한다.

해설

일반투자자가 시스템매매거래를 신청하는 경우 프로그램에 내재된 가격 예측 이론 및 사용방법 등에 대한 사전교육 이수 여부를 확인하여야 하며 별도의 신청서에 의해 처리하여야 한다.

정답 ②

필수핵심개념

(3) 위험고지

일중매매거래	• 일중매매거래(Day-Trading)는 동일종목의 주식을 매수한 후 동 일자에 매도하거나, 매도한 후 동 일자에 매수함으로써 해당 주식의 일중 가격등락의 차액을 얻을 목적으로 행하는 매매거래 • ❶ 주식, 주가워런트증권 및 장내파생상품등을 거래하기 위해 ❷ 계좌 개설 시 ❸ '일중매매거래 위험고지서'를 교부 및 충분히 설명하고 ❹ 서명 또는 기명날인을 받아야 함 • 인터넷 홈페이지 및 온라인거래 화면에 일중매매의 위험을 설명하는 설명서를 게시
시스템매매	• 시스템매매(System-trading)란 고객 자신의 판단을 배제하고 사전에 내장된 일련의 조건에 의하여 금융투자상품의 매매종목, 매매시점 또는 매매호가에 대한 의사결정정보를 제공하거나 자동으로 매매주문을 내는 전산 소프트웨어에 의한 매매거래 • ❶ 일반투자자가 시스템매매거래를 신청하는 경우 유의사항을 고지하여야 하며, ❸ 시스템매매위험고지서를 교부 및 충분히 설명하고 ❹ 서명 또는 기명날인을 받아야 함 　－ 시스템매매가 반드시 수익을 보장해 주지는 않는다는 내용, 해당 프로그램에 대한 올바른 이해없이 증권 또는 장내파생상품의 매매거래를 하는 경우 커다란 손실을 입을 수 있다는 내용 • ❶ 일반투자자가 시스템매매거래를 신청하는 경우 ❷ 사전교육 이수 여부를 확인, ❸ 별도의 신청서에 의해 처리 • 인터넷 홈페이지 및 온라인거래 화면에 시스템매매의 위험고지서를 게시

펀드판매의 금지사항 및 준수사항에 대한 설명이다. 거리가 먼 것은?

① 판매회사가 펀드판매의 대가로 집합투자재산의 매매주문을 자기나 제3자에게 배정하도록 집합투자업자에게 요구하는 행위는 금지된다.

② 투자자로부터 집합투자증권 취득자금을 투자권유대행인을 통해서 수취하는 행위는 금지된다.

③ 펀드판매를 다른 금융투자상품과 연계하여 판매하는 경우 투자권유대행인으로 협회에 등록되어 있는 자가 투자권유를 하여야 한다.

④ 일반투자자에게 계열회사인 집합투자업자가 운용하는 집합투자증권을 투자권유하는 경우, 그 집합투자업자가 자기의 계열회사라는 사실을 고지해야 한다.

해설

판매회사는 집합투자증권의 판매를 다른 금융투자상품 등의 판매나 계약의 체결, 기타 서비스 제공 등과 연계하는 경우 펀드투자권유자문인력으로 협회에 등록되어 있는 자가 투자권유를 하여야 한다.

정답 ③

필수핵심개념

(4) 펀드판매 시 금지 행위 및 준수 행위

① 판매 시 금지 행위

㉠ 자기가 받는 판매보수 또는 판매수수료가 자기가 취급하는 유사한 다른 집합투자증권의 그것보다 높다는 이유로 투자자를 상대로 특정 집합투자증권의 판매에 차별적인 판매촉진노력을 하는 행위 (단, 투자자의 이익에 부합된다고 볼 수 있는 합리적 근거가 있는 경우는 제외)

㉡ 집합투자회사가 판매회사와 그 임직원을 통하여 집합투자기구를 판매함으로써 취득하게 된 투자자에 관한 정보를 이용하여 집합투자기구의 집합투자증권을 직접 판매하는 행위(다만, 집합투자회사가 판매회사의 금융지주회사인 경우 일부 정보 이용 가능)

㉢ 집합투자증권 판매의 대가로 집합투자회사에게 집합투자재산의 매매주문을 회사나 제3자에게 배정하도록 요구하거나, 유사한 다른 투자자의 매매거래보다 부당하게 높은 거래 수수료를 요구하는 행위

㉣ 판매회사의 직원이 집합투자업과 관련된 수탁업무 · 자산보관업무 · 일반사무관리업무 또는 고유재산 운용업무를 겸직하는 행위

㉤ 투자자로부터 집합투자증권취득자금 수취와 관련하여 다음 어느 하나에 해당하는 행위

• 판매회사의 임직원 이외의 자를 통해 자금을 받는 행위

• 판매대금을 분할 납부하도록 하거나 판매회사 또는 임직원이 선납하는 행위

• 자금의 실제 납입이 이루어지기 전에 납입이 이루어진 것으로 처리하는 행위

② 집합투자판매 시 준수 사항

　　㉠ 판매회사는 영업점에 자금입출 등 통상적인 창구와 구분될 수 있도록 집합투자증권 투자권유창구에 별도 표시를 하거나, 판매직원이 협회에 펀드투자권유자문인력으로 등록된 자임을 투자자가 확인할 수 있도록 표시

　　㉡ 펀드 연계판매 시 준수사항

　　　• 관계법규에서 정하는 금지행위에 해당되거나 규제를 회피할 목적이 아닐 것

　　　• 펀드투자권유자문인력으로 협회에 등록되어 있는 자가 투자권유를 할 것

　　　• 투자자에게 환매제한 등의 부당한 제약을 가하지 아니할 것

　　　• 집합투자증권의 실적배당원칙이 훼손되지 아니할 것

　　㉢ 판매회사는 집합투자증권 투자권유 실적 평가 시 관계법규등의 준수 여부 및 민원발생 여부 등을 반영

　　㉣ 판매회사는 일반투자자에게 계열회사등인 집합투자회사가 운용하는 집합투자기구의 집합투자증권을 투자권유하는 경우 그 집합투자회사가 자기의 계열회사등이라는 사실을 고지

　　㉤ 판매회사는 다음 사항을 해당 판매회사 및 협회의 인터넷 홈페이지에 공시

　　　• 판매한 집합투자증권이 계열회사등인 집합투자회사가 운용하는 집합투자기구의 집합투자증권인지 여부를 구분한 그 판매비중 · 수익률 · 비용

　　　• 당해 판매회사의 임직원 및 투자권유대행인이 집합투자증권을 불완전판매한 사실로 인하여 판매회사가 감독당국으로부터 제재를 받았을 경우 그 사실

　　　• 판매비중이 실제 판매비율과 50%p 이상 차이가 나는 경우 그 사유

대표유형문제

다음 중 투자권유대행인에 대한 설명으로 거리가 먼 것은?

① 금융투자회사의 임직원이 아닌 자로서 금융투자회사와의 계약에 의하여 투자권유업무 위탁을 받은 개인을 말한다.

② 금융투자회사와 파생상품등에 대한 투자권유를 위탁받을 수 있다.

③ 투자자로부터 금전·증권, 그 밖의 재산을 수취하는 행위는 금지된다.

④ 협회가 실시하는 소정의 보수교육을 매년 1회 이상 이수하여야 한다.

해설

금융투자회사는 투자권유대행인에게 파생상품 등에 대해서는 투자권유대행인 위탁을 할 수 없다.

정답 ②

필수핵심개념

(5) 투자권유대행인

① 금융투자회사의 임직원이 아닌 자로서 금융투자회사와의 계약에 의하여 투자권유업무 위탁을 받은 개인

② 금융투자회사는 투자권유대행인에게 **파생상품권유를 위탁할 수 없음**

③ **보수교육** : 협회가 실시하는 소정의 보수교육을 매년 1회 이상 이수하여야 함

대표유형문제

조사분석자료의 작성원칙 및 조사분석업무의 독립성 확보와 관련한 협회의 규정에 대한 설명으로 틀린 내용을 모두 고르면?

> 가. 금융투자회사는 제3자가 작성한 조사분석자료를 외부에 공표할 수 없다.
> 나. 금융투자회사는 금융투자분석사가 조사분석업무를 독립적으로 수행할 수 있도록 내부통제기준 및 조사분석자료의 품질 및 생산 실적, 투자의견의 적정성 등이 포함되지 않은 보수 산정 기준을 제정 · 운영해야 한다.
> 다. 금융투자회사는 조사분석 담당부서의 임원이 기업금융 법인영업 및 고유계정 운용업무를 겸직하는 것은 조사분석업무의 독립성 확보 차원에서 예외없이 금지한다.

① 가, 나　　　　　　　　　　　② 나, 다
③ 가, 다　　　　　　　　　　　④ 가, 나, 다

해설

가. 제3자에 대한 설명을 조사분석자료에 기재하고 공표할 수 있다.

나. 포함된 보수 산정 기준을 제정 · 운영해야 한다.

다. 외국금융회사의 국내지점과 같이 임원수의 제한 등으로 겸직이 불가피하다고 인정되는 경우에는 예외적으로 허용된다.

정답 ④

필수핵심개념

02 조사자료 작성 및 공표

(1) 금융투자분석사의 확인

① 금융투자회사는 금융투자분석사의 확인 없이 조사분석자료를 공표하거나 제3자에게 제공해서는 아니 됨

② 금융투자회사는 해당 금융투자회사의 임직원이 아닌 제3자가 작성한 조사분석자료를 공표하는 경우 해당 제3자에 대한 설명(법인의 경우 법인명)을 조사분석자료에 기재하여야 함

(2) 조사분석업무의 독립성 확보

① 금융투자회사 및 그 임직원은 금융투자분석사에게 부당한 압력이나 권한 행사 금지

② 금융투자회사는 금융투자분석사가 조사분석업무를 독립적으로 수행할 수 있도록 내부통제기준 및 조사분석자료의 품질 및 생산 실적, 투자의견의 적정성 등이 포함된 보수 산정 기준을 제정 · 운영

③ 금융투자회사 및 금융투자분석사는 조사분석자료를 공표하기 전에 내부기준에 따른 승인 절차를 거치지 아니하고 제3자에게 조사분석자료 또는 그 주된 내용 제공 금지

④ 금융투자회사 및 금융투자분석사는 조사분석자료를 공표하기 전에 조사분석 대상법인 및 조사분석 자료의 작성 심의에 관여하지 않은 임직원에게 조사분석자료 또는 그 주된 내용의 사전제공 금지

⑤ 금융투자분석사와 기업금융업무 관련부서 간의 의견 교환은 원칙적으로 금지하되, 예외적으로 다음 조건을 모두 만족하는 경우 준법감시부서의 통제하에 허용

　　㉠ 조사분석 담당부서와 기업금융업무 관련부서 간의 자료교환은 준법감시부서를 통하여 할 것

　　㉡ 조사분석 담당부서와 기업금융업무 관련부서 간의 협의는 준법감시부서 직원의 입회하에 이루어져야 함

　　㉢ 회의의 주요내용을 서면으로 기록 · 유지

⑥ 금융투자회사는 조사분석 담당부서의 임원이 기업금융 법인영업 및 고유계정 운용업무 겸직 금지. 다만 임원수의 제한 등으로 겸직이 불가피하다고 인정되는 경우에는 예외적으로 허용

조사분석자료의 작성 및 공표에 대한 내용으로 옳지 않은 것을 모두 고르면?

가. A증권회사가 B증권회사의 주식을 기초자산으로 하는 주식워런트증권을 발행한 경우, B증권회사는 A증권회사가 발행한 주식워런트증권에 대하여 조사분석자료를 공표할 수 있다.

나. 금융투자회사가 기관투자자들과 개별적으로 접촉하여 매입의사를 타진한 후 지분을 거래하는 경우에는 해당 지분을 매입하고자 하는 법인 및 매입대상 법인이 발행한 금융상품에 대하여 조사분석자료를 공표할 수 없다.

다. 금융투자회사가 조사분석자료를 공표한 금융투자상품을 매매하는 경우에는 공표 후 24시간이 경과하여야 하며 해당 금융투자상품을 공표일부터 7일 동안 공표내용과 반대 방향으로 매매하여야 한다.

라. 금융회사는 자신이 발행주식총수의 5% 이상의 주식등을 보유하고 있는 법인의 금융투자상품에 대하여 조사분석자료를 공표하거나 특정인에게 제공을 할 수 없다.

① 가, 나

② 가, 나, 다

③ 나, 다, 라

④ 가, 나, 다, 라

해설

가. 금융투자회사는 자신이 발행한 금융투자상품은 물론이고, 자신이 발행한 주식을 기초자산으로 하는 주식선물·주식옵션 및 주식워런트증권에 대해서도 조사분석자료를 공표할 수 없다. 따라서 B증권회사가 공표하려는 조사분석자료의 대상은 자신이 발행한 주식은 아니지만, 기초자산이 자신이 발행한 주식인 주식워런트증권에 해당하므로 조사분석자료를 공표할 수 없다.

나. 자신이 공개입찰 방식에 의한 지분의 매입을 위한 주선등의 업무를 수행하는 경우 해당 지분을 매입하고자 하는 법인 및 매입대상 법인이 발행한 금융투자상품 등에 대해 조사분석자료를 공표할 수 없다. 그러나 기관투자자들과의 개별적 접촉은 공개적으로 다수가 참여하고 경쟁하여 입찰하는 방식이 아니므로 조사분석자료를 공표할 수 있으나 공표법인과 상당한 이해관계가 있다고 인정되므로 해당 사실을 조사분석자료에 명시해야 한다.

다. 금융투자회사가 조사분석자료를 공표한 금융투자상품을 매매하는 경우에는 공표 후 24시간이 경과하여야 하며 해당 금융투자상품을 공표일부터 7일 동안 공표내용과 같은 방향으로 매매하여야 한다.

정답 ②

(3) 조사분석 대상법인의 제한 등

조사분석자료를 작성하지 못하거나 이해관계를 고지하도록 하는 것은 이해상충방지를 위함

① 조사분석 대상법인의 제한

금융투자회사는 다음 어느 하나에 해당하는 금융투자상품에 대하여 조사분석자료를 공표하거나 특정인에게 제공 금지

㉠ 자신이 발행한 금융투자상품

㉡ 자신이 발행한 주식을 기초자산으로 하는 주식선물·주식옵션 및 ELW

㉢ 다음의 어느 하나에 해당하는 법인이 발행한 주식 및 주권관련사채권과 해당 주식을 기초자산으로 하는 주식선물·주식옵션 및 ELW

- 자신이 안정조작 또는 시장조성 업무를 수행하고 있는 기간 중 증권을 발행한 법인
- 자신이 인수·합병의 주선등 업무를 수행하는 경우로서 ❶ 해당 인수·합병의 대상법인 및 ❷ 그 상대 법인(인수·합병의 규모가 해당 법인의 자산총액 또는 발행주식 총수의 5%를 초과하는 경우에 한함)
- 자신이 공개입찰 방식에 의한 지분매각 또는 해당 지분의 매입을 위한 주선등의 업무를 수행하는 경우로서 다음에 해당하는 법인
  - 지분매각에 대한 주선등의 경우 ❶ 매각대상법인 및 ❷ 지분을 매입하고자 하는 법인 (매입하고자 하는 법인에 대하여는 해당 지분의 매입을 위하여 입찰참여의향서를 제출한 시점부터 적용)
  - 지분매입에 대한 주선등의 경우 ❶ 해당 지분을 매입하고자 하는 법인 및 ❷ 매입대상법인 (매입대상법인에 대하여 입찰참여의향서를 제출한 시점부터 적용)
- 자신이 발행주식 총수의 5% 이상의 주식등을 보유하고 있는 법인
- 최근 사업연도 재무제표에 대한 감사인의 감사의견이 부적정 또는 의견거절이거나 한정인 법인 (단, 투자등급 및 목표가격 등을 하향 조정하기 위한 경우에는 제외)

② 회사와의 이해관계 고지

금융투자회사는 자신이 ❶ 채무이행을 직·간접적으로 보장하거나, ❷ 발행주식 총수의 1% 이상의 주식등을 보유하는 등 ❸ 각종 이해관계가 있는 법인이 발행한 금융투자상품과 해당 법인이 발행한 주식을 기초자산으로 한 주식선물·주식옵션 및 ELW에 대한 조사분석자료를 공표하거나 특정인에게 제공하는 경우 회사와의 이해관계를 조사분석자료에 명시하여야 함

대표유형문제

조사분석자료의 작성 및 공표에 대한 내용으로 거리가 먼 것은?

① 대표주관회사에 해당하는 금융투자회사는 자신이 대표주관업무를 수행한 법인이 발행한 주식의 가치 등에 관한 조사분석자료를 해당 법인이 발행한 주식이 증권시장에서 매매거래가 이루어진 날부터 1년간 2회 이상의 조사분석자료를 무료로 공표하며, 조사분석자료에 회사가 대표주관업무를 수행하였다는 사실을 고지하여야 한다.

② 금융회사는 최근 1년간 3회 이상의 조사분석지료를 공표한 경우 최종 공표일이 속히는 월말로부디 6개월 이내에 조사분석자료를 추가로 공표하여야 하며, 공표를 중단하는 경우 중단 사실과 사유를 고지하여야 한다.

③ 금융투자분석사는 자신이 담당하는 업종에 속하는 법인이 발행한 주식·주권관련사채권 및 신주인수권이 표시된 것 제호의 주식을 기초자산으로 하는 주식선물·주식옵션 및 주식워런트증권을 매매하여서는 안 된다.

④ 금융투자분석사는 금융투자상품 매매거래내역을 분기별로 회사에 보고하여야 한다.

해설

금융투자분석사는 이해상충 우려가 금융투자회사 임직원보다 크기 때문에 금융투자상품 매매거래내역을 월별로 회사에 보고하여야 한다.

정답 ④

필수핵심개념

(4) 조사분석자료의 의무 공표(IPO 대표주관회사의 의무)

❶ 대표주관회사에 해당하는 금융투자회사는 ❷ 자신이 대표주관업무를 수행한 법인이 발행한 주식의 가치 등에 관한 조사분석자료를 해당 법인이 발행한 주식이 증권시장에서 매매거래가 이루어진 날부터 ❸ 1년간 2회 이상의 조사분석자료를 무료로 공표하며, 조사분석자료에 회사가 대표주관업무를 수행하였다는 사실을 고지

(5) 조사분석자료의 공표 중단 사실 고지(추가 공표 의무)

금융회사는 ❶ 최근 1년간 3회 이상의 조사분석자류를 공표한 경우 최종 공표일이 속하는 ❷ 월말로부터 6개월 이내에 조사분석자료를 ❸ 추가로 공표하여야 하며, 공표를 중단하는 경우 중단 사실과 사유를 고지하여야 함

(6) 금융투자분석사의 매매거래 제한

① 금융투자분석사의 매매거래 제한

㉠ 금융투자분석사는 자신이 담당하는 업종에 속하는 법인이 발행한 주식·주권관련사채권 및 신주인수권이 표시된 것 제호의 주식을 기초자산으로 하는 주식선물·주식옵션 및 주식워런트증권 매매 금지(단, 금융투자분석사가 되기 이전에 취득한 금융투자상품을 처분하는 경우 등 불가피한 경우는 제외)

ⓛ 금융투자분석사는 소속 금융투자회사에서 조사분석자료를 공표한 금융투자상품을 매매하는 경우에는 ❶ 공표 후 24시간이 경과하여야 하며 해당 금융투자상품이 ❷ 공표일부터 7일 동안 공표내용과 같은 방향으로 매매

② 금융투자분석사의 24시간 매매거래 제한의 적용 예외 : 조사분석자료가 새로운 내용을 담고 있지 않은 경우 등에 대해서는 예외적으로 허용

③ 금융투자분석사는 이해상충 우려에 따라 매매거래내역을 매월 보고(일반 임직원은 분기별 보고)

(7) 금융투자분석사의 재산적 이해관계 고지

① 금융투자회사는 ❶ 금융투자분석사 또는 조사분석자료의 작성에 영향력을 행사하는 자가 조사분석자료를 공표하거나 일반투자자를 대상으로 자신의 ❷ 재산적 이해에 영향을 미칠 수 있는 금융투자상품의 매매를 권유하는 경우 그 재산적 이해관계를 고지

② 재산적 이해관계 고지 대상 제외 사유 : ❶ 금융투자상품 및 주식매수선택권의 보유가액의 합계가 ❷ 3백만원 이하인 경우에는 고지대상에서 제외 가능(단, ❶ 주식선물 · 주식옵션 및 주식워런트증권은 ❷ 보유가액의 크기와 관계없이 고지)

(8) 조사분석자료 관련 공시

① 금융투자회사는 한국거래소에 상장된 주식에 대하여 조사분석자료를 공표하는 경우 ❶ 2년간 투자등급 및 가격 등 구체적 내용, ❷ 1년간 투자의견비율, ❸ 괴리율을 조사분석자료에 게재하여야 함

② 조사분석자료에 해당 조사분석자료의 작성에 관여한 금융투자분석사 성명, 재산적 이해관계, 외부자료를 인용한 경우 해당 자료의 출처 등을 명기하여야 함

펀드투자 광고 시 의무표시사항을 모두 묶은 것은?

> 가. 환매수수료
>
> 나. 증권 거래비용이 발생할 수 있다는 사실과 투자자가 직·간접적으로 부담하는 보수 및 수수료
>
> 다. 고유한 특성 및 위험성 등이 있는 펀드의 경우 해당 특성 및 위험성에 관한 설명
>
> 라. 환매 신청 후 환매금액의 수령이 가능한 구체적 시기

① 가, 나

② 가, 나, 다

③ 나, 다, 라

④ 가, 나, 다, 라

해설

전부 다 해당한다.

정답 ④

필수핵심개념

03 투자광고

(1) 의무표시사항

구 분	의무표시사항
일반적(공통)	• 금융상품에 관한 계약을 체결하기 전에 금융상품 설명서 및 약관을 읽어볼 것을 권유하는 내용 • 금융상품판매업자 등의 명칭, 금융상품 내용(금융상품의 명칭, 이자율, 수수료) • 투자에 따른 위험(원금손실 발생 가능성 및 원금손실에 대한 소비자 책임) • 과거의 운용실적을 포함하여 광고하는 경우 그 운용실적이 미래의 수익률을 보장하는 것이 아니라는 사실 • 일반금융소비자의 설명받을 권리 • 법령 및 내부통제기준에 따른 광고 관련 절차의 준수에 관한 사항 • 예금보험관계성립 여부와 그 내용 • 광고의 유효기간이 있는 경우 해당 유효기간 • 통계수치나 도표 등을 인용하는 경우 해당 자료 출처 • 수수료 부과기준 및 절차, 손실이 발생할 수 있는 상황 및 그에 따른 손실추정액, 과거 실적을 표시하는 경우 투자광고시점 및 미래에는 이와 다를 수 있다는 내용, 최소비용을 표기하는 경우 그 최대비용과 최대수익을 표기하는 경우 그 최소수익
펀드광고 추가 의무사항	• 환매수수료 • 환매 후 환매금액의 수령이 가능한 구체적 시기 • 증권 거래비용이 발생할 수 있다는 사실과 투자자가 직·간접적으로 부담하는 보수 및 수수료 • 고유한 특성 및 위험성 등이 있는 펀드의 경우 해당 특성 및 위험성에 관한 설명

대표유형문제

투자광고 주요매체별 위험표시기준 강화에 대한 설명으로 거리가 먼 것은?

① A4용지 기준으로는 9포인트 이상의 활자체를 사용해야 한다.

② 인터넷 배너를 이용할 경우 3초 이상 위험고지내용을 볼 수 있도록 해야 한다.

③ 영상매체의 경우 1회당 투자광고 시간의 5분의 1 이상 동안 위험을 고지해야 한다.

④ 10분 이상의 영상매체 광고물의 경우 2회 이상 소비자가 명확하게 인식할 수 있는 속도와 음성과 자막으로 설명해야 한다.

해설

영상매체의 경우 1회당 투자광고 시간의 3분의 1 이상 동안 위험을 고지해야 한다.

정답 ③

필수핵심개념

(2) 주요 매체별 위험표시기준 강화

구 분	표시방법
공 통	• 색상 : 바탕색과 구별되는 선명한 색상 • 글자크기 : A4 규격용지 기준 9포인트 이상의 활자체(다만, 신문에 전면으로 게재하는 광고물의 경우 10포인트 이상의 활자체로 표시)
영상매체	• 1회당 총 투자광고 시간의 1/3 이상 동안 위험고지표시 또는 1회 이상 소비자가 명확하게 인식할 수 있는 속도와 음성과 자막(단, 10분 이상 광고물은 2회 이상) • 충분한 면적에 걸쳐 위험고지내용을 표시
인터넷 배너	• 위험고지내용 3초 이상 표시 • 파생상품 · ELW 등 고위험상품에 대한 특칙 : 5초 이상 표시

대표유형문제

다음 중 투자광고 금지 행위에 대한 설명으로 거리가 먼 것은?

① 수익률이나 운용실적을 표시하는 경우 세전·세후 여부를 누락하여 표시하는 행위는 금지된다.

② 집합투자증권에 관한 투자광고에 집합투자기구의 명칭, 집합투자기구의 종류, 집합투자기구의 투자목적 및 운용전략, 기타 법령에서 정한 사항 이외의 사항을 표시하는 행위는 금지된다.

③ 여러 신탁재산을 집합하여 운용한다는 내용을 표시하는 행위는 금지된다.

④ 동일한 유형의 펀드와 객관적인 근거를 갖고 비교광고를 하는 행위는 금지된다.

해설

비교 대상 및 기준을 분명하게 밝히지 않거나 객관적인 근거 없이 다른 금융상품등과 비교하는 행위가 금지된다.

정답 ④

필수핵심개념

(3) 투자광고 금지 행위

① 투자자가 손실보전 또는 이익보장으로 잘못 인식할 우려가 있는 표시를 하는 행위

② 수익률이나 운용실적을 표시하는 경우 다음 각 목의 어느 하나에 해당하는 행위

   ㉠ 좋은 기간의 수익률이나 운용실적만을 표시하거나 강조하는 행위

   ㉡ 세전·세후 여부를 누락하여 표시하는 행위

   ㉢ 파생결합증권 또는 파생결합증권을 투자대상으로 하는 집합투자기구의 상환조건별 예상수익률을 표시하면서 예상손실률을 근접 기재하지 않거나 크기, 색상, 배열 등에 있어 동등하지 않은 수준으로 표시하는 행위

③ 집합투자기구 등 운용실적에 따라 수익이 결정되는 집합투자증권, 투자일임계약 및 신탁계약 등에 대하여 예상수익률 또는 목표수익률 등 실현되지 아니한 수익률을 표시하거나 구성자산 중 일부의 수익률만을 표시하는 행위

④ 집합투자증권에 관한 투자광고에 집합투자기구의 명칭, 집합투자기구의 종류, 집합투자기구의 투자목적 및 운용전략, 기타 법령에서 정한 사항 이외의 사항을 표시하는 행위

⑤ 사모의 방법으로 발행하거나 발행된 금융투자상품에 관한 내용을 표시하는 행위

⑥ 비교 대상 및 기준을 분명하게 밝히지 않거나 객관적인 근거 없이 다른 금융상품등과 비교하는 행위

⑦ 투자일임재산을 각각의 투자자별로 운용하지 아니하고 여러 투자자의 자산을 집합하여 운용하는 것처럼 표시하는 행위

⑧ 여러 신탁재산을 집합하여 운용한다는 내용을 표시하는 행위

⑨ 금융투자회사의 경영실태평가결과 및 위험에 대한 평가의 결과를 다른 금융투자회사의 그것과 비교하여 표시하는 행위

⑩ 투자광고에서 금융상품과 관련하여 해당 광고매체 또는 금융상품중개업자의 상호를 부각시키는 등
금융소비자가 금융상품직접판매업자를 올바르게 인지하는 것을 방해하는 행위
⑪ 금융소비자에 따라 달라질 수 있는 거래조건을 누구에게나 적용될 수 있는 것처럼 오인하게 만드는
행위

대표유형문제

다음 중 투자광고 시 펀드의 운용실적 표시방법에 대한 설명으로 적절하지 않은 것은?

① 집합투자기구에 운용실적을 표시하려면 기준일 현재 설정일로부터 1년 이상 경과하고 순자산총액
이 100억원 이상이어야 한다.

② 적립식 수익률은 기준일로부터 과거 1개월 이상의 수익률을 사용하되, 기준일로부터 과거 6개월 및
1년 수익률을 함께 표시해야 한다.

③ 집합투자기구의 유형별 운용실적을 표시하고자 하는 경우 경과기간에 관계없이 동일 유형 내 집합
투자기구의 순자산총액이 500억원 이상이어야 한다.

④ MMF 운용실적을 표시하는 경우 과거 1개월 수익률(연환산 표시 가능)을 표시하여야 한다.

해설

적립식 수익률은 기간말 영업일로부터 연 단위로 과거 3년 이상의 적립식 수익률을 사용하며, 이 경우 기간말 영업일
로부터 3년 적립식 수익률을 함께 표시하여야 한다.

정답 ②

(4) 집합투자기구의 운용실적 표시방법

구 분	공통사항	적립식 투자
요 건	다음 요건을 모두 만족 시 실적표시 가능 • 기준일이 *현재 설정일 또는 설립일로부터 1년 이상 경과할 것 • 순자산총액이 100억원 이상일 것(집합투자기구의 유형별 운용실적을 표시하는 경우 순자산액 500억원 이상일 것) *기준일 : 투자광고계획신고서 제출일이 속한 월의 직전월의 마지막 영업일	다음 요건을 모두 만족 시 실적표시 가능 • 신고서 제출일이 속한 달 직전월의 마지막 영업일(이하 "기간말 영업일"이라 표시) 기준으로 해당 집합투자기구가 설정일 또는 설립일로부터 3년 이상 경과 • 순자산총액이 100억원 이상일 것
수익률 표시방법	• 기준일로부터 과거 1개월 이상의 수익률을 표시 • 기준일로부터 과거 6개월 및 1년 수익률을 함께 표시	• 매월 첫 영업일에 일정금액의 해당 집합투자증권을 매입하고 기간말 영업일의 가격으로 평가한 수익률을 표시 • 기간말 영업일로부터 연단위로 과거 3년 이상의 적립식 수익률을 사용할 것. 이 경우 기간말 영업일로부터 3년 적립식 수익률을 함께 표시
의무표시사항	집합투자기구의 유형, 기준일 및 기준일 현재의 순자산총액, 설정일 또는 설립일, 수익률 산출기간 및 산출기준, 수익률의 세전 · 세후 여부, 벤치마크의 수익률(단, MMF, 부동산펀드 등 객관적인 벤치마크 산정이 어려운 경우에는 생략 가능)	
준수사항	• 방송을 이용한 광고 불가, 집합투자증권의 가격으로 평가한 운용실적 사용 • 종류형 집합투자기구 특칙 : 종류별 집합투자증권에 부과되는 보수 · 수수료 차이로 운용실적이 달라질 수 있다는 사실 • MMF에 대한 특칙 : 과거 1개월 수익률(연환산 표시 가능)을 표시할 것, 다른 금융투자회사가 판매하는 MMF와 운용실적 등에 관한 비교광고를 하지 말 것	
비교광고	• 비교대상이 동일한 유형의 펀드일 것 • 협회 등 증권유관기관의 공시자료 또는 펀드평가회사의 평가자료를 사용할 것 • 기준일로부터 과거 1년, 2년 및 3년 수익률과 설정일 또는 설립일로부터 기준일까지의 수익률을 표시하되, 연단위 비교대상 내의 백분위 순위 또는 서열 순위 등을 병기할 것 • 평가자료의 출처 및 공표일을 표시할 것	

(5) 준법감시인의 사전승인 및 점검

① 투자광고를 하고자 하는 경우 원칙적으로 사내 준법감시인의 사전승인을 받은 다음, 금융투자협회에 심사를 청구하여야 함

② 단, 단순 이미지 광고, 지점 광고 등은 준법감시인 사전승인만으로 광고 가능(즉 협회심사 청구는 생략 가능하나 사전승인은 생략 불가)

③ 금융투자회사는 영업점에서 투자광고물 사용의 적정성을 확인하기 위하여 연 1회 이상 현장점검을 실시하여야 함

> **다음 중 재산상의 이익으로 보지 않는 범위에 해당하지 않는 것은?**
>
> ① 금융투자상품에 대한 가치분석·매매정보 또는 주문의 집행 등을 위하여 자체적으로 개발한 소프트웨어 및 해당 소프트웨어의 활용에 불가피한 컴퓨터 등 전산기기
> ② 금융투자회사가 자체적으로 작성한 조사분석자료
> ③ 경제적 가치가 5만원 이하인 물품
> ④ 20만원 이하의 경조비 및 조화·화환
>
> **해설**
> 경제적 가치가 3만원 이하인 물품은 재산상 이익으로 보지 않는 범위이다.
>
> **정답** ③

필수핵심개념

04 재산상의 이익의 범위

① 이 규정의 취지는 회사가 정상적 영업활동의 일환으로 인정될 수 있는 접대나 경품제공 등을 절대적으로 금지하거나 제한하는 것이 아니라 회사의 합리적 통제하에 절차를 준수하여 제공받으라는 의미
② 단, 업무와 관련되지 않은 일반적 접대비에 해당하는 것은 세법 또는 회사의 내부통제 기준을 따름
③ 특히 청탁금지법 등의 적용 여부는 달리 판단될 수 있으며, 동 규정에 해당되는지 여부가 불명확한 경우 반드시 사전에 회사가 정한 기준 및 제공 한도를 확인

(1) 재산상의 이익으로 보지 않는 범위

① 금융투자상품에 대한 가치분석·매매정보 또는 주문의 집행 등을 위하여 자체적으로 개발한 소프트웨어 및 해당 소프트웨어의 활용에 불가피한 컴퓨터 등 전산기기
② 금융투자회사가 자체적으로 작성한 조사분석자료
③ 경제적 가치가 3만원 이하인 물품·식사·신유형상품권(물품 제공형 신유형상품권을 의미)
④ 경제적 가치가 3만원 이하인 거래실적에 연동되어 거래상대방에게 차별 없이 지급되는 포인트 및 마일리지
⑤ 20만원 이하의 경조비 및 조화·화환
⑥ 국내에서 불특정 다수를 대상으로 하여 개최되는 세미나 또는 설명회로서 1인당 재산상 이익의 제공 금액을 산정하기 곤란한 경우 그 비용. 이 경우 대표이사 또는 준법감시인은 그 비용의 적정성 등을 사전에 확인하여야 함

대표유형문제

다음 중 재산상의 이익에 대한 설명으로 옳은 것은?

① 상품권의 경우 회사의 구입비용과 액면가격에 차이가 있는 경우 액면가격을 재산상의 이익으로 산정한다.

② 세미나의 경우 간접적으로 지출된 연회실 사용료나 강사료 등은 재산상의 이익에 해당한다.

③ 수령한도의 경우 일반적으로 용인되는 사회적 상규를 초과하지 아니하는 범위 내에서 회사가 자율적으로 정할 수 있다.

④ 금융투자회사가 거래상대방에게 재산상 이익을 제공하거나 제공받은 경우 제공목적, 제공내용, 제공일자, 거래상대방, 경제적 가치 등을 10년 이상의 기간 동안 기록ㆍ보관하여야 한다.

해설

① 상품권은 금전ㆍ물품ㆍ접대에서 제외되므로 재산상 이익의 경우 해당 재산상 이익의 구입 또는 제공에 소요된 실비이다. 따라서 회사의 구입비용으로 재산상 이익을 산정해야 한다.

② 세미나의 경우 거래상대방에게 직접적으로 제공받은 비용으로, 숙박비나 교통비가 이에 해당한다.

④ 재산상 이익은 내부통제자료로 5년 이상 기록을 보관하여야 한다.

정답 ③

필수핵심개념

(2) 재산상 이익의 가치 산정 방법

① 금전의 경우 해당 금액

② 물품의 경우 구입비용

③ 접대의 경우 해당 접대에 소요된 비용. 다만, 금융투자회사 임직원과 거래상대방이 공동으로 참석한 경우 해당 비용은 전체 소요경비 중 거래상대방이 점유한 비율에 따라 산정된 금액

④ 연수ㆍ기업설명회ㆍ기업탐방ㆍ세미나의 경우 거래상대방에게 직접 제공했거나 제공받은 비용

⑤ ①~④에 해당하지 아니하는 재산상 이익의 경우 해당 재산상 이익의 구입 또는 제공에 소요된 실비

(3) 재산상 이익 제공의 한도

① 협회가 정하는 재산상 이익의 제공 한도 규제는 폐지되었으나, 금융투자회사는 내부통제 차원에서 자율적인 제공 한도의 설정 필요

② 예외적으로 파생상품에 대한 추첨 등의 방법으로 선정된 동일 일반투자자 대상 1회당 한도 300만원 및 FX마진거래, ELW에 대한 재산상 이익 제공 금지 규제 존치

(4) 재산상 이익의 수령 한도

① 금융투자회사는 거래상대방으로부터 1회당 및 연간 또는 동일 회계연도 기간 중 제공받을 수 있는 재산상 이익의 한도를 <u>스스로</u> 정하여 준수(단, 이 경우 해당 재산상 이익의 한도는 일반적으로 용인되는 사회적 상규를 초과하여서는 아니 됨)

② 외부에서 개최하는 연수 · 기업설명회 · 기업탐방 · 세미나 참석과 관련하여 거래상대방으로부터 제공받은 교통비 및 숙박비는 대표이사 또는 준법감시인의 확인을 받아 재산상 이익에서 제외할 수 있음

(5) 재산상 이익의 제공 및 수령내역 공시

금융투자업자가 특정 투자자 또는 거래상대방에게 제공하거나 제공받은 금전 · 물품 · 편익 등이 최근 5개 사업연도를 합산하여 10억원을 초과하는 경우 인터넷 홈페이지 등에 공시하여야 함

(6) 재산상 이익의 내부통제

협회가 정하는 재산상 이익 제공 한도 규제를 폐지하는 대신 이사회 등을 통한 자체적인 내부통제 의무를 강화하는 제도

기록유지	금융투자회사가 거래상대방에게 재산상 이익을 제공하거나 제공받은 경우 제공목적, 제공내용, 제공일자, 거래상대방, 경제적 가치 등을 5년 이상의 기간 동안 기록 · 보관하여야 함
이사회를 통한 내부통제	금융투자회사는 이사회가 정한 금액을 초과하는 재산상 이익을 제공(수령)하고자 하는 경우에는 미리 이사회 의결(이사회의 사전승인)을 거쳐야 하며, 금융투자회사는 재산상 이익의 제공 현황, 적정성 점검 결과 등을 매년 이사회에 보고하여야 함

대표유형문제

다음 내용 중 부당한 재산상 이익의 제공 및 수령의 금지 대상을 모두 묶은 것은?

> 가. 거래상대방만 참석한 여가 및 오락 활동 등에 수반되는 비용을 제공하는 경우
> 나. 법인 기타 단체의 고유재산관리업무를 수행하는 자에게 공연 관람권을 제공하는 경우
> 다. 금융투자회사가 자신이 운용하는 집합투자기구의 판매실적에 연동하여 이를 판매하는 판매회사 임직원에게 해외연수 비용을 제공
> 라. 자체적으로 개발한 소프트웨어 및 해당 소프트웨어의 활용에 불가피한 컴퓨터 등 전산기기의 제공

① 가, 나   ② 가, 다
③ 나, 다   ④ 가, 다, 라

해설

나. 사용범위가 공연 · 운동경기 관람, 도서 · 음반 구입 등 문화활동으로 한정된 상품권은 제공할 수 있다.
라. 자체적으로 개발한 소프트웨어 및 해당 소프트웨어의 활용에 불가피한 컴퓨터 등 전산기기의 제공은 부당한 재산상 이익의 제공에 해당되지 않으나, 예를 들어 Bloomberg check 단말기 등을 지급하고 사용 비용을 주는 경우에 부당한 재산상 이익의 제공 및 수령대상에 해당한다.

정답 ②

필수핵심개념

(7) 부당한 재산상 이익의 제공 및 수령 금지

금융투자회사는 다음에 해당하는 경우 재산상 이익을 제공하거나 제공받아서는 아니 되며, 금융투자회사는 **임직원 및 투자권유대행인이 이 규정을 위반하여 제공한 재산상 이익 보전 금지**

① 경제적 가치의 크기가 일반인이 통상적으로 이해하는 수준을 초과하는 경우

② 재산상 이익의 내용이 사회적 상규에 반하거나 거래상대방의 공정한 업무수행을 저해하는 경우

③ 재산상 이익의 제공 또는 수령이 비정상적인 조건의 금융투자상품 매매거래, 투자자문계약, 투자일임계약 또는 신탁계약의 체결 등의 방법으로 이루어지는 경우

④ 다음 어느 하나에 해당하는 경우로서 거래상대방에게 금전, 상품권, 금융투자상품을 제공하는 경우 (다만, 사용범위가 공연 · 운동경기 관람, 도서 · 음반 구입 등 **문화활동으로 한정된 상품권을 제공하는 경우는 제외**)

    ㉠ 집합투자회사, 투자일임회사 또는 신탁회사 등 타인의 재산을 일임받아 이를 **금융투자회사가 취급하는 금융투자상품** 등에 운용하는 것을 업무로 영위하는 자에게 제공하는 경우

    ㉡ **법인 기타 단체의 고유재산관리업무를 수행하는 자에게 제공하는 경우**

    ㉢ 집합투자회사가 **자신이 운용하는 집합투자기구의** 집합투자증권을 판매하는 투자매매회사, 투자중개회사 및 그 임직원과 투자권유대행인에게 제공하는 경우

⑤ 재산상 이익의 제공 또는 수령이 위법 · 부당행위의 은닉 또는 그 대가를 목적으로 하는 경우

⑥ 거래상대방만 참석한 여가 및 오락 활동 등에 수반되는 비용을 제공하는 경우

⑦ 금융투자상품 및 경제정보 등과 관련된 전산기기의 구입이나 통신서비스 이용에 소요되는 비용을 제
공하거나 제공받는 경우(자체적으로 개발한 소프트웨어 및 해당 소프트웨어의 활용에 불가피한 컴
퓨터 등 전산기기의 제공 제외)

⑧ 집합투자회사가 자신이 운용하는 집합투자기구의 집합투자증권의 판매실적에 연동하여 이를 판매하는
투자매매회사 · 투자중개회사에게 재산상 이익을 제공하는 경우

⑨ 투자매매회사 또는 투자중개회사가 판매회사의 변경 또는 변경에 따른 이동액을 조건으로 하여 재산상
이익을 제공하는 경우

다음 중 금융투자협회 규정에 따른 직원 채용 및 복무 기준에 대한 설명으로 옳은 것은?

① 금융투자회사는 채용결정 전에 "비위행위 확인의뢰서"를 제출하는 방법에 한하여 협회에 조회하여야 한다.

② 금융투자회사는 다른 금융투자회사와의 근로계약 종료 여부와 상관없이 채용여부를 결정할 수 있다.

③ 금융투자상품의 매매거래와 관련하여 소속 금융투자회사와 제휴관계를 맺은 제3자와의 금전의 대차 등을 중개·주선 또는 대리하는 행위는 금지된다.

④ 위법·부당행위로 금고 이상의 형을 선고받고 그 집행이 종료되거나 면제된 후 5년이 경과하였는지 여부를 고려하여 채용심사를 할 수 있다.

해설

① "비위행위 확인의뢰서"의 제출 또는 전자통신 등의 방법으로 협회에 조회할 수 있다.

② 다른 금융투자회사와의 근로계약 종료, 직무 전문성, 윤리 및 준법의식 등을 심사하여 채용여부를 결정하여야 한다.

③ 소속 금융투자회사와 제휴관계를 맺지 않은 제3자와의 금전의 대차 등을 중개·주선 또는 대리하는 행위는 금지된다.

정답 ④

필수핵심개념

05 직원 채용 및 복무 기준

채용결정 전 사전조회	채용예정자의 징계면직 전력 등 여부와 금융투자전문인력 자격시험 응시 제한기간 또는 금융투자전문인력 등록거부기간 경과여부를 채용결정 전에 "비위행위 확인의뢰서"의 제출 또는 전자통신 등의 방법으로 협회에 조회하여야 함
채용 심사	• 금융투자회사는 직원을 채용하는 경우 채용하고자 하는 자에 대하여 다른 금융투자회사와의 근로계약 종료, 직무 전문성, 윤리 및 준법의식 등을 심사하여 채용여부를 결정 • 금융투자회사는 채용심사를 할 경우 다음 사항을 고려할 수 있음 　－ 위법·부당행위로 징계면직 처분을 받거나 퇴직 후 징계면직 상당의 처분을 받은 후 5년이 경과하였는지 여부 　－ 위법·부당행위로 금고 이상의 형을 선고받고 그 집행이 종료되거나 면제된 후 5년이 경과하였는지 여부
금융투자회사 직원의 금지행위	• 관계법규를 위반하는 행위 • 투자자에게 금융투자상품의 매매거래, 투자자문계약, 투자일임계약 또는 신탁계약의 체결 등과 관련하여 본인 또는 제3자의 명의나 주소를 사용하도록 하는 행위 • 본인의 계산으로 금융투자상품의 매매거래, 투자자문계약, 투자일임계약 또는 신탁계약을 체결함에 있어서 타인의 명의나 주소 등을 사용하는 행위 • 금융투자상품의 매매거래, 투자자문계약, 투자일임계약 또는 신탁계약의 체결등과 관련하여 투자자와 금전의 대차를 하거나 소속 금융투자회사와 제휴관계를 맺지 아니한 제3자와의 금전의 대차 등을 중개·주선 또는 대리하는 행위

대표유형문제

신상품 보호에 관한 금융투자협회 규정에 대한 설명이다. 가장 거리가 먼 것은?

① 국내외에서 이미 공지되었거나 판매된 적이 없는 상품으로서, 새로운 비즈니스 모델을 적용한 상품이나 금융공학 등 신금융기법을 이용하여 개발한 상품 또는 서비스를 보호하는 규정이다.

② "배타적 사용권"이란 신상품을 개발한 금융투자회사가 일정기간 동안 독점적으로 신상품을 판매할 수 있는 권리를 말한다.

③ 배타적 사용권에 대한 직접적인 침해가 발생하는 경우, 협회 심의위원회 위원장은 침해배제 신청 접수일로부터 10영업일 이내에 심의위원회를 소집하여 배타적 사용권 침해배제 신청에 대하여 심사하여야 한다.

④ 금융투자회사 및 금융투자회사 임직원이 타당성이 없는 빈번한 이의신청 등으로 심의위원회의 업무 또는 배타적 사용권의 행사를 방해하는 행위 금지 등을 위반하는 경우에 협회는 그 위반내용 등을 협회 인터넷 홈페이지 등을 통하여 공시하고, 심의위원회는 협회 정관에 따라 자율규제위원회에 제재를 요청할 수 있다.

해설

신청 접수일로부터 7영업일 이내에 심의위원회를 소집하여 배타적 사용권 침해배제 신청에 대하여 심사하여야 한다.

정답 ③

필수핵심개념

06 신상품 보호

취 지	금융투자회사의 금융신상품 개발을 통해 얻어지는 선발이익을 보호함으로써 신상품 개발 의욕을 고취하고, 금융투자회사 간 금융상품 개발경쟁을 촉진하여 금융산업의 발전에 기여
신상품의 정의	• 금융투자상품 또는 서비스로서 다음 어느 하나에 해당하는 것(다만, 국내외에서 이미 공지되었거나 판매된 적이 없어야 함) 　－ 새로운 비즈니스 모델을 적용한 상품 또는 서비스 　－ 금융공학 등 신금융기법을 이용하여 개발한 상품 또는 서비스 　－ 기존의 상품 또는 서비스와 구별되는 독창성이 있는 상품 또는 서비스
배타적 사용권 보호	• "배타적 사용권"이란 신상품을 개발한 금융투자회사가 일정기간 동안 독점적으로 신상품을 판매할 수 있는 권리를 말함 　－ 배타적 사용권 침해배제 신청 : 배타적 사용권을 부여받은 금융투자회사는 배타적 사용권에 대한 직접적인 침해가 발생하는 경우 심의위원회가 정한 서식에 따라 침해배제를 신청할 수 있음 　－ 배타적 사용권 침해배제 신청에 대한 심의 등 : 위원장은 침해배제 신청 접수일로부터 7영업일 이내에 심의위원회를 소집하여 배타적 사용권 침해배제 신청에 대하여 심사하여야 하며, 침해배제 신청이 이유가 있다고 결정된 경우 심의위원회는 지체없이 침해회사에 대해 침해의 정지를 명할 수 있음

대표유형문제

금융투자협회 규정에서 투자자 계좌의 관리에 관한 내용으로 거리가 먼 것은?

① 금융투자회사는 현금 및 금융투자상품 등 예탁자산의 평가액이 10만원 이하이고 최근 6개월간 투자자의 매매거래 및 입출금 · 입출고 등이 발생하지 아니한 계좌는 다른 계좌와 구분하여 통합계좌로 별도 관리할 수 있다.

② 통합계좌로 관리하는 경우 상장채권의 예탁자산의 평가는 2 이상의 채권평가회사가 제공하는 가격으로 한다.

③ 투자자가 요청하는 경우 통합계좌로 분류된 계좌의 매매거래 재개가 가능하다.

④ 금융투자회사는 계좌가 폐쇄된 날부터 6개월이 경과한 때에는 해당 계좌의 계좌번호를 새로운 투자자에게 부여할 수 있다.

해설

2 이상의 채권평가회사가 제공하는 가격정보를 기초로 금융투자회사가 산정한 가격으로 한다.

정답 ②

필수핵심개념

07 투자자 계좌의 통합 및 폐쇄와 예탁금이용료의 지급

(1) 투자자 계좌의 통합

계좌의 통합	금융투자회사는 현금 및 금융투자상품 등 ❶ 예탁자산의 평가액이 10만원 이하이고 ❷ 최근 6개월간 투자자의 매매거래 및 입출금 · 입출고 등이 발생하지 아니한 계좌는 다른 계좌와 구분하여 ❸ 통합계좌로 별도 관리
통합계좌 예탁자산 평가	• 청약하여 취득하는 주식 : 취득가액 • 상장주권 · ELW · ETF : 당일 종가 • 상장채권 및 공모 주가연계증권 : 2 이상의 채권평가회사가 제공하는 가격정보를 기초로 금융투자회사가 산정한 가격 • 집합투자증권(ETF 제외) : 당일에 고시된 기준가격
계좌의 관리	• 통합계좌로 분류된 계좌에 대하여 입 · 출금(고) 및 매매거래 정지 조치(단, 배당금 및 투자자예탁금 이용료 등의 입금(고)은 예외) • 통합계좌로 분류된 계좌의 투자자가 입 · 출금(고) 또는 매매거래의 재개 등을 요청하는 경우 본인확인 및 통합계좌 해제 절차를 거친 후 처리

(2) 투자자 계좌의 폐쇄

폐쇄 계좌 요건	투자자가 계좌의 폐쇄를 요청하는 경우나 계좌의 잔액 · 잔량이 "0"이 된 날로부터 6개월이 경과한 경우
계좌 관리	• 폐쇄된 계좌의 투자자가 배당금(주식) 등의 출금(고)을 요청하는 경우 본인확인 절차를 거친 후 처리 • 폐쇄된 날부터 6개월이 경과한 때에는 해당 계좌의 계좌번호를 새로운 투자자에게 부여 가능

(3) 고객예탁금 이용료 지급

지급대상 투자자예탁금	• 위탁자예수금 • 집합투자증권투자자예수금 • 장내파생상품거래예수금. 다만, 장내파생상품거래예수금 중 현금예탁필요액은 제외
지급방법	투자자예탁금 이용료를 투자자 계좌에 입금하는 방법으로 지급

대표유형문제

다음 중 신용공여에 대한 설명으로 가장 거리가 먼 것은?

① 공모 주가연계증권이라도 파생결합증권은 담보로서 인정되지 않는다.

② 상장채권은 담보로 인정될 수 있다.

③ 가치산정이 곤란하거나 담보권의 행사를 통한 대출금의 회수가 곤란한 증권을 담보로 징구하여서는 안 된다.

④ 비상장주권 중 해외 증권시장에 상장된 주권의 담보가격은 당일 해당 증권시장의 최종시가로 한다.

해설

공모 주가연계증권에 한하여 담보로 인정된다.

정답 ①

필수핵심개념

08 신용공여 – 예탁증권담보융자

담보증권의 제한	가치산정이 곤란하거나 담보권 행사를 통한 대출금 회수가 곤란한 증권을 담보로 징구하여서는 아니 됨
비상장 담보증권의 처분방법	• ETF 이외의 집합투자증권 : 해당 집합투자증권을 운용하는 금융투자회사 또는 해당 집합투자증권을 판매한 금융투자회사에 환매청구 • 파생결합증권 : 발행회사에 상환청구 • 그 밖에 증권 : 금융투자회사와 투자자가 사전에 합의한 방법

<table>
<tr><td rowspan="2">담보가격의 산정</td><td>• 금융투자업 규정상 신용공여와 관련하여 담보 및 보증금으로 징구한 증권의 담보가격
  − 청약하여 취득하는 주식 : 취득가액
  − 상장주권 · ELW · ETF : 당일 종가
  − 상장채권 및 공모 파생결합증권(ELS에 한함) : 2 이상의 채권평가회사가 제공하는 가격정보를 기초로 금융투자회사가 산정한 가격
  − 집합투자증권(ETF 제외) : 당일에 고시된 기준가격</td></tr>
<tr><td>• 그 외 협회에 규정한 신용공여와 관련하여 담보 및 보증금으로 징구한 증권의 담보가격
  − 비상장주권 중 해외 증권시장에 상장된 주권 : 당일 해당 증권시장의 최종시가
  − 기업어음증권(CP), 비상장채권 및 파생결합증권(ETN 제외) : 금융위원회에 등록된 채권평가회사 중 2 이상의 채권평가회사가 제공하는 가격정보를 기초로 금융투자회사가 산정한 가격
  − ETN : 당일 송가</td></tr>
</table>

section 22 유사해외통화선물(FX마진)　　중요도 ★★★

대표유형문제

유사해외통화선물(FX마진거래)에 대한 설명으로 옳지 않은 것은?

① 투자권유와 관계없이 일반투자자가 유사해외통화선물을 거래하고자 하는 경우 유사해외투자선물 거래에 따른 투자위험, 투자구조 및 성격 등을 고지하고 확인받도록 하고 있다.

② 유사해외통화선물에 대한 위험고지는 해외파생상품에 관한 위험고지로 대체할 수 있다.

③ 금융투자회사는 해외파생상품시장거래 총괄계좌가 개설되어 있는 해외파생상품시장회원의 분기별 재무현황을 매 분기 종료 후 45일 이내에 금융투자회사의 인터넷 홈페이지, 온라인 거래를 위한 컴퓨터 화면, 그 밖에 이와 유사한 전자통신매체 등에 공시하여야 한다.

④ 금융투자회사는 매 분기 종료 후 15일 이내에 직전 4개 분기에 대한 유사해외통화선물거래의 손실계좌비율과 이익계좌비율을 협회에 제출하여야 하고, 협회는 동 비율을 협회 인터넷 홈페이지를 통하여 공시한다.

해설
• 유사해외통화선물에 대한 위험고지는 「해외파생상품거래에 관한 위험고지」로 대체할 수 없으며, 2개 모두 교부해야 한다.
• 「해외파생상품거래에 관한 위험고지」가 유사해외통화선물거래의 수익구조, 거래비용 및 수반되는 위험을 적시하고 있지 않아 유사해외통화선물 위험고지를 별도로 신설하여 동 거래에 부합하는 위험고지 사항을 반영하였다.

정답 ②

09 유사해외통화선물(FX마진)

개 요	해외파생상품시장에서 거래되는 외국환거래로 표준화된 조건을 적용하고, 이종통화 간 환율변동을 이용하여 시세차익을 추구하는 거래의 특성을 가짐(자본시장법상 장내파생상품)		
거래방법	❶ 금융투자회사의 명의와 ❷ 투자자의 계산으로 유사해외선물거래를 하여야 함		
주요내용	거래대상	원화를 제외한 이종통화	
	거래단위	100,000단위	
	위탁증거금	투자자로부터 거래단위당 미화 1만달러 이상(미화만 증거금 인정)	
	유지증거금	• 유지증거금은 위탁증거금의 100분의 50 이상의 미화 • 금융투자회사는 투자자의 예탁자산평가액이 회사가 정한 유지증거금에 미달하는 경우 투자자의 미결제약정을 소멸시키는 거래를 함(추가증거금 제도 없음)	
	거래방법	❶ 금융투자회사의 명의와 ❷ 투자자의 계산으로 유사해외통화선물거래를 하여야 함	
	투자자의 계좌별로 동일한 유사해외통화선물 종목에 대하여 매도와 매수의 약정수량 중 대등한 수량을 상계한 것으로 보아 소멸(즉, 양방향 포지션 보유 금지)		
호가 제공	• 금융투자회사는 복수(2개 이상)의 해외파생상품시장회원(FDM)으로부터 호가를 제공받아 투자자에게 제시 의무 • 금융투자회사는 호가 제공 시 투자자에게 유리한 호가를 제공할 수 있도록 선량한 관리자로서의 주의의무를 다하여야 함		
설명의무강화	• 별도의 위험고지 : '해외파생상품에 관한 위험고지'가 FX마진거래의 위험을 적시하지 않아 유사해외통화선물 위험고지를 별도로 신설하여 동 거래에 부합하는 위험고지 사항을 반영함 • 적정성 확인 및 핵심설명서 추가로 교부		
재무현황 공시	해외파생상품시장거래 총괄계좌가 개설되어 있는 해외파생상품시장회원의 분기별 재무현황을 매 분기 종료 후 45일 이내에 금융투자회사의 인터넷 홈페이지, 온라인 거래를 위한 컴퓨터 화면, 그 밖에 이와 유사한 전자통신매체 등에 공시하여야 함		
손익계좌비율 제출 및 공시	매 분기 종료 후 15일 이내에 직전 4개 분기에 대한 유사해외통화선물거래의 손실계좌비율과 이익계좌비율을 협회에 제출하여야 하고, 협회는 동 비율을 협회 인터넷 홈페이지를 통하여 공시		

대표유형문제

집합투자증권의 판매회사 변경제도에 대한 설명이다. 올바른 것은?

① 집합투자회사의 회사명칭이 긴 경우 회사명칭과 크게 다르지 아니한 범위 내에서 생략·조정하여 표기할 수 있다.

② 집합투자회사는 집합투자재산 총액의 50% 이상을 특정 종류의 증권 또는 특정 국가·지역에 투자하는 경우 그 사실을 집합투자기구의 명칭에 포함할 수 있다.

③ 변경판매회사는 투자자가 펀드 판매회사를 변경하고자 하는 경우 투자자의 판매회사 선택권 확대를 위해 예외없이 해당 펀드의 판매회사 변경절차를 이행하여야 한다.

④ 판매회사를 변경한 펀드의 경우 환매수수료 면제를 위한 기산일은 해당 펀드의 변경일로부터 계산한다.

해설

② 집합투자회사는 집합투자재산 총액의 60% 이상인 경우 집합투자기구의 명칭에 포함할 수 있다.

③ 변경대상판매회사가 해당 펀드의 위탁판매계약을 체결하지 않은 경우나 압류, 가압류 등 투자자의 권리행사에 제약이 있는 경우 등의 사유로 판매회사 변경이행의무가 제외될 수 있다.

④ 환매수수료 면제를 위한 기산일은 해당 펀드의 최초 가입일로부터 계산한다.

정답 ①

필수핵심개념

10 집합투자업

(1) 집합투자기구 명칭 사용 및 투자설명서 제출

명칭 사용 준수사항	• 집합투자회사의 회사명을 집합투자기구의 명칭에 포함할 경우 명칭의 앞부분에 표기할 것(다만, 회사명칭이 긴 경우 생략·조정하여 표기) • 판매회사의 명칭을 사용하지 아니할 것 • 사모집합투자기구의 경우 집합투자기구명칭에 "사모"를 포함할 것 • 운용전문인력의 이름을 사용하지 아니할 것
	• 집합투자회사는 집합투자재산 총액의 60% 이상을 특정 종류의 증권 또는 특정 국가·지역에 투자하는 경우 그 사실을 집합투자기구의 명칭에 포함 가능 • 판매회사는 집합투자기구를 판매(광고선전, 통장인자 등을 포함)힘에 있어 집합투자규약에서 징한 집합투자기구의 명칭을 사용(긴 명칭으로 인한 불가피한 사유가 있는 경우 생략·조정하여 사용)
투자설명서 제출	• 금융투자회사는 공모집합투자기구의 증권신고의 효력이 발생한 경우 효력이 발생한 날에 해당 공모집합투자기구의 투자설명서를 협회에 제출 • 협회는 투자설명서가 협회에 제출되면 지체 없이 일반인이 열람할 수 있도록 인터넷 홈페이지에 게시

(2) 집합투자증권 판매회사의 변경제도

취 지	판매회사 간 서비스 차별화 등을 통한 공정경쟁을 유도하고 투자자의 판매회사 선택권 확대를 위한 환매수수료 부담 없이 판매회사를 변경할 수 있도록 도입
적용범위	판매회사가 판매할 수 있는 모든 펀드에 대하여 적용함을 원칙으로 함. 다만, 판매회사 변경 업무의 안정적 수행을 위하여 불가피한 경우로서 협회장이 정하는 경우에는 예외
판매회사 변경 이행 의무	• 판매회사는 위탁판매계약이 체결된 모든 펀드에 대하여 변경판매회사 또는 변경대상판매회사가 되어야 함 • 변경판매회사는 투자자가 펀드 판매회사를 변경하고자 하는 경우 해당 펀드의 판매회사 변경절차를 이행해야 함 • 변경절차 이행의무 제외 사유에 해당하는 경우 투자자에게 사유를 설명 • 변경 불가능 사유가 사후적으로 발견된 경우에는 즉시 투자자에게 유선, 모사전송 또는 전자우편 등의 방법으로 통지
수수료 금지	변경수수료 금지, 환매수수료 금지(변경한 펀드의 경우 환매수수료 면제를 위한 기산일은 해당 펀드의 최초 가입일로부터 계산)

01 일반투자자에 대한 투자권유에 대한 설명으로 옳은 것은?
★☆☆

① 투자목적 · 재산상황 · 투자경험 등 고객정보를 파악하지 않은 일반투자자에 대하여는 투자권유를 할 수 없다.

② 투자권유 전 파악한 일반투자자의 투자성향 등 분석결과는 서명 또는 기명날인의 방법만으로 일반투자자로부터 확인을 받을 수 있다.

③ 증권신고서를 제출한 집합투자증권의 경우 판매 시 간이투자설명서와는 별도로 반드시 투자설명서를 교부하여야 한다.

④ 일반투자자가 일반 사모집합투자기구의 핵심상품설명서의 수령을 거부하는 경우에도 반드시 설명서교부의무를 이행해야 한다.

> **해설**
> ② 녹취나 전자서명의 방법으로도 가능하다.
> ③ 증권신고서를 제출하는 집합투자증권이 공모펀드를 의미하면 공모의 경우 투자자가 별도로 요청하지 않으면 간이투자설명서만 교부할 수 있다.
> ④ 공모집합투자기구 집합투자증권의 간이투자설명서 또는 일반 사모집합투자기구의 핵심상품설명서는 고객이 원하지 않는 경우 설명서를 교부하지 않을 수 있다.

02 일반투자자가 공모로 발행한 파생결합증권이 만기일 또는 최종 환매청구일 이전에 최초로 원금손실조
★☆☆ 건에 해당되는 경우 일반투자자에게 지체 없이 통지하여야 하는 사항으로만 모두 묶은 것은?

> 가. 원금손실조건에 해당되었다는 사실
> 나. 기초자산의 현재가격
> 다. 자동 조기상환 조건 및 자동 조기상환 시 예상수익률
> 라. 최초 기준가격

① 가, 나   ② 가, 다

③ 가, 나, 다   ④ 가, 나, 다, 라

해설

최초 기준가격 확정 시에 최초 기준가격 및 원금손실조건에 해당하는 기초자산의 가격을 통지하여야 한다.
- 만기일 이전에 최초로 원금손실조건(만기일 포함)에 해당하는 경우 통지사항
  - 원금손실조건에 해당되었다는 사실
  - 기초자산의 현재가격
  - 자동 조기상환 조건 및 자동 조기상환 시 예상수익률
  - 만기상환 조건 및 만기상환 시 예상수익률
  - 중도상환 청구 관련 사항
  - 공정가액

03 파생상품 등에 속하지 않는 것은?
★☆☆
① 파생결합증권
② 파생상품매매에 따른 위험평가액이 집합투자기구 자산총액의 100분의 10을 초과하여 투자할 수
있는 집합투자기구의 집합투자증권
③ 집합투자재산의 100분의 30을 초과하여 파생결합증권에 운용하는 집합투자기구의 집합투자증권
④ 조건부자본증권

해설

집합투자재산의 100분의 50을 초과하여 파생결합증권에 운용하는 집합투자기구의 집합투자증권이 투자성 상품에 해당
한다.

04 일반투자자가 기존 위탁계좌가 있더라도 별도의 신청서가 필요한 상황에 해당하지 않는 것은?
★☆☆

① 일반투자자가 최초로 ELW를 매매하고자 하는 경우

② 일반투자자가 시스템매매거래를 신청하는 경우

③ 장내파생상품 거래를 하기 위해 계좌를 개설하는 경우

④ 일반투자자가 최초로 변동성지수선물과 연계된 ETN을 매매하고자 하는 경우

> **해설**
> 장내파생상품 거래를 하기 위해 계좌를 개설하는 경우에는 별도의 신청서를 작성하지는 않으나 일중매매위험고지서를 교부하여 충분히 설명을 하여야 한다. 참고로 ETF의 경우에는 상품의 형태에 따라 그 별도의 신청서가 필요할 수도 있다.

05 계좌를 개설하는 경우 일중매매위험고지서 교부대상에 해당하지 않는 상품은?
★★☆

① 스 왑

② 주가연계워런트증권(ELW)

③ 주가지수선물

④ 주 식

> **해설**
> 주식, 주가워런트증권 및 장내파생상품등을 거래소를 통하여 거래가 용이한 상품을 대상으로 '일중매매거래위험고지서'를 교부한다.

06 펀드판매의 금지사항 및 준수사항에 대한 설명이다. 거리가 먼 것은?
★★☆

① 집합투자회사가 판매회사의 금융지주회사인 경우 판매회사와 그 임직원을 통하여 집합투자기구를 판매함으로써 취득하게 된 투자자에 관한 일부 정보를 이용할 수 있다.

② 투자자로부터 집합투자증권의 판매대금을 분할 납부하도록 하여 수취할 수 없다.

③ 판매회사는 판매비중이 실제 판매비율과 50%p 이상 차이가 나는 경우 그 사유를 판매회사 및 협회의 인터넷 홈페이지에 공시하여야 한다.

④ 펀드 연계판매 시 판매회사의 임직원을 통하여 투자권유를 하여야 한다.

> **해설**
> 펀드 연계판매 시 펀드투자권유자문인력으로 협회에 등록되어 있는 자가 투자권유를 해야 한다.

07 조사분석자료에 대한 내용으로 적절한 것은?

★★★

① 금융투자분석사는 주식선물·주식옵션 및 주식워런트증권의 보유가액의 합계가 3백만원 이하인 경우에는 재산적 이해관계 고지대상에서 제외할 수 있다.

② 금융투자회사는 자신이 발행주식 총수의 1% 이상의 주식등을 보유한 법인이 발행한 금융상품에 대해 조사분석자료를 공표하거나 특정인에게 제공할 수 없다.

③ 금융투자분석사와 기업금융업무 관련 부서 간의 의견을 교환하고자 하는 경우 준법감시부서를 통하고, 협의는 준법감시부서직원의 입회하에 이루어져야 하며, 회의의 주요내용을 서면으로 기록·유지하여야 한다.

④ 금융투자분석사는 소속 금융투자회사에서 조사분석자료를 공표한 금융투자상품을 매매하는 경우에는 공표 후 24시간이 경과하여야 하며 해당 금융투자상품을 공표일부터 7일 동안 공표내용과 반대 방향으로 매매하여야 한다.

> **해설**
> ① 주식선물·주식옵션 및 주식워런트증권은 레버리지가 큰 금융상품이므로 보유가액에 관계없이 재산적 이해관계 고지대상에 포함된다.
> ② 발행총수의 1% 이상 5% 미만이면 이해관계 고지대상이고, 5% 이상이면 조사분석대상법인의 제한대상이다.
> ④ 금융투자분석사는 해당 금융투자상품의 공표일부터 7일 동안 동일 방향으로 매매하여야 한다.

08 조사분석자료에 대한 내용으로 거리가 먼 것은?

★★★

① 대표주관회사에 해당하는 금융투자회사는 자신이 대표주관업무를 수행한 법인이 발행한 주식등의 가치 등에 관한 조사분석자료를 해당 법인이 발행한 주식이 증권시장에서 매매거래가 이루어진 날부터 1년간 3회 이상의 조사분석자료를 무료로 공표해야 한다.

② 대표주관회사에 해당하는 금융투자회사는 조사분석자료에 대표주관업무를 수행하였다는 사실을 고지하여야 한다.

③ 금융회사는 최근 1년간 2회 이하의 조사분석자료를 공표한 경우 최종 공표일이 속하는 월말로부터 6개월 이내에 조사분석자료를 추가로 공표하지 않아도 된다.

④ 만약 더이상 자료를 공표하지 않고자 할 경우에는 중단 사실과 사유를 고지하여야 한다.

> **해설**
> ① 1년간 2회 이상 조사분석자료를 무료로 공표해야 한다. 이는 기업공개 후 해당 기업에 대한 분석정보 부족으로 인한 거래부진을 방지하기 위함이다.
> ③, ④ 추가공표의무는 증권회사의 리서치자료 작성 중단에 따른 투자자 보호상의 문제를 방지하기 위해서 공표를 중단하는 경우도 중단사실과 사유를 고지하여야 한다. 구체적으로 기재된 조사분석자료를 최근 1년간 3회 이상 공표한 경우이므로 공표 횟수가 2회 이하인 경우에는 추가공표의무가 부과되지 않는다.

09 ★★☆ 금융투자업 규정상 금융투자업자의 투자광고(집합투자증권에 대한 투자광고 제외) 의무표시사항으로 가장 거리가 먼 것은?

① 타 기관 등으로부터 수상, 선정, 인증, 특허 등을 받은 내용을 표기하는 경우 당해 기관의 명칭, 수상 등의 시기 및 내용

② 최소비용을 표기하는 경우 그 최대비용과 최대수익을 표기하는 경우 그 최소수익

③ 과거의 재무상태 또는 영업실적을 표기하는 경우 투자광고 시점 및 미래에도 유사한 실적일 수 있다는 내용

④ 통계수치나 도표 등을 인용하는 경우 해당 자료의 출처

> **해설**
> 과거의 재무상태 또는 영업실적을 표기하는 경우 투자광고 시점(또는 기간) 및 미래에는 이와 다를 수 있다는 내용

10 ★★☆ 투자광고에 대한 설명이다. 바르지 못한 것은?

① 위험고지와 관련된 사항에 대하여는 표시기준이 강화되어 A4용지 기준으로는 9포인트 이상의 활자체를 사용하며, 신문에 전면으로 게재하는 광고물의 경우 10포인트 이상의 활자체로 표시해야 한다.

② 인터넷 배너를 사용한 투자광고의 경우 위험고지를 생략할 수 있다. 단, 파생상품 등 투자위험성이 큰 경우에 해당 위험고지 내용이 3초 이상 보이도록 해야 한다.

③ 사모의 방법으로 발행하거나 발행된 집합투자증권에 관한 내용을 표시하는 행위는 금지된다.

④ 금융투자회사의 경영실태평가결과와 영업용순자본비율 등을 다른 금융투자회사의 그것과 비교하여 표시하는 행위는 금지된다.

> **해설**
> 인터넷 배너에 의한 투자광고는 3초 이상 표시(파생상품 · ELW 등 고위험상품에 대한 특칙 : 5초 이상 표시)

11 투자광고에 대한 설명으로 옳은 것을 모두 고르면?

★★☆

> 가. 투자광고를 하고자 하는 경우 준법감시인의 사전승인을 거친 후 협회의 심사를 청구하여야 한다.
>
> 나. 단순 이미지 광고나 지점광고 등 일부의 경우에는 협회의 심사 없이 준법감시인의 사전승인만 받으면
> 투자광고가 가능하다.
>
> 다. 종류형 집합투자기구의 운용수익률을 표시하는 경우 종류별 집합투자증권에 부과되는 보수 · 수수료 차
> 이로 운용실적이 달라질 수 있다는 사실을 표시해야 한다.
>
> 라. 투자일임재산을 각각의 투자자별로 운용하지 아니하고 여러 투자자의 자산을 집합하여 운용하는 것처
> 럼 표시하는 행위는 투자광고가 금지된다.

① 가
② 가, 나
③ 가, 나, 다
④ 가, 나, 다, 라

해설

모두 맞는 설명이다.

12 투자광고에 대한 설명으로 가장 거리가 먼 것은?

★★☆

① 금융투자회사는 광고의 제작 및 내용에 있어서 관련법령의 준수를 위하여 내부통제기준을 수립
하여 운영하여야 한다.
② 금융투자회사는 투자광고 시 준법감시인의 사전 확인을 받아야 한다.
③ 금융투자회사는 투자광고 시 영업용순자본비율을 표시하여서는 아니 된다.
④ 금융투자회사는 영업점에서의 투자광고물 사용의 적정성을 확인하기 위하여 연 1회 이상 현장점
검을 실시하여야 한다.

해설

영업용순자본비율은 비교광고가 금지될 뿐이다.

13 다음 중 재산상의 이익으로 보지 않는 범위에 해당하는 것은?

★★★

① 선물옵션 시스템트레이딩을 하는 고객 중 일정한 금액을 약정한 일반 개인 고객에 대하여 시스템트레이딩 데이터 사용료를 회사가 대신 지급하는 경우 회사가 대납한 시스템트레이딩 데이터 사용료

② 경제적 가치가 3만원 이하인 특정물품과 교환되는 기프티콘

③ 경제적 가치가 3만원 이하의 포인트

④ 경조비 및 조화·화환을 모두 합하여 60만원 이하인 경우

> **해설**
> ① 회사가 대납한 시스템트레이딩 데이터 사용료는 재산상 이익으로 본다.
> ③ 경제적 가치가 3만원 이하로 거래실적에 연동되어 거래상대방에게 차별 없이 지급되는 포인트여야 한다.
> ④ 경조비 및 조화·화환을 모두 합하여 20만원 이하인 경우에 재산상 이익으로 보지 않는다.

14 다음 중 부당한 재산상 이익의 제공 및 수령에 해당하지 않는 것은?

★☆☆

① 금융투자회사가 법인 기타 단체의 고유재산관리업무를 수행하는 자에게 제공하는 경우

② 준법감시인의 사전승인을 받아 회사 내부에서 정한 재산상 이익의 한도를 초과해서 제공하는 경우

③ 파생상품에 대한 추첨 등의 방법으로 선정된 동일 일반투자자에게 1회당 300만원을 지급하는 경우

④ 판매회사가 판매회사의 변경을 조건으로 하여 문화활동으로 한정된 상품권을 제공하는 경우

> **해설**
> • 협회가 정하는 재산상 이익의 제공 한도 규제는 폐지되었으나, 예외적으로 파생상품에 대한 추첨 등의 방법으로 선정된 동일 일반투자자 대상 1회당 한도 300만원 및 FX마진거래, ELW에 대한 재산상 이익 제공 금지 규제는 존치한다.
> • 판매회사가 판매회사의 변경을 조건으로 한 경우에는 예외 조건 없이 모든 재산상 이익에 대해 부당한 이익의 제공 및 수령으로 본다.
> • 회사 내부에서 정한 재산상 이익의 한도를 초과해서 제공하는 경우 이사회의 사전승인이 필요하다. 또한 수령한도는 별도의 제한이 없어 대표이사 또는 준법감시인의 승인 등 절차와 방법을 회사가 자체적으로 정한다.

15 다음 중 금융투자회사가 업무와 관련하여 투자자 또는 거래상대방에게 재산상 이익을 제공할 때 적용
★★★ 되는 기준에 대한 설명으로 적절하지 않은 것은?

① 거래상대방에게 재산상 이익을 제공할 때 제공목적, 제공내용 등이 기재된 문서를 준법감시인에
게 보고해야 한다.
② 국내에서 불특정 다수를 대상으로 하여 개최되는 세미나 또는 설명회로서 1인당 재산상 이익의
제공금액을 산정하기 곤란한 경우 그 비용은 재산상 이익의 제공으로 보지 않는다. 단, 이 경우
대표이사 또는 준법감시인은 그 비용의 적정성 등을 사전에 확인하여야 한다.
③ 동일 거래상대방에게 1회당 제공할 수 있는 한도는 원칙적으로 최대 300만원이다.
④ 집합투자증권 판매회사의 변경을 권유하면서 백화점상품권을 제공할 수 없다.

> **해설**
> 재산상의 이익 제공 한도 규제는 폐지되었다. 예외적으로 파생상품에 대한 추첨 등의 방법으로 선정된 동일 일반투자자 대
> 상 1회당 한도 300만원 및 FX마진거래, ELW에 대한 재산상 이익 제공 금지 규제는 존치한다.

16 다음 중 신상품의 정의에 부합하는 것을 모두 고르면?
★☆☆

> 가. 새로운 비즈니스 모델을 적용한 금융투자상품 또는 서비스
> 나. 국외에 이미 공지된 적은 있으나 국내에서는 판매된 적 없는 금융투자상품 또는 서비스
> 다. 기존의 상품 또는 서비스와 구별되고 독창성이 있는 금융투자상품 또는 서비스
> 라. 금융공학 등 신금융기법을 이용하여 개발한 금융투자상품 또는 서비스

① 가, 나, 라
② 나, 다, 라
③ 가, 다, 라
④ 가, 나, 다

> **해설**
> 신상품은 새로운 비즈니스 모델을 적용한 상품 또는 서비스, 금융공학 등 신금융기법을 이용하여 개발한 상품 또는 서비스,
> 기존의 싱품 또는 서비스와 구별되고 독창성이 있는 싱품 또는 서비스로 국내외에서 이미 공지되있거나 판매된 적이 없어
> 야 한다.

17 금융투자협회 규정에서 투자자예탁금에 관한 내용으로 거리가 먼 것을 모두 고르면?

★☆☆

> 가. 통합계좌로 분류 시 상장지수집합투자기구의 집합투자증권의 예탁자산 평가는 당일 종가로 한다.
>
> 나. 투자자가 계좌의 폐쇄를 요청하는 경우나 계좌의 잔액·잔량이 "0"이 될 때는 투자자의 계좌를 폐쇄할
> 수 있다.
>
> 다. 폐쇄된 계좌의 투자자가 배당금 출고 등을 요청할 수 있다.
>
> 라. 금융투자회사가 장내파생상품거래예수금 중 현금예탁필요액을 초과하여 현금으로 예탁한 위탁증거금을
> 이용하는 경우에는 예탁금이용료를 지급하지 아니한다.

① 가, 나
② 나, 다
③ 다, 라
④ 나, 라

해설

나. 계좌의 잔액·잔량이 "0"이 된 날부터 6개월이 경과한 경우에 계좌를 폐쇄할 수 있다.

라. 장내파생상품거래예수금 중 현금예탁필요액은 예탁금이용료 대상에서 제외되나 그 현금예탁필요액을 초과하는 현금위
탁금은 예탁금이용료 지급대상으로 한다.

18 다음 중 금융투자회사의 영업 및 업무 규정에 따라 투자자에게 이용료를 지급해야 하는 투자자예탁금
★☆☆ 에 해당하지 않는 것은?

① 위탁예수금
② 집합투자증권투자자예수금
③ 사후회원보증금
④ 장내파생상품거래예수금 중 거래소규정상 필요한 현금예탁필요액을 초과하여 현금으로 예탁한
위탁증거금

해설

사후회원보증금은 별도로 고객예탁금이용료 대상이 아니다.

19 다음 중 신용공여 시 담보 가격을 산정하는 방식에 대한 설명으로 거리가 먼 것은?

★☆☆

① 주가연계워런트증권(ELW) : 당일 종가

② 기업어음(CP) : 금융위원회에 등록된 채권평가회사 중 2 이상의 채권평가회사가 제공하는 가격
정보를 기초로 금융투자회사가 산정한 가격

③ 비상장주권 중 해외 증권시장에 상장된 주권 : 당일 해당 증권시장의 최종시가

④ 상장지수집합투자기구의 집합투자증권(ETF) : 당일에 고시된 기준가격

> **해설**
> 상장지수집합투자기구의 집합투자증권(ETF)의 증권의 담보가격은 당일 종가로 산정한다.

20 투자매매업자 또는 투자중개업자의 신용공여와 관련하여 담보가 제공되는 증권의 평가방법으로 옳지
못한 것은?

★★★

① 청약주식 : 취득가액으로 함. 다만 당해 주식이 증권시장에 상장된 후에는 당일 종가

② 상장주권 또는 상장지수집합투자기구의 집합투자증권 : 당일 종가

③ 상장채권 및 공모파생결합증권(주가연계증권에 한함) : 2 이상의 채권평가회사가 제공하는 가격
정보의 평균가격

④ 집합투자증권 : 당일에 고시된 기준가격

> **해설**
> 상장채권 · 공모파생결합증권(ELS에 한함) : 2 이상의 채권평가사가 제공하는 가격정보를 기초로 투자매매업자 또는 투
> 자중개업자가 산정한 가격

21 다음 중 유사해외통화선물(FX마진거래)에 대한 설명으로 옳지 않은 것은?

★★☆

① 자본시장법상 장내파생상품에 해당한다.

② 거래단위는 기준통화의 100,000단위이며, 증거금은 1만달러 이상으로 미국달러만 증거금으로
인정한다.

③ 투자자가 유사해외통화선물거래를 하고자 하는 경우 투자자의 명의와 투자자의 계산으로 유사해
외통화선물거래를 하도록 하여야 한다.

④ 이종통화 간의 거래이므로 원－외국통화 간 환율은 거래대상에서 제외한다.

> **해설**
> 금융투자회사의 명의와 투자자의 계산으로 유사해외통화선물거래를 하여야 한다.

22 ★★★ 다음 중 유사해외통화선물(FX마진거래)에 대한 설명으로 옳지 않은 것을 모두 고르면?

> 가. 이종통화 간의 환율 변동을 이용하여 시세차익을 추구하는 거래이다.
>
> 나. 유지증거금은 위탁증거금의 100분의 50 이상의 미화로, 금융투자회사는 투자자의 예탁자산평가액이 회사가 정한 유지증거금에 미달하는 경우 투자자로부터 위탁증거금을 추가로 예탁받아야 한다.
>
> 다. 금융투자회사는 투자자에게 2개 이상의 해외파생상품시장회원(FDM)으로부터 호가를 제공하여야 한다.
>
> 라. 금융투자회사의 명의와 계산으로 유사해외선물거래를 하여야 한다.

① 가, 나　　　　　　　　　② 가, 다
③ 나, 라　　　　　　　　　④ 나, 다, 라

해설

나. 금융투자회사는 투자자의 예탁자산평가액이 회사가 정한 유지증거금에 미달하는 경우 마진콜이 발생하게 되면 이때 추가증거금을 허용하지 않고 즉시 반대매매를 통해 포지션을 청산하며, 나머지 증거금을 고객에게 반환한다.

라. 금융투자회사의 명의와 투자자의 계산으로 유사해외선물거래를 하여야 한다.

23 ★★☆ 다음 중 집합투자기구의 명칭으로 사용될 수 없는 것은?

① 집합투자업자의 명칭
② 판매회사의 명칭
③ 자본시장법상의 집합투자기구의 종류
④ 수수료 적용방식

해설

판매회사의 명칭은 집합투자기구의 명칭으로 사용할 수 없다. 아래 예시 참고.

토마토	미국대표성장주	자	주 식	A
집합투자명칭	투자지역/투자대상	모펀드/자펀드 구분	주식형 펀드	선취판매 수수료

---

section 24 | **금융투자전문인력의 종류** | 중요도 ★★☆

대표유형문제

다음 어느 요건 중 하나를 갖추고 해당 등록교육을 이수한 자는?

- 투자권유자문인력 적격성 인증 시험 3종 중 해당 지점 또는 영업소 등에서 투자권유가 가능한 금융투자상품에 대한 모든 자격시험에 합격하고, 금융투자회사에서 10년 이상 종사한 경력이 있는 자
- 금융투자회사의 지점 또는 영업소 등에서 해당 지점 또는 영업소 등에 소속된 투자권유자문인력 및 투자권유대행인의 업무에 대해 관리 · 감독업무를 수행하는 자(지점장 등)

① 금융투자자문인력
② 투자운용인력
③ 투자상담관리인력
④ 위험관리전문인력

해설

투자상담관리인력에 대한 내용이다.

정답 ③

필수핵심개념

01 금융투자전문인력의 종류

	펀드투자권유자문인력	투자자를 상대로 집합투자기구의 펀드에 대하여 투자권유 또는 투자자문 업무를 수행하는 자
	증권투자권유자문인력	펀드와 파생결합증권을 제외한 증권에 대하여 투자권유 또는 투자자문 업무를 수행하거나 MMF형 CMA에 대하여 투자권유 업무를 수행하는 자
투자권유자문인력	**파생상품투자권유자문인력**	파생상품, 파생결합증권 및 파생결합사채, 영 제2조 제7호에 따른 고난도 금융투자상품에 대하여 투자권유 또는 투자자문 업무를 수행하거나, 파생상품등에 투자하는 특정금전신탁계약, 고난도투자일임계약, 고난도금전신탁계약, 파생상품등을 포함하는 개인종합자산관리계좌에 관한 투자일임계약(투자일임형, Individual Savings Account)의 체결을 권유하는 자(다만, 고난도금융투자상품에 해당하는 펀드를 투자권유하고자 하는 자는 펀드투자권유자문인력 등록요건 및 파생상품투자권유자문인력 등록요건을 모두 갖추어야 함)

투자상담관리인력	금융투자회사의 지점 또는 영업소 등에서 해당 지점 또는 영업소 등에 소속된 투자권유자문인력 및 투자권유대행인의 업무에 대해 관리 · 감독업무를 수행하는 자(투자권유자문관리인력)
투자자산운용사	집합투자재산, 신탁재산 또는 투자일임재산을 운용하는 업무를 수행하는 자(투자운용인력)
금융투자분석사	투자매매업 또는 투자중개업을 인가받은 금융투자회사에서 특정 금융투자상품의 가치에 대한 주장이나 예측을 담고 있는 자료를 작성하거나 이를 심사 · 승인하는 업무를 수행하는 자(조사분석인력)
위험관리전문인력	장외파생상품에 대한 투자매매업의 인가를 받은 금융투자회사 또는 인수 업무를 포함한 투자매매업의 인가를 받은 금융투자회사의 위험관리 조직에서 재무위험 등을 일정한 방법에 의해 측정, 평가 및 통제하여 해당 회사의 재무위험 등을 조직적이고 체계적으로 통합하여 관리하는 자
신용평가전문인력	신용평가회사에서 신용평가 업무를 수행하거나 그 결과를 심사 · 승인하는 업무를 수행하는 자

02 금융투자전문인력 등록 요건

구 분	등록요건
투자권유자문인력	• 등록하고자 하는 투자권유자문인력 투자자 보호 교육을 이수하고, 증권투자권유자문인력 적격성 인증 시험에 합격한 자 • 다만, 특정 업무만 수행하는 자는 아래 요건을 갖출 경우 투자권유자문인력으로 등록하여 해당 업무에 한해 수행 가능 　− 전문투자자 대상 펀드, 증권, 파생상품 투자권유 업무 : 금융투자회사 또는 해외 금융투자회사에서 1년 이상 근무한 자 　− 겸영금융투자회사의 채무증권 투자권유 업무 : 채무증권의 투자권유 업무에 대한 등록교육을 이수한 자
투자상담관리인력	• 아래 요건 중 어느 하나를 갖추고 투자상담관리인력 등록교육을 이수한 자 　− 투자권유자문인력 적격성 인증 시험 3종 중 해당 지점 또는 영업소 등에서 투자권유가 가능한 금융투자상품에 대한 모든 자격시험에 합격하고, 금융투자회사에서 10년 이상 종사한 자 　− 해당 지점 또는 영업소 등의 업무를 실질적으로 관리 · 감독하는 자(지점장 등)
투자자산운용사	아래의 업무구분에 따라 해당 요건을 갖춘 자(다만, ❶부터 ❹ 중 각 호 어느 하나의 요건을 충족하여 등록된 자는 일반 사모집합투자재산 투자운용업무를 추가로 수행 가능하며 ❶의 요건을 갖춘 자는 해외자원개발 투자운용업무를 수행할 수 있음) ❶ 금융투자상품 투자운용업무 : 증권운용전문인력에 해당하는 자 ❷ 부동산 투자운용업무 : 부동산운용전문인력에 해당하는 자 ❸ 사회기반시설 투자운용업무 : 사회기반시설운용전문인력에 해당하는 자 ❹ 해외자원개발 투자운용업무 : 해외자원개발운용전문인력에 해당하는 자 ❺ 일반 사모집합투자재산 투자운용업무 : 일반 사모집합투자기구 운용전문인력에 해당하는 자
금융투자분석사	요건을 갖춘 자는 소속 금융투자회사로부터 준법 및 윤리교육을 이수하여야 함
위험관리전문인력	위험관리 조직에서 위험관리 관련 업무에 종사하는 자를 등록요건으로 함
신용평가전문인력	요건을 갖춘 자는 소속 금융투자회사로부터 준법 및 윤리교육을 이수하여야 함

대표유형문제

다음 중 금융투자전문인력의 등록 거부 사유에 해당하지 않는 것은?

① 금융투자회사의 임직원이 아닌 자가 등록을 신청하는 경우

② 다른 금융투자회사의 금융투자전문인력으로 등록되어 있는 자를 등록 신청하는 경우

③ 등록의 효력정지 처분을 받은 후 효력정지 기간이 경과하지 아니한 자를 등록 신청하는 경우

④ 자격 요건을 갖춘 날로부터 3년이 경과한 자를 등록 신청한 경우

해설

등록(자격)요건을 갖춘 날 또는 최근 업무수행일 등으로부터 5년이 경과하여 전문성 강화교육을 이수하여야 하는 자를 등록 신청하는 경우에 등록 거부사유에 해당한다.

정답 ④

필수핵심개념

03 금융투자전문인력의 등록 및 등록말소

등록의 신청	금융투자회사가 임직원에게 금융투자전문인력의 업무를 수행하게 하려고 하는 경우 소정의 서류를 구비하여 협회에 등록을 신청
등록의 거부 사유	• 금융투자회사의 임직원이 아닌 자 • 다른 금융투자회사의 금융투자전문인력으로 등록되어 있는 자 • 협회의 심사결과 부적격하다고 판단되는 자 • 등록의 효력정지 처분을 받은 후 효력정지 기간이 경과하지 아니한 자 • 등록(자격)요건을 갖춘 날 또는 최근 업무수행일 등으로부터 5년이 경과하여 전문성 강화교육을 이수하여야 하는 자
등록의 말소 사유	• 금융투자회사 등을 퇴직한 경우 • 소속 금융투자회사 등이 해산하거나 영업을 폐지한 경우 • 금융투자회사 등이 등록말소를 신청하는 경우

대표유형문제

협회가 금융투자전문인력에 대하여 제재를 부과하는 사유에 해당하지 않는 것은?

① 금융투자전문인력의 업무와 관련하여 금융소비자보호법을 위반한 경우
② 정당한 사유없이 개인정보 보호 교육을 이수하지 않은 경우
③ 협회가 실시하는 자격시험에서 부정행위를 한 경우
④ 금융투자전문인력의 업무와 관련하여 자본시장법령을 위반한 경우

해설

개인정보 보호 교육은 의무교육대상이 아니다.

정답 ②

필수핵심개념

04 금융투자전문인력에 대한 제재

(1) 금융투자전문인력에 대한 제재

주요 제재사유	• 금융투자전문인력으로서의 업무 또는 투자자문 · 투자일임 · 신탁 계약의 체결 권유와 관련하여 법(금융소비자보호법을 포함)을 위반한 경우 • 횡령, 배임, 절도, 업무와 관련한 금품수수 등 범죄행위를 한 경우 • 금융투자전문인력이 아닌 자를 고용하여 투자자를 유치하거나 금융투자상품의 매매주문을 수탁한 경우 • 금융투자전문인력의 자격 또는 명의를 대여한 경우 • 다른 금융투자전문인력 또는 금융투자전문인력이 아닌 자에게 위법 · 부당행위를 지시하거나 공모, 묵인한 경우 • 정당한 사유 없이 보수교육을 이수하지 아니한 경우 • 협회가 실시하는 자격시험에서 부정행위를 한 경우 • 미공개중요정보 이용행위의 금지, 시세조종행위 등의 금지, 부정거래행위 등의 금지, 시장질서 교란행위의 금지를 위반한 경우
제재 대상	• 상기 사유에 해당하는 위법 · 부당 행위에 적극 가담한 임직원 및 퇴직자에 한하여 부과 • 단, 단순가담자 등도 소속회사에 통보하고 징계 등 요구 가능 • 협회 자율규제위원회는 금융투자전문인력에 대한 관리 · 감독을 소홀히 한 금융투자회사에 대하여 제재를 부과할 수 있음(6개월 이내 자문인력 신규등록 정지, 제재금)
제재 종류	• 모든 금융투자전문인력 자격시험 합격을 취소 • 금융투자전문인력 자격시험 응시 제한 • 금융투자전문인력 등록말소, 등록의 효력정지, 등록거부 • 소속 금융투자회사에 통보하여 자체규정에 따른 문책 등을 요구

핵심보충문제

01 자본시장법상 금융투자전문인력에 대한 설명으로 거리가 먼 것은?
★★☆

① 투자매매업 또는 투자중개업을 인가받은 금융투자회사에서 특정 금융투자상품의 가치에 대한 주장이나 예측을 담고 있는 자료를 작성하거나 이를 심사·승인하는 업무를 수행하는 인력은 조사분석인력이다.

② 투자자산운용사는 집합투자재산, 신탁재산 또는 투자일임재산 운용 업무를 수행하는 자이다.

③ 장외파생상품에 대한 투자매매업의 인가를 받은 금융투자회사 또는 인수 업무를 포함한 투자매매업의 인가를 받은 금융투자회사의 위험관리 조직에서 재무위험 등을 일정한 방법에 의해 측정, 평가 및 통제하여 해당 회사의 재무위험 등을 조직적이고 체계적으로 통합하여 관리하는 인력은 위험관리전문인력이다.

④ 고난도금융투자상품에 해당하는 펀드를 투자권유하고자 하는 자는 파생상품투자권유자문인력 등록요건을 갖춰야 한다.

> **해설**
> 고난도금융투자상품에 해당하는 펀드를 투자권유하고자 하는 자는 펀드투자권유자문인력 등록요건 및 파생상품투자권유자문인력 등록요건을 모두 갖추어야 한다.

02 파생상품투자권유자문인력으로 등록된 자가 투자권유할 수 없는 상품은?
★★☆

① ELS

② DLB

③ 주가지수 옵션

④ MMF형 CMA

> **해설**
> MMF형 CMA는 증권투자권유자문인력을 취득한 자가 투자를 권유할 수 있다.

03 ★★☆ 투자자산운용사가 수행하는 업무에 해당하지 않는 것은?

① 집합투자재산 운용

② 신탁재산 운용

③ 투자일임재산 운용

④ 집합투자재산 보관 · 관리

해설

집합투자재산 보관 · 관리는 신탁업자의 업무에 해당한다.

04 ★★☆ 협회의 금융투자전문인력에 관한 설명으로 거리가 먼 것은?

① 금융투자전문인력이 위법 · 부당행위와 관련된 경우 모든 금융투자전문인력 자격시험 합격을 취소할 수 있다.

② 위법 · 부당 행위에 적극 가담한 임직원에 한하여 제재를 부과할 수 있다.

③ 협회 자율규제위원회는 금융투자전문인력에 대한 관리 · 감독을 소홀히 한 금융투자회사에 대하여 6개월 이내 금융투자전문인력 신규등록 정지, 제재금 등의 제재를 부과할 수 있다.

④ 금융투자전문인력으로 등록된 임직원이 해당 금융회사를 퇴직한 경우 등록을 말소할 수 있다.

해설

퇴직자도 제재대상에 해당하며, 단순가담자 등도 소속회사에 통보하고 징계 등을 요구할 수 있다.

05 ★★☆ 협회의 금융투자전문인력과 업무의 연결이 바르지 못한 것은?

① 금융투자분석사 — 투자자문대상 자산에 대한 투자권유

② 투자자산운용사 — 집합투자재산을 운용

③ 파생상품투자권유자문인력 — 파생상품등에 투자하는 특정금전신탁 계약의 체결을 권유

④ 증권투자권유자문인력 — 펀드와 파생결합증권을 제외한 증권에 대하여 투자권유

해설

투자자문대상 자산에 대한 투자권유는 투자자문회사 또는 투자일임회사의 업무이다.

| section 27 | 금융투자회사의 약관 | 중요도 ★★☆ |

대표유형문제

다음 중 금융투자회사의 약관에 대한 설명으로 적절하지 않은 것은?

① 협회는 금융투자회사가 이미 사용하고 있는 약관이 관계법령 개정 등의 사유로 변경이 필요하다고 인정되는 경우 금융투자회사에 대하여 통보할 수 있다.

② 금융투자업의 영위와 관련하여 약관을 제정 또는 변경하는 경우에는 약관의 제정 또는 변경 시행예정일 10영업일 전까지 협회에 신고하여야 한다.

③ 금융투자회사가 표준약관의 제정 · 변경에 따라 제정 · 변경한 경우 약관의 제정 또는 변경 후 7일 이내에 협회에 보고하여야 한다.

④ 금융투자회사는 "외국 집합투자증권 매매거래에 관한 표준약관"을 그대로 사용해야 한다.

해설

금융투자회사는 금융투자업의 영위와 관련하여 약관을 제정 또는 변경하는 경우에는 약관의 제정 또는 변경 후 7일 이내에 협회에 보고하여야 한다.

정답 ②

필수핵심개념

01 금융투자회사 약관 규정

표준약관	개 요	협회는 건전한 거래질서를 확립하고 불공정한 약관이 통용되는 것을 방지하기 위하여 금융투자업 영위와 관련하여 표준이 되는 약관(표준약관)을 정함
	표준약관의 사용	• 금융투자회사는 업무와 관련하여 협회가 정한 표준약관을 사용하거나, 이를 수정하여 사용 가능 • 단, 금융투자회사는 "외국 집합투자증권 매매거래에 관한 표준약관"은 수정하여 사용 불가
개별 약관의 사용	사전 신고	사전신고에 해당되는 경우에는 약관의 제정 또는 변경 시행예정일 10영업일 전까지 협회에 신고하여야 함
	사후 보고	금융투자회사는 금융투자업의 영위와 관련하여 약관을 제정 또는 변경하는 경우에는 약관의 제정 또는 변경 후 7일 이내에 협회에 보고
약관의 검토결과 통보		• 협회는 약관을 검토한 결과 약관내용의 변경이 필요하다고 인정되는 경우 변경 필요 사유 등을 해당 금융투자회사에게 통보. 이 경우 협회는 통보받은 금융투자회사가 변경 필요 사유 등을 감안하여 해당 약관의 내용을 변경하지 않은 때에는 금융위원회에 보고 • 협회는 금융투자회사가 이미 사용하고 있는 약관이 관계법령 개정 등의 사유로 변경이 필요하다고 인정되는 경우 금융투자회사에 대하여 통보 가능 • 협회는 사전신고를 받은 경우 그 내용을 검토하여 법에 적합하면 신고를 수리하고 지체 없이 그 결과를 해당 금융투자회사에 통보하여야 함

03 핵심보충문제

01
★☆☆

건전한 거래질서를 확립하고 불공정한 약관이 통용되는 것을 방지하기 위하여 금융투자업 영위와 관련하여 표준이 되는 약관(표준약관)을 정하는 금융투자업 관계기관은?

① 금융투자협회
② 금융감독원
③ 금융위원회
④ 증권선물위원회

해설

표준약관은 금융투자협회에서 제정한다.

02
★☆☆

다음 (   )에 들어갈 내용으로 적절한 것은?

> 금융투자회사는 법 제56조 제1항 본문에 따라 금융투자업의 영위와 관련하여 약관을 제정 또는 변경하는 경우에는 약관의 제정 또는 변경 후 (   ) 이내에 협회에 보고하여야 한다. 다만 법 제56조 제1항 단서에 따라 사전신고에 해당되는 경우에는 약관의 제정 또는 변경 시행 예정일 (   ) 전까지 협회에 신고하여야 한다.

① 5일, 10영업일
② 5일, 2주
③ 7일, 10영업일
④ 7일, 2주

해설

사후보고는 변경 후 7일이며, 예외적 사전보고는 변경 전 10일 전까지 협회에 신고하여야 한다.

챕터 출제비중

구 분	출제영역	출제문항
CHAPTER 01	자본시장 관련 법규	14~15 문항
CHAPTER 02	한국금융투자협회규정	4 문항
CHAPTER 03	한국거래소규정	4 문항
CHAPTER 04	금융소비자보호법	2~3 문항
	총 문항	25 문항

- CHAPTER 01: 58%
- CHAPTER 02: 16%
- CHAPTER 03: 16%
- CHAPTER 04: 10%

한국거래소규정에서는 총 4문제가 출제되며, 전체 시험과목 중에서 출제 문항수가 가장 적습니다. 문항수에 비해 학습 내용은 다소 까다로운 편이지만 2과목의 영업실무와 상당 부분 중복되는 내용이 많아 일석이조의 효과를 볼 수 있는 과목이므로 소홀히 다루는 것도 바람직하지 않습니다. 매매거래제도, 증거금 예탁수단, 거래증거금 산출방법, 선물거래와 옵션거래의 결제방법, 기본예탁금 및 위탁증거금 등은 자주 출제되는 중요한 부분입니다.

Section별 중요도 및 학습체크

구 분	핵심개념	중요도	학습체크		
			1회독	2회독	3회독
01	회원의 구조	★★			
02	거래소의 위험관리 수단	★★			
03	상장상품	★★			
04	상장명세	★★★			
05	거래시간	★★★			
06	종목 간 스프레드 거래	★★			
07	상품 간 스프레드 거래	★★			
08	호 가	★★★			
09	호가의 제한	★★			
10	필요적 거래중단 및 종결	★★★			
11	임의적 중단	★			
12	협의대량매매(Block Trade)	★★			
13	단일가 거래	★★			
14	거래증거금 예탁수단	★★			
15	거래증거금 산출	★★★			
16	장중 추가증거금	★★			
17	결제시한	★★★			
18	선물거래의 결제방법	★★★			
19	옵션의 결제방법	★★★			
20	기본예탁금	★★★			
21	위탁증거금	★★★			
22	미결제약정수량의 제한	★★			

01 회원의 구조

section 01 　회원의 구조　　　　　　　　　　　　　　중요도 ★★☆

대표유형문제

다음 중 한국거래소 회원에 포함되지 않는 것은?

① 주권기초파생상품전문회원

② 집합투자증권전문회원

③ 투자예탁증권전문회원

④ 통화 · 금리기초파생상품전문회원

해설

투자예탁증권전문회원은 한국거래소 시장 및 금융상품 범위에 따른 구분에 포함되지 않는다.

정답 ③

필수핵심개념

01 회원의 종류

회원은 거래소가 개설한 증권시장에서의 증권의 매매거래 또는 파생상품시장에서의 장내파생상품거래에 누구의 계산으로 하든지 자기의 명의로 참가할 수 있는 자를 말함

(1) 시장 및 금융상품 범위에 따른 구분

시장 및 투자금융상품 구분		영업범위	결제이행 책임부담
증권시장	증권회원	증권 전체	결제회원 매매전문회원
	지분증권전문회원	지분증권(주권, 신주인수권 등)	
	집합투자증권전문회원	집합투자증권(ETF 등)	
	채무증권전문회원*	채무증권(국채, 지방채, 특수채, 사채권 등)	
파생상품시장	파생상품회원	파생상품 전체(선물 · 옵션)	
	주권기초파생상품전문회원	주권을 기초로 한 파생상품	
	통화 · 금리기초파생상품전문회원	통화 또는 채무증권을 기초로 한 파생상품	

*채무증권전문회원은 결제회원만 가능

(2) 결제이행 책임 부담 여부에 따른 구분

결제회원	자기의 명의로 성립된 증권매매거래나 파생상품거래 또는 매매전문회원으로부터 결제를 위탁받은 증권 또는 파생상품거래에 대해 자기 명의로 결제를 하는 회원
매매전문회원	• 자기의 명의로 성립된 증권 또는 파생상품의 거래에 따른 결제를 직접 수행하지 못하고 결제회원에게 결제를 위탁해야 하는 회원 • 매매체결은 직접 수행하나 결제업무는 지정결제회원을 통해서 수행하는 회원

section 02   **거래소의 위험관리 수단**   중요도 ★★☆

대표유형문제

거래소의 위험관리 수단으로 올바르지 않은 것은?

① 2일치 가격변동에 따른 손실을 추정하여 증거금 징수
② 모든 회원에 대한 손해배상 공동기금 적립의무 부과
③ 위탁자에 대한 위험고지(파생상품거래위험고지서 교부)
④ 고객자금을 회원의 자금과 분리하여 외부 예치기관에 예탁

해설

생산품시장의 결제회원들은 결제회원의 채무불이행으로 인한 손해를 공동으로 배상하기 위하여 결제회원별로 거래소에 공동기금을 적립하여야 한다.

정답 ②

필수핵심개념

02 거래소의 위험관리 수단

일일정산	매 거래일마다 보유하고 있는 미결제약정 및 당일에 체결된 모든 거래를 당일의 선물종가를 기준으로 손익을 평가하여 그 손익을 수수함으로써 채무불이행 위험의 크기를 제한하는 것
증거금	• 결제대금을 변제할 수 있는 이상의 금액을 매일 재평가하여 담보금 성격의 증거금을 징수함 • 거래소는 2일치 가격변동에 따른 손실을 추정하여 증거금을 징수하고 있음
공동기금	파생상품시장의 결제회원들은 결제회원의 결제불이행으로 인한 손해를 공동으로 배상하기 위해 결제회원별로 거래소에 공동기금을 적립하여야 함
회원보증금	회원은 파생상품거래와 관련하여 발생할 수 있는 채무의 이행을 보증하기 위한 재원으로 거래소에 회원보증금을 예탁하고 있음
결제적립금	증권의 매매거래 또는 파생상품거래의 결제에 따른 회원의 채무불이행으로 인하여 거래소가 손실을 보는 경우에 해당 손실을 보전하기 위하여 거래소는 매 사업연도의 처분 전 이익잉여금 중 일정액을 결제적립금으로 적립하고 있음
은행과의 차입약정	거래소는 회원의 파생거래와 관련한 채무의 이행을 원활히 하기 위하여 은행과 차입약정(당좌차월)을 체결하고 있음

미결제약정 보유제한	투기목적의 거래에 대해서는 시장상황에 따라 미결제약정의 보유한도를 설정할 수 있음
위탁증거금 사전예탁	• 파생상품거래를 하고자 하는 위탁자는 위탁증거금을 투자중개업자에게 주문을 위탁하기 전에 미리 예탁하여야 함(사전위탁증거금 제도 채택) • 다만, 적격기관투자자에 대해서는 장 종료 후 또는 다음 거래일 10시 이내에 위탁증거금을 예탁할 수 있는 사후위탁증거금제도도 인정하고 있음
고객자금의 분리보관	• 금융투자업자는 고객재산을 회원의 재산과 분리하여 외부 예치기관에 예치하여야 함 • 고객예탁금(현금)은 한국증권금융, 고객예탁증권(대용증권)은 한국예탁결제원에 각각 분리 예탁
위험고지	거래소 회원은 위탁자와 파생상품거래를 위한 계좌설정약정을 체결하기에 앞서 위탁자에게 파생상품거래위험고지서를 교부하고 그 내용을 충분히 설명하여야 함
거래증거금 장중 추가징수	거래소는 외부충격 등에 의한 시황급변 또는 결제회원의 일시적 결제이행능력 악화 시 거래시간 중에 추가(위탁)증거금 부과를 통해 결제불이행 위험을 축소할 수 있도록 장중 추가증거금 제도 운영

01 핵심보충문제

01 한국거래소의 회원구조에 관한 설명으로 옳지 않은 것은?
★★☆

① KRX의 회원은 참가할 수 있는 시장과 매매거래 가능한 금융투자상품의 범위에 따라 증권회원, 지분증권전문회원, 채무증권전문회원, 파생상품회원, 주권기초파생상품전문회원 및 통화·금리기초파생상품전문회원 등 6가지 종류로 구분된다.

② 파생상품회원은 KRX 파생상품시장에서 거래되는 모든 선물거래와 옵션거래를 매매 거래할 수 있는 회원이다.

③ KRX의 회원은 거래소에 대하여 결제이행책임을 누가 부담하느냐에 따라 결제회원과 매매전문회원으로 구분된다.

④ 매매전문회원은 자기의 명의로 성립된 증권 또는 파생상품의 거래에 따른 매매체결과 결제를 직접 수행하는 회원이다.

해설
매매전문회원은 매매체결을 직접 수행하나 결제업무는 결제회원을 통해서 수행하는 회원이다.

02 다음 중 채권선물과 주가지수 옵션 모두 거래 가능한 회원은?
★★☆

① 지분증권전문회원
② 파생상품회원
③ 주권기초파생상품전문회원
④ 통화·금리기초파생상품전문회원

해설
기초자산이 채권과 주식이므로 둘 다 거래가 가능한 회원은 파생상품회원이다.

03 거래소의 위험관리 수단에 해당하지 않는 것은?
★★☆

① 일일정산
② 회원보증금
③ 은행과의 차입약정
④ 고객자금 통합보관

해설
고객예탁금(현금)은 한국증권금융, 고객예탁증권(대용증권)은 한국예탁결제원에 각각 분리 예탁한다.

04 거래소 회원에 대한 설명으로 거리가 먼 것은?

★☆☆

① 회원은 거래소가 개설한 증권시장에서의 증권의 매매거래 또는 파생상품시장에서의 장내파생상품거래에 누구의 계산으로 하든지 자기의 명의로 참가할 수 있는 자를 말한다.
② 시장 및 금융상품 범위에 따라 결제회원과 매매전문회원으로 구분된다.
③ 채무증권전문회원은 결제회원만 가능하다.
④ 매매전문회원은 매매체결은 직접 수행하나 결제업무는 지정결제회원을 통해 수행하는 회원이다.

해설

결제이행 책임 부담 여부에 따라 결제회원과 매매전문회원으로 구분된다. 시장 및 금융상품 범위에 따라서는 증권회원, 지분증권전문회원, 집합투자증권전문회원, 채무증권전문회원, 파생상품회원, 주권기초파생상품전문회원, 통화 · 금리기초파생상품전문회원으로 구분된다.

04 ② **정답**

02 상장상품

대표유형문제

다음 중 거래소에서 거래되는 파생상품이 아닌 것은?

① ETF옵션　　　　　　　　　② 코스닥150선물
③ KRX300선물　　　　　　　④ 코스피200섹터지수선물

해설
ETF옵션은 거래되지 않는다.

정답 ①

필수핵심개념

01 상품시장, 결제월, 종목 구분

(1) 장내파생상품은 기초자산에 따라 상품 구분

구 분	선 물	옵 션
주식상품시장(15)	코스피200선물, 미니코스피200선물, 코스닥150선물, KRX300선물, 코스피200섹터지수선물, 코스피배당지수선물, KRX-X뉴딜지수선물, 해외지수선물(유로스톡스50선물), 코스피200변동성지수선물, 주식선물, ETF선물	코스피200옵션, 미니코스피200옵션, 코스닥150옵션, 주식옵션
금리상품시장(4)	3년국채선물, 5년국채선물, 10년국채선물, 3개월 무위험지표금리선물	─
통화상품시장	미국달러선물, 유로선물, 엔선물, 중국위안선물	미국달러옵션
일반상품시장	금선물, 돈육선물	─
글로벌거래	독일 Eurex를 통해 코스피200선물과 옵션, 미니코스피200선물, 미국달러선물을 거래함	

(2) 종목 구분

선물상품 종목	기초자산, 결제월, 최종거래일, 최종결제방법 및 거래승수에 따라 구분
옵션상품 종목	기초자산, 콜옵션과 풋옵션, 행사가격, 결제월, 거래승수 및 권리행사 유형에 따라 구분

대표유형문제

한국거래소에 상장된 KOSPI200선물의 상품내역에 관한 내용으로 바르지 못한 것은?

① 최종거래일의 거래시간은 08:45~15:45이다.

② 거래승수는 25만원이다.

③ 호가(tick)는 0.05포인트이다.

④ 현금결제 방식을 택한다.

해설

KOSPI200선물 거래시간은 08:45~15:45이나 최종거래일에는 포지션이 변경되지 않으므로 09:00~15:20을 거래시간으로 한다.

정답 ①

필수핵심개념

02 주식관련 선물

구 분	코스피200선물	미니코스피200선물	코스닥150선물	주식선물	KRX300선물
거래단위	선물가격 × 25만원	선물가격 × 5만원	선물가격 × 1만원	선물가격 × 10주	선물가격 × 5만원
호가단위	0.05포인트	0.02포인트	0.1포인트	1원~1,000원	0.2포인트
최소가격 변동금액	12,500원	1,000원	1,000원	10원~10,000원	10,000원
결제월	분기월 (3, 6, 9, 12월)	매 월	분기월 (3, 6, 9, 12월)	비분기월 분기월 (3, 6, 9, 12월)	분기월 (3, 6, 9, 12월)
거래기간(종목수)	최장 3년 (7개 결제월)	6개월 (6개 결제월)	최장 3년 (7개 결제월)	최장 3년 (9개 결제월)	1년 (4개 결제월)
최종거래일	두 번째 목요일(휴일인 경우 순차적 앞당김)				
최종결제일	T + 1				
결제방법	현금결제				
가격제한폭	±8% → ±15% → ±20%			±10% → ±20% → ±30%	±8% → ±15% → ±20%

대표유형문제

한국거래소의 국채선물에 대한 설명으로 바르지 못한 것은?

① 거래대상은 3년국채선물, 5년국채선물, 10년국채선물이 상장되어 있으며 모두 현금결제방식을 택하고 있다.

② 현물바스켓은 신규 결제월물 상장 전 시점에 기발행 현물채권을 지정하여 선물만기일까지 바스켓을 고정하는 방식이다.

③ 국채선물의 거래단위는 액면가 1억원이다.

④ 최종 결제 수익률은 10:00, 10:30, 11:00 수익률의 산술평균이다.

해설

최종 결제 수익률이며 10:00, 10:30, 11:00 중 최고치와 최저치를 제외한 중간수익률과 11:30 수익률의 산술평균이다.

정답 ④

필수핵심개념

03 금리상품 거래

구 분	3년국채선물	5년국채선물	10년국채선물
거래대상	• 액면 100원, 표면금리 연 5%, 6개월 이자지급방식 가상국채 • 기초자산은 가상국채를 사용하므로 시장에 수익률이 존재하지 않아 거래소가 실제 발행되어 거래되는 국고채로부터 현물바스켓을 구성하여 산출한 평균수익률을 가져와 가상채권의 수익률로 사용		
거래단위	액면가 1억원		
호가단위	0.01포인트(%)		
최소가격변동금액	10,000원		
결제월	분기월(3, 6, 9, 12월)		
거래기간(종목수)	6개월(2개 결제월)		
최종거래일	세 번째 화요일(휴일인 경우 순차적 앞당김)		
최종결제일	T + 1		
결제방법	현금결제		
가격제한폭	±1.5%	±1.8%	±2.7%
최종결제가격	$$\text{최종 결제가격} = \sum_{t=1}^{n} \frac{5/2}{\left(1 + \dfrac{r}{2}\right)^t} + \frac{100}{\left(1 + \dfrac{r}{2}\right)^N}$$ N : 이자지급횟수 (예 3년 6회, 5년 10회, 10년 20회) • 최종 결제가격에 기준이 되는 현물바스켓은 신규 결제월물 상장 전에 기발행 현물채권을 지정 • 이때 r은 최종 결제 수익률이며 10:00, 10:30, 11:00 중 최고치와 최저치를 제외한 중간수익률과 11:30 수익률의 산술평균으로 계산		

> **대표유형문제**
>
> 거래소에 상장된 통화선물의 상품내역에 관한 내용으로 바르지 못한 것은?
>
> ① 통화선물의 최종거래일은 각 결제월의 세 번째 월요일이다.
> ② 통화선물은 실물인수도결제방식이다.
> ③ 위안선물의 거래단위는 10,000위안이다.
> ④ 엔선물의 가격표시는 100엔당 원화이다.
>
> **해설**
> 위안선물의 거래단위는 100,000위안이다.
>
> **정답** ③

필수핵심개념

04 통화상품 거래

구 분	미국달러선물	일본엔선물	유럽연합유로선물	중국위안선물
거래단위	10,000달러	100,000엔	10,000유로	100,000위안
호가단위	0.1원	0.1원	0.1원	0.01원
최소가격변동금액	1,000원			
결제월	매 월			
거래기간(종목수)	최장 3년 (20개 결제월)	최장 1년(8개 결제월)		
최종거래일	세 번째 월요일(휴일인 경우 순차적 앞당김)			
최종결제일	T + 2			
결제방법	실물인수도결제			
가격제한폭	±4.5%	±5.25%		±4.5%

대표유형문제

한국거래소에 상장된 금선물의 특징에 관한 내용으로 바르지 못한 것은?

① 현금결제방식을 채택하고 있다.
② 100g 단위로 금을 거래할 수 있다.
③ 최종결제일의 거래시간은 09:00~15:20이다.
④ 금ETF나 금펀드에 비해 거래비용이 높은 단점이 있다.

해설

금ETF나 금펀드는 금선물에 비해 매매수수료나 거래비용이 높으며, 골드 뱅크나 금펀드는 금 가격 상승에만 수익이
나는 반면 금선물은 방향성 매매가 가능하다.

정답 ④

필수핵심개념

05 일반상품 거래

구 분	금선물	돈육선물
거래단위	100g	1,000kg
호가단위	10원	5원
최소가격변동금액	1,000원	5,000원
결제월	매 월	
거래기간(종목수)	최징 1년(7개 결제월)	6개월(6개 결제월)
최종거래일	세 번째 수요일(휴일인 경우 순차적 앞당김)	
최종결제일	T + 1	T + 2
결제방법	현금결제	
가격제한폭	±10%	±21%
최종결제가격	최종거래일 종가	최종거래일 다음날 최초로 공표되는 돈육 대표가격

대표유형문제

주식옵션에 관한 설명으로 적절하지 않은 것은?

① 권리행사에 의한 결제방식은 현금결제방식이다.

② 결제월 수는 거래기간 3년, 분기월 7개이다.

③ 주식옵션의 경우 콜옵션에 있어서 권리행사로 이익이 발생하는 종목에 대해서는 회원의 권리행사 신고가 없더라도 권리행사를 신고한 것으로 본다.

④ 결제월 종목 신규 상장 시 행사 가격은 ATM 1개와 ITM 4개, OTM 4개씩 총 9개의 행사가격이 설정된다.

해설

결제월 수는 거래기간 3개월 비분기월 2개와 거래기간 1년 분기월 4개로 총 6개의 결제월 종목이다.

정답 ②

필수핵심개념

06 옵션 상품 명세

구 분	주식관련 옵션				통화옵션
	코스피200옵션	미니코스피200옵션	코스닥150옵션	주식옵션	미국달러옵션
권리행사	유럽식				
거래승수	25만원	5만원	1만원	10주	10,000
호가단위	옵션가격 10P 이상 : 0.05 포인트 옵션가격 10P 미만 : 0.01 포인트	옵션가격 10P 이상 : 0.05 포인트 옵션가격 3P 이상 10P 미만 : 0.02 포인트 옵션가격 3P 미만 : 0.01포인트	0.2포인트	10원~200원	0.1원
최소가격 변동금액	옵션가격 10P 이상 : 12,500원 옵션가격 10P 미만 : 2,500원	옵션가격 10P 이상 : 2,500원 옵션가격 3P 이상 10P 미만 : 1,000원 옵션가격 3P 미만 : 500원	10,000원	100원~2,000원	1,000원
결제월	비분기월, 분기월(3, 6, 9, 12월)				
거래기간	최장 3년 (11개 결제월)	6개월 (6개 결제월)	1년 (6개 결제월)	최장 1년 (6개 결제월)	최장 6개월 (4개 결제월)
최종거래일	두 번째 목요일(휴일인 경우 순차적 앞당김)				세 번째 월요일

최종결제일	T + 1		
결제방법	현금결제		현금결제
가격제한폭	±8% → ±15% → ±20%	±10% → ±20% → ±30%	±4.5%

section 05 | 거래시간   중요도 ★★★

거래소에서 거래되는 금선물의 최종거래일 거래시간은?

① 08:45~15:20

② 09:00~15:20

③ 09:00~11:30

④ 09:00~15:30

해설

금선물의 최종거래일 거래시간은 09:00~15:20이다.

정답 ②

필수핵심개념

07 거래시간

기초자산		최종거래일 미도래		최종거래일
		거래시간	호가접수시간	
주 식		08:45~15:45	8:30~15:45 (거래시간 15분 전부터)	08:45~15:20 (대표지수 외 주식 09:00~15:20)
주식 외	채 권	09:00~15:45	8:30~15:45 (거래시간 30분 전부터)	09:00~11:30(오전장 마감) (미국달러옵션 09:00~15:30)
	통 화			
	금			09:00~15:20
	돈 육	10:15~15:45	9:45~15:45	10:15~15:45

대표유형문제

거래소에서 거래되는 종목 간 스프레드에 대한 설명으로 거리가 먼 것은?

① 주가지수선물 스프레드 매수는 최근월물 매도와 원월물 매수를 말한다.

② 상장결제월 종목수보다 1종목이 적다.

③ 금리선물 스프레드 가격은 원월종목 가격에서 근월종목의 가격을 뺀 가격이다.

④ 스프레드 가격은 음수(−)가 나올 수 있다.

　해설

금리선물 스프레드의 경우 근월종목 가격에서 원월종목 가격을 뺀 가격이다.

　정답　③

필수핵심개념

08 선물 스프레드 거래

(1) 종목 간 스프레드(결제월 간 스프레드)

정 의	기초자산 및 거래승수가 동일한 2개 종목을 동일 수량으로 한쪽 매수와 다른 쪽 매도를 동시에 성립시키기 위해 2개 종목의 가격 차이를 기초자산으로 하는 거래	
스프레드 약정가격	원월종목 가격 − 근월종목 가격(금리선물은 반대)	
의제 약정 가격산정	최근월물	• 해당 종목 간 스프레드 거래가 성립되기 전 체결된 직전 약정가격 • 원월물종목
	원월물	상·하한가 범위 내 : 최근월물 의제 약정가격 + 스프레드 약정가격
		상·하한가 범위 밖 : 상·하한가 − 스프레드 약정가격 = 최근월물 의제약정가격
포지션	스프레드 매수 : 원월종목 매수 + 근월종목 매도(금리선물은 반대)	
스프레드 거래대상	상장결제월 종목수보다 1종목이 적음	
	•3년·5년·10년 국채선물 : 1개 •해외지수 : 2개 •KRX300선물 등 : 3개 •미니코스피200선물, 돈육선물 등 : 5개	•코스피200·코스닥150선물 등 : 6개 •엔·유로·위안선물 : 7개 •주식선물 : 8개 •미국달러선물 : 19개

대표유형문제

거래소의 국채선물 상품 간 스프레드 거래에서 매도 포지션은?

① 3년 국채선물 3계약 매수 + 10년 국채선물 1계약 매도

② 3년 국채선물 3계약 매도 + 10년 국채선물 1계약 매수

③ 3년 국채선물 1계약 매수 + 10년 국채선물 1계약 매도

④ 3년 국채선물 1계약 매도 + 10년 국채선물 1계약 매수

해설

3년 국채선물 : 10년 국채선물 = 3계약 : 1계약이며, 스프레드 매수 · 매도는 가격이 큰 선물의 포지션을 따르면 된다. 따라서 채권선물은 근월물의 가격이 원월물 가격보다 높으므로 근월물 매도와 원월물 매수 포지션을 취해야 한다.

정답 ②

필수핵심개념

(2) 상품 간 스프레드

정 의	기초자산이 상이한 2개 종목을 한쪽 매수와 다른 쪽 매도를 동시에 성립시키기 위해 2개 종목의 가격차이를 기초자산으로 하는 거래
거래대상	3년 국채선물, 10년 국채선물 각 최근월물 간 및 각 최근 근월물 간(2개 종목)
스프레드계약	3년 국채선물 : 10년 국채선물 = 3계약 : 1계약
스프레드 가격	(3년 국채선물의 가격 − 3년 국채선물의 당일 기준가격) × 3 − (10년 국채선물의 가격 − 10년 국채선물의 당일 기준가격)
포지션	• 스프레드 매수 : 3년 국채 3계약 매수 + 10년 국채 1계약 매도 • 스프레드 매도 : 3년 국채 3계약 매도 + 10년 국채 1계약 매수

(3) 국채선물 관련 상품 주요 제도 비교

구 분	국채선물 상품 간 스프레드	국채선물 종목 간 스프레드
거래대상	최종거래일이 같은 3년 국채선물과 10년 국채선물 상품 간 스프레드	기초자산이 같은 국채선물의 최근월과 원월 종목 간 스프레드
종 목	3년 최근월 · 10년 최근월, 3년 원월 · 10년 원월	3년 최근월 · 원월종목, 10년 최근월 · 원월종목
매수(도)	3년 국채선물 기준 : 3년 상품 매수(도), 10년 상품 매도(수)	최근월종목 기준 : 최근월종목 매수(도), 원월종목 매도(수)
의제약정가격	• 3년 : 3년 기준가격 • 10년 : 10년 기준가격 − 스프레드 약정가격	• 최근월종목 : 최근월종목 직전 약정가격 • 원월종목 : 최근월종목 직전 약정가격 − 스프레드 약정가격
의제약정수량 (스프레드 1계약당)	3년 : 3계약, 10년 : 1계약 (듀레이션 감안)	최근월, 원월종목 각 1계약
호가가격단위	0.01p	

(4) 선물스프레드의 호가 제한

① 단일가호가 접수시간의 호가 불가(호가 취소는 가능)

② 지정가호가만 가능

③ 선물스프레드 구성 종목 중 거래시간이 종료된 종목이 있는 경우 선물스프레드 호가 불가

01 2×××년 9월의 달력이 아래와 같을 때 다음 중 최종거래일 또는 최종결제일이 다른 것은?
★★☆

일	월	화	수	목	금	토
	1	2	3	4	5	6
7	8	9	10	11	12	13(추석)
14(추석)	15(추석)	16	17	18	19	20
21	22	23	24	25	26	27
28	29	30				

① 코스피200옵션 9월 결제월 종목의 최종결제일

② 3년 국채선물 9월 결제월 종목의 최종거래일

③ 개별주식 옵션 9월 결제월 종목의 최종결제일

④ 미국달러선물 9월 결제월 종목의 최종거래일

해설
①, ③ 최종거래일은 두 번째 목요일이며 최종결제일은 T ＋ 1로 12일
② 3년 국채선물 9월 결제월 종목의 최종거래일은 세 번째 화요일인 16일
④ 미국달러선물 9월 결제월 종목의 최종거래일은 세 번째 월요일인 15일이나 휴일이므로 순차적으로 앞당겨짐에 따라 12일이 된다.

02 다음 중 한국거래소에 상장된 파생상품거래에 대한 설명으로 옳은 것은?
★★☆
① 코스피200선물과 3년 국채선물 중 호가 가격 단위당 금액은 3년 국채선물이 크다.

② 코스닥150선물, 금선물과 미국달러선물 중 상장 결제월 종목수는 코스닥150선물이 가장 많다.

③ 코스피200옵션, 엔선물과 5년 국채선물 중 최종거래일의 거래시간은 코스피200옵션이 가장 길다.

④ 미국달러선물, 엔선물, 유로선물, 미국달러옵션은 최종거래일에 실물인수도되는 상품들이다.

해설
① 코스피200선물은 0.05pt이고 3년 국채선물은 0.01pt이다.
② 코스닥150선물과 금선물은 7개 결제월이고 미국달러선물은 20개 결제월이다.
④ 미국달러옵션은 최종거래일에 현금결제하는 방식의 상품이다.

03
★★★

다음 선물 · 옵션거래 중 최종거래일의 거래시간 종료 전 10분간 종가 결정을 위한 단일가격 경쟁거래를 위한 호가 접수시간이 있는 거래는?

① 미국달러선물
② 3년 국채선물
③ 코스피200옵션
④ 코스닥150선물

해설

최종거래일이 도래한 종목의 종가 단일가는 호가 접수시간 없이 접속거래(복수가격)로 종료된다. 단, 해외지수선물, 통화선물, 돈육선물은 제외되어 최종약정거래가격 단일가로 결정된다.

04
★☆☆

다음 중 가격제한폭에 대한 설명으로 옳지 않은 것은?

① 주식옵션의 가격제한폭은 기초주권의 15% 가격변동을 적용하여 산출한 이론가격 중 가장 높은 가격과 가장 낮은 가격으로 한다.
② 미국달러선물의 가격제한폭은 기준가격 대비 상하 ±4.5%이다.
③ 코스피200선물의 가격제한폭은 기준가격 대비 각 단계별로 가격제한비율(±10%, ±20%, ±30%)이다.
④ 3년국채선물의 가격제한폭은 기준가격 대비 상하 ±1.5%이다.

해설

주식옵션의 가격제한폭은 기준가격 대비 각 단계별로 가격제한비율(±10%, ±20%, ±30%)에 따라 정한다.

05
★★☆

미국달러옵션에 대한 설명으로 옳지 않은 것은?

① 최종거래일에만 행사 가능(European형)하다.
② 실물인수도방식을 취하고 있다.
③ 최종결제일은 최종거래일의 다음 날이다.
④ 기초자산은 미국달러 현물이다.

해설

미국달러옵션은 거래불편과 장외시장과의 차이를 해소하기 위해 미국달러선물과는 달리 현금결제방식이다.

06 한국거래소에 상장된 국채선물의 상품내역에 관한 내용으로 바르지 못한 것은?
★★☆

① 국채선물의 거래대상은 표면이율 5%, 6개월 단위 이자지급방식의 가상국채이다.

② 최종결제방법으로 실물인수도방식을 택하고 있다.

③ 최소가격변동금액(tick value)은 10,000원이다.

④ 최종거래일은 각 결제월의 세 번째 화요일이며 이날 만기가 도래하는 종목은 11:30까지만 거래
된다.

해설

국채선물은 가상국채이므로 3년, 5년, 10년 국채선물 모두 현금결제방식을 택하고 있다.

07 한국거래소에 상장된 파생상품에 대한 설명 중 옳지 않은 것은?
★★☆

① 코스피200옵션의 가격이 10포인트 미만인 경우 호가가격단위는 0.01포인트이다.

② 3년 국채선물의 거래시간은 09:00부터 15:45까지이며, 2개의 결제월 종목이 상장된다.

③ 코스피200의 정규거래의 호가접수시간은 거래시간 30분 전부터 거래시간 종료 시까지이다.

④ 미국달러선물의 호가가격 단위는 0.1원이며, 종가 단일가호가 접수시간을 가진다.

해설

기초자산이 주식에 관련된 선물·옵션의 호가접수시간은 거래시간 15분 전부터 거래시간 종료 시까지(8:30~15:45)이다.
주식관련 상품과 돈육선물을 제외한 나머지 장내파생상품의 호가접수시간은 거래시간 30분 전부터 거래시간 종료 시까지
(8:30~15:45)이다.

08 한국거래소에 상장된 돈육선물의 거래조건에 관한 내용으로 바르지 못한 것은?
★★☆

① 실물인수도결제방식을 채택하고 있다.

② 기본거래단위는 1,000kg로 양돈농가의 1회 평균 출하두수를 고려하였다.

③ 거래시간은 10:15~15:45이다.

④ 호가(1 tick)는 5원/kg이고, 손익금액(tick value)은 5,000원이다.

해설

돼지고기의 유통 특성상 변질 가능성이 높고 저장과 인수도가 용이하지 않아 현금결제방식을 채택하고 있다.

09 선물 스프레드 거래에 대한 설명으로 적절하지 않은 것은?

★★★

① 10년 국채선물의 종목 간 스프레드 거래종목은 1종목이다.

② 선물 스프레드 거래는 시장가호가, 조건부지정가호가 및 최유리지정가호가를 입력할 수 없다.

③ 선물 스프레드 거래는 기초자산이 동일한 선물거래에 대해서 구성될 뿐만 아니라 기초자산이 다른 경우에도 구성된다.

④ 금리상품의 경우 매수선물 스프레드 거래는 원월물종목을 매수하고 근월물종목을 매도하는 스프레드 거래이다.

해설

스프레드 거래의 매수(매도)기준은 비싼 월물이다. 일반적으로 원월물이 더 비싸지만 금리선물은 반대로 근월물이 더 비싸므로 근월물을 매수하고 원월물을 매도하는 포지션이 매수선물 스프레드에 해당한다.

10 코스피200선물거래 6월 결제월 종목과 9월 결제월 종목 간 선물 스프레드 거래가 6P로 체결되고 6월 결제월 종목의 직전 약정가격이 198P인 경우 6월 결제월 종목 약정가격과 9월 결제월 종목의 약정가격은 얼마인가? (단, 9월 결제월물의 상한가는 205P이다.)

★★★

	6월 결제월 종목	9월 결제월 종목
①	199P	205P
②	198P	204P
③	197P	203P
④	196P	202P

해설

6월 결제월 종목의 직전 약정가격이 약정가격으로 된다. 따라서 198P에 스프레드 약정가격 6P를 가산한 204P가 9월 결제월 종목의 약정가격이다.

11 코스피200선물거래 6월 결제월 종목과 9월 결제월 종목 간 선물 스프레드 거래가 6P로 체결되고 6월
★★★ 결제월 종목의 직전 약정가격이 198P인 경우 6월 결제월 종목 약정가격과 9월 결제월 종목의 약정가
격은 얼마인가? (단, 9월 결제월물의 상한가는 203P이다.)

	6월 결제월 종목	9월 결제월 종목
①	199P	205P
②	198P	204P
③	197P	203P
④	196P	202P

해설

6월 결제월 종목의 직전 약정가격이 약정가격으로 된다. 따라서 198P에 스프레드 약정가격 6P를 가산한 204P가 9월 결
제월 종목의 약정가격이나 9월 결제월물의 상한가는 203P이므로 9월 결제월 종목의 약정가격은 상한가인 203P가 되고
스프레드 약정가격 6P를 차감한 197P가 최근월물 약정가격이 된다.

12 2××5년 2월 말 기준으로 상장되어 있지 않은 코스피200선물 스프레드 종목은?
★☆☆
① 2××5년 3월물과 2××5년 6월물
② 2××5년 3월물과 2××5년 9월물
③ 2××5년 3월물과 2××6년 3월물
④ 2××5년 6월물과 2××5년 9월물

해설

[STEP 1] 종목 간 스프레드는 항상 최근월물을 포함한 원월물 간의 차이를 이용한다.
[STEP 2] 코스피200선물의 결제월이 분기월(3, 6, 9, 12월)이므로 현재 2월 말 기준으로 최근월물은 3월물이므로 반드시
3월물이 포함되어야 한다.

13 한국거래소의 파생상품시장 업무규정상 파생상품시장에 상장되어 있지 않은 상품은?
★★☆
① 3년 국채선물
② 10년 국채선물
③ 미국달러옵션
④ 엔옵션

해설

파생상품시장에는 코스피200옵션, 미니코스피200옵션, 코스닥150옵션, 주식옵션, 미국달러옵션이 상장되어 있다.

---

section 08 호 가   중요도 ★★★

대표유형문제

호가에 대한 설명으로 옳지 않은 것은?

① 매도 최유리지정가는 가장 높은 매수호가의 가격을 지정한 것으로 한다.

② 거래소에 접수된 호가는 접수된 때로부터 당일의 장 종료 때까지 효력이 지속된다.

③ 접속거래 시 매도 시장가호가는 가장 낮은 매도호가의 가격에서 호가가격단위를 뺀 가격과 가장 낮은 매수호가의 가격 중 낮은 가격으로 한다.

④ 전량충족조건은 해당 호가의 접수시점에서 호가한 수량 중 체결할 수 있는 수량에 대해서만 거래를 체결하고 체결되지 않은 호가잔량은 취소하는 조건이다.

해설

해당 호가의 접수시점에서 호가한 수량 중 체결할 수 있는 수량에 대해서만 거래를 체결하고 체결되지 않은 호가잔량을 취소하는 조건은 일부충족조건이다.

정답 ④

필수핵심개념

01 호 가

(1) 호가의 종류 및 유효기간

지정가호가	• 종목, 수량, 가격을 지정하는 호가로 지정한 가격 또는 그 가격보다 유리한 가격으로 거래를 하고자 하는 호가 • 가장 일반적이고 많이 사용하는 호가
시장가호가	• 종목과 수량은 지정하되 가격은 지정하지 않는 호가 • 호가수량이 전량 충족될 때까지 가장 빨리 집행할 수 있는 가격으로 호가(매도 시장가호가 : 가장 낮은 매도호가에서 1호가 단위를 뺀 가격 또는 매수호가 중 가장 낮은 가격) • 호가한 수량을 신속하게 체결할 수 있으나, 유동성 부족의 경우 불리한 가격에 체결될 위험 존재
최유리지정가호가	• 가격을 지정하지 않는 호가유형이나 호가가 시장에 도달된 때 가장 빨리 집행할 수 있는 가격을 '지정'한 것으로 간주하는 호가(시장가호가와 지정가호가의 성격을 동시에 지님) • 매도의 경우 해당 주문의 접수시점에 가장 높은 매수주문의 가격 • 매수호가가 없는 경우 가장 낮은 매도호가에서 1호가 단위를 뺀 가격 • 매도호가와 매수호가가 없는 경우 직전 약정가격 • 해당 가격이 하한가보다 낮은 경우 하한가

조건부지정가호가	• 시장에 도달된 때에는 지정가호가로 거래되지만 종가 단일가 거래 전까지 체결되지 않는 경우에는 종가 단일가 거래 시 시장가호가로 전환되는 호가 • 상한가 매수호가 지정과 하한가 매도호가 지정 불가
유효기간	거래소에 접수된 호가는 접수된 때부터 당일의 장 종료 때까지 효력이 지속되나, 호가 조건을 충족하는 경우 조건에 따라 계약을 체결하거나 호가를 취소한 것으로 봄

(2) 호가의 조건

전량충족조건	주문전달 즉시 전량 체결되지 않으면 모든 주문이 자동 취소되는 조건
일부충족조건	주문전달 즉시 체결가능수량만 체결하고 나머지 주문 잔량은 취소되는 조건

단, 조건부지정가호가, 단일가호가, 시장조성계좌를 통한 호가는 호가 조건 사용 불가

대표유형문제

호가에 관한 설명으로 거리가 먼 것은?

① 최유리지정가호가는 호가의 조건을 사용할 수 있다.

② 호가의 조건은 최근월물의 경우 조건부지정가호가에만 사용할 수 없다.

③ 원월종목에 대해서는 지정가호가만 사용할 수 있다.

④ 일부충족조건은 호가가 입력되는 즉시 호가 수량 전부가 체결되지 않으면 호가 전량을 취소하는 호가 조건이다.

해설

전량충족조건에 대한 설명이다.

정답 ④

(3) 호가의 제한

① 종목별 사용가능한 호가의 유형 및 조건

호가의 유형	최근월물	원월물	일부/전량 충족 조건
시장가호가		× (예외 : 최근월물 최종거래일부터 소급하여 4일간은 차근월물 가능)	○ (단, 단일가호가 접수시간에는 사용불가)
지정가호가	○	○	
최유리지정가호가		× (예외 : 최근월물 최종거래일부터 소급하여 4일간은 차근월물 가능)	
조건부지정가호가			×

② 거래유형별 가능한 호가 유형

호가의 유형	시간단일가	종가단일가	접속매매	시장조성계좌
시장가호가	○	○		×
지정가호가				○
최유리지정가호가	×		○	
조건부지정가호가	○	×		×
선물 스프레드 호가	×			

③ 지정가호가만 가능한 장내파생상품 : 해외지수선물, 개별주식 선물·옵션, ETF선물, 위안선물, 돈
육선물, 선물 스프레드

주식상품거래의 필요적 거래중단 및 종결(CB : Circuit Breaker)에 대한 설명으로 옳지 않은 것은?

① 코스피지수 또는 코스닥지수가 직전 매매거래일의 종가보다 8% 이상 상승 또는 하락하여 1분간 지속되는 경우 20분간 주식상품거래를 중단한다.

② 코스피지수 또는 코스닥지수가 직전 매매거래일의 종가보다 15% 이상 하락하여 1분간 지속되는 경우 20분간 주식상품거래를 중단한다.

③ 코스피지수 또는 코스닥지수가 직전 매매거래일의 종가보다 20% 이상 하락하여 1분간 지속되는 경우 당일 주식상품의 정규거래를 종결한다.

④ 주식시장의 필요적 거래중단은 14시 50분 이후에는 발동하지 않으나, 필요적 거래 종결은 14시 50분 이후에도 적용된다.

해설

주식상품거래의 필요적 거래중단 및 종결(CB : Circuit Breaker)은 코스피지수 또는 코스닥지수가 직전 매매거래일의 종가보다 하락하는 경우에만 적용한다.

정답 ①

필수핵심개념

02 거래의 중단

(1) 주식상품거래의 필요적 거래중단 및 종결(CB : Circuit Breaker)

발동요건	필요적 거래중단 및 종결
❶ 코스피지수 또는 코스닥지수가 ❷ 직전 매매거래일의 종가보다 ❸ 8% 이상 하락하여 ❹ 1분간 지속되어 유가증권시장 또는 코스닥시장의 ❺ 모든 종목의 거래가 중단되는 경우	20분간 매매거래 중단 (14시 50분 이후에는 발동 ×)
코스피지수 또는 코스닥지수가 직전 매매거래일의 종가보다 15% 이상 하락하여 1분간 지속되어 유가증권시장 또는 코스닥시장의 모든 종목의 거래가 종결되는 경우	20분간 매매거래 중단 (14시 50분 이후에는 발동 ×)
코스피지수 또는 코스닥지수가 직전 매매거래일의 종가보다 20% 이상 하락하여 1분간 지속되어 유가증권시장 또는 코스닥시장의 모든 종목의 거래가 종결되는 경우	당일 정규 거래 종결 (14시 50분 이후에도 발동 ○)

※ 선물 CB계약은 폐지됨

(2) 필요적 거래중단 후 거래재개

주식파생상품의 필요적 거래중단 후 주식시장 등의 매매거래를 재개하는 경우에 거래소는 지체 없이 10분간 단일가호가 접수시간을 거쳐 단일가거래로 거래를 재개함

대표유형문제

거래소의 거래의 중단에 대한 설명으로 거리가 먼 것은?

① 개장 5분 이후 전일 코스피200선물의 거래량이 가장 많은 종목의 약정가격이 기준가격보다 5% 이상 높은(낮은) 상태가 1분 이상 지속하고 선물이론가격보다 5% 이상 높은(낮은) 상태가 1분 이상 지속하는 경우 10분간 거래를 중단한다.

② 거래소 파생상품 시스템 장애로 10분 이상 호가접수 및 정상적인 거래체결을 할 수 없는 경우 거래를 중단한다.

③ 10분 이상 주식시장 전산시스템 장애발생으로 코스피200구성종목수 중 100종목 이상 거래할 수 없는 경우에는 코스피200선물과 코스피200옵션의 거래를 중단한다.

④ 선물 스프레드 거래의 경우 스프레드 구성종목 중 한 종목의 거래가 중단된 경우에는 선물 스프레드 거래를 중단한다.

해설

선물 CB계약에 대한 설명으로 선물 CB제도는 폐지되었다.

정답 ①

필수핵심개념

(3) 임의적 중단 사유

① 거래소 파생상품 시스템 장애로 10분 이상 호가접수 및 정상적인 거래체결을 할 수 없는 경우

② 회원 파생상품 시스템 장애로 호가입력 또는 거래내용의 통지를 받을 수 없는 회원들의 총 약정수량이 전체 약정수량의 75%를 초과하는 경우

③ 주식시장의 전산시스템 장애가 10분 이상 발생하여 주가지수 구성종목의 1/2 이상 매매거래를 할 수 없는 경우

④ 주식선물 및 주식옵션 거래의 경우 기초주권 매매거래의 중단·정지 시 해당 주식선물 및 주식옵션 거래를 중단

⑤ 선물 스프레드 거래의 경우 스프레드 구성종목 중 한 종목의 거래가 중단된 경우

⑥ 돈육선물의 경우 축산물품질평가원이 정한 축산물도매시장의 과반수가 거래를 중단하는 경우

⑦ 미국달러플렉스선물의 경우 미국달러선물거래가 중단된 경우

⑧ 금선물에 있어서 KRX금시장의 매매가 중단되는 경우

⑨ ETF선물에 있어서 ETF매매거래의 중단·정지

대표유형문제

협의대량매매 대상이 아닌 것은?

① 유로선물

② 10년 국채선물

③ 코스피200선물

④ 5년 국채선물

해설

5년 국채선물은 협의대량매매 대상이 아니다.

정답 ④

필수핵심개념

03 협의거래

(1) 협의대량매매(Block Trade)

개 요	• 원칙 : 개별경쟁거래방식 • 예외 : 투자자의 거래편의를 위해 장외시장에서 이용되고 있는 거래자 간 쌍방의 협의에 의한 거래체결방법인 상대거래방식의 협의거래 채택 • 대량호가의 제출로 인한 시장가격 급변을 방지하고 대량 호가의 체결가능성을 높이기 위해 당사자 간 협의된 거래의 체결을 거래소에 신청하는 경우 거래소는 신청내용에 따라 거래 체결
협의대량매매대상	• 주식상품 : 코스피200선물 · 옵션, 미니코스피200선물 · 옵션, 코스닥150선물 · 옵션, KRX300선물, 섹터지수선물, 해외지수선물, 주식선물 · 옵션, ETF선물 • 금리상품 : 3년 국채, 10년 국채, 3개월 무위험지표금리 선물(5년 국채선물 제외) • 통화상품 : 미국달러선물, 엔선물, 유로선물, 위안선물 • 일반상품 : 금선물(돈육선물 제외) • 선물 스프레드 : 코스피200, 미니코스피200, 코스닥150, KRX300, 섹터지수, 해외지수, 주식, ETF, 3년국채, 10년국채, 3개월무위험지표, 미국달러선물, 엔선물, 유로선물, 위안선물
신청기간	• 정규거래시간(단일가호가 시간 포함) • 주식상품의 경우 협의 완료된 시각으로부터 1시간 이상 지체되는 경우에는 사유를 기록 · 보관하여야 함 • 금리선물, 통화선물, 상품선물 및 선물 스프레드 거래의 경우 협의 완료된 시각으로부터 1시간 이내에 협의대량매매거래를 신청하여야 함

(2) 장 개시 전 협의거래(유렉스(Eurex)연계선물)

유렉스(Eurex)연계선물	독일의 유렉스(EUREX)의 규정 및 한국거래소의 파생상품시장 업무규정에 따라 유렉스와 한국거래소 파생상품시장에서 이루어지는 1일물 코스피200선물, 미니코스피200선물, 코스피200옵션, 미국달러선물
장 개시 전 협의거래	EUREX 시장에서의 매매로 발생한 순미결제약정을 실물인수도하기 위한 과정으로서, KRX와 KRX회원사(증권사) 간에 이루어지는 협의 거래
장 개시 전 협의거래 시간	오전 07:30~오전 08:30
신청방법	• 회원이 해당 내용을 회원 파생상품 시스템을 통해 거래소 파생상품 시스템에 입력하는 방식 • 호가수량한도 제한이 없어 일시에 거래 가능

대표유형문제

다음은 단일가 거래에 관한 설명이다. 거리가 먼 것은?

① 해외지수선물거래, 통화선물거래 및 돈육선물거래의 종목의 최종약정거래가격은 단일가 거래의 방법으로 결정한다.

② 종가 단일가호가 접수시간에는 예상 체결 가격이 공표되지 않고 매수·매도별 총호가 수량이 공표된다.

③ 시가 단일가호가 접수시간에는 예상 체결 가격이 실시간으로 공표된다.

④ 종가 단일가호가 접수시간은 정규시간의 종료 전 10분간이다.

해설

종가 단일가호가 접수시간에도 예상 체결 가격이 실시간으로 공표된다.

정답 ②

필수핵심개념

04 거래계약의 체결

거래체결방법	• 가격우선의 원칙 • 시간우선의 원칙(단, 상·하한의 단일가호가 간에는 수량 우선의 원칙을 먼저 적용하고, 수량이 동일한 경우 시간우선의 원칙을 적용)
접속거래(복수가격)	접수된 호가에 대해 호가의 우선순위(가격, 시간)에 따라 매수호가와 매도호가의 가격이 합치되는 가격으로 즉시 연속적으로 거래를 체결하는 방식
단일가 거래(단일가격)	특정 시간 동안 체결 없이 호가만 접수한 후 호가접수시간 종료 후 가장 많은 호가수량이 체결될 수 있는 하나의 가격(합치가격)으로 거래를 체결하는 매매체결 방식 • 정규시장 시초가(개시 전 15분 또는 30분) • 거래 중단 후 재개 시의 최초가격(거래를 재개한 때부터 10분간) • 종가(종료 전 10분간) • 기초주권이 정리매매종목인 주식선물거래 및 주식옵션거래의 가격(장 개시로부터 30분 간격) • 최종거래일이 도래한 종목의 종가 단일가는 호가접수시간 없이 접속거래(복수가격)로 종료(단, 해외지수선물, 통화선물, 돈육선물은 제외. 즉, 최종약정거래가격 단일가로 결정) (수입산통돼지 단일가)

대표유형문제

다음 중 거래증거금으로 예탁할 수 있는 대용증권이 아닌 것은?

① 회원 자신이 발행한 증권
② 미국 중기 재무부국채(T−Note)
③ 미국 장기 재무부국채(T−Bond)
④ 위탁자로부터 예탁받은 증권이 자기가 발행한 증권인 경우

해설

회원 자신이 발행한 증권은 거래증거금으로 예탁할 수 없으나, 위탁자로부터 예탁받은 증권이 자기가 발행한 증권인 경우에는 거래증거금으로 예탁할 수 있다.

정답 ①

필수핵심개념

05 거래증거금

(1) 거래증거금 개요 및 예탁수단

거래증거금	• 결제회원이 자신의 명의로 결제하는 거래에 대하여 성실한 계약이행을 보증하기 위하여 파생상품 계좌별로 순위험거래증거금액과 신용위험 손실을 합한 금액 이상의 금액으로 거래소에 예치하는 금액 • KRX의 증거금 산출방식은 사전 증거금 방식과 사후 증거금의 혼합방식인 COMS(Composite Optimized Margin System)방식
예탁수단	• 회원은 거래증거금 전액을 ❶ 현금, ❷ 대용증권, ❸ 외화 또는 ❹ 외화증권으로 예탁(단, 자기가 발행한 증권은 예탁 불가하나 위탁자로부터 받은 증권인 경우에는 가능) • 회원의 재산과 회원이 아닌 자의 재산으로 구분하여 산출일의 다음 거래일의 12시까지 예탁 • 거래증거금으로 예탁할 수 있는 외화(사정비율을 곱하여 산출) 미국 달러화, 캐나다 달러화, 홍콩 달러화, 호주 달러화, 싱가포르 달러화, 영국 파운드화, 유럽 연합 유로화, 스위스 프랑화, 중국 위안화, 일본 엔화 • 거래증거금으로 예탁할 수 있는 외화증권(사정비율을 곱하여 산출) 미국 단기 재무부국채(T−Bill), 미국 중기 재무부국채(T−Note), 미국 장기 재무부국채(T−Bond)

대표유형문제

거래증거금 항목 중 유로선물에 적용되지 않는 증거금액은?

① 가격 변동 거래증거금액

② 선물 스프레드 증거금액

③ 인수도 거래증거금액

④ 최종결제가격 확정 전 거래증거금액

해설

돈육선물의 경우에만 최종결제가격이 최종거래일 다음날 최초로 공표되는 돈육대표가격으로 결정되므로 최종거래일 익일까지 가격변동에 대한 위험을 반영하기 위해 최종결제가격 확정 전 거래증거금액으로 커버한다.

정답 ④

필수핵심개념

(2) 거래증거금의 산출

거래증거금 산출 개요	• 파생상품 계좌별로 산출(동일인이 파생상품 계좌를 2개 이상 개설한 경우 각각 산출) • 파생상품 계좌는 거래증거금 일반계좌와 거래증거금 할인계좌로 구분 ※ 할인계좌의 경우 가격 변동 거래증거금액과 선물 스프레드 증거금액의 80%를 곱한 금액	
순위험 거래증거금 산출	순위험거래증거금 = Max($\sum$ ❶ 상품군 ❷ 순위험거래증거금액, 0)	
	상품군 순위험거래증거금액 = Max(A , B) + C	
	A	• (선물 · 옵션)가격 변동 거래증거금액(거래증거금 감면액이 차감된 금액) • 선물 스프레드 증거금액 • 인수도 거래증거금액(실물인수도 상품에만 적용) • 최종결제가격 확정 전 거래증거금액(돈육선물에만 적용)
	B	최소 순위험거래증거금 = 미결제약정 · 최종결제 · 권리행사 수량 × 최소거래증거금액(종목 간 손익상쇄 미적용)
	C	옵션가격 증거금
신용위험증거금 산출	신용위험증거금 = 순위험거래증거금 − 신용위험한도액 즉, 회원별 신용위험한도액을 초과하는 경우 부과하는 증거금을 의미	
	신용위험한도액 = 은행 외 결제회원은 매 분기 말 현재 순자본의 3배 + 지급보증받은 금액 ※ 은행인 결제회원의 경우에는 '자기자본의 2배에 해당하는 금액 + 지급보증받은 금액'	

장중 추가증거금 제도에 대한 설명이다. 괄호 안에 들어갈 내용으로 적절한 것은?

거래소는 정규거래시간 개시 후 1분이 되는 시점 및 정규거래시간 개시 후 1시간(장 종료 직전의 시점은 제외)마다 각 시점을 기준으로 코스피200 가격변동률이 코스피200선물의 거래증거금률 (　　　) 이상이고, 회원별로 산출한 장중 거래증거금이 예탁총액 (　　　) 이상인 경우에는 해당 결제회원에게 장중 추가증거금을 부과한다.

① 50%, 80%
② 80%, 120%
③ 90%, 100%
④ 100%, 150%

해설

코스피200 가격변동률이 코스피200선물의 거래증거금률 80% 이상이고, 회원별로 산출한 장중 거래증거금이 예탁총액 120% 이상인 경우 해당 결제회원에게 장중 추가증거금을 부과한다.

정답 ②

필수핵심개념

(3) 장중 추가증거금

개 요	기존 전일 가격을 기준으로 운영하는 추가증거금 제도는 당일 장중의 급격한 가격변동에 취약하여 이를 보완하고자 파생상품시장의 결제 불이행 리스크 관리를 강화하기 위해 도입한 증거금제도
장중 추가증거금 발생요건	• 특정시점의 가격 : 9시 1분부터 14시까지 총 6번(종료직전인 15시는 제외) • KOSPI200지수의 변동률(전일 종가 대비) : 코스피200선물 거래증거금률의 80% 이상 • 장중 거래증거금 ≥ 예탁총액의 120%

03 핵심보충문제

01
★★★

다음 중 통화선물에만 적용되는 순위험증거금 항목은?

① 가격 변동 거래증거금액

② 선물 스프레드 증거금액

③ 인수도 거래증거금액

④ 최종결제가격 확정 전 거래증거금액

> **해설**
>
> 인수도 거래증거금액은 실물인수도거래를 하는 통화선물에만 적용된다.

02
★★☆

거래증거금할인계좌에 대한 순위험거래증거금액에서 할인이 되는 항목을 모두 고르면?

> 가. 가격 변동 거래증거금액
>
> 나. 선물 스프레드 증거금액
>
> 다. 인수도 거래증거금액
>
> 라. 최종결제가격 확정 전 거래증거금액

① 가　　　　　　　　　　　　② 가, 나

③ 가, 나, 다　　　　　　　　　④ 가, 나, 다, 라

> **해설**
>
> 거래증거금할인계좌에서 선물·옵션 가격 변동 거래금액과 선물 스프레드 거래증거금액은 각각 할인율(80%)을 곱하여 산출된 금액으로 한다.

03
★★☆

거래소 상품 중 CB(Circuit Breaker)가 적용되지 않는 것은?

① 코스피200선물　　　　　　② 코스피200옵션

③ 코스닥150선물　　　　　　④ 미국달러선물

> **해설**
>
> CB(Circuit Breaker)는 주식파생상품시장에 대한 제도이다.

section 17 결제시한 중요도 ★★★

대표유형문제

다음 중 결제제도에 관한 설명으로 적절하지 않은 것은?

① 10년 국채선물의 최종결제차금의 결제시한은 최종결제일의 16시이다.

② 미국달러선물의 최종결제방법은 인수도 결제방식에 의한 결제이며, 인수도 결제시한은 최종거래일로부터 3일째 되는 날(T + 2)의 12시이다.

③ 주식선물의 최종결제방법은 실물인수도에 의한 결제이며, 최종결제대금의 결제시한은 최종거래일로부터 3일째 되는 날의 15시이다.

④ 돈육선물의 최종결제는 최종거래일 다음 거래일에 공표되는 돈육대표가격으로 현금결제 방식에 의한다.

해설

주식선물의 최종결제방법은 현금결제에 의한 결제이며, 최종결제차금은 다음 거래일 16시까지 또는 최종결제일의 16시이다.

정답 ③

필수핵심개념

01 개 요

거래소의 결제상대방	거래소가 모든 결제상대방이 되어 파생상품시장의 결제이행을 보증
청산 및 결제	• 청산 : 거래소와 결제회원 간 파생상품거래에 따른 일련의 채권 · 채무를 확정하는 과정 • 결제 : 청산과정에서 확정된 결제금액 또는 인수도대상 물건을 수수함으로써 채권 · 채무관계를 종결시키는 행위
결제과정의 이원화	• 거래소와 결제회원 간 결제(결제회원과 매매전문회원 간 결제 포함) • 위탁자와 회원 간 결제
거래소와 결제회원 간 결제시한	• 당일 차금 및 갱신차금(일일정산) : 해당 차금이 발생한 다음 거래일 16시 • 최종 결제 차금, 옵션대금, 권리행사 차금 : 결제일(다음 거래일) 16시 • 통화선물에 대한 최종결제대금과 외화금액 : 최종결제일(최종거래일로부터 3일째(T + 2))의 12시 • 결제회원은 모든 선물 · 옵션에 대해 결제일 및 결제시한이 동일한 결제금액을 서로 합산, 차감하여 결제
회원과 위탁자 간 결제시한	• 다음 거래일 12시 • 통화선물 인수도 결제시한은 거래소와 결제회원 간 결제시한 이내 회원이 정하는 시간

인수도결제방식에 의해 결제되는 상품에 관한 설명이다. 다음 중 거리가 먼 것은?

① 최종거래일이 도래한 종목은 최종거래일에 시가와 종가 모두 단일거래에 의해 가격이 결정된다.

② 종가 단일가호가 접수시간에는 예상체결가격이 실시간으로 공표된다.

③ 인수도결제 시 최종결제가격은 기초자산의 가격으로 하며 인수도결제시한은 최종거래일의 12시이다.

④ 인수도결제방법에 의해 최종결제되는 상품은 장 종료 전 10분(11:20 ~ 11:30)간 단일가거래로 거래를 종료한다.

해설

인수도결제 시 최종결제가격은 선물시장의 가격으로 하며, 인수도결제시한은 최종결제일의 12시 또는 최종거래일로부터 3일째의 12시이다.

정답 ③

필수핵심개념

02 선물거래의 결제방법

선물거래의 결제금액은 일일정산차금과 최종결제차금 또는 최종결제대금으로 구분

일일정산차금	개 요	거래소와 결제회원, 지정결제회원과 매매전문회원은 선물거래의 각 종목에 대하여 거래일마다 정산가격*으로 정산하여야 함 *정산가격 : 당일 선물의 종가 원칙이나 유동성이 부족할 때 종가가 없거나 지나친 가격괴리가 발생하는 경우 거래소가 정산가격을 시장에 맞게 조정
	당일차금	당일 매수 거래 = 당일 매수수량 × (당일 정산가격 − 당일 약정(가격)) × 거래승수
		당일 매도 거래 = 당일 매수수량 × (당일 약정가격 − 당일 정산(가격)) × 거래승수
	갱신차금	매수미결제 약정 = 전일 매수미결제 약정수량 × (당일정산가격 − 전일정산가격) × 거래승수
		매도미결제 약정 = 전일 매도미결제 약정수량 × (전일정산가격 − 당일정산가격) × 거래승수
최종결제차금 (현금결제)		• 강제적인 현·선물 가격 수렴을 위하여 최종결제가격을 기초자산의 가격으로 함 • 매수미결제 약정 = 최종 매수수량 × (최종결제가격 − 당일 정산가격(종가)) × 거래승수 • 매도미결제 약정 = 최종 매도수량 × (당일 정산가격 − 최종결제가격) × 거래승수
최종결제대금 (인수도결제)		• 통화선물의 인수도결제 시 최종결제가격은 선물시장의 가격으로 함 • 최종결제대금(인수도금액) = 최종 결제수량 × 최종결제가격 × 거래승수 • 인수도결제 시한 : 최종결제일 12시 이전까지

대표유형문제

코스피200옵션의 최종거래일이다. 당일 코스피200 최종지수가 257.10p일 때, 다음 중 권리행사신고가 의제되는 종목은?

① 콜옵션의 행사가격 257.50P
② 콜옵션의 행사가격 257.25P
③ 풋옵션의 행사가격 257.25P
④ 풋옵션의 행사가격 257.00P

해설

코스피200옵션의 자동권리행사(권리행사신고 의제)의 기준은 내재가치 ≥ 0.01P이다. 따라서 풋옵션의 행사가격이 257.25P인 경우 만기일의 내재가치는 (257.25P − 257.10P) ≥ 0.01P이다.

정답 ③

필수핵심개념

03 옵션의 결제방법

옵션은 모두 현금결제방식임

권리행사	• 결제회원은 옵션의 권리행사를 위해 최종거래일(권리행사일)의 장 종료 시점부터 장 종료 후 30분 (15:45~16:15) 이내에 권리행사 수량을 파생상품 계좌별 옵션 종목별로 신고하여야 함 • 손실종목(OTM)에 대하여 권리행사 불가 • 투자자 불편해소 및 신고 누락방지를 위해 자동권리행사제도 운영		
자동권리행사제도 (권리행사신고의제)	• 권리신고 의제수치 이상인 경우 자동권리행사		
	코스피200옵션	주식옵션	미국달러옵션
	0.01P	5원	0.10원

01 호가에 대한 설명으로 거리가 먼 것은?
★★☆

① 최유리지정가호가는 종목 및 수량을 지정하되, 가격은 시장에 도달된 때의 가장 유리한 가격을 지정한 것으로 간주하여 거래에 참여하는 호가이며, 선물 스프레드 종목에 대해서는 사용할 수 없다.

② 지정가 전량충족조건은 지정가호가로 거래하되 해당 호가수량이 호가 당시 전부 체결될 수 있으면 체결시키고 그렇지 않은 경우 해당 호가를 취소할 것을 조건으로 하는 호가이다.

③ 조건부 지정가호가는 시장에 도달된 때에는 지정가호가로 거래되지만 종가 단일가 거래 전까지 체결되지 않는 경우에는 종가 단일가 거래 시 시장가호가로 전환되는 호가이다.

④ 지정가호가는 종목, 수량, 가격을 지정하는 호가로 선물 스프레드 종목을 제외한 모든 선물·옵션종목에 대해 사용가능한 호가이다.

해설

선물 스프레드 거래의 경우 접속매매시간 중 지정가호가만 가능하다.

02 다음 상황에서 일부 충족 조건의 지정가 254.95p에 25계약의 매도주문이 집행될 경우 체결될 거래의
★★★ 가격 및 수량, 주문 취소 수량은 각각 얼마인가? (단, 호가가격단위는 0.05p를 가정)

매도 수량	가 격	매수 수량
20	255.15p	
15	255.10p	
10	255.05p	
5	255.00p	
	254.95p	15
	254.90p	5

① 0계약 체결, 취소 25계약

② 254.95p에 15계약 체결, 취소 10계약

③ 254.95p에 15계약 체결, 254.90p에 5계약 체결, 취소 5계약

④ 255.00p에 5계약 체결, 255.05p에 10계약 체결, 255.10p에 10계약 체결

- 지정가호가의 지정한 가격보다 유리한 가격으로 매매하는 호가로 매도의 경우 비싸게 팔수록 유리하므로 254.95보다 높은 가격에 매수하는 물량으로 25계약 중 254.95p에 15계약을 매도한다. 일부 충족 조건은 체결 가능 수량은 체결하고 나머지는 취소하는 조건이므로 나머지 10계약은 취소된다.
- 전량 충족 조건을 사용한 경우는 0계약 체결, 25계약 취소가 된다.

03 다음은 접속거래시간의 3년 국채선물에 대한 호가 집계창을 나타낸 것이다. 아래와 같은 상황에서 최
★★★ 유리지정가호가로 10계약 매수주문을 입력하였을 경우 체결가격과 수량은 각각 얼마인가? (호가조건
없음)

매도 수량	가 격	매수 수량
20	108.80p	
15	108.70p	
7	108.65p	
	108.60p	
	108.55p	3
	108.50p	5

① 108.65p 7계약 체결, 108.70p 3계약 체결
② 108.65p 7계약 체결
③ 108.55p 3계약 체결
④ 호가 전량취소

- 최유리지정가로 매수하고자 하는 경우 매도호가 중에서 가장 낮은 호가인 108.65로 가격을 지정한 것으로 본다. 따라서 108.65에 7계약 매수하고 나머지 3계약은 108.65p로 호가 대기를 한다.
- 시장가호가로 매수하고자 하는 경우 108.65p에 7계약, 108.70p에 3계약을 체결한다.

04 코스피200의 거래중단과 관련된 설명으로 거리가 먼 것은?

★★★

① 필요적 거래중단 후 거래를 재개하는 경우에는 10분간 단일가호가 접수시간을 가진 후 단일가로 거래를 개시한다.

② 코스피지수 또는 코스닥지수가 직전 거래일의 종가보다 8% 이상 하락하여 1분간 지속되어 유가 증권시장 또는 코스닥시장의 모든 종목의 거래가 중단되는 경우에는 20분간 중단한다.

③ 코스피지수 또는 코스닥지수가 직전 거래일의 종가보다 20% 이상 하락하여 1분간 지속되어 유 가증권시장 또는 코스닥시장의 모든 종목의 거래가 중단되는 경우에는 20분간 중단한다.

④ 코스피지수가 직전 거래일의 종가보다 15% 이상 하락하여 1분간 지속되어 14시 45분에 유가증 권시장이 중단되는 경우 모든 종목의 거래가 5분간 중단된다.

> **해설**
>
> 코스피지수 또는 코스닥지수가 직전 거래일의 종가보다 20% 이상 하락하여 1분간 지속되어 유가증권시장 또는 코스닥시 장의 모든 종목의 거래가 중단되는 경우 당일 정규거래를 종결한다.

05 다음 중 단일가 거래로 결정되는 가격이 아닌 것은?

★★☆

① 최초 약정가격

② 임의적 · 필요적 거래 중단 이후 재개 시 최초 약정가격

③ 기초주권이 정리매매종목인 주식선물의 약정가격

④ 해외지수선물, 통화선물, 돈육선물은 제외한 종목의 최종결제되는 상품의 최종 약정가격

> **해설**
>
> 최종거래일이 도래한 종목의 종가 단일가는 호가접수시간 없이 접속거래(복수가격)로 종료되나, 예외적으로 해외지수선 물, 통화선물, 돈육선물은 최종약정거래가격 단일가로 결정된다.

06 다음 중 거래증거금에 관한 설명으로 적절하지 않은 것은?

★★☆

① 거래증거금은 현금으로 예탁하여야 하나, 외화 · 외화증권 또는 대용증권으로 전액 예탁할 수 있다.

② 거래소는 장 종료 시점뿐만 아니라 정규시간 중에도 거래증거금을 산출할 수 있다.

③ 순위험거래증거금은 가격변동 거래증거금액, 선물 스프레드 거래증거금액, 인수도 거래증거금액 과 최종결제가격 확정 전 거래증거금액의 합계액과 최소 순위험거래증거금액 중 큰 금액에 옵션 가격 거래증거금액을 합산하여 산출된다.

④ 거래증거금으로 예탁할 수 있는 외화와 통화선물거래소의 기초자산이 되는 외화는 동일하다.

> **해설**
>
> 통화선물의 기초자산은 달러, 엔, 유로, 위안이고, 거래증거금으로 예탁할 수 있는 외화는 미국 달러화, 캐나다 달러화, 홍 콩 달러화, 호주 달러화, 싱가포르 달러화, 영국 파운드화, 유럽 연합 유로화, 스위스 프랑화, 중국 위안화, 일본 엔화이다.

07 현금결제하는 선물의 최종결제방법으로 거리가 먼 것은?

★★☆

① 최종거래일의 정산가격과 최종결제가격의 차에 의해 산출되는 최종 결제차금을 최종결제일에 수수하여 선물거래를 종결하는 방법이다.

② 최종결제가격을 최종거래일 선물시장의 최종약정가격으로 한다.

③ '매수 미결제약정 = 최종 매수수량 × (최종결제가격 − 당일 정산가격) × 거래승수'이다.

④ 3년 국채선물의 최종결제가격은 한국금융투자협회가 최종거래일 10:00, 10:30, 11:00에 공표하는 수익률 중 최고치와 최저치를 제외한 수익률과 11:30에 공표하는 수익률의 평균수익률을 최종결제가격 산출산식에 의해 환산된 가격으로 한다.

> **해설**
>
> 강제적인 현 · 선물 가격 수렴을 위하여 최종결제가격을 기초자산의 가격으로 한다.

05 거래의 수탁(회원과 고객)

<table>
<tr><td>section 20</td><td>기본예탁금</td><td>중요도 ★★★</td></tr>
</table>

대표유형문제

다음 중 기본예탁금제도에 대한 설명으로 적절하지 않은 것은?

① 미결제약정이 없는 위탁자가 파생상품거래를 하기 위하여 금융투자업자에게 예탁하여야 하는 최소한의 거래 개시 기준금액이다.

② 기본예탁금의 예탁 면제 계좌는 사후 위탁증거금 적용계좌이다.

③ 금선물거래 또는 돈육선물거래만을 위해 파생상품계좌를 설정하는 위탁자에 대하여는 기본예탁금을 50만원 이상으로 할 수 있다.

④ 미결제약정을 전량 반대매매하여 미결제약정이 '0'이 된 경우에는 결제시한에 상관없이 신규주문 즉시 기본예탁금을 예탁하여야 한다.

해설

결제시한인 익일 12시까지는 미결제약정이 있는 것으로 간주하여 기본예탁금 체크없이 신규주문이 가능하다.

정답 ④

필수핵심개념

01 기본예탁금

개 요	• 회원이 미결제약정이 없는 위탁자로부터 거래의 위탁을 받은 때에 사전에 위탁자의 재무건전성 및 신용상태 등을 감안하여 위탁자에게 받아야 하는 최소한의 개시 기준금액 • 현금, 대용증권, 외화 또는 외화증권 예탁이 가능하며, 위탁증거금으로 충당 가능 • 개인투자자가 무분별하게 참여하는 것을 방지하기 위해 도입 • 기본예탁금 결제시한 : $T + 1$, 12시
기본예탁액	• 선물거래 및 옵션매수거래(코스피200 변동성지수선물 제외) : 1천만원 이상 • 모든 파생상품거래 : 2천만원 • 일반상품선물만 거래 : 50만원

상황별 기본예탁금	상황 구분			기본예탁금 예탁 여부
	미결제약정 없는 위탁자 신규 주문 시			기본예탁금 예탁
	미결제약정을 보유하고 있는 경우			기본예탁금 없이 신규 주문
	미결제약정 전량 해소 (반대매매)	결제시한(익일 12시) 도래 전		미결제약정이 있는 것으로 간주함. 즉, 기본예탁금 없이 신규 주문
		결제시한 (익일 12시) 이후	신규 주문	기본예탁금 예탁
			결제시한 이전 주문이 1계약도 체결되지 않은 경우	기본예탁금 예탁 또는 주문 전량 취소
기본예탁금 면제	• 사후위탁증거금을 예탁하는 파생상품 계좌 • 예탁자산에 대한 헤지거래만을 하는 파생상품 계좌인 헤지전용계좌			

대표유형문제

사전위탁증거금을 적용받는 위탁자가 위탁증거금 전액을 대용증권으로 예탁할 수 있는 것은? (단, 보유 미결제약정 없음)

① 코스피200선물 매수
② 코스피200옵션 매수
③ 코스닥150선물 매도
④ 주식옵션 매도

해설

• 선물의 경우 위탁증거금의 1/2은 현금예탁이 필요
• 옵션의 경우 프리미엄 전액에 대해 현금예탁이 필요
• 옵션 매도는 현금증거금의 적용을 받지 않아 대용증권으로 전액 예탁 가능

정답 ④

02 위탁증거금

개 요	• 위탁증거금은 위탁자가 회원에게 예탁하는 증거금(개시증거금, 유지증거금으로 구분) • 회원은 위탁자의 상황 등을 고려하여 고객별 차등징수가 가능 • 납부시점에 따라 사전위탁증거금과 사후위탁증거금으로 구분 • 현금예탁필요액 : 위탁증거금 중 반드시 현금으로 예탁하여야 하는 증거금 • 증거금과 손익은 반비례

사전위탁증거금	• 위탁자가 주문을 제출하기 전에 개시 위탁증거금 수준으로 현금 등으로 예탁하여야 하는 위탁증거금
	  (주문 및 주문의 체결로 인해 장중에 수시로 변동)
	• 유지위탁증거금 수준 이하로 예탁총액이 내려가는 경우에는 개시증거금 수준으로 위탁증거금을 추가
	  예탁하여야 함(추가증거금)
	• 주문 증거금 + 미결제약정분 + 결제예정금액을 고려

사후위탁증거금	• ❶ 기관투자자 중 회원은 재무건전성, 신용상태, 미결제약정의 보유현황 및 시장상황 등에 비추어 결제
	  능력이 충분하다고 인정되는 위탁자(자산총액 5천억 이상 또는 운용자산 1조 이상)에 한하여 ❷ 거래
	  가 체결된 후에 다음 거래일의 10시 또는 회원이 정하는 시간 이내에서 예탁하도록 하는 증거금
	• 미결제약정분과 결제예정금액만 고려하면 되므로 거래증거금과 유사

위탁증거금 미예탁 시 조치	• 미결제약정을 반대거래 • 위탁증거금으로 예탁받은 대용증권, 외화, 외화증권 매도 • 부족액이 발생하는 경우 해당 위탁자에게 부족액의 납부를 청구

더 알아보기

회원의 고객미결제약정 반대매매 시 유의사항

• 지정가호가 또는 조건부지정가호가로 입력
• 위탁자의 동의 또는 요구가 있는 경우 시장가호가 입력 가능
• 호가입력 방법

구 분	접속거래	단일가 거래 또는 접속거래 시간 중 호가가 없는 경우
매도호가	• 직전 약정가격 또는 최우선매수호가~최우선매수호가 − 9틱 • 최우선매수호가가 없는 경우 : 최우선매도호가	회원이 판단하여 지정가호 가 또는 조건부 지정가호가
매수호가	• 직전 약정가격 또는 최우선매도호가~최우선매도호가 + 9틱 • 최우선매도호가가 없는 경우 : 최우선매수호가	

[대표유형문제]

파생상품회원이 코스피200선물거래에서 보유할 수 있는 미결제약정 보유한도수량(선물환산순델타수량 기준)은?

① 3,000계약   ② 10,000계약

③ 20,000계약   ④ 50,000계약

해설

코스피200선물 미결제약정 보유한도수량은 선물환산순델타포지션 기준 2만 계약(개인 1만 계약)이다.

정답 ③

필수핵심개념

03 미결제약정수량의 제한

① 파생상품시장의 과도한 투기거래를 방지하기 위해 투기목적의 거래에 대해서는 투자자가 보유할 수 있는 미결제약정수량을 제한

② 거래소 회원은 거래소가 설정한 미결제약정 보유제한수량을 초과하여 자기거래 또는 동일인 위탁자로부터 수탁금지(파생상품 계좌기준이 아닌 투자자 기준)

구 분	미결제약정 보유 한도
코스피200선물 · 옵션, 미니코스피200선물 · 옵션	코스피200을 기초자산으로 하는 모든 종목을 합산한 선물환산순델타포지션 기준 2만 계약(개인 1만 계약)
코스피200변동성지수선물, KRX300선물	순미결제약정 기준 2만 계약(개인 1만 계약)
코스닥150선물 · 옵션	코스피150을 기초자산으로 하는 모든 종목을 합산한 선물환산순델타포지션 기준 2만 계약(개인 1만 계약)
섹터지수선물	순미결제약정 기준 1만 계약(개인 5천 계약)
해외지수선물	순미결제약정 기준 5만 계약(개인 2만 5천 계약)
주식선물 · 옵션	선물환산순델타포지션 기준으로 산출(1천 계약 미만 절사) • 산식 : Max{5천, 보통주 총수 × 0.5% / Max(주식거래승수)} • 매년 첫 번째 거래일에 거래소가 운영하는 전자전달매체를 통해 제한 수량을 공표, 공표 후 7거래일 후부터 적용
ETF선물	각 기초자산별로 상이(5천~2만 계약)
돈육선물	순미결제약정 기준 3천 계약(최근월물의 경우 9백 계약)
금선물	순미결제약정 기준 3천 계약

※ 통화선물 · 옵션과 국채선물은 미결제약정 보유한도가 없으며, 거래소가 필요하다고 인정하는 경우 설정할 수 있음

01
★★★
기본예탁금제도에 대한 설명으로 바르지 못한 것은?

① 사후위탁증거금을 예탁하는 파생상품 계좌는 기본예탁금을 예탁받지 않는다.

② 예탁자산에 대한 헤지거래만을 하는 파생상품 계좌인 헤지전용계좌는 기본예탁금을 예탁받지 않는다.

③ 미결제약정이 소멸된 후에 결제시한(T + 1, 12시)이 도래하기 전에는 기본예탁금을 예탁받지 않는다.

④ 회원은 미결제약정의 전량이 소멸된 후에 위탁한 주문이 1계약도 체결되지 아니하고 그 소멸된 미결제약정의 결제시한이 도래한 위탁자에 대해서 기본예탁금을 받는다.

해설
회원은 미결제약정의 전량이 소멸된 후에 위탁한 주문이 1계약도 체결되지 아니하고 그 소멸된 미결제약정의 결제시한이 도래한 위탁자에 대해서 기본예탁금을 받거나 주문의 전량을 취소한다.

02
★★☆
미결제약정수량에 대한 설명으로 거리가 먼 것은?

① 상품별 미결제약정 보유한도는 파생상품 계좌별로 제한한다.

② 거래소 회원은 거래소가 설정한 미결제약정 보유제한수량을 초과하여 자기거래 또는 동일인 위탁자로부터 수탁을 받을 수 없다.

③ 통화선물과 미국달러옵션 그리고 국채선물은 미결제약정 보유한도가 없으며, 거래소가 필요하다고 인정하는 경우 설정할 수 있다.

④ 주식선물의 미결제약정 보유한도는 매년 첫 번째 거래일에 거래소가 운영하는 전자전달매체를 통해 제한 수량을 공표하며, 공표 후 7거래일 후부터 적용한다.

해설
파생상품시장의 과도한 투기거래를 방지하기 위해 투자자가 보유할 수 있는 미결제약정수량을 제한한다.

03 ★☆☆ 다음 중 거래소 회원이 위탁자와 파생상품 계좌설정 계약을 체결하기 전에 반드시 위탁자에게 교부하고 그 내용을 충분히 설명하여야 하며 위탁자의 성명 또는 기명날인된 교부확인서를 징구해야 하는 것은?

① 파생상품 거래약관
② 파생상품 거래설명서
③ 파생상품 거래위험고지서
④ 파생상품 계좌설정 계약서

> **해설**
> 파생상품 거래위험고지서에 대한 설명이다.

04 ★★☆ 미결제약정의 보유한도제한이 없는 장내파생상품은?

① 미니코스피200선물
② 코스닥150선물
③ 금선물
④ 미국달러옵션

> **해설**
> 통화선물·옵션과 국채선물은 미결제약정 보유한도가 없으며, 거래소가 필요하다고 인정하는 경우 설정할 수 있다.

금융소비자보호법

챕터 출제비중

구 분	출제영역	출제문항
CHAPTER 01	자본시장 관련 법규	14~15 문항
CHAPTER 02	한국금융투자협회규정	4 문항
CHAPTER 03	한국거래소규정	4 문항
CHAPTER 04	금융소비자보호법	2~3 문항
	총 문항	25 문항

58% / 16% / 16% / 10%

6대 판매원칙을 중심으로 신설된 권리인 청약철회권, 위법계약해지권, 자료열람요구권은 자주 출제되는 부분이므로 반드시 학습하도록 합니다.

Section별 중요도 및 학습체크

구 분	핵심개념	중요도	학습체크		
			1회독	2회독	3회독
01	금융소비자보호법 주요 제도	★			
02	금융소비자보호법상 금융상품의 구분	★			
03	금융상품판매업자	★★			
04	전문금융소비자의 유형	★★			
05	6대 판매원칙	★			
06	적합성의 원칙	★			
07	적정성의 원칙	★			
08	설명의 의무	★★			
09	불공정영업행위	★			
10	부당권유금지	★★★			
11	광고규제	★★			
12	방문(전화권유판매)규제	★★			
13	계약서류 제공의무	★★			
14	자료의 기록 및 유지 · 관리 등	★★			
15	청약철회권	★★★			
16	금융분쟁의 조정	★			
17	위법계약해지권	★★★			
18	과징금과 과태료 비교	★★			

<table>
<tr><td>section 01</td><td>금융소비자보호법 주요 제도</td><td>중요도 ★☆☆</td></tr>
</table>

대표유형문제

금융소비자보호법에서 규정하고 있는 소비자보호장치가 아닌 것은?

① 위법계약해지권
② 소액사건 분쟁조정 이탈 금지
③ 징벌적 과징금
④ 손해배상금액 추정

해설

손해배상금액 추정 조항은 자본시장법에 규정되어 있고 금융소비자보호에 관한 법률에는 설명의무 위반에 대하여 고의 또는 과실이 없음을 금융상품판매업자 등에게 책임을 지우는 입증책임의 전환 조항이 신설되어 있다.

정답 ④

필수핵심개념

01 금융소비자보호법 주요 제도

구 분		주요 내용
사전 규제	6대 판매규제	원칙적으로 모든 금융상품
	소비자보호 관련 내부통제	기준 마련 의무 부과
사후 제재	금전적 제재	징벌적 과징금 신설(수입의 50%) 과태료 최대 1억원
	형 벌	5년 이하 징역, 2억원 이하 벌금
신설된 소비자 권리	청약철회권	일부 상품에 한정(단위형 고난도펀드 등)
	위법계약해지권	일부 상품에 한정(계속적 계약 + 해지 시 재산상 불이익 발생)
	자료열람요구권	소송, 분쟁조정 시 자료 열람 요구 가능
사후 구제	소액분쟁 시 금융회사의 분쟁조정 이탈 금지	2천만원 이하 분쟁 시 제소 금지
	분쟁조정 중 소 제기 시 법원의 소송 중지	분쟁 신청 전·후에 소 제기 시 법원 소송 중지
	손해배상 입증책임 전환	판매회사는 설명의무 위반 시 고의·과실 존부 입증에 적용
	판매제한명령	재산상 헌저한 피해 우려기 명백한 경우 발동

대표유형문제

금융소비자보호법상 금융상품의 구분으로 옳지 않은 것은?

① 투자성
② 여신성
③ 예금성
④ 보장성

해설

금융소비자보호법상 금융상품은 투자성, 예금성, 보장성, 대출성 4가지로 구분된다.

정답 ②

필수핵심개념

02 금융소비자법의 내용상 주요 체계

동일기능–동일규제 원칙이 적용될 수 있도록 금융상품 및 판매업 등의 유형을 재분류

(1) 금융상품 구분

구 분	대 상
투자성	자본시장법에 따른 금융투자상품, 신탁계약, 투자일임계약, 연계투자(P2P)
예금성	예 · 적금 등
보장성	보험상품 등
대출성	대출상품, 신용카드 등

금융상품판매업자에 대한 설명으로 거리가 먼 것은?

① 금융상품이 4개의 유형으로 구분되므로 금소법상 업자는 총 12개 유형으로 구분이 가능하다.
② 자본시장법상 집합투자업자도 직접판매업을 영위하는 경우에는 금융상품직접판매업자에 해당한다.
③ 금소법은 금융관계 현행법상 인가, 허가 또는 등록하지 않고 판매업을 영위하는 경우에는 금융상품
　 판매업자에서 제외된다.
④ 투자성 상품의 경우에 투자중개업자는 금융상품직접판매업자로 분류된다.

해설

금소법은 금융관계 현행법상 인가, 허가 또는 등록하지 아니한 경우라도 판매업을 영위하는 경우 판매업자에 해당한다
고 규정하고 있다.
① 금융상품이 4개 유형(❶ 예금성 ❷ 대출성 ❸ 보장성 ❹ 투자성)으로 구분되고 금소법상 업자는 3가지 유형으로 분
　 류되므로 총 12개(4×3) 유형으로 구분 가능하다.

정답 ③

필수핵심개념

(2) 금융상품판매업자등

구 분	개 념	대상(예시)
직접판매업자 (금융회사)	• 자신이 직접 계약의 상대방으로서 금융상품에 관한 계약체결을 영업으로 하는 자 • 투자성 상품의 경우 자본시장법에 따라 투자중개업자를 포함 • 현행 자본시장법상 원칙적으로 모든 집합투자업자(∵ 금융관계 현행법상 인가, 허가 또는 등록하지 아니한 경우라도 판매업을 영위하는 경우 판매업자에 해당한다고 규정)	• 금융투자업자(증권회사 · 선물회사 등) 및 겸영금융투자업자 • 은행, 보험, 저축은행 등 • 신협중앙회 공제사업부문, P2P사업자, 대부업자, 증권금융 등 • 신용협동조합 등
판매대리 · 중개업자	금융회사와 금융소비자의 중간에서 금융상품 판매를 중개하거나 금융회사의 위탁을 받아 판매를 대리하는 자	투자권유대행인, 보험설계사, 보험중개사, 보험대리점, 카드모집인, 대출모집인 등
자문업자	금융소비자가 본인에게 적합한 상품을 구매할 수 있도록 자문을 제공	• 투자자문업자(자본시장법) • 독립자문업자(금소법)

03 금융소비자보호법과 자본시장법의 경합

① 금융소비자보호법은 금융상품 판매와 금융소비자보호에 따른 일반법적 효력을 가진다고 보아 다른 법
　 률에 금융소비자보호에 관해 특별히 정한 내용이 없으면 금융소비자보호법이 적용
② 따라서 자본시장법에 일부 정해진 내용이 금융소비자보호법에 있다면 해당 내용에 한해 자본시장법
　 이 특별법 지위에 있다고 보아 자본시장법 내용이 우선 적용됨

> **대표유형문제**
>
> **금융소비자보호법에 따른 전문금융소비자의 내용과 다른 것은?**
>
> ① 국가, 한국은행, 금융회사를 제외한 주권상장법인 등은 장외파생상품 거래 시 전문금융소비자와 같은 대우를 받겠다는 의사를 회사에 서면통지한 경우에 전문금융소비자 대우를 한다.
> ② 투자권유대행인은 투자성 상품과 관련하여 전문금융소비자이다.
> ③ 대출성 상품의 경우 상시근로자 10인 이상인 법인도 전문금융소비자이다.
> ④ 대부업자는 대출성 상품에는 전문금융소비자이지만 투자성 상품에는 일반금융소비자이다.
>
> **해설**
>
> 금융소비자보호법상 대부업자는 대출성 상품, 투자성 상품, 보장성 상품에 대하여 전문금융소비자로 분류된다. 대출성 상품의 경우 상시근로자 5인 이상 법인이므로 10인 이상이면 전문금융소비자에 해당한다.
>
> 정답 ④

필수핵심개념

04 전문금융소비자의 유형

현행 자본시장법상 전문투자자 범위를 기본 토대로 전문금융소비자의 범위를 정하되 투자성 · 보장성 · 대출성 · 예금성 상품의 개별 특성을 감안하여 각 전문소비자의 범위를 보완하는 방법으로 규정

구 분	투자성	보장성	대출성	예금성
상품별	투자성 상품 판매대리 · 중개업자	보장성 상품 판매대리 · 중개업자	대출성 상품 판매대리 · 중개업자	—
	대부업자	대부업자	대부업자	—
	적격투자단체 및 개인	보험요율산출기관, 보험관계단체, 단체보험 · 기업성보험 · 퇴직연금 가입	상시근로자 5인 이상의 법인 · 조합 · 단체, 겸영여신업자, 자산취득 또는 자금 조달등 특정목적을 위해 설립된 법인(SPC)	법인 등 단체, 성년(피성년(한정)후견인/65세 이상의 고령자 제외)
공 통	국가, 한국은행, 금융회사, 주권상장법인, 지방자치단체, 금융기관, 각종 공사, 외국 금융기관, 온라인투자연계금융업자(소위 P2P업자) 등			
주요 확인사항	• 투자성 상품 중 장외파생상품 거래의 경우 주권상장법인, 해외증권시장에 상장된 주권을 발행한 국내법인, 개인전문투자자 등은 일반투자자로 대우를 받다가 전문투자자로 대우를 받겠다는 의사를 회사에게 서면으로 표시하는 경우에는 전문투자자로 봄(자본시장법과 동일) • ❶ 판매대리 · 중개업자와 ❷ 대부업자는 ❸ 예금성 상품을 제외한 나머지 상품에 모두 전문금융소비자로 분류			

대표유형문제

금융소비자보호법상 금융상품 판매 6대 원칙에 대한 설명 중 옳지 않은 것은?

① 적합성 원칙, 적정성 원칙, 설명의무는 일반금융소비자만을 대상으로 한다.

② 적합성 원칙은 과거 금융투자상품 및 변액보험에만 적용되었으나 대출성 상품 및 보장성 상품으로 적용이 확대되었다.

③ 적정성 원칙은 파생상품, 파생결합증권 등에 대해서만 도입되어 있었으나 대출성 상품과 일부 보장성 상품으로 확대되었다.

④ 판매업자 등이 금융상품 판매 시 우월적 지위를 이용하여 금융소비자의 권익을 침해하는 행위는 부당권유행위 금지에 해당한다.

해설

판매업자 등이 금융상품 판매 시 우월적 지위를 이용하여 금융소비자의 권익을 침해하는 행위는 불공정영업행위 금지에 해당한다.

정답 ④

필수핵심개념

05 6대 판매원칙

기능별 규제체계를 기반으로 일부 금융상품에 한정하여 적용하고 있는 6대 판매원칙을 모든 금융상품에 확대 적용

판매원칙	주요 내용
적합성 원칙	고객정보를 파악하고, 부적합한 상품은 권유 금지
적정성 원칙	고객이 청약한 상품이 부적합할 경우 그 사실을 고지
설명의무	상품 권유 시 또는 소비자 요청 시 상품을 설명
불공정영업행위	우월적 지위를 이용한 소비자 권익 침해 금지
부당권유금지	불확실한 사항에 단정적 판단을 제공하는 행위 등 금지
광고규제	광고 필수 포함사항 및 금지행위

01 핵심보충문제

01 다음 중 금융상품판매업자의 분류 중 판매대리 · 중개업자 대상이 아닌 것은?
★☆☆
① 투자권유대행인　　　　　　　　　　　② 보험설계사
③ 카드모집인　　　　　　　　　　　　　④ 투자중개업자

> **해설**
> 투자성 상품의 경우 자본시장법에 따라 금융상품직접판매업자에 투자중개업자를 포함한다.

02 금융소비자보호법상 금융상품판매업자등의 분류에 해당하지 않는 것은?
★☆☆
① 금융상품직접판매업자　　　　　　　　② 금융상품판매대리 · 중개업자
③ 금융상품자문업자　　　　　　　　　　④ 금융상품일임업자

> **해설**
> 금융상품판매업자는 금융회사, 판매대리 · 중개업자, 자문업자로 구분된다. 따라서 금융상품일임업자는 금융상품판매업자에 해당하지 않는다.

03 다음 중 전문금융소비자의 분류에 대한 설명으로 옳지 않은 것은?
★★☆
① 금융소비자법은 현행 자본시장법상 전문투자자 범위를 기본 토대로 전문금융소비자 범위를 정하되 투자성 · 보장성 · 대출성 · 예금성 상품의 개별 특성을 감안하여 전문금융소비자 범위를 보완하는 방법으로 규정하였다.
② 장외파생상품 거래의 경우 주권상장법인은 일반금융소비자로 대우받다가 전문금융소비자와 같은 대우를 받겠다는 의사를 서면으로 표시하면 전문금융소비자로 취급할 수 있다.
③ 판매대리 · 중개업자의 경우 투자성 상품을 제외한 나머지 상품에 모두 전문금융소비자로 포함되었다.
④ 대부업자의 경우에는 예금성 상품을 제외하고 투자성 상품, 보장성 상품, 대출성 상품에서 모두 전문금융소비자로 신규 포함되었다.

> **해설**
> 판매대리 · 중개업자와 대부업자는 예금성 상품을 제외한 나머지 상품에 모두 전문금융소비자로 분류된다.

대표유형문제

일반금융소비자가 투자성 상품에 대한 투자성향이 적합한지 여부를 판단하는 정보내용이 아닌 것은?

① 금융상품 취득 · 처분 목적
② 금융상품의 취득 · 처분 경험
③ 재산상황
④ 신용등급

해설

신용등급은 대출성 상품에 대한 투자성향이 적합한지 여부를 파악하기 위해 필요한 정보이다.

정답 ④

필수핵심개념

01 6대 판매원칙

(1) 적합성의 원칙

적용대상		일반금융소비자
금융상품별 적합성 판단 기준	투자성 상품	일반금융소비자의 정보를 파악한 결과 손실에 대한 감수능력이 적정한 수준일 것
	대출성 상품	일반금융소비자의 정보를 파악한 결과 상환능력이 적정한 수준일 것
적용 대상 상품	투자성 상품	• 모든 투자성 상품 • 단, 온라인소액투자중개대상증권(크라우딩펀드), 연계투자계약(P2P)은 제외
	대출성 상품	모든 대출성 상품
	보장성 상품	변액보험과 공제료 일부를 운용할 수 있도록 하는 보험 또는 공제만 적용
	예금성 상품	적용 대상에 해당하지 않음
적용 특례		일반 사모펀드 판매 시에는 원칙적으로 적합성 원칙 적용이 면제되지만 적격투자자 중 일반금융소비자가 요청 시 적합성 원칙 적용

금융상품별 파악해야 하는 일반금융소비자 정보 내용

투자성 상품	대출성 상품
• 금융상품 취득 · 처분 목적 • 재산상황(부채를 포함한 자산 및 소득에 관한 사항) • 금융상품의 취득 · 처분 경험 • 소비자의 연령 • 금융상품에 대한 이해도 • 기대이익(손실) 등을 고려한 위험에 대한 태도	• 재산상황(부채를 포함한 자산 및 소득에 관한 사항) • 신용정보 또는 신용등급 및 변제계획 • 소비자의 연령 • 계약체결의 목적(대출에 한정)

section 07　적정성의 원칙

중요도 ★☆☆

대표유형문제

다음 중 적정성 원칙 대상 금융상품에 해당하지 않는 것은 모두 몇 개인가?

㉠ 장내파생상품	㉣ 레버리지 펀드
㉡ 파생결합증권	㉤ 청약자금대출
㉢ 인버스 ETF	㉥ 매도주식담보대출

① 1개　　　　　　　　　　　② 2개
③ 3개　　　　　　　　　　　④ 4개

해설

상환능력 등을 평가하고 과잉대출로부터 소비자를 보호하는 적정성 원칙 취지에 비추어볼 때 매도자금 대출은 실질적으로 가치변동성이 없는 확정된 매도대금을 담보로 하기 때문에 적정성 원칙을 적용하지 않는 대출성 상품이다.

정답 ①

(2) 적정성의 원칙

적용대상	일반금융소비자	
적정성 원칙 적용 대상 상품 (일부 보장성 상품도 포함)	투자성 상품	① 파생상품(장내 및 장외) ② 파생결합증권 ③ 조건부 자본증권 ④ 고난도금융상품 ⑤ 파생형 집합투자증권(레버리지·인버스 ETF 포함, 인덱스펀드 제외) ⑥ 집합투자재산의 50%를 초과하여 파생결합증권에 운용하는 집합투자증권 ⑦ ①~⑥ 중 어느 하나를 취득·처분하는 금전신탁계약의 수익증권
	대출성 상품	신용공여 대출성 상품(신용거래융자·신용대주, 증권담보대출, 청약자금대출 등). 단, 매도주식담보대출은 적정성의 원칙 미적용
적용 특례	일반 사모펀드 판매 시에는 원칙적으로 적정성 원칙 적용이 면제되지만 적격투자자 중 일반금융소비자가 요청 시 적정성 원칙 적용	

section 08 설명의 의무

중요도 ★★☆

대표유형문제

금융소비자보호법상 설명의무에 대한 설명으로 거리가 먼 것은?

① 금융상품판매업자등은 자본시장법과 동일하게 전문금융소비자에게는 설명의무가 면제된다.

② 본인이 아닌 대리인에게 설명하는 경우 설명의무를 이행한 것으로 판단한다.

③ 금융상품판매업자등은 전문금융소비자에게 설명서 교부 의무가 면제된다.

④ 기본계약을 체결하고 그 체결내용에 따라 계속적·반복적으로 거래를 하는 경우 설명서를 교부하지 않아도 된다.

해설

「금융소비자보호법」은 금융상품판매업자등에게 금융소비자의 의사와 관계없이 설명서 교부 의무를 부과하고 있다.

정답 ③

(3) 설명의무

적용대상	일반금융소비자
개 요	• 자본시장법과 동일하게 전문금융소비자에게는 설명의무 면제 • 설명의무 위반의 고의 · 과실 입증책임은 판매업자에 부과 • 본인이 아닌 대리인에게 설명하는 경우 ❶ 전문금융소비자 여부는 본인 기준으로 판단 ❷ 설명의무 이행 여부는 대리인 기준으로 판단
설명사항	• 판매업자는 일반금융소비자에게 금융상품을 권유하는 경우에 금융소비자보호법령에 열거된 금융상품에 관한 중요사항을 모두 설명해야 함 • 일반금융소비자가 원하는 경우 중요 사항 중 특정 사항만을 설명하도록 규정
설명서	• 「자본시장법」은 ❶ 공모펀드의 경우 투자설명서 또는 간이설명서, ❷ 사모펀드의 경우 핵심상품설명서, ❸ 고난도상품에 대한 요약설명서는 투자자가 원하지 않을 경우에는 설명서 교부의무 면제 *요약설명서 : 고난도금융투자상품 구입 시 동 상품의 내용과 투자위험 등을 요약한 설명서 • 「금융소비자보호법」은 금융상품판매업자등에게 금융소비자의 의사와 관계없이 설명서(금소법상) 교부 의무 부과 ※ 「금융소비자보호법」상 설명서 미교부 예외시항 • 기존 계약과 동일한 내용으로 계약을 갱신하는 경우 • 기본 계약을 체결하고 그 체결내용에 따라 계속적 · 반복적으로 거래를 하는 경우

더 알아보기

투자성 상품에 대한 설명서

구 분		설명서		설명서 요약자료 고난도상품
공 모	집합투자증권 外	투자설명서*	금소법상 설명서	고난도상품에 대한 요약설명서
	집합투자증권	투자설명서 또는 간이투자설명서*		※ 공모펀드의 경우 간이투자설명서 교부 시 또는 사모펀드의 경우 핵심상품설명서 제공 시, 고난도상품 요약설명서는 별도로 제공하지 않아도 됨
		사모펀드 핵심상품설명서		
사모 · 신탁 · 일임	사모펀드	금소법상 설명서		고난도상품에 대한 요약설명서
	사모펀드 外 (신탁 · 일임)			

*금소법상 설명사항 중 자본시장법상 투자설명서 또는 간이투자설명서에 기재된 내용은 금소법상 설명서에서 제외 가능

대표유형문제

다음 불공정영업행위에 대한 설명으로 거리가 먼 것은?

① 개인에 대한 대출과 관련하여 제3자의 연대보증을 요구하는 행위는 금지된다.

② 금융소비자가 대출일부터 3년 이내에 상환하는 경우에는 중도상환수수료를 부과할 수 있다.

③ 1억 2천만원 대출 시 매월 적립식 펀드매수금액이 100만원 이내인 경우에는 계약체결이 가능하다.

④ 주식담보대출 시 대출금액의 1%를 초과하는 펀드의 판매는 금지된다.

해설

주식담보대출과 같은 신용공여는 금융투자회사가 차주에 비해 우월적 지위에 있지 않음을 감안해 꺾기 규제와 관련된 대출성 상품으로 보지 않는다.

정답 ④

필수핵심개념

(4) 불공정영업행위 금지

적용대상	금융소비자(일반금융소비자, 전문금융소비자) 모두 적용
불공정영업행위 유형	• 주로 대출성 상품과 관련된 규제 　－ 대출과 관련하여 다른 금융상품 계약 체결을 강요하는 행위(꺾기 규제) 　－ 대출과 관련하여 부당한 담보를 요구하는 행위 　－ 개인에 대한 대출과 관련하여 제3자의 연대보증을 요구하는 행위 　－ 대출과 관련하여 자기 또는 제3자의 이익을 위해 특정대출상환방식을 강요하는 행위 　－ 대출과 관련하여 수수료·위탁금·중도상환수수료를 부과하는 행위(단, 3년 이내 중도상환수수료 부과는 허용. 즉, 대출 실행 후 3년 경과 시 중도상환수수료 부과 금지) 　－ 금융상품판매업자 등과 관련하여 편익을 요구하거나 보증을 요구하는 행위 　－ 연계·제휴서비스를 부당하게 축소하거나 변경하는 행위 등

판매제한 금융상품	취약차주*	그 외의 차주
일부 투자성 상품 (펀드, 금전신탁, 일임계약에 한정)	금 지	1% 초과 금지
보장성 상품	금 지	1% 초과 금지
예금성 상품	1% 초과 금지	규제 없음

금융상품 꺾기 규제 요약

*취약차주 : 중소기업 및 그 기업의 대표자, 개인신용평점이 하위 10%에 해당하는 사람, 피성년후견인 또는 피한정후견인

• 투자성 상품의 경우 판매한도 1%는 금융상품직접판매업자에게 지급되는 "월이자지급액"을 기준으로 계산함

• 대출성 상품에 관한 계약을 체결하고 최초로 이행된 전·후 1개월 내에 다른 금융상품에 대한 계약체결을 하는 행위 금지

※ 유의사항 : 신용공여는 투자자들에게 유용한 옵션이기 때문에 꺾기 규제가 없음

<table>
<tr><td rowspan="3">기타 유의해야 할
불공정영업행위
유형</td><td>• 금융상품판매업자 또는 임직원이 업무와 관련하여 직 · 간접적으로 금융소비자 또는 이해관계자로부터 금전, 물품 또는 편익 등을 부당하게 요구하거나 제공받는 행위</td></tr>
<tr><td>• 금융소비자가 계약해지를 요구하는 경우에 계약해지를 막기 위해 재산상 이익을 제공, 다른 금융상품으로 대체 권유 또는 해지 시 불이익에 대한 과장된 설명을 하는 행위</td></tr>
<tr><td>• 금융소비자가 청약을 철회하겠다는 이유로 금융상품에 관한 계약에 불이익을 부과하는 행위(단, 동일 판매업자에게 동일 유형의 금융상품에 관해 1개월에 2번 이상 청약철회의사를 표시하는 경우는 제외)</td></tr>
</table>

대표유형문제

금융소비자보호법에서 정하고 있는 부당권유행위 금지와 관련한 내용으로 틀린 것은?

① 증권에 대해서도 금융소비자로부터 요청받지 아니하고 방문 또는 전화 등 실시간 대화의 방법으로 계약의 권유를 할 수 없다.

② 보호받을 수 있는 대상은 일반금융소비자와 전문금융소비자이다.

③ 적합성 원칙을 적용받지 않고 권유하기 위해 일반금융소비자로부터 투자권유 불원 의사를 서면 등으로 받는 행위를 하여서는 아니 된다.

④ 투자성 상품에 관한 계약체결을 권유하면서 일반금융소비자가 요청하지 않은 다른 대출성 상품을 안내하거나 관련정보를 제공해서는 아니 된다.

해설

전문금융소비자의 경우 장외파생상품을 제외하면 금융소비자로부터 요청받지 않더라도 사전에 소비자의 동의를 확보한 경우에는 예외적으로 방문 또는 전화 등 실시간 대화의 방법으로 계약의 권유를 할 수 있다.

정답 ①

(5) 부당권유행위 금지

적용대상	금융소비자(일반금융소비자, 전문금융소비자) 모두 적용
부당권유행위 유형	• 불확실한 사항에 대해 단정적인 판단을 제공하거나 불확실하다고 오인하게 할 소지가 있는 내용을 알리는 행위 • 금융상품의 내용을 사실과 다르게 알리는 행위 • 금융상품의 가치에 중대한 영향을 미치는 사항을 알리지 않는 행위 • 금융상품 내용의 일부에 대하여 비교대상 및 기준을 밝히지 아니하거나 객관적 근거 없이 금융상품을 비교하여 해당 금융상품이 우수하거나 유리하다고 알리는 행위

불초청권유 금지 범위

• 금소법은 원칙적으로 소비자의 요청이 없는 경우 방문 · 전화 등 실시간 대화 방법을 활용한 투자성 상품의 권유를 금지(단, 방문 전 소비자의 동의를 확보한 경우에만 예외적으로 허용)

구분			초 청	불초청		
				사전 동의 ○		사전 동의 ×
				전 문	일 반	
증 권	펀드 외 증권		가 능	가 능	가능 (단, 고난도의 경우 불가)	불 가
	펀 드	공 모				
		사 모			불 가	
파생상품	장내파생상품					
	장외파생상품			불 가		

재권유 금지	• 원칙적으로 계약의 체결권유를 받은 금융소비자가 이를 거부하는 의사를 표시하였는데도 계약의 체결권유를 계속하는 행위를 금지 ※ 재권유 금지 예외의 경우 • 투자성 상품의 투자권유를 소비자가 거부하는 의사표시를 한 후 1개월이 지난 경우 재권유 • 금융투자상품 및 계약의 종류별로 서로 다른 종류의 투자성 상품의 투자권유(단, 기초자산의 종류와 구조가 다른 장외파생상품은 다른 종류로 봄)
신설된 부당권유행위	• 적합성 · 적정성 원칙과 관련하여 일반금융소비자가 자신의 정보를 조작하도록 유도하는 행위 • 적합성 원칙을 적용받지 않고 권유하기 위해 일반금융소비자가 적합성 원칙 적용을 원치 않는다는 동의서를 받는 행위 • 내부통제기준에 따른 직무수행 교육을 받지 않은 자에게 계약체결 권유와 관련된 업무를 하게 하는 행위 등

투자성 상품과 관련된 광고의 주체가 될 수 없는 자는?

① 금융상품직접판매업자　　　　　　　　② 금융상품판매대리 · 중개업자
③ 금융상품자문업자　　　　　　　　　　④ 집합투자업자

해설

투자성 금융상품과 관련하여 금융상품판매대리 · 중개업자는 자본시장법상 투자권유대행인에 해당되는데 이들은 금융
상품직접판매업자에 1사 전속으로 소속되어 활동하는 개인이므로 별다른 투자광고의 필요성이 없을 뿐만 아니라 허용
한다고 하더라도 광고규제에 어려움이 있어 광고주체에서 제한되었다.

정답 ②

필수핵심개념

(6) 광고규제

광고규제 범위	'금융상품에 관한 광고'와 '금융상품판매업자 등이 제공하는 서비스에 대한 광고'도 포함
광고주체	금융상품자문업자, 금융상품판매업자 등을 자회사로 하는 금융지주회사 · 증권의 발행인 또는 매출인 · 각 금융협회 · 집합투자업자 등
광고주체 제한	투자성 상품의 경우 금융상품 판매대리 · 중개업자(투자권유대행인)는 ❶ 금융상품에 관한 광고뿐만 아니라 ❷ 금융상품판매업자 등의 업무에 관한 광고 금지
광고 포함사항	• 금융상품 설명서 및 약관을 읽어볼 것을 권유하는 내용 • 금융상품판매업자 등의 명칭, 금융상품의 내용 • 보장성 상품 : 보험료 인상 및 보장내용 변경 가능 여부 • 투자성 상품 : 운용실적이 미래수익률을 보장하지 않는다는 사항 등
금지사항	• 보장성 상품 : 보장한도, 면책사항 등을 누락하거나 충분히 고지하지 않는 행위 • 투자성 상품 : 손실보전 또는 이익보장이 되는 것으로 오인하게 하는 행위, 수익률이나 운용실적이 좋은 기간의 실적만을 표시하는 경우 • 대출성 상품 : 대출이자를 일 단위로 표시하여 저렴한 것으로 오인하게 하는 행위
광고심사	투자성 상품의 경우 금융투자협회가 광고규제 준수여부 확인 및 그 결과에 대한 의견을 통보

대표유형문제

방문(전화권유판매)규제에 대한 설명으로 거리가 먼 것은?

① 방문하는 임직원의 성명, 판매하는 금융상품의 종류와 내용을 거짓으로 밝힌 자는 1천만원 이하의 벌금에 처한다.

② 원칙적으로 불초청권유 금지이나 현재 시장의 거래실질을 감안하여 투자권유를 하기 전에 금융소비자에게 미리 안내하고, 해당 금융소비자가 투자권유를 받을 의사를 표시한 경우에는 투자권유가 가능하다.

③ 야간(오후 9시~다음날 오전 8시까지)에는 금융소비자의 평온한 생활을 방문판매 등으로 침해하지 않도록 하기 위하여 어떠한 경우에도 연락 또는 방문을 할 수 없다.

④ 금융소비자에게 연락금지요구권이 있음을 구두로 알린 경우에는 1개월 이내에 서면, 전자우편, 휴대전화 문자메시지 등의 방법으로 추가로 알려야 한다.

해설

금융소비자가 별도로 요청하는 경우에는 예외적으로 야간에 방문판매 등을 할 수 있다.

정답 ③

필수핵심개념

02 방문(전화권유판매)규제

적용대상	금융소비자(일반금융소비자, 전문금융소비자) 모두 적용
개 요	원칙적으로 불초청권유 금지. 단, 방문 전 소비자의 동의를 확보한 경우에만 예외적으로 허용
준수사항	• 방문판매하려는 임직원은 성명 · 소속 · 전화번호가 포함된 명부를 작성하여 홈페이지에 게시하고, 금융소비자 요청 시 언제든 방문하려는 임직원의 신원 확인을 할 수 있도록 해야 함 • 사전에 방문 목적이 투자권유라는 점과 방문하는 임직원의 성명, 판매하는 금융상품의 종류와 내용을 밝혀야 함(예측가능성 제고) • 금융소비자에게 연락금지요구권이 있음과 행사방법 및 절차를 알려야 함(구두로 알린 경우 1개월 내에 서면 등으로 추가로 공지) • 야간(오후 9시~다음날 오전 8시까지)에 연락 또는 방문 금지(단, 고객이 요청한 경우는 예외)
위반 시 벌칙	• (1천만원 이하의 벌금) 방문하는 임직원의 성명, 판매하는 금융상품의 종류와 내용을 거짓으로 밝힌 자 • (1천만원 이하의 과태료) 연락금지요구권을 행사한 일반금융소비자에게 금융상품을 소개하거나 계약체결을 권유할 목적으로 연락한 자, 야간에 금융상품을 소개하거나 계약체결을 권유할 목적으로 방문 또는 연락한 자 • (500만원 이하의 과태료) 명부를 작성하지 않거나 신원 확인에 응하지 않아 신원을 확인할 수 없는 경우 또는 방문판매원 등의 성명 등을 밝히지 않은 경우

대표유형문제

금융회사와 금융소비자 간 계약서류 제공 사실에 관하여 금융소비자와 다툼이 있는 경우 입증책임이 있는 자는?

> ㉠ 금융소비자
> ㉡ 금융상품직접판매업자
> ㉢ 금융상품판매대리 · 중개업자
> ㉣ 금융상품지문업지

① ㉠
② ㉡, ㉢
③ ㉢, ㉣
④ ㉡, ㉣

해설

계약서류 제공 사실에 관한 입증책임은 금융상품직접판매업자 및 금융상품자문업자가 지도록 하였고, 이에 더해 '계약 체결 사실 및 그 시기'에 대해서도 금융회사 등이 입증하도록 입증책임 전환 범위를 확대하였다.

정답 ④

필수핵심개념

03 금융소비자 권익강화 제도

(1) 계약서류 제공의무

적용대상	금융소비자(일반금융소비자, 전문금융소비자) 모두 적용
개 요	금융상품직접판매업자 및 금융상품자문업자는 계약을 체결하는 경우 금융소비자에게 계약서류를 지체 없이 교부하여 금융소비자 권익을 보장
계약서류 종류	❶ 금융상품 계약서 ❷ 금융상품의 약관 ❸ 금융상품 설명서(금융상품판매업자만 해당)
계약서류 세공의무 예외	• 자본시장법에 따른 온라인소액투자중개업자에 한해서 계약서류가 제공된 경우 금융소비자보호법상 계약서류 제공의무 면제 • 법인 전문금융소비자에게 설명서에 한해서 교부 면제 • 기존 계약과 동일한 내용으로 계약을 갱신하는 경우 • 기본 계약을 체결하고 그 체결내용에 따라 계속적 · 반복적으로 거래를 하는 경우
계약서류 제공방법	서면교부, 우편 또는 전자우편, 휴대전화 문자메시지 또는 이에 준하는 전자적 의사표시
계약서류 제공 사실 증명	금융상품직접판매업자 및 금융상품자문업자

금융소비자보호법상 자료의 기록 및 유지 · 관리 등에 대한 설명으로 거리가 먼 것은?

① 금융상품판매영업등의 업무와 관련하여 자료를 기록하고 유지 · 관리하며 금융소비자의 요구에 응해 열람하게 함으로써 금융소비자의 권리구제 등을 지원하여야 한다.

② 일반금융소비자가 분쟁조정 또는 소송의 수행 등 권리구제를 위한 목적으로 금융상품판매업자등에게 열람을 요구하는 경우 열람을 제한하거나 거절할 수 없다.

③ 내부통제기준의 제정 및 운영 등에 관한 자료를 5년간 보관하여야 한다.

④ 금융상품판매업자등은 자료 열람의 요구를 받았을 때에는 그 요구받은 날부터 6영업일 이내에 일반금융소비자가 해당 자료를 열람할 수 있도록 해야 한다.

해설

금융상품판매업자등은 다음의 어느 하나에 해당하는 경우에는 일반금융소비자에게 그 사유를 알리고 열람을 제한하거나 거절할 수 있다.

• 법령에 따라 열람을 제한하거나 거절할 수 있는 경우
• 다른 사람의 생명 · 신체를 해칠 우려가 있거나 다른 사람의 재산과 그 밖의 이익을 부당하게 침해할 우려가 있는 경우
• 열람으로 인하여 해당 금융회사의 영업비밀을 현저히 침해할 우려가 있는 경우
• 개인정보의 공개로 인해 사생활의 비밀 또는 자유를 부당하게 침해할 우려가 있는 경우

정답 ②

필수핵심개념

(2) 자료의 기록 및 유지 · 관리 등

적용대상	금융소비자(일반금융소비자, 전문금융소비자) 모두 적용
개 요	금융상품판매영업등의 업무와 관련하여 자료를 기록하고 유지 · 관리하며 금융소비자의 요구에 응해 열람하게 함으로써 금융소비자의 권리구제 등을 지원
유지 · 관리대상 자료	• 계약체결에 관한 자료 • 계약의 이행에 관한 자료 • 금융상품등에 관한 광고 자료 • 일반금융소비자의 권리행사에 관한 다음의 자료 　－ 일반금융소비자의 자료 열람 연기 · 제한 및 거절에 관한 자료 　－ 청약의 철회에 관한 자료 　－ 위법계약의 해지에 관한 자료 • 내부통제기준의 제정 및 운영 등에 관한 자료 • 업무 위탁에 관한 자료
유지 · 관리 기간	원칙적으로 10년(내부통제기준의 제정 및 운영 등에 관한 자료는 5년)
열람요구	금융소비자는 분쟁조정 또는 소송의 수행 등 권리구제를 위한 목적으로 요구 가능
열람제공	• 자료열람을 요구받은 날로부터 6영업일 이내에 열람제공. 단, 해당 기간 내에 열람할 수 없는 정당한 사유가 있을 때에는 금융소비자에게 그 사유를 알리고 열람을 연기할 수 있으며, 그 사유가 소멸하면 지체 없이 열람하게 하여야 함 • 열람요구권에 대한 특약으로 투자자에게 불리한 것은 무효로 금소법에 규정

열람제한이나 거절할 수 있는 사유	• 법령에 따라 열람을 제한하거나 거절할 수 있는 경우 　– 다른 사람의 생명·신체를 해할 우려가 있거나 다른 사람의 재산과 이익을 부당하게 침해할 우려 　　가 있는 경우 　– 해당 금융회사의 영업비밀이 현저히 침해될 우려가 있는 경우 　– 영업비밀을 현저히 침해할 우려가 있는 경우 　– 개인정보의 공개로 인해 사생활의 비밀 또는 자유를 부당하게 침해할 우려가 있는 경우 　– 열람하려는 자료가 열람목적과 관련이 없다는 사실이 명백한 경우
비용 청구	우편청구 시 우송료, 열람승인한 자료의 생성 등 추가비용이 발생하는 경우 수수료 청구 가능

section 15　청약철회권　　　　중요도 ★★★

투자성 상품 중 청약철회권이 적용되지 않는 상품은 무엇인가?

① 파생결합증권　　　　　　　　　　　② 고난도투자일임계약

③ 고난도금전신탁계약　　　　　　　　④ 부동산투자신탁

해설

금융소비자보호에 관한 법률상 청약철회권 적용대상 상품은 투자일임계약, 고난도금전신탁계약, 비금전신탁계약 그리고 일정 기간에만 모집하고 그 기간이 종료된 후에 집합투자를 실시하는 고난도금융투자상품(단위형 펀드 : ELF, DLF 등)이므로 파생결합증권은 해당하지 않는다.

정답 ①

필수핵심개념

(3) 청약의 철회

적용대상	일반금융소비자
개 요	청약철회권은 일반금융소비자가 금융상품 등 계약의 청약을 한 후 일정기간 내에 청약과정 등에 하자가 없음에도 불구하고 청약철회로 인한 불이익 없이 탈퇴할 수 있는 기회를 제공하여 일반금융소비자 권익 향상에 기여
청약철회 가능 기간	• 일반금융소비자는 투자성 상품 중 청약철회가 가능한 상품에 한하여 계약서류를 제공받은 날 또는 계약체결일 중 어느 하나에 해당되는 날로부터 7일 내 • 금융투자회사의 신용공여와 같은 대출성 상품은 계약서류를 제공받은 날 또는 계약체결일 중 어느 하나에 해당되는 날로부터 14일 내
효력 발생	일반금융소비자가 금융상품판매영업자에게 서면, 문자 등의 방법으로 발송한 때
청약철회권 배제	• 투자성 상품의 경우 일반소비자가 예탁한 금전을 지체 없이 운용하는 데 동의한 경우에는 청약철회권 행사 불가 ※ 실무상 유의사항 : 투자자가 직접 서명, 기명날인, 녹취 등의 방법으로 동의(확인)하여 회사와 투자자 간 개별약정 방식으로 진행해야 함(약관 등에 미리 문구를 넣어 교부하는 방식으로 의사를 확인하는 경우 약관규제법 위반 소지) • 대출성 상품의 경우 담보로 제공한 증권이 처분된 경우에는 청약철회권 행사 불가

금전 등의 반환	청약 철회를 접수한 날로부터 3영업일 이내에 이미 받은 수수료를 포함한 금전 등을 반환
청약철회 가능 투자성 상품	• 고난도금융투자상품(일정기간 자금을 모은 후 운용하는 집합투자(단위형 펀드)에 한정) • 고난도투자일임계약, 고난도금전신탁계약 • 비금전신탁
청약철회 관련 추가적 소비자 보호장치	• 청약철회된 경우 투자자에 대해 청약철회에 따른 손해배상 또는 위약금 청구 불가 • 청약철회에 대한 특약으로 투자자에게 불리한 것은 무효로 금소법에 규정 • 청약철회에 따라 반환되는 금전은 투자자가 지정하는 입금계좌로 입금

section 16 **금융분쟁의 조정** 중요도 ★☆☆

다음 (   ) 안에 들어갈 단어를 순서대로 바르게 나열한 것은?

> • 금융소비자 및 그 밖의 이해관계인은 금융과 관련하여 분쟁이 있을 때에는 금융감독원장에게 분쟁조정을 신청할 수 있으며, 분쟁당사자가 조정안에 대해 수락할 경우 (   ) 화해와 동일한 효과를 볼 수 있다.
> • 소액사건 조정이탈금지제도는 일반금융소비자가 신청한 (   ) 이하의 소액 분쟁 사건에 대해 조정안 제시 전까지 소 제기가 불가하다.

① 민법상, 1천만원
② 민법상, 2천만원
③ 재판상, 1천만원
④ 재판상, 2천만원

해설

재판상 화해로 확정판결과 동일한 효과를 지니며, 분쟁조정 과정에서 금융회사가 소를 제기하여 조정을 회피하지 못하도록 2천만원 이하의 소액 분쟁 사건에 대해 조정안 제시 전까지 소 제기가 불가하다.

정답 ④

(4) 금융분쟁의 조정

적용대상	금융소비자(일반금융소비자, 전문금융소비자) 모두 적용
개 요	• 금융소비자 및 그 밖의 이해관계인은 금융과 관련하여 분쟁이 있을 때에는 금융감독원장에게 분쟁조정 신청 가능 • 분쟁 조정안 수락 시 재판상 화해와 동일한 효과
시효중단 효과	분쟁조정이 신청된 경우 시효중단 효력 발생
분쟁조정 관련 주요 신규제도	• 소송중지제도 : 분쟁조정 신청 전·후에 소가 제기되면, 법원은 조정이 있을 때까지 소송절차 중지, 법원이 소송절차를 중지하지 않으면 조정절차를 중지해야 함 • 소액사건 조정이탈금지제도 : 금융회사는 ❶ 일반금융소비자가 신청한 ❷ 2천만원 이하의 소액 분쟁 사건에 대해 조정안 제시 전까지 소 제기 불가 • 분쟁조정위원회 객관성 확보 : 분쟁조정위원회 구성위원은 객관성과 공정성을 확보하기 위해 소비자 단체와 금융업권 추천 위원을 동수로 지명

(5) 손해배상책임

적용대상	금융소비자 모두
개 요	금융소비자의 ❶ 설명의무 위반에 따른 손해배상 소송 시 ❷ 입증책임을 완화(전환)하고 금융상품판매 대리·중개업자와 관련된 손해에 대해서 ❸ 금융상품직접판매업자에게도 손해배상책임을 부과함으로써 금융소비자보호에 대한 실효성 제고
입증책임의 전환	• 금융소비자 입증 책임 : 설명의무 위반사실, 손해발생 등의 요건만 입증 • 금융판매업자 등 입증 책임 : 자신에게 고의 또는 과실이 없음을 입증 ※ 민법상 손해배상 청구 시 피해자가 가해자의 ❶ 고의·과실 ❷ 위법성 ❸ 손해 ❹ 위법성과 손해와의 인과관계 등을 입증해야 함
금융상품 직접판매업자의 사용자책임	금융상품판매대리·중개업자 등이 판매과정에서 소비자에게 손해를 발생시킨 경우, 금융상품직접판매업자에게도 손해배상책임 부과

대표유형문제

다음 (   ) 안에 들어갈 적절한 단어를 순서대로 나열한 것은?

> 위법계약해지권은 (   )대 판매규제를 위반하여 금융상품 계약을 체결했을 때 금융소비자가 위법사실을 인지한 경우 위법사실을 안 날로부터 (   ) 이내에 계약해지 요구가 가능하다.

① 6, 1년   ② 6, 5년
③ 5, 1년   ④ 5, 5년

해설

위법계약해지권 : 광고규제를 제외한 5대 판매규제를 위반하는 경우로 요구기간은 소비자가 위법사실을 안 날로부터 1년 이내의 기간으로서 계약체결일로부터 5년 이내 범위의 기간 내에 해지요구가 가능하다.

정답 ③

필수핵심개념

04 판매원칙 위반 시 제재강화

(1) 위법계약해지권

적용대상	금융소비자(일반금융소비자, 전문금융소비자) 모두 적용
개 요	금융소비자는 5대 판매규제를 위반한 계약에 대해 일정기간 내에 해당 계약을 해지할 수 있는 권리로 해지 수수료 · 위약금 등 금전적 불이익 없이 위법한 계약으로부터 탈퇴할 수 있는 기회를 제공함으로써 금융판매업자등의 위법행위를 억제하고 금융소비자의 권익을 강화
행사요건	❶ 5대 판매규제를 위반하여 ❷ 금융상품 계약을 체결한 경우 ❸ 일정 기간 내에 계약 해지 요구 가능 • 판매규제 위반 : 적합성 원칙, 적정성 원칙, 설명의무, 불공정영업행위금지, 부당권유금지(광고규제 위반은 제외) • 대상 금융상품 : ❶ 계속적 거래가 이루어지고 ❷ 해지 시에 재산상 불이익이 발생하는 금융상품 → 투자일임계약, 금전신탁계약, 금융상품자문계약, 수익증권(펀드)(예외 : P2P업자와 체결하는 계약, 원화표시 양도성예금증서, 표지어음) • 해지요구기간 : ❶ 소비자가 위법사실을 안 날로부터 1년 이내의 기간으로서 ❷ 계약체결일로부터 5년 이내 범위의 기간 내에 해지 요구 가능
행사방법	❶ 금융상품 명칭과 ❷ 법 위반사실이 기재된 계약해지요구서 제출
수락통지	계약의 해지를 요구받은 날로부터 10일 이내에 수락여부 통지. 거절 시에는 사유를 함께 통지
위법계약 해지 효력	• 판매자가 해지요구를 수락하거나 소비자가 해지하는 경우, 해당 계약은 장래를 향해 발생하기 때문에 해당 계약은 해지시점 이후부터 무효, 금융회사의 원상회복 의무는 없음(즉, 원금을 보장하지는 않음) • 해당 계약이 종료된 경우 금융상품판매업자 등은 해지관련 비용 요구 불가

(2) 판매제한명령

명령권발동요건	금융위원회는 금융소비자의 재산상 현저한 피해가 발생할 우려가 있다고 명백히 인정되는 경우 금융상품 계약 체결 제한 · 금지를 명령(포괄적 규정)
명령권행사절차	❶ 사전고지 ❷ 명령 전 의견제출 기회 부여 ❸ 대외공시 • 판매제한 · 금지명령이 그 발동시점 이전에 체결된 해당 금융상품에 관한 계약의 효력에 영향을 미치지 않음
판매제한 · 금지 명령 중단	• 재산상 현저한 피해가 발생할 우려를 없애거나 그 금융상품에 관한 계약 체결을 중단한 경우 • 판매제한 · 금지명령 대상자가 해당 조치로 입는 경영상 불이익을 고려하여 판매제한 · 금지명령을 중단 • 이 경우, 그 사실을 지체 없이 판매제한 · 금지명령 대상자에 알리고 그 사실을 홈페이지에 게시

---

section 18 | 과징금과 과태료 비교 중요도 ★★☆

대표유형문제

금융소비자법상 판매원칙 위반 시의 제재사항과 관련하여 ㉠~㉢에 적절한 단어를 순서대로 나열한 것은?

> • (위법계약 해지권) 금융소비자가 금융상품판매업자 등의 행위로 금융상품에 대한 계약을 체결한 경우 계약 체결일로부터 (㉠)의 범위 내에서 서면 등으로 계약을 해지할 수 있음
> • (손해배상 입증책임 전환) 설명의무 위반에 따른 손해배상청구 소송 시 고의 · 과실 입증책임을 (㉡) 등으로 전환
> • (징벌적 과징금) 주요 판매원칙 위반 시 관련 수입 등의 (㉢)%까지 과징금 부과

① 3년, 금융회사, 50% ② 3년, 금융소비자, 100%
③ 5년, 금융회사, 50% ④ 5년, 금융소비자, 100%

해설
㉠ 5년, ㉡ 금융회사, ㉢ 50%이다.

정답 ③

(3) 징벌적 과징금

개 요	• 위법행위로 인해 발생한 수입의 환수 등을 통해 위법행위 의욕을 사전에 제거하는 등 규제의 실효성 확보 • 주요 판매원칙 위반 시 관련 수입 등의 50%까지 과징금 부과
대상 주요 판매원칙	설명의무, 불공정영업행위 · 부당권유행위 금지, 광고규제(적합성 원칙, 적정성 원칙은 과태료 대상)
부과대상	금융상품직접판매업자 또는 금융상품자문업자(원칙적으로 소속 임직원, 대리 · 중개업자가 위반행위 시에도 책임)
부과방법	〈징벌적 과징금 부과금 산정기준〉 과징금 상한 (수입등 × 50%) | 보장성	대출성	투자성	예금성	× 50%
보험료	대출액	투자액	예치금	 × 부과기준율 — 위반행위의 고의성, 소비자 피해규모, 시장 파급효과, 위반횟수 등 고려 ± 가중 · 감경 — 내부통제기준 이행 등 위반행위 예방 노력, 객관적 납부능력 등 고려 • 투자성 상품은 투자액, 대출성 상품은 대출금 등으로 규정하여 거래규모가 클수록 제재강도가 높아지도록 규정 • 단, 수입금액이 없거나 산정이 곤란한 경우 10억원 이내의 범위에서 과징금 부과

(4) 과징금과 과태료 비교

구 분	과징금	과태료		
부과목적	부당이득 환수로 징벌적 목적	의무위반에 부과(행정처분)		
부과대상	• 금융상품직접판매업자(원칙적으로 소속 임직원, 대리 · 중개업자 위반행위 시에도 책임 — 양벌규정) • 금융상품자문업자	규정 위반자(즉, 대리 · 중개업자에게 직접 부과 가능) (부과대상 제한 없음)		
부과사유	• 설명의무 위반 • 불공정영업행위금지 위반 • 부당권유금지 위반 • 광고규제 위반	상한액	• 설명의무 위반 • 불공정영업행위금지 위반 • 부당권유금지 위반 • 광고규제 위반 • 내부통제기준 미수립 • 계약서류제공의무 위반 • 자문업자 영업행위준칙 마련 • 자료유지의무 위반 • 검사거부 · 방해 · 기피	
		1억원		
법정한도액	업무정지처분에 갈음한 과징금의 경우 → 업무정지기간(6월 내) 동안 얻을 이익	3천만원	• 적합성 · 적정성 원칙 위반 • 판매대리 · 중개업자 금지의무 및 고지의무 위반	
		1천만원	변동보고의무 위반	

01 금융소비자보호법상 전문금융소비자에게도 적용되는 제도는 모두 몇 개인가?
★★★

• 적합성 원칙	• 부당권유금지
• 적정성 원칙	• 위법계약해지권
• 설명의무	• 청약철회권
• 불공정영업금지	• 소액분쟁조정 이탈금지
• 열람요구권	

① 0개　　　　　　　　　　　　　　　② 1개
③ 3개　　　　　　　　　　　　　　　④ 5개

> **해설**
> 불공정영업금지, 부당권유금지, 위법계약해지권, 열람요구권은 전문금융소비자에게도 적용된다.

02 금융소비자보호법상 투자성 상품의 적합성 원칙에 대한 설명으로 거리가 먼 것은?
★★☆
① 투자권유 시 먼저 일반금융소비자인지 전문금융소비자인지 확인하여야 한다.
② 일반금융소비자의 정보를 파악한 결과 손실에 대한 감수능력이 적정 수준이어야 한다.
③ 일반 사모펀드 판매 시에는 원칙적으로 적합성 원칙 적용이 면제되지만 적격투자자 중 일반금융소비자가 요청 시 적합성 원칙을 적용하여야 한다.
④ 자본시장법상 온라인소액투자중개대상증권을 포함한 투자성 상품에 적용한다.

> **해설**
> 자본시장법상 온라인소액투자중개대상증권과 연계투자계약(P2P)은 적합성 원칙에서 제외된다.

적용대상		일반금융소비자
금융상품별 적합성 판단 기준	투자성 상품	일반금융소비자의 정보를 파악한 결과 손실에 대한 감수능력이 적정한 수준일 것
	대출성 상품	일반금융소비자의 정보를 파악한 결과 상환능력이 적정한 수준일 것
적용대상 상품	투자성 상품	• 모든 투자성 상품 • 단, 온라인소액투자중개대상증권(크라우딩펀드), 연계투자계약(P2P)은 제외
	대출성 상품	모든 대출성 상품
적용특례		일반 사모펀드 판매 시에는 원칙적으로 적합성 원칙 적용이 면제되지만 적격투자자 중 일반금융소비자가 요청 시 적합성 원칙 적용

03 일반금융소비자 정보 내용 중 투자성 상품과 대출성 상품에 공통적으로 파악해야 하는 정보는?

★☆☆

① 금융상품에 대한 이해도

② 신용등급

③ 기대이익(손실) 등을 고려한 위험에 대한 태도

④ 소비자의 연령

해설

소비자의 연령과 재산상황(부채를 포함한 자산 및 소득에 관한 사항)은 일반금융소비자 정보 내용 중 투자성 상품과 대출성 상품에 공통적으로 파악해야 하는 정보이다.

04 금융소비자보호법상 설명의무에 대한 설명으로 옳은 것은?

★☆☆

① 금융상품판매업자 등은 금융소비자의 투자자가 원치 않으면 교부하지 않을 수 있다.

② 설명하도록 열거된 중요사항이 아닌 내용에 대해서는 동법상 설명의무가 동일하게 적용된다.

③ 일반금융소비자가 중요사항 중 특정 사항만을 원하는 경우 해당 사항에 한정하여 이해할 수 있도록 설명해야 한다.

④ 금소법상 설명사항 중 자본시장법상 투자설명서 또는 간이투자설명서에 기재된 내용일지라도 금소법 설명서에서 반드시 포함시켜야 한다.

해설

① 금융상품판매업자 등은 금융소비자의 의사와 관계없이 설명서를 교부해야 한다.

② 설명하도록 열거된 중요사항이 아닌 내용에 대해서는 동법상 설명의무가 적용되지 않아 설명의무 이행범위를 법령에서 설명하도록 정한 사항에 한정하여 소비자가 중요 정보에 집중할 수 있는 여건을 조성하였다.

④ 금소법상 설명사항 중 자본시장법상 투자설명서 또는 간이투자설명서에 기재된 내용은 금소법 설명서에서 제외 가능하다.

05 금융소비자보호법상 설명의무에 대한 설명으로 거리가 먼 것은?

★★★

① 기존 계약과 동일한 내용으로 계약을 갱신하는 경우 금융소비자에게 설명서를 교부하지 않아도 된다.

② 자본시장법과 동일하게 전문금융소비자에게는 설명의무가 면제된다.

③ 설명의무 위반은 과태료와 과징금의 부과사유에 해당한다.

④ 판매회사가 설명의무를 위반했을 때 금융소비자가 판매회사의 고의 · 과실과 위법성을 입증해야 한다.

해설

금소법은 금융소비자의 입증책임을 완화하기 위해 설명의무 위반에 따른 손해배상청구 소송 시 고의 · 과실 입증책임을 금융회사 등으로 전환하였다.

06 금융소비자보호법상 설명의무에 대한 설명으로 거리가 먼 것은?
★★☆

① 금소법상 설명사항 중 자본시장법상 투자설명서 또는 간이투자설명서에 기재된 내용은 금소법 설명서에서 제외할 수 있다.

② 공모펀드의 경우 간이투자설명서 교부 시 또는 사모펀드의 경우 핵심상품설명서 제공 시, 고난도 상품 요약설명서는 별도로 제공하지 않아도 된다.

③ 일반 사모펀드 판매 시에는 적합(적정)성의 원칙이 적용된다.

④ 본인이 아닌 대리인에게 설명하는 경우에는 전문금융소비자 여부는 대리인이 아닌 본인을 기준으로 판단해야 한다.

> **해설**
>
> 소수 전문가에게만 판매되는 사모펀드 특성을 감안하여 사모펀드 판매 시 적합성·적정성 원칙을 면제한다. 단, 적격투자자 중 일반금융소비자가 요청 시에는 적정성의 원칙이 적용된다.

07 다음의 괄호 안에 들어갈 말로 올바르게 연결한 것은?
★★★

> 공모펀드의 경우 (   ) 교부 시 또는 사모펀드의 경우 (   ) 제공 시, 고난도 상품에 대한 (   ) 교부의무는 면제된다.

① 간이투자설명서, 핵심상품설명서, 요약설명서

② 핵심상품설명서, 간이투자설명서, 요약설명서

③ 요약설명서, 간이투자설명서, 핵심상품설명서

④ 핵심상품설명서, 요약설명서, 간이투자설명서

> **해설**
>
> 공모펀드의 경우 간이투자설명서 교부 시 또는 사모펀드의 경우 핵심상품설명서 제공 시, 고난도 상품에 대한 요약설명서 교부의무는 면제된다.

08 다음 중 금융소비자의 의사와 관계없이 설명서 교부의무가 부과되는 대상은?
★☆☆

① 공모펀드의 경우 간이설명서

② 사모펀드의 경우 핵심상품설명서

③ 고난도 상품에 대한 요약설명서

④ 금소법상 설명서

> **해설**
>
> • 「자본시장법」은 공모펀드의 경우 투자설명서 또는 간이설명서, 사모펀드의 경우 핵심상품설명서, 고난도 상품에 대한 요약(핵심)설명서는 투자자가 원하지 않을 경우에는 설명서 교부의무 면제
> • 「금융소비자보호법」은 금융상품판매업자 등에게 금융소비자의 의사와 관계없이 설명서(금소법상) 교부의무 부과

09 다음 중 부당권유금지에 대한 설명이다. 바르지 못한 것은?
★★☆

① 장내파생상품 판매에 대해 전문금융소비자의 요청이 없는 경우 방문·전화 등 실시간 대화 방법을 활용한 투자성 상품의 권유를 할 수 있다.

② 적합성 원칙을 적용받지 않고 권유하기 위해 일반금융소비자가 적합성 원칙 적용을 원치 않는다는 동의서를 받는 행위는 금지된다.

③ 장외파생상품의 투자권유를 소비자가 거부하는 의사표시를 한 후 1주일 이내에 기초자산이 다른 종류의 투자성 상품은 재권유가 가능하다.

④ 일반금융소비자의 구체적·적극적인 요청이 있는 경우에도 불구하고 방문·전화 등 실시간 대화 방법으로 고난도금융투자상품의 권유를 할 수 없다.

> **해설**
> 금융소비자의 구체적·적극적인 요청이 있는 경우에는 증권 및 파생상품(장내·장외)을 포함해서 방문·전화 등 실시간 대화 방법을 통한 투자성 상품의 권유가 가능하다.
> (참고) 일반금융소비자의 경우에는 요청이 없으면 미리 확인을 받은 경우라도 방문·전화 등 실시간 대화 방법을 활용한 장내파생상품·고난도금융투자상품·사모펀드의 권유는 할 수 없다.

10 다음 중 부당권유행위에 속하지 않는 것은?
★☆☆

① 불확실한 사항에 대해 단정적 판단을 제공하는 행위

② 금융상품의 내용을 사실과 다르게 알리는 행위

③ 금융상품의 가치에 중대한 영향을 미치는 사항을 알리지 않는 행위

④ 대출과 관련하여 다른 금융상품 계약을 강요하는 행위

> **해설**
> ④ 대출과 관련하여 다른 금융상품 계약을 강요하는 행위는 금융상품판매회사 등의 우월한 지위를 이용하는 불공정영업행위 유형이다.
> ①~③ 외에도 객관적 근거 없이 금융상품을 비교하는 행위 등이 부당권유행위에 속한다.

11 금융소비자보호법상 광고규제 관련 사항으로 적절하지 않은 것은?
★☆☆

① 광고규제 대상은 '금융상품에 관한 광고'뿐만 아니라 '금융상품판매업자 등이 제공하는 서비스에 대한 광고'도 포함한다.

② 금융소비자는 광고규제 위반으로 인한 계약 해지를 주장할 수 없다.

③ 대출성 상품에서 대출이자를 월 단위로 표시하여 저렴한 것으로 오인하게 하는 행위는 광고금지 사항이다.

④ 투자성 상품의 경우 금융투자협회가 광고규제 준수여부 확인 및 그 결과에 대한 의견을 통보한다.

> **해설**
> 대출이자를 일 단위로 표시하여 저렴한 것으로 오인하게 하는 행위가 금지행위이다.

12 ★★☆ 금융소비자보호법상 청약철회에 대한 설명으로 옳은 것은?

① 일반금융소비자가 청약철회의 의사를 서면, 휴대전화 문자메시지 등의 방법으로 발송해 금융상품판매업자에게 도달한 때 청약철회의 효력이 발생한다.

② 금전신탁계약서류를 제공받은 날부터 7일 내에 청약철회를 할 수 있다.

③ 투자성 상품 약관에 "투자자가 지체 없이 운용하는 데 동의(확인)합니다."라는 문구를 미리 넣어 작성해 놓고 이를 투자자에게 교부하는 방식으로 투자자의 의사를 확인할 경우 청약권 행사가 불가하다.

④ 판매회사는 고난도금융투자상품의 청약 철회를 접수한 날로부터 3영업일 이내에 이미 받은 수수료를 포함한 금진 등을 반환해야 한다.

> **해설**
> ① 청약철회권은 서면, 휴대전화 문자메시지 등의 방법으로 금융상품판매업자에게 발송한 때 효력이 발생한다.
> ② 금전신탁은 청약철회권 대상 투자성 상품에 해당하지 않는다.
> ③ 약관에 미리 기재하는 방식은 약관규제법 위반 소지가 있어 투자자가 직접 서명, 기명날인, 녹취 등의 방법으로 동의(확인)하여 회사와 투자자 간 개별약정 방식으로 진행해야 한다.

13 ★☆☆ 다음 중 계약서류 제공의무에 대한 내용이다. 적절하지 않은 것은?

① 금융소비자보호법에서 정하는 계약서류의 종류에는 금융상품계약서, 금융상품의 약관, 금융상품설명서(금융상품판매업자만 해당)가 있다.

② 금융상품직접판매업자 및 금융상품자문업자는 금융소비자와 금융상품 또는 금융상품자문에 관한 계약을 체결하는 경우 금융소비자에게 계약서류를 지체 없이 교부하여야 한다.

③ 자본시장법에 따라 온라인소액투자중개업자로서 같은 법에 따라 계약서류가 제공된 경우에는 금융소비자보호법상 계약서류 제공의무를 면제한다.

④ 법인 전문금융소비자에게 계약서류 교부가 면제된다.

> **해설**
> 법인 전문금융소비자에게는 설명서에 한해서만 교부가 면제된다.

14 ★☆☆ 금융소비자보호에 관한 감독규정에 따라 계약서류 제공의무가 면제되는 경우가 아닌 것은?

① 기본 계약을 체결하고 그 계약내용에 따라 계속적·반복적으로 거래하는 경우

② 기존 계약과 동일한 내용으로 계약을 갱신하는 경우

③ 계약금액이 10만원 이하인 경우

④ 법인인 전문금융소비자와 계약을 체결하는 경우(설명서에 한하여 제공의무 면제)

> **해설**
> 계약금액에 따라 계약서류 제공의무가 면제되는 것은 아니다.

15 ★☆☆ **금융분쟁의 조정에 대한 설명으로 적절하지 않은 것은?**

① 금융소비자법에 따라 분쟁조정이 신청된 경우 시효중단의 효력이 있다.

② 분쟁조정 신청 전·후에 소가 제기되면, 법원은 조정이 있을 때까지 소송절차를 중지할 수 있다.

③ 합의권고를 하지 아니하거나 조정위원회에 회부하지 아니한 때에는 시효중단의 효력이 없다.

④ 금융회사는 전문금융소비자가 신청한 소액(권리가액 2천만원 이내) 분쟁 사건에 대하여 조정안 제시 전까지 소 제기가 불가하다.

해설

소액사건 조정이탈금지제도는 일반금융소비자에 한하여 적용된다.

16 ★★★ **금융소비자보호법에서 정하고 있는 내용과 상이한 것은?**

① 청약철회에 대한 특약으로 투자자에게 불리한 것은 무효이다.

② 위법계약해지의 효력은 소급하여 무효이다.

③ 금융소비자의 자료열람요구에도 법령이 정한 경우 또는 다른 사람의 생명·신체를 해칠 우려가 있는 등의 사유가 있을 때는 제한할 수 있다.

④ 금융감독원 분쟁조정위원회의 회의 시 구성위원은 소비자 단체와 금융업권 추천위원이 각각 동수(同數)로 지명된다.

해설

금융소비자보호법상 위법계약해지권의 도입 취지는 해지수수료 등의 불이익 없이 위법한 계약으로부터 신속하게 탈퇴할 수 있는 기회를 부여하고, 이후에 손해배상 등의 책임을 물을 수 있기 때문에 위법계약해지는 장래에 대해서만 효력이 있다.

17 ★★☆ **금융소비자보호법상 청약철회에 대한 설명으로 적절한 것은?**

① 투자성 상품의 경우 금융소비자의 철회의사가 금융회사에 도달한 때에 철회의 효력이 발생한다.

② 투자성 상품의 경우 계약서류를 제공받은 날로부터 7영업일 이내에 철회의사를 표시할 수 있다.

③ 대출성 상품의 경우 계약체결일로부터 14영업일 이내에 철회의사를 표시할 수 있다.

④ 청약 철회를 접수한 날로부터 3영업일 이내에 이미 받은 수수료를 포함한 금전 등을 반환해야 한다.

해설

① 발송한 때부터 철회의 효력이 발생한다.

②, ③ 영업일 기준이 아닌 일을 기준으로 한다.

18 금융소비자보호법에서 정하고 있는 내용으로 적절하지 않은 것은?
★★☆
① 적합성 원칙과 적정성 원칙 위반 시 징벌적 과징금이 부과된다.
② 금융위원회는 금융상품으로 인하여 금융소비자의 재산상 현저한 피해가 발생할 우려가 있다고 명백히 인정되는 경우 판매업자에게 해당 금융상품 계약 체결의 권유 금지를 명할 수 있다.
③ 분쟁조정 관련 주요 신규제도에는 소송중지제도, 소액사건 조정이탈금지제도, 분쟁조정위원회 객관성 확보 등이 있다.
④ 설명의무를 위반하여 금융소비자에게 손해를 입힌 경우에 금융상품판매업자 등에게 손해배상책임을 부과하고 있다.

> **해설**
> 적합성 원칙과 적정성 원칙 위반은 징벌적 과징금 대상이 아닌 과태료(3천만원 이하) 부과 대상이 될 수 있다.

19 금융소비자보호법에서 정하고 있는 내용으로 적절하지 않은 것은?
★★☆
① 대출성 상품에 관한 계약을 체결하고 최초로 이행되기 전에 다른 금융상품에 대한 계약체결을 하는 행위는 꺾기 규제대상에 포함되지 않는다.
② 야간(오후 9시~다음날 오전 8시까지)에 금융상품을 소개하거나 계약체결을 권유할 목적으로 방문 또는 연락한 자는 1천만원 이하의 과태료를 부과한다.
③ 금융상품판매영업 등의 업무와 관련하여 자료는 원칙적으로 10년간 유지·관리를 해야 한다.
④ 정당한 사유가 있을 때에는 금융소비자에게 그 사유를 알리고 열람을 연기할 수 있다.

> **해설**
> 대출성 상품에 관한 계약을 체결하고 최초로 이행된 전·후 1개월 내에 다른 금융상품에 대한 계약체결을 하는 행위를 금지하고 있다.

20 금융소비자보호법에서 정하고 있는 내용으로 적절하지 않은 것은?
★★☆
① 청약철회에 대한 특약으로 투자자에게 불리한 것은 무효이다.
② 청약철회에 따라 반환되는 금전(이자 및 수수료를 제외)은 금융회사가 지정하는 입금계좌로 입금해야 한다.
③ 금융상품판매대리·중개업자 등이 판매과정에서 소비자에게 손해를 발생시킨 경우, 금융상품직접판매업자에게도 손해배상책임을 부과한다.
④ 판매자가 해지요구를 수락하거나 소비자가 해지하는 경우 금융회사의 원상회복 의무는 없다.

> **해설**
> 청약철회에 따라 반환되는 금전에는 이자와 보수·수수료가 포함되어야 하며, 금융회사가 아닌 투자자가 지정하는 입금계좌에 입금해야 한다.

21 금융소비자보호법에서 정하고 있는 내용으로 적절하지 않은 것은?

★★☆

① 판매제한 · 금지명령은 그 발동시점 이전에 체결된 해당 금융상품에 관한 계약의 효력에 영향을 미치지 않는다.

② 수입금액이 없거나 산정이 곤란한 경우 10억원 이내의 범위에서 과징금을 부과한다.

③ 투자성 상품은 투자액, 대출성 상품은 대출금 등으로 규정하여 거래규모가 클수록 제재강도가 높아지도록 규정하고 있다.

④ 과징금은 원칙적으로 판매원칙을 위반한 대리 · 중개업자에게 직접 부과가 가능하다.

> **해설**
>
> 의무위반에 부과되는 과태료는 판매원칙을 위반한 대리 · 중개업자에게 직접 부과가 가능하지만, 부당이득을 환수하는 징벌적 성격인 과징금은 원칙적으로 소속 임직원, 대리 · 중개업자 위반행위 시에도 판매회사(금융상품직접판매업자 및 금융상품자문업자)가 부과대상이다.

22 금융소비자보호법상 권익강화제도에 대한 내용으로 옳은 것은?

★★☆

① 일반금융소비자가 금융상품 등 계약의 청약을 한 후 하자가 있는 경우에 한해서 일정기간 내에 청약철회로 인한 불이익 없이 탈퇴할 수 있다.

② 금융회사는 금융소비자로부터 자료열람을 요구받은 날로부터 6일 이내에 해당자료를 열람할 수 있게 하여야 한다.

③ 내부통제기준의 제정 및 운영 등에 관한 자료는 10년간 보관하여야 한다.

④ 금융소비자에게 계약서류를 휴대전화 문자메시지로도 제공할 수 있다.

> **해설**
>
> ① 일반금융소비자가 금융상품 등 계약의 청약을 한 후 하자가 없음에도 불구하고 일정기간 내에 청약철회로 인한 불이익 없이 탈퇴할 수 있다.
> ② 금융회사는 금융소비자로부터 자료열람을 요구받은 날로부터 6영업일 이내에 해당자료를 열람할 수 있게 하여야 한다.
> ③ 내부통제기준의 제정 및 운영 등에 관한 자료는 5년간 보관하여야 한다.

실전모의고사

• 문항 및 시험시간 •

평가영역	문항 수	시험시간	비 고
파생상품투자권유자문인력	100문항	120분	

1과목 파생상품 I - 선물 13문항

01 장내파생상품의 경제적 기능이 아닌 것은?

① 거래 발견

② 리스크 전가

③ 자금의 효율적 관리

④ 시장의 효율성 제고

02 선물의 가격결정모형에 관한 설명으로 적절하지 않은 것은?

① 보유비용모형에 의하면 선물 이론가격은 현물가격에 순보유비용을 더하여 결정된다.

② 편의수익이란 현물을 실제로 보유할 때 선물 매수 포지션이 주지 못하는 편의를 말하며, 상품선물의 가격결정 시 현물가격에 이자비용과 보관비용을 더하고 편의수익을 차감한다.

③ 금융선물의 가격결정 시 현물가격에 이자비용을 더하고 현금수입을 차감한다.

④ 보유비용모형에 의하면 금융선물의 경우 순보유비용은 항상 양($+$)의 값을 갖는다.

03 다음 중 (   )안에 들어갈 내용을 순서대로 바르게 나열한 것은?

> • 주식선물가격이 미래현물가격의 기대치보다 높은 상황을 (   )(이)라고 한다.
> • 선물가격과 현물가격의 차이를 (   )(이)라고 한다.

① 콘탱고, 베이시스

② 정상시장, 스프레드

③ 역조시장, 스프레드

④ 백워데이션, 베이시스

04 주가지수의 설명으로 옳지 않은 것은?

① KOSPI200은 시가총액식이다.

② 가격가중지수(다우존스)는 고주가종목에 상대적으로 영향력이 크다.

③ KOPSI200지수는 1990년 1월 3일 100포인트 기준이다.

④ KOPSI200지수는 유상증자로 인한 주식수의 증가분을 기준지수에 반영하지 못하는 단점이 있다.

05 주가지수선물의 이론적인 가격특성에 대한 설명 중 가장 거리가 먼 것은?

① 선물가격이 현물가격보다 높다.

② 원월물가격이 근월물가격보다 높다.

③ 금리가 올라가면 선물가격은 상승한다.

④ 배당이 증가하면 선물가격은 상승한다.

06 주가지수선물을 이용한 차익거래 시 유의할 점으로 가장 거리가 먼 것은?

① 부분복제법을 이용하여 현물바스켓을 구성하면 추적오차가 발생할 위험이 존재한다.

② 완전복제법은 시수의 구성종복수가 많아질수록 포트폴리오 분산효과로 인해 비용이 감소한다.

③ 현물바스켓을 대규모로 주문집행할 때 개별종목이나 선물의 가격변동이 불리하게 되는 시장충격 비용이 발생한다.

④ 현물바스켓의 잦은 재조정(Rebalancing)은 비용이 수반되므로 거래비용을 감안한 차익거래 기회가 줄어든다.

07 현재 보유하고 있는 주식 포트폴리오의 가치는 500억원이다. 포트폴리오 베타가 1.5이고 KOSPI200 선물지수가 100pt일 때 주가하락을 예상하여 보유주식 손실을 줄이기 위해 목표 베타를 0.7로 감소시키기를 원하면 KOSPI200선물 계약수는 얼마인가?

① 1,400계약 매수

② 1,400계약 매도

③ 1,600계약 매수

④ 1,600계약 매도

08 역조시장을 가정하는 경우 KOSPI200선물의 원월물과 근월물 간 스프레드 확대가 예상되는 적절한 스프레드 전략은?

① 근월물 매수, 원월물 매수

② 근월물 매도, 원월물 매도

③ 근월물 매수, 원월물 매도

④ 근월물 매도, 원월물 매수

09 향후 수익률곡선의 플래트닝(flattening)이 예상될 경우 적절한 스프레드 거래 전략은?

① 장기물 선물 매도 + 단기물 선물 매도

② 장기물 선물 매수 + 단기물 선물 매수

③ 장기물 선물 매수 + 단기물 선물 매도

④ 장기물 선물 매도 + 단기물 선물 매수

10 T−Bond선물의 선물계약 만기 시 실물인수도에 관한 의사결정권한은 선물매도자가 가지게 된다. 이러한 매도자인도옵션과 가장 거리가 먼 것은?

① 품질옵션

② 인도시점옵션

③ 월초옵션

④ 와일드카드옵션

11 선물환거래에 대한 설명 중 가장 거리가 먼 것은?

① 선도계약으로 장외에서 거래된다.

② 증거금과 일일정산제도로 계약불이행위험을 방지한다.

③ 대부분 실물인수도로 결제된다.

④ 달러의 매수 · 매도 스프레드가 주된 거래비용이다.

12 외환시장에서 원－달러 선물환율이 이자율평형이론에 의해 계산되어 이론선물가격보다 높은 경우 실행할 수 있는 차익거래 전략 중 가장 거리가 먼 것은?

① 원화 차입

② 원－달러 선물환 매도

③ 원－달러 현물환 매도

④ 미국 달러 표시 자산에 투자

13 A은행은 1개월 만기 원－달러 NDF를 달러당 1,210원에 1,000만달러를 매수하였다. 1개월 후 지정환율이 달러당 1,223원이 되었다면, A은행이 수취 또는 지급해야 할 결제금액은?

① 106,296달러 수취　　　　　　　　② 106,296달러 지급

③ 107,438달러 수취　　　　　　　　④ 107,438달러 지급

1과목 파생상품 I - 옵션 12문항

14 옵션에 대한 설명 중 가장 거리가 먼 것은?

① 옵션매수자의 손실은 프리미엄에 한정된다.

② 옵션의 매도자는 의무만 갖는다.

③ 옵션의 매도자에게만 위탁증거금을 부과한다.

④ 옵션매수자는 대칭적인 손익구조를 갖는다.

15 행사가격이 260pt인 콜옵션 가격이 3pt에 거래되고 있다. 현재 옵션의 기초자산가격이 261pt라면, 이 콜옵션의 시간가치는?

① 1pt　　　　　　　　② 2pt

③ 3pt　　　　　　　　④ 4pt

16 옵션의 구성요소에 대한 설명 중 가장 거리가 먼 것은?

① 옵션의 시간가치는 외가격과 내가격 상태에서 가장 크다.

② 만기일이 가까워질수록 옵션의 시간가치는 감소한다.

③ 외가격 옵션의 가치는 모두 시간가치를 반영한 값이다.

④ 옵션의 내재가치는 내가격 상태에서 거래될 때에만 존재한다.

17 KOSPI200 콜옵션의 이론적 가격 상승요인으로 가장 올바른 것은?

① 삼성전자 등 KOSPI200 구성종목의 배당이 전반적으로 감소하였다.

② 기초자산인 KOSPI200의 변동성이 하락하였다.

③ 콜옵션의 잔존기간이 감소하였다.

④ 금통위의 기준금리 인하 결정으로 금리가 하락하였다.

18 풋-콜 패리티(put-call parity)에 대한 설명으로 옳지 않은 것은?

① 등가격(ATM) 선물옵션인 경우 콜옵션과 풋옵션의 가치가 동일하다.

② 주식의 배당금을 고려하는 경우 콜옵션의 가치는 배당금이 (-)효과를 갖는다.

③ 이자율이 0보다 큰 경우 등가격 콜옵션은 등가격 풋옵션에 비해 가치가 크다.

④ 풋-콜 패리티는 미국식 옵션을 가정한다.

19 옵션의 민감도 지표인 델타에 관한 설명으로 가장 거리가 먼 것은?

① 기초자산의 가격이 하락할수록 콜옵션의 델타는 1, 풋옵션의 델타는 -1에 가까워진다.

② 잔존만기가 줄어들수록 풋옵션의 가격곡선은 원점에 가까워져 직선이 된다.

③ 델타가 0.4인 옵션의 경우 델타 중립을 만들기 위해서는 -0.4의 델타값을 갖는 기초자산을 매매 해야 한다.

④ 델타의 개념은 블랙-숄즈 옵션가격결정모형과 밀접하게 연관되어 있다.

20 현재 콜옵션 매수 포지션의 델타가 0.35이고 감마가 0.05라면 기초자산이 1단위 하락하는 경우 최종적인 델타는?

① 0.25

② 0.3

③ 0.4

④ 0.45

21 분기 기업실적 발표가 끝나고 당분간 주식시장의 변동성이 축소될 전망이다. 이때 바람직한 옵션 전략은?

① 약세 풋 스프레드

② 스트래들 매도

③ 강세 콜 스프레드

④ 컨버전

22 다음 중 보호적 풋(protective put)과 동일한 손익구조를 지닌 포지션은?

① 콜옵션 매수

② 콜옵션 매도

③ 풋옵션 매수

④ 풋옵션 매도

23 변동금리 채권 투자자가 금리하락리스크를 제거하면서 금리상승에 따른 혜택을 누리고자 할 때 취할 수 있는 가장 바람직한 전략은?

① 캡 매수

② 캡 매도

③ 플로어 매수

④ 플로어 매도

24 6개월 뒤 미국 달러로 수입대금을 지불하는 수입업체가 취할 수 있는 달러-원 통화옵션으로 가장 올바른 것은?

① 콜옵션 매수

② 콜옵션 매도

③ 풋옵션 매수

④ 풋옵션 매도

25 금리 하락으로부터 손실을 입을 수 있는 상황에 해당하지 않는 것은?

① 고정금리 장기부채가 있는 경우

② 향후 투자 또는 대출계획이 있는 경우

③ 변동금리부자산이 있는 경우

④ 고정금리 채권에 투자

2과목 파생상품Ⅱ - 스왑 8문항

26 Parallel Loan과 Back-to-Back Loan에 대한 설명이다. 사실과 다른 것은?

① 통화스왑이 원초적 형태로 1960년대에 고안되어 1973년 규제가 철폐되기까지 널리 이용되었다.

② Parallel Loan을 통해 두 자회사는 일반대출보다 전체비용을 절감하고 외환거래에 부과되는 수수료 비용을 회피할 수 있다.

③ Parallel Loan계약은 두 개의 대출계약이 연계되어 한쪽에 채무불이행 사태가 발생했을 때 상대방과 채무상계(set-off)가 가능한 장점이 있다.

④ Back-to-Back Loan은 채무상계 문제로 고안되었고 신용위험을 상당히 개선하였다.

27 이자율스왑(IRS)에 대한 설명으로 바르지 않은 것은?

① 이자만 교환하고 원금교환은 하지 않는 것이 일반적이다.

② payer swap 또는 long swap은 고정금리를 지급하는 포지션이다.

③ 고정금리와 변동금리의 이자지급 주기가 달라도 차액결제가 적용된다.

④ 단기금융시장의 대표적인 스왑거래이다.

28 스왑과 관련된 날짜를 설명하였다. 바르지 않은 것은?

① trade date는 스왑계약을 체결하는 날이다.

② effective date는 이자계산 시작일로서 국제금융시장에서는 통상 trade date 이후 2영업일이 된다.

③ payment date는 스왑결제일(이자지급일 혹은 원금교환일)로서 공휴일이면 preceding, following, modified following 방식 중 하나를 적용해야 한다.

④ reset date는 변동금리 적용기준일로서 달러화 Libor의 경우 이자계산 종료일 2영업일 전이 된다.

29 스왑스프레드의 변동요인에 대한 설명이다. 사실과 가장 거리가 먼 것은?

① 유로시장(은행 간의 자금시장)에서 신용위험이 증가하면 유로달러금리와 Treasury금리 간의 차이가 확대되어 스왑스프레드가 확대된다.

② 장래 금리상승이 예상될 때는 차입자의 금리고정화 수요가 증가하여 스왑스프레드가 축소되는 경향이 있다.

③ 미국 재무부 재권금리 수준으로 저금리 상태일 때는 장기차입자의 금리고정화 수요가 증가함으로써 스왑스프레드가 확대된다.

④ 주요 스왑은행의 포지션으로 스왑딜러의 고정금리 지급 포지션이 많을 경우에는 딜러들이 헤지를 위해 고정금리 수취스왑을 확대해야 하므로 스왑스프레드가 축소된다.

30 고정금리 채권을 투자한 것과 동일한 금리리스크를 갖는 포지션으로 바르게 묶은 것은?

① receiver swap, 시리즈 FRA 매입

② payer swap, 시리즈 FRA 매입

③ long swap, 시리즈 FRA 매도

④ short swap, 시리즈 FRA 매도

31 A기업의 자금조달비용은 고정금리 11% 또는 변동금리 Libor + 0.5%이다. 스왑금리가 9.85/9.75
로 제시되었을 경우, A기업이 변동금리로 자금을 조달한 후 스왑딜러와 이자율스왑거래 시, A기업의
최종 금리비용은?

① 8.45%

② 9.95%

③ 10.35%

④ 11.45%

32 2×5 9% Payer swaption에 대해 설명하였다. 바르지 않은 것은?

① 2년 뒤 권리행사 시 3년 만기 payer스왑이 체결된다.

② 2년 뒤 3년 swap rate가 10%가 되면 ITM옵션이 된다.

③ 변동금리 자금차입자가 헤지를 위해 매수한다.

④ Cap매수와 현금흐름상 동일하나 Cap보다 프리미엄이 비싸다.

33 고정금리를 수취하는 이자율스왑으로부터 발생하는 금리변동위험을 제거하는 방법으로 적절하지 않
은 것은?

① 국채선물 매도

② 재무부 채권 매도 + reverse − repo + TED spread 매수

③ 유로달러선물 스트립 매도

④ FRA 시리즈 매도

2과목 파생상품 II - 기타 장외파생상품·파생결합증권 17문항

34 다음 중 장외파생상품에 대한 설명으로 옳지 않은 것은?

① 당사자 간의 필요에 따라 언제든지 계약내용을 변경할 수 있다.

② 만기 이전에 포지션 청산이 불가하다.

③ 거래자들의 다양한 욕구를 충족시킬 수 있어 장내파생상품에 비해 훨씬 광범위하게 사용되고 있다.

④ 장내파생상품에 비해 유동성은 떨어지나 24시간 거래가 가능하다.

35 다음 중 경로의존형 옵션이 속하는 것은?

① 디지털옵션 　　　　　　　　② 레인보우옵션

③ 클리켓옵션 　　　　　　　　④ 버뮤다옵션

36 매입자에게 가장 유리하고 프리미엄이 가장 비싼 옵션은 어느 것인가? (기초자산, 만기, 행사가격 등은 동일하다고 가정한다.)

① 평균옵션 　　　　　　　　　② 녹인옵션

③ 녹아웃옵션 　　　　　　　　④ 표준옵션

37 3개월 만기 클리켓 콜옵션 조건이 다음과 같을 때 만기 시점 누적손익은 얼마인가?

초기 행사가격 : 5,000원	행사가격 재조정 : 총 2회 (1개월 후, 2개월 후)
초기 기초자산가격 : 5,000원	1개월 후 기초자산가격 : 5,300원
2개월 후 기초자산가격 : 5,100원	만기일 기초자산가격 : 5,500원

① 300원 　　　　　　　　　② 400원

③ 500원 　　　　　　　　　④ 700원

38 다음 중 down－and－out 콜옵션에 해당하는 것은?

① 기초자산가격이 일정기간 내에 100 이하로 하락 시 옵션이 무효화된다.
② 기초자산가격이 일정기간 내에 100 이하로 하락 시 옵션이 유효화된다.
③ 기초자산가격이 일정기간 내에 100 이상으로 상승 시 옵션이 무효화된다.
④ 기초자산가격이 일정기간 내에 100 이상으로 상승 시 옵션이 유효화된다.

39 다음 중 외환스왑(Fx swap)에 대한 설명으로 옳지 않은 것은?

① 외환스왑은 동일한 거래상대방과 동일 금액의 두 외환거래를, 거래방향을 반대로 하여 체결하는 한 쌍의 외환거래이다.
② 외환스왑은 스왑기간이 단기로 통상 1년 이상이다.
③ 스왑기간 중 주기적인 이자교환은 발생하지 않는다.
④ 만기 시 교환되는 원금은 계약 초기 현물환율을 적용한다.

40 수입업자가 환위험을 관리하기 위해 통화옵션을 이용하여 선물환을 복제하려고 한다면 적절한 합성 포지션은?

① 콜옵션 매수 ＋ 풋옵션 매수
② 콜옵션 매수 ＋ 풋옵션 매도
③ 콜옵션 매도 ＋ 풋옵션 매수
④ 콜옵션 매도 ＋ 풋옵션 매도

41 신용디폴트스왑(CDS) 프리미엄에 영향을 주는 요인이 아닌 것은?

① 준거자산의 신용사건 발생가능성
② 신용사건 발생 시 예상되는 준거자산의 회수율
③ 보상매입사의 신용도
④ 스왑계약의 만기

42 만기상환형 ELB 수익구조 중 만기 기초자산의 가격에 따라 일정구간까지는 상승 수익을 지급하고 그 이상은 고정된 최대 수익을 지급하는 형태는?

① 녹아웃 옵션형

② 콜 스프레드형

③ 디지털형

④ 양방향 녹아웃형

43 다음 중 ELS, ELD, ELF에 대한 설명으로 적절하지 않은 것은?

① ELD는 은행에서 발행되는 금융상품이지만 예금자보호법의 대상에는 속하지 않는다.

② ELF는 자산운용사에서 운용하는 수익증권으로서 원금은 보장되지 않는다.

③ ELS는 증권사에서 발행하는 증권이다.

④ ELD는 원금이 보장되는 구조이다.

44 ELS 공모발행에 대한 설명으로 가장 거리가 먼 것은?

① ELS를 발행하기 위해서는 증권 및 장외파생상품에 대한 투자매매업 인가를 받아야 한다.

② 최대 원금손실 가능금액이 20% 미만인 ELS의 경우 일괄신고서 제출이 허용된다.

③ 일괄신고서를 제출한 자는 발행예정기간 중 3회 이상 그 증권을 발행해야 한다.

④ ELS는 유동성 공급자가 발행물량을 일괄하여 취득한 후, 시장을 통하여 매매하는 간주 공모의 형태로 발행한다.

45 조기상환형 ELS에 대한 설명으로 적절하지 않은 것은?

① 기초자산이 2개 이상인 경우 이 중 주가가 높은 기초자산가격을 기준으로 수익상환조건이 결정되는 구조이다.

② 스텝다운 ELS는 매 조기상환 시점마다 일정 비율씩 조기상환 가격 수준을 낮춰줌으로써 조기상환의 가능성을 높인 구조이다.

③ 기초자산은 국내지수뿐만 아니라 해외지수도 사용된다.

④ 통상 만기가 2년이나 3년으로 설계되고, 발행 후 6개월 단위로 조기상환기회가 부여된다.

46 총수익스왑(TRS : Total Return Swap)에 대한 설명으로 바르지 못한 것은?

① 현금흐름 측면에서 준거자산을 매각하는 것과 동일하다.

② 신용사건이 발생하지 않는 경우에도 준거자산의 시장가치를 반영한 현금흐름이 발생한다.

③ 계약기간 중 준거자산이 도산하게 되는 경우에는 현금이나 실물인도를 통해 정산한다.

④ 보장매입자가 준거자산에서 발생하는 이자수익만을 보장매도자에게 지급한다.

47 ELW에 대한 설명으로 바른 것은?

① 일반투자자도 매도가 가능하다.

② 장내파생상품으로 분류된다.

③ 거래소가 결제이행을 보증한다.

④ 거래기간이 3개월에서 3년 이내이다.

48 ELW의 가격결정요인에 대한 설명이다. 사실과 다른 것은?

① 콜ELW의 경우 주가가 상승하면 만기에 수익을 올릴 가능성이 높아지기 때문에 해당 ELW 가격이 상승한다.

② 콜ELW의 경우 행사가격이 높을수록 만기에 기초자산가격이 행사가격 이상이 되어 수익을 올릴 가능성이 낮아지기 때문에 해당 ELW 가격은 낮아진다.

③ 기초자산가격의 변동성이 커진다는 것은 주가가 크게 변동하여 상승 또는 하락할 가능성이 높다는 것을 의미한다.

④ 다른 조건이 동일할 때 잔존만기가 장기인 ELW의 가격이 낮다.

49 ETN(상장지수증권)의 상장제도에 대한 설명이다. 사실과 다른 것은?

① 신속한 상장을 위해 심사기간을 15일로 짧게 설정하여 심사기간이 20일인 ETF보다 빠른 시일 내에 상장이 가능하다.

② 발행회사는 자기자본 5,000억원 이상, 신용등급 AA−이상 그리고 순자본비율(NCR) 150% 이상이다.

③ 개별종목은 종목당 10%가 적용되며, 최소 10종목이 포함되어야 한다.

④ 원활한 유동성 공급을 위해 유동성 공급 계약을 체결하거나 자신이 직접 유동성을 공급하여야 한다.

50 ETN(상장지수증권)의 투자지표 중 시장가격의 고평가나 저평가 정도를 나타내는 지표는 무엇인가?

① 일일 지표가치(IV)

② 실시간 지표가치(IIV)

③ 괴리율

④ 추적오차

3과목 리스크관리 8문항

51 리스크(risk)에 대한 설명 중 부적절한 것은?

① 리스크(risk)는 불확실성에의 노출 또는 기대하지 않은 결과의 변동성으로 정의된다.

② 투자리스크는 나쁜 것이므로 줄이는 것이 최선이다.

③ 불확실성은 외부환경으로부터 주어진 변수이나 노출의 정도와 기간은 통제할 수 있다.

④ 리스크(risk)는 danger와 opportunity의 개념을 포함한다.

52 95% 신뢰수준에서 계산한 일일 VaR가 10억이라면 아래 해석 중 틀린 것은?

① 현재 포트폴리오를 내일까지 유지할 경우 정상시장에서 잃을 수 있는 최대손실액이 10억을 초과하지 않을 것이라고 95% 확신한다.

② 현재 포트폴리오를 내일까지 유지할 경우 정상시장에서 잃을 수 있는 최대손실액이 10억을 초과할 확률이 5%이다.

③ 현재 포트폴리오를 내일까지 유지할 경우 정상시장에서 5%의 확률로 잃을 수 있는 최대손실액이 10억이다.

④ 현재 포트폴리오를 내일까지 유지할 경우 정상시장에서 적어도 10억은 잃을 수 있다는 것을 5% 확신한다.

53 다음 중 위험의 측정방법에 대한 설명이 틀린 것은?

① 미래수익률의 분산이 높을 경우 위험이 크다고 한다.

② 수익률의 시계열적 상관계수가 높을수록 미래수익률의 확률분포를 예측하는 것이 쉬워진다.

③ 단순이동평균법으로 미래변동성을 추정하는 경우 최근의 시장정보를 충분히 반영할 수 있다.

④ 지수가중이동평균법으로 미래변동성을 측정하기 위해 표본기간의 수익률에 대해 과거로 갈수록 지수적으로 감소하는 가중치를 부여한다.

54 포지션의 VaR가 100억원이고 B포지션의 VaR가 200억원이다. 두 포지션 간의 상관계수가 −0.3이면 포트폴리오 구성 시 기대되는 분산효과는?

① 0원

② 105억원

③ 51억원

④ 140억원

55 VaR측정방법으로서 델타노멀분석법에 대한 설명이다. 가장 거리가 먼 것은?

① 부분가치로 평가한다.

② 가치평가모형을 필요로 한다.

③ 옵션이나 채권과 같은 비선형 금융상품을 평가할 경우 정확성이 떨어진다.

④ 정규분포를 전제로 한다.

56 역사적 시뮬레이션법의 장 · 단점을 설명한 것으로 옳은 것은?

① 리스크 요인에 대한 정규분포를 가정하여야 한다.

② 완전가치방법이 요구된다.

③ 일시적으로 증가한 변동성을 잘 고려한다.

④ 과거 자료의 극단치에 영향을 크게 받지 않는다.

57 A채권의 가치는 10,000원이고 채무불이행확률은 5%이다. B채권의 가치는 9,500원이고 채무불이행 확률은 10%다. 두 채권의 채무불이행 간 상관계수는 1이고 회수율은 0%라면 두 채권으로 구성된 포트폴리오의 기대손실은?

① 1,450원

② 1,950원

③ 2,100원

④ 2,350원

58 결제 시의 실수, 모형리스크, 가격평가의 오류 등 내부절차와 통제에서 부적절함으로 인한 손실과 연관된 운영리스크를 무엇이라고 하는가?

① 프로세스리스크

② 인적리스크

③ 외부사건리스크

④ 시스템리스크

3과목 영업실무 5문항

59 계좌개설업무와 관련된 설명으로 가장 적합한 것은?

① 실명확인은 반드시 위탁자 본인을 통해서만 가능하다.

② 계좌개설 시 인감이 반드시 필요하다.

③ 거래소 회원은 파생상품계좌 설정 계약에 관한 서면, 파생상품거래 위험고지서교부확인서 및 위탁자 관련 사항에 관한 서면을 10년 이상 보관하여야 한다.

④ 해외선물계좌를 개설할 경우에도 위험고지서는 국내선물과 동일하다.

60 협의대량거래에 대한 설명으로 틀린 것은?

① 협의대량거래는 당사자 간 사전에 협의된 가격이나 수량으로 거래를 체결시키는 상대거래 방식의 협의거래 제도이다.

② 단일가호가 시간을 제외한 정규거래 시간에 신청이 가능하다.

③ 시장조성자 계좌를 통해 협의대량거래를 신청할 수 없다.

④ 통화선물의 경우 협의 완료된 시각으로부터 1시간 이내에 협의대량거래를 신청하여야 한다.

61 한국거래소의 파생상품 결제에 대한 설명으로 가장 올바른 것은?

① KOSPI200 옵션거래의 경우, 권리행사신고 의제수치는 0.5pt이다.

② 통화선물의 실물인수도 결제시한은 최종거래일의 12시이다.

③ 통화선물의 최종 인수도 시 매수미결제를 보유한 위탁자는 인수도물품인 해당 통화를 회원에게 납부하여야 한다.

④ 주식옵션거래의 권리행사는 최종거래일에만 가능하다.

62 한국거래소의 증거금제도에 대한 설명으로 틀린 것은?

① 미결제약정이 없는 위탁자가 신규주문 시 예탁하는 것을 기본예탁금이라 한다.

② 위탁증거금은 고객이 주문 시 회원에게 납부하는 것으로 사전증거금과 사후증거금 제도가 있다.

③ 위탁자로부터 예탁받은 위탁증거금 중에서 회원이 실제로 거래소에 납부하여야 하는 증거금은 위탁증거금의 2/3 수준으로 설정되어 있다.

④ 위탁자가 미결제약정을 보유하고 있을 경우 매 거래일 종료시점에 확보하고 있어야 할 일정수준 이상의 증거금을 추가증거금이라 한다.

63 다음의 경우 갱신차금은 얼마인가?

• 전일 매수 미결제약정 KOSPI200선물 10계약(체결가 210, 정산가 212)
• 당일 신규매수 5계약(체결가 213, 정산가 214)

① 250만원

② 500만원

③ 1,000만원

④ 2,000만원

64 다음 중 직무윤리에 대한 설명으로 적절하지 않은 것은?

① 직무윤리는 조직 구성원 개개인들이 지켜야 하는 윤리적 행동과 태도를 구체화한 것이다.

② 윤리는 있는 그대로의 법이다.

③ 직무윤리는 미시적인 개념이며, 기업윤리는 거시적인 개념으로 본다.

④ 윤리 경영은 직무윤리를 기업의 경영방식에 도입하는 것으로 간단히 정의될 수 있다.

65 자본시장법에서 직무윤리의 역할에 대한 설명으로 거리가 먼 것은?

① 자본시장법에서 금융투자상품을 포괄적으로 정의함으로써 그 적용대상과 범위가 확대됨에 따라 법의 사각지대를 메워주는 직무윤리의 중요성이 커졌다.

② 자본시장법상 직무윤리는 금융기관 자체 서비스 중심에서 법적 의무로 제도화되었다.

③ 자본시장법상 전문투자자의 경우 법상 주된 보호대상에서 제외되었으나 이에 대한 윤리적 책임까지 완전히 면제되는 것은 아니다.

④ 자본시장법은 금융소비자 별도의 내부통제제도를 도입하였다.

66 국제투명성기구(TI : Transparency International)와 관련된 설명으로 옳지 않은 것은?

① 1995년 이래 매년 각 국가별 부패인식지수(CPI)를 발표하고 있다.

② 순위보다는 점수를 중심으로 살펴보아야 한다.

③ 부패인식지수의 점수가 낮을수록 부패정도가 심한 것이다.

④ 우리나라는 아직도 경제규모에 비해 윤리수준이 낮게 평가됨으로써 국제신인도와 국제경쟁력에 부정적인 영향을 미치고 있는 실정이다.

67 자본시장법상의 이해상충 방지체계에 관한 설명으로 옳지 않은 것은?

① 자본시장법에서는 금융투자업 간 겸영 허용 범위가 넓어짐에 따라 이해상충 방지체계를 금융투자업의 인가 · 등록 시부터 갖추도록 의무화하고 있다.

② 금융투자업자는 이해상충이 발생할 가능성을 파악 · 평가하고, 내부통제기준이 정하는 방법 및 절차에 따라 이를 적절히 관리하여야 한다.

③ 금융투자업자는 이해상충이 발생할 가능성이 있는 경우에는 그 사실을 미리 해당 투자자에게 알려야 하며, 이해상충이 발생할 가능성을 투자자보호에 문제가 없는 수준으로 낮춘 후 매매 및 그 밖의 거래를 하여야 한다.

④ 금융투자업자는 이해상충이 발생할 가능성을 낮추는 것이 곤란하다고 판단되는 경우에는 준법감시인의 승인 후 거래를 하여야 한다.

68 다음 중 금융상품 판매 이전 금융소비자보호제도에 해당하는 것은?

① 계약서 제공 의무

② 합리적 근거 제공 의무

③ 위법계약해지권

④ 판매자격관리

69 설명의무에 대한 내용이다. 가장 거리가 먼 것은?

① 일상적 어휘보다는 가급적 전문적인 언어를 사용하여야 한다.

② 금융소비자보호법상의 금융상품 4가지 모두를 대상으로 이행해야 한다.

③ 기존 계약과 동일한 내용으로 계약을 갱신하는 경우 설명서 교부의무가 면제된다.

④ 금융소비자보호법상의 설명의무를 이행하지 않은 금융회사에 대해, 해당 금융상품으로부터 얻는 수입의 최대 50% 이내에서 과징금을 부과할 수 있으며 별도로 최대 1억원의 과태료를 부과할 수 있다.

70 다음 중 금융소비자보호 총괄책임자(CCO)의 업무가 아닌 것은?

① 금융기관의 위험관리에 관한 규정의 제정 및 수립

② 금융소비자보호에 필요한 절차 및 기준의 수립

③ 민원접수 및 처리에 관한 관리 · 감독업무

④ 금융상품 각 단계별 소비자보호 체계에 관한 관리 · 감독

71 다음은 금융소비자보호의무 이행을 위한 상품판매 이후 단계에서 실행되는 제도이다. 괄호 안에 들어갈 말이 순서대로 바르게 연결된 것은?

> • 해피콜 서비스는 금융소비자와 판매계약을 맺은 날로부터 (   ) 이내에 판매직원이 아닌 제3자가 해당 금융소비자와 통화하여 판매직원이 설명의무 등을 적절히 이행하였는지 여부를 확인하여야 하는 것이다.
> • 금융회사는 금융소비자의 위법계약 해지 요구가 있는 경우 해당일로부터 (   ) 이내에 계약 해지 요구의 수락 여부를 결정하여 금융소비자에게 통지하여야 한다.

① 7일, 10일

② 7영업일, 10영업일

③ 7일, 10영업일

④ 7영업일, 10일

72 금융투자회사의 내부통제위원회에 대한 설명이다. 가장 올바른 것은?

① 일정규모 이상의 금융투자회사는 준법감시인을 위원장으로 하여 위원관리책임자 및 그 밖에 내부통제 관련 업무 담당 임원을 위원으로 하는 내부통제위원회를 두어야 한다.

② 내부통제위원회는 매 분기별 1회 이상 회의를 개최해야 한다.

③ 최근 사업연도 말 현재 자산총액이 8천억원 미만인 상호저축은행은 내부통제위원회를 두지 않아도 된다.

④ 최근 사업연도 말 현재 자산총액이 5조원 미만인 금융투자업자는 내부통제위원회를 두지 않아도 된다. 단, 운용 중인 집합투자재산 · 일임재산 · 신탁재산의 합계액이 20조원 이상인 경우는 내부통제위원회를 두어야 한다.

73 한국금융투자협회의 '분쟁조정에 관한 규정'상 분쟁조정에 대한 설명으로 가장 올바른 것은?

① 다수인이 공동으로 조정신청을 하는 경우에는 각자가 조정절차를 수행하여야 하며 대표자 선임은 인정되지 않는다.

② 수사기관이 수사 중인 경우, 분쟁조정위원회 위원장은 신청사건을 분쟁조정위원회에 회부하기 전에 종결처리할 수 있다.

③ 분쟁조정위원회의 위원에 대한 제척은 인정되나, 기피신청은 인정되지 않는다.

④ 분쟁조정은 공개를 원칙으로 한다.

74 다음 중 개인정보처리자의 개인정보 보호 원칙으로 옳지 않은 것은?

① 개인정보의 처리목적에 필요한 범위에서 적합하게 개인정보를 처리하여야 하며, 그 목적 외의 용도로 활용해서는 안 된다.

② 개인정보의 처리방침 등 개인정보의 처리에 관한 사항을 공개하여야 한다.

③ 정보주체의 사생활 침해를 최소화하는 방법으로 개인정보를 처리하여야 한다.

④ 개인정보는 정확한 정보를 필요로 하므로, 익명처리를 하여서는 안 된다.

75 다음 CTR에 대한 설명 중 거리가 먼 것은?

① 보고대상 기준금액은 1천만원 이상의 현금거래이다.

② 인터넷 뱅킹 등을 이용하는 경우 보고대상이 아니다.

③ 동일인이 7기래일 동안 창구를 통하여 기준금액 이상 거래하는 경우 부고 대상이다.

④ 금액 계산 시 금융기관별로 지급, 영수한 금액을 각각 별도 합산한다.

4과목 자본시장 관련 법규 17문항

76 자본시장법상 금융투자상품에 대한 설명으로 가장 거리가 먼 것은?

① 투자성 여부를 판단할 때, 고객이 지급하는 판매수수료는 투자원본 산정에서 제외된다.

② 수탁자에게 신탁재산의 처분권한이 부여되지 아니하는 관리신탁의 수익권은 금융투자상품에서 제외된다.

③ 금융투자상품은 증권과 파생상품으로 구분된다.

④ 해외파생상품시장에서 거래되는 파생상품은 장외파생상품으로 분류된다.

77 금융기관의 건전성을 자기자본구성비율 등 경영상태를 기준으로 몇 단계 등급으로 나누어 일정 등급 이하로 경영상태가 악화된 금융기관을 감독당국이 단계적으로 시정조치를 시행해 나가는 제도에 해당하지 않는 것은?

① 경영개선계획

② 경영개선권고

③ 경영개선요구

④ 경영개선명령

78 자본시장법상 누구의 명의로 하든지 타인의 계산으로 금융투자상품의 매도·매수, 그 중개나 청약의 권유, 청약, 청약의 승낙 또는 증권의 발행·인수에 대한 청약의 권유, 청약, 청약의 승낙을 영업으로 하는 금융투자업자는?

① 투자매매업

② 투자중개업

③ 투자일임업

④ 신탁업

79 온라인소액중개업자에 대한 설명으로 옳은 것은?

① 누구의 명의로 하든지 타인의 계산으로 금융투자상품의 매도·매수, 그 중개나 청약의 권유, 청약, 청약의 승낙 또는 증권의 발행·인수에 대한 청약의 권유, 청약, 청약의 승낙을 영업으로 하는 자이다.

② 온라인소액투자중개업자를 하기 위해서는 금융위원회의 인가를 받아야 한다.

③ 투자자를 소득 등 요건구비투자자와 요건을 갖추지 못한 투자자로 구분하고, 월간 동일 발행인별 월간 총 투자한도를 차등 부과한다.

④ 온라인소액투자중개업자가 개설한 인터넷 홈페이지에서 투자광고를 할 수 있다.

80 건전성 규제와 관련된 설명으로 거리가 먼 것은?

① 순자본비율은 영업용순자본비율에서 총위험액을 차감한 금액을 필요유지자기자본으로 나누어 구한다.

② 필요유지자기자본은 금융투자업자가 영위하는 인가업무 또는 등록업무 단위별로 요구되는 자기자본을 합계한 금액을 말한다.

③ 레버리지 비율은 개별 재무상태표상의 자기자본 대비 타인자본의 비율로 계산한다.

④ 2년 연속 적자이면서 레버리지 비율이 900%를 초과하는 경우 경영개선권고의 적기시정조치가 발동된다.

81 다음 중 조사분석자료에 대한 설명으로 옳은 것은?

① 금융투자분석사는 자신의 금융투자상품 매매내역을 분기별로 회사에 보고하면 된다.

② 소속회사가 발행한 주식 총수의 100분의 5 이상의 주식등을 보유하고 있는 법인에 대해서는 조사분석자료 공표 시 그 이해관계를 고지하여야 한다.

③ 소속회사에서 조사분석자료를 공표하는 경우 금융투자분석사는 자신이 분석을 담당하는 업종이 아니더라도 공표일로부터 7일간 해당 종목을 매매할 수 없다.

④ 금융투자회사는 자신이 발행한 주식을 기초자산으로 하는 주식워런트증권에 대해서는 조사분석자료를 공표할 수 없다.

82 자본시장법상의 '시장질서 교란행위'에 대한 설명으로 옳은 것은?

① 정보의 1차 수령자뿐만 아니라 모든 수령자까지 적용대상이 된다.

② 타인을 거래에 끌어들이는 등 거래의 목적성이 있어야 한다.

③ 단순 프로그램 오류로 시세에 영향을 미치는 경우는 위반행위가 아니다.

④ 타인의 해킹 등을 통해 획득한 정보이지만 이를 단순히 전달하는 것은 위반행위가 아니다.

83 금융투자업자의 자산건전성 분류 및 충당금 적립에 대한 설명으로 가장 거리가 먼 것은?

① 매 분기마다 자산 및 부채의 건전성을 정상, 요주의, 고정, 회수의문, 추정손실의 5단계로 분류하여야 한다.

② 매 분기 말 현재 고정 이하로 분류된 채권에 대하여 적정한 회수예상가액을 산정하여야 한다.

③ 요주의로 분류된 자산은 조기에 상각하여 자산의 건전성을 확보하여야 한다.

④ 정상으로 분류된 콜론에 대해서는 대손충당금을 적립하지 아니할 수 있다.

84 최선집행의무에 대한 설명으로 거리가 먼 것은?

① 투자자가 별도의 지시를 하는 경우에는 그에 따라 최선집행기준과 달리 처리하여야 한다.

② 금융회사는 금융투자상품의 매매에 관한 투자자의 청약 또는 주문을 처리하기 위하여 최선집행기준을 마련 · 공표하여야 한다.

③ 증권시장에 상장된 증권과 상장된 채무증권에 한하여 적용한다.

④ 투자매매업자는 투자자로부터 투자업자가 발행한 자기주식을 증권시장 밖에서 취득이 가능하다.

85 투자매매업자 또는 투자중개업자의 신용공여에 대한 설명으로 거리가 먼 것은?

① 해당 투자매매업자 또는 투자중개업자에 증권매매거래계좌를 개설하고 있는 자에 대하여 증권의 매매를 위한 매수대금을 융자하거나 매도하려는 증권을 대여하는 방법과 증권을 예탁하고 있는 자에 대하여 그 증권을 담보로 금전을 융자하는 방법이 있다.

② 상장증권을 처분하는 경우 그 처분대금은 처분제비용, 연체이자, 이자, 채무원금의 순서로 충당한다.

③ 투자자의 신용상태 및 종목별 거래상황 등을 고려하여 신용공여금액의 120/100 이상에 상당하는 담보를 징구하여야 한다.

④ 투자매매업자 또는 투자중개업자의 총 신용공여 규모는 자기자본의 범위 이내로 하는 것이 원칙이다.

86 자본시장법상 다자간매매체결회사(ATS)에 대한 설명으로 거리가 먼 것은?

① 다자간매매체결회사는 동시에 다수의 자를 대상으로 상장주권 및 증권예탁증권(DR)의 매매 · 중개 · 주선 · 대리업무를 한다.

② 일정한 경우를 제외하고 ATS의 의결권이 있는 발행주식 총수의 15%를 초과하여 소유할 수 없다.

③ 2016년 자본시장법 시행령 개정으로 ATS의 경쟁매매 거래량 한도가 시장전체의 경우 5% → 15%, 개별종목의 경우 10% → 30%로 증가하였다.

④ 인가요건은 투자매매업의 경우 자기자본은 200억원이고 투자중개업의 경우에는 300억원이라는 점에서 차이가 있다.

87 자본시장법상 투자매매업자 또는 투자중개업자가 장외파생상품을 대상으로 영업을 하는 경우, 준수하여야 하는 사항으로 가장 올바른 것은?

① 장외파생상품의 매매 및 그 중개의 상대방이 일반투자자인 경우에는 위험회피 목적의 거래로 제한된다.

② 영업용순자본에서 총위험액을 차감한 금액을 인가업무 또는 등록업무 단위별 자기자본을 합계한 금액으로 나눈 값이 100분의 150에 미달하는 경우에는 그 미달상태가 해소될 때까지 모든 장외파생상품의 매매를 중지하여야 한다.

③ 장외파생상품의 매매를 할 때마다 준법감시인의 승인을 받아야 한다.

④ 월별 장외파생상품(파생결합증권을 포함)의 매매, 그 중개 · 주선 또는 대리의 거래내역을 다음 달 10일까지 협회에 보고하여야 한다.

88 다음 중 단기매매차익반환과 관련하여 틀린 설명은?

① 모든 직원이 규제대상인 것은 아니다.

② 그 법인이 발행한 일정한 증권뿐만 아니라 그 법인 이외의 자가 발행한 교환사채권 등도 규제대상이 된다.

③ 주요주주는 매도와 매수 양 시기 모두 주요주주이어야 규제를 받는다.

④ 내부정보를 이용하지 않았다는 것을 입증하면 반환의무가 없다.

89 불공정거래행위에 대한 규제 중 시장질서교란행위에 대한 설명으로 거리가 먼 것은?

① 불공정거래행위자 대상자를 내부자, 준내부자 그리고 1차 정보수령자로 제한했던 기존 법령과 달리 2차 정보수령자까지 그 범위가 확대되었다.

② 프로그램매매 오류가 대량거래를 유발하고 이로 인해 시세의 교란이 초래된 경우에는 목적성이 없어도 시장질서교란행위로 처벌할 수 있다.

③ 시장질서교란행위의 대상이 되는 정보는 상장증권, 장내파생상품 및 이를 기초자산으로 하는 파생상품매매 등의 주문이나 매매 등에 중대한 영향을 줄 가능성이 있는 것이다.

④ 위반행위로 얻은 이익의 1.5배가 5억이 넘는 경우 그 금액 이하의 과징금 부과 또는 위반 행위로 얻은 이익이나 회피한 손실액을 산정하기 곤란한 경우 40억 이하의 과징금을 부과할 수 있다.

90 위법계약해지권과 관련하여 빈칸을 순서대로 옳게 연결한 것은?

> 금융소비자는 금융소비자보호법 시행령 제38조 제2항에 따라 금융상품의 계약체결일로부터 (   ) 이내이고 위법계약 사실을 안 날부터 (   ) 이내인 경우에는 해당 위법계약에 대한 해지를 요구할 수 있다.

① 1년, 3개월

② 1년, 6개월

③ 5년, 6개월

④ 5년, 1년

91 금융기관 검사 및 제재에 관한 규정상의 제재절차에 대한 설명으로 거리가 먼 것은?

① 감독원장은 제재에 관한 사항을 심의하기 위하여 제재심의위원회를 설치 · 운영한다. 다만, 감독
원장은 필요하다고 인정하는 때에는 심의회의 심의를 생략할 수 있다.

② 금융기관 또는 그 임직원에 대하여 제재를 하는 경우 감독원장은 그 제재에 관하여 이의신청 · 행
정심판 · 행정소송의 제기, 기타 불복을 할 수 있는 권리에 관한 사항을 제재대상자에게 알려주
어야 한다.

③ 금융기관 또는 그 임직원의 이의신청에 대한 금융감독원장의 처리결과에 대하여 1회에 한해 다
시 이의신청할 수 있다.

④ 금융기관의 장은 제재조치를 받은 경우 감독원장이 정하는 바에 따라 이사회 앞 보고 또는 주주
총회 부의 등 필요한 절차를 취해야 한다.

92 재권유가 허용되는 경우가 아닌 것은?

① 금전신탁계약 체결 권유와 비금전신탁계약 체결 권유

② 지분증권의 매매 권유와 채무증권의 매매 권유

③ 증권에 대한 투자자문계약 체결 권유와 증권에 대한 투자일임계약 체결 권유

④ 장외파생상품에 대한 투자자문계약 체결 권유와 증권에 대한 투자일임계약 체결 권유

4과목 한국금융투자협회규정 4문항

93 한국금융투자협회의 '금융투자회사의 영업 및 업무에 관한 규정'상 금융투자회사가 일반투자자에게
핵심설명서를 추가로 교부해야 하는 경우로 올바른 것으로만 모두 묶은 것은?

가. 주식워런트증권 매매	나. 신용융자거래
다. 대차거래	라. 유사해외통화선물거래

① 가, 나

② 가, 다

③ 가, 라

④ 나, 라

94 한국금융투자협회의 '금융투자회사의 영업 및 업무에 관한 규정'상 밑줄 친 다음에 해당하는 법인과 가장 거리가 먼 것은?

> 금융투자회사는 <u>다음에 해당하는 법인</u>이 발행한 주식을 기초자산으로 하는 주식 선물에 대한 조사분석자료를 공표하는 경우, 회사와의 이해관계를 조사분석자료에 명시하여야 한다.

① 자신이 보증의 방법으로 채무이행을 직접 보장하고 있는 법인
② 자신이 발행주식 총수의 100분의 1 이상의 주식을 보유하고 있는 법인
③ 자신과 '독점규제 및 공정거래에 관한 법률'에 따른 계열회사의 관계에 있는 법인
④ 자신이 안정조작 또는 시장조성업무를 수행하고 있는 증권을 발행한 법인

95 한국금융투자협회의 '금융투자회사의 약관운용에 관한 규정'상 약관과 관련된 설명으로 가장 거리가 먼 것은?

① 약관의 보고접수, 신고수리 및 검토업무는 금융위원회에 의해 한국금융투자협회에 위탁하여 운용되고 있다.
② 금융투자회사는 투자자의 권리나 의무에 중대한 영향을 미칠 우려가 있는 경우로 사전신고에 해당되는 경우에는 약관의 제정 또는 변경 시행예정일 10영업일 전까지 협회에 신고하여야 한다.
③ 외국집합투자증권 매매거래에 관한 표준약관은 수정하여 사용할 수 없다.
④ 금융투자회사는 한국금융투자협회가 제정한 표준약관을 그대로 사용하는 경우에도 한국금융투자협회에 사전 보고하고 심사를 받아야 한다.

96 투자광고 주요 매체별 위험표시기준 강화에 대한 설명으로 거리가 먼 것은?

① A4용지 기준으로는 10포인트 이상의 활자체를 사용해야 한다.
② 인터넷 배너를 이용할 경우 3초 이상 위험고지내용을 볼 수 있도록 해야 한다.
③ 영상매체의 경우 1회당 투자광고 시간의 3분의 1 이상 동안 위험을 고지해야 한다.
④ 10분 이상의 영상매체 광고물의 경우 2회 이상 소비자가 명확하게 인식할 수 있는 속도와 음성과 자막으로 설명해야 한다.

4과목 한국거래소규정 4문항

97 한국거래소의 선물 스프레드 거래에 대한 설명으로 가장 거리가 먼 것은?

① 선물 스프레드 거래종목은 기초자산 및 거래단위 등이 동일하나, 결제월이 상이한 두 개의 선물 종목으로 구성된다.

② 선물 스프레드 거래는 한 종목을 매수(매도)하고 동시에 다른 종목을 매도(매수)하는 방식으로 이루어진다.

③ 선물 스프레드 거래종목은 상장결제종목의 수와 동일하다.

④ 선물 스프레드 거래 체결 시 해당 체결수량과 동일한 수량이 선물 스프레드 구성종목 각각에 대해 체결된 것으로 한다.

98 코스피200선물거래의 필요적 거래중단(CB)과 관련한 설명 중 틀린 것은?

① 거래소 파생상품 시스템의 장애로 10분 이상 호가접수 및 정상적인 거래체결 등을 할 수 없는 경우 해당 상품시장의 거래를 중단한다.

② KOSPI지수가 직전거래일의 종가보다 20% 이상 하락하여 1분간 지속되는 경우 주식시장의 모든 종목의 매매거래가 종결되면 당일 정규거래를 종결한다.

③ 필요적 거래중단은 각 단계별 발동을 1일 1회로 한정한다.

④ 장 종료 40분 전 이후에는 중단하지 않는다.

99 거래소규정상 호가 입력 시 가격을 지정하지 않고도 가능한 것은?

① 지정가호가, 시장가호가

② 시장가호가, 최유리지정가호가

③ 최유리지정가호가, 조건부지정기호기

④ 지정가호가, 조건부지정가호가

100 한국거래소의 기본예탁금에 대한 설명으로 가장 거리가 먼 것은?

① 회원은 미결제약정이 없는 위탁자로부터 거래의 위탁을 받을 때에는 기본예탁금을 사전에 예탁받을 수 있다.

② 기본예탁금은 영국 파운드화로도 예탁받을 수 있다.

③ 사후위탁증거금을 예탁하는 파생상품계좌로부터 거래의 위탁을 받는 경우에는 기본예탁금을 예탁받지 아니할 수 있다.

④ 기본예탁금액은 위탁자의 재무건전성 및 신용상태와 관계없이 동일한 금액을 예탁받아야 한다.

<table>
<tr><td colspan="2" align="center">파생상품투자권유자문인력</td></tr>
<tr><td align="center">제2회 모의고사</td><td>문 항 수 : 100문항
응시시간 : 120분</td></tr>
</table>

1과목 파생상품 Ⅰ - 선물의 이해 13문항

01 장내파생상품에 대한 설명 중 가장 거리가 먼 것은?

① 거래의 내용이나 조건이 표준화되어 있다.

② 거래소는 결제이행의 책임을 진다.

③ 일일정산이 존재한다.

④ 거래상대방에 대한 신용위험이 크다.

02 금융선물이론가격 결정에 대한 설명으로 가장 올바른 것은?

① 금융선물이론가격 결정 시 보유편의가 고려되어야 한다.

② 보유비용모형에 의하면 선물의 이론가격은 현물가격에 순보유비용을 차감하여 결정된다.

③ 금융선물의 경우 순보유비용은 음($-$)의 값을 가질 수 있다.

④ 주식관련 선물의 경우 이표(쿠폰)수입이 고려된다.

03 선물시장에서 현물가격보다 선물가격이, 그리고 서로 다른 두 결제월 간의 가격 관계에 있어서 원월물가격이 근월물가격보다 높은 구조를 보이는 시장을 지칭하는 것은 무엇인가?

① 비정상 시장

② 콘탱고 시장

③ 역조 시장

④ 백워데이션 시장

04 우리나라 KOSPI200에 대한 설명으로 옳지 않은 것은?

① 순수하게 유동주식수만 가중한 시가총액 가중방식으로 산출되고 있다.

② 유가증권시장 상장종목 중 유 · 무상증자, 주식배당, 합병 등에 의해 주가에 락(落)이 발생하는 경우 지수 산출 시 연속성이 단절된다.

③ 유가증권시장에 상장된 전체 종목 중에서 시장대표성, 업종대표성, 유동성을 감안하여 선정된 200종목으로 구성된다,

④ KOSPI200은 1990년 1월 3일 100pt로 하여 1994년 6월 15일부터 산출, 발표되었다.

05 A기업의 주가가 10,000원이고, 배당수익률은 4%, 선물의 만기가 1년, 이자율이 6%라고 할 때 주식 선물의 이론가격은 얼마인가? (이산복리 가정)

① 10,100원
③ 10,200원
② 10,150원
④ 10,250원

06 다음 중 시장선물가격과 현물가격의 차이를 의미하는 것은?

① 이론 베이시스
③ 시장 베이시스
② 순보유비용
④ 가격괴리

07 현재 보유하고 있는 주식 포트폴리오의 가치는 10억원이다. 포트폴리오 베타가 1.3이고 KOSPI200 선물지수가 100pt일 때 주가하락을 예상하여 보유주식의 손실규모를 축소하기 위해 목표 베타를 0.8 로 감소시키기를 원할 때 KOSPI200선물 계약수는 얼마인가? (단. 거래승수는 25만원이다.)

① 20계약 매수
③ 40계약 매수
② 20계약 매도
④ 40계약 매도

08 KOSPI200주가지수선물의 스프레드 축소가 예상될 경우 이론적인 스프레드전략으로 가장 올바른 것은?

① 근월물 10계약 매수, 원월물 10계약 매도
② 근월물 10계약 매도, 원월물 10계약 매수
③ 근월물 20계약 매수, 원월물 10계약 매도
④ 근월물 10계약 매도, 원월물 20계약 매수

09 정상적인 우상향 수익률곡선에서 장기물의 수익률 상승폭이 단기물의 수익률 상승폭보다 클 때 나타나는 수익률곡선의 변화로 가장 올바른 것은?

① 플래트닝
② 스티프닝
③ 트위스트
④ 노멀커브

10 채권형 펀드매니저가 현재 300억원의 원화 채권 포트폴리오를 관리하고 있다. 현재 채권 포트폴리오의 듀레이션은 2.5년이고 금리상승을 대비하여 채권 포트폴리오의 듀레이션을 2년으로 감소시키고자 한다. 이때 필요한 국채선물계약은? (단, 국채선물의 듀레이션은 3년, 국채선물가격은 125.00이다.)

① 20계약 국채선물 매도
② 20계약 국채선물 매수
③ 40계약 국채선물 매도
④ 40계약 국채선물 매수

11 다음 괄호 안에 들어갈 말을 순서대로 올바르게 나열한 것은?

> 금리하락을 예상하는 강세전략은 수익률곡선의 단기영역에 해당하는 채권을 (　　)하고 수익률곡선의 장기영역에 해당하는 채권을 (　　)함으로써 보유하고 있는 채권 포트폴리오의 듀레이션을 (　　)시키는 전략이다.

① 매수, 매도, 증가
② 매도, 매수, 증가
③ 매수, 매도, 감소
④ 매도, 매수, 감소

12 통화선물을 활용한 환리스크 관리에 대한 설명 중 거리가 먼 것은?

① 지속적인 증거금 관리가 필요하다.

② 베이시스 리스크로 인해 헤지효과가 감소할 수 있다.

③ 비교적 소규모의 헤지 포지션을 취하는 데 활용된다.

④ 신용도가 높은 금융기관이나 대기업이 주로 참여하므로 시장참가자가 제한적이다.

13 현재 원−달러 현물환율은 달러당 1,000원, 미국의 달러화 금리는 연 1%, 한국의 원화금리는 연 3%라고 할 때, 이자율평형이론에 의한 3개월 만기 선물환율은? (단, 1개월은 30일, 1년은 360일로 가정)

① 1,004.99원

② 1,003.99원

③ 1,001.99원

④ 1,002.99원

1과목 파생상품 I - 옵션 12문항

14 옵션의 가격 구성요소에 대한 설명으로 가장 거리가 먼 것은?

① 기초자산의 변동성이 클수록 옵션의 시간가치는 커진다.

② 옵션의 시간가치는 등가격에서 가장 크다.

③ 옵션의 내재가치는 만기일에 소멸되며, 이런 의미에서 옵션을 소모성 자산이라고 한다.

④ 옵션의 내재가치는 내가격 상태에서 거래될 때에만 존재한다.

15 현재 KOSPI200지수가 400pt라 할 때, 내재가치가 가장 큰 옵션은?

① 행사가격 405 콜옵션

② 행사가격 403 풋옵션

③ 행사가격 400 콜옵션

④ 행사가격 405 풋옵션

16 무배당인 A주식의 가격이 10,000원일 때, 이 주식에 대해 행사가격이 10,000원인 3개월 만기 유럽형 콜옵션의 가격이 1,000원이다. 무위험이자율이 연 4%일 경우, 풋－콜 패리티에 따라 동일 만기, 동일 행사가격 유럽형 풋옵션의 가격은? (단, 거래비용은 없으며, $e^{-0.01} = 0.99$, $e^{-0.04} + 0.96$이다.)

① 700원

② 800원

③ 900원

④ 1,000원

17 옵션의 가격과 변수 간의 관계에 대한 설명 중 가장 거리가 먼 것은?

① 변동성이 상승하면 풋옵션 가격은 상승한다.

② 이자율이 상승하면 콜옵션의 가격은 상승한다.

③ 기초자산가격이 하락하면 풋옵션의 가격은 상승한다.

④ 만기가 다가오면 풋옵션의 가격은 상승한다.

18 다음 괄호 안에 들어갈 단어를 순서대로 바르게 나열한 것은?

합성 콜 매도 = 기초자산 (　　　) + 풋옵션 (　　　)

① 매수, 매수

② 매도, 매도

③ 매수, 매도

④ 매도, 매수

19 옵션 민감도 지표 중 세타에 대한 설명으로 가장 거리가 먼 것은?

① 시간의 경과에 따른 옵션가격의 변화율이다.

② 옵션매수자의 세타는 마이너스($-$), 옵션매도자의 세타는 ($+$)이다.

③ 외가격일 때 가장 크다.

④ 시간가치 감소를 측정한다.

20 다음 중 수직적 스프레드(spread) 거래 초기에 현금 수취가 발생하는 전략으로 바르게 묶인 것은?

> ㉠ 강세 콜 스프레드 전략
> ㉡ 약세 콜 스프레드 전략
> ㉢ 약세 풋 스프레드 전략
> ㉣ 강세 풋 스프레드 전략

① ㉠, ㉢　　　　　　　　　　　　　　② ㉡, ㉢
③ ㉠, ㉣　　　　　　　　　　　　　　④ ㉡, ㉣

21 콜옵션이 풋옵션에 비해 상대적으로 고평가되었을 때, 고평가된 콜옵션을 매도하고 저평가된 풋옵션을 매수하는 동시에 무위험이자율로 차입하여 기초자산을 매수하는 전략은?

① 컨버전(conversion)　　　　　　　　② 리버설(reversal)
③ 크레딧 박스(credit box)　　　　　　④ 데빗 박스(debit box)

22 금리하락리스크 관리방안으로 가장 올바른 것은?

① 캡 매수, 채권선물 풋옵션 매수
② 캡 매도, 채권선물 풋옵션 매수
③ 플로어 매수, 채권선물 콜옵션 매수
④ 플로어 매도, 채권선물 콜옵션 매도

23 3개월 후 100만달러의 수출대금을 수취해야 하는 수출업자가 원－달러 통화옵션을 이용하여 환리스크를 헤지하고자 할 때 적절한 전략은?

① 달러 콜옵션 매수　　　　　　　　　② 달러 콜옵션 매도
③ 달러 풋옵션 매수　　　　　　　　　④ 달러 풋옵션 매도

24 우리나라의 미국달러옵션에 대한 설명 중 가장 거리가 먼 것은?

① 행사유형은 유럽식이다.

② 계약단위는 USD 10,000이다.

③ 결제방식이 현물결제방식이다.

④ 최소가격 변동금액은 1,000원이다.

25 동일 만기의 KOSPI200 콜 100을 3포인트에 1계약 매수함과 동시에 KOSPI200 풋 100을 2포인트에 1계약 매수한 경우 주가 상승 시 손익분기점은 얼마인가?

① 95포인트 < KOSPI200 < 105포인트

② KOSPI200 < 95포인트 또는 105포인트 < KOSPI200

③ 99포인트 < KOSPI200 < 101포인트

④ KOSPI200 < 99포인트 또는 101포인트 < KOSPI200

2과목 파생상품 II - 스왑 8문항

26 다음 중 스왑거래에 대한 설명으로 옳지 않은 것은?

① 통화스왑은 이종통화 표시 원리금의 교환계약으로 만기에도 반드시 원금교환이 일어난다.

② 금리스왑은 동일통화 표시 고정금리와 변동금리 간의 교환계약으로 만기에 반드시 원금교환이 일어난다.

③ 외환스왑은 현물환과 선물환을 동시에 교환하는 거래로 대부분 만기가 1년 이내인 단기로 이루어진다.

④ 스왑시장이라고 하면 일반적으로 장기자본시장 스왑거래가 이루어지는 시장을 말한다.

27 고객 A가 payer swap 포지션을 취하고자 할 때, 적용되는 스왑금리는? (단, 미국 재무부 채권 bid 수익률 4.10%, 미국 재무부 채권 offer 수익률 4.05%, 스왑금리는 T＋40/35로 고시)

① 4.50% ② 4.45%

③ 4.47% ④ 4.40%

28 고정금리 채권에 투자할 예정인 기업이 대신 검토할 수 있는 대안은?

① 변동금리 채권 발행 + 고정금리 수취 스왑

② 고정금리 채권 발행 + 고정금리 지급 스왑

③ 변동금리 채권 투자 + 고정금리 수취 스왑

④ 고정금리 채권 투자 + 고정금리 지급 스왑

29 다음 중 원화 이자율스왑 계약 시 사용되는 변동금리와 변동금리의 이자계산 방법이 바르게 연결된 것은?

① 3개월 CD금리, act/365

② 3개월 CD금리, act/360

③ 6개월 CD금리, act/act

④ 6개월 CD금리, 30/360

30 A, B 두 기업의 자금조달비용이 각각 다음과 같다. A기업은 변동금리차입을 원하고, B기업은 고정금리차입을 원한다. 두 기업이 비교우위를 이용한 스왑을 체결하는 경우 A기업이 얻을 수 있는 조달비용 절감을 표시한 것으로 가장 적절한 것은? (단, 수수료 등의 비용이 없으며, 스왑딜러의 이익은 10bp로 가정, A기업과 B기업의 이익을 7:3으로 분배)

	고정금리	변동금리
A기업	5.0%	Libor ＋ 10bp
B기업	6.2%	Libor ＋ 60bp

① 18bp ② 30bp

③ 42bp ④ 49bp

31 다음 (　　)안에 들어갈 단어를 순서대로 바르게 나열한 것은?

> 2 × 5 putable swap은 2년 후 취소 가능한 (　　)년짜리 스왑으로 금리가 상승하는 경우 고정금리
> (　　)가 취소권을 행사하여 손실폭을 줄일 수 있다. 따라서 동일 만기의 표준스왑보다 금리가 (　　)

① 3, 지급자, 높다.　　　　　　　② 3, 수취자, 낮다.
③ 5, 지급자, 높다.　　　　　　　④ 5, 수취자, 낮다.

32 다음 중 비표준형 스왑의 종류를 설명한 것으로 바르게 연결된 것은?

종 류	특 징
A. 베이시스 스왑	가. 변동금리와 변동금리를 교환
B. zero-coupon 스왑	나. 고정이자지급이 만기일에 한 번만 발생
C. step-up/down 스왑	다. 스왑가격(고정금리)이 변동
D. Libor in-arrear 스왑	라. 이자계산 종료일의 2영업일 전에 결정되는 변동금리를 적용하여 이자를 계산
E. 원금변동형 스왑	마. 증가형(accreting), 감소형(amortizing), roller-coaster
F. 선도스왑	바. 이자계산이 spot date(T+2) 이후 특정일부터 시작

① A － 가, B － 나, C － 다, D － 라, E － 마, F － 바
② A － 가, B － 다, C － 나, D － 라, E － 마, F － 바
③ A － 나, B － 가, C － 다, D － 라, E － 마, F － 바
④ A － 다, B － 나, C － 가, D － 라, E － 마, F － 바

33 '스왑금리 ＝ 국채수익률 ＋ 스왑스프레드'이다. 현재 국내 스왑시장에서 음(－)의 스왑스프레드 현상이 지속되고 있다. 그 의미에 대한 설명으로 부적절한 것은?

① 스왑금리가 국채수익률보다도 낮게 형성되어 있다.
② 시장에서 원화고정금리 receive 스왑 수요가 많은 경우에 발생한다.
③ 국내 기업의 해외채권 발생증가로 부재스왑의 수요가 증가하는 경우 발생한다.
④ 국고채와 원화고정금리 pay 스왑을 이용한 재정거래가 확대될 것이다.

2과목 파생상품 Ⅱ - 기타 장외파생상품·파생결합증권 17문항

34 장외파생상품의 주요기능에 대한 설명으로 적절하지 않은 것은?

① 장외파생상품을 통해 보유 포트폴리오의 리스크를 효율적으로 관리할 수 있을 뿐만 아니라 안정적인 수익확보가 가능하다.

② 위험관리 수단으로 이용될 수 있으나, 투자수단으로서는 적절하지 못하다.

③ 채권 발행 형태로 이루어져 자금조달 수단으로 활용될 수 있다.

④ 장외파생상품을 이용하여 고객의 욕구에 맞는 맞춤형 상품을 제공할 수 있다.

35 장애옵션에 대한 설명으로 가장 거리가 먼 것은?

① 녹인 옵션(knock in)과 녹아웃 옵션(knock out)이 있다.

② 촉발가격이 현재가격과 멀게 설정될수록 프리미엄이 저렴하다.

③ 장애옵션은 일반적으로 표준옵션(vanilla)보다 프리미엄이 저렴하다.

④ 경로의존형 옵션이다.

36 옵션의 수익구조를 기초자산의 만기시점 단일 가격이 아닌 일정기간 동안의 가격을 이용하여 결정하는 옵션으로 볼 수 없는 것은?

① 평균가격옵션　　　　　　　　　② 아시안옵션

③ 평균행사가격옵션　　　　　　　④ 유럽형옵션

37 룩백옵션에 대한 설명으로 올바른 것은?

① 옵션계약기간 중 가장 유리한 기초자산을 행사가격으로 하는 옵션이다.

② 시간의존형 옵션이다.

③ 룩백옵션의 가치는 동일한 조건의 미국식 옵션의 가치보다 작다.

④ 만기시점에 가장 유리한 기초자산의 가격을 선택할 수 있어 시장에서 활용도가 크다.

38 기초자산의 가격이 다음과 같을 때 보기는 만기 시 정산손익을 계산한 결과이다. 만기 시 매수자의 손익이 가장 큰 옵션은?

초기 가격 : 1,000원	만기 가격 : 1,200원
최고 가격 : 1,600원	최저 가격 : 800원
평균 가격 : 1,200원	행사 가격 : 1,100원

① 표준 콜옵션
② 평균행사가격 콜옵션
③ 룩백 풋옵션
④ 녹아웃 콜옵션(촉발가격 1,100)

39 다음은 장외옵션에 대한 설명이다. 올바른 것은?
① 디지털옵션은 옵션 만기일이 ITM상태일 때 얼마나 ITM상태에 있는가에 따라 수익이 결정된다.
② 퀀토옵션을 이용하면 수익률과 함께 환위험도 동시에 헤지할 수 있다.
③ 디지털베리어옵션은 만기 시점에 ITM상태일 때에만 약정한 금액을 지급한다.
④ 선택옵션 보유자는 스트래들 매수와 수익구조가 유사하나 비용면에서 스트래들 매수보다 불리하다.

40 장래에 상품을 구매하고자 하는 고객이 가격위험을 회피하기 위해 장애옵션을 이용하고자 한다. 초기의 비용 부담을 줄이고자 할 때 가장 적합한 것은?
① up−and−out 콜옵션
② down−and−out 풋옵션
③ up−and−out 풋옵션
④ down−and−out 콜옵션

41 수출기업의 예상치 못한 수출대금 입금지연으로 선물환 매도거래 만기일과 외환수취 시기의 단기적 불일치가 발생했을 때, 가장 올바른 전략은?
① 달러변동금리를 수취하고, 원화고정금리를 지급하는 통화스왑 거래 체결
② 달러변동금리를 지급하고, 원화고정금리를 수취하는 통화스왑 거래 체결
③ 현물환을 수취하고, 신물환을 매도하는 외환스왑 거래 체결
④ 현물환을 지급하고, 선물환을 매수하는 외환스왑 거래 체결

42 최저 환율~최고 환율의 범위를 구성하여 환율 상승 시 일정 수준의 이익 실현을 원하는 수출업자가 취할 수 있는 장외파생상품은?

① 일반 선물환 ② 외환스왑

③ 범위선물환 ④ 목표선물환

43 다음 중 ELS, ELD, ELF에 대한 설명으로 적절하지 않은 것은?

① ELD는 은행에서 발행되는 금융상품으로 예금자보호법의 대상이다.

② 대다수의 ELF는 증권사가 사모로 발행하는 ELS에 펀드 자산의 대부분을 투자하는 형태로 집합투자재산의 운용제한에 따라 동일 종목의 파생결합증권에 집합투자기구 자산총액 30%를 초과하여 투자하는 것을 금지하므로 일반적으로 4개의 ELS 발행사에 편입한다.

③ ELS는 증권사가 발행하는 다른 증권과 같이 발행사가 자금조달목적으로 발행한다.

④ ELS가 상환금을 준비하는 방법에는 백투백(back−to−back)과 자체헤지가 있다.

44 다음 중 공모의 방법으로 발행된 조기상환형 스텝다운 ELS 녹인(knock−in)형에 대한 설명으로 적절하지 않은 것은?

① 녹인형 ELS가 만기일 이전에 최초로 원금손실조건이 발생하는 경우에는 해당 사실을 투자자에게 통지하여야 한다.

② 녹인형 ELS가 원금손실조건이 발생하면 손실이 확정되므로 이를 중도상환하여 재투자하는 것이 유리하다.

③ 다른 조건이 동일할 때, 녹인형 ELS는 노녹인형 ELS보다 제시수익률이 더 높다.

④ 녹인형 ELS가 원금손실조건이 발생하지 않으면 해당 ELS는 조기 또는 만기에 수익상환 된다.

45 안정성을 최우선으로 고려하는 투자자가 조기상환형 스텝다운 ELS 투자를 고민할 경우 적절하지 않은 투자전략은?

① 기초자산이 3개인 경우보다 기초자산이 1개인 조기상환형 ELS를 선택한다.

② 기초자산이 최근 일정기간 동안 많이 하락하여 최초기준가격이 낮아져 있는 ELS를 선택한다.

③ 조기상환조건이 최초기준가격의 95%로 시작하는 ELS보다 최초기준가격의 85%로 시작하는 ELS를 선택한다.

④ 원금손실 발생 조건인 녹인 조건이 높은 ELS를 선택한다.

46 ELW의 주요특징이다. 사실과 다른 것은?

① 적은 투자금액으로도 큰 수익을 얻을 수 있는 레버리지 효과가 있다.

② ELW의 투자위험은 투자원금으로 한정되어 있다.

③ 시장의 상승 시에만 수익이 가능하고, 하락 시에 수익을 얻는 구조는 불가하다.

④ 투자자의 원활한 거래를 위하여 유동성 공급자 제도를 시행한다.

47 다음의 조건에서 콜ELW의 전환비율은 얼마인가?

> • 기초자산가격 : 11,000
> • 권리행사가격 : 10,000
> • 콜ELW의 내재가치 : 500

① 0.2 ② 0.3
③ 0.5 ④ 0.8

48 상장법인이 이미 발행한 ETN의 종목명을 바꾸거나 중도상환 및 증권 병합·분할에 따라 수량을 변경하는 제도는?

① 신규상장 ② 추가상장
③ 변경상장 ④ 우회상장

49 ETN(상장지수증권)의 투자지표에 대한 설명이다. 설명이 잘못된 것은?

① 일일 지표가치는 ETN 1증권당 실질가치인 지표가치로 ETF의 순자산가치(Net Asset Value : NAV)와 유사한 개념이다.

② 일일 지표가치 산출은 매 영업일 장 종료 후 이루어지며 한국거래소가 산출을 담당한다.

③ 실시간 지표가치는 하루에 한 번 발표되기 때문에 일일 지표가치를 보완하고자 실시간으로 ETN의 가치변화를 나타낸다.

④ 실시간 지표가치의 산출주기는 기초지수 산출주기와 동일하게 하되 최대 15초 이내로 설정한다.

50 신용연계채권(CLN)에 대한 설명으로 거리가 먼 것은?

① 현재 채권에 CDS가 추가된 CLN이 일반적으로 거래되고 있다.

② 투자자금이 수반되므로 funded 형태의 거래이다.

③ 거래상대방(보장매도자)에 대한 신용위험에 노출된다.

④ CLN을 보장매입자가 직접 발행하는 경우 투자자는 발행자의 일반채권 수익률에 준거기업에 대한 신용프리미엄이 추가된 수익을 얻는다.

3과목 리스크관리 8문항

51 옵션포지션의 민감도 측정치에서 기초자산의 변동성 변화에 대한 옵션가격의 변화를 무엇이라 하는가?

① 델 타   ② 베 가
③ 감 마   ④ 로

52 95% 신뢰수준에서 일일 VaR가 5억이라면 9일간의 VaR값은?

① 5억   ② 10억
③ 15억   ④ 45억

53 A주식의 포지션은 매입 포지션이고 개별 VaR는 30이다. B주식 포지션은 매도 포지션이고 개별 VaR는 40이다. 두 포지션의 상관관계가 (−1)이라면 포트폴리오의 VaR는 얼마인가?

① 10
② 30
③ 40
④ 70

54 몬테카를로 분석법에 대한 설명이다. 가장 적절한 것은?

① 확률모형으로 가장 많이 사용되는 모형은 옵션가격결정모형의 기초가 되는 기하적 브라운 운동이다.
② 리스크 요인의 변동분포를 과거 실제데이터로부터 얻은 후, 포지션 가치변동의 분포로부터 VaR를 측정한다.
③ 완전가치평가와 부분가치평가를 모두 이용하여 VaR를 측정한다.
④ 채권이나 옵션과 같은 비선형 상품에 대한 VaR를 측정 시 정확성이 떨어진다.

55 장외시장의 신용증대제도에 해당하지 않는 것은?

① 네팅협약
② 내부통제
③ 증거금요구
④ 포지션 설정

56 만기가 10년인 금리스왑과 통화스왑거래를 체결하였다면 어느 시점에서 어떤 포지션의 잠재노출금액이 가장 클 것인가?

① 금리스왑, 체결 후 3년
② 금리스왑, 체결 후 9년
③ 통화스왑, 체결 후 3년
④ 통화스왑, 체결 후 9년

57 시장리스크와 신용리스크를 비교한 설명으로 틀린 것은?

① 시장리스크는 옵션을 제외하고 정규분포를 가정하여 측정하여도 큰 무리가 없다.

② 신용리스크는 정규분포를 가정하는 모수적 방법으로 리스크를 측정하면 정확성이 떨어진다.

③ 신용리스크는 목표기간이 짧지만 시장리스크는 목표기간이 길다.

④ 신용리스크는 좁은 의미로 채무불이행리스크지만 신용등급하락리스크도 포함할 수 있다.

58 선물시장에서 헤지를 실행할 때의 위험에 대한 설명이다. 사실과 거리가 먼 것은?

① 만기 이전에 계약을 종료하기 위해서는 시장에서 반대 매매를 통해 청산할 수 없고 거래상대방에게 계약의 해지를 요청해야 하는 경우 청산비용(패널티)이 크게 발생하여 계약 청산에 따른 유동성 위험을 초래한다.

② 헤지대상 자산과 선물의 기초자산이 다른 교차헤지는 자산의 가격이 서로 다른 방향으로 움직일 때, 헤지효과가 감소할 수 있다.

③ 롤오버를 통한 헤지 전략은 때로는 심각한 유동성 위험을 초래하기도 한다.

④ 헤지대상 자산의 유동성이 부족해서 선물거래의 손실에 따른 증거금 납입에 필요한 유동성을 공급하지 못하고 계약을 청산해야 할 가능성이 있다.

3과목 영업실무 5문항

59 거래소의 파생상품 주문접수에 대한 설명으로 가장 올바른 것은?

① 시장가호가는 종목, 수량, 가격을 지정하는 호가를 말한다.

② 금융투자업자는 고객의 주문에 대하여 어떠한 경우에도 수탁을 거부하여서는 아니 된다.

③ 거래소는 불공정행위의 사전예방 등을 위하여 미결제약정 수량을 제한하고 있다.

④ 거래소가 거래시스템의 장애, 기초상품시장의 거래중단 등으로 정상적인 거래가 어렵다고 판단될 때, 거래를 일시 중단하는 것을 사이드카라고 한다.

60 거래의 체결에 대한 내용으로 거리가 먼 것은?

① 개별경쟁거래방식은 집중거래방법의 단일가격에 의한 개별경쟁거래와 계속적거래방법의 복수가격에 의한 개별경쟁거래로 구분된다.

② 상한가나 하한가로 제출된 단일가호가 간에는 시간우선의 원칙을 적용하여 먼저 접수된 호가한 거래를 우선 체결한다.

③ 협의대량거래, 기초자산조기인수도부거래, 미국달러플렉스거래는 상대거래방식으로 거래를 체결한다.

④ 매수호가는 가격이 높은 호가가 가격이 낮은 호가에 우선하고, 매도호가는 가격이 낮은 호가가 가격이 높은 호가에 우선한다.

61 파생상품 거래 시 기본예탁금제도와 관련하여 잘못 설명된 것은?

① 미결제약정이 있는 위탁자로부터 거래의 위탁을 받은 때에는 기본예탁금의 확인 없이 신규주문이 가능하다.

② 기본예탁금은 위탁자에게 받아야 하는 최소한의 개시증거금으로 납입 후에 인출이 불가하다.

③ 기본예탁금은 현금, 대용증권, 외화 또는 외화증권으로 예탁 가능하다.

④ 사후증거금계좌나 헤지전용계좌의 경우 기본예탁금이 면제된다.

62 추가증거금(Margin Call)에 대한 기술 중 틀린 것은?

① 일별 추가증거금이 발생한 위탁자는 부족액 발생일의 다음 날 12시까지 추가증거금을 납부해야 한다.

② 예탁현금이 유지현금예탁필요액보다 적은 경우에도 추가증거금을 납부해야 한다.

③ 회원은 장중에도 추가증거금 납부를 청구할 수 있다.

④ 추가증거금 결제를 불이행하여 미결제약정을 반대매매하는 경우 회원이 판단하여 시장가호가로 입력할 수 있다.

63 다음 중 대용증권에 대한 설명으로 거리가 먼 것은?

① 거래소는 환금이 제한되는 대용증권에 대해 효력을 정지할 수 있다.

② 대용가격은 회원이 자율적으로 산정한다.

③ ETF 지수자산 유형 중 원자재 또는 레버리지, 인버스 등 주식군(파생형)인 경우 납입가능 대용증권에서 제외된다.

④ 채권군의 대용가격은 매매거래일에 산출한다.

3과목 직무윤리·투자자분쟁예방 12문항

64 직무윤리가 금융투자산업에서 특히 강조되는 이유로 가장 거리가 먼 것은?

① 고객의 자산을 관리하는 속성상 이익상충의 가능성이 크다.

② 자본시장에서 취급하는 금융투자상품은 투자성이 있다.

③ 오늘날 금융투자업에 있어서 금융소비자를 합리적 인간상으로 전제하기 때문이다.

④ 금융투자상품의 전문화와 복잡화 등으로 고객이 관련 상품의 내용을 정확하게 파악하는 것이 어렵다.

65 금융투자업 종사자가 준수하여야 할 신의성실의 원칙에 대한 설명으로 가장 거리가 먼 것은?

① 권리의 행사와 의무의 이행에 있어서 행위준칙이 된다.

② 법규의 형식적 적용에 의하여 야기되는 불합리와 오류를 시정하는 역할을 한다.

③ 권리의 행사나 의무의 이행이 신의성실의 원칙에 위반하더라도 윤리적인 문제일 뿐 법적으로는 문제가 되지 않는다.

④ 법규에 흠결이나 불명확한 점이 있는 경우, 이를 보완하고 명확하게 하는 기능을 한다.

66 금융투자업 종사자에게 요구되는 주의의무에 대한 설명으로 가장 거리가 먼 것은?

① 일반인에게 요구되는 것 이상으로 당해 전문가 집단 평균 수준의 전문가로서의 주의를 요구한다.

② 신중한 투자자의 원칙은 주의의무의 위반여부를 판단하는 기준이 될 수 있다.

③ 사무 처리의 대가가 유상인 경우는 물론이고 무상인 경우에도 주의의무를 요구한다.

④ 행위시점에 주의를 다하였더라도 투자자에게 손실이 발생하면 주의의무의 위반이 된다.

67 금융소비자보호 내부통제위원회에 대한 설명이다. 가장 적절하지 않은 것은?

① 내부통제위원회 설치요건에 해당하는 금융투자회사는 금융소비자보호 내부통제위원회를 설치하여야 한다.

② 금융소비자보호 내부통제위원회는 매 반기 1회 이상 의무적으로 개최해야 하며, 의장은 대표이사가 맡는다.

③ 금융소비자보호 총괄책임자(CCO)는 대표이사 직속의 독립적 지위를 갖는다.

④ 금융소비자보호 총괄책임자(CCO)의 직무에는 '금융기관의 위험관리에 관한 규정의 제정 및 수립, 금융소비자보호에 필요한 절차 및 기준의 수립, 민원접수 및 처리에 관한 관리 · 감독업무 등'이 있다.

68 다음 중 금융상품 판매 후 금융소비자보호제도에 해당하지 않는 것은?

① 금융상품 판매 후 절차 구축　　　② 자료열람요구권

③ 미스터리쇼핑　　　④ 정보누설 및 부당이용 금지

69 금융소비자보호법상 청약철회권에 대한 설명으로 바르지 못한 것은?

① 청약철회권은 금융소비자보호법의 실행으로 인해 금융회사가 금융소비자에게 설명해야 하는 사항 중 하나이다.

② 청약철회권은 금융회사의 고의 또는 과실사유 여부 등 귀책사유와 상관없다.

③ 금융회사가 청약철회를 접수한 날로부터 3영업일 이내에 이미 받은 수수료를 제외한 금전등을 반환해야 한다.

④ 일반금융소비자는 투자성 상품 중 청약철회가 가능한 상품에 한하여 계약서류를 제공받은 날 또는 계약체결일 중 어느 하나에 해당되는 날로부터 7일 내에 청약을 철회할 수 있다.

70 요청받지 않은 투자권유의 금지 규정에 대한 설명으로 옳지 않은 것은?

① 금융투자업 종사자는 고객으로부터 요청이 없으면 방문·전화 등의 방법에 의하여 투자권유 등을 하여서는 아니 된다. 즉, 투자권유는 고객이 원하는 경우에만 하여야 한다.

② 장외파생상품은 원본 손실의 가능성이 매우 크고 분쟁 가능성이 크기 때문에 요청하지 않은 투자권유를 하여서는 아니 된다.

③ 장내파생상품의 경우에 투자권유 전 일반금융소비지에게 미리 인내하고, 해당 금융소비사가 투자권유를 받을 의사 표시를 하는 경우에 투자권유를 할 수 있다.

④ 투자권유를 받은 투자자가 이를 거부하는 취지의 의사를 표시한 후 1개월이 지난 경우 재권유가 가능하다.

71 금융투자회사의 조사분석업무를 맡고 있는 사람이 분석대상회사의 경리담당 임원과 잦은 술자리와 관광 등을 다니며 보고서상에 부정적인 영향을 미칠 수 있는 재료는 취급하지 않았다면 어떤 규정을 위반한 사례인가?

① 신의성실의무   ② 전문지식배양의무
③ 공정성 유지의무   ④ 법규 등의 준수의무

72 이해상충방지체계의 일환으로서 자기계약(자기거래) 금지 규정에 대한 내용이다. 가장 적절하지 않은 것은?

① 고객으로부터 금융투자상품의 매매를 위탁받은 투자중개업자가 고객의 대리인이 됨과 동시에 그 거래상대방이 될 수 없다.

② 금융투자업 종사자는 금융소비자가 동의한 경우를 제외하고는 금융소비자의 거래당사자가 되거나 자기 이해관계인의 대리인이 되어서는 아니 된다.

③ 투자중개업자가 투자자로부터 장내(증권시장, 파생상품시장)에서 매매를 위탁받아 장내시장에서 그 거래가 이루어지게 한 경우는 자기거래가 허용된다.

④ 투자중개업자가 투자자로부터 다자간체결회사의 매매를 위탁받아 거래가 이루어지게 한 경우, 다자간체결회사를 통한 거래가 장외시장 거래에 해당되므로 자기거래가 허용되지 않는다.

73 표준내부통제기준상 준법감시인에 대한 설명으로 옳은 것은?

① 준법감시인은 감사위원회의 지휘를 받아 금융투자회사 전반의 내부통제업무를 수행한다.

② 준법감시인을 임면하려는 경우에는 주주총회 결의를 거쳐야 한다.

③ 준법감시인의 업무독립성상 겸영금지의무가 있지만, 내부통제위원회를 설치하지 않아도 되는 회사의 경우 위험관리업무에 대해서는 겸임이 가능하다.

④ 준법감시인은 자신의 준법감시업무를 절대 위임할 수 없다.

74 내부통제기준 위반 시 회사에 대한 조치로서 1억원 이하의 과태료 부과 대상이 아닌 것은?

① 내부통제기준을 마련하지 않은 경우

② 준법감시인을 두지 아니한 경우

③ 이사회결의를 거치지 않고 준법감시인을 임면한 경우

④ 준법감시인이 자산운용에 관한 업무를 겸직하게 할 경우

75 금융감독원의 금융분쟁조정제도에 대한 설명으로 가장 거리가 먼 것은?

① 명시적 제척사유가 없더라도 금융분쟁조정위원회의 위원에게 공정을 기대하기 어려운 사정이 있는 경우 당사자는 기피신청을 할 수 있다.

② 당사자가 조정안을 수락할 경우에도 강제집행을 위해서는 별도의 소송이 필요하다.

③ 분쟁조정절차로 처리함이 타당한 민원서류는 그 명칭 및 형식에도 불구하고 조정신청이 있는 것으로 처리할 수 있다.

④ 제척되어야 할 금융분쟁조정위원회의 위원이 조정에 관여한 경우, 조정 결정 후에도 재조정을 신청할 수 있다.

4과목 자본시장 관련 법규 17문항

76 자본시장법상 투자중개업에 해당하는 것은?

① 투자권유대행인이 투자권유를 대행하는 경우

② 한국거래소가 파생상품시장을 개설 · 운영하는 경우

③ 한국금융투자협회가 비상장주권을 장외에서 거래하는 업무를 하는 경우

④ 외국투자중개업자가 국내에서 투자매매업자를 상대로 투자중개업을 하는 경우

77 자본시장법상 진입규제에 대한 설명으로 가장 거리가 먼 것은?

① 투자매매업 · 투자중개업 · 투자자문업 · 투자일임업은 인가제를 채택하고 있다.

②「상법」에 따른 주식회사에 한해 법인격 인가 요건을 충족한다.

③ 본인가를 받으려는 자는 미리 금융위원회에 예비인가를 신청할 수 있다.

④ 인가절차 중 평가위원회를 구성, 운영할 수 있는 것은 예비인가가 아닌 예비인가 심사 단계이다.

78 금융투자업사의 회계저리와 관련된 설명으로 틀린 것은?

① 금융투자업자는 고객재산과 자기재산을 구분 계리하여 관리하여야 한다.

② 금융투자업자는 증권선물위원회의 심의를 거쳐 금융위원회가 정하는 회계처리준칙 및 기업회계 기준을 따라야 한다.

③ 금융투자업자는 분기별로 가결산을 하여야 한다.

④ 금융투자업자의 재무제표상 계정과목은 회원의 자율로 신설 또는 개정하고 금융위원회에 보고하여야 한다.

79 영업용순자본비율의 산정원칙에 대한 설명으로 가장 거리가 먼 것은?

① 시장위험과 신용위험을 동시에 내포하는 자산에 대해서는 시장위험액만을 산정한다.

② 영업용순자본 산정 시 차감항목에 대해서는 원칙적으로 위험액을 산정하지 않는다.

③ 자산, 부채 등은 장부가액을 기준으로 한다.

④ 부외자산과 부외부채에 대해서도 위험액을 산정하는 것을 원칙으로 한다.

80 다음 중 개선명령에 해당하는 조치사항은 모두 몇 개인가?

가. 합병, 금융지주회사로의 편입	나. 주식의 일부 소각
다. 조직의 축소	라. 인력 및 조직운용개선
마. 영업의 전부양도	바. 임원의 직무집행 정지
사. 점포의 폐쇄 및 통합	

① 2개
③ 4개
② 3개
④ 전부 해당

81 자기가 매수하는 것과 같은 시기에 그와 같은 가격 또는 약정수취로 타인이 그 증권 또는 장내파생상품을 매도할 것을 사전에 그 자와 서로 짠 후 매수하는 행위는 어느 것인가?

① 통정매매
③ 스캘핑
② 가장매매
④ 안정조작

82 금융투자업자의 겸영업무 중 영위자격을 요구하는 겸영업무가 아닌 것은?

① 프로젝트파이낸싱 대출업무
② 지급보증업무
③ 기업구조조정전문회사 업무
④ 원화로 표시된 양도성예금증서의 매매와 그 중개 · 주선 · 대리업무

83 자본시장법상 금융투자업자의 위탁업무에 대한 내용으로 옳은 것은?

① 투자매매업자는 계약 체결 · 해지 업무를 인가받은 제3자에게 위탁이 가능하다.
② 금융투자업자는 수탁자가 위탁받은 업무를 실제 수행한 날부터 7일 이내에 금융위에 보고하여야 한다.
③ 단순업무 및 외화자산운용 · 보관업무는 위탁자의 동의 없이 재위탁이 가능하다.
④ 신탁업자는 내부통제업무를 인가받은 제3자에게 위탁이 가능하다.

84 신용공여에 대한 설명으로 옳은 것은?

① 투자매매업자는 증권의 인수일로부터 1개월 이후에 투자자에게 그 인수증권을 매수하게 하기 위한 신용공여를 할 수 있다.

② 비상장증권을 처분하는 경우에는 그 처분방법을 금융회사가 정하여야 한다.

③ 신용공여에 관한 규제를 위반한 금융회사는 행정조치의 대상이 되나, 형사상의 제재는 없다.

④ 투자경고종목, 투자위험종목 또는 관리종목으로 지정된 증권과 예납조치를 취한 증권에 대해서도 신용거래를 할 수 있다.

85 종합금융투자회사의 업무에 대한 설명으로 거리가 먼 것은?

① 종합금융투자회사와 그 계열회사의 관계에 있는 법인에 대하여 신용공여를 금지하고 그 법인이 운용하는 일반사모펀드에 대하여 전담중개업무를 제공하여서는 안 된다.

② 자본시장법 또는 다른 금융 관련 법령에도 불구하고 기업에 대한 신용공여업무를 영위할 수 있다.

③ 기업금융 및 중소기업을 제외한 신용공여의 합계액이 자기자본의 100%를 초과하여서는 아니 된다.

④ 동일한 법인 및 그 법인에 속하는 회사에 대해 자기자본의 20%를 초과하는 신용공여는 할 수 없다.

86 내부자 단기매매차익 반환대상에 해당하는 것은?

① 주식매수청구권 행사에 따라 주식을 처분하는 경우

② 주식매수선택권(스톡옵션)의 행사에 따라 주식을 취득하는 경우

③ 임직원의 경우 매도·매수한 시기 중 어느 한 시기에 임직원이 아닌 경우

④ 공개매수에 응모함에 따라 주식 등을 처분하는 경우

87 자본시장법상 시세조종 등의 규제에 대한 설명으로 가장 거리가 먼 것은?

① 구성요건상 목적요건이 요구된다.

② 장내파생상품을 매매함에 있어서 그 권리의 이전을 목적으로 하지 아니하는 거짓으로 꾸민 매매는 금지되는 행위이다.

③ 일정한 자격을 갖춘 투자매매업자가 시장조성을 하는 것은 규제대상에서 제외된다.

④ 상장증권과 장내파생상품을 연계한 시세조종행위는 규제대상에서 제외된다.

88 자본시장법상 투자매매업자 또는 투자중개업자의 불공정 영업행위에 대한 설명으로 가장 거리가 먼 것은?

① 조사분석대상 금융투자상품의 자기계산매매 제한기간은 조사분석자료를 공표한 때부터 48시간 경과시점까지이다.

② 투자자의 매매주문에 관한 정보를 이용하지 아니하였음을 증명하는 경우, 선행매매 금지의 예외사유가 된다.

③ 투자권유대행인 또는 투자권유자문인력이 아닌 자에게는 투자권유를 하도록 할 수 없다.

④ 원칙적으로 금융투자상품에 대한 투자판단의 전부를 일임받아 투자자별로 구분하여 운용하는 행위는 금지된다.

89 자본시장법상 미공개중요정보 이용행위 금지 관련 내부자거래 규제대상자에 해당하지 않는 자는?

① 해당법인 임직원에 해당하지 아니하게 된 날부터 6개월이 경과한 자

② 권리를 행사하는 과정에서 미공개중요정보를 알게 된 해당법인 주주

③ 해당법인과 계약을 체결하고 있거나 체결을 교섭하고 있는 자로서 그 계약을 체결·교섭 또는 이행하는 과정에서 미공개중요정보를 알게 된 자의 종업원으로서 그 직무와 관련하여 미공개중요정보를 알게 된 자

④ 미공개중요정보 내부자로부터 미공개중요정보를 받은 자

90 다음 중 불공정거래행위에 대한 설명으로 거리가 먼 것은?

① 동일 품목의 장내파생상품을 금융위가 정하여 고시하는 수량 이상 보유하게 된 자는 그 날부터 5영업일 이내에 그 보유상황 등을 금융위원회와 거래소에 보고해야 한다.

② 임원·주요 주주 소유상황보고가 면제되는 경미한 변동의 기준은 변동수량 1천주 미만, 그 취득 및 처분금액이 1천만원 미만이다.

③ 단기매매차익 반환의무는 상장법인의 주요 주주 및 모든 임직원이 부담한다.

④ 차입한 상장증권으로 결제하고자 하는 매도는 공매도에 해당한다.

91 다음은 부당권유금지에 대한 설명이다. 바르지 못한 것은?

① 장내파생상품 판매에 대해 일반금융소비자의 요청이 없는 경우 방문·전화 등 실시간 대화 방법을 활용한 투자성 상품의 권유를 할 수 없다.

② 적합성 원칙을 적용받지 않고 권유하기 위해 일반금융소비자가 적합성 원칙 적용을 원치 않는다는 동의서를 받는 행위는 금지된다.

③ 투자성 상품의 투자권유를 소비자가 거부하는 의사표시를 한 후 1주일이 지난 경우에 재권유가 가능하다.

④ 금융소비자의 구체적·적극적인 요청이 있는 경우에는 증권 및 파생상품(장내·장외)을 포함해서 방문·전화 등 실시간 대화 방법을 통한 투자성 상품의 권유가 가능하다.

92 금융소비자보호법에서 정하고 있는 내용과 상이한 것은?

① 청약철회에 대한 특약으로 투자자에게 불리한 것은 무효이다.

② 위법계약해지의 효력은 소급하여 무효이다.

③ 금융소비자의 자료열람요구에도 법령이 정한 경우 또는 다른 사람의 생명·신체를 해칠 우려가 있는 등의 사유가 있을 때는 제한할 수 있다.

④ 금융감독원 분쟁조정위원회의 회의 시 구성위원은 소비자 단체와 금융업권 추천위원이 각각 동수(同數)로 지명된다.

4과목 한국금융투자협회규정 4문항

93 한국금융투자협회의 '금융투자회사의 영업 및 업무에 관한 규정'상 일반투자자가 공모로 발행한 파생결합증권이 만기일 또는 최종 환매청구일 이전에 최초로 원금손실조건에 해당되는 경우 일반투자자에게 지체없이 통지하여야 하는 사항으로만 모두 묶은 것은?

> 가. 원금손실조건에 해당되었다는 사실
> 나. 자동 조기상환 조건
> 다. 만기상환 시 예상수익률

① 가

② 가, 나

③ 나, 다

④ 가, 나, 다

94 조사분석자료에 대한 내용으로 거리가 먼 것은?

① 주식선물 · 주식옵션 및 주식워런트증권은 레버리지가 큰 금융상품이므로 금융투자분석사는 보유가액에 관계없이 재산적 이해관계 고지대상에 포함된다.

② 금융투자회사는 자신이 발행주식 총수의 5% 이상의 주식등을 보유한 법인이 발행한 금융상품에 대한 조사분석자료를 공표하거나 특정인에게 제공할 수 없다.

③ 금융투자분석사와 기업금융업무관련 부서 간 의견을 교환하고자 하는 경우 준법감시부서를 통하고, 협의는 준법감시부서 직원의 입회하에 이루어져야 하며, 회의의 주요내용을 서면으로 기록 · 유지하여야 한다.

④ 금융투자분석사는 소속 금융투자회사에서 조사분석자료를 공표한 금융투자상품을 매매하는 경우에는 공표 후 24시간이 경과하여야 하며 해당 금융투자상품을 공표일부터 7일 동안 공표내용과 반대 방향으로 매매하여야 한다.

95 다음 중 재산상 이익에 대한 설명 중 바르지 못한 것은?

① 금융투자회사가 동일 거래상대방에게 1회당 제공할 수 있는 재산상 이익은 20만원을 초과할 수 없는 것이 원칙이다.

② 금융투자회사가 자체적으로 작성한 조사분석자료는 재산상 이익으로 보지 않는다.

③ 물품, 식사, 경조사비는 20만원 이하일 경우 재산상 이익으로 보지 않는다.

④ 금융투자회사는 재산상 이익의 제공내역을 10년 이상의 기간 동안 기록·보관해야 한다.

96 한국금융투자협회의 '금융투자회사의 영업 및 업무에 관한 규정'상 유사해외통화선물거래에 대한 설명으로 올바른 것으로만 모두 묶은 것은?

> 가. 유사해외통화선물거래는 원화와 이종통화를 대상으로 한다.
> 나. 금융투자회사는 투자자가 유사해외통화선물거래를 하고자 하는 경우, 금융투자회사의 명의와 투자자의 재산으로 하도록 하여야 한다.
> 다. 금융투자회사는 일반투자자가 유사해외통화선물거래를 하고자 하는 경우, 핵심설명서를 추가로 교부하여야 한다.
> 라. 유지증거금은 위탁증거금의 100분의 60에 상당하는 금액 이상의 미화이다.
> 마. 금융투자회사는 유사해외통화선물거래 시 투자자로부터 거래단위당 미화 1만달러 이상을 위탁증거금으로 예탁할 수 있고 원화로도 예탁할 수 있다.

① 가, 나 　　　　　　　　　② 나, 다
③ 나, 다, 라 　　　　　　　④ 나, 다, 마

4과목 한국거래소규정 4문항

97 한국거래소의 코스피200선물에 대한 설명으로 가장 거리가 먼 것은?

① 최종거래일은 두 번째 목요일이 휴일인 경우 순차적으로 순연된다.

② 결제월은 3, 6, 9, 12월의 분기월 4개로 구성되어 있다.

③ 최종결제방법은 현금결제방식이다.

④ 최종결제가격은 최종거래일의 최종 코스피200이다.

98 다음 중 코스피200선물의 단일가거래가 적용되지 않는 경우는?

① 최초약정가격

② 임의적 또는 필요적 거래중단의 거래 재개 시 최초약정가격

③ 최종거래일이 도래한 종목의 종가

④ 기초주권이 정리매매종목인 주식선물거래 및 주식옵션의 약정가격

99 미결제약정수량의 보유한도가 설정되어 있지 않은 것은?

① KOSPI200선물거래

② KOSPI200옵션거래

③ 3년 국채선물거래

④ 돈육선물거래

100 한국거래소의 파생상품시장 위험관리제도로 가장 거리가 먼 것은?

① 미결제약정의 보유한도 설정

② 유동성 공급자 지정

③ 위탁증거금 사전예탁

④ 위탁자에 대한 위험고지

실전모의고사

정답 및 해설

제1회 모의고사 정답 및 해설

01	02	03	04	05	06	07	08	09	10
②	④	①	④	④	②	④	③	③	③
11	12	13	14	15	16	17	18	19	20
②	③	①	④	②	①	①	④	①	②
21	22	23	24	25	26	27	28	29	30
②	①	③	①	④	③	④	④	②	④
31	32	33	34	35	36	37	38	39	40
③	④	④	②	③	④	④	①	④	②
41	42	43	44	45	46	47	48	49	50
③	②	①	④	①	④	④	④	③	③
51	52	53	54	55	56	57	58	59	60
②	③	③	②	②	②	①	①	③	②
61	62	63	64	65	66	67	68	69	70
④	④	②	②	④	②	④	④	①	①
71	72	73	74	75	76	77	78	79	80
④	④	②	④	③	④	①	②	④	③
81	82	83	84	85	86	87	88	89	90
④	①	③	③	③	④	①	④	①	④
91	92	93	94	95	96	97	98	99	100
③	③	④	④	④	①	③	①	②	④

1과목 파생상품 I - 선물 13문항

01
정답 ②

변동의 위험을 원하지 않는 헤저(Hedger)로부터 가격변동위험을 감수하면서 보다 높은 이익을 추구하려는 투기자(Speculator)로의 이전을 가능하게 하는 것을 의미하는 것이지 소멸되는 것은 아니다.

02
정답 ④

금융선물인 채권선물의 경우 단기이자비용이 장기 이표수입보다 적으면 순보유비용이 음수이며, 선물이론가격이 현물가격보다 낮게 형성된다.

03
정답 ①

콘탱고와 베이시스에 대한 설명이다.

04
정답 ④

주가지수의 연속성을 유지하기 위해 주식 수에 변동이 있는 경우 시가총액을 수정한다.

05
정답 ④

배당과 주가지수선물가격은 음($-$)의 관계에 있다.

06
정답 ②

완전복제법은 대상 주가지수를 정확히 추적한다는 점에서 추적오차가 제거된 이론적으로 가장 완벽한 방법이나 지수의 구성종목수가 많아질수록 구성비용이 증가한다.

07
정답 ④

[STEP 1] 주가하락을 예상하므로 주가지수선물을 매도하여 베타를 하향조정해야 한다.
[STEP 2] 베타를 1.5에서 0.7로 0.8만큼 감소시키기 위한 매수 계약수를 산출한다.
$(\beta_T - \beta_P) \times P = F \times N^*$이므로 $(0.7 - 1.5) \times$
$500억 = 100pt \times 25만(거래승수) \times N^*$
$\therefore N^* = 1,600계약$

08 정답 ③

역조시장에서는 근월물의 가격이 원월물의 가격보다 높은 상황이다. 그러므로 스프레드가 확대되면 근월물의 가격상승폭이 원월물의 가격상승폭보다 크므로 근월물을 매수하고 원월물을 매도하는 스프레드 매도전략을 취해야 한다.

09 정답 ③

수익률곡선 거래전략으로 수익률곡선의 기울기가 완만해질 것이 예상되면 장기채의 금리하락률이 단기채의 금리하락률보다 크다. 이를 가격 중심으로 생각하면 장기채의 가격상승률이 단기채의 가격상승률에 비해 크므로 장기물을 매수하고 단기물을 매도하는 스프레드 전략을 취해야 한다.

10 정답 ③

매도자인도옵션에는 품질옵션, 인도시점옵션, 월말옵션, 와일드카드옵션이 있다.

11 정답 ②

선물환 장외파생상품은 거래소가 없어 증거금과 일일정산제도와 같은 계약불이행위험을 방지하는 제도가 없다.

12 정답 ③

선물이 고평가 상태이므로 선물을 매도, 현물을 매수해야 한다. 원화로 자금을 차입하여 현물환시장에서 달러를 매수한 후 미국금융자산에 예금(투자)과 동시에 미 달러 선물환 매도 포지션을 취하는 차익거래를 하면 무위험 차익이 발생한다.

13 정답 ①

[STEP 1] 지정환율 1,223원으로 계약 시 선물환율인 1,210원보다 커서 환율의 상승으로 선물매수자인 A은행이 결제금액을 수취하게 된다.

[STEP 2] 결제금액은 $\dfrac{1,223 - 1,210}{1,223} \times 1,000$만달러 $= 106,296$달러를 수취한다.

1과목 파생상품 I - 옵션 12문항

14 정답 ④

옵션은 비대칭적 손익구조를 갖고 선물은 대칭적 손익구조를 갖는다.

15 정답 ②

옵션의 가격은 내재가치와 시간가치의 합이다. 콜옵션의 내재가치는 261 - 260 = 1pt이다. 옵션의 가격은 3pt이므로 시간가치는 3 - 1 = 2pt이다.

16 정답 ①

옵션의 시간가치는 등가격 상태에서 가장 크다.

17 정답 ①

배당이 감소하면 콜옵션 가격이 상승한다.

18 정답 ④

풋-콜 패리티는 유럽식 옵션을 가정한다.

19 정답 ①

풋옵션의 델타 범위는 $(-1 < \Delta_p < 1)$이며, 기초자산이 상승하면 0에 근접, 기초자산이 하락하면 -1에 근접한다.

20 정답 ②

[STEP 1] 감마는 기초자산이 1단위 상승하는 경우 델타의 변화를 의미하고 감마값이 (+)값이므로 0.05는 기초자산 1단위가 하락하는 경우 델타가 0.05만큼 감소했다는 의미다.

[STEP 2] 기존 델타와 감소된 델타를 합하면 0.35 - 0.05 = 0.3이다.

21 정답 ②

변동성이 축소되는 경우 적합한 전략에는 스트래들 매도, 스트랭글 매도, 버터플라이 매수, 시간 스프레드 매수가 있다.

22   정답 ①

보호적 풋은 현물을 보유하면서 풋옵션을 매수하는 전략으로 이는 콜옵션 매수와 동일한 손익구조를 지닌다.

23   정답 ③

금리플로어는 기초자산이 금리인 장외옵션으로 금리에 대한 풋옵션이다. 금리플로어 매수는 금리하락 리스크를 제거하면서 금리 상승에 따른 혜택을 보존하고자 할 때 활용하는 전략이다.

24   정답 ①

6개월 뒤 환율이 상승하는 위험이 있으므로 콜옵션을 매수하여야 한다.

25   정답 ④

고정금리 채권에 투자한 자는 만기까지 일정한 금리를 수취하기 때문에 시장의 금리하락으로부터 손실이 발생하지 않는다. 반면에 금리가 상승하는 경우 보유한 채권의 가치가 하락하고 더 높은 금리를 받지 못하는 기회손실이 발생하여 금리 상승 위험이 존재한다.

2과목 파생상품 II - 스왑 8문항

26   정답 ③

Parallel Loan(평행대출)은 상대 모기업에서 상대 자회사에 직접 대출하는 형태로 한쪽에 채무를 불이행했다고 해서 같이 불이행하면 신용등급과 기업의 이미지 문제로 채무상계(set−off)가 어려운 문제점이 있어 이를 고안한 대출방식이 Back−to−Back Loan(직접대출)이다.

27   정답 ④

장기자본시장의 대표적인 스왑거래는 이자율스왑과 통화스왑거래이며, 외환스왑의 경우 단기금융시장의 스왑이다.

28   정답 ④

reset date는 변동금리 재설정일로 변동금리 이자계산에 사용되는 변동금리를 선택하는 날이다.

- 달러화 Libor의 경우 이자계산 시작일의 2영업일 전의 변동금리 적용
- 원화 CD금리의 경우 이자계산 시작일의 1영업일 전의 변동금리 적용
- 비표준형 스왑 Libor−in−arrear은 이자종료일(지급일) 2영업일 전의 변동금리 적용

29   정답 ②

장래 금리 상승이 예상될 때는 차입자들이 현재시점의 낮은 금리를 고정화하려는 사람이 많아져 차입자 입장에서 고정금리지급스왑이 늘어난다. 딜러입장에서는 수취하는 고정금리가 높아져 스왑스프레드가 확대된다.

30   정답 ④

- 고정금리 채권을 투자한 자는 금리 상승으로 채권가격이 하락하는 위험이 있다.
- short swap은 변동금리를 지급하기 때문에 금리가 상승하는 경우 손실이 발생할 수 있어 금리 상승 위험이 있다.
- 시리즈 FRA 매도는 약정금리를 수취하고 결제시점의 시장금리를 지급하는 포지션으로 금리가 상승하는 경우 손실이 발생하므로 금리 상승 위험이 있다.

31   정답 ③

[STEP 1] A기업은 변동금리로 차입(L+0.5%)한 후
[STEP 2] A기업은 스왑을 통해 고정금리를 지급(9.85%)하고 변동금리를 수취(L)하는 스왑 체결
[STEP 3] 딜러입장에서는 고정금리 수취이므로 offer rate를 적용하여 9.85%으로 수취(즉, 고객은 고정금리 9.85% 지급)
[STEP 4] A기업이 지급한 이자의 합은 L+0.5% +9.85%이고, 수취이자는 L이 되므로 10.35%만큼 고정차입효과가 발생한다.

32　　　　　　　　　　　정답 ④

Cap 매수와 현금흐름상 동일하나 Cap보다 프리미엄이 저렴하다.

33　　　　　　　　　　　정답 ④

고정금리를 수취하는 receiver swap의 경우 금리상승 위험에 노출되어 있으므로 금리 상승 시 이익이 발생하는 포지션으로 헤지거래를 해야 한다. FRA 매도는 미래시점의 약정한 금리보다 실제 금리가 하락하는 경우에 이익이 발생하는 포지션이므로 FRA 시리즈 매수거래를 체결해야 한다.

**2과목 파생상품 Ⅱ
- 기타 장외파생상품·파생결합증권 17문항**

34　　　　　　　　　　　정답 ②

만기 이전에 포지션 청산은 가능하나 비용이 많이 든다.

35　　　　　　　　　　　정답 ③

디지털옵션은 첨점수익구조형, 레인보우옵션은 다중변수의존형, 버뮤다옵션은 시간의존형 옵션이다.

36　　　　　　　　　　　정답 ④

평균옵션은 변동성이 낮아 표준옵션보다 저렴하며, 녹인옵션과 녹아웃옵션은 베리어옵션으로 베리어를 설정하면 투자자에게 불리하므로 표준옵션보다 가격이 저렴하다. 또한 표준옵션은 녹인옵션과 녹아웃옵션의 합이다.

37　　　　　　　　　　　정답 ④

클리켓옵션은 표준옵션처럼 초기에 행사가격을 정하여 두지만 일정한 시점이 되면, 그 시점의 시장가격이 새로운 행사가격이 되도록 하는 옵션으로 행사가격이 재확정될 때마다 그 시점에서의 내재가치가 실현된 것으로 하여 차액 지급을 보장한다.
[STEP 1] 1개월 후 기초자산가격이 5,300원으로 행사가격 5,000원보다 높아져 5,300 − 5,000 = 300원의 수익이 발생하고 행사가격이 5,300원으로 재설정된다.

[STEP 2] 2개월 후 기초자산가격이 5,100원으로 재설정된 행사가격 5,300원보다 낮아 수익은 없고 행사가격이 5,100원으로 재설정된다.
[STEP 3] 만기일에 기초자산가격이 5,500원으로 재설정된 행사가격 5,100원보다 높아 5,500 − 5,100 = 400원으로 차액이 지급되어 전체적으로 700원의 이익이 발생한다.

38　　　　　　　　　　　정답 ①

down−and−out 콜옵션은 촉발가격을 100에 설정하고 일정기간 내에 100 이하로 내려가는 경우 옵션이 무효화된다.

39　　　　　　　　　　　정답 ④

거래 당시에는 현물환율을 적용하고 만기 시 교환되는 원금은 선물환율을 적용한다.

40　　　　　　　　　　　정답 ②

수입업자는 환율상승 위험이 있다. 따라서 합성 선물환 매수를 해야 한다. 풋−콜 패리티를 이용한 합성 선물환 매수 포지션은 $F^* = +C - P$ 이므로 콜옵션을 매수하고 풋옵션을 매도한다.

41　　　　　　　　　　　정답 ③

보장매입자는 CDS프리미엄을 지불하는 자로 신용위험관리를 위해 CDS라는 상품을 구매하는 소비자이다. 보장매도자 입장에서 프리미엄을 받으므로 신용위험에 노출되지 않아 보장매입자의 신용은 프리미엄에 영향을 미치지 않는다. 보장매입자 입장에서는 프리미엄을 지급하였으므로 이를 수취한 보장매입자 약속을 이행하지 않을 수 있어 보장매도자의 신용도가 낮을수록 상품의 질이 떨어지므로 CDS프리미엄(가격)은 저렴해진다.

42　　　　　　　　　　　정답 ②

콜 스프레드 형에 대한 설명으로 수익구조를 생각해보면 된다. (　)

43　　　　　　　　　　　정답 ①

ELD는 정기예금으로 예금자 보호대상이다.

44
정답 ④

간주 공모의 형태로 발행하는 파생결합증권은 ELW와 ETN이다.

45
정답 ①

worst performer 방식으로 기초자산이 2개 이상인 경우 이 중 주가가 낮은 기초자산가격을 기준으로 수익상환 조건이 결정되는 구조이다.

46
정답 ④

보장매입자는 준거자산에서 발생하는 이자수익뿐만 아니라 자본수익(손실)을 포함한 모든 현금흐름을 보장매도자에게 이전하여 보장매도자는 실제 준거자산을 보유한 것과 같은 효과가 있다.

47
정답 ④

①, ②, ③은 거래소에서 거래되는 주식옵션에 대한 내용이다.

48
정답 ④

ELW의 잔존만기가 장기일수록 상대적으로 만기 도래 시까지 해당 ELW의 이익실현기회가 늘어나므로 수익 창출의 가능성이 높아져 ELW의 가격이 상승한다.

49
정답 ③

기초지수에 국내외 주식, 또는 채권이 포함되는 경우 주식·채권 각각 최소 5종목 이상, 동일 종목 비중 30% 이내로 분산하여야 한다(단, 국채, 통안채, 지방채 등으로만 구성된 지수의 경우 3종목 이상이면 가능).

50
정답 ③

괴리율은 ETN의 시장가격과 지표가치의 차이를 나타내는 지표로 시장가격의 고평가·저평가 정도를 나타낸다.

3과목 리스크관리 8문항

51
정답 ②

투자의 리스크는 위험과 기회(수익)를 모두 내포하므로 리스크가 무조건 나쁘다고 평가할 수 없다.

52
정답 ③

최대가 아닌 최소손실액이 10억이다.

53
정답 ③

과거수익률은 모두 동일한 비중을 가지므로 최근의 자료가 오래된 자료보다 더 많은 정보를 내포하고 있다는 점을 무시하여 최근의 시장정보를 충분히 반영하지 못하는 결과를 가져온다.

54
정답 ②

[STEP 1] 분산투자효과가 전혀 없는 경우 두 포지션의 VaR_p는 VaR_A와 VaR_B의 합인 $100 + 200 = 300$이 된다.

[STEP 2] 상관계수를 감안한 VaR_p는
$$\sqrt{100^2 + 200^2 + 2 \times (-0.3) \times 100 \times 200} = 194.94$$
이다.

[STEP 3] 포트폴리오의 분산투자 효과는 300에서 195로 감소하여 105억원이다.

55
정답 ②

가치평가모형을 전제로 하는 것은 역사적 시뮬레이션과 몬테카를로 시뮬레이션 법이다.

56
정답 ②

역사적 시뮬레이션은 특정분포에 대한 가정이 필요하지 않다. 대신, 과거 실제 가격 정보를 이용하므로 일시적으로 증가한 변동성을 고려하지 못하며, 극단치가 포함된 경우 큰 영향을 받는다.

57   정답 ①

[STEP 1] 먼저 각 채권의 신용리스크 노출금액을 산정하면 현재 회수율이 0%이므로 신용위험에 노출된 금액은 각각 10,000원과 9,500원이다.

[STEP 2] A채권의 10,000원 중 5%가 채무불이행으로 회수하지 못할 것으로 예상되어 기대(예상)손실은 500원이다. 같은 방식으로 채무불이행확률은 10%이고, B채권의 기대손실은 950원이 된다.

[STEP 3] 두 채권의 채무불이행 간 상관계수는 1이므로 분산효과가 전혀 없어 포트폴리오의 기대손실은 두 채권의 기대손실의 합으로 1,450원이다.

58   정답 ①

프로세스리스크에 대한 설명이다.

3과목 영업실무 5문항

59   정답 ③

① 실명확인은 대리인을 통해서도 가능하다.
② 계좌개설 시 인감 없이 서명만으로도 가능하다.
④ 해외선물계좌를 개설할 경우에는 별도의 위험고지사항이 있다.

60   정답 ②

단일가호가 시간을 포함한 정규거래 시간에 신청이 가능하다.

61   정답 ④

① KOSPI200옵션거래의 경우, 권리행사신고 의제수치는 0.01pt이다.
② 통화선물의 실물인수도 결제시간은 최종결제일 12시이다.
③ 통화선물의 기초자산의 해당통화이므로 매도미결제를 보유한 위탁자가 해당 통화를 회원에게 납부하여야 한다.

62   정답 ④

④는 유지증거금에 대한 설명이다.

63   정답 ②

- 전일매수약정 10계약이 전일종가(정산가) 212에서 당일정산가 214로 2P가 증가하였다. 1P당 25만원이므로 50만원의 10계약인 500만원이 된다.
- 매수미결제 약정 = 전일 매수미결제 약정수량 × (당일정산가격 − 전일정산가격) × 거래승수

3과목 직무윤리·투자자분쟁예방 12문항

64   정답 ②

윤리는 있어야 할 법이고 법은 있는 그대로의 법이다.

65   정답 ④

④는 금융소비자보호법에 대한 설명이다.

66   정답 ②

점수보다는 순위의 변동추이를 살펴보아야 한다.

67   정답 ④

금융투자업자는 이해상충이 발생할 가능성을 낮추는 것이 곤란하다고 판단되는 경우에는 매매, 그 밖의 거래를 하여서는 아니 된다.

68   정답 ④

계약서 제공 의무와 합리적 근거 제공 의무는 판매단계이고, 위법계약해지권은 판매 후 단계이다.

69   정답 ①

가급적 전문적인 언어는 피해 일상적 어휘를 사용하여 이해도를 높이고, 시각적 요소를 활용하여야 한다.

70   정답 ①

위험관리업무는 해당하지 않는다.

71 정답 ④
영업일과 일을 구분하여 암기해야 한다.

72 정답 ④
① 대표이사가 위원장이다.
② 매 반기별 1회 이상 개최해야 한다.
③ 7천억원 미만인 경우에 내부통제위원회를 두지 않아
　도 된다.

73 정답 ②
① 다수인이 공동으로 조정신청을 하는 경우에 대표자 선
　임도 인정된다.
③ 분쟁조정위원회의 위원에 대한 기피신청도 인정된다.
④ 분쟁조정은 비공개를 원칙으로 한다.

74 정답 ④
익명 또는 가명으로 처리하여도 개인정보 수집목적을 달
성할 수 있는 경우 익명처리가 가능하면 익명에 의하여,
익명처리로 목적을 달성할 수 없는 경우에는 가명에 의하
여 처리할 수 있다.

75 정답 ③
고액현금거래보고제도에서는 동일인이 1거래일 동안 창
구를 통하여 기준금액 이상 거래하는 경우 보고 대상이
된다.

4과목 자본시장 관련 법규 17문항

76 정답 ④
해외파생상품시장에서 거래되는 파생상품은 장내파생상
품으로 분류된다.

77 정답 ①
적기시정조치에 대한 설명으로 경영개선권고, 경영개선
요구, 경영개선명령이 있다.

78 정답 ②
투자중개업에 대한 설명이다. 여기서 타인의 계산이란
그 거래에서 발생하는 손익이 모두 타인에게 귀속된다는
의미(위탁매매)이다.

79 정답 ④
① 온라인상에서 누구의 명의로 하든지 타인의 계산으로
　채무증권, 지분증권, 투자계약증권의 모집 또는 사모
　에 관한 중개를 영업으로 하는 투자중개업자로 단순
　중개업무만 가능하며 예외적으로 온라인소액중개업자
　의 홈페이지에 투자광고를 게시할 수는 있다.
② 온라인소액투자중개업자를 하기 위해서는 금융위원회
　의 등록을 받아야 하며, 등록한 경우 인가를 받은 것
　으로 간주한다.
③ 연간 투자한도를 차등부과한다.

80 정답 ③
레버리지 비율은 개별 재무상태표상의 자기자본 대비 총
자산의 비율로 계산한다.

81 정답 ④
① 월별로 회사에 보고해야 한다.
② 1% 이상일 경우 이해관계고지 대상이고 5% 이상인
　경우는 조사분석자료 공표금지사항이다.
③ 7일간 같은 방향으로 매매가 가능하다.

82 정답 ①
시장질서 교란행위는 목적성 없이 단순 프로그램 오류 등
을 통해서도 시세에 영향을 주는 행위를 모두 위반 행위
로 규정하고 있으며, 해킹 등을 통한 정보 획득임을 알면
서도 전달하는 행위 역시 금지하고 있다. 과거에는 미공
개중요정보의 내부자, 준내부자, 1차 수령자만이 제재 대
상이었던 것과는 달리 이를 전달한 자, 자신의 직무와 관
련하여 정보를 알게 된 자, 해킹·기망 등의 부정한 방법
으로 정보를 알게 된 자 등으로 그 적용대상을 확대함으
로써 시장질서를 교란하는 행위를 사전에 방지하고자 하
였다.

83   정답 ③

회수의문 또는 추정손실로 분류된 자산은 조기에 상각하여 자산의 건전성을 확보하여야 한다.

84   정답 ③

- 최선집행기준은 증권시장 상장주권, 주권 관련 상장 증권예탁증권(DR)에 한정한다.
- 지분증권은 주권인 주식만 해당하고, 예탁증권도 주권 관련 예탁증권만 가능하다.

85   정답 ③

투자자의 신용상태 및 종목별 거래상황 등을 고려하여 신용공여금액의 140/100 이상에 상당하는 담보를 징구하여야 한다.

86   정답 ④

인가요건은 투자중개업의 경우에는 300억원이며 자기매매가 포함되는 투자매매업자의 경우도 자기자본은 300억원이다.

87   정답 ①

② 그 미달상태가 해소될 때까지 새로운 장외파생상품 매매를 중지하여야 한다.

③ 장외파생상품의 매매를 할 때마다 파생상품 업무책임자의 승인을 받아야 한다.

④ 월별 장외파생상품(파생결합증권 포함)의 매매, 그 중개 · 주선 또는 대리의 거래내역을 다음 달 10일까지 금융위원회에 보고하여야 한다.

88   정답 ④

반환대상의 내부정보 이용과는 무관하게 주권상장법인이 특정 증권 등을 매수한 후 6개월 이내에 매도하거나 특정 증권 등을 매도한 후 6개월 이내에 매수하여 얻은 이익을 대상으로 한다.

89   정답 ①

① 정보이용형 교란행위 규제는 2차 정보수령자뿐만 아니라 다차 수령자까지 규제대상에 포함된다.

90   정답 ④

위법계약 사실을 안 날부터 1년이란 기간이 계약체결일로부터 5년 이내여야 한다. 또한 금융회사는 위법계약의 요구가 있는 경우에는 해당일로부터 10일 이내에 계약해지 요구 수락여부를 결정하여 금융소비자에게 통지하여야 한다.

91   정답 ③

이의신청 처리결과에 대하여는 다시 이의신청할 수 없다.

92   정답 ③

투자자문계약 체결 권유와 투자일임계약 체결 권유 시에 증권은 동일 상품으로 판단한다.

4과목 한국금융투자협회규정 4문항

93   정답 ④

[핵심설명서 교부 대상]

- 일반투자자가 고난도금융투자상품 이외에 공모의 방법으로 발행된 파생결합증권(ELW, ETN, 금적립계좌 등은 제외)을 매매
- 일반투자자 또는 개인전문투자자가 공모 · 사모의 방법으로 발행된 고난도금융상품 매매 또는 고난도금전신탁계약, 고난도투자일임계약의 체결
- 일반투자자가 신용융자거래 또는 유사해외통화선물거래를 하고자 하는 경우

94   정답 ④

자신이 안정조작 또는 시장조성업무를 수행하고 있는 증권을 발행한 법인이 발행한 주식 및 주권관련사채권과 해당 주식을 기초자산으로 하는 주식선물에 해당하는 금융투자상품에 대하여 조사분석자료를 공표하거나 특정인에게 제공하는 것을 금지한다.

[회사와의 이해관계고지]

금융투자회사는 자신이 ❶ 채무이행을 직 · 간접적으로 보장하거나, ❷ 발행주식 총수의 1% 이상의 주식등을 보유하는 등 각종 이해관계가 있는 법인이 발행한 금융투자

상품과 해당 법인이 발행한 주식을 기초자산으로 한 주식
선물·주식옵션 및 ELW에 대한 조사분석자료를 공표
하거나 특정인에게 제공하는 경우 회사와의 이해관계를
조사분석자료에 명시하여야 한다.

95   정답 ④

금융투자회사는 금융투자업의 영위와 관련하여 약관을
제정 또는 변경하는 경우에는 약관의 제정 또는 변경 후
7일 이내에 협회에 보고하여야 한다.

96   정답 ①

글자크기는 A4 규격용지 기준 9포인트 이상의 활자체(다
만, 신문에 전면으로 게재하는 광고물의 경우 10포인트
이상의 활자체로 표시)를 사용해야 한다.

4과목 한국거래소규정 4문항

97   정답 ③

선물 스프레드 거래종목은 최근월물과 원월물들을 동시
에 매수·매도하여 상장결제종목의 수보다 1종목 적다.

98   정답 ①

①은 임의적 중단 사유이다.

99   정답 ②

지정가호가는 가격과 수량을 지정하는 호가이며, 조건부
지정가호가도 일단 지정가호가로 시작되므로 가격과 수
량을 모두 지정하여야 한다.

100   정답 ④

기본예탁금액은 위탁자의 재무건전성 및 신용상태 등을
감안하여 위탁자별로 구분하여 정하는 금액이다.

제2회 모의고사 정답 및 해설

01	02	03	04	05	06	07	08	09	10
④	③	②	②	③	③	②	①	②	③

11	12	13	14	15	16	17	18	19	20
②	④	③	③	④	③	④	②	③	④

21	22	23	24	25	26	27	28	29	30
①	③	③	③	②	②	①	③	①	③

31	32	33	34	35	36	37	38	39	40
④	①	③	②	②	④	①	③	②	④

41	42	43	44	45	46	47	48	49	50
③	③	③	②	④	③	③	③	②	③

51	52	53	54	55	56	57	58	59	60
①	③	④	①	②	①	③	④	③	②

61	62	63	64	65	66	67	68	69	70
②	④	②	③	③	④	④	①	③	③

71	72	73	74	75	76	77	78	79	80
③	④	③	④	②	④	③	④	①	③

81	82	83	84	85	86	87	88	89	90
①	③	①	③	④	③	④	③	④	③

91	92	93	94	95	96	97	98	99	100
③	②	④	④	①	②	①	③	③	②

1과목 파생상품 Ⅰ - 선물의 이해 13문항

01
정답 ④

장내파생상품은 거래소(청산소)가 결제이행을 책임지고 있어 거래상대방에 대한 신용위험이 없다.

02
정답 ③

금융선물의 경우 편의수익이 없으므로 보유편의를 고려할 필요가 없으며, 보유비용모형의 금융선물이론가격은 현물가격에 순보유비용을 가산하여 결정되나 금융선물의 경우 순보유비용은 음(−)의 값을 가질 수도 있다. 예를 들어 금융선물인 채권선물의 경우 단기이자비용(r)이 장기이표수입(d)보다 적은 경우 순보유비용이 음수이며 이때 선물이론가격이 현물가격보다 낮게 형성된다.

03
정답 ②

콘탱고 시장을 정상시장이라고도 하며, 헤저(Hedger)는 매수하고 투기자는 매도하는 경향이 있다. 콘탱고 시장의 반대가 백워데이션 시장으로, 원월물보다 근월물 가격이 높으며 헤저가 매도하고 투기자가 매수하는 경향이 있다.

04
정답 ②

지수 산출 시 연속성을 유지하기 위하여 상장주식수에 변동이 있는 경우는 기준시가총액과 비교시가총액을 수정한다.

05
정답 ③

[STEP 1] 보유비용모형에 의해 이자비용(r) > 현금수입(d)이므로 양(+)의 순보유비용이 발생하여 현물가격보다 높게 나온다.

[STEP 2] 주가 10,000원에 대해 이자율 6%와 배당수익률 4%의 차이인 2%가 순보유비용이다.

[STEP 3] 선물의 만기는 1년이므로 10,000원의 2%인 200원이 순보유비용이 된다.

[STEP 4] 현물가 10,000원에 순보유비용 200원을 합산한 주식선물이론가는 10,200원이 된다.

$$F_N = S_t + S_t(r - d) \times \frac{T - t}{365} \ \text{이므로,}$$

$$10,000 + 10,000 \times (0.06 - 0.04) \times \frac{365}{365} = 10,200$$

06 정답 ③

시장선물가격과 현물가격의 차이는 시장 베이시스를 의미한다. 이론 베이시스는 이론선물가격과 현물가격의 차이로 순보유비용과도 같다. 가격괴리는 시장선물가격과 이론선물가격의 차이 또는 시장 베이시스와 이론 베이시스의 차이로 표현하기도 한다.

07 정답 ②

[STEP 1] 주가하락을 예상하므로 주가지수선물을 매도하여 베타를 하향조정해야 한다.
[STEP 2] 베타를 1.3에서 0.8로 0.5만큼 감소시키기 위한 선물매도 계약수를 구한다.

$(0.8 - 1.3) \times 10억 = 100pt \times 25만(거래승수) \times N^*$

$\therefore N^* = 20$계약을 매도한다.

08 정답 ①

스프레드 축소가 예상되므로 근월물을 매수하고, 원월물을 매도하여야 한다. 스프레드 전략이므로 매도 계약수와 매수 계약수는 같아야 한다.

09 정답 ②

장기물의 수익률 상승폭이 단기물의 수익률 상승폭보다 커 수익률곡선의 기울기가 가팔라질 때를 스티프닝이라고 한다. 참고로 노멀커브는 정상적인 우상향 수익률곡선을 의미하며 트위스트는 오퍼레이션 트위스트라고도 불리며 중앙은행이 장기 국채를 사고 단기 국채를 팔아 장기 금리를 낮추는 통화 정책을 의미한다.

10 정답 ③

[STEP 1] 금리상승이 예상되면 향후 채권가격의 하락을 예상하므로 채권선물 매도를 이용하여 듀레이션을 감소시켜 가격 하락폭을 감소시키는 전략을 취하여야 한다.
[STEP 2] 계약단위는 액면 1억원이고 가격표시는 백분율로 표시하므로 국채선물가격은 1억 × 125% = 1.25억원이다.
[STEP 3] 국채선물계약의 금리민감도인 듀레이션을 고려하면 1.25억 × 3 = 3.75억원이 된다.

[STEP 4] 목표듀레이션 2년으로 2.0 − 2.5 = −0.5(년)만큼 채권의 민감도를 감소시키는 선물매도 계약수를 구한다.

$(2.0 - 2.5) \times 300억 = 1.25억 \times 3 \times N^*$

$\therefore N = 40$계약 국채선물 매도

11 정답 ②

금리하락 예상은 채권가격 상승을 예상하므로 투자자는 가격변동폭을 키워야 한다. 즉 듀레이션을 증가시켜 더 큰 수익을 얻을 수 있다. 듀레이션을 증가시키기 위해 단기채를 매도하고 장기채를 매수하여 듀레이션이 큰 자산의 비중을 높이는 듀레이션 매수전략을 취해야 한다.

12 정답 ④

④는 선물환에 대한 설명이다. 통화선물은 참가자에 대한 제한이 없고 비교적 소규모 거래도 가능하여 유동성이 풍부하다.

13 정답 ③

선물환 포인트(= 스왑포인트)를 이용하여 이론 선물환율을 도출해보자.

[STEP 1] 할증률(할인율) ≒ $r_d - r_f$이고 한국 금리가 미국 금리보다 연 2% 높으므로 균형선물가격은 현물환율보다 연 2% 할증된 상태이다. 만기가 3개월이므로 3개월에 대한 할증률은 2% × 3/12 = 0.5%이다.
[STEP 2] 0.5%인 금리차이를 환율로 환산한 선물환 포인트는 1,000원의 0.5% 값인 5원이다.
[STEP 3] 할증된 상태이므로 현물환율에 스왑포인트를 추가하면 균형선물환율은 1,000 + 5 = 1,005원이므로 근사값 ①을 정답으로 한다.

이자율평형이론(IRPT)에 따른 공식에 대입하면

$$F_N = S_t \times \left(\frac{1 + r_d}{1 + r_f}\right)$$

$$= 1,000 \times \left(\frac{1 + 0.03 \times 3/12}{1 + 0.01 \times 3/12}\right)$$

$$= 1,004.99$$이다.

1과목 파생상품 I - 옵션 12문항

14
정답 ③

시간이 지남에 따라 옵션의 시간가치는 잠식하여 옵션의 가치가 하락한다. 이를 두고 옵션을 소모성 자산이라고도 한다.

15
정답 ④

콜옵션은 기초자산가격이 행사가격보다 낮아 OTM상태로 내재가치는 0이고, 풋옵션의 경우 행사가격이 405인 풋옵션의 내재가치가 405 − 400 = 5로 ITM상태이다.

16
정답 ③

풋−콜 패리티는 +C − P = S − B이고 이를 이용하여 풋옵션의 가격은 +P = +B + C − S가 된다.
[STEP 1] 만기가 3개월이므로 할인율은
$e^{-0.04 \times \frac{3}{12}} = e^{-0.01} = 0.99$이다.
[STEP 2] 옵션가격은 현재시점에 결제되므로 만기 행사가격(B)의 현재가치를 계산하면 $10{,}000 \times 0.99 = 9{,}900$이다.
[STEP 3] 풋−콜 패리티에 대입하면 풋옵션의 가격은 $9{,}900 + 1{,}000 − 10{,}000 = 900$원이다.

17
정답 ④

옵션은 시간소모성 자산이므로 만기가 다가올수록 시간가치의 잠식으로 풋옵션의 가격은 하락한다.

18
정답 ②

풋−콜 패리티는 S + P = B + C 이므로 S − C = +B − P으로 합성 콜옵션 매도 포지션을 만들 수 있다.

19
정답 ③

옵션의 세타는 등가격일 때 가장 크고 내가격이나 외가격으로 갈수록 작아진다.

20
정답 ④

콜옵션의 가격은 행사가격이 낮을수록 비싸고, 풋옵션의 가격은 행사가격이 높을수록 비싸다.
ⓒ 약세 콜 스프레드 전략 : 낮은 행사가의 콜을 매도하고 높은 행사가의 콜을 매수하여 초기에 현금유입이 발생한다.
ⓔ 강세 풋 스프레드 전략 : 낮은 행사가의 풋옵션을 매수하고 높은 행사가의 풋옵션을 매도하여 초기에 현금유입이 발생한다.

21
정답 ①

컨버전 포지션은 고평가된 콜옵션을 매도하고 저평가된 풋옵션을 매수하는, 즉 합성기준물을 매도하는 포지션과 동시에 무위험이자율로 차입하여 기초자산을 매수하는 것으로 구성된다.

22
정답 ③

금리플로어를 매수하여 금리의 하한을 설정하는 것은 금리하락리스크를 제거하고 상승하는 유리한 리스크를 보존하고자 할 때 사용하는 전략이다. 금리하락 위험은 채권가격 상승 위험으로 상승 시 이익으로 손실을 상쇄하기 위해 채권 콜옵션을 매수하여야 한다.

23
정답 ③

[STEP 1] 달러를 받는 입장의 수출업자는 달러의 가치가 하락할 위험, 즉 환율하락 위험에 노출되어 있어 환율 하락 시 이익이 나는 달러 풋옵션 매수나 달러 콜옵션 매도를 이용한 헤지거래를 해야 한다.
[STEP 2] 옵션의 매도 헤지는 포지션의 이익이 프리미엄으로 고정되어 있어 손실을 충분히 상쇄시키기 어려워 달러 풋옵션 매수를 이용하는 것이 적절하다.

24
정답 ③

미국달러옵션은 2013년 9월 30일부터 현금결제방식을 채택하고 있다.

25 　　　　　　　　　　　　　　　정답 ②

동일한 만기와 행사가의 콜과 풋을 동시에 매도하는 전략을 스트래들 매도라고 한다.

[STEP 1] 손익구조를 떠올려보자. (‿‿)

[STEP 2] 콜과 풋을 매도하여 3 ＋ 2 ＝ 5포인트는 초기 현금 유출이 발생하고 만기에 주가지수가 100포인트라면 최대 손실이 5포인트가 된다.

[STEP 3] 주가지수가 행사가격 100보다 상승하는 경우 콜을 매수하였으므로 이익이 발생하나 초기에 이미 5포인트의 비용을 고려한 105가 손익분기점이 되고 105보다 상승할수록 이익이 발생한다. 이번에는 주가가 행사가 100보다 하락하는 경우는 풋을 매수하였으므로 이익이 발생하나 초기 프리미엄 5포인트 비용이 있으므로 95가 손익분기점이 되고 95 이하로 하락할수록 이익이 증가하게 된다.

2과목 파생상품 II - 스왑 8문항

26 　　　　　　　　　　　　　　　정답 ②

금리스왑은 동일 통화표시 고정금리와 변동금리 간의 교환계약으로 원금을 교환하지 않는다.

27 　　　　　　　　　　　　　　　정답 ①

딜러입장에서는 고정금리 수취스왑으로 스왑 offer rate가 적용된다. 가장 많이 받을 수 있는 스왑금리를 산출하면 쉽게 답을 찾을 수 있다. 4.1% ＋ 0.4% ＝ 4.5%이다.

28 　　　　　　　　　　　　　　　정답 ③

변동금리 채권에 투자한 투자자는 주기적으로 변동금리를 수취한다. 동시에 고정금리 수취스왑을 하면 고정금리를 받고 변동금리를 지급한다. 이때 수취한 변동금리를 딜러에게 지급하면 고정금리 수취만 남게 되어 고정금리채권에 투자한 것과 동일한 효과를 본다.

29 　　　　　　　　　　　　　　　정답 ①

원화 이자율스왑의 계약에 사용되는 변동금리는 3개월 CD금리이며, 이자계산방법은 act/365이다. 참고로 이자계산이 시작되는 날은 trade date 이후 1영업일 후(T ＋ 1)이다.

30 　　　　　　　　　　　　　　　정답 ③

[STEP 1] 고정금리 차이는 1.2%이고 변동금리의 차이는 0.5%이다.

[STEP 2] 조달비용 절감은 두 금리의 차이인 0.7%이다.

[STEP 3] 여기서 스왑딜러의 이익은 기업의 비용이므로 0.7% － 0.1%인 0.6%가 스왑스프레드를 감안한 조달비용절감효과이다.

[STEP 4] 이익 60bp를 A기업과 B기업이 7:3으로 분배하므로 A기업은 42bp의 비용절감효과를 얻는다.

31 　　　　　　　　　　　　　　　정답 ④

putable swap은 고정금리 수취자가 일정기간 경과 후 기준 스왑포지션을 취소할 수 있는 권리가 추가된 스왑이다. 2 × 5 putable swap은 2년 후 취소 가능한 5년짜리 스왑으로 금리가 상승하는 경우 2년 후 잔존 만기가 3년 남은 스왑거래는 조기청산이 가능하며 이는 고정금리 수취자에게는 유리한 조항이므로 putable swap은 동일 만기의 스왑보다 수취하는 금리가 낮다.

32 　　　　　　　　　　　　　　　정답 ①

비표준형 스왑은 표준형 스왑에 비해 고정금리 변동 여부, 옵션 등 특수조항 존재 여부 등으로 구분된다.

33 　　　　　　　　　　　　　　　정답 ③

• 국내 스왑시장에서 음(－)의 스왑스프레드 현상의 이유는 달러 유동성의 부족(유출)에서 찾을 수 있다. 달러 유동성의 부족으로 달러 수취는 원화고정금리 receive 스왑의 수요 증가로 스왑금리가 국채수익률보다도 낮게 형성된다.

• 국내 기업의 해외채권 발행으로 인해 초기 유입된 달러부채의 환율상승리스크와 금리리스크를 부채스왑을 통해 초기에 유입된 달러원금을 지급하고 원화원금을 수취하여 중간에 원화고정금리를 지급하는 원화고정금리 pay 스왑이 증가하여 음(－)의 스왑스프레드를 축소시키는 현상이다.

2과목 파생상품 II - 기타 장외파생상품·파생결합증권 17문항

34 정답 ②

장외파생상품 자체가 투자수단이 될 수 있다.

35 정답 ②

녹인(knock in) 옵션은 촉발가격을 건드리면 원금손실 수익구조가 생겨나며 녹아웃(knock out) 옵션은 촉발가격을 건드리면 기존 수익구조가 무효가 되어 불리해진다. 따라서 현재가격과 촉발가격이 가까울수록 촉발가격을 건드릴 확률이 커져 가격이 저렴해진다.

36 정답 ④

평균옵션 혹은 아시안옵션은 만기시점 단일 가격이 아닌 일정기간 동안의 평균을 이용한다.

37 정답 ①

② : 경로의존형 옵션이다.

③, ④ : 룩백옵션은 만기시점에 가장 유리한 기초자산의 가격을 행사가격으로 선택할 수 있어 프리미엄이 비싸다.

38 정답 ③

① $1,200 - 1,100 = 100$

② $1,200 - 1,200 = 0$

③ $1,600 - 1,200 = 400$

④ 촉발가격에 도달하여 옵션이 무효 → 0

39 정답 ②

① 옵션 만기일이 ITM상태이면 약정된 금액을 지불하고 ATM이나 OTM인 경우에는 가치가 0인 옵션이다. 따라서 얼마나 ITM상태에 있는가는 의미가 없고, ITM상태 여부만 중요하다.

③ 디지털베리어옵션은 만기까지 한 번이라도 내가격 상태였으면 약정한 금액을 지급한다.

④ 선택옵션은 만기일 이전 미래의 특정시점에 이 옵션이 콜옵션인지 풋옵션인지 여부를 선택할 수 있는 옵션이므로 상승·하락에 상관없이 변동성이 확대되면 수익이 발생하는 스트래들 매수와 유사하다. 스트래들 매수는 동일행사가격의 콜옵션과 풋옵션을 동시에 2개 매수해야 하므로 선택옵션에 비해 프리미엄이 비싸다.

40 정답 ④

상품가격이 상승하는 위험이 있으므로 가격이 상승하는 경우 이익이 나는 콜옵션을 매수하면 위험을 헤지할 수 있다. 또한 녹아웃 베리어는 촉발가격을 건드리면 무효가 되므로 콜옵션을 매수하는 헤저가 본인이 전망하지 않는 하락방향에 베리어가격을 설정하면 프리미엄이 표준옵션보다 저렴하여 초기비용을 줄일 수 있다.

41 정답 ③

1년 이내 단기자금시장에 적합한 스왑은 외환스왑이고 수출대금인 달러가 입금지연으로 현재 달러가 필요한 상태이다. 달러를 차입(수취)하고 만기일에 약정시점에 정한 가격으로 달러를 매도하는 선물환매도를 동시에 하는 외환스왑을 체결하면 현재 수취한 자금으로 선물매도 포지션 청산이 가능하다. 수출대금이 입금되면 추후에 선물환을 매도하면 된다.

42 정답 ③

범위선물환은 두 옵션의 행사가격을 다르게 하는 구조로 매입 옵션과 매도 옵션의 프리미엄을 같게 설계한다. 범위선물환 매도거래를 이용하는 경우 최저 환율~최고 환율의 범위를 구성하여 환율 상승 시 일정 수준의 이익 실현이 가능하나 환율 하락 시에는 일정 수준의 손실을 감수해야 한다. 즉, 환율 상승·하락 시에는 손실과 이익이 제한된다.

43 정답 ③

다른 증권과는 달리 ELS는 발행사가 자금조달목적을 발행하기보다는 다양한 위험선호도를 갖고 있는 투자자에게 위험을 이전하고 그 대가를 받는 형태로 발행을 통해 들어온 투자자금은 대부분 상환금을 준비하는 목적으로 사용한다.

44   정답 ②

녹인이 발생한 ELS도 손실이 확정된 것은 아니며 다시 기초자산이 재상승하여 상환조건을 달성하면 원금과 수익금액으로 모두 지급받는 경우도 있다.

45   정답 ④

녹인 조건은 최초기준가격 대비 낮으면 낮을수록 안정성 측면에서 투자자에게 유리하다. 일반적으로 조기상환형 스텝다운 ELS의 녹인은 최초기준가격의 40%~60% 수준으로 발행되고 있다.

46   정답 ③

기초자산인 주식이 상승할 때는 콜ELW, 하락할 때는 풋ELW에 투자하면 되므로 시장의 상승 또는 하락 시에도 다양하게 투자할 수 있는 수단으로 활용할 수 있다.

47   정답 ③

[STEP 1] 기초자산의 가격이 권리행사가격보다 상승하여 권리를 행사함으로써 콜옵션의 내재가치로 이익을 얻을 수 있다. 따라서 그 이익은 11,000 − 10,000 = 1,000이다.

[STEP 2] 콜ELW의 옵션의 내재가치는 1,000의 50%(0.5)인 500이다. 따라서 ELW 1주가 기초자산의 수의 절반에 해당하므로 전환비율은 0.5이다.

48   정답 ③

변경상장에 대한 설명이다.

49   정답 ②

일일 지표가치 산출은 매 영업일 장 종료 후 이루어지며 한국예탁결제원 등 일반사무관리회사가 산출한다.

50   정답 ③

CLN발행자(보장매입자)는 투자자(보장매도자)에게 신용연계채권을 팔아 초기에 초기 투자원금을 받는다. 따라서 준거기업의 부도 시 CLN 발행대금에서 손실금을 회수할 수 있어 거래상대방에 대한 위험이 없다.

3과목 리스크관리 8문항

51   정답 ①

델타에 대한 설명이다.

52   정답 ③

1일 변동성 $\times \sqrt{T}$로 계산되어 5억 $\times \sqrt{9}$ = 15억이다.

53   정답 ④

상관계수가 −1인 경우에는 두 자산 간에 완전 부(−)의 관계가 성립한다. 매도와 매수 포지션도 서로 부(−)의 관계가 성립하여 포지션으로 감안한 두 주식의 상관관계는 1이 되어 분산투자 효과가 전혀 없어 포트폴리오의 VaR는 개별 VaR의 합이 된다. 30 + 40 = 70

54   정답 ①

② 역사적 시뮬레이션에 대한 설명이다. 몬테카를로 분석법은 완전가치모형으로 가정적인 시장가격을 이용하여 분포를 도출한다.
③ 완전가치로 평가한다.
④ 델타노멀분석법(부분가치평가법)의 단점이다.

55   정답 ②

인간의 실수, 사기, 내부규정의 고의적 위반 등과 같은 인적리스크와 같은 운영리스크는 사후적으로 판단하면 늦고, 면접 당시에 직원의 실수나 사기를 예상하기 쉽지 않다. 그러므로 회사내부의 잠재적 위험을 사전에 제어하는 수단이 필요하다. 이때 기업의 투명성과 책임성을 높이고, 경영활동을 효율적으로 통제하기 위한 조직적 통제방법이 내부통제이다.

56   정답 ①

금리스왑의 경우에는 대략 T/3지점에서 신용리스크 노출금액이 극대화되므로 약 3년 후에 잠재노출금액이 최대가 된다. 통화스왑은 만기일에 원금을 교환해야 하므로 확산효과가 만기효과를 지배하게 되어 만기까지 신용위험 노출금액은 계속 증가하여 만기인 10년에 잠재노출금액이 최대가 된다.

57   정답 ③

시장리스크는 목표기간이 짧지만 신용리스크는 목표기간이 길다.

58   정답 ①

선물은 장내파생상품 반대매매를 통해 청산이 가능하여 계약 청신에 따른 유동성 위험은 없다. 계약 청산에 따른 유동성 위험을 초래하는 것은 장외파생상품에 해당한다.

3과목 영업실무 5문항

59   정답 ③

① 시장가호가는 가격을 지정하지 않는 호가를 말한다.
② 금융투자업자는 고객의 주문에 대하여 수탁을 거부할 수 있다.
④ 한국거래소가 거래시스템의 장애, 기초상품시장의 거래중단 등으로 정상적인 거래가 어렵다고 판단될 때, 거래를 일시 중단하는 것을 서킷브레이커(CB)라고 한다.

60   정답 ②

상 · 하한의 단일가호가 간에는 시간우선의 원칙을 배제하고 수량우선의 원칙을 먼저 적용한다. 수량이 동일한 경우 시간우선의 원칙을 적용한다.

61   정답 ②

[기본예탁금 인출 사유]

- 반대거래, 최종결제, 권리행사의 신고 · 배정 또는 옵션의 소멸로 파생상품거래의 미결제약정이 전량 해소된 때
- 옵션매수의 미결제약정만 보유한 상태에서 미결제약정을 전량 해소하기 위하여 하한가로 위탁한 매도주문이 호가된 때

62   정답 ④

추가증거금 결제를 불이행하여 미결제약정을 반대매매하는 경우 거래소의 유가증권 또는 코스닥시장에 상장된 주권 매도의 경우 시장가호가 입력이 가능하며, 또한 위탁자의 동의 또는 요구가 있는 경우에 한해 시장가호가 입력을 할 수 있다.

63   정답 ②

대용가격의 산정은 거래소가 규정하고 있다.

3과목 직무윤리·투자자분쟁예방 12문항

64   정답 ③

전통적 금융투자업에 있어서 금융소비자는 정확하고 충분한 정보만 제공되면 투자여부를 스스로 알아서 판단할 수 있는 합리적 인간상을 전제로 한 것이었으나, 오늘날은 전문가조차도 금융투자상품의 정확한 내용을 파악하기가 어려울 정도로 전문화 · 복잡화 · 다양화로 인해 정확한 정보제공의 차원을 넘어 금융소비자보호를 위한 적극적 노력이 요구되기 때문에 법이 요구하는 최소한의 수준 이상의 윤리적인 업무자세가 요구된다.

65   정답 ③

금융투자업자에게 적용되는 공통적인 직무윤리이자 가장 높은 수준의 기준이며 금융투자업에서 준수해야 할 가장 중요한 덕목인 두 가지 직무윤리 '고객 우선의 원칙'과 '신의성실의 원칙'이 지배구조법, 자본시장법 및 금융소비자보호법 등에서 이해상충방지의무와 금융소비자보호의무로 대표되는 법적의무로 승화되었다.

66   정답 ④

결과에 대한 책임은 주의의무 위반에 해당하지 않는다.

67   정답 ④

위험관리업무는 해당하지 않는다.

68   정답 ①

금융상품 판매 후 절차 구축은 판매이전 단계의 금융소비
자보호 제도이다.

69   정답 ③

수수료를 포함하며, 반환이 지체되는 경우 지연이자까지
가산하여 지급한다.

70   정답 ③

장내파생상품의 경우에 투자권유 전 일반금융소비자에게
미리 안내하고, 해당 금융소비자가 투자권유를 받을 의
사 표시를 하는 경우에도 판매가 불가하다.

71   정답 ③

- 혈연이나 학연·지연뿐 아니라 접대 등으로 공정한 업
무처리를 하지 못하는 경우이다.
- '공정성'이란 금융투자업 종사자가 다양한 이해관계의
상충 속에서 어느 한쪽으로 치우치지 아니하고 특히
금융소비자보호를 위하여 항상 공정한 판단을 내릴 수
있도록 하여야 하며, '독립성'이란 자기 또는 제3자의
이해관계에 의하여 영향을 받는 업무를 수행하여서는
안 되며, 독립성과 객관성을 유지하기 위해 합리적 주
의를 기울여야 한다는 것을 말한다.

72   정답 ④

다자간체결회사를 통한 거래가 장외시장 거래이어도 장
내시장과 동일하게 불특정 다수 대 다수가 만나 계약을
체결하는 시장으로 우연성이 크며 이해상충 발생가능성
이 낮아 자기거래가 예외적으로 허용된다.

73   정답 ③

① 이사회 및 대표이사의 지휘를 받는다.
② 이사회 결의를 거쳐 임면되면 7영업일 이내에 금융위
에 보고하여야 한다.
④ 위임범위와 책임한계가 명확하면 위임이 가능하다.

74   정답 ④

④는 3천만원 이하의 과태료 부과대상이다.

75   정답 ②

당사자가 조정안을 수락할 경우에는 재판상 화해와 동일
한 효력이 있으므로 별도의 소송이 필요없다.

4과목 자본시장 관련 법규 17문항

76   정답 ④

외국투자중개업자가 국내 거주자를 상대로 투자중개업을
하는 행위는 투자중개업에 해당하지 않으나 국내거주자
가 투자매매업자나 투자중개업자인 경우에는 적용배제에
서 제외되어 금융위의 인가 대상에 해당한다.

77   정답 ②

❶ 「상법」에 따른 주식회사, 대통령령이 정하는 ❷ 금융
기관 및 ❸ 외국금융투자업자로서 지점 또는 영업소를 설
치한 자이어야 한다.

78   정답 ④

금융투자업자의 재무제표상 계정과목은 금융감독원장의
승인 없이는 신설 또는 개정하지 못한다.

79   정답 ①

시장위험과 신용위험을 동시에 내포하는 자산에 대해서
는 모두 산정한다.

80   정답 ③

인력 및 조직운용개선은 경영개선권고 조치사항이며,
조직의 축소, 점포의 폐쇄 및 통합은 경영개선요구 사항
이다.

81   정답 ①

통정매매에 대한 설명이다.

82   정답 ③

기업구조조정전문회사 업무는 모든 금융투자업자가 수행
가능한 겸영업무이다.

83 정답 ①

② 업무위탁은 사전보고가 원칙으로 위탁자가 위탁받은 업무를 실제 수행하려는 날의 7일 전까지 금융위에 보고해야 한다.

③ 재위탁은 원칙적으로 금지되나 특정업무(단순업무 및 외화자산운용·보관업무)에 대해서만 위탁자의 동의를 받아 재위탁할 수 있다.

④ 내부통제업무(준법감시업무 및 위험관리 책임자의 업무 등)는 업무위탁이 불가하다.

84 정답 ③

① 투자매매업자는 증권의 인수일로부터 3개월 이내에는 투자자에게 그 인수증권을 매수하게 하기 위해 금전의 융자, 그 밖의 신용공여가 제한된다.

② 비상장증권, 집합투자증권, 그 밖에 증권사가 처분할 수 없는 증권을 처분하고자 하는 경우 그 처분방법을 협회가 정한다.

④ 투자경고종목, 투자위험종목 또는 관리종목으로 지정된 증권, 예납조치를 취한 증권에 대해서는 신규신용거래가 제한된다.

85 정답 ④

동일한 법인 및 그 법인에 속하는 회사에 대해 자기자본의 25%를 초과하는 신용공여는 할 수 없다.

86 정답 ③

임직원의 경우에는 주요 주주와 다르게 한 시점에 임직원인 경우 단기매매차익 반환 규제가 적용된다.

87 정답 ④

[연계시세조종행위 금지]

- 장내파생상품 매매에서 그 기초자산의 시세를 변동 또는 고정시키는 행위
- 기초자산의 매매에서 그 장내파생상품의 시세를 변동 또는 고정시키는 행위
- 증권 매매에서 그 증권과 연계된 증권의 시세를 변동 또는 고정시키는 행위

88 정답 ①

조사분석 대상 금융투자상품의 자기계산매매 제한기간은 조사분석자료를 공표한 때부터 24시간이 경과한 시점까지이다.

89 정답 ②

해당법인 주주가 아닌 권리를 행사하는 과정에서 미공개 중요정보를 알게 된 해당법인 주요 주주가 내부자거래 규제대상에 해당한다.

90 정답 ③

③ 단기매매차익 반환의무는 상장법인의 주요 주주 및 임원과 미공개정보와 연관된 업무를 하는 직원이 부담한다.

91 정답 ③

③ 투자성 상품의 투자권유를 소비자가 거부하는 의사표시를 한 후 1개월이 지난 경우에 재권유가 가능하다.

92 정답 ②

금융소비자보호법상 위법계약해지권의 도입 취지는 해지수수료 등의 불이익 없이 위법한 계약으로부터 신속하게 탈퇴할 수 있는 기회를 부여하기 위한 것이다. 이후에 손해배상 등의 책임을 물을 수 있기 때문에 위법계약해지는 장래에 대해서만 효력이 있다.

4과목 한국금융투자협회규정 4문항

93 정답 ④

[만기일 이전에 최초로 원금손실조건(만기일 포함)에 해당하는 경우 통지사항]

- 원금손실조건에 해당되었다는 사실
- 기초자산의 현재가격
- 자동 조기상환 조건 및 자동 조기상환 시 예상수익률
- 만기상환 조건 및 만기상환 시 예상수익률
- 중도상환 청구 관련 사항
- 공정가액

94   정답 ④

④ 금융투자분석사는 공표일부터 7일 동안 해당 금융투자상품을 동일방향으로 매매하여야 한다.

95   정답 ①

협회가 정하는 재산상 이익의 제공 한도 규제는 폐지되었으나, 금융투자회사는 내부통제 차원에서 자율적인 제공한도의 설정이 필요하다.

96   정답 ②

가. 유사해외통화선물거래는 원화를 제외한 이종통화를 대상으로 한다.

라. 유지증거금은 위탁증거금의 100분의 50에 상당하는 금액 이상의 미화이다.

마. 미화만 증거금으로 인정한다.

〈참 고〉

• 금융투자회사는 2개 이상의 해외파생상품시장회원으로부터 호가를 제공받아 투자자에게 제시하여야 한다.

• '해외파생상품에 관한 위험고지'가 FX마진거래의 위험을 적시하지 않아 유사해외통화선물 위험고지를 별도로 신설하여 동 거래에 부합하는 위험고지 사항을 반영해야 한다.

• 금융투자회사는 투자자의 예탁자산평가액이 회사가 정한 유지증거금에 미달하는 경우 투자자의 미결제약정을 소멸시키는 거래를 한다.

4과목 한국거래소규정 4문항

97   정답 ①

최종거래일이 두 번째 목요일일 때 휴일인 경우 순차적으로 앞당겨진다.

98   정답 ③

최종거래일이 도래한 종목의 종가단일가는 호가 접수시간 없이 접속거래(복수가격)로 종료된다. 단, 해외지수선물, 통화선물, 돈육선물은 최종거래일에도 단일가가 적용된다.

99   정답 ③

통화선물·옵션과 국채선물은 미결제약정 보유한도가 없으며, 거래소가 필요하다고 인정하는 경우에 설정할 수 있다.

100   정답 ②

유동성 공급자 지정은 투자자가 원활히 매매하기 위해 도입된 제도이며 결제불이행에 대한 파생상품시장 위험관리제도에 해당하지 않는다.

대부분의 사람은 마음먹은 만큼 행복하다.

– 에이브러햄 링컨 –

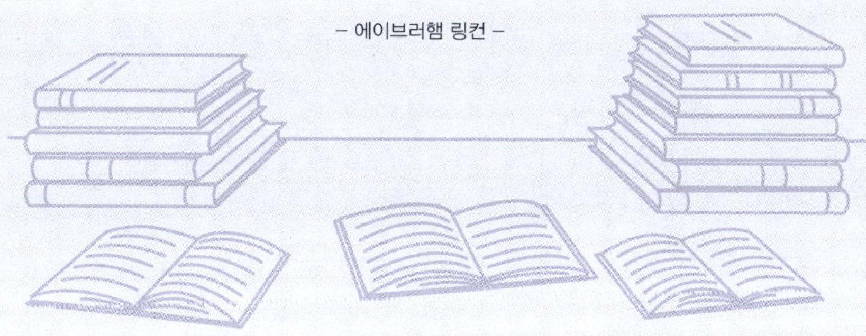

작은 기회로부터 종종 위대한 업적이 시작된다.

– 데모스테네스 –

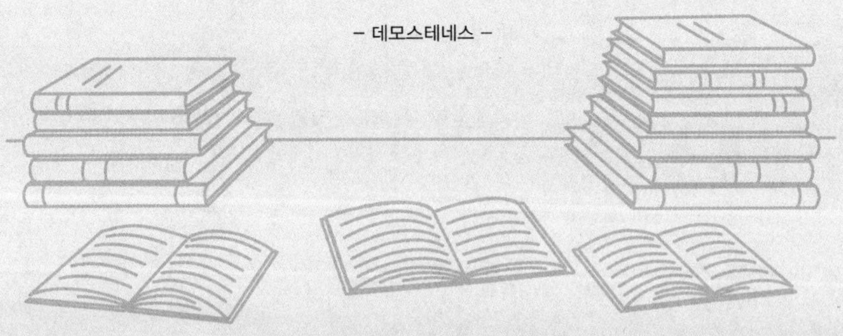

파생상품투자권유자문인력 한권으로 끝내기

초 판 발 행	2025년 05월 10일 (인쇄 2025년 04월 29일)
발 행 인	박영일
책 임 편 집	이해욱
저 자	조 성
편 집 진 행	김준일 · 남민우 · 우지영
표지디자인	하연주
편집디자인	하한우 · 김예슬
발 행 처	(주)시대고시기획
출 판 등 록	제10-1521호
주 소	서울시 마포구 큰우물로 75 [도화동 538 선지 B/D] 9F
전 화	1600-3600
팩 스	02-701-8823
홈 페 이 지	www.sdedu.co.kr

I S B N	979-11-383-9227-3 (13320)
정 가	32,000원

은행텔러
한권으로 끝내기

한승연의 외환전문역
1·2종 한권으로 끝내기

신용분석사
1·2부 한권으로 끝내기
+ 무료동영상

은행FP 자산관리사
1·2부 [개념정리 + 적중문제]
한권으로 끝내기 &
실제유형 모의고사 PASSCODE

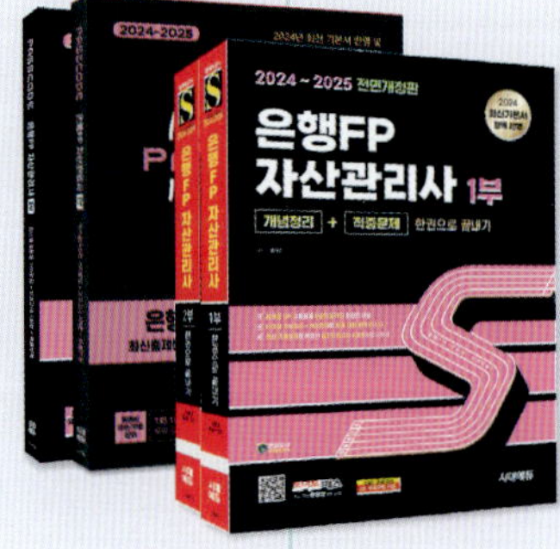

독학으로 2주면 합격!
핵심개념부터 실전까지 단기 완성!

국내 유일! 핵심이론과 유형문제 및
무료동영상 강의로 합격하기!

개념정리 + 문제풀이 무료동영상
강의로 실전에 강해지는 체계적 학습!

방대한 내용에서 핵심만 쏙! 쏙!
효율적 학습으로 단기 합격!

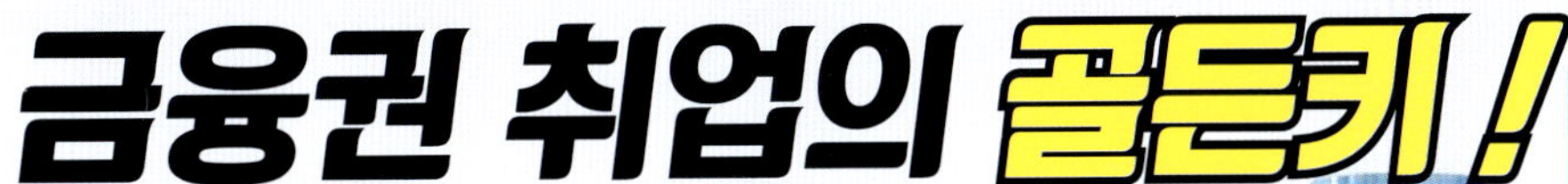

금융시리즈

금융투자협회	펀드투자권유대행인 한권으로 끝내기	18,000원
	펀드투자권유대행인 출제동형 100문항 + 모의고사 3회분 + 특별부록 PASSCODE	18,000원
	증권투자권유대행인 한권으로 끝내기	18,000원
	증권투자권유대행인 출제동형 100문항 + 모의고사 3회분 + 특별부록 PASSCODE	18,000원
	펀드투자권유자문인력 한권으로 끝내기	31,000원
	펀드투자권유자문인력 실제유형 모의고사 4회분 + 특별부록 PASSCODE	21,000원
	증권투자권유자문인력 한권으로 끝내기	32,000원
	증권투자권유자문인력 실제유형 모의고사 3회분 + 특별부록 PASSCODE	21,000원
	파생상품투자권유자문인력 한권으로 끝내기	32,000원
	투자자산운용사 한권으로 끝내기(전2권)	38,000원
	투자자산운용사 실제유형 모의고사 + 특별부록 PASSCODE	55,000원
	투자자산운용사 출제동형 100문항 최신 9회분	33,000원
금융연수원	신용분석사 1부 한권으로 끝내기 + 무료동영상	24,000원
	신용분석사 2부 한권으로 끝내기 + 무료동영상	24,000원
	은행FP 자산관리사 1부 [개념정리 + 적중문제] 한권으로 끝내기	20,000원
	은행FP 자산관리사 1부 출제동형 100문항 + 모의고사 3회분 + 특별부록 PASSCODE	17,000원
	은행FP 자산관리사 2부 [개념정리 + 적중문제] 한권으로 끝내기	20,000원
	은행FP 자산관리사 2부 출제동형 100문항 + 모의고사 3회분 + 특별부록 PASSCODE	17,000원
	은행텔러 한권으로 끝내기	23,000원
	한승연의 외환전문역 Ⅰ종 한권으로 끝내기 + 무료동영상	25,000원
	한승연의 외환전문역 Ⅱ종 한권으로 끝내기 + 무료동영상	25,000원
기술보증기금	기술신용평가사 3급 한권으로 끝내기	31,000원
매일경제신문사	매경TEST 단기완성 필수이론 + 출제예상문제 + 히든노트	30,000원
	매경TEST 600점 뛰어넘기	23,000원
한국경제신문사	TESAT(테셋) 한권으로 끝내기	28,000원
	TESAT(테셋) 초단기완성	23,000원
신용회복위원회	신용상담사 한권으로 끝내기	27,000원
생명보험협회	변액보험판매관리사 한권으로 끝내기	20,000원
한국정보통신진흥협회	SNS광고마케터 1급 7일 단기완성	20,000원
	검색광고마케터 1급 7일 단기완성	20,000원

※ 도서의 제목 및 가격은 변동될 수 있습니다.

시대에듀 금융자격증 시리즈

시대에듀 금융자격증 도서 시리즈는 짧은 시간 안에 넓은 시험범위를 가장 효율적으로
학습할 수 있도록 구성하여 시험장을 나올 그 순간까지 독자님들의 합격을 도와드립니다.

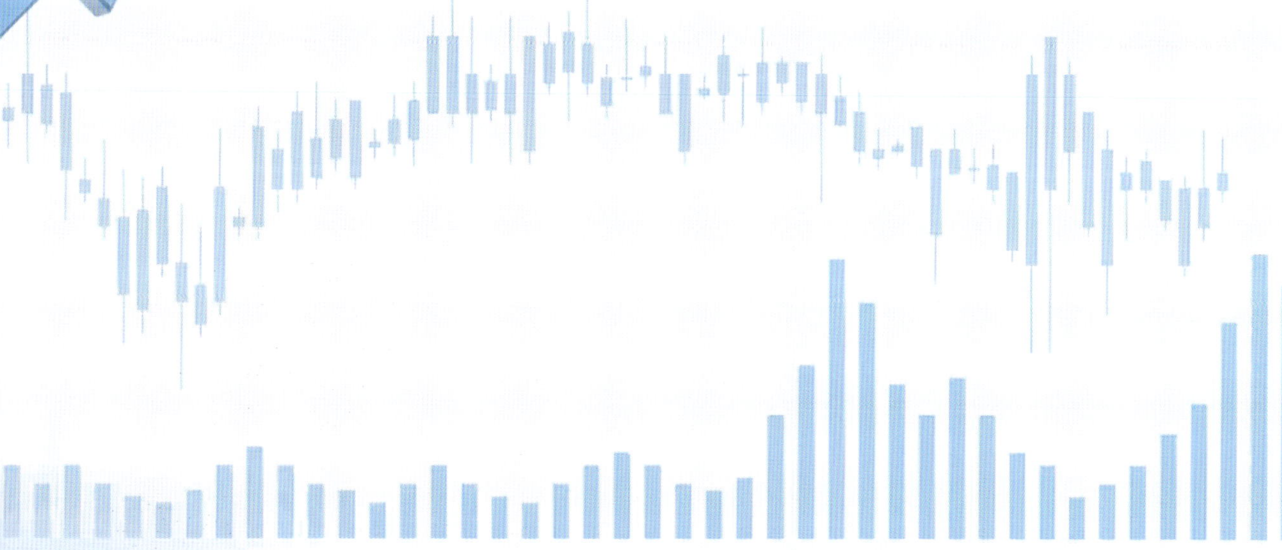

투자자산운용사

한권으로 끝내기 &
실제유형 모의고사 + 특별부록 PASSCODE &
출제동형 100문항 최신 9회분

증권투자권유자문인력

한권으로 끝내기 &
실제유형 모의고사 PASSCODE

매경TEST & TESAT

단기완성 & 한권으로 끝내기

매회 최신시험 출제경향을 완벽하게 반영한
종합본, 모의고사, 기출문제집

단기합격을 위한 이론부터 실전까지
완벽하게 끝내는 종합본과 모의고사!

단순 암기보다는 기본에 충실하자!
자기주도 학습형 종합서!

※ 도서의 제목 및 이미지는 변동될 수 있습니다.

퀄리티 높은 강의, 합리적인 가격
선택은 **토마토패스**입니다.

82회 ~ 90회 9회 연속 AFPK 합격률 1위
39회 신용분석사 대학생 수석 합격자 배출
39회 42회 45회 은행텔러 수석합격자 배출
53회 54회 자산관리사 수석합격자 배출

2024 수강생 만족도 99.8점
(2024.01.01 ~ 12.31 수강후기 별점기준)
2023 수강생 만족도 99.7점
(2023.01.01 ~ 12.31 수강후기 별점기준)
2022 수강생 만족도 99.2점
(2022.01.01 ~ 12.31 수강후기 별점기준)

2023.01 투자자산운용사 교재 예스24 월별베스트 1위
2022 변액보험판매관리사 교재예스24·교보문고 인기도 1위
2022 투자자산운용사 교재 예스24·교보문고 인기도 1위
2021.09 보험심사역 교재 알라딘·예스24·교보문고 인기도
및 판매량 1위
2021.09 투자자산운용사 교재 알라딘 인기도 1위
2021.02 은행텔러 교재 교보문고·예스24 인기도 1위
2019.06 신용분석사 교재 교보문고 판매량 1위
2019.05 자산관리사 교재 온라인서점 판매량 1위
2019.03 신용분석사 교재 인터파크 판매량 1위

한국 FPSB 지정교육기관 | 국가보훈처 지정교육기관 | 고용노동부 직업능력개발 훈련기관 | 한국FP협회 지정교육기관

www.tomatopass.com

파생상품투자권유자문인력 한권으로 끝내기 구매자에게는

조 성 강사의 동영상 강의
10% 할인 혜택 제공

믿고 듣는 금융전문강사, 샘플강의로 직접 확인하세요!

수강생 만족도 100%
실제 수강생들이 인정한 강의는 다릅니다.

이벤트 참여방법
1. 토마토패스 홈페이지에서 파생상품투자권유자문인력 마스터반 결제
2. Q&A 상담문의 게시판을 통해 교재 구매 영수증을 촬영하여 업로드
하면 즉시 강의료 10% 부분할인 적용!
(단, 구매자, 구매일자 및 교재명이 모두 정확히 확인 가능해야 함)

수강생만족도 2024.01.01 ~ 2024.12.31 수강후기 별점만족도 기준